HUGH JOHNSONS WEIN-GESCHICHTE

VON DIONYSOS BIS ROTHSCHILD

HUGH JOHNSONS WEIN~ GESCHICHTE

Deutsch von Wolfgang Kissel

Hallwag Verlag, Bern und Stuttgart

Die englische Originalausgabe ist bei Mitchell
Beazley International Limited, London, unter dem
Titel «The Story of Wine» erschienen
© Mitchell Beazley Publishers 1989
All rights reserved
© Text: Hugh Johnson, 1989
© Karten und Zeichnungen: Mitchell Beazley, 1989

© 1990 Hallwag Verlag, Bern und Stuttgart
Alle deutschen Rechte vorbehalten

Übersetzung aus dem Englischen: Wolfgang Kissel
Lektorat: Peter Graf
Gestaltung: Robert Buchmüller
Satz: Hallwag AG, Bern
Druck und Einband: Mohndruck GmbH, Gütersloh

ISBN 3-444-10370-0

INHALT

VORWORT 7

TEIL I

KAPITEL 1
Erste Erfahrungen des Menschen mit dem Alkohol
DIE KRAFT, SORGEN ZU BANNEN 10

KAPITEL 2
Der nebulöse Ursprung des Weins
WO ERSTMALS FÜSSE TRAUBEN TRATEN 14

KAPITEL 3
Die alten Imperien meistern den Wein
DIE PHARAONEN UND IHR WEIN 24

KAPITEL 4
Wein und Seehandel – eine gemeinsame Blütezeit
GRIECHENLAND UND DAS WEINFARBENE MEER 35

KAPITEL 5
Dionysos und die Anfänge des Theaters
EIN GOTT ZUM TRINKEN 47

KAPITEL 6
Die Römer und ihr Wein
DE RE RUSTICA 59

KAPITEL 7
«Wein erfreut des Menschen Herz»
JÜDISCHES LEBEN UND CHRISTLICHES RITUAL 75

KAPITEL 8
Roms Expansion und die Anfänge europäischer Weinkultur
EIN GRÜNERES LAND 82

KAPITEL 9
Der Islam verdammt den Wein
HOFFNUNG AUF NOCH GÖTTLICHEREN TRANK 98

TEIL II

KAPITEL 10
Karl der Große und die Wiedergeburt des europäischen Weinbaus
DIE ERBEN DES IMPERIUMS 110

KAPITEL 11
Verfeinerung der Techniken in Weinberg und Keller
WEINBAU UND WEINGESCHMACK IM MITTELALTER 121

KAPITEL 12
Die Mönche im Burgund – Superlative der Weinbaukunst
KLOSTER UND KELTER 129

KAPITEL 13
Bordeaux unter englischer Herrschaft
ENGLAND UND DIE GASCOGNE – DIE GEBURT DES CLARET 138

KAPITEL 14
Der Handel mit Süßweinen vom Mittelmeer
DIE KAUFLEUTE VON VENEDIG 150

KAPITEL 15
Erweiterte Grenzen in Spanien und in der Neuen Welt
KASTILISCHE EROBERUNG 160

KAPITEL 16
Der Wein von Falstaff und Drake
GUTER VORRAT AN SHERRYS 170

KAPITEL 17
Dem Wein erwächst Konkurrenz
DIE GETRÄNKEREVOLUTION 177

KAPITEL 18
Die Holländer und der Aufschwung des Weinhandels
FUHRLEUTE ZUR SEE 184

KAPITEL 19
Große Fortschritte bei der Glasherstellung
KRUG UND FLASCHE 191

TEIL III

KAPITEL 20
Die ersten Château-Weine und ihre Märkte
DIE WIEDERGEBURT DES BORDEAUX 200

KAPITEL 21
Dom Pérignon verfeinert den Champagner
DER ERSTE PERFEKTIONIST 210

KAPITEL 22
Die Geburt eines Klassikers
NUR KEINEN PORT! 220

KAPITEL 23
Großer Wein aus Europas Osten
TOKAJER ESSENZ 230

KAPITEL 24
Das kurzlebige Wunder vom Kap
GROOT CONSTANTIA 236

KAPITEL 25
Madeiras masochistischer Wein
DIE INSEL DER UNSTERBLICHEN 243

KAPITEL 26
Bordeaux baut auf Selbstvertrauen
LE GRAND THÉÂTRE 252

KAPITEL 27
Burgund hält fest an bewährter Vielfalt
DIE CÔTE D'OR FORMIERT SICH 267

KAPITEL 28
Steuerlast und ungleiche Marktchancen
CABARET DE PARIS 278

KAPITEL 29
Deutschland entdeckt den Riesling
KABINETT-WEIN 284

KAPITEL 30
Große Weinkenner und -liebhaber im georgianischen England
DREI FLASCHEN PRO MANN 293

TEIL IV

KAPITEL 31
Napoleons Kriege leiten eine neue Zeit ein
DIE REVOLUTION UND WAS DANACH KAM 306

KAPITEL 32
Sherry und Port im Wettstreit
BODEGAS UND LODGES 317

KAPITEL 33
Der Champagnerboom im 19. Jahrhundert
MÉTHODE CHAMPENOISE 330

KAPITEL 34
Australien – Entdeckung und Erschließung
JOHN BULLS WEINGARTEN 342

KAPITEL 35
Spanische und angelsächsische Traditionen verschmelzen in Amerika
OSTKÜSTE, WESTKÜSTE 353

KAPITEL 36
Bordeaux und Burgund auf dem Gipfel des Ruhms
DAS GOLDENE ZEITALTER 371

KAPITEL 37
Deutschlands Einheit erweitert den Horizont
ZOLLVEREIN 386

KAPITEL 38
Mehltau und Reblaus verheeren Europa
SORGENSCHWERE ZEITEN 399

KAPITEL 39
Italiens Wein und Politik im 19. Jahrhundert
RISORGIMENTO 412

KAPITEL 40
Spanien und Südamerika im 19. Jahrhundert
IBERISCHER WIEDERAUFSTIEG 424

TEIL V

KAPITEL 41
Krieg, Depression, Wetter und Prohibition
FÜNFZIG JAHRE KRISE 436

KAPITEL 42
Dramatische Renaissance in Kalifornien und Australien
DIE NEUE WELT IM AUFBRUCH 448

KAPITEL 43
Tradition, Technologie und das Streben nach Marktidentität
DIE ALTE WELT HOLT NEUEN SCHWUNG 458

Bibliographie 465

Bildquellen 470

Register 471

Dank 480

ÜBERSICHTSKARTEN

Der Mittlere Osten in der Antike 25

Die Welt der Griechen 37

Die Spitzenweine Roms 63

Das Weströmische Reich 84

Der Wettstreit der Weine 123

Routen der Koggen und Galeeren 151

Das Land der Katholischen Könige 161

Die Champagne 213

Atlantiküberquerungen 246

Der Deutsche Bund 387

Italien 413

VORWORT

Bauer und Künstler, Arbeitstier und Phantast, Hedonist und Masochist, Alchimist und Buchhalter – alles das ist der Winzer nun schon seit der Sintflut.

Je mehr ich in einem Vierteljahrhundert genußvoller Beschäftigung mit dem Wein über ihn in Erfahrung gebracht habe, desto mehr ist mir klargeworden, daß er von Anfang an enger in die Geschichte der Menschheit verwoben ist als andere Dinge des täglichen Lebens. Textilien, Töpfereien, Brot... und manches andere, was sich der Mensch zum Gebrauch geschaffen hat, läßt sich bis in die Steinzeit zurückverfolgen. Aber nur der Wein ist mit sakramentaler Bedeutung, mit Heilkraft, ja mit eigenem Leben ausgestattet.

Warum ist der Wein etwas so Besonderes? Allein schon deshalb, weil er lange Zeit in seiner eigenen und der Geschichte der Menschheit eine Quelle des Trosts und der Ermutigung war, zugleich Arznei und Antiseptikum, einziges Mittel, den müden Geist des Menschen aufzumuntern und ihn über sein betrübtes Selbst hinauszuheben. Wein war für Tausende und Abertausende schönster Luxus.

Und doch ist der Wein stets unberechenbar und sein Wert daher variabel, so variabel sogar, daß er von Jahr zu Jahr und von Weinberg zu Weinberg anders ausfällt.

Als ich über Wein zu lesen und zu schreiben begann, war es üblich, jedes berühmte Gewächs mit einem geschichtlichen Rahmen zu umgeben. Das eine war Lieblingsgetränk Karls des Großen, das andere Heinrichs IV., und mit dem dritten wurde einst Ludwig XIV. vom Schüttelfrost kuriert. Die gelehrten Liebhaber der Klassik zitierten gern die bevorzugten Weine der Antike, doch erklärten sie nie so recht, warum die Vorstellungen der Alten von feinem Wein so wenig mit den unsrigen zusammenstimmen. Ich erinnere mich noch, daß mir alle Anekdoten um einen Wein, den ich gerade trank, weder mehr Genuß noch mehr Verständnis vermittelten, und in meinem ersten Buch, «Wein», nahmen sie deshalb auch keinen sehr großen Raum ein. Vielmehr war es der Geschmack dieses mysteriösen, unendlich vielfältigen und subtilen, ewig neu inspirierenden Getränks, der mich als Autor fesselte, und zwar vor allem weil er sich der Beschreibung durch Worte weitgehend entzieht.

Worte waren auch nicht das rechte Instrument, um den Beziehungen zwischen nebeneinander an einem Berghang oder einander gegenüber an den Hängen eines Tals gelegenen Weinbergen nachzuspüren: Hier kamen Geographie und Landkarten ins Spiel. Hatte ich die Grenzen eines Weinbergs auf einer Landkarte eingezeichnet, dann konnte ich mir nicht nur auf einmal merken, wo er lag, sondern auch Geschmacksnuancen begannen sich plötzlich um etwas Anschauliches, Greifbares zu konkretisieren.

Aber auch Landkarten, so stellte ich später fest, genügten nicht, um ein scharfes Bild von der modernen Welt des Weins zu gewinnen: von den Zielen, den Methoden, der Anlage von Weinbergen und Kellern – und vor allem von den Praktikern. Nur eine Enzyklopädie konnte die drängenden Fragen der Weinliebhaber beantworten, bis auf eine – die immer wiederkehrende Frage nach dem Warum.

Der Versuch, die Ursachen und Ursprünge der Dinge auszuloten, ist eine Disziplin für sich. Hierzu gehörte es, in einem Ausmaß zu lesen, wie ich es noch nie getan hatte, und es gehörte dazu eine Art der Fragestellung, die ich erst noch erlernen mußte. Es verlangt auch Phantasiesprünge in Zeiten, deren Spuren fast ganz verwischt sind, und an Orte, von denen nichts mehr übrig ist. Es verlangt schroffe Ablehnung unverbürgter

VORWORT

Überlieferungen und ein scharfes Gehör für den echten Klang vager Hinweise. Kurz gesagt, es verlangt nach einem Historiker – und ein solcher zu sein will ich nicht vorgeben. Das Buch ist meine Interpretation des Wegs, den der Wein durch die Geschichte gegangen ist, mein Versuch, ihn in den Kontext seiner jeweiligen Zeit zu stellen und so zu verstehen, warum wir heute zu einer solchen Vielfalt an Weinen gekommen sind – und warum sie so sind und nicht anders.

Natürlich ist es vor allem anderen eine Geschichte der Menschen. Sie beginnt mit der Verehrung des Weins als eines übernatürlichen Wesens, als eines Freudenbringers. Sie erklimmt die höchsten Höhen dramatischer Inspiration und sinkt bis in die tiefsten Tiefen der Tücke, der Trunkenheit, des Verrats, ja des Mords. Leidenschaftliche Überzeugungen spielen dabei eine Rolle – nicht die geringste ist der moslemische Glaube, der Wein sei ein zu großer Segen für diese Welt. Sie schildert den Arzt bei seinem Bemühen, Kranke zu heilen, den Politiker beim Versuch, der Welt seinen Willen aufzudrängen, den Mönch in seiner Zelle und den Seemann auf dem Meer.

Der Wein, so könnte man sagen, lehrte den Menschen die ersten Lektionen in Ökologie. Er stand bei der Geburt der Biochemie Pate, erhob den Menschen in höchste Seligkeit und stürzte ihn in tiefste Dumpfheit.

Noch vor 40 Jahren stand es schlimm um den Wein, er war gebeutelt von Krankheit, Krieg und Armut, niedergedrückt und ohne Aussicht auf Gewinn. Heute gibt es in der Welt eine größere Vielfalt an feinen Weinen als je zuvor in der Geschichte. Wein ist ein bedeutender internationaler Wirtschaftszweig, ein kulturelles Netz, das den halben Erdball umspannt, eine Kunstform mit Anhängern in fast jedem Land der Erde – und mit einer lautstarken Minderheit von Widersachern. Alles in allem ist der Wein eine Macht, mit der man rechnen muß, und nie zuvor war er aktueller als heute.

Wenn ich allen denen, die durch ihre Mithilfe dieses Buch erst möglich gemacht haben, meinen Dank abstatten soll, dann muß an allererster Stelle der Name meines verstorbenen Freundes James Mitchell, Mitgründer des Verlags Mitchell Beazley, stehen, denn er machte mir Mut, es zu schreiben. Um die Nachforschungen über dieses weitgespannte Thema zu bewältigen, wandte ich mich an die junge Historikerin Helen Bettinson in Cambridge, die sich in vier Jahren Bibliotheks- und Sucharbeit als so unbeirrbare, fähige und eifrige Mitarbeiterin erwies, wie ein Autor es sich wünscht.

Unterbrochen – wenn man so sagen darf – wurde das Projekt durch zwei Jahre Arbeit an einer 13teiligen Fernsehdokumentation, für die die Materie dieses Buchs in entsprechend abgewandelter Form Verwendung fand. «Vintage – A History of Wine» war eine Koproduktion von Malone Gill Productions, W.G.B.H., dem Boston Public Broadcasting Service und Channel 4, London, und wurde von der Banfi Charitable Foundation gesponsert. Ich möchte John und Harry Mariani, den Mäzenen der Banfi-Stiftung, hier den aufrichtigsten Dank sagen: Sie sind die engagiertesten und großzügigsten Liebhaber des Weins.

Michael Gill und Christopher Ralling, den Produzenten der Serie, verdanke ich unzählige neue Einsichten in das Thema, gedankt sei ihnen für die geduldige Arbeit beim Ausfeilen. Allen, die an der Serie mitgewirkt haben, bin ich zu Dank verpflichtet: Fernseharbeit erfordert enges Zusammenwirken. So habe ich von allen gelernt.

Meine Kollegen bei Mitchell Beazley hatten eine nicht so aufregende, dafür aber durchaus nicht weniger anspruchsvolle Aufgabe zu bewältigen. Sie zeigten sich unermüdlicher und geduldiger, als ich es verdient habe. Leider erkrankte Di Taylor, meine langjährige Lektorin, mitten im Projekt, nachdem sie es auf ihre unnachahmliche Weise aus der Taufe gehoben hatte. Chris Foulkes und Diane Pengelly, die alles zusammenhielten, Paul Drayson, der die Ausstattung besorgte, und Jack Tresidder, der die Ausgabe leitete, danke ich zutiefst für ihre tatkräftige Mitwirkung und meiner Frau Judy für ihre Geduld und ihr Verständnis.

TEIL I

Das göttliche Wesen des Weins: Wandgemälde in der Mysterien-Villa in Pompeji.

KAPITEL 1

Erste Erfahrungen des Menschen mit dem Alkohol

DIE KRAFT, SORGEN ZU BANNEN

Es war nicht das subtile Bukett des Weins, nicht ein auf der Zunge schwebender Hauch von Veilchen und Himbeeren, dem unsere Urahnen zuallererst verfallen sein dürften. Es war vielmehr, so fürchte ich, der Rausch.

In einem widrigen, harten und kurzen Leben müssen die Menschen, die als erste die Wirkung des Alkohols spürten, wohl geglaubt haben, daß sie einen Vorgeschmack vom Paradies bekämen. Ihre Ängste verschwanden, ihre Sorgen verflüchtigten sich, die Gedanken wurden freier, Liebhaber wurden feuriger, wenn sie den zauberischen Saft tranken. Für eine kurze Weile fühlten die Menschen sich allmächtig, gottähnlich. Dann freilich wurde ihnen übel oder schwarz vor den Augen, und wenn sie wieder aufwachten, hatten sie Kopfschmerzen. Doch das großartige Gefühl war zu schön, solange es währte, also konnte nichts von neuen Versuchen abschrecken, und bald merkten sie auch, daß der Katzenjammer ja vorüberging. Und wer langsam trank, konnte das Wohlgefühl ohne die bösen Folgen genießen.

Durch den Wein lernte allerdings wohl nur eine privilegierte Minderheit der Menschen den Alkohol kennen. Für die große Mehrheit tat das Bier diesen Dienst. Die meisten Städte des Altertums wuchsen in den getreidebauenden und nicht den weinbauenden Gegenden des Vorderen Orients heran – in Mesopotamien und Ägypten. Zwar bemühten sich auch die alten Ägypter schon sehr um guten Wein, und die Mesopotamier importierten ihn, soweit das eigene Land ihn nicht hervorbrachte, doch er kam nur einigen wenigen zugute.

Der Wein blieb immer den Privilegierten vorbehalten. Warum? Die Antwort lautet kurz und bündig: Weil er gewöhnlich stärker war als Bier. Er ließ sich auch besser aufheben und wurde – manchmal – im Lauf der Zeit sogar besser. Es läßt sich freilich nicht mit Sicherheit behaupten, daß er immer besser geschmeckt hätte als Bier. Eines aber steht fest: Er wurde höher geschätzt.

Andere Speisen und Getränke ernährten Leib und Seele. Und seit alters war die Menschheit auf der Hut vor Gift. Der Geist aber, der in diesem Trank wirkte – mysteriös wie der Wind –, war wohltätig, er mußte also gewiß göttlich sein. Der Wein, so fanden die Menschen, hatte bei weitem größere Kraft und höheren Wert als das Bier, und mit Rauschgiften war er nicht zu vergleichen. Dieser hohe Wert aber bildet den Angelpunkt seiner Geschichte.

WAS IST WEIN, UND WIE WIRKT ER? Was hat den Menschen seit Beginn der Geschichtsschreibung dazu bewogen, bei Wein Unterscheidungen zu treffen wie bei keiner Speise und bei keinem Getränk sonst? Warum geht es in der Geschichte des Weins oft so dramatisch um Politik, Religion und Krieg? Und warum gibt es – zum Mißvergnügen junger Leute beim ersten Kennenlernen – auch gar so viele verschiedene Arten? Nur die Geschichte kann die Antworten geben.

Die übliche sachliche Definition von Wein lautet «auf natürliche Weise vergorener Saft frischer Trauben». Technisch-wissenschaftlich ausgedrückt ist es Äthanol in wäßriger Lösung mit größeren oder kleineren Bestandteilen an Zuckern, Säuren, Estern, Laktaten und anderen im Saft der Trauben enthaltenen oder daraus durch Gärung entstandenen Substanzen. Die erkennbare Wirkung des Weins geht auf das Äthanol zurück. Was ist nun aber Äthanol? Es ist eine Form von Alkohol, entstanden durch die Einwirkung von Hefepilzen auf Zucker, in diesem Fall Traubenzucker.

Pharmakologisch gesehen ist Äthanol ein Beruhigungsmittel – was nur Verwirrung hervorbringen kann, denn beruhigend wirkt der Wein wohl kaum. Und doch ist es so, er hat sedative, schmerzhemmende, krampf- und spannungslösende Wirkung auf das zentrale Nervensystem. Das Gefühl des Wohlbefindens ist vielleicht nur eine Illusion, sicher aber ist es nichts, was man mit dem Wein einnimmt; vielmehr gibt der Wein den natürlichen Gefühlen den Weg frei, auf dem sie sich kundtun können.

Was für den Wein zutrifft, gilt bis zu einem gewissen Punkt auch für andere alkoholische Getränke, denn in ihnen allen ist Äthanol der hauptsächliche Wirkstoff. Seine Wirkung wird jedoch von anderen Bestandteilen wesentlich beeinflußt – das macht den Unterschied zwischen Wein und Bier oder zwischen Wein und Spirituosen aus. Freilich ist durch wissenschaftliches Experiment noch wenig Aufschlußreiches über diesen Unterschied nachgewiesen worden. Es handelt sich ja auch um winzige Spuren von Substanzen, deren exakte Wirkung auf die komplexen Vorgänge menschlichen Verhaltens nur schwer auszumachen sind. Allerdings hat sich durch jahrhundertealte Erfahrung doch so mancher konkrete Hinweis herausgestellt.

GEWISSE EIGENSCHAFTEN DES WEINS waren unseren Vorfahren wichtiger als uns. 2000 Jahre lang war er in der Geschichte der Medizin und Chirurgie ein universelles, hochwirksames Antiseptikum: Wunden wurden damit ausgewaschen, Wasser damit trinkbar gemacht.

In der Heilkunde war der Wein bis gegen Ende des 19. Jahrhunderts unentbehrlich. Im jüdischen Talmud heißt es: «Wo es an Wein fehlt, braucht man Arzneien.» Ein indisches Arzneibuch aus der Zeit um das 6. Jahrhundert v. Chr. beschreibt den Wein als «belebend für Körper und Geist, Heilmittel für Schlaflosigkeit, Kummer und Ermüdung..., anregend für Appetit, Wohlbefinden und Verdauung». Die aufgeklärte Medizin unserer Tage bedient sich ganz ähnlicher Beschreibungen im Hinblick auf die heilsamen Wirkungen des Weins, insbesondere bei Herzbeschwerden. Wie in einem späteren Kapitel noch berichtet wird, riskierten selbst mohammedanische Ärzte lieber den Zorn Allahs, als auf ein so nützliches Heilmittel zu verzichten.

Doch der Wein hat noch mehr gute Seiten. Die natürliche Gärung verwandelt den Saft der Traube nicht nur in ein Getränk, das zu einem Zehntel bis zu einem Achtel aus Alkohol besteht, es enthält auch noch andere Bestandteile, beispielsweise Tannine und Säuren, die es spritzig und erfrischend machen und ihm jenen erfreulichen «Biß» auf der Zunge und jenen nachhaltigen, sauberen Geschmack verleihen, der wieder und wieder zu einem neuen Schluck einlädt. Die naturgegebene Größe eines Schlucks Wein – halb so groß wie ein Schluck Bier – macht ihn zusammen mit der Fülle seines Geschmacks zum vollkommenen Begleitgetränk für Speisen, weil er eigene Würze beisteuert, dem Fett die Schwere nimmt, das Fleisch zarter erscheinen läßt, trockene Hülsenfrüchte und ungesäuertes Brot hinunterspült, ohne den Magen zu blähen.

Da er sich so gut mit Speisen verträgt und zugleich Hemmungen beseitigt, wurde der Wein seit ältester Zeit als Getränk der Geselligkeit erkannt, als ein Helfer, der ein Mahl in ein Fest verwandelt, ohne einzuschläfern – obwohl er freilich auch das fertigbringt.

Aber selbst eingeschläferte Festgäste waren am Tag darauf wieder zu neuem Feiern bereit. Wein ist ein mildes Narkotikum, das sich wie kein zweites wiederholt einnehmen läßt, ohne üble Nebenwirkungen zu zeitigen – mindestens auf kurze oder mittlere Sicht. Die moderne Medizin weiß, daß Wein die Aufnahme von Nährstoffen (vor allem von Proteinen) fördert. Mäßige Weintrinker waren deshalb besser ernährt, zuversichtlicher und infolgedessen leistungsfähiger als ihre Mitmenschen. Es ist also kein Wunder, daß in früheren Gesellschaftssystemen die herrschenden Klassen der Ansicht waren, nur sie seien der Wohltaten des Weins würdig, und ihn deshalb für sich behielten.

Die Aufzählung der Verdienste des Weins und seines Werts für die sich entwickelnde Zivilisation ist damit noch nicht am Ende. Obgleich er recht sperrig zu handhaben und oft auch dem Verderb preisgegeben war, erwies er sich doch als eine überall willkommene Handelsware. Er besaß für Fremde, die ihn noch nicht kannten, unmittelbare Anziehungskraft, sobald sie ihn erst einmal kennengelernt hatten. Die Griechen handelten für ihren Wein Edelmetalle und die Römer Sklaven ein, und das in einem Ausmaß, wie es in den düsteren Erfolgen moderner Rauschgifthändler eine Parallele findet – nur mit dem Unterschied, daß der Wein nichts Düsteres an sich hat.

In einem bestimmten Sinn darf man auch sagen, daß der Wein zum Fortschritt der Zivilisation beitrug. Er förderte die Kontakte zwischen entlegenen Kulturen, war Motiv und Mittel des Handels und brachte Menschen, die einander fremd waren, in guter Laune und mit offenen Gemütern an einen Tisch. Freilich lag in ihm auch die Gefahr des Mißbrauchs. Alkohol kann sich verheerend auf die Gesundheit auswirken; wäre Wein aber weithin und ständig mißbraucht worden, hätte er sich nicht halten können. Im Unterschied zu Spirituosen gilt der Wein seit jeher als Getränk der Mäßigkeit.

SCHON IN SEINER URSPRÜNGLICHSTEN FORM – und vielleicht sogar in dieser am meisten – unterliegt der Wein einer Vielzahl von Einflüssen, zum größten Teil ganz unerwarteten. Das Klima ist der erste bestimmende Faktor, dann das Wetter. Als nächstes kommt die Geschicklichkeit dessen, der ihn bereitet, und dann die Wahl der Traube. Zu allen diesen unterschiedlichen Einflüssen gesellt sich die Beschaffenheit des Bodens – kalt und feucht oder warm und trocken – und der Lage – in der Ebene oder am Berghang, in der Sonne oder im Schatten. Und ebenso bedeutungsvoll sind die Wünsche des Käufers: Was er verlangt, wird der Produzierende ihm geben.

Sobald der Wein zum Gegenstand des Handels wurde, dürften diese unterschiedlichen Einflüsse sich in seinem Preis niedergeschlagen haben. Ein Konsens stellt sich erstaunlich schnell ein: Ein Wein, der auf dem Markt besser ankommt, wirft einen höheren Gewinn ab. Arbeiten Händler und Winzer auf vernünftige Weise Hand in Hand, dann investieren sie ihren Gewinn in das Bestreben um eindeutig besseren und ausdrucksvolleren Wein.

Am modernen Marktgeschehen läßt sich dieser Vorgang leicht erkennen. Er ist das Standardrezept für den Aufbau einer Qualitätsreputation. Das Schlüsselwort lautet Auslese: schon bei den Traubensorten, aber auch bei «Klonen» einer Rebenrasse, die mit Hilfe der besten Edelreiser aus einem Weinberg vermehrt wird. Auch Zurückhaltung bei der Erzeugung gehört dazu: das Düngen mit leichter Hand und der sorgfältige Rebschnitt, so daß nur ein mäßiger Ertrag an Trauben entsteht, deren Most weit mehr Geschmacksstoffe enthält als die Frucht eines überladenen Weinstocks.

Im Altertum entwickelten sich derlei Praktiken wahrscheinlich zuerst in der behüteten Atmosphäre königlicher oder priesterlicher Weingärten. Der Verwalter eines solchen Gartens war es wohl, der einst den Rebenzüchter auf einen bestimmten Weinstock hinwies und ihm befahl, diesen durch Stecklinge zu vermehren. Das Prinzip hat sich erhalten. Stete Auslese des Besten im Rahmen der jeweiligen Verhältnisse hat uns von einer einzigen Wildpflanze Tausende von Varianten überliefert, die im Lauf der

Geschichte gezüchtet wurden und noch werden. Und jede dieser Traubensorten gibt uns die Möglichkeit, eine ganz bestimmte eigene Art von Wein daraus zu erzeugen.

AUS DIESEM UMFASSENDEN BLICKWINKEL HERAUS muß die Entdeckung, daß der Wein im Lauf der Zeit an Güte zunehmen kann, wohl am meisten zu seiner Wertschätzung bei den Herrschern dieser Erde beigetragen haben – aber er wird nicht nur besser, sondern verwandelt sich manchmal in eine Substanz mit ätherischen Dimensionen, die sich dem Sublimen zu nähern scheinen. Ein Beaujolais nouveau ist gut und schön – und die meisten Weine des Altertums müssen zwischen ihm und Essig gelegen haben –, wer aber einmal einen alten Burgunder gekostet hat, der kennt den Unterschied zwischen Flitter und Gold. Wein, und zwar den besten, so lange aufzuheben, bis die Reife ihr alchimistisches Wunderwerk vollbracht hatte, war das Privileg der Pharaonen.

Und ein Wunder war es wohl, daß Traubensaft ganz offenbar eine eigene Seele entfalten konnte. Daß er unter den richtigen Umständen seinen lebhaften Geist zu etwas von unermeßlich größerem Wert wandeln konnte, machte ihn zu einer göttlichen Gabe für Könige. Wenn dem Wein unter allen Getränken – ja unter allen Naturprodukten – ein einzigartiges Ansehen zukommt, dann aus diesem Grund und aus der Kennerschaft heraus, die hierauf fußt.

Wieso kann eine rare Flasche denselben Preis erzielen wie ein großes Kunstwerk? Und kann Wein, so vollkommen er auch sein mag, je so wundervoll duften wie eine Rose? Freilich kann er es nicht, das muß man ehrlich zugeben. Hat aber die Rose in der Tiefe ihrer samtzarten Blüte die Kraft, Sorgen zu bannen?

KAPITEL 2

Der nebulöse Ursprung des Weins

WO ERSTMALS FÜSSE TRAUBEN TRATEN

Es ist Ende Oktober in den zwischen steile Berghänge eingebetteten Tälern Imeretiens. Ein Dunst liegt über den weiten Windungen des Rioni, der von den rauschenden Wassern kaukasischer Bäche gespeist wird.

In seine Mündung lenkte einst Jason sein Schiff Argo und nannte den Fluß Phasis. Die Gegend hieß damals Kolchis, das Land des Goldenen Vlieses. Schafhäute wurden dort benutzt, um Goldstaub aus dem Wasser des Flusses zu waschen.

Den ganzen subtropischen Sommer hindurch sind an heißen, stillen Nachmittagen immer wieder von der Schwarzmeerküste her die Nebel aufgezogen und haben die Luft in den Schluchten geschwängert, wo unter dichten Baumkronen üppige Weinreben Schutz vor der sengenden Sonne finden. Überall ranken sie in den Bachläufen, erklimmen dick und schlangengleich die Waldbäume, schwingen sich über Pergolen, durch Obstgärten und an den Wänden der Bauernhäuser mit ihren Holzbalkonen hinauf.

Im Schatten von Lorbeerbäumen zwischen den Reben beim Haus hat jeder Bauer seinen Weinkeller – Marani genannt. Eigentümlich nur, daß von Wein, von Fässern oder Krügen hier nichts zu sehen ist. Eine Reihe von Maulwurfshügeln in der festgestampften Erde – das ist alles.

Hierher werden die Trauben in langen, spitz zulaufenden Körben gebracht und in einen ausgehöhlten Baumstamm am Zaun geleert. Wenn der Baumstamm halb voll ist, zieht der Bauer Schuhe und Strümpfe aus, wäscht in einem Eimer die Füße gründlich mit heißem Wasser, und dann zertritt er die Trauben langsam und sorgfältig, bis er nichts Festes mehr unter den Füßen spürt.

Unter den Maulwurfshügeln sind die Weinkrüge, Kwevri, bis zum Rand in die Erde eingegraben. Mit einer Hacke legt der Bauer einen davon frei, bis unter dem Lehmboden ein fester Stöpsel aus Eichenholz sichtbar wird. Er reinigt den Kwevri mit einem Bündel Maishülsen und schöpft dann die zerquetschten Trauben ein, bis der Krug fast randvoll ist. Dort gärt nun der Inhalt in der kühlen Erde, zuerst allmählich, dann heftiger und schließlich wieder langsam – einzelne Blasen steigen durch eine dicke Schicht aus Traubenschalen auf.

Im Frühjahr wird der Wein mit einem an einer langen Stange festgebundenen Kürbis wieder herausgeschöpft und in einen anderen frisch ausgefegten Kwevri gefüllt. Zurück bleiben die Traubenschalen – als Grundlage für den feurigen Tschatscha, die Grappa der Imeretianer und ihrer Vettern, der Georgier. Eingegraben unter dem Maulwurfshügel hält sich der Wein im kühlen, schattigen Marani fast unbegrenzt. Wenn die Zeit gekommen ist, einen Krug zu öffnen, braucht man keine Einladungen zu verschikken: Ein starker Duft entströmt der frisch angezapften Quelle. Die Nachbarn kommen herbei und bringen ihre Trinkgefäße mit: flache, irdene Schalen, die den alten Griechen

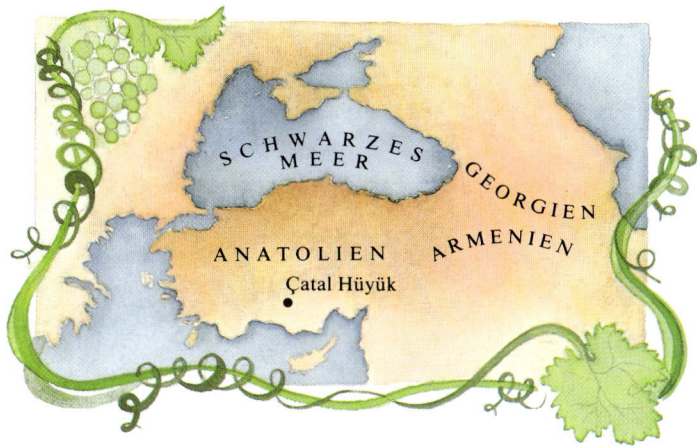

TRANSKAUKASIEN

sicher bekannt vorkommen würden. Und nun beginnt ein langes Gastmahl mit großer Feierlichkeit, vielen Trinksprüchen und alten Gesängen.

Für die Georgier wie einst für die alten Griechen ist ein solches Gastmahl – sie nennen es Keipi – eine Kunstform für sich. Für jedes Keipi wird ein Tamada, ein Zeremonienmeister, gewählt. Während die Frauen des Hauses bei den mehr oder weniger einfachen Speisen unablässig für Nachschub sorgen, wird das Getränk vom Tamada genau zugemessen. Niemand darf seine Weinschale anrühren, bevor nicht ein Trinkspruch ausgebracht ist, und die Ansprachen, die einem solchen vorausgehen, sind oft lang – von Poesie, Witz oder hohem Mut beseelt.

Bei einem großen Keipi gibt es manchmal über 20 Trinksprüche, doch die Zeiträume zwischen ihnen werden so reichlich bemessen, daß niemand betrunken wird. Die Überlieferung sagt, daß das Leben der Georgier ständig bedroht war, also mußten sie stets nüchtern genug bleiben, um sich verteidigen zu können. Die georgische Sitte verlangt es, daß man seine Schale leertrinkt und dann die letzten Tropfen ausschüttet. Sie bezeichnen die Anzahl der Feinde. Deshalb ist es wichtig, nicht zuviel in der Schale zurückzulassen – doch was wäre ein rechter Mann ganz ohne Feinde?

Seit der Zeit Homers hat sich an den Sitten und Gebräuchen Imeretiens nur wenig verändert; die Art, den Wein zu bereiten, ist seit prähistorischer Zeit ganz und gar dieselbe geblieben. Ein Kwevri hieß bei den Griechen Pithos, bei den Römern Dolium – das war das Gefäß, worin der Wein der Antike gärte. Transkaukasien, die Heimat der Georgier und Armenier, ist eines der Ursprungsländer der Weinrebe. Hier also kann es

---

Sir John Chardin war Franzose, ein Weltreisender und Juwelier am Hof des englischen Königs Charles II. und des Schahs von Persien.

Im Bericht über seine Reisen nach Persien, die ihn durch Georgien führten, schrieb er 1686 über dieses Land: «Es gibt kein zweites, wo mehr oder besserer Wein getrunken wird.» Seine Beobachtungen aus Kolchis zeigen, wie wenig sich dort in den drei Jahrhunderten seither geändert hat:

«Sie höhlen die dickeren Stämme großer Bäume aus und benützen sie anstelle von Trögen. Darin zerquetschen sie Trauben und füllen dann den Saft in große irdene Krüge, die sie in ihren Häusern oder dicht dabei vergraben... Und wenn das Gefäß voll ist, legen sie einen hölzernen Deckel darauf und bedecken es mit Erde.»

Chardin glaubte, daß man die Weinkrüge vergrub, um sie vor Feinden zu verbergen. Georgien stand damals nominell unter moslemischer Herrschaft, was aber tägliche Lieferungen von großen Mengen Wein nach Medien, Armenien und nach Isfahan für die königliche Tafel nicht hinderte.

gewesen sein, wo die ersten Trauben gestampft wurden und der Mensch erstmals die Freuden des Weins erfuhr.

WO UND WANN DER ERSTE WEIN ENTSTANDEN IST, läßt sich ebensowenig mit Exaktheit bestimmen wie der Zeitpunkt der Erfindung des Rads. Menschliche Mitwirkung ist weder beim einen noch beim anderen prinzipiell notwendig gewesen. Ein rollender Stein ist schon so etwas wie ein Rad; eine abgefallene Traube einer Wildrebe wird wenigstens teilweise und vorübergehend zu so etwas wie Wein. Wir kennen intelligente Rassen (beispielsweise die Inkas), die nie auf das Rad kamen. Doch konnten Menschen in Gegenden, wo es wilde Reben gab, nicht gut umhin zu bemerken, daß Trauben (in entsprechender Jahreszeit ein Bestandteil ihrer Nahrung, auf den sie sicher begierig waren) in ein Stadium geraten, in dem ihr Saft an Süße verliert und an Kraft zunimmt.

Der Wein mußte nicht erst erfunden werden: Er war einfach da, wo immer Trauben gesammelt und, wenn auch nur kurz, in einem Gefäß aufbewahrt wurden, das ihren Saft beisammenhielt.

Trauben – und Menschen, die sie sammelten – gibt es schon seit über zwei Millionen Jahren. Es wäre doch seltsam, wenn der Wein nicht schon den primitivsten Nomaden begegnet wäre. Doch bereits vor der letzten Eiszeit gab es Menschen, deren Verstand längst nicht mehr primitiv genannt werden kann. Hohe Intelligenz und starker Sinn für

Die Römer nannten das Kaukasusgebirge «das Ende der Welt». Ein Weg, die georgische Heerstraße, folgt dem Flußlauf des Terek und dem «schwarzen» Aragvi durch wilde Schluchten unter schneebedeckten Gipfeln. Aus Furcht vor dem, was Asien wohl noch alles bergen mochte, verschlossen die Römer die engste Kluft mit einer großen Palisadenwand aus eisenbeschlagenen Balken. In den fruchtbaren Ausläufern dieses Gebirges scheinen die ersten kultivierten Reben angebaut und zur Weinerzeugung genutzt worden zu sein.

Ordnung und Ästhetik zeichnen den Cro-Magnon-Menschen aus, der die Höhlen von Lascaux mit Kunstwerken schmückte – in den Wäldern Frankreichs also, wo die Rebe heute noch wild (oder verwildert) gedeiht, was vermuten läßt, daß ihm der Wein durchaus bekannt war, auch wenn es keinen Beweis dafür oder dagegen gibt.

Die Archäologen sehen Ansammlungen von Traubenkernen als Beweis für eine Weinerzeugung an – oder doch wenigstens die Wahrscheinlichkeit einer solchen. Ausgrabungen in der Türkei (in Çatal Hüyük, der vielleicht allerersten Stadt), in Syrien (Damaskus), in Libanon (Byblos) sowie in Jordanien haben Traubenkerne zutage gefördert, die aus dem als Neolithikum B bezeichneten Teil der Steinzeit um 8000 v. Chr. stammen. Die zumindest nach Überzeugung ihrer Entdecker bisher ältesten und nach der Radiocarbonmethode datierten Kerne kultivierter Weinreben wurden im sowjetischen Georgien gefunden. Sie gehören in die Zeit zwischen 7000 und 5000 v. Chr.

Ein Traubenkern verrät aber mehr als nur sein Alter. Bestimmte Merkmale seiner Form gehören eindeutig zu kultivierten Trauben, und so sind die sowjetischen Archäologen zu der Überzeugung gelangt, daß der Übergang von der wilden zur kultivierten Weinrebe irgendwann in der Jungsteinzeit, etwa um 5000 v. Chr., stattgefunden hat. Wenn das stimmt, haben sie damit die ersten Spuren der Rebenzucht, also der konsequenten Auslese bestimmter Rebsorten zur Verbesserung ihrer Frucht in Qualität und Quantität, entdeckt.

DIE WEINREBE ist Mitglied einer Familie verholzender Kletterpflanzen, die über die gesamte nördliche Hemisphäre verbreitet ist; rund 40 ihrer Verwandten gehören zur Gattung *Vitis*.

Ihr spezifischer Beiname *vinifera* bedeutet «weintragend». Zur engeren Verwandtschaft zählen *Vitis rupestris* (die felsliebende), *Vitis riparia* (die an Flußufern wachsende) und *Vitis aestivalis* (die sommerfruchtende), aber keine von ihnen verfügt wie die *vinifera* gleichzeitig über die Fähigkeit, in den Trauben Zucker bis zu etwa einem Drittel ihres Volumens (wodurch sie zu den süßesten aller Früchte wird), aber auch frischschmeckende Säuren anzusammeln, die den Saft zu einem sauberen und lebendigen Getränk machen. Das natürliche Verbreitungsgebiet der weintragenden Rebe (seit der Eiszeit, in der es drastisch eingeschränkt wurde) liegt in einem Streifen der gemäßigten Klimazone, der vom persischen Ufer des Kaspischen Meers aus westwärts bis nach Westeuropa reicht.

Die Wildrebe trägt wie viele andere Pflanzen (Weiden, Pappeln und die meisten Stechpalmen-Arten zum Beispiel) entweder männliche oder weibliche Blüten – sie ist also zweihäusig; nur selten kommen beide an einer und derselben Pflanze (also einhäusig) vor. Weibliche Pflanzen können daher nur Frucht tragen, wenn sich in der Nähe eine männliche Pflanze als Pollenspender befindet. Die in etwa gleicher Anzahl vorkommenden männlichen Pflanzen sind immer unfruchtbar. Einhäusige Wildreben (die über männliche und weibliche Blüten zugleich verfügen) tragen ebenfalls Frucht, jedoch nur halb soviel wie die rein weiblichen zweihäusigen.

Es wäre verständlich, wenn die ersten Menschen, die jemals Weinreben kultivierten, zunächst die fruchtbareren weiblichen Pflanzen ausgewählt und die unfruchtbaren männlichen ausgeschieden hätten. Die einzigen Pflanzen, die für sich allein oder in Gemeinschaft Frucht tragen, sind nun freilich die einhäusigen. Durch immer erneute Versuche mußten schließlich die einhäusigen Reben in der Selektion für die Kultivierung bevorzugt worden sein. Auf ihre Sämlinge vererben sie überwiegend die Eigenschaft, männliche und weibliche Blüten zugleich zu tragen, und daher unterscheidet sich schließlich die kultivierte Rebe von der Wildrebe durch diese Einhäusigkeit.

Die Botaniker führen die beiden Arten als getrennte Subspezies von *Vitis vinifera*: Die Wildrebe trägt den Beinamen *sylvestris* (Wald-Weinrebe) und die vom Menschen durch Selektion herangezüchtete Form wird *sativa* (Kultur-Weinrebe) genannt. Strenggenommen ist die *sativa* für den Botaniker eine Kulturvarietät und nicht eine Subspezies. Die frühesten Traubenkerne, die in Georgien gefunden worden sind, wurden als *Vitis vinifera var. sativa* bestimmt und stützen die These, daß in dem Land südlich vom Kaukasus mindestens schon vor 7000 Jahren und möglicherweise schon lange vorher die Weinrebe gezüchtet und demzufolge vermutlich auch Wein bereitet wurde.

EINE KLARERE PERSPEKTIVE dieses frühen Abschnitts der Menschheitsgeschichte gewinnt man, wenn man sich vergegenwärtigt, daß er den Übergang der fortgeschritteneren Kulturen in Europa und im Vorderen Orient vom Nomaden-Dasein zur Seßhaftigkeit bezeichnet. Der Mensch begann, sich als Ackerbauer und Jäger zu betätigen, seine Sprache hatte sich so weit entwickelt, daß sinnvolle Konversation möglich und die Erfindung der Schrift nur noch eine Frage der Zeit war. Der technische Fortschritt hatte das Steinwerkzeug überwunden und das Bronzewerkzeug gebracht, und um dieselbe Zeit entstanden in der Umgebung des Kaspischen Meers auch die ersten Töpferwaren.

Aus den schwachen Spuren, die auf uns überkommen sind, scheint man ablesen zu dürfen, daß es sich um eine friedliche Zeit handelte, die sich eher in Bildern der Fruchtbarkeit als in solchen von Macht und Eroberung darstellt.

Das Kwevri genannte Gefäß ist ein Überbleibsel aus dieser frühen Zeit. Im Museum der georgischen Hauptstadt Tiflis befindet sich ein Tonkrug, der von den Archäologen auf die Zeit von 5000 bis 6000 v. Chr. datiert wird. Seine breite, dickbauchige Form erinnert noch viel stärker an den griechischen Pithos oder das römische Dolium als die schlankeren, einer Amphore ähnlicheren Kwevri unserer Zeit. An der weiten Öffnung des alten Krugs finden sich zu beiden Seiten als Schmuck kleine, in der Form eines Dreiecks angeordnete Buckel, die sich als Abbildung einer Traube deuten lassen.

Im Museum von Tiflis stößt man auf weitere recht erstaunliche Gegenstände, die – wenn sie richtig datiert und gedeutet wurden – die ältesten heute vorliegenden Hinweise dafür sind, daß der Wein oder vielmehr der Weinstock besondere Achtung genoß – vielleicht war es Verehrung, vielleicht nur Zuneigung, und warum nicht beides zugleich? Es sind einfach kurze Stücke Rebholz, etwa so lang wie ein kleiner Finger, die mit einem eng anliegenden Überzug aus Silber versehen worden sind, so daß sich die charakteristische Form der Rebenknospe abzeichnet wie ein Busen unter einem Mieder. Ein Irrtum ist nicht möglich, denn das Rebholz hat sich vollkommen erhalten. Wozu diese Dinge dienen sollten, ist eine andere Frage; offenbar waren sie Grabbeigaben. Die einfachste Erklärung ist wohl, daß hier der Weinrebe eine edle Fassung gegeben wurde, um ihren hohen Wert zu veranschaulichen; vielleicht sollte sie auf diese Weise mit in das Totenreich gelangen, wo sie wieder gepflanzt werden und neue Freude bringen sollte.

Diese eigenartigen Gegenstände wurden in Trialeti im südlichen Georgien gefunden. Nach der Radiocarbonmethode wurde ihr Ursprung auf 3000 v. Chr. bestimmt; sie gehören somit in die Zeit, als weit im Süden die reichen Städte der Sumerer in Mesopotamien entstanden.

AUCH IN NOCH SÜDLICHEREN BREITEN gedeiht die Weinrebe. Sie braucht außer genügend Feuchtigkeit während der Wachstumsperiode nur auch eine Winterruhe, damit sich die neuen Knospen herausbilden können. In Persien war die Weinrebe heimisch, in Mesopotamien jedoch nicht. Das Zagrosgebirge, das sich im Bogen vom Kaspischen Meer zum Persischen Golf zieht, bietet der wilden Weinrebe beste Voraussetzungen.

Die Botaniker, vielleicht vom vagabundierenden Wesen dieser Pflanze zur Verzweiflung getrieben, haben sich damit geholfen, mehreren Arten oder Subspezies verschiedene Namen beizulegen. Die Rebe aus Anatolien und dem Kaukasus nennen sie *Vitis vinifera pontica*. Eine Theorie besagt, daß diese Art durch die Phöniker vom heutigen

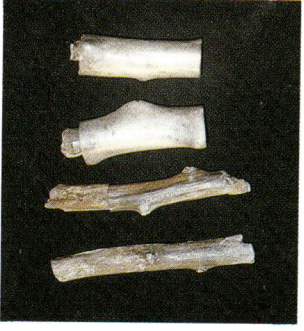

Schon den Menschen, die vor etwa 5000 Jahren in Georgien lebten, muß die Weinrebe heilig oder wenigstens von symbolischem Wert gewesen sein. Kleine Stücke Rebenholz wurden mit einem Überzug aus Silber versehen und den Toten als Grabbeigabe mit ins Jenseits gegeben.

Libanon aus bis nach Europa verbreitet wurde und als Vorfahr vieler unserer Weißweinrebsorten gelten darf. Aus dem Jordantal kommt die Art *Vitis vinifera orientalis,* zu deren Nachfahren im heutigen Europa angeblich die Chasselas-Rebe – in Deutschland Gutedel, in der Schweiz Fendant – gehört.

Die meisten Historiker vertreten die Ansicht, daß in Ägypten die Weinrebe von Norden her eingezogen ist, aus Kanaan oder Assyrien (schwer zu sagen, welche Namen angebracht sind, um Gegenden in einer Zeit zu bezeichnen, die so weit vor der Entstehung von Ländern im modernen Sinn zurückliegt). Genausogut wäre es aber möglich, daß die Rebe aus dem Hochland Nubiens im Süden den Nil abwärts nach Ägypten gewandert ist oder daß sie ihren Weg von Westen her an der Küste Nordafrikas entlang nahm (auf dem einer Sage zufolge auch jene Menschenrasse gekommen sein soll, von der die Ägypter abstammen). Auf jeden Fall stellen die Weinreben des Niltals wieder eine Subspezies für sich dar, nämlich *Vitis vinifera occidentalis,* vermutlich der Vorfahr vieler heutiger Rotweinrebsorten.

OB ES SICH DABEI UM EINE ECHTE ODER NUR WILLKÜRLICHE UNTERSCHEIDUNG HANDELT, ist eine rein akademische Frage. Von großer Bedeutung hat sich dagegen die Anpassungsfähigkeit der Rebe erwiesen. Keine andere Pflanze hat sich so vollkommen an alle möglichen Klima- und Wachstumsbedingungen gewöhnt, die ihr vom Menschen aufgezwungen wurden. Sie ist eine der flexibelsten Kulturpflanzen überhaupt. Ihre Gene (sie besitzt eine ungewöhnlich große Zahl davon) mischen sich bereitwillig auf immer neue Weise und lassen geringfügig andersartige Varietäten entstehen. Aber auch in einer Pflanze selbst kommen bemerkenswert häufig Mutationen vor. Ganz plötzlich sprießt aus einer Knospe ein viel stärker wachsender Sproß, oder es entwickeln sich Blätter von ganz anderer Größe oder Form, ja manchmal sogar Trauben in anderer Farbe. Die berühmte, enorm große Muskateller-Rebe von Hampton Court bei London ist ein Beispiel spektakulärer Mutation.

Durch das Versetzen einer Pflanze in eine Gegend mit anderem Klima werden Mutationen oft gefördert, so daß die genealogische Einordnung der Rebsorten zur Sisyphusarbeit, das Aufspüren ihrer Herkunft bis in historische Fernen gar unmöglich wird.

VERGLICHEN MIT SOLCHEM TREIBSAND ALS UNTERGRUND nehmen sich Mythen geradezu als verläßlich fester Boden aus. Es gibt deren viele über die Ursprünge des Weins, angefangen bei Noah.

IM FERNEN REICH DER MITTE

Schon in der Bronzezeit war die Zivilisation Chinas hoch entwickelt, und der Wein gehörte als fester Bestandteil dazu. Inschriften auf Orakelknochen aus der Shang- und Chou-Dynastie beschreiben die religiösen Rituale jener Zeit, bei denen der Wein stets eine Rolle spielte. Der Weingenuß war zudem (wie der Kurator des großen Nationalpalastmuseums in Taipei berichtet) «seit uralten Zeiten ein beliebtes Vergnügen der Heroen und Poeten und hat in der Kulturgeschichte der Menschheit zur Entstehung zahlloser Meisterwerke beigetragen».

In China sind verschiedene Reben heimisch, nicht aber *Vitis vinifera*. Die erste Einfuhr der Weinrebe nach China ist eindeutig belegt. Sie geschah 128 v. Chr. von Persien aus, als der chinesische Diplomat Chang Ch'ien sich auf einer seiner berühmten Reisen ein Jahr lang in Baktrien aufhielt. Aus Fergana, einem Land östlich von Samarkand, brachte er dem Kaiser von China Samenkörner von Weinreben und Alfalfa-Gras (dem Pferdefutter der Perser) mit. In Fergana, so berichtete er, hielten die Reichen Vorräte an Traubenwein in Mengen bis 10 000 Gallonen jahrzehntelang ohne Verderb.

Ausländische Gesandte in China bemerkten später große Anpflanzungen von Alfalfa und Weinstöcken unweit des kaiserlichen Palasts. In chinesischen Schriften heißt es, der Weinstock sei in Kashmir und später in Syrien (gegen das Ende der Römerzeit) reichlich anzutreffen. Das chinesische (und auch japanische) Wort für Traube, «Budo», scheint jedoch seinen Ursprung im Persischen zu haben. Ein spätpersisches Wort für Traube ist «Buda».

Alte chinesische Urkunden machen keinen Unterschied zwischen Wein aus Reis und Wein aus Trauben oder anderen Früchten und auch nicht zwischen Wein und Spirituosen. In manchen Bronzegefäßen, die zum «Erhitzen» von Wein benutzt wurden, könnte eine einfache Art von Branntwein hergestellt worden sein – eine Brennblase ist ja für die Destillation nicht unbedingt nötig. Den Chinesen war außerdem im 7. Jh. v. Chr. auch die Methode des Einfrierens von Wein bekannt, wobei das Eis (also das Wasser) entfernt wurde und der Alkohol übrigblieb. Der Höfling Meng Shen schrieb im 7. Jh., daß es zwei Arten von Traubenwein gab: eine durch Gärung entstandene mit delikatem Geschmack und eine durch Erhitzen und Destillieren gewonnene mit stärkerer Wirkung. Diese zweite Art kam aus dem von Kaiser T'ang eroberten Gaochang an der Straße nach Persien.

Mit der Erschließung der Seidenstraße durch Zentralasien kamen mehrere Rebsorten in größerer Zahl nach China. Zu verschiedenen Zeiten genoß der Rebenanbau allerhöchsten Wohlwollens: Der Kaiser K'an-hi, ein Zeitgenosse von Ludwig XIV., unternahm in einigen seiner Reiche Versuche mit Weinreben und fand heraus, daß sie im Norden gut gediehen, im subtropischen Süden aber rasch degenerierten. Eine seiner Deklarationen könnte fast von dem ebenso experimentierfreudigen Thomas Jefferson stammen: «Ich möchte lieber für meine Untertanen eine neue Art von Frucht oder Korn hervorbringen als hundert Porzellanöfen bauen.»

Eine Notiz aus dem 13. Jh. ist aus mehreren Gründen hochinteressant. Damals wurde Traubenwein in Glasflaschen als Tribut aus mohammedanischen Ländern an den Mongolen-Khan gesandt. Jede Flasche enthielt zehn kleine Becher einer orangegelben Flüssigkeit; es hieß, sie sei berauschend und sei offenbar eine seltene Kostbarkeit gewesen: vielleicht ein Destillat.

In Marco Polos Bericht über den Wein in China am Ende des 13. Jh. heißt es: «In der Provinz Shansi wuchsen viele vortreffliche Weinstöcke, die viel Wein erbrachten, auch ist dies im ganzen Reich der Mitte der einzige Ort, wo Wein bereitet wird. Von dort aus wird er in das ganze Land befördert.»

In der Schöpfungsgeschichte heißt es, daß Noah der erste Weinbauer war. Die Illustration aus einem französischen Stundenbuch aus dem 15. Jh. schildert die Begebenheit, von der Entlassung der Tiere (hier nicht aus der Arche, sondern aus einer Scheune) bis zur Anpflanzung seines Weinbergs und zu seiner Unmäßigkeit im Weingenuß. «Und da er von dem Wein trank, ward er trunken und lag in der Hütte aufgedeckt.»

Im 9. Kapitel der Schöpfungsgeschichte wird erzählt, wie Noah, nachdem er die Tiere aus seiner Arche entlassen hatte, anfing «und ward ein Ackermann und pflanzte Weinberge. Und da er von dem Wein trank, ward er trunken und lag in der Hütte aufgedeckt. Da nun Ham, Kanaans Vater, sah seines Vaters Blöße, sagte er's seinen beiden Brüdern draußen.»

Sem und Japhet – eigentlich unnötig, es lang und breit zu erzählen – nahmen ein Kleid, gingen rückwärts in die Hütte, um nicht zu sehen, was Ham gesehen hatte, deckten Noah zu und gingen wieder.

Was aus dieser merkwürdigen Geschichte dann schließlich wurde, ging ganz über alles Maß. Noah verfluchte den armen Ham, der doch eigentlich nichts dafür konnte, und verdammte ihn dazu, der Stammvater einer niederen Menschenrasse zu werden, «ein Knecht aller Knechte unter seinen Brüdern». Es gibt heute noch Frömmler, die alles das für bare Münze nehmen und sich entsprechend verhalten.

Andere dagegen sehen in der Trunkenheit Noahs nach Adams Missetat den zweiten Sündenfall der Menschheit. Kaum hatte Gott die Welt von allen Kindern Adams mit Ausnahme des aufrechten Noah und seiner Familie befreit, da erlag dieser auserwählte Diener des Herrn gleich der ersten Versuchung, die ihm über den Weg kam: seinem eigenen Wein. Papst Julius II. befahl Michelangelo, die Verfehlung Noahs an der Decke der Sixtinischen Kapelle über dem für die Laien bestimmten Teil (aber voll im Blickfeld seiner Kardinäle) abzubilden.

DIE GESCHICHTE NOAHS hat abgesehen von ihren theologischen auch noch andere, nicht weniger interessante Aspekte. Zunächst einmal landete seine Arche «am Berg Ararat» – auf türkisch Agri Dag –, dem höchsten Gipfel des kaukasischen Hochlands, das sich in Faltungen zwischen der heutigen Türkei und Armenien erstreckt. Er ist ein gewaltiger, zweispitziger Kegel, eisbedeckt und abweisend, der eine Höhe von 5165 m erreicht (der höchste Gipfel der Alpen, der Montblanc, ist 4810 m hoch). In einem Führer durch das östliche Anatolien heißt es: «Der Berg ist gefährlich – schlimmes Wetter, bösartige Hirtenhunde, Steinschlag, Eislawinen, Schmuggler und Räuber können ein Abenteuer in eine Katastrophe verwandeln.» Immer wieder suchen Expeditionen den Gipfel nach einem großen Rettungsboot ab. 1951 wurde ein Stück Holz, das in einem zugefrorenen See gelegen hatte, im Triumphzug zu Tal gebracht.

Die Bibel stützt also die These, daß die Gegend um den Kaukasus die ursprüngliche Heimat des Weins sei – allerdings nur, bis die unbequeme Frage auftaucht, wo Noah eigentlich vor der Sintflut gelebt haben mag! Wo immer er nämlich seine Arche gebaut haben mag, er besaß zu jenem Zeitpunkt schon Weinberge und wußte, wie Wein bereitet wird. Weinstöcke haben zur Fracht der Arche gehört.

Eine tolle, jedoch unterhaltsame Spekulation ist, daß Noah vielleicht einer von vielen Überlebenden des Untergangs von Atlantis war. Zu bedenken ist dabei, daß eine baskische Sage einen Helden namens Ano feiert, der den Weinstock (wie den Ackerbau überhaupt) in einem Boot zu einem nicht näher bezeichneten Landungsplatz mitgebracht haben soll. Das Baskische ist eine der ältesten Sprachen des Okzidents, und «ano» ist das baskische Wort für Wein.

Um das Garn weiterzuspinnen, ein wenig mit Worten und Namen zu spielen, sei noch erzählt, daß es in Galicien eine ähnliche Sagengestalt namens Noya gibt, daß die Sumerer in Mesopotamien von einer Art Wassermann sprachen, der Oannes hieß, und daß Dionysos von der Schwester seiner Mutter, der Meeresgöttin Ino, aufgezogen wurde; ja in dem Namen Dionysos sind die beiden Silben enthalten, die in dem griechischen Wort für Wein, *oinos,* wiederkehren. (Hierzu können freilich die Georgier, deren Sprache viel älter ist als das Griechische, bemerken, daß ihr Wort *ghvino* die Wurzel aller Worte für Wein in anderen Sprachen sein müsse.) Wie gesagt, ein Spiel mit Worten und vielen offenen Möglichkeiten.

EINEN BEDEUTENDEREN EINDRUCK ALS ALLE DIESE SPEKULATIONEN vermittelt das aus einer noch viel früheren Zeit als die biblische Schöpfungsgeschichte überlieferte babylonische Gilgamesch-Epos, das in Teilen ebenfalls die Geschichte einer Sintflut erzählt. Der Gilgamesch ist das wohl älteste bekannte literarische Werk, es stammt etwa aus der Zeit um 1800 v. Chr., handelt aber wie alle Epen vom einem noch viel früheren heroischen Zeitalter.

Die 11. Tafel des Gilgamesch enthält die Sage von Utnapischtim, der so etwas wie die babylonische Version (vielleicht das Urbild) von Noah war. Auch Utnapischtim baute eine Arche, belud sie mit Tieren (und Schätzen), dichtete sie wie Noah mit Pech, sandte nacheinander drei Vögel über die Wasser der Flut aus und landete schließlich an einem Berg, wo er wie Noah der Nase der Gottheit mit Brandopfern schmeichelte.

Utnapischtim aber baute keinen Wein. Vielmehr ist von Wein erst auf der 10. Tafel die Rede. Der Held Gilgamesch dringt auf der Suche nach dem ewigen Leben in das Reich der Sonne ein, wo er einen verzauberten Weinberg entdeckt, dessen Wein (wenn er ihn hätte trinken dürfen) ihm die gesuchte Unsterblichkeit verliehen hätte.

> Rubinen sind seine Früchte,
> Hängend in Trauben, wundervoll anzuschauen;
> Lapislazuli sind seine Zweige,
> Und er trägt Früchte, begehrenswert anzusehen...

Die Hüterin des Gartens war eine Göttin namens Siduri Sabitu. (In Babylon waren, wie wir noch sehen werden, anscheinend überhaupt die Frauen für die Weinvorräte zuständig.) Wenn hier aber wie bei der Geschichte von der Sintflut und vielen anderen legendären Begebenheiten irgendein historischer Kern verborgen liegt, könnte es sich dann nicht vielleicht um eine Reminiszenz an einen Vorstoß aus dem weinlosen Mesopotamien in andere Gegenden handeln, die als Weinquelle in Frage kamen, so etwa Westsyrien (wie manche Kenner der Materie glauben) oder aber die Gebirge im Norden?

Mit noch einer weiteren Sintflut-Sage steht der Wein in Beziehung, und zwar in der griechischen Mythologie. Das Frühlingsfest des Dionysos in Athen hatte mehrere Bedeutungen. Manche verleiten dazu, einen Zusammenhang mit dem christlichen Osterfest herzustellen. Eine aber war die Erinnerung an eine große Flut, die Zeus über das böse erste Menschengeschlecht hereinbrechen ließ. Nur ein einziges Menschenpaar ließ er überleben. Ihre Söhne waren Orestheus, der dieser Sage zufolge den ersten Weinstock pflanzte; dann Amphictyon, dem Dionysos seine Freundschaft schenkte und ihn lehrte, Wein zu bereiten, und schließlich Hellen, der zum Stammvater des Volks der Hellenen, also ganz allgemein der Griechen, wurde. Sagen haben es an sich, daß sie nicht ordentlich zusammenpassen, doch die Anklänge an den Mythos aus Mesopotamien und das offenbare Bemühen, ihn zu «hellenisieren», sind weitere Gründe für die Annahme, daß hinter dieser Sage eine wenn auch dunkle gemeinsame Erinnerung aus fernen Zeiten steckt.

AM HÄUFIGSTEN WIRD VON ALLEN LEGENDEN UM DIE ENTDECKUNG DES WEINS wohl die persische Version zitiert. Dschemschid war ein legendärer persischer König. Manche Sagen rücken ihn in die Nähe Noahs. So soll auch er Tiere in einem großen Raum, den er für sie baute, vor dem Untergang bewahrt haben. Omar Khayyam sieht in ihm den Inbegriff eines heroischen Altertums:

> Es heißt, daß Leu und Echse friedlich liegen,
> wo Dschemschid thront und trinkt in tiefen Zügen.

An seinem Hof, so geht die Sage, wurden Trauben in Krügen als Vorrat aufbewahrt. Ein Krug, in dem die Trauben zu schäumen begonnen hatten und einen eigenartigen Geruch verströmten, wurde als ungenießbar, vielleicht sogar giftig, beiseite gestellt. Eine Haremsdame suchte Erlösung von ihrer Migräne und wollte sich mit diesem vermeintlichen Gift das Leben nehmen. Anstatt den Tod fand sie erfreuliche Linderung und erquickenden Schlaf.

Pflichtschuldigst berichtete sie dem König darüber, worauf «etwas Wein bereitet wurde, und Dschemschid und sein Hof genossen von dem neuen Trank».

KAPITEL 3

Die alten Imperien meistern den Wein

DIE PHARAONEN UND IHR WEIN

Die Ägypter waren nicht die ersten Weinbauern, wohl aber haben sie unseres Wissens als erste die Art und Weise, wie sie den Wein bereiteten, in Bildern festgehalten. Die Weinlese im alten Ägypten ist unserer Vorstellung nicht ferner als die in Tapisserien und Buchilluminationen dargestellte Weinernte im mittelalterlichen Frankreich. Nur schwer macht man sich klar, daß das Geschehen, das uns da so anschaulich vor Augen steht, 3000 bis 5000 Jahre zurückliegt und daß die technische Seite der Weinbereitung damals schon durch und durch beherrscht wurde. Es gab Experten in Ägypten, die zwischen verschiedenen Weinqualitäten so sicher und professionell zu unterscheiden verstanden wie ein Sherry-Händler oder Bordeaux-Makler im 20. Jahrhundert.

Die Einwohner Mesopotamiens tranken um dieselbe Zeit auch Wein, doch haben sie uns ein viel schattenreicheres Bild überliefert: Keine bis in unsere Zeit verschlossen gebliebenen Grabkammern machen ihre Existenz für uns wieder lebendig.

Mesopotamien ist das Land zwischen den beiden großen Strömen Euphrat und Tigris, die im Kaukasus entspringen und von dort südwärts zum Persischen Golf fließen. Es ist ein flaches, heißes und (wo es nicht bewässert ist) dürres Land – das genaue Gegenteil dessen, was der Weinstock liebt. Das Volk der Sumerer besiedelte es zwischen 4000 und 3000 v. Chr. von Norden oder Osten her und gründete die Städte Kisch und Ur. Aus Kisch kennen wir die früheste Form einer Schrift: stilisierte Bilder, sogenannte Piktogramme, mit einem Stift in feuchten Ton gezeichnet. Darunter findet sich auch, deutlich erkennbar, ein Weinblatt. Ur entstand später, erst um 3000 v. Chr., und bietet uns klarere Hinweise darauf, daß dort vermutlich Wein getrunken wurde, und zwar in einer berühmten Einlegearbeit, der sogenannten Standarte von Ur. Auf ihr sind Hofleute in dichten Reihen abgebildet, die anscheinend ihrem Herrscher zutrinken.

Nun kann man sagen, daß ihr Getränk in einem Land, wo Wein damals rar und exotisch war, wahrscheinlich Bier gewesen ist. Wer aber hätte damals dort Wein trinken können, wenn nicht die Vornehmen im Beisein ihres Königs?

IN DEN STÄDTEN MESOPOTAMIENS WAR DER WEIN BEKANNT, und er wurde dort auch getrunken; wo aber kam er her? In späteren Zeiten wurden Versuche mit eigenem Anbau gemacht, anfangs jedoch mußte er wohl aus einem Land importiert werden, wo der Weinbau bereits Fuß gefaßt hatte. Das waren möglicherweise die Berge im Osten Persiens – wenn es dort Weinbau gegeben hat, ist keine Kenntnis davon auf uns gekommen; die am ehesten gültige Antwort auf diese Frage gibt aber der griechische Historiker Herodot, der als der «Vater der Geschichte» bezeichnet wird. Er berichtete zweieinhalb Jahrtausende später, daß der Euphrat dem Transport von Wein in jene große Stadt diente, die als Nachfolgerin von Kisch und Ur entstanden war: Babylon.

DIE PHARAONEN UND IHR WEIN

«Was mir aber nach der Stadt selbst am wunderbarsten erscheint, ist dies: Die Schiffe, die den Fluß hinab nach Babylon fahren, sind rund und ganz aus Häuten gemacht, denn sie verfertigen Rippen aus den Weiden, die in Armenien oberhalb von Babylon wachsen, und überziehen sie mit auf der Außenseite über die Rippen gespannten Häuten, die so als Boden dienen, wobei sie keinen Unterschied zwischen Bug und Heck machen. Die dergestalt wie Schilde gebauten Schiffe füllen sie mit Schilf und benutzen sie, um Waren den Fluß hinunter zu befördern, meistens Palmholzfässer mit Wein. Jedes Gefährt hat einen Esel an Bord, die größeren auch mehrere, denn nachdem sie in Babylon angekommen sind und ihre Fracht abgesetzt haben, verkaufen sie die Rippen der Boote und das Schilf, dann laden sie die Häute auf die Esel und kehren zu Land nach Armenien zurück, da der Fluß seiner starken Strömung wegen aufwärts nicht schiffbar ist. Darum auch bauen sie ihre Boote aus Häuten und nicht aus Holz, und wenn sie ihre Esel nach Armenien zurückgetrieben haben, bauen sie dort wieder Boote derselben Art.»

In diesem wundervoll anschaulichen Bericht gibt es mancherlei Erstaunliches – vor allem, daß die Gefäße, in denen der Wein befördert wurde, keine irdenen Krüge waren, sondern Fässer. Die Römer sollen den Faßbau von den Galliern gelernt haben, und die

Die Standarte von Ur ist eine 5000 Jahre alte, mit Halbedelsteinen eingelegte Tafel, die sich heute im British Museum befindet. Auf der einen Seite stellt sie den Frieden dar und auf der anderen den Krieg. Der Frieden wird durch die sitzenden Hofleute symbolisiert, die ihrem Herrscher ihre Trinkschalen entgegenheben; es ist dies die früheste uns bekannte Darstellung des Weintrinkens.

Griechen benutzten überhaupt keine Fässer. Aber Herodot, gebürtig aus Halikarnassos in Kleinasien – damals Teil des Persischen Reichs –, spricht mit Selbstverständlichkeit von Weinfässern. Kann es jedoch stimmen, daß diese aus Palmholz angefertigt waren? Das Holz von Palmenstämmen läßt sich so gut wie überhaupt nicht zu Faßdauben sägen. Wurden vielleicht die Stämme ausgebrannt, so daß hohle Zylinder entstanden, und wurden diese dann auf irgendeine Weise an den Enden dicht verschlossen? Überdies kam der Wein aus Armenien, wo es besser geeignete Hölzer gibt, warum wurden dann Palmen verwendet?

Armenien war damals nicht das von allen Seiten eingeschlossene kleine Land, das es heute ist, vielmehr umfaßte es die gesamte Region südlich von Georgien, das heute zur Türkei gehörende Ostanatolien, die Gegend, wo an der Wasserscheide des Bergs Ararat der Euphrat entspringt.

Es ist aber die Frage, warum der Wein so weit her aus Armenien kommen mußte. Der Euphrat fließt durch Assyrien, wo auch Wein wuchs. War der vielleicht nicht so gut wie der Wein aus den Bergen weiter im Norden? Zu Herodots Zeit wuchs Wein schon seit 2000 Jahren um das gesamte östliche Ende des Mittelmeers, von der heutigen Türkei bis nach Syrien (wo aus Karkemisch ein berühmter Wein für Aleppo kam), über Byblos im Libanon bis Palästina im Süden, damals das Land Kanaan. Die Ägypter, die auch auf ihren eigenen Wein stolz waren, schätzten doch den aus Kanaan besonders.

Zu den Völkern dieser Gegenden zählten auch die geheimnisumwobenen Hethiter, die den größten Teil des zweiten Jahrtausends v. Chr. hindurch das reiche Herz Anatoliens bewohnten (reich war es sowohl an Ackerfrüchten als auch an Bodenschätzen; in der Bronzezeit war es die wichtigste Lieferquelle für Kupfer). Wenn sich die Freude am Wein an den Gefäßen ermessen läßt, die für seine Aufbewahrung und Darbietung angefertigt wurden, dann stehen die Hethiter den anderen alten Völkern in nichts nach. Ihre Kunstfertigkeit in der Herstellung goldener Kelche sowie von Trink- und Opfergefäßen in Gestalt von Tieren oder Tierköpfen (Rhyton) wurde selbst von den Goldschmieden Athens im 4. Jahrhundert v. Chr. nicht übertroffen.

Es braucht also kein Zweifel zu bestehen, daß aus diesem Teil der Welt guter Wein kommen kann. Die Türken von heute sind zwar nur halbherzige Weinerzeuger (insbesondere in diesem so stark mohammedanischen Teil ihres Landes), unterhalten aber doch staatliche Weinberge bei Elazig am Euphrat, 300 km flußabwärts vom Ararat, und an der Quelle des Tigris. Der Buzbag, ein Rotwein, der dort produziert wird, ist freilich kein Wunder an Finesse, sein Potential aber ist eindeutig; er hat lebendige Fülle im

Geschmack. Im Mittelalter waren die Weine von Tyros und Sidon im heutigen Libanon mit die teuersten und am meisten gesuchten der Welt, und auch in unserer Zeit ist das Bekaatal, östlich des Libanongebirges, die Heimat des gefeierten Château Musar, der als Trumpfas unter den großen Rotweinen der Welt gilt.

EINE KLARE VORSTELLUNG VON DER POLITISCHEN GESCHICHTE DES VORDEREN ORIENTS zu gewinnen ist selbst in unserer modernen Zeit nicht einfach. Unmöglich ist es dagegen, sich ein genaues Bild von den Völkern in der Zeit vor 4000 Jahren, ihrer Kultur, ihren Wanderzügen, ihren Überzeugungen und Bündnissen zu machen. Nur einige besondere

STRENGE GEBOTE

Spuren einer frühen Gesetzgebung um den Wein sind uns aus den zwei ältesten Gesetzessammlungen überliefert: Die eine stammt von Hammurabi, Herrscher in Babylon (1792–1750 v. Chr.), die andere von den Hethitern, die der Herrschaft seiner Dynastie ein Ende setzten.

Aus beiden lassen sich Beispiele zitieren, die ein authentisches Bild ergeben. Hammurabis Kodex geht mit Gesetzesübertretern in Handelsdingen allgemein recht milde um. Daher ist es besonders interessant, daß die drei Artikel, die sich mit dem Weinverkauf befassen, absurd strenge Strafen beinhalten: Schon bei kleinen Versehen beim Zusammenrechnen der Zeche wird dem Schankmädchen angedroht, «sie soll ins Wasser gestürzt werden».

«Zetteln Gesetzesbrecher eine Verschwörung im Haus einer Weinverkäuferin an» – man beachte die weibliche Form! – «und sie hält diese nicht fest und liefert sie nicht dem Palast aus, dann soll diese Weinverkäuferin mit dem Tode bestraft werden.»

Am schlimmsten aber erging es Priesterinnen und Kultdienerinnen, die nicht in einem Kloster lebten, wenn sie ein Weinhaus eröffneten oder ein solches betraten, um dort zu trinken, denn «ein solches Weib soll verbrannt werden». Hieraus darf man wohl folgern, daß der Weinverkauf den Frauen oblag, jedoch sicherlich kaum, weil es sich dabei um einen niederen Stand handelte; ihm fiel eindeutig eine große Verantwortung zu. Die Begründerin der 4. sumerischen Dynastie in Kisch, Königin Azag-Bau, wird erstaunlicherweise als «Weinhändlerin» bezeichnet.

Im Gesetzeskodex der Hethiter wird unter § 101 ein neuer Abschnitt durch die Überschrift «Wenn ein Weinstock . . .» eingeleitet. Die Bestimmungen befassen sich mit allen Aspekten von Ackerfrüchten und Pflanzen, angefangen mit dem Holzstehlen im Wald bis zum Weiden von Schafen in einem Weinberg, wobei diese die Trauben fressen. In beiden Fällen besteht die Strafe in Schadenersatz und einer Geldbuße. (Übrigens betrugen Geldbußen für Sklaven stets die Hälfte des für Freie angerechneten Betrags.)

Aus diesen Gesetzen geht mindestens eines mit Sicherheit hervor: Hier ist die Rede von echtem Wein aus Trauben. Der früheste Wein Mesopotamiens wurde nämlich wahrscheinlich aus Datteln gewonnen, aber es gibt auch aus dem Jahr 2900 v. Chr. einen Bericht über einen «Garten mit Weinstöcken».

Leistungen treten als Marksteine hervor – soweit unsere Archäologen bisher über sie gestolpert sind.

Dennoch kann man ein skizzenhaftes Bild von den Mächten zeichnen, die im zweiten Jahrtausend v. Chr. das Mittelmeer umgaben. Den Süden beherrschte in diesem Jahrtausend die meiste Zeit ein vereintes Ägypten – die Ägyptologen bezeichnen diese Periode als das Mittlere und Neue Reich. Der Glanz und die technischen Fähigkeiten der Ägypter machten einen tiefen Eindruck auf alle, die mit ihnen in Berührung kamen. Auf der Insel Kreta gab es damals eine Zivilisation, die sich zwar nicht in der Größe, wohl aber in ihrem Raffinement mit der ägyptischen vergleichen läßt – die minoische Kultur. Ab etwa 1500 v. Chr. wurde Griechenland von den Mykenern beherrscht. Sie überfielen und plünderten Kreta und setzten der friedvollen minoischen Zeit ein Ende.

Die meiste Zeit war damals Anatolien das Reich der Hethiter, das sich auf dem Gipfel seiner Macht ostwärts bis nach Babylon erstreckte. Die Ostküste des Mittelmeers nahm das Land Kanaan ein, das von Ägypten durch jene Wildnis getrennt war, durch die Moses der biblischen Überlieferung gemäß die Kinder Israels führte (etwa um 1200 v. Chr.). Nördlich und östlich von Kanaan lag Assyrien, eine Großmacht, deren Aufstieg und Niedergang sich über einen sehr langen Zeitraum hinweg vollzog.

In Mesopotamien (ungefähr im heutigen Irak) hatte die Zivilisation der Sumerer vor semitischen Völkern aus dem Westen weichen müssen. Deren Hauptstadt war Mari am mittleren Euphrat, bis König Hammurabi um 1790 v. Chr. weiter flußabwärts das glanzvolle Babylon gründete (nicht weit vom heutigen Bagdad). Für beide Städte war die wichtigste Handelsstraße der Euphrat als Verbindung nach Anatolien, woher sie das Kupfer für die Herstellung von Bronze bezogen. (Die zweite bedeutende Lieferquelle war die Insel Zypern, deren Name auf das damals begehrte Kupfer zurückgeht.)

Woher das zweite für die Bronzeherstellung nötige Metall, das Zinn, kam, ist bis heute ungeklärt. Vielleicht gab es in Anatolien ein Bergwerk, von dem alle Spuren verlorengingen, nachdem es erschöpft war; sonst aber bleiben als Herkunftsquellen nur Böhmen und Britannien. Niemand weiß zu sagen, wann die Zinnminen in Cornwall entdeckt wurden.

Zwischen den hier erwähnten Mächten bestand ein reger diplomatischer und Handelsaustausch. So groß die Entfernungen auch waren, es gab doch Schiffsverkehr auf allen Flüssen, auf den Straßen am Rand der Wüsten (sie wurden noch nicht mit Kamelen durchquert) herrschte Leben und Treiben, und die Seewege des Mittelmeers boten sich dem Handel und Wandel dar.

Die damaligen Reiche um das Mittelmeer waren offenbar erstaunlich wenig daran interessiert, ihre Macht auch auf seine Küsten auszudehnen. Ihr Augenmerk lag auf dem Hinterland. So begünstigten sie die Entstehung unabhängiger Handelshäfen, die sie als Mittler, als politisch neutrale Treffpunkte benutzten, wo die Handelsleute nicht durch Burgen und große Heere abgeschreckt wurden. Diese Hafenstädte waren zwar tributpflichtig, wurden aber in Frieden gelassen, damit sie das Geld, das sie bezahlen sollten, auch gewinnen konnten.

Der erste dieser Häfen war vermutlich Ugarit (das heutige Latakia in Syrien). Hier trieben die südlichen Kanaaniter, die dem assyrischen Reich dienstbar waren, jedoch nicht zu ihm gehörten, Handel. El-Mina an der Mündung des Orontes, heute in der Türkei, wurde erst um 900 v. Chr. von den Griechen als Kontaktpunkt mit dem Land am Euphrat gegründet. Später kamen Tyros und Sidon weiter im Süden hinzu. Von dieser Küste aus fuhren die Nachfolger der Kanaaniter, die Phöniker – ein höchst unabhängiges und geistreiches Volk (ihm verdanken wir unser Alphabet) –, zur See und gründeten eine Reihe ebenso unabhängiger und unkriegerischer Handelsstädte rund um das Mittelmeer und vielleicht sogar darüber hinaus. Karthago in Nordafrika und Cádiz in Südspanien gehörten zu ihren Stützpunkten.

Die Alten verwandten größte Kunstfertigkeit auf die Herstellung von Trinkgefäßen, so beispielsweise auch bei diesem Hirschkopf-Rhyton aus reinem Silber, ein in Anatolien im 15. bis 13. Jh. v. Chr. entstandenes Kunstwerk. Es diente vermutlich dazu, den Göttern Trankopfer und dem Priester anschließend einen erfrischenden Trunk zu spenden. Selbst Benvenuto Cellini hätte sich in der Hochrenaissance einer solchen Arbeit nicht zu schämen brauchen.

Allmählich bauten die Großmächte – allen voran die Griechen – ebenfalls Flotten, um ihre Herrschaftsbereiche zu schützen. Aber das Prinzip der «Handelshäfen» überlebte viele Jahrhunderte voller politischer Veränderungen. So gründete Alexander der Große, der Eroberer der gesamten Welt, von der hier die Rede ist, an der Nilmündung Alexandria als neutralen Hafen, wo Griechen, Ägypter und Juden gemeinsam lebten.

Ein deutliches Beispiel des blühenden, vielfältigen Handels im östlichen Mittelmeer kam 1987 ans Licht, als bei Ulu Burun, nahe der Südwestküste der Türkei, das Wrack eines reichbeladenen Handelsschiffs gefunden wurde. Es handelte sich um ein wahrscheinlich kanaanitisches Schiff, das zwischen Ägypten, Kanaan, Zypern, der Küste Kleinasiens, vielleicht auch bis Kreta und zum mykenischen Südgriechenland Handel trieb. Als es um 1400 v. Chr. unterging, hatte es große Kupferbarren und kleinere Zinnbarren, große Mengen der berühmten mykenischen Keramiken, blaues Glas in Stücken, wertvolle Waffen und kostbare Harze an Bord. Aber auch Wein gehörte zur Fracht.

ÜBER DEN WEIN DER ALTEN ÄGYPTER WISSEN WIR ALLES UND NICHTS. Was uns an Einzelheiten vorliegt, ist fast überwältigend. Am anschaulichsten wird dies in der Ausmalung der Grabkammern hoher Beamter, die mit der Beaufsichtigung des Weinbaus betraut waren, aber auch einfacher Handwerker, die am Weinstock und seiner Frucht solche Freude hatten, daß sie die Decke ihrer Grabkammern mit traubenbehangenen Ranken schmückten.

Die alte Hauptstadt Luxor, Homers «hunderttoriges Theben», in ihrer Glanzzeit die größte Stadt der Welt, hält die meisten Beweisstücke für uns bereit. Von Luxor aus steigen die dürren Hügel der Sahara in goldenen Zacken über dem Nil auf. Hier in der Wüste des Westens wurden die Mumien der Pharaonen zwischen Schätze von so fabelhaftem Wert gebettet, daß die eigenen Priester Grabraub begingen, noch ehe die in Felsen gehauenen Gewölbe verschlossen wurden. Neben dem Tal der Könige, dem einsamsten und wüstesten aller Friedhöfe, liegt das Tal der Vornehmen und eine Strecke weiter in die Wüste hinaus die Nekropole der Künstler und Handwerker, die ein Jahrhundert um das andere mit dem Meißeln und Ausmalen der nur für die Augen der Götter bestimmten Gewölbe beschäftigt waren.

Die Malereien in den Königsgräbern widmen sich vorwiegend heiligen Gegenständen. Götter mit Vogel- und Tierköpfen führen endlose Prozessionen in einem symbolhaften Ballett auf, das uns gerade dadurch rührt, weil es uns so wenig zu sagen hat. Reale, aufschlußreiche Darstellungen sind hier die Ausnahme.

Dagegen finden sich in den Grabkammern mancher Vornehmer auch Beschäftigungen abgebildet, denen ihre Inhaber einst nachgingen. Rechmirê beispielsweise war ein hoher Hofbeamter mit enzyklopädischen Neigungen. Die Wände seiner Grabkammer bilden einen großartigen Katalog der Handwerkserzeugnisse, Nahrungsmittel, Gärten, fremder Völker, von Tieren und Fahrzeugen. Was die Nubier oder Syrer trugen, wie ein Stuhl gemacht oder Alabaster poliert wurde, ist so genau abgebildet, daß der Phantasie nichts mehr hinzuzufügen bleibt. Die Weingewinnung ist nur eine Facette aus dem umfassenden Bild des Alltagslebens im alten Ägypten. Die Grabkammer von Nacht, einem weiteren hochgestellten Bürokraten, ist freier ausgemalt, offenbar mehr zum Vergnügen als zur Information. Aber auch hier ist die Weinernte, von der Traubenlese bis zum Gären des Weins, in allen Details festgehalten.

Aus diesen und anderen Grabkammern läßt sich leicht ein genaues Bild gewinnen. Es erstreckt sich auf einen Zeitraum, der um die Hälfte länger ist als die Zeit zwischen heute und der Geburt Christi, und in ihm gingen 33 Pharaonendynastien vorüber. Wir wissen, wo und wie damals Wein bereitet, wie er benannt, gelagert, serviert und getrunken wurde. Doch wir wissen nicht, wie er schmeckte.

Nun wäre es nicht schwierig, die Weine des alten Ägypten zu reproduzieren. Das Hauptproblem wäre wohl, welche Rebsorten dabei in Frage kämen. Würden wir jedoch heute einen Weinberg im Nildelta nach antikem Muster anlegen (also in fruchtbarem Flußschlick, bewässert und mit Stallmist gedüngt), die Reben wie damals auf hohen Pergolen ziehen, die Trauben stampfen und den Most in Tonkrügen gären lassen, dann könnten wir kaum mit Wein von einiger Qualität rechnen. Auch wird im heutigen Ägypten gewiß kein Wein besonderer Güte erzeugt. Dennoch kann es nicht richtig sein, ein-

Die Kunst der Glasherstellung war bei den Ägyptern bereits zur Vollendung entwickelt. Dieses Dekantiergefäß aus der Zeit der 18. Dynastie in der Form einer Weintraube ist eine technische Meisterleistung. Der Wein, den es damals enthielt, entsprach wahrscheinlich nicht einem so hohen Qualitätsstand.

fach über die Achsel ansehen zu wollen, was Menschen von so hoher Kultur wie die damaligen ägyptischen Aristokraten als gut, sehr gut oder vorzüglich bezeichneten, was mit so viel Sorgfalt und Umsicht bereitet und mit so viel Genuß getrunken wurde.

Schon in manchen der ältesten Bilder von der Weingewinnung erkennt man Anzeichen für technischen Erfindergeist, wie ihn vor unserer modernen Zeit keine andere Zivilisation aufbrachte. In manchen Fällen handelt es sich nur um angewandten gesunden Menschenverstand. Trauben in einem offenen Behälter zu stampfen ist schwieriger, als es aussieht. Wenn man in der dicken, schlüpfrigen Masse sicheren Stand behalten will, muß man sich an etwas festhalten können. Beim Stampfen der Trauben für Portwein im heutigen Portugal stützen sich die Leute gegenseitig mit einander um die Hüften gelegten Armen und bilden eine fest geschlossene Kette. Die Ägypter hatten einen genial einfachen Einfall: Sie brachten über dem Stampfboden knapp über Kopfhöhe Stangen an. Hieran hielten sich die Arbeiter beim Stampfen fest. Auch Halteschlaufen – wie in modernen Bussen – fanden etwas später in der ägyptischen Technik ihre Vorläufer. Es gibt Bilder von Arbeitern, die sich an kurzen von Dachbalken oder von als Sonnenschutz aufgestellten Schilfdächern herabhängenden Stricken halten.

Eine weitere geniale Errungenschaft der damaligen Zeit war die Sackpresse, in der die Traubenschalen, die ja nach dem Stampfen noch immer viel wertvollen Saft enthielten, mit einer Art Riesenhaspel ausgequetscht wurden, wobei der Saft zugleich aufgefangen und gefiltert wurde. Das ägyptische Wort für diesen Vorgang ist dasselbe wie das für Auswringen von Wäsche.

Sicher ist, daß die Trauben damals vollreif geerntet wurden. Unter der Sonne Ägyptens müssen sie honigsüß geworden sein. Auf den meisten Bildern erkennen wir dunkle

Fast könnte man meinen, viele Grabmalereien im alten Theben seien von vornherein dafür gedacht gewesen, der Nachwelt die ägyptische Weinernte in allen Details vor Augen zu führen. In dieser Szene aus der Grabkammer von Kha'emwese ist der gesamte Vorgang dargestellt. Von rechts nach links und von oben nach unten betrachtet: Die Trauben werden von Lauben gepflückt (die Weinstöcke sind in erhöhte Tröge gepflanzt), das Lesegut wird kontrolliert, die Trauben werden gestampft, und schließlich bringt ein Priester den Göttern Most als Opfergabe dar – heute wäre er Önologe und würde in einem Labor arbeiten. Der Wein wird in kanaanitischen Krügen zum Gären eingesiegelt. Auf der untersten Ebene wird der Wein im Boot auf dem Nil befördert.

Trauben und auch dunklen Most, der aus der Kelter in die Gärkrüge läuft, woraus zu folgern ist (weil ja durch das Stampfen allein nur wenig Farbe in den Most gelangt), daß die Gärung bereits in dem Trog einsetzte, in dem die Trauben gestampft worden waren.

Nicht verwunderlich ist, daß manche Gemälde zeigen, wie der gärende Most aus den Krügen herausschäumt: Bei dem sehr süßen Traubensaft und den in Ägypten herrschenden Herbsttemperaturen muß die erste Gärung so stürmisch verlaufen sein, wie es die gängige Redensart besagt. Von Filtrieren ist kein Anzeichen zu bemerken. Wahrscheinlich wurden die größeren Stiel- und Schalenstücke durch eine Art Sieb im Trog zurückgehalten, doch muß der gärende Wein noch viel feste Substanz enthalten haben. Man sollte also erwarten, daß der Wein nach der ersten heftigen Gärung von den groben Trubstoffen abgezogen und zum Ausgären in eine saubere Amphore geleitet worden sein muß. Es gibt aber keine Bilder, auf denen dieser Vorgang dargestellt ist. Dies wäre sicherlich mit einem Siphon geschehen, denn die Ägypter kannten und benutzten den Siphon, allerdings nicht zu diesem Zweck. Vielmehr wurden die Gärgefäße anscheinend mit einem Binsenpfropfen verschlossen, der mit einer großen Haube aus Ton versehen wurde. Für die Zeit des Ausgärens wurde, um die Kohlensäure entweichen zu lassen, in diesen Pfropfen ein kleines Loch gemacht, das dann verschlossen wurde, wenn sich keine Bläschen mehr zeigten. Solange der Ton dieser Haube noch frisch war, wurde er oft mit dem Siegel des Guts gestempelt.

Seltsam ist, daß – nach den Bildern zu schließen – die Ägypter ihre Weinkrüge nicht vergruben wie die Georgier ihre Kwevri. Aus keinem dieser Bilder sind irgendwelche Vorkehrungen zum Kühlhalten der Krüge während der Gärung zu entnehmen – was doch in einem warmen Land, wo der Übergang von Wein zu Essig ungeheuer schnell erfolgen kann, eine fundamentale Maßnahme sein müßte. Das Verschließen mit Ton war selbstverständlich genauso wirkungsvoll wie ein moderner Korken, wenn aber der Wein sich überhaupt und dazu noch gut hielt, dann gewiß mehr wegen seines hohen Gehalts an Alkohol als aufgrund besonderer Hygiene bei der Gewinnung oder einer ihm innewohnenden Stabilität.

GRABBEIGABEN

Als das Grab des 1352 v. Chr. im Alter von 19 Jahren verstorbenen Königs Tutenchamun von dem berühmten Ägyptologen Howard Carter im Jahr 1922 geöffnet wurde, fand er neben anderen Schätzen bei der goldenen Mumie auch Weinkrüge, die der königlichen Seele auf die Reise mitgegeben worden waren.

26 der insgesamt 36 Amphoren trugen Bezeichnungen. Auf sieben war das Siegel der königlichen Güter und auf 16 der Name des königlichen Hauses von Aten angebracht, beides «am westlichen Fluß» (dem westlichen Arm des Nildeltas, wo das beste Weinland Ägyptens lag).

23 Weine stammten aus drei Jahrgängen: «Jahr 4», «Jahr 5» und «Jahr 9». Ob es sich dabei um die Jahre der Regierungszeit des Königs handelte oder einfach nur um das Alter des Weins, ist unklar. Es beweist allerdings, daß sehr guter Wein auch in beträchtlichem Alter hochgeschätzt wurde. Auf einer Amphore ist sogar «Jahr 31» angegeben – und dabei kann es sich nicht um ein Regierungsjahr des Königs handeln. Auf allen außer den drei ältesten Amphoren ist jeweils der Name des obersten Winzers verzeichnet. Einer namens Kha'y hat fünf Weine aus den Gütern Tutenchamuns, aber auch einen aus dem Haus von Aten bereitet. Entweder müssen also königliche Beamte beide Besitzungen gemeinsam bewirtschaftet haben, oder Kha'y war ein so begabter Winzer, daß er – wie Professor Peynaud heute in Bordeaux – für mehrere große Güter zugleich arbeitete. Zwei Weine (beide mit der Aufschrift «sdh», was vermutlich neu oder frisch bedeutet) waren als «sehr gute Qualität» gekennzeichnet. Die anderen trugen weitergehende Beschreibungen nur dann, wenn sie «süß» waren (vier von 26). Hieraus ergibt sich, daß die aufschlußreichste Information neben dem Jahrgangsdatum der Name des obersten Winzers ist. Was könnte auch realistischer sein? Nichts ist so wichtig wie der Mensch, der den Wein bereitet.

Die Tatsache, daß es üblich war, im Siegel auch den Jahrgang und andere Angaben über Herkunft oder Bestimmung des Weins anzubringen, wird meistens so interpretiert, daß der Wein für längere Lagerung gedacht war. Dies wird dadurch bestätigt, daß unter den Vorräten in den Königsgräbern auch relativ alte Weine gefunden wurden.

Allem Anschein nach muß aber doch wohl Frische ebensosehr wie Reife angestrebt worden sein. Die Annahme darf als begründet gelten, daß die Jahrgangsangabe damals wie heute einfach zur Information gedacht war. Bei einem Beaujolais nouveau ist der jüngste Jahrgang am besten, während für Jahrgangs-Port ganz anderes gilt. Vielleicht gingen dem «Träger der Geheimnisse in der Weinhalle» – das war der Titel des zuständigen Palastbeamten der Pharaonen – ebensolche Gedanken durch den Kopf.

Wie die Ägypter Wein tranken, ist uns sogar noch genauer bekannt als die Art, wie sie ihn bereiten. Ein Gemälde um das andere bringt mit brillanter Vitalität Freude und Genuß zum Ausdruck. Die Gelageszenen sind manchmal heiter, elegant, dekorativ, manchmal ungebärdig und freizügig, stets aber mit liebevoller Hingabe gemalt. Es gibt so anschauliche Darstellungen miteinander schwatzender Mädchen, würdiger Paare mit ihren Lieblingstieren, von Musikanten und (meist so gut wie nackten) Dienerinnen, daß man sich wie ein Zaungast bei ihren immerwährenden Festen vorkommt.

Die Ägypter feierten in einer Atmosphäre brillanter Farben und starker Düfte (sie rieben sich den Scheitel mit wohlriechenden Salben ein, die allmählich schmolzen und über das zu Zöpfen geflochtene Haar und über die Perücken herabflossen), unter Girlanden aus Blumen und Weinranken, mit Lotosblüten und -knospen. Manchmal tranken sie aus Weinschalen, manchmal aber auch durch Strohhalme direkt aus den Krügen. Gelegentlich wurde Wein aus verschiedenen Krügen in einen anderen gepumpt und dort vermutlich gemischt. Wurde Wein aus einer Amphore eingeschenkt, dann oft durch ein Sieb (wodurch sich bestätigt, daß noch ein Bodensatz von der Gärung her verblieben sein mußte. Große Mäßigkeit verraten diese Gelageszenen nicht – ganz augenscheinlich haben die Damen gelegentlich entschieden zuviel des Guten genossen, auch wenn nie jemand unter dem Tisch liegt oder hinausgetragen werden muß.

Bei alledem glaubte der griechische Schriftsteller Athenaios behaupten zu dürfen, daß «unter den Ägyptern der alten Zeit Gastmähler aller Art mit Mäßigung abgehalten

Die Ägypter gaben ihren Toten Speisen und Getränke mit ins Grab, damit sie im Jenseits Gäste bewirten konnten. Dieses Bild eines Gelages in einer Grabkammer in Theben um 1500 v. Chr. vermittelt eine Vorstellung davon, auf welche Festlichkeiten man sich nach dem Tode freuen konnte. Die Dienerinnen sind leichtgeschürzt. Die Weinkrüge sind mit Girlanden umwunden, wohl auch, um sie kühl zu halten.

wurden ... Sie aßen im Sitzen, genossen die einfachsten und gesündesten Speisen und tranken nur soviel, als sie für ihre Fröhlichkeit bedurften.»

Welches Ansehen der Wein genoß, wird aus seiner Verwendung für rituelle Zwecke, nämlich als Trankopfer für die Götter und für die Toten, ersichtlich. Bier war Alltagsgetränk, es spielte bei den Ritualen keine Rolle. (Der Weinbau Ägyptens war nie umfangreich. Weingenuß muß den Reichen und der Priesterschaft vorbehalten gewesen sein.)

Der in den Grabkammern gefundene Wein ist selbst bei den ältesten Dynastien schon mit einer, wenn auch nur vagen, Herkunftsbezeichnung versehen. Um 2470 v. Chr. (in der 5. Dynastie) waren sechs verschiedene Benennungen in Gebrauch. Ob sie eindeutig unterschiedliche Weinarten oder lediglich die Herkunft bezeichneten, ist nicht bekannt. Auch von «Wein aus Asien», wahrscheinlich aus Syrien oder Kanaan, ist die Rede. Ägyptische Schiffe liefen regelmäßig Byblos in Kanaan an, um dort Holz zu laden. Die berühmten Libanon-Zedern waren in Ägypten sehr begehrt, denn Palmenholz ist zum Bauen ebensowenig geeignet wie zur Herstellung von Fässern.

Als das Neue Reich, dessen berühmtestes Monument das Grab Tutenchamuns ist, um 1550 v. Chr. entstand, waren die Kennzeichnungen auf den Weinkrügen schon fast so präzise wie heute etwa die Weinetiketten in Kalifornien – nur die Rebsortenangabe fehlte. Verzeichnet waren der Jahrgang, der Weinberg, sein Besitzer und der oberste Winzer. Die besten Weinlagen befanden sich am «westlichen Fluß» (dem westlichen Arm des Nildeltas) bei Sile, Behbeit el-Hagar, Memphis und den Oasen – alles in Unterägypten. In Oberägypten wurde offenbar bis zur Herrschaft der von den Griechen inspirierten Ptolemäer ab etwa 300 v. Chr. mit Weinbau kein Versuch gemacht.

Soweit die Ägypter den Wein überhaupt einer bestimmten Gottheit zuordneten, war es meist Osiris, der Gott des Lebens nach dem Tode, der auch für das Leben der Pflanzen zuständig war. Er wurde als «Herr des Weins bei der Überschwemmung» und «Herr der Trinksprüche beim Fest» bezeichnet. Später brachten griechische Schriftsteller Osiris mit Dionysos, dem Weingott der Griechen, in Verbindung. Auch andere Gottheiten wurden mit dem Wein in Zusammenhang gebracht: der Sonnengott Re oder Horus, Sohn des Osiris und der Isis. «Horus-Auge» wurde alles genannt, was besonders hochgeschätzt und wertvoll war. «Grünes Horus-Auge» und «weißes Horus-Auge» sind Namen, die besonders oft im Zusammenhang mit Wein erwähnt werden.

DIE WEINGÄRTEN WURDEN EBENSO WIE DER WEIN GOTTHEITEN GEWEIHT. Der große Pharao Ramses III. verzeichnete im 11. Jahrhundert v. Chr. unter seinen Gaben an Amun, den Gott Thebens und zugleich in gewissem Sinne ganz Ägyptens, «Weingärten ohne Grenzen für Dich ... Ich stattete sie aus mit Winzern, mit den Gefangenen aus fremden Ländern und mit Kanälen, von mir ausgehoben ...» Aus derselben Zeit ist ein Brief erhalten, der ein genaues Bild von der Betriebsgröße eines kleineren Weinguts im Delta gibt:

«Ich bin mit dem Boot meines Herrn und mit zwei Viehbarken in Nay-Ramesse-Miamun eingetroffen ... Die Weinberghüter waren 7 Männer, 4 Jünglinge, 4 Greise und 6 Kinder, zusammen 21 Personen. Ich tue meinem Herrn kund, daß der Wein, den ich beim Vorsteher der Weinberghüter, Tjatroy, unter Verschluß vorfand, insgesamt war: 1500 Krüge Wein, 50 Krüge sdh-Wein, 50 Krüge pwr-Getränk, 50 pdr-Säcke Granatäpfel, 50 pdr-Säcke und 60 krht-Körbe Trauben. Ich lud diese in die zwei Viehfähren und fuhr flußabwärts. Ich übergab sie den Aufsehern.»

Die Grundelemente dieses Bilds sind noch heute da. Der Nil strömt majestätisch zwischen Palmen dahin. Die Feluken mit ihren weißen Segeln sehen zwar sicher nicht so aus wie die Boote von damals. Aber vieles stimmt noch.

KAPITEL 4

Wein und Seehandel – eine gemeinsame Blütezeit

GRIECHENLAND UND DAS WEIN- FARBENE MEER

Der griechische Geschichtsschreiber Thukydides schrieb am Ende des 5. Jahrhunderts v. Chr., als Athen zum Mittelpunkt der kultiviertesten und kreativsten Gesellschaft geworden war, die die Welt je gesehen hat: «Die Völker des Mittelmeers begannen dem Barbarentum zu entwachsen, als sie den Ölbaum und den Weinstock zu kultivieren lernten.»

Sicherlich hatte Thukydides keine Vorstellung davon, wann der Prozeß, dem er soviel Bedeutung zumaß, seinen Anfang genommen hatte. Noch heute ist das nicht geklärt. Es scheint, daß etwa um die Zeit der Gründung Ägyptens (ca. 3000 v. Chr.) die Vorfahren der Griechen sich an vier Stellen um die Ägäis ansiedelten: im Süden und in der östlichen Mitte Griechenlands, auf der Insel Kreta, auf den Kykladen in der südlichen Ägäis und an der Nordwestküste Kleinasiens. Es sind dies die Stellen, an denen die meisten Spuren der frühesten Städte im ägäischen Raum mit größeren öffentlichen Gebäuden und mit Anzeichen für überseeischen Handel gefunden worden sind. Hier wurden auch Weinstock und Ölbaum kultiviert, zwei Feldfrüchte also, die einer primitiven, aus Korn und Fleisch bestehenden Nahrung neue Dimensionen verliehen und überdies auf Land angebaut werden konnten, das für Getreide zu karg und felsig war, die aber auch mitten in den Kornfeldern wachsen konnten, ohne die Getreideernte zu beeinträchtigen. Beide vermehrten die verfügbare Nahrung und dadurch das Wachstumspotential der Bevölkerung.

Der Bevölkerungszuwachs zog ein komplexer werdendes gesellschaftliches System nach sich. Das Dorf wird zur Stadt, und damit beginnt die Arbeitsteilung: Der eine bebaut das Feld, der andere handelt mit dessen Früchten, und der dritte wird Advokat und vermittelt in den Streitigkeiten zwischen beiden. Nicht lange, so werden Verwaltungen, Schiffsbesatzungen, ein Heer gebraucht, und schließlich schält sich kraft der Persönlichkeit ein Anführer heraus, der seiner Familie eine Machtstellung verschafft.

Thukydides, ich beeile mich, es zu versichern, war nicht der Urheber derart eingängiger sozialhistorischer Anschauungen, doch erkannte er wohl, daß Öl und Wein den Handel mächtig belebten, daß der Handel zum Austausch von Gedanken führte und daß insbesondere der Wein eine neue Dimension in die sozialen Wechselwirkungen brachte. Der Wein gab natürlichen Anlaß zu Festlichkeiten, zu gegenseitigem Vertrauen, zum Sinn für Feierlichkeit (und das hatte auch religiöse Bedeutung). Die goldenen und silbernen Trinkgefäße, die um diese Zeit in der Ägäis auftauchen, wären für Wasser wohl kaum geschaffen worden. So wächst der Wein mit seinem Erfolg. Guter Wein hat besonderen Erfolg, und deshalb wird immer mehr guter Wein bereitet. Je besser er ist, desto größer wird die Nachfrage, und um so mehr belebt er den Handel.

Um das Jahr 2000 v. Chr. hatte sich auf Kreta teilweise unter dem Einfluß Ägyptens eine reiche, stattliche, kultivierte und vielschichtige Zivilisation entwickelt, in deren Mittelpunkt der Königspalast stand, in dem sich Macht und Kunst vereinten. Die Schrift war erfunden, und der hohe Stand künstlerischen Leistungsvermögens bleibt bis heute Gegenstand staunender Bewunderung.

Um 1500 v. Chr. wurde Kreta als Vormacht der Ägäis von Mykene in Südgriechenland verdrängt – ob durch Eroberung oder durch Assimilierung, ist nicht einwandfrei geklärt. Die mykenischen Griechen waren streitbarer als die Minoer, auch aktiver in Handel und Kolonisierung. Ihre Schiffe fuhren bis Sizilien im Westen und Syrien im Osten (und natürlich auch bis Ägypten). Unter ihrem großen Führer Agamemnon und gemeinsam mit ihren Nachbarn, den Spartanern, belagerten sie Troja. Diese Geschichte erzählt Homer Jahrhunderte danach in epischen Versen.

Neuere Ausgrabungen haben den Weinkeller eines der Herrscher jener Zeit, König Nestor von Pylos – ebenfalls eine Stadt im Peloponnes, die am Trojanischen Krieg teilnahm –, ans Tageslicht gefördert. Es wird geschätzt, daß Nestors Keller etwa 6000 Liter Wein in *pithoi,* großen Krügen, beherbergt haben muß. In diesen Vorratskeller gelangte der Wein in Schläuchen, also Tierbälgen, die sicher ihren eigenen Beitrag zu seinem Geschmack leisteten. Übrigens schreibt die Sage König Nestor die doppelhenkelige Schale aus purem Gold zu, die zu den größten Schätzen des Nationalmuseums in Athen zählt.

Homer, der die Belagerung Trojas und die Irrfahrten des Odysseus in seinen großen Epen über die halb im Dunkel der Sage versunkene mykenische Ära besingt, sagt uns auch wenigstens einiges über die Herkunft des damaligen Weins. Er nennt die Insel Lemnos in der Ägäis als Quelle für Wein für die Heere der Griechen vor Troja (sie liegt in bequemer Reichweite 50 Meilen vor der trojanischen Küste). Auch der begehrte Wein aus Thrakien im Norden wurde in Schiffen dorthin geführt. Die Trojaner bezogen ihren Wein aus Phrygien, ihrem Hinterland in Kleinasien. Auf dem Peloponnes nennt Homer das durch sein kolossales Theater berühmte Epidauros, auch Pedasos in Böotien; in Mittelgriechenland erwähnt er das «rebenreiche Arne», ferner Histiaia auf der langgestreckten Insel Euböa an der Ostküste.

Auf seine Reise nahm Odysseus Wein von seiner Heimatinsel Ithaka, aber auch besonders schweren Wein, den er von Maron, dem Priester Apollos in Ismaros in Thrakien, als Gabe erhalten hatte. Des Priesters «honigsüßer roter Wein» war angeblich so stark, daß er meist mit 20 Teilen Wasser verdünnt wurde.

Odysseus benutzte ihn als Geheimwaffe. An der Küste Siziliens geriet er in die Gefangenschaft des einäugigen Zyklopen Polyphem, der seine Gefährten verschlang. Odysseus bot ihm den Wein Marons als Verdauungstrunk dar. Polyphem war nur an den schwachen sizilianischen Wein – sicher noch von nie geschnittenen Wildreben – gewöhnt. Der schwere Griechenwein warf ihn um. «Dreimal in seinem Unverstand trank er ihn aus bis auf den Grund» und fiel in tiefen Schlaf, worauf ihm Odysseus das einzige Auge raubte. Die Felsbrocken, die der geblendete Riese dem flüchtenden Odysseus nachschleuderte, sind heute noch in der Nähe des Ätna, halb ins Meer untergetaucht, zu sehen.

Das Bild vom «weinfarbenen Meer» zieht sich durch Homers «Ilias» wie ein stets wiederkehrender Refrain. Die Beschreibung, die uns der Dichter vom Schild des großen Achilles gibt, mutet an wie eine altbekannte, oft und gern gesehene Szene:

GRIECHENLAND UND DAS WEINFARBENE MEER

Drauf auch ein Rebengefilde, von schwellendem Weine belastet,
Bildet' er schön aus Gold; doch schwärzlich glänzten die Trauben,
Und es standen die Pfähle gereiht aus lauterem Silber.
Rings dann zog er den Graben von dunkeler Bläue des Stahles,
Samt dem Gehege von Zinn. Ein Pfad nur führte zum Rebhain,
Für die Träger zu gehn in der Zeit der fröhlichen Lese.
Jünglinge nun, aufjauchzend vor Lust, und rosige Jungfraun
Trugen die süße Frucht in schöngeflochtenen Körben.
Mitten auch ging ein Knab in der Schar; aus klingender Leier
Lockt' er gefällige Tön und sang den Reigen von Linos
Mit hellzarter Stimm; und ringsum tanzten die andern,
Froh mit Gesang und Jauchzen und hüpfendem Sprung ihn begleitend.

Das Ganze ist eine in unvergänglichen Farben leuchtende Vision der Weinlese, von goldenem Herbstdunst und frohgemuter Arbeit.

Mit Mänaden und Satyrn als Gefolge des Dionysos beschäftigte sich die Phantasie der Griechen mit Vergnügen und großer Hingabe in immer neu variierten Vasenmalereien – der hauptsächlichen Form, in der uns die klassische griechische Malerei überliefert ist. Der Maler Amasis aus Athen schmückte um 540 v. Chr. eine schwarzfigurige Amphore mit dieser Satyr-Szene zur Zeit der Weinlese. Ein Satyr liest Trauben, ein anderer stampft sie in einem Trog, aus dem der Saft zum Vergären in einen halb im Boden versenkten Pithos läuft. Drei weitere beschäftigen sich mit Kellerarbeiten.

EINE IN KEINEN ANNALEN VERZEICHNETE KATASTROPHE brach schließlich über Mykene herein. Ein wildes Volk aus dem Norden – so wird vermutet – legte die minoische Palastkultur der mykenischen Griechen und ihrer Verbündeten zwischen 1200 und 1100 v. Chr. in Schutt und Asche. Dorier werden diese Eindringlinge genannt. Alle Reiche des Vorderen Orients wurden in dieser Epoche erschüttert, und alle stürzten, nur Ägypten nicht. In Griechenland ging mit den Palastbeamten die Kunst des Schreibens verloren, und es begann – wie die Historiker sagen – das dunkle Zeitalter dämmeriger Erinnerungen, vergleichbar dem Zustand Europas nach dem Sturz des römischen Weltreichs eineinhalbtausend Jahre später.

Für die Griechen der späteren Jahre, also auch für Homer, war das mykenische Zeitalter die Epoche der Heroen, als die Olympier auf Erden wandelten. Die aus gewaltigen Steinblöcken bestehenden Ruinen von Mykene drängen den Gedanken an Giganten und übermenschliche Kräfte ja geradezu auf.

Den neuen Griechen aber, woher sie auch stammen mochten, fehlte es durchaus nicht an der nötigen Energie und Intelligenz, es ihren Vorfahren mehr als nur gleichzutun. In zwei Jahrhunderten wurde die Ägäis erneut zum Mittelpunkt kreativer Aktivität. Vielleicht war dies die Ära, von der Thukydides sprach, als nämlich die Griechen zusammen mit Flüchtlingen aus Mykene auf die ägäischen Inseln und über das Meer nach Kleinasien zogen und die Küste von Phrygien und Lydien, das ehemalige Land der Hethiter, zu «Ostgriechenland» machten. Ihre charakteristische Wein- und Ölbaumkultur verpflanzten sie überallhin auf felsige Stellen – und mit ihr die Grundlagen für Bürgertum, Geschäftssinn sowie weitere Kolonisierung und Eroberung. Athen, das von den dorischen Eindringlingen nie ganz überrannt worden war, übernahm in dieser Ära von Anfang an die kulturelle und künstlerische Führung.

Zuerst mußte Griechenland alle Kunstfertigkeit wiederum aus dem Osten importieren. Die Kunst feiner Metallbearbeitung lebte neu auf, jedoch verdrängte das Eisen nunmehr die Bronze als Werkstoff für Waffen und Rüstungen. Phönikien hatte im Osten die Führung sowohl in der Kunst als auch im Seefahrertum übernommen und weit im Westen die Stadtstaaten Karthago und Cádiz gegründet. Aus Phönikien führten die Griechen über El-Mina, ihren neuen Handelsstützpunkt im Osten, das frischgeprägte Alphabet ein. Die griechische Schriftsprache, die Sprache Homers, entstand im 9. und 8. Jahrhundert v. Chr. Als 776 v. Chr. die Olympischen Spiele begannen, wurden schriftliche Aufzeichnungen darüber geführt. Die Idee des Palasts und seiner Verwaltung lebte wieder auf. Und mit alledem kam eine Zunahme der Bevölkerung, die wiederum zur

Intensivierung der wirtschaftlichen Tätigkeit führte. Die Griechen waren nun imstande, mit den Phönikern in Entdeckungsfahrten und in der Gründung neuer Städte außerhalb der zur «griechischen See» gewordenen Ägäis zu wetteifern.

DIE EUBÖER WIESEN DEN WEG. Euböa liegt längs der attischen Küste Mittelgriechenlands wie eine mächtige Galeere, die am Festland angelegt hat. Von hier aus ist möglicherweise El-Mina gegründet worden; vielleicht lernten hier auch die Griechen von den Phönikern, wie man ein Schiff für längere Seereisen ausrüstet. Die Euböer fuhren nach Zypern; sie waren auch die ersten, die schon zu Beginn des 8. Jahrhunderts v. Chr. eine Kolonie in Italien errichteten oder vielmehr vor der italienischen, damals etruskischen Küste auf der Insel Ischia. (Von den Etruskern, deren Herkunft im dunkeln liegt, heißt es in der Sage, sie seien Flüchtlinge aus dem verwüsteten Troja gewesen.) Um die Mitte des Jahrhunderts hatten sich die Euböer schon auf das italienische Festland gewagt und Cumae gegründet; als erste Kolonie auf Sizilien errichteten sie Naxos (südlich von Taormina), das die Straße von Messina zwischen der Stiefelspitze Italiens und dem «Fußball» Sizilien beherrschte.

Auch nordwärts aufs griechische Festland drangen die Euböer vor und nannten die dreigezackte Halbinsel Chalkidike nach ihrer Hauptstadt Chalkis. Von der Insel Paros aus drangen Kolonisatoren in das berühmte Pferdeland Thrakien vor, wurden aber von der dort wütenden Malaria vom Festland auf die Insel Thasos vertrieben, die durch ihren Wein so berühmt wurde, daß alle thasischen Münzen jener Zeit ein Bildnis des Weingotts und eine Traube trugen, so wie heute auf Briefmarken für die Produkte eines Landes geworben wird.

Auf dem Weg nach Westen folgten den Euböern bald die Korinther, die auf Sizilien Syrakus gründeten; die Rhodier, die ebenfalls nach Sizilien fuhren und Gela gründeten; ferner die Achäer vom nordwestlichen Peloponnes, die am fruchtbaren Spann des italienischen Stiefels siedelten. Dort errichteten sie die Stadt Sybaris, die in ihrer kurzen Blütezeit so reich war, daß man heute noch einen Schwelger einen Sybariten nennt. Ihre zweite Gründung, Poseidonia (heute Paestum) in Kampanien, ist durch ihre fast unversehrt erhaltenen drei prachtvollen Tempel berühmt.

Die Spartaner gründeten Tarentum, das heutige Taranto, am Absatz des italienischen Stiefels, und den Rhodiern verdanken wir Neapolis, also Neapel. Korinth dehnte seine Herrschaft an der Adriaküste nordwärts auf Korfu und Dalmatien aus. Die Athener gingen noch weiter und siedelten (oder trieben Handel) in der Lombardei an der Mündung des Po, wo sie mit den Etruskern in Berührung kamen. Viele andere Kolonien sind nebelhaften Ursprungs oder wurden von mehreren griechischen Städten oder Inseln gemeinsam gegründet. Sehr bald auch dehnten sich blühende Kolonien wie Syrakus weiter aus, so daß Sizilien und die Stiefelspitze Italiens schließlich den Namen «Magna Graecia» – Großgriechenland – erhielten. Aber auch als Oinotria, das Land der (an Pfählen gezogenen) Weinstöcke, waren diese Gegenden bekannt.

Es gibt mehrere Theorien darüber, weshalb so besonders erwähnt wurde, daß die Weinstöcke an Pfählen standen – vermutlich im Gegensatz zu Griechenland, wo sie entweder in Bäumen oder flach auf dem Boden wuchsen. Eine besagt, Magna Graecia sei von einer neuen Klasse kapitalistischer Unternehmer besiedelt worden, die intensivere Ackerbaumethoden betrieben; daß dadurch die Weinberge erstmals zur ordentlich mit Pfählen bestückten Monokultur wurden und daher einen ganz anderen Anblick boten als bislang.

Andere meinen, daß damals in Italien noch Spuren einer 1000 Jahre älteren mykenischen Einwanderungswelle aus Griechenland bestanden. Sicher ist, daß Mykene mit Italien und seinen Inseln Handel trieb. Lipari, eine der kleinen äolischen Vulkaninseln nördlich von Sizilien, war Lieferquelle für Obsidian, ein schwarzes Vulkangestein, dessen Kanten messerscharf sind – viel schärfer als alles, was man aus Bronze damals hatte herstellen können. Wenn die mykenischen Griechen den Seeweg dorthin kannten und sich durch die steilen, grauen Wogen nördlich von Sizilien durchkämpften, dann mögen es auch die Minoer vor ihnen schon getan haben ... Aber für die neuen Kolonisatoren war das alles schon Legende aus einer grauen Vorzeit, an die nur durch die Sage von den Irrfahrten des Odysseus noch dunkle Erinnerungen lebten.

IN DIESE NEUE ÄRA EINER ZIELSTREBIGEN SUCHE NACH MEHR SIEDLUNGSLAND fällt auch die erste griechische Kolonisierung Südfrankreichs. Die Phokäer aus Lydien in Kleinasien, auf der Flucht vor der Bedrohung ihrer Heimat durch die Perser, gründeten Massalia, das heutige Marseille, und besiedelten Korsika.

Massalia erwies sich als ein Geniestreich. Es wird übrigens behauptet, daß die Etrusker zuerst dort gewesen seien. Ob das nun aber stimmt oder nicht, die Phokäer errangen jedenfalls die Herrschaft über den Handelsweg rhoneaufwärts durch Frankreich zu den Zinnbergwerken im südlichen Britannien. Der Weg verlief ursprünglich die Saône hinauf durch Burgund, dann über Land bis zur Seine, wo am Mont Lassois, 150 km südöstlich von Paris, ein Stützpunkt entstand, wie spektakuläre Überreste beweisen.

Um 500 v. Chr. wurde in Massalia Wein angebaut, und es wurden dort auch Amphoren gebrannt, um ihn zu exportieren. Dem römischen Geschichtsschreiber Justinius zufolge lernten die Gallier von den Griechen zivilisiert zu leben und den Wein und den Ölbaum zu kultivieren. Ein modernerer Historiker weist darauf hin, daß der erste Wein, der jemals in Burgund getrunken wurde, wahrscheinlich griechischer Wein aus Marseille war (vielleicht aber auch solcher, den die Etrusker aus Griechenland herbeigeschafft hatten). Wieder erhebt sich die Frage: Waren die Etrusker eher da gewesen als

---

DAS GROSSE GEFÄSS VON VIX

Alle bis dahin gültigen Vorstellungen über die Verbindungen zwischen der Welt der Griechen und den keltischen Ländern im Norden Europas erhielten 1952 durch die Entdeckung der gewaltigsten je zwischen Paris und Burgund gefundenen griechischen Vase neue Gestalt. Das Gefäß lag im Grab einer burgundischen Fürstin bei Vix, nahe dem Handelsstützpunkt am Mont Lassois an der Seine, wohin phokäische Griechen und wahrscheinlich auch Etrusker kamen, um Sendungen von Zinn aus Cornwall entgegenzunehmen.

Das Gefäß von Vix ist ein 1,64 m hoher Mischkessel (ein sogenannter Krater) aus feinster Bronze, der 1200 l bzw. etwa 45 Amphoren Wein faßte. Die Fürstin war ungefähr 600 v. Chr. gestorben. Die Fachleute sind sich nicht einig darüber, woher es stammt. Die einen meinen aus Sparta, die anderen aus dem südlichen Mittelitalien, wo sich die etruskische mit der griechischen Kultur mischte. Auf jeden Fall muß es jedoch für den Transport – entweder auf Packtieren über Alpenpässe oder aber auf See- und Flußschiffen über Massalia (das heutige Marseille) die Rhône und die Saône hinauf – zunächst auseinandergenommen und schließlich wieder zusammengefügt worden sein. Daß es mitten in Frankreich gefunden wurde, sagt uns, daß die Griechen selbst in der größten Blüte ihrer Kolonisationszeit kein Machtmonopol besaßen. Es sagt uns aber auch, daß schon die damaligen Kelten den Wein der Griechen schätzten.

die Griechen? Klaren Aufschluß gibt es hierüber nicht, sicher ist nur, daß die Begeisterung der Gallier für den Wein daran ermessen werden kann, daß sie 200 Jahre später Norditalien überrannten, die damals noch junge Stadt Rom überfielen und dort das ewig populäre Ritual der Plünderung vollzogen.

ES WAREN VERMUTLICH BÜRGER VON MILET IN «OSTGRIECHENLAND» oder Kleinasien, die als erste durch den Bosporus ins Schwarze Meer vorstießen und dort die Handelsstützpunkte Sinope und Trapezus (Trapezunt) an der Südküste sowie Phasis in Georgien – damals Kolchis, das Land des Goldenen Vlieses – gründeten.

Aus Attika zogen die Nachbarn der Athener, die Megarer, so weit nach Norden, wie sie konnten, und erreichten die Krim und die Dnjeprmündung im Land der Skythen. Diese Vorfahren der Russen waren berühmte Reiter und Bogenschützen (es heißt, daß sie als Polizisten nach Athen geholt wurden). Das Volk der Skythen kam ursprünglich aus Persien und besaß große Kunstfertigkeit in feinen Metallarbeiten. Auf bewaffneten Streifzügen gelangte es südwärts bis Palästina und ostwärts bis Babylon. Die Griechen brachten den Skythen den Wein und pflanzten auf der Krim Reben. Das Grab eines skythischen Stammesfürsten aus der Zeit um 500 v. Chr., das beim Dnjepr gefunden wurde, enthielt eine Amphore mit griechischem Wein aus Chios zu Häupten des Toten und eine weitere zu seinen Füßen; eine Weinschale, ein Schöpfer und ein Sieb lagen griffbereit neben ihm. Vom eigenen Wein der Skythen sagte später der Römer Ovid, daß man eine Axt brauchte, um ihn zu schneiden. (Ein ähnlicher Scherz ist heute noch in Bulgarien gang und gäbe, daß nämlich der dortige Mavrud in einem Taschentuch weggetragen werden könne.)

WAS LÄSST SICH ÜBER DIE QUALITÄTEN DES GRIECHISCHEN WEINS SAGEN? Die wichtigsten Exporteure waren die ägäischen Inseln, vielleicht weil sie stärker zur Spezialisierung gezwungen waren. Hier gab es nur wenige Bäume (außer Ölbäumen), und die Weinstöcke mußten der starken Winde wegen flach auf dem steinigen Boden gezogen werden, wo ihre Trauben eine viel vollere Reife erlangten als solche, die – wie im arkadischen Bild eines idyllischen Weingartens – an üppigen Ranken zwischen hoch sich wölbenden Baumkronen hängen.

Die Insel Chios in der östlichen Ägäis vor der Küste Ioniens exportierte am meisten, und ihr Wein wird überwiegend als der beste bezeichnet: Man nennt ihn auch den Bordeaux des alten Griechenland. Die charakteristischen Amphoren von Chios, leicht zu erkennen an ihrer Gestalt, an der Qualität ihrer Keramik und meist auch an dem Wappen von Chios mit einer Sphinx, einer Amphore und einer Traube, sind in fast allen Ländern gefunden worden, mit denen die Griechen ab dem 7. Jahrhundert Handel trieben, so am oberen Nil in Oberägypten, aber auch in Marseille, der Toskana, Bulgarien und Ostrußland. 620 v. Chr. entstand (mit ägyptischer Genehmigung) eine griechische Handelsstadt in Naukratis am westlichen Arm des Nildeltas. Von Anfang an wurde hier Wein von Chios neben Öl und Silber gegen Papyrus und ägyptische Luxusgüter eingetauscht.

Ebenso berühmt war der Wein von Lesbos, der großen Insel nördlich von Chios, Heimat der Dichterin Sappho (deren Bruder, wie es scheint, in Naukratis Weinhändler und zugleich Prokurator war). Dieses war berühmt für die «Schönheit und die lockeren Sitten seiner Frauen». Nicht nur der Wein der Insel war begehrt, sondern auch der Pramnier, der anscheinend nur oder doch vorwiegend aus Lesbos kam und das griechische Äquivalent des rarsten und üppigsten aller Weine, des ungarischen Tokaji Essenczia, darstellte. Für die Bereitung des Essenczia werden die allerreifsten Trauben aufeinandergeschichtet, bis unter ihrem eigenen Gewicht honigsüßer Nektar in dicken Tropfen austritt. Gepreßt werden sie nie. Der Essenczia ist so voll Zucker, daß er – wenn

Die kleine Insel Delos in der Mitte der Ägäis war jahrhundertelang der Angelpunkt des Handels zwischen dem griechischen Festland, Kleinasien, Ägypten und den griechischen Kolonien in Italien. Die ganze Insel war dem Apollon geweiht und daher heiliger Boden. Im ersten Krieg mit Persien diente sie als Schatzkammer des griechischen Städtebunds. Seit fast 2000 Jahren ist sie unbewohnt.

überhaupt – nur sehr milde gärt. So bleibt er eine dicke, honigsüße Flüssigkeit mit legendärer Kraft der Wiederbelebung in allen Situationen, wo eine solche wünschenswert sein mag.

Die Süße vieler griechischer Weine wird in zeitgenössischen Berichten hoch gepriesen. Sie dürfte oft in derselben Art erzielt worden sein, wie die zypriotischen Griechen seit alters ihren Commandaria herstellen. Die Trauben werden vollreif geerntet, dann etwa eine Woche lang auf Strohmatten (heute auf Kunststoff) im Weinberg in die Sonne gelegt, damit der Fruchtzucker eine hohe Konzentration erreicht. Eine ähnliche Methode wird in Jerez in Spanien bei der Sherry-Herstellung angewandt. Homer und sein nicht ganz so berühmt gewordener Nachfolger Hesiod beschreiben beide diese Art des Traubentrocknens an der Sonne. Erstaunlicherweise schreibt der Schriftsteller Archestratus vom Lesbos-Wein, seine Oberfläche sei dick überwuchert von weißer Blüte – eine recht poetische Umschreibung einer Hefe mit Namen Flor, deren Ausbildung auch beim Sherry für den besonderen Geschmack und die lange Haltbarkeit dieses Weins wichtig ist. Auf einer Vasenmalerei ist ein langstieliger Schöpfer zu erkennen, der bemerkenswerte Ähnlichkeit mit der *venencia* eines Sherry-Händlers hat und höchst geeignet gewesen sein dürfte, eine dicke Florhefeschicht (in einer Amphore?) zu durchstechen und eine Probe klaren Weins heraufzuholen.

Sicherlich unterschieden die Griechen zur Zeit Homers bereits viele Weinsorten. Laertes, der Vater des Odysseus, dem der Weinberg sein Stolz und seine Freude war, rühmte sich, er besitze 50 Reihen Weinstöcke, und zwar jede Reihe von einer anderen

Sorte, so daß er in langer Folge vom Sommer bis in den späten Herbst hinein ständig reife Trauben habe.

Guter (vermutlich aber leichterer) Wein mit einem charakteristischen Apfelduft kam von der Insel Thasos vor Thrakien. Man kann dort heute noch einen Meßstein mit Löchern zum Prüfen der Standardgröße thasischer Amphoren bewundern. Auch der mendäische Wein aus Chalkidike und der von Magnesia aus Thessalien auf dem nordöstlichen Festland wurden als gut bezeichnet, wenn auch nicht so gut wie der byblini-

---

«DER KRUG DER KANAANITER»

Das am weitesten verbreitete Behältnis für Wein war in der Antike die Amphore, ein Tongefäß mit zwei Henkeln. Ihre Gestalt variierte zwischen Don Quichotte und Sancho Pansa, glich aber meist einer Rübe mit langem Hals. Das untere Ende lief manchmal spitz zu oder hatte die Form eines Knaufs, in keinem Fall aber war es flach. Die Größe war sehr unterschiedlich: Griechische Amphoren faßten etwa 40 l, römische ungefähr 26 l – also fast drei Dutzend moderne Weinflaschen.

Die Erfinder der Amphore waren die Kanaaniter, die Vorläufer der Phöniker, die das Gefäß schon vor 1500 v. Chr. nach Ägypten brachten. Bis dahin waren die in Ägypten zum Vergären und Lagern von Wein verwendeten Krüge in der Form ähnlich, hatten jedoch keine Henkel. Das Wort Amphora ist griechisch und besagt, daß dieses Gefäß dazu gedacht war, von zwei Männern getragen zu werden. Dieses dauerhafte, billige, zum Wegwerfen oder zur Wiederverwendung geeignete Gefäß ließ sich bequem heben, tragen und lagern und wurde deshalb als Behältnis für alles benutzt, was sich schütten läßt – für Wein, Öl, Korn, Wasser und «Garum», eine bei den Römern hochbeliebte, aus Fischen gewonnene Würze.

Manche Amphoren fanden ihre letzte Bestimmung als Graburnen, Kindersärge oder sogar als Dachziegel. Herodot erzählt, wie der griechische Volksstamm der Phokäer einmal mit Amphoren einen Hinterhalt legte. Sie hoben in einer schmalen Gebirgsstraße eine Grube aus, füllten sie mit leeren Amphoren und bedeckten sie wieder mit Erde. Als die feindlichen Reiter kamen, zerbrachen die Amphoren in der Grube unter den Hufen der Pferde, und Roß und Reiter saßen in der Falle.

Der Töpfer dreht eine Amphore auf seiner Scheibe in drei bis vier Teilen; sie ist zu groß, als daß sie in einem Stück geformt werden könnte. Auch kann der Töpfer nicht weit genug in den Hals hineinreichen. Die Stücke werden zusammengesetzt, solange der Ton noch feucht ist; dabei wird die Amphore auf den Kopf gestellt, und der bis dahin flache Boden wird zu einer Spitze oder einem Knauf geformt. Zuerst mutet es seltsam an, daß die Standfläche absichtlich entfernt wurde, doch in der Praxis ist es viel leichter, eine Amphore hochzuheben oder zu kippen, wenn das untere Ende als dritter Griff ausgebildet ist.

Amphorenständer (meist Dreifüße) waren sehr verbreitet. In Tavernen und Kellern lehnte man sie meist einfach an die Wand. In Schiffen, wo sie oft zu Hunderten verladen wurden, steckte man sie in Sand und band sie an den Henkeln aneinander, damit sie nicht umfielen. Häufig war an den Henkeln eine Herkunftsbezeichnung in den Ton gedrückt. Gute Amphoren aus undurchlässigem Ton waren völlig dicht. Notfalls wurden sie innen mit Wachs oder Harz ausgegossen. Die Mündungen wurden mit Kork verschlossen, soweit vorhanden, und mit Wachs oder Harz gesiegelt. (Das lateinische Wort für das Öffnen einer Amphore bedeutet buchstäblich «oben abkratzen».)

Eine einwandfrei versiegelte Amphore war ebenso luftdicht wie eine Flasche, und so hielt sich in ihr ein guter Wein über sehr lange Zeit hinweg in bestem Zustand. Ohne die Amphore wären der antiken Welt die Herrlichkeiten eines reifen Weins sicher verborgen geblieben.

Für die Archäologen hat die Amphore einzigartigen Wert, weil sie die Rekonstruktion der alten Handelswege ermöglicht. In den einzelnen Gegenden, Städten und auf den verschiedenen Inseln hatten sich im Lauf der Zeit jeweils eigene Formen entwickelt. Heute läßt sich mit der Hilfe von Computern schon aus einer relativ kleinen Scherbe, einem Stück vom Hals oder Henkel beispielsweise, eine genaue Bestimmung vornehmen. Damals wurden Millionen von Amphoren hergestellt. Der Strand des alten Handelsplatzes Delos in der Ägäis besteht aus einem Gemisch von weißen Marmortrümmern der Ruinen und roten, vom Wasser glattgeschliffenen Amphorenscherben.

sche, der wohl von den Phönikern aus Byblos im Libanon exportiert wurde. Der Name Byblos blieb bis in die Römerzeit der Inbegriff für Qualität. Im Mittelalter übernahmen Tyros und Sidon im Libanon die Nachfolge.

Weit am unteren Ende der Skala standen die Massenprodukte von den Sporaden. Weine von Kos, Knidos und Rhodos waren gerade gut genug als Heeresproviant. Wer heute nach Rhodos kommt, wird feststellen, daß sich daran nicht viel geändert hat.

Wurden nun die antiken Weine auch mit Harz behandelt, so daß sie wie der heutige Retsina schmeckten? Bestimmt nicht, sagen manche Gelehrte, doch andere weisen dar-

---

KOTTABOS

Um etwa 600 v. Chr. muß wohl ein witziger Kopf unter den griechischen Siedlern in Sizilien, beim Symposion nach dem Essen auf den Ellbogen gestützt, mit seinen Freunden gewettet haben, daß er die Lampe auf ihrem Ständer mit dem Weinrest aus seiner doppelhenkeligen Schale treffen könne.

Ob er damit nun die Lampe auslöschte oder nicht, sein Einfall war damals wie das Werfen mit Mohrenköpfen heutzutage genau das, was in einer auf Zerstreuung und Zeitvertreib versessenen Gesellschaft sofort ankommt. Das neue Spiel wurde «Kottabos» getauft; ein geschäftstüchtiger Händler mit Bronzewaren erfand einen besonderen Ständer, ähnlich einem Lampenständer, jedoch mit einer kleinen Statuette obenauf, die einen Arm hochhebt. Auf die Hand wurde eine leicht gewölbte Bronzescheibe so aufgestellt, daß sie sich gerade im Gleichgewicht befand. Auf halber Höhe des Ständers war eine sehr viel größere Bronzescheibe angebracht. Es ging nun darum, die obere, Plastinx genannte, Scheibe aus dem Gleichgewicht zu bringen, so daß sie herunterfiel und die untere, die Manes, so traf, daß diese einen Glockenton von sich gab.

Kottabos kam groß in Mode. Das Spiel gelangte nach Athen und Sparta und blieb ganze 300 Jahre lang, in der Zeit des Aufstiegs von Athen, ein beliebter Zeitvertreib nach dem Mahl. Es ist auf zahllosen griechischen Vasen (den einzigen bildlichen Darstellungen des häuslichen Lebens, die wir aus dem alten Griechenland besitzen) abgebildet, und die Spielregeln sind aus der Literatur bekannt.

Die beste Illustration findet sich auf einem Weinkühler, auf dem vier Athenerinnen zu sehen sind. Eine von ihnen – nackt auf ihrem Lager – schnippt ihre Weinschale mit dem Zeigefinger der rechten Hand. Eine Inschrift bei der Schale besagt «Ich werfe dies für dich, Leagros». Andere Malereien zeigen vollständiger bekleidete Personen bei dem Spiel, aber auch sie lassen keinen Zweifel daran, wie Kottabos gespielt wurde und wie sehr beliebt es war.

Ich habe mir einen Kottabos-Ständer bauen lassen und dann fleißig geübt. Aus eigener Erfahrung kann ich bestätigen, daß es durchaus

nicht leicht ist, mit einer Flüssigkeit eine noch so delikat ausbalancierte Bronzescheibe aus dem Gleichgewicht zu bringen. Spitzenkönner empfehlen einen Schuß hoch im Bogen, damit der Wein von oben her auf die Plastinx trifft. Auf jeden Fall entsteht auf dem Fußboden eine grandiose Pfütze. (Wer das Spiel auf echte Weise spielen will, benötigt dazu eine junge Dienerin, die aus Sparsamkeitsgründen mit nichts als einer Girlande bekleidet ist. Ihre Aufgabe ist es, die Plastinx wieder aufzustellen und die Weinschalen nachzufüllen.)

auf hin, daß der Pinienzapfen fester Bestandteil im Zepter des Weingotts war. Das Beimischen von Pinienharz wird im antiken Griechenland nur im Zusammenhang mit den sowieso schon ungenießbaren Weinen von Galatien in Kleinasien erwähnt. Es scheint in Griechenland nicht häufig, in Italien dagegen verbreitet gewesen zu sein. Die Griechen tranken ihre Weine nur selten pur. Es war üblich, wenigstens Wasser (meistens Seewasser) beizumischen, und je feierlicher ein Fest und je auserlesener die Speisen waren, desto mehr Gewürze und Spezereien wurden dem Wein zugesetzt. Das Mischen geschah im Krater, einem Gefäß beliebiger Größe aus Bronze oder Keramik. Ausgeschöpft wurde der Wein mit einem Kythos und getrunken aus einer Kylix genannten flachen und eleganten, meist doppelhenkeligen Schale.

DIE GRIECHEN LIEBTEN IHREN WEIN und besangen ihn überschwenglich, allerdings bekommt man kaum den Eindruck, daß sie besonders starke Trinker gewesen seien. Wasser im Wein diente wohl zweierlei Zwecken: Einerseits verlängerte man sich damit einen Genuß, der für manchen doch wohl sehr teuer gewesen sein mag, und außerdem konnte man länger trinken. Das aus dem Griechischen stammende Wort «Symposium» bedeutet nichts mehr und nichts weniger als «miteinander trinken». Die Begründung für seine heutige Bedeutung (Gelehrtenkonferenz) leitet sich von der griechischen Sitte her, nach einem Mahl beim Wein lange Gespräche unter Männern zu führen. Man ruhte, auf einen Ellbogen gestützt, auf einem Lager – eine um 600 v. Chr. von den Assyrern übernommene Gewohnheit und Pose, die damals wie heute an nomadische Völker erinnert. Der Speisesaal war zugleich der Saal der Männer und entsprechend eingerichtet. Frauen saßen, wenn sie dabei waren, auf dem Rand des Lagers oder auf einem Stuhl. Ein *symposion* hatte einen Vorsitzenden, ähnlich dem Tamada bei Gastmählern der Georgier, allerdings war es seine Aufgabe, das Gespräch anzuregen, nicht aber lange Trinksprüche zu halten.

Niemand behauptet, alle Griechen seien Philosophen gewesen. Symposien gab es ernsthafte und vergnügliche. Häufig traten Flötenspielerinnen und Tänzerinnen auf. Der ausgesprochen sittenstrenge Plato schreibt: «Wo immer Männer von edler Bildung und Gemütsart zu einem Symposion versammelt sind, wird man weder Flötenspielerinnen noch Harfenspielerinnen sehen; ganz im Gegenteil sind sie durchaus imstande, sich ohne solche Narretei und kindischen Zeitvertreib selbst mit eigener Stimme zu unterhalten, wechselweise zu reden und einander zuzuhören, und dies stets mit Anstand, auch wenn sie viel Wein getrunken haben.»

Auch die Ansicht Platos über das für das Weintrinken nötige Mindestalter ist bemerkenswert streng: «Knaben bis zum achtzehnten Jahr sollen überhaupt keinen Tropfen Wein trinken, indem wir sie zugleich lehren, daß sie nicht Feuer zu Feuer hereinschleppen dürfen in ihren Leib und ihre Seele ... Sodann die Leute bis zu dreißig Jahren dürften zwar ein wenig Wein genießen, aber nur mit Maß; vor Trunkenheit und Saufen müßte sich der junge Mann schlechterdings hüten. Tritt einer aber in die vierziger Jahre, dann soll er ... neben den anderen Gottheiten, die er herbeiruft, namentlich auch den Dionysos einladen zum heiteren Fest der Alten. Dionysos hat ja den Menschen als heilsames Mittel gegen den finstern Ernst des Greisentums die Gabe des Weins geschenkt, so daß wir wieder jung werden und alle Schwermut vergessen.»

Recht ernüchternd, daß für Plato das Greisenalter mit 40 begann! Der Dramatiker Aristophanes hingegen legt dem Sklaven Demosthenes folgendes in den Mund:

> Was weckt die Tatkraft so wie Wein? – Du weißt:
> Sobald die Leute trinken, sind sie reich,
> energisch, unternehmend, siegreich vor
> Gericht, beglückt und andre noch beglückend!

HIPPOKRATES, der etwa 460 v. Chr. auf der Insel Kos geboren wurde und, wie es heißt, fast ein volles Jahrhundert lebte, wird als der Vater der Medizin bezeichnet. Wein spielte in fast allen von ihm überlieferten Arzneien eine Rolle. Er verordnete ihn zum Kühlen des Fiebers, als harntreibendes, als allgemeines keimtötendes Mittel und als Stärkungsmittel für Rekonvaleszenten. Freilich nahm er es hierbei sehr genau, riet manchmal ganz vom Wein ab und empfahl in bestimmten Fällen bestimmte Weine. Die folgende Passage liest sich zwar nicht sehr angenehm, zeigt aber, wie klar und exakt Hippokrates den menschlichen Körper beobachtete und die chemischen Vorgänge erfaßte, die sich beispielsweise in den Eingeweiden abspielen:

«Milde, dunkle Weine sind feuchter, wirken blähend und gehen besser mit dem Stuhl ab ... Herbe Weißweine erhitzen, ohne auszutrocknen, und sie gehen besser mit dem Urin ab als mit dem Stuhl. Neue Weine gehen besser mit dem Stuhl ab als andere, weil sie dem Most näher und daher nährender sind ... Most verursacht Winde, rührt die Eingeweide auf und entleert sie ...» Süßer, d. h. teilweise vergorener, Wein «verursacht weniger Schwere im Kopf als der vinose (starke, voll vergorene) Wein, er geht weniger ins Gehirn, entleert die Eingeweide stärker als jener, bringt aber die Milz und die Leber zum Schwellen ... Was den weißen, vinosen Wein anlangt ..., der leichter in die Blase geht, diuretisch (harntreibend) und laxativ (abführend) wirkt, so ist dieser stets auf vielerlei Art wohltätig bei akuten Krankheiten.»

«Besteht jedoch bei diesen Krankheiten», so sagt er zum Schluß, «Verdacht auf eine übermäßige Schwere des Kopfes oder darauf, daß das Hirn in Mitleidenschaft gezogen ist, dann muß vom Wein schärfstens abgeraten werden ...»

Hippokrates hatte auch sehr entschiedene Ansichten darüber, wie man Wein trinken soll: weder zu warm noch zu kalt. Längerer Genuß warmen Weins, so behauptete er, führe zu Schwachsinn, während übermäßiger Genuß sehr kalten Weins «Konvulsionen, Krämpfe, Brand, Schüttelfrost und auch Fieber» verursache.

Athenaios, ein Ägypter griechischer Abstammung aus Naukratis im 2. Jahrhundert n. Chr., ist einer unserer mitteilsamsten Gewährsmänner für griechische Weinkunde. Sein Werk «Deipnosophistai», das Gelehrtengastmahl, ist eine um 24 berühmte Gelehrte und Advokaten (darunter auch der berühmte Arzt Galen) aufgebaute große Sammlung mit Klatsch und literarischen Kleinigkeiten. Bei manchen dieser Leute handelt es sich um jene Art prahlerischer Feinschmecker, die man auch «Weinschlauch» nennt – aber da sind wir schon in der Römerzeit und nicht mehr im alten Griechenland.

Die eingängigste Darstellung griechischer Weinweisheit verdanken wir Eubulos, der um 375 v. Chr. schrieb: «Drei Schalen mische ich für die Mäßigen: eine für die Gesundheit, sie wird zuerst geleert, die zweite ist für die Liebe und die Freude, die dritte für den Schlaf. Ist diese Schale ausgetrunken, dann gehen weise Gäste heim. Die vierte Schale ist nicht mehr für uns, sondern für die Hitzigkeit, die fünfte für Ungestüm, die sechste für trunkenes Lärmen, die siebente für ein blaues Auge, die achte für die Polizei, die neunte für üble Galle und die zehnte für Toben und Zerschlagen der Möbel.»

Bemerkenswert ist, mit welcher Hartnäckigkeit die Zahl drei die ganze Geschichte hindurch immer wieder als das Maß für Mäßigkeit im Trinken auftaucht. Sie wird uns stets neu begegnen, bis in die heutige Zeit, wo die moderne Weinflasche je drei Glas Wein für zwei Personen hergibt, ja sogar bis zu modernen medizinischen Ansichten im Hinblick auf bekömmlichen regelmäßigen Weingenuß.

Den Schluß können wir getrost Sokrates, dem weisesten aller griechischen Philosophen, überlassen: «Wein», so sagte er, «befeuchtet und temperiert den Geist und wiegt die Sorgen des Gemüts in Schlaf ... er belebt unsere Freuden und ist Öl auf die sterbende Flamme des Lebens. Wenn wir mäßig und in kleinen Zügen trinken, dann geht der Wein in unsere Lungen über wie süßester Morgentau ... dann begeht der Wein keinen Raub an unserer Vernunft, sondern lädt uns ein zu freundlicher Heiterkeit.»

KAPITEL 5

Dionysos und die Anfänge des Theaters

EIN GOTT ZUM TRINKEN

Die Griechen hatten allen Grund zu Enthusiasmus des Weines wegen. Er hatte die Wirtschaft ihrer eigenartigen Heimat, halb Land, halb Meer, in Schwung gebracht. Er gab ihnen Freude, wie sie sonst nicht zu finden war. Aber es war noch mehr an ihm als nur Geschäft und Vergnügen; er enthielt ein mystisches Element, das sie durch ihre Verehrung für den Weingott Dionysos zum Ausdruck brachten.

Freilich hatte nicht nur der Wein eine eigene Gottheit. Alle Elemente, jeder Gedanke, jede Feldfrucht, ja selbst ein Wald oder eine Quelle hatte einen großen behütenden Gott oder doch einen kleinen Schutzgeist für sich allein. Zeus, der Göttervater, saß auf dem Olymp in Thessalien, umgeben von elf Göttern im Kabinettsrang, mit denen er beständig in Streit und Intrigen lag, und um sie herum schwärmte ein ganzer Beamtenstab von Gottheiten in höchst verzwickten und oft nur mit dem Wort Inzest zu belegenden gegenseitigen Beziehungen; sie alle verführten arglose Menschlein, ließen Zu- und Unfälle geschehen und mischten sich in Schlachten ein – alles in allem eher eine Hippiekolonie als eine verantwortungsbewußte, geordnete Hierarchie höherer Wesen.

Es ist schwer zu sagen, wieviel Gewicht man auf das Wort «Verehrung» im Verhältnis der Griechen zu ihren Göttern legen soll. Diese allmächtigen, unberechenbaren und oft sogar arglistigen Wesen behandelte man am besten mit Respekt. Ein Opfer hie und da schien die beste Versicherungspolice. Ein mächtiger, mit ungeheuren Kosten errichteter Tempel war natürlich noch mehr – und nicht zuletzt auch Ausdruck nationalen oder bürgerlichen Stolzes.

Größte Anstrengungen wurden unternommen, um die Absichten der Olympier auf dem Umweg über die Orakel zu ergründen. Die Priester berühmter Orakel, zum Beispiel des Apollon in Delphi, wurden dabei zu einer wohlhabenden und einflußreichen Schicht.

Doch die persönlichen Beziehungen zwischen Menschen und Olympiern blieben einzig und allein im Reich der Mythologie. Nachdenklichen Griechen muß es manchmal so vorgekommen sein, als würden ihnen Mythen mit dem täglichen Brot zugemessen. Dionysos war da ganz anders. Er war kein Mythos, sondern ein höchst schmackhaftes Faktum. Man trank ja den Gott des Weins, und wenn man ihn in sich hatte, nahm er einem die Sorgen.

EINES MORGENS IM MÄRZ DES JAHRES 404 v. Chr. drängten sich 14 000 Athener im riesigen Theater an der Ostflanke der Akropolis zum ersten Tag der Schauspiele des jährlich wiederkehrenden großen Dionysos-Fests. Am Vortag waren Stieropfer dargebracht worden, so viele, daß der Blutgeruch noch immer die Stadt erfüllte. In ihn mischte sich ein schärferer Weinduft. Die meisten schleppten Weinschläuche mit sich herum, schwankend sogen sie ihren «Trimma» genannten, mit Kräutern in heute nicht mehr bekannter Mischung gewürzten Wein in sich hinein und benutzten lachend die schwabbelnden Ziegenbälge als weiche Sitzpolster auf den harten Steinbänken des Theaters.

Als letzte nahmen im weiten Rund des Theaters die Honoratioren der Stadt und die Heerführer ihre Sitze ein und dann die Priester des Dionysos Eleutheros, des Weingotts von Eleusis an der Straße nordwärts nach Theben. Auf sie warteten steinerne Throne am Rand der großen halbrunden Marmorbühne, auf der bereits Tänzerinnen und Tänzer in verschlungenen Kreisen zu Gesang und Tambourinklang durcheinanderwirbelten. Die Tänzerinnen waren nur mit weichen Faunfellen und Efeukränzen bekleidet und hielten in den Händen lange hohle Stengel von wildem Fenchel, an der Spitze versehen mit Pinienzapfen und ebenfalls mit Efeu bekränzt. Die Männer hüpften in absurden Sprüngen umher, jeder hatte einen lächerlichen ledernen Phallus vorgebunden und einen langen Roßschweif hinten in den Gürtel gesteckt. Jedesmal, wenn ein solcher «Satyr» eine

Die Sage erzählt, Dionysos sei auf dem Weg nach Italien von etruskischen Seeräubern gefangengenommen worden. Er bewies ihnen seine göttliche Kraft, indem er eine Weinrebe auf wunderbare Weise den Schiffsmast hinaufwachsen ließ und die Seeräuber in Delphine verwandelte. Der athenische Maler Exekias gab diese Szene um 550 v. Chr. auf einer berühmten Kylix, der flachen, doppelhenkeligen Weinschale der Griechen, wieder.

Die kontrastierenden Masken der Komödie und der Tragödie bilden die Symbole des Schauspiels, seitdem es sich im 5. Jahrhundert v. Chr. aus den Dionysos-Riten entwickelte. In diesem römischen Mosaik ist die Komödie eine Satyrmaske und die Tragödie eine Mänadenmaske. Im griechischen Theater trugen alle Schauspieler Masken, deren stilisierter Ausdruck bis in die letzten Reihen eines riesigen Theaters deutlich erkennbar war und eine hypnotische Wirkung ausübte.

der «Mänaden» fangen wollte, wich sie ihm rasch aus und versetzte ihm Streiche mit ihrer Rute, dem «Thyrsosstab», dem Zepter des Weingotts und Symbol seiner Macht.

Alles das war den Athenern längst vertraut. Den ganzen Winter hindurch fanden verschiedene Dionysos-Feste statt, beginnend im Dezember mit den ländlichen Dionysien auf den Dörfern, bei denen es mehr um den Phallus als um den Weingott ging, der um diese Jahreszeit symbolisch tot war. Sein Körper war zur Zeit der Weinlese in Gestalt der Weintraube zerrissen und zertreten worden, und nun standen die ihm heiligen Reben kahl und anscheinend leblos da. Nur der Efeu trug sein schimmerndes, dem Wein ähnliches Laub. Das Wort für den Tanz um den riesigen Phallus war «Komos» – die Wurzel des Worts Komödie.

In jedem zweiten Winter machte sich jedoch eine große Menge Weiber aller Altersstufen auf zur Pilgerfahrt auf der Straße über Eleusis und die heilige Stadt Theben zum Orakel in Delphi. Neun Monate im Jahr war Delphi das Heiligtum Apollons, doch von Dezember bis Februar war es dem Dionysos vorbehalten. Zu seinen Priesterinnen gesellten sich Hausfrauen, junge Mädchen und Großmütter aus der ganzen Umgebung, die sich als Mänaden verkleideten und Verschwiegenheit geloben mußten. Um das, was dort geschah, gab es mancherlei Gerüchte. Alle stimmten jedoch darin überein, daß die Mänaden auf den Parnassos oberhalb von Delphi zogen und dort die ganze Nacht blieben. In seiner «Antigone» schildert Sophokles die Szenerie so:

> Über doppeltem Felsen leuchtender Rauch
> Strahlt dir, wo die korykischen Nymphen ziehn,
> Bacchisch Gefolge nah dem Kastalischen Quell.
> Und du kommst herüber von Nysagebirgs
> Efeuberankter Höh und grünendem Strand,
> Traubenreichem, indes unsterblich Geleit
> Um dich jauchzet . . .
> Feuriger Sterne Brand,
> Reigenführender du!
> Nächtlichen Feiergesangs
> Wächter, Gezeugter des Zeus,
> Herr, erscheine mitsamt
> Deiner Thyiaden Schar,
> Welche Schirmenden dich
> Nächtelang rasend umtanzt.

Diese eisige Nachtschwärmerei (immerhin erreicht der Parnassos eine Höhe von 2500 m, und es gibt durchaus glaubhafte Berichte über in Schneestürmen verschollene Gottesanbeterinnen, von Rettungsaktionen und von Mänaden mit Frostbeulen, weil «ihre Gewänder brettsteif gefroren waren») hatte vielerlei Bedeutung. Die einfachste war wohl, die Rückkehr des Gottes aus dem Totenreich zu beschwören. Griechische Geschichtsschreiber jener Zeit behaupten, es sei dies eine uralte religiöse Übung gewesen, die lediglich als alter Brauch weiterlebte. Tod und Wiedergeburt eines Gottes als Symbol der wiedererwachenden Natur gehören ja zu den ältesten und weitestverbreiteten religiösen Themen. Andere, vor allem moderne Gelehrte, glauben, daß das «Mänadenwesen» nichts als Massenhysterie war. Die Mänaden wurden stets mit zurückgeworfenem Kopf dargestellt: ein typisches Symptom, wie es heißt. In diesem Zustand begehen Menschen Taten, vor denen sie normalerweise zurückschrecken würden: Schlangen in den Händen halten, Feuer tragen oder Tiere zerreißen und ihr rohes Fleisch essen. Es fehlt ja nicht an historischen Beispielen für das Tanzen bis fast zur Tollheit. Gelegentlich wird auch darauf hingewiesen, daß die griechischen Frauen (die achtbaren sind gemeint) praktisch Sklavinnen ihrer Männer waren und daß die Erlaubnis, sich zum Gottesdienst in der Wildnis zu versammeln, eine einzigartige Gelegenheit zu seelischer Befreiung für sie bedeutete.

Eine nicht von der Hand zu weisende Möglichkeit ist, daß zu den so streng geheimen Vorgängen im Parnassosgebirge auch der Genuß von Drogen und nicht nur von Wein zählte. Der Thyrsosstab selbst kann schon als Symbol für den Rauschgiftgenuß gesehen werden. Der als Narthex bezeichnete hohle Fenchelschaft diente griechischen Kräutersammlern als Behältnis zum Frischhalten von Pflanzen. Der Pinienzapfen stammt von einem Baum, dessen Harz durch Gärung zu einem starken Rauschmittel wird (es wurde wahrscheinlich damals griechischem Wein zugesetzt wie – allerdings unvergorenes – Harz dem Retsina von heutzutage). Manche Mänaden trugen Kränze mit eingeflochtenen Samenkapseln des Opium-Mohns. Und die Beeren des Efeus wirken auch unvergoren berauschend.

Überdies ist der Winter in Griechenland die Jahreszeit für Pilze. Der indische Gott Soma, dessen Mythen zum Teil so große Ähnlichkeit mit denen des Dionysos haben, daß sie gleiche Wurzeln besitzen müssen, bringt seine narkotische Wirkung mit dem verbreiteten Fliegenpliz *(Amanita muscaria)* hervor, der Hemmungen abbaut, den Sexualtrieb verstärkt, Halluzinationen verursacht und schließlich zu völliger Lethargie führt.

Ein weiterer reichlich vorhandener und möglicherweise an den mänadischen Mysterien beteiligter Pilz war der als Mutterkorn bezeichnete Parasit auf Gerste und anderen Gräsern. Die in ihm enthaltenen psychoaktiven Alkaloide haben inzwischen als LSD größere Bekanntheit erlangt. Es ist daran zu erinnern, daß die Griechen ihren Wein kaum je ungemischt genossen. Auch die «Trimma» in den Weinschläuchen des Theaterpublikums wurde mit Kräutern versetzt. So dürfte mindestens in der frühen Zeit der Wein für die genußsüchtigen Griechen nur eines von vielen leicht narkotisch wirkenden Gebräuen gewesen sein.

DIONYSOS WAR NOCH EIN ZWEITES FEST GEWIDMET, ein durchaus unmysteriöses im Februar, wenn die Zeit zum Öffnen der Gärkrüge und zum Probieren des neuen Weins gekommen war. Es war dies das Blütenfest, die Anthesteria (von *anthos,* Blume – ein Bild, das dem Weinfreund im Wort von der Blume des Weins oder von seinem Bukett heute noch begegnet).

Die Anthesteria fand in einem Heiligtum am Meer statt, das viel älter gewesen sein soll als das Heiligtum von Eleusis. Dem neuen Wein wurde Wasser beigemischt, bevor man ihn kostete, und ein als Dionysos maskierter und gekleideter Schauspieler wurde auf einem mit Rädern versehenen Boot vom Ufer heraufgefahren – einer von zahllosen

Hinweisen darauf, daß der Gott aus fernen Landen über das Wasser gekommen sein soll, wie es in allen Versionen seiner verwickelten Mythologie heißt.

Die Hauptsache bei dem Fest im Februar scheint das Trinken gewesen zu sein: Amphoren wurden geleert, Trinkwettkämpfe fanden statt, und es gab mancherlei Belustigungen, wie zum Beispiel auf einem mit Fett eingeschmierten, prall gefüllten Weinschlauch zu sitzen, ohne hinunterzurutschen.

Das große städtische Dionysos-Fest wurde in Athen im März begangen. Es beruhte auf dem alten eleusinischen Kult, geht aber auf noch viel ältere Ursprünge zurück. So wurde in Babylon die Frühjahrs-Tagundnachtgleiche im März als Neujahr gefeiert. Sie fiel in jener Gegend mit dem Eintritt der Sonne in das Sternbild des Stiers zusammen. Daher wurden Stiere feierlich vor den Pflug gespannt. Marduk, der Hauptgott Babylons, wurde als Stier dargestellt – ebenso wie Dionysos in manchen Riten.

Im 5. Jahrhundert v. Chr. wurde das städtische Dionysos-Fest von der Stadtregierung als einer der öffentlichen Hauptfeiertage in den Kalender gesetzt. Das war ein bemerkenswertes Beispiel dafür, wie sich die Autoritäten dem Druck des Volkes beugten. Vor Zeiten hatte der Dionysos-Kult zumindest als wenig achtenswert gegolten – als Vorwand für die Unterprivilegierten der Gesellschaft, die Frauen und Sklaven, einmal über die Stränge zu schlagen. Im 6. Jahrhundert v. Chr. wurde nun dieser ehemalige Minderheitenkult zu einer ernst zu nehmenden Kraft. Der scharfsinnige Tyrann Peisistratos, der von 546–527 v. Chr. in Athen herrschte, erkannte sehr wohl, daß man eine Volksbewegung am besten unter Kontrolle hält, wenn man ihr offiziellen Rang einräumt. Wenn die Verehrer des Dionysos nun einmal unbedingt sich verkleiden und in den Straßen tanzen wollten, dann machte man am besten ein öffentliches Spektakel daraus. So kam es zum Bau des ersten Theaters im Herzen von Athen, damit ein alter Ritus, der zuviel Bedeutung und Anhängerschaft gewonnen hatte, als daß man ihn noch außer acht lassen konnte, seinen Platz und seine Ordnung erhielt.

Das Spiel, das im Wettbewerb von 404 v. Chr. den Sieg davontrug, war ein posthumes Werk. Sein Verfasser, Euripides aus Salamis, war zwei Jahre zuvor nach einer langen und triumphalen Theaterkarriere in hohem Alter im Exil gestorben. Seine letzte Tragödie, «Die Bakchen», nahm einen der fremden Namen des Weingotts, nämlich den, unter dem er jenseits der Ägäis in Lydien bekannt war, zum Titel. Sie erzählt die Geschichte seiner Ankunft in Theben in Böotien, nicht weit von Athen.

Diese Geschichte war allen Zuschauern wohlbekannt. Das Leben der Götter und Menschen in Griechenland war ein Geflecht von Sagen, eine die andere überlagernd, oft widersprüchlich, von einem Ort zum anderen verschieden. Je bedeutender eine Gottheit, desto mehr Versionen ihrer Abenteuer waren im Umlauf. Die Geburt des Dionysos geschah hier und dort und viele Male, seine Abstammung wird unterschiedlichen Eltern zugeschrieben.

Die thebanische Version ist am bekanntesten geworden, vermutlich durch die Tragödie des Euripides. Und doch ist auch sie schwer verständlich zu machen. Der Vater des Dionysos war Zeus, seine Mutter die Sterbliche Semele, die Tochter des Thebanerkönigs Kadmos. Als Semele mit Dionysos schwanger ging, beschwor sie Zeus, sich in all seinem Glanz zu zeigen. Widerstrebend nur fuhr er in voller Kraft seines Blitzstrahls nieder. Semele verbrannte daran, aber das unsterbliche Kind unter ihrem Herzen wurde von Zeus gerettet. Er öffnete seinen Schenkel und brachte das Ungeborene darin unter, bis die Stunde seiner Geburt kam. (Die Geschichte Somas geht ganz ähnlich: Er entsprang dem Schenkel Indras, der in Indien die Stelle des Zeus innehat.)

Doch das Geschick der Semele ist in der Tragödie des Euripides gewissermaßen nur Prolog. «Die Bakchen» beginnen Jahre später, als Dionysos nach Theben zurückkehrt und den Wein als Gabe mitbringt. Er sagt ausdrücklich, er bringe Wein aus dem Osten – an sich eine einfache und historisch wahre Aussage:

> Von Phrygien, vom goldhaltigen Lyderboden zog
> Ich fort, besuchte Persiens sonnenheiße Gaun
> Und Baktriens Mauern samt dem stürmerauhen Land
> Der Meder, dann Arabien, das von Segen grünt,
> Ganz Vorderasien endlich, das an salziger See gelegen . . .

Er erscheint in Menschengestalt, eher ein halbweiblicher Jüngling als ein Gott. Er muß feststellen, daß niemand in Theben die Geschichte von seiner göttlichen Geburt glaubt. Selbst die Schwestern Semeles – Mutter und Mutterschwestern des jetzigen Königs Pentheus – glauben, diese habe einen sterblichen Geliebten gehabt. In götterhafter Rache treibt Dionysos die Frauen in den Wahnsinn, mindestens in denselben Wahn wie die Mänaden, die ihm aus Lydien hierher gefolgt sind und jetzt in den Hügeln rasend tanzen.

Die erste Hälfte des Schauspiels bringt das Publikum zum Lachen. König Pentheus personifiziert die gekränkte Autorität: Wie können es die Weiber wagen, ihre Haushaltspflichten zu vernachlässigen und sich einfach herumzutreiben? Er verhaftet Dionysos und will ihn im Ochsenstall in Ketten legen. Der Gott aber täuscht ihn, so daß dieser statt seiner einen Ochsen in sicheren Gewahrsam nimmt.

Plötzlich wird die lachende und trinkende Zuschauermenge von einem Theatererdbeben erschreckt. Der Königspalast stürzt ein, und Dionysos ist frei. Die ganze Stimmung wechselt nun. Dionysos verleitet den König dazu, hinzugehen und die Weiber bei ihrem obszönen Tun zu belauschen. Aber er kann sie nur beschleichen, sagt der Gott, wenn er sich als Frau kleidet. Während Pentheus von Begierde, Wut und den Worten des Dionysos getrieben, den Berg hinauftrippelt, angetan mit einer Art von hochhackigen Pumps, wächst im Publikum die Spannung. Trunken im strahlenden Sonnenschein dasitzend, die Augen auf die eigenartig hypnotischen, starren Masken der Schauspieler geheftet, werden alle mitgerissen. Man muß daran denken, daß die meisten von ihnen ja nicht lesen konnten, und ein Schauspiel wurde wahrhaftig auch nicht alle Tage gegeben. Starke Emotionen, ob Verzückung oder Zorn, kommen in einer solchen Menge leicht auf.

Die Farce entwickelt sich immer grausiger und ominöser. Dionysos hilft dem Pentheus, in die Spitze einer Pinie zu klettern, damit er die Weiber beobachten kann. Dann schreit der Gott: «Auf, ihr jungen Fraun, hier bring ich euch den Frevler, welcher meine Weih'n und mich verhöhnte! Darum auf und straft ihn jetzt!»

Alle Szenen gewalttätiger Art spielen sich im griechischen Drama hinter der Bühne ab und werden von einem Boten berichtet. Was dieser nun zu sagen hat, bringt das Blut zum Gefrieren. Die Weiber von Theben, von Dionysos besessen, stürzen ihren König von dem Baum herab, und angeführt von seiner eigenen Mutter Agaue, zerreißen sie ihn Glied für Glied. Agaue trennt ihm schließlich den Kopf ab. Sie kehren zur Stadt zurück, ohne zu wissen, was sie getan haben. Der Gott hat ihre Gemüter so berückt, daß sie glauben, sie hätten einen Berglöwen gejagt. Agaue bringt ihrem Vater Kadmos den Kopf ihres Sohnes und verlangt von ihm, er solle diese ihre Jagdtrophäe an die Palastwand nageln.

Kadmos schreit vor Entsetzen auf, und wir dürfen annehmen, daß das Publikum es ihm gleichtat. Als Agaue wieder zu Sinnen kommt, kennt ihre Verzweiflung keine Grenzen. Nur Dionysos bleibt ungerührt. Götter bestrafen eben die Menschen für ihren Unglauben.

WAS SOLLEN WIR DEN «BAKCHEN» ENTNEHMEN? Es ist eines der eigenartigsten Schauspiele. Sein poetischer Gehalt hebt es auf ein Niveau, wo die buchstäbliche Bedeutung nur noch sekundär ist, und doch haben Mythen auch einen handfesten Gehalt; Dionysos sagt mit großer Bestimmtheit, woher er kommt und weshalb: Seine Absicht ist es, den Wein nach Griechenland zu bringen. Zugleich bringt er aber auch eine Form der Religion, die den Staat bedroht, ja tatsächlich zerstört. Doch hier tut sich ein Paradoxon auf. Der Wein, der doch ein Segen sein soll, verkehrt sich offenbar in Fluch. Obendrein wird Dionysos als neuer Gott präsentiert, wo er doch zu den ältesten gehört.

Auch kann man in die Riten und Rasereien der Mänaden mehr hineininterpretieren als nur die Wirkungen des Weins. Euripides läßt durchblicken, was hier auch schon angedeutet wurde, daß nämlich starke Narkotika mit im Spiel waren. Vielleicht aber können wir das, was er uns sagen will, ganz einfach mit der Binsenweisheit auffassen, daß Wein in Mäßigung ein Segen, im Übermaß jedoch ein Fluch ist. Dionysos spricht von «Gleichgewicht», sich selbst nennt er «den Glücklichen». Neu an diesem Gott und vielleicht auch das Eigentliche in diesem Schauspiel ist seine direkte Beziehung zum Wein. Die alte Allzweckgottheit, die für das Wachstum aller Dinge zuständig war, ist nun speziell für den Weinstock da – und das in einem Augenblick der Geschichte, als der Weinstock zum wirtschaftlichen Motor des expandierenden Griechenreichs geworden war.

WIE ALT ABER IST DIONYSOS? Seine Spur läßt sich so weit zurückverfolgen, daß er schließlich als der Gefährte (oder das Kind) der Erdmutter selbst erscheint. Er ist vermutlich die kleine Gestalt in den allerältesten, vor mindestens 9000 Jahren entstandenen Darstellungen (die manchmal der Muttergottes mit dem Kind ungeheuer ähnlich sind) aus den Steinzeit-Heiligtümern in Çatal Hüyük, der ersten Stadt, von der wir wissen.

Der erste uns überlieferte Name dieser Mutter der Schöpfung ist Kubaba – so hieß sie 3000 Jahre später in Mesopotamien. Die Hethiter verehrten sie und ihren Sohn Sabazius, dessen jährlich wiederkehrender Tod mit nachfolgender Wiedergeburt eine der ältesten Vorahnungen des Ostergeschehens ist. Diese Verehrung wurde von den westlichen Nachbarn und Nachfolgern der Hethiter, den Phrygiern und Lydiern, unter den Namen Kubil und Kybele weitergeführt. In manchen Berichten wird Kybele als Mutter des Dionysos bezeichnet. In Lydien wurde auch erstmals der Name Bacchus oder Bakchos für den jungen Gott der Pflanzenwelt benutzt.

Für Orpheus, den mythischen Sänger lange vor Homers Zeit, war Dionysos (mit dem Beinamen Zagreus) Sohn des Zeus und der Persephone, der Göttin der Unterwelt, der von den Titanen vor Zeiten zerrissen und verschlungen worden war. Orpheus erzählt, die Göttin Athene habe das Herz des Dionysos gerettet, wodurch seine Wiedergeburt zustande kam – auch eine Wiederauferstehungslegende. (Eine eindeutige Parallele besteht zwischen ihr und der ägyptischen Sage von Osiris, dessen Körper zerrissen und über ganz Ägypten zerstreut wurde. Isis suchte ihn dann wieder zusammen. Man versteht, weshalb Osiris von den Griechen mit Dionysos gleichgesetzt wurde.)

Orpheus war selbst ein Anhänger des Dionysos. In seinem abenteuerreichen Leben fuhr er mit den Argonauten übers Meer und errettete sie vor dem betörenden Gesang der Sirenen. Auch stieg er hinab in die Unterwelt, um sein Weib Euridike zurückzuholen. Schließlich erlitt Orpheus dasselbe Schicksal wie Dionysos und Osiris oder eigentlich wie Pentheus: Er wurde ebenfalls zerrissen, und zwar von thrakischen Mänaden, denen offenbar sein Mangel an ekstatischem Eifer mißfiel.

DIE SAGEN UM DIONYSOS SIND NICHT ZU ZÄHLEN. In der alten Mythologie ist er fest verwurzelt, auffallenderweise aber nicht in der von Homer verkündeten olympischen Götterwelt, also der «etablierten» Religion, wie Pentheus und sein Glaube sie in den «Bakchen» verkörpert.

Ein rundes Dutzend relativ ordentlicher Gottheiten hielt im Olymp Einzug, als Griechenland in der Mitte des 2. Jahrtausends v. Chr. von fremden Völkerschaften aus dem

Norden unterjocht wurde. Die «Himmelsgötter» wurden also von den neuen Griechen eingesetzt, die ihre Hauptstadt in Mykene aufschlugen (die Anthropologen haben für diese Invasoren den nicht allzu hilfreichen Sammelbegriff «Indo-Europäer» geprägt). Sie hatten eine lange Wanderschaft hinter sich, waren keine Ackerbauern, sondern Jäger, führten Waffen aus Bronze – waren also für gewaltsame Eroberung gerüstet –, und standen unter der Führung von Männern. Sie fielen über ein Land her, das vielleicht ein Jahrtausend lang ganz anders gelebt hatte; ackerbautreibend, seßhaft, friedfertig und ungeängstigt; dessen Städte keine Mauern und dessen Kunst keine Schlachtszenen kannte. Es war dies das minoische Kreta. Die Malereien dieser Kultur – freie, lebensechte und warmherzige Abbildungen von Vögeln, Blumen, tanzenden Mädchen oder fliegenden Fischen – zeigen einen unverdorbenen Blick auf die Welt: Die Augen liebten, worauf sie ruhten.

In diesem Land, wo Stärke kein Vorteil war, herrschten Frauen – oder hatten zumindest den gleichen Status wie Männer. Die Götter dieses Landes waren wie sein Volk und seine Kunst – einfach und erdhaft. Vor allem auf Fruchtbarkeit kam es an. In der einen oder der anderen Form war Mutter Erde das lebenspendende Wesen, aber auch die sie umgebenden Geister, ihre Liebhaber oder Sprößlinge, waren eng mit den Naturfunktionen verknüpft, denen reiche Ernten und ein bequemes Dasein entsprangen.

War das minoische Kreta wirklich so? Sicherlich doch in dem Sinne, daß es über kein Heer verfügte. In der Steinzeit hatten alle gleich unmittelbaren Zugang zu einer Waffe, also war die Macht aufgeteilt. Als dann die Bronze aufkam, wurde eindeutig klar, wer das Heft in der Hand hatte – besonders klar wurde denen, die es nicht hatten, aber auch, daß die alten Erdgötter zu ihrem Volk freundlicher waren als die grausamen Himmelsgötter der neuen Eroberer.

Die Frühlingsriten des Dionysos-Kults führten unmittelbar zur Errichtung des ersten Theaters am Osthang der Akropolis in Athen im 6. Jh. v. Chr. Es war aus Holz gebaut und bot 14 000 Zuschauern Raum. 330 v. Chr. wurde es durch das heute noch vorhandene gewaltige Halbrund aus cremeweißem Marmor ersetzt, das 17 000 Menschen faßte. Zum Dionysos-Fest gehörte ein viertägiger Schauspielwettbewerb, in dem die Preise von den Hohepriestern und den Regierenden der Stadt verteilt wurden.

Von allen diesen Göttern war Dionysos noch der realste und greifbarste. Auch ist klar, warum er bei den Unterdrückten Anklang findet. Er gibt Trost und Mut; Mut auch dazu, sich geräuschvoll zusammenzurotten in einer Weise, die Apollon niemals billigen würde.

Als der für Inspiration zuständige Gott bewegte sich Apollon, der idealisch Schöne, nur in den besten Kreisen und versprach Ordnung und Sicherheit. Gäbe es seinen Kult heute noch ... würde er wohl dargestellt in einem adretten Anzug und einem feinen Hemd, den Kragenknopf selbstverständlich geschlossen und mit dezenter Krawatte. Seine Sache war Organisation, und er verbreitete soviel Warmherzigkeit wie heutzutage ein Finanzmagnat. Da ist es kaum verwunderlich, daß das Volk sich lieber an Dionysos hielt.

DIE METAMORPHOSE DES DIONYSOS vom Gott der Pflanzenwelt und der Fruchtbarkeit zum Gott des Weins vollzog sich allmählich, etwa über ein Jahrtausend hinweg. Damit war der Wandel aber noch nicht vollendet, sondern setzte sich mit zunehmend ausgebildeten und mystischen Riten fort und umfaßte schließlich ein ganzes Glaubenssystem, das sich mit Spiritualität und dem jenseitigen Leben beschäftigte – ein unmittelbarer Vorläufer des Christentums.

Der Weingott gewann mit der Kolonisierung Unteritaliens um 800 v. Chr. an Prominenz. So wurde die erste Stadtgründung der Griechen auf Sizilien Naxos genannt, nach der Insel, auf der sich der Gott mit Ariadne vermählte, und sein Bild wurde auf die Münzen geprägt. Seine Bedeutung bestätigte sich 582 v. Chr., als ihm das Heiligtum Apollons in Delphi für drei Monate im Jahr eingeräumt wurde. Es ist gesagt worden, daß zwischen Delphi und den neuen Kolonien eine engere Verbindung bestand, als es scheinen mochte. Delphi liegt in der Nähe von Korinth, einer der bedeutendsten Kolonisationsmutterstädte. Das Orakel wußte genau Bescheid darüber, wo die geeignetsten Stellen zu finden waren. Es entstand ein gewinnbringendes Arrangement aus Kolonisation, Handel und Verbreitung des Weingottkults. Weinhandel, seit eh und je eine erfreuliche Beschäftigung, umgab sich nun auch noch mit einem Geruch der Heiligkeit.

Im 6. Jahrhundert v. Chr. wurde Dionysos und seine Verehrung in das griechische Pantheon aufgenommen. Um für ihn Platz unter den zwölf Olympiern zu schaffen, versetzte man die bescheidene Hestia, die Göttin des Herds, in den Ruhestand. Sein Bild, seine Gefolgschaft und seine Attribute – Mänaden, Satyrn, Thyrsos, Weinrebe und Efeu – wurden zu den beliebtesten Gegenständen der Vasenmalerei. Das berühmteste Werk dieser Art, das die Sage seiner Gefangennahme auf dem Weg nach Italien durch etruskische Seeräuber erzählt, stammt von Exekias (um 550 v. Chr.). Um 530 v. Chr. schließlich sanktionierte Peisistratos die Dionysos-Riten in Athen und baute das erste Theater. Die «Bakchen» wurde 404 v. Chr. erstmals aufgeführt. Ein Jahrhundert später entstand das heute noch erhaltene riesige steinerne Theater, das die Flanke der Akropolis hinansteigt. Die aktive Gefolgschaft des Dionysos war größer als die aller anderen Götter.

Der Aufstieg des Weins als Religionsform ist unter den Voraussetzungen des antiken Griechenland nicht sehr schwer zu verstehen. Der amerikanische Historiker und Geograph Dan Stanislawski hat einen überzeugenden Katalog der darin eingeschlossenen Verheißungen aufgestellt: «Exaltation für die Mystiker, Gemeinschafts- und Zugehörigkeitsgefühl für die Enterbten, Ermutigung für die Zaghaften, Frieden für bedrängte Gemüter, Tröstung für gequälte Seelen, Aphrodisiakum für Liebende, Linderung für die von Schmerz Geplagten, Anästhetikum für chirurgische Eingriffe, Ermunterung für Deprimierte. Außer mystischen und persönlichen Verlockungen bot der Wein auch pekuniären Anreiz: Die Frucht des Weinstocks findet einen stets aufnahmebereiten Markt vor. Er bringt einen relativ hochwertigen Ertrag auf den unterschiedlichsten Flächen und Böden und unter verschiedensten Klimabedingungen.»

GEGEN ENDE DES 4. JAHRHUNDERTS V. CHR. wandelte sich die Natur und der Umfang der griechischen Welt von Grund auf. Das Königshaus des nördlichen Nachbarlands Makedonien machte unter Philipp und seinem Sohn Alexander der lockeren Konföderation der freien Stadtstaaten unter der Führung von Athen und Sparta ein Ende. Unter Alexander wurden die Griechen zu einer unwiderstehlichen Kraft, die alle die allmählich alt gewordenen Reiche im Osten wegfegte. Anatolien, Assyrien, Babylonien, Persien und Ägypten stürzten. Alexander zog bis an die Grenzen Indiens und stieß sogar über den Oxus nach Zentralasien vor. Nach seinem Tod zerfiel dieses enorme, unregierbare Reich in drei Teile: Makedonien mit Griechenland, Ägypten unter den Ptolemäern und ein großes Reich von Anatolien bis Indien, das den Namen seines Gründers Seleukos annahm. Der Einfluß griechischen Gedankenguts machte sich im ganzen Mittleren Osten ebenso fühlbar wie in der sich rasch ausweitenden Sphäre Roms im Westen. Um die Mitte des ersten Jahrhunderts hatte schließlich Rom innerhalb von 200 Jahren durch Eroberung oder Übergabe fast die gesamte griechische Welt mit Ausnahme Persiens in die Hand bekommen. Zuletzt fiel Kleopatras Ägypten im Jahr 31 v. Chr.

ROM STAND DEM KULT DES BACCHUS – hier trug der Gott seinen aus Lydien bekannten Namen – zunächst mißtrauisch gegenüber. Die Etrusker, die vor noch nicht allzu langer Zeit in das neue römische Italien aufgesogen worden waren, hatten einen ähnlichen Gott mit dem schönen Namen Fufluns. Die beiden Götter wurden bald zu einem.

Doch das martialische Gehabe Roms in den Tagen der Republik bot keinen Raum für Naturanbetung oder Schwärmerei jeglicher Art. Die Bacchus-Riten, genannt die Bacchanalien, waren eine abseitige Angelegenheit, wo sich honorige Bürger nicht blicken ließen. Der Staat – wie einst Pentheus in den «Bakchen» – verhielt sich nervös und ablehnend.

186 v. Chr. spitzten sich die Dinge zu. Die Bacchanalien wurden auf die Zeugenaussage einer Kurtisane hin verboten. Der Bericht des Geschichtsschreibers Livius gleicht höchst verdächtig den Anschuldigungen, die später gegen die Christen erhoben wurden: «Es gab nicht nur eine Form des Lasters wie die Promiskuität der Geschlechter, sondern Meineid, Fälschung von Siegeln, Testamenten und Zeugnissen ... desgleichen Vergiftung und Ermordung von Blutsverwandten, so daß zuweilen nicht einmal die Leichen zum Begräbnis aufgefunden wurden.» Bei der nun folgenden Hexenjagd wurden über 7000 Menschen in ganz Italien der Verschwörung gegen den Staat bezichtigt. Aus der Anklagerede geht klar hervor, daß sich das römische Establishment von einer Volksbewegung bedroht fühlte, die seine ernsten und kriegerischen Werte in Frage stellte: Solche Menschen gaben keine römischen Soldaten ab.

Doch so leicht war Bacchus nicht aus dem Weg zu schaffen. Sein Kult blühte insgeheim weiter, gespeist durch die Lehren der Orphik nach den Gesängen des Orpheus, die eine Wandlung des Kults zur Religion bewirkten. Im 1. Jahrhundert v. Chr. war Bacchus der Rolle des Weingotts entwachsen und zur Erlösergestalt geworden; er war der Gott der Unterwelt, in dessen Macht es stand, ein Leben nach dem Tode zu gewähren. Seine Beziehung zum Theater blieb bestehen, und oft wurden Masken der Personen berühmter Stücke den Toten mit ins Grab gegeben. Sogar eine kriegerische Vergangenheit wurde Bacchus beigelegt, darunter ein Siegeszug nach Indien, der ihn ausgerechnet mit Alexander dem Großen gleichsetzt.

Das Verbot der Bacchanalien wurde schließlich von Julius Cäsar auf den Druck des Volkes hin aufgehoben. Das allgemeine Lebensgefühl Roms hatte sich durch den enormen Wohlstand des Römischen Reichs verändert. In der Vergangenheit war Bacchus der bevorzugte Gott des einfachen Mannes gewesen, jetzt fand er auch Gefolgschaft unter den Reichen und Mächtigen. Mark Anton fühlte sich auf Kleopatras Lager in Alexandria als neuer Dionysos sein Rivale Oktavian dagegen als Apollon.

DER EINFLUSS DES BACCHUS UND SEINES KULTS AUF DAS CHRISTENTUM, als dieses nach Rom kam, steht außer Zweifel. Die Orphik hatte bereits die Konzeption der spirituellen Erlösung mit Bacchus/Dionysos als Erlöser vorweggenommen. Die Rückkehr aus dem Jenseits war schon unter den antiken Göttern üblich. Den Orphikern war der Gedanke vertraut, das Fleisch des Gottes zu sich zu nehmen und den Wein als Blut des Bacchus.

Auch andere zu jener Zeit gängige Kulte leisteten ihren Beitrag zu der neuen Religion, insbesondere die im römischen Heer verbreitete Verehrung des Sonnengotts Sol Invictus. Von ihm borgten sich die Christen den Heiligenschein und das Datum für das Weihnachtsfest aus, nämlich die Wiedergeburt der Sonne am kürzesten Tag des Jahres.

Wie die Anhänger des Bacchus wurden auch die Christen zunächst verfolgt, dann geduldet und schließlich akzeptiert. Im 4. Jahrhundert erhob Kaiser Konstantin im ganzen Römischen Reich das Christentum zur Staatsreligion. Um diese Zeit war es so stark mit dem Bacchus-Kult vermischt, daß die Tochter Konstantins, als sie in Santa Costanza ihr Mausoleum baute, dessen Decke mit einem Mosaik herkömmlicher Bacchus-Symbole schmücken ließ, in dem sie selbst mit Reben bekränzt erscheint.

Der Kaiser Theodosius verbannte im Jahr 392 mit einem Edikt die alten heidnischen Kulte. Die Anhänger des Bacchus, inzwischen nur noch eine kleine Minderheit, übernahmen christliche Symbole, wie einst die Christen sich die ihrigen ausgeborgt hatten. Bacchus trägt einen Heiligenschein und sitzt (wie Tausende von Jahren zuvor in Çatal Hüyük) als Kind auf dem Schoß seiner Mutter.

Auch christliche Theologen entdeckten die Parallelen zwischen Euripides «Bakchen» und ihren eigenen Lehren. Dionysos war der Sohn Gottes und einer Sterblichen.

SCHÄNDLICHE DINGE

Livius dachte konservativ und stand fest auf der Seite der Autoritäten. So berichtet er von Ausschweifungen, die zum Verbot der Bacchanalien führten.

Ein junger Römer namens Aebutius hatte eine Geliebte, eine freigelassene Sklavin mit Namen Hispala. Der Stiefvater des Aebutius gedachte offenbar, sich dessen Erbe anzueignen, und veranlaßte, daß der junge Mann in die Riten des Bacchus eingeführt werden sollte, weil er meinte, die Mitgliedschaft in diesem übel angesehenen Kult müßte ihn so sehr in Verruf bringen, daß die Gerichte ihm jede Erbberechtigung aberkennen würden.

Hispala erfuhr von diesem Plan (sexuelle Enthaltsamkeit war Teil der Aufnahmeformalitäten). Voll Schrecken erzählte sie Aebutius, daß sie als Sklavin einst dazu gezwungen worden war, den Bacchanalien beizuwohnen.

Die Kandidaten, so sagte sie, wurden von den Pristern an einen Ort geführt, wo großes Heulen erklang, aber auch ein Chorgesang und das Tönen von Zymbeln und Trommeln, so daß die Stimme des Leidenden, dessen Tugend gewaltsamen Angriffen ausgesetzt war, nicht zu hören sein sollte. Sie flehte ihn an, er möge sich nicht in eine Sache begeben, wo er schändliche Dinge zuerst über sich ergehen lassen und dann selbst treiben müsse.

So kamen die Geheimnisse ans Licht. Aebutius floh aus dem Haus seines Stiefvaters. Hispala wurde dazu überredet, vor dem Konsul Postumius Zeugnis abzulegen. Zunächst, so sagte sie, seien die Bacchanalien ein Ritual für Frauen gewesen, zu dem Männer keinen Zutritt hatten. Später habe dann eine Priesterin aus Kampanien damit begonnen, auch Männer zuzulassen. Da nun Frauen und Männer im Schutz der Dunkelheit zusammenkamen, sei kein Verbrechen unverübt geblieben. Unter Männern habe es mehr schmachvolle Übungen gegeben als unter Frauen. Wollte jemand keinen Mißbrauch mit sich treiben lassen oder zögerte, selbst solchen zu treiben, so sei er oder sie als Opfer dargebracht worden. Nichts als Unrecht zu betrachten, habe unter ihnen als höchste religiöse Hingebung gegolten.

Postumius, hocherfreut über diese Aussage, berief eine Sondersitzung des Senats ein, auf der die Bacchanalien verboten wurden. Hispala und Aebutius wurden für ihre Anzeige mit Geld und Privilegien belohnt, woraus hervorgeht, daß auch der Senat mit ihnen sehr zufrieden war.

Er wirkte Wunder und wurde verfolgt. So vermuteten sie, Euripides müsse durch göttliche Inspiration dazu ausersehen gewesen sein, dem Christentum den Weg zu bereiten. Gregor von Nazianz, Bischof von Konstantinopel, übernahm in sein Drama «Die Leiden Christi» mit Quellenangabe ganze Passagen aus den «Bakchen».

DIE VEREHRUNG DES WEINGOTTS SCHWAND nun allmählich, weil die christlichen Autoritäten sich gegen sie wandten. Wurde sie aber wirklich je ganz unterdrückt? Ein in Konstantinopel 692 erlassenes Edikt verbot kurzweg den Frauen jedes öffentliche Tanzen («die Wurzel aller Übel und Zerstörungen»), Chorsingen und Mysterien («alte Bräuche, die dem christlichen Leben gänzlich fremd sind»). Es wurde verboten, Kleider des anderen Geschlechts zu tragen und komische oder tragische Personen zu verkörpern. Ferner wurde dekretiert, «daß bei Strafe der Exkommunizierung während des Traubenstampfens niemand den Namen des infamen Bacchus nennen und beim Einfüllen des Weins in Fässer niemand Gelächter durch Handlungen hervorrufen dürfe, welche den Anschein von Lüge oder Tollheit besitzen». Offenbar hatten die bacchischen Riten noch immer ihre Anhänger.

Manchmal findet sich seine Verehrung auch noch als tumultuarische Note in christlichen Zeremonien. Am San-Pedro-Tag bricht Jahr um Jahr in Haro in Rioja seine Tollheit wieder hervor. Hier drängen sich im Morgengrauen Tausende zur Messe in einer Kapelle am Berg. Kaum ist sie vorüber, geht ein Aufschrei durch die Menge, und alle beginnen einander mit hellem Rotwein aus einem Weinschlauch zu bespritzen. Ein wilder Tanz – und der Boden unter den Ölbäumen ein Schlamm aus Wein und Erde. Ein ferner Anklang an die Bakchen und jene Ekstase, die einst Theben verwüstete.

Eine Vermischung des alten Dionysos-Kults mit dem neuen Kult des Christentums zeigt sich in diesem Mosaik aus dem 5. Jh. von Paphos auf Zypern, auf dem Dionysos als Kind in einer Szene dargestellt ist, die an die Anbetung der Könige erinnert. Anstelle von Mänaden und Satyrn umgeben ihn Gläubige, darunter auch Ambrosia und Nektar (Speise und Trank der Götter) sowie Tropheus der Nährvater.

KAPITEL 6

Die Römer und ihr Wein

DE RE RUSTICA

Die Monumente Roms sind überall um uns. Seine Sprache klingt uns noch heute in den Ohren. Das Privatleben seiner Dichter und Politiker ist uns (oder war doch noch vor einem Jahrhundert unseren Urgroßvätern) ebenso vertraut wie das uns näherer Gestalten aus einer jüngeren Vergangenheit. Namen, Ereignisse, Streitigkeiten, Gesetze ergeben ein relativ exaktes Bild. Und dennoch entzieht sich das alte Rom auf eigenartige Weise unserem Zugriff. Es ist nicht leichter zu fassen oder zu riechen als das noch ältere Ägypten. Dieses kennen wir aus seinen Bildern; Rom kennen wir aus seinen Schriften, seinen Monumenten und seinen Scherben.

An römischen Berichten über den Wein ist kein Mangel. Horaz, Ovid, Vergil – die größten Poeten schrieben über ihn, sowohl beiläufig als auch speziell. Plinius, der höchst ausführliche Naturhistoriker, verbreitete sich sehr über ihn; die Agrarier Cato, Varro, Greacinus und Columella vermitteln ein scharfes Bild; Galenus, der große Arzt, äußert sich scharfsichtig und präzise.

Auch an archäologischen Funden mangelt es nicht. Wissenschaftliches Nachgraben und Eintauchen sind hier neue Disziplinen. In allen Schriften ist immer die gleiche Geschichte auf uns gekommen: aufreizend reich an Details, aber stets unklar in den Schlußfolgerungen. Die Archäologie steht im Kontrapunkt hierzu: die Schlußfolgerungen computerisiert, die Details dagegen ausgesprochen lückenhaft. Sie wirft aus ungewöhnlichen Blickwinkeln Licht auf das große literarische Gebäude der alten Schriften und scheucht aus seinen erhabenen Schatten Unerwartetes auf.

DER WEINBAU KAM SEHR PLÖTZLICH aus Griechenland nach Süditalien. Es mag auch schon früher Siedlungen der mykenischen Griechen dort gegeben haben, Genaues aber wissen wir erst von denen, die von 800 v. Chr. an entstanden. Die Weinrebe war gewissermaßen der Anker, den die Griechen an den sizilianischen und italienischen Küsten warfen. Sie schlug Wurzeln, und die Griechen selbst taten es ihr nach. 300 Jahre später schon hatte Syrakus auf Sizilien Athen überflügelt und war zur volkreichsten aller griechischen Städte herangewachsen.

Gab es den Weinstock in Italien noch nicht, ehe die Griechen kamen? Sicherlich doch, und auch Weinbau gab es schon. Die Gegend nördlich von der Mitte des langen italienischen Stiefels, die heutige Toskana, war das Land der Etrusker. Auch sie waren wahrscheinlich aus dem Osten gekommen – doch wissen wir darüber nichts Genaues. Kleinasien (möglicherweise Troja) wird als ihr Ursprung vermutet, aber auch Phönikien – doch scheint die Sprache der Etrusker dem Griechischen näher verwandt. Die Etrusker bauten, bereiteten und genossen Wein in ganz ähnlicher Weise wie die Griechen, und sie handelten damit über die Alpen hinweg bis Gallien. Es ist fast sicher, daß sie vor den Griechen in Burgund waren und dort Wein verkauften, nicht aber anbauten. Den Weinstock mögen sie einst aus dem Osten mitgebracht oder durch frühere Streifzüge der Griechen erhalten, vielleicht aber auch schon in Italien vorgefunden haben. Wilde

Wie die Ägypter schmückten auch die Etrusker ihre Grabstätten mit Darstellungen nie endender Gelage, die sie im jenseitigen Leben zu feiern hofften. Dieses wundervolle Fresco aus der Tomba dei leopardi in Tarquinia zeigt eine Szene aus einem solchen Festmahl, bei dem die Gäste bequem hingelagert sind. Dieselbe Gewohnheit hatten auch die Griechen, nicht hingegen die Ägypter.

Reben wuchsen ja auf der Halbinsel schon in prähistorischer Zeit. Wer in Italien zuerst Wein aus ihnen bereitet hat, ist nie aus dem Dunkel der Zeiten ans Licht gekommen.

ROM IST AUF MILCH GEGRÜNDET, sowohl in der Sage, die ja erzählt, daß Romulus und Remus von einer Wölfin gesäugt wurden, als auch – bildlich gesprochen – nach der sittenstrengen Denkungsart seiner frühesten Bürger. Die Etrusker weiter im Norden gaben sich dagegen, wie der Schmuck ihrer Grabstätten beweist, frohem Lebensgenuß hin. Das Verstehen ihrer Sprache bereitet uns noch Schwierigkeiten, doch wie die Ägypter haben auch sie ein lebendiges Vermächtnis an Malereien, Plastiken, Keramiken und vor allem Bronzen hinterlassen.

Ihre Weinberge reichten weit hinauf in den Norden Italiens; die älteste bisher gefundene Amphore mit Korkstöpsel ist eine etruskische Arbeit aus der Zeit um 600 v. Chr. Im Süden erfreuten sich die Griechen am Land des Weins. Doch bei dem ersten martialischen Volk, das sein Herrschaftsgebiet von der Mitte Italiens aus stetig erweiterte, stand der Weinberg nicht hoch im Kurs. Seinen Weibern war der Wein verboten; einem Mann, der seine Frau beim Trunk ertappte, war es erlaubt, sie dieses Vergehens wegen zu töten (obgleich man sich schwer vorstellen kann, daß viele Männer dies taten – eine Scheidung aus diesem Grund ist jedenfalls zum letzten Mal im Jahr 194 v. Chr. beurkundet.)

Die Wende in der Gesinnung der Römer kam während des lang hingezogenen Kampfs mit Karthago um die Vorherrschaft im westlichen Mittelmeer. Die drei sogenannten Punischen Kriege fanden zwischen 264 und 146 v. Chr. statt. Im Jahr 218 v. Chr. überquerte der karthagische Feldherr Hannibal mit seinen Kriegselefanten die Alpen. Seine Niederlage und die bald darauf folgenden Siege der Römer über die Makedonier und Syrer brachten in Rom den Stimmungsumschwung. Ab 200 v. Chr.

begannen sich seine immer weltlicher gesinnten Bürger für den Weinbau zu interessieren; die Sicherheit und der Wohlstand des Imperiums ließen einen Markt für Luxusgüter entstehen, ob dem die Gründungsväter sich entsetzt hätten. Der erste, der ausführlich über den Weinbau schrieb, war Cato, der Senator, der sich – wie Plinius berichtet – am leidenschaftlichsten für die Zerstörung Karthagos eingesetzt hatte: «Delenda est Carthago.» Im Alter von über 80 Jahren legte er in «De agricultura» genau dar, wie ein Landgut betrieben werden sollte – unter anderem stellte er auch kaltblütige Berechnungen darüber an, wieviel Sklaven arbeiten können, ohne tot umzufallen.

Die Römer begannen nun, die Landwirtschaft als ein auf Rentabilität ausgerichtetes Geschäft zu betreiben. Dabei stand der Weinbau in der Gewinnträchtigkeit an vorderster Stelle, teilweise weil es noch wenige kommerziell genutzte Weinberge gab, Rom andererseits aber eine große Stadt mit einem großen Durst geworden war. Catos Lehrbuch wurde von den neuen Großgrundbesitzern, die meist gar nicht auf dem Land lebten und nur an hohem Ertrag interessiert waren, geradezu sklavisch befolgt. Damals schon bestand (wie noch heute) eine ausgeprägte Abneigung zwischen Spekulanten dieser Art und den echten Landbewohnern, die wie die Dichter Horaz und Vergil Land und Leute liebten und deren Weinberge deshalb eher Verluste eintrugen, wohl aber auch besseren Wein brachten.

Eigentümlich ist, daß der Verfasser des am meisten gelesenen Lehrbuchs der Landwirtschaft der längst verstorbene Karthager Mago war. Er hatte um 500 v. Chr. die in Karthago vervollkommneten landwirtschaftlichen Traditionen der Phöniker und Kanaaniter aufgezeichnet. Als Catos Wunsch in Erfüllung ging und Karthago ausgelöscht wurde, retteten die Römer aus der Bibliothek der zerstörten Stadt ausgerechnet das alte Werk Magos: Seine 26 Bände wurden 146 v. Chr. ins Griechische und Lateinische übersetzt – allerdings ging es später verloren, wir kennen es nur aus Zitaten bei anderen Autoren. Mehr als jedes andere Werk belebte es den kommerziellen Weinbau, pries aber auch die Vereinigung kleiner Güter zu größeren. Plinius zufolge befand sich schließlich zur Zeit des Kaisers Nero, also 200 Jahre später, das ganze römische Nordafrika in der Hand von nur sechs Großgrundbesitzern.

Aber Rom wuchs nicht nur, es zog auch begabte und geistreiche Menschen aus dem ganzen Imperium an und mit ihnen eine kosmopolitische Geschmacksvielfalt, die zu höherem Lebensstandard führte. Ein Datum, das uns diese Entwicklung genauer fixieren hilft, ist 171 v. Chr., als in Rom die erste kommerzielle Bäckerei eröffnet wurde. Die alte Nahrung der Römer war Brei gewesen, nun aber aßen sie Brot, es bestand also aller Grund zu der Annahme, daß Roms Durst wachsen mußte. Um diese Zeit dehnte Rom seine Herrschaft auf die griechischen Weinbaugebiete in Süditalien aus. Das waren Jahre des Aufschwungs für die Weinwirtschaft. Es ist kein Zufall, daß die erste Erwähnung eines römischen Spitzengewächses aus einer bestimmten Lage in diese Ära fällt. Es war dies der sagenhafte Wein aus den Weinbergen von Falernum des Jahrgangs 121 v. Chr., als Opimius Konsul war.

Noch ein Jahrhundert danach tranken die Kenner und Feinschmecker den Falerner des Opimius (oder vermeinten doch, solchen zu trinken). Man könnte seinen legendären Ruf mit dem des «Waterloo»-Port von 1815 vergleichen, nur gab es im alten Rom außer dem Falerner über lange Zeit keinen Wein, der überhaupt der Rede wert war.

Nachdem einmal der Begriff des Spitzengewächses – ein lateinisches Wort dafür gibt es allerdings nicht – Fuß gefaßt hatte, konnte auch eine eindeutige Trennungslinie gezogen werden zwischen Weinen, bei denen es auf Qualität ankam, und der großen Masse, bei der nur Quantität zählte. Die Römer liebten das Kostbare und Seltene. Fischraritäten wurden teuer bezahlt, und manch einer gab ein Vermögen aus für einen Eßtisch aus duftendem Zitronenholz. Nun fand auch der Wein seinen Weg auf die Liste feiner Genüsse.

Ganz oben standen auf ihr die griechischen Weine – ob sie wirklich besser waren oder ob es nur daher kam, daß alles Griechische als schick galt, ist schwer zu sagen. Orientalen, das heißt Menschen aus dem östlichen Mittelmeerraum, brachten Rom den Luxus und die Kunstfertigkeiten, die ihm mangelten. Unter den Sklaven aus Kleinasien, Syrien und Palästina befanden sich auch Könner in Weinberg und Keller. Rom assimilierte ihre Fähigkeiten, doch der importierte Wein behielt seinen besonderen Ruf.

UM DAS ENDE DES 1. JAHRHUNDERTS V. CHR. breitete sich unter den wohlhabenden und mondänen Römern eine besondere Neigung zur Küste Kampaniens, der Bucht von Neapel und zur Halbinsel Surrentum aus. Es wurden dort Villen mit Blick auf das Meer, umgeben von prachtvollen Gärten, erbaut. Hier im Süden war die griechische Kultur noch höchst lebendig, und der Wein von griechischen Reben galt in Italien als der beste.

Die Rebsorte hieß Aminea. Aus ihr wurde der Falerner gekeltert und später auch alle Spitzengewächse in diesem ersten Goldenen Zeitalter des italienischen Weins. Es überrascht zu hören, daß es ausschließlich süße Weißweine waren. Doch der Geschmack zur Zeit des Kaisers Augustus (27 v. Chr. bis 14 n. Chr.) richtete sich ganz auf süßen, starken Wein, der oft sogar – ähnlich wie heute der Madeira – «eingekocht» war. Er wurde meist mit warmem Wasser, manchmal auch mit Meerwasser, gemischt. Madeira mit Wasser – ob warm, kalt oder aus dem Meer – dürfte uns Heutigen wohl kaum besonders munden. Dennoch kann kein Zweifel an den feinen Unterschieden aufkommen, die die Römer zwischen der einen und der anderen Art machten, und auch nicht an der technischen Raffinesse, die sie in der Bereitung ihrer besten Weine aufbrachten. Auch waren sie es nicht allein, die daran Gefallen fanden: Der Weinhandel mit Griechenland wuchs sich in beiden Richtungen aus. Schiffe brachten griechischen Wein nach Italien und nahmen italienischen mit nach Griechenland.

Zur Zeit des Augustus war der Weinbau bereits in ganz Italien fest etabliert. Alle berühmten Weine wuchsen zwischen Rom und Sorrent, doch auch an der Adriaküste

---

DIE SPITZENWEINE ROMS

Der Falerner war das erste anerkannte Spitzengewächs Roms. Er wuchs an der Grenze zwischen Latium und Kampanien, wo sich die Via Appia nach links und die Via Domiziana nach rechts auf Neapel zu wendet: ein geradezu strategischer Punkt für ein Landgut mit hohen Ambitionen. Der beste Falerner kam aus dem Besitz von Faustus «infolge der Sorgfalt, die auf seine Kultivierung verwendet wurde», vermutlich aber auch wegen seiner Lage am mittleren Hang zwischen den beiden anderen Teilen, Caucinium oben und Falernum unten. «Es gibt drei Arten: einen trockenen, einen süßen und einen leichten Wein» (auf lateinisch austerum, dulce, tenue), erläutert Plinius und fährt dann mit einer überraschenden Behauptung fort: «Er ist der einzige Wein, der Feuer fängt, wenn man eine Flamme an ihn hält.» Sollte er damit gemeint haben, der Falerner sei so alkoholstark gewesen, daß er brannte, wenn man ihn ins Feuer sprühte? Tatsächlich sind sich alle Autoren einig, daß er sehr stark war. Die Farbe eines reifen Falerners war bernsteingelb oder braun. Sehr alter Falerner wird als bitter und pur untrinkbar beschrieben, wobei man sofort an jenen alten Oloroso-Sherry denkt, der nur zum Verschneiden benutzt wird. Einen so hochkonzentrierten Wein empfindet man im Mund fast schon als schmerzhaft.

Heute wächst der Falerner zwischen Rocco di Mondragone und Monte Massico. (Der Massicum galt einst auch als ein dem Falerner manchmal ebenbürtiger Wein erster Klasse.) Die Kellerei Cenatiempo in Formia benutzt den Namen des alten Falernum für einen einfachen, leichten, bernsteinfarbenen Wein. Auch ein trockener roter «Falerno» wird dort bereitet.

In den ersten Jahren der Kaiserzeit galt auch der Caecuber als dem Falerner ebenbürtig, obwohl er laut Plinius «in Pappelhainen auf sumpfigem Boden» an der Küste nordöstlich von Falernum wuchs. Nero glaubte, dort sei ein Schatz vergraben, und ließ unter dem Vorwand,

DIE SPITZENWEINE ROMS

es solle ein Kanal gebaut werden, in der Gegend nachgraben.

Nach dem Falernum und dem Caecubum kommen bei Plinius die Weine von Alba südlich von Rom, «die überaus süß, gelegentlich auch trocken sind». Heute fällt in den Bereich Colli Albani der päpstliche Sommersitz, die ehemalige kaiserliche Villa Castelgandolfo, deren Weine nicht unähnlich dem in der Nähe wachsenden Frascati sind.

Die vierte Stelle seiner Liste nahm der Surrentinum von der Halbinsel Sorrent südlich von Neapel ein. Plinius nennt ihn in Übereinstimmung mit anderen Autoren einen leichten, säurereichen Wein. Er wurde von der Aminea-Traube gewonnen und brauchte 20 Jahre bis zur Reife. Heute gibt es keinen entsprechenden Wein mehr, doch eine Flasche Gran Caruso im Hotel Belvedere, hoch über dem Meer bei Ravello, ist als Ersatz durchaus annehmbar.

Weitere von Plinius und anderen aufgeführte Weine waren Mamertinum aus Messina in Sizilien, Praetutium aus Ancona an der Adria, Raeticum aus Verona, Hadrianum von Atri an der Adriaküste (die moderne Version ist Rosso Piceno), Luna aus der Toskana und Genoa aus Ligurien. In Kampanien nennt Plinius den Trebellicanum aus Neapel und den Caulinum aus Capua.

gab es eine bedeutende Produktion, die nach Dalmatien, Makedonien und Griechenland exportiert wurde; der Wein aus der Gegend von Aquileia (heute Friaul-Julisch Venetien) ging nach Osten und Norden auf der Sava bis zur Donau. Plinius, die ergiebigste Quelle für Informationen über solche Dinge, spricht von beachtenswerten Weinen in Ligurien, Umbrien, der Emilia und in Raetia (bei Verona), aber auch aus den alten griechischen Kolonien in Kalabrien und Apulien im äußersten Süden. Erstaunlicherweise fehlt in dieser Liste die Toskana; sie aber war (und ist es in weiten Teilen noch heute) Waldland; die Via Chiantigiana von Siena nach Norden hat es augenscheinlich immer noch schwer, sich einen Weg durch die eichenbewachsenen Berge zu bahnen.

Neben Rom hatte noch eine weitere Stadt eine bedeutende Stellung als Weinhafen: das Bordeaux des römischen Imperiums, das Weine aller Qualitäten in großen Mengen hervorbrachte und in die Welt versandte. Und das Schicksal hat es gewollt, daß diese Stadt die einzige des Weltreichs ist, in der wir umhergehen können, als lebe sie noch im ursprünglichen Zustand – Pompeji.

IN DEN RUINEN VON POMPEJI sind heute noch rund 200 Weinhäuser deutlich zu erkennen. In einer Straße nahe dem öffentlichen Bad reihen sich acht in einem kaum 75 m langen Häuserblock aneinander. Vor einer recht bescheidenen Kneipe kann man noch die an die Wand gemalte Weinpreisliste entziffern: offener Wein in der Karaffe oder Cucuma (heute sagen die Neapolitaner «Cucumella») zu einem, zwei oder vier «As».

> Für ein As bekommst du Wein,
> für zwei As den besten
> und für vier As Falerner.

Der letztere Preis muß ein äußerst gutgläubiges Publikum vorausgesetzt haben. Echter Falerner, der Wein der Cäsaren, kostete damals bestimmt mehr als nur das Vierfache des einfachen Hausweins.

Tritt man aus der blendenden Helle der Straße in ein solches stilles und staubiges Weinhaus, dann meint man, es könne sofort den Betrieb aufnehmen. Zwar fehlt ein Stück der Decke, und man kann in das Schlafzimmer im oberen Stock sehen, wo ein bronzenes Bettgestell gefährlich nahe an der abgebrochenen Fußbodenkante steht. Aber ein Erdbeben hätte mehr Schaden anrichten können, wie es auch 16 Jahre vor dem Tag, als das Weinhaus für alle Zeiten schließen mußte, tatsächlich geschehen war. Im Jahr 63 hatte der größte Teil Pompejis wieder aufgebaut werden müssen, nachdem ein Erdstoß viele Menschenleben gekostet, die Dächer der meisten Häuser zum Einsturz gebracht und fast den ganzen Wein des Jahrgangs 62 vernichtet hatte.

Hier braucht nur die Theke einmal gründlich abgewischt zu werden, damit der Marmor wieder Farbe bekommt. In einem Gestell dahinter liegen ein Dutzend Amphoren ohne Pfropfen, als ob nach einem feuchtfröhlichen Wochenende die Vorräte ausgegangen wären. Man wartet geradezu darauf, daß zwei Lastenträger daherkommen, die an einem Riemen zwischen sich eine Amphore durch die belebte Gasse heranschleppen, sie in das Gestell setzen und die leere mitnehmen. Der Ärger mit den Amphoren war nämlich, daß sie ebenso schwer waren wie der Wein, den sie enthielten – und 26 Liter flossen ohne weiteres in ein, zwei Stunden durch die Gurgeln einer durstigen Gesellschaft im Bad gegenüber.

Gaius Plinius Secundus, bekannt als Plinius der Ältere, ein gelehrter, ruhiger, vornehmer Römer, Mitglied der Hofgesellschaft des Kaisers Vespasian, zeigte sich vom berüchtigten Durst der Pompejaner eher amüsiert als entsetzt. Er beschrieb ihr eifriges Bemühen um einen ordentlichen Rausch so: «Sie lassen sich im heißen Bad sieden, bis sie bewußtlos hinausgetragen werden, während andere es nicht abwarten können, bis sie an den Tisch kommen, nicht einmal ihre Kleider anlegen, sondern noch nackt und keu-

In den Straßen Pompejis drängen sich Weinhäuser und «Thermopolia», zur Straße hin offene Imbißstuben, wo es jederzeit warmes Essen gab. Der in den Weinhäusern servierte Wein war gewöhnlich mit Wasser, manchmal mit Meerwasser, verdünnt. An kalten Tagen konnte man Wein und Wasser auch heiß bekommen.

chend gewaltige Trinkgefäße hochstemmen, als wollten sie ihre Stärke zeigen, und den ganzen Inhalt in sich hineinschütten, so daß ihnen alles sogleich wieder hochkommt, und dann nehmen sie wieder einen tiefen Zug. So treiben sie es ein zweites und drittes Mal, als wären sie nur dazu geboren, Wein zu verschwenden, und als könne man das Naß nicht anders wegschütten als auf dem Umweg durch den menschlichen Körper.»

Pompeji mit seiner milden Winterwitterung zog pensionierte Rückkehrer aus den Kolonien an. Auch Plinius, obwohl erst 55, hatte sich in der Nähe in bequemem Halbruhestand eingerichtet. Nebenbei erfüllte er die nicht sehr beschwerlichen Pflichten eines Befehlshabers der Flotte in der Bucht von Neapel. Er hatte reichlich Muße, sich in Bädern und Weinhäusern aufzuhalten. Das Weingeschäft war lebhaft und gewinnbringend, das schwere heimische Gewächs wurde exportiert, aber auch an Ort und Stelle getrunken, und wahrscheinlich kamen noch populäre Weine aus den Kolonien hinzu, vor allem aus Ost- und Südspanien.

Das Studium der Amphoren ist ein Zweig der Archäologie, der bemerkenswert genau Aufschluß über den Weinhandel gibt. Formen der Gefäße und der Ausgußöffnungen, aber auch der Griffe können selbst aus kleinen Scherben, die es zu Millionen gibt, mittels Computern rekonstruiert und in bekannte Kategorien eingeordnet werden.

Typische pompejanische Amphoren sind ziemlich leicht zu erkennen; nicht so sicher ist man allerdings in bezug auf ihren Inhalt, denn häufig wurde dieselbe Form für Wein, Öl oder Korn verwendet. Oft wurden sie natürlich auch für die Erzeugnisse der Gegend, wohin sie gelangt waren, wiederverwendet.

Am schlüssigsten ist das meist oben auf dem Griff angebrachte Zeichen des Händlers, dessen Wein ursprünglich in der Amphore war. Einige pompejanische Kaufleute waren auf den Exportmärkten so berühmt, daß möglicherweise ihre Stempel fern von Pompeji gefälscht wurden.

Den wahrscheinlich bedeutendsten Beitrag zum Aufbau des in den letzten Jahren der Republik blühenden Weinhandels von Pompeji leistete ein Mann namens Marcus Porcius. Seine Siegel sind in vielen Teilen der weströmischen Welt gefunden worden, am häufigsten aber auf der Überlandroute vom Mittelmeer über Narbonne und Toulouse nach Bordeaux. Die Familie der Porcii spielte über mehrere Generationen hinweg im Geschäftsleben eine prominente Rolle, doch alle Anzeichen weisen darauf hin, daß sie ihr Vermögen dem Marcus verdankte. Nach Inschriften im Apollo-Tempel zu schließen, war er offiziell für den Bau des Theaters und des Amphitheaters zuständig.

Pompeji lieferte aber nicht nur nach Bordeaux, es scheint auch in vieler Hinsicht vorweggenommen zu haben, was Bordeaux einmal werden sollte. Es bestehen deutliche Analogien zwischen Pompeji als dem von prächtigen Villen umgebenen damaligen Zentrum des internationalen Weinhandels und der Stadt Bordeaux 1700 Jahre danach, als dort die Kaufleute ihre Weingüter, die Châteaux in Graves und im Médoc, aufzubauen begannen. Von 31 bisher in der Umgebung von Pompeji entdeckten Villen waren 29 offensichtlich Weingüter, also die damaligen Châteaux mit Weinbergen unmittelbar vor den Mauern und mit Kellern voll von reifendem Wein.

Weitaus der größte Markt für den Wein von Kampanien – also Pompeji und die Provinz ringsumher – war Rom. Es verbrauchte bei sinkenden Weinpreisen immer mehr und mehr; reiche Patrizier verteilten Wein kostenlos bei den von ihnen gesponserten Spielen im Zirkus. Es gab auf der dem Binnenland zugewandten Seite der Mauern eine Porta Vinaria, ein Weinhandelstor für den Wein, der den Tiber herab aus Umbrien oder aus den Sabiner Bergen, wo Horaz sein Gut hatte, herbeigeschafft wurde, und ein zweites solches Tor auf der dem Meer und dem Hafen Ostia zugewandten Seite. Der 35 m hohe Monte Testaccio am Tiber mit einem Umfang von 1000 Schritt besteht ganz und gar aus zerbrochenen Amphoren, die vor dem unteren Weintor weggeworfen worden waren. Etwa die Hälfte des gesamten Weinimports kam über das Meer in Schiffen, die von Pompeji und der Küste Kampaniens 2000 bis 3000 Amphoren auf einmal heranführten.

Pompeji war vom Geist des Bacchus so durchtränkt, daß sein Bild wieder und wieder in den Fresken der Häuser erscheint. Hier zeigt er sich als eine Traube, den Thyrsusstab als Zepter schwingend, an den rebenbedeckten Hängen des Vesuvs. Vor seinem Ausbruch hatte der Vulkan augenscheinlich einen gezackten Gipfel.

POMPEJI GING IM JAHR 79 N. CHR. in einem furchtbaren Ausbruch des Vesuvs zugrunde, bei dem das Land in meilenweitem Umkreis verwüstet wurde. Damit war Roms wichtigste Weinquelle versiegt; der Jahrgang 78 war vernichtet, einen 79er gab es nicht mehr. Als unmittelbare Folge wurden rings um Rom in wilder Hast Reben angepflanzt. Kornfelder wurden zu Weinbergen, das Versorgungsgleichgewicht der Hauptstadt geriet ernstlich in Gefahr; die etablierten Weingüter, die im Jahr 80 und in den unmittelbar folgenden Jahren aus der Weinknappheit Gewinn zogen, sahen sich bald einer Weinschwemme gegenüber.

Wahrscheinlich entstand aus dieser Situation heraus das berühmte Edikt des Kaisers Domitian. Er verbot im Jahr 92 alle Neuanpflanzungen von Weinbergen in Italien und befahl, in den überseeischen Provinzen Roms die Hälfte aller Weinstöcke zu roden. In einem zweiten Edikt untersagte er das Anlegen kleiner Weinberge (vermutlich durch Tavernenbesitzer und dergleichen) in allen Städten Italiens.

DER GROSSE VULKANAUSBRUCH

Die Geschichte vom Untergang Pompejis ist so allgemein bekannt, daß es eigentlich überflüssig ist, sie noch einmal zu erzählen – wäre da nicht die unglückselige Tatsache, daß unsere wertvollste Informationsquelle über die Weine der frühen römischen Kaiserzeit mit zugrunde ging.

Wir sprachen schon davon, daß Plinius Flottenbefehlshaber in der Region war. Sein Neffe, bekannt als «der jüngere Plinius», berichtete dem Historiker Tacitus in Briefen vom damaligen Geschehen. Im August des Jahres 79 n. Chr. befand sich sein Onkel in Misenum, dem Flottenhafen an der Bucht gegenüber Pompeji und dem Vesuv. Er hatte sein Sonnenbad, sein kaltes Bad und das Mittagsmahl beendet und arbeitete an seinen Büchern, als eine Wolke von ungewöhnlichen Ausmaßen in Erscheinung trat. Dem Aussehen und der Form nach mochte sie einem Baum, etwa einer Schirmpinie, ähnlich gewesen sein. Ein so grandioses Spektakel, so meinte der ältere Plinius, verdiente eine genauere Untersuchung. Er befahl daher, daß eine leichte Galeere auslaufen und Kurs auf die Wolke nehmen sollte. Inzwischen war Alarm geschlagen worden, andere Boote ergriffen die Flucht vor der Wolke, doch «was er im Geiste eines Wissenschaftlers begonnen hatte, setzte er heldenmütig fort, wobei er so ruhig und kühl blieb, daß er alle wechselnden Formen des Phänomens bemerkte und seine Beobachtungen seinem Sekretär diktierte».

Sie landeten in Stabiae bei Pompeji und gingen inmitten eines Regens von Asche und heißer Schlacke in ein Haus. Am Vesuv sprangen an immer mehr Stellen Feuerbrände hervor. Der ältere Plinius erklärte, um die Furcht seiner Begleiter zu zerstreuen, es seien dies lediglich Brände in Villen, die von ihren Besitzern schon verlassen worden seien. Dann legte er sich nieder und schlief. Damit aber übertrieb er selbst für einen Römer die Kaltblütigkeit. Vor der Tür sammelten sich allmählich Aschenberge an, und das Haus schwankte unter wiederkehrenden heftigen Stößen. Seine Begleiter weckten ihn auf. Es war Tag und dennoch schwärzer und dunkler als eine gewöhnliche Nacht. Mit Leinenstreifen banden sie sich Kissen auf die Köpfe und eilten zu der Galeere.

Am Ufer aber, wo ihnen die Wellen in hohem Tumult entgegenkamen, schwanden Plinius von den Schwefeldämpfen die Kräfte. Noch einmal raffte er sich auf, von zwei Sklaven gestützt, brach aber sofort wieder zusammen. So starb der Verfasser der «Naturalis historia».

Der Vesuv-Ausbruch im Jahr 79 war zehnmal so stark wie die Eruption des Mount Saint Helens 1980. Pompeji wurde unter einer 5 m dicken Schicht von feiner Asche und gröberer Schlacke begraben. Über der Nachbarstadt Herculaneum betrug die Dicke dieser Schicht sogar 20 m. Anscheinend entkamen damals die meisten Einwohner Pompejis der Katastrophe, es sind nur sehr wenige Leichen gefunden worden – in Herculaneum aber erstickten oder ertranken Hunderte auf der Flucht. Dagegen haben Gegenstände aus Tuch, feinem Glas, ja selbst Lebensmittel, Stricke und Stroh an geschützten Stellen den Feuersturm unversehrt überstanden. Zusammen mit den gefundenen Skeletten und Bauten ergeben sie ein recht vollständiges Bild von den Menschen und ihrem Leben in einer Stadt der Antike.

Domitians Edikt ist in endlosen gelehrten Debatten abgehandelt worden. Auf den ersten Blick erscheint es als Versuch, den einheimischen Weinbau gegen die Konkurrenz aus den Provinzen zu schützen und die Preise zugunsten der großen Güter, die durch ihre Lobby genügend Druck auf die Regierung ausüben konnten, auf einem hohen Niveau zu halten. Ebenso gültig erscheint jedoch die Theorie, daß Besorgnis um die Getreideversorgung dahinterstand, denn die Rebe machte dem Korn den Platz streitig.

Die Gelehrten haben Domitian vorgeworfen, er habe den noch in den Kinderschuhen steckenden Weinbau Galliens, Spaniens und anderer Provinzen erdrosselt. Es gibt jedoch nur wenig Anzeichen, daß sein Edikt – eine politische Maßnahme zur Beruhigung der Großunternehmer und zugleich der wegen steigender Lebensmittelpreise besorgten Bevölkerung – je in größerem Ausmaß zur Rodung von Weinstöcken in den Provinzen Anlaß gegeben hat, obwohl es fast 200 Jahre lang in Kraft blieb und erst 280 von Kaiser Probus widerrufen wurde. Vielmehr entstanden oder entfalteten sich in jener Zeit die meisten der großen Weinbaugebiete Galliens.

Die meisten Informationen über die Technik und Ökonomie des römischen Weinbaus liefert uns Lucius Columella, ein Spanier aus Cádiz. Sein umfassendes landwirtschaftliches Lehrbuch erschien 65 n. Chr. Römische Autoren pflegten sich nicht viel Gedanken um Urheberrechte bei Buchtiteln zu machen; so nannte er sein Buch genauso wie das des Karthagers Mago, nämlich «De re rustica» – «Von den ländlichen Angelegenheiten».

Im Columella findet sich alles, was man nur über den Weinbau zu erfahren wünscht, angefangen mit dem Hinweis, daß er die gewinnträchtigste Form der landwirtschaftlichen Tätigkeit sein kann und doch mancher dabei sein Vermögen verliert. Warum? «Weil Weinbau große Mode ist und viele sich auf ihn stürzen, ohne sich Gedanken über Boden, Lage oder darüber zu machen, ob sie die Sache verstehen. So vernachlässigen sie denn das Rebenschneiden und richten ihre Weinberge mit allzu großen Erträgen, die einen miserablen Wein erbringen, zugrunde, und dann fragen sie sich erstaunt, was wohl schiefgegangen sei.» Columella erläutert alles bis ins kleinste Detail. Seine Kostenkalkulationen können bis zum letzten Rebenpfahl und bis zum Frühstück des niedrigsten Sklaven genau verfolgt werden. Wir erfahren von ihm, daß ein guter römischer Weinberg etwa denselben Hektarertrag an Wein lieferte wie ein erstklassiger französischer Weinberg heute: In Frankreich gilt ein Ertrag von 60 hl/ha als angemessen. Das römische Flächenmaß war das Jugerum, das $1/4$ ha entsprach. Der Produktionsberechnung lag der Ledersack, Culleus, zugrunde, der ein Fassungsvermögen von 20 Amphoren oder rund 500 l hatte. Drei Cullei pro Jugerum = 60 hl/ha.

COLUMELLA EMPFIEHLT WEINBERGE MIT PFÄHLEN, in denen die Weinstöcke jeweils im Abstand von zwei Schritt gepflanzt sein sollten. Jeder soll an einen mannshohen Pfahl aus Kastanienholz mit Weidenruten angebunden werden. So wird die Sache mehr oder weniger genau heute noch an der Mosel und im Beaujolais gehandhabt. Nach seiner Berechnung konnte ein Mann an einem Januartag 100 Pfähle schneiden und zuspitzen, dazu bei Lampenlicht noch 10 am Morgen und 10 am Abend. Solche Weinberge mit Pfählen gab es allerdings wahrscheinlich nur selten. In den meisten Fällen wurden andere Methoden angewandt, angefangen damit, daß man die Reben einfach am Boden entlangkriechen und in- und übereinander wachsen und Wurzeln schlagen ließ (wobei es Ernteverluste durch Mäusefraß gab) bis hin zu der heute noch in Mittel- und Süditalien üblichen Art, die Weinstöcke an hohen Bäumen hinaufzuziehen. Dazwischen lagen noch alle möglichen Varianten, vom Gobelet-Schnitt, wobei sich der Weinstock zu einem gestutzten selbständigen kleinen Baum entwickelt, bis zu verschiedenen Klettergerüsten, manche als einfache gekreuzte Stäbe, andere als richtiggehende Pergolen. Als einziges Element des modernen Weinbaus fehlte damals der Draht.

Die «Naturgeschichte» des Plinius erschien in immer neuen Ausgaben bis ins Mittelalter. Dieses lebendige Porträt des Naturwissenschaftlers, wie er seinem Herrscher Unterricht erteilt, stammt aus einer mittelalterlichen Ausgabe, die sich in der Laurenziana-Bibliothek der Medici in Florenz befindet.

Über das Ziehen von Reben auf Bäumen gab es übrigens unter den Fachleuten damals starke Meinungsverschiedenheiten. Frühere Autoren erwähnen diese Methode so gut wie nicht; spätere verbreiten sich sehr darüber. Plinius zufolge, der einer etwas jüngeren Generation angehörte als Columella, war es diese Methode, die (in Kampanien) die feinsten Weine hervorbrachte – was nach modernen Erkenntnissen bestimmt nicht der Fall ist. Manche Autoren empfahlen Pappeln, andere Ulmen (deren Laub auch als Viehfutter genutzt wurde, was den Nachteil hatte, daß das ausgedünnte Laubwerk nicht mehr so viel Schatten für die Trauben abgab). Die Traubenlese auf hohen Bäumen wurde Tagelöhnern übertragen; kein verständiger Grundherr hätte einen teuren Sklaven mit einer so riskanten Arbeit beauftragt. Solche Tagelöhner sollen sich laut Plinius ausdrücklich die Kosten für ein Begräbnis und ein Grab als Teil ihres Lohns ausbedungen haben.

Vorteilhaft für die Arbusta, so nannten die Römer die auf Bäume kletternde Rebe, mag gewesen sein, daß die Baumwurzeln feuchte Böden austrockneten. Die Römer kannten die Bedeutung eines guten Wasserabzugs im Boden für das Gedeihen des Weinstocks genau, und sie wußten auch, daß Berghänge flachem Boden vorzuziehen waren und daß steiniger Grund vorteilhaft ist. Vergil riet den Weinbauern sogar, 30 Steine oder grobe Scherben mit einzugraben, damit das Wasser zwischen ihnen einsickern und die Pflanzen stärken könne.

Die erste Frage, die man sich beim Anpflanzen eines neuen Weinbergs stellte, war die nach der Rebsorte; von ihr hingen Farbe, Geschmack, Ertrag und Haltbarkeit ab. Im 1. Jahrhundert n. Chr. beschäftigten die Rebsorten die Gemüter in Rom fast ebensosehr wie heute in Kalifornien und Australien. Die Weine nach griechischer Tradition galten noch immer als die besten, und die Aminea-Rebe (es gab fünf Arten), deren Wein Plinius als körperreich, kräftig und im Alter sich gut entfaltend bezeichnete, hatte in der Qualität nicht ihresgleichen. Als einzige kam ihr die Nomentana nahe, eine widerstandsfähigere Pflanze mit gesundem Holz, die am Tiber oberhalb von Rom angebaut wurde.

Es wurden aber auch ihrer größeren Fruchtbarkeit wegen zunehmend Rebsorten aus den überseeischen Kolonien gepflanzt. Von ihnen versprachen die Balisca oder Biturica, laut Columella aus Spanien bzw. Bordeaux stammend, den besten Erfolg. (Mehr hierüber in Kapitel 8.)

Moderne Autoren behaupten, in einer als besonders robust und fruchtbar bezeichneten Sorte namens Arcelaca oder Argitis keinen geringeren als den Riesling erkannt zu haben. Allerdings läßt sich das nur schwer mit der Beschreibung des Weins als billig, gewöhnlich und nicht gut haltbar in Einklang bringen.

Daraus, daß Columella und Plinius berichten, eine bestimmte Rebsorte gedeihe in einer Gegend gut, in einer anderen dagegen schlecht, läßt sich auf schon damals existierende Versuchspflanzungen schließen. Aber auch die Mode wechselte öfters.

DIE TRAUBEN WURDEN IN ROM MIT EINEM MESSER GEERNTET, das einer kleinen Sichel ähnlich sah; sie wurden sodann in Körben zum Kelterhaus gebracht und in flachen Trögen, ähnlich den für die Portweingewinnung heute noch üblichen *lagars*, gestampft. Die Römer entwickelten die Weinkelter bereits zu einer technischen Reife, die sich bis in unsere moderne Zeit bewährt hat: Zur Druckausübung wurden kräftige Balken verwendet, eine Schraubspindel preßte diese nieder, und um den Tresterkuchen wurde ein Strick gewunden, damit er nicht auseinanderfiel.

Die Gärung spielte sich in *dolium* genannten irdenen Gefäßen ab, die wie die *pithoi* der Griechen (und die *kwevri* der Georgier) bis zum Hals in den Fußboden des Kelterhauses eingegraben waren. Auch für das Ausreifen des Weins und später für den Transport wurden solche *dolia* verwendet. Mit dem Anwachsen des Weinhandels über See mußte nämlich die Amphore, die ebensoviel wog wie ihr Inhalt, dem viel wirtschaftlicheren, weil ein größeres Fassungsvermögen bietenden Dolium weichen – obwohl dieses nicht mehr von seinem Platz bewegt werden konnte und deshalb aus Weinschläuchen gefüllt werden mußte. Nach dem Jahr 250 n. Chr. werden die archäologischen Nachweise für den Weinversand über See immer seltener; erst vor kurzem wurde erkannt, daß der Grund hierfür in der Einführung der unzerbrechlichen und also viel haltbareren und leichteren Holzfässer zu suchen war. Keramikscherben sind unvergänglich, Holzfässer dagegen vergehen mit der Zeit, ohne eine Spur zu hinterlassen.

Die luxuriösen Villen von Pompeji und Herculaneum hatten ein Triclinium, einen Speisesaal im Freien, der benutzt wurde, wenn es nicht zu heiß oder zu kalt draußen war. Die Gäste lagen auf Kissen auf den etwas erhöhten Flächen des Fußbodens an drei Seiten um eine mit Speisen und Wein beladene Tafel – hier dürfte es auch recht guter Wein gewesen sein, denn es war das Haus eines Weinhändlers, das sogenannte «Neptun-Haus» mit einem Verkaufsladen an der Vorderseite.

Die Vorliebe der Römer für Süßes hatte zur Folge, daß die Lese möglichst spät stattfand. Die Dichter Vergil und Martial empfahlen beide, die Trauben bis in den November oder bis sie «steif vom Frost» seien, am Weinstock zu belassen. Die Griechen dagegen ernteten die Trauben, solange sie noch nicht ganz reif waren (vermutlich um ein gewisses Maß an Säure zu bewahren), und ließen sie dann drei oder vier Tage in der Sonne liegen, damit sie einschrumpften und der Zuckergehalt sich konzentrierte. In Kreta war es üblich, die Stiele der Trauben zu verdrehen, so daß der Saftstrom unterbrochen war, sie dann aber am Weinstock hängen und einschrumpfen zu lassen. Ein auf diese Weise gewonnener konzentrierter Wein hieß *passum* – im heutigen Italien nennt man in *passito*.

Eine andere Methode zur Herstellung stärkeren und süßeren Weins war das Einkochen des Mosts. Allgemein wurde dies *defrutum* genannt, doch gab es verschiedene Fachbegriffe für unterschiedlich eingedickte Moste. *Defrutum* wurde oft zum Anreichern dünner Weine verwendet. Eine dritte Methode des Süßens bestand einfach im Beimischen von Honig – bis zu 6 Pfund auf 12 l. So entstand der zähflüssige *mulsum*, der als *gustatio*, also als Aperitif, zu Vorspeisen getrunken wurde. Die Römer kannten auch die Bereitung eines sogenannten «Dauermosts», der in Deutschland heute «Süßreserve» heißt. Sie versenkten Amphoren mit frischem Most in kaltem Wasser (im Meer oder in einem Brunnen), wo er bis in den Winter hinein blieb, ohne zu gären. Dieser *semper mustum* diente dann zum Süßen von Weinen, die für den römischen Geschmack zu trocken ausgefallen waren.

AM NÄCHSTEN KOMMEN DEM GESCHMACK JENER ZEIT vielleicht die stark gewürzten orientalischen Speisen von heute, beispielsweise die indische Küche, ohne Curry freilich. Wenn man römische Rezepte liest, hat man stark den Eindruck, daß die Würze damals wichtiger war als der Eigengeschmack. Stark und voll Schmeckendes – vergorene Fischsauce, Knoblauch und vor allem *assafoetida* (eine eigenartige Wurzel mit Zwiebelgeruch, die für modernes Empfinden eher Übelkeit verursacht) – wurde regelmäßig in Verbindung mit Süßem aller Art, von Rosinen bis Honig, und reichlich süßem Wein verwendet. Fleisch wurde häufig mit Früchten wie den aus dem Kaukasus gekommenen Aprikosen zubereitet, und Saucen aus Feigen und Pflaumen wurden zu fast allen Speisen gereicht.

Plinius gibt eine geradezu erschreckende Aufzählung der Gewürze, die dem beigemischt wurden, was man den Wermut unserer Vorväter nennen darf. Alle Weine, die mit dem Sud oder einer Maische von Kräutern, Gewürzen, Harz und anderen Aromastoffen versetzt waren, galten als «griechische Art», denn die Griechen tranken kaum Wein, ohne ihn zu würzen. Das Beimischen von Meerwasser war ebenfalls eine griechische Sitte, die in Pompeji nachgeahmt wurde (Plinius gibt mit Bedacht den Rat, das Wasser dafür recht weit draußen auf See zu holen).

Auch Absinth war eine beliebte Würze für «griechischen» Wein, ferner Rosen, Veilchen, Minze und Pfeffer. Das berühmte Kochbuch des Apicius beschreibt ein «wundervolles Gebräu» mit Harz, gemahlenem Pfeffer, Safran, Malobathre und gegrillten Datteln in eingedicktem Wein mit Honig. Auf Reisen führten die Römer gern eine Flasche mit solchem oft nur aus gepfeffertem Honig bestehendem *conditum* mit sich, um den Geschmack der Weine, die sie unterwegs bekamen, zu übertönen.

Die *plebs* – die unteren Volksschichten – und das Heer mußten sich oft mit weniger als Wein zufriedengeben, entweder mit *posca*, das war mit Wasser verdünnter Essig, oder mit *lorca*, einem dünnen, schwachen Wein aus in Wasser eingeweichten Trestern. Die französischen Bauern tranken so etwas bis ins vorige Jahrhundert – sie nannten es *piquette*. Die römischen Legionäre, die Christus ans Kreuz schlugen, reichten ihm einen Schwamm, getränkt mit Essig aus ihrer üblichen Ration.

Ein Kennzeichen feinen Weins war bei den Römern, wie heute noch bei uns, seine Fähigkeit, sich im Alter zu entwickeln und zu entfalten. Horaz scheint sich in einem Gedicht, in dem er über sein Ende nachsinnt, mehr Kummer um den Abschied von seinem Keller mit herrlichem altem Wein als von seiner Frau zu machen. Sehr süßer Wein hält sich gewöhnlich gut und wird nicht zu Essig. Die Möglichkeit, Wein durch Verstärken seines Alkoholgehalts haltbar zu machen, stand den Römern nicht zu Gebot. Die für die Gärung verantwortlichen Hefen stellen ihre Tätigkeit ein, wenn der Alkoholgehalt 15 oder 16 % beträgt. Das Destillieren war damals noch nicht erfunden. Wein war demnach das stärkste Getränk, das die Römer kannten. Sie unterschieden jedoch durchaus zwischen schweren süßen Weinen, die im Freien, «Sonne, Mond, Regen und Wind ausgesetzt», reiften, und schwächeren Weinen, die in eingegrabenen Krügen aufbewahrt wurden. Die großen Weine aus Kampanien fielen in die erstgenannte Kategorie; man ließ sie wie Sherry und Madeira absichtlich oxydieren, was unter häufig wechselnden Temperaturen schneller vor sich geht. Zu diesen Weinen nahm Plinius eine Entdeckung um 17 Jahrhunderte vorweg: «Beim Versenden von Wein über See entsteht bei Jahrgängen, die es vertragen, eine Verdoppelung ihrer Reife.»

Eine andere Technik, die ebenfalls darauf abzielte, ein beschleunigtes Oxydieren, also Firnwerden, des Weins zu erreichen, war das Räuchern im *fumarium*; in dieser Räucherkammer wurden Amphoren über einer Feuerstelle aufgestellt und der Einwirkung von Hitze und Rauch ausgesetzt. So bekam der Wein einen rauchigen Geschmack, seltsamerweise aber auch hellere Farbe und schärfere Säure. Allerdings vermitteln Plinius und Columella den Eindruck, daß man feinen Weinen eine solche Behandlung nicht angedeihen lassen sollte.

PLINIUS MERKTE ABER AUCH, DASS WEIN UM SO MEHR AROMA HATTE, JE DÜNNER ER WAR. Der Geschmack der Römer sollte sich denn auch mit der Zeit wandeln, als sie mehr Erfahrungen mit «dünnen» Weinen aus dem Norden Italiens und aus Gallien machten. Plinius lebte noch, als der erste gallische Wein nach Rom kam. Hundert Jahre später entfiel darauf schon ein Drittel der Amphoren, die von Archäologen bei Ausgrabungen in Ostia, dem Seehafen Roms, gefunden wurden.

Unsere beste Informationsquelle über den Wein des 2. Jahrhunderts ist Galen, ein griechischer Arzt aus Pergamon in Kleinasien, später Leibarzt und Ratgeber des römischen Kaisers Mark Aurel. Galen ist noch heute jedem Arzt ein Begriff; mit seinen Beobachtungen trat er die Nachfolge des großen Hippokrates als Born medizinischen Wissens an, und seine Bedeutung blieb bis ins 19. Jahrhundert ungeschmälert.

Galen studierte 12 Jahre lang in Korinth und Alexandria, ehe er als Leibarzt der Gladiatoren nach Pergamon berufen wurde. Seine Aufgabe war es, sich um ihre Ernährung ebenso wie um ihre Wunden zu kümmern. Er behauptete, daß unter seiner Pflege kein einziger Gladiator gestorben sei. Das erscheint kaum glaublich, da ihm auch bei den schlimmsten Verwundungen nur Wein zum Auswaschen zur Verfügung stand. Allerdings gaben ihm tiefe Wunden Gelegenheit, seine Kenntnis der Anatomie und sein chirurgisches Können zu erweitern.

Die Möglichkeiten der Arzneikunst, die Nutzung von Drogen und Kräutern in der Medizin, waren durchaus anerkannt, doch lag bei der exakten Bestimmung der Pflanzen noch vieles im argen, obwohl Dioscorides, der griechische Leibarzt Neros, bereits viel auf diesem Gebiet geleistet hatte. Ein gewissenhafter Arzt konnte niemandem als sich selbst trauen, wenn es um das Sammeln von Heilpflanzen ging. Galen war ein scharfer Beobachter und ein methodischer Geist. Es heißt, er habe die Medizin von der Kunst zur Wissenschaft des Heilens gewandelt. Seine Lehren waren so wohldurchdacht, umfassend, systematisch und plausibel, daß sie fast bis in unsere Zeit die europäische Medizin beherrschten.

Im Jahr 169 wurde Galen der Leibarzt des Kaisers. Zu seinen wichtigsten Pflichten gehörte es, den kaiserlichen Leib gegen Gift zu schützen. Einen zu diesem Zweck aus Wein, Kräutern und Wurzeln gebrauten Heiltrank nannte man damals *theriak,* und bis ins 18. Jahrhundert hielt sich ein geradezu abergläubisches Vertrauen in die Kraft solcher Tränke als Vorbeugungs- und Heilmittel gegen so gut wie alles, vom Zahngeschwür bis zur Pest. Der pontische König Mithridates besaß, wie die Sage erzählt, als Theriak das *mithridatum,* dessen Wirkung so stark war, daß ihn kein Gift umbringen konnte, als er besiegt wurde und sich das Leben nehmen wollte. Schließlich mußte einer seiner Gefolgsleute mit dem Schwert einspringen.

Galen schrieb über die Heiltränke und Gegengifte eine Abhandlung mit dem Titel «De antidotis». Sie enthält auch einen gründlichen und wohlgeordneten Bericht über die italischen und griechischen Weine, die zu seiner Zeit in Rom getrunken wurden, und wie sie zu beurteilen, zu lagern und der Reife zuzuführen waren. An erster Stelle stand noch immer der Falerner. Auf der Suche nach dem besten begann Galen mit 20 Jahre altem Wein (den er als «bitter» beschrieb) und kostete dann den nächstjüngeren und so fort, bis er den ältesten ohne bitteren Nachgeschmack gefunden hatte.

DER REBENARCHÄOLOGE

Der geachtetste Weinerzeuger in Kampanien ist heute Antonio Mastroberardino aus Avellino, 30 km vom Vesuv landeinwärts. Mastroberardino ist Weinbauarchäologe – er erzeugt Wein nur von Traubensorten, die in der Region schon von den Römern angebaut wurden. Über zwei davon berichtet Plinius, sie seien bereits vor der Römerzeit aus Griechenland herübergekommen. Ihre Namen, Greco und Aglianico (oder Ellenico), bedeuten nichts anderes als «griechisch».

Der höchste Rang unter den griechischen Reben gebührt laut Plinius der Aminea-Gruppe, deren Wein Körper und Kraft besitzt und sich über längere Zeit gut entwickelt. Die Sorte Greco ist ohne weiteres mit der *Aminea Gemina,* den «Zwillingsschwestern», wie Plinius sie nennt, gleichzusetzen, denn bei ihr sind die Beeren der (weißen) Trauben stets in zwei deutlich getrennten Hälften angeordnet. Der heute von ihr gewonnene Wein, Greco die Tufo, besitzt ebenfalls Körper und Kraft, doch bekommt er heutzutage nur noch selten die Chance, seine Qualitäten über längere Zeit unter Beweis zu stellen.

Der Aglianico läßt sich aus klassischen Quellen nicht so leicht identifizieren. Diese Sorte liefert den Taurasi, den besten modernen Rotwein Kampaniens, einen Wein mit Festigkeit und großer Tiefe in Farbe und Geschmack, der alles andere aus dem Süden in den Schatten stellt. Auch der Falerno von heutzutage wird von der Aglianico-Traube in der vermutlich alten Falerner-Region an der Grenze zwischen Kampanien und Latium nördlich von Neapel gewonnen. Doch dieser moderne Wein hat nichts an sich, was auf seine einstige Glorie schließen lassen könnte. (Plinius schreibt, daß die ursprüngliche Falerner-Rebe manchmal aus ihrer Heimat in andere Gegenden verpflanzt worden sei, dort aber sehr schnell degeneriert sei. Man könnte eher das Umgekehrte vermuten.)

Mastroberardino baut ferner drei Traubensorten an, die nachweislich römischen Ursprungs sind. Am besten ist der Fiano, früher nannte man ihn Latino, um ihn von den griechischen Reben zu unterscheiden. Fiano soll sich von *appianum* herleiten – der Name bedeutet «bienenanlockend» und wird von Plinius dem Moscadello aus der Toskana beigelegt. Um die Verwirrung vollständig zu machen, bedeutet das hier zugrunde liegende lateinische Wort *musca* jedoch Fliege und nicht Biene. Jedenfalls ist der Fiano bestimmt kein Mitglied der Muskateller-Familie, sondern liefert einen hellen Weißwein von aristokratischer, ja strenger Festigkeit, den besten, den Kampanien heute zu bieten hat.

Eine weitere weiße Traubensorte, Coda di Volpe (Fuchsschwanz), läßt an die Alopecis des Plinius denken, «die an die Rute des Fuchses erinnert». Allerdings bezeichnete Plinius diese als Tafeltraube. Sie wird ebenso wie der Piedirosso («Rot-Stamm») noch heute am Vesuv angebaut. Sicherlich kannte Plinius den Namen, den ihr Wein heute trägt, noch nicht: Lacryma Christi. Christus war gerade 25 Jahre alt, als Plinius geboren wurde.

Allerdings weist er auch darauf hin, daß der Falerner seiner Berühmtheit wegen oft gefälscht wurde, und berichtet, daß der zwar härtere und herbere Surrentiner, der noch länger Zeit zur Reife brauchte, ihm in der Güte gleichgekommen sei.

Das Wort «herb» kommt in Galens Beschreibungen seiner bevorzugten Weine immer wieder vor. Der Geschmack der Römer rückte eindeutig von den dicken, süßen Weinen ab, die zuvor den Ruhm Kampaniens ausgemacht hatten. Galen und andere Ärzte empfahlen trockenere und leichtere Weine. Der Wein vor den Toren Roms wird von Galen besonders bevorzugt. Der Sabiner und Tiburtiner aus Gegenden nördlich der Stadt am Tiber gelten nun als die feinsten Gewächse. Der Setiner aus der Gegend südlich von Rom hatte sich schon als Lieblingswein des Kaisers Augustus (er war das pure Gegenteil eines Schwelgers) einen Namen gemacht. Der Signiner scheint um diese Zeit das alte Spitzengewächs, den Albaner, verdrängt zu haben. Galen beschreibt diese Weine als «leichtflüssig, jedoch stark und recht adstringierend» sowie unterschiedlich körperreich, eher leichter. Sie alle sind Weißweine, wie es auch die Spitzengewächse der früheren Generation waren. Dagegen diente der Rotwein, bei dem man mit keiner guten Alterungsentwicklung rechnete, als Alltagsgetränk in den Tavernen. Körperreiche, gerbstoffherbe, alterungsfähige Rotweine waren damals noch Zukunftsmusik.

Zwar erwähnt Galen nebenbei auch den Wein von Etrurien und kannte den Hadrianum von der Adria, auch sagten ihm der neue, trockenere Wein aus Kampanien, der Gauranum, und ein Amineum aus Neapel durchaus zu, doch verwunderlicherweise sagt er nichts von Raeticum aus Verona und dem Tirol, der doch in den Tagen Vergils den Umschwung zum trockeneren Wein hin schon einmal eingeleitet hatte, dann aber anscheinend wieder aus der Mode kam. In der Gegend um Aquileia am Nordende der Adria entstand ebenfalls ein leichterer Wein, der aber offenbar nicht auf den römischen Markt gelangte. Und dann waren da natürlich die neuen Weine, die aus Gallien kamen.

Ihr Charakter muß ganz anders gewesen sein, als es dem Geschmack der Römer entsprach. Die Tatsache ist aufschlußreich, daß keines der Gebiete für Spitzengewächse von damals in einer Liste der besten modernen Anbaugebiete seinen Platz fände.

NACH GALEN haben wir keinen Kommentator der Entwicklung des römischen Geschmacks am Wein mehr. Die alten Spitzengewächse wurden augenscheinlich noch immer am höchsten bezahlt, aber auch die Einfuhren aus den Provinzen wuchsen offenbar; doch auf dem unersättlichen Markt Roms war genug Raum für alle.

Die größte Nachfrage bestand natürlich nach billigem Wein, der – soweit er nicht den Tiber herabkam – am günstigsten über das Meer eingeführt wurde. Spanien und Gallien steuerten gewaltige Mengen bei; allerdings fehlt uns infolge der zunehmenden Verwendung von Holzfässern jede Möglichkeit, genauer abzuschätzen, wieviel es wirklich war. Das Wachstum des Weinbaus in den Provinzen hatte freilich zur Folge, daß in den italischen Regionen, die früher Rom beliefert hatten, die Massenproduktion nicht mehr so rentabel war. So wurde das Weingut immer mehr zum Zeitvertreib der Vornehmen – es wird berichtet, Kaiser Julian habe mit eigener Hand einen Weinberg gepflanzt und ihn dann einem Freund als größte Ehre zur Gabe gemacht.

Ganz und gar abschreckend wirkte auf die italischen Weinbauern eine Naturaliensteuer, die ihnen um 250 n. Chr. auferlegt wurde.

Vielleicht wollte der Kaiser Probus, der sich in seiner kurzen Regierungszeit vor allem der Abwehr der von Norden her auf das Imperium einstürmenden Barbaren widmen mußte, wenigstens teilweise Abhilfe in dieser mißlichen Lage schaffen, indem er 280 n. Chr. das weithin sowieso unbefolgt gebliebene Edikt des Kaisers Domitian gegen das Anpflanzen von Weinstöcken widerrief. Er ließ sogar seine Legionen in Gallien und an der Donau (wo er – Ironie des Schicksals – in einem Weinberg ermordet wurde) neue Weinpflanzungen vornehmen. Mit dem Niedergang Roms lag die Zukunft bei den Provinzen des Imperiums.

KAPITEL 7

«Wein erfreut des Menschen Herz.»

JÜDISCHES LEBEN UND CHRISTLICHES RITUAL

Nichts von der Inbrunst und mystischen Tiefe der Griechen, sondern nur noch «Opium für das Volk» sah der englische Historiker Gibbon in den Religionen der römischen Zeit. Er tut sie in zynischer Kürze ab:

«Die verschiedenen Arten der Götterverehrung, die in der römischen Welt nebeneinander bestanden, wurden von den Menschen alle für gleich wahr, von den Philosophen alle für gleich falsch und von den Staatsorganen alle für gleich nützlich erachtet.»

Kulte kamen und gingen wieder, manche von selbst, manche auch mit Nachhilfe des Staats. Die gebildeten Römer kannten den Bericht des Livius (siehe Kapitel 5) über das Verbot der Bacchanalien, und für sie gab es wohl kaum einen großen Unterschied zwischen den ersten Christen – offenbar Juden, die dem, wie sie es nannten, Kult des Nazareners anhingen – und den Anbetern des Bacchus.

Es gab tatsächlich genügend Parallelen und Berührungspunkte, die Verwechslungen begründeten. Was ihnen über die christlichen Riten zu Ohren kam, schien nicht sehr viel anders zu sein als die Bacchanalien. Beide spielten sich im Geheimen (oder doch wenigstens im Privaten) ab, und bei beiden wurde offenbar ein kannibalisches Mahl gehalten. Es war behauptet worden, die Anhänger des Bacchus äßen sein Fleisch und tränken sein Blut. Und so war es bei den Christen auch.

Im Prinzip stand der römische Staat für Freiheit der Religionen unter der Schirmherrschaft des Kaisers ein, aber manchmal kam ein Sündenbock denn doch gelegen. Einer mysteriösen neuen Sekte oder Geheimgesellschaft konnte man so gut wie alles anhängen. Als erster bediente sich Nero der Christen als Sündenböcke für den Brand Roms, den er im Jahr 64 gestiftet hatte. Wann immer aber das von Gibbon skizzierte Gleichgewicht sich verschob, gerieten die sonst so großzügig denkenden staatlichen Autoritäten in Versuchung, drastische Maßnahmen zu ergreifen.

Der jüngere Plinius, der Neffe des Naturhistorikers, war unter dem Kaiser Trajan Statthalter der Provinz Bithynia et Pontus am Schwarzen Meer. Im Jahr 114 sah er sich genötigt, auf die wachsende Zahl der Christen einzugehen. Das Christentum, so schrieb er dem Kaiser, hatte sich von den Städten aus über das Land verbreitet. Die Tempel waren seit langem fast völlig leer, doch waren dank der Maßnahmen des Statthalters die heiligen Opfer wieder gefeiert worden, und das Fleisch der Opfertiere stand überall zum Verkauf, nur wollte es bis vor kurzem kaum jemand kaufen.

Die Maßnahmen des Statthalters hatten darin bestanden, Leute, die beschuldigt worden waren, sie hingen dem Christenglauben an, vor sich zu rufen und von ihnen zu verlangen, sie sollten den Göttern und dem Kaiser huldigen. Weigerten sie sich, so wurden sie mit der Begründung, sie gehörten einer verbotenen politischen Vereinigung an, hingerichtet. Er ließ zwei Sklavinnen foltern, «die sie Diakonissen nannten», doch wurde nichts gefunden als «eine übertriebene, verderbte Art von Kult». Alle Vorwürfe der Sittenlosigkeit und des Kannibalismus entbehrten jedoch der Grundlage. Sie aßen «gewöhnliche, harmlose Speisen». Trajans Antwort lautete: «Du hast das rechte Verfahren gewählt, teurer Plinius. Es soll jedoch keine Hetzjagd auf diese Menschen veranstaltet werden.» Weiter schreibt er, daß «anonyme Beschuldigungen bei einer Anklage keinen Teil haben dürfen. Sie schaffen nur schlimmste Präzedenzen und stehen ganz und gar nicht im Einklang mit dem Geist der Zeit.»

NICHT ALLE KAISER ZEIGTEN SICH SO KONZILIANT. So gab es ein Katz-und-Maus-Spiel, das 200 Jahre währte, bis sich Kaiser Konstantin zu einem Konsens durchrang: Inzwischen hatte das Christentum mehr Zusammenhang und Zusammenhalt gewonnen als alle anderen Religionen, die sich ihm als Glaube anboten.

Als die Römer überhaupt von den Christen Notiz zu nehmen begannen, bezeichneten sie diese als vom Tod Besessene. Manche meinten sogar, es handele sich um einen Bestattungsverein, eine Gesellschaft zur gegenseitigen Finanzierung von Begräbnissen, weil sich die Christen so sehr mit dem Jenseits beschäftigten und darauf bestanden, beerdigt und nicht verbrannt zu werden. Ein besonderes Merkmal war in den Augen der Römer, daß es sich um Juden handelte oder man sie doch dafür hielt. Die Juden aber gerieten ständig in Schwierigkeiten, weil sie ihren Gott über den Kaiser stellten. Im Jahr 70 hatte Israel offen aufbegehrt, und die Römer hatten daraufhin Jerusalem geplündert und den Tempel zerstört. Doch selbst heute müssen wir, wenn wir die christlichen Riten recht verstehen wollen, stets im Auge behalten, daß Jesus im jüdischen Glauben erzogen wurde.

Der Wein spielte in Israel keine geringere Rolle als in Griechenland, aber seine Bedeutung für einen Juden hatte nichts zu tun mit seiner Bedeutung für einen Anhänger des Dionysos. Den Israeliten galten Trank- und andere Opfer, wie sie nach griechischem und römischem Verständnis den Göttern dargebracht wurden, als Sakrileg – noch heute steckt hinter den Vorstellungen von «rein» und «unrein» der damalige Abscheu vor Gott nicht gefälligen Opfern solcher Art. Für die Griechen war der Wein Quelle der Befreiung und der Ekstase; Trunkenheit konnte heilig sein. Für die Juden bedeutete er einen mit Gefahr befrachteten Segen, der stets von den Rabbinern unter scharfer Kontrolle gehalten werden mußte.

Den Kindern Israels erschien als erstes Vorzeichen des Gelobten Landes eine herrliche Traube. Moses hatte Späher in das Land Kanaan vorausgesandt, «und sie kamen bis an den Bach Eskol und schnitten daselbst eine Rebe ab mit einer Weintraube und ließen sie zwei auf einem Stecken tragen.» Das Interesse am Weinbau ist im ganzen Alten Testament – außer im Buch Jona – bei den Propheten stets ein Thema. Jesaja gibt Ratschläge über das Pflanzen eines Weinbergs, Amos und Joel, Jeremia und Hesekiel, Sacharja und Nehemia benutzen sämtlich den Weinstock als Symbol für Wohlstand.

Als Joseph die Träume des Kämmerers des Pharao deutete, sprach er wie einer, der gesehen hatte, wie der Wein wächst – und ebenso Jesus, als er sich selbst den «rechten Weinstock» nannte. «Eine jegliche Rebe an mir, die nicht Frucht bringt, wird er wegnehmen; und eine jegliche, die da Frucht bringt, wird er reinigen, daß sie mehr Frucht bringe» ist eine anschauliche Darstellung des Rebenschneidens. In einem seiner Gleichnisse grub ein Hausvater eine Kelter – mir blieb diese Ausdrucksweise lange rätselhaft, bis ich am See Genezareth eine alte Weinkelter entdeckte, die wahrhaftig in mehreren Gruben in verschiedenen Ebenen zum Stampfen der Trauben, zum Klären des Mosts und zum Gären gegraben war.

Der Talmud der Juden wird von der Haggada mit Erzählungen und Gleichnissen zum besseren Verständnis des Gesetzes begleitet. In einer aus Südfrankreich stammenden Haggada aus dem 14. Jh. ist der Gebrauch des Weins beim Passahfest dargestellt. Auch heute noch bildet der Wein einen wichtigen Bestandteil des jüdischen Rituals.

Das als babylonischer Talmud bekannte Gesetzbuch beschreibt eine Art der Bodenuntersuchung, wie ich sie sonst nur in Burgund angetroffen habe: «Die Hurriter rochen den Geruch der Erde, während die Heviter sie wie Schlangen leckten.» Die Zisterziensermönche von Cîteaux sollen so weit gegangen sein, erst den Boden zu kosten, bevor sie die Grenzen ihrer Weinberge absteckten.

Eine ebenfalls talmudische Empfindung, wie man ihr bei Plinius oder Columella nirgendwo begegnet, habe ich aus dem Mund eines Portweinbauern am oberen Douro vernommen: «Am Anfang wird die Frucht des Weinstocks von gewöhnlichen Sterblichen mit Füßen getreten, und dennoch kommt sie danach auf die Tafel der Könige.»

DIE VEREHRUNG DER JUDEN FÜR DEN WEIN zieht sich durch ihr Gesetz und ihre Literatur. Sie ist gewissermaßen die Essenz jüdischer Zivilisation. Im Buch Jeremia findet sich ein eigenartiges Kapitel, das sich wie eine Vorahnung des Islam ausnimmt. Die Rekabiter weigerten sich, das Geheiß, Wein zu trinken, zu befolgen. Sie hätten gelobt, so sagten sie, in Zelten zu wohnen und Enthaltsamkeit zu üben. Wein und Nomaden, so scheint es, kommen nie zusammen. Für die Juden jedoch gibt es kein Leben in Gemeinde, Religion oder Familie ohne den Wein. Das erste Wunder Jesu bestand in Kana darin, daß er dem Mangel an Wein bei jenem berühmten Hochzeitsmahl abhalf. Er befahl den Dienern, sechs Krüge mit Wasser aus dem Brunnen (der noch heute in der Krypta der inzwischen dort erbauten kleinen Franziskanerkirche zu sehen ist) zu schöpfen. Als das Wasser dann ausgeschenkt wurde, war es Wein – und zwar besserer als der, den der Bräutigam in offenbar recht kärglicher Menge bereitgestellt hatte.

Jeder Sabbat beginnt mit einem Kiddusch genannten Segen oder Weihespruch, der über einem Becher Wein gesprochen wird, von dem die ganze Familie ihren Teil bekommt. Beim Passahfest müssen vier Becher Wein getrunken werden, bei Hochzeiten zwei und bei der Beschneidung ein Becher. Bei einem Begräbnis wurde in früherer Zeit den Hinterbliebenen der «Becher des Trostes», bestehend aus zehn Glas Wein, gereicht. Wenn drei oder mehr Männer nach dem Mahl das Dankgebet sprechen, dann spricht der Vorbeter den Segen über einem Becher Wein, aus dem alle Anwesenden anschließend einen Schluck nehmen. Das Gesetz gibt eindeutige Anweisungen zu allen diesen rituellen Gebräuchen. So wird die Freude am Wein in alle gottesdienstlichen Handlungen einbezogen, doch gleichzeitig jede dionysische Vorstellung, daß Trunkenheit an sich etwas Gutes sein könnte, verworfen. Ein Rabbi sagte einmal, der Wein helfe, das Herz vernünftigen Gedanken zu öffnen. Vernunft wird also angestrebt, nicht Inspiration. Der Sanhedrin, das Hohe Gericht in Jerusalem, verfügte über eine einfache, aber großartige Probe auf Trunkenheit: ob nämlich der Betroffene imstande sei, sich in gebührender

Form an einen König zu wenden. Es gibt im Talmud nur einmal ein Gebot zu dionysischem Tun: Am Purim-Fest soll der Gläubige so berauscht sein, daß er den Unterschied zwischen «gesegnet sei Mordechai» und «verflucht sei Haman» nicht mehr kennt.

Hinter den alten Regeln verbirgt sich ein noch viel strengeres Gebot, das die fundamentale Befürchtung zum Ausdruck bringt, die in ihnen allen steckt. Wichtiger als das, was man trinkt, ist, mit wem man es trinkt. Ein Jude darf von einem Nichtjuden keinen Wein annehmen. Vertraulichkeiten solcher Art könnten zur Intimität, ja zur Mischheirat führen.

Die Regeln, nach denen ein «koscherer» Wein definiert wird, zielen ganz einfach darauf ab zu gewährleisten (unter strenger Rabbineraufsicht), daß kein Ungläubiger irgendetwas daran zu schaffen gehabt hat. Das wird bis zum Äußersten getrieben. In der Quatzrin-Kellerei bei den Golanhöhen in Nordisrael stürzte einmal ein junger Arbeiter herbei, um zu verhindern, daß ich das Edelstahlventil eines riesigen isolierten Tanks auch nur streifte. Er leitete mich auch sorgfältig weg von dem Schlauch, der sich über den Fußboden schlängelte. Hätte ich das Ventil, den Schlauch oder sonst irgend etwas berührt, worin sich der Wein vielleicht vorübergehend befand, so hätte ich ihn schon verunreinigt, und er wäre nicht mehr koscher gewesen. Auch im Abfüllraum und beim Verkorken der Flaschen durfte ich nichts anrühren, bis die Kapsel aufgezogen war.

Der Schaden, den ich hätte anrichten können, so sagte man mir, war der, daß ich den Wein einem Götzen hätte weihen können, das heißt, ich hätte ein Trankopfer mit ihm veranstaltet, und sei es nur in Gedanken. Die Tatsache, daß diese alte Regel die letzten

Ein Arbeiter in der Quatzrin-Kellerei bei den Golanhöhen im Norden Israels beachtet unter der Aufsicht eines Rabbis strenge Regeln zur Vermeidung einer Verunreinigung des Weins. Ein Nichtjude darf keinesfalls zu nahe heran, ehe die Flasche nicht verkapselt ist. Zu den koscheren Bereitungsmethoden gehört das Schönen mit geschlagenem Eiweiß, bis auch die kleinsten Partikel entfernt sind, allerdings wird dies weltweit bei Weinen höchster Qualität so gehandhabt.

Spuren der Baal-Anbetung lange überlebt hat, bestätigt nur den Grund, auf dem sie beruht: Es muß ein sicherer Abstand zu Nichtjuden gewahrt werden, damit die Integrität der Juden gesichert bleibt. Typisch pragmatisch ist übrigens die Regelung, daß es einem Juden nach dem Gesetz erlaubt ist, einen Wein zu trinken, den ein Ungläubiger in böser Absicht verunreinigt hat: Damit soll anderen Ungläubigen die Lust genommen werden, desgleichen zu tun.

Was immer die historischen Ursachen für die jüdischen Gesetze und Bräuche im Zusammenhang mit dem Wein sein mögen, eines steht ganz auffallend fest: Übermäßiger Weingenuß ist in jüdischen Lebensgemeinschaften bemerkenswert selten. In den USA haben Untersuchungen ergeben, daß verhältnismäßig mehr Juden als andere ethnische oder religiöse Gruppen der Bevölkerung Wein, Bier und Spirituosen zu sich nehmen, daß es aber auch verhältnismäßig wenige Trinker oder schwer Alkoholsüchtige unter den Juden gibt. Bei der Suche nach einer Erklärung hierfür sind die Forscher darauf gekommen, daß jüdische Kinder vom frühesten Alter an in ihren Familien in einem religiösen Zusammenhang, wobei immer Mäßigkeit herrscht, an das Weintrinken herangeführt werden.

Die Entwicklung des christlichen Abendmahls verlief in einem allmählichen, viele Komponenten in sich fassenden Prozeß. Zunächst war es ein ganz gewöhnliches Mahl in einer gewiß jüdischen, vermutlich aber ebensosehr römischen Tradition. Wenn mehrere zusammenkamen, war es ja auch nur natürlich, daß sie gemeinsam aßen und tranken. Jeder Jude würde also tun, wie Jesus getan hat, nämlich einen Becher als Kiddusch oder Dankgebet nach dem Mahl segnen. Inwieweit die Riten des rivalisierenden orphischen oder bacchantischen Kults in das Bewußtsein der Christen eindrangen, ist unmöglich zu sagen, doch gab es sicherlich Bekehrte, die durch augenscheinliche Zusammenhänge überzeugt worden waren.

Der 1. Brief des Paulus an die Korinther bildet den frühesten Hinweis darauf, daß das Gedenken der Christen an das letzte Abendmahl Christi eine gottesdienstliche Handlung darstellte: «Ich habe es von dem Herrn empfangen, das ich euch gegeben habe. Denn der Herr Jesus in der Nacht, da er verraten ward, nahm das Brot, dankte und brach's und sprach: Nehmet, esset, das ist mein Leib, der für euch gebrochen wird; solches tut zu meinem Gedächtnis. Desselbigengleichen auch den Kelch nach dem Abendmahl und sprach: Dieser Kelch ist das neue Testament in meinem Blut; solches tut, so oft ihr's trinket, zu meinem Gedächtnis.» Paulus schrieb dies, bevor die Evangelien zusammengestellt waren. Im Johannes-Evangelium (Kapitel 6) wird dagegen erzählt, wie Jesus bereits in der Synagoge in Kapernaum gesagt hatte: «Wer mein Fleisch isset und trinket mein Blut, der bleibt in mir und ich in ihm.» Doch: «Viele nun seiner Jünger, die das hörten, sprachen: Das ist eine harte Rede; wer kann sie hören?» Und: «Von dem an gingen seiner Jünger viele hinter sich und wandelten hinfort nicht mehr mit ihm.»

Die Symbolik des Opfers im Christentum war noch nie leicht zu verstehen. Sie entwickelte sich eher nach griechischer als nach jüdischer Tradition (das Neue Testament wurde griechisch und nicht hebräisch geschrieben). Im heidnischen Griechenland war es eine heilige Handlung, Fleisch auf dem Altar zu verbrennen, mit dem Geruch die Götter zu speisen und anschließend das Fleisch selbst zu essen. Ein solches Opfer könnte man also als ein gemeinsames Mahl mit den Göttern bezeichnen. Das griechische Wort für Gott, *theos,* leitet sich ab von Rauch. Die gemeinsame Wurzel *thusia* steckt auch in unserem Wort Enthusiasmus, das eigentlich «von Gott erfüllt» bedeutet. Eine ähnlich heilige, Tausende von Jahren alte Handlung war es, Blut oder Blut mit Wein gemischt oder auch Wein als Symbol für Blut zu trinken. Das griechische Wort *eucharistia* wurde für solche Zeremonien verwendet, wenn es sich um feierliche Danksagungen handelte. Deshalb stellte das christliche Wort «Eucharistie» für das feierliche Abendmahl eine direkte Verbindung zu heidnischen Opfern her.

Sobald griechisches Gedankengut mit der Lehre Christi in Berührung kam, nahm diese eine Bedeutung an, die zu akzeptieren für Juden unmöglich war. Das Selbstopfer Christi kam in seiner oder in der von der Kirche damit verbundenen Symbolik den alten heidnischen Riten zu nahe. Die deutlichste Verbindung bestand zu den orphischen Anhängern des Weingotts. Ursprünglich hatte Dionysos die Seele nur befreit. Die Orphiker wandelten ihn zu einem Gott um, der die Seele erlöste und ihr ewiges Leben gewähren konnte. Dies war im Prinzip nichts anderes, als was die Christen lehrten.

Die erste Darstellung der christlichen Übung nach der von Paulus gegebenen schrieb um 150 der heilige Justinus (der 165 in Rom den Märtyrertod erlitt) in einer seiner Apologien, die er in der vergeblichen Hoffnung, seine Glaubensgenossen vor der Verfolgung zu retten, an den durchaus nicht wohlwollenden Kaiser Mark Aurel sandte: «... am Schluß (der Versammlung) nach beendetem Gebet werden Brot, Wein und Wasser gebracht; der Vorsitzer spricht nun Lob und Dank, so gut er es vermag.» Wasser und Wein wurden von den Diakonen in einer Weise gemischt, die an gewisse jüdische Rituale erinnerte. Später gaben verschiedene Kirchenväter unterschiedliche mystische Interpretationen: Der heilige Irenäus sagte, das Abendmahl symbolisiere die Vereinigung des irdischen und des himmlischen Wesens Christi; der heilige Cyprianus erklärte, es sei

Diese deutsche Holzschnitzerei aus dem 15. Jh. stellt das Abendmahl mit so irdischem Realismus dar, daß sie bei den verfolgten Nazarenern in den Katakomben Roms großen Anklang gefunden hätte.

Symbol der Vereinigung der Gläubigen mit Christus – diese Ansicht wurde schließlich nach langen Diskussionen zum rechten Glauben erklärt.

Das Bild dieser frühen Feiern, aus denen die Eucharistie entstand, ist in Wandgemälden in den Katakomben Roms, wo sich die verfolgten Christen insgeheim trafen, überliefert. In der Katakombe der Priscilla sieht man sieben Männer und Frauen an einem Tisch, auf dem ein Becher sowie Teller mit Brot und Fisch stehen. Eine der Gestalten bricht gerade das Brot. In einer anderen, eher wie ein Bankett anmutenden

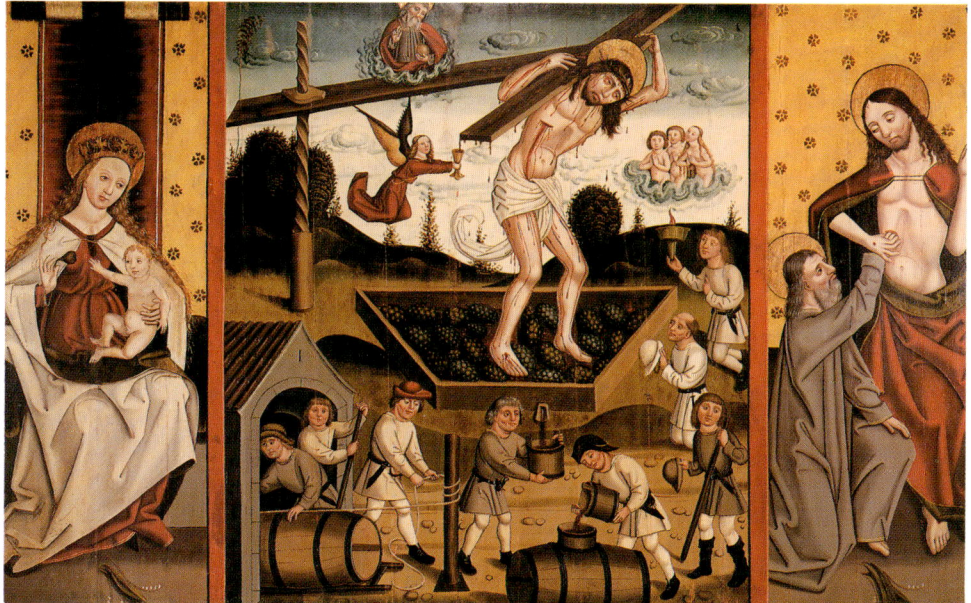

Die Vorstellung, daß der Wein, das Blut der Traube, für das Blut Christi stehe, findet in diesem Gemälde, das um 1500 entstanden ist, Ausdruck. «Christus in der Kelter» war im Mittelalter in den Weinbaugegenden Deutschlands – und überhaupt ganz Mitteleuropas – ein beliebtes Motiv.

Szene rufen die sechs am Tisch mit Brot, Fisch und Wein sitzenden Personen, neben denen eine Amphore steht, nach ihren Dienerinnen, deren Namen mit Irene (Frieden) und Agape (Liebe) angegeben sind, um Wein: «Mische ihn mir», und: «Gib warmes (Wasser).»

Im 2. Jahrhundert hatten es die Christen in Kleinasien so weit gebracht, daß sie eigene Kirchen bauen konnten; als im 4. Jahrhundert Kaiser Konstantin auf dem Sterbebett zum Christentum übertrat, war die Eucharistie zu der Liturgie geworden, die wir heute noch haben, obgleich sie inzwischen auf so unterschiedliche Weise interpretiert wird, wie es sich in der Hohen Messe einerseits oder in dem gemeinsamen Mahl einer Baptistengemeinde andererseits darstellt.

Thomas von Aquin, der große italienische Theologe und Philosoph des 13. Jahrhunderts, faßt in präzisen Sätzen die Bedeutung des Weins in der Messe zusammen:

«Das Sakrament der Eucharistie kann nur mit Wein von Trauben statthaben, denn so ist es der Wille Jesu Christi, der Wein für dieses Sakrament bestimmte . . . und auch weil der Wein von Trauben in gewisser Weise das Bild des Wirkens dieses Sakraments ist. Hiermit meine ich spirituelle Freude, denn es steht geschrieben, daß der Wein des Menschen Herz erfreut.»

Die Armenier weigerten sich, ihren Wein mit Wasser zu verdünnen, und gerieten darüber in Streit mit der griechischen Kirche. Im Jahr 1178 wurde ein Kompromiß vorgeschlagen: Sie würden Wasser beimischen, wenn die Griechen davon abließen, warmes Wasser beizumischen. Die Griechen lehnten das ab, und schließlich wurde ein neutraler Schiedsrichter berufen – ein Moslem. Er hörte beide Seiten an und bemerkte dann, Wein sei eine unreine Flüssigkeit und vom Koran verboten, es bleibe also nur reines Wasser. Inzwischen geht die Debatte darum, ob der Altarwein rot oder weiß sein soll. Für den Rotwein spricht, daß er Blut ähnelt; für den Weißwein, daß er auf der Altardecke keine Flecken hinterläßt.

KAPITEL 8

Roms Expansion und die Anfänge europäischer Weinkultur

EIN GRÜNERES LAND

Niemand bestreitet, daß Frankreich die wahre Heimat des Weins werden sollte, doch die Frage, wie es dazu kam, gibt den Historikern viel Raum und Anlaß zum Streiten. Kurz gefaßt stehen auf der einen Seite diejenigen, die sich auf das stützen, was Schriften und Überreste aus der Römerzeit aussagen, und auf der anderen Seite diejenigen, deren gallischer Stolz sie dazu veranlaßt, viel weiter zurückzuforschen, und nun meinen, es seien die vergessenen Vorfahren der Kelten gewesen, die in Frankreich den Weinbau begründeten. Manche behaupten, daß schon die Steinzeitmenschen in Frankreich Weinbauern waren. In einer steinzeitlichen Siedlung am Genfersee sind Traubenkerne gefunden worden, die man als Anzeichen dafür deuten kann, daß die in Frankreich gewiß heimische Wildrebe dort bereits vor mindestens 12 000 Jahren genutzt wurde.

Diese Lehrmeinung stellt freilich die Vorgeschichte auf den Kopf, weil sie behauptet, die menschliche Zivilisation habe im Westen ihren Anfang genommen und sich dann ostwärts ausgedehnt. Die sogenannte «keltische Schule» meint des weiteren, die Errungenschaften des Westens seien nur deshalb in Vergessenheit geraten, weil sie nicht schriftlich belegt seien; schriftliche Belege aber seien die einzige Grundlage dafür, daß wir den Völkern des Ostens Entdeckungen und Erfindungen zuschreiben, die in Wahrheit von anderen zuerst gemacht wurden.

Später waren dann die Kelten gewiß eine aktive, aggressive Rasse. In der Zeit, als Athen in Griechenland die Führungsstellung innehatte, beherrschten sie fast das ganze Europa nördlich der Alpen. Sie brachen nach Italien ein, besetzten die Lombardei (wo sie Mailand gründeten) und gelangten bis Rom. Sie ließen sich kurze Zeit in Kleinasien nieder, und in der Nachwirkung der Ära Alexanders des Großen drangen sie sogar in dessen makedonisches Reich und bis Delphi vor und gründeten bei Belgrad an der Donau eine Siedlung.

Daß sie dem Weingenuß nicht abhold waren, ist ebenfalls nicht zu bestreiten. Der Krater von Vix (siehe Kapitel 4) von 600 v. Chr. liefert dafür einen schlüssigen Beweis. Die alten Gallier hatten über lange Zeit hinweg umfangreiche Kontakte mit der Weinwelt am Mittelmeer; griechischer und etruskischer Wein fand bei ihnen bereitwillige Aufnahme. Wenn die Weinrebe in Frankreich schon immer heimisch war, dann haben auch bestimmt die Gallier eigenen Wein gekeltert.

Die römischen Belege verneinen dies jedoch. Die klassische Darstellung lautet, daß Griechen aus Kleinasien – die Phokäer – 600 v. Chr. die Kolonie Massalia (Marseille) gründeten, dort Weinstöcke pflanzten und mit den Bewohnern des Landes Handel trieben. Damals hatten die Kelten aus dem Landesinneren den Süden Frankreichs noch nicht erreicht; die dortigen Einheimischen waren vielmehr Ligurer aus Norditalien und Iberer aus Spanien.

Seine große Blüte verdankte Massalia gewiß dem Weindurst dieser Einheimischen, und es heißt, sie hätten den Weinbau von den Griechen gelernt. Es gibt jedoch Fachleute, die bezweifeln, daß es dort überhaupt einen eigenen Weinbau gab, vielmehr sei aller Wein aus Griechenland oder den griechischen Kolonien in Sizilien und Süditalien dorthin eingeführt worden.

Wenn es im keltischen Gallien Weinbau gegeben hat, dann jedenfalls nicht an der Mittelmeerküste, wo die Gallier im 5. Jahrhundert v. Chr. anlangten. Er muß vielmehr im Landesinneren, etwa bei Stammesansiedlungen in der Gegend von Bourges, Chartres, Metz, Reims, Amiens, Troyes und Bibracte (davon später mehr) getrieben worden sein, und zwar mit einheimischen Reben (das Klima schloß mediterrane Rebsorten aus), obendrein unter den mißbilligenden Blicken der Druiden, die in ihrer moralistischen Haltung gegenüber dem Wein die Vorläufer gewisser christlicher Sekten gewesen sein mögen. Es fällt freilich leichter, jenen Fachleuten Glauben zu schenken, die erklären, in Frankreich habe es damals keinen Wein gegeben. Es wäre sonst auch schwer zu verstehen, weshalb gallische Häuptlinge so außerordentlich hohe Preise dafür gezahlt haben sollten. Diodorus Siculus, der zugegebenermaßen erst viel später, nämlich um die Zeit Christi, schrieb, erwarb sich Ruhm mit der Aussage, daß «italische Händler, von ihrer gewöhnlichen Begehrlichkeit getrieben, den Durst der Gallier nach Wein als Göttergeschenk betrachten. Sie bringen ihnen den Wein mit Schiffen auf den schiffbaren Flüssen oder mit Karren über Land, und er erzielt unglaubliche Preise: Für eine Amphore Wein erhandeln sie einen Sklaven und tauschen so das Getränk gegen den Mundschenk ein.»

UM 125 V. CHR. WURDE MASSALIA EIN TEIL DES JUNGEN RÖMISCHEN IMPERIUMS, galt aber weiterhin als eine griechische Stadt. Die prachtvolle Schönheit römischer Bauten in der Provence – Monumente, Theater und Aquädukte –, die in der Feinheit der Ausführung den Vergleich mit anderen im Römischen Reich nicht zu scheuen brauchten und allem bisher in Gallien Dagewesenen weit voraus waren, wird insbesondere der althergebrachten Baukunst der Griechen in Massilia, wie der römische Name nun lautete, zugeschrie-

---

KELTEN UND FÄSSER

Die Amphore wurde als Beförderungsgefäß für Wein im 3. Jahrhundert n. Chr. vom Faß verdrängt, als nämlich der Strom des Weins, der vorher von Rom in die nördlichen Kolonien geflossen war, seine Richtung umkehrte und die Kelten nach Italien zu liefern begannen.

Das Faß war eine keltische Erfindung und zwar in der Form, wie wir es heute noch kennen, denn seit fast 2000 Jahren hat sich in der Kunst der Küferei – des Faßbaus – so gut wie nichts geändert. Holz und Metall waren den Kelten die liebsten Werkstoffe. Sie gingen so geschickt mit Balken um, daß manche der gewaltigen Steinbauten Roms ohne die Hilfe keltischer Zimmerleute als Gerüstbauer überhaupt nicht möglich gewesen wären. In der Schweiz sind eiserne Werkzeuge für die Holzbearbeitung aus der La-Tène-Kultur um 500 v. Chr. gefunden worden, die in einer heutigen Küferwerkstatt ein vertrauter Anblick wären. Schon die ersten Fässer hatten eiserne Bänder, die in der Römerzeit allerdings durch hölzerne Reifen ersetzt, im 17. Jahrhundert aber wiederentdeckt wurden. Im Lauf der Geschichte sind die Fässer nach und nach kürzer und dicker gebaut worden, sonst aber ist fast alles beim alten geblieben.

Die Römer erkannten sehr bald die Vorteile der leichten, widerstandsfähigen, rollbaren Fässer gegenüber den unhandlichen, zerbrechlichen Amphoren, vor allem im kühleren und feuchteren Klima des Nordens. Der einzige Vorzug der Amphore, den das Faß nicht hatte, war die völlige Luftdichtigkeit. Holz «atmet», deshalb kann der Wein im Faß nicht jahrelang bis zur Reife ruhen wie in der Amphore.

ben. Es kamen sogar junge Römer, anstatt die längere Reise nach Athen zu unternehmen, zur Ausbildung hierher.

Die erste echte Römerkolonie in Frankreich entstand einige Jahre später an der Küste weiter westlich bei Narbo an der Mündung der Aude. Narbo (heute Narbonne) wurde zur Hauptstadt der Provincia Narbonensis und damit des gesamten Gebiets, das die Römer Gallia Transalpina nannten – eine Schöpfung des großen Prokonsuls Domitius Athenobarbus. Wie bei allen großen Kolonialstädten Roms beruhte auch die Bevölkerung von Narbo auf den Veteranen des Heers (die nicht unbedingt gebürtige Römer zu sein brauchten; durch den Dienst im Heer erwarben sich sowohl Römer als auch Barbaren die verbrieften Bürgerrechte). Es war um dieselbe Zeit, als sich nach der Zerstörung Karthagos der Weinbau auch in Italien wie ein Flächenbrand ausbreitete. Sicher waren unter den ausgedienten Legionären auch Söhne von Weinbauern, die sich in den Weinbergen auskannten. Sie bepflanzten die Berghänge um Narbonne – heute Corbières, Minervois und Coteaux du Languedoc. Es sind dies die ersten Weinberge in Frankreich, von denen wir sichere Kunde haben. Auf ihnen beruhte die Handelskraft der Provinz, die das gesamte Gebiet Frankreichs südlich der Linie von der spanischen Grenze bis Genf umfaßte.

DER KAMPF AUF LEBEN UND TOD ZWISCHEN ROM UND KARTHAGO hatte dem Imperium inzwischen bereits eine reiche Beute eingetragen. Nach dem Sieg über Hannibal im Jahr 200 v. Chr. wurden die Küstenregionen Spaniens zu den ersten beiden überseeischen Kolonien. Die nördliche Provinz, die sich später bis zum Atlantik ausdehnte, war die Tarraconensis mit dem heutigen Tarragona als Mittelpunkt. Die südliche Provinz, das heutige Andalusien, hieß damals Baetica nach dem Fluß Baetis, heute der Guadalquivir, an dessen Mündung schon tausend Jahre zuvor die Stadt Gades (Cádiz) von den Phönikern gegründet worden war.

Der Wein war diesen Provinzen nicht fremd. Columella stammte aus Gades, und es waren ja die von den Phönikern erlernten hohen Kenntnisse der Karthager im Weinbau gewesen, die Catos vom Neid diktierten Ausruf «Delenda est Carthago» veranlaßt hatten. Wein von der Küste Spaniens war in Rom bald allgemein verbreitet. Pompeji trieb

---

IN SCHIMMERNDEM GLAS

Zuerst wurde Wein aus irdenen, gelegentlich zu feierlichen Anlässen auch aus goldenen Schalen getrunken, aber schon in der späten Bronzezeit, etwa um 1500 v. Chr., auch aus Glas.

Die Technik des Aufbrennens von Glasur und Emaille auf irdene oder metallene Gegenstände wurde um 4000 v. Chr. erfunden. Etwa 1500 v. Chr. kamen gläserne Hohlgefäße auf – wahrscheinlich zuerst in Ägypten. Hergestellt wurden sie, indem ein mit Sand gefülltes Säckchen in einen Tiegel mit geschmolzenem Glas getaucht und dann durch Wälzen auf der Marbelplatte, einer steinernen Werkbank, in die gewünschte Form gebracht wurde. Wenn das Glas abgekühlt und erstarrt war, wurde der Sand ausgeschüttet. Diese Technik war um 1200 v. Chr. im ganzen Nahen Osten bekannt, ging dann im ersten «dunklen Zeitalter» anscheinend verloren und tauchte im 8. Jahrhundert v. Chr. wieder auf. Ägypten, Phönikien und Syrien waren damals die Zentren der Glasherstellung, es gab aber auch Werkstätten in Italien und im keltischen Europa.

Zur Sandkerntechnik kam dann im 1. Jahrhundert v. Chr. das in Syrien erfundene Glasblasen hinzu. Ein Klumpen geschmolzenes Glas wurde auf das Ende eines Metallrohrs gesetzt und zunächst vermutlich mit Hilfe einer Form, später aber auch frei wie eine Seifenblase aufgeblasen, die dann ebenfalls «gemarbelt» wurde.

Das Glasblasen verbreitete sich rasch durch das ganze Römerreich. Glasbläser aus Syrien und Alexandria richteten vor allem in Italien, Gallien und im Rheinland Werkstätten ein – woraus sich auch die Ähnlichkeit der Stile in so verschiedenen Gegenden erklärt. Römische Becher und Gläser sind in erstaunlich großer Zahl erhalten; sie scheinen besonders zerbrechlich, weil sie sehr leicht sind; in ihrer Masse ist kein Blei enthalten. Sie sind deshalb auch ziemlich elastisch und fühlen sich ähnlich an wie Bakelit; oft zeigen sie einen hübschen Perlmuttschimmer.

Kleine Riechfläschchen gibt es häufig; größere Flaschen für Wein sind dagegen selten. Ein wunderschönes Beispiel in Form einer winzigen Amphore mit zwei Griffen ist im Dom-Museum in Speyer zu sehen. Dafür, daß die Römer gläserne Flaschen zum Lagern von Wein verwendet hätten, gibt es keinen Nachweis. Praktisch hatten sie solche nur als Dekanter für die Tafel.

Die Glasmacherkunst überlebte den Zusammenbruch des Imperiums; das Rheinland wurde zum dauerhaften Zentrum. Überhaupt ließen sich die Glasmacher gern in waldreichen Gegenden nieder, wo es genug Brennholz für die Schmelzöfen gab. Weingläser allerdings blieben bis ins 18. Jahrhundert hinein Luxusgegenstände.

mit Tarragona Handel, wobei Wein sowohl gekauft als auch verkauft wurde, was für die Qualität des spanischen Produkts spricht. Marcus Porcius, der uns bereits bekannte reiche Kaufmann aus Pompeji, hatte hier ein Weingut. Baetischer Wein gelangte in enormen Mengen nach Rom (die Seereise dauerte normalerweise eine Woche). Der größte Teil wurde als gewöhnlich bezeichnet, ein Wein aber, der Ceretanum, dem sich der Dichter Martial mit besonderer Liebe widmete (er hatte trotz seiner Armut einen kostspieligen Geschmack), war offenbar hochangesehen. Wenn er aus Ceret kam, wie es wahrscheinlich ist, dann war Martial der erste, der über Sherry schrieb, denn Ceret heißt heute Jerez de la Frontera.

Die Phöniker waren nicht an den Küsten geblieben, sondern auf den schiffbaren Flüssen weit ins Binnenland vorgedrungen. In Portugal (die Römer nannten es Lusitania) waren sie den Tejo und Douro hinauf gefahren (dort wurden griechische, aber keine phönikischen Münzen gefunden). In Spanien benutzten sie neben dem Baetis den bedeutendsten Fluß der Mittelmeerküste, den Ibero – heute Ebro. Ihre Spuren hinterließen sie weit den Ebro hinauf bis Alfaro in Rioja. Die römischen Legionen drangen noch weiter vor und kolonisierten das heutige Weinbaugebiet Rioja Alta. Die Städte Calahorra, Cenicero und Logroño waren römische Veteranenkolonien (Cenicero bedeutet Krematorium). In einem Feld in Funes, nahe beim Ebro, befindet sich ein altes Gemäuer, das kaum anders aussieht als ein schon lange verlassener Bauernhof, doch es ist die gesamte Anlage eines alten Weinguts, wie es in der Region viele gegeben haben muß, um die Truppen zu versorgen. Die umfangreichen Zisternen neben den drei Trögen zum Stampfen der Trauben lassen erkennen, daß hier bis zu 75 000 l bzw. fast 3000 Amphoren Wein produziert und gelagert werden konnten.

In der Mitte des 1. Jahrhunderts v. Chr. treten die Gallier aus dem Halbdunkel der schriftlosen Barbarei, mit edelsteingeschmückten Waffen und Rüstungen und unter Kriegsgeschrei, ins volle Licht der Geschichte. Sie hatten das Glück, auf einen der größten Feldherrn, Administratoren und Chronisten der antiken Welt zu treffen – Julius Caesar. Domitius Athenobarbus hatte die römische Macht im Süden bereits gefestigt. Politische Kontakte waren hergestellt, und der mächtige Stamm der Äduer im mittleren Gallien, dessen fester Platz bei Bibracte westlich der heutigen Côte d'Or lag, suchte die Hilfe der Römer gegen seine Feinde (aber auch Teilhabe am römischen Luxusleben) und erbat sich den Titel «Freund und Verbündeter des römischen Volks».

Rom erkannte bald die Unstabilität im Stammeswesen Galliens. In diese Gebiete, die Rom bereits als seine Interessensphäre betrachtete, brachen immer wieder räuberische Teutonenhorden von Norden her ein. Deshalb wurden römische Legionen dorthin entsandt, doch sie wurden dreimal geschlagen. Für die Römer und Gallier bedeutete es eine gemeinsame Sache, diese wilden Angriffe abzuwehren. Der Konsul Marius stellte schließlich ein Heer auf, das die Kimbern bei Vercellae in Oberitalien und die Teutonen bei Aquae Sextiae (Aix-en-Provence) besiegte. Die gallischen Stämme waren uneins darüber, ob sie diesen übermächtigen Nachbarn willkommen heißen oder ihm Widerstand leisten sollten.

In jener Zeit war es der Brauch, daß den im Feld stehenden Heeren ein Troß von Händlern folgte, um die Soldaten mit allem Nötigen zu versorgen und ihnen ihre Kriegsbeute abzukaufen. Gefangene wurden auf der Stelle versteigert und dann mit gutem Gewinn als Sklaven weiterverkauft.

Die ständigen Kämpfe zwischen den 60 Stämmen, in die Gallien damals aufgespalten war, sorgten dafür, daß stets ein reichliches Angebot an Sklaven auf dem Markt war. Die Währung, die bei den kriegerischen Häuptlingen am höchsten im Kurs stand, war der Wein. Wein aber hatte beträchtliches Gewicht, brauchte lange zur Beförderung und bedurfte der Lagermöglichkeiten. So entstand ein Weinhandelsnetz, schon bevor die Römer Gallien unterworfen hatten; es spann sich durch das Rhônetal als Hauptweg von der Provincia Narbonensis aus nach Norden. Als Caesar Chalon-sur-Saône erreichte, fand er dort bereits zwei römische Weinhandlungen in vollem Betrieb vor.

Caesars Gallischer Krieg war schon nach sieben Jahren vorüber. Er begann mit einem Hilferuf der Äduer und endete nach erstaunlich schnellen Märschen kreuz und quer durch Gallien, nach Belagerungen und Seeschlachten, nach Einfällen in Britannien und Germanien schließlich damit, daß die 60 Stämme unterworfen, neu organisiert und Rom tributpflichtig waren. Ein Historiker bezeichnet diese Epoche als nichts weiter als ein gigantisches Sklaventreiben. Allerdings erlagen auch viele Gallier den Verlockungen der mediterranen Zivilisation, unter denen der Wein keine geringe Rolle spielte. Caesar bemerkte, daß ein paar Stämme im Norden sich gegen diese Verlockungen sperrten. Wein, so sagten sie, sei nur eine zur Schwächung ihrer Kampfeskraft bestimmte Arglist Roms. Freilich hätten sie merken müssen, daß er die Kampfeskraft der Römer nicht lähmte.

ARGLIST ODER NICHT, jedenfalls traten zahllose Gallier freiwillig in das römische Heer ein; die Vornehmen sandten ihre Kinder nach Rom, und die Römer verfolgten eine realistisch großzügige Politik in der Gewährung der Staatsbürgerrechte für die besiegten Stämme, wenigstens unter bestimmten Bedingungen. Eine Römerkolonie war stets eine Ansiedlung von Heeresveteranen, aber auch anderen Ortschaften in Gallien mit «lateinischen Rechten» fiel kaum weniger an Ehren und Würden zu. Die gallischen Vornehmen wurden zu Staatsbeamten mit vollen römischen Staatsbürgerrechten ernannt, die auch auf ihre Nachkommen übergingen.

Unter Augustus kam Gallien in den Genuß einer Periode friedlicher wirtschaftlicher Blüte, wie sie im alten Stammessystem nie vorstellbar gewesen wäre. Der große Feldherr Agrippa gründete und befestigte Städte (oft an der Stelle alter gallischer Siedlungen) und legte nach römischer Art kompromißlos geradlinige Straßen durch Wälder, über Gebirge und Flüsse hinweg an. Das Herz des von Agrippa geschaffenen Straßennetzes war Lugdunum (Lyon), wo sich die aus den Alpen kommenden Wasser der Rhone mit der breiten, langsam daherströmenden Saône vereinigen, die Caesar als einen großen Strom von unglaublicher Trägheit beschrieb. Lyon wurde nach Narbonne die zweite römische Hauptstadt in Gallien und sehr bald auch der zweitgrößte Weinhafen der Welt nach Rom.

BIS ZU DIESER ZEIT, die den Beginn unserer Ära bezeichnet, gibt es keine klaren Beweise für einen Weinbau in Frankreich nördlich der mediterranen Zone, die von den Seealpen im Osten und den Cevennen im Westen begrenzt wird. Der Weinhandel dagegen hatte enormen Umfang – er nahm seinen Weg durch den schmalen Korridor des Rhonetals in

Der Unterwasserarchäologie verdanken wir mehr Erkenntnisse über Art, Umfang und Ziele des antiken Weinhandels als anderen Quellen. Dieses Schiffswrack aus dem 1. Jh. v. Chr. wurde vor der Küste Südfrankreichs bei Giens gefunden. Seine Fracht bestand aus Wein in Amphoren, der wahrscheinlich aus Pompeji kam und für Gallien bestimmt war, wo er äußerst gewinnbringend verkauft werden konnte. In Gallien selbst gab es zu dieser Zeit keinen größeren Weinbau.

den Norden Galliens und nach Germanien und rollte ziemlich mühselig auf Karrenrädern durch das Tal der Aude, die nicht weit oberhalb von Narbonne schon nicht mehr schiffbar ist, nach Nordwesten, durch die Tieflandlücke, vorüber am heutigen Toulouse oder über den Kamm der Cevennen und den Tarn und die Garonne abwärts nach Burdigala (Bordeaux) an der Westküste.

Bordeaux mit seiner einzigartig günstigen Lage an der Mündung der Gironde versorgte Märkte in Irland, Britannien (schon im 1. Jahrhundert v. Chr. gab es am Hafen nachweislich einen *negotiator britannicus,* einen «britannischen Händler»), an der Nordküste Frankreichs, auch in Holland, ja sogar im Baltikum – die gallischen Seefahrer schreckten offenbar vor nichts zurück. Von dem griechischen Geographen Strabo, der erstmals «Burdigala» in der Regierungszeit des Augustus erwähnt, wissen wir, daß es dort keinen eigenen Weinbau gab; er sprach von einem *emporium,* einem Lagerplatz.

Nordwärts nach Germanien, wo die römischen Garnisonen einen bedeutenden Absatzmarkt bildeten, gab es zwei miteinander konkurrierende Handelswege. Der eine verlief die Mosel abwärts, der andere den Rhein abwärts. Es wurde alles getan, um den kostspieligen Überlandtransport zu vermeiden. Die Römer beabsichtigten damals sogar den Bau eines Verbindungskanals zwischen der Saône und der Mosel.

Wer waren nun die Abnehmer auf diesen abseitigen Märkten im Norden? In Irland war der Königshof für seine Festgelage berühmt. Britannien verfügte über einen aktiven Seehandel, der seinen Hauptsitz in Cornwall hatte, wo um die Zinnbergwerke Ansiedlungen mit ungewöhnlich großem Wohlstand entstanden waren. Und natürlich gab es zwischendurch auf Schritt und Tritt durstige Gallierkehlen.

Der hochangesehene französische Historiker Roger Dion hat ein sehr glaubhaftes Szenario um das Vordringen des Weinbaus aus dem sonnigen Midi nach Norden in die Mitte und den Westen Frankreichs entworfen. Es beginnt mit dem forschenden Blick der Römer (oder vielleicht noch früher der Griechen), der die Wälder und die mit Gestrüpp bedeckten Berghänge nach vertrauten Pflanzen absucht. Die Rebe, die ihnen bekannt war, wuchs zusammen mit dem Ölbaum. Im Mittelmeergebiet ist die Eiche immergrün; Wacholder, Buchs, Myrte, Thymian und zahllose Kräuter bilden einen borstigen Teppich. Unter solchen Verhältnissen wurde der Weinstock, den sie mitbrachten, im Midi und der Provence ohne weiteres heimisch – hier war ja praktisch noch Italien. Die immergrünen Eichen verstärkten diesen Eindruck noch. Nun drangen die Forschenden nordwärts vor und fanden die immergrüne, würzig duftende Flora bis fast hinauf zu den Gipfeln der zum Mittelmeer hin gerichteten Cevennen.

DANN ÜBERSCHRITTEN SIE DEN KAMM und gelangten in ein grüneres, feuchteres Land, in dem keine Ölbäume mehr wuchsen, wo die Eichen im Winter ihr Laub abwarfen und wo es mehr Gras gab als Kräuter – gewiß kein Land für den Weinstock. Sie waren an der Nordgrenze des ihnen vertrauten Bereichs angelangt. Auf einem anderen Weg – die Rhône aufwärts nämlich – stießen sie auf die steilen Hänge eines Bergs, den wir heute Hermitage nennen, und auf die flutenumspülten Felsen der Côte Rôtie oberhalb von Vienne. Die schroff aufsteigenden Südhänge ermöglichten in diesen Gegenden eine stärker mediterrane Vegetation als in der Umgebung.

Beim Überschreiten der Cevennen auf dem Weg nach Bordeaux kamen die Wanderer nach Gaillac in das Land der Ruteni. Dieser Stamm verfügte über Silberminen und war an auswärtigen Handel gewöhnt. Dion meinte, die Vordringenden müßten wohl erstaunt gewesen sein, daß hier das Reich der Weinrebe noch nicht zu Ende war. Wenn hier aber Wein wachsen konnte, warum ihn dann erst von der Küste herankarren? Man konnte sich den weiten Weg sparen und Bordeaux von der Wasserscheide her auf der Garonne beliefern. Wenn sich die Dinge so abgespielt haben, dann versorgte Gaillac, bekannt geworden als das Haut Pays, Bordeaux mit Wein, bevor es dort einen eigenen

Weinbau gab. (In Bordeaux haben sich spätere Generationen nie ganz von Eifersüchteleien gegenüber dem Wein aus dem Oberland freimachen können und taten alles, um ihn zu unterdrücken.) Bis heute gibt es in Gaillac Rebsorten, die nur dort vorkommen: Fer-Servadou, Ondenc, L'en de l'Elh, Duras (vielleicht die von Cato erwähnte Duracina). Der Wein dieser Sorten hat nach heutigen Maßstäben keine besondere Qualität. Wie aber könnten in dieser abgelegenen Gegend uralte eigene Trauben zu finden sein, außer wenn es sich um Überreste aus einer Zeit handelt, bevor der breitangelegte Weinbau in Aquitanien begann?

Die ersten Weinberge müssen in Bordeaux sehr bald, nachdem Strabo dort war, gepflanzt worden sein – wahrscheinlich in der Generation, als die Römer unter Claudius 43 n. Chr. Britannien eroberten. Im Jahr 71 verzeichnete Plinius nicht nur, daß es Weinberge in Bordeaux gab, sondern auch alles, was er über die dortigen Trauben wußte – was freilich nicht viel war. Er geriet in Verwirrung dadurch, daß ein und derselbe Stamm, die Bituriger, zwei Siedlungen hatten, die eine in Bordeaux und die andere in Bourges in Mittelfrankreich (wo es bestimmt keinen Weinbau gab). Und seither herrscht allgemeine Verwirrung dadurch, daß die Bituriger den eigenen Namen auch der Rebe (Biturica) gaben, die sie pflanzten, obwohl diese anderswo schon unter dem Namen Balisca bekannt war.

Columella teilt uns mit, die Balisca-Rebe sei eine ausgezeichnete, widerstandsfähige und reichfruchtende Pflanze aus Dyrrachium, einer Stadt an der Adria, die später Durrazo hieß und heute den Namen Durres trägt. Sie liegt in dem der übrigen Welt gegenüber verschlossenen Albanien, gehörte damals aber in die für ihren außerordentlich guten Wein berühmte nordgriechische Provinz Epirus. Es ist mir nicht gelungen, die Spur der Balisca bis in ihre Heimat zu verfolgen, doch liegt der Gedanke nahe, daß die Urahnin des Cabernet Sauvignon und Cabernet Franc, Merlot und Petit Verdot – also aller Bordeaux-Rotweintraubensorten – von dort stammte. Es ist seit langem ein fester Glaubensartikel in Bordeaux (Adrien Valois äußerte schon 1675 diese Überzeugung), daß der Name Biturica, wenn auch verstümmelt, in Vidure, einem in der dortigen Gegend heute noch gebräuchlichen Namen für den Cabernet Sauvignon, erhalten geblieben ist.

In den spanischen Provinzen Roms war die Balisca stark verbreitet (dort hieß sie Cocolubis; schon damals machte einem die Boshaftigkeit der Synonyme das Leben schwer). Roger Dion hat die interessante Theorie aufgestellt, daß das römische Weinbaugebiet in Spanien, aus dem Reben nach Bordeaux gelangten, kein anderes gewesen sei als Rioja; der Grund für seine Annahme ist, daß die Römer, nachdem sie vom Mittelmeer den Ebro aufwärts ins Binnenland vorgedrungen waren, dort ihre der Nordküste Spaniens am nächsten gelegenen Weinberge hatten – und von da bis Bordeaux ist es nicht weit. Im 19. Jahrhundert werden wir noch sehen, wie Bordeaux diese alte Schuld abgetragen hat.

Es kann nicht die Rede davon sein, daß in Bordeaux bereits wilde Reben wuchsen und nur darauf warteten, daß die Bituriger oder die Römer kamen, um sie zu zähmen. Überhaupt ist Bordeaux eine sehr wenig Gutes versprechende Gegend für jede landwirtschaftliche Betätigung außer der Viehzucht. Der Platz wurde wohl deshalb für einen Hafen gewählt, weil hier eine größere Kiesbank vor der Außenseite einer weiten Flußkrümmung und rundum Sumpf- oder Schwemmland lag, das oft überflutet wurde. Dieser Platz befindet sich knapp oberhalb des Zusammenflusses der Garonne mit der Dordogne, wo die Garonne noch nicht allzu breit ist; alles das sind Vorzüge für einen Händler, der nach einem geschützten und zweckmäßigen Hafen sucht, nicht aber für einen Bauern.

Tatsächlich findet man auch nur selten eine alte menschliche Siedlung an einem Ort, der so ungeeignet für den Anbau der eigenen Nahrung ist. Der Kiesboden von Bor-

Die Einfuhr italienischer Weine die Rhone hinauf nach Gallien war mühevolle Arbeit, denn die Flußbarken mußten von Sklaven auf Treidelpfaden gegen den Strom gezogen werden. Seit dem 3. Jh. n. Chr. hat in Gallien das Faß die Amphore verdrängt. Diese hat, anders als jenes, jahrhundertelang Spuren hinterlassen.

deaux ist karg und mager. Die ersten Reben können hier nur mit viel Fleiß und Dung zum Gedeihen gebracht worden sein. Doch der kommerzielle Gesichtspunkt spielte die oberste Rolle. Ein längst etablierter Absatzmarkt war vorhanden – aus dem Norden kamen viele Schiffe, um Wein zu holen. Wenn Bordeaux diesen Wein ohne die Kosten und Risiken des Antransports von Gaillac oder noch weiter her selbst liefern konnte, dann blieb auch der ganze Profit in Bordeaux. Von Anfang an war daher Bordeaux für eine enge Verbindung mit den Britischen Inseln prädestiniert.

GANZ ANDERS LAGEN DIE DINGE im Rhônetal, also am anderen Handelsweg nach Norden. Das erste große *emporium* am Weg war eine Stadt, die dem mächtigen, römerfreundlichen Stamm der Allobroger gehörte, deren umfangreiches Territorium sich vom Ostufer der Rhône ostwärts bis zu den Alpen und zum Genfersee erstreckte. Das Gebiet von Vienne umfaßt den gewaltig hervortretenden Hermitage-Granitfelsen, dessen Fuß die breite Rhône in weiter Schleife umspült und von ihrem Wasserspiegel den Sonnenschein auf die steilen Hänge reflektiert. Hier Weinstöcke zu pflanzen, war kein kalkuliertes Risiko wie in Bordeaux; hier bot sich ein Stück Mittelmeerküste mit immergrünen Eichen und allem, was sonst dazugehört, in günstiger Lage 150 Meilen weit im Binnenland dar. Dasselbe gilt für die Berge auf dem westlichen Flußufer gegenüber Vienne oberhalb von Ampuis und Condrieu. Es zeugt für die Einsicht der Allobroger, daß die Grenze ihres Landes an dieser Stelle die Rhône übersprang und die sonnendurchwärmten Hänge der Côte Rôtie mit einschloß.

Ganz augenscheinlich war es unnötig, den Weinstock vom Mittelmeer hierher zu verpflanzen. Alle Anzeichen deuten darauf hin, daß die hier angebaute Rebe schon vorher wild in den Wäldern wuchs. Die stets sprunghafte Weinrebe zeigt sich besonders variabel an den Grenzen ihres natürlichen Lebensraums. Vielleicht brachte eine Mutation jene allen anderen überlegene Sorte hervor, die den Namen Allobrogica erhielt. (Vielleicht aber war es auch die Rebsorte, die Vergil als Grundlage des rätischen Weins in den italischen Alpen pries.)

Auf jeden Fall wurde der Wein, der in Vienne auf den Markt kam, schon 90 Jahre nach Vergils Tod eine ernsthafte Konkurrenz für die Spitzengewächse aus Rom (wie Plinius berichtet). Besonders beliebt war sein scharfer Beigeschmack nach Pech oder verbranntem Harz, was uns nicht gerade als eine besonders wünschenswerte Nuance in einem feinen Wein erscheint. Manche Gelehrte sind höchst erfreut über die Möglichkeit, daß die Allobrogica die Vorfahrin der heutigen Rhône-Traube Petite Syrah gewesen sein mag. Es wird in diesem Zusammenhang aber auch die Mondeuse aus den Savoyer Alpen genannt (eine weithin unterschätzte Traube für schlichten, fruchtigen Rotwein). Die Mondeuse führt unter anderem nämlich auch den Namen Grosse Syrah; ein weiteres Synonym, nämlich Refosco, eine nordostitalienische Traubensorte, stellt eine Verbindung zu Rätien her. Andere Gelehrte sehen in der Allobrogica dagegen die Ahnherrin der Pinot-Familie, also auch der Rotweintraube Burgunds und der Champagne.

Schwerpunkt des römischen Gallien war Lyon, nochmals 30 Meilen oder drei Tage Plackerei für die Treidelsklaven, die die Flußbarken von Vienne her stromaufwärts zogen. Lyon war das Verteilungszentrum für alle weiter nordwärts führenden Routen und das größte Emporium in Gallien. Von hier aus ging es auf der viel bequemer zu bewältigenden Saône nach Norden bis Chalon, wo der Landweg entweder westwärts zur Loire oder nordwärts auf beschwerlichen Wegen zur Seine, Maas oder Mosel begann. Die römischen Truppen an der Grenze zu Germanien liebten den süßen Wein aus dem Süden; von dem herben *austerum* aus dem Alpenraum wollten sie nichts wissen. So wurden Amphoren mit flüssigem Sonnenschein zu Hunderttausenden aus Andalusien herbeigeschafft, um ihnen den Wachdienst in den regengepeitschten Kastellen am Limes, wo sie ständig der Angriffe der unberechenbaren Teutonen gewärtig sein mußten, zu versüßen.

Von Chalon-sur-Saône aus verläuft Agrippas Straße eine Weile nordostwärts an der Saône entlang bis Verdun und zur Doubsmündung, dann wendet sie sich nordwärts nach Dijon. Zum größten Teil ist diese Strecke noch sichtbar, manchmal als pfeilgerade Landstraße, manchmal als Feldweg oder auch nur als Ackerrain. Vor Dijon hält sie sich eng an die Hügelkette im Westen. Heute sieht man dort die mittleren und unteren Hänge mit Reben bedeckt. Bot sich den Römern derselbe Anblick? Niemand weiß genau zu sagen, wann die Côte d'Or in Burgund erstmals mit Wein bepflanzt wurde; warum es geschehen ist, bleibt dagegen weniger rätselhaft.

DIE ERSTEN VERBÜNDETEN ROMS UNTER DEN GALLIERN waren die Äduer, deren fester Platz Bibracte im Morvangebirge, westlich der Côte d'Or, lag. Unter Augustus verließen sie das oben auf einem Berg gelegene Bibracte und gründeten mit kaiserlichem Segen und römischer Hilfe eine neue Stadt namens Augustodunum – im Lauf der Jahrhunderte hat sich dieser ungefüge Name auf Autun verkürzt. Diese Ansiedlung, damals eine der größten Galliens, lag jedoch zu hoch und kühl für den Rebenbau. Die dazugehörige *civitas* (heute würde man es einen Landkreis nennen) umfaßte jedoch die Côte d'Or. Das gab für die Äduer eine großartige Gelegenheit ab, Weinbau gewissermaßen im Schaufenster an einer der bedeutendsten Schlagadern des Nord-Süd-Verkehrs zu treiben. Ein Fluß wäre freilich besser gewesen, und tatsächlich ist die Côte d'Or das einzige große in alter Zeit gegründete Weinbaugebiet, das nicht in den Genuß der Vorteile kam, wie ein Fluß sie bietet.

Den ersten eindeutigen Hinweis auf den Pagus Arebrignus, wie die weinbauende Côte d'Or damals hieß, finden wir in einer Eingabe, die dem Kaiser Konstantin vorgetragen wurde, als er im Jahr 312 Augustodunum besuchte. Die glorreichsten Tage des Imperiums waren um diese Zeit bereits vorüber. Gegen Ende des voraufgegangenen Jahrhunderts hatten katastrophale Einbrüche der Barbaren von jenseits des Rheins tief bis ins Innere Galliens stattgefunden. Augustodunum war 269 und 276 von Goten und Alemannen geplündert worden. Ihnen folgte zum Glück ein anderer Stamm von sanfterer Art, die Burgunder aus dem Baltikum nämlich, und sie versetzten die frühere Hauptstadt der Äduer wieder in den Stand, ihren Kaiser würdig empfangen zu können. Auf diese Weise kam Burgund auch zu seinem Namen.

Die Weinberge an der Côte, so teilte der Sprecher dem Kaiser mit, obwohl von allen beneidet, befänden sich doch in einem beklagenswerten Zustand. Es sei hier nicht so wie in Bordeaux, wo es grenzenlosen Raum zur Ausdehnung gebe, sondern die Rebfläche sei zwischen dem felsigen oberen Rand der Berge und der sumpfigen Ebene, wo der Frost jeden Ertrag zunichte machte, eingepfercht. Auf diesem schmalen Streifen (wer die Côte je gesehen hat, kennt ihn) stünden allzu alte und erschöpfte Reben, und der Boden könne wegen der eng ineinander verschlungenen Rebwurzeln nicht bearbeitet werden. Auch seien die Hauptstraßen, selbst die Heerstraße, so voller Schlaglöcher, daß schon bei nur halb beladenen Wagen die Achsen zu Bruch gingen. Am Schluß kam zu niemandes Überraschung bei alledem heraus, daß es den Bürgern schwerfalle, ihre Steuern zu bezahlen.

Wie alt aber ist alt? Wieviel Zeit war nötig gewesen, um die Weinberge in den von dem ehrenwerten Sprecher beschriebenen Zustand (unter Berücksichtigung einer gewissen Übertreibung) zu versetzen? Es scheint, daß hier Weinbau nach dem Provignage-System getrieben worden war, von dem in den römischen Lehrbüchern abgeraten wird. Dabei wird der Haupttrieb am Boden entlanggeführt, so daß er immer wieder neue Wurzeln schlägt. Jahr für Jahr wurden dann die jungen fruchttragenden Triebe mit einem leichten Stab gestützt. Bei dieser Methode konnte es geschehen, daß das Erdreich von einem Gewirr alter Wurzeln durchzogen wurde – wer aber könnte sagen, wie lange so etwas dauert?

Angenommen, diese Entwicklung nahm ihren Anfang mit den Einfällen der Barbaren, die Weinberge aber hatten damals schon längst bestanden. Dann erscheint es begründet, die ursprünglichen Anpflanzungen an der Côte d'Or auf die erste Hälfte des 3. Jahrhunderts zu datieren. Um dieselbe Zeit begann der Niedergang der großen Stadt Lyon; ob dies aber Ursache, Wirkung oder zufälliges Zusammentreffen war, wissen wir nicht. Diejenigen, die für ein früheres Datum plädieren, verweisen darauf, daß die Stadt Beaune schon ein Jahrhundert zuvor in Blüte stand: Es wurden sogar Überreste von Rebmessern und Bacchus-Figuren gefunden. Die Anlieferung von Wein in Amphoren nach Augustodunum endete im 2. Jahrhundert, was dafür spricht, daß man damals anfing, Fässer zu verwenden. Es ist wahrscheinlich, daß sich in diesen Fässern eigener Wein des Landes befand.

AUCH DIE SUCHE NACH URSPRUNG UND BEGINN der anderen französischen Weinbaugebiete bleibt vergeblich. Bestimmend für die jeweilige Lage ist jedoch stets eine eindeutige Logik: Als Voraussetzung erweist sich die Nähe einer größeren Stadt und fast immer eines Flusses. Ein günstiger Steilhang ist um so mehr erforderlich, je weiter wir nach Norden kommen. Die Römer wußten, daß die Kaltluft an einem Berghang hinunterläuft wie Wasser und dann an der tiefsten Stelle Lachen bildet. Das sind dann «kalte Löcher», wo der Frost jede Hoffnung auf eine Weinernte zunichte macht.

Von einigen jäh aus einer ansonsten flachen Landschaft aufsteigenden Bergzügen weiß man, daß sie zu den ersten Weinbaugebieten der gallo-römischen Zeit gehörten. Ein gutes Beispiel ist der Kalksteinberg von Sancerre, der an der Loire fast ebenso ein Wahrzeichen der Landschaft ist wie der Hermitage an der Rhône. Dasselbe gilt für St-Pourçain-sur-Sioule am Zusammenfluß von Allier und Sioule nahe der Römerstraße von Lyon nach Bourges und zur Loire. Auxerre am Weg nordwärts nach Paris war ebenfalls wahrscheinlich in gallo-römischer Zeit schon Weinbaugebiet, und Paris selbst war es mit Sicherheit. Der Kaiser Julian, genannt Apostata, der im Gegensatz zu seinem Vorgänger Konstantin das Christentum ablehnte und das Imperium wieder den guten alten Göttern unterstellen wollte, hielt zwei Jahre lang in Lutetia, dem kleinen Ur-Paris auf der Ile-de-la-Cité, Hof und trank dort gern den Wein, der wahrscheinlich am Montmartre wuchs.

Auch die Montagne de Reims dürfte als damaliges Weinbaugebiet in Frage kommen. Die Hauptstadt der Champagne ist unterhöhlt mit Kalkstollen, aus denen die

Römer ihre Bausteine brachen. Der Südhang des Bergzugs, der sich über die Marne erhebt – heute wächst dort der Champagner –, ist auffällig gut geeignet, und so wäre es erstaunlich, wenn er keine gallo-römischen Weinberge getragen hätte. In Sparnacus, heute Epernay, gab es eine römische Villa, in der im 5. Jahrhundert der Schutzpatron von Reims, St-Rémi, lebte.

Die meisten gallischen Weinbaugebiete, wahrscheinlich mit Ausnahme von Bordeaux und der Rhone, entstanden in der Zeit, als das Edikt des Domitian, das die Anpflanzung von Weinstöcken in den Provinzen verbot, theoretisch noch in Kraft war. Wir wissen nicht, ob eine Sondererlaubnis aus Rom vorlag oder ob nicht vielmehr die lokalen Bedürfnisse und Wünsche alle Skrupel beiseite drängten (was wahrscheinlicher ist). Auf jeden Fall hatte das Gesetz ein bequemes Schlupfloch: Alles Land, das sich im Eigentum eines Römers befand, konnte ja als «römisch» gelten – und auf römischem Land waren Anpflanzungen erlaubt. Dennoch, als der bedrängte Kaiser Probus im Jahr 280 das Edikt aufhob («Bürger», so sagte er, «pflanzt Wein und werdet reich»), gab dies dem Weinbau einen neuen, starken Impuls. Es ist wahrscheinlich, daß viele Weinberge an der Loire im 4. Jahrhundert angelegt wurden. Dort vollzog sich nun, was mit der Biturica in Bordeaux und der Allobrogica an der Rhône begonnen hatte – von Westen wie von Osten her drangen die verschiedenen Rebsorten in das Tal ein. Heute steht an der Loire neben dem Pinot und dem Gamay aus Burgund der Cabernet und der Sauvignon Blanc aus Bordeaux.

IN DEN TURBULENTEN ZEITEN GEGEN ENDE DES RÖMISCHEN WELTREICHS konzentrierte sich immer mehr Macht im Norden. Ein Kaiser nach dem anderen hatte die durch Wehrbauten gesicherte Grenze gegen die Germanen verstärkt und über den Rhein vorgeschoben, so daß der große Wall «zwischen Zivilisation und Barbarei» auf seinem Höhepunkt

Die herrlich erhaltene Porta Nigra in Trier grüßte die römischen Legionäre am Ende ihres langen und beschwerlichen Marschs nach Norden. Trier war die nördliche Hauptstadt Roms, Sitz vieler Kaiser und Mittelpunkt des florierenden römischen Weinbaus an der Mosel.

eine Gesamtlänge von 548 km besaß und von 25 000 Soldaten, das entspricht einem Mann alle 24 Schritt, bewacht wurde. Der «Limes» – das Wort bedeutete ursprünglich einen Grenzweg zwischen zwei Feldern – mit seinen Erdwällen, Wachttürmen, Kastellen und einer über 150 km langen und 3 m hohen Steinmauer war gewiß das gewaltigste Militärbauwerk der Römer. Ein Teilstück des Limes verlief rund 30 km weit schnurgeradeaus.

Als das Imperium an seiner Ostflanke von den Persern angegriffen wurde, sahen die Barbaren ihre Chance. Germanische Stämme durchbrachen um 260 n. Chr. das Bollwerk und drangen plündernd und brandschatzend beispielsweise auch bis Autun vor. Damit war nicht etwa schon das Ende der römischen Macht im Norden gekommen, vielmehr veranlaßte der Druck der Barbaren das Imperium zu größeren Anstrengungen. Zunächst kam Köln (später dann Trier) zur Würde der Hauptstadt des römischen Reichs, das von Kaiser Probus in seiner kurzen Regierungszeit trotz weiterer Angriffe der Franken wieder gefestigt wurde.

Sein Nachfolger Diokletian leitete ein neues Kapitel einer strafferen administrativen Kontrolle ein, wobei Trier (Augusta Treverorum) zur Hauptstadt des weströmischen Reichs wurde und über ein Gebiet herrschte, das sich von Nordbritannien bis Nordafrika erstreckte. Der spätere Kaiser Konstantin wuchs in Trier auf. Im 4. Jahrhundert entstanden in der Stadt Paläste und Thermen von eindrucksvoller Größe.

Julian schlug in der Zeit, als er in Paris Hof hielt, bei Straßburg die Alemannen. Seine Nachfolger Valentinian und Gratian regierten wieder von Trier aus; Gratians Erzieher war der Dichter Ausonius aus Bordeaux. Die Glanzzeit Triers dauerte bis zum Ende des 4. Jahrhunderts, dann ging seine Macht an Arles in der Provence über. In den darauffolgenden 50 Jahren wurde die Stadt viermal, u. a. von den Franken, gebrandschatzt.

Die römischen Beamten auf diesen entfernten Außenposten waren auf ihr Quantum Wein sicher ebenso scharf wie ihre Kollegen daheim in Rom. Am Ende einer so weiten Reise aber war der Wein teuer und seine Beschaffenheit ungewiß. Der Geschichtsschreiber Tacitus sagt uns, daß die Einheimischen ein minderwertiges Bier tranken. Die Hoffnung auf Weinbau im Dunkel des Nordens muß recht abwegig erschienen sein, außer es gab auch hier wilde Reben, was durchaus wahrscheinlich war. Manche Fachleute glauben, daß der Riesling durch Selektion von einer in Deutschland heimischen Rebe herangezüchtet wurde.

Wahrscheinlich wurden die ersten Weinberge in Germanien aus denselben Beweggründen angelegt wie die in Bordeaux. Trier war ein blühendes Emporium für Wein aus allen Teilen des Reichs – wieviel mußte es bedeuten, wenn auf den steilen Berghängen ringsumher eigene Weinstöcke wachsen könnten! Die drei Grundvoraussetzungen waren vorhanden: eine Stadt, ein Fluß und Berge. Nur kam es hier sehr darauf an, welchen Berg man wählte. Ein steiler Südhang fing nicht nur alles auf, was die Sonne an Wärme herzugeben vermochte, er schützte die Weinstöcke auch gegen den Nordwind, ließ überschüssiges Regenwasser rasch ablaufen, und die Neigung der Fläche bewirkte zudem, daß die Sonnenstrahlen lotrecht einfielen, nicht diffus oder in flachem Winkel.

Vielleicht war Trier schon seit dem 2. Jahrhundert in jeder sonnigen Mulde an allen möglichen und unmöglichen Steilhängen von Weinbergen umgeben. Die sicheren Nachweise, die wir haben, sprechen von einem in der zweiten Hälfte des 4. Jahrhunderts schon längst bestehenden blühenden Weinbau – der kaiserliche Lehrer Ausonius beschreibt die Szene in schwungvollen Versen in seinem «Mosellied».

Die Mosel erinnert Ausonius an seine Heimat Bordeaux, wo sich die Trauben in der Garonne spiegeln. Er spricht von reichen Villen mit rauchenden Kaminen, von Schiffern, die den Arbeitern in den Weinbergen Scherzworte zurufen, von zarten Fischen, die in der Flut spielen, und von den Bergen im Abendlicht:

Der Bacchus-Kult war nicht auf die mediterranen Bereiche des römischen Imperiums beschränkt. Diese Bronzebüste des Weingotts, der augenscheinlich einer Knospe entsteigt, wurde 1985 in Littlecote in Berkshire (England) gefunden. Es gibt reichlich Beweise dafür, daß die Briten in der Römerzeit begeisterte Anhänger der bacchischen Riten waren.

Wie färbt nun der Strom seine rinnenden Fluten mit schimmerndem Schein,
Wenn Hesperus dämmernde Schatten ins prangende Abendrot flicht.
Wie schmückt sich die Mosel im leuchtenden Grün ihrer Hügel so fein.
Wie schwingen die Kuppen im Wellentanz, gleißend von goldenem Licht.
Von ferne erzittert das Weinlaub im Anblick der scheidenden Glut,
Und die Traube glänzt schwellend im Spiegel kristallener Flut.

Ausonius war einer der letzten römischen Bürger, denen die Mosel noch in friedvoller Fruchtbarkeit begegnet. Als er um 395 starb, bedurfte es nur noch eines entschlossenen Anstoßes, um die Schutzwehr des Imperiums endgültig zum Einsturz zu bringen.

WASSERWEGE

Für den Transport von Wein nach Britannien war den Rhein hinab der Wasserweg etwas länger und die auf holperigen Straßen zurückzulegende Strecke etwas kürzer als auf der Mosel-Route. Beide Wege wurden eifrig benutzt, dabei gab es auch noch einen Weg von der Saône zur Seine und über den Ärmelkanal und noch einen die Loire hinunter nach Westen zum Atlantik. Berechnungen haben ergeben, daß die Reihenfolge vom billigsten zum teuersten Transportweg vom Mittelmeer nach England so ausgesehen hat: mit dem Schiff um Spanien; auf dem Land bis Bordeaux, dann mit dem Schiff; die Loire hinunter; die Seine hinunter; den Rhein hinunter; die Mosel hinunter – wobei der letztgenannte Weg dreimal so hohe Kosten verursachte wie der erstgenannte.

Eigentlich waren also die Wege über Deutschland absurd teuer. Vielleicht aber nahm Britannien Überschüsse der römischen Garnisonen in Germanien ab, oder es wäre auch vorstellbar, daß der aus dem Süden stammende Inhalt der Amphoren in Germanien verbraucht wurde und die leeren Amphoren dann zur Lieferung billigen einheimischen Weins nach Britannien dienten.

Sein Enkel wurde auf seinem eigenen Landgut bei Bordeaux von den Invasoren zu einem besitzlosen Tagelöhner gemacht.

BLEIBT NOCH DAS RÖMISCHE BRITANNIEN ZU ERÖRTERN. Es erscheint logisch und wahrscheinlich, daß die Römer selbst hier, an der nebelreichen äußersten Grenze ihres Imperiums, Weinbau versuchten. Es sind auch in London, in Gloucestershire und Wiltshire reichlich Traubenkerne gefunden worden, die auf eigenen Weinbau hinweisen. Aber an Belegen fehlt es, und als einzige Gewißheit bleibt uns, daß Britannien ein höchst aufnahmefähiger Markt für importierten Wein war. Der Bacchus-Kult hatte eifrige Anhänger unter den Briten, dafür sind an 400 Stellen Beweise gefunden worden: von ganzen Mosaikfußböden über Marmorstatuen bis zu dem prachtvollen Silbergeschirr, das in Mildenhall in Suffolk entdeckt wurde und Bacchus zeigt.

Ausgrabungen bei Colchester, der britischen Hauptstadt zur Römerzeit, haben mindestens 60 offensichtlich unterschiedliche Weinsorten – oder vielmehr deren Behältnisse – zutage gefördert. Anfangs stammten sie hauptsächlich aus Italien und Spanien – Falernum und Baeticum waren darunter. Später kamen die meisten Amphoren nachweislich vom Rhein.

Für Weine aus Bordeaux finden sich weniger Beweise, als man aus der bekannten Geschichte von Bordeaux schließen möchte. Doch Fässer hinterließen nur selten Spuren, und alle Anzeichen deuten darauf hin, daß die Standardbehältnisse für Wein aus Bordeaux von Anfang an Fässer waren.

DIE WIRKUNGEN DER BARBARENEINFÄLLE LASSEN SICH IN TRIER am besten studieren. Es hatte die volle Wucht des Angriffs zu spüren bekommen. Nachdem die Barbaren die

---

VON DER WELTREGIERUNG GOTTES

Über das Schicksal Triers im 5. Jahrhundert entwirft der Moralist Salvianus ein grelles Bild in seinem Buch «Von der Weltregierung Gottes». Selbst wenn man seine Ansicht, daß die Barbareneinfälle in die Stadt die Vergeltung Gottes für Sittenzerfall gewesen seien, nicht in dieser Strenge teilt, muß man doch zugeben, daß die moralischen Maßstäbe offenbar stark ins Wanken geraten waren ...:

«Soviel schlimmere Feinde waren sie gegen sich selbst als die Feinde von außen, daß sie sich selbst noch mehr zerstörten, als sie von den Barbaren schon zerstört waren. Es ist traurig zu berichten, was wir gesehen haben: daß ehrenwerte Greise, während der Untergang schon der Stadt drohte, der Gaumenlust und Ausschweifung sich hingaben ... Sie lagen bei Gastmählern, vergessend ihrer Ehre, vergessend ihres Alters, vergessend ihres Standes, vergessend ihres Namens; die Führer des Staates, mit Speisen vollgepfropft, vor Trunkenheit sinnlos, mit wüstem Geschrei, in taumelndem Wahnsinn, nichts weniger als bei Sinnen ... Daß die Häupter jener Stadt in Gallien nicht einmal von den Gastmählern aufstanden, als schon der Feind in die Stadt eindrang ... es herrschte ... der gleiche Leichtsinn! Alles auf einmal: Schwelgerei, Trinkgelage, Untergang. Alles taten sie in gleicher Weise: spielten, betranken sich, trieben Ehebruch. Alte und angesehene Leute waren bei den Gastmählern ausschweifend; zum Leben waren sie fast schon zu schwach, beim Wein aber außerordentlich leistungsfähig; untauglich zum Gehen, stark im Trinken ... Die, welche die Feinde bei der Einnahme nicht getötet hatten, wurden nachher vom Unglück erreicht ... Die einen starben in lang dauernden Todesqualen an tieferen Wunden, die anderen, bereits angesengt durch das Feuer des Feindes, peinigte nach dem Brand die Qual ... Überall lagen nackte und zerfleischte Leichen beiderlei Geschlechts, die den Anblick der Stadt schändeten, von Vögeln und Hunden zerrissen; Verderben für die Lebenden war der üble Geruch der Toten. Der Tod hauchte neuen Tod aus ... Und was nach diesem allem? Wenige Adelige, die das Verderben überlebt hatten, forderten von den Kaisern Zirkusspiele, sozusagen als höchstes Trostmittel für die zerstörte Stadt.»

römischen Herren aus der Stadt vertrieben hatten, zerstörten sie jedoch wohl kaum die Häuser, in denen sie besser geschützt waren als in ihren eigenen. Trier ist über die Maßen gut erhalten geblieben (Porta Nigra, Thermen, Aula Palatina).

Auch für die Weinberge trifft das zu. Schließlich war es wohl am klügsten, die Weinbauern in ihrem Tun zu ermutigen, und nicht, sie abzuschlachten. Es gibt keine sicheren Nachrichten darüber, wie es in dem nun folgenden «dunklen Zeitalter» weiterging. Fortunatus, Bischof von Poitier und Gelegenheitsdichter im 6. Jahrhundert, schrieb, er sei froh, die Mosel anzutreffen, wie Ausonius sie zwei Jahrhunderte zuvor beschrieben hatte – wenigstens die Weinberge. Der heilige Prosper schrieb hundert Jahre vor Fortunatus allerdings: «Hätte der ganze Ozean sich über Gallien ergossen, seine zurückweichenden Wasser hätten es nicht schwerer verwüstet zurücklassen können. Keine Spuren sind geblieben von den Weinstöcken und Ölbäumen...»

Für Rom blieb nicht mehr viel Macht. Franken, Vandalen, Ost- und Westgoten drangen vor, die Vandalen beherrschten schließlich das westliche Mittelmeer von Nordafrika aus, und die Westgoten eroberten Spanien. Die letzten Legionen Roms machten gemeinsame Sache mit Franken und Westgoten gegen die schreckliche Geißel Attila und seine berüchtigten fünfhunderttausend Hunnen. Sie geboten ihm in einer furchtbaren Schlacht 451 bei Châlons in der Champagne Einhalt. Nunmehr aber hatten die Franken die Herrschaft über den Norden des Landes, dem sie schließlich ihren Namen gaben – Frankreich. Von der Administration des Imperiums war nur noch die Kirche übrig. Als Roms weltliche Macht gebrochen war, setzten die Überlebenden die römische Lebensweise so gut, wie es ihnen möglich war, im Ornat der Priester und Bischöfe fort.

Mit den Mönchen stand es anders. Sie setzten der Weltklugheit der Kirche individuelle Geistigkeit entgegen. Es heißt, die Idee vom Mönchtum sei dem heiligen Antonius um 300 gekommen, als er Einsiedler in der ägyptischen Wüste Sinai war. Noch in der gleichen Generation brachte sein Vorgesetzter in Alexandria, der heilige Athanasius – dem das Kredo zugeschrieben wird – das Mönchtum nach Trier. So entstand in Trier das wahrscheinlich erste Kloster Europas – sicher eines der ältesten christlichen Klöster überhaupt – fast in demselben Augenblick, als das Imperium christlich wurde.

Stärker als die verstreut lebenden Klosterbrüder war aber anfänglich die bewährte priesterliche Hierarchie. Die Grundlage der Diözesen waren nichts anderes als die einstigen Verwaltungsbezirke des Römerreichs. Den heiligen Bischöfen werden viele Wunder nachgesagt, doch vielleicht das größte war die Aufrechterhaltung einer geordneten Landwirtschaft (in der auch der Weinbau eine wichtige Rolle spielte) über drei Jahrhunderte hinweg, in denen im Osten die Hölle ihre Legionen ausspie.

Einen großen Triumph feierte die Kirche in Frankreich im Jahr 496, als der heidnische Frankenkönig Chlodwig in Reims getauft wurde. Die Legende bringt viele der frühen Bischöfe mit dem Weinbau in Verbindung, angefangen mit Sankt Martin, einem weichherzigen Legionär aus Ungarn, der einem frierenden Bettler die Hälfte seines Mantels schenkte. Er wurde 371 Bischof von Tours und soll den Weinbau in der Touraine eingeführt haben. Sankt Gregor, ein späterer Bischof von Tours, war ebenso ein Förderer des Weinbaus, und St. Germain, dessen Abteigebiet in Paris auf dem linken Seine-Ufer lag, war, wie sein Chronist schreibt, auf einem großen Weingut in Burgund geboren. Ein weiterer heiliger Gregor, Bischof von Langres in Ostfrankreich, war mit dem Weinertrag seiner bischöflichen Besitzungen nicht zufrieden und verlegte seinen Sitz nach Dijon. Sankt Ermelund pflanzte einen Weinberg an der Mündung der Loire, St. Didier einen solchen in Cahors. Bischof Nicetius von Trier wurde der Schutzpatron des Weinbaus an der Mosel, und Sankt Goar übernahm diese Rolle am Mittelrhein.

Bald erwuchs den Bischöfen Konkurrenz durch die steigende Macht der Klöster. Sie beherrschten das Mittelalter.

KAPITEL 9

Der Islam verdammt den Wein

HOFFNUNG AUF NOCH GÖTTLICHEREN TRANK

Der Mann, der auf die Geschichte des Weins tiefer einwirkte als sonst irgendein einzelner Mensch, wurde um die Zeit, als sich das römische Weltreich auflöste, fernab von allen Weinbergen, im heutigen Saudi-Arabien geboren: Mohammed wuchs in einer jener Kulturen des Vorderen Orients auf, die seit uralten Zeiten die Gottesgabe Wein dankbar zu schätzen wußten. Sicherlich waren die Weine Arabiens nie besonders fein, trotzdem aber gehörten sie, ob aus eigenem Anbau stammend oder aus Syrien, Irak oder Jemen eingeführt, bis in das 6. Jahrhundert ganz selbstverständlich zum Alltagsleben Mekkas.

Doch schon zehn Jahre nach Mohammeds Tod im Jahr 632 war aller Wein nicht nur aus ganz Arabien, sondern auch aus allen Ländern, die auf das Wort des Propheten hörten oder von seinen Heeren erobert worden waren, völlig verbannt. Der Islam hatte eine solche Durchschlagskraft entwickelt, daß sein Reich außer Arabien bereits Ägypten, Libyen, Palästina, Syrien, Mesopotamien und Armenien umfaßte. 100 Jahre später standen das westliche Nordafrika, Spanien und Portugal, Sizilien, Korsika, Sardinien und Kreta sowie das westliche Asien bis Samarkand und bis zum Indus unter der Herrschaft seiner Nachfolger, der Kalifen – zunächst von Damaskus und dann von Bagdad.

Im militärischen Sinn ist diese erstaunliche Entwicklung leicht mit dem Hinweis auf das Machtvakuum zu erklären, das die zugrunde gegangenen Imperien Roms und Persiens hinterlassen hatten. Spirituell steht es außer Frage, daß Mohammeds Lehre von dem einen Gott – dem Gott Abrahams, doch befreit vom jüdischen Dogma und ohne die Komplikationen der christlichen Vorstellungen um die Menschwerdung dieses Gottes – damals wie heute als ein leicht faßbarer Glaube höchste Anziehungskraft besaß und besitzt. Absolute Unterwerfung und Unterordnung unter den Willen Allahs ist das einzige, was der Islam verlangt. Allah ist barmherzig; er ist gnädig, und sein Wort, das dem Propheten durch den Engel Gabriel offenbart wurde, verheißt sehr ausführlich und verlockend ein paradiesisches Leben nach dem Tode.

Das Paradies wird gesehen als ein durch Brunnen und klare Bäche bewässerter Garten, wo die Rechtgläubigen von allen Früchten genießen dürfen, die sie nur wünschen. «Auf weichen Diwanen ruhend blicken sie um sich: in ihren Gesichtern erblickt man den Widerschein der Freude. Dort trinken sie reinen, gut versiegelten Wein, dessen Satz

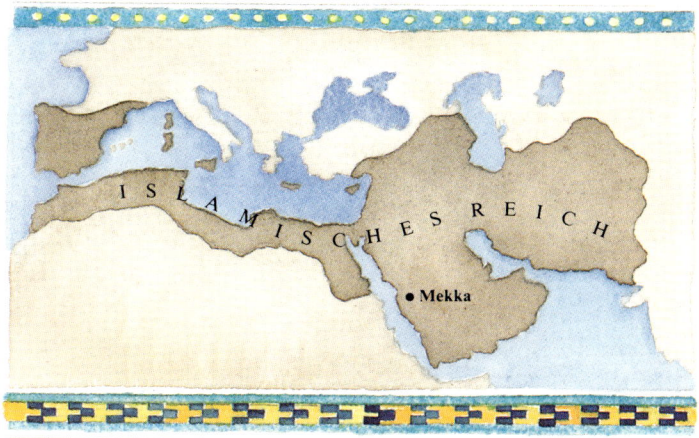

Zwei Jahrhunderte nach dem Tod des Propheten reichte das islamische Reich von Afghanistan im Osten bis zur Iberischen Halbinsel im Westen.

schierer Moschus ist; ... ein Wein, gemischt mit dem Wasser der Quelle Tasnim, an der sich die Beglückten erquicken ... Und es warten ihrer die schwarzäugigen Huris, keusch wie verborgene Perlen, als Lohn für ihre Taten.»

DER KORAN IST EIN BUCH VOLL GROSSER POESIE UND WEISHEIT, jedoch ebenso voll überraschender Extreme. Es befaßt sich mit Themen der Heiligen Schrift wie dem Leben von Abraham, Moses, David und Salomon, mit dem wahren Wesen Jesu, mit Hygiene in der Wüste, mit dem schwierigen Problem, eine Reihe von Frauen zugleich bei Laune zu halten (Mohammed selbst hatte neun), mit allgemeinen Fragen der Moral oder auch eher der Etikette. Es spricht von Wohltätigkeit, Ehrlichkeit, Gerechtigkeit und Hilfsbereitschaft den Unglücklichen gegenüber – und auch vom Händeabhacken als Strafe für Diebstahl. Sein Ton schwankt zwischen onkelhaft und apokalyptisch.

Mohammed hat es nicht selbst geschrieben. Wenn Gabriel zu ihm sprach, wiederholte Mohammed dessen Worte seinen Schülern, die sie in ihrem Gedächtnis bewahrten. Später wurden seine Offenbarungen dann niedergeschrieben, allerdings nicht in einer bestimmten Ordnung. Als etwa 15 Jahre nach dem Tod des Propheten eine autorisierte Version zusammengestellt wurde, bestand sie aus einer Anhäufung ohne rechten Zusammenhang und mit umstrittenen Bedeutungen. Es gibt jedoch eine Sammlung von Kommentaren, die es ermöglichen, herauszusondern, welche Teile Offenbarungen aus der Zeit des Propheten an seinem Geburtsort Mekka sind und welche in die Periode der Hedjra fallen, also in die acht Jahre, die Mohammed und seine Schüler im Exil in Medina, 300 Meilen weiter östlich jenseits der Wüste, verbrachten. So erfahren wir, daß das Verbot des Weins im Koran durch Meinungswandel und schließlich vielleicht als Ausweg in einer Situation der Ratlosigkeit zustande kam.

In einem der anfänglichen Verse wird Wein zusammen mit Wasser, Milch und Honig zu den guten Dingen dieser Erde gezählt. «... und unter den Früchten die Palmen und Reben, von denen ihr berauschenden Trank und gute Speise habt.» Die nächste Erwähnung enthält eine Warnung: «Sie werden dich befragen nach dem Wein und dem Spiel. Sprich: In beiden liegt große Sünde und Nutzen für die Menschen. Die Sünde in ihnen ist jedoch größer als ihr Nutzen.» Diese Offenbarung, so heißt es, wurde nicht als Verbot aufgefaßt. Interessant zu bemerken ist, daß Wein und Glücksspiel miteinander in Verbindung gebracht werden – beide in Sündhaftigkeit und Nutzen. Was am Glücksspiel nützlich sein soll, darüber läßt sich der Koran nicht weiter aus. Es folgt sodann eine höchst vernünftige Ermahnung, ähnlich wie im jüdischen Gesetz: «O ihr, die ihr glaubt, nähert euch nicht trunken dem Gebet, sondern wartet, bis ihr wisset, was ihr sprechet, und auch nicht befleckt, es sei denn, ihr zöget des Weges, bis ihr euch gewaschen habt.»

Der entscheidende Vers, auf dem das Verbot des Weins beruht, wurde der Überlieferung zufolge nach einem Vorfall in Medina diktiert, als die Schüler nach dem Mahl miteinander tranken. Einer der Gefolgsleute aus Mekka begann einen Spottvers über das Volk von Medina herzusagen, worauf einer der Anhänger des Propheten aus Medina einen Knochen vom Tisch nahm und den Spötter damit aufs Haupt schlug. Der trug nur eine Platzwunde davon, doch Mohammed war betrübt und fragte den Allmächtigen, wie er unter seinen Schülern Ordnung halten solle. Die Antwort kam: «O ihr, die ihr glaubt, siehe, der Wein, das Spiel, die Bilder und die Pfeile sind ein Greuel von Satans Werk. Meidet sie; vielleicht ergeht es euch wohl. Der Satan will nur zwischen euch Feindschaft und Haß werfen durch Wein und Spiel und euch abwenden von dem Gedanken an Allah und vom Gebet. Wollt ihr deshalb nicht davon ablassen?»

Die Antwort der Gläubigen hierauf war nach Auskunft der islamischen Gelehrten ein so kräftiges Ja, daß aller Wein in Medina unverzüglich auf die Straßen gegossen wurde. So entstand also einer der Wesenszüge des moslemischen Lebens aus einem Streit (ob in Trunkenheit oder nicht, bleibt dahingestellt). Jedem aufmerksamen Beobachter muß dabei auffallen, daß der Satan so leicht nicht zu überwinden ist. Der Böse braucht weder Wein noch Glücksspiel, weder Bilder noch Lospfeile.

Während seiner Lebenszeit verordnete Mohammed 40 Peitschenhiebe als Strafe für die Übertretung des Weinverbots (für das Glücksspiel gab es keine Strafvorschrift). Sein Nachfolger, der Kalif Umar, erhöhte auf 80 mit der Begründung, Trunkenheit führe zu «obszönen und lästerlichen Reden über die weibliche Keuschheit». Für diese Verfehlung aber sei im Koran die «Hadd», also die Strafe, auf 80 Peitschenhiebe festgesetzt. Gewissermaßen wird hier also – bildlich gesprochen – nicht die Überschreitung der Geschwindigkeitsbegrenzung, sondern das Autofahren an sich bestraft.

1986 feierte Rußland das tausendjährige Bestehen des christlichen Kiewer Reichs, das dem Normannenfürsten Wladimir zu verdanken ist. Seine Manieren ließen zwar zu wünschen übrig, doch er war ein guter Fürst und seines Landes würdig, das ihm später den Beinamen «der Heilige» verlieh. Das aber kam so: Um seiner eigenen Würde und des Seelenheils seiner Untertanen willen meinte er, seine Russen sollten eine Religion bekommen. Darum sandte er Botschafter zu den Juden, den christlichen Kirchen nach Rom und Byzanz sowie zu den Mohammedanern. Sie alle sollten ihn in den Dingen ihres Glaubens belehren.

Als erste kamen die Bulgaren, die der mohammedanischen Lehre anhingen, und diese (so steht es in der Nestorschen Chronik, einer altrussischen Chronik eines Mönchs aus dem 11. Jahrhundert) wandten sich folgendermaßen an ihn:

«‹Zwar bist du ein weiser und umsichtiger Fürst, doch du hast keine Religion. Nimm unseren Glauben an und verehre Mohammed.›

Da fragte Wladimir nach der Art ihrer Religion. Sie antworteten ihm, sie glaubten an Gott, und Mahomet habe sie gelehrt, die Beschneidung vorzunehmen, kein Schweinefleisch zu essen, keinen Wein zu trinken, und dafür versprach er ihnen nach ihrem Tod die Erfüllung all ihrer fleischlichen Gelüste. Mahomet, so behaupteten sie, werde jedem Mann 70 Frauen geben. Er möge sich daraus die beste aussuchen, und Mahomet werde dieser einen die Reize aller verleihen, und sie solle sein Weib werden. Mahomet versicherte, man dürfe sich jeden Wunsch erfüllen, doch wer in diesem Leben arm sei, werde es im nächsten auch sein. Sie sprachen noch weitere falsche Dinge, die aber aus Sitte und Anstand nicht aufgeschrieben werden.

Wladimir hörte ihnen zu, denn er liebte die Frauen und die Milde, und so vernahm er diese Dinge gern. Beschneidung aber, und die Enthaltsamkeit von Schweinefleisch und Wein gefielen ihm nicht. ‹Trinken›, so sprach er, ‹ist die Freude der Russen. Wir können ohne diese Freude nicht leben.›»

Das silberne Weingefäß *(oben)* aus dem Persien der Sassaniden, der Feinde Roms, entstand während der Lebenszeit Mohammeds. 636 eroberten arabische Heere Persien. Aller Wein wurde weggeschüttet – diese Szene wiederholte sich 1979 in Iran *(links)*: In Teheran wurden die Hotelkeller geplündert und ihre Vorräte vernichtet.

Sollen wir daraus entnehmen, daß es mäßigen, gesunden Weingenuß im 7. Jahrhundert in Arabien nicht gab? Es muß ihn wohl doch gegeben haben, und zwar recht verbreitet, selbst in Mohammeds eigener Gefolgschaft, die ihr Tun mit einem anderen Koranvers rechtfertigte: «Diejenigen, welche am Glauben festhalten und Gutes tun, soll kein Tadel treffen ob einer Speise, die sie genossen haben mögen, solange sie Allah fürchten, an ihn glauben und Gutes tun.» Umar dagegen schwang die Peitsche.

Aber auch Ayesha, die Lieblingsfrau des Propheten, deutete an dem Verbot herum. Sie behauptete, er habe gesagt: «Du darfst trinken, aber nicht dich betrinken.» Mohammed trank angeblich Nabidh, ein weinähnliches Getränk, das von Datteln bereitet wurde. Da gab es reichlich Raum für geistreiche Haarspaltereien. War es nun eigentlich der Wein, der verboten war, oder vielmehr der Rausch? Galt Dattelwein auch? Wie sollte die Definition für Wein lauten? Nicht lange, so debattierten die Poeten und Vornehmen am Hof des Kalifen jede Andeutung einer freizügigeren Auslegung des Gesetzes mit dem Eifer von Schulkindern, die sich um die strenge Schulzucht drücken wollen. So entstand der Eindruck, daß sich der religiöse Geist des Islam in spitzfindiger Kasuistik verlor – und das natürlich nicht allein bei der Frage des Weins.

JEDENFALLS ERWUCHS IM 8. JAHRHUNDERT EINE SCHULE ARABISCHER BACCHISCHER POESIE, die den Wein zum Mittelpunkt einer romantisch-rebellischen Philosophie machte. Das Weinverbot nahm schließlich mit der Zeit ganz eigene Aspekte an, als nämlich der Islam Länder eroberte, wo der Wein bis dahin mit Stolz und Freude betrachtet worden war. Das zu Kopfschmerzen führende Gebräu Arabiens aufzugeben, war eine Sache, eine ganz andere dagegen war es, einen ganzen Keller voll sorgsam gehüteter Weine aus Syrien oder dem Libanon einfach zu vernichten. Die Gedichte von Poeten wie Abū Nuwās zählen zu den schönsten der arabischen Zunge. Sie sprechen von Wein und Liebe in feinfühligen, eleganten Anspielungen, die in ihrer Grundstimmung der metaphysischen Lyrik des 17. Jahrhunderts in England vergleichbar sind.

Wohl die berühmtesten unter den Poeten, die gegen die islamische Bevormundung ihres geistigen Erbes und ihres Lebens rebellierten, waren die Perser: Firdausi im 10., Omar Khayyam im 11., Sa'di im 13. und Hafis im 14. Jahrhundert.

Kein Dichter aber hat je den Wein so sehr zum Angelpunkt seines Universums gemacht wie Omar Khayyam. Seine «Rubaijat», eine lange Reihe von Vierzeilern, wurden von dem englischen Dichter Edward Fitzgerald in brillanter Weise zu einem großen Gedicht zusammengefaßt, das Omars Philosophie – persisch in ihrer epikureischen Kühnheit, moslemisch in ihrer fatalistischen Resignation – spiegelt:

> Ihr wißt, oh Freunde, seit wie langer Zeit
> Um neuen Lebensbund froh ich gefreit,
>   Die trockene Vernunft mit Hohn verstieß
> Und nur der Rebe Blut mein Herz geweiht.
>
> Der Traube, die mit ihrer einzigen Kraft
> Der Jammerpred'ger Zetern Lügen straft;
>   Der Alchimistin, die im Handumdrehn
> Aus grauem Blei des Lebens Gold uns schafft.

Für Omar ist die Verheißung von Weingenuß im jenseitigen Leben bloß Trug:

> Ins All die Seele sandt ich, voll Begier,
> Vom Jenseits Kunde zu erhalten hier.
>   Doch, aus der Weite bald zurück, sprach sie:
> «Dein Himmel, deine Hölle liegt in mir!»
>
> Soll lassen ich also die Freuden der Welt
> Verlockt vom Jenseits, weil vor mich es stellt
>   Die Hoffnung auf noch göttlicheren Trank,
> Wenn einst meine brüchige Schale zerfällt?

Nun könnte man Omar Khayyam als einen Poeten minderer Bedeutung in der Geschichte des Islam abtun, wäre er nicht zugleich einer der größten Mathematiker und Astronomen des Mittelalters gewesen, der das Denken seiner Zeit in Algebra, Physik und Geographie führend beeinflußte und den genauesten bis heute erfundenen Kalender berechnete, der eine nachweislich kleinere Fehlerspanne aufweist als der 500 Jahre später entstandene Gregorianische Kalender, den wir heute noch benutzen.

Nicht in den «Rubaijat», sondern in J. C. E. Bowens «Gedichten aus dem Persischen» steht diese eher in Moll gehaltene Strophe:

> Die Winde wirbeln durch das Tal,
> Kalt streift ihr Hauch uns und kälter,
> Die Wolken ziehn in grauer Qual
> Und weinen über die Wälder;
> Wir aber trinken, vergessen die Not,
> Verlachen die Kälte und Pein,
> Trotz Schauern erglüht uns im Glase so rot
> Der sonnendurchwärmte Wein.

HOFFNUNG AUF NOCH GÖTTLICHEREN TRANK

DIE ARABISCHEN ÄRZTE WURDEN DURCH DAS VERBOT IHRER WICHTIGSTEN ARZNEI in ein Dilemma gestürzt. Der große Avicenna, der eine Generation vor Omar Khayyams Geburt das Hospital in Bagdad leitete, zeichnete damals die medizinischen Kenntnisse der alten Griechen und eigene einschlägige Beobachtungen über die Wirkung des Weins auf verschiedene Menschen unter verschiedenen Umständen auf. Seine 860. Regel schließt mit einem Gedanken, der möglicherweise einen gewissen Aufschluß über den Erfolg des Alkoholverbots in Wüstenländern gibt: «Wein wird in einem kühlen Land besser vertragen als in einem heißen.» Aber der große Arzt vernachlässigte durchaus nicht, die wohltätige Wirkung des Weins für sich selbst zu nutzen:

«Wenn ein Problem zu schwer für mich war, dann ging ich in die Moschee und betete; ich rief den Schöpfer aller Dinge an, bis das Tor, das mir verschlossen war, sich öffnete und was so schwierig gewesen war, einfach wurde. Immer wenn die Nacht hereinbrach, kehrte ich in mein Haus zurück, stellte die Lampe vor mich und beschäftigte mich mit Lesen und Schreiben. Übermannte mich der Schlaf oder fühlte ich das Fleisch schwach werden, dann nahm ich meine Zuflucht zu einem Becher Wein, so daß meine Kräfte wiederkehrten.»

Eine gute, weil unparteiische Darstellung ist die von Maimonides, einem Juden aus Córdoba, der im 12. Jahrhundert Arzt am Hof des Sultans Saladin war. «Es ist den Ärzten wohlbekannt, daß das beste aller stärkenden Mittel eines ist, das die moslemische Religion verbietet, nämlich der Wein ... Er wird rasch verdaut und hilft andere Nahrung verdauen ... Der Vorzüge des Weins sind viele, wenn man ihn in der richtigen Menge zu sich nimmt, denn er erhält den Körper in Gesundheit und heilt viele Übel. Aber das Verständnis für seinen rechten Gebrauch geht dem Pöbel ab. Er sucht in ihm nichts als Trunkenheit. Doch der Rausch bringt nur Schaden.»

Dieser Widerspruch zwischen dem, was als gut anerkannt war, und dem, was der Koran verdammte, blieb mindestens 1200 Jahre lang in einem Zustand variablen Gleichgewichts. Der Islam ist nicht unbedingt eine missionarische oder auf Überzeugungszwang ausgehende Glaubenslehre. Er tolerierte Juden und Christen innerhalb seiner Grenzen und ermöglichte dadurch die Fortdauer der Weinerzeugung und -verbreitung – unter bestimmten Auflagen, die auch für nutzbringende Steuereinnahmen sorgten.

WIE IMMER WAR ES DIE HERRSCHENDE KLASSE, die sich die größten Freiheiten herausnahm, sowohl beim Weintrinken als auch beim Weinverkauf (oder dem Recht zum Weinverkauf). Selbst die Kalifen – die höchsten der Herrschenden also – zeigten ein unschickliches Gelüst auf einen Vorgeschmack der paradiesischen Freuden, indem sie Feste in Gärten gaben, die dem Gelobten Land des Korans recht ähnlich sahen: Es fehlte weder an sprudelnden Bächen noch an weichen Diwanen, noch an Huris, noch an Früchten oder gar an Wein. Man liest auch von Weinfesten in üppig dekorierten Räumen. Die Lieblingsfarbe des Kalifen Mutawakkil (846–861) war Gelb, und er ließ sich deshalb in seinem Palast einen gelben Saal einrichten. Der Fußboden bestand aus Sandelholzparkett, die Wände waren mit gelbem Satin ausgeschlagen, der Tafelschmuck bestand aus Melonen und Orangen, das Wasser des Brunnens war mit Safran gefärbt, und die Gäste tranken nur gelben Wein.

Die Gastmähler der Oberschicht begannen meist am Morgen (arbeitende Menschen, die sich ihren Lebensunterhalt verdienen mußten, tranken – wenn überhaupt – am Abend). Zunächst wurde ein Mahl serviert; Wein trank man erst später, nachdem die Gäste sich gereinigt und parfümiert und feine Gewänder angelegt hatten. Dann ließen sie sich auf Sitze oder Kissen in einem Kreis nieder (junge Leute mußten stehen). Der erste Becher wurde in die rechte Hand genommen und auf einen Zug geleert und dann an den Diener zurückgereicht, der ihn für den nächsten Gast füllte. Es wurden verschiedene Weine in einer bestimmten Reihenfolge genossen; die Kenner unter den Gästen sogen den Duft ein und unterhielten sich über das Bukett.

Manche Berichte über solche Weinfeste in Bagdad erinnern an ein griechisches Symposion: lange Gespräche bei vielen Schalen Wein, oft mit Musik, der ganze Vorgang gemessen und feierlich, um die Wirkung des Weins zu bremsen. Die Teilnehmer nickten allmählich ein, denn das Fest währte mindestens eine Nacht hindurch, oft aber auch zwei bis drei Tage und in Literatenkreisen gelegentlich einen ganzen Monat lang. Andere Berichte jedoch erzählen von Gelagen, wo es nur um den gewöhnlichsten Rausch ging; der Wein erhielt Opium beigemischt, und dann wurde er ohne Zeremoniell hinuntergeschüttet.

Nur manchmal wurden bestimmte Weine erwähnt; wir wissen lediglich, daß die Araber vier Farben unterschieden: rot, weiß, gelb und schwarz. Die Perser liebten gelben, die Byzantiner roten Wein. Von hohem Alter ist nie die Rede. Neuer Wein war trüb und mit wenig Bukett, einjähriger hatte sich bereits schön geklärt; älterer Wein war, wie sich denken läßt, meist schon sauer geworden und galt als nicht so sündhaft wie junger. Im Prinzip war ein Wein um so beliebter, je süßer er war. Üblicherweise wurden ihm Honig oder Gewürze, ja auch Drogen – und Wasser beigemischt. Als höchster Luxus galt Schnee von den Bergen oder Eis aus Eiskellern. Schneehändler konnten im Sommer horrende Preise verlangen. Sir John Chardin bemerkte auf seinen Reisen in Persien im 17. Jahrhundert, daß sich in dem prächtigen Reisezelt des Schahs als Herzstück ein mit Schnee gefülltes goldenes Becken und kristallene Krüge voll rubinroten Weins befanden. Es wird berichtet, ein persischer Richter habe von einem Zeugen verlangt, er solle eine Schale Wein kosten, um zu beweisen, daß er der Zeugenschaft fähig sei. War das Bukett gut oder schlecht? Schlecht, antwortete der Zeuge, worauf der Richter erklärte, er müsse entweder lügen oder er besitze kein Urteilsvermögen; in beiden Fällen aber sei er der Zeugenschaft nicht fähig, denn der Wein sei gut.

VON ZEIT ZU ZEIT VERHÄRTETEN SICH FREILICH DIE ALLGEMEINEN BEDINGUNGEN und Ansichten. Im 10. Jahrhundert führten mehrere Kalifen nacheinander harte Maßnah-

Der Dichter Hafis bezauberte und schockierte das Persien des 14. Jahrhunderts mit seinen sinnlichen und bacchantischen Versen. Er wurde in Shiraz geboren, das für den Wein im moslemischen Vorderen Orient größte Bedeutung besaß, und er starb auch dort.

In fast Breughelscher Manier stellte der berühmte Maler Sultan Muhammed im Jahr 1527 ein persisches Trinkgelage dar. Die Gäste treiben Kapriolen oder dösen ein, und dazu spielt ein Orchester auf. In der Tür rechts unten sind Weinkrüge zu sehen, und auf der linken Seite wird ein Krug den offenbar gesitteteren Genießern auf dem Balkon hinaufgereicht. Auf dem Dach hält eine geschlossene Gesellschaft von Engeln ein eigenes Fest ab.

men gegen die Weinerzeugung durch. Unter anderem wurden 5000 Krüge Honig in den Nil geworfen, Weinberge wurden gerodet und Rosinen verbrannt, vor allem aber wurden den Weinhändlern die Steuern erhöht. Allerdings bildeten ebendiese hohen Steuern für die Juden und Christen die beste Versicherung gegen ein vollständiges Verbot ihres Gewerbes. Es wird berichtet, daß sie in einem Fall, als sie sich durch die Volksstimmung bedroht fühlten, von sich aus dem Kalifen anboten, sie wollten für seinen Schutz die doppelte Steuer zahlen – der Schutz wurde ihnen gewährt.

Gleichmacherei läßt sich nicht für alle Zeiten und an allen Orten aufrechterhalten, das gilt vor allem für eine Glaubenslehre, die so auslegungsfähig ist wie der Islam, und ebensowenig für ein Imperium mit so unsteter dynastischer Nachfolge. Der Glaube sammelte, teilte und sammelte sich um immer neue Kraft- und Machtzentren, wobei es von Anfang an Schulen liberalen, aber auch puritanischen Denkens gab. Die Türken, die im 13. Jahrhundert mit den mongolischen Eroberern aus Zentralasien anlangten, wurden relativ spät zum Islam bekehrt. Sie waren kampfgewohnte Männer, für die ein strenges Dogma keine Anziehungskraft besaß. So wandten sie sich dem liberaleren Hanafiten-Ritus zu, der sich um die Prohibition noch am wenigsten kümmerte. Sie fanden einen eleganten Ausweg insofern, als sie zwar Wein ablehnten, aber bei Spirituosen, von denen der Prophet schließlich nichts gesagt hatte, ein Auge zudrückten. Der Arrak oder Raki, ein Anisschnaps, wurde rasch zu ihrem Lieblingsgetränk (es wird behauptet, er sei mit den Kreuzrittern nach Palästina gekommen). Im Osmanischen Reich, das im 16. Jahrhundert den Vorderen Orient zwischen Adria, Irak und Oberägypten

SHIRAZ

Das Tor zu Persien ist ein romantischer Name für die Gegend um Fars, wo das Zagrosgebirge dem Persischen Golf am nächsten rückt. Die antike Handelsstadt Persepolis war zugrunde gegangen, und Shiraz hatte ihren Platz eingenommen – dieser Name steht auch für eine der edelsten Traubensorten. Shiraz liegt 1500 m über dem Meer und besitzt die wichtigsten Voraussetzungen für einen erfolgreichen Weinbau: günstige Wachstumsbedingungen und relativ bequemen Zugang zu einem Absatzmarkt. Sie war also die bestgeeignete Stelle in einer schwierigen Umgebung.

Schon um 800 schrieb der weinfrohe Dichter Abū Nuwās: «Für die Perser heißt das Paradies Khoullar» – ein Dorf in den Bergen bei Shiraz. Die Region belieferte in der Kalifenzeit Bagdad mit Wein. Später ging das Exportgeschäft zurück, und es war wenig davon zu hören, bis im 17. Jahrhundert europäische Kaufleute sich anschickten, einen blühenden Handel mit Shiraz-Wein in Indien aufzubauen. Noch bemerkenswerter ist, daß schon 1677 der Weintransport in Flaschen erfolgte, die in Stroh eingehüllt und in Kisten verpackt wurden, um auf Maultierrücken zur Golfküste hinunterzuschwanken. Es dürfte kaum ein älteres Beispiel für die regelmäßige Verwendung von Flaschen im Weinversand geben.

Das Geschäft stand noch in vollster Blüte, als im 19. Jahrhundert der Engländer C. J. Wills, der als Arzt bei der Telegraphengesellschaft arbeitete, von seinem Freund und Nachbarn, dem Mullah Hadji Ali Akbar, angesprochen wurde, ob sie nicht gemeinsam im Haus des Doktors Wein bereiten sollten. «Ich kann in meinem Haus keinen Wein machen», sagte der Mullah, «denn ich bin mohammedanischer Priester. Wenn ich aber Juden damit beauftrage, dann kommt nur Schlimmes dabei heraus, denn der Wein wäre gräßlich, und ich bin ein anspruchsvoller Kenner. Wenn ich ihn aber in Ihrem Haus mache, Sahib, dann wird er erstklassig, und ich kann zwei Fliegen mit einer Klappe schlagen: Wir beide haben guten Wein, und es gibt keinen Skandal deswegen.»

---

beherrschte, war der Raki das wichtigste Element der Geselligkeit unter Männern. Man könnte sagen, daß die osmanischen Sultane den entgegengesetzten Standpunkt einnahmen als der Prophet. Sie meinten, es sei besser, ihre Untertanen tränken Raki als «melancholischen» Kaffee.

Im 17. Jahrhundert schrieb ein reisender Engländer in der Türkei: «Diese Männer, die nur Wasser und Kaffee trinken, geraten in Diskurse über Staatsangelegenheiten, kritisieren und beurteilen die Handlungen der Vornehmen und der hohen Beamten... Und deshalb schloß der große Wesir Kupruli die Kaffeehäuser in Konstantinopel, stattete aber die Tavernen mit Privilegien aus; denn die ersteren waren Orte der Melancholie, wo Komplotte geschmiedet, Betrachtungen zu allen Geschehnissen im Staat angestellt und Unzufriedenheit verbreitet und geschürt wurden; der Wein (gemeint ist Alkohol überhaupt) dagegen erhebt die Laune der Männer zu Fröhlichkeit und würde nie solche gefährlichen Wirkungen hervorbringen, wie es die Äußerungen sind, die in den Versammlungen jener, welche sich einem melancholischeren Getränk ergeben, geschahen.»

Bei alledem waren die aus alter Zeit überkommenen Weinbaugebiete mit wenigen Ausnahmen unbeschadet durchgekommen, solange die herrschenden Kräfte des Islam in Arabien, Syrien oder Persien lagen. Erst das Osmanische Reich vertrieb den Wein aus einigen seiner ältesten Domänen.

AM VORABEND DER OSMANISCHEN HERRSCHAFT, ja das ganze Mittelalter hindurch waren die von den Griechen, Phöniken, Römern, Ägyptern – von allen antiken Kulturen also – angelegten Weinberge noch immer vorhanden, wenn auch gefährdet.

Spanien und Portugal büßten durch den Islam ihren Weinbau nicht ein. Die Weine des östlichen Mittelmeers, aus dem Libanon, von Zypern und Kreta, blieben im Mittelalter in ganz Europa sehr gefragt. Algerien hielt die alte römische Weintradition aufrecht – auch wenn sie nur dazu benutzt wurde, den als tapfere Zecher bekannten Berber-Piraten in Algier den Durst zu löschen. Die koptischen Christen in Ägypten bauten weiter Wein. Persien war stolz auf seine Weinberge bei Shiraz und in Baktrien, die nicht nur den Inlandsverbrauch deckten, sondern auch einen bedeutenden Exportmarkt belieferten.

In weitester Ferne und am wenigsten bedroht befand sich der Weinbau am oberen Indus und in Afghanistan: Im Hindukusch pflegte die Ismaeli-Sekte ihre Weinberge, und Weinstöcke säumten auch die alte Seidenstraße durch das Hunza-Tal nördlich von Kaschmir. Kafiristan, nördlich von Kabul, belieferte den Hof des Sultans Babur, Gründer des Mogul-Reichs im Indien des 16. Jahrhunderts, mit dessen Lieblingswein.

Wie alt diese Weinbaugebiete sind, kann niemand sagen. Es wäre vorstellbar, daß sie schon in prähistorischer Zeit für sich existierten, aber auch, daß sie die Überreste des griechischen Einflusses oder die letzten Nachwirkungen Alexanders des Großen darstellten. Erst im vorigen Jahrhundert ist der Weinbau als Erwerbsgrundlage in Afghanistan verschwunden (1969 wurde er in Kabul neu aufgenommen), während die Hunzas, obwohl sie nominell Moslems sind, weiterhin in aller Fröhlichkeit das Verbot des Propheten ignorieren.

Die folgenden Notizen von E. F. Knight über eine Weinprobe dort sind zwar schon ein Jahrhundert alt, dürften aber noch immer als einigermaßen zutreffend gelten: «Der Hunza-Wein wird nicht länger aufbewahrt als ein Jahr und befindet sich in unterirdischen Tongefäßen ... Er sieht aus wie ein schwacher, kalter Tee mit Milch darin und ist

Das Muslim-Reich der Mogule, Nachfahren mongolischer Eroberer unter Tamerlan, stieg in Indien im 16. und 17. Jahrhundert zu vollem Glanz auf. Sein Hof übertraf an Eleganz und Raffinesse alles, was es zu dieser Zeit in Europa gab; der Taj Mahal wurde in demselben Jahrhundert erbaut, als Ludwig XIV. geboren wurde. Dieses Bild eines Prinzen mit seinen weisen Beratern in einem Garten zeigt deutlich, daß der Wein zum höfischen Leben gehörte.

nicht unschmackhaft, etwas säuerlich, ähnlich wie normannischer Cidre der rauhen Art, und er enthält schätzungsweise auch ebensoviel Alkohol. Zum Nutzen anderer Reisender darf ich erwähnen, daß der Wein von Baltit der beste ist. Der Hum (Herrscher) hat dort einen Keller in der Feste, wo wir einige Krüge mit Wein vorfanden, der von Hunza-Kennern hochgeschätzt wird.» Die unterirdischen Tongefäße sind gewiß enge Verwandte der Kwevri aus Imeretien, denen wir im 2. Kapitel begegnet sind.

DIESE ABGELEGENEN GEGENDEN bekamen die Peitsche der Osmanen nie zu spüren, doch den Weinbaugebieten im östlichen Mittelmeer und auf den Inseln, die eine tausendjährige Koexistenz mit dem Islam überdauert hatten, wurde von den Raki-Trinkern übel mitgespielt. Als die Osmanen durch die Levante gebraust waren, hatte diese als brauchbare Weinquelle für Europa fast ganz zu existieren aufgehört. Eine Ausnahme machte nur ein einsames, steiles Felsenriff nördlich von Kreta, das die Überreste des gewaltigen Vulkans Santorin darstellt. Der einzige Wert dieses windgepeitschten Felsens bestand für seine türkischen Herren in den Abgaben, die sie aus ihm pressen konnten. Als Nutzpflanze gedeiht aber auf diesem steinigen Grund nur der Weinstock.

Die Reben von Santorin hockten flach auf den Klippen wie von Sturmböen zerzauste Nester großer Seevögel. Der Wein der Insel wurde in Höhlen bereitet, die in die Felsen gehauen waren, und mußte dann mühsam zu den Schiffen hinuntergetragen werden, die auf dem unergründlich tiefen Wasser im ehemaligen Krater warteten. Er wurde zum gebräuchlichsten Meßwein in Rußland, dem größten Widersacher der Türken. Wein von Kreta wurde auch von venezianischen Kaufleuten aufgekauft und über die Alpen in das nordöstliche Europa geschafft. Ein Levantiner Jude, Joseph Nasi, erwarb im 17. Jahrhundert eine Konzession des Königs von Polen zur Belieferung des Landes mit starkem kretischem Wein. Es steht außer Zweifel, daß die Schatzkammer der Hohen Pforte hiervon mindestens ebensoviel profitierte wie die Weinbauern und die Weinhändler.

NOCH WEITERE GRÜNDE SIND DAFÜR VERANTWORTLICH, daß der Weinbau selbst seine Hochburgen im Vorderen Orient aufgeben mußte. Der wichtigste ist der allgemeine Verfall des Wohlstands dieser Region, die sich von dem mörderischen Mongolenansturm im 13. Jahrhundert nie wieder ganz erholen konnte. Die Steppenreiter zerstörten Dörfer und Bewässerungssysteme und trieben das Landvolk in die Städte. Kriege und Seuchen dezimierten die Bevölkerung noch weiter, so daß die große Hauptstadt Bagdad, die auf ihrem Zenit 1,5 Millionen Einwohner zählte, in der Mitte des 19. Jahrhunderts nur noch 60 000 hatte. Eine unvermeidliche Folge dieses Verfalls war, daß die jüdischen und christlichen Gemeinden und Händler, also diejenigen, die den Weinbau am Leben erhalten hatten, auswanderten. Nachdem die Weinberge aufgegeben waren, stieg der Preis des Weins, und der Verbrauch ging immer weiter zurück. Für alle, die sich nun keinen Wein mehr leisten konnten, wurde Haschisch das erschwingliche Rauschmittel.

TEIL II

Weinlese und Weinbereitung im Mittelalter: ein Fresko aus dem 15. Jahrhundert in Trient

KAPITEL 10

Karl der Große und die Wiedergeburt des Weinbaus in Europa

DIE ERBEN DES IMPERIUMS

Das Licht am Ende des dunklen Zeitalters war Karl der Große. Mindestens erschien er, der standhafte, erfolgreiche, ehrgeizige, doch konservative Herrscher, seinen Zeitgenossen und den nachfolgenden Geschlechtern, die ihm alle Tugenden und fast alle Neuerungen zuschrieben, als ein solches.

Karl der Große folgte seinem Vater, Pippin dem Kurzen, auf den fränkischen Thron, nachdem sich die Herrschaft der Franken in zweieinhalb Jahren über Belgien und Nordfrankreich und dann allmählich über fast den ganzen Rest Frankreichs, Deutschland und die Schweiz ausgedehnt hatte. Nach Chlodwig, der sich hatte taufen lassen, herrschte in Paris die Dynastie der Merowinger. Alle seine Nachfolger hielten nach außen hin die alte römische Kirche hoch, aber es war wenig Einheit und auch wenig Christentum in Frankreich. Einmal wurde gar das Bistum Paris ganz offen an einen syrischen Kaufmann verkauft. Die Klöster – oder doch wenigstens einige von ihnen – ragten aus diesem Sumpf hervor wie gute Taten in einer schlimmen Welt. Ihre Gründer waren entweder Aussteiger, die in der unruhigen Zeit nach einer Zufluchtsstätte suchten, oder es waren zornmütige Höllenbrandprediger, die an zwei Fronten auf einmal fochten: gegen die zynische politische Kirche und gegen das unbußfertige Heidentum, an dem sich durch Chlodwigs Bekehrung nicht viel geändert hatte.

In den dunkelsten Tagen des 5. und 6. Jahrhunderts waren sogar die Klöster zu Räuberhöhlen geworden. Die Frömmigkeit wurde fast ganz aus Europa verdrängt und fand nur noch weit außen an seinem Rand bei den Iren eine Heimstatt. In Irland überdauerte die vorfränkische, gallo-romanische Kultur der Kelten und schuf sich eine Basis, von der aus sie inspiriert und inspirierend auszog, um das von innen und außen von Heiden hart bedrängte Europa erneut zu bekehren.

Die Sachsen im Norden waren kriegslüsterne Heiden; sie hatten Britannien dem Christentum entrissen und machten die nördliche See unsicher. Der heilige Columban (der Ältere) zog von Irland nach Iona, wurde zum Apostel Schottlands und schuf dort und in Northumbrien eine Basis für die christlichen Missionare. Am Mittelmeer überfielen islamische Araberheere die Küsten Frankreichs und Italiens, eroberten Spanien und drangen nach Norden bis zur Loire vor, wo sie bei Poitiers von den Franken, deren Anführer Karl Martell war, endlich zurückgeschlagen wurden. Sein Sohn, Pippin der Kurze, errichtete in Aachen ein geeintes und entschieden christliches Königreich. Mit ihm begann die karolingische Dynastie, und sein Sohn war Karl der Große.

Karl der Große brachte ganz Deutschland unter die fränkische Krone; er schlug die Sachsen im Norden und schob die Grenzen seines Reichs vom Rhein aus ostwärts über Bayern, südlich der Alpen über die Lombardei und Rom und nach Südwesten schließlich über die Pyrenäen hinaus, so daß dort eine «Mark» als Pufferzone gegen die Mauren in Spanien entstand. Dies war der Umfang des Heiligen Römischen Reichs, zu dessen Kaiser der Papst ihn am Weihnachtstag des Jahres 800 in Rom krönte.

ROM WAR DER SITZ DES PAPSTES, NICHT ABER DIE HAUPTSTADT KARLS DES GROSSEN. Dieser errichtete in Aachen mit Pfalz und Pfalzkapelle den Mittelpunkt seines Reichs und verlagerte damit das Schwergewicht in Europa vom Süden in den Norden. Das 8. und frühe 9. Jahrhundert war eine Zeit der Konsolidierung und der relativen Blüte im nördlichen Europa. Der Rhein, der für die Römer Verkehrsweg und Grenze zugleich gewesen war, wurde für das Reich Karls des Großen zur Achse politischer Tätigkeit. In Ingelheim am Rhein baute er eine Pfalz, vergab Lehen an Adelige, Bischöfe und Klöster und gewährte Markt- und Stadtrechte.

Eine bedeutende Antriebskraft bildeten die Friesen, ein seefahrendes Volk auf dem Gebiet des heutigen Holland; man könnte sagen, daß sie damals schon die Grundlagen für die spätere tatkräftige Beteiligung dieses Landes am Weltweinhandel legten. Sie

---

«SUMMA QUIES»

Das Urbild eines sich in die römische Geisteswelt zurückziehenden Mönchs war der heilige Benedikt, der Gründer des Klosters Montecassino und des Benediktinerordens (529), der zu großer Bedeutung gelangt war. Benedikts Wahlspruch lautete «summa quies» – höchste Ruhe. Sein Drängen auf ruhige Vernunft findet vollkommenen Ausdruck in dem Kapitel der von ihm verfaßten Regel des Benediktinerordens, das sich mit dem Wein befaßt.

«Jeder erhält die ihm von Gott zugemessene Gabe, der eine nach dieser Art und der andere nach jener. Es geschieht deshalb nur ungern, daß wir bestimmen, wieviel andere essen und trinken sollen. Dennoch glauben wir, unter Berücksichtigung schwächerer Brüder, daß eine Hermina (ein halber Schoppen) Wein am Tag ausreichend sei. Jene jedoch, denen Gott die Gabe der Enthaltsamkeit verliehen hat, mögen wissen, daß ihrer besonderer Lohn harrt . . .

Wenn aber die Umstände an einem Ort so sind, daß das genannte Maß nicht zu erhalten ist, sondern viel weniger oder gar nichts, so mögen die Mönche dort Gott loben und nicht murren. Vor allem ermahnen wir dazu, daß sie sich des Murrens enthalten mögen.»

Ein Beispiel gerade für das Gegenteil war der heilige Columban (der Jüngere), ein irischer Missionar, der ungefähr um die gleiche Zeit lebte. Er zog 591 nach Britannien und von dort aus weiter ins Elsaß, wo er in den weltabgeschiedenen Vogesen Klöster gründete. Es gibt nichts Rigoroseres und Kompromißloseres als die Regeln des Columban. Seine Gefolgschaft im Kloster Luxeuil – einen unpassenderen Namen kann es kaum geben – richtete sich selbst mit Arbeit zugrunde, und seine Beziehungen zum Königshaus, insbesondere zu der verruchten Königin Brunhild, waren selbstmörderisch gespannt – vielleicht bewahrte ihn nur sein irischer Charme vor großem Übel. Von ihm erzählt eine Legende, daß sich eine gewaltige Gewitterwolke erhoben habe, während er mit seinen Mönchen auf dem Feld arbeitete. Columban stellte in aller Ruhe an jeder Ecke des Felds einen Mönch auf, und es regnete überall, außer auf die Gottesmänner und ihre Feldarbeit.

Eine Satire aus dem 13. Jahrhundert wirft aus der Sicht eines Mönchs ein Schlaglicht auf einen Benediktinerkellermeister als den Mann, der die Schlüsselgewalt hat und sich beim Zapfen der täglichen Ration einer Probierschale von königlichem Format bedient.

Diese Büste Karls des Großen im Aachener Dom ist das Bild des legendären, Frieden und Wohlstand verbreitenden Kaisers. Das goldene Reliquiar entstand 1349, fünf Jahrhunderte nach seiner Regierungszeit. Dem Monarchen, der den Wert der Mäßigung sehr wohl kannte, wurde das ganze Mittelalter hindurch gern alles besonders Gute, darunter auch Weinberge, zugeschrieben.

befuhren nicht nur die Nordsee, sondern auch die Ostsee bis hinauf ins Baltikum, nach Polen und Rußland. In England eröffnete König Offa von Mercia Unterhandlungen mit Karl dem Großen, die in den seit der Römerzeit wohl ersten Tauschhandel von Wein gegen Wolle mündeten. Die frühesten nach-römischen Hinweise auf deutsche Weinbaugebiete finden sich in der Karolingerzeit zwischen 650 und 850.

Karl der Große richtete seine Tatkraft ebensosehr auf die Verwaltung wie auf den Bau seines Reichs. Die bekanntesten Legenden um ihn und den Wein charakterisieren ihn als guten Ökologen. So soll er auf der Schiffsfahrt nach Ingelheim vom Rhein aus beobachtet haben, daß der Schnee zuerst am steilen Hang des Johannisbergs (oder unserer Quelle zufolge eher am noch steileren Absturz des Rüdesheimer Bergs) wegschmolz. Daraufhin befahl er, dort Weinstöcke zu pflanzen. Tatsächlich ist belegt, daß während seiner Regierungszeit (genauer gesagt, drei Jahre nach seinem Tod) die ersten Weinberge im Rheingau entstanden. In Burgund erzählt man sich eine ganz ähnliche Sage um den Cortonberg, dessen kreideweißen oberen Hang Karl der Große der Abtei Saulieu im Jahr 775 zum Geschenk machte. Der Wein von diesem Hang heißt bis auf den heutigen Tag Corton-Charlemagne. In Burgund wird ferner erzählt, Karl der Große habe bestimmt, daß dort mitten im Rotweinland weiße Trauben angebaut werden sollten, weil roter Wein ihm den weißen Bart färbte.

Nachgewiesen ist, daß er genaue Regeln über die Sauberkeit in der Weinbereitung erließ, unter anderem das geradezu revolutionäre (doch kaum durchsetzbare) Gebot, daß die Trauben nicht mit den Füßen getreten würden. Womit sonst? Das haben sich die Weinbauern sicher verdutzt gefragt. Er verbot auch die Lagerung von Wein in Tierhäuten und verlieh den Winzern das Recht, einen grünen Strauß über die Tür zu hängen und Wein an jeden zu verkaufen, der da kam. Dieses Recht hat bis heute alle Zeiten überdauert und wurde von späteren Kaisern des Heiligen Römischen Reichs bis nach Wien weitergegeben, wo der Strauß Buschen heißt und vor jeder Heurigen-Wirtschaft hängt. Freilich gibt es dort auch das Sprichwort «Guter Wein braucht keinen Buschen».

Karls des Großen wichtigster Ratgeber war ein gewisser Alkuin, ein Theologe und Rechtsgelehrter aus Yorkshire. Als er auf zwei Jahre nach England zurückkehren mußte, sandte er eines Tages an einen Freund am Hof einen tiefbekümmerten Brief: «Doch wehe mir, oh Mann Gottes! Der Wein ist alle in unseren Weinschläuchen, und bitteres Bier zerwühlt uns die Eingeweide. Und da wir ihn nicht haben, so trinke Du auf unser Wohl und mache Dir einen frohen Tag; sende uns auch solchen, denn wir haben nichts, um uns zu erfreuen, und kaum etwas, um uns zu stärken.»

Karl der Große selbst war des Schreibens nicht kundig, sondern ließ dieses Geschäft von seinem Sekretär und nachmaligen Biographen, einem fränkischen Edlen namens Einhard, besorgen (der später auch seinem Nachfolger, Ludwig dem Frommen, diente). Einhard zeichnet das Bild des genügsamen Kaisers: «In Speise und Trank war er mäßig, mäßiger jedoch noch im Trank, denn die Trunkenheit verabscheute er an jedem Menschen aufs äußerste, geschweige denn an sich und den Seinigen. Im Essen jedoch konnte er nicht so enthaltsam sein, vielmehr klagte er häufig, daß das Fasten seinem Körper schade. Höchst selten gab er Gastereien und nur bei besonderen festlichen Gelegenheiten, dann jedoch in zahlreicher Gesellschaft. Auf seine gewöhnliche Tafel ließ er nur vier Gerichte auftragen außer dem Braten, den ihm die Jäger am Bratspieß zu bringen pflegten und der ihm lieber war als jede andere Speise. Während der Tafel hörte er gerne Musik oder einen Vorleser. Im Genuß des Weins und jeglichen Getränks war er so mäßig, daß er über Tisch selten mehr als dreimal trank.»

IN DER GRIECHISCHEN UND RÖMISCHEN ANTIKE wäre kaum jemand auf den Gedanken gekommen, daß der Weinstock auch außerhalb seiner «natürlichen» Umgebung, die als mediterranes oder noch wärmeres Klima verstanden wurde, gedeihen könnte. Die Römer aber zeigten bereits, was durch Bepflanzen steiler Südhänge oder Auswahl der richtigen Rebsorte geschehen konnte. Ihr Moselwein war zwar nach italienischen Maßstäben sehr leicht und schwach, bald aber fanden sie heraus, daß der herbe Geschmack auch seine schönen Seiten hatte. Mit vermutlich nur 7 bis 8 % Alkoholgehalt konnte dieser Wein als Allzweckgetränk dienen – und gesünder als Wasser war er sicherlich. Im Winter wurde er in einem Kessel heißgemacht und tagsüber getrunken wie heute Tee oder Kaffee. Noch in der jetzigen Zeit setzen in Deutschland die Weinbergarbeiter an kalten Tagen beim Rebenschneiden einen Topf mit Wein auf ein Feuer aus Rebholz. Mit einem Löffel Zucker gesüßt ist dieser Glühwein selbst aus einem Plastikbecher keineswegs zu verachten.

Ab und zu jedoch müssen die Römer nach einem besonders warmen und sonnenscheinreichen Sommer denn doch gemerkt haben, daß der Wein, den sie hier zu trinken bekamen, so herrlich saftig, süß und frisch war, wie es in Italien keinen gab. Die Gärung verläuft in einem deutschen Keller bei kühler Herbstwitterung sehr langsam, und der in den Fässern noch lange leicht spritzige und von unvergorenem Traubenzucker süße Wein dürfte römischen Zungen durchaus geschmeckt haben.

DA ES SICH NUN IM NORDEN EUROPAS ALLERORTEN ZU REGEN BEGANN, wurde viel mehr Wein benötigt, als ein paar günstige Lagen in Flußschleifen hervorbringen konnten. Klöster schossen aus dem Boden wie die Schneeglöckchen im Januar; jedes brauchte Wein und ebenso die Städte, wenn es auch noch nicht viele gab. Die Briten, die Iren, natürlich auch die Friesen wollten Wein haben und die Bewohner Nordfrankreichs nicht minder. Warum aber kam dieser nicht auf den altgewohnten Straßen aus dem Süden? Was war mit den Schiffsfrachten aus Bordeaux und dem langen Handelsweg das Rhônetal herauf durch Burgund geschehen?

Bordeaux hatte wahrscheinlich Schwierigkeiten mit den Piraten oder doch wenigstens mit unfreundlichen Heiden, die den Handel über das offene Meer unsicher machten (freilich nicht die irischen Heiligen, die oft genug Reisen zur Loiremündung unternahmen und mit Schiffen voll Wein für die irischen Klöster zurückkehrten).

Die kurze Reise über den Kanal oder auch über die Nordsee nach England war vergleichsweise sicher. Jedenfalls war zu jener Zeit Deutschland der hauptsächliche Weinlieferant für England. Deutsche Kaufleute unterhielten Häuser in York sowie in den Häfen Boston und Lynn an der englischen Ostküste und hatten einen größeren Hauptsitz im Steelyard in London. Französischer Wein wurde entweder von Rouen aus die Seine abwärts oder auf dem Flüßchen Canche über den Hafen Quentowich verschifft, der erst 1987 wiederentdeckt worden ist, nachdem er fast tausend Jahre in Vergessenheit geraten war.

Für den Langstreckentransport über Land war die Straße durch Burgund schon zu Zeiten Konstantins beinahe unpassierbar gewesen und hatte sich inzwischen wohl ganz in Nichts aufgelöst.

Die Bedrohung durch heidnische Überfälle war nicht nur auf dem Meer und an den Küsten zu spüren. Im 9. Jahrhundert plünderten räuberische Wikinger Paris und Orléans und entvölkerten die Normandie beinahe vollständig. Im Jahr 867 erbat sich das Kapitel von St. Martin in Tours an der Loire, gut 150 Meilen vom Meer entfernt, von König Karl dem Kahlen einen Weinberg weit im Binnenland und fern von jeder Gefahr. Es bekam von ihm Land in Chablis an der Yonne. Man kann sich leicht vorstellen, wie zufrieden die frommen Brüder waren, als sie entdeckten, daß sie hier nicht nur besseren Wein ernten würden, sondern daß obendrein die Yonne in die damals schon als Handelsweg bedeutende Seine floß. Natürlich war die Seine auch der Weg nach Paris, und dort machte sich Chablis mit der Zeit einen Namen – auch wenn es nur einen Tropfen zu dem Ozean an Wein beisteuern konnte, der bereits aus den Weinbergen um Auxerre ebenfalls an der Yonne strömte.

Freilich war Paris im Jahr 1000 noch keine wirkliche Stadt, doch die «Ile de France», also die Region im Pariser Becken, begann sich bereits zum religiösen und kommerziellen Mittelpunkt und zum Zentrum der Königsmacht zu entwickeln. Sie umfaßte die Nachbarstädte Chartres, Evreux, Melun, Senlis, St-Denis, Compiègne, Beauvais. Etwas weiter ab lag im Westen Rouen, im Süden Orléans und im Nordosten und Osten Soissons, Laon und Reims. Zusammengenommen stellten diese Orte einen beträchtlichen Markt dar, und die Kaufleute sorgten dafür, daß der Weinstrom auch nordwärts nach Flandern und England floß.

Wollte der Norden eine ausreichende Versorgung mit Wein, dann mußte er ihn selbst so nahe wie möglich bei den Absatzmärkten anbauen. So wurden Weingärten in Gegenden angelegt, wo eine reife Traube ein seltener Anblick gewesen sein dürfte. Im 9. Jahrhundert kam es trotz aller Unruhen zu einer Anpflanzungswelle in Belgien, wo die Maas sozusagen eine Mosel des kleinen Mannes war. Lüttich, Naumur, Brabant, der Hennegau und Antwerpen waren im frühen Mittelalter Weinbauregionen. Eine füh-

---

VINLAND

In eine Sackgasse ganz eigener Art geriet die Weingeschichte mit Leif Eriksson, dem – soweit bekannt – ersten Europäer, der seinen Fuß auf den Boden Amerikas setzte. Von Island kommend, landete er um das Jahr 1000 in der Gegend von New England, ungefähr bei Cape Cod.

Sein erster Eindruck war der eines Landes, das von Weintrauben überquoll. In der Sage von seiner Entdeckungsreise wird es «Vinland das Gute» genannt. Leif machte die Reise wenigstens zweimal und gründete eine Siedlung. Es besteht zumindest die entfernte Möglichkeit, daß dort der erste amerikanische Wein bereitet wurde. Hätte die Nachricht von seiner Entdeckung damals weitere Kreise gezogen, dann hätte es geschehen können, daß der große Kontinent, anstatt den Namen des relativ unbedeutenden Florentiner Kaufmanns Amerigo Vespucci anzunehmen, sich stolz nach der edelsten aller Früchte genannt hätte.

In einem flämischen Gebetbuch aus dem 16. Jh. wird der Monat Oktober durch ein Bild vom Eintreffen des neuen Weins im Hafen von Antwerpen veranschaulicht. Kaufleute und ihre Kunden probieren das kostbare Naß, das wohl auf den Weg gebracht worden war, noch bevor es zu gären aufgehört hatte. Flandern war damals das Zentrum des Weinhandels im nördlichen Europa. Hier wurden Schiffsladungen aus Häfen in Frankreich, Deutschland, Spanien und am Mittelmeer empfangen, und auf dem Landweg kamen Frachtwagen voller Fässer aus Burgund und der Champagne.

rende Stellung hatte Löwen als Sitz der Herzöge von Brabant (und später von Burgund). Der Niedergang des Weinbaus um Löwen fiel dann mit dem Aufstieg des Hauses Burgund und seiner Weinberge an der Côte d'Or im 15. Jahrhundert zusammen.

Bald fand man heraus, daß die eigentliche Grenze der Möglichkeiten, einen trinkbaren Wein herzustellen, tatsächlich vom Klima gesetzt wurde – wenn auch nicht ganz in jenem allzusehr auf der Hand liegenden Sinn eines Nord-Süd-Gefälles. In Nordfrankreich zeigt das Klima keine großen Extreme; wie in England wirkt sich auch hier die vom Golfstrom herrührende milde Luft aus. Je weiter man nach Westen kommt, desto stärker werden die Einflüsse des Atlantiks spürbar, leider aber kann die sonnenliebende Weinrebe davon nicht profitieren. Die Bretagne hat ein balsamisches (wenn auch stürmisches) Klima, aber Wein gedeiht dort kaum. Das liegt an den Wolken, die den Ärmelkanal herauf und an der französischen Küste entlang nach Nordosten ziehen; sie reichen weit ins Land hinein und überdecken die Bretagne und fast die ganze Normandie und Picardie.

Paris liegt am Rand dieser grau-grünen Zone. Nur ein kleines Stück weiter östlich macht sich bereits der Einfluß des Kontinents bemerkbar: Die Winter sind kälter, die Sommer heißer. Hier, wo sich der Weinbau dank des klareren Himmels ein wenig weiter nach Norden vorschieben kann, liegt die Champagne, das nördlichste Weinbaugebiet Frankreichs. Noch ein Stück weiter östlich dringt ein lukrativer Weinbau an Mosel und Rhein sogar um weitere 100 km höher in den Norden vor; dort hat das Klima schon deutlichere Gegensätze aufzuweisen, weil es dem Einfluß der Landmassen im Osten ebenso stark unterliegt wie dem des großen grauen Wolkenreservoirs im Westen. Alle

Weinberge, die im Mittelalter nördlich und westlich dieser Diagonalen gepflanzt worden waren, sind seither wieder verschwunden – manche allerdings erst im 19. Jahrhundert. Diejenigen jedoch, die unmittelbar südlich dieser Linie liegen (beispielsweise in der Champagne) bringen mit die kostbarsten Weine der Welt hervor. Es wird uns noch öfter zum Bewußtsein kommen, daß der Weinstock seine besten Eigenschaften gerade am äußersten Rand seines Lebensraums zeigt.

Die zwei Jahrhunderte, die auf die räuberischen Überfälle der Wikinger oder «Nordmänner» folgten (nachdem sie ruhiger geworden waren und sich niedergelassen hatten, führten sie den weit achtbareren Namen «Normannen»), brachten im Norden Europas eine rasche Zunahme der Bevölkerung (bis zu 50 %) und auch der Handelstätigkeit. Mehr Sicherheit im Handelsverkehr führte zu wohlhabenderen Städten, in denen mehr Bürger und Handwerker zu versorgen waren, was wiederum mehr Ackerland und eine höhere Bevölkerungsdichte auf dem Land verlangte.

Als sichtbares Zeichen dieses neuen Wohlstands, der Freizügigkeit und eines vermarktbaren Warenüberschusses entstand im 12. Jahrhundert ein Netz regelmäßig stattfindender Handelsmessen. Wichtige Zentren waren die Ile de France, Flandern und vor allem die Städte Troyes und Bar-sur-Aube in der weiten, waldlosen Landschaft der Champagne. Selbst aus Italien kamen Kaufleute über die Alpenpässe – den St-Bernard und den Mont Cenis – auf diese Märkte. Hier wehte erstmals wieder der Atem einer Renaissance des geeinten Europas, wie es einst unter dem alten Rom bestand.

DIE NEUANPFLANZUNG von bestimmt einigen zehntausend Joch Weinbergen in ganz kurzer Zeit in der Umgebung der Städte und Klöster im nördlichen Europa mit seinem neuen Wohlstand war eine nicht unbeträchtliche Leistung. Weinberge – das betonten schon Cato und Columella – bedürfen hoher Investitionen und fachgerechter, intensiver Pflege. Die letzte große Anpflanzungswelle unter den Römern war durch das Sklavensystem bewältigt worden. Wer aber erbrachte nun diese umfangreiche Arbeitsleistung?

Ein großer Teil wird vermutlich zu Recht den Mönchen zugeschrieben. In Frankreich aber gehörte das Land vorwiegend adeligen Herren, die dem König im Krieg oder auf andere Weise gedient hatten. Der königliche Dank wurde in Form weiter Landstriche abgestattet, bei denen es sich meistens praktisch um Wildnis handelte: Wald, Sumpf und Moor, doch nicht viel Ackerland und auch nicht viele Bauern darauf, die den Platz der einstigen Sklaven einnehmen konnten.

Eine Lösung fand sich durch eine neue Art der Partnerschaft: Ein freier Pächter bot einem Grundbesitzer an, ungerodetes Land gegen einen Anteil – entweder am Grund und Boden oder aber an dessen Ertrag – zu kultivieren. Dieses *complant*-System funktionierte in der Anwendung auf den Weinbau so, daß der Pächter, der *prendeur*, Eigentümer der Weinstöcke war, während der Boden Eigentum des Grundbesitzers, des *bailleur*, blieb. Die übliche Vertragsdauer von fünf Jahren war lange genug, um einen Weinberg zu pflanzen und seinen Ertrag zu beurteilen. Manchmal wurde dann die Partnerschaft über Generationen hinweg fortgesetzt, wobei dem *bailleur* ein bis zwei Drittel des Ertrags zustanden. In anderen Fällen zahlte der *bailleur* den *prendeur* aus, indem er ihm gewissermaßen den Lohn für fünf Jahre Arbeit erstattete. Anscheinend erwies sich das System für beide Seiten als zufriedenstellend, insbesondere in abgelegeneren Gegenden, wo es wenig Landarbeiter gab – so sehr sogar, daß es sich in etwas modifizierter Form als *métayage* bis auf den heutigen Tag erhalten hat.

DAS FRÜHMITTELALTERLICHE ENGLAND TRANK MEHR DEUTSCHEN ALS FRANZÖSISCHEN WEIN, vermutlich weil er besser – zumindest aber beliebter – war. (Übrigens gilt das bei Weißwein noch heute.) Klimatisch hatten die Weine vom Rhein einen Vorteil gegenüber den sogenannten *vins de France,* die damals nur von der Seine und ihren Nebenflüssen stammten.

Die Erweiterung der Weinbaugebiete am Rhein (einschließlich Elsaß) ging im frühen Mittelalter sogar noch rascher und eindrucksvoller vor sich als der Boom der französischen Weinbergpflanzungen. Sie stand hier vorwiegend unter der Ägide der Klöster. In der Regierungszeit Karls des Großen wurden zwei große Benediktinerklöster gegründet, die nicht nur am Rhein, sondern auch in Franken, im Elsaß, in Österreich und in der Schweiz in gigantischem Umfang Weinberge anlegten: Die Reichsklöster Fulda und Lorsch treten in unzähligen Urkunden in Erscheinung, denn von ihnen gingen immer neue Klöster und Abteien aus. Fulda war eine Gründung des heiligen Bonifatius, der aus England gekommen war und den Weinhandel mit seiner alten Heimat stark gefördert haben soll. Diesen beiden und noch anderen Klöstern ist es zu verdanken, daß sich die Zahl der Weinbauorte von knapp 40 im 7. Jahrhundert in den folgenden zwei Jahrhunderten auf fast 400 vermehrte.

Neben den Klöstern arbeitete hieran auch die Kirche allgemein mit. Karl der Große gewährte den Kirchen nach dem Beispiel seiner Vorgänger eine Steuerquelle, den sogenannten «Zehnten» (sc. Teil, also 10 %, meist waren es jedoch nur 3 bis 5 %) von allen landwirtschaftlichen Erträgen. Nun war der Zehnte in Heu freilich nicht von so großem Nutzen wie der Zehnte in Wein, der sich leicht in bares Geld ummünzen ließ. Die Kirchen ermutigten daher die ihnen unterstehenden Ortschaften bei der Anlage von Weinbergen sowohl mit technischer Hilfe beim Terrassieren des Geländes als auch mit Gebeten um himmlischen Segen für gute Erträge.

Auch ließen fromme Vermächtnisse, oft in Form von Weinbergen, den Grundbesitz der Kirchen anschwellen. Freilich wäre es falsch, in allzu glühenden Farben ein Gemälde von wohlwollenden Kirchenmännern einerseits und respektvollen Landleuten

---

FAHRENDE SCHOLAREN

Außer Kirchen und Klöstern zogen noch zwei weitere mittelalterliche Institutionen einen großen Teil ihrer Einkünfte aus dem Wein: Hospitäler und Universitäten. Das berühmteste, mit reichlichem Weinbergbesitz ausgestattete Hospiz ist das schöne Hôtel-Dieu in Beaune aus dem späten Mittelalter. Doch überall in Europa bauten Hospize, die im weitesten Sinne für Kranke, Arme und Reisende (vor allem Studenten und Pilger) sorgten, Wein sowohl für den eigenen Gebrauch als auch für den Verkauf. Kranke erhielten oft eine Ration, die für die ganze Familie ausreichend gewesen sein muß: In einem Hospital am Bodensee waren es täglich runde 5 Liter.

Die Universität in Paris war Vorläufer und Muster ähnlicher Stiftungen in ganz Europa, aus denen sich im 13. Jahrhundert eine Mode entwickelte, die man fast als Tourismus bezeichnen könnte. Den Studenten wurde freies Geleit sowie Befreiung von Zollabgaben gewährt, um sie zu Reisen nach anderen Orten der Gelehrsamkeit und damit zum Austausch von Ideen zu ermutigen.

(Das mit der Zollfreiheit kam auch den Kaufleuten gelegen, die ihre des Lateinischen und des Schreibens kundigen Gehilfen auf «Studienreisen» schickten.)

Die fahrenden Schüler scheinen mehr Zeit in Tavernen als in Hörsälen zugebracht zu haben. Sie bildeten eine ganz eigene Gesellschaftsschicht, die sich durch genug Bildung, wenig Verantwortungsbewußtsein, mäßige Anhänglichkeit an die Kirche, hauptsächlich aber durch starkes Interesse an Wein, Weib und Gesang (letzteres in Form lateinischer Spottverse) auszeichnete. In jener Zeit, als das Gildenwesen alle Berufe und Handwerke beherrschte, bekannten sie sich zur Zunft der Goliarden (von lat. *gula* = Völlerei). Wenn es damals erfahrene Kenner der Weine in verschiedenen Gegenden Europas gab, dann diese Fahrenden rabelaisischen Geistes. Einer von ihnen hat eine Schilderung eines trinkfesten Abts hinterlassen:

Er trank den Wein zu jeder Zeit.
Kein Tag und Nacht vergangen sind,
Wo er nicht stand so voll und breit,
Als wie ein Baum, der schwankt im Wind!

andererseits entwerfen zu wollen. Es gab genug Vorwände, eine so fette Gans wie die Kirche zu rupfen, und sie wurden weidlich genutzt. Als im 10. Jahrhundert der Erzbischof Heinrich von Trier das Kloster Lorsch besuchte, fand er die Keller dort ausgeplündert und trocken.

Die großzügige Förderung der Winzer durch die hohen Herren bestärkte die Weinbauern in der Auffassung, die sie sowieso schon hegten, nämlich auf der sozialen Leiter eine Stufe höher als bloße Ackerbauern zu stehen. Im salischen Recht des 6. Jahrhunderts wurde bei tödlichen Unfällen der Wert eines Winzers zweimal so hoch veranschlagt wie der eines Ackermanns oder Viehhirten.

Ein großer Wirtschaftshistoriker hat darauf hingewiesen, daß Wein und Wolle die beiden eigentlichen Luxusgüter im nördlichen Europa des Mittelalters waren. Es warm zu haben von innen und außen, das bedeutete wahres Wohlbehagen. Beides waren landwirtschaftliche Produkte, deren Gewinnung fachliches Können verlangte. Wolle aber kam vorwiegend aus England. Sie wurde in Flandern zu Tuch verarbeitet; und durch Handel mit Tuch und Wein stieg Flandern bald zum Bankenzentrum Europas auf. Die Stadtleute, die als Wein- und Tuchhändler fett wurden, hatten freilich auch größtes Interesse daran, daß ihre Rohstofflieferanten einen angemessenen Anteil am Erlös erhielten.

Unter dem Schirm der Mutter Kirche (und wohlversehen mit Schutzheiligen), dabei aber mit durchaus nüchternem Geschäftssinn und einem für die feudalen Zeiten ungewöhnlich hohen Maß an Unabhängigkeit, entwickelte nun das Winzerdorf einen eigenen Status. Es hatte oft Wehrmauern wie eine Stadt, lag an einer Straße am Fluß und verfügte über ein eigenes Wegnetz in den Weinbergen, die sich über ihm auf Terrassen türmten, gesprenkelt mit Bildstöcken und Schutzhütten für die Feldhüter. Am Dorfplatz stand ein Rathaus und oft eine gemeinschaftliche Kellerei. Die Winzer arbeiteten dort zusammen wie in einer heutigen Genossenschaft.

Man braucht nicht viel Phantasie, um sich einen solchen Ort vorzustellen; es gibt noch heute unzählige an Mosel, Rhein und ihren Nebenflüssen. Bernkastel an der Mosel gehört zu den schönsten – es erhielt 1291 Stadt- und Marktrecht, und vielleicht

Riquewihr im Elsaß, in den östlichen Ausläufern der Vogesen gelegen, ist einer der am vollkommensten erhaltenen mittelalterlichen Weinorte. Es lebt noch heute wie vor 1000 Jahren – soweit es Kriegswirren und Mißernten zuließen – vom Wein, der auf den umliegenden Hängen wächst. Seine Weingärten sind so fruchtbar, daß ein mittelalterlicher Dichter einmal sagte: «Wenn der Rhein den Ernteüberfluß nicht zu den Friesen trüge, dann müßten die Elsäßer in ihrem Wein ertrinken.» Viele Winzerfamilien im Elsaß können ihre Ursprünge bis zur Mitte des 17. Jh. zurückverfolgen, als das Land vom Dreißigjährigen Krieg verwüstet darniederlag.

sind daher seine hohen, schmalen Fachwerkhäuser, die über den steilen Gassen die Köpfe zusammenstecken, besonders ansehnlich, aber Anlage und Erscheinungsbild sind wohl noch immer gleich wie vor 700 und mehr Jahren. Das am originalgetreuesten erhaltene spätmittelalterliche Weinstädtchen ist Riquewihr im Elsaß mit seinen Stadtmauern und Toren aus dem 15. Jahrhundert.

Das wahrscheinlich älteste noch bewohnte Haus Deutschlands, das Graue Haus in Winkel im Rheingau, ist heute ein Restaurant. Es wurde um 1100 von dem edlen Geschlecht derer von Greiffenclau erbaut, die sich später in ihren Weinbergen 1½ km vom Rhein entfernt Schloß Vollrads errichteten, ursprünglich eine Wasserburg, von der nur noch der Turm erhalten ist. Die Lage des Rheingau darf selbst für ein Weinbaugebiet als außergewöhnlich günstig bezeichnet werden. Er ging aus den Händen der Nachfolger Karls des Großen zum Teil an die Reichsklöster Fulda und Lorsch über, zum Teil aber auch an den Erzbischof in Mainz auf der anderen Rheinseite. Die Kirche war so übermächtig, daß der Graf, der die weltliche Macht des Kaisers im Rheingau vertrat, bei der Gründung des ersten Klosters im Bezirk durch den Erzbischof (auf dem Bischofsberg – heute Schloß Johannisberg) sein Amt niederlegte und seine Frau, seine Schwester und seinen Sohn in das neue Kloster steckte.

Die sanft gewellte prächtige Landschaft, deren Hänge sich zu den Taunushöhen hinaufziehen und nach Süden das breite Silberband des Rheins überschauen, stand nun unter der Herrschaft der Kirche. Die machte sich daran, die Wälder zu roden und Weinberge zu pflanzen, und zwar so gründlich, daß es schon 1226 nichts mehr zu roden und nichts mehr zu bepflanzen gab.

Die Methode der Kirche, sich fleißige Hände und guten Wein zu sichern, bestand einfach darin, selbst die einfachsten Weinbergarbeiter zu Freien zu machen, die die gleichen Rechte hatten wie Stadtbürger. Sie durften ihren Wein in Mainz auf den Markt bringen, ja sogar Waffen tragen. Sie waren gewissermaßen Weinbürger, und daraus entstand ein Gemeinschaftsgeist, den man heute noch aus dem Rheingauer Wein herausschmeckt.

Und so wie eine Stadt damals mit Wall und Graben zur Verteidigung umgeben war, verlief im 11. Jahrhundert um den ganzen Rheingau herum als Grenzbefestigung ein Hainbuchendickicht, das «Gebück». (Später griffen die Holländer diese Idee zum Schutz ihrer Kolonie am Kap der Guten Hoffnung wieder auf.) An vielen Stellen war das Gebück über 100 m breit, und es schreckte manches feindliche Heer ab. Die Schweden freilich durchbrachen es im Dreißigjährigen Krieg, doch es wurde wieder erneuert und bis in das 18. Jahrhundert hinein am Leben erhalten.

WEITAUS DER GRÖSSTE TEIL DER GEWALTIGEN WEINPRODUKTION, die den ganzen Rhein entlang – also auch in der Pfalz, im Elsaß und in Baden – hervorgebracht wurde, war für den Export bestimmt. Das Elsaß, dessen Weinberge als letzte angelegt worden waren, bildete nichtsdestoweniger das größte Erzeuger- und Exportland am Rhein. Um 1400 gingen 1 Million Hektoliter über den Straßburger Markt in alle Teile Deutschlands, in die Hansestädte und nach England. Colmar, der zweite große Markt im Elsaß, versorgte Basel und die ganze Schweiz mit ungeheuren Mengen Wein. Die Hafenstädte am Fluß erlebten gemeinsam mit Kaufleuten und Winzern eine Blütezeit. Kein Gelände, das Wein hervorzubringen versprach, blieb unbepflanzt. Als Köln, die bedeutendste aller Weinhandelsstädte, seine alten Stadtmauern durch eine neue Befestigung 100 m weiter draußen ersetzte, wurden im Zwischenraum sofort Weinstöcke angesetzt. (Allerdings galt in Köln das Brunnenwasser bis ins 18. Jahrhundert als ungenießbar.)

Mitten in Worms liegt neben der gotischen Liebfrauenkirche noch heute der Weinberg, der ursprünglich der Liebfraumilch den Namen gab. Von Würzburg hieß es einmal, die Weinberge lägen um die Stadt «wie ein dicker Kranz». Sie sind noch da, die

Ein öffentliches Badehaus vereinte im 15. Jahrhundert in Deutschland offenbar die Funktion einer Taverne mit verschiedenen anderen Annehmlichkeiten. Das Baden galt damals als ein überaus dekadentes Vergnügen. Im späten Mittelalter stiegen in Deutschland Weinerzeugung wie Weinverbrauch in ungeahnte Höhen.

berühmten Lagen Leisten und Stein, die seit 900 Jahren Weine von außerordentlicher Kraft und Fülle hervorbringen – doch leider beherrscht inzwischen ein neuer, noch dikkerer Kranz aus Betonhochhäusern das Bild.

So versessen waren die Franken auf ihren eigenen Wein (obwohl die edle Silvaner-Rebe, die ihm den besonderen Charakter verleiht, erst 1665 von Österreich her ins Land kam), daß sie ihrem Fürstbischof kräftigen Beifall zollten, als er jegliche Ausfuhr untersagte: Sie fürchteten, entweder dürsten oder «minderes Zeug» importieren zu müssen.

Andere Städte verhielten sich weniger chauvinistisch und bildeten Freihandelspartnerschaften (beispielsweise Frankfurt und Straßburg) zum gemeinsamen Nutzen und als Gegenmaßnahme zu den ständig steigenden Zöllen, die man allerorten erhob, um am Weinhandel mitzuverdienen. Im 14. Jahrhundert gab es in Deutschland an und auf dem Rhein 62 Zollstationen. Die Kaufleute legten mühsam weite Strecken über Land zurück, um ihnen aus dem Weg zu gehen. Das gab es auch auf den anderen Flüssen Europas. Sodann herrschten Rivalitäten zwischen Erzeugungsgebieten und Handelsstädten, eine Zollvielfalt und Abgaben. Auf der Donau beispielsweise wurde von Wien und Niederösterreich aus Wein stromaufwärts nach Böhmen und Bayern verschifft, aber der Einfuhr ungarischer Weine wurde heftiger Widerstand entgegengesetzt. Deshalb erschloß sich Ungarn einen Landhandelsweg nach Polen und Schlesien und weiter nordwärts über das Baltikum nach Schweden (wohin auch deutscher Wein den Rhein hinab von friesischen und jüdischen Kaufleuten geliefert wurde).

So sehr wurde der Wein zur Obsession, daß man aus deutschen historischen Quellen jener Zeit den Eindruck einer gewaltigen, größer und größer werdenden Seifenblase bekommt. Im 16. Jahrhundert hielten sich Fürstenhäuser eine Art Hofnarren – falstaffsche Gestalten –, deren Aufgabe es war, Possen zu reißen und zu saufen, zu speien und weiterzusaufen. Symbolhaft für diese Seifenblase stehen die mächtigen Weinfässer. Das Heidelberger Faß, wohl das berühmteste von allen, hat ein Fassungsvermögen von 221 726 Litern. (Im 18. Jahrhundert ließ August der Starke, Kurfürst von Sachsen und König von Polen, für seine Feste Königstein gar eins mit 252 900 l bauen.)

Die Seifenblase zerplatzte unter dem Sturm des Dreißigjährigen Kriegs. Der Rhein war nie wieder ein solcher Weinstrom. Schiere Masse mußte schließlich der Qualität weichen. Wiederum übernahm die Kirche die Führung.

KAPITEL 11

Verfeinerung der Techniken in Weinberg und Keller

WEINBAU UND WEINGESCHMACK IM MITTELALTER

Obwohl es schwierig sein mag, uns aus heutiger Sicht eine wirkliche Vorstellung von den Verhältnissen und der Enge, von Glauben und Aberglauben, von den Gefahren, Nöten und Ängsten des mittelalterlichen Lebens zu machen, so bildet doch die Technik der Weinbereitung ein erstaunlich direktes Bindeglied zu jener Zeit. Über den Geschmack des damaligen Weins können wir nichts Sicheres aussagen, weil dabei vieles von den Traubensorten abhängt und nur wenig darüber bekannt ist, welche damals gebräuchlich waren. Selbst Rebsorten mit Namen, die es heute noch gibt, können in Jahrhunderten der Kultivierung einen völlig anderen Charakter angenommen haben. Doch die Art und Weise, wie im Mittelalter Wein bereitet wurde, blieb fast überall mindestens bis ins 18. Jahrhundert gleich und hat sich an manchen Orten bis heute kaum verändert. Fast überall hat es im Weinberg mehr Veränderungen gegeben als im Keller: Sie wurden im 19. Jahrhundert durch zuvor unbekannte, vernichtende Krankheiten und Schädlinge erzwungen.

Ein mittelalterlicher Weinberg wurde, wenn möglich, tief gepflügt, dann wurden einfach Stecklinge in Form kurzer einjähriger Triebe mit einem kleinen Stück älterem Holz am Ende in die Erde gesteckt. Im nördlichen Europa wurden diese Stecklinge in Abständen von nur etwa einem Schritt gepflanzt; die Weinstöcke bildeten einen dichten Teppich auf dem Boden, rund 20 000 auf einem Hektar. Im Süden dagegen, wo Wassermangel Schwierigkeiten bereitete, waren die Abstände größer, und es kamen etwa 5000 Weinstöcke auf einen Hektar.

Die Vermehrung durch Stecklinge war die billigste Art, doch die Chance, daß sie alle «angingen», war gering. Im darauffolgenden Jahr mußten deshalb Lücken aufgefüllt werden. Kostspieliger war die Vermehrung durch Stecklinge in einer besonderen Pflanzschule, doch dann konnten sie gut bewurzelt in den Weinberg gesetzt werden. Eine dritte Vermehrungsart war das «Absenken», wobei die Ranken eines Weinstocks auf den Boden gelegt und mit Erde bedeckt wurden. Die «Absenker» wurden, wenn sie Wurzeln geschlagen hatten, abgeschnitten und verpflanzt. Wo dieses *marcottage* genannte Verfahren praktikabel war, brachte ein neuer Weinberg schon in drei oder gar zwei Jahren guten Ertrag. Ein ähnliches System, bei dem jedoch die Absenker nicht abgetrennt, sondern einfach belassen wurden, um den Weinberg aufzufüllen, nennt man *provignage*. Freilich gab es dabei ein Dickicht von Wurzeln und Trieben, das System wurde aber offenbar von den Römern an der Côte d'Or angewandt. Nur so läßt sich die Kaiser Konstantin vorgetragene Klage verstehen, das Land ersticke im Gewirr der Reben..

DIE GRUNDSÄTZLICH WICHTIGSTE ENTSCHEIDUNG WAR DAMALS WIE HEUTE die Wahl der Rebsorte. Die meisten einfachen Winzer hatten freilich nicht viel Auswahl; doch pflanzten sie vorzugsweise mehrere verschiedene Sorten durcheinander, um sich gegen Ernteausfall bei der einen oder anderen Sorte abzusichern. Das französische Lehrbuch der Landwirtschaft um 1600, «Théâtre d'Agriculture» von Olivier de Serres, empfiehlt die Anpflanzung von fünf bis sechs Sorten. Nun hat jede Rebsorte ihre Eigenheiten – vor allem hinsichtlich der Blütezeit (und der Zuverlässigkeit ihrer Blüte). Eine spätblühende Rebe hat zwar bessere Aussichten auf gutes Wetter während der Blüte, reift jedoch spät. Gewöhnlich ging aber kaum je ein Winzer seinen Weinberg mehrmals durch, um jede Sorte im idealen Reifezustand zu ernten. Vielmehr mußten die reifsten Trauben die Süße und die am wenigsten reifen die Säure beisteuern – das hört sich nach einem vernünftigen Kompromiß an.

Von größerer wirtschaftlicher Bedeutung und deshalb ein ständiger Streitpunkt zwischen Grundherren und Pächtern war die Wuchskraft und damit die Ertragsfähigkeit der einzelnen Sorten. Goethe brachte es auf eine kurze Formel, als er meinte, den Reichen komme es auf guten, den Armen auf viel Wein an. Im 13. Jahrhundert wurde am Rhein zwischen «hunnischem» und «fränkischem» Wein unterschieden, wobei der letztere doppelt so teuer war wie der erstere. Heute würde man von Massenwein und feinem Wein sprechen. Schließlich eroberte sich der «Fränkische» alle besseren Lagen, freilich erst nach generationenlangem Hin und Her, wobei bis auf den heutigen Tag Rückfälle nicht ausgeschlossen sind – man denke nur an die verbreitete Anpflanzung von Müller-Thurgau anstatt Riesling an der Mosel. Auch der Rebschnitt spielte eine wichtige Rolle, wo immer es auf hochwertigen Ertrag ankam: Natürlich stellte ein scharfer Rückschnitt

---

DER WETTSTREIT DER WEINE

Die schon berühmt gewordene Rivalität zwischen den Weinen Frankreichs und des Nordens einerseits und den stärkeren Weinen des Südens anderseits hat Anlaß zur Entstehung von mindestens zwei langen Gedichten gegeben. «La Bataille des Vins», geschrieben 1224 von Henry d'Andeli, erzählt von einer Weinprobe des Königs von Frankreich. Es wurden über 70 Weine unter anderem aus Zypern und Spanien, von der Mosel, aus dem Midi, dem Elsaß, aus St-Emilion, Epernay und Beaune herbeigeschafft. Es war gewiß kein Zufall, daß der König einen englischen Geistlichen zum Preisrichter ernannte. Er sollte bestimmen, welcher Wein *«par sa bonté, par sa puissance»* ein angemessener Trunk für den König von Frankreich wäre. Alle die (identifizierbaren) französischen Weine, die an diesem Wettbewerb teilnahmen, sind in der nebenstehenden Karte eingetragen. Auffällig ist die dichte Konzentration in Nord- und Mittelfrankreich.

Nach 150 Zeilen des Prüfens und Erwägens, in denen er allgemein den leichten Weißweinen aus dem Norden den Vorzug zu geben scheint, erkennt er schließlich den Preis dem süßen Zypernwein zu, «qui resplendit comme une estoile» (der wie ein Stern funkelte); worauf er dann mit der echt geistlichen Ermahnung endet: «Prenons tel vin que Dieu nous donne» (Nehmen wir den Wein, den Gott uns gibt) – woraus sich entnehmen läßt, daß Gott solche ausgiebigen Weinproben nicht häufig bescherte.

Das andere Gedicht, «La Desputaison de Vin et de l'Iaue», wurde etwa 100 Jahre später geschrieben. Offenbar war zu jener Zeit der leichte Wein des Nordens nicht sehr in Mode. Die eigentliche Rivalität (wenn man von dem so ganz andersartigen Zypernwein absieht) spielte sich zwischen den *«vins de France»* und dem damals aufkommenden schwereren Burgunder ab. Der Preis fällt in diesem Gedicht dem mysteriösen St-Pourçain von der Loire zu, dem Lieblingswein des Papsts und des Königs, wie der Dichter uns sagt. Was dem St-Pourçain den Sieg in diesem Wettbewerb eingetragen haben mag, bleibt rätselhaft, vielleicht war es vorwiegend eben die Gunst der hohen Herrschaften: St-Pourçain gehörte zum Stammland der Bourbonen, der späteren Könige von Frankreich. Dem heutigen St-Pourçain nach zu schließen, muß er damals dem *«vin de France»* näher gewesen sein als dem Burgunder: ein dünner, wahrscheinlich spritziger Weißwein.

immer eine schmerzhafte Übung in Selbstdisziplin dar, ohne ihn aber mußte es zu überreichlichen Erträgen kommen, die nicht richtig ausreifen konnten; außerdem führte zu hoher Ertrag nur zu baldiger Erschöpfung des Weinstocks.

In vielen Weinbergen standen rote und weiße Rebsorten nebeneinander, obwohl im frühen Mittelalter Weißweintrauben vor allem in den nördlicheren Anbaugebieten verbreiteter waren. Doch in den meisten Fällen war die Farbe der Trauben zweitrangig. Vermutlich war einfacher Wein damals entweder hellrot (auf französisch *clairet*) oder weiß mit rötlichem Anflug.

DER WETTSTREIT DER WEINE

Ein als Preisrichter bestellter englischer Geistlicher reihte die Weine entweder als «celebrated» (qualifiziert) oder als «excommunicated» (disqualifiziert) ein.

• celebrated
• *excommunicated*

Im späten Mittelalter galt das «Liber Commodorum Ruralium» von Petrus de Crescentiis als das Standardwerk für den Weinbau. Diese Rebschnittszene stammt aus einem für König Edward IV. von England angefertigten Exemplar.

Das Zeichen zum Beginn der Weinlese (in Frankreich *ban de vendange*) wurde vom Grundherrn gegeben. Vorher zu ernten, war bei Strafe untersagt. Der Termin wurde meist eine Woche im voraus festgelegt, und es wurden Weinberghüter bestellt, die die reifende Frucht zu bewachen hatten. Nur der Grundherr selbst unterstand nicht dem Verbot – ein unfairer Vorzug, den er gelegentlich sehr ausnützte. Wurde das Signal schließlich durch Trommeln, Trompeten oder Glocken gegeben, dann stürzten sich alle auf die Lese. Es wurde gerechnet, daß 20 Leser einen Hektar pro Tag abernten konnten.

ALLE TRAUBEN WURDEN GESTAMPFT. Erstaunlich ist, daß man weder in Frankreich noch in Deutschland alte steinerne Stampftröge, ähnlich den *lagars* in Spanien und Portugal, antrifft. Von Bildern aus dem Mittelalter ist uns bekannt, daß das Traubenstampfen in flachen Holztrögen oder Bottichen geschah. Sodann wurde der – weiße – Saft gesiebt und so von den Schalen getrennt und mit Eimern in Fässer geschöpft, wo er gärte. Sollte jedoch roter Wein gewonnen werden, dann mußte das Stampfen der Trauben in einem tiefen Faß geschehen, worin der Most zusammen mit den Schalen gären konnte, bis genug Farbstoff aus den dunklen Schalen herausgelaugt war. Die Rotweinbereitung war also eine aufwendigere und obendrein nicht ungefährliche Arbeit. Das einfachste Verfahren bestand nämlich darin, die Trauben unmittelbar im Gärfaß zu stampfen. Sobald aber der Gärvorgang eingesetzt hatte, konnte es vorkommen, daß die Stampfer beim Zerkleinern einer nachgefüllten Fuhre Trauben infolge der Konzentration von Kohlendioxyd im Faß keine Luft mehr bekamen und erstickten – aus Kirchenbüchern geht hervor, daß dies nicht selten geschah.

Der Winzer mußte sich ferner von Fall zu Fall entscheiden, ob er die Stiele an den Trauben belassen oder sie entfernen wollte. In einem kühlen und nassen Jahr wurde der Wein davon nur dünn; in einem guten Jahr dagegen gaben die Stiele einen kräftigeren Gehalt an Gerbstoff und Säure, also ausdrucksvolleren, herberen Geschmack ab. Auch der Preßvorgang wurde durch die Stiele begünstigt, sofern überhaupt eine Presse verwendet wurde.

Oben: In de Crescentiis Buch ist dargestellt, wie der Wein mit dem Blasebalg von einem Faß in ein anderes abgezogen wird.

Links: Der englische Queen-Mary-Psalter aus dem 14. Jh. macht das damals übliche Traubenstampfen höchst anschaulich.

Nur große Güter der Adeligen und der Kirche verfügten im Mittelalter über Weinpressen. Sie waren kostspielige, massive Maschinerien, erbaut aus den stärksten Bäumen der Wälder der Umgebung. Sie dienten lediglich dazu, noch weitere 15 bis 20 % hellen Most oder – bei roten Trauben – Wein nach dem Vergären der Schalen und des Mosts auszupressen. Der so entstehende *vin de presse* war aber bei weitem nicht so gut wie der ohne Preßdruck gewonnene *vin de goutte*. Er war viel gerbstoffreicher oder auch viel dunkler, was aber bei den damaligen Weinen, die ja für baldigen Verbrauch bestimmt waren, keinen Vorteil bedeutete. Deshalb konnte guter Wein durchaus ohne eine Presse entstehen. Warum also wurden dann überhaupt welche gebaut? Und warum lieferten die Pächter dem Grundherrn einen Anteil an ihrem Ertrag aus, um dessen Weinpressen benutzen zu dürfen? Der zusätzlich ausgepreßte Wein muß sich wohl doch gelohnt haben, obwohl er Olivier de Serres zufolge gewöhnlich dem *vin de goutte* nicht beigemischt wurde, außer in Anjou, was aber als Ausnahme von der Regel ausdrücklich vermerkt wird. Vielmehr wurde er für sich und zu billigerem Preis verkauft.

Im 17. und 18. Jahrhundert erst wurde Wein mit dem Ziel langer Haltbarkeit gekeltert – und dafür wird der Preßwein dringend benötigt. In Anmerkungen zur Ausgabe 1804 des «Théâtre d'Agriculture» wird darauf hingewiesen, daß der Preßwein ein wesentliches Konservierungsmittel darstellt, wenn ein Wein für allmähliche Reife entstehen soll.

War der Wein fertig vergoren, dann mußte der Winzer ihn so schnell wie möglich an den Mann bringen, bevor Essig daraus wurde. Der Winzer selbst konnte es sich nicht leisten, Wein zu trinken; für sich und seine Familie bereitete er vielmehr einen Haustrunk aus in Wasser eingeweichten Trestern. Auch an Aufbewahrungsmöglichkeiten fehlte es ihm: Weinkeller hatten nur große Herren und reiche Kaufleute. Es geschah auch oft genug, daß undichte oder nicht rechtzeitig wieder aufgefüllte Fässer noch auf dem Weg zum Markt ausliefen oder verdarben, vor allem wenn das Wetter im Oktober noch warm war. Aber auch durstige Fuhrleute sorgten für Verluste unterwegs. Es galt deshalb als Faustregel, daß auf eine (allerdings schon recht beträchtliche) Ladung von

20 Faß bei Straßentransport ein Faß extra mitgegeben werden mußte, damit der «Schwund» in den anderen Fässern unterwegs aufgefüllt werden konnte.

Zum «Abstechen», der heute üblichen Technik des Abfüllens von einem Faß in das andere unter Zurücklassung des Bodensatzes, war damals meist keine Zeit. Der Satz blieb beim Wein. Über die für den Fall üblichen Praktiken, daß – wie es oft genug geschah – der Wein am Bestimmungsort in nicht mehr ganz einwandfreiem Zustand eintraf, soll noch berichtet werden.

BEDENKT MAN, DASS DER MITTELALTERLICHE WEIN eilig, oft aus einer zufälligen Mischung von Trauben, mit geringer Kenntnis von Methoden zu seiner Konservierung bereitet wurde, dann stellt man mit Verwunderung fest, wieviel Aufwand doch mit Erörterungen über ihn und mit Unterscheidungen seiner Herkunft getrieben wurde. Die damalige Zeit scheint sich mit dem Wein viel mehr beschäftigt zu haben, als es seiner Qualität nach gerechtfertigt gewesen sein kann.

Worauf gründete sich die Beurteilung? Zunächst einmal besonders ernsthaft auf die vermuteten oder angeblichen gesundheitlichen Wirkungen. Das erste je gedruckte Weinbuch war das «Liber de Vinis» des Arnaldus von Villanova, eines wahrscheinlich spanischen oder katalanischen Arztes, der bis zu seinem Tod 1311 an der berühmten Universität Montpellier in Südfrankreich Heilkunde lehrte. Anders als die meisten Bücher jener Zeit war das «Liber de Vinis» keine Neuauflage der Klassiker, sondern eine original mittelalterliche Darstellung des Themas Wein – vielleicht die erste seit Galen. Arnaldus muß bei Weinproben schlechte Erfahrungen gemacht haben: «...

EIN HAUCH SCHWEFEL

Vor über 500 Jahren, genau gesagt 1487, geschah in Deutschland in aller Stille eine Revolution, als durch kaiserlichen Erlaß erstmals das Schwefeln des Weins gestattet wurde. Es handelte sich dabei, wie oft behauptet worden ist, zwar um eine schon uralte Praxis. Vage Hinweise darauf finden sich bereits bei Homer und Plinius, doch ist vor 1487 durch keine Urkunde belegt, wieviel Schwefel aus welchen Gründen und auf welche Art und Weise benutzt werden durfte.

Erlaubt wurde damals eine Menge von 16,2 g auf 860 l Wein, und zwar mußten Hobelspäne in einer Mischung aus pulverisiertem Schwefel, Kräutern und Weihrauch getränkt und in einem leeren Faß verbrannt werden, kurz bevor dieses gefüllt wurde. Es muß damals also (auch ohne kaiserlichen Segen) bekannt gewesen sein, daß der Schwefel wertvolle Hilfe beim Konservieren des Weins leistet, indem er Keime abtötet und den Wein gegen die Wirkung des Luftsauerstoffs schützt, also Braunwerden und Verderb verhindert.

Von nun an wurde dem deutschen Wein regelmäßig Schwefeldioxyd, d. h. an Luft verbrannter Schwefel, zugesetzt, was sich auf seine Frische sehr günstig auswirkte und den Reifeprozeß langsamer verlaufen ließ. Es heißt, daß vor dem Aufkommen des Schwefelns die Traubensorten kaum eine Rolle spielten, weil alle Weine rasch firn wurden und hernach gleich rochen und schmeckten. Der deutsche Wein enthält meist wenig Alkohol als Konservierungsmittel, dabei aber genug Süße, die seine Haltbarkeit gefährdet, und brauchte deshalb vielleicht das Schwefeln mehr als andere. Immerhin ist es erstaunlich, daß die Franzosen den Gebrauch des Schwefels erst im 18. Jahrhundert offiziell gestatteten – seither ist er zur Routine geworden, manchmal (vor allem bei süßen Weißweinen) leider auch im Übermaß.

Die ursprünglich in Deutschland erlaubte Menge betrug 18,8 Milligramm pro Liter (d. h. 18,8 ppm bzw. «parts per million»). Das ist nach modernen Begriffen außerordentlich wenig, denn heute sind 250 ppm durchaus nichts Ungewöhnliches. Es ist sogar so unwahrscheinlich wenig, daß man an einen Fehler in den Urkunden oder in ihrer Auslegung denken könnte. Hohe Konzentrationen (ich beeile mich hinzuzufügen, daß sie bei feinen Weinen nicht vorkommen) geben sich leicht zu erkennen als schwach stechender Geruch oder Geschmack (wie von einem eben angezündeten Streichholz), der sich an der Luft jedoch schnell verflüchtigt.

Man beachte, daß manche Weinhändler betrügen... sie lassen bittere oder saure Weine süß erscheinen, indem sie den Probierenden dazu überreden, zuvor Lakritz oder Nüsse oder alten salzigen Käse zu essen... Man kann sich gegen solche Machenschaften schützen, indem man Wein morgens kostet, nachdem man sich den Mund ausgespült und drei oder vier Bissen in Wasser getauchtes Brot gegessen hat, denn wer einen Wein entweder mit ganz leerem oder ganz vollem Magen probiert, wird finden, daß sein Geschmackssinn verdorben ist.»

In dem Buch sind auch Hilfsmittel für Weine vorgeschlagen, die einen schlechten Geschmack oder blasse Farbe haben oder flach geworden sind. Er gibt Anleitungen zum Abziehen von einem Faß in ein anderes, und er verzeichnet mindestens ebensoviele Würzweine wie Plinius als Heilmittel für Beschwerden aller Art, so zum Beispiel Ochsenzungenwein zur Heilung Geisteskranker sowie Rosmarinwein, zu dessen «wundersamen Eigenschaften» es gehört, den Appetit zu stärken, die Seele zu erheitern, die Sehnen zu straffen, das Gesicht schön zu machen und das Haar wachsen zu lassen. Er hält auch jung, putzt die Zähne. Doch ist nicht alles mittelalterliches Brimborium.

Arnaldus war oft von etwas felsenfest überzeugt. So beispielsweise behauptete er etwa, die Wiederkunft des Messias werde 1378 stattfinden. Darüber geriet er in eine langanhaltende Fehde mit den Dominikanern, die sogar sein Buch verbrannten. Übrigens gehörten diesem Orden auch einige recht erfahrene Weinkenner an, für Bettelmönche eigentlich doch verwunderlich. Einer von ihnen war Geoffrey of Waterford, der eine Probiernotiz über «Vernache» oder Vernaccia (eine mittelitalienische Traubensorte, obwohl dies nicht eigens vermerkt wird) schrieb: «Der Vernache-Wein ist besser als der in größeren Mengen gefährliche griechische oder Zypernwein, weil seine Stärke gemäßigt ist; er entfaltet sich süß, wenn er in den Mund eintritt, grüßt die Nase, schmeichelt dem Gehirn und greift den Gaumen sanft und dennoch kräftig an...» Es ist nicht leicht, die Empfindung beim Trinken eines Weins wie dem Vernaccia zu beschreiben, weil es hierbei weniger um Aroma als um Konsistenz geht, doch verdient Geoffrey, der dies in seinem (stark an Aristoteles angelehnten) Buch «Secretum Secretorum» schrieb, unsere volle Achtung dafür, daß er diesen Versuch unternahm.

Reife war für mittelalterliche Kenner nur insoweit von Bedeutung, als sie Einfluß auf das Wohlbefinden des Weintrinkers hatte. Wein zu trinken, der noch so jung war, daß der französische Ausdruck «trouble» auf ihn zutraf, brachte nur Leibschmerzen ein. War der Wein älter als ein Jahr, dann kam es vor, daß er schon sauer geworden war – da blieb nicht viel Wahl.

In Italien trat im 13. Jahrhundert ein Bologneser namens Petrus de Crescentiis die direkte Nachfolge von Cato und Columella an. Sein 1303 fertiggestelltes Buch «Liber Commodorum Ruralium» verlieh ihm den Status eines großen Kenners landwirtschaftlicher Dinge im Mittelalter. De Crescentiis hatte sehr entschiedene Ansichten über das richtige Alter des Weins: weder neu (im ersten Jahr) noch alt. Demnach mußte wohl ein- bis zweijähriger Wein am besten gewesen sein. Das Buch wurde ein Jahrhundert nach dem anderen neu aufgelegt (die Holzschnitte aus einer späteren Ausgabe zieren heute noch regelmäßig Weinkarten). Was de Crescentiis darin lehrte, war allerdings nur was er von den Klassikern gelernt hatte, nach bestem Wissen angewendet auf den zeitgenössischen italienischen Wein. So wußte er, daß ein oxydierter oder «maderisierter» Duft dem Wein – wie wir heute sagen – «Komplexität» verleiht, und empfahl deshalb, ein Faß mit altem Wein auszuspülen, bevor man neuen hineinfüllte: ein Rezept für schnelle Alterung, das aber auch auf schnellstem Weg Essig produzieren kann.

Die meisten Kenner meinten, es sei am besten abzuwarten, bis die Gärung beendet war, und sodann den Wein auszutrinken. Je weiter im Norden ein Wein wuchs und je schwächer er demzufolge ausfiel, desto rascher mußte man ihn konsumieren. Taillevent, der berühmte Küchenmeister Philipps VI., begann von Ostern an nach stärkerem Wein

Dieses Bild aus dem 15. Jh. zeigt eine Trinkszene in einer Taverne im Val d'Aosta, der historischen Route von Norditalien über den Großen St. Bernhard nach der Schweiz, Frankreich und anderen nördlichen Ländern.

aus dem Süden Ausschau zu halten. Ein Burgunder der besten Art konnte auch nach zwei Jahren noch als trinkbar gelten. Der einzige Hinweis aus dem Mittelalter auf einen Wein, der sogar mit vier Jahren noch sehr gut war, betraf erstaunlicherweise einen Chablis aus dem außergewöhnlichen Jahrgang 1396.

Höchst originell und eigenwillig zeigt sich der Katalane Francesc Eiximenis, Verfasser einer Enzyklopädie der Sitten und Gebräuche. Sein Buch heißt «Lo Crestia» – «Der Christ». Den dritten Band, mit dem knappen Titel «Terç» widmet er einer weitschweifigen Erörterung der sieben Todsünden. Unter der Überschrift «Völlerei» findet sich ein umfassendes Kellerbuch, eine Abhandlung über die Trunkenheit, Anweisungen über Tischmanieren, Beobachtungen über den Nutzen mäßigen Trinkens sowie eindeutige Beweise für die Überlegenheit katalanischer Weine und Sitten. Die Italiener erschienen ihm offenbar als Weinsnobs, die «beim Trinken Pausen einlegen und jeweils nur kleine Mengen zu sich nehmen, dabei den Wein ständig prüfend betrachten wie ein Arzt den Urin, und sie kosten ihn immer wieder, wobei sie ihn zwischen den Zähnen kauen, bis sie ihn ganz ausgetrunken haben.»

Eiximenis selbst bevorzugte süße und «griechische» Weine von Zypern, Kreta und Mallorca, sogar noch vor den spanischen Weinen, die er erwähnte (zwei katalanische und einen kastilischen), und vor einem italienischen, dem Tribià – vielleicht Trebbiano. Seine Lieblingsweine waren weiß, süß, aromatisch und stark, woraus ein Kommentator den Schluß zog, daß er eine Vorliebe für Muskateller gehabt haben müsse.

Auch über die Trinkmanieren läßt sich Eiximenis genauestens aus. Die Italiener werden gelobt, weil sie jedem einen eigenen Becher in die Hand gaben, während man im übrigen Europa offenbar den Humpen reihum gehen ließ.

Wein soll rein, frisch, stark, wohlschmeckend, duftend, spritzig und prickelnd, aber nicht schwächlich, dünn, ölig, rauchig, bitter, grün, honigartig oder ungleichmäßig sein und auch nicht nach Eisen oder nach dem Faß schmecken. Abgesehen von der allerletzten Bemerkung beschreibt er damit das Ideal vieler australischer Kellermeister.

Beimischen von Wasser war ein Thema, um das niemand herumkam. Eiximenis meint, jedermann müsse «selbst wissen, wieviel er verträgt und seinen Wein entsprechend verdünnen», besonders den dicken katalanischen Priorato. Die Franzosen dagegen», bemerkt Eiximenis, «möchten am liebsten noch das Wasser abschütteln, das sich bei Regen auf dem Weinstock ansammelt.»

KAPITEL 12

Die Mönche im Burgund – Superlative der Weinbaukunst

KLOSTER UND KELTER

Die Beziehungen zwischen Wein und Religion, sei es nun bei den alten Göttern, den jüdischen oder den christlichen Riten oder durch die Initiativen der Klöster und Bischöfe, kommen so oft in unserer Geschichte wieder zum Vorschein, daß der Geschichtsschreiber sich immer wieder fragen muß: Ist es nun wirklich die Religion, die den Ton angibt?

Bei den weißen Zisterziensermönchen kann es da keinen Zweifel geben. 500 Jahre lang waren die schwarzen Benediktinermönche der einzige große Orden gewesen, hatten ihren sicheren und glänzenden Platz im Plan der Dinge eingenommen und waren dabei wohlbeleibt und etwas kurzatmig geworden. Ihre größte Abtei, größer noch als das Mutterhaus Montecassino, war Cluny bei Mâcon im Herzen Burgunds.

Unvermittelt trat im April 1112 ebenfalls im Tal der Saône ein junger Eiferer namens Bernard de Fontaine in Erscheinung. Er war gerade 21 Jahre alt und Anführer einer Schar von 30 jungen Leuten mit guten Verbindungen. Mit ihnen zog er in das kleine, neue Kloster Cîteaux nördlich von Beaune ein, das erst seit 14 Jahren bestand. Gegründet hatte es ein ungewöhnlich asketischer schwarzer Mönch namens Robert de Molesme, und dessen Nachfolger war der englische Abt Etienne Harding.

Cîteaux war gerade das Gegenteil von Cluny: ein kleiner Bauernhof im Wald mit nur einer winzigen Kapelle dabei, jedoch mit einem mächtigen Sendungsbewußtsein. Ein Teil davon ist noch heute vorhanden und hat durch lange Widrigkeiten hindurch etwas von jener heiligen Genügsamkeit bewahrt, die es einst auszeichnete. Die Mönche, die sich auf das Stammhaus in Cîteaux beriefen, nannten sich Zisterzienser und trugen weiße Gewänder anstatt schwarze.

Der Novize Bernard trieb sie zu höchstem Eifer an. Seine Anhänger lebten nach der strengen Regel des heiligen Benedikts, entfalteten dabei jedoch die unbedingte Hingabe von Revolutionären. Gebildete und fanatische Anhänger beschwingten den Orden mit seiner unbeugsamen, von Bernard eigens zu seiner Expansion erlassenen Regel. Sobald ein Kloster 60 Mönche zählte, mußten 12 von ihnen ausziehen und ein neues gründen. Innerhalb von drei Jahren entstanden auf diese Weise La Ferté, Pontigny, Morimond und das berühmte Clairvaux an der Grenze der Champagne, wo Bernard selbst Abt wurde. Seine und seiner weißen Mönche Anziehungskraft war so stark, daß 1124 der sterbende Papst Calixtus II. verfügte, sein Herz solle in Cîteaux begraben werden. Bernard richtete heftige Angriffe gegen den Luxus von Cluny und fand bald bei König Ludwig VI. Unterstützung. Von da an liest sich das Namenverzeichnis der Zisterziensermönche wie das Stammbuch der geistlichen Seite des europäischen Adels. Sogar der Kaiser des Heiligen Römischen Reichs entsandte Botschafter und bat um Einbeziehung in die Gebete der Zisterzienser.

Nach dem Tod und der Kanonisierung des heiligen Bernhard im Jahr 1153 hatte der Orden rund 400 Abteien gegründet und in der Abtei Clairvaux 700 Mönche versammelt. Ein Jahrhundert danach gab es fast 2000 Zisterzienserklöster und 1400 Nonnenklöster dieses Ordens in ganz Europa. Zwei der berühmtesten und schönsten Klöster Englands, Fountains und Rievaulx, sich echte Beispiele für das weltabgeschiedene, ganz dem Ackerbau gewidmete Leben der Zisterzienser. Trotzdem wird es niemanden überraschen zu hören, daß auch dieser Orden, als er zu solcher Größe angeschwollen war, ebenfalls zu Fülle und Kurzatmigkeit neigte.

Als der Einfluß des heiligen Bernhard noch voll in Blüte stand, stellten die weißen Mönche eine gewaltige Macht dar. Unter ihnen wirkten intelligente, ja hochgebildete junge Leute, und wie die Brüder des heiligen Columban 500 Jahre zuvor arbeiteten auch sie, bis sie niederfielen. Die Lebenserwartung der Zisterzienser betrug im 12. Jahrhundert nur 28 Jahre. Einen großen Teil ihrer Zeit brachten sie bei der Arbeit in den Weinbergen zu. Sie betrieben den Weinbau mit jenem Eifer und Perfektionismus, den der heilige Bernhard in allen Dingen verlangte.

Ihren ersten Weinberg hatten die Zisterzienser vom Herzog von Burgund am Weihnachtstag ihres Gründungsjahrs zum Geschenk erhalten, und zwar in Meursault. Den ersten Weinbergkauf der Zisterzienser tätigten die Mönche von Pontigny, die in Chablis Land von den Benediktinern in Tours erwarben (diese hatten es 867 vom König erhalten). Es wird auch erzählt, daß die Zisterzienser als erste in Chablis Chardonnay-Reben gepflanzt haben sollen (dort heißt die Sorte heute noch Beaunois).

1110 erhielt Cîteaux auch etwas Land an der Côte d'Or bei Vougeot (Vouge heißt der Bach, der die Abtei mit Wasser versorgt). Es folgten weitere Erwerbungen; Abt Harding verschmähte es auch nicht, Land zu erbetteln. Unter anderen Klöstern gab auch die Abtei St-Germain des Prés in Paris einiges von ihren *friches* (Brachland) ab. Es wurde dafür eine Art *complant*-Verhältnis geschlossen: St-Germain erhielt jährlich ein 228-l-Faß mit Wein als Pachtzins. Durch Stiftung, Kauf, Pacht oder Tausch kam immer mehr Landbesitz hinzu: in Corton, Beaune, Chambolle, Volnay, Fixin, Pommard, Vosne, Nuits ... schließlich in fast allen Gemarkungen der Côte d'Or bis nach Meursault im Süden. Anscheinend aber hat Cîteaux schon ganz zu Anfang sein Herz an einen bestimmten Platz in der Nähe gehängt, dort wo der Bach Vouge entspringt und wo Bausteine gebrochen werden konnten. An dieser nicht weiter augenfälligen Stelle, einem aus der Ebene allmählich bis auf halbe Höhe des Hügels ansteigenden Hang, entstand gewissermaßen das Versuchslaboratorium für das Streben der Zisterzienser nach Perfektion im Weinbau: der Clos de Vougeot. Um 1330 zogen sie um diesen Weinberg die große Mauer, die man heute noch dort sieht.

UM 1100 STAGNIERTE BURGUND ALS WEINBAUGEBIET. Es zählte nicht zu den von hoher Protektion begünstigten Bereichen Nordfrankreichs und verfügte nur über einen lokalen Absatzmarkt. Niemand ahnte etwas von dem Potential, das hier schlummerte. Doch die Zisterzienser sahen die Weinberge an der Côte als die ihnen von Gott gesandte Aufgabe an. Man kann sagen, daß sie aus tiefer Frömmigkeit den Acker- und Feldbau zu einer hohen Kunst erhoben. Um ihre heilige, aber doch in der Zahl beschränkte Schar von Arbeitskräften zu verstärken, zogen sie zu Hunderten *layots* (Laienbrüder) heran, die in braunen Gewändern gingen, und damit leisteten sie einen noch größeren Beitrag zur Erschließung Burgunds – ihre gewissenhaften Methoden breiteten sich auf solchem Weg durch das ganze Land aus.

Bei der Wiedererweckung eines vernachlässigten Weinbergs wie bei der Anlage eines neuen suchten die Zisterzienser stets mit größter Sorgfalt nach den bestgeeigneten Pflanzen; sie experimentierten mit dem Rebschnitt, vermehrten durch Stecklinge und durch Pfropfen, übten höchste Genauigkeit bei der Weinbereitung und schließlich auch

Noch heute bewirtschaften Zisterzienser winzige Reste des einstigen Besitzes von Cîteaux, nördlich von Beaune, aber Weinberge gehören nicht mehr dazu. Das spätmittelalterliche Kloster in reichem flämischem Stil ist halb verfallen.

Unten: Illumination in einer mittelalterlichen Handschrift aus dem Kloster Cîteaux.

beim Weinverkosten. Ihre bedeutendste Leistung im Weinbau war jedoch die Konzeption des *«Cru»* als eines homogenen Teilbereichs, wo der Wein Jahr für Jahr in Qualität und Geschmack gleichmäßig ausfiel.

Sie stellten fest, daß die Unterschiede in Farbe, Fülle, Körper und anderen Qualitäten im Wein von einer Stelle zur anderen bemerkenswert konstant waren. Unter sorgfältiger Trennung der Trauben aus verschiedenen Lagen und unter Hinzuziehung ungezählter Proben von Weinen, die sie als Zehnt erhielten, begannen sie sich ein Bild von dem zu machen, was an der Côte alles möglich war: wo besonders würziger, wo robuster und rauher Wein wuchs, wo es die meisten Frostschäden gab, wo frühe Lese angezeigt war – eine ganze Datenbank legten sie auf diese Weise an. Sodann zeichneten sie ihre Feststellungen auf Landkarten ein und bauten Mauern um Weinberge, die regelmäßig eine unterscheidbare Geschmacksnote lieferten.

Allerdings hatten sie auch mit der Wahl der Gegend Glück. Nicht überall in Frankreich findet man ein Gelände mit der besonderen Beschaffenheit der Côte d'Or. Die lange Reihe flacher Hügel, die ostwärts über das Flußtal der Saône schauen, ist eine komplexe geologische Bruchstufe, an der eine große Scholle der Erdoberfläche senkrecht abgesunken ist. Dadurch wurde eine wie die Schnittfläche einer Schichttorte anmutende, aus Gesteinsarten verschiedensten Alters bestehende Bergflanke gebildet, und durch allmähliche Erosion und Vermischung entstand je nach Lage ein stark unterschiedliches Gemenge von Krume und Unterboden.

Eine Weingutsbesitzerin in Burgund sagte mir einmal, die Zisterzienser müßten den Boden tatsächlich gekostet haben – so genau wußten sie über seine Beschaffenheit und über die Stellen, an denen sie sich ändert, Bescheid. Auch der Professor für Geologie an der Universität Dijon bezeichnet sie als Geologen, die mit der Nase und der Zunge die Struktur des Bodens und des Unterbodens in der Region erkundeten.

Aus Tüchtigkeit und Gründlichkeit erwuchs also ihr Erfolg. Sie legten den Grundstein zu dem Prozeß, in dessen Verlauf der Begriff des *climat* – eines durch einen Flurnamen bezeichneten Weinbergs – einem bestimmten Stil und Wert eines Weins gleichgesetzt wurde. Andere Klöster und Kirchengüter folgten rasch ihrem Beispiel. Das Wort *clos* bezeichnet einen eingefriedeten, also in sich abgeschlossenen Weinberg (für Ackerland lautet die analoge Bezeichnung *couture*).

Die Zisterzienserinnen von Notre Dame de Tart in Genlis legten den Clos de Tart bei Morey an; das Domkapitel in Langres (von wo der Bischof des besseren Weins wegen nach Dijon umgezogen war) besaß den Clos du Chapitre sowie den Clos de Bèze, benannt nach der Abtei Bèze an der Saône; die Kathedrale von Autun hatte einen Clos am Cortonberg; dem Kapitel von St-Denis in Vergy gehörte der Clos St-Denis; die Pfarrkirche in Santenay war Eigentümerin des Clos St-Jean, während an die Abtei Cluny noch der Clos Prieur und der Combe aux Moines in Gevrey-Chambertin erinnert, das sich fast ganz im Besitz dieses Klosters befand, weshalb es dort auch eine Burg erbaute, um dies deutlich zu zeigen.

Durch diesen Prozeß wurde die Côte d'Or in Hunderte von Climats aufgeteilt und erneut unterteilt, deren Namen jedoch bei weitem nicht alle aus den einstigen Besitzverhältnissen entstanden sind. Woher kommen beispielsweise Namen wie Montrachet oder La Perrière oder La Romanée? Es sind dies Flurbezeichnungen, in denen sich die Bodenbeschaffenheit (La Perrière – steiniger Boden), die Gestalt (Mont rachet – kahler Berg) oder (bei La Romanée) die Erinnerung an einen alten Weiberg der Römer spiegelt.

Den Zisterziensern ist es zu verdanken, daß diese Namen weithin bekannt gewordene Individualität erhielten.

DER ENORME ERFOLG DER KIRCHE BEI DER KULTIVIERUNG DER COTE D'OR hatte interessante Auswirkungen. Die erste war Neid. Herzog Hugo IV. von Burgund ärgerte sich vor allem über die unentwegte Selbstzufriedenheit der Benediktiner. (Der heilige Bernhard schrieb von ihnen: «Sie erheben sich von der Tafel mit vom Wein geschwollenen Adern und erhitztem Kopf.») «Dieser Klerus», sagte der Herzog, «bereichert sich auf Kosten des Adels... Es wird Zeit, daß wir wieder einmal einige Wunder zu sehen bekommen, die in letzter Zeit recht dünn gesät zu sein scheinen.»

Es gab viele Gründe dafür, weshalb die Kirche immer reicher wurde; gutes Management war nur einer davon. Die Kreuzzüge trugen viel dazu bei. Zwischen 1096 und 1290 machten sich acht Generationen von Kreuzzüglern auf, das Heilige Land zu befreien. Alle die aufbrechenden Ritter waren um eines besorgt: die Rettung der Seele vor der Verdammnis, falls sie sündig in der Fremde zu Tode kommen sollten. So kauften sie Ablässe, stifteten Seelenmessen und schenkten den Klöstern Land über Land. Niemand weiß mit Gewißheit, wieviel Landbesitz Cîteaux in seiner Blütezeit hatte, aber im 15. Jahrhundert begann sich das Glück der Zisterzienser zu wenden. Bei der Säkularisierung nach der Französischen Revolution besaß das Kloster dann nur noch 10 000 ha.

Den größten Einfluß auf die Geschicke Burgunds und insbesondere der Zisterzienser hatte jedoch der Streit der Päpste von 1308, als Papst Klemens V., vormals Erzbischof von Bordeaux, in Avignon ein Gegenpapsttum zu Rom errichtete. Es bestand 70 Jahre lang – manche behaupten, nur weil es sich am Burgunderwein stärken konnte. Die Päpste in Avignon ergötzten sich so sehr an dem Wein, den sie «Beaune» nannten, daß 1364 Urban V. eine Bulle erließ, worin er dem Abt von Cîteaux unter Strafe der Exkommunikation verbot, auch nur einen Tropfen Beaune nach Rom zu senden. Doch dürfte innere Stärkung auch aus jenen anderen Weinbergen erwachsen sein, die auf dem mit Steinen bedeckten Boden um das neue Schloß des Papstes nördlich von Avignon gepflanzt wurden: Châteauneuf-du-Pape.

IN DIESEM GÜNSTIGEN AUGENBLICK, als für Burgund alles gut stand, begann für seinen Lehnsherrn, den König von Frankreich, alles verquer zu gehen. Johann II., genannt der

Gute, wurde in der zweiten berühmten Schlacht bei Poitiers vom Prince of Wales, dem gefürchteten Schwarzen Prinzen, gefangengenommen und mit gehörigem Respekt, nichtsdestoweniger aber doch als Kriegsgefangener nach England verschleppt. Es folgten Verhandlungen, durch die sein Sohn Ludwig als Geisel für ihn nach England ging. Nach Paris zurückgekehrt, setzte der König 1363 einen weiteren seiner Söhne, Philipp von Valois (der sich im Alter von 14 Jahren bei Poitiers den Beinamen «der Kühne» erworben hatte), auf den verwaisten Herzogsthron von Burgund.

Mit seinen Söhnen hatte er jedoch wenig Glück. Ludwig entfloh aus London und ließ seinem Vater keine andere Wahl, als nach England zurückzukehren, wo er im darauffolgenden Jahr starb. Philipp betrachtete Burgund nicht als ein Lehen Frankreichs, sondern als sein Privatkönigreich, dessen Größe er durch Heirat mit der Erbin von Flandern zu verdoppeln verstand. Mit Flandern erhielt er die Herrschaft über Brügge, das damals der reichste Hafen im nördlichen Europa war. Vier widerborstige Generationen lang saßen nun an der Ostgrenze Frankreichs die Valois in stolzer Unbekümmertheit um anderer Leute Rechte und Gesetze. Es war dies für Burgund ein Jahrhundert voll Glanz und Glorie, und eine Zeitlang wurde dadurch der Wein aus Beaune zum berühmtesten der Welt.

Philipp der Kühne hielt große Stücke auf dieses bedeutende Gut. Der Ruhm des «Beaune» war dank der Gunst der Päpste schon so groß, daß er 1321 bei der Krönung Karls IV. in Reims gereicht wurde. Jedoch dezimierte 1348 und dann wieder 1360 die Pest den Bestand an Arbeitskräften, vor allem bei den Zisterziensern. Die Quantität der Weinproduktion konnte nicht gesteigert werden; also mußte Burgund sich auf Qualität verlegen. (Da kein Fluß für den Schiffstransport nach Norden vorhanden war, mußte ein Faß Burgunder ja sowieso von vornherein beträchtlich mehr wert sein als der Fuhrlohn.) Der Herzog brachte seine Strategie brillant zum Tragen, als in Brügge England und der Papst konferierten. Er bot seinen Gästen unbegrenzte Mengen der feinsten Weißweine Frankreichs an, ließ sie vom Rotwein aus Beaune aber nur ganz wenig kosten. Damit traf er ins Schwarze – nach jahrhundertelanger Vorliebe für Weißweine stieg nun der rote Wein von Beaune gewaltig im Kurs.

BIS UM DIESE ZEIT WAR VON TRAUBENSORTEN WENIG DIE REDE. Am besten bewährte sich im Nordosten Frankreichs nach Berichten sowohl aus Burgund als auch aus Paris der Fromenteau oder Beurot, heute als Pinot Gris (Grauburgunder oder Ruländer) bekannt. Diese Sorte hat hellrötliche Trauben, die einen weißlichen oder leicht «grauen» Saft abgeben und einen wunderbar «steifen», daß heißt körperreichen, ja fast dicklichen, aber würzigen und delikaten Wein erbringen. In Burgund wurde manchmal auch der Noirien erwähnt, dessen Name vermutlich darauf zurückzuführen ist, daß er einen «schwarzen» Wein lieferte.

Philipp der Kühne erkannte natürlich, daß dieser Noirien für den Rotwein aus Beaune unerläßlich war. 1375 taucht erstmals der Name Pineau auf, der eine besonders hochentwickelte Variante des Noirien gewesen sein soll, die angeblich vom Herzog selbst ausgewählt und so benannt wurde (der Name bedeutet vielleicht so etwas wie Pinienzapfen wegen der Form der kleinen, dicht mit Beeren besetzten Trauben). Wenn tatsächlich damals eine neue und bessere Traubensorte gefunden wurde, dann ist dies allerdings mit größerer Wahrscheinlichkeit den Zisterziensern zu verdanken. Wie dem auch sei, der Herzog unternahm jedenfalls den ersten und wichtigsten Schritt in einer Entwicklung, die schließlich zur Appellation Contrôlée führte, indem er den Pineau zwingend vorschrieb und einen neu auftretenden, rivalisierenden Emporkömmling aus der Côte d'Or verwies: den Gamay.

Der Gamay war auf mysteriöse und spektakuläre Weise ans Licht getreten. Aus dem Nichts erschien er um 1360 (allerdings wahrscheinlich eher als Mutation des Noirien)

Die Hochzeit von Herzog Philipp dem Guten mit Isabella von Portugal im Jahr 1430 fand auf dem Gipfelpunkt des unabhängigen Burgund und seines wohlhabenden, eleganten Hofs statt. Philipp von Valois war ein begeisterter Anhänger des Burgunderweins. Er gründete den Ritterorden vom Goldenen Vlies und nahm in ihn die Könige von Aragón, von Neapel und den Prinzen Johann von Portugal sowie den Adel seines eigenen Herrschaftsbereichs in Burgund und Flandern als Mitglieder auf. Durch Geschenke gewann er auch den Papst für den Wein von Beaune.

im Ort Gamay, südlich von Beaune in einem Tal hinter Meursault. Den Winzern kam er vor wie ein Wunder, als ob der Allmächtige sich mit ihm für den Schwarzen Tod entschuldigen wollte. Der Gamay reifte zwei Wochen früher als der Pineau, war widerstandsfähiger und verläßlicher und trug soviel Frucht, daß er ein Stützspalier brauchte. Eine Gamay-Pflanze lieferte bis zu viermal soviel Wein wie eine Pineau-Pflanze. Obendrein war dieser Wein dunkler und stärker.

Was diese Traube jedoch nicht besaß, war die aristokratische Eleganz, die leichte Konsistenz und die wundervolle Duftigkeit, die von der Welt – oder vielmehr den Weltlichen – am Beaune so sehr geschätzt wurden. Der Herzog kam in große Rage. Im Juli 1395 tat er den Gamay in Acht und Bann, «eine sehr schlechte, ungetreue Pflanze», deren Wein «faul, ja schädlich für den Menschen» sei. Alle Pflanzen sollten bis spätestens zum nächsten Osterfest vernichtet werden. Mit demselben Erlaß verurteilte er auch die Verwendung von Mist als Dünger. Er verleihe dem Wein einen schlechten Geschmack und Geruch. Seinen Untertanen gefiel dieses Dekret nicht sehr. Es verursachte eine unmittelbare Knappheit an Wein, einen Niedergang im Weinverkauf und den Konkurs vieler wohlhabender Bürger, die in diese wunderbare Pflanze investiert hatten. Natürlich rotteten die Winzer den Gamay bei weitem nicht ganz aus.

Deshalb erließ der Enkel Philipps des Kühnen, Philipp der Gute, auch 60 Jahre später noch Edikte gegen den Gamay: «Es ist seit undenklichen Zeiten untersagt, Gamay-Weine in den Beaune zu bringen. Solange sie neu sind, schmeicheln sie dem Fremden durch Süße» (was unausgesprochen bedeutet, daß sie später enttäuschten). «Die Herzöge von Burgund sind bekannt als die Herren der besten Weine der Christenheit. Wir wollen diese Reputation wahren.»

PHILIPP DER GUTE FÜHRTE DEN GLANZ UND RUHM BURGUNDS AUF DEN HÖHEPUNKT. Er stärkte die Unabhängigkeit seines Herzogstums von Frankreich, ergriff die Partei der

Engländer (und verkaufte ihnen seine Gefangene, Jeanne d'Arc, für 10 000 Goldkronen). Man kann sagen, daß an seinem Hof eine eigene Renaissance unabhängig von dem um dieselbe Zeit stattfindenden *Rinascimento* in Italien geschah. Unter seinen flämischen Hofmalern befanden sich zwei der größten Künstler des Mittelalters, Jan van Eyck und Rogier van der Weyden. Sein Kanzler, Nicolas Rolin, gründete das berühmteste aller Hospitäler, die Hospices de Beaune (wo Rogier van der Weydens Meisterwerk «Das Jüngste Gericht» noch heute zu sehen ist). Philipp erließ Gesetze, mit denen in Burgund beinahe so etwas wie ein System der Appellations Contrôlées geschaffen wurde (obwohl dieser Begriff erst 500 Jahre später aufkam). Er verbot den Weinbau auf ganz bestimmten ungeeigneten Ländereien. Wein war die Haupterwerbsquelle im südlichen Teil seines Herzogtums, die *raison d'être* von Dijon und Beaune.

Wir können uns von den Valois-Herzögen nicht abwenden, ohne auch von ihrem Ende zu erzählen. Hochmut trieb den nächsten Herzog, Karl den Kühnen (den Tollkühnen wäre besser gesagt), zum Versuch, das Elsaß, Lothringen und die Schweiz zu erobern, sie mit Flandern und Burgund zu verbinden und ein Königreich zwischen Frankreich und dem Heiligen Römischen Reich zu schaffen, das so mächtig sein sollte wie diese beiden. Er war ein eitler Prahler, der sich mit Juwelen behängte und den Militärdrill erfunden haben soll.

Schließlich meinten die vereinten Eidgenossen, Elsässer, Österreicher und Lothringer, nun sei es aber genug. Im bitterkalten Winter 1476 belagerte Karl die Stadt Nancy in Lothringen. Hier erfroren seine Soldaten zu Hunderten. Es kam zur Meuterei, und schließlich wurde die Leiche des letzten Herzogs von Burgund, wie es heißt, in einem zugefrorenen Bach, halb von Wölfen zerrissen, gefunden.

DER ZISTERZIENSERORDEN NAHM SEINEN URSPRUNG IN BURGUND, und in Burgund erbrachte er auch seine größten Leistungen im Weinbau. Es wäre allerdings falsch, hier den Eindruck erwecken zu wollen, als wäre der Weinbau die einzige weltliche Beschäftigung des Ordens gewesen. Vielmehr wuchs dieser sich über alle Grenzen hinweg bald zu einem multinationalen Unternehmen aus, das sich in allen Sparten der Landwirtschaft,

DIE AHNENTAFEL DES CHAMPAGNERS

Im Mittelalter dachte man bei dem Namen Champagne nicht sogleich an Wein. Berühmt war die Region dagegen wegen ihrer großen internationalen Tuchmessen. Auf ihnen trafen sich Kaufleute aus ganz Europa. Von Italien her kamen so viele über den Großen-Sankt-Bernhard-Paß, daß für sie eigens Unterkünfte gebaut werden mußten.

Die ersten Erwähnungen des Weins aus der Gegend um Reims und Epernay finden sich aber schon im 9. Jahrhundert, wobei zwischen *vin de la montagne* (von Reims) und *vin de la rivière* (von der Marne bei Epernay) unterschieden wird. Über der Marne erhob sich das berühmte Benediktinerkloster Hautvillers. Das nahegelegene Dorf Ay war für seine (hellroten) Weine hochangesehen; der König von Frankreich besaß Weinberge dort, später auch das englische Königshaus Tudor. Dadurch, daß der Wein von Reims seit Chlodwig bei der Krönung der französischen Könige in Reims mit dabei war, erhielt er ebenfalls ein besonderes Gepräge. Meist aber tranken ihn die Kaufleute und die Pilger und leider allzuoft auch durchziehende Kriegsheere.

Im späten 14. Jahrhundert schließlich erfolgte eine beträchtliche Ausweitung des Weinbaugebiets, und es setzte ein Export nach England und Flandern ein (wahrscheinlich auch nach Böhmen, dessen König Wenzel, als er in Reims 1397 mit Karl VI. über Streitigkeiten mit Papst und Gegenpapst konferierte, sich einen grandiosen Rausch daran holte). Die Lage der Champagne zwischen den beiden Hauptprovinzen des Herzogtums Burgund war ihr im 15. Jahrhundert nicht weiter förderlich, ebensowenig günstig wirkten sich die dann folgenden Religionskriege aus. Der Aufstieg zu Glanz und Ruhm begann erst im 17. Jahrhundert unter der Regierung Ludwigs XIV.

vom Forstwesen bis zur Fischzucht, betätigte. Am gewinnträchtigsten waren vielleicht die berühmten Schafherden des Ordens, deren Wolle – vor allem aus England und der Champagne – den Tuchmachern in Flandern zu tun gab und die großen Messen in der Champagne belebte.

Unter den Tausenden von Zisterzienserklöstern, die sich dem Weinbau widmeten, tritt nur noch eines in der Weingeschichte mit dem gleichen Glanz wie Cîteaux hervor – das Kloster Eberbach im Rheingau. Es wurde im allerersten Schwung der Expansion an einer für die Zisterzienser typischen, unbequem gelegenen Stelle gegründet: in einem waldigen Tal, das ihnen der Erzbischof von Mainz geschenkt hatte. Die Gründer kamen aus Burgund – es waren 12 Mönche, die der heilige Bernhard im Jahr 1136 von Clairvaux ausgesandt hatte. Ihre Tatkraft und Tüchtigkeit führte zum gewohnten Ergebnis: Schon 30 Jahre nach seiner Gründung hatte das Kloster ein Dutzend Ableger und wurde schließlich zum Mittelpunkt eines ganzen Netzwerks mit 200 Niederlassungen am Rhein zwischen Worms und Köln. Im 12. und 13. Jahrhundert war es das größte Weinbauunternehmen der Welt.

Im Kloster Eberbach bekommt man Größe und Herrlichkeit der Zisterzienser und zugleich die Kraft ihrer asketischen Lebensweise am besten zu spüren. Die große Abtei liegt versteckt in einem engen Tal – ein Komplex von Klostergebäuden mit Kirche, Kreuzgang, Kapitelsaal, Dormitorien, Kelterhaus und Kellern, der nur darauf zu warten scheint, daß eine lange Reihe weißgewandeter Gestalten unter feierlichen Gesängen einzieht und alles wieder in seinen alten Gang setzt.

Tatsächlich aber ist hier noch vielerlei «in Gang». Das Kloster ist heute zeremonielles Hauptquartier der Staatsweingüter im Rheingau, und obwohl die in langen Reihen

Das Zisterzienserkloster Eberbach steht leer, aber nahezu unverändert in mittelalterlicher Würde – ein wahres Schmuckstück des Rheingaus. Die gewölbte Halle mit der prachtvollen Sammlung alter Weinkeltern diente früher als Refektorium der Laienbrüder, die in den Weinbergen und Kellern arbeiteten.

aufgestellten gigantischen hölzernen Keltern, die aussehen, als hätte Gutenberg sie im nahen Mainz als Druckpressen für eine imaginäre mittelalterliche Großdruckerei gebaut, ihre gewaltigen Backen nicht mehr öffnen, so ist doch der hohe gotische Keller noch immer voll Wein. Am Südhang des Bergs über dem Kloster liegt zum Rhein hin schauend der ummauerte Steinberg, Deutschlands Clos de Vougeot, wo noch heute der Riesling wächst, der dort von den Mönchen (wenn auch nicht von Anfang an) gepflanzt wurde.

Zuerst freilich pflanzten sie wohl Reben, die sie aus Burgund mitgebracht hatten: Fromenteau und Noirien wahrscheinlich. Der Rheingau war ja wie Burgund gerade erst dabei, sich selbst als Weinbauregion zu entdecken.

Die Mönche dürften sich gewundert haben, wie ihr von daheim gewohnter Wein nun hier ausfiel. Man kann sich gut vorstellen, wie sie eifrig mit ihren Brüdern in Burgund Briefe tauschten, bis sie endlich einsahen, daß sie auf keine Weise im Rheingau einen wirklich zufriedenstellenden Rotwein hervorbringen konnten.

Wäre es nur um Wein für die Messe und ihren eigenen Tisch gegangen, dann hätten sie sich vielleicht damit zufriedengegeben. Doch die Zisterzienser waren Unternehmer von der Tonsur bis zur Sohle. Nichts anderes konnte ihnen so rasch zu Einkünften in barer Münze verhelfen wie guter Wein. Also versuchten sie es mit weißen Trauben an den steilsten Hängen, und nun merkten sie, daß diese Gegend für Weißwein prädestiniert war.

Heute ist der Name Rheingau gleichbedeutend mit Riesling. Niemand weiß genau, woher er kam, ob die Zisterzienser ihn entdeckten. Der erste urkundliche Beleg stammt aus dem Jahr 1435, und zwar aus Rüsselsheim am Main. Freilich besteht eine enge Verbindung mit dem Kloster Eberbach insofern, als in Rüsselsheim das Schloß der Grafen von Katzenelnbogen stand, deren Grabdenkmäler – eine echt ritterliche Prachtanlage – sich im Querhaus der Klosterkirche in Eberbach befinden.

Riesling oder nicht, der Wein von Eberbach setzte die Maßstäbe für die ganze Region. Vom eigenen Hafen, dem Hof Reichartshausen, aus gingen auf drei eigenen Schiffen des Klosters, Bock, Sau und Pinth, zahllose Fässer mit Wein an die ebenfalls klostereigenen Keller in Köln – wobei sie alle Mautstationen zollfrei passierten. Zum Größenvergleich sei gesagt, daß um 1500 nur 2,8 % des Klosterbesitzes von 9200 ha mit Wein bepflanzt waren, jedoch drei Viertel der Einkünfte aus landwirtschaftlichen Tätigkeiten brachten.

Im Jahr 1500 wurde auch das große Faß eingeweiht, eines der ersten mit solchem Fassungsvermögen, und die Brüder bauten es wohl nicht gerade zu Zwecken der Askese. Es konnte 70 000 Liter aufnehmen; Vincentius Obsopaeus besang es in feierlichen Reimen:

> Eberbach, wahrlich, dein Faß ist den Wundern der Alten vergleichbar.
> Denn ein größ'res besitzt unser Planet nimmermehr,
> Nenne es ruhig ein Meer, einen See des köstlichen Weins,
> Dem so am Tag wie des Nachts bacchischer Nektar entströmt.

Traurig die Feststellung, daß das geradezu babylonische Hochgefühl, das von diesem Riesenfaß ausging, sich nicht so recht auf das Volk übertrug. 1525 stürmten aufständische Bauern die Klosterkeller, tranken den Wein, oder doch wenigstens einen großen Teil davon, und plünderten das Kloster. Doch – wir haben es ja schon gesehen – die Klöster waren an unfreundliche Kunden durchaus gewöhnt. Was auf jeden Fall blieb, war, daß sie mit ihrer Bereitschaft zu Experimenten, mit ihren geduldigen Investitionen in Landbesitz und mit ihrer Fähigkeit, die Dinge langfristig zu betrachten, den Maßstab der Qualität Sprosse um Sprosse höher setzten.

KAPITEL 13

Bordeaux unter englischer Herrschaft

ENGLAND UND DIE GASCOGNE – DIE GEBURT DES CLARET

Dem Weinfreund ist sehr wohl bewußt, daß Bordeaux und England im Mittelalter buchstäblich miteinander verheiratet waren; für Bordeaux war es, als sei Öl dort gefunden worden, und zugleich begann damals die Geschichte des «Claret», die ja bis heute nicht zu Ende geschrieben ist. Was war inzwischen geschehen, seit sich in der Römerzeit die Knospe geöffnet hatte und bis sie im Mittelalter zur Blüte reifte?

Wir hörten zuletzt von Bordeaux, als es denselben Barbarenstürmen ausgesetzt war wie Trier und der edle Schatten des Ausonius in Trauer über den Niedergang dieser beiden blühenden Städte des Römerreichs das Haupt verhüllte. In Bordeaux erschienen als unwillkommene Gäste zunächst 406 die Ostgoten, dann zogen 408 die Vandalen durch, und schließlich kamen 414 die Westgoten und gingen nicht mehr fort. Zu allem Überfluß lag Bordeaux auch noch an der von den Römern so genannten «Sachsenküste», was bedeutete, daß trotz aller Wachsamkeit immer wieder die Langboote der Sachsen hier landeten und ihre Insassen sich freizügig bedienten.

Obgleich Barbaren, waren die gotischen Neuankömmlinge doch vom alten gallorömischen Establishment recht beeindruckt. Nicht alles, was sie taten, brachte Tod und Vernichtung. Zwar brandschatzten sie die Stadt, wie es sich gehörte, dann aber ließen sie sich nieder, heirateten in die besten Familien ein und übernahmen nicht ungern die rationellen Wirtschafts- und Verwaltungsmethoden. Kaiser Honorius anerkannte daraufhin ebenfalls nicht ungern die westgotischen Herrscher, die den Rhetorik- und Grammatiklehrern der alten «Universität» an ihrem Hof hohen Rang einräumten.

Diese Verlängerung des römischen Systems nahm ihr Ende, als um 500 die Franken kamen. Das 6. Jahrhundert versank in einem Wirrwarr fränkischer Kleinfürsten und sächsischer Grafen, und im 7. Jahrhundert wurde alles noch schlimmer dadurch, daß neuerlich ein Volk von Halsabschneidern hereinbrach: die Gascogner. Sie kamen von Spanien her aus dem gebirgigen Quellgebiet des Ebro wie einst – nach Meinung mancher Historiker – die Biturica-Rebe.

Als erster Herzog herrschte Loup (Wolf) in dem neuen Land namens Gascogne zwischen den Pyrenäen im Süden und der Girondemündung im Norden. Die Ära der Gascogner wurde unterbrochen durch den Einfall der Sarazenen, ebenfalls von Spanien her. Eudes, der Herzog der Gascogner, fand bei der Verteidigung von Bordeaux den

Tod, noch bevor die Sarazenen bei Poitiers ihre berühmte Niederlage erlitten. Nunmehr übernahmen die Karolinger die Herrschaft. Pippin der Kurze nahm Bordeaux im Jahr 763 ein. Im Jahr darauf hatte Karl der Große einen kurzen Auftritt in der Geschichte der Stadt, allerdings nur, weil er bei Fronsac an der Dordogne eine Burg baute, um seinen Machtanspruch im Südwesten seines Reichs zu verdeutlichen. Die Karolinger ernannten ihre «Ducs des Gascons» nicht so sehr aus den Reihen der Gascogner, sondern als Herrscher über sie. Es waren aber nicht die Gascogner, die ihnen zu schaffen machten, sondern vielmehr die räuberischsten aller Seefahrer, die Wikinger, die nunmehr auftraten. Die Stadt widerstand drei Angriffswellen der Wikinger, dann aber fiel sie. Der karolingische Herzog wurde getötet. Aber der Führer der Gascogner – dessen Name Sanche Sanchez seine spanische Herkunft bestätigt – kämpfte weiter und hütete den nur noch schwach glimmenden Lebensfunken des römischen Burdigala, bis nichts mehr übrig war. Der Erzbischof Frotaire verließ 870 die verwüstete Stadt und floh nach Poitiers.

Es gibt einige Anzeichen dafür, daß der Weinbau diese Zeit wechselnder Herrschaftsverhältnisse überlebte. Seine Hauptabnehmer waren Irland und die keltischen Randbezirke im Westen Britanniens. Das östliche England importierte Wein auf dem kürzesten Weg aus Nordfrankreich und vom Rhein. Nach 870 aber senken sich 250 Jahre des Schweigens über die Stadt.

WÄHREND DIE WIRTSCHAFT DES NORDENS in den aufblühenden Städten im 10. und 11. Jahrhundert in Schwung kam, blieb Bordeaux nur nominelles Zentrum kirchlicher und weltlicher Macht. Die Gascogne (oder Guyenne) war inzwischen Teil Aquitaniens geworden, das sich nordwärts bis zur Loire erstreckte und Poitou einschloß. Bordeaux, obwohl Sitz eines Erzbischofs und eines Herzogs (nun von Aquitanien), lag weitab von allen belebten Verkehrswegen – außer der Pilgerstraße nach Santiago de Compostela.

Der Hof des Herzogs Guillaume X. war 1120 berühmt für seine Eleganz, seine Troubadoure und seine Ritterschaft – aber auch durch die schöne Tochter des Herzogs. Der wirtschaftliche Motor aber lag im Norden, und dorthin richtete der Herzog denn auch seine Ambitionen. Die Westküste seines Landes mit den Inseln Ré und Oléron gehörte zu Westeuropas bedeutendsten Quellen für Salz, das in Lagunen durch Verdunsten des Meerwassers gewonnen wurde, wobei man bedenken muß, daß Salz damals fast das einzige Konservierungsmittel darstellte. Mit besonders großem Erfolg förderte er den als *«vicum mirabile de novo constructum»* (wundervollen neugebauten Ort) bezeichneten neuen Hafen von La Rochelle. Es kamen Schiffe aus fast allen Hafenstädten im Norden Europas, und die Anziehungskraft von La Rochelle wuchs noch, als zugewanderte Bürger begannen, Weinberge anzulegen. Die Umgebung (heute die Charentes) ist sonnig und relativ frostfrei. Unter weitgehender Anwendung des *complant*-Systems der Gewinnteilung entstand hier ein Meer von Reben – mit der vollen Absicht, den *vins de France* und dem Rheinwein, die bislang im ganzen nördlichen Europa getrunken wurden, den Rang abzulaufen. Es wuchs hier eine Art mittelalterlicher Muscadet (wenn er auch im Geschmack dem heutigen Gros Plant ähnlicher gewesen sein dürfte); da segelte niemand weiter nach Süden, nur um in Bordeaux teurer einzukaufen.

IN ROM FAND 1130 DIE GENERALPROBE FÜR DAS TRAUERSPIEL STATT, das schließlich zum päpstlichen Exil in Avignon führte. Es wurden zwei rivalisierende Päpste gewählt. Herzog Guillaume und sein Schützling, der Erzbischof von Bordeaux, unterstützten den Verlierer. Um sein Seelenheil zu retten, mußte sich der Herzog auf die Pilgerschaft nach Santiago de Compostela begeben, und er ließ seine 17jährige Tochter Aliénor in der Obhut des Königs Ludwig VI. von Frankreich zurück. Der Herzog starb in Spanien, und kaum hatte König Ludwig dies erfahren, da entsandte er schon seinen (erst 16jährigen) Sohn und Erben mit einem Gefolge von 500 Rittern, um die Braut und ihre enorme

Mitgift, Aquitanien und Poitou, also das südwestliche Drittel Frankreichs, einzuheimsen. Die Vermählung fand im Juli 1137 in der Kathedrale St-André in Bordeaux statt.

Ludwig, der Dauphin, vergötterte seine junge Gemahlin. Er war aber auch überaus religiös, während Aliénor, eine eigenwillige junge Dame, zu jener Zeit weder übermäßig fromm noch besonders verliebt war. Für sie kam ihr Herzogtum an erster Stelle; Königin von Frankreich zu werden, war erst in zweiter Linie interessant. Ihr Gemahl ernannte nun seine Favoriten für Ämter in Bordeaux, sie aber widersetzte sich allen und jedem. Mit seinem geistlichen Berater, Abt Suger von St-Denis, geriet sie in Streit, und mit Bernhard von Clairvaux, der sie gar zu fein fand, lag sie in ständigen Auseinandersetzungen. Als dann ihr Gemahl (inzwischen König geworden) einen Kreuzzug ins Heilige Land unternahm, zog sie nichtsdestoweniger mit ihm – den ganzen langen Weg, eine überaus gefährliche und mühselige Reise. (Das rauhe Akko in Palästina war ihr lieber als das fromme Getue des Hofs in Paris.)

Als sie dann 1151 wieder nach Paris zurückgekehrt waren, empfing der Hof den Huldigungsbesuch des Herzogs der Normandie und seines Sohnes, des 18jährigen Henry Plantagenet. Die inzwischen 29jährige Aliénor stellte einen Vergleich zwischen dem feurigen jungen Mann und ihrem zutiefst religiösen Gemahl an und kam zum Schluß, eine Veränderung sei angezeigt. Nun wurde Bernhard von Clairvaux konsultiert. So reisten zur Verwunderung der Welt der König und die Königin von Frankreich nach Bordeaux, um ihre Ehe (die zwei Töchter hervorgebracht hatte) nach 15jähriger Dauer feierlich auflösen zu lassen – und zwar mit der Begründung, daß sie Cousin und Cousine waren und eigentlich überhaupt nicht hätten heiraten dürfen.

Acht Wochen später vermählte sich Aliénor mit Henry Plantagenet, dem Herzog der Normandie und Grafen von Anjou. Wieder zwei Jahre später, 1154, wurde er König

DER WEINSTOCK IN ENGLAND

Das Domesday Book, eine detaillierte Bestandsaufnahme, die Wilhelm der Eroberer von seinem neuen englischen Reich anstellte, gibt uns den ersten genauen Aufschluß über den Weinbau (oder wenigstens den Traubenanbau) in England. Erwähnt werden insgesamt 42 Weinberge, darunter mehrere in London und Westminster, die meisten jedoch in Essex, östlich von London, und die nördlichsten bei Ely, das die Normannen «L'Isle des Vignes» nannten, wie ihr Vorfahr Leif Eriksson ein Jahrhundert früher Amerika «Vinland» genannt hatte. Ely ist ein inmitten von Marschland aufragender einzelner Hügel mit einer Kathedrale, die schon vor der Ankunft der Normannen ein ehrwürdiges Alter hatte. Vielleicht schon seit der Römerzeit hatten die Angelsachsen dort Weinbau betrieben.

Die Weinberge Englands waren nie sehr ausgedehnt, doch durften sie bei keinem Schloß oder Kloster im Süden fehlen. 1155 baute das königliche Windsor Castle seinen eigenen Weinberg. Das Zisterzienserkloster Beaulieu bei Southampton an der Südküste hatte selbstverständlich einen Weinberg. Den größten Weinbergbesitz aber hatte offenbar der Erzbischof von Canterbury, doch war davon wahrscheinlich nichts käuflich zu haben, und Probiernotizen sind von damals nicht erhalten.

Der Erwerb von Bordeaux führte nicht zu einem deutlichen Rückgang des Rebenanbaus, verhinderte aber vielleicht eine größere Ausdehnung. Dennoch muß er sich im Mittelalter ausgebreitet haben, denn 1509 gab es 139 Weinberge, davon 11 im Eigentum der Krone (die fest auf dem Haupt Heinrichs VIII. saß), 67 im Besitz des Adels und 52 in der Hand der Kirche. «Theologicum» wurde der beste (klösterliche) Wein genannt – ob das allgemein oder nur für einzelne galt, ist nicht bekannt. Bei der Auflösung der Klöster um 1530 gingen deren Weinberge an die jeweiligen adeligen Herren über. Der Altertumsforscher William Camden, Leiter der Westminster School, bereiste das ganze Land, um seine Übersicht «Brittania» zusammenzustellen, die 1586 erschien. Seine Beobachtung lautete, daß der Weinbau zurückgegangen sei, nicht etwa wegen des Klimas oder der Erschöpfung des Bodens, sondern wegen der Trägheit der Bewohner.

ENGLAND UND DIE GASCOGNE – DIE GEBURT DES CLARET

Heinrich II. und sie Königin Eleonore von England. Damit war die historische Verbindung zwischen Bordeaux und England geschaffen.

Das Geschick der Stadt Bordeaux wendete sich jedoch nicht rasch. Eleonore begünstigte wie einst ihr Vater La Rochelle. Ihr neuer Gemahl stammte aus Anjou, also von der Loire: Seine ganze Neigung gehörte ebenfalls dem Norden des Herzogtums. Anders als Ludwig besorgte Heinrich, obwohl zehn Jahre jünger als seine Frau, die Geschäfte des Herrschens. «Wenn der König zu reisen beschließt», schrieb sein Kaplan, «dann bricht er im Morgengrauen fast ohne Vorankündigung auf. Alle werden in Verwirrung gestürzt. Männer laufen hin und her und treiben die Packpferde an, Karren stoßen zusammen, und die ganze Hölle ist losgelassen.»

Eleonore gebar ihm acht Kinder, von denen vier Söhne und drei Töchter am Leben blieben. Doch führte sie ein zurückgezogenes Leben mit ihren Troubadouren in Poitiers und ihren Nonnen im Kloster Fontevrault, mied aber England, ihren herrischen Gemahl (den sie mit vielen Mätressen teilen mußte) und dessen Kanzler Thomas Becket (der ihr wie ein zweiter, wenn auch weltlicher Abt Suger vorgekommen sein muß). Schwierigkeiten gab es, als Heinrich sein Reich unter seinen Söhnen aufteilte, indem er Heinrich, den ältesten, nach mittelalterlicher Art schon zu seinen Lebzeiten zum König von England und Richard, den zweiten, zum Herzog von Aquitanien krönte. Geoffrey, der dritte, heiratete die Erbin des Herzogtums Bretagne. Der alte König überließ es dem neuen, für John, den jüngsten seiner Söhne, zu sorgen ... der aber tat nichts dergleichen. Deshalb nannte ihn der Hof in feinem Französisch «Jean Sans Terre», das Volk in grobem Englisch «John Lackland», beide also gleich respektlos «Johann Ohneland».

Eleonore sah nun eine Chance, die Herrschaft wenigstens über ihr eigenes Herzogtum wiederzuerlangen, und intrigierte mit ihren Söhnen gegen den Vater. Es war eine ungute Angelegenheit, durch die England und Frankreich in einen Erbfolgekrieg gestürzt wurden. Heinrich vergab seinen Söhnen, nicht aber seiner Frau: Er hielt sie in

Die Frachtschiffe der mittelalterlichen Weintransportflotten waren die Koggen. Auf dieser Miniatur aus dem 15. Jh., die den König von Frankreich bei seinem Einzug im Hafen von Sluys in Flandern zeigt, ist die rundliche, trogartige Bauweise gut zu erkennen. Das Fassungsvermögen wurde mit der Zahl der Tonnen oder Weinfässer angegeben, die sie aufnehmen konnten. Bei einer großen Kogge mit einer Besatzung von 40 Mann waren es manchmal über 200. Die Monarchen hatten großes Interesse an diesen Kauffahrteischiffen, einerseits als einer bedeutenden Steuerquelle, andererseits aber auch für ihre Kriegsflotten.

England gefangen, bis er 1189 starb als ein großer, aber enttäuschter König, der gegenüber seinen Söhnen wohl ähnliche Gefühle gehegt haben muß wie König Lear gegenüber seinen Töchtern.

Inzwischen war der junge Heinrich gestorben, und Richard, der Favorit seiner Mutter, erbte England und Aquitanien zugleich, befreite Eleonor und setzte sie wieder in ihre Herrscherrechte in Frankreich ein. Um 1190 endlich kam Bordeaux wieder ins Bild. Mit Kathedrale und Herzogschloß wurde es zum Sitz König Richards – nur 1190 bis 1192 befand er sich unterwegs auf einem Kreuzzug und erwarb sich den Beinamen «Löwenherz». Aber auch jetzt wurde La Rochelle weiter mit Vorzug behandelt. 1190 baute die Königin und Herzogin hier einen neuen Hafen, dessen monumentale Mauern heute noch stehen.

In den Häfen des Nordens kamen neue Frachtschiffe mit größerem Tiefgang auf – die Koggen. Sie brauchten bessere, tiefere Anker- und Anlegeplätze. Bordeaux begann nun, sich bitter darüber zu beschweren, daß die königliche Gunst weiterhin auf den Erzeugern billiger Weißweine in der Umgebung von La Rochelle ruhte, während sein eigener altehrwürdiger Weinbau durch einen Wust veralteter feudaler Zölle und Abgaben gehindert wurde, am Wettbewerb teilzunehmen.

Auf die königliche Gunst aber kam es an, denn der Wein, den der König heute trank, war der Wein, den morgen alle trinken wollten. Richard Löwenherz machte zwar schließlich als erster den Bordeaux zum Hauptwein seines Haushalts, da er sich aber fast ständig in Frankreich aufhielt, kann kaum behauptet werden, daß er den Bordeaux-Wein in England populär gemacht hätte.

Als er bei der Belagerung einer Burg im Limousin ums Leben kam, manövrierte seine Mutter ihren letzten noch lebenden Sohn auf den Thron. (Es wurde sogar gemunkelt, sie habe die Ermordung ihres Enkels Arthur – Sohn Geoffreys und einziger anderer Thronanwärter – veranlaßt.) So wurde Johann Ohneland König von England, er gab den Kaufleuten von Bordeaux erstmals faire Chancen auf dem englischen Markt.

1203 akzeptierte er im Château de l'Ombrière – dem Sitz der Plantagenets in Bordeaux – vermutlich unter dem Druck seiner Mutter die Argumente der Bürger von Bordeaux, daß nämlich niedrigere Steuern höhere Einkünfte bedeuten würden. «Hebt die Sperre unseres Hafens auf, und unsere Stadt wird blühen und gedeihen!» Johann ließ sich sein Entgegenkommen natürlich honorieren. Als Gegenleistung für Schiffe und Hilfe gegen den König von Frankreich befreite er Bordeaux, Bayonne und Dax, die drei schiffahrttreibenden Städte der Gascogne, von der *Grande Coutume,* dem Hauptzoll auf ihre Exporte. Nun konnten die Gascogner endlich nach England gehen.

LA ROCHELLE UND POITOU PROTESTIERTEN LAUT GEGEN DAS NEUE PRIVILEG DER GASCOGNE – so laut sogar, daß schon ein Jahr danach der König gezwungen war, ihnen dieselben Rechte einzuräumen. Noch ein Jahr später aber brachten die Taten eines anderen abenteuerlustigen Monarchen Bordeaux einen entscheidenden Vorsprung in der königlichen Gunst. König Alfons von Kastilien, der mit Aliénor – einer der Töchter Heinrichs und Eleonores – verheiratet war, erhob nämlich Anspruch auf Guyenne. Die Bürger von Bordeaux aber leisteten tapferen Widerstand und hielten die Belagerung aus. Diesmal nahm König Johanns Dank die Gestalt einer Weinbestellung und gleichzeitig der Bestätigung von Pierre Lambert als erstem Bürgermeister von Bordeaux an.

Weitere zehn Jahre später bestellte er dann schon eine recht erkleckliche Menge: 120 Tonneaux «Gascogner-Wein» von Bristol aus. Man schrieb das Jahr 1215, als sich die Lage für ihn zuspitzte und seine Vornehmen ihn dazu zwangen, die Magna Charta zu unterschreiben. Doch die Eifersüchteleien zwischen Bordeaux und La Rochelle um des Königs Gunst gingen weiter. Was schließlich gegen La Rochelle den Ausschlag gab, war nicht sein saurer Wein, sondern die Untreue seiner Bürger. 1224 unternahm der

König von Frankreich große Anstrengungen, um die Engländer aus Poitou und Guyenne hinauszuwerfen. Nicht lange, und La Rochelle kapitulierte vor ihm. Damit hatten die Kaufleute der Stadt den englischen Markt verloren. Vermutlich taten sie es mit einem Achselzucken ab. Flandern, Deutschland und das Baltikum verlangten ja auch nach billigem Wein. Von nun an aber nahm Bordeaux die Vorteile seiner einzigartigen Beziehungen zu England konsequent wahr. Seine Bürger forderten das Recht, für alle Zeiten ihren Bürgermeister selbst zu wählen, und es wurde ihnen 1235 auch gewährt (Bristol hatte dieses Recht erst 1217 und sogar London erst 1191 erlangt).

BEI DEN MENGEN WEIN, DIE ENGLAND ABNAHM, und bei der Schnelligkeit, mit der Bordeaux diese Mengen lieferte, könnte man meinen, es seien in der Region bereits große Weinberge angepflanzt und bereit gewesen. Dem war aber nicht so. Bordeaux war in der Römerzeit ursprünglich ein *emporium*, Lagerplatz, gewesen, und als im 13. Jahrhundert sein Stern wieder zu steigen begann, war es ebenfalls mehr ein Hafen als ein Weinerzeugungsgebiet. Nur die unmittelbare Umgebung der Stadt, vor allem der Bereich Graves im Süden, war für den Weinbau von Bordeaux erschlossen. Des weiteren gab es Weinberge am Steilufer der Garonne gegenüber dem Hafen (heute die Premières Côtes de Bordeaux), in Entre-Deux-Mers zwischen Garonne und Dordogne sowie an der Mündung bei Blaye. Im Médoc gab es kaum Reben. Alles in allem war das nicht sehr viel.

Der englischen Bedarf wurde überwiegend von Aquitanien insgesamt, bis weit hinauf ins «Oberland», gedeckt. Der größte Teil des Gascogner Weins kam die Garonne herab aus Gaillac (am Tarn), Moissac und Agen oder von St-Macaire, Langon und Barsac oder aber die Dordogne herab aus Bergerac und – zunächst freilich noch in geringerem Maß – aus St-Emilion. Auch aus Cahors, weit oben am Lot, kamen Weine aus dem sogenannten «Oberland» – dies bezeichnete den Unterschied zu den Produkten aus Bordeaux selbst. Höchstwahrscheinlich waren sie besser und stärker als der eigentliche

---

BORDEAUXWEIN IN LONDON

Ein Weinhändler in Bordeaux zu sein, hatte im Mittelalter eindeutige Vorteile. Nicht nur hatte man den Nutzen von jenem System von Privilegien, das *police des vins* genannt wurde, sondern als wohlhabender und zuverlässiger Gascogner Kaufmann konnte man auch freier Bürger der Stadt London werden und dort die Abgabenerleichterungen in Anspruch nehmen. War man aber Bürger von London und Bordeaux, dann war das gleichbedeutend mit der Freiheit, Geld zu scheffeln – und das taten die Großen unter den Gascognern denn auch mehr oder weniger, indem sie dem König mit italienischen Bankiers um die Wette Kredite gewährten.

Selbstverständlich waren die Gascogner Kaufleute Untertanen des englischen Königs, der bereit war, so gut wie alles zu tun, um sich ihre Loyalität gegen die Franzosen zu sichern. Edward I. galt bei den Londonern als besonders für die Gascogner eingenommen. Sehr zum Mißfallen der Stadt erließ er 1302 Verordnungen, die den Gascognern Befreiung von den üblichen kleinen (doch höchst kostspieligen) Gebühren für ausländische Kaufleute gewährten. Er hatte gute Gründe dafür: Außer dem Thron hatte er nämlich die recht bemerkenswerte Weinrechnung seines Vaters geerbt und beglich sie nun auf diese Weise.

Den Gascognern war es sogar gestattet, in London eine eigene Gilde zu gründen: The Merchant Wine Tonners of Gascoyne, später bekannt unter dem Namen The Mystery of Vintners, dann 1345 durch königliches Patent in The Vintner's Company umgebildet – das war eine der reichsten und glänzendsten Zünfte des Mittelalters. Sie besteht noch heute in der Nähe ihres ursprünglichen Sitzes in der City, in Three Cranes Wharf an der Themse. Eine Tafel an der Wand des heutigen Gebäudes erinnert an das «Gastmahl der fünf Könige» in der Vintners Hall im Jahr 1363, als Sir Henry Picard für Hugo IV. von Zypern, Edward III. von England, Johann den Guten von Frankreich (der als Gefangener in England weilte), den König von Schottland und König Waldemar von Dänemark ein Bankett gab.

Frankreichs schönste mittelalterliche Brücke, der Pont Valentré, wurde 1308 in Cahors über den Lot gebaut.

Cahors war durch seinen Wein berühmt, aber auch durch die Wucherzinsen der dortigen Kaufleute.

Bordeaux, weshalb man dort auch ein neidisches Auge auf sie hatte und zuerst die eigene Produktion absetzen wollte.

Es lässt sich gar nicht genug betonen, wie wichtig die rechte Zeitplanung damals war. Der Wein, den Bordeaux zu bieten hatte, war zwar um ein weniges fruchtiger und wahrscheinlich angenehmer und erfreulicher zu trinken als die Weißweine aus dem Norden, die er allmählich verdrängte, aber er war auch genauso leicht verderblich wie diese. Man mußte damit rechnen, daß er nach höchstens einem Jahr sauer war, und am besten schmeckte er ein paar Monate nach der Ernte. Einjähriger Wein fiel um die Hälfte im Preis, sobald die Schiffe mit dem neuen Jahrgang Anker warfen. Oft wurde er einfach weggeschüttet.

Alles politische Gerangel um die Privilegien der einen oder der anderen Stadt drehte sich um diesen einen Punkt, und Bordeaux als günstig zwischen seinen Rivalen und dem Meer gelegener Hafen hatte schönste Gelegenheit, den eigenen Wein auf den Markt zu bringen, bevor andere den ihrigen herbeischaffen konnten. Allmählich brachte die Stadt im Lauf des 13. und 14. Jahrhunderts eine Wettbewerbsordnung zustande, die ihr Vorteile gegenüber ihren Nachbarn und Rivalen sicherte – die sogenannte *police des vins*. Die Könige von England tolerierten das System hauptsächlich, weil es ihnen das Eintreiben der Steuern erleichterte, und als Bordeaux schließlich wieder unter französische Herrschaft kam, wurde es weiter geduldet, um aufrührerische Rückkehrwünsche bei denen zu verhindern, die etwa glaubten, unter der englischen Herrschaft sei es ihnen besser gegangen.

Allerdings war Bordeaux nicht etwa plötzlich der einzige Weinlieferant Englands geworden. Der relativ reife und süße Wein aus Anjou blieb nach wie vor stark gefragt, und Rheinweine waren stets beliebt. Die Burgunder Weine, die – wie wir gesehen haben – um etwa dieselbe Zeit in Blüte kamen, gelangten kaum bis England, aber die *vins de France,* die in säuerlichem Strom von Rouen nach England geflossen waren, wurden vom neuen Bordeaux in den Schatten gestellt. Überdies war es von Bordeaux nach Bristol, London, Southampton, Hull, Berwick und hundert anderen kleinen Häfen entlang der Küste nur ein Katzensprung. Um die Mitte des 13. Jahrhunderts kamen bereits drei Viertel der für das englische Königshaus bestimmten Weinlieferungen aus Bordeaux. Nun ist unter «Königshaus» aber nicht nur die königliche Tafel zu verstehen, sondern alle königlichen Haushalte, der öffentliche Dienst, königliche Gaben und Geschenke und schließlich auch der Weinbedarf des gesamten Heers. Im Jahr 1282 bestellte Edward I. 600 Tonneaux für seinen Feldzug gegen die Waliser.

BEIDE SEITEN MACHTEN SICH DIE NEUE SACHLAGE ZUNUTZE. Bisher brachliegender königlicher Landbesitz in Bordeaux wurde plötzlich wertvoll. König Johann und seine Nachfolger, Heinrich III. und Edward I., verkauften, verpachteten und vergaben Land für den Anpflanzungs- und Bauboom, der über die Region fegte. Neu erblühende Städte wie Bergerac ersuchten bald um die Gewährung von Rechten – die natürlich ihren Preis hatten. König Heinrich III. erbaute eine befestigte Stadt an der Dordogne, um den Flußverkehr zu kontrollieren: Libourne, gegründet 1270 von des Königs Seneschal, seinem Statthalter in der Region, Sir Roger de Leyburn. Libourne nahm Fronsac und dem kleinen Hafen von St-Emilion, Pierrefitte, allen Verkehr weg. Übrigens brachte St-Emilion damals mehr Korn als Trauben hervor; in der geschäftigen kleinen Stadt gab es viele Mäuler zu stopfen, denn sie bildete inzwischen einen großen Kontrast zu der bergigen Wildnis, wo 400 Jahre zuvor der heilige Emilianus seine Einsiedelei gegründet hatte.

Die Zahlen des Jahrgangs 1308 lassen erkennen, daß Libourne fast 11 000 Tonneaux Wein exportierte, d. h. 97 000 hl. Das meiste davon war in Bergerac gewachsen. Aber es war nur ein Sechstel dessen, was in jenem Jahr aus der Gascogne insgesamt exportiert wurde – die anderen fünf Sechstel gingen über Bordeaux. Eine genauere Vorstellung vom Umfang des Handels zwischen Bordeaux und England bekommt man, wenn man liest, daß im Jahr zuvor, 1307, König Edward II. für seine Hochzeitsfeier in London 1000 Tonneaux Claret bestellt hatte; Edmund Penning-Rowsell hat es sich nicht nehmen lassen, auszurechnen, daß das 1 152 000 Flaschen waren. Finanziert wurde diese Transaktion von dem Florentiner Haus Frescobaldi, dem wir noch begegnen werden.

Aus der ersten Hälfte des 14. Jahrhunderts besitzen wir genaue Unterlagen über die Exporte in sieben Jahren. Der jährliche Durchschnitt betrug 83 000 Tonneaux, d. h. 700 000 hl, wovon die Britischen Inseln Berechnungen zufolge fast die Hälfte abnahmen ... und das bei einer Bevölkerung von etwa fünf Millionen. Grob geschätzt bedeutete das sechs Flaschen Claret pro Kopf – Mann, Frau und Kind.

Für eine so große Erzeugung muß man unter Berücksichtigung der damals sehr viel kleineren Erträge annehmen, daß die Gascogne insgesamt über eine ungefähr ebenso große Rebfläche verfügte wie heute, d. h. rund 100 000 ha. In unseren Tagen bringt dieselbe Rebfläche etwa die dreifache Menge Wein hervor. Die Exportziffer von damals aber wurde erst nach dem 2. Weltkrieg wieder erreicht. Im Jahr 1900, als – wie man annehmen darf – bestimmt ordentlich Rotwein getrunken wurde, war die Gesamtmenge dennoch um rund 12 000 hl geringer als 1308.

Das französische «Tonneau» entspricht der englischen «Tun» oder «Ton», nämlich einem Faß mit 900 l Inhalt. Ein derart großes Gebinde läßt sich freilich nicht handhaben, und es wurde deshalb für Zwecke des Schiffstransports in zwei «Pipes» bzw. vier «Oxhoft» (heute allgemein «Barrique» genannt) mit je 225 l unterteilt. Man kann auch ein Tonneau mit 100 Kisten mit je einem Dutzend 0,75-Liter-Flaschen gleichsetzen – eine Barrique entspricht dann 25 Kisten.

Im Mittelalter wurde der Frachtraum eines Schiffes danach bemessen, wieviele Tonnen Wein es befördern konnte. Diese alte Praxis gilt heute noch – allerdings wird bei Schüttgütern eine Schiffstonne mit 100 Kubikfuß gerechnet, während die metrische Tonne bekanntlich 1000 Kilogramm entspricht.

ENGLAND UND DIE GASCOGNE – DIE GEBURT DES CLARET

NUN WAR ES KAUM ZU ERWARTEN, daß Frankreich auf lange Sicht in einem großen Teil seines Gebiets die Herrschaft des englischen Königs dulden würde. Schon hatten die Franzosen Poitou zurückgewonnen. Der neue französische König, Philipp VI., verbündete sich 1338 mit den Schotten gegen England und versuchte den englischen Export von Wolle nach Flandern zu unterbinden und damit dem Land die Haupteinkunftsquelle abzugraben. Edward III. von England erhob daraufhin Anspruch auf den französischen Thron. Er stellte bei Orwell vor der Küste von Suffolk die erste große Flotte der englischen Geschichte zusammen – 200 Schiffe, meist Weinfrachter – und lief nach Frankreich aus. Bei Sluys vor Ostende siegten die Engländer in der ersten Schlacht eines Krieges, der 115 Jahre dauern und für sie mit dem Verlust der gesamten Gascogne enden sollte. Der Hundertjährige Krieg verlief mit wechselnder Intensität, vom Schwarzen Prinzen gnadenlos vorangetrieben und vom Schwarzen Tod ebenso gnadenlos unterbrochen.

Der Strom des Claret floß nie wieder so reichlich wie in den Jahren vor diesem Krieg. Lange Zeit hindurch war das Oberland in französischer Hand. Um 1340 verwüsteten die Franzosen viele Weinberge an der Dordogne und der Garonne. An alle englischen und Gascogner Schiffe – die übrigens von Bayonne und nicht von Bordeaux kamen – erging königliche Order, sie sollten sicherheitshalber im Konvoi segeln.

Die Weinflotte kam zweimal im Jahr, im Oktober und im Februar, um den letzten Jahrgang abzuholen. Die Schiffe von der Ostküste versammelten sich zunächst bei Orwell und segelten dann zur Isle of Wight, wo sie mit der Flotte aus Portsmouth zusammentrafen. Bei günstigem Wind konnten sie dann in einer Woche in Bordeaux anlangen. Auf diesen günstigen Wind zu warten, konnte freilich Monate dauern, und in dieser Zeit wurde der Wein gewiß nicht besser. Oft mußten die Schiffe auch einen Schutzhafen anlaufen oder sich unterwegs neu verproviantieren. Das geschah meist in Port St-Mathieu an der Westspitze der Bretagne, wo heute Brest liegt. Dort wurden sie vom Herzog der Bretagne mit teuren Geleitbriefen ausgestattet – aber leider gab es viele bretonische Seeräuber, die nicht lesen konnten!

Nun ging zwar die Gesamtmenge an Bordeaux-Wein zurück, doch der englische Bedarf machte einen immer höheren Anteil aus, weil durch den Krieg mit Frankreich die Alternativquellen im Norden abgeschnitten wurden. Um 1390, als ein längerer Waffenstillstand für Erleichterung sorgte, nahm England noch 80 % des Bordeaux-Exports auf.

Mit der beste Wein kam damals von den Besitzungen des Erzbischofs, der etwas Rotwein bei Pessac in Graves anbaute und über noch größere Weingüter bei Quinsac, 10 Meilen die Garonne aufwärts, verfügte. Bertrand de Goth, der später als Papst Klemens V. den Sitz der Päpste nach Avignon verlegte, erkannte seine Chance, aus dem Boom Kapital zu schlagen. Sein Gut in Pessac, das heutige Château Pape Clément, wurde 1300 auf dem Höhepunkt des Exportgeschäfts angepflanzt. In jenem Jahr liefen über 900 Schiffe von Bordeaux nach England aus. Es war nur ein kleines Weingut, übrigens ganz nahe bei dem Château, wo 350 Jahre später der nächste große Bordeaux-Boom seinen Anfang nahm. Der Erzbischof baute aber auch Weißwein in den terrassierten Weinbergen seiner Villa über dem Fluß in Sichtweite der Kathedrale an, in Lormont (wo heute kein Wein mehr wächst).

WIE GUT DER ERZBISCHÖFLICHE WEIN DAMALS WIRKLICH WAR, ist nicht leicht zu beurteilen, obwohl ausführliche Unterlagen darüber existieren, wie seine Güter verwaltet wurden. Die Weinbereitung in Bordeaux geschah im wesentlichen nicht anders als auf die in Kapitel 11 beschriebene Art und Weise, nur mit der Ausnahme, daß in Bordeaux Keltern ausgesprochen unüblich waren. Es gab hier vor allem kleine Winzer, keine herrschaftlichen Domänen und großen Klöster, die sich Weinpressen leisten konnten.

ENGLAND UND DIE GASCOGNE – DIE GEBURT DES CLARET

Es ist schon vielfach versucht worden zu erklären, weshalb das französische Wort *clairet,* anglisiert *claret,* ausschließlich für Bordeaux benutzt wird. Eine eingängige Begründung lautet, daß England in den 300 Jahren seiner Herrschaft über Bordeaux schließlich lange genug Zeit hatte, es sich ins Gedächtnis einzuprägen. Seltsamerweise jedoch ist der Gebrauch dieses Worts im Englischen im Gegensatz zum Französischen erst ab dem 16. Jahrhundert nachzuweisen. Es scheint dagegen sicher, daß von Anfang an ein sehr heller Rotwein oder Rosé (neben Weißwein) das Beste war, was Bordeaux zu bieten hatte – oder zumindest doch, daß diese Art dem englischen Geschmack und auch den Anforderungen der Seereise am besten entsprach.

Der Claret wurde damals bereitet wie heute ein Rosé; genauer gesagt, wie der von den Franzosen als *vin d'une nuit* bezeichnete Wein. Die Trauben wurden gestampft, und der Most verblieb zunächst eine Nacht, maximal 24 Stunden, zum Gären mit den Traubenschalen zusammen im Bottich. Wahrscheinlich befand sich darunter auch ein großer Anteil weißer Trauben. Sodann wurde der blaßrötliche Saft in Fässer geleitet und gärte dort als klarer Most weiter. Was noch an Flüssigkeit bei den Schalen zurückgeblieben war, ergab einen stärker roten Wein; er wurde als *vin vermeilh* oder *pinpin* bezeichnet. Er entsprach etwa 15 % der Gesamtmenge, galt aber wie der Preßwein als zu dunkel und herb. Vielleicht wurde ein wenig davon dem Claret beigemischt, damit der schönere Farbe oder kräftigeren Geschmack bekam; der Rest wurde billig verkauft, aus den übriggebliebenen Trestern schließlich noch *piquette* (Haustrunk) bereitet.

Man ist versucht den also wahrscheinlich hellen, leichten, überaus süffigen, milden und doch kräftigen Claret mit dem Beaujolais nouveau von heute zu vergleichen. Im großen und ganzen muß er wohl so ausgefallen sein, obgleich der Beaujolais natürlich vom pikanten Aroma der Gamay-Traube gekennzeichnet ist, während der Claret vermutlich von den Vorfahren der Rebsorten Cabernet Sauvignon, Cabernet Franc und Merlot stammte.

Das Ende des Hundertjährigen Kriegs kam um 1453. In der letzten Phase der Kämpfe, die vom starrköpfigen Heinrich V. von England begonnen worden waren, eroberten die Engländer die Normandie und den größten Teil Nordfrankreichs. Geführt von Jeanne d'Arc, wehrten sich die Franzosen verzweifelt, doch schließlich schuf ein Bündnis zwischen England und Burgund für Frankreich eine hoffnungslose Lage.

Die Entscheidung fiel dann durch Burgund, das – es mag weit hergeholt sein, ist aber doch eine amüsante Beobachtung – damit eigentlich die Trennung zwischen Bordeaux und England bewirkte. 1435 wechselte Herzog Philipp der Gute die Partei (als Lohn erhielt er dafür die Provinz Picardie), und England, dessen König inzwischen der 13jährige Heinrich VI. war, geriet in die Defensive. Seine Höflinge, die die Regentschaft führten, stritten andauernd und blutig untereinander; die innere Ordnung Englands befand sich selten in einem so schlimmen Zustand.

1438 fielen französische Truppen in die Gascogne ein und verwüsteten die Weinberge. Es folgte ein Waffenstillstand, und nun kam den Franzosen der Gedanke, daß dieses Land doch eigentlich ein Teil Frankreichs sei. Es galt also, die Engländer hinauszuwerfen, nicht aber ein so wertvolles Gut zu vernichten. Die Franzosen begannen nun, um die Gascogner zu werben. England schien weder imstande noch auch übermäßig daran interessiert, seine alte Besitzung zu halten, denn inzwischen brach im eigenen Land der Bürgerkrieg zwischen York und Lancaster aus.

In Bordeaux brach ein Jahrzehnt der Blüte an, und der englandfreundliche Erzbischof Pey Berland tat alles, was in seiner Macht stand, um englische Unterstützung herbeizurufen. 1451 aber drangen die Franzosen vor und eroberten die Festungen Blaye und Bourg an der Gironde sowie Libourne (und St-Emilion) an der Dordogne. Im Juni nahm ihr Befehlshaber Dunois die friedliche Übergabe der Stadt Bordeaux entgegen.

Nun aber machten die Engländer eine letzte Anstrengung, um ihre 300jährige Herrschaft zu retten. Im Herbst führte der in Ehren ergraute John Talbot, Earl of Shrewsbury, eine Flotte die Gironde hinauf und landete im Médoc. Das Volk von Bordeaux öffnete die Tore und hieß «le Roi Talbot» willkommen. Er eroberte Libourne und Castillon mit einem gemischten englischen und Gascogner Heer zurück und begab sich im Juli 1453 vor dem heutigen Castillon la Bataille in das entscheidende Treffen mit den Franzosen, die diesmal vom König selbst befehligt wurden. Die Franzosen erzwangen die Übergabe von Libourne und im Oktober schließlich auch die Kapitulation von Bordeaux.

Was sich nun aber wie ein großes Finale anhört, ist in Wahrheit nichts dergleichen gewesen. Jedes Jahr wächst neuer Wein, und Winzer und Kaufleute müssen weiterleben. Die Franzosen gaben den Engländern sechs Monate, um den Wein des Jahres 1453 in ihre Schiffe zu verfrachten. Den Gascognern sicherten sie freies Geleit zu, wenn sie sich und ihr Hab und Gut nach England bringen wollten. Widerwillig gewährten sie auch von Fall zu Fall englischen Schiffen Einfahrt, die Wein zu laden kamen, luden dagegen

---

LA POLICE DES VINS

Die Privilegien der Stadt Bordeaux – während der englischen Herrschaft verschwenderisch erteilt – waren im 18. Jahrhundert noch in Kraft. Turgot, der auf Reformen bedachte Finanzminister Ludwigs XVI., stellte darüber einen Bericht zusammen, der einen schlimmen Sachverhalt aufdeckt:

«Languedoc, Périgord, die Grafschaft Agen und Quercy – alles durch die vielen Flüsse, die zu Füßen der Mauern von Bordeaux zusammenströmen, miteinander verknüpfte Provinzen – dürfen nicht nur ihren Wein den Bürgern von Bordeaux, die ihn zu kaufen geneigt wären, nicht verkaufen, diese Provinzen dürfen nicht einmal die Wasserstraße, die ihnen die Natur gegeben hat, um sie an den Handel mit der Fremde anzubinden, frei benutzen.

Die Weine aus dem Languedoc dürfen erst nach dem Martinstag die Garonne herabgeführt und (in Bordeaux) erst nach dem 1. Dezember verkauft werden. Und die Weine aus dem Périgord, aus Agen, Quercy und von der oberen Garonne sind bis Weihnachten aus Bordeaux verbannt.

Auf diese Weise wird den Winzern im oberen Land der Markt in seiner belebtesten Zeit versperrt, wenn die ausländischen Kaufleute eilig ihre Käufe tätigen müssen, um den Wein heimzubringen, bevor ihre Häfen einfrieren. Auch dürfen sie ihren Wein nicht in Bordeaux lagern, um ihn in der nächsten Saison zu verkaufen: Kein Wein von außerhalb der Region Bordeaux darf länger in der Stadt bleiben als bis zum 8. September. Wer also seinen Wein bis zu diesem Datum nicht verkaufen kann, hat nur die Wahl, ihn entweder zu destillieren oder ihn wieder flußaufwärts mit sich zu nehmen. Durch diese Regelung haben die Weine von Bordeaux zwischen der Lese und dem 1. Dezember keinerlei Konkurrenz.

Selbst in der schwachen Saison zwischen Dezember und dem folgenden September stöhnt der Handel mit den Weinen aus dem Oberland unter vielfachem Joch. Sie dürfen nicht sofort beim Eintreffen verkauft werden; sie dürfen weder in Bordeaux noch in einem anderen Hafen an der Garonne direkt von einem Schiff auf ein anderes umgeladen werden. Sie müssen ausgeladen und an Land gebracht werden, und zwar nicht in Bordeaux selbst, sondern in den Vororten, in vorgeschriebenen Teilen der Vororte und kommen in besondere Keller, getrennt von den Weinen von Bordeaux.

Weine von außerhalb der Region müssen in Fässern einer bestimmten Bauart gelagert werden, deren Fassungsvermögen absichtlich unzweckmäßig für den Außenhandel ist. Diese Fässer besitzen weniger und schwächere Reifen, sind unstabiler und schlechter imstande, lange Seereisen zu überstehen als die exklusiven Barriques von Bordeaux.

Die Durchführung dieser Vorschriften, die höchst künstlich ersonnen sind, um den Bürgern von Bordeaux, den Besitzern der dortigen Weinberge, die höchsten Preise für ihre eigenen Weine zu garantieren und die Winzer in allen übrigen südlichen Provinzen zu benachteiligen, ... nennt sich in dieser Stadt *police des vins* ... und hat die volle Unterstützung des Parlaments.»

ENGLAND UND DIE GASCOGNE – DIE GEBURT DES CLARET

Die endgültige Übergabe der Stadt Bordeaux nach 300 Jahren englischer Herrschaft an die Franzosen vollzog sich im Oktober 1453 vor den Toren der Stadt mit gebührender Feierlichkeit.

Schotten, Holländer, Flamen Hanseaten und Spanier ein, zu kommen und zu kaufen, weil sie hofften, die schmale Handelsbasis auf diese Weise zu verbreitern. (Die Schotten bedurften der Einladung freilich nicht; in ihrem Königreich gehörte Claret schon lange zur täglichen Kost.) Ein Jahr lang wurde dem Wein aus dem Oberland Bewegungsfreiheit gewährt, dann aber setzte sich die Erkenntnis durch, daß Bordeaux seine Vorrechte behalten mußte, wenn es Frankreich treu bleiben sollte.

Als 20 Jahre später Finanzknappheit eintrat, wurde der Hafen auch wieder für englische und Gascogner Schiffe geöffnet. Es gab dann nervöse Zeiten in Bordeaux, wenn dort in der Versandsaison bis zu 7000 Engländer zusammenkamen. Doch seinen alten Schwung bekam der Handel nicht wieder. Die Rebfläche wurde kleiner, und die Lieferungen nach England fielen auf 10 000 Tonnen im Jahr, während sie im 13. Jahrhundert über 80 000 Tonnen erreicht hatten. Schuld daran war zum Teil der Neid auf die fortbestehenden Privilegien der Gascogner in England, die den englischen Händlern mißfielen. Auch verwickelte sich Frankreich in erbitterte Religionskämpfe, in denen Bordeaux eine Hochburg der protestantischen Bewegung war. Ein weiterer Grund, und vielleicht der wichtigste, war, daß den Engländern freundlicher gesinnte Staaten in wachsender Zahl andere gute Weine anzubieten hatten.

KAPITEL 14

Der Handel mit Süßweinen vom Mittelmeer

DIE KAUFLEUTE VON VENEDIG

Es ist ein schöner Novembertag im Golf von Biscaya – nur allzu schön für die 200 Schiffe der Weinflotte, die hier von Horizont zu Horizont nebeneinanderliegen. Die großen, mit Drachen, Kreuzen und Leoparden geschmückten quadratischen Segel hängen schlaff und nutzlos herab. Der Kapitän der «Margery Cross», einer schweren Kogge aus dem Hafen Boston an der Ostküste Englands, schaut vom hohen Achterdeck aus nach einem noch so kleinen Kräuseln der öligen Wasseroberfläche, das eine Brise ankündigen würde.

Er hat 160 Tonnen Claret vor und hinter dem dicken Schiffsmast liegen, und nun hat es zwei Wochen gedauert, um von Bordeaux bis hierher zu kommen. Das Wetter ist ungewöhnlich warm für die Jahreszeit, und wenn es so weitergeht, dann ist er noch an Weihnachten auf See. Bis dahin hat sich der Markt längst verlaufen, und der Wein ist sauer geworden.

Ein Dutzend Männer der Besatzung werfen Ledereimer über Bord ins Wasser und ziehen sie hinauf zur Rah, um das Segel naßzuspritzen. Das einzige, was sie damit bewirken, ist, daß die «Margery Cross» mit jeder kleinen dadurch entstehenden und langsam in Richtung England davonlaufenden Welle etwas schwerfällig nickt. Aber es gibt für die 40 Seeleute sonst nicht viel zu tun – und auch nicht viel zu essen. Der Kapitän hat zwar den Geleitbrief nach Port St-Mathieu in der Tasche, wo Brot und Fleisch auf sie warten, bis dorthin aber besteht die Ration aus – wenig – Brot und Rotwein.

Seine Augen verfolgen eine Möwe nach achtern zum Horizont. Aber was ist das? Drei, nein vier seltsame, breite, tief im Wasser liegende Schiffe, keine Segel an den Masten, und doch kommen sie eindeutig mit unwahrscheinlicher Geschwindigkeit näher. Ein-, zweimal blitzt es aus dem Wasser neben einem der Schiffe auf wie ein Spiegel in der Sonne. Ruder! Doch, er hat schon gehört von den Galeeren, die einen unglaublichen Fahrplan zwischen Genua oder Venedig und Southampton einhalten. Die Kaufleute in Southampton waren so schlau gewesen, den König dazu zu überreden, ihnen das Monopol für die Einfuhr von Wein aus dem Mittelmeer zu überlassen, wodurch sie sich die Weinhändler in anderen englischen Häfen durchaus nicht geneigt machten.

Jetzt hat die Besatzung sie auch gesehen und drängt sich am Heck mit grobem Geschrei aus rauhen Kehlen. Die Winchelsea-Kogge neigt sich ächzend nach Steuerbord, weil sich die halbe Mannschaft in die Takelage schwingt und die Fäuste gegen die Galeeren schüttelt, die nun in Viererformation mit anscheinend tausend Rudern das Wasser peitschen und wie flügelschlagende, schimmernde Vögel daherschießen.

Ehe der Morgen vergangen ist, haben sie die in der Flaute gefangene Flotte durchquert, die voll Neid auf jenes mechanische Vorwärtsgleiten schaut. Jede Galeere hat auf jeder Seite drei Reihen Ruder mit jeweils 20 Blättern. Die sicher geborgenen Galeerensegel an den Mastbäumen haben den größten Teil des Wegs für gute Fahrt gesorgt; als sich der Wind aber legte, krümmten die Ruderleute, jeder ein kleiner Händler mit seinem Bündel unter der Ruderbank, die Rücken und schlugen unablässig ihren Takt. Eine venezianische Galeere hatte die Reise von Otranto an der Südspitze Italiens nach Southampton in der Rekordzeit von 31 Tagen zurückgelegt.

Während sie durch die Koggenflotte strichen, ließen die Bogenschützen an Deck der Galeeren immer wieder ein Hurrageschrei hören, hoben ihre Armbrüste und sandten wie zum Hohn eine Breitseite Bolzen hoch durch die Luft, die den ohnmächtigen Wappenschmuck der Segel durchlöcherten und sich hier und dort mit dumpfem Aufschlag in einen Mast bohrten. Der Hochmut der Venezianer war einfach unerträglich!

GENUA UND SCHLIESSLICH VENEDIG WAREN DIE GROSSMÄCHTE AM MITTELMEER GEWORDEN. Sie bildeten das Bindeglied zwischen den Reichtümern des Ostens und dem Geld des Nordens. Aus ihrem langen Schlummer waren die italienischen Städte durch die Kreuzzüge geweckt worden. Die Monarchen aus dem Norden und ihr Gefolge brauchten

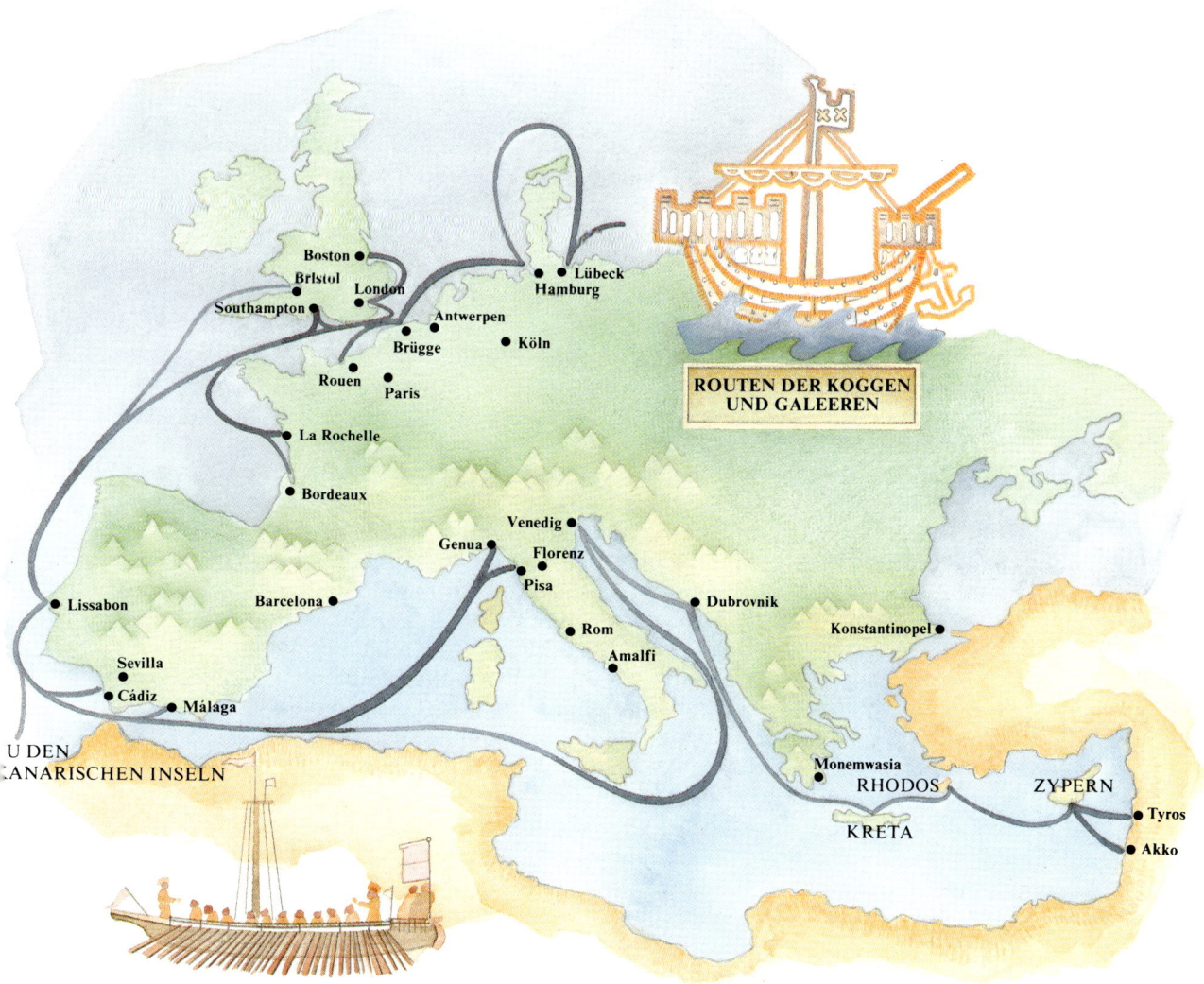

DIE KAUFLEUTE VON VENEDIG

Die Kriegsgaleeren Venedigs kehren nach dem Sieg über die türkische Flotte im Triumph zur Lagune an der Piazza San Marco zurück, um den Dogen, das gewählte Oberhaupt der «Serenissima Repubblica», zu grüßen.

Transportmittel und Proviant, und sie mußten gewaltige Summen borgen. Als erste Küstenstadt erwachte Amalfi am Fuß der Halbinsel von Sorrent, wo die Griechen und Römer so komfortabel gewohnt hatten, ehe die Barbaren kamen. Amalfi war der Vorposten von Byzanz an der Sarazenen-See – das war das ganze Mittelmeer –, bis diese es buchstäblich mit einer Flutwelle fast verschlang.

Auch Pisa in der Toskana war höchst aktiv, und bald gesellte sich Genua zu seinen Expeditionen, die sowohl Raubzüge gegen die Schiffe der Sarazenen als auch legitimer Handelsverkehr waren. Sie begannen, die Rolle von Handelsverbindungen zu übernehmen, im Osten Seide und Gewürze einzukaufen und dafür so nötige Dinge wie Korn, Holz, Salz und natürlich wollenes Tuch dorthin zu liefern. Wolle war sehr begehrt. Für den wachsenden Wohlstand von Florenz (und Pisa) war sie so von Bedeutung, daß das Haus Frescobaldi, das in England als päpstlicher Steuereinnehmer für die Finanzierung der Kreuzzüge fungierte, Bezahlung in Wolleballen lieber annahm als in bar.

GEGENÜBER SEINEN VERSCHIEDENEN RIVALEN HATTE VENEDIG mehrere naturgegebene Vorteile. Wie Amalfi war es Teil des Oströmischen Reichs gewesen, und mit der Adria verfügte es gewissermaßen über ein Privatmeer. Festungen auf strategisch günstig gelegenen Inseln boten wirksamen Schutz gegen Piraten. Ragusa (heute Dubrovnik) war sein reicher und starker Verbündeter. Vor allem aber lag Venedig an der Straße ins Heilige Land, und es war in einzigartiger Weise imstande, Dienste als Reiseveranstalter, Bank und alles sonstige zu leisten, was den Kreuzfahrern und Pilgern not tat.

GANZ OBEN AUF DER LISTE DER BEDARFSARTIKEL STAND BEI DEN REISENDEN DER WEIN. Sie fanden ihn an jedem Weg, den sie nahmen – denn sie reisten durch die Länder der

Römer und Griechen und konnten die Süße und Kraft, die von den Alten so sehr geschätzt wurde, im Norden aber in Vergessenheit geraten war, wiederentdecken.

Der Falerner und die anderen großen Weine Roms waren seit langem ausgestorben, doch Griechenland und seine Inseln, das Reich von Byzanz, hatten ihre Traditionen nie ganz aufgegeben. Das östliche Mittelmeer stand weitgehend unter moslemischer Herrschaft, doch die Christen und Juden brachten dort immer noch Wein hervor. Die ganze Levante, Syrien, Libanon und Palästina, konnte Wein liefern. War in der Antike Byblos der Inbegriff alles Feinen gewesen, so war jetzt Tyros der Name, auf den es zu achten galt. Nachdem der erste Kreuzzug christliche Reiche von Ägypten bis Armenien hatte entstehen lassen, kamen auch die Mönchsorden und pflanzten Weinberge mit derselben Zielstrebigkeit, die sie um diese Zeit auch in Burgund und Deutschland an den Tag legten. Im 10. Jahrhundert hatte Byzanz die Inseln Zypern und Candia, wie Kreta damals hieß, von der Sarazenen zurückerobert. Beide hatten hervorragenden Wein zu bieten, und ihre Bedeutung wuchs das ganze Mittelalter hindurch.

Zunächst wurde nicht viel Unterschied zwischen den Weinen aus diesen verschiedenen Quellen gemacht. Der meistgebrauchte Name war Malmsey oder Malvasier. Das Wort ist aus dem Namen der byzantinischen Festung Monemvasia an der Südwestecke des Peloponnes entstanden. Dort mag etwas Wein gewachsen sein, doch vor allem trieb

KREUZZÜGE

Insgesamt gab es acht Kreuzzüge, und ihr erklärtes Ziel war es, das Heilige Land von den «Ungläubigen» zu befreien. Vom ersten bis zum letzten betrug die zeitliche Spanne nahezu 200 Jahre. Der erste (1097–99) war der einzige, dem wirklicher Erfolg beschieden war, denn durch ihn wurden Jerusalem, Palästina, fast der ganze Libanon, ein großer Teil Syriens und die Küste Armeniens erobert.

Zuvor war dieses ganze Gebiet 400 Jahre lang in den Händen der Moslems gewesen. Unter den Kalifen wurden die Pilger geachtet und gut behandelt; der Koran brachte Christus Verehrung entgegen. Im Jahr 1076 jedoch hatte ein neues Barbarenvolk Jerusalem erobert, nachdem es das Kalifat von Bagdad überrannt hatte: die türkischen Seldschuken – Tataren, die vom Islam nur oberflächlich geprägt waren. Sie behandelten die Pilger mit Brutalität und schienen ihre Eroberungslust auch nicht auf den Osten beschränken zu wollen.

Europa, in Frömmigkeit aufgeschreckt, nahm das Kreuz auf – die Normannen voran – und eroberte Jerusalem mit so barbarischer Wut zurück, daß selbst die Seldschuken das Fürchten lernten. In der Levante entstanden fünf christliche Königreiche. Akko wurde zur großen Kreuzfahrerfestung. Den größten Teil des 12. Jahrhunderts hindurch blieb das Heilige Land ein Magnet für Pilger und Touristen. Es wurden Klöster errichtet und Kreuzritterorden gegründet. Der zweite Kreuzzug (1147–49), zu dem der heilige Bernhard von Clairvaux aufrief und an dem König Ludwig VII. und Königin Aliénor von Frankreich teilnahmen, wurde durch neue Aktivitäten der Araber ausgelöst, erwies sich jedoch als unnötig und verfehlt.

1187 eroberte Saladin, der größte aller Sultane der Sarazenen, Jerusalem und das ganze Heilige Land mit Ausnahme der Stadt Tyros zurück, was zum dritten Kreuzzug Anlaß gab (1189–92). In imposanter Machtentfaltung verbanden sich der König von Frankreich, Kaiser Friedrich Barbarossa, der Herzog von Österreich und Richard Löwenherz. Doch Mißgeschick, Opportunismus (Richard nahm sich Zypern) und der brillante Saladin brachten ihn zum Scheitern. Akko wurde zurückerobert, Jerusalem jedoch nicht. Man konnte das Gesicht gerade noch durch einen Vertrag wahren, der den Pilgern freien Zutritt zur Heiligen Stadt verschaffte – den der großherzige Saladin ohnehin zu gewähren geneigt war.

Der vierte Kreuzzug gelangte nur bis Konstantinopel, wo die Kreuzfahrer eine ausgiebige Plünderung unternahmen. Der fünfte wurde nach Ägypten umgeleitet. Der sechste ließ die Christen wieder in Jaffa, Tripoli und Antichiochia Fuß fassen. Der siebte verlief ähnlich wie der fünfte, und der achte Kreuzzug führte zum endgültigen Sieg der Sarazenen. Akko, die letzte Feste der Kreuzfahrer, fiel 1291 in ihre Hand; wer von den Einwohnern davonkommen konnte, floh nach Zypern.

die Stadt Handel damit und gab den Weinen und den dazugehörigen Traubensorten den Namen, die auf dem Festland, hauptsächlich aber auf Candia und sicherlich auch anderen Inseln wie Santorin (Thira) wuchsen.

Die Malvasia mit allen ihren Synonymen (Malvoisie, Malvasier) ist neben dem Muskateller die einzige, die ihren Namen und ihre Identität über die Jahrhunderte bewahrt hat. Mit ihren großen Blättern und ihrer rötlich überhauchten Frucht, die einen dichten, eindrucksvollen Wein liefert, hat sie eigenständigen Charakter und ist eine unserer ehrwürdigsten Rebsorten. Seltsam bleibt nur, daß sie sich den Namen eines mittelalterlichen Hafens, der sie berühmt machte, beigelegt hat und keine Erinnerung mehr an ihre noch weiter zurückliegende Vergangenheit trägt.

In der Ägäis gewann die Insel Chios ihre Rolle als bedeutender Weinlieferant zurück, nicht nur mit eigenem Gewächs, sondern auch mit den Erzeugnissen aus dem in dionysischer Zeit Phrygien genannten Land, das später Teil des byzantinischen Reichs war und heute die westliche Türkei bildet. 1261 kam Chios in den Besitz von Genua und fand deshalb Märkte, wo immer die genuesischen Galeeren Handel trieben.

Im Ionischen Meer lieferten die Inseln Korfu, Zante und Kephallenia, die alle unter venezianischer Herrschaft standen, süße Weine geringerer Qualität, die als Romania gehandelt wurden. Am begehrtesten war neben dem Malvasia der Muscadel von Candia mit seinem frischen, traubigen Geschmack, so daß schließlich in Roussillon in Südfrankreich, in Spanien und in Italien Muskateller angepflanzt wurde. Die leichtere Variante Moscadello aus der Toskana war die ganze Renaissance hindurch sehr beliebt und gewann weithin die Gunst jener späten Nachfolger der Kreuzritter, der vornehmen reisenden Engländer nämlich.

Eine Spezialität der Toskana war der Vernaccia, ein mit Fug und Recht als Italiens Malvasier bezeichneter Wein, weil er dieselbe weiche Konsistenz und potentielle Kraft aufwies wie dieser – meist war er aber nicht so süß. Die Engländer kannten diesen Wein unter dem Namen Vernage, und französische Historiker verwechselten ihn mit Garna-

---

PRAKTISCHER RATGEBER FÜR PILGERFAHRTEN

Santo Brasca, ein italienischer Geistlicher aus dem 15. Jahrhundert, gab Pilgern, die in das Heilige Land ziehen wollten, guten Rat mit auf den Weg:

«Zuallererst sollte man die Reise in der Absicht unternehmen, die großen heiligen Mysterien aufzusuchen, zu betrachten und anzubeten und dabei reichlich Tränen zu vergießen, damit Jesus gnädig Vergebung der Sünden gewähre; nicht aber nur um die Welt zu sehen oder aus Ehrsucht oder um sich rühmen zu können, man sei dort gewesen oder habe dieses und jenes gesehen, und sich über seine Mitmenschen zu erheben, wie manche wohl tun...

Man möge zwei Taschen mitnehmen – die eine fülle man mit Geduld, die andere mit 200 venezianischen Dukaten oder doch wenigstens 150...

Man möge auch ein warmes, langes Obergewand mitnehmen, das man auf der Rückreise tragen kann, wenn es kalt ist; sowie eine reichliche Menge Hemden, auf daß man Läuse und andere Unreinlichkeiten möglichst vermeiden kann; ferner Tisch- und Handtücher, Laken, Kissenbezüge und dergleichen Dinge.

Am besten geht man nach Venedig, weil man von dort aus die Überfahrt bequemer als von anderen Punkten der Welt aus unternehmen kann. Jedes Jahr steht eine Galeere allein für diesen Zweck bereit; auch wenn man findet, daß die Reise mit einem Segelschiff billiger wäre, sollte man keinesfalls von der Galeere abgehen. Man möge einen Vertrag mit dem Kapitän schließen, der gewöhnlich 50 bis 60 Dukaten fordert. Für diesen Preis ist er verpflichtet, die Überfahrt hin und zurück, Speise und Trank (außer an Land), Reittiere im Heiligen Land und Bezahlung aller Gebühren und Abgaben zu gewährleisten.

Im Heiligen Land trage man ein Polster bei sich und verlasse nie die Pilgerkarawane, und man unternehme es nie, mit jenen Sarazenen über den Glauben zu streiten, denn es ist nur Zeitverschwendung und bringt Ärger.»

Die Ägäis-Insel Santorin oder Thira stellt den Rand eines gewaltigen Vulkankraters dar, in dem im 15. Jahrhundert v. Chr. bei einer Eruption eine Kultur versank, die der minoischen auf dem nahegelegenen Kreta eng verwandt war. Auf dem windgepeitschten Vulkanboden wächst außer dem Weinstock nichts. Nachdem die Osmanen 1579 die Insel erobert hatten, förderten sie dort den Weinbau, obwohl er ihren religiösen Überzeugungen zuwiderlief, denn so konnten sie von einem blühenden Gewerbe Steuern erheben. Später wurde Santorin der wichtigste Lieferant von Vinsanto, welcher der orthodoxen Kirche, dem Erzfeind der Türken, als Messwein diente.

che (alias Garnacha oder Grenache), einer der wichtigsten Rebsorten Spaniens. Anscheinend kam der Name Garnache im 15. Jahrhundert außer Gebrauch, und zwar um dieselbe Zeit, als Alicante und Málaga, beides Hafenstädte an der spanischen Küste bei Granada, als Weinnamen erstmals in Erscheinung traten. (Die Grenache-Traube wird auch Alicante genannt, was die Beziehungen ziemlich klar beleuchten dürfte.) Der Vernaccia aber blieb mindestens in Italien weitere hundert Jahre lang unter diesem Namen bekannt und beliebt. Ein Papst – er war Franzose – war auf den Vernaccia aus den steilen Cinqueterre-Weinbergen an der ligurischen Küste so versessen, daß er seine Lieblingsspeise Aal nicht nur darin schwimmen sehen wollte, sondern auch so viel von diesem Wein dazu trank, daß der Aal auch weiter genug zum Schwimmen hatte.

WICHTIGER ALS DAS, WAS DIESE WEINE UNTERSCHIED, war, was sie gemeinsam hatten. Unter der Mittelmeersonne erreichten die Trauben einen sehr hohen Zuckergehalt. Dazu kam eine späte Lese, und oft wurde die Süße dann noch durch Vortrocknen der Trauben vor dem Keltern gesteigert. Die Winzer richteten sich (soweit sie überhaupt lesen konnten) nach den antiken Lehrbüchern; sicherlich wurden die alten Verfahren, d. h. Verdrehen der Stiele und Aufhäufen der Trauben auf Matten in der Sonne, weiter angewandt. Estienne de Lusignan beschrieb 1572 die Methode, die er auf Zypern gesehen hatte: «Die Trauben sind schon Ende Juli reif, werden aber erst im September geerntet. Nach der Lese legt man sie auf die flachen Hausdächer, wo sie drei Tage lang der Sonne ausgesetzt bleiben, deren Glut alles Wasser, das noch darinnen sein mag, verzehrt.» Das bedeutet, daß der Wein aus Rosinen gekeltert wurde.

Durch natürliche Gärung konnte – vor allem wenn durch Eingraben der Krüge in der klassischen Art und Weise für langsamen Verlauf gesorgt wurde – aus einem so zuckerreichen Most ein Alkoholgehalt von bis zu 17 % entstehen, also fast doppelt soviel wie bei den dünnen Weinen des Nordens. Und häufig war selbst bei dieser Stärke noch reichlich unvergorener Zucker im Wein. Eine solche Essenz aus Süße und warmer Glut war denn wohl das stärkste Getränk, das es bis zum Aufkommen der Spirituosen überhaupt gab. Es hatte aber noch eine weitere wichtige Eigenschaft: Es hielt sich selbst auf dem Transport über weite Strecken, ohne zu Essig zu werden. Sein hoher Alkoholgehalt konservierte es und verlieh ihm unter bestimmten Voraussetzungen sogar die Kraft zu weiterem Reifen.

Fraglos galt es als Luxus und dürfte deshalb den Reichen vorbehalten gewesen sein. Im 14. Jahrhundert durften nur drei von 400 Tavernen in London solchen Wein en détail verkaufen. Im Großhandel war er mindestens doppelt so teuer wie Claret. Der höchste Preis wurde damals mit 10 Pfund für ein Faß «Vernage» verzeichnet. Im Prestigewert standen die Süßweine an oberster Stelle, nach ihnen kam Rheinwein oder «Rhenish», und das Alltagsgetränk war der Claret.

DER DOMINIKANER GEOFFREY OF WATERFORD brachte schon um 1300 Probiernotizen mit nach Hause. Kurz zusammengefaßt, sagte er, daß der Wein um so stärker wurde, je weiter man nach Osten kam. In der «Bataille des Vins» von 1224 hatte der Zypernwein (also einer, der am weitesten aus dem Osten stammte) mühelos den Sieg errungen – wahrscheinlich einfach, weil er der stärkste war. Eines jedoch bleibt rätselhaft: Manche Pilger fanden den Zypernwein köstlich; andere dagegen mochten ihn nicht, aber offenbar wurde ihnen Retsina angedreht, so zum Beispiel Pietro Casola, der 1494 einen ausführlichen, mit vielen Empfehlungen versehenen Bericht über seine Pilgerfahrt verfaßte.

Über Zypern schrieb Casola: «Alles auf dieser Insel gefiel mir, ausgenommen, daß sie den Wein mit Harz bereiten und ich ihn nicht trinken konnte.» Vom Peloponnes, wo er eine Stadt in der Nähe von Monemvasia besuchte, berichtete er ebenfalls: «Die Weine werden durch Beimischen von Harz während der Gärung stark gemacht, was ihnen einen scharfen Geruch verleiht. Sie sagen, der Wein sei sonst nicht haltbar. Jener Geruch mißfällt mir.» Man ist versucht anzunehmen, daß es damals Wein für Einheimische und Wein für den Export gab, denn in London ist keine Erwähnung von geharztem Malmsey oder Zypernwein zu finden.

Casola besuchte auch Candia, wo die Sitte, alle Nachttöpfe bei einem bestimmten Glockensignal auf die Straße zu entleeren, sein empfindliches Geruchsorgan natürlich beleidigen mußte. Dagegen fand er den Wein hier exzellent – «Malvasia und Muskateller, nicht nur in der Stadt selbst, sondern auf der ganzen Insel, insbesondere in einem

Zur Zeit der Kreuzzüge galt im nördlichen Europa Zypern als Quelle der feinsten Weine der Welt. Durch ihre Süße und Stärke wurden sie zum höchsten Luxus. Der beste unter ihnen war damals und ist heute noch der Commandaria, der seinen Namen auf einen auf der Insel heimisch gewordenen Kreuzritterorden zurückführt. Strenggenommen wird er aus Rosinen bereitet. Die schwarzen Trauben in dieser alten, noch heute benutzten Commandaria-Kelter stammen von der traditionsreichen Rebsorte Mavron.

Ort namens Rethemo». In London war Malmsey in besonders hoher Qualität unter dem Namen «Rotimo» bekannt – heute heißt der Hafen übrigens Rethimnon.

Dies also war der Wein, den die genuesischen und venezianischen Galeeren mit so gutem Gewinn nach England und Flandern brachten: ein Luxusartikel, der an Bord neben Seide, Gewürzen, Teppichen sowie Damast und Stahl aus Damaskus lag.

1204 HATTEN DIE GEWALTTÄTIGEN ELEMENTE DES 4. KREUZZUGS Konstantinopel geplündert, und Venedig eignete sich bei der Nachlese unter den Bruchstücken des Byzantinischen Reichs kurzerhand die Insel Candia an. Opportunismus war eine Spezialität der Venezianer. Die Macht Venedigs wuchs durch die präzise und brillante Organisation seines Handels stetig weiter. Zuerst hatte Genua die Oberhand und leistete bei großen Frachtsegelschiffen mit 1000 Tonnen und mehr für lange Seereisen Vorarbeit. Venedig baute noch größere Galeeren, und es kam zu scharfen Galeerengefechten mit Genua und Pisa (wie in schrecklicher Detailtreue auf den Wänden des Dogenpalasts zu sehen ist). Venedig setzte sich durch.

Im Binnenland nutzte es wie die anderen italienischen Städte des 13. Jahrhunderts die großen Messen in der Champagne nicht nur für den Handel, sondern auch zur Errichtung eines Bankenimperiums. Als diese Messen ihre Bedeutung verloren, erschloß die herrschende Signoria den Weg über die östlichen Alpenpässe, den Brenner und den Sankt Gotthard zur Donau sowie rheinabwärts über eine Kette von Handelsstädten bis nach Köln, Brügge und London. Auf dem Meer errangen sich venezianische Galeeren und Koggen allmählich eine Monopolstellung auf der Route durch die Straße von Gibraltar nach Lissabon und von dort weiter nach England und Flandern.

Im 15. Jahrhundert weitete Venedig seine Kolonialherrschaft auf Zypern aus. Nach dem Fall von Akko war Zypern zum Hauptquartier der im Heiligen Land entstandenen streitbaren Orden der Tempelritter und der Johanniter geworden. Die Johanniter, auch Hospitallier genannt, hatten in Akko ein Krankenhaus mit 1000 Betten unterhalten. Die Tempelritter waren abgezogen, nachdem ihnen ihr großer Reichtum von neidischen Fürsten – vor allem von Philipp IV. von Frankreich – entwendet worden war. Die Johanniter zogen weiter nach Rhodos, wo sie sich 200 Jahre lang hielten, ließen auf Zypern aber eine Kommanderie als wehrhaftes Priorat zurück und bereiteten dort weiter den besten Wein der Insel: den intensiv süßen Commandaria. Die Commandaria-Weinberge erstrecken sich in der Gegend von Pitsilia oberhalb von Limassol in das Troodosgebirge hinein. Heute wird bei den Orten Kalokhorio und Zoopiyi die weiße Xynisteri- bzw. die dunkle Mavron-Traube angebaut. Die verkrüppelten Weinstöcke dort haben zur Zeit der Herrschaft Venedigs sicher nicht anders ausgesehen.

Die Venezianer erwiesen sich als typische Kolonialausbeuter. Sie pflanzten so viele gewinnträchtige Ackerfrüchte, vor allem Zuckerrohr, Baumwolle und Wein, daß den Inseleinwohnern kein Platz mehr für die eigene Nahrung blieb und daher die Bevölkerungszahl zurückging. Vor allem das Zuckerrohr laugt den Boden stark aus, so daß die Felder nur schwer wieder durch gesunde Fruchtfolge zu sanieren sind. Als das Osmanische Reich 1572 die Insel eroberte, jubelte das Volk, denn endlich durfte es wieder anbauen, was es selbst wollte, und nicht nur das, was die Venezianer verlangten.

Das strenge kommerzielle System Venedigs erlaubte auch den eigenen Schiffen nur Handelsverkehr über Venedig, nicht von einem Auslandshafen zum anderen. Spezielle Kauffahrteischiffe fuhren hin und her zwischen Venedig und Alexandria, Tripoli, dem Schwarzen Meer, Zypern, Flandern und Aigues-Mortes in Südfrankreich. Venedig war *entrepôt* für alles, ein einzigartiger Marktplatz, auf dem sich Ost, West und Nord begegneten. 1488 traf ein schwerer Schlag die Stadt, als die Portugiesen den Weg um das Kap der Guten Hoffnung fanden. Die direkte Seeroute nach Indien bedeutete, daß Venedigs Quasimonopol im Handel mit orientalischen Luxusgütern zu Ende war.

DIE KAUFLEUTE VON VENEDIG

ALS SHAKESPEARE SEINEN «KAUFMANN VON VENEDIG» SCHRIEB, waren die diesem Stück zugrundeliegenden Verhältnisse allen vertraut. England und Venedig hatten einen langen Handelskrieg um den Malmsey geführt. Die Venezianer erkannten ihre Chance, als England die Herrschaft über Bordeaux verlor (das war in demselben Jahr, als die Türken Konstantinopel eroberten), und sandten dem englischen König unverzüglich acht Faß feinsten Wein. England biß an, und Malmsey wurde große Mode. 1472 wurde eine venezianische Galeere mit über 400 Faß Süßwein für England von französischen Piraten im Ärmelkanal gekapert. Dem zeitgenössischen flämischen Historiker Philippe de Commines zufolge wählte 1480 der englische Herzog George of Clarence, als ihm freigestellt wurde, auf welche Weise er für seinen Hochverrat hingerichtet werden wollte, den Tod durch Ertränken in einem Faß Malmsey.

25 Jahre lang verlangten die Venezianer 50 Schilling für ein Faß mit 130 Gallonen und waren bereit, Tuch für zwei Fünftel des Werts in Zahlung zu nehmen. Nachdem sich eine starke Nachfrage eingestellt hatte, begannen sie, das Angebot zu verringern. Sie sandten weniger Wein in kleineren Fässern mit nur noch 108 Gallonen, verlangten aber den dreifachen Preis dafür und nahmen Tuch als Zahlungsmittel nicht mehr an. Daraufhin entsandten die Engländer eigene Schiffe ins Mittelmeer – zunächst nur zaghaft, denn seit König Richards Kreuzfahrerflotte hatten sich kaum ein paar englische Koggen auf eine so weite Reise gewagt. Eine der ersten urkundlich belegten Fahrten unternahm die «Anne» aus Bristol, die unter ihrem Kapitän Robert Sturmy 1446 das Heilige Land erreichte. Doch ihr Geschick war nicht geeignet, zur Nachahmung anzuregen, denn die «Anne» ging vor Chios, wo sie Wein laden wollte, unter.

Gegen Ende des Jahrhunderts fanden sich dann doch viele englische Kaufleute bereit, das Abenteuer zu wagen, vor allem seit Florenz, das eine Chance witterte, Venedig ein Stück des Markts abzujagen, seinen Hafen Pisa für ausländische Schiffe geöffnet

---

DIE SERENISSIMA REPUBBLICA

Das erste große Weinemporium am Mittelmeer war nach Ostia in der Römerzeit dann im 15. und 16. Jahrhundert Venedig. Außer mit Malvasia und anderen Süßweinen von Candia, Griechenland und Zypern füllten die Kaufleute von Venedig ihre *magazzini* auch mit Weinen von beiden Küsten der Adria und aus dem eigenen Hinterland, die nach griechischem Vorbild alle möglichst stark bereitet wurden.

Die Traditionen der Weinbereitung in Dalmatien, Istrien und auf den dazugehörigen Inseln entstanden wahrscheinlich durch die Wiederbelebung antiker Praktiken auf Verlangen der Venezianer. Weine wie der Grk von Korčula, der Vugava von Vis, der Dingač und Postup von der Halbinsel Pelješac sowie der berühmt schwere Prošek beruhen auf sonnengetrockneten Trauben.

Griechische Malvasia-Reben wurden in Istrien bei Fiume (heute Rijeka) neben der lokalen Teran angebaut, die auf kargem Karst wuchtige Weine hervorbringt. Der Prošek wird von der Marastina gewonnen, die auf der Insel Hvar den exzellenten, starken Čara-Smokviča liefert und offenbar durchaus nicht mit dem Prosecco verwandt ist, von dem der leichte, trockene Schaumwein stammt, der in venezianischen Cafés als *ombra* getrunken wird.

Die Blockade der Lieferquellen im Osten durch die Türken veranlaßte die Venezianer dazu, die Weinberge um Verona und die noch näher gelegenen in den euganeischen Vulkanhügeln südlich von Padua zu erschließen. Auch in den Regionen Bardolino, Valpolicella und Soave wurde die Bereitung von alkoholstarken Weinen aus vorgetrockneten Trauben gefördert. Diese Tradition hat sich bis heute im schweren Recioto Amarone von Valpolicella und Soave erhalten.

Noch nachhaltiger war der Beitrag, den die «Serenissima Repubblica» zur Weinkultur dadurch leistete, daß sie die seit den Römern verlorengegangene Kunst der Herstellung von klarem Glas um 1300 aus Syrien auf die Insel Murano brachte. Im 16. Jahrhundert wurde das inzwischen als Gefäß für feinen Wein erschwinglich gewordene venezianische Glas in ganz Europa nachgeahmt.

Ein Wandgemälde in der Kirche San Martino dei Buonomini in Florenz zeigt die Verteilung von Speise und Wein an Hungrige und Durstige. Der Wein wird offenbar direkt aus dem Gärbottich ausgeschenkt.

hatte. In Pisa stand Vernaccia zum Verkauf. Auf diese Weise gelangten die Adelshäuser Antinori und Frescobaldi, Bankiers und Kaufleute im Florentiner Stil, in den Weinhandel – die Antinori schon um 1380.

Venedig wurde nervös und erließ in Candia eine Steuer auf den Kauf von Malvasia durch Ausländer. Der englische König Heinrich VII. vergalt dies in der üblichen Weise, indem er eine Steuer auf Malvasia erhob, der von venezianischen Schiffen nach England gebracht wurde. Es war aber inzwischen neue Konkurrenz für Venedig und seine süßen Weine entstanden, nämlich Weine nach Art des Malmsey aus Spanien und Portugal. Da mochte nun Antonio im «Kaufmann von Venedig» sehr wohl traurig sein, «weil er seines Handels denkt». Er hatte, so sagt Shylock händereibend, «eine Galeone, die auf Tripolis geht, eine andere nach Indien ... eine dritte zu Mexiko, eine vierte nach England». Venedig und seine Konkurrenten standen schon auf der Schwelle der Neuen Welt.

KAPITEL 15

Erweiterte Grenzen in Spanien und in der Neuen Welt

KASTILISCHE EROBERUNG

Der Geist von Al-Andalus, der zur Zeit der Karolinger und des Einbruchs der Nordmänner – und noch lange danach – zivilisiertesten Gegend Europas, ersteht vor uns, wenn wir folgende in ihrer heiteren Bescheidenheit so charmante Einladung lesen, die im Mittelalter ein Araber in Andalusien schrieb:

«Der Tag ist feucht vom Tau und die Wange der Erde bedeckt mit einem Flaum von Gras. Dein Freund lädt Dich ein, teilzuhaben am Genuß dessen, was in zwei Töpfen jetzt auf dem Feuer steht und einen herrlichen Duft verströmt, sowie an einem Krug Wein an seinem schönsten Ort. Mehr noch könnte er bieten, wenn er es wünschte, doch ist es nicht geziemend, vor einem Freund zuviel Prunk auszubreiten.»

Als Paris noch aus nur ein paar Bauwerken auf einer Insel in der Seine bestand, war Córdoba mit 100 000 Einwohnern die größte Stadt Westeuropas, und zwar nicht nur nach der Bevölkerungszahl, sondern auch in Sachen Kultiviertheit und Gelehrsamkeit. Córdoba war die Perle der arabischen Welt, die sich nach einem Jahrhundert triumphaler Eroberungen in drei Kalifate geteilt hatte: Bagdad und Kairo im Osten und Córdoba im Westen. Das berühmte, verlockende Klima Andalusiens muß den Wüstensöhnen damals mit seinen Flüssen, seiner fruchtbaren Erde, seinen unvergleichlichen Weiden, seinen schneebedeckten Kordilleren und seiner palmengesäumten Küste wie das Paradies selbst erschienen sein. Andalus heißt wahrscheinlich «Ende des Lichts» – das Land des Sonnenuntergangs. Seine Bewohner führten, wie der freundliche Brief des arabischen Gastgebers zeigt, ein behagliches Leben ohne Fanatismus. Omar Khayyam hätte sich hier wohl gefühlt.

DER SCHWUNG IHRES ERSTEN ANGRIFFS HATTE DIE ARABER durch ganz Spanien bis nach Frankreich gelangen lassen, wo sie bei Poitiers von Karl Martell zurückgeschlagen wurden. Das christliche Spanien des 9. Jahrhunderts, das die Westgoten als Erbe von den Römern übernahmen, war auf das Königreich Asturien an der Nordküste beschränkt, ein Land so verschieden von Andalusien wie die Normandie von der Provence. Die beiden Spanien sind einander freilich komplementär: Der Süden braucht die herben Erzeugnisse des Nordens, wie der Norden nach den Produkten des Südens verlangt. Während sich aber der Norden und der Süden Europas im Mittelalter in einem blühenden Handel begegneten, mußten die beiden Spanien durch die blutigen Kriege der Reconquista zusammenfinden.

ES WAR DER KÖNIG VON ASTURIEN, DER NACH SÜDEN VORZUDRINGEN BEGANN. 844 stand König Remiro I. auf dem Schlachtfeld von Clavijo bei Logroño in Rioja den Mauren gegenüber, als ein mysteriöser Ritter erschien, der ein rotes Kreuz im Banner führte. Er zerstreute die fliehenden Mauren, und die Christen erkannten in ihm ihren Apostel, den heiligen Jakobus, dem sein Temperament den Beinamen «Donnerer» eingetragen hatte. Der Apostel hatte, wie die Legende erzählt, in der Nordwestecke Spaniens gepredigt, und seine Gebeine lagen dort begraben. Nun hatten Spanien und die Reconquista ihren Schutzheiligen, dessen Schrein in Santiago de Compostela ein fast ebenso großartiges Wallfahrtsziel wurde wie Jerusalem selbst.

Die Grenze zwischen Christen und Mauren verschob sich vom 9. Jahrhundert an in Intervallen immer weiter nach Süden. Die Mauren hatten den Norden nie erobert, dafür waren sie nicht zahlreich genug. Nicht einmal genug Christen gab es, um die Gebiete, die sie gewannen, auch zu besetzen. Im Norden lebte ein Völkergemisch: Nachkommen der Westgoten, der Iberer aus römischer und vor-römischer Zeit, dazu Basken und Katalanen. Auch im Süden war die Bevölkerung gemischt aus vielen arabischen und syrischen Stämmen in Córdoba und Sevilla, Ägyptern im Algarve, Berbern aus Afrika, und die Mehrheit dürften Spanier aus der Zeit vor der arabischen Invasion gewesen sein, die zwar zum Islam bekehrt waren, ihre alte, auf dem Lateinischen beruhende Sprache jedoch beibehielten. Al-Andalus war reicher und stärker bevölkert als der Nor-

DAS LAND DER KATHOLISCHEN KÖNIGE

den, aber es hatte in sich auch kaum größeren Zusammenhalt. In einem so weiten, fast leeren Land wurde die Herrschaft meist von kleinen, lokalen, dem Kalifen tributpflichtigen Herren und nicht von einer Zentralgewalt ausgeübt. Die Grenze war mehr oder weniger gefährdet, ein Feldzug jedoch erschien bis ins 11. Jahrhundert nicht möglich oder lohnend.

Der Volksheld jener Zeit war El Cid. Der Name ist eine Umformung von El Seyd, «der Herr» – als solchen sahen viele der Mauren diesen gefürchteten Glücksritter. Denn nicht der Glaube, sondern das Glück bestimmte hier den Lauf der Dinge: Im Waffenhandwerk geübte Christen boten gegen Geld den moslemischen Herren Schutz, auch in Streitigkeiten mit anderen Moslems. Mit einem solchen *paria* genannten Tribut in Gold konnte man im wohlhabenden Süden gut verdienen, ohne ihn erobern zu müssen. Warum auch eine so große und bewährte Zivilisation stören? Und welchen Sinn sollte es haben, ein Land zu erobern, wenn man keine Gefolgsleute hatte, um es zu bewachen und zu bebauen?

UM DIE ZEIT DES ERSTEN KREUZZUGS ZUM HEILIGEN LAND verlief die Grenze fast genau mitten durch Spanien. Portugal war christlich bis zum Tejo, Toledo wurde 1085 christlich; an der Ostküste lag die Grenze bei Alicante. Die Mauren kümmerten sich nun auch mehr um ihre Grenze und riefen Berber aus Afrika zu Hilfe. Auf beiden Seiten wuchs die Spannung, und die Zisterzienser, die Templer und andere gründeten Ritterorden für einen Kreuzzug in Spanien. Dann folgte ein weiteres Jahrhundert, in dem sich Konflikte und Kolonisation in einem stets auf Messers Schneide stehenden Zusammenleben von Abenteurern und Siedlern abwechselten – wie es das an allen Grenzen gibt –, bis die Monarchen im Norden endlich eine konzertierte Aktion einleiteten. Las Navas de Tolosa im Jahr 1212 war ihr entscheidener Sieg. König Ferdinand III. von Kastilien und León nahm 1236 Córdoba, 1243 Murcia und 1247 Sevilla ein. Sein Vetter Jaime I. von Aragón eroberte mit einer katalanischen Flotte von Barcelona aus die Balearen und 1238 auch Valencia. Cádiz fiel 1262. Auf der Landkarte war das maurische Spanien damit auf das Königreich Granada zusammengeschrumpft, das dann zwei weitere Jahrhunderte maurisch blieb. Die Landkarte ergibt aber nicht immer ein genaues Bild. Manche Stadt fiel, ohne daß ihre Einwohner den Glauben wechselten, nicht einmal ihr Eigentum war immer in Gefahr. Oft war niemand da, der es ihnen wegnehmen konnte. Anders in Córdoba oder Sevilla mit ihrem berühmten Reichtum. Nicht weniger als 21 Genueser Kaufleute richteten sich in Sevilla ein, dessen Potential als großen Hafen des Westens sie erkannten. In weniger berühmten Gegenden allerdings gab es oft mehr

---

EINE GRENZSTADT

Der Sohn Ferdinands III. von Kastilien und León war Alfonso X., genannt El Sabio, der Weise. Er widmete sich der Christianisierung des westlichen Andalusiens von Sevilla bis Cádiz, wo die meist maurischen Einwohner sich der Herrschaft eines christlichen Monarchen, der im fernen Kastilien residierte, widersetzten. Sie schlossen einfach die Tore ihrer Städte, z. B. von Jerez und Arcos, in der Hoffnung, die Christen würden wieder abziehen.

1264 brach eine ganze Reihe sorgfältig vorbereiteter Revolten aus. Zehn Städte schlossen sich zusammen und leisteten dem König Widerstand. Jerez hielt sich gegen eine fünfmontige Belagerung. Der König vertrieb schließlich die Einwohner (sie durften nach Granada oder Marokko gehen) und suchte unter seinen Rittern neue Stadtbewohner aus. Es gibt heute im Sherry-Land noch Grundbesitzer (z. B. die Valdespinos), die ihren Familienstammbaum direkt auf Alfonsos Reconquistadores zurückverfolgen können. Jerez erhielt den Namen Jerez de la Frontera, denn hier verlief ein Jahrhundert lang die Grenze gegen das Königreich Granada und seine islamische Heeresmacht – ein Schauplatz vieler Gefechte.

Häuser als Bewohner und die neuen königlichen Herren mußten große Güter – «Latifundien» – vergeben, um ihre Mitstreiter seßhaft zu machen. Das weite, leere Land zog auch viele Einwanderer aus Frankreich, England und Deutschland an.

DEN MAUREN GEBRACH ES NIE AN WEIN. Trauben wuchsen im Süden reichlich; es war eben nur eine Gewissensfrage, ob man seine Erfrischung in flüssiger oder in Pillenform zu sich nahm. Als mit der Reconquista das übrige Spanien allmählich besiedelt wurde, erhielt dort das Anpflanzen von Weinstöcken höchste Priorität. Wein galt als unerläßlich, als fundamentales Alltagsgetränk für alle.

Seit dem 10. Jahrhundert wurde das Ebrotal ebenso mit Wein bepflanzt wie die Ebenen des Duero und die grünen Mulden Galiciens, und je weiter nach Süden die Christen mit ihrer Landnahme vordrangen und die Klöster – vor allem der Zisterzienser mit Beziehungen zu Burgund – den Reconquistadores folgten, desto stärker wurde der Weinbau ein Teil aller Siedlungen.

Die Burg in Jerez de la Frontera wurde von den Mauren erbaut, dann von den Rittern König Alfonsos von Kastilien im 13. Jh. erobert und wieder hergerichtet. Ein Jahrhundert lang war sie Festung an der Grenze zwischen dem christlichen und dem maurischen Spanien. In Valencia bereiteten die Mauren inzwischen Wein in irdenen *tinajas* (diese hier stammen aus dem 15. Jh.), die den in Andalusien damals sicherlich noch vorhandenen alten römischen *dolia* nachgebildet waren.

Die geistliche Geschichte Riojas seit der kurzen Besetzung durch die Mauren läßt sich an den Steinen von San Millán de la Cogolla ablesen. Die alte Kirche am Berghang weist mozarabische Säulen und westgotische Grabdenkmäler auf. In dem weiten, fruchtbaren Tal beherbergte das Benediktinerkloster Yuso Pilger, die auf der Wallfahrt nach Santiago de Compostela waren, denn einer der am meisten begangenen Pilgerpfade führte mitten durch Rioja.

Ein Gürtel aus Weinbergen gab jedem Ort und jeder Burg ein freundliches Aussehen. Wer Wein pflanzte, erhob damit dauerhaften Anspruch auf den Besitz des Landes, außerdem brachte es Genuß und bekanntlich guten Gewinn. In manchen Gegenden wurde das Anpflanzen von Weinstöcken sogar gesetzlich vorgeschrieben. In Galicien erhielt ein Bauer, wenn er von einem Kloster Land pachten wollte, die Auflage gemacht, er müsse Wein pflanzen, wo immer dieser gedeihen könne, und wo das nicht mehr möglich war, mußte er Kastanien für Schweinefutter pflanzen.

Im 13. Jahrhundert bauten alle bewohnten Gegenden Spaniens Wein an, ausgenommen der gebirgige Norden, der denn auch zum Markt für alle Weinbauern in annehmbar naher Umgebung wurde, und das konnte überraschend weit sein. Rioja, Navarra, León, der Weinbau am Duero und von Galicien konkurrierten auf diesem Markt.

Am Duero wuchs wahrscheinlich der beste Wein, denn er war bei den Bürgern der bedeutenden Städte Kastiliens, Burgos, Salamanca und vor allem der Hauptstadt Valladolid, am meisten gefragt. Doch die Mode war veränderlich. Im 13. Jahrhundert waren Toro (und in zweiter Linie Zamora) die großen Namen für schweren, dunklen Rotwein. Der Toro blieb über Jahrhunderte das Lieblingsgetränk der jungen Herren an der Universität Salamanca; ein Zug genügte, sie ihre Vorlesungen ganz vergessen zu lassen. Etwas später kam dann der Wein aus Rueda, südlich von Valladolid, in Schwang.

In einigen der ältesten Weinverordnungen aus dem Jahr 1423 (1592 mit einigen Abänderungen erneuert) war in allen Einzelheiten genauestens vorgeschrieben, welcher Wein in welchen Mengen wann und von wem in die Hauptstadt gebracht werden durfte (z. B. Ordenanza No. LX: «Daß das Abladen des Weins nicht länger als ein Tag dauern darf» oder No. XLVIII: «... ist es den Bürgern der Stadt verboten, mit Personen von außerhalb Geschäfte dergestalt zu tätigen, daß vorgetäuscht wird, der Wein stamme von innerhalb der Stadt»). Und dies, obwohl der Wein von Valladolid bekanntermaßen schlecht war und aus tiefgelegenem «tau-nassem» Land stammte; auch der Wein aus dem Nachbarort Cigales war nur wenig besser.

Um den besten Wein mußte man 30 Meilen nach Süden nach Medina del Campo gehen, wo internationale Messen stattfanden, die es – wie behauptet wurde – mit den großen Messen in der Champagne fast aufnehmen konnten. Als Medina del Campo in der Regierungszeit Karls V. im Zenit seiner Blüte stand, galten seine Weißweine als sehr haltbar; sie kosteten im Alter von zwei Jahren doppelt soviel als einjährige und hielten sich bis zu 10 Jahre. 1607 verfügte die Stadt über 478 Bodegas, also Weinkellereien. Die Erträge waren mit nur 6 Hektoliter pro Hektar sehr gering. Zweifellos wurde dort sehr starker, konzentrierter Wein bereitet, der dem Angriff von Bakterien wirksamen Widerstand entgegensetzte und in seinen Fässern allmählich und ohne Schaden zu nehmen oxydierte, bis er *rancio* (firn) war: also eine primitive Art von Sherry.

Leider veranlaßte die Habgier die Mediniten dazu, ihren berühmten Wein mit schwachen *mostos* aus der Umgebung zu strecken. Deshalb kam ihnen im 17. Jahrhundert ihr guter Ruf und ihr Wohlstand abhanden – doch verlor er sich nicht weit, nur bis Nava del Rey einige Meilen weiter westlich. Nach wieder einiger Zeit wurde Nava (dessen ganzer Stolz eine Grube mit feinstem Ton zum Schönen des Weins war) von den Städten Rueda und La Seca herausgefordert – doch nun geraten wir schon allzusehr in moderne Zeiten, denn das geschah erst am Ende des 18. Jahrhunderts.

Burgos versorgte sich zum größten Teil von der Ribera del Duero, also aus der Gegend von Aranda und Peñafiel, deren Wein tief dunkelrot, aber nicht besonders schwer und auch nicht sehr haltbar war – was jeden, der die heutigen wuchtigen Weine dieser Region kennt, überraschen wird. Zu ihnen gehört ja der legendäre Vega Sicilia – ein Gigant von einem Wein – sowie auch der Pesquera und der Protos, die inzwischen beide auf einen ähnlich sagenhaften Ruf aus sind.

DIE WELT AUSSERHALB SPANIENS LERNTE DIESE WEINE KAUM KENNEN. Etwa Rioja-Wein gelangte über Bilbao oder Santander in den Export. In England wurde er «Ryvere» genannt und seiner Süße wegen geschätzt. Ein Weinexport benötigt zuallererst einen Hafen; doch er mußte an einem vielbefahrenen Seeweg liegen, wenn er gute Aussichten bieten sollte. Der Schiffsverkehr zwischen dem nördlichen Europa und dem Mittelmeer legte meist in den Häfen Galiciens im Nordwesten an, gelegentlich auch im portugiesischen Minho oder in der Tejomündung sowie in der Bucht von Cádiz und dann in der Mündung des Guadalquivir bei Sevilla. Ab und zu kamen Kreuzfahrer in die Häfen Galiciens und Nordportugals; das war für sie die letzte Gelegenheit, sich mit Wein zu versorgen, bevor sie an der langen maurischen Küste der Halbinsel entlangsegelten, wo sie kaum mit einem freundlichen Empfang rechnen durften.

Während die Reconquista den christlichen Weinfreunden die Westküste immer weiter nach Süden hin erschloß, stellten sich auch Hinweise auf andalusische Weine ein. Im 14. Jahrhundert beschrieb der englische Dichter Chaucer den Wein von «Lepe» (einem Ort bei Huelva zwischen Jerez und der Algarve), «aus welchem sich solcherlei Dämpfe erheben», daß der Trinker nach drei Zügen nicht mehr weiß, ob er sich in La Rochelle, in Bordeaux, in Lepe oder daheim im Bett befindet. Es war wohl ein früher Vorfahre des

---

TENT

Der Name «Tent» ist ganz aus dem Sprachgebrauch verschwunden. Früher, vom Mittelalter bis in die Mitte des 19. Jahrhunderts, bezeichnete er dunkle Rotweine von der Küste bei Cádiz, insbesondere aus der Stadt Rota.

Der volle spanische Name «Tintilla» bzw. «Tinta de Rota» galt für einen schweren Wein, der als Verdauungstrunk nach dem Essen genommen wurde. Um 1830 hatte er einen Alkoholgehalt von 13,3 %, also nicht mehr als mancher rote Burgunder von heute. Die Traube war vermutlich eine, die in Frankreich als *teinturier* bezeichnet wird, also eine rotfleischige Sorte. Gelegentlich wurde der Tent mit rotem Alicante verglichen, er soll aber dunkler und milder gewesen sein und galt als der beste Rotwein Andalusiens. Samuel Pepys besaß ein kleines Faß Tent, und auf viktorianischen Speisekarten begegnet man diesem Namen öfters.

Wein und Name starben aus. Als eindeutig englisches Wort für einen dunklen Rotwein müßte «Tent» eigentlich gleichberechtigt neben «Claret» stehen. Es wäre erfreulich, wenn es als Gattungsbegriff für schwere, dunkle Rotweine wie australischen Shiraz, kalifornischen Zinfandel und auch dunkle Spanier wie den Duero (im Gegensatz zum helleren Rioja) wiederbelebt werden könnte.

Sherry, von dem er da erzählte. Sollte noch irgendjemand der Meinung sein, die Engländer im 14. Jahrhundert hätten viel vertragen können, der lasse sich von Froissart, einem französischen Zeitgenossen Chaucers, eines Besseren belehren. Er berichtet, wie die von dem englischen «Königsmacher» John of Gaunt zur Unterstützung des Königs Johannes I. von Portugal gegen Kastilien entsandten Bogenschützen in Galicien landeten. Der Ribadavia, der beste Wein jener Gegend, ist dem nordportugiesischen Vinho verde ziemlich ähnlich: leicht und spritzig. Nichtsdestoweniger, so erzählt Froissart, fanden ihn die Engländer so «feurig», daß sie ihn nicht trinken konnten oder – wenn sie es doch taten – noch zwei Tage danach hilflos darniederlagen.

Trotzdem konnten sie anscheinend doch nicht genug davon kriegen, denn der Ribadavia wurde zu einem der meistexportierten spanischen Weine. Die Nähe zu Compostela muß dabei nützlich gewesen sein; auf dem Gipfel der Popularität des Heiligtums pilgerten jährlich bis zu zwei Millionen Wallfahrer in ihrem weiten Umhang, mit breitkrempigem Hut und Jakobsmuschel dorthin. Im 16. Jahrhundert waren die Bestimmungen darüber, was unter dem Namen Ribadavia im Hafen La Coruña verkauft werden durfte und was nicht, so streng gefaßt, daß sie beinahe einer «Denominación de Origen» für ein bestimmtes Anbaugebiet gleichkamen. Es heißt, daß englische Kaufleute beim Versand behilflich gewesen sein und den Gebrauch des Schwefels eingeführt haben sollen. Wie aber so oft beim mittelalterlichen und insbesondere beim spanischen Wein führte eine Veränderung des politischen Klimas dazu, daß die Kunden wegblieben. In diesem Fall war die Abkühlung der anglo-spanischen und die Erwärmung der anglo-portugiesischen Beziehungen unter der Regierung von Königin Elisabeth I. daran schuld, daß die Kaufleute ein Stück weiter nach Süden bis zum Minho segelten und in Viana do Castelo den dortigen (ganz ähnlichen) Wein kauften.

Ein dritter Wein, der auf dem Markt im nördlichen Europa um 1380 auftauchte, seitdem die Schiffe vermehrt Lissabon anliefen, war der inzwischen ganz verschwundene Osoye. Zwar hat es hier Verwechslungen mit den Namen Auxerre und Alsace gegeben,

SÜDLICH DES TEJO

In Portugal sind die Voraussetzungen für den Weinbau ideal, und der nördliche Teil des Landes verfügt auch über eine ausgedehnte Rebfläche. Deshalb erscheint es seltsam, daß das Alentejo im Süden, das «Gebiet jenseits des Tejo», so gut wie keine Weinbautradition aufweist.

Allerdings wurde hier sowohl in der Antike als auch unter der Maurenherrschaft Wein angebaut, doch die Kämpfe der Reconquista wurden im Alentejo besonders erbittert geführt. Mehrmalige Eroberungen und Wiedereroberungen ließen das Land verheert und entvölkert zurück. Alfonso Henriques, der erste König von Portugal, bot den Zisterziensern alle Unterstützung, damit sie ihren landwirtschaftlichen Sachverstand hier einsetzten, und schenkte ihnen 1153 ein großes Landgut bei Alcobaça nördlich von Lissabon. Es wuchs sich allmählich zum größten Zisterzienserkloster mit einem Besitz von 360 Quadratmeilen aus. Doch verlor sich die Askese des heiligen Bernhard bald in der Pracht dieser Niederlassung mit ihren 900 Mönchen, deren Refektorium und Küche im Jahr 1774 als der «vornehmste Tempel der Völlerei in Europa» bezeichnet wurde. Durch die Fortschritte im Norden wurden dem Süden alle Ressourcen entzogen, insbesondere nachdem der Schwarze Tod die Bevölkerung dezimiert hatte, und später nochmals, als im Zeitalter der Entdeckungsreisen die Bauern aus dem Land davonzogen.

Die Könige vergaben Grundbesitz im Alentejo sehr großzügig an Edelleute, die sich lieber mit der Viehzucht und der Jagd befaßten als mit dem mühsamen Weinbau. So blieben weite Gebiete als Wildnis (allerdings mit wertvollen Korkeichenbeständen) der Jagd vorbehalten. Getreide wurde in Portugal dann nötiger gebraucht; auch deshalb blieb das Alentejo weinlos. Wo inzwischen Reben angepflanzt worden sind, erbrachten sie Weine, deren Qualitätspotential allen anderen im Land in nichts nachsteht.

doch steht inzwischen fest, daß der Osoye im 14. Jahrhundert ein süßer Wein aus Azoia war; das ist ein Hafen südlich des Tejo bei Setúbal (heute durch seinen Moscatel berühmt), wo die Fischer Salz zur Konservierung ihres Fangs an Bord nahmen. Vielleicht war der Osoye ebenfalls ein Muskateller von Reben, die aus der Levante hierher verpflanzt worden waren (genuesische Galeeren liefen regelmäßig Lissabon an). Damit wäre er der echte Vorfahr des Moscatel von Setúbal. Immerhin fällt sein Auftauchen zeitlich mit der ersten Anpflanzung von Muskateller-Reben in Frankreich durch den Bischof von Avignon zusammen.

Ebenfalls aus Portugal kam der Bastardo oder Bastard. Da es noch heute in Portugal eine Bastardo-Traube gibt, die im Portwein mitverarbeitet wird, wäre es schon möglich, daß er damals ein «sortenreiner» Wein war. Allerdings steht diese Auffassung nicht in Übereinstimmung mit älteren Autoren, die behaupten, er sei ein Gemengsel aus Wein und Honig als billiger Ersatz für Moscatel gewesen. Da es ihn sowohl weiß als auch braun gab, hat diese Darstellung mehr Wahrscheinlichkeit für sich als die Theorie vom sortenreinen Wein. Daß er ein Billiggetränk war, ist ziemlich sicher. Nur so ist es zu verstehen, wenn Shakespeare Prinz Heinz die Bemerkung in den Mund legt, «der braune Bastard» sei ein gewöhnliches Getränk.

IN LANGEN JAHREN DER FREUNDSCHAFT ZWISCHEN PORTUGAL UND ENGLAND hat keine persönliche Beziehung so tiefgreifende Wirkungen gezeitigt wie die Heirat zwischen Philippa von Lancaster, der Tochter von John of Gaunt, und König Johannes I. im Jahr 1387. Ihr fünfter Sohn, Prinz Heinrich mit dem Beinamen «der Seefahrer», war ein Visionär, dessen Träumen die Entdeckung der Neuen Welt entsprang.

Als er 1394 geboren wurde, baute Venedig gerade sein fast vollständiges Monopol im Handel mit dem Orient auf. Im Jahr 1415 (als der englische König Heinrich V. bei Agincourt in Frankreich einfiel) nahm er an einem Kriegszug nach Ceuta in Marokko teil, wobei die dortigen Piratennester der Berber ausgeräuchert wurden, was dem Seeweg durch die Straße von Gibraltar wenigstens für eine Zeitlang Sicherheit verlieh. Besessen war der Prinz jedoch von dem, was jenseits des Horizonts über dem Atlantik liegen mochte. Er sprach mit Seefahrern aller Nationen, studierte Astronomie und Schiffsbaukunst, sammelte Seekarten, wie sie die mittelalterlichen Steuerleute nach ihrer Kenntnis der Meere anlegten, und entwickelte die Kunst der Navigation nach dem Kompaß und anderen Instrumenten. In Sagres an der felsigen Südwestspitze Portugals (und Europas) richtete er so etwas wie eine Universität der Seefahrt ein. Hier bildete er die kühnsten und erfolgreichsten Seefahrer aller Zeiten aus.

Zu seinen Lebzeiten entdeckte Portugal lediglich Madeira und die Azoren und führte Entdeckungsfahrten weit entlang der Küste Afrikas aus. Nach seinem Tod steuerten berühmte portugiesische Seefahrer – Dias, da Gama, Cabral – ihre langen dreimastigen Karavellen, die modernsten Schiffe ihrer Zeit, die ganz neuartige Wendemanöver ausführen konnten, um das Kap der Guten Hoffnung (1488), nach Indien (1498), in den Persischen Golf, nach Siam und China (1540) sowie westwärts nach Brasilien.

Mit ihnen konkurrierten die Spanier, die schon die Kanarischen Inseln entdeckt hatten und ebenfalls einen Weg nach Indien suchten. Der Genueser Christoph Columbus (er war mit einer Portugiesin verheiratet und wurde von Vasco da Gama protegiert) suchte zuerst in Lissabon um Unterstützung für eine Seereise in Richtung Westen nach. Doch die Portugiesen hatten sich auf den Weg nach Süden kapriziert und wiesen ihn ab. König Ferdinand und Königin Isabella von Kastilien schenkten ihm schließlich ihr Vertrauen, und so segelte er von Sevilla aus. 1494, zwei Jahre nach der Entdeckung Amerikas, teilten sich die Spanier und die Portugiesen die Welt durch einen Vertrag in den portugiesischen und den spanischen Westen. Die dabei gezogene Trennungslinie gab ganz Amerika an die Spanier – mit Ausnahme von Brasilien, das die Portugiesen vielleicht damals schon entdeckt, aber geheimgehalten haben mochten. In seiner Besessenheit, den ganzen Osten für sich allein zu nehmen, erschöpfte sich die portugiesische Nation. Das Land entvölkerte sich, weil die Bauern zur Küste, zur See und in die neuen Kolonien gingen. In einem halben Jahrhundert verringerte sich die Bevölkerung von zwei Millionen auf eine Million.

Es ist doch eigentümlich, daß die Spanier und Portugiesen, kaum daß ihnen die Reconquista daheim mehr Land in die Hand gegeben hatte, als sie nutzen konnten, vom Pioniergeist über das Meer in gefahrvolle Weltgegenden getrieben wurden, aus denen die meisten von ihnen nicht wiederkehrten.

IM RÜCKBLICK ERSCHEINT SPANIENS GRÖSSTE ZEIT, DAS 16. JAHRHUNDERT, GERADEZU SELBSTMÖRDERISCH. Sie begann mit der Entdeckung Amerikas und dem endgültigen Sieg über die Mauren in Granada. Im gleichen Jahr noch vertrieb die Heilige Inquisition alle Juden aus Spanien – Schätze an Wissen und Arbeitskraft, die dem Land wertvolle Dienste hätten leisten können und es nun für Spaniens Feinde taten. Mauren und Protestanten wurden verfolgt. Nur reine, stolze, katholische Spanier sollten die Welt beherrschen. Aber es gab ihrer nicht genug. Es waren Armeen zu Lande und zu Wasser (und auch Pfaffen) nötig, um Mexiko und Peru auszubeuten. Schließlich kam durch große dynastische Verschiebungen in Europa Karl, der Habsburger Erbe des spanischen Throns, auch in den Besitz der Niederlande und fast ganz Italiens. Drei Jahre danach wurde er zudem als Karl V. auf den Kaiserthron des Heiligen Römischen Reiches gewählt und hatte nun auch Deutschland und Österreich zu regieren.

40 Jahre lang schlug sich Karl mit dieser übermenschlichen Aufgabe herum, dann zog er sich erschöpft in ein Kloster zurück. Das Heilige Römische Reich überließ er seinem Bruder Ferdinand. Sein Sohn Philipp II. war danach wohl der einzige, der es fertigbrachte, Spanien und sein Weltreich von seinem einsamen Pult aus zu regieren. Im Escorial brannte seine Kerze jede Nacht bis in die frühen Morgenstunden, während er Akten über große und kleine Angelegenheiten in Ländern, die ihm gehörten, die er aber nie gesehen hatte, mit seinen Vermerken versah.

Die beiden Amerika, angeblich so ungeheuer reiche Güter, waren – wie er feststellen mußte – nichts dergleichen. Alle Gold- und Silberschätze Mexikos und Perus brachten ihm nur ein Sechstel seiner Einkünfte ein – kaum genug, um die Zinsen für die Kredite zu bezahlen, die er (zumeist bei genuesischen) Banken aufgenommen hatte. Das Ungetüm des spanischen Weltreichs aber mußte von den armen Spaniern und Kastiliern mit immer höheren Steuern am Leben gehalten werden. Kein Wunder also, daß ganz Kastilien mit Weinbergen vollgepfropft wurde: Sie brauchten jeden roten Maravedí, den sie aufbringen konnten, um die Truppen (und natürlich auch die Pfaffen) in den Niederlanden, auf Sizilien, in Peru zu unterhalten und zugleich die ständige Bedrohung aus dem Osten durch die osmanischen Türken abzuwehren, die unter dem Zeichen des Halbmonds vordrangen.

Gegen Ende von Philipps Regierungszeit flossen die Gold- und Silberströme reichlicher. Neue Minen in Potosí (Peru) und Zacatecas (Mexiko) kamen voll in Ertrag. Die Galeonen brachten in den 80er und 90er Jahren viermal so große Schätze heim als zur Zeit seiner Thronbesteigung. Doch Philipp ließ seine Ambitionen nie durch Geldmangel bremsen. 1580 schluckte er auch Portugal und dessen Weltreich (und lud sich eine neue Flut von Akten auf). Portugal blieb 60 Jahre lang unter spanischer Herrschaft und brachte nur noch mehr Probleme.

ABER AUCH IN ANDERER HINSICHT ENTTÄUSCHTE DIE NEUE WELT. Von einer treuergebenen Kolonie erwartet man, daß sie billige Rohstoffe liefert und einen Absatzmarkt für die Produkte des Mutterlands darstellt. Zunächst war das auch so. Zurück brachte man

Die Galeonen der jährlich einmal segelnden spanischen Schatzflotte (hier die stolze und mit ihrer Kanonenbestückung Respekt erheischende «Santa Trinidad») brauchten 70 Tage für die Reise von Cádiz nach Panama, wo sie sich mit der Pazifikflotte trafen, die Silber aus Peru heranschaffte.

Schätze – und die Preise stiegen. In Andalusien verdoppelte sich der Weizenpreis nach der Eroberung Mexikos innerhalb von 40 Jahren, und der Weinpreis stieg ums Achtfache.

Bald aber stellte es sich heraus, daß der Wein und das Öl der Seereise nach den Absatzmärkten in den Kolonien nicht gewachsen waren. 75 Tage in den Tropen (solange dauerte eine gute Überfahrt nach Mexiko) ließen das Öl ranzig und den Wein zu Essig werden. Von Anfang an hatten jedoch die Conquistadores Reben mitgenommen. Dennoch hatte Mexiko um die Mitte des 16. Jahrhunderts noch keine größere Rebfläche, aber in den hochgelegenen Küstentälern von Peru, Trujillo, Pisco, Ica und Nazca, wuchs schon soviel Wein (an Reben aus Andalusien und mit der Arbeit schwarzer Sklaven), daß sie nicht nur Lima und Potosi, sondern auch die neue Kolonie Chile sowie Kolumbien, Venezuela, Mexiko und das übrige Mittelamerika versorgen konnten. Viele Weingüter in Peru gehörten den Jesuiten. Der Handel der Kolonien untereinander grub dem Mutterland, das zwar protestierte, aber nichts dagegen tun konnte, das Wasser ab. Es gab sogar einen Handel über den Pazifik hinweg zwischen Manila, Mexiko und Peru, bei dem chinesische Güter gegen Silber und Wein ausgetauscht wurden.

Santiago in Chile wurde von Pedro de Valdivia 1541 gegründet, knapp 10 Jahre nach der Eroberung Perus und 20 Jahre nach der Unterwerfung Mexikos durch Cortés. Der Weinbau hätte keine besseren Voraussetzungen finden können als hier auf den wundervoll kultivierten und bewässerten Feldern der aus ihrem Eigentum vertriebenen Indianer. Wenn er trotzdem langsamer aufkam als in Peru, dann deshalb, weil Lebensmittel für die Sklavenarbeiter in den peruanischen Minen dringender gebraucht wurden als Wein. In diese Zeit fällt nun auch das erste Erscheinen des «Piraten» Drake im Dezember 1578, als er ein Schiff auf der Fahrt von Chile nach Lima kaperte, das 1770 prallgefüllte Weinschläuche an Bord hatte. Das war eine kleine Kostprobe für die Freibeuterzüge, die er neun Jahre später in großem Maßstab in Andalusien ausführte.

KAPITEL 16

Der Wein von Falstaff und Drake

GUTER VORRAT AN SHERRYS

Sanlúcar de Barrameda ist ein Fischer- und Badeort, zu Recht berühmt durch die köstlichen Garnelen, die es in den Strandcafés frisch gegrillt gibt. Man schaut auf das gelbbraune Wasser des Guadalquivir, das sich durch die zum Meer hin breiter werdende Mündung wälzt. Halb links blickt man auf den offenen Atlantik. Noch weiter links an der Küste, jedoch von hier nicht zu sehen, liegt der Festungshafen Cádiz. Nach rechts geht es in vielen Windungen rund 100 km stromaufwärts weit nach Sevilla, einem trotz der Entfernung vom Meer und der wandernden Sandbänke und Untiefen vielbesuchten Hafen: Er ist vor den schlimmsten Südweststürmen geschützt und war es einst auch vor den Piraten.

Hinter der kleinen Stadt liegt auf einem niedrigen Hügel der lange und breite *palacio* der Herzöge von Medina-Sidonia, der Feudalherren von Sanlúcar. Und vorn am Wasser, wo spielende Jungen ihre Boote mit bunten Segeln durch die Brandung schieben, ist die Stelle, von der Columbus zur Entdeckung Amerikas auslief und von der aus 30 Jahre später die fünf kleinen Schiffe Magellans auf die erste Weltumsegelung gingen.

Sanlúcar war das Cape Canaveral des 16. Jahrhunderts. Geplant und besprochen wurden die großen Entdeckungsfahrten zur See in Sagres, Genua, Lissabon und Madrid. Die Karavellen wurden in Sevilla und Cádiz gebaut und ausgerüstet. Der Punkt

---

MAGELLANS SCHIFFSPROVIANT

Die komplette Kostenkalkulation für Magellans Flotte, mit der er 1519–21 die Welt umsegelte, ist erhalten geblieben und gibt uns einige interessante Einblicke in das, was ihm am wichtigsten erschien. Er nahm fünf Schiffe mit; das größte, die «San Antonio», hatte 120 Tonnen, das kleinste, die «Santiago», 75 Tonnen.

Die «San Antonio» kostete 330 000 Maravedís (die alte spanische Währungseinheit) und alle fünf Schiffe zusammen 1,3 Millionen. Der Lohn für die 237köpfige Besatzung war für vier Monate mit 1,154 Millionen angesetzt (das sind durchschnittlich 1217 Maravedís pro Kopf und Monat). Kanonen, Kugeln, Pulver, Rüstungen, Musketen, Säbel und alle sonstigen Waffen kamen für die ganze Flotte insgesamt auf 566 684 Maravedís. «Vino de Jerez» für die Flotte, einschließlich der Kosten als Bezahlung für einen gewissen Juan Nicolas, der von Sevilla nach Jerez reisen, den Wein aussuchen und seinen Transport veranlassen mußte, belief sich auf 594 790 Maravedís.

Also gab Magellan mehr für Sherry aus als für die Bewaffnung. Seine Expedition umsegelte erstmals den ganzen Erdball, doch Magellan selbst starb unterwegs. Zuvor aber entdeckte er noch die Magellanstraße als Seeweg um Südamerika herum, fast ein Jahrhundert bevor eine andere Expedition das erste Mal Kap Horn umfuhr, und er ermaß auch als erster die wahre Größe des Pazifischen Ozeans. Jedoch kehrte von seinen fünf Schiffen nur eines zurück, und von den 237 Mann sahen noch 18 den Strand von Sanlúcar wieder.

aber, an welchem die Matrosen mit nacktem Fuß endgültig vom Land abstießen, das war Sanlúcar.

NICHTS KANN BESSER SCHMECKEN als diese Garnelen und dazu eine schlanke Tulpe mit hell bernsteinfarbenem Wein – Manzanilla ist es, der trockene Sherry aus den Weinbergen ringsumher, gereift in den alten steinernen Bodegas, die sich am Strand zusammenkauern. So ist er im wesentlichen auch zur Zeit der großen Entdeckungsfahrten gewesen, und er war von vornherein für weite Seereisen gedacht und geeignet; das geht schon aus dem Namen hervor, unter dem man ihn kannte: *sack* oder vielmehr *saca* – Exportware.

AM AUSGANG DES 15. JAHRHUNDERTS geriet das venezianische Monopol auf den Handel mit Süßwein im östlichen Mittelmeer in Schwierigkeiten. Konstantinopel war in demselben Jahr, als England Bordeaux an die Franzosen verlor, in die Hand der Türken gefallen. Im Jahr 1453 baute Gutenberg in Mainz die erste Druckerpresse – Leonardo da Vinci war gerade ein Jahr alt. Manche sehen um diese Zeit das Ende des Mittelalters gekommen, andere erblicken darin den Anfang der Renaissance – wenngleich die Medici, die gerade dabei waren, Florenz mit höchster Glorie zu schmücken, dem nicht zustimmen würden. Bestimmt aber ist es die Zeit, als das «Römische» Reich im Osten endgültig in den letzten Zügen lag und die Gedanken der Menschen sich dem Westen zuwandten, wo der weite Atlantik lockte.

Die Spanier packten die Gelegenheit beim Schopf. Venedig konnte den Handel mit dem Orient nicht mehr gewährleisten. Die Versorgung Europas mit Süßwein war in der Schwebe; schlimmer noch: England war seiner Hauptquelle für Wein überhaupt verlustig gegangen. Die Schiffe aus dem Norden, vor allem aus England, mußten vermehrt in die Levante fahren. Wenn man sie nach Andalusien locken könnte, würden sie das Mittelmeer vergessen. Sevilla, Cádiz, Sanlúcar und Jerez könnten dann die Welt mit Luxuswein beliefern, der imstande war, eine weite Seereise zu überstehen. Die Spanier nannten diesen Wein sogar «Romania» (in England hieß er Rumney) und gaben damit freimütig zu, daß sie den griechischen Wein imitierten, dessen Märkte sie für sich erobern wollten.

DER HERZOG VON MEDINA-SIDONIA ERGRIFF DIE INITIATIVE. 1491 schaffte er alle Steuern auf Wein ab, der von Sanlúcar aus sowohl in spanischen als auch in ausländischen

Ein alter deutscher Holzschnitt vermittelt ein flüchtiges (wahrscheinlich auch nur nachempfundenes) Bild von Sanlúcar im 16. Jh. Es handelt sich um eine Illustration aus den Memoiren eines gewissen Hieronymus Coler aus Nürnberg, der 1533 von Sanlúcar aus auf die Reise nach Venezuela ging.

Schiffen exportiert wurde. 1517 räumte er englischen Kaufleuten eine Vorzugsstellung ein: acht Häuser in der Stadt, das Recht, bei Tag oder Nacht Waffen zu tragen, und schließlich auch einen Platz für eine eigene Kirche (sie wurde St. Georg geweiht und steht heute noch). Auch erließ er Maßnahmen zur eindeutigen Unterscheidung zwischen «Bastard» – das war zweitklassiger Wein – und «Rumney» sowie «Sack», der einzeln abgemessen und unter zwei Schlössern auf Lager gehalten werden mußte. Zwar ist die englische Bezeichnung «Sack» erst 1530 urkundlich belegt, doch das ihr zugrundeliegende spanische Wort «Saca» war allgemein gebräuchlich. Die Umformung in ein englisches Wort bedeutet ja nur, daß der Gegenstand den Engländern vertraut wurde.

Es war dies die Zeit der Flitterwochen in den Beziehungen zu Spanien. Der englische König Heinrich VIII. vermählte sich mit Katharina von Aragón, der Tochter des spanischen Königspaars. England trat gemeinsam mit Spanien der «Heiligen Liga» gegen Frankreich bei (zum Teil in der Hoffnung, Bordeaux zurückzugewinnen). Aber in Spanien selbst wurde den Menschen durch die Strenge der Inquisition das Leben schwergemacht. In Rom reagierte das «Heilige Offizium» auf Ketzerei mit drakonischen Maßnahmen, aber die waren nichts gegen die Hexenjagd, die von der Königin Isabella gegen Ketzer veranstaltet wurde. Der Name des Dominikaners Torquemada, ihres Großinquisitors, erregt heute noch kaltes Grausen. Die in Spanien lebenden Engländer lernten ihn jedenfalls fürchten, als ihr König, der 18 Jahre lang mit der Tochter Ihrer Katholischen Majestät verheiratet war, plötzlich vom Papst eine Scheidung verlangte, weil er sich in die hübsche Anne Boleyn verliebt hatte. 1533 vermählte er sich mit Anne in bigamistischer Ehe und wurde sofort exkommuniziert. 1534 erließ er den Act of Supremacy, trennte damit die englische Kirche vom Papst und machte sich selbst zu ihrem Oberhaupt. Im Jahr darauf begann er, die 616 englischen Klöster aufzulösen, verteilte ihr Gut und ihr Land unter seinen Gefolgsleuten und ließ viele Äbte hängen – es war dies vielleicht das größte und schonungsloseste Vernichtungswerk, das in England je geschehen ist. Konnte man sich eine schlimmere Ketzerei (oder eine größere Beleidigung Spaniens) vorstellen?

Die englischen Kaufleute bekamen die Inquisition bald zu spüren. Der Fall eines gewissen Thomas Pery, der schon seit Jahren in Andalusien lebte, ist besonders eingehend belegt. Eines Abends, als er gerade «einiges Tuch bürstete», traten ein Geistlicher und mehrere andere Spanier in sein Gewölbe. Sie deuteten auf eine große Bronzeglocke und fragten Pery: «Was für ein guter Christ ist Euer König von England, daß er die Klöster niederwirft und ihre Glocken wegnimmt?» Ob Pery, so fragte der Geistliche, wohl billige, was sein Souverän getan habe?

Unbekümmert antwortete Pery, daß es ihn nichts anginge, was der König tat, doch sei er sicher, daß der kein Ketzer sei. Zwei Tage danach befand er sich in der Stadt Lepe (deren Wein Chaucer so verwirrt hatte), um beim Herzog von Bejar 100 *pipes* Bastard zu kaufen. Da wurde er ergriffen und in Ketten gelegt. Zehn Tage später folgte ein Verhör, und es wurde ein Teil seiner Güter konfisziert. Der Herzog, das muß man ihm lassen, zahlte für ihn eine Kaution von 2000 Dukaten für eine Woche. Nachdem diese Woche vergangen war, stellte sich Pery als Ehrenmann in der Burg Triana, dem Hauptquartier der Inquisition in Sevilla, wo er drei Monate lang in einer Zelle voll Ungeziefer eingesperrt, häufig verhört und (er berichtete später ausführlich darüber) höchst unerfreulich gefoltert wurde.

Als das Urteil schließlich erging, lautete es nur auf sechs Monate Kerker, den Verlust aller seiner Güter und die Androhung des Scheiterhaufens, wenn er rückfällig würde. Vielen Kaufleuten gelang es, sich unauffällig zu verhalten oder sich unter den Schutz ihrer spanischen Handelspartner zu begeben (1541 trafen immerhin 60 englische Schiffe ein, um in Andalusien Wein zu laden), manche aber wurden in anderen Teilen Spaniens tatsächlich verbrannt.

In dieser gespannten Atmosphäre, in der dennoch gute Geschäfte möglich waren, geschah es, daß 1545 ein junger englischer Kaufmann aus Southampton namens Robert Reneger, der regelmäßig Getreide nach Spanien (und vielleicht Südamerika) brachte und dafür Wein und Färberwaid einhandelte, feststellen mußte, daß sein Geschäft zurückging, woraufhin er – wie viele andere englische Seefahrer um diese Zeit und auch noch später – sein Schiff bewaffnete und den Freibeuter spielte. Dies war durchaus legitim. England war schließlich im Krieg mit Frankreich. Doch die Prise, die er im März 1545 nahm, war kein französisches Schiff, sondern eine mit Schätzen beladene spanische Galeone auf der Rückreise von Westindien. In London wurde er als Held bejubelt. Die Spanier reagierten mit der Beschlagnahme englischer Schiffe und Güter in Sanlúcar und in anderen Häfen.

Nun waren die Engländer empört. Der Handel mit Spanien kam zum Erliegen. Viele Kaufleute, selbst solche, die eine Generation lang in Spanien gelebt hatten, wurden Freibeuter oder – weniger höflich ausgedrückt – Piraten. Einen formellen Frieden gab es, als die englische Königin Maria, die Tochter Heinrichs VIII. und Katharinas von Aragón, sich durchaus gegen den Willen ihres Volkes mit König Philipp von Spanien vermählte. In ihrer kurzen Regierungszeit kam die Inquisition nach England und schuf dort 300 Märtyrer. Als Maria starb, wurde ihre Halbschwester, die Tochter der Anne Boleyn, zur Königin Elisabeth I. – und die von ihrem Vater aufgepäppelte, halb noch amateurhaft betriebene englische Seemacht wurde zum Schrecken der spanischen Weltmeere.

In einem alten Buch über die Geschichte von Jerez ist eine Begebenheit verzeichnet, die es verdient, weitererzählt zu werden, obgleich es keinen Nachweis dafür gibt, daß sie auch wirklich wahr ist: «Der berühmte Seemann Drake trieb anfänglich Geschäfte mit Spanien und besaß in Jerez eine Niederlassung, wo er einige Jahre lang offenbar zufrieden lebte; dann aber geriet er in Streit mit einem Jerezano namens Melgarejo, der sich so weit vergaß, ihn öffentlich zu schlagen. Darüber wurde Drake so wütend, daß er die Stadt verließ, und von da an kannte seine offene Feindseligkeit gegenüber Spanien keine Grenzen mehr. Hätte sich dies nicht begeben, dann hätte Drake vielleicht das Land nicht verlassen, und sein Name wäre nicht in die Geschichte eingegangen.» Angenommen, die Geschichte hat sich so abgespielt, dann ist es schwer vorstellbar, daß Drake nicht zurückgeschlagen haben soll.

Bemerkenswert ist dennoch, wieviel Wein trotz aller Fährnisse nach draußen gelangte – und wie sehr sich die armen Herzöge von Medina-Sidonia bemühten, ihre besten Kunden und zugleich schlimmsten Feinde zu besänftigen. 1566 gewährte der Herzog den Engländern in Sanlúcar erneut Privilegien. Um diese Zeit gingen nicht

---

Wenn auch der Norden Europas für süßen Wein aus der Levante fast jeden Preis zu zahlen bereit war, so gab es dort doch eine noch viel wichtigere Ware – Rohrzucker. Honig, Süßstoff des Mittelalters, war mit der sinkenden Zahl der Klöster, die ja bergeweise Bienenwachs für Kerzen benötigt hatten, teurer geworden.

Außer Malvasia-Reben nahmen die Spanier und Portugiesen auch Zuckerrohrstecklinge mit in die neuen Kolonien – auf die Westindischen Inseln, nach Madeira und Brasilien. Die Arbeit in den Zuckerrohrfeldern Amerikas mußten Negersklaven tun. Sie wurden in ganz Westafrika – an der Goldküste, in Guinea und am Kongo – zusammengetrieben oder aufgekauft. 1550 gab es im portugiesischen Brasilien fünf Zuckerrohrplantagen; 1620 waren es 350, und nun kamen die Holländer und nahmen das Geschäft in die Hand.

Der erfolgreiche Zuckerrohranbau in Brasilien brachte den Zuckerpflanzern auf Madeira den Ruin. So verlegte sich die Insel ganz auf Malmsey-Wein. Um 1580 liefen englische Handelsschiffe die Hauptstadt Funchal an, und der Madeira bereicherte fortan die Zahl der in England erhältlichen «Sack»-Sorten.

weniger als 40 000 von den insgesamt 60 000 Faß der Jahresproduktion dieser Region nach England und den Niederlanden, zusammen mit 2000 schönen Fohlen von bester Rasse – eine der vielen Hinterlassenschaften der Araber in Spanien.

Dabei war die Region von Jerez nicht die einzige Quelle für den Südwein, der in England inzwischen allgemein unter dem Namen «Sack» bekannt war. Nachdem die Spanier das Eingeborenenvolk der Guanches auf den Kanarischen Inseln (vermutlich eine steinzeitliche Rasse) um 1490 ausgerottet hatten, pflanzten sie auf dem vulkanischen Boden Reben aus Kreta. Der «Canary Sack» war in London und Antwerpen fast ebenso beliebt wie «Sherris Sack» oder «Sherry» (hinter den beiden letzten Namen verbirgt sich das spanische «Jerez»). Málaga im früheren Königreich Granada übernahm für seinen ehemals «Garnache» genannten Wein ebenfalls die Bezeichnung «Sack» (manchmal auch «Mountain»). Eine weitere Spezialität der Gegend waren Rosinen, auch ein Vermächtnis der Mauren. Seit 1537 wurden in der neuen portugiesischen Kolonie Madeira neben viel Zuckerrohr auch Malmsey-Reben angebaut. Als Zypern 1571 in die Hand der Türken fiel, wurde sein Wein kaum vermißt.

UM 1580 SCHLIESSLICH WAR DER ZORN des von der englischen Bulldogge ständig belästigten spanischen Stiers nicht mehr nur durch Kommerz zu beschwichtigen. Philipp II. gab Befehl zur Invasion Englands. Inzwischen besaß Cádiz die größten Schiffswerften Europas, und so wurde 1587 dort ein großer Teil der Armada vorbereitet, die gegen England segeln sollte. Da stattete Sir Francis Drake diesem Hafen einen berühmt gewordenen Besuch ab.

Um diese Zeit war er an der Küste Spaniens schon so gefürchtet, daß dort die Mütter ihre Kinder mit den Worten *«Mira que viene el Draque»* – «Paßt auf, der Drake kommt!» – zu schrecken pflegten. Und diesmal kam er mit einer Flotte von 24 Schiffen, zersprengte das Geschwader Galeeren, das die Einfahrt nach Cádiz bewachte, und segelte geradewegs hinein.

Der äußere und der innere Hafen lagen voller mehr oder weniger manövrierunfähiger Schiffe: ohne Segel, ohne Munition oder ohne Besatzung. Nun ging es nach Drakes eigenen knappen Worten so zu: «... unter anderem 32 Schiffe mit großem Fassungsvermögen, mit Proviant beladen oder zum Beladen bereit, für die Versorgung der königlichen Marine, für schleunige Fahrt gegen England bestimmt; welche wir, nachdem wir sie geentert und aus ihnen unsere eigenen Schiffe nach Gutdünken versorgt hatten, dann verbrannten.» Dieses Werk nahm zwei Tage und Nächte in Anspruch. Viele kleine

Vom elisabethanischen London ist nur wenig übriggeblieben, doch der noch stehende Flügel des aus dem 17. Jh. stammenden George Inn in Southwark ist ein typisches Beispiel für die mit Galerien versehenen Gasthäuser, wohin sich Shakespeare und seine Gestalten begaben, um eine Erfrischung zu sich zu nehmen. Das elisabethanische Theater selbst war eine Weiterentwicklung des Gasthofs mit seinen Galerien. Das «George» stand nur einen Steinwurf von Shakespeares Globe Theatre entfernt.

Schiffe entflohen durch flaches Wasser nach dem nahegelegenen Puerto de Santa Maria. Unter den zerstörten Galeonen befand sich aber auch das 1400 Tonnen große Flaggschiff des Admirals der Armada, des Marques de Santa Cruz, der kurz darauf – wie es hieß – an gebrochenem Herzen starb. Philipp vertraute an seiner Stelle das Kommando dem unglücklichen, von Seekrankheit geplagten, anglophilen Herzog von Medina-Sidonia an. Gab es in Spanien keine anderen Edelleute?

Unter der von Drakes Flotte – die genug Zeit hatte, vier gekaperte Schiffe als «Packpferde» zu beladen – mitgenommenen Beute befand sich auch seine am meisten gefeierte Trophäe, oder doch zumindest die, mit der seine kühne Tat am meisten gefeiert wurde: 2900 Faß «Sack» hatten verladebereit am Ufer gelegen. Bestimmt gab es noch jahrelang danach in England kaum eine Schenke, die ihren «Sack» nicht als «echten Cádiz» anpries.

DEN GESCHMACK JENER ZEIT KÖNNEN WIR AUF DAS VOLLENDETSTE MITGENIESSEN. 1597 schwang sich Sir John Falstaff erstmals auf die Bühne als lächerlicher Parasit, schmunzelnder Beutelschneider, abgefeimter Schurke, Feigling, Lügner – die liebenswerteste Gestalt, die Shakespeare je erdachte. Falstaff wohnte in der Schenke zum «Wilden Schweinskopf» in Eastcheap in der City auf Pump und hatte keine Sicherheit zu bieten als seine von Prinz Heinz, dem späteren Heinrich V., bestärkte spektakuläre Unverfrorenheit. Prinz Heinz redet ihn launig an: «Dein Witz ist so feist geworden durch Sekttrinken, Westenaufknöpfen nach Tisch und nachmittags auf den Bänken schlafen...»

«Sekt» trinkt Falstaff also ständig, aber nur in der deutschen Fassung, weil sich bei Schlegels Übersetzung diese elegante Lösung wahrhaftig anbot. Shakespeare ließ ihn original in «Sack» schwelgen. Der «Sekt» wird manchmal mit Zucker gesüßt und mit einer Scheibe geröstetem Brot darin serviert oder (worüber Falstaff sich entsetzt) mit Ei verquirlt: «Ich will keinen Hühnersamen in meinem Gebräu.» Das Credo spricht er auf einem Schlachtfeld aus. «Ein guter spanischer Sekt hat eine zwiefache Wirkung an sich. Er steigt euch in das Gehirn, zerteilt da alle die albernen, dummen und rohen Dünste, die es umgeben, macht es sinnig, schnell und erfinderisch, voll von behenden, feurigen und ergötzlichen Bildern; wenn diese dann der Stimme, der Zunge überliefert werden, was ihre Geburt ist, so wird vortrefflicher Witz daraus. Die zweite Eigenschaft unseres vortrefflichen Sekts ist die Erwärmung des Bluts, welches, zuvor kalt und ohne Bewegung, die Leber weiß und bleich läßt, was das Kennzeichen von Kleinmütigkeit und Feigheit ist; aber der Sekt erwärmt es und bringt es von den innern bis zu den äußersten Teilen in Umlauf. Er erleuchtet das Antlitz, welches wie ein Wachfeuer das ganze kleine Königreich, Mensch genannt, zu den Waffen ruft, und dann stellen sich alle die Insassen des Leibes und die kleinen Lebensgeister aus den Provinzen ihrem Hauptmann, dem Herzen, welches, durch dies Gefolge groß und aufgeschwellt, jegliche Tat des Mutes verrichtet. Mit «dünnem Getränk» meinte er natürlich alle leichten Weine des Nordens, ob aus Bordeaux oder vom Rhein. Dabei war der «Sack» von damals nach modernen

---

Nicht alle Seefahrer der Tudorzeit waren dem Wein so zugetan wie Drake. Einen ganz gegenteiligen Standpunkt vertritt der ebenso berühmte, jedoch am Ende höchst glücklose Seefahrer Sir Walter Raleigh:

«Achte sehr darauf, daß Du nicht zuviel Gefallen findest am Wein, denn noch niemand ist zu Ehren oder hohem Vorzug gekommen, der ihn liebte, denn er verwandelt den Menschen in eine Bestie, richtet die Gesundheit zugrunde, vergiftet den Atem, stört die natürliche Temperatur, erhitzt den Magen, entstellt das Gesicht, macht die Zähne faul und macht zum Schluß den Menschen verächtlich, früh alt, verabscheut von allen Weisen und Würdigen, verhaßt seinen Dienern, seinen Begleitern und sich selbst, denn der Wein ist ein behexendes, ansteckendes Laster.»

«Wenn ich tausend Söhne hätte», sagt Sir John Falstaff, «der erste menschliche Grundsatz, den ich ihnen lehren wollte, sollte sein, dünnem Getränk abzuschwören und sich dem Sekt zu ergeben.» Der viktorianische Schauspieler und Theaterdirektor, Sir Herbert Beerbohm Tree, agiert hier neben dem großen Star jener Zeit, Ellen Terry *(links)*, und Mrs. Kendal in den «Lustigen Weibern von Windsor».

Begriffen nicht besonders stark, er war nicht gespritet. Hätte es zu Falstaffs Zeiten schon Vintage-Port gegeben, hätte er wahrscheinlich «Sack» in die Kategorie «dünnes Getränk» eingereiht.

Mit einem Alkoholgehalt von höchstens 16 % dürfte ein «Sack» der elisabethanischen Zeit in Charakter und Gewicht etwa einem heutigen Montilla entsprochen haben – das ist die lokale Sherry-Variante Córdobas, die dort noch mit ihrer natürlichen Stärke angeboten und nur für den Export etwas aufgespritet wird.

Die Voraussetzungen für die Herstellung eines guten Sherrys waren im 16. Jahrhundert sämtlich gegeben. Welche Trauben damals angebaut wurden, ist ungewiß, doch sind die Fachleute der Meinung, daß die beste heutige Traubensorte für Sherry, der Listan oder Palomino, schon – wenn auch in geringer Zahl – in den Weinbergen stand. Der Pedro Ximénez, die Traubensorte für dunklen, süßen Wein, war bestimmt vorhanden. Auch Malvasia, möglicherweise Muskateller, auch einige nicht so feine Sorten, beispielsweise Torrontes, die in anderen Gegenden Spaniens heute noch vorkommen, wurden kultiviert.

Der beste moderne Sherry kommt von einem Streifen Kreideboden westlich von Jerez. Die damaligen Weinberge lagen auf Sandboden, mehr zur Küste hin, wo außer in der Nähe von Sanlúcar kein so feiner Wein wächst. Zu jener Zeit aber ließ man den «Sack» nicht altern, so daß gewisse Unterschiede, die heute ins Gewicht fallen, ohne Bedeutung waren: Angestrebt wurden Frische und Stärke. Wahrscheinlich wuchs auf dem Wein auch damals schon «Flor», jene eigentümliche weißliche Hefe, die unserem «Fino» den besonderen Charakter verleiht. Die Florhefe braucht jedoch Zeit und Pflege, sie kann damals also nur wenig zur Wirkung gekommen sein. Heute würde man den «Sack» als «Oloroso» («stark riechend») einstufen, was wiederum bedeutet, daß er jahrelang gebraucht hätte, um mehr Charakter zu entwickeln, und soviel Zeit wurde ihm nie gelassen. Üblicherweise war er auch von Natur aus trocken, deshalb fügte man ihm im «Wilden Schweinskopf» auch Zucker hinzu. Vielleicht wurde aber auch die Technik der alten Römer angewandt, um ihn zu süßen – das Einkochen nämlich – eigentlich hieß es aber meist nur vom «Canary Sack», er sei süß.

Die Entwicklung des hochwertigen, sorgfältig gereiften Sherrys begann bald danach, jedoch nicht in Jerez, sondern in Bristol. Der 1634 als «Bristol Milk» angebotene Wein muß bestimmt viel Milde besessen haben, die entweder durch die Zeit oder aber wenigstens durch die Kunst des Kellermeisters bewirkt wurde.

KAPITEL 17

Dem Wein erwächst Konkurrenz

DIE GETRÄNKE-REVOLUTION

Die Ära Shakespeares ist die rechte Zeit, einmal innezuhalten und eine *tour d'horizon* vorzunehmen. In der Geschichte des Weins (und vieler anderer Dinge) stellt sie einen historischen Angelpunkt dar. Beim Wein ging damals das Zeitalter der Unschuld zu Ende (in Sachen Kenntnisstand freilich nur, nicht in Sachen Panschen).

Wir haben gesehen, wie der Wein Fortschritte macht, Vielfalt erlangt, zwar nicht durch größeres Wissen, sondern vielmehr durch eifrige Anwendung einfachster Rezepte. Die Auswahl war bisher beschränkt auf leichte Weine als erfrischendes, aber leicht verderbliches Getränk und gehaltvolleren Wein, der wegen seiner Stärke und relativ besseren Haltbarkeit höhergeschätzt wurde. Der Markt war unkritisch, und für den Weinkenner gab es (trotz löblicher Versuche wie beim «Wettstreit der Weine») wenig mehr Anregung als für einen Literaturkenner an einem Zeitschriftenkiosk.

Der Wein war bislang eher ein wesentlicher Teil der täglichen Nahrung, wobei nur Bier als Alternative zur Verfügung stand. Von nun an steigen die Ansprüche, die Auswahl wird größer, und der Wein muß sich durch mehr als bloße Verfügbarkeit bewähren. Der französische Philosoph Michel de Montaigne zieht in seinem Essay «Über die Trunkenheit» gewissermaßen aus dem Zeitalter der Unschuld das Fazit: «Wer sein ganzes Wohlbehagen von gutem Wein abhängig macht, verurteilt sich selbst zu dem Schmerz, manchmal schlechten trinken zu müssen. Wir brauchen einen weniger anspruchsvollen, unbefangeneren Geschmack. Wer ein guter Trinker sein will, darf keinen so empfindlichen Gaumen haben.»

Die folgende Passage aus William Harrisons «Beschreibung Englands», verfaßt im Jahr 1586, vermittelt allerdings den deutlichen Eindruck, daß die allgegenwärtige Figur des Weinsnobs bereits in Erscheinung getreten war und daß er nur auf den stärksten Wein, den er bekommen konnte, Wert legte. «Diejenige Sorte Fleisch, die nur unter den größten Schwierigkeiten (und zu den teuersten Preisen) zu bekommen ist, gilt allgemein als die delikateste, und jeder Gast wird sich an sie am ehesten halten ... Dieser versäumt auch nicht, denselben Exzeß mit Wein zu treiben, von dem es nirgendwo reichlicheren Vorrat gibt als in England ... Auch meine ich damit nicht nur die kleinen Weine wie Claret, weißen, roten, französischen usw., alles in allem etwa 56 Sorten ..., sondern auch die 30 Arten italienischen, griechischen, spanischen, kanarischen usw., wobei Vernage, Cate Pument, Raspis, Muscadell, Romnie, Bastard Lire, Oseie, Capricke, Clareie und Malmsey ihrer Stärke und ihres Werts wegen nicht als die geringsten gelten, denn wie für das Fleisch gilt, je stärker ein Wein ist, desto mehr wird er verlangt.»

SIR JOHN HARINGTON WAR WOHL VON DER ART MENSCHEN, die heutzutage den besseren Diners' Clubs angehören und einen guten Keller führen. Er war ein Höfling, Patenkind der Königin Elisabeth, Advokat, Gelegenheitsdiplomat, Schriftsteller und Schöngeist mit der besten Bildung, die England zu bieten hatte (Eton und King's College, Cambridge, zwei Stiftungen des Königs Heinrich VI.). Bei der letzteren Institution gilt er als Erfinder des Wasserklosetts, vielleicht aber nur wegen der Satire im Geist von Rabelais, die er über die damals sogenannten *jakes* schrieb. Ferner übersetzte er das «Regimen Sanitatis Salernitatum», eine im 11. Jahrhundert an der berühmten Medizinschule in Salerno verfaßte Übersicht über das medizinische Wissen jener Zeit, die noch 500 Jahre danach den Ärzten gleich nach der Heiligen Schrift kam, in recht holperige englische Verse.

Haringtons Ratschläge zum Weinkauf klingen nicht nur vernünftig – sie machen geradezu durstig:

> Nimm Wein, der dich erfreu' das ganze Jahr:
> In Duft, Geschmack und Farbe voll und klar,
> Fünf Dinge sind's, die einen Wein empfehlen:
> An Stärke, Würze, Frische, Feinheit, Prickeln darf's nicht fehlen!

An anderer Stelle geht er ins Detail:

> Der Muskateller, Candia, Griechenwein
> läßt Leib und Seele groß und stark gedeihn..

Über den kanarischen und Madeira-Wein läßt er sich scherzhaft dahingehend aus, dieser könne sich des Liebhabers Neigung in solchem Maß zuziehen, daß der dann einen Stock brauche, um sich aufrecht zu halten. Als recht eingängig erweist sich der folgende Vers:

> Wein, Weib und Bäder werden, recht genommen,
> jedwedem gut – bei Mißbrauch schlecht – bekommen.

Aus manchen weiteren solchen Versen, die ich meinen Lesern jedoch ersparen möchte, geht hervor, daß Harington wie viele seiner Zeitgenossen ein tiefes Mißtrauen gegen Wasser hegte. So warnte etwa Andrew Boorde in seinem Buch über die Ernährung um 1550: «Wasser allein ist für einen Engländer nicht zuträglich.» Durch Erfahrung hatte sich ja auch seit langem schon herausgestellt, daß Wein oder Bier sehr viel gesünder war als das verschmutzte Wasser jener Zeit.

In den Gesundheitsregeln von 1530, die dem großen holländischen Gelehrten Erasmus von Rotterdam zugeschrieben werden, heißt es: «Wein und andere Getränke sind höchst gewinnbringende Medizin und angenehme Nahrung, bei mäßigem Genuß nichts Schädliches... Es ist deshalb nützlich, daß wir uns angewöhnen, jeden Tag ein oder zwei Glas Wasser in unseren Wein zu tun, sowohl um die Dämpfe des Weins zu schwächen als auch unseren Körper zu erleichtern und ferner, um für den Fall, daß uns die Not dazu zwinge, durch diesen Gebrauch ohne Gefahr das Wassertrinken zu lernen.» Was alles in allem auf eine umständliche Beschreibung eines Verfahrens zur Immunisierung gegen Krankheiten hinausläuft. In der Anpreisung steht die hintersinnige Bemerkung: «Man wird bereuen, dies Buch nicht früher in die Hand bekommen zu haben.»

1613 ZOG SICH SHAKESPEARE, NACHDEM ER DEN «STURM», SEIN LETZTES SCHAUSPIEL, GESCHRIEBEN HATTE, in ein neues Haus außerhalb Londons in Battersea zurück. Auf der anderen Seite wurde in Islington, einem Dorf auf einem Hügel oberhalb der Stadt, im gleichen Jahr ein revolutionäres Projekt vollendet: der «New River», ein 38 Meilen langer Aquädukt, errichtet von einem Waliser namens Hugh Myddelton. Mit ihm gelangte erstmals frisches Trinkwasser in reichlichen Mengen in die Stadt London.

DIE GETRÄNKEREVOLUTION

Sir Henry Unton war der Gesandte Königin Elisabeths bei König Heinrich IV. in Paris. Wenn er ein Bankett gab, herrschten an seiner Tafel feinste englische Sitten der Tudor-Zeit. Auf dem Tisch sind keine Gläser oder Pokale zu sehen. Sie wurden vielmehr von der Anrichte auf Verlangen hergebracht, ausgetrunken und wieder zurückgetragen. Der Mundschenk hatte strenge Anweisung, für Wein und Bier nicht dasselbe Gefäß zu benutzen; letzteres dürften wohl auch heutige Weinliebhaber sicher billigen.

Frisches Trinkwasser aber verdrängte den Hauptgrund für das Weintrinken, nämlich ungefährdet den Durst stillen zu können. Vielmehr gab es jetzt plötzlich eine ganze Menge Gründe dagegen. Im Lauf des 17. Jahrhunderts vollzieht sich der Wandel von einem Europa, das fast ständig unter Alkoholeinfluß stand, zu einem, das eine ganze Reihe von Sedativa und Stimulanzien zur Auswahl hatte. Die politischen und religiösen Überzeugungen jener Zeit waren für den Weingenuß nicht gerade günstig und ermunterten auch die Weinerzeuger nicht dazu, die Qualität zu verbessern oder ihr Repertoire zu erweitern. Zu den schlimmsten Erschütterungen in der ersten Hälfte des 17. Jahrhunderts gehörte der alles niederwalzende Dreißigjährige Krieg, der fast ganz Deutschland verwüstete. Aber auch in Frankreich gab es Religionskriege, in England wuchs die Bewegung der Puritaner (die «Mayflower» segelte 1620), immer neue Steuern und Gesetze behinderten die Freiheit des Seehandels. Darüber hinaus entstanden dem Wein mächtige neue Rivalen, die ihn abwechselnd als Modegetränk aus dem Rampenlicht verdrängten.

Zuerst kamen die *Aquae vitae*, die Spirituosen. Ihre Erfindung ist den Chinesen, den Persern und den Arabern zugeschrieben worden – die Worte Alkohol und *alembic* (Brennblase) deuten auf die letzteren hin. Die Medizinschule in Salerno hat sich anscheinend schon im 12. Jahrhundert auf das Destillieren verstanden, und Arnaldus von Villanova, der Weise von Montpellier (der sein Wissen im maurischen Spanien erworben hatte), zählt *Aqua vitae* zu den Universalheilmitteln. Eine Illustration aus dem Jahr 1485 (aus Salerno) zeigt einen hochentwickelten, schon fast industriell nutzbaren Destillierapparat. Es dauerte aber noch sehr lange, bis die Spirituosen als ein eigenständiges Getränk oder auch nur als nützliche Beimengung zum Wein Anerkennung fanden – vor allem, weil aus mangelndem Verständnis des Herstellungsverfahrens gelegentlich höchst gesundheitsschädliche Formen von *vinum ardens* oder «brennendem Wein» entstanden. In Deutschland fand *Aqua vitae* offenbar zuerst seinen festen Platz. Fernand

Braudel zitiert einen Nürnberger Arzt, der um 1490 schrieb: «Angesichts dessen, daß sich jetzt jedermann angewöhnt hat, Aqua vitae zu trinken, ist es nötig, daran zu erinnern, welche Menge man sich genehmigen darf, wenn man sich als Mensch mit Anstand zu betragen wünscht.»

Im 16. Jahrhundert machte die Kunst des Destillierens allmähliche Fortschritte, wobei Spirituosen in Deutschland anders als sonstwo weiterhin vor allem als Medizin und nicht als Getränk angesehen wurden. Bald wurde im Elsaß zwar überschüssiger Wein «gebrannt», die Verwertung der Spirituosen in echt industriellem und kommerziellem Maßstab aber blieb erst den Holländern im 17. Jahrhundert vorbehalten. Die holländische Flotte fand nämlich vom Ende des 16. Jahrhunderts an den ersten größeren Absatz für Wein oder Korn (je nachdem, was billiger war) in destillierter Form. Sie waren beide selbst auf langen Seereisen ideal haltbar, nahmen wenig Platz ein und wirkten bei den Eingeborenen am Ziel der Reise Wunder.

Der Tabak als Narkotikum und Sedativ muß ebenfalls in diesem Zusammenhang genannt werden. Zur Zeit Shakespeares war er sehr verbreitet. Er wurde geraucht, gekaut und schließlich auch geschnupft. In seinen Wirkungen konnte man ihn als Rivalen für Wein und Bier ansehen, in der Praxis aber diente er mehr als Ergänzung zu beiden.

Das Bier war schon zu Shakespeares Lebenszeit ein starker Konkurrent für den Wein, was ebenfalls wieder den Holländern zu verdanken war. Das in den meisten Ländern des Nordens verbreitete Ale war ein sehr mildes Getränk, in das die Holländer das Aroma des bitteren Hopfens einbrachten. Andrew Boorde berichtet 1542: «Bier wird aus Malz, Hopfen und Wasser gebraut. Den Holländern steht es wohl an. Und in letzter Zeit wird es nun auch in England zum Schaden vieler Engländer getrunken.» Freilich schadete es nicht allen. Doch die Kontroverse zwischen Ale und Bier tobte ein Jahrhundert später immer noch. 1645 schrieb James Howell: «Seit das Bier bei uns gehopft ist, findet man das Ale recht verdorben.» John Taylor, der exzentrische «Wasserpoet», ein Mann aus Gloucestershire, der Flußschiffer auf der Themse geworden war und ganz London mit seinen Schnurren und Reimen unterhielt (er erfand das schnellversenkbare Packpapierboot), war noch 1651 der Meinung, Bier sei «eine holländisch-burische Flüssigkeit, ein in England unbekanntes Ding, bis in die jüngste Zeit unserer Nation fremd, bis schließlich Hopfen und Ketzerei unter uns kamen; es ist ein dreister Eindringling in unser Land.»

ZUR ZEIT TAYLORS KAMEN DIE DREISTEN EINDRINGLINGE SEHR ZAHLREICH UND SCHNELL. Die Schokolade war schon 1504 aus ihrer Heimat Mexiko nach Spanien gelangt. Wie Cortés berichtete, schätzten die Azteken die Kakaobohne so hoch, daß sie sie als Zahlungsmittel benutzten. Das erstaunlich belebende Getränk auf Montezumas Festtafel wurde aus Kakao, Vanille, Mais, Kräutern und Gewürzen (darunter auch Chili) gebraut und vergoren, so daß sich in ihm die Wirkung von Koffein und Alkohol, ganz abgesehen vom scharfen Pfeffer, in einem Getränk vereinte, das selbst Falstaff kaum als dünn hätte bezeichnen können.

Die Spanier verschafften sich das geheime Rezept von «Xocoatl», fügten Zucker hinzu und gewannen auf diese Weise etwas, das uns heute durchaus vertraut vorkommt, nämlich Schokolade. Aber erst um 1600 gelangten in Madrid hergestellte Blocks aus Schokoladenpaste nach Italien und Flandern. Von der Kakaobohne wußte man noch so wenig, daß selbst 1640, als «Engländer und Holländer» auf See eine gute Prise (ein mit Kakao beladenes spanisches Schiff) aufbrachten, «wir voll Ärger und Wut diese gute Ware ohne Ansehen ihres Werts über Bord warfen». Als 1660 Ludwig XIV. die spanische Prinzessin Maria Theresia heiratete, wurde Schokolade in Frankreich große Mode. Sie galt halb als Getränk, halb als Arznei und inspirierte Madame de Sévigné zu einer ihrer köstlichsten Klatschgeschichten: «Die Marquise de Coëtlogon nahm, als sie voriges Jahr schwanger war, so viel Schokolade zu sich, daß sie von einem Knäblein entbunden ward, das so schwarz war wie der Teufel.» London machte die erste Bekanntschaft mit der Schokolade im Juni 1657 «in der Bishopsgate Street, in Queen's Head Alley, im Hause eines Franzosen, wo ein exzellentes westindisches Getränk, Schokolade genannt, verkauft wird und wo man es jederzeit zu angemessenem Preis erhalten kann».

INZWISCHEN GEWÖHNTE SICH LONDON AN DIE KAFFEEHÄUSER. Während die Schokolade aus der Neuen Welt stammte, kam der Kaffee aus der ganz alten, aus dem Orient nämlich, der noch immer die luxuriösesten Handelsgüter zu bieten hatte. Seine Heimat war Äthiopien, im Handel erschien er erstmals im 15. Jahrhundert in Mokka bei Aden am Roten Meer und breitete sich von dort rasch über die arabische Welt aus. Im Islam entzündete er eine theologische Debatte, weil seine Wirkung, obgleich der des Weins entgegengesetzt, doch eindeutig in einer Veränderung der Gemütsverfassung bestand. Einige Herrscher erklärten, der Koran verbiete ihn – er sei in der Tat so etwas wie Wein. Andere wieder meinten, er sei Mohammed gegeben worden, damit er in den langen Sitzungen mit dem Engel Gabriel wach blieb.

Reisende aus Europa begegneten im Orient dem Kaffee erstmals im 16. Jahrhundert. In Konstantinopel gab es damals schon viele Kaffeehäuser. Ein Grieche machte den Reisetagebuchverfasser John Evelyn in Oxford im Jahr 1637 auf das neue Getränk aufmerksam, und ebenfalls in Oxford eröffnete ein gewisser Jacob 1650 das erste Kaffeehaus Englands. In den nächsten Jahren stürzten sich die Londoner auf die neue Mode wie der Bär auf den Honig – die alten Tavernen hatten anscheinend ihrer Kundschaft entschieden einiges zu wünschen übriggelassen. Wie sonst hätte diese ihre Gewohnheiten mit solcher Schnelligkeit geändert? Freilich war der Kaffee auch so billig, daß die Kaffeehäuser «Penny-Universitäten» genannt wurden, denn für einen Penny konnte man dort eine Tasse Kaffee trinken und so lange dabei verweilen, wie man wollte, die kostenlos zur Verfügung gestellte Zeitung lesen und ihren Inhalt ausgiebig diskutieren. Das nicht-alkoholische Getränk war eine Neuheit mit größter Anziehungskraft, und die Wirkung des Kaffees tat zweifellos ein übriges.

Die Kaffeehäuser wurden in London so ungeheuer populär, daß sich der König im Jahr 1675 zu einer höchst dramatischen Proklamation veranlaßt sah, die sich im Geist und Wortlaut von dem Edikt des Großwesirs Kupruli in Konstantinopel, über das wir im 9. Kapitel berichtet haben, nicht wesentlich unterschied:

«In Ansehung der Tatsache, daß klar zutage tritt, daß die große Zahl der in den letzten Jahren in unserem Königreich eingerichteten und geführten Kaffeehäuser ... und der starke Zulauf müßiger und untätiger Personen zu diesen sehr üble und gefährliche Wirkungen hervorgebracht haben, sowohl weil viele Gewerbetreibende und andere darin einen großen Teil ihrer Zeit unnütz verbringen, welche sie sonst für ihre rechtmäßigen Berufe und Tätigkeiten verwenden könnten und auch würden, als auch weil in solchen Häusern unterschiedliche falsche, böswillige und skandalöse Gerüchte aufgebracht und verbreitet werden, welche die Regierung Seiner Majestät verzerrt darstellen, sowie Ruhe und Frieden in unserem Reich stören, erachtet es Seine Majestät für angemessen und notwendig, daß die besagten Kaffeehäuser in Zukunft abgeschafft und untersagt werden, und befiehlt hiermit strengstens mit Wirkung vom nächstfolgenden zehnten Januar allen Personen jeglicher Art, kein öffentliches Kaffeehaus mehr zu führen beziehungsweise keinen Kaffee oder Tee, kein Sorbett und keine Schokolade (in ihren Häusern zum Verbrauch dortselbst) en détail anzubieten oder zu verkaufen. Zuwiderhandlungen werden schärfstens geahndet.»

Allerdings vertagte der König zunächst diesen übereilten Versuch, sein Volk an die Kandare zu nehmen, und gab ihn schließlich ganz auf. Ohne es zu wollen, verlieh er damit den Kaffeehausbesitzern ein hohes Maß an Bedeutung und Ansehen.

Um 1690 waren die Kaffeehäuser in London Brennpunkte des gesellschaftlichen, literarischen und geschäftlichen Lebens. Angeblich soll hier der in England übliche Ausdruck für Trinkgeld, nämlich *tip*, entstanden sein, und zwar aus der Abkürzung TIP (To Insure Promptness = für prompte Bedienung) auf einer Sammelbüchse auf der Theke.

Ein Katalog der Kaffeehäuser und ihrer jeweiligen Klientele läßt nahezu alle Schattierungen der politischen Anschauung, des literarischen Geschmacks und der kommerziellen Tätigkeit im London des ausgehenden 17. Jahrhunderts erkennen. Will's in der Bow Street, Covent Garden, war das bedeutendste literarische Kaffeehaus, hier hielt der Dichter Dryden Hof; Man's am Charing Cross galt als Treffpunkt der feinen Gesellschaft; bei Child's in der Nähe der St. Paul's Cathedral drängte sich die Geistlichkeit; St. James' war das Parteilokal der Whigs; und White's in der St. James' Street quoll von Aristokraten über. Bei Jonathan's in der City trafen sich die Börsenmakler, und das berühmteste aller Kaffeehäuser, Lloyd's, zunächst in der Tower Street und dann in der Lombard Street, war seit 1688 das bevorzugte Lokal der Reeder und Schiffskapitäne.

Sein Besitzer, Edward Lloyd, hatte den phantastischen Einfall, eine eigene Zeitung, «Lloyd's News», herauszubringen, deren erste Ausgabe 1696 erschien. Damit etablierte sich sein Kaffeehaus als das Zentrum aller Vorgänge im Seehandel. Wenn Güter von

---

Der Kaffee und die Kaffeehauskultur in Wien, aber auch vor allem in Frankreich, bezog entscheidende Impulse aus der Belagerung Wiens durch die Türken im Jahr 1683 – dem letzten Versuch, nach Ungarn nun auch Österreich unter türkische Herrschaft zu bringen.

Ludwig XIV. leistete seinem «lieben Vetter», dem Kaiser Leopold I., zwar nur unfreiwillig Beistand, indem er den Prinzen Eugen abwies, der darauf in österreichische Dienste trat, dafür aber half der spätere polnische König Johann III. Sobieski, die moslemische Invasion zurückzuschlagen. In der Bagage der besiegten Türken fand sich als Beute auch ein größerer Vorrat an Kaffee.

Dieser türkische Kaffee aus Wien gelangte nun in alle Hauptstädte Europas und wurde dort ähnlich bejubelt wie einst in London der von Drake in Cádiz geraubte Sherry.

Prisenschiffen unter den Hammer kamen, dann fand die Auktion – wie wir in der «London Gazette» lesen – bei Lloyd's statt. (Das erste, was 1703 hier zum Verkauf gelangte, war ein Paket türkischer Kaffee.) Noch 1804, als die Seeversicherung von Lloyd's sich schon auf ganze Schiffskonvois erstreckte, behielt die Firma den bescheidenen Status eines Kaffeehauses bei und bezeichnete ihre Angestellten als *waiters* (Kellner).

Der Weg des Hauses Lloyd's vom einfachen Lokal zum weltberühmten Unternehmen ist außergewöhnlich. Die Kaffeehäuser des eleganten Stadtviertels St. James' nahmen eine ganz andere Entwicklung. Aus ihnen entstanden die Herrenclubs als typische Institution der Londoner Oberschicht. Sämtliche heute noch bestehenden Clubs – White's, Brook's und Boodles, alle in der St. James' Street – sind direkte oder indirekte Abkömmlinge von Kaffeehäusern. Es wird niemanden überraschen, daß der Wein in den Clubs den Vorsprung des Kaffees bald wieder aufholte. Im 18. Jahrhundert wurden dort weit mehr Port und Claret getrunken als Kaffee.

IM MONDÄNEN PARIS WURDE DER KAFFEE 1669 von einem türkischen Gesandten eingeführt. Die Pariser fanden Gefallen an dem orientalischen Chic des neuen Getränks und kauften es anfangs gern von turbantragenden Armeniern, die es auf der Straße brauten und auf Messingtabletts servierten. Einer eröffnete 1672 eine Bude auf dem Markt von St-Germain des Prés, jedoch ohne größeren Erfolg; darauf zog er nach London weiter. Doch ein Sizilianer namens Procopio Coltelli, der bei ihm angestellt gewesen war, machte einen neuen, entschlosseneren Versuch. 1686 eröffnete er unter dem Namen Procope ein mit Spiegeln, Kandelabern und Teppichen prunkvoll ausgestattetes Kaffeehaus, wo nicht nur Kaffee serviert wurde, sondern auch Speisen und Wein. Es war gewissermaßen der Prototyp des Pariser Cafés. Das Procope existiert heute noch in der Rue des Fossés St-Germain und darf mit einiger Berechtigung den Anspruch erheben, das älteste Restaurant in Paris zu sein.

In Frankreich ist das Kaffeehaus weiterhin lebendig. Das Café als nationale Institution (in Paris gab es bald über 600) hat sich sogar seit dem 18. Jahrhundert kaum verändert. England dagegen ist, wenn man von den vornehmen Clubs einmal absieht, zu etwas zurückgekehrt, was den traditionellen Tavernen näherliegt. Die mit dem schwerfälligen Namen «Public House» belegte Institution, wo es vor allem Bier gibt, ist gewissermaßen die Rache der Brauereien an ihrer abtrünnigen Kundschaft, die sich übrigens inzwischen weit mehr für den allerneuesten Schrei unter den Stimulanzien, nämlich den Tee, begeisterte.

Auch ihn haben wir den Holländern zu verdanken. In den ersten Jahren des 17. Jahrhunderts taten sie mit Erfolg einen Griff nach Indonesien und nach dem Handel mit den Gewürzinseln. Mit den Portugiesen und Engländern, die ihnen im Weg standen, wurde summarisch verfahren. In Bantam, ihrer ersten Handelsstation am westlichen Ende Javas, lernten sie nun die chinesische Gewohnheit des Teetrinkens kennen, und bald importierten sie nicht nur Teeblätter, sondern auch das dazugehörige Drumherum, nämlich Teegeschirr, nach Amsterdam. Anders als der Kaffee stellte sich der Tee anfänglich als teurer Luxus dar. Der Schriftsteller Samuel Pepys, von dem wir noch öfters hören werden, trank seine erste Tasse Tee im September 1660 in einem Kaffeehaus. Der Preis fiel jedoch, als die miteinander konkurrierenden ostindischen «Kompanien» der Holländer und der Engländer um die Wende zum 18. Jahrhundert Tee in großen Mengen herbeizuschaffen begannen – aber da hatte sich die Mode dem neuesten Beitrag der Holländer zum Getränkeüberfluß auf dem Markt zugewandt: dem Gin.

In England gaben im 18. Jahrhundert die vom Gin verursachten Übel bis zum schließlichen Sieg des Tees Anlaß zu tiefer Beunruhigung. Inzwischen hatte im 17. Jahrhundert das Weingewerbe viel Grund zur Sorge. Es mußten neue Weine ersonnen werden, die vor den neuartigen Verbrauchsgewohnheiten bestehen konnten.

KAPITEL 18

Die Holländer und der Aufschwung des Weinhandels

FUHRLEUTE ZUR SEE

Hätte Shakespeare seine Stücke ein halbes Jahrhundert später geschrieben, dann hätten sich darunter vielleicht Titel wie «Der Kaufmann von Amsterdam» oder «Die zwei Haarlemer» gefunden, und Romeo und Julia hätten vielleicht auf einem Balkon in Leyden oder Delft ihre Liebesschwüre geseufzt, so sehr hatten die Holländer in der ersten Hälfte des 17. Jahrhunderts die Initiative in Europa ergriffen. Es waren die Holländer und nicht die Italiener, Spanier oder Franzosen, die Europa von der Bedeutung kommerzieller Macht überzeugten und diese dann in kulturelle Entfaltung ummünzten.

Erstaunlich ist diese Entwicklung deshalb, weil die Holländer ein Jahrhundert lang nichts weiter als die Vasallen der Spanier in einem unbedeutenden, armen, bäuerlichen Land gewesen waren, dessen Felder die eigene Bevölkerung nicht einmal ernähren konnten, so daß diese auf den Ertrag des Fischfangs angewiesen war. Unter der Führung von Prinz Wilhelm von Oranien, dessen Familie aus Orange in der Provence und aus Nassau-Dillenburg stammte, und von seinen beiden Söhnen Moritz und Friedrich-Heinrich schlossen sich die sieben nördlichen Provinzen der heutigen Niederlande gegen Spanien und die Inquisition zusammen und warfen sie aus dem Land.

Dabei trennten sie sich von den reichen flandrischen Provinzen (dem späteren Belgien), überflügelten sie aber zugleich an kommerzieller Kraft so weit, daß Amsterdam fast über Nacht weit wohlhabender wurde als Antwerpen, das ein Jahrhundert lang Europas größter Hafen gewesen war. 1609 blockierten die Holländer kurzerhand die Scheldemündung und damit Antwerpens Handel. Der Reichtum und die Talente der südlichen Provinzen strömten in den Norden und schlossen sich der revolutionären neuen Gesellschaft an, die dort auf der Grundlage von religiöser Toleranz und Gewerbefleiß entstanden war; zwischen 1560 und 1610 zogen 100 000 Familien aus Flandern in die Vereinigten Niederlande.

Um 1650 besaßen die Holländer mit 10 000 Schiffen die größte Handelsflotte, die es in der Welt je gegeben hatte, obgleich sie bis 1648 noch in einen Krieg mit Spanien verwickelt waren, der – nur von einem 12jährigen Waffenstillstand unterbrochen – 80 Jahre gedauert hatte. 1639 hatte Spanien eine große Armada gegen Holland entsandt wie ein halbes Jahrhundert früher gegen England; der holländische Admiral Tromp besiegte sie vor der Küste von Kent. Die Holländer betätigten sich jedoch nicht nur als die «Fuhrleute zur See», sie bevölkerten sie vielmehr auch mit Korsaren, von denen die Berberpiraten noch einiges an wilder Kampfeslust hätten lernen können. Wo immer es Gelegenheit zu lukrativem Schmuggel gab, stellten sich die Holländer ein.

Mit rücksichtsloser Energie errichteten die Vereinigten Niederlande Kolonien in Ost- und Westindien, in Nordamerika, auf Ceylon und am Kap der Guten Hoffnung, sie entdeckten Tasmanien und Neuseeland, fochten im Dreißigjährigen Krieg in

Deutschland und zweimal gegen England und schlugen die Angriffe Ludwigs XIV. ab – alles in der Spanne eines Jahrhunderts.

Im letzten Kapitel haben wir schon gesehen, wie die Holländer so viele neue anregende Getränke nach Europa brachten, daß der Wein fast ins Hintertreffen geriet. Doch als die vorherrschende Seehandelsmacht, die mehr Schiffe besaß als irgendeine sonst, gaben die Niederlande auch im Weinbau und -handel den Ton an. Auch darf man nicht annehmen, daß die Holländer sich stets nur kühl und fleißig auf dem Achterdeck ihrer Schiffe oder in ihren Kontoren betätigten. Es war weithin bekannt, daß sie Speise und Trank nicht verschmähten und Tabak in gewaltigen Mengen konsumierten, eine Leidenschaft für seltene Blumen hatten und überhaupt der Sinnlichkeit zugetan waren (eindeutig bezeugt durch unvergleichliche Gemälde, die schöne Dinge um ihrer selbst willen darstellen), schließlich aber auch mit großem Eifer alle Wissenschaften betrieben, insbesondere die Navigations- und Kriegskunst.

Zu ihrer Trinkfestigkeit äußerte sich der englische Gesandte Sir William Temple voll Staunen: «Die Beschaffenheit ihrer Luft mag sie zum Trinken geneigt machen; denn obgleich das regel- oder übermäßige Trinken die Fähigkeiten des Menschen zerstören kann, wenn er in besserem Klima lebt, so mag es doch andererseits die Kräfte und Fähigkeiten des Menschen in dumpfer Luft verbessern und mag gar nötig sein, um die eingefrorenen oder untätigen Geister des Gehirns aufzutauen und in Bewegung zu setzen» – ein geradezu genialer Vorwand. «Die Edelleute der Niederlande», schrieb ein französischer Besucher, «haben so viele Regeln und Zeremonien, wenn sie sich betrinken, daß mich die Disziplin dabei ebenso abschreckt wie der Exzeß.»

HOLLAND MACHTE WIE VENEDIG SEIN VERMÖGEN DAMIT, Güter erst ein- und dann wieder auszuführen. Dieser Transithandel war das Lebenselixier für Amsterdam, das als Bindeglied zwischen dem Baltikum und dem Mittelmeer oder Westindien Reichtümer scheffelte (trotz Behinderung durch eine so flache Zufahrt zum Hafen, daß große Frachtschiffe von daran festgemachten leergepumpten Leichtern über die Untiefen getragen werden mußten). Temple bemerkte hierzu: «Noch nie hat ein Land so viel Handel getrieben und selbst so wenig verbraucht... Die Holländer sind Herren über indische Gewürze und persische Seide, doch sie tragen schlichte Wolle und nähren sich von eigenen Fischen und Wurzeln.» Von allen Gütern der Erde blieb jedoch eines in durchaus

Im 17. Jh. griff in Holland trotz aller Arbeitsamkeit der Bevölkerung die Trunksucht um sich. Die Frauen tranken fast ebensoviel wie die Männer. Der englische Gesandte berichtete von jungen Mädchen, die den ganzen Tag lang Bier tranken, bis «sich zu ihrer aufgeschwemmten Gestalt ein Ausdruck hilfloser Stumpfheit gesellte, der ihre Gesichter nicht mehr verließ». An Schenken gab es alle Arten, von der düstersten Höhle bis zum wahren Palast mit Marmorfußboden und Butzenscheiben, wo man üppig speisen und dabei einem Konzert lauschen konnte. Jan Steen hat in seinem Gemälde die Atmosphäre einer Kneipe der dubioseren Art eingefangen.

stattlichen Mengen in den Mägen der holländischen Kaufleute zurück: Wein – für ihn war Rotterdam der Hauptumschlaghafen. Für den Rheinwein war das am einfachsten, denn Rotterdam liegt an der Rheinmündung. Weißer, vor allem süßer Wein war durchaus nach dem Geschmack der Holländer; die englische Vorliebe für Claret teilten sie nicht. Doch das Rheinland war im Dreißigjährigen Krieg während der ersten und die Pfalz von Ludwig XIV. in der zweiten Hälfte des 17. Jahrhunderts dermaßen verwüstet worden, daß es in Deutschland kaum Wein (und wenn, dann wahrscheinlich keinen besonders guten) zu exportieren gab. Damals im 17. Jahrhundert wurde in Deutschland der Wein als Volksgetränk weitgehend vom Bier verdrängt.

Die Holländer kauften überall, auch bei den Spaniern, obwohl sie mit denen im Krieg lagen. Ihre Weinkoster wurden auch im alten Königreich Aragón jenseits der Pyrenäen gesichtet. Die Landroute nach Spanien war ihnen so vertraut wie der Seeweg. In Venedigs früherem Monopolbereich, dem östlichen Mittelmeer, brachten sie Sondervereinbarungen mit der Türkei über die Lieferung von griechischem Wein zustande und kauften auch die in Holland so beliebte türkische Spezialität Tulpenzwiebeln ein. Den Türken, denen erst kurz zuvor in der Seeschlacht von Lepanto die Spanier und Venezianer eine Schlappe beigebracht hatten, war es eine große Freude, ihren beiden Gegnern zugleich eins auszuwischen. In Lissabon kauften die Holländer Kreta-Wein von den Portugiesen, die offenbar die Entdeckung späterer Kolonisten, daß nämlich süße Weine auf einer Seereise an Reife gewinnen können, schon vorweggenommen hatten: Sie führten den Malvasia aus Kreta als Schiffsballast mit nach Indien und wieder zurück.

DA SIE NUN ABER GROSSE MENGEN BRAUCHTEN, um ihre Kundschaft im Norden und auch die eigenen Tavernen zu versorgen, wandten sich die Holländer dem großen Weinbrunnen zu, der sich ihnen an der Westküste Frankreichs und in ihrem Hinterland, von Nantes an der Loiremündung bis Bordeaux und Bayonne im Süden, darbot. Die einstige Idee einer jährlich fahrenden Weinflotte war veraltet: Gefragt war ein steter Zustrom. Veraltet war auch das ganze komplizierte System der Traditionen und Privilegien, die «Hackordnung» unter den Hafenstädten, die *police des vins* in Bordeaux. Sie wurden, wo immer möglich, umgangen (für destillierten Wein galten sie nicht). In manchen Fällen heirateten die Holländer in wohlhabende Familien ein, um sich selbst Privilegien zu sichern. Hauptsächlich aber konzentrierten sie sich auf solche Gegenden wie die Dordogne, wo keine alten Vorschriften im Wege standen.

In Bordeaux wurden sie anfänglich als Aufkäufer von Weinmengen, wie die Engländer sie schon seit Jahrhunderten nicht mehr abnahmen, begrüßt – aber auch als erfahrene Wasserbauer, die das Marschland an den Flüssen trockenlegen konnten, wie sie es in ihren heimischen Poldern gelernt hatten. Während aber die Engländer stets den traditionellen hellen Claret gesucht hatten, wollten die Holländer nun alles anders haben als bisher. Sie kauften Weißwein – je süßer, desto besser – in riesigen Mengen und gewöhnlichen Wein in noch größeren, wenn er sich nur zum Brennen eignete, denn Branntwein wurde dem Trinkwasser der Schiffe beigemischt, um es gesünder und schmackhafter zu machen. (Auch Pflaumen kauften die Holländer als das beste Mittel gegen Skorbut auf ihren 300tägigen Seereisen nach Ostindien, und sie machten dadurch die Gegend von Agen berühmt.) Den Rotwein bevorzugten die Holländer dunkel und schwer. Cahors im Oberland war ihr Ideal. Durch Anpflanzungen im *palus*, dem neu trockengelegten Schwemmland an den Flußläufen bei Bordeaux, wurde – mindestens in besseren Jahren – das gewünschte Resultat errreicht: ein Wein, der gerade das Gegenteil des hellen Claret war.

Die Vorlieben und die Kaufkraft der Holländer waren für die Weinbauern überzeugende Gründe zur Umstellung von Rot- auf Weißweintrauben, nicht nur in Bergerac oben an der Dordogne, sondern auch im Hinterhof von Bordeaux, in Sauternes. Die

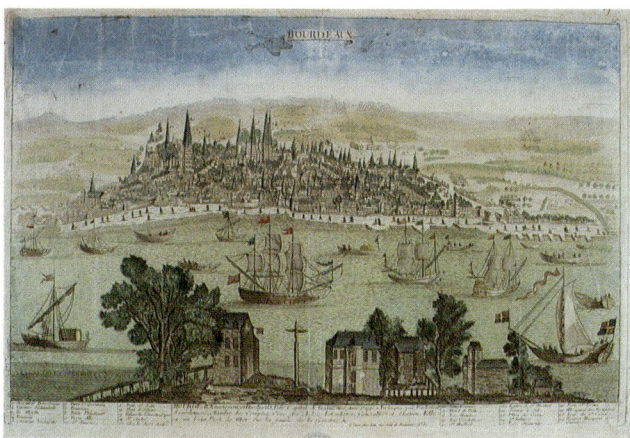

Im 17. Jh. war Bordeaux, hier vom gegenüberliegenden Ufer der Garonne aus gesehen, von mittelalterlichen Stadtbefestigungen umgeben. Fast das ganze Jahrhundert hindurch beherrschten die Holländer den Handel in der Stadt. Da ihnen drei Viertel aller Handelsschiffe Europas gehörten, konnten sie diktieren, welcher Wein zu welchem Preis angebaut werden sollte. Am meisten interessiert waren sie an billigem Weißwein.

Holländer hatten (vermutlich vom Rhein) einen Trick mitgebracht, wie man süßen Wein stabilisieren und dadurch verhindern konnte, daß seine Gärung auf dem Weg zum Kunden neu einsetzte. Er bestand darin, einen Docht oder Faden in Schwefel zu tauchen und in einem Faß zu verbrennen, bevor dieses gefüllt wurde. Auch vorher war es schon möglich gewesen, süßen Wein bis zu einem gewissen Punkt stabil zu machen, doch nur sehr mühsam durch mehrfaches Abziehen von einem Faß in ein anders, und dann mußte der Transport bei kühler Witterung vor sich gehen. Die Holländer machten nicht soviel Umstände und gingen mit dem Beimischen von Zucker oder auch Alkohol großzügig um, wenn sie den Wein von Rotterdam aus weiterexportierten.

Die Franzosen nahmen die Schwefeltechnik bereitwillig an; anfänglich nannten sie den Schwefelfaden *allumette hollandaise,* später dann *mèche soufrée* – so kam die englische Sprache zu ihrem Wort *match* für Streichholz. Nach dem Bericht eines Schotten zu schließen, der 1665–67 Frankreich bereiste, ist es zweifelhaft, ob sie sich mit diesem nützlichen Trick weise Zurückhaltung auferlegten. Sir John Lauder, Lord Fountainhall, schrieb: «Es kommt kein Wein aus Frankreich in ein fremdes Land, der nicht ein wenig geschwefelt wäre, weil er sich sonst auf See nicht halten, sondern verderben würde. Es ist zwar wahr, daß der Wein viel davon wieder hinausschafft, doch es macht ihn viel

Die Beherrschung des Wassers zu Land oder zur See war der Eckpfeiler des holländischen Daseins. Barbara Tuchman schrieb dazu in «Der erste Salut»: «Mit einer horrenden Leistung an Arbeit und Technik schuf sich eine Nation selbst Land, um darauf zu leben, und tat also mit Menschenhand, was zuvor nur Gott getan hatte.»

Der Schiffsbau der Holländer war so einmalig wie ihr Landschaftsbau. Sie konstruierten leichte, aus Standardteilen von baltischem Holz gebaute Schiffe, die für Kanonen zu schwach, aber billig in der Herstellung waren (halb so teuer wie englische Schiffe); auch mit sparsamer Bemannung kamen sie aus. Infolge der vereinfachten Takelage war für eine sogenannte *Fleute* von 200 Tonnen eine Besatzung von 10 Mann ausreichend, während für ein englisches Schiff in gleicher Größe bis zu 30 Mann gebraucht wurden.

Jeder aus Übersee zurückkehrende Schiffskapitän mußte der Admiralität Bericht über alles Neue erstatten. Wie die Römer erkannten auch die Holländer die Bedeutung der Kommunikation. Sie schufen Zeitungen und richteten einen Postdienst ein, der nicht seinesgleichen hatte. Postsendungen wurden zu Land und zu See befördert; ein Brief brauchte von Amsterdam nach Paris vier Tage. In wichtigen Städten hatten die Holländer Agenten, deren einzige Aufgabe es war, nützliche Informationen nach Holland zu melden. Amsterdam hatte die erste Börse, an der regelmäßig die Kurse veröffentlicht wurden. Und um all das zu bezahlen, trugen die Holländer eine Steuerlast, daß sich ihren Konkurrenten die Haare sträubten.

unbekömmlicher und schwerer als den, den wir im Land trinken, wo er unmittelbar wächst. Wir (in Schottland) haben sehr strenge Gesetze gegen die Verfälschung der Weine, und ich habe Engländer zugeben hören, daß sie wünschten, sie hätten dergleichen...»

DIE HOLLÄNDER MERKTEN BALD, IN WELCHEN GEGENDEN besonders süße Weine geerntet werden konnten, wenn die Lese so lange verschoben wurde, bis die Trauben so weit wie möglich ausgereift waren, oder wo es besonders günstige Boden- und Klima-Voraussetzungen für die Entstehung von sehr süßem *vin liquoreux,* dem Vorläufer des Sauternes, gab. Hinweise darauf, daß abgewartet wurde, bis die Trauben von der sogenannten Edelfäule, verursacht durch den Schimmelpilz *Botrytis cinerea,* befallen wurden, gibt es allerdings erst viel später, gegen Ende des 18. Jahrhunderts, als ihr besonderer Wert im Rheingau entdeckt wurde. Es ist aber kaum anzunehmen, daß an den süßen Weinen von Bergerac und Sauternes und aus Anjou, die von den Holländern mit Aufpreis bezahlt wurden, nicht wenigstens zum Teil auch schon edelfaule Trauben beteiligt gewesen sein sollen.

GEWÖHNLICHEN WEIN ZUM DESTILLIEREN GAB ES REICHLICH, aus Gründen der Wirtschaftlichkeit jedoch hielten die Holländer nach Gegenden Ausschau, wo auch der zweite notwendige Rohstoff ausreichend vorhanden war: Holz zum Heizen der Brennblasen und für den Faßbau. Armagnac war eine Waldregion ohne große Weinbautradition. Es lag auch nicht zweckmäßig an einem Fluß, doch immerhin wurde das zu transportierende Volumen ja durch Destillieren auf $1/6$ bis $1/8$ reduziert. Obendrein feilschten die Hinterwäldler dort nicht so um den Preis. Armagnacs «*brandewijn*» wurde fuhrenweise zum nächstgelegenen Fluß, Adour oder Midouze, und dann auf diesem zur Verschiffung in den Hafen Bayonne gebracht.

Das Land der Charente nördlich von Bordeaux hatte ebenfalls zu bieten, was die Holländer suchten. Jahrhundertelang war die Küste südlich von La Rochelle der wichtigste Salzlieferant Europas und eine reiche Kornkammer gewesen. Der Weinbau stand hier an zweiter Stelle. Doch das Hinterland zwischen Saintes und Angoulême war den Holländern bereits vertrautes Gebiet. An den klaren Bächen von Angoulême hatten Flamen im 16. Jahrhundert Papiermühlen für besonders feines Papier errichtet, und die als Borderies bekannte Gegend nördlich der Charente und der kleinen Stadt Cognac war eine Quelle süßer Weißweine, die später stark in Mode kamen.

Die Kreidehänge der «Champagne» südlich von Cognac brachten riesige Erträge an Destillierwein hervor, und an Brennholz für die Destillierapparate herrschte ebenfalls kein Mangel. Vielleicht war dieser Wein auch gut zum Trinken, aber darauf legten die Holländer keinen Wert. Sie machten ein Vermögen mit dem Schnapsbrennen, sowohl aus ungenießbarem Bier in Schiedam bei Rotterdam als auch aus kaum genießbarem Wein von der französischen Küste.

Außerdem verdienten sie noch am Verkauf von schwedischem Kupfer (Schweden war Europas wichtigster Erzlieferant) an die Franzosen zum Bau von Destillierapparaten und dann nochmals am Kauf und Verkauf des Branntweins. Ein besonderer Glücksfall war dabei, daß beim Brennen der leichten Weine von der Charente ein Brandy entstand, der relativ wenig nach rohem Spiritus schmeckte, was sonst kaschiert werden mußte, wie es beim holländischen Gin mittels Wacholderbeeren geschah.

Daß der Cognac aus der Masse der Spirituosen herausgehoben und zu einem Getränk mit Weltruf gemacht wurde, ist den Engländern und Iren zu verdanken. Sie verlangten eine sorgfältigere Herstellung sowie lange Alterung in Eichenholzfässern. Die erste Reklame für den Verkauf von «*Old Cognac Brandies*» erschien Anfang des 18. Jahrhunderts in der «London Gazette».

EINE WEITERE WEINQUELLE, DIE VON DEN HOLLÄNDERN DURCHAUS NICHT VERNACHLÄSSIGT WURDE, bot sich an der Loire. Um Angers und Tours wuchs auf weiten Flächen die ausgezeichnete alte Rebsorte Pineau de la Loire, heute als Chenin Blanc bekannt, deren Wein sich ausgezeichnet hält und in einem sonnigen Herbst sogar ausgesprochen süß gerät. Die Holländer waren zu gewitzt, als daß sie sich mit den behäbigen Handelstraditionen in privilegierten Städten wie Angers einließen. Statt dessen wandten sie sich einer nahegelegenen Gegend zu, wo ebensolcher Wein zu weit niedrigeren Preisen produziert werden konnte: dem Tal des Flüßchens Layon. Man muß zugeben, daß sie dort ein erfreuliches Erbe hinterlassen haben.

Hochwertige Süßweine waren die einzigen, die den Transport loireabwärts von Anjou und der Touraine aus lohnten, denn an der Grenze zur Bretagne mußten in dem kleinen Hafen Ingrandes hohe Zölle erlegt werden. Nach holländischer kommerzieller Logik war deshalb die Gegend zwischen Ingrandes und dem Meer ein guter Platz für billigeren Wein (was sowieso im wolkenreichen Meeresklima nicht anders möglich war). Also förderten sie hier den Anbau der einfachen Massenträger Muscadet und Gros Plant. Mit ihren klingenden Gulden hätten sie sicher die armen französischen Bauern auch dazu dressieren können, durch brennende Reifen zu springen.

Die allerreichlichste Quelle für billigen Wein und Brandy konnten sie allerdings nicht in größerem Umfang anzapfen. Mit steigendem Interesse hatten sie die Fertigstellung eines außergewöhnlichen Projekts beobachtet (und auch dabei mitgewirkt): Es war dies der 1681 vollendete Canal des Deux Mers, eine gigantische Ingenieurleistung, die einen Wasserweg von Sète am Mittelmeer zur Garonne und dadurch nach Bordeaux herstellte, wobei mit vielen Schleusen ganze Gebirgszüge überwunden wurden (die Ecluses de Fonseranes in Béziers sind neun aneinandergereihte Schleusen, die auf einer Strecke von knapp 1 km einen Höhenunterschied von 25 m bewältigen). Doch unter anderem das Languedoc hatte die Rechnung ohne Bordeaux und die *police des vins*

«COGNIACKE»

Zwar waren es die Holländer, die ursprünglich die Weinbauern von Cognac dazu veranlaßten, ihren Wein zu brennen, aber die Engländer dürfen für sich in Anspruch nehmen, das wahre Qualitätspotential erkannt und gefördert zu haben. 1638 erwähnt Lewes Roberts «einen kleinen Wein, der Rotchell, genauer aber Cogniacke genannt wird». Damals lieferte Cognac offenbar noch den dünnen Brennwein, der von La Rochelle aus verschifft wurde.

Der erste Hinweis auf *«cogniack brandy»* erschien in England im Jahr 1678 in der «London Gazette». Im 18. Jahrhundert wurden dann die Preisunterschiede zwischen Cognac und anderen Brandies, zwischen jungem und altem Cognac sowie zwischen Cognac aus dem im Binnenland gelegenen Distrikt «Champagne» mit seinem Kreideboden und Cognac aus Weinbergen in Küstennähe immer größer.

Warum gerade Cognac? Die meisten Weine mußten, wenn sie in einfachen Brennblasen destilliert wurden, mehrfach aufgeheizt werden, um Stoffe herauszudampfen, die einen unangenehmen Beigeschmack und Kopfschmerzen verursachten. Mit den unguten gingen aber auch die guten Geschmackstoffe verloren. Der Cognac jedoch war schon nach zweifacher Destillation genießbar, und damit behielt er wenigstens einen Teil des ursprünglichen weinigen Charakters. Durch lange Reife in Eichenfässern kam eine weitere Nuance hinzu – und auch ein wenig Zucker wirkte sich nicht ungünstig aus.

Da nun aber zwischen England und Frankreich nur selten Frieden herrschte, wurde der Schmuggel zu einem bedeutenden Gewerbe. Brandy braucht viel weniger Platz als Wein; das war ideal für kleine Boote und mitternächtliche Geschäfte. Als Hauptschlupfwinkel diente den Schmugglern die Kanalinsel Jersey, und von dort kam 1715 Jean Martell nach Cognac. 1723 etablierte sich dann in der Nachbarstadt Jarnac das Handelshaus Ranson und Delamain. 40 Jahre danach schloß sich die englische Firma Hine an, und 1765 verlegte der Ire Richard Hennessy seine Tätigkeit von Bordeaux nach Cognac.

Am liebsten tranken die Holländer den leichten, würzigen Wein vom Rhein, der in einem geräumigen Glas mit schwerem, verziertem Fuß, einem Römer, auf den Tisch kam. Dieses Gemälde eines echt holländischen Mahls, bestehend aus Hering, Brot und Rheinwein, schuf Pieter Claesz im Dreißigjährigen Krieg, als die deutschen Weinberge völlig verwüstet wurden.

gemacht. Im 18. Jahrhundert wurden nur 5 % aller Weine und Spirituosen aus dem Languedoc auf diesem Kanal exportiert. Auch die Holländer mußten um ganz Spanien herum, wenn sie in Sète Wein laden wollten.

ZU WENDEN BEGANN SICH DANN DAS BLATT UM 1650. Die kommerziellen Erfolge der Holländer erregten zuerst den Neid der Engländer und dann der Franzosen. In den 1640er Jahren war England noch allzu sehr mit seinen inneren Schwierigkeiten beschäftigt gewesen, um im Handel mitzuhalten. 1650 erließ dann aber Oliver Cromwell, der zwischen dem unglücklichen König Karl I. und seinem Sohn, Karl II., als Diktator herrschte, die «Navigation Ordinance», wodurch der Einsatz ausländischer (also holländischer) Schiffe zwischen den Häfen Englands und des Auslands untersagt wurde. 1652 erklärte Cromwell den Holländern den Krieg. Die Engländer kaperten insgesamt 1500 holländische Schiffe und verdoppelten damit den Bestand ihrer recht kärglichen Handelsflotte. Drei Jahre danach nahm England den Spaniern Jamaica weg. 1664 fing Karl II. nochmals Krieg mit den Holländern an, hatte aber weit weniger Erfolg. Die Pest und der große Brand Londons lähmten ihn. Die holländische Flotte nahm sich ein Beispiel an Francis Drake, segelte in den Hafen Chatham hinein und verbrannte die Flotte der Engländer. Diese rächten sich dafür, indem sie Neu-Amsterdam eroberten und es in New York umbenannten.

Inzwischen beschloß Colbert, Finanzminister Ludwigs XIV., Frankreich müsse eine Flotte haben, die seiner würdig sei. Auch die Kaufleute von Nantes und Bordeaux legten ihm dar, das Seehandelsmonopol der Holländer sei unerträglich. 1669 veranschlagte er die Handelsflotte aller europäischen Länder auf insgesamt 20 000 Schiffe, davon 15 000–16 000 holländische, 3000–4000 englische und 500–600 französische. Mit wunderbarer Um- und Voraussicht ordnete er die Anpflanzung großer Eichenwälder im Limousin und Tronçais an, damit auch in ferner Zukunft französische Kriegsschiffe gebaut werden könnten – das Holz dieser Eichen ergibt heute die Fässer für die feinsten Weine der Welt.

Die Holländer trugen inzwischen ihr Geld anderswohin und suchten sich erneut Lieferquellen in Spanien und Portugal. Das waren Tage der Freude für Jerez und Málaga, Alicante und die Kanarischen Inseln, für Lissabon und auch wieder für die Inseln Griechenlands. 1675 führte diese Suche dazu, daß in der Geschichte des Weins ein neues Kapitel aufgeschlagen wurde: Erstmals kauften Holländer in der Hafenstadt Oporto eine kleine Menge eines starken Rotweins aus den Bergen am Douro in Portugal.

KAPITEL 19

Große Fortschritte bei der Glasherstellung

KRUG UND FLASCHE

Bis die Holländer mit Aquavit und Schwefelfäden kamen, war es das Hauptbestreben eines jeden Weinhändlers gewesen, die Ware – wie den Schwarzen Peter – so schnell wie nur irgend möglich wieder aus der Hand zu bekommen. Ein Faß Wein war ja eine verderbliche Ware, deren Frischedatum ungeheuer rasch ablief.

Mit Ausnahme der Kaufleute von Venedig, die es mit hinlänglich starkem Wein zu tun hatten, und der Fürsten und Bischöfe am Rhein, die kalte Keller und mächtige Fässer ihr eigen nannten, galt für alle das gleiche: Sie mußten den Wein schnellstens loswerden. Deshalb ist in den vorausgegangenen Kapiteln auch mehr von Schiffen als von Kellern die Rede gewesen. Der Kaufmann hatte nur die Rolle eines Spediteurs, der eine Fuhre beim Erzeuger abholt und sie bei der Ankunft sofort ausliefert. Was die Franzosen *élevage* nennen – also den sorgfältigen Ausbau des Weins im Keller, wo er bedächtig reift und manchmal gemischt wird –, gab es damals kaum. Ein Produkt ohne große Haltbarkeit rechtfertigte auch keine große kommerzielle Organisation. Deshalb waren im Mittelalter die Essighändler in Frankreich besser organisiert als die Weinhändler, denn Essig läßt sich aufbewahren und je nach Bedarf verkaufen.

Warum aber wurde Wein so rasch zu Essig? Der Vorgang ist das Werk einiger Bakterien, insbesondere des *Acetobacter aceti,* die im Wein leben und nur Sauerstoff benötigen, um sich katastrophal zu vermehren. Was dabei entsteht, ist eben Essig. Wie alle biochemischen Vorgänge verläuft auch dieser um so langsamer, je niedriger die Temperatur ist; das erklärt die Vorzüge der kühlen Keller am Rhein. Gigantische Fässer bieten den Vorteil, daß eine große Flüssigkeitsmenge im Verhältnis zu ihrem Volumen eine kleine Oberfläche besitzt, die mit Luft in Berührung kommen kann, und so hat der *Acetobacter* weniger Zugang zu seiner Ernährungsgrundlage.

Auch ein hoher Alkoholgehalt wirkt konservierend; unter seinem Einfluß vermehren sich die Bakterien weniger stark. Schwefeldioxyd hemmt ihre Fruchtbarkeit ebenfalls. Alle diese wissenschaftlichen Fakten waren damals freilich unbekannt, doch die Erfahrung lehrte, daß die Holländer recht hatten, wenn sie schwefelten oder «Brandewijn» zusetzten. Da sie aber den Wein immer faßweise transportierten und verkauften, gaben sie ihm dabei, ohne zu wissen, was sie taten, viel Gelegenheit, mit Luft in Berührung zu treten. In deutschen Weinkellern war man ebenfalls durch Erfahrung eines Besseren belehrt. Man tat alles, um die Fuderfässer (mit Fug und Recht könnte man sie schon Vorratstanks nennen) randvoll zu halten. Wurde Wein abgezapft, dann füllte man aus kleineren Fässern mit demselben Wein gleich wieder nach. War nichts Passendes zur Hand, dann wurden sogar in Wein gründlich gewaschene Steine in das Spundloch geworfen, damit der Spiegel immer ganz oben stand und die Luft verdrängt wurde.

ALLES WURDE ANDERS, ALS DIE FLASCHE UND EIN SICHERER VERSCHLUSS FÜR SIE AUFKAM. Dies war der große Beitrag, den das 17. Jahrhundert zur Geschichte des Weins leistete: Flaschen und Korken. Ohne sie konnte wohl die Qualität des Weins Fortschritte machen, nicht aber seine Fähigkeit zu altern. Seit der Römerzeit wußte niemand mehr, welche Wandlungen in einem guten Wein stattfinden können, wenn er über lange Zeit unter luftdichtem Verschluß bleibt. Hier ist nicht etwa nur die Rede von einem angenehmeren oder feineren Geschmack, sondern von einer ganz und gar anderen Geschmacksdimension. Wir müssen die Wissenschaft zu Rate ziehen, wenn wir dieses glückliche Phänomen näher erläutern wollen.

Wein in einer gut verkorkten Flasche ist von der Berührung mit Luft völlig abgeschlossen. Die Flasche enthält allerdings noch eine geringe Menge Sauerstoff, aber auch Kohlendioxyd. Bei beiden handelt es sich um lösliche Gase, die einfach dabei sind, wenn der Wein eingefüllt wird; sie gelangen also mit dem Wein in die Flasche. Doch die Menge liegt damit fest. Vielleicht ist der Wein voll von Mikroben und Bakterien. Da sie aber Sauerstoff brauchen, um sich zu vermehren, wird ihre Vermehrung ein für allemal durch die Menge Sauerstoff bestimmt, die sich in der Flasche befindet. Alle Lebensprozesse der Organismen, die an Aroma und Geschmack des Weins beteiligt sind, werden in der verschlossenen Flasche stark verlangsamt, und zwar um so mehr, je kühler die Flasche aufbewahrt wird.

Aber es gehen noch weitere biochemische Reaktionen vor sich, die ebenfalls ihren Anteil von dem knappen Sauerstoffvorrat als Brennstoff beanspruchen. Pigmente, Tannine, Säuren, Hunderte von natürlichen organischen Verbindungen sind in sich unstabil. Sie lösen und verbinden sich auf immer neue Weise untereinander. Manche Reaktionen laufen anaerob (d. h. ohne Luftzufuhr) ab, doch bei den meisten muß Sauerstoff zugegen sein, wenn eine chemische Umsetzung erfolgen soll. Der Wein in der Flasche befindet sich daher im Reduktionszustand: Jede Veränderung, bei der Sauerstoff verbraucht wird, reduziert die Möglichkeit weiterer Veränderungen.

Unter solchen Umständen geht es also wahrhaftig um sehr feine Abstufungen. Es muß allerdings ein Wein sein, der von vornherein über gute Qualitäten verfügt, z. B. ein gutes Gleichgewicht zwischen Säure, Tanninen und Zucker (im Wein sind bis zu 500 verschiedene natürliche Bestandteile nachgewiesen worden). Bei so vielfältiger Struktur bedeutet dies eine Feinabstimmung, die dem Wein einmal die Bezeichnung «chemische Symphonie» eingetragen hat.

VON ALLEDEM HATTEN DIE FLASCHENMACHER IM 16. JAHRHUNDERT NOCH NICHT DIE LEISESTE AHNUNG. Sie stellten Flaschen nur als praktische Gefäße her, in denen der Wein vom Faß auf den Tisch gebracht werden konnte, und die übrigens in Festigkeit und Eleganz sehr unterschiedlich waren – die Auswahl reichte von Lederkrügen über Steingutkannen bis zu wunderschönen klaren gläsernen Flakons. Glas war allerdings nicht nur am zerbrechlichsten, sondern auch ziemlich teuer. William Harrison stellt den damit verbundenen Snobaspekt in seiner «Beschreibung Englands» von 1586 deutlich heraus: «Es ist in unseren Tagen des Überflusses an Gold und Silber vielfach zu beobachten, daß unsere vornehme Gesellschaft, diese Metalle ob ihrer Häufigkeit verachtend, sich lieber an venezianisches Glas hält...»

Für alle, die sich Glas nicht leisten konnten, bestand der übliche Ersatz in glasiertem Steingut, wie es in Deutschland viel verfertigt wurde. Die Glasur erzielte man dadurch, daß während des Brands ein paar Handvoll gewöhnliches Salz in den Brennofen geworfen wurden. Durch Reaktionen mit verschiedenen im Ton enthaltenen Mineralien entstand eine glasige, leicht gesprenkelte, meist graue bis bräunliche Oberfläche. Lange Zeit wurden auf diese Weise dickbauchige Krüge hergestellt, die mit einer bärtigen Fratze unter dem Rand geschmückt waren und deshalb «Bartmannskrüge» hießen. Angeblich handelte es sich um das Gesicht eines vielgehaßten italienischen Kardinals und Gegenreformators namens Bellarmin – und auch unter diesem Namen sind die Krüge bekannt geworden.

Links: Die gläserne Weinflasche (wie sie hier in der ersten Glasfabrik Amerikas in Jamestown, Virginia, in der ursprünglichen Art geblasen wird) verdrängte am Anfang des 17. Jh. ihre Vorläufer, u. a. den Steingut-«Bellarmin» oder Bartmannskrug aus Deutschland *(rechts),* auf dem angeblich ein vielgehaßter Gegenreformator abgebildet war.

Die Zerbrechlichkeit der nach italienischer Art hergestellten Weinflaschen aus Glas (die Glastechnik kam größtenteils aus Italien) wurde durch Umhüllen mit Stroh, Korbgeflecht oder Leder gemildert. Die allen vertraute italienische Chianti-Flasche *(fiasco)* geht auf das 14. oder 15. Jahrhundert zurück. Eine ausgefeiltere Version, die *cantinflora,* hatte einen Ausguß und seitlich eine Vertiefung für Eis zum Kühlen des Weins. Aber auch in Deutschland, Flandern, Frankreich und den Niederlanden wurde viel Glas produziert. Die Holländer hatten den sehr praktischen Einfall, Glasflaschen in viereckigen Formen zu blasen, die sich bequem und platzsparend in Kisten verpacken ließen. Die holländische Gin-Flasche hat heute noch diese Form; weshalb sie sich allerdings beim Wein nicht durchgesetzt hat, ist schwer zu sagen. Da aber sehr wenige dieser Flaschen aus dem 17. Jahrhundert erhalten sind, kann man vermuten, daß sie sehr bruchempfindlich waren.

Flaschen für den Alltagsgebrauch wurden auch aus Zinn, Blech, ja selbst aus Holz hergestellt, doch konnte man bei ihnen nie sehen, ob sie sauber waren. Solange Glas aber stets dünnwandig geblasen wurde, blieb es notwendigerweise ein Luxus. Tatsächlich gab es auch keine besonderen Fabriken für Flaschen; diese wurden vielmehr in denselben Glashütten hergestellt wie Trinkgläser und Fensterglas.

Nichtsdestoweniger stieg am Anfang des 17. Jahrhunderts die Nachfrage so stark (auch die Lieferungen von «Bellarminen» vom Rhein nach England nahmen kräftig zu), daß die englische Krone Besorgnisse wegen der Zerstörung des Waldes als Brennholz für die zahllosen Glashütten hegte. Die Folge hiervon war eine Proklamation König Jakobs I., «... um zu gewährleisten, daß nicht überflüssige Dinge notwendiges und für die Landesverteidigung benötigtes Material verschlingen. In Anbetracht dessen, daß in den letzten Jahren die Verschwendung an Holz durch die Glashütten übermäßig groß und unerträglich geworden ist ... und es das geringere Übel wäre, unsere Zeit wieder auf die alte Art des Trinkens aus Stein(gut) und der Benützung von Butzenscheiben zurückzuverweisen ..., verordnen wir hiermit, daß in unserem Königreich niemand Glas mit Holz selbst schmelzen oder machen bzw. schmelzen oder machen lassen darf ...»

Es mußte also bei Steingutkrügen und Butzenscheiben bleiben, wenn die Glashütten keinen anderen Brennstoff fanden. In jenen Tagen verkaufte der König Herstellungsmonopole – natürlich gegen eine sehr beträchtliche Gebühr. Der Monopolist, der die Rechte zur Herstellung von Glas in Kohleöfen kaufte, war Sir Robert Mansell, der sich um 1620 in der Nähe der bekanntesten englischen Kohlenbergwerke, bei Newcastle in Nordostengland, niedergelassen hatte. Es war ihm jedoch gestattet, sein Monopol an andere weiterzuverpachten, und so entstanden in vielen Gegenden kohlebeheizte Glashütten. Nun merkte man, daß die stärkere Hitze des Kohlefeuers kräftigeres Glas hervorbrachte, das allerdings nicht so weiß war wie das venezianische.

Um diese Zeit gerät in die Geschichte der Flaschenherstellung wie in alles andere in England heillose Verwirrung durch die Streitigkeiten des königlichen Hauses Stuart, die schließlich im Bürgerkrieg von 1642–49 gipfelten. Dennoch deuten alle Anzeichen darauf hin, daß ein außergewöhnlicher Höfling, Schriftsteller, Alchimist und auch Gelegenheitspirat namens Sir Kenelm Digby der Erfinder des revolutionären Nachfolgetyps zu Mansells noch recht zerbrechlichen Flaschen war. Irgendwann zwischen 1630 und 1640 begann Digby Flaschen herzustellen, die viel dicker, schwerer, fester und dunkler waren – und obendrein billiger – als alle bisherigen.

Ihre Form war kugelig, einfach eine Blase mit einem langen, spitz zulaufenden Hals, der in einen Wulst auslief, an dem man einen Pfropfen festbinden konnte. Eine solche Flasche faßte eine Viertelgallone (ungefähr 1 Liter). Im Boden war an der Stelle, wo die Glasbläserpfeife gesessen hatte, eine Verdickung und Vertiefung, und diese verlieh der Flasche einen guten Stand. Digby hatte offenbar entdeckt, wie man mit einem Windtunnel ein Kohlefeuer noch heißer machen kann, um eine Glasschmelze mit mehr Sand und weniger Gehalt an Pottasche und Kalk zu erzielen. Durch den Kohlenrauch wurde die Schmelze braun oder dunkelolivgrün, ja fast schwarz, was jedoch als ein Zeichen für Festigkeit galt (und obendrein den unbeabsichtigten Vorteil hatte, den Inhalt vor Licht zu schützen). Kurze Zeit später wurde Digby als Royalist und römischer Katholik in den Kerker geworfen, und andere erhoben Anspruch auf seine Erfindung. 1662 jedoch sprach das Parlament ihm die Rechte an seiner Erfindung zu. Damit war er der Vater der modernen Weinflasche. In Holland fand seine Technik erst 1670 Eingang, in Frankreich sogar erst 1709 (dort hießen die Flaschen *à l'anglaise*). Nun fehlte nur noch der richtige Pfropfen.

ABSCHWEIFUNG

Der Lebensbericht von Sir Kenelm Digby (1603–65) verdient, obwohl er kaum als bedeutender Teil der Weingeschichte anzusehen ist, durchaus eine Abschweifung. Digby war Inbegriff des kultivierten, wißbegierigen, vielseitigen, aber auch verwegenen, ja manchmal waghalsigen englischen Gentleman des 17. Jahrhunderts. Sein Vater wurde wegen Teilnahme an der Pulververschwörung von 1605, bei der König und Parlament in die Luft gesprengt werden sollten, hingerichtet. Seine Knabenzeit verbrachte Digby mit rastlosen Studien aller Sprachen und Wissenschaften, an die er herankommen konnte (darunter auch Okkultismus und Alchimie).

Im Alter von 17 Jahren verließ er Oxford, obwohl er sterblich in eine berühmte Schönheit namens Venetia Stanley verliebt war, und ging nach Paris. Dort machte ihm die Königin-Mutter Maria von Medici derart beklemmende Avancen, daß er seinen eigenen Tod vortäuschte und nach Italien reiste.

Nach einiger Zeit kehrte er nach England zurück und heiratete Venetia Stanley (die inzwischen durch einen anderen Mutter geworden war). Sie waren außerordentlich glücklich miteinander, doch seine Rastlosigkeit trieb ihn, als er gerade 24 Jahre alt war, mit zwei wohlbewaffneten Schiffen hinaus auf Freibeuterfahrt. Er kaperte im Mittelmeer flämische, spanische und holländische Schiffe und überfiel dann nach Drakes Vorbild einen mit französischen und venezianischen Schiffen überfüllten Hafen in der Ägäis. Anschließend wandte er sich der Archäologie zu und betrieb auf Delos und anderen griechischen Inseln Ausgrabungen.

Als 1633 Lady Digby starb, war er untröstlich. Er vertiefte sich in Experimente und erfand damals vermutlich seine neuartige Weinflasche. Auch seine weiteren Abenteuer sind seiner würdig; Sorge und Ruhm waren ihm stets gleich nahe, doch studierte er nun (unter vielen anderen Dingen) auch die Physiologie der Pflanzen und entdeckte vielleicht als erster die Bedeutung des Sauerstoffs für das Pflanzenwachstum. Seine Reputation in der Nachwelt war die eines Charmeurs, Taugenichts und Weisen, und er hinterließ Schriften über alles, von der Religion bis zum Kochrezept. So war das 17. Jahrhundert. Sic transit ...

WIE FLASCHEN JEGLICHER ART SICHER ZU VERSCHLIESSEN SEIEN, war ein sehr altes Problem. Die Römer kannten den Korken, doch er war in Vergessenheit geraten. Auf mittelalterlichen Gemälden sieht man zusammengedrehtes oder über die Öffnung gebundenes Tuch. Auch Leder wurde benutzt und manchmal mit Siegellack überzogen. Die ersten Erwähnungen von Korken finden wir um die Mitte des 16. Jahrhunderts. Als Shakespeare zwischen 1598 und 1600 «Wie es euch gefällt» schrieb, waren sie jedenfalls so bekannt, daß Rosalinde sagen konnte: «Ich bitte dich, nimm den Kork aus deinem Munde, damit ich deine Mitteilungen trinken kann.»

Es ist oft behauptet worden und mag wohl auch stimmen, daß die vielen tausend Pilger, die durch Nordspanien nach Santiago de Compostela wallfahrten, dort den Korken kennenlernten. Allerdings stehen die Korkeichenwälder im Süden Spaniens und Portugals und nicht im Norden. So wäre es denn wahrscheinlicher, daß dem übrigen Europa der Korken direkt über die vielen Seeverbindungen mit diesen Gegenden bekannt wurde, wenn es ihn dort schon gab.

Es scheint, daß Flasche und Korken in England allmählich in der ersten Hälfte des 17. Jahrhunderts zusammenfanden. Der passionierte Erfinder Sir Kenelm Digby ließ sich nie ganz überzeugen. In «The Closet Opened» verrät er Rezepte aller Art für aus vergorenem Honig bereiteten Met. Manchmal empfahl er Korken, manchmal «geschliffene Glasstopfen». Bei einer Gelegenheit scheint er auch mit schäumendem Met experimentiert zu haben, denn eines seiner Rezepte besagt: «Wer ihn bald trinken will, fülle ihn in Flaschen und reibe die Korken mit Hefe ein, so daß er mit dem Met in Berührung kommt; dann wird er in drei bis vier Tagen trinkfertig sein» – vielleicht auch explosionsfertig, wenn die Hefe eine zweite Gärung in der Flasche in Gang setzte.

Die geschliffenen Glasstöpsel, die genau in den Flaschenhals paßten, hielten sich übrigens noch erstaunlich lange. Aus Worlidges «Behandlung des Apfelweins» von 1676 geht hervor, daß bei der Wahl guter Korken größte Sorgfalt geboten war, denn «viel Wein ist schon allein durch mangelhafte Korken verdorben worden. Deshalb sind Glasstöpsel zu bevorzugen...» – was viel mühevolle Arbeit voraussetzte, denn jeder Stöpsel mußte einzeln mit Schmirgel und Öl in den zugehörigen Flaschenhals eingeschliffen werden. Da er nun aber nur auf diese bestimmte Flasche paßte, wurde er mit einem Stück Bindfaden an seinem Knauf und an der Flasche festgebunden. Bis 1825 galt, wenigstens für manche, der geschliffene Glasstöpsel als der absolut beste und feinste Flaschenverschluß. Herrliche mundgeblasene Flaschen, *bouchées à l'émeri* (das heißt mit eingeschliffenen Glasstöpseln), wurden 1820 und 1825 für einige Weine von Château Lafite benutzt. Es wurde (zu Unrecht) angenommen, daß der Kork luftdurchlässig sei, so daß der Wein verderben könne; was in Wahrheit passierte, war jedoch, daß Korken in schlechter Qualität dem Wein einen Korkengeschmack verliehen. Schließlich kamen die Glasstöpsel außer Gebrauch, weil es meist unmöglich war, sie herauszuziehen, ohne die Flasche zu zerbrechen.

Der Hausherr im 17. Jahrhundert füllte hauptsächlich Apfelwein, Bier und selbstgemachten Wein in Flaschen. Bei den Weinhändlern wurde das Abfüllen in Flaschen erst gegen Ende des 17. Jahrhunderts gebräuchlich. Im Jahr 1609 empfahl Sir Hugh Plat in «Köstlichkeiten für Damen», man solle Bier 10 bis 12 Tage im Faß liegenlassen, bevor es in Flaschen (vermutlich aus Steingut) abgefüllt würde. «Man mache die Korken genau passend für die Flaschen und verschließe diese dicht.» Er schrieb weiter: «Der Grund dafür, daß Flaschen-Ale so windig und trübe ist und beim Öffnen knallt und raucht», sei der, daß es meist zu früh in Flaschen gefüllt würde, solange die Hefe darin noch arbeite. Als Worlidge 1676 seine «Abhandlung über den Apfelwein» schrieb, waren aber alle Voraussetzungen für eine moderne Abfüllung gegeben. «Nachdem man gute Korken ausgesucht hat, tauche man sie in siedendheißes Wasser. Sie werden sich dann besser in die Flaschenmündung fügen und halten den Geist besser zurück.»

Er fährt fort: «Deshalb ist es zu empfehlen, die Flaschen auf die Seite zu legen, nicht nur, damit die Korken feucht bleiben, sondern auch, damit die Luft, die in der Flasche verblieben ist, sich auf der Seite derselben befindet, von wo sie nicht entweichen kann, während zugleich auch keine neue hineingelangt, weil ja die Flüssigkeit vor dem Korken steht. Manche stellen die Flaschen aus diesem Grund kopfüber in ein Gestell» – keine so gute Idee, sagt auch Worlidge, denn wie jeder weiß, der einmal ein Champagner-Haus besucht hat, gerät dadurch der Bodensatz hinter den Korken, und man bekommt ihn unweigerlich ins erste Glas. Als idealen Keller bezeichnet er einen mit einer kühlenden Quelle darin, denn dort «wird sich Apfelwein halten, bis er die Stärke kanarischen Weins erreicht». Es gibt noch Keller aus dem 17. Jahrhundert, in denen

DER PERFEKTE PFROPFEN

Korken werden aus der dicken äußeren Rinde der Korkeiche *(Quercus suber)*, eines langsam wachsenden immergrünen Baums, gewonnen, an dem sich diese schwammige Substanz in langer Evolution als Isolierung und Schutz, unter anderem gegen Feuer, herausgebildet hat. Das Vorkommen an Kork konzentriert sich auf das westliche Mittelmeer und die benachbarten Atlantikküsten. Portugal liefert allein etwa die Hälfte des Gesamtbedarfs und fast allen hochwertigen Kork für Weinflaschen. Die Akten der ältesten heute noch bestehenden Korkimportfirma, William Rankin and Sons, reichen zurück bis 1813. Damals kaufte das Haus 3200 ha Wald im Alentejo für 1800 Pfund. Noch bis 1860 war es außerordentlich schwierig und beschwerlich, in die Korkeichenwälder Portugals hineinzugelangen, und der Erfolg war kaum berechenbar. Kein Wunder, daß es noch vor hundert Jahren soviel schlechten Kork gab.

Weshalb ist Kork so ideal als Verschluß für Weinflaschen? Er ist leicht, sauber und in großen Mengen verfügbar, überdies auch nahezu völlig undurchlässig. Obwohl er glatt ist, bleibt er doch sicher im Flaschenhals sitzen. Er ist weitgehend temperaturunempfindlich, wird selten von Fäulnis befallen und ist obendrein unglaublich elastisch.

Das wird bei Verkorkungsmaschinen ausgenützt: Der Korken läßt sich so weit zusammenpressen, daß er leicht in den Flaschenhals gleitet, wo er sich dann sofort ausdehnt und nicht den kleinsten Zwischenraum frei läßt. Seine Lebensdauer ist sehr groß: in 20 bis 50 Jahren wird er nur ganz allmählich spröde und mürbe. In gepflegten Kellern (zum Beispiel in den großen Châteaux von Bordeaux) werden die alten Weinbestände etwa alle 25 Jahre mit neuen Korken versehen. Manche schicken sogar Servicepersonal aus, das alte Flaschen in den Kellern der Kunden neu verkorkt. Viele Korken aber bleiben ein halbes Jahrhundert an ihrem Platz.

Heute wird die Rinde reifer Bäume alle 9 bis 10 Jahre im Hochsommer abgeschält und zu Platten zugeschnitten. Diese trocknen dann 3 Monate lang und werden anschließend in großen Kesseln bei Siedetemperatur mit Fungiziden behandelt. Nach weiterer monatelanger Lagerung in kühlen Kellerräumen werden aus den Platten Flaschenkorken geschnitten.

Die längsten Korken aus dem besten Material bleiben dem feinsten Wein vorbehalten. Korkstaub und -abfälle werden zu billigen Korken gepreßt. Ein normaler Weinkorken hat einen Durchmesser von 24 mm und wird auf den Flaschenhalsdurchmesser von 18 mm zusammengepreßt. Sektkorken werden in drei Lagen verleimt, ihr Durchmesser von 31 mm wird auf 17,5 mm Flaschenhalsweite komprimiert, wobei das obere Drittel in der bekannten Weise pilzförmig aus der Flasche ragt.

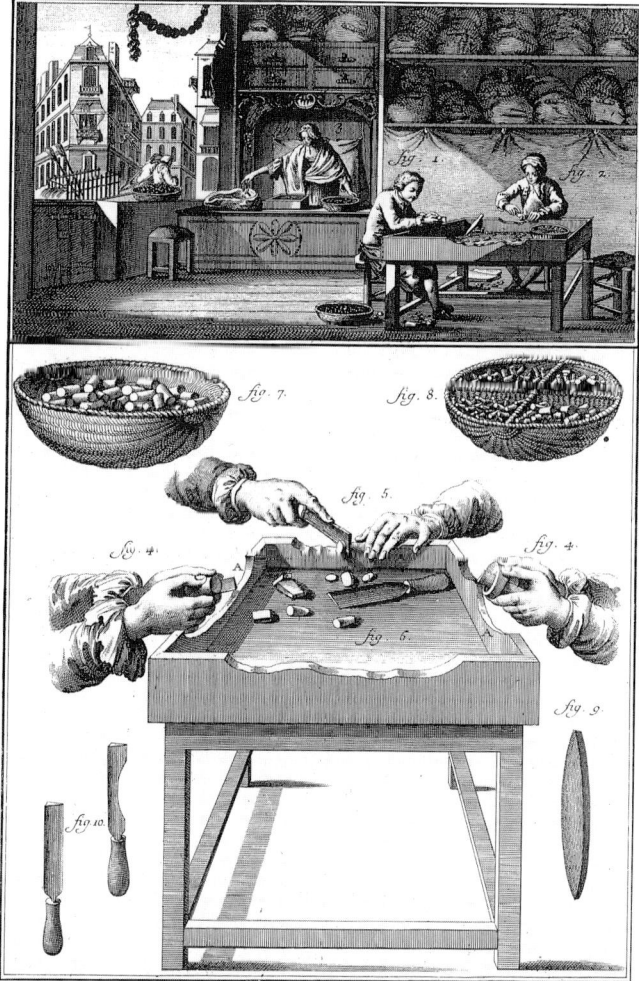

«Der Korkmacher» gehört in die berühmte Serie von Stichen für die von Denis Diderot um 1750 geplante französische Version der Enzyklopädie von Ephraim Chambers. Diderot veranschaulichte die Tätigkeiten aller Gewerbe und Handwerke im damaligen Frankreich (unter denen die Korkmacherei ganz neu war). 120 Jahre später hatte sich, wie auf dem Bild des jungen Korkmachers in Spanien *(unten)* zu sehen ist, nur wenig an der Sache geändert.

Regale mit Löchern in den Brettern stehen, die zur Aufnahme von Flaschenhälsen gedacht waren. Andere hatten ein Sandbett, in das Flaschen kopfüber gesteckt werden konnten. Eines wird aus alledem klar, das Prinzip der Aufbewahrung von Flüssigkeiten in verkorkten Flaschen war damals allgemein bekannt.

Jetzt blieb nur noch zweierlei zu erfinden: der Korkenzieher, mit dem man auch einen ganz in die Flasche hineingetriebenen Korken herausziehen konnte (andernfalls mußte man ihn zur Hälfte hinausstehen lassen), und eine zylindrische Flasche, die sicher auf der Seite lag. Die letztere entwickelte sich allmählich in der zweiten Hälfte des 18. Jahrhunderts. Wann der Korkenzieher entstand, bleibt ein Geheimnis.

Die erste in Druck nachzulesende Erwähnung eines Korkenziehers findet sich viel später, als man vermuten sollte, nämlich 1681. Ein gewisser N. Grew beschreibt ihn als «ein stählernes Gewinde, das zum Herausziehen von Korken aus Flaschen benutzt wird». «Stählerne Gewinde» dieser Art waren aber schon seit wenigstens einem halben Jahrhundert in Gebrauch, um nämlich Kugeln und Schießbaumwolle aus Feuerwaffen herauszuziehen, wenn ein Schuß nicht losgegangen war. Wann ist wohl einem Durstgeplagten erstmals der Gedanke gekommen daß man dasselbe Prinzip auch für Korken in Flaschenhälsen brauchen konnte? Wer weiß! Jedenfalls wurde in England der Begriff *corkscrew* erst 1720 geprägt, vorher hieß das Instrument *bottlescrew*.

Der vielleicht erste schriftliche Bericht über einen solchen Flaschenöffner wurde im Jahr 1700 im «London Spy» veröffentlicht. Das waren eigentümliche Aufzeichnungen über die Moden und Manieren in London von einem Tavernenbesitzer namens Ned Ward, einem wackeren Anhänger des Claret und der Tories. Geschrieben ist das Buch als Erzählung eines Mannes vom Land, dem ein Freund aus der Stadt die Sehenswürdigkeiten Londons zeigt. Sie geben sich den Lustbarkeiten der Stadt in allen, manchmal auch recht zweifelhaften Milieus hin. Einmal beschreibt er ein Abendessen mit zwei Landgeistlichen und einem Quäker, wobei deutlich wird, daß der Korkenzieher bereits allgemein gebräuchlich gewesen sein muß:

«Schließlich kamen wir zu einer ansehnlichen Flasche Rotwein, die wohl wenigstens einen halben Schoppen extra enthalten mochte, der Korken war aber so weit hineingetrieben, daß ohne Flaschenöffner nicht an den Inhalt zu gelangen war. Einige versuchten, das hartnäckige Hindernis mit dem Daumen wegzuräumen, keinem aber gelang dies schwierige Unterfangen. Hierauf sprach der Gastgeber: ‹Was, ist unter uns kein so umsichtiger Zecher, daß er einen Flaschenöffner bei sich trägt?› Der ältere und weisere der geistlichen Herren, der mit Wohlgefallen die fülligen Dimensionen der Flasche bemerkt hatte und aus Erfahrung wußte, daß gutes Verkorken vorteilhaft für den Inhalt sei, sagte: ‹Ich glaube, ich habe eine kleine Gerätschaft in meiner Tasche, welche den Schlüssel zur Lösung dieser Schwierigkeit bilden mag.› Er kramte nun in seinen Taschen, brachte zunächst ein Gebetbuch, eine alte Kammschatulle voller Notizzettel und eine billige Muskatnußreibe zum Vorschein; er machte ziemlich viel Aufhebens mit allen diesen nützlichen weltlichen Dingen, bis er endlich zur Sache kam und einen Flaschenöffner ans Licht förderte, was in der Gesellschaft nicht wenig Gelächter hervorrief.

‹Freund, mir scheint›, sagte da der Quäker zu dem Geistlichen, ‹daß ein Gebetbuch und ein Flaschenöffner nicht so recht zusammenpassen und es ihnen nicht geziemt, in einer Tasche beieinanderzuwohnen. Warum gewährst du ihnen in deinen Hosen nicht getrenntes Logis?› Hierauf antwortete der Geistliche: ‹Da die Frömmigkeit die Seele tröstet und der Wein, in Maßen genossen, den Leib gesund erhält, warum sollten also nicht ein Buch, welches Belehrung für die eine, und ein Werkzeug, welches dem anderen den Weg frei macht, beieinander sein dürfen, wo sich doch auch Leib und Seele gegenseitig Gesellschaft leisten?›»

TEIL III

Luxus im 18. Jahrhundert: ein Bankett im Palazzo Nani in Venedig.

KAPITEL 20

Die ersten Château-Weine und ihre Märkte

DIE WIEDERGEBURT VON BORDEAUX

Nicht oft in der Geschichte Europas sind die Rivalitäten zwischen den Nationen so lautstark, streitsüchtig, ja man möchte fast sagen kindische, vorgebracht und ausgetragen worden wie am Ende des 17. Jahrhunderts. Wenn irgendetwas einen Fürsten verdroß, war es für ihn sogleich Anlaß, einen Krieg anzuzetteln. Unter dem Deckmantel vorgeblicher Erbfolgestreitigkeiten, rivalisierender Religionen und des Gottesgnadentums der Herrscher, der großen Fragen also, die allmählich zur Entwicklung moderner Verfassungen überleiteten, spielte sich ein stetes Hin und Her um Handels-, Zoll- und Schiffahrtsrechte ab und sorgte für immerwährende Unruhe auf allen Ebenen der internationalen Beziehungen.

Am meisten taten sich dabei Frankreich, Holland und England mit einem Geflecht von Intrigen und Verrat hervor, das für niemanden auch nur einiges an Ehre abwirft. Einen großen Teil seiner Herrschaftszeit stand der englische König Karl II. insgeheim im Sold Ludwigs XIV., dessen Geld er schamlos dazu verwendete, sich Unabhängigkeit von seinem Parlament zu verschaffen. Ludwig, von seinem Minister Colbert bestärkt, wurde derart neidisch auf den Wohlstand der Holländer, daß er die Niederlande heimtückisch überfiel. Den Anlaß oder den Vorwand für seine Aggression bot die Frage, ob Spanien durch Erbfolge an Frankreich oder Österreich übergehen sollte. Daraus entwickelte sich eine Art von Weltkrieg, der 11 Jahre dauerte und in dem Frankreich und Spanien gegen das mit Österreich verbündete England kämpften. Am Ende des spanischen Erbfolgekriegs war Ludwig XIV. gedemütigt, und England stand als die führende Macht Europas da.

IMMER WIEDER HABEN WIR IM LAUF DER GESCHICHTE BEOBACHTEN KÖNNEN, wie die Politik den Handel formt und der Handel wiederum den Wein, den er benötigt, überall dort heranbildet, wo er ihn herholen muß. In jener Zeit drehte die Politik den Handel um und um, bis der nicht mehr wußte, wo ihm der Kopf stand, dennoch aber gewann er gerade zu dieser Zeit neuen Schwung und neue Flexibilität. Insbesondere der Weinhandel fand neue Abnehmerschichten, die ihn zu größerer Diversifizierung ermunterten.

Die Taten der streitsüchtigen Fürsten von Gottes Gnaden stellten die letzten Zukkungen des mittelalterlichen Feudalherrentums dar. In Frankreich war zwar noch alles auf den Königshof ausgerichtet, und nur der König konnte die Mode bestimmen, doch in England und Holland war es vorüber mit der Demut vor Herrscherthronen. Der letzte englische König, der Anspruch auf absolutistische Macht erhob, Jakob II., wurde kurzerhand vor die Tür gesetzt.

Die «Glorious Revolution» von 1688 führte zu einer Vereinigung der holländischen und englischen Interessen. Maria, die Nichte Karls II., vermählte sich mit Prinz Wilhelm von Oranien, der dadurch Wilhelm III. von England wurde. Von nun an war es nicht mehr der König, der das Geld aus- und den Ton angab, sondern es waren die zunehmend unabhängigen und wohlhabenden Granden. Es ist kein Zufall, daß wenigstens in England innerhalb einer einzigen Generation sowohl die Parteipolitik entstand als auch große private Weinkeller mit den besten Tropfen aus aller Welt angelegt wurden.

SAMUEL PEPYS, damals 30 Jahre alt, saß am 10. April 1663 (volle drei Wochen nach der letzten Erneuerung seines feierlichen Schwurs, sich ganz des Weins zu enthalten) abends in der Royal Oak Tavern in der Lombard Street in London mit Alexander Brome zusammen, der sich als Advokat, Redakteur und Poet einen Namen gemacht hatte, einem fröhlichen, «wenn auch ein wenig eingebildeten» Gesellschafter. Am Tag darauf schrieb er in sein seltsam verschlüsseltes Tagebuch die denkwürdigste Probiernotiz in der Geschichte von Bordeaux: «Ich trank eine Art von französischem Wein namens Ho Bryan, der einen guten und zugleich den eigensten Geschmack hat, den ich je angetroffen habe.» Pepys, obwohl kein großer Kenner, jedoch ein Mann, der gern mit der Mode Schritt hielt, war damit der erste, der Kunde von jenem neuartigen Wein gab, und zwar schon wenige Jahre nach dessen Erfindung. Darüber hinaus charakterisierte er ihn in vollkommenster Weise, als er von «eigenstem Geschmack» sprach. Der Wein, den er gekostet hatte, war der Haut-Brion, der erste Bordeaux-Wein, der unter dem Namen des Weinguts, aus dem er stammte, auf den Markt kam, und der bis auf den heutigen Tag als Prototyp aller Château-Weine gilt.

16 Jahrhunderte lang hatte sich England den größten Teil seines Weins in Bordeaux besorgt. Doch bislang war es stets einfacher Faßwein gewesen, der je nach seiner Frische, der Kompetenz und Ehrlichkeit der Weinhändler und schließlich nach der Jahreszeit besser oder schlechter gewesen war. Unter dem Eindruck konkurrierender neuer Getränke und der ungeheuerlichen Knickerigkeit der holländischen Kaufleute hatte plötzlich der dynamischste Bürger von Bordeaux und Präsident des dortigen Parlaments, Arnaud de Pontac, die Initiative ergriffen. 1660 begann er, den Wein aus seinem Gut unter einer besonderen Marke (ein bis dahin noch unbekannter Begriff) mit beträchtlichem Wertzuwachs zu vermarkten (das moderne Wort scheint hier voll angebracht). Und er begab sich mit seiner Initiative nicht auf den holländischen Markt, der damals die größte Aufnahmekapazität für Wein hatte, sondern mit klarem Vorbedacht auf den ältesten und treuesten Absatzmarkt für Bordeaux-Wein: London.

DER AUFSTIEG DER FAMILIE PONTAC HATTE SCHON ÜBER EIN JAHRHUNDERT VORHER BEGONNEN. Sie setzte sich zusammen aus Grundbesitzern und Advokaten – keine Aristokraten, aber selbstbewußte Mitglieder der aufstrebenden Klasse der Kaufleute. Ihre Vorfahren waren Handwerker, und nun waren sie auf den besten Weg in einen neuen Adelsstand. Bereits 1505 hatte sich ein Arnaud de Pontac durch den Export von Wein und den Import von Tuch bis zum Bürgermeister von Bordeaux hochgearbeitet.

In den darauffolgenden Jahrhunderten wiederholte sich dieses Pontac-Schema immer neu. Durch Handel erwarb man Land, und Landbesitz brachte Macht, doch ging den neuen Großgrundbesitzern – anders als einst den alten Aristokraten, die sie nunmehr verdrängten – der Erwerbssinn nicht verloren.

1660 war dann wiederum ein Arnaud de Pontac am Ruder. Er hatte die höchste Spitze erreicht: Guyenne, die ganze Region um Bordeaux, war auf das *Parlement* ausgerichtet, und als dessen Präsident bezog er geradezu fürstliche Einkünfte. Sein Stadthaus mit vier Kuppeln war das prächtigste in Bordeaux. Nur wenig bescheidener, für unsere Geschichte aber viel bedeutender, war der Landsitz seiner Ahnen, eine Stunde weit vor den Toren der Stadt – das Château Haut-Brion, erbaut von seinem Urgroßvater auf kar-

DIE WIEDERGEBURT VON BORDEAUX

Der Name Pontac war zur Regierungszeit Ludwigs XIV. Synonym für den besten Wein aus Bordeaux. Der Advokat und Weingutsbesitzer Arnaud de Pontac setzte den Namen seiner Familie auf seinen einfachen «Claret» und den Namen seines Landsitzes Haut-Brion (gegenüber) auf seinen Spitzenwein. Dieser war daher der erste Wein, der gewissermaßen eine eigene Marke trug, und mit der Zeit wurde Haut-Brion auch zum ersten «Premier Cru» von Bordeaux.

gem, steinigem Grund südlich von Bordeaux, in einer Gegend, die eben diesem Kiesboden ihren Namen «Graves» verdankt.

Aus Erfahrung wußte man bereits, daß dieser dürre Boden, auf dem sonst nichts so richtig gedeihen wollte, der Weinrebe sehr zusagte. Das nahe gelegene Landgut des Erzbischofs hatte schon seit Jahrhunderten mit seinem Wein große Bewunderung erregt. Aber erst der jüngere Arnaud kam auf den Gedanken, aus dieser Sachlage Kapital zu schlagen.

Wie um die Neuartigkeit dieses Schritts zu untermauern, war bereits 1647 ein Komitee zusammengetreten, das für die verschiedenen Bordeaux-Weine Preise festzusetzen hatte; es war dies so etwas wie eine ferne Vorahnung der berühmten Bordeaux-Klassifizierung von 1855. Die Preisskala spiegelte den übermächtigen holländischen Einfluß wider. 1635 hatten sich die Holländer mit den Franzosen verbündet. Im Jahr 1647 gaben sie in Bordeaux geschäftlich bereits den Ton an. Daher stand ihr Lieblingswein, der weiße Sauternes, in der Preisskala ganz oben. Dunkle *palus*-Weine von der Petit-Verdot-Traube, die zumeist auf dem Bec d'Ambès in trockengelegten Sümpfen am Zusammenfluß der Dordogne und Garonne wuchsen, folgten unmittelbar danach. Die besten Quellen für «Claret» erschienen dagegen in der Preisskala nicht, und es wurden auch keine einzelnen Weingüter mit Namen genannt. So standen die Dinge, als Arnaud de Pontac den Einfall hatte, sich einen neuartigen Markt zu schaffen.

Was war nun aber außer dem Namen noch neu am «Ho-Bryan», den Pepys und Brome so überaus eigen gefunden hatten? Man darf vermuten, daß de Pontacs Kunst als Weinerzeuger einen ebenso hohen Stand hatte wie seine gesellschaftliche Stellung. Er konnte es sich ja auch leisten, Perfektionist zu sein. Er hatte einen Namen in die Waagschale zu werfen; er konnte zugunsten größerer Geschmacksfülle und Kraft den Ertrag beschränken und angefaulte Trauben und ungeeigneten Wein ganz ausscheiden. Vermutlich besaß er auch eine Weinkelter und mag auf den Gedanken gekommen sein, ein wenig Preßwein beizumischen, um seinen Claret zu kräftigen und ihm mehr Farbe und Charakter zu geben. Wahrscheinlich arbeitete er auch mit längerer Maischzeit, denn dem Pontac wird von mehreren Quellen tiefe Farbe bescheinigt. Es standen auch neue Fässer zur Verfügung, und vermutlich wurde darauf geachtet, daß sie stets randvoll waren. Alle diese Praktiken wurden dann im 18. Jahrhundert von anderen wohlhabenden Weingütern übernommen, als diese sich daran machten, eine eigene Reputation zu erwerben. Bis zur Zeit de Pontacs allerdings hatte es kaum solche gegeben.

Es gibt keine Anzeichen dafür, daß er sich um die Traubensorten besonders kümmerte, und er wußte auch nicht, daß ältere Rebstöcke schmackhafteren Wein erbringen. Sicherlich war es damals auch schon ungewöhnlich, einen größeren Weinberg in einem geschlossenen Block zu besitzen, die eigentliche Innovation Arnaud de Pontacs aber war sein Marketing. Er machte Haut-Brion zu seinem «Premier Cru», und wie ein anderer Weinfürst drei Jahrhunderte später, nämlich Philippe de Rothschild, benutzte er den Namen seiner Familie für den Wein aus seinen übrigen Besitzungen, deren bedeutendste de Pez in St-Estèphe im damals noch weitgehend unerschlossenen und nur per Flußschiff erreichbaren Médoc war. Sein Médoc-Wein (zum Teil von Le Taillan nördlich von Bordeaux) wurde lediglich als «Pontac» angeboten. Die beiden Weinmarken erschienen gerade im günstigsten Zeitpunkt auf dem Londoner Markt.

1660 hatten die Engländer wieder einen Monarchen auf den Thron gehoben, und damit war ein Jahrzehnt Puritanerherrschaft zu Ende gegangen. Karl II. gab schon im Exil klar zu erkennen, wes Geistes Kind er war. Er hielt nämlich einen weit flotteren Hof als Ludwig XIV. Die leichtlebigeren Elemente in Versailles bemerkten das sehr wohl und folgten ihm nach London. Pontacs Gedankengänge sind da ohne weiteres nachzuvollziehen, obwohl London damals als Hauptstadt doch nicht so überschäumend lebendig war, wie er gehofft haben mag. 1665 starben 70 000 bis 100 000 Einwohner an der Pest, und wie um die so geschlagenen Wunden auszubrennen, verwüstete im Jahr darauf der Große Brand 160 Hektar Stadtgebiet. Noch in demselben Jahr entsandte de Pontac seinen Sohn François-Auguste nach London, um dort unter dem Namen «Pontack's Head» eine Taverne zu eröffnen, wie sie luxuriöser in ganz England (vielleicht sogar in Frankreich) noch nicht gesehen worden war. Der Erfolg war überwältigend. Das Haus stand hinter Old Bailey und war dort über ein Jahrhundert lang in Betrieb, bis es 1780 abgerissen wurde. Es war vielleicht das erste Restaurant in London, bestimmt aber nicht das billigste: Ein Dinner im Pontack's Head konnte bis zu zwei Guineas kosten, der Preis des Haut-Brion betrug sieben Schilling (während damals für einen sonstigen guten Wein zwei Schilling verlangt wurden). Pontac- und Haut-Brion-Weine wurden auch einer aus Aristokraten und Literaten bestehenden *clientèle* ins Haus geliefert.

DER ENGLISCHE PHILOSOPH JOHN LOCKE KONNTE SICH BEI SEINEM FÜNFJÄHRIGEN AUFENTHALT IN FRANKREICH einen Besuch dieses offensichtlich einmaligen Weinguts, das einen so «eigenen» Geschmack hervorbrachte, nicht versagen. Als er am 14. Mai 1677 nach

Haut-Brion kam, besichtigte er den Weinberg und fand ihn auf einem nach Westen abfallenden niedrigen Hügel vor, dessen Boden «aus nichts besteht als aus reinem Sand, untermischt mit etwas Kies. Man möchte ihn kaum für geeignet halten, irgendetwas zu tragen». Die Schuld an dem hohen Preis dieses Weins gab er seinen eigenen Landsleuten: «Ein Faß des besten Weins in Bordeaux, nämlich des Médoc oder Pontac, gilt 80 bis 100 Kronen. Dieses haben die Engländer ihrer eigenen Narrheit zu verdanken, denn sie haben, während derselbe Wein noch vor wenigen Jahren für 50 oder 60 Kronen das Faß feil war, durch das in Mode gekommene Herübersenden von Bestellungen auf Lieferung des besten Weins ohne Rücksicht auf die Kosten, den Preis selbst hinaufgetrieben, indem sie so um seinen Besitz wetteiferten.»

Es überrascht, daß Locke den Namen Médoc erwähnt, wo sein Besuch doch Haut-Brion in Graves am entgegengesetzten Ende von Bordeaux galt. Damals gab es im Médoc nur eine kleine, weitverstreute Rebfläche. Ein Teil davon jedoch gehörte den Pontacs. Es ist dies der erste Hinweis, daß dem Namen der Landschaft und nicht nur dem Namen einer Familie Bedeutung zukam.

DIE INITIATIVE DES HERRN DE PONTAC WAR EIN DURCHSCHLAGENDER ERFOLG und gab Anlaß zu den schönsten Hoffnungen. Dennoch hätte sie sich fast als vergeblich erwiesen. 1679 veranlaßte ein Streit um Zolltarife die englische Regierung zu einem allgemeinen Verbot französischer Weine. Colbert nutzte die dadurch in Bordeaux entstehende Bedrängnis zu dem Versuch, die *police des vins* abzuschaffen. 1682 starb Arnaud de Pontac und hinterließ ungeordnete Erbverhältnisse, die zu Prozessen und schließlich Besitzteilung Anlaß gaben – so oft der Fluch französischer Weingüter. Der englische Markt öffnete sich 1685 einer neuen Flut von Claret (1687 kamen mehr Fässer zum Versand als in irgendeinem Jahr sonst zwischen dem 14. und 20. Jahrhundert) – und verschloß sich dann drei Jahre später durch die «Glorious Revolution» und die Ankunft des vehement frankreichfeindlichen Wilhelm III. urplötzlich wieder.

Alles wurde noch schlimmer dadurch, daß es von 1692–1695 nacheinander vier Mißernten gab. Bordeaux war sogar (ein Jahr lang) gezwungen, Languedoc-Wein durch den Canal des Deux Mers hereinzuholen, um trotz leerer Fässer die Aufträge zur Belieferung von Paris (wo ebenfalls eine Mißernte gewesen war) sowie der Flottenarsenale in La Rochelle und Brest erfüllen zu können, denn dort suchte die durch die englische Blockade lahmgelegte französische Marine offenbar Trost an der Tafel. Haut-Brion verkaufte in diesen Jahren nur entweder an die Flotte oder an die Gaststätten in Bordeaux Wein. Ähnlich trostlos standen die Dinge auch für Château Latour, das sich gerade aus der Anonymität des Médoc herausschälte. Sein Eigentümer, der Marquis Daulède, konnte in den vier Jahren vor 1693 überhaupt keinen Wein verkaufen.

Der Krieg Wilhelms III. zog sich bis 1697 hin und verursachte in London etwa ebensoviel Ungemach wie in Bordeaux. 1691 fand das lange ungestillt gebliebene Verlangen der Engländer nach Claret literarischen Ausdruck in den dichterischen Ergüssen eines gewissen Richard Ames. Seine «Suche nach Claret» beschreibt eine langwierige Wanderung von Schenke zu Taverne allein zu dem Zweck «eine Flasche guten alten, trockenen, ehrlichen Claret» aufzutreiben. Doch sogar:

> Bei Puntack, dem feinen französischen Wirte,
> Der manch üppig Mahl schon gar preiswert servierte,
> Vermeinten wir wohl jenen Wein noch zu finden,
> Dessen Name vom Ruhm seines Herrn uns will künden,
> Doch sein Keller gab keinen Tropfen uns her...

und so fort bis zu der Erkenntnis, daß in allen Schenken nichts zu finden war außer Port und Madeira.

Die Erleichterung war auf beiden Seiten groß, als Wilhelm III. und Ludwig XIV. endlich 1697 einen Friedensvertrag unterschrieben – doch für Ames und seine Freunde bekam die Freude gleich einen Dämpfer dadurch, daß die englische Regierung auf französischen Wein doppelt so hohe Zölle erhob wie auf spanischen und portugiesischen. Nachdem die Engländer ein Jahrzehnt lang ganz ohne Claret auskommen mußten, statt dessen aber eine wachsende Auswahl an Alternativen (nicht nur Wein, sondern auch Spirituosen, Kaffee, Tee und noch mehr) zu billigeren Preisen angeboten erhielten, ist es verwunderlich, daß ihre alte Vorliebe überhaupt noch andauerte, allerdings nur noch bei wenigen. Der große Wandel, den Arnaud de Pontac so erstaunlich richtig vorausgesehen hatte, bestand darin, daß Claret in England nunmehr ein Luxuswein und ein Statussymbol für eine neue Klasse der politisch Mächtigen wurde.

Die Versandziffern des Hafens Bordeaux für 1699–1700 sind höchst aufschlußreich. Von 86 000 in Bordeaux verladenen *tonneaux* gingen weniger als 2000 (offiziell) nach England, etwa ebensoviel nach Irland (wo Dublin inzwischen eine Stadt mit beträchtlichen Ausmaßen und die Bevölkerungszahl halb so groß wie die von England war) und 1000 nach Schottland. Alles übrige wurde zur Hälfte (hauptsächlich Weißwein) nach Holland, dem Baltikum und Norddeutschland, insbesondere Hamburg, verschifft, und fast ebensoviel (jedoch vor allem Rotwein) ging in die Bretagne und in Häfen an der französischen Nordküste. Wieviel davon dem Schmuggel nach England als Nachschub diente, ist freilich nicht bekannt, doch erregt der Verbrauch der winzigen Insel Ile d'Yeu vor der französischen Küste, wo es sehr viel kleine Boote gab, nicht wenig Verdacht (pro Kopf und Jahr 200 Liter Claret).

Das Volumen der englischen Einfuhr stieg in den wenigen Friedensjahren bis zum nächsten Krieg kaum an, dafür aber der Preis. Da sie nun ihren Bordeaux-Wein bei übertrieben hohen Zöllen einkauften, mußten die Engländer sechs- bis zehnmal soviel dafür bezahlen wie die Holländer (und für Portwein dreimal soviel). Unter solchen Umständen ist es nicht weiter erstaunlich, daß die wenigen noch übriggebliebenen Claret-Liebhaber in England nur noch Interesse an den allerbesten Weinen hatten.

BIS HIERHER HAT DAS MÉDOC NUR BEILÄUFIGE ERWÄHNUNG GEFUNDEN. Seiner Natur nach ist es eine abgeschnittene Landschaft: eine lange, mit Wald und Sümpfen bedeckte

---

Die Trockenlegung des Sumpflands zur Gewinnung von Weinbergland im Médoc und in anderen Teilen der Gascogne war nur ein kleiner Teilbereich der außergewöhnlichen bautechnischen Leistungen der Holländer im 17. Jahrhundert.

1599 gewährte König Heinrich IV. einem in Brabant ansässigen Bauunternehmer die Konzession zum Trockenlegen aller Sümpfe in Frankreich. Seinem Namen Humphrey Bradley nach zu schließen, war er ein Engländer. Die Konzession umfaßte alles, von der Finanzierung bis zur Anwerbung der Bauleute.

Bradley vermittelte Aufträge der Grundbesitzer an holländische Wasserbaufachleute, die *dessiccateurs,* denen Anrechte an Grund und Boden verschrieben wurden, um ihnen die nötigen Befugnisse zu verleihen. Die Bauunternehmer mußten das finanzielle Risiko allein übernehmen, behielten aber nach Beendigung der Arbeiten den größeren Teil des trockengelegten Landes als Pächter. War ein Holländer zwei Jahre lang in Frankreich ansässig gewesen, dann konnte er französischer Staatsbürger werden, ohne die dafür sonst übliche Steuer bezahlen zu müssen.

Bradley zog mit viel Geschick das Interesse einflußreicher Herren auf die Umgebung von Bordeaux, die denn auch bald trockengelegt war. Die bedeutendsten Hinweise auf die damaligen Arbeiten bilden heute noch die *jalles,* tiefe, zum Fluß hin verlaufende Entwässerungsgräben. Mit der Zeit errangen die Bauarbeiter einen höheren Status und das Recht, auf ihrem Grund und Boden ein Gewerbe zu betreiben. Es ist nicht verwunderlich, daß viele von ihnen blieben und ihre Ersparnisse in den Weinbau investierten.

Eine von dem Kartographen Jocondus Hondius aus Amsterdam im Jahr 1629 gezeichnete Karte zeigt die Route vom Meer die Gironde aufwärts nach Bordeaux; im Vordergrund ist das Médoc zu erkennen. Damals war Holland das größte Abnehmerland für Bordeaux-Wein.

Landzunge, die sich von Bordeaux aus zwischen der Gironde-Mündung und dem Ozean nach Norden vorschiebt. Auf der Seite zum Atlantik hin erstrecken sich Sanddünen (die höchsten der Welt), und am Flußufer haben sich über Jahrtausende ganz ähnliche, aber aus Kies bestehende Dünen abgelagert. Das schmale nördliche Ende (das «Bas-Médoc») war so sumpfig, daß die am weitesten im Norden, drei Meilen westlich vom heutigen St-Estèphe, gelegene Siedlung der Römer (damals Noviomagus, heute Brion) eine Insel war, auf der Austern gezüchtet wurden. Erst als die holländischen *dessiccateurs* zu Beginn des 17. Jahrhunderts die Konzession zum Trockenlegen des Bodens erhielten, begannen die fruchtbaren Felder aus den Sümpfen aufzutauchen.

Sauvage et solitaire, wild und einsam, lautete die Beschreibung des Médoc im 16. Jahrhundert. Zwar lagen entlang der Gironde Festungen, die auf den Hundertjährigen Krieg zurückgingen, doch eine Straße zwischen ihnen gab es nicht. Die Verbindung zwischen den kleinen Häfen und Anlegeplätzen von Macau, Margaux, St-Julien, Pauillac, St-Estèphe und anderen wurde ausschließlich per Schiff aufrechterhalten. Nur die ganz in der Nähe von Bordeaux gelegenen Orte Blanquefort und Le Taillan lieferten Wein direkt an die Schenken der Stadt. Die meisten Grundbesitzer lebten nicht hier und bezogen aus den weit verstreuten Dörfchen in den Wäldern nur karge Pachtzinsen. Wo es überhaupt Weinstöcke gab, waren sie nur Teil eines gemischten Anbaus. 1572 war die Domaine Lafite unter 60 Pächtern aufgeteilt, die hier hauptsächlich Weizen anbauten.

Nur wenige Jahre, nachdem die Pontacs ihre Initiative in ihrem Weingut in Graves ins Werk gesetzt hatten, kamen in Bordeaux einige Advokaten und *parlementaires* auf den Gedanken, etwas Ähnliches im Médoc zu unternehmen. Die alte Aristokratie war durchaus bereit, ihre Rechte in so fragwürdigen Randgebieten zu veräußern. Konsolidierung nannte man das damals. Auffallend ist dabei, daß die zuerst konsolidierten Güter bis heute die Premiers Crus geblieben sind. Es muß den ehrgeizigen Investoren jener Zeit schon klar gewesen sein, daß das beste Weinbergland wie das von Haut-Brion aus dem unscheinbarsten Kiesboden bestand, der sich insbesondere im Médoc auf den als Lafite, Lamotte sowie Brion bekannt gewordenen höchsten Erhebungen findet.

Um 1570 begann ein gewisser Pierre de Lestonnac, kleinere Parzellen Land bei «Lamothe-Margaux», dem heutigen Château Margaux, zusammenzukaufen. Um dieselbe Zeit erwarben die Pontacs Ländereien bei St-Estèphe, Le Taillan und im Bas-Médoc. Am besten belegt ist die Unternehmung von Arnaud de Mullet, der 1595 in den Besitz von Latour de St-Mambert – späteren Generationen einfach als Latour vertraut – gelangte. Sein Sohn Denis kaufte alle kleinen Besitzungen der Pächter auf, fügte weitere benachbarte Ländereien hinzu, und um 1650 war die Umwandlung eines zersplitterten feudalen Besitzes in ein Landgut im modernen Sinn vollendet. Er ließ Reben pflanzen, wo bisher Weizen gewachsen war, und nutzte dabei sein Recht als Bürger von Bordeaux, den Wein in *gabares* (flachen Flußbarken) stromaufwärts zu schaffen und in der Stadt auf den Markt zu bringen.

Zweifellos zogen damals die neuen Patrizier von Bordeaux nicht nur aus den wasserbautechnischen Künsten, sondern auch aus den landwirtschaftlichen Erfahrungen der Holländer Nutzen. Als die Holländer auf dem dunklen Boden des *palus* am Flußufer ihre neuen Weingärten anlegten, taten sie dies in der von ihren heimatlichen Poldern gewohnten ordentlichen Weise: Die Weinstöcke, alle von einer einzigen Sorte, standen in gerade ausgerichteten Reihen, so daß ein Ochsengespann einen Pflug zwischen ihnen hindurchziehen konnte. Vorher waren die Weinstöcke von Bordeaux *en foule* – also wild durcheinander – gepflanzt und durch Absenker vermehrt; der Boden konnte daher nur noch mühsam mit dem Spaten bearbeitet werden.

Als Denis starb, ging das Weingut Latour durch Erbschaft an die Familie Daulède de Lestonnac über, der bereits Château Margaux gehörte und die mit der Zeit auch zu einem Anteil an Haut-Brion kam. In einem bedeutenden Ausmaß war es also eine einzige Familie, oder besser gesagt, eine miteinander verschwisterte und verschwägerte Gruppe von Lokalpolitikern, die das Konzept der Châteaux von Bordeaux und auch der Premiers Crus begründete und weiterentwickelte.

Die Zeit zum Luftholen zwischen dem Friedensvertrag von 1697 und dem nächsten, noch weiter ausgreifenden Krieg war zu kurz, als daß eine ernsthafte neue Initiative der Premiers Crus in England möglich gewesen wäre. London war mit Wein gut versorgt von Spanien und Portugal her, aber auch von der Toskana, deren in Korbflaschen abgefüllter «Florence» eine beliebte Alternative zum rein iberischen Geschmack bot. Die bedeutendste Veränderung bestand, als der Krieg wieder begann, im Ausschluß der nunmehr feindlichen spanischen Weine – zur Freude der Portugiesen.

Was aber erstklassigen Claret und andere französische Weine anging, war man in England ganz auf die Ernte der Freibeuter angewiesen. Die Aufzeichnungen über Verkäufe von «Prisenweinen», die auf hoher See von Freibeutern gekapert worden waren und in den Kaffeehäusern von London, Bristol und Plymouth versteigert wurden, vermitteln faszinierende Einblicke in die Entwicklung der Premiers Crus, ihre Anerkennung durch das britische Publikum und die von ihnen erzielten Preise. Es ergibt sich dabei aber auch eine nicht ohne weiteres zu beantwortende Frage: Was hatten diese kostbaren Weine in den schmalen Gewässern zwischen England und Frankreich, wo es von Seeräubern nur so wimmelte, eigentlich zu suchen?

1705 waren auch Prisen mit Loire-Wein und Brandy sowie mit den üblichen Fässern aus Bordeaux, dem Oberland und verschiedenen Gegenden Spaniens dabei. Im Mai 1705 jedoch setzte eine bemerkenswerte Reihe von Auktionen mit Premier Cru Claret ein. In der ersten Versteigerung kamen 200 Faß Haut-Brion und Pontac unter den Hammer (es wurden jeweils zwei Faß zugleich abgenommen), einen Monat danach waren es 230 Fässer Haut-Brion und «Margose» (Château Margaux war inzwischen in derselben Hand wie Haut-Brion), und schon zwei Wochen später die Ladung der «St-Jean-Baptiste», bestehend aus 288 Faß Pontac, Margaux und Haut-Brion.

Es ist schon recht schwierig, den Braten nicht zu riechen, wenn eine solche Menge Wein eines einzigen Erzeugers, die doch wohl seiner gesamten Produktion entsprochen haben muß, urplötzlich auf hoher See erscheint. Nur ein paar Jahre vorher hatte die Weinernte in Haut-Brion gerade rund 50 Fässer gefüllt. Selbst wenn man die Produktion von de Pez und der übrigen Besitzungen hinzunahm, stellten 718 Faß Wein eine recht beträchtliche Menge dar. Welcher umsichtige Weingutsbesitzer würde wohl seinen ganzen Wein auf einmal in drei Schiffe verladen? Und wohin sollte die Fahrt gehen? Und wer mochte den Wein gekauft haben?

So mancher Argwohn setzt sich da in mir fest. Zunächst kommt es mir wahrscheinlich, ja sogar selbstverständlich vor, daß die Pontacs und Daulèdes erneut einen wohlberechneten Anlauf auf dem Markt in London unternehmen – Krieg oder nicht Krieg, es war ja der einzige Markt, der für sie ernsthaft in Betracht kam. Könnte es überdies nicht etwa gar möglich sein, daß der Freibeuter, der ja einen großen Anteil am Versteigerungserlös erhielt, vom Château-Besitzer gechartert war? Wer konnte es sich schon leisten, Jahr für Jahr den ganzen Ertrag seiner Arbeit an den Feind zu verlieren (aber gerade das geschah in diesem Fall). Floß da nicht im Rahmen einer privaten Vereinbarung der Auktionserlös nach Abzug einer gepfefferten Provision nach Bordeaux zurück?

DER WEINBRAUERPROZESS

Schmuggel und Freibeuterei waren keineswegs die einzigen Möglichkeiten, der Weinknappheit während der Kriegszeiten abzuhelfen. 1709 berichtete Joseph Addison in «The Tatler» (der Plauderer) über einen (imaginären) Prozeß gegen Weinbrauer – «eine gewisse Zunft des Alchimistengewerbes, die sich untertage in Höhlen, Tavernen und dunklen Schlupfwinkeln etabliert hat, um ihr Tun vor den Augen und Blicken der Menschheit zu verbergen.» Diese unternehmungslustigen professionellen Panscher verstanden sich darauf, «Bordeaux-Wein aus Schlehen und Champagner aus Äpfeln zu pressen».

Die Herstellung falscher Weine wurde mit Besorgnis beobachtet, da man diese (mit einigem Grund, wie man sich vorstellen kann) als schädlich für den Verbraucher betrachtete. Ein Weinbrauer soll sich gar einmal gerühmt haben, er könne mit einem Faß seines sogenannten Claret «einem Dutzend der gesündesten Männer in der Stadt zur Gicht verhelfen, wenn sie nur ihrer Konstitution nach durch Wohlstand und Müßiggang dazu prädestiniert» seien. Eine Gruppe von Weinbrauern wurde aufgefordert, ihre Ingredienzien und Utensilien mitzubringen und dem Gericht ihre Künste vorzuführen. Ein gewisser Tom Tintoret behauptete, der größte Färbermeister in London zu sein. Er bewies dies, indem er eine rote Tinktur tropfenweise in Wasser einrührte. Auf diese Weise machte er zunächst einen wunderschönen hellen Burgunder, sodann einen vollkommenen Languedoc, ging dann über zu einem glutvollen Hermitage und beendete schließlich seine Vorführung mit einem tiefdunklen «Pontack». Der Richter war dermaßen beeindruckt, daß er versprach, ihm eine Anstellung bei einem Scharlachfärber in seiner Bekanntschaft zu besorgen.

Nun kam der berühmte Harry Sippet an die Reihe, der sich erbötig machte, dem Richter jeden gewünschten Wein herzustellen. Als der Richter Claret verlangte, färbte er ein Glas Weißwein mit einer tintenähnlichen Substanz. Weil er selbst sich nicht dazu entschließen konnte, dieses Gebräu zu probieren, fiel des Richters Auge auf einen geeigneten Vorkoster: seine Katze. Nach nur einem Schluck «riß es sie ganz im Gegensatz zu ihrer sonstigen gravitätischen Art zu den sonderbarsten Sprüngen hin, und in nicht ganz einer Viertelstunde verfiel sie in Krämpfe.»

Der Richter geriet so sehr in Wut über diese Folter, daß er die Weinbrauer nichts Besseres als Mörder und Attentäter nannte und ihnen sodann dringend ans Herz legte, keinen seiner Freunde zu vergiften. Was die eigene Gesundheit anging, so «will ich künftig mit großer Sorgfalt auf meine Getränke achten, und ich habe mit einem Freund in der Armee vereinbart, er möge mir zum Nutzen der Wissenschaft und als Trost für meine alten Tage beim nächsten Marsch dorthin zwei Oxhoft bekömmlichen Weins aus den Kellern von Versailles besorgen.»

DIE WIEDERGEBURT VON BORDEAUX

So sah die *clientèle* aus, auf die es die Besitzer der Premier-Cru-Weingüter abgesehen hatten: der Adel und die vornehme Bürgerschaft in England. Die Gebrüder Clarke «bei einem Glas Wein mit anderen Herren», wie sie um 1730 der Maler Gawen Hamilton in London dargestellt hat.

Aber nicht nur für den Premier-Cru-Geschmack gab es Nachschub. 1706 wurde das bretonische Schiff «Mary of Oléron» mit einer Ladung *palus*-Wein – vielleicht war es auf dem Weg nach Holland – aufgebracht. In demselben Jahr tauchte auch Sauternes unter den Ortsnamen Bommes und Preignac erstmals auf, damals als «rein und stark», aber noch nicht als süß angepriesen. Branntwein wurde regelmäßig in großen Mengen gekapert. Es taten sich neue Weinhandlungen auf, die solche unregelmäßig anfallenden Posten aufnahmen, denn der alte Saisonhandel konnte damit nicht fertig werden.

Immerhin, das System funktionierte und ermutigte die anderen Premiers Crus von Bordeaux dazu, mitzuspielen. Im Mai 1707 wurde «ein ganzer Posten neue französische Clarets der Gewächse Lafite, Margaux und Latour» im Brewer's Key beim Tower in London angeboten. In derselben Woche wurde die Fracht der «Liberté» versteigert: 200 Faß Haut-Brion. Wer soll da noch glauben, es habe keine Mauschelei dahintergesteckt?

IM ENDSTADIUM DES KRIEGES muß es den Weingutsbesitzern im Médoc klargeworden sein, daß der Friede ihnen ein Vermögen einbringen würde. Der Stern der Holländer begann in Bordeaux schließlich zu sinken. Ab 1709 wurde holländischen Schiffen keine Einfahrt mehr gewährt, und der Preis der von ihnen bevorzugten *palus*- und Weißweine fiel, während der englische Appetit auf «neuen französischen Claret» aus dem Médoc eine goldene Zukunft versprach. Im Jahr 1709 erstarrte das nördliche Europa in einem eiskalten Winter, in dem viele Weinstöcke von Bordeaux erfroren. Das Médoc wurde von der Einsicht ergriffen, daß nunmehr neu angesetzt werden mußte, damit man bei Kriegsende bereit wäre. Das löste, wie Zeitgenossen es ausdrückten, eine «Pflanzwut» aus. In den darauffolgenden 20 Jahren entstand das Médoc, wie wir es heute kennen.

KAPITEL 21

Dom Pérignon verfeinert den Champagner

DER ERSTE PERFEKTIONIST

Von allen großen Weinen der Welt hat nur einer in der Volksmeinung einen Erfinder zugeordnet erhalten. Dieser Wein ist der Champagner, und als Erfinder wird für ihn der Benediktinermönch Dom Pierre Pérignon in Anspruch genommen. Er war Schatzmeister der Abtei Hautvillers, die seit der Zeit des asketischen Sankt Columban auf einem rebenbedeckten Hang hoch über der Marne liegt. Gegründet wurde Hautvillers im Jahr 650 im Geiste Sankt Columbans als eine Stätte unermüdlichen Arbeitens und Betens. Sein Ruhm und seine Heiligkeit beruhten darauf, daß nach altem Glauben dort die Gebeine der heiligen Helena, der Mutter des Kaisers Konstantin, aufbewahrt wurden. Da aber die Archive des Klosters in der Französischen Revolution verlorengingen, gibt es weder für die Echtheit der Reliquien noch der Erfindung Beweis oder Gegenbeweis.

Vom guten Pater Pérignon wird vielerlei behauptet. Am einfachsten zu widerlegen von alledem ist, daß der Champagner unter seinen Händen plötzlich zu schäumen angefangen haben soll. Viele Legenden, die sich um ihn ranken, so zum Beispiel, er sei blind gewesen, oder er habe als erster Flaschenkorken verwendet, daß er gesagt haben soll «ich trinke Sterne» oder daß er unfehlbar jede Weinberglage am Geschmack nur einer einzigen dort gewachsenen Traube habe erkennen können, scheinen eher der Phantasie des letzten Schatzmeisters der Abtei, Dom Grossard, entsprungen zu sein, der das Kloster verlassen mußte, als es während der Revolution aufgehoben wurde. Nun kann man argumentieren, daß Grossard doch wohl Zugang zu den verlorenen Archiven gehabt habe, doch hatte vor ihm niemand diese Geschichten erzählt. Wahrscheinlicher ist, daß es ihm einfach gefiel, die bereits himmelhohe Reputation seines Vorgängers noch recht auszuschmücken, denn Dom Pérignon war anscheinend schon zu Lebzeiten fast zum Schutzheiligen des Champagners geworden. Interessant ist, daß wir den Grund dafür nur vermuten können.

ALS DOM PÉRIGNON 1668 IM ALTER VON 29 JAHREN ZUM SCHATZMEISTER DER ABTEI HAUTVILLERS BESTELLT WURDE, kam das Kloster nach 30 schrecklichen Jahren ständiger Kriege und Besetzungen gerade erst wieder allmählich auf die Füße. Die geographische Lage der Champagne an einem der wichtigsten Kreuzwege Europas hat ihr seit Anbeginn der Geschichte einerseits immer wieder durchmarschierende Heere beschert, sie andererseits aber auch zum natürlichen Zentrum des Handels gemacht, wie die großen europäischen Messen im Mittelalter bezeugen. Im Hundertjährigen Krieg wurden Teile der Region wiederholt verwüstet. 1560 wurde Hautvillers in den Religionskriegen zerstört, und seine Mönche zogen sich für 40 Jahre nach Reims zurück. Als sie ihr Kloster wieder aufbauten und neu bezogen, war ihnen nur eine kurze Zeit des Friedens beschie-

Der Name des Kellermeisters Dom Perignon (hier ein Kirchenfenster aus Epcray) wirbt seit Jahrhunderten mit großem Erfolg für den Champagner. Im Marnetal vervollkommnete er einst diesen großen Wein.

den, bis der Dreißigjährige Krieg die Champagne erneut zum großen Aufmarschgebiet hin- und herziehender Armeen machte. Die Bürgerkriege der «Fronde» brachten eine bis 1659 währende Besetzung durch Söldnerheere. Auf welcher Seite diese auch standen, sie betätigten sich gleichermaßen destruktiv. Allein die Truppen des Marschalls Turenne tranken in Hautvillers 600 Fässer leer. «Nicht Hunde entsendet der König, um seine Herde zu hüten, sondern Wölfe», schrieb ein ins Elend geratener Bürger von Reims.

Um 1660 hatten zwar die Menschen in der Champagne noch nicht alle Besuche von Armeen überstanden, doch mit den Schlachten war es auf eine Zeitlang vorbei. Während der Kriege Ludwigs XIV. in den Niederlanden und in Deutschland lagerten ständig Truppen in der Champagne oder marschierten durch sie hindurch. So frustrierend und bedrohlich das alles aber auch war, gerade in dieser Zeit tat der Champagner den großen Sprung zum Weltruhm; ein bedeutenderer und weitreichenderer Vorgang selbst noch als das, was den de Pontacs in Bordeaux in eben denselben Jahren gelang.

IN GEWISSEM SINN EROBERTE DER CHAMPAGNER EIGENTLICH NUR VERLORENGEGANGENES TERRAIN WIEDER ZURÜCK. In Paris galt es schon im 15. Jahrhundert als ausgemacht, daß die Weine aus Aÿ (die ursprünglich zu den «vins de France» gezählt und nicht einer bestimmten Gegend zugeschrieben wurden) außergewöhnliche Qualitäten aufwiesen. Zu Beginn des 16. Jahrhunderts nannte sich König Franz I. gern «Roi d'Aÿ et de Gonesse» – der letztere Ort genoß den Ruf, das feinste Mehl für weißes Brot im Norden Frankreichs hervorzubringen. Der Name Aÿ wurde schließlich als Kürzel für die ganze Gegend benutzt, ebenso wie «Beaune» für Burgund stand. Allerdings war der Aÿ auch als «vin de la rivière» bekannt, d. h. Wein vom Nordufer der Marne gegenüber Epernay. Hier steigen die Weinberge steil auf zu der «Montagne», die zwischen dem Marnetal und dem Bezirk Reims liegt. «Gebirge» ist eigentlich etwas zuviel gesagt für diesen langgestreckten, flachen, von Buchenwäldern gekrönten Höhenzug. «Vins de la montagne» lautete die Bezeichnung für die nicht so hochgeschätzten Weine von den sanften Hängen an der Nordseite.

Gegen Ende des 16. Jahrhunderts fand der Wein von der Montagne dann einen mächtigen Befürworter am Hof: Pierre Brulart, ein Vertrauter des Königs Heinrich III., hatte die Erbin eines großen Guts in Sillery bei Reims geheiratet, zu dem auch Weinberge an der Südflanke der Montagne bei Verzenay, Mailly und Ludes gehörten. Sein Sohn Nicholas wurde Kanzler von Frankreich unter dem großmütigen Heinrich IV., jenem König, dessen Andenken für alle Zeiten mit dem Ausspruch verbunden bleibt, er wolle dafür sorgen, daß jedermann in seinem Reich sonntags ein Huhn im Topf haben könne. Der Sohn von Nicholas wurde 1621 von Louis XIII. geadelt und erhielt den Titel Marquis de Sillery, und so kam es, daß der Name Sillery fast zwei Jahrhunderte lang in der Welt des Weins einen guten Klang hatte.

ALS DIE ABTEI SICH DOM PÉRIGNON ALS SCHATZ- UND KELLERMEISTER WÄHLTE, hatte sie sich bereits auf den Weinbau als Haupteinkunftsquelle festgelegt. Die Brularts hatten ein Beispiel dafür gegeben, was in dieser Hinsicht möglich war, und seit den Religionskriegen war die heilige Helena längst nicht mehr eine so große Attraktion für Pilger wie früher. 1661 weihte der Abt ein neues Kellergewölbe ein. Der Besitz von Hautvillers umfaßte bescheidene 10 ha Weinberge, doch hinzu kam der Zehnt aus den umliegenden Dörfern, vor allem Aÿ und Avenay, der in Trauben entrichtet wurde. Über diesen Zehnten gab es endlose Streitereien, woraus sich auch die grundlegende Frage ergibt, wie der Wein jener Region damals beschaffen war. Wir wissen, daß es sich nicht um Schaumwein handelte. Wir wissen auch, daß dort dunkle Trauben angebaut wurden, unter anderem Pinot Noir. Wurde daraus nun aber roter oder weißer Wein gekeltert, oder vielleicht eine Art Rosé?

Es entstand ein Disput um den Zehnten, weil dieser in den Weinbergen selbst in Form von Naturalien erhoben wurde. Hierzu dienten kleine Fässer, sogenannte *trentins*, die mit fest eingestampften Trauben zu füllen waren. In Aÿ stand der Abtei jedes 11. Faß zu. Nun erhoben sich Beschwerden, daß die Schalen den Most, wenn die Trauben in die *trentins* eingestampft werden mußten, dunkel färbten und dadurch die Möglichkeiten für die Bereitung des besten Weins, nämlich des Weißweins, zunichte machten. Deshalb wollten die Winzer den Zehnten lieber in Form von Wein (oder von Geld) entrichten.

Nun war aber die Frage, ob Rot- oder Weißwein, deshalb so entscheidend, weil sich die Region schon seit den Tagen der Valois-Herzöge mit vollem Bedacht in Konkurrenz zu Burgund begeben hatte. Wahrscheinlich wurde bereits damals, im 15. Jahrhundert, auch Pinot Noir angepflanzt, weil man Rotwein erzeugen wollte. Nun lag Reims an der Straße der Weinhändler nach Beaune, und diese waren gewiß froh, wenn sie eine Alternative mit ganz ähnlichem Geschmack billiger und schon nach einer kürzeren Reise bekommen konnten. Der Wein aus der Champagne war nicht ganz so *moëlleux*, das heißt füllig, wie der Burgunder, doch die Farbe konnte mit Holunderbeeren verbessert werden, und das geschah auch.

Warum also wollten die Leute von Aÿ nun unbedingt weißen Wein herstellen? Weil sie die Erfahrung gemacht hatten, daß ihre Rotweine niemals erstklassig ausfielen, ihre Weißweine dagegen sehr wohl, wenn sie sich viel Mühe gaben. Das traf vermutlich vor allem auch für die Weine der Brularts aus Sillery zu, wo es keinen Südhang gibt, auf dem der Pinot Noir wirklich zu voller Reife gelangt. Weißer Wein aus weißen Trauben war jedoch im Geschmack nicht so befriedigend und «vergilbte» zudem rasch. Deshalb kelterten sie einen sehr blaßrötlichen Wein, dessen Farbe je nach Jahrgang zwischen *clairet* (hellrot) und *gris* (grau), also fast weiß, oder *oeil de perdrix*, einem leicht schillernden Rosé, schwankte, was auf Farbstoff aus den Traubenschalen zurückzuführen war. Das also war der Grund für das Hin und Her um den Zehnten, und hier liegt wahrscheinlich auch der erste Erfolg des Dom Pérignon begründet. Er organisierte die Weinlese dergestalt, daß ein echter Weißwein gewährleistet wurde, und studierte zugleich die besten Lagen, den besten zeitlichen Verlauf, die besten Techniken und die beste Art, dem Wein möglichst viel Würze, Seidigkeit und Nachhaltigkeit zu bewahren.

Die goldenen Regeln der Weinbereitung, die in Dom Pérignons Zeit und wahrscheinlich durch ihn selbst aufgestellt wurden, fanden 1718, drei Jahre nach seinem Tod, bei dem sehr exakten Canon Godinot, ihren Niederschlag: Erstens sollte nur Pinot Noir gekeltert werden. Allerdings wuchsen in den Weinbergen der Region auch Pinot Meunier, Pinot Gris (oder Fromenteau), Pinot Blanc (oder Morillon), Chasselas und vielleicht sogar Chardonnay. Dom Pérignon lehnte weiße Trauben ab, zum Teil weil sie die Neigung des Weins zum Nachgären förderten.

Zweitens sollten die Weinstöcke so scharf zurückgeschnitten werden, daß sie nicht höher als drei Fuß (ca. 1 m) standen und einen kleinen Ertrag brachten.

Drittens mußte die Lese mit solcher Sorgfalt geschehen, daß die Trauben völlig intakt an ihren Stengeln blieben, und sie mußten möglichst kühl gehalten werden. Die Arbeit sollte frühmorgens beginnen. Bei warmem Wetter sollte auf regnerische Tage gewartet werden. Alle aufgeplatzten oder auch angequetschten Beeren waren auszuscheiden. Kleine Trauben waren besser als große. Es wurden flache Körbe im Weinberg

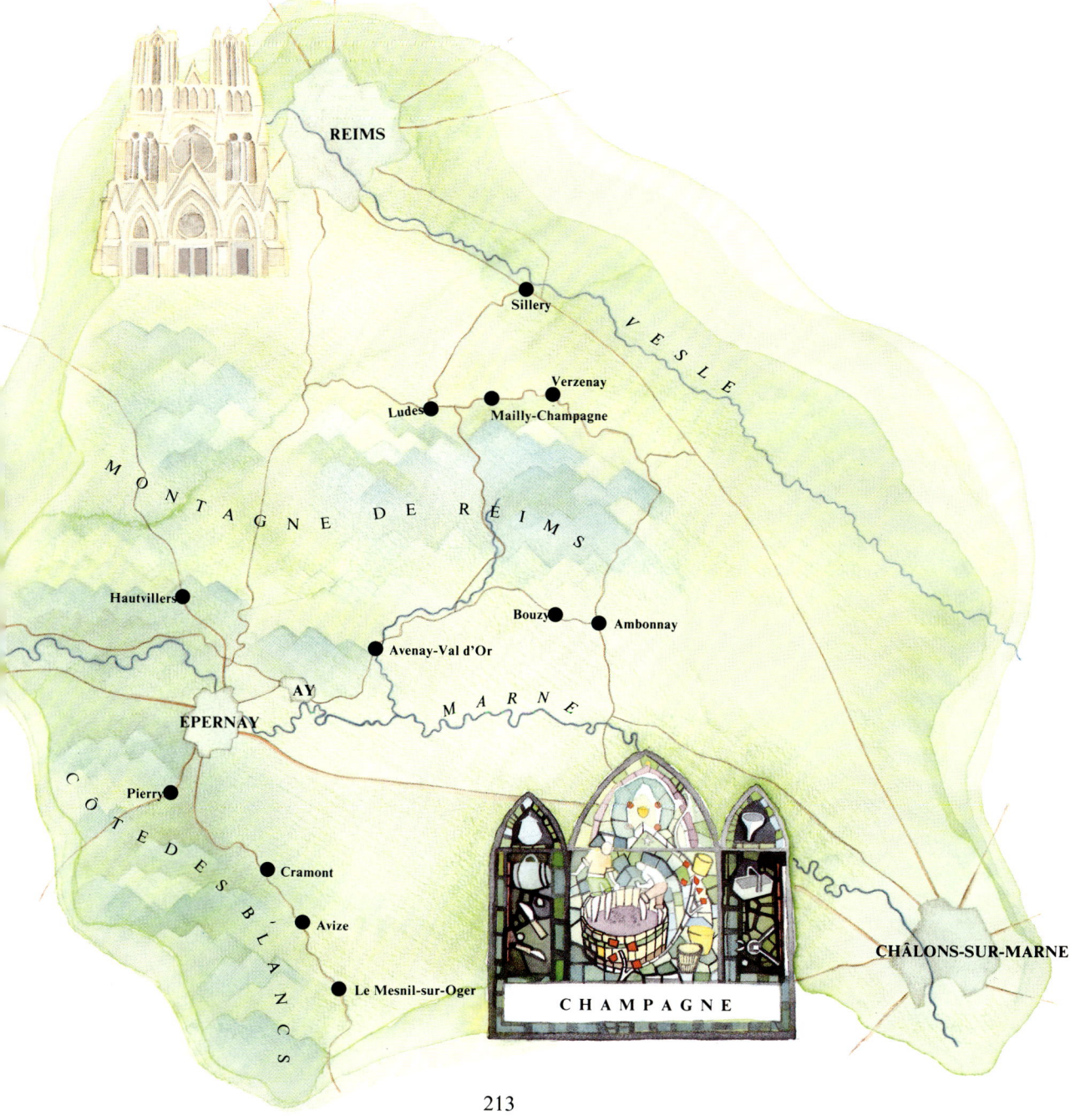

aufgestellt, und faule Beeren, Laub und andere unerwünschte Dinge wurden sorgfältig ausgelesen. Bei Sonnenschein mußte man die Trauben mit einem feuchten Tuch zudecken, um sie frisch zu halten, koste es, was es wolle. Das Kelterhaus sollte möglichst in der Nähe stehen, damit die Trauben direkt dorthin getragen werden konnten. War ein längerer Transport unvermeidlich, dann sollte er möglichst mit Maultieren geschehen, weil sie ruhiger waren als Pferde. Standen keine Maultiere zur Verfügung, dann war Eseln der Vorzug zu geben.

Viertens durften die Trauben auf keinen Fall gestampft oder die Beerenhaut zerquetscht werden. Es war eine leistungsfähige Kelter nötig, die schnelles Arbeiten ermöglichte (deshalb hatten die einfachen Bauern von vornherein keine Chance, derart feinen Wein zu erzeugen). In ihr wurde das Lesegut mehrmals nacheinander gepreßt; der bei den einzelnen Pressungen gewonnene Most wurde getrennt gehalten. Der erste, der *vin de goutte,* läuft schon unter dem Gewicht der aufgelegten Balken ab. Er ist aber allein zu zart und hat nicht genug Körper. Die beiden nächsten Pressungen, die erste und die zweite *taille* (taille bedeutet das Auflockern des Tresterkuchens in der Kelter) liefern gute Qualität. Der *vin de taille* aus der vierten Pressung ist nur noch selten akzeptabel, und alle weiteren Pressungen erbringen *vins de pressoir* mit deutlicher Rotfärbung, die ein auf Vollkommenheit bedachter Kellermeister nicht mehr verwenden kann. Die Arbeiter im Kelterhaus waren von der drei und mehr Wochen Tag für Tag zu leistenden schnellen und schweren Arbeit am Ende völlig erschöpft, aber das mußte in Kauf genommen werden, wenn besonders feiner Wein entstehen sollte.

ÜBEREINSTIMMEND WIRD BERICHTET, DASS DOM PÉRIGNON DIE ROHSTOFFE mit allergrößter Sorgfalt prüfte. Es stimmt, daß er die Trauben, die er kosten wollte, stets am Abend pflückte und sie dann bis zum nächsten Morgen am offenen Fenster liegen ließ. Vielleicht fand über Nacht eine ganz feine Geschmackskonzentration statt. Bei alledem war er ein äußerst genügsamer Mensch. Nach seinem Tod berichtete eine Zeitung, daß «dieser Mönch, von dem man annehmen würde, er sei ein Gourmet, niemals Wein trank und fast nur Käse und Früchte aß». Liegt hierin vielleicht die Erklärung für die Feinheit seiner Zunge?

Damals war es allgemein üblich, Weine miteinander zu mischen, Pérignon soll dagegen die Trauben aus verschiedenen Weinbergen gemischt haben, bevor sie in die Kelter kamen. Ihm standen drei Kelterhäuser und Trauben aus vielen verschiedenen Lagen zur Verfügung. Seine besondere Entdeckung war es, daß Trauben aus verschiedenen Weinbergen in sorgfältig gewählter Zusammenstellung, je nach dem Reifegrad und ihrem aus den verschiedenen Böden stammenden Eigengeschmack, einen besseren und gleichmäßigeren Wein ergaben, als man sie aus getrennt gekelterten Partien mischen kann. Das war das genaue Gegenteil der in Cîteaux vertretenen Philosophie, wo sich die Mönche ja um Unterscheidung und Differenzierung bemühten, indem sie den im Pinot Noir zum Ausdruck kommenden Unterschieden des Bodens nachspürten. Stark vereinfacht läßt es sich darstellen als den Versuch, Qualität und Gleichmäßigkeit zu gewährleisten, was sich fast wie die Werbestrategie moderner Champagnerhäuser anhört.

Je mehr man über Dom Pérignon erfährt, desto schwieriger wird es, sich darüber klarzuwerden, was er eigentlich wirklich tat, damit die Weine seines Klosters so wertvoll wurden, wie sie den Rechnungen nach zu schließen tatsächlich waren. Um 1700 wurden die «exzellentesten» Weine der Region zum Preis von 500 Livres das Faß gehandelt, die Weine von Hautvillers aber (sowie auch die aus einem anderen Kloster, St-Pierre-aux-Monts in Pierry, wo Dom Oudart, ein Freund und Kollege von Dom Pérignon, Schatzmeister war) erzielten 800 bis 900 Livres. Der Name Pérignon war damals schon so berühmt, daß ihn manch einer in Paris für einen Ort oder ein Kloster hielt und ihn auf der Landkarte suchte. Der eindrucksvollste Beweis jedoch für den Fortschritt, der dem

Champagner zu seinen Lebzeiten zugute gekommen sein muß, ergibt sich aus einem Bericht aus dem Jahr 1706, daß «ein Weltreisender kürzlich Champagner in Siam und Surinam getrunken» habe. Ein derart weiter Transport wäre ohne die meisterliche Beherrschung der Abfülltechnik undenkbar. Wir müssen uns also nicht nur im Weinberg, sondern auch im Keller und im Kelterhaus umsehen, wenn wir erkennen wollen, welche Neuerungen der berühmte Mönch einführte.

Der Wein der Region stellte Dom Pérignon immer wieder vor ein großes Problem: Ihm war eine gewisse Instabilität eigen, eine Neigung, bei kühler werdender Witterung im Herbst die Gärung einzustellen und sie dann im Frühjahr mit steigenden Temperaturen wieder aufzunehmen. Das schadete nichts, solange der Wein noch in seinem Faß im Keller lag, doch Pérignon hatte für Fässer nicht viel übrig. Er fand, daß Faßlagerung den Wein ermüdete, so daß er sein berühmtes Aroma ganz einbüßte, wenn er nicht möglichst früh in Flaschen abgefüllt wurde. Pérignon bearbeitete seinen Wein im Keller intensiv. Der Abbé Pluche, der sich in seinen Methoden auskannte, schrieb 1744: «Trub und Luft sind die beiden Plagen des Weins.» Um den Wein von allen Hefen und Trubstoffen zu befreien, mußte er mehrfach in saubere Fässer umgefüllt werden, wobei natürlich das Risiko bestand, daß er zuviel mit Luft in Berührung kam. Die Antwort hierauf war ein mühsames Verfahren: bis zu zwölfmaliges Abstechen nach einer Methode, die ein Mindestmaß an Berührung mit Luft gewährleistete, indem mit einem Blasebalg als Pumpe Druck von oben auf den Wein ausgeübt wurde.

Je leichter und grüner der Wein, so lehrte die Erfahrung, desto anfälliger war er für erneutes Gären im Frühjahr. Der Wein von weißen Trauben zeigte sich hierin am empfindlichsten, und deshalb verarbeitete Dom Pérignon auch nur dunkle Trauben und gewann mit seinem Verfahren einen Wein, der sich weit länger hielt und dabei nachreifte. «Früher hielt sich der Wein von Aÿ kaum ein Jahr», schrieb Abbé Pluche, «seit aber keine weißen Trauben mehr im Wein der Champagne verwendet werden, hält sich der aus der Montagne de Reims acht bis zehn und der von der Marne wohl fünf oder sechs Jahre lang.»

IN ENGLAND NAHM MAN ES MIT DER KELLERARBEIT NICHT SO GENAU. Im Jahr 1662 wurde der neugegründeten Royal Society eine Abhandlung mit dem Titel «Die Mysterien des Weingewerbes» vorgelegt. Der Untertitel ist aufschlußreich: «Ein kurzer Diskurs über die verschiedenen Krankheiten des Weins und die jeweiligen heute dafür gebräuchlichen Heilmittel.» Ein Weinhändler war demnach auch Weindoktor. Zu seinen Arzneien zählten Rote Beete zum Färben von blassem Claret, aber auch Holunder, Lavendel, Zimt, Nelken, Ingwer... Zum Konservieren des «Rhenish»-Mosts, also von Rheinwein, so schreibt der Verfasser, «reiben die Holländer die Behältnisse innen mit Käse ein». Erschreckend der Hinweis, daß «kränkelnder Wein mit rohem Rindfleisch gestärkt» und – noch entsetzlicher – daß «stillgemachter (abgestoppter) Wein durch Heringsrogen haltbar gemacht» wurde. Dies alles galt als in der Ordnung, doch «auf viele andere Weise wird auch das Panschen von Weinen tagtäglich in unserer (ansonsten wohlregierten) Stadt verübt».

Viele Weine werden namentlich genannt, aber Champagner ist nicht darunter. Denkwürdig für unsere Geschichte ist jedoch ein Satz: «Unsere Weinküfer der neu-

Der Sonnenkönig liebte es, sich klassisch darzustellen. Ein unglaubwürdigerer Bacchus als diese puritanische Version ist allerdings kaum vorstellbar.

eren Zeit verwenden Zucker und Melasse in großen Mengen in Weinen aller Art, damit diese sich spritzig und schäumend trinken.» Im Jahr darauf, 1663, erwähnt der Satiriker Samuel Butler in «Hudibras» erstmals in England «spritzigen Champagner». Damals gehörte Champagner nicht zum üblichen Repertoire des englischen Weinhandels. Er war aber in London bereits bekannt und wurde drei Jahre nach der Thronbesteigung Karls II. (und fünf Jahre bevor Dom Pérignon nach Hautvillers kam) große Mode. Und es gibt Anzeichen (wenn auch keinen wirklichen Nachweis) dafür, daß er sprudelte. 1676 wurde er in einem Bühnenstück eindeutig als «schäumend» bezeichnet.

WIR WISSEN AUCH, WER SCHULD DARAN WAR, daß der Champagner in London bereits als letzter Schrei galt, während er in Paris noch kaum gewürdigt wurde. Es war dem Marquis de St-Evremond, einem Soldaten, Höfling und unverbesserlichen Satiriker, zu verdanken, dem ein dritter Aufenthalt in der Bastille drohte, weil er über den Kardinal Mazarin, den Premierminister Ludwigs XIV., einen maliziösen Brief geschrieben hatte. In Paris waren St-Evremond und seine Freunde als Epikureer bekannt oder auch als der «Ordre des Coteaux», denn sie tranken nur Coteaux d'Aÿ, Coteaux d'Hautvillers und Coteaux d'Avenay.

In London betätigte sich St-Evremond dann sofort und wirkungsvoll als inoffizieller Agent für den Champagner. 1664 bestellte der Earl of Bedford drei *tonneaux* Sillery für sein Schloß in Woburn. Buckingham, Arlington, alle Vornehmen jener Tage schlossen sich dem neuen Geschmack an. Zugleich bestellten sie auch Flaschen mit Korken: die neuen, starken Flaschen des Sir Kenelm Digby. Wahrscheinlich verwendeten sie, anders als die Weinküfer, durchaus nicht «Zucker und Melasse in Mengen». Dennoch stellten sie fest, daß ihr bei der Ankunft auf Flaschen gezogener Champagner deutlich sprudelte, ja sogar richtiggehend schäumte, wenn er Monate oder auch Jahre später geöffnet wurde. Obendrein waren sie zum Entsetzen St-Evremonds über dieses Sprudeln höchst erfreut, weil sie rasch die enthemmende Wirkung bemerkten. Der alte Epikureer verabscheute die Perlen in seinem Lieblingswein ebensosehr, wie wir heutzutage über sprudelnden Bordeaux entsetzt wären. Dom Pérignon war völlig einig mit ihm. Schließlich hatte er sein Lebenswerk darin gesehen, dem Champagner das Sprudeln abzugewöhnen und einen Weißwein hervorzubringen, der am Hof dem roten Burgunder vorgezogen würde.

Es erübrigt sich zu sagen, daß die Perlen schließlich siegten. In Frankreich dauerte es sehr viel länger. Aber bald war dann auch Paris verliebt in diesen herrlichen Weißwein, dessen «Duft die Sinne so balsamisch umschmeichelt, daß er Tote zum Leben erwecken könnte». 1674 war der Champagner bereits «so unglaublich in Mode, daß alle anderen Weine in eleganten Kreisen nur noch als ‹vinasse› galten» – man könnte es mit «Fusel» übersetzen. Ludwig XIV. hatte kaum jemals etwas anderes als Wein getrunken. Er war außerordentlich konservativ und rührte Kaffee, Schokolade, Tee oder auch Spirituosen nie an. 1695 verordnete ihm sein allmächtiger Arzt Fagon ein Gemisch aus altem (*usé*) Burgunder und Wasser. Darüber war ganz Burgund sicher hoch erfreut, aber um diese Zeit hatte sich der Champagner schon fest etabliert.

Ludwig XIV. hatte 1691 den Start für den regulären Handel mit Champagner am Hof freigegeben. Damals schuf er das Amt eines *courtier-commissionnaire*, mit dem (zu einer saftigen Gebühr) das Recht verbunden war, Preise festzusetzen, Kaufabschlüsse zu vermitteln und Kommissionen entgegenzunehmen, allerdings nicht wirklich zu kaufen und zu verkaufen. Das geschah nach wie vor persönlich zwischen Käufer und Verkäufer oder auf dem offenen Markt. Kauf auf Vorrat war zwar nicht unüblich, dem Courtier aber nicht erlaubt. Ebensowenig erlaubt war es, Champagner in einem anderen Behältnis als einem Faß zu verkaufen oder zu befördern. Ein Handel mit schäumendem Champagner war deshalb strenggenommen unmöglich. Freilich wurde auch Wein in

Flaschen abgegeben, unter anderem von Dom Pérignon selbst. 1694 schrieb er: «Ich gab (von Verkaufen ist nicht die Rede) 26 Flaschen Wein, den besten in der Welt.» Noch aus einem anderen Grund war schäumender Champagner im heutigen Sinn bis dahin unmöglich: In Frankreich gab es noch keine Flaschen, die den Druck hätten aushalten können. Die Glashütten dort wurden noch immer mit Holz beheizt. Es wurde viel mit verschiedenen Formen, von der Kugel bis zur Birne, experimentiert, und in Ste-Menehould, einer Glashütte in der Nähe der Champagne, arbeiteten schon englische Glasmacher. Das Problem blieb aber bis um 1730 bestehen: Wenn der Champagner kräftig *mousseux* wurde, platzte mit größter Wahrscheinlichkeit die Flasche.

Canon Godinot gibt uns in seiner präzisen Art die besten Hinweise darauf, wann die Mode sich wandelte. 1718 schrieb er: «Seit über 20 Jahren bevorzugt der französische Geschmack den *vin mousseux*.» Diesen Wandel des Geschmacks mit dem Fehlen geeigneter Flaschen in Übereinstimmung zu bringen, ist nicht ganz einfach. Als Lösung wäre denkbar, daß *mousseux* ein relativer Begriff ist. Nimmt man nur die natürliche Neigung zu einer zweiten Gärung (ohne die treibende Wirkung von beigemengtem Zucker nach englischem Rezept) an, dann dürfte ein im März auf Flaschen gefüllter Wein (dies geschah vorzugsweise bei Vollmond, das heißt wenn bei hohem Luftdruck der Wein «ruhig» und klar war) gerade wieder zu rumoren angefangen und sich in dem Zustand befunden haben, den man heute als *crémant* bezeichnet, das heißt, der Kohlensäuredruck reichte gerade aus, um den Korken aus der Flasche zu treiben.

Ein englisches Schauspiel aus der Zeit um 1698, in der ja auch Godinot schreibt, bestätigt offenbar diesen Stand der Dinge. In «Liebe und eine Flasche» von George Farquhar aus Dublin schenkt Club, der Diener des eleganten Mr. Mockmode, Champagner aus. «Schaut, wie er im Glase kribbelt und wirbelt», sagt er – eine höchst bildhafte Beschreibung für das Durcheinanderschwirren der Perlen in einem Crémant, da wird durchaus nicht der Eindruck geradewegs aufsteigender Perlen vermittelt, wie man sie im Schaumwein sieht. Für einen nur leicht schäumenden Wein aber haben die Franzosen mehrere Ausdrücke, die alle dasselbe bedeuten: *sablant, pétillant* oder auch *mousseux*.

ALS DOM PÉRIGNON 60 JAHRE ALT WAR, verlangte die Mode immer mehr nach dem schäumenden Wein, den er hatte vermeiden wollen. Niemand kannte sich besser damit aus als er – seine Erfahrung im Weinkeller war unersetzlich, ob man Perlen im Wein wollte oder nicht. Er wußte beispielsweise, daß der Wein im Herbst um so weniger vollständig auszugären pflegte, je kühler ein Jahr und je leichter und säuerlicher der Wein war, daß er demzufolge um so mehr Potential für eine zweite Gärung im nächsten Jahr aufwies. Weißweine von weißen Trauben waren leichter und daher anfälliger für eine zweite Gärung, also wurde nun ein immer größerer Anteil beigemischt. Anfänglich verführte

---

Die anhaltende Ablehnung französischer Weinkenner gegenüber dem Champagner schlägt sich in einem Bericht des ersten berühmten Champagnerhändlers, Bertin de Rocheret, aus dem Jahr 1744 über Avize, den bedeutendsten Weißweintraubenort der Champagne, nieder:

«Avize ist ein recht großer Ort, der durch die närrische Erfindung des Schaumweins in den letzten 12 bis 15 Jahren enorm gewachsen ist. Noch 1710 war er arm... die Weinberge dort waren fast nur mit Weißweintrauben bepflanzt und brachten lediglich einen kleinen Wein mit herbem Geschmack hervor, der in der Region geringsten Ruf hatte und mit 25 bis 30 Livres das Faß gehandelt wurde... Seit aber die Manie für den *saute-bouchon* ausgebrochen ist, kostet dieses scheußliche Getränk, das durch unerträgliche Säure noch unangenehmer wird, bis zu 300 Livres; auch sind in Avize so viele phantastische Kelterhäuser aus dem Boden geschossen, daß man es nicht wiedererkennt.»

der Wunsch nach schäumendem Wein die Hersteller sogar dazu, übermäßig auf unausgereifte Trauben zu setzen. Bertin de Rocheret, Grundbesitzer und einer der ersten Champagnerhändler in Epernay, beschrieb einen Champagner um 1700 so: «Grün und hart wie ein Hund, trocken wie der Teufel.» Weine von der Montagne wurden selten verwendet; der berühmte Sillery blieb bis zum Anfang des 19. Jahrhunderts ein ausgesprochen stiller *vin gris* – ein Champagner für seriöse Liebhaber der alten Schule. Die besten Weine von weißen Trauben kamen nun zunehmend aus bestimmten Orten an den Hügeln südlich von Epernay: Cramant, Avize, Le Mesnil fanden Anerkennung durch eigenständige Qualitäten.

Besonders wichtig wurde vor allem beim Schaumwein gute Kellerlagerung. Tiefe Keller, in denen die Temperatur stets gleichmäßig blieb, wirkten sich insofern günstig aus, als in ihnen weniger Flaschen platzten. In der Champagne bestehen die tieferen Bodenschichten, ja auch schon der zutage tretende Fels, aus massiver Kreide. Irgend jemand hat einmal die landwirtschaftlichen Bemühungen in der Region als den Versuch bezeichnet, «die Butter der Vegetation auf das trockene Brot der Kreide zu streichen». Diese Kreide eignet sich allerdings ideal dazu, tiefe Keller in sie hineinzugraben, ohne Einstürze befürchten zu müssen. Dom Ruinart, ein Mönch wie Dom Pérignon, soll unter der Stadt Reims die gigantischen trichterförmigen Kalksteinbrüche wiederentdeckt haben, die dort von den Römern zur Gewinnung von Baumaterial angelegt, inzwischen aber längst vergessen worden waren. Nicolas Ruinart, sein Neffe, gründete 1729 unter Benützung dieser *crayères* ein Champagnerhaus, das heute als das älteste seiner Art gilt. 1716 war bereits ein noch berühmter gewordener Name aufgetaucht: Claude Moët, ein Winzer in Epernay, kaufte sich das neugeschaffene Amt eines *courtier-commissionnaire*. Da nun die Champagnerherstellung so kompliziert wurde und große Kapitalmittel für den Ankauf und das Abfüllen dieses Weins erforderte, war die Entwicklung einer spezialisierten Fabrikation unumgänglich.

DENNOCH BLIEB ES WEITERHIN SO ZIEMLICH DEM ZUFALL ÜBERLASSEN, ob sich in dem Wein ein Sprudeln regte und ob die Flasche sich ihm gewachsen zeigte. Das ging so weit, daß schon bei der Bestellung das Bruchrisiko auf den Käufer überging. Je nach Jahrgang konnte es passieren, daß zwischen 20 und 90 % der Flaschen einfach platzten. Überaus gewagt war es, sich ohne Drahtmaske für den Schutz des Gesichts gegen herumfliegende Glassplitter in einen Champagnerkeller zu begeben.

1735 hatte der Champagnerhandel bereits einen solchen Umfang erreicht, daß durch königliches Dekret geregelt wurde, welche Größe und Form Champagnerflaschen haben mußten, wie groß die Korken zu sein hatten (1 ½ Zoll) und auf welche Weise diese mit kräftigem Bindfaden am Flaschenhals verschnürt werden sollten. Da man im voraus nicht wissen konnte, ob sich ein Innendruck entwickelte, mußten alle Champagnerkorken auf diese Weise zugebunden werden.

Blieb noch die Frage der Trübung. Bei der Zweitgärung entsteht in der Flasche ein Bodensatz aus abgestorbenen Hefezellen, der sich dann im Glas unschön ausnimmt. Bei der modernen Champagnerherstellung, die ja mit Zucker und Hefe zur Erzielung eines kräftigen Schaums arbeitet, ist dieses Sediment sogar so stark, daß seine Entfernung aus der Flasche einen wichtigen Teil des Verfahrens bildet. Damals aber, als nur wenig Hefe von Natur aus im Wein verblieb, dürfte sich der Bodensatz meist in erträglichen Grenzen gehalten haben. Champagnergläser aus dem frühen 18. Jahrhundert – elegante, schlanke *flutes* – wurden oft mit geriffelter Oberfläche versehen, um eine leichte Trübung des Inhalts zu kaschieren. In manchen Jahren, in denen eine starke Trübung entstand, blieb jedoch nichts anderes übrig, als mit einem ungewissen und verlustreichen Verfahren, *dépotage* genannt, dagegen anzugehen. Es bestand darin, den Champagner in eine andere Flasche zu dekantieren, wobei freilich viel von der kostbaren Kohlen

«Austernfrühstück» heißt dieses um 1720 entstandene Gemälde von Jean-François de Troy. Aller Augen sind auf den *saute-bouchon*, den herausfliegenden Champagnerkorken, geheftet. Unter der Regentschaft von Philippe d'Orléans, bei dessen nächtlichen Orgien im Palais Royal es weit lockerer zuging als hier auf diesem Bild, war in Paris der schäumende Champagner in der eleganten Gesellschaft große Mode.

säure verloren ging. Das moderne *remuage*-Verfahren (Rütteln) kam wie die gesamte *méthode champenoise* im heutigen Sinn erst 100 Jahre später in Gebrauch. Das ganze 18. Jahrhundert hindurch blieb der größte Teil des Champagners stiller Wein (viel davon Rotwein), und nur eine kleine, leichtlebige und begüterte *clientèle* konnte sich dem *saute-bouchon* wirklich ganz hingeben.

WIE LEICHTLEBIG DIESE CLIENTÈLE WAR, ergibt sich aus den Memoiren der Regentschaftszeit nach dem Tode Ludwigs XIV. im Jahr 1715. Der Regent Philippe d'Orléans umgab sich mit Damen höchsten Rangs und niederster Moral sowie mit sogenannten *roués* – «Männern von Welt ohne Tugend und Prinzipien, die es aber verstanden, ihre Laster verführerisch darzustellen und sie gar durch Eleganz und Witz zu adeln». Philippe selbst erfand für sie das Wort *roué* (gerädert). «Sie sind so schlimm», bemerkte er, «daß sie es verdient hätten, aufs Rad geflochten zu werden.»

Die skandalumwitterten nächtlichen *petits soupers* im Palais Royal gaben zu jener Zeit dem Klatsch reichliche Nahrung. Für den Duc de Richelieu war der Wein schuld: «Die Orgien begannen immer erst, wenn alle in jener übermütigen Verfassung waren, die der Champagner mit sich bringt.» Der Regent selbst führte die Spiele an. Er sah es gern, wenn seine Mätressen (darunter auch die Herzogin von Berry, seine eigene Tochter) als griechische Göttinnen Tableaux stellten. Oft ließ er auch die Kerzen wegnehmen, damit die vom Champagner hervorgebrachten Emotionen sich frei entfalten könnten wartete dann ab, bis die Dunkelheit voller Seufzer war, und ließ dann plötzlich einen Schrank voller brennender Kerzen öffnen, so daß helles Licht auf die Szene fiel.

Kein anderer Wein, ja kein anderes Getränk hatte je durch seine ihm innewohnenden Qualitäten eine Stimmungslage geschaffen, die fast ein Lebensstil zu nennen war. Dem Perfektionismus, den der große Kellermeister in seinem Kloster gepredigt hatte, verdankte die Welt den ersten Wein von unverwechselbarer und unwiderstehlicher Eigenständigkeit, und diesem Beispiel mußten von nun an alle Weine nacheifern, die ebenfalls Anspruch erheben wollten, etwas Besonderes, Exzellentes zu sein.

KAPITEL 22

Die Geburt eines Klassikers

NUR KEINEN PORT!

Waren nun der Champagner und die «neuen französischen Clarets» der Parlamentarier von Bordeaux ganz speziell für eine im Wachsen begriffene Klasse reicher und mehr oder weniger anspruchsvoller Kunden bestimmt, stand es mit dem Portwein, der fast genau um dieselbe Zeit das Licht der Welt erblickte, ziemlich genau entgegengesetzt. Er war ein Ersatz, den die Politiker den Engländern aufdrängen wollten. Dabei bestimmten zwei Faktoren ihr Kalkül: ein Embargo auf Einfuhren aus dem feindlichen Frankreich sowie die schamlose Absicht, einen alten Verbündeten auszunützen. England zeigte in der Art, wie es den glücklosen Portugiesen seinen Willen aufzwang, nur wenig Skrupel. Das große Geschäft mit dem Portwein bildete dann lediglich das Happy-End einer Geschichte, deren Beginn den Akteuren nicht besonders zur Ehre gereichte.

IM 15. UND 16. JAHRHUNDERT HATTE SICH PORTUGAL ohne jede Rücksicht in überseeische Entdeckungs- und Expansionsabenteuer gestürzt. Die großen und unerhörten Taten seiner Seefahrer stiegen dem kleinen Volk zu Kopf. Es zerstreute sich über die ganze Welt, von Grönland bis Goa und von China bis Brasilien. Dabei vernachlässigte es daheim so gut wie alles. Die eigenen Felder blieben unbestellt, während die Männer hinaussegelten, um aus einer Vielzahl neuer Welten exotische Produkte nach Hause zu bringen. Als 1580 der König von Portugal auf einem wahnwitzigen Feldzug gegen die Mauren in Marokko fiel, annektierte Philipp II. von Spanien kaltblütig das Reich seines Nachbarn. Die Einkünfte des portugiesischen Weltreichs wurden so die Einkünfte Madrids. Nun ließ Philipp von Lissabon aus seine Armada gegen England, den alten Verbündeten Portugals, segeln. Portugal blieb 60 Jahre lang in der «Gefangenschaft» Spaniens.

England und Holland nutzten diese günstige Gelegenheit als Vorwand, um sich manche überseeischen Besitzungen Portugals anzueignen. So brachten die Holländer Formosa und damit den größten Teil des portugiesischen China-Handels an sich, ferner Kotschinchina (südliches Vietnam) und Negapatam und damit Portugals Stellung in Indien, außerdem Malacca und die malaisische Kolonie. Die Engländer setzten sich lediglich in Indien und Brasilien fest.

Zur gleichen Zeit führte England eigene Waren in das Vakuum auf dem portugiesischen Inlandmarkt ein, so daß, als schließlich nach der Schlacht von Montijo 1644 die Befreiung von Spanien kam, die Beziehungen zu England ausgesprochen einseitig und für die Portugiesen erdrückend eng waren. Portugal lief Gefahr, zur englischen Kolonie zu werden. Schlimmer noch, Portugal unterstützte im englischen Bürgerkrieg die Royalisten. Cromwell blieb Sieger und nutzte dies, um in einem Friedensvertrag Englands Vorteile zu festigen. So sollte es freien Zugang zu den portugiesischen Märkten, sowohl im Mutterland als auch – wichtiger noch – in Brasilien haben. Als Trostpflaster wurden lediglich gewisse portugiesische Waren, einige Textilien zum Beispiel, gegen die übermächtige englische Konkurrenz geschützt. Diese im Jahr 1654 vereinbarten Bedingungen wurden erneuert, als sich König Karl II. von England 1662 mit der Portugiesin

Katharina von Braganza vermählte. Als weitere Mitgift erhielt Karl Bombay, Tanger und den Hafen Galle in Ceylon. Als es zum Streit mit Frankreich kam, war es nicht verwunderlich, daß die Engländer, nachdem sie sich mit so vielen Privilegien in Portugal eingenistet hatten, ihren Wein dort holen wollten, denn es war ja fast so, als kauften sie bei sich selbst.

UM 1660 HATTEN SICH DREI ENGLISCHE HANDELSSTÜTZPUNKTE IN PORTUGAL ETABLIERT: die *feitorias* (Faktoreien) in Lissabon, Oporto und Viana in der Provinz Minho, der nördlichsten Portugals. 1654 wurde die englische Firma «Hunt, Roope» gegründet, die als typisches Handelsunternehmen einen Dreiecksverkehr zwischen Portugal, London und Neufundland unterhielt. Von England aus fuhren ihre Schiffe nach Neufundland und kauften dort Kabeljau ein. Bacalhau (Stockfisch) ist in Portugal ein Hauptnahrungsmittel. Deshalb brachten die Schiffe den Kabeljau nach Viana und tauschten ihn dort gegen Minho-Rotwein ein. Diesen brachten sie nach England und kehrten mit englischem Tuch zurück. Für das Tuch handelten sie wiederum Wein ein, der manchmal nach Neufundland und von dort aus zum Teil wieder nach London befördert wurde, wo er dann seiner auf diese Weise erwiesenen Haltbarkeit wegen einen besonders hohen Preis erzielte. Aber auch Negersklaven wurden in Viana gegen Wein eingehandelt.

Schließlich begann der Hafen von Viana zu verlanden und mußte deshalb seine Rolle als Handelsstützpunkt an Oporto abtreten, dessen Handelsverkehr reger geworden war. Dort bereitete zwar auch eine Sandbank an der Douro-Mündung Schwierigkeiten, aber die hier schmalere Durchfahrt war leichter offen zu halten. Als Weinland stand immer noch die Provinz Minho entlang der Küste nördlich von Oporto vorn, wobei die Weine von Monção an der Grenze zum spanischen Galicien besonderen Vorzug genossen. In Monção wurde und wird heute noch eine bessere Traubensorte angebaut, der weiße Alvarinho (angeblich war er von den Engländern aus Griechenland eingeführt worden). Er wird niedrig – nicht auf Bäumen – gezogen und erbringt einen kräftigeren, stabileren Wein, als es der übliche leichte Minho ist.

Die Provinz Minho ist ein fruchtbares, dicht besiedeltes und weithin bebautes Land, wo sich die Rebe den Platz mit landwirtschaftlichen Kulturen aller Art teilen muß. Deshalb wird sie in die Höhe gezogen, damit sie aus dem Weg ist – sie wächst auf Bäumen wie bei den alten Römern oder – neuerdings – auf hohen Spalieren. Heute wird die Eigenart ihres Weins, nämlich Frische, fast Säuerlichkeit, im *vinho verde* sehr geschätzt. Die allgemein verbreitete weiße Exportversion ist allerdings lediglich ein aufpolierter Abklatsch des Originals. Im 17. Jahrhundert galt der Minho-Wein gerade nur als passable Alternative zum Claret. Damals wie heute brachte die Region vorwiegend einen Rotwein von dunkler Farbe und leichtem Körper, jedoch mit erschreckend säuerlichem Biß und beträchtlicher Herbheit hervor. In einer alten Taverne in Braga wurde er noch vor 20 Jahren aus einem Faß gezapft, das in einer Ecke des verräucherten einzigen Raums stand, der als Küche, Eßzimmer und Weinkeller zugleich diente. Er hatte tiefe Maulbeerfarbe, schäumte leicht und färbte den weißen irdenen Krug dunkel. Zu einfachen gegrillten Sardinen und Fleischgerichten sowie Gemüsen in kräftig gewürztem Öl paßte sein etwas rauher, fruchtiger Geschmack ganz hervorragend... aber Claret war das nicht.

DIE HOLLÄNDER BEGANNEN SCHON EINIGE JAHRE FRÜHER, IN OPORTO WEIN vom Oberlauf des Douro zu kaufen. Der Krieg von 1672 zwischen den Niederlanden und Frankreich versperrte den holländischen Schiffen den Weg nach Bordeaux, so daß sie sich anderswo umsehen mußten. Deshalb kauften sie in Jerez und Lissabon Weißwein und in Oporto Rotwein ein. Um 1675 waren sie dann schon bis Lamego am Westrand des heutigen Portweinlands vorgedrungen. Das Kloster Lamego war berühmt für seinen guten

Die schroffe und wilde Landschaft am oberen Douro mußte Meile um Meile terrassiert werden, um für die Reben Platz zu schaffen, die den Portwein liefern. Heute wirkt sie mit ihren wie Höhenlinien um jeden Hang gelegten Steinterrassen wie eine Landkarte in Lebensgröße. Der ursprüngliche Beweggrund für diese ungeheure Anstrengung war, den Franzosen und ihrem Claret eine Nase zu drehen. Doch innerhalb einer Generation wurde Portwein in England zur großen Passion, und der Bordeaux-Wein in seiner alten Form geriet in Vergessenheit.

Wein, der aus der Gegend noch weiter den Douro aufwärts stammte, wie es damals hieß, von einer weltabgeschiedenen, hochgelegenen Stelle namens Pinhão. Es ist nicht die Rede davon, daß die Holländer damals den mühevollen Weg bis zum oberen Douro hinter sich gebracht hätten. Zu jener Zeit hatte sich noch niemand denken können, auf welche Weise dieses Bergland, das so ganz anders geartet war als die regenfeuchte Küste, eine Quelle von Wein mit ungeheurem Potential an Eigenart sein könnte. Jenseits der 1400 m hohen Bergkette der Serra do Marão ändert sich das Klima abrupt, die vom Atlantik stammende Wolkendecke reißt ab, und um den Fluß erheben sich kahle Schieferberge in majestätischer Unnahbarkeit. In dieser Steinwüste wächst ohne mühsames Ringen nichts Nützliches. Der Schiefer mußte erst mit brutaler Gewalt in Ackerboden verwandelt werden, was in dem wilden Land durch Heraussprengen aus dem Felsen geschah.

IN DEM BEMÜHEN, DIE VORMACHTSTELLUNG IN PORTUGAL ZU ERHALTEN – vor allem beim Absatz englischen Tuchs –, machten die «Portugal-Kaufleute» Londons 1677 eine Eingabe im Parlament, worin sie darauf drangen, den gesamten Handel durch eine Steuersenkung für portugiesische Weine zu beleben. Die Ereignisse überholen diese Initiative bald. Im darauffolgenden Jahr brach Krieg mit Frankreich aus, und England blockierte die französischen Häfen. Bei der nun entstehenden Weinknappheit brauchte niemand die Händler zu drängen, in Portugal nach neuen Angeboten zu suchen. Seltsamerweise war aber außer dem ihnen bereits bekannten Minho- und Lissaboner Wein nichts aufzutreiben, was auch nur annähernd Exportqualität hatte. Der Weinbau gehörte nicht zu der Interessensphäre des portugiesischen Adels, und auch die Kaufleute betätigten sich nicht auf diesem Gebiet. Es ist vermutet worden, daß der Grund hierfür im hohen Anteil maurischen Bluts in den portugiesischen Oberschichten liegen könnte. Mindestens hatten die engen Beziehungen zu Asien, Afrika und Brasilien hier eine dunkelhäutigere Rasse entstehen lassen als im benachbarten Spanien. Was immer aber auch der Grund war, es gab jedenfalls so gut wie keinen Wein von einiger Qualität, den man ohne weiteres kaufen konnte. Die wenigen Fässer waren verrottet, und der meiste Wein roch nach den Ziegenbälgen, in denen er von den unsauberen Lagars, wo man die Trauben stampfte, abtransportiert wurde. Wenn die Ausländer also einen stetigen Strom anständigen Weins haben wollten, dann mußten sie selbst dafür sorgen – und daran machten sich denn die englischen, schottischen und holländischen «Faktoren» auch tatsächlich.

Im ersten Jahr des Kriegs mit Frankreich fanden die Kaufleute in Oporto etwa 400 *pipes* Wein, die sie nach London exportieren konnten, (*pipe* ist ein Faß mit dem portugiesischen Standardmaß von 522 l, das heißt mehr als doppelt soviel wie ein Bordeaux-Faß). Im weiteren Verlauf des Kriegs scheinen dann die Mengen stark angestiegen zu sein, und zwar auf fast 17 000 *pipes* im Jahr 1683. Allerdings ist sicher, daß sich darunter viel französischer Wein befand, der in flugs gezimmerten portugiesischen Fässern den englischen Zoll umging. Der erste echte Wein aus Oporto wurde in England «Portoport» genannt. Anscheinend hatte jedoch niemand viel für ihn übrig, denn als 1686 Friede mit Frankreich geschlossen wurde, gingen die Lieferungen aus Portugal stark zurück, während die Claret-Lieferungen auf seit dem Mittelalter nicht mehr erreichte Höhen kletterten.

ZU BEGINN DES 18. JAHRHUNDERTS war die politische Orientierung der europäischen Mächte ungewiß. Portugal liebäugelte ein, zwei Jahre lang mit Ludwig XIV., ja sogar mit Spanien, und das machte die Engländer und Holländer nervös. Lissabon als feindlicher Hafen hätte eine ernsthafte Bedrohung für ihren Schiffsverkehr auf dem Atlantik und im Mittelmeer bedeutet. Der englische König Wilhelm III. entsandte in Absprache mit den Holländern einen erfahrenen Diplomaten (und Tuchhändler) namens John Methuen zu Verhandlungen nach Portugal.

Methuen erwies sich sowohl auf dem politischen als auch dem merkantilen Feld als erfolgreich. Auf eigene Verantwortung verpflichtete er sich, falls bestimmte Restriktionen im Import englischen Tuchs aufgehoben würden, zu der Garantie, daß portugiesischer Wein zu höchstens zwei Dritteln der für französischen Wein geltenden Zolltarife nach England eingelassen würde. Weshalb sich die Portugiesen auf ein so hohes Entgegenkommen einließen, ist nicht ohne weiteres verständlich. Seit 1697 befand sich portugiesischer Wein im Genuß der niedrigsten Zollsätze, die je für Wein in England angerechnet wurden: 22 Pfund pro Faß, verglichen mit 53 Pfund für französischen Wein (auf dem ja sowieso ein Embargo lag). Und es gab keine Garantie dafür, daß nicht etwa alle Zölle heraufgesetzt werden würden – vielmehr geschah gerade dies schon innerhalb eines Jahres. Ein großer Teil des Verdiensts beim Erfolg am portugiesischen Hof ging auf das Konto von Methuens Sohn Sir Paul, der die Großgrundbesitzer von Lissabon, obgleich sie keine Begeisterung für den Weinbau aufbrachten, davon überzeugte, daß in der Belieferung der anspruchsvollen Engländer eine goldene Zukunft lag. Möglicherweise ließ er den magischen Namen Pontac dabei fallen. Der Methuen-Vertrag wurde 1703 unterzeichnet. Portugal ging zugleich mit England und Holland ein Bündnis gegen Frankreich und Spanien ein. Es war geplant, daß die Verbündeten über Portugal nach Spanien einfallen sollten. Der Vertrag wird allgemein als der symbolische Startschuß für den Portweinhandel angesehen. Er war aber mehr als nur symbolisch: Englands neue Königin Anna bestellte sofort 10 *pipes* Portwein, acht mit rotem und zwei mit weißem. Allerdings hinderten sie auch keine Skrupel daran, gleichzeitig große Mengen französischen Wein über Holland zu beziehen (für diesen Weg galt kein Embargo).

NUR KEINEN PORT!

INZWISCHEN WAREN DIE IN NORDPORTUGAL (UND AUCH IN SPANIEN) ANSÄSSIGEN «FAKTOREN» auf die Suche nach den bestgeeigneten Weinen gegangen, die ihnen über den bevorstehenden Krieg hinweghelfen konnten, denn um neue Streitigkeiten zwischen England und Frankreich vorherzusehen, brauchte man kein «zweites Gesicht». So wurde Galicien als übliche Quelle für einen Claret-Ersatz durchgekämmt, an zweiter Stelle kam Monção. Als 1702 der Spanische Erbfolgekrieg begann, begaben sich einige englische Kaufleute auch den Douro hinauf bis zu dessen Nebenfluß Corgo bei Peso da Régua, wo die Berge am Oberlauf des Douro wirklich steil zu werden beginnen.

Der erste authentische Bericht eines Engländers über den Einkauf und Export von Wein vom oberen Douro stammt von Thomas Woodmass aus Kettering, der eine abenteuerliche Reise hinter sich brachte. Auf dem Weg von Liverpool nach Viana wurde seine Brigg von einem französischen Freibeuter gekapert und dann von einem englischen Freibeuter wieder zurückgekapert. Auf der Fahrt von Viana südwärts der Küste entlang nach Oporto wurde er von Seeräubern gefangengenommen, aber erneut gerettet. In Oporto sagte ihm der englische Konsul John Lee, daß er mit Bauern ohne weiteres Handel treiben könne, doch solle er sich vor Großgrundbesitzern, der Kirche und Regierungsbeamten hüten, denn diese sähen es ungern, wenn Engländer versuchten, ein eigenes Weingewerbe aufzubauen. Diese Warnung erwies sich als prophetisch.

Als Woodmass das Douro-Tal hinaufritt, merkte er, daß er nicht der einzige Engländer auf Weinsuche in der Gegend war; er mied nun seine Landsleute, um diesen nicht zu verraten, was er entdeckte. Unter den anderen befand sich wahrscheinlich auch Peter Bearsley, dessen Firma heute – nach fast 300 Jahren und nicht weniger als 19maligem Namenswechsel – als Taylor, Fladgate und Yeatman noch immer tätig ist.

Man muß vor der Beharrlichkeit dieser Pioniere hohe Achtung haben. Nicht nur waren die Reisebedingungen erschreckend, denn es gab ja keine Straßen und nur vereinzelte Tavernen, in denen es von Flöhen nur so wimmelte, sondern auch der Wein, den sie hier prüften, war fast ungenießbar: roh gestampft, mit den Stielen so lange vergoren, bis er trocken, rauh und herb war, und dann dargeboten aus mit Harz behandelten Ziegenbälgen. Einzig der Wein aus den Klöstern ließ sich mit Genuß trinken – den besten hatten die Jesuiten zu bieten – und wurde in England als «Priest-Port» angeboten. Was einen so ungeheuer starken Geschmack hatte wie der Portoport, so meinte man damals, müsse medizinische Eigenschaften besitzen. So bezeichneten Ärzte diesen übermäßig konzentrierten und wenig verfeinerten Wein als «Magenbitter».

BARCOS RABELOS

Heute besteht der Douro aus einer Reihe von Lagunen, die ruhig hinter den Staudämmen von Wasserkraftwerken daliegen, außer wenn sich Familienmitglieder der Portweinhändler mit ihren Wasserskiern hier tummeln. Aber noch bis in die 60er Jahre hinein konnte man große Strecken flußabwärts mit *barcos* befahren. Das waren lange, schmale Schiffe, die mit 30 bis 40 Fässern Portwein, hoch auf Deck aufgestapelt, auf ruhigeren Flußabschnitten recht friedlich dahintrieben, aber zu beben begannen, wenn eine der vielen Stromschnellen in Sicht kam. Wenn dann das Getöse des über die Felsen schießenden Wassers anschwoll, die Felswände näher heranrückten und schroffe Schluchten bildeten, nahmen die Ruderer erst noch einmal einen kräftigen Schluck aus einer großen hölzernen Flasche und dirigierten darauf fast mit zarter Hand das immer schneller dahinsausende Boot durch die Fahrrinne. Hoch oben auf einer schwankenden Brücke am Heck hockte der Steuerer und hielt, Befehle schreiend, Ausschau nach Felsriffen. Mit seinem ganzen Gewicht mühelos vorangetrieben, schoß das Boot zitternd durch aufsprühende Gischt und weißschäumende Wellen und kam dann plötzlich wieder zwischen wirbelnden Strudeln zur Ruhe, während der Steuerer mit dem Schiffsbug schon wieder auf die nächste Stromschnelle zielte.

In den ersten eineinhalb Jahrhunderten seiner Existenz konnte Portwein nur in Fässern an Deck von Schiffen, die direkt aus der Antike zu stammen schienen, den Douro hinuntertransportiert werden. Die Fahrt durch schäumende Stromschnellen erforderte Mut und Kraft. Unser Foto vom Anfang des 20. Jahrhunderts zeigt den Fluß allerdings in friedlicher Sommerlaune bei niedrigem Wasserstand.

AUF IRGENDEINE WEISE BRACHTE ES DER NOCH IN DEN KINDERSCHUHEN STECKENDE PORTWEINHANDEL dann im folgenden Jahrzehnt fertig, die Weinbereitung am Douro zu revolutionieren. Im Prinzip muß es wohl vor allem an besserer Hygiene gelegen haben: Die Ziegenbälge wurden abgeschafft und neue Fässer für den Transport des Weins flußabwärts bereitgestellt. Die Fahrt auf dem Fluß selbst war ein waghalsiges Abenteuer. Die *barcos rabelos,* die den Douro befuhren, bildeten entfernte Reminiszenzen an die Schiffe der Phöniker, die sich vor 3000 Jahren an der Küste angesiedelt hatten: Es waren schlanke, offene Boote mit zwei spitzen, hochgezogenen Enden, einem einzigen Mast mit Segel, einem auf der Steuerbordseite am Heck mit Riemen befestigten Steuerruder und fünf bis sechs großen Ruderblättern, die von der Besatzung auf dem Vorderdeck stehend betätigt wurden.

Der Wein, den sie um 1700 beförderten, war ein Tafelwein in natürlicher Alkoholstärke, doch in den felsigen Weinbergen fiel diese unter der dörrenden Sommerhitze recht hoch aus, meist 14 bis 15 %. Bald wurde es üblich, nach dem Ende der Gärzeit ein wenig Branntwein beizumischen. Ob damit der Geschmack verbessert oder den verschiedenen Krankheiten, die einen primitiv bereiteten Wein befallen können, vorgebeugt werden sollte, ist nicht sicher, wahrscheinlich aber beides. Doch dieser Wein lohnte bald die Pflege, die man ihm angedeihen ließ. Zwar schrieb der Claret-Liebhaber Richard Ames noch 1693:

> Wie das nur riecht! Mich dünkt es, wie Schmerz
> Flößt dieser Geruch mir Qualen ins Herz!
> Und der Geschmack – so geistlos und matt . . .

und schloß:

> Bringt, was ihr wollt, es ist recht, auf mein Wort!
> Sei's Navarrer, Galicier – doch nur keinen Port!

Doch schon 1712 konnte ein Weinhändler annoncieren: «Roter Port, roter Lissaboner, dunkel, stark, frisch und mit exzellentem Geschmack . . . der neue Lissaboner zu 6s, der saubere Port zu 5s, 6d die Gallone.»

Im England des angehenden 18. Jahrhunderts eine wirklich objektive Weinbeurteilung finden zu wollen, ist fast unmöglich. Weine wurden so sehr zu Symbolen der Sympathie und Antipathie gegenüber anderen Völkern, daß sie allein aus politischen Gründen gepriesen oder verdammt wurden. Für die Tories, die Partei, deren Herz ganz an der alten Ordnung und am exilierten Königshaus der Stuart hing, war Claret geradezu ein Losungswort. Den Schotten vor allem, die das Andenken an die «alte Allianz» mit Frankreich noch lange nach der offiziellen Vereinigung Schottlands mit England im Jahr 1704 (von nun an können wir von den «Briten» sprechen) hegten und pflegten, war Claret gleichbedeutend mit Freiheit.

Ein tieftrauriges Versehen sagt alles hierüber aus:

>Fest stand in den Highlands manch redlicher Held.
>Um Braten und Claret war gut es bestellt.
>«Trinkt Port!» scholl aus England politisches Lied.
>Er tat's – und sein aufrechter Geist verschied.

Aber auch die Engländer mußten erst durch Propagandasprüche davon überzeugt werden, daß es patriotische Pflicht war, sich französischen Wein zu versagen:

>Willst deinem Vaterland Treue du weih'n,
>laß das Wohl deiner Brüder stets Leitstern dir sein!
>Verschmäh' den Champagner und trinke hinfort
>am heimischen Herd den bescheidenen Port!

Heute können wir objektiv über den Tafelwein vom Douro sprechen – denn das war auch der erste Portwein in England –, und wir dürfen erklären, daß man sich seiner durchaus nicht zu schämen brauchte. Seit den 80er Jahren unseres Jahrhunderts ist es unter den Portweinhändlern Mode geworden, auch ein wenig von dem Wein zu verkaufen, den sie selbst schon seit langem als ihren alltäglichen Wein zum Essen genießen, und es zeigt sich, daß er vorzüglich ist: intensiv fruchtig, ziemlich mild und substanzreich – ganz und gar die Antithese zum Claret, nichtsdestoweniger jedoch ein sehr guter Wein.

NACH ANFÄNGLICHEM ZÖGERN stürzten sich die Briten (strenggenommen vor allem die Engländer) wie wild auf den Portwein. Zweifellos schmeckte er, wenn er erst einmal in der Flasche war, mit der Zeit und vielleicht auch mit der Gewohnheit allmählich immer besser. In den ersten 30 Jahren des 18. Jahrhunderts erlebte der Weinbau am oberen Douro eine noch nie dagewesene Expansion. Der Methuen-Vertrag hatte durch seine Auswirkungen das portugiesische Textilgewerbe völlig zugrunde gerichtet. Die Schafhirten und Weber waren arbeitslos geworden, Arbeitskräfte waren deshalb billig, und nun unternahmen die Bauern im Weinbau gewaltige Anstrengungen. Hierbei ist der Ausdruck «Bau» ganz wörtlich zu verstehen. Wenn man den oberen Douro heute sieht, eine Landschaft ganz von Menschenhand – Terrasse an Terrasse von Horizont zu Horizont –, dann kann man sich schwerlich vorstellen, daß es hier um 1700 nichts als nackte, nur mit Gestrüpp bewachsene Schieferfelsen gab. Mit unendlicher Mühe wurden die burgartigen Mauern aufgebaut, die den Boden an den Berghängen festhalten; unendliche Mühe bedeutet es noch heute, diese Weinbergterrassen zu kultivieren und die Ernte in schulterhohen Körben zu Tal zu tragen, wo nicht einmal Maultiere gehen können.

DIE BRITEN HATTEN NUN ENDLICH EINE QUELLE FÜR DEN STARKEN WEIN, nach dem es sie stets gedürstet hatte, fast ganz und gar in der Hand. Ihre Methoden waren allerdings nicht allzu zartfühlend: Ein Bauer mußte oft, so wurde erzählt, die eigene Tochter mit in den Handel geben, wenn er ein halbwegs lohnendes Geschäft machen wollte. Um die grossen Weinmengen unterbringen zu können, bauten die Händler unter Ausnutzung eines sanfteren und bequemeren Hanggeländes in Vila Nova de Gaia am Südufer des Douro, nahe der Mündung und gegenüber der steilen Klippe, auf der Aporto steht,

Lagerhäuser, die sogenannten «Lodges». 1727 gründeten die Weinhändler eine Vereinigung, hauptsächlich um die Winzer einschüchtern und ihre Preise drücken zu können. Doch Portugal stand einstweilen in Blüte. Gold und Diamanten strömten aus Brasilien herein und gaben der Regierung soviel Selbstvertrauen, daß sie sich sogar den herrschsüchtigen Briten gewachsen fühlten.

Bald aber merkten die nicht so ganz redlichen unter den Weinhändlern, daß es eigentlich viel zu mühselig war, Gebirgstouren den Douro hinauf zu unternehmen, wenn sie aus jedem beliebigen Wein etwas zusammenbrauen konnten, was sich, solange es nur dickflüssig und feurig ausfiel, einem leichtgläubigen Publikum als Portwein andrehen ließ. Der Weinhandel hatte sich noch kaum je wegen des Panschens Gewissensbisse gemacht. Branntwein war nicht das einzige, was nach und nach beigemischt wurde. Für tiefe Farbe sorgten Holunderbeeren, für den feurigen Geschmack, den die Briten so heiß begehrten, gab es getrocknetes Piment. Die Habgier der Händler führte schließlich zu dem unvermeidlichen Ende. Das einst so hochgeschätzte Getränk wurde nicht nur von neidischen Brauern und Brennern in Verruf gebracht, sondern auch von redlichen Weinhändlern geächtet. Um 1730 begann der Preis des Portweins ins Wanken zu geraten, und um 1750 kam er ganz ins Rutschen.

ÜBER DAS NATÜRLICHE MASS HINAUS

Den Klagen der englischen Kaufleute über die Qualität des Weins begegneten die Sachwalter der Portweinanbauer mit einer wohlformulierten Antwort: «Die englischen Kaufleute wußten, daß der erstklassige Wein der Feitoria exzellent geworden war, doch wollten sie über das natürliche Maß, das ihnen möglich war, noch hinausgehen, so daß er beim Trinken sich wie Feuer im Magen anfühlen, wie entzündetes Pulver brennen, die Farbe von Tinte haben, süß wie Zucker aus Brasilien sein und an aromatischem Geschmack den Gewürzen Indiens gleichen sollte. So begannen sie insgeheim zu empfehlen, es sei richtig, ihn während des Gärens mit einem Schuß Branntwein stärker zu machen und mit Holunderbeeren dunkler zu färben...»

Nach Ansicht des Marques de Pombal waren die Beschuldigungen der Weinbauern wohlbegründet: «... die Engländer in Oporto brachten es schließlich soweit, die bedeutenden Rebenbestände am Douro und ihre Erzeugung zu ruinieren. Sie drückten den Preis des Weins und trieben dadurch die Kosten der Kultivierung höher als den Wert des Produkts, und selbst dann noch weigerten sie sich zu kaufen, wenn sie nicht auf zwei Jahre hinaus Kredit bekamen. Der niedrige Preis war nicht einmal mehr ausreichend, um das Hacken des Bodens zu lohnen, welches infolgedessen allmählich von den Besitzern unterlassen wurde. Alle die bedeutenderen Familien der Gegend fanden sich auf das äußerste Maß der Armut gebracht,

Sebastião de Carvalho, Marques de Pombal, war der portugiesische Minister, der das erdbebengeschüttelte Lissabon wieder aufbaute und den hochmütigen englischen Weinhändlern die Stirn bot.

so sehr, daß sie selbst die Löffel und Gabeln, mit denen sie aßen, verkaufen oder verpfänden mußten. Diese allgemeine und anhaltende Armut war die Ursache für Prostitution unter den Töchtern der Winzer und Landbesitzer, weil sie auf diese Weise den vorteilhaften Absatz ihrer Weine zu erleichtern hofften, ohne dabei an den öffentlichen Skandal und die große Sünde vor Gott zu denken, die aus solchem Betragen entsprangen.»

NUR KEINEN PORT!

Die Stadt Oporto bietet heute noch fast das gleiche Bild wie im 18. Jh. Sie erhebt sich in Stufen auf dem steilen Nordufer des Douro. Hier ein Blick von der ganz dem Portwein gewidmeten Vorstadt Vila Nova de Gaia aus.

In selbstgerechter Entrüstung schrieben die englischen Weinhändler in Oporto einen Brief, in dem sie alle Schuld ihren Lieferanten gaben und behaupteten, sie zögen minderwertige Trauben an ungeeigneten Stellen, stampften sie nicht gründlich genug, mengten dem Wein zu viel und zu früh schlechten Branntwein bei und frischten obendrein die Farbe mit Holunderbeeren auf. Die Winzer konterten mit ähnlichen Anklagen – freilich lag auf beiden Seiten ein gewisses Maß an Recht: Beide hatten ihre eigenen Vorstellungen von einem idealen Portwein, den es damals kaum gab.

Noch keiner hatte bis dahin bemerkt, daß man den Branntwein, wenn er den Wein wirklich stabilisieren und süß und stark machen soll, etwa nach der halben Gärzeit und in nicht zu sparsamen Mengen beigeben muß. Fügt man nur kleine Mengen hinzu, dann zieht man lediglich die Gärzeit in die Länge und erzielt mit Sicherheit trüben und unstabilen Wein. Zudem hatten die Händler auch nicht unrecht mit der Meinung, in den Weinbergen könnte es eigentlich besser stehen. In den am weitesten im Gebirge gelegenen Bereichen am Douro, aus denen schließlich die vollsten und aromatischsten Weine kommen sollten, waren überhaupt noch keine Reben gepflanzt. Um 1750 machte die Flußschiffahrt an der Valeira-Schlucht halt, wo die Stromschnellen selbst für die *barcos rabelos* allzu reißend wurden. Oberhalb dieser Schlucht (die in unserer Geschichte später eine tragische Rolle spielen wird) dehnten sich die Schiefergebirge wie eine Mondlandschaft und warteten noch auf die Rebe.

DER STREIT HÄTTE SICH WOHL OHNE ENDE HINGEZOGEN, wäre Portugal nicht 1755 von einem verheerenden Unglück befallen worden. Lissabon in all seiner Pracht und all seinem Reichtum wurde fast völlig von einem Erdbeben zerstört, bei dem 40 000 Menschen ums Leben kamen. Vielleicht erstmals in der Geschichte regten sich über die Ländergrenzen hinweg Mitgefühl und tätige Hilfsbereitschaft. Held der Stunde war des Königs Premierminister, Sebastião de Carvalho, der spätere Marques de Pombal. Dieser ganz seiner Aufgabe hingegebene hochintelligente Patriot zog rasch fast diktatorische Macht an sich. Um den Wiederaufbau der Hauptstadt zu finanzieren, schuf er eine

Reihe monopolistischer Handelsgesellschaften. Im folgenden Jahr gründete er die «General Company of Agriculture of the Wines of the Upper Douro» und übernahm damit die Kontrolle über den Weinhandel.

DIE «DOURO WINE COMPANY», WIE SIE BALD KURZ GENANNT WURDE, verfügte über weitgehende Befugnisse. Ihrer Satzung gemäß hatte sie den gesamten Portweinexport zu kontrollieren, jährlich 10 000 *pipes* Portwein zur Lieferung nach Brasilien bereitzustellen (wo dieser gegen Gold verkauft wurde) sowie die Anbaubereiche für den Portwein in zwei Qualitätszonen einzuordnen: *ramo* für den Verbrauch im Inland und in Brasilien und *feitoria* für den besseren, zum Export nach England und Nordeuropa bestimmten Wein. Sie kontrollierte die Produktionsmengen, setzte Höchst- und Mindestpreise fest und vermittelte in allen Streitigkeiten. 1761 erlangte sie auch das Monopol für den zum Aufspriten der Weine nötigen Branntwein. Ob dadurch die Qualität des Branntweins verbessert wurde, ist schwer zu sagen, sicher aber wurde seine Anwendung gefördert. Die einzige Ausnahme vom Exportmonopol bestand darin, daß die britischen Händler *feitoria*-Wein nach England ausführen durften. Außerdem konnten Ausländer Anteilseigner der Organisation werden, durften in ihr aber kein Amt bekleiden.

Die Briten waren empört. Sie als einstige Monopolherren waren zu Maklern ohne Preis-Kompetenz herabgewürdigt. Ein Ausgleich mußte gefunden werden, denn Käufer und Verkäufer waren ja schließlich nach wie vor aufeinander angewiesen. 1762 sah sich Portugal dann einer neuen spanischen Invasion ausgesetzt, die es nur mit britischer Waffenhilfe abwehren konnte. Bald stellte es sich wohl auch heraus, wen es mit wieviel zu bestechen galt, doch Bestechung erhöhte die Kosten für den Wein.

Ohne Zweifel wollte Pombal sowohl die Qualität heben als auch den britischen Würgegriff brechen. Er ordnete die Rodung aller Holunderbäume in Nordportugal an und setzte eine scharfe Einschränkung der Düngung in *feitoria*-Weinbergen durch. Ausgesprochen visionär aber war die von ihm veranlaßte Eingrenzung der besten Weinbaubereiche. Durch alleinige Zulassung der Schieferböden (unter Ausschluß des in der Gegend vorkommenden Granits) schuf er die Voraussetzungen für echte «fest umgrenzte Anbaugebiete». Die heutigen Portweinanbauer bestätigen sein damaliges Urteil. Wenn man einen Weinberg kaufen will – so sagen sie – dann muß man ihn bei Mondschein besehen: Der Quarz im Granitboden glitzert im Mondlicht, echter Schiefer dagegen ist schwarz und reflexfrei. Der Unterschied macht sich im Wein bemerkbar.

Pombals Grundsatz lautete, daß kein Wein angebaut werden durfte, wo Korn wachsen konnte. Damit erreichte er mit einem Streich, daß mehr Nahrungsmittel zur Verfügung standen, während zugleich die Weinqualität stieg. Die Wildnis am oberen Douro aber war für Weinbau vorbestimmt. Durch seine Entscheidungen machte Pombal Oporto zum spezialisierten Weinhafen und zwang Lissabon zur Diversifizierung. Wie auf seinem eigenen herrlichen Gut bei Carcavelos westlich von Lissabon wuchs in der Umgebung Rotwein, der mit zu den besten in ganz Portugal zählte. Es konnte nichts schaden, auch ihn als Port zu verkaufen, wenn der Preis günstig war.

PORT WAR DAMALS NOCH DURCHAUS KEIN BESONDERS VERFEINERTER WEIN. 1763 schrieb Dr. Johnsons Biograph, James Boswell: «Eine Flasche vom dicken englischen Port ist eine sehr schwere und sehr entzündliche Dosis. Ich merkte dies letztlich, als ich ihn mehrere Tage lang trank und er mir heute morgen in den Adern kochte.» Bester Portwein muß aber damals schon in hohem Maß das Potential zu prachtvoller Entfaltung besessen haben. Alkoholische Stärke kann nicht das einzige gewesen sein, was ihn den reichen Engländern, die sich jeden gewünschten Wein leisten konnten, empfahl. Im Lauf des 18. Jahrhunderts füllten sich daher viele Keller in England mit Flaschen, die in aller Stille zu großer Fülle heranreiften.

KAPITEL 23

Großer Wein aus Europas Osten

TOKAJER ESSENZ

Derselbe Krieg, der die Engländer dazu brachte, den portugiesischen Wein als ihr Schicksal auf sich zu nehmen, bedeutete auch Förderung für einen anderen, kaum weniger neuartigen und auf keinen Fall weniger edlen Wein ganz am entgegengesetzten Ende Europas. 1703, als der Methuen-Vertrag unterzeichnet wurde, erhob der protestantische Fürst von Siebenbürgen, Ferenc Rákóczi, die Waffen wider die Besetzung seiner ungarischen Heimat durch die (katholischen) Österreicher. Ludwig XIV. begrüßte diesen Schritt als willkommene Ablenkung, denn nun mußte der Kaiser in Wien, sein Feind, auch an der Hintertür Wachen aufstellen. Zudem beeindruckte den Sonnenkönig das Weinpräsent, das von Rákóczis Gütern eintraf, ein Wein, der in Osteuropa schon einen großen Ruf genoß, aber noch nie bis Paris gelangt war. Sein Name: Tokajer.

Von Osteuropa ist bislang in unserer Geschichte noch nicht viel die Rede gewesen. Es tauchte nur ab und zu einmal auf im Zusammenhang mit den Griechen und Römern, die das ihnen nächstgelegene Land der dortigen keltischen Stämme kolonisierten, oder in anderem, als später nacheinander die Hunnen, Vandalen und Goten über es hinwegbrausten oder als deren Nachfolger, die Tataren, und schließlich die Türken hereinbrachen und sich näher und näher an Europas Herzen festsetzten. Diese Flutwelle wurde endlich 1683 zurückgeworfen, als die letzte Belagerung Wiens durch die Türken abgeschlagen (und der Kaffeevorrat der Belagerer in die Hauptstädte Europas gelenkt wurde). Bemerkenswert ist, daß Ludwig XIV. nichts getan hatte, um die Türken davon abzuhalten, seinem kaiserlichen Rivalen das Leben schwerzumachen. Es kam ihm daher wie gerufen, daß Rákóczi nun die Rolle der Türken übernahm.

DAS LANGE SCHWEIGEN BEDEUTETE ABER NICHT, DASS IN OSTEUROPA DER WEINBAU AUS DER MODE GEKOMMEN WÄRE. Es ist sehr zu bezweifeln, daß seit der Zeit, als die Griechen ihn über das Schwarze Meer einführten (wenn dies wirklich so geschah), das Donautal je wieder weinlos geworden ist. Viele Jahrhunderte später hatte der römische Kaiser Probus, als er mit großem Eifer in Pannonien Reben pflanzen ließ, dort sein Ende gefunden. Die Griechen waren von Südosten her die Donau und deren Nebenfluß Theiß aufwärts gewandert, die Römer dagegen waren von Westen über die pannonische Ebene gekommen und hatten ihr Vermächtnis im Weinbau um den Plattensee bei Pécs, Villány und Szekszárd, aber auch in Niederösterreich und Mähren hinterlassen. Hierzu gehörte, daß die Weinkelter in Westungarn üblich wurde, während östlich der Donau die Trauben nach griechischer Art gestampft wurden.

Weder Attila und seine Hunnen noch die Awaren, die ihnen auf den Fersen folgten (und schließlich von Karl dem Großen vernichtend geschlagen wurden), noch die Magyaren, die Gründer der ungarischen Nation, sahen einen Sinn darin, den Weinbau zu zerstören. Es gibt – wie könnte es anders sein – hierzu eine Legende um Karl den Großen, der vom Awarenwein so begeistert gewesen sein soll, daß er einige Reben mit nach Deutschland nahm. König Stephan I. bekehrte die Magyaren im 10. Jahrhundert zum Christentum. Ein großes Bronzedenkmal in Budapest stellt uns die Steppenreiter mit ihren spitzen Schnurrbärten als Cowboy-Gestalten im Gewand von Wikingern vor die Augen. Mit den Magyaren zusammen kam von der Wolga ein Bulgarenstamm, die Kaliz, die als Acker- und Weinbauern berühmt waren.

Im Mittelalter spielte die Kirche ihre bewährte Rolle in der Verbreitung und Stabilisierung des Weinbaus, wobei sie das Wohlwollen erlauchter Monarchen wie Béla IV., der im Weinbau erfahrene Italiener und Flamen ins Land holte, vor allem aber auch des berühmten weinliebenden Königs Matthias Corvinus genoß, dessen Reich sich (für kurze Zeit) von Böhmen bis zu den Karpaten erstreckte. Matthias regierte von 1458 bis 1490 und ist der Held vieler ungarischer Volkssagen. Er macht eine ähnliche Figur wie der großherzige König Heinrich IV. von Frankreich. Sein ganzes Volk – so seine Worte – solle Wein haben, und die Weinbauern sollten hoch geachtet sein.

Wie ihre Zeitgenossen am Rhein erwarben sich auch hier Leibeigene, die gewissenhaft Wein bauten, große Privilegien. Aus guten, empirischen Gründen wurden Hanglagen von Flachlagen unterschieden, und in den Weinbaugemeinden entwickelten sich bemerkenswert demokratische Rechte in der Erbfolge und beim Zugang zum Markt, denen aber auch Pflichten wie Loyalität, Dienstbarkeit und die Mitwirkung an Versammlungen zur Kontrolle der Weinqualität gegenüberstanden. Die Weinberge wurden mit Hecken umgeben, die besonders privilegierte Lagen klar eingrenzten. Alles das waren überraschend frühzeitige Bestrebungen zu kontrollierter Qualität. Infolgedessen genossen Weinbauorte wie Sopron, Somló, Eger und Debrö weit über Ungarn hinaus auf den natürlichen Absatzmärkten weiter im Norden, wo es keinen eigenen Weinbau gab, einen guten Ruf. Polen, Rußland, Schweden und die baltischen Länder setzten auf Ungarn als Quelle eines stärkeren und voller schmeckenden Weins als er (beispielsweise) aus Nordfrankreich zu erwarten war. Ungarn hat heiße Sommer. Sein kontinentales Klima wird aber durch mittelmeerische Einflüsse gemäßigt. Ungarische Berglagen lieferten Weine, die etwa in der Mitte zwischen den leichten Weinen des Nordens und den teuren Malvasiern der alten griechischen Welt lagen.

Der letzte Versuch des osmanischen Türkenreichs, Österreich zu erobern und nach Mitteleuropa einzudringen, war die Belagerung Wiens durch Kara Mustafa im Jahr 1683. Die Türken wurden mit Hilfe eines polnischen Heers besiegt, das sicher Gefallen am Tokajer fand und seinen Ruhm auch in der Heimat verbreitete.

Das vielversprechende Szenario wurde 1526 durch die osmanischen Türken unter Suleiman II., die den Ungarn in der Schlacht bei Mohács an der Donau eine schwere Niederlage bereiteten, abrupt zerstört. 160 Jahre lang hielten die Türken den größten Teil Ungarns besetzt. Der Weinbau wurde nicht etwa ganz unterdrückt; die Türken nahmen ja gern die Steuern daraus ein und waren auch selbst nicht gerade allergisch gegen Wein, doch der große Schwung ging fast überall verloren. Ausnahmen gab es nur entlang der Nordgrenze, wo Eger (Erlau) für sich und seinen Wein mit Namen «Stierblut» durch tapferen Widerstand gegen den Belagerer Ali Pascha Berühmtheit errang und wo die an den Ufern von Theiß und Bodrog aufsteigenden Tokajer Berge den Eroberern offenbar keine lohnenden Ziele boten. Am ehesten bedroht war diese Gegend noch durch Überfälle von Türken auf Sklavenjagd: Die Ungarn verkauften sich gut auf den Märkten in Istanbul.

Die frühe Geschichte dieser einzigartigen Gegend ist noch wenig erforscht. Wenn die Kelten dort Wein bauten, dann gewiß an diesen steil aufsteigenden Hängen mit ihrem durchlässigen Boden. Als die Griechen von der Donau her die Theiß aufwärts kamen, taten sie vermutlich desgleichen. Der Anfangspunkt des Weinbaus dieser Region kann aber auch bei der Gründung der Kolonie Dacien durch die Römer zu suchen sein, die im 2. Jahrhundert über die Donau kamen. Belegt ist dagegen, daß König Béla im 13. Jahrhundert Italiener ins Land holte und daß diese ihre Lieblingsrebe mit dem mysteriösen Namen Furmint mitbrachten, die gemeinsam mit der herzhaften Hárslevelü und etwas Muskateller den modernen Tokajer erbringt.

Der Wein, der damals in dieser von der Natur so sehr begünstigten Gegend gewonnen wurde, war bestimmt überdurchschnittlich gut, doch bis zur türkischen Invasion, als er zu einer der wenigen möglichen Einnahmequellen für die bedrängten Ungarn wurde, hatte er keine besondere Bedeutung. Im 16. Jahrhundert wurden ihre kommerziellen Entfaltungsmöglichkeiten durch Mißtrauen behindert. Es entstand eine eigenartige Situation, als sie versuchten, die Polen dazu zu bringen, ins Land zu kommen und Wein zu kaufen, die Polen sich aber nicht von der Stelle rühren wollten und verlangten, die Ungarn sollten ihre Ware nach Polen bringen. Während der Zeit der Kämpfe gegen die Türken wollten die Ungarn überhaupt keinen Wein verkaufen, damit ihre eigenen Kriegsleute nicht Durst leiden mußten. Die Polen fanden den Ausweg, sich der «Szkoci», fahrender Schotten, zu bedienen, die als Agenten auftraten und Wein in Ungarn, in der Moldau östlich der Karpaten, ja sogar in Griechenland kauften. Aus Moldavien kam ein inzwischen vergessener Wein, der damals dem Tokajer Konkurrenz machte: der kraftvolle «grüne» Cotnari. Die alte polnische Hauptstadt Krakau war das Zentrum des Weinhandels, wurde aber gegen Ende des 16. Jahrhunderts von Warschau allmählich abgelöst. Für beide Seiten dienten neben den Schotten auch Juden und Griechen als Vermittler von Geschäften.

Die Versuchung ist groß, eine Verbindung zwischen der Furmint-Traube in Tokaj und dem Froment oder Fromenteau alias Pinot Gris (Ruländer) herzustellen, der ja im Elsaß an manchen Stellen auch Tokay d'Alsace genannt wird. In Wahrheit aber handelt es sich um ganz und gar verschiedene Rebsorten: Der Pinot Gris ist leicht rötlich und liefert einen säurearmen Most, während die Furmint hellgolden und auffallend säurereich ist. Außerdem ist der Pinot Gris in Ungarn als Szürkebarát (grauer Mönch) durchaus bekannt.

Eine etwas an den Haaren herbeigezogene Gemeinsamkeit zwischen Tokaj und dem Elsaß läßt sich insofern konstatieren, als der Wiener Hof offenbar die Elsässer Weine überaus hochschätzte, bis sein Feind, Ludwig XIV., im Jahr 1683 das Elsaß annektierte und die Österreicher ihrerseits Ländereien in den Tokajer Bergen an sich brachten.

TOKAJER ESSENZ

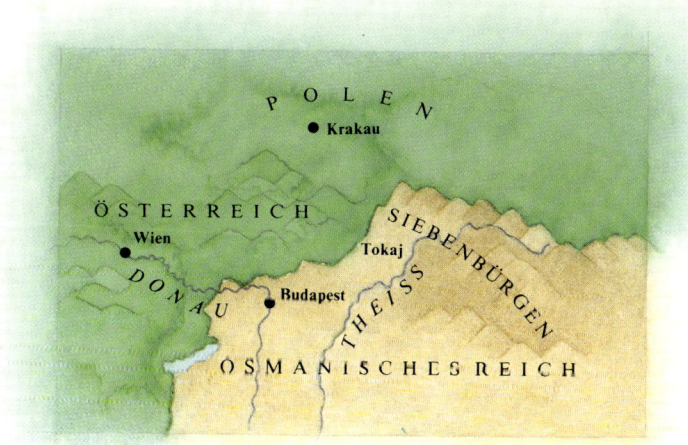

Der Tokajer stammt aus einer abgelegenen Provinz zwischen der Theiß und den Karpaten.

DIE FAMILIE RÁKÓCZI TRAT IN DER GESCHICHTE ERSTMALS IM JAHR 1617 IN ERSCHEINUNG, als sie das Gut Sárospatak erwarb und eine langwierige Kampagne einleitete, die ihr das Monopol über die Weine der Region sichern sollte. 30 Jahre später kam die alte Burg von Tokaj in ihren Besitz. Es war gewiß ein glücklicher Umstand, daß drei Jahre danach der dortige Aufseher die Weinlese verzögerte, weil er einen Türkenüberfall befürchtete. Auf diese Weise soll der Legende nach die Edelfäule, *Botrytis cinerea*, entdeckt worden sein, die zum Einschrumpfen und Weichwerden der Trauben führt und zu jener Zeit erstmals einen Wein von nie zuvor gekannter Süße und Fülle erbrachte. Wenn dieser Bericht auf Wahrheit beruht, dann fand diese Entdeckung hier 120 Jahre früher als im Rheingau statt, wo sich eine ähnliche Geschichte darum spinnt.

1678 brachen die Türken herein und plünderten die Region. Für sie war es das letzte Mal; fünf Jahre danach wurden sie vor Wien mit der Hilfe eines polnischen Heers zurückgeschlagen und 1686 auch aus Budapest vertrieben; die Habsburger machten ihnen nun Beine. Inzwischen hatten die Weinbauern in den Tokajer Bergen damit angefangen, flache Stollen tief in das Vulkangestein zu treiben. Diese unter den Weinkellern der Welt einmaligen Einrichtungen sind so niedrig, daß ein Mann darin nicht aufrecht stehen, geschweige denn einen Krummsäbel schwingen kann. Auf der einen Seite sind entlang der Wand kleine Fässer aufgestapelt, die man nach Gönc, der Stadt der Zimmerleute, «Gönci» nennt. Der in ihnen ruhende Wein wird nicht aufgefüllt, sondern oxydiert allmählich unter einer Hefeschicht, die zumindest hier in diesen kühlen Kellern nicht so wuchskräftig ist wie die weiße Florhefe in Jerez, jedoch durch subtile Beeinflussung des Geschmacks eine ganz ähnliche Rolle spielt.

Es war Wein dieser Art, den Ferenc Rákóczi als diplomatische Waffe zu dem Versuch einsetzte, das gerade glücklich von den Türken befreite Ungarn davor zu bewahren, nun von Österreich vereinnahmt zu werden. Der Erfolg blieb ihm versagt; Österreich und seine Verbündeten (unter ihnen auch England) gewannen den Krieg, und die Habsburger traten ihre kolonialistische Herrschaft über die nun seit langem an solche Leiden gewöhnten Ungarn an.

Der Tokajer war bei weitem der feinste Wein des Habsburger Reichs, das sich von Dalmatien bis Polen erstreckte. Deshalb zogen die Kaiser von Österreich-Ungarn die besten Lagen an sich und benutzten deren Wein – wie einst die Herzöge von Burgund ihren Beaune – dazu, anderen Monarchen zu imponieren und sie sich zu verpflichten. Sowohl Peter der Große von Rußland als auch Friedrich I. von Preußen waren ihm bald sehr zugetan. Im Zarenreich wurde in St. Petersburg eine Kommission für Ungarwein eingerichtet, die für regelmäßigen Nachschub sorgte, in Tokaj Weinberge pachtete (der

Der Tokajer gärt und reift in kleinen Fässern in stollenartigen Kellern. Einst war er für Kaiser- und Königshöfe in Nord- und Osteuropa bestimmt. Die Wertschätzung, die er in Rußland genoß, hat ihren Niederschlag in der Fassade eines Kaufmannshauses in Zagorsk bei Moskau gefunden.

Verkauf an Ausländer war verboten) und Reben von dort auf die Krim brachte, wo der Versuch unternommen wurde, eigenen Tokajer zu ziehen. Was nicht nach Wien, Moskau, St. Petersburg, Warschau, Berlin oder Prag ging, wurde von Reichen und Vornehmen in England, den Niederlanden und Frankreich aufgekauft. Nirgendwo in der Welt gab es einen Wein, der sich mit seiner Süße vergleichen ließ – ausgenommen hier und da ein ganz besonderes Faß im Keller eines Kirchenfürsten am Rhein. Portwein war damals nichts weiter als «Melasse», Tokajer dagegen ein wundervoll duftiger Sirup.

DIE METHODE DER TOKAJER-BEREITUNG und die Art und Weise, wie seine Süße und Intensität ermittelt und gemessen wird, sind noch heute einmalig Sie scheinen mehr mit der Beschreibung des Plinius für die verschiedenen Grade der Konzentration und Süße des Falerners zu tun zu haben als irgendeine andere Weinbereitungstechnik unserer Zeit. Der am meisten sagenumwobene Trank aller Zeiten ist die Tokaji Essenczia oder Tokajer Essenz. Sie besteht lediglich aus einigen Tropfen zuckersüßem Saft, die ein ganzer Bottich voll Trauben – wenn man die unkenntliche Masse aus geschrumpften Beeren und Edelfäulepilzen überhaupt so nennen darf – ohne Druck «ausschwitzt».

Der Zuckergehalt dieser ersten Tropfen ist so hoch, daß sie überhaupt nicht in Gärung geraten können, sondern kühl gelagert einfach Traubensaft von unglaublicher,

---

Die wilden Gerüchte um die belebenden Kräfte des Tokajers sind bis in unser 20. Jahrhundert hinein nicht verstummt und haben selbst in der hochrespektablen St. James's Street in London ihren Niederschlag gefunden, wo der Sprecher der Firma Berry Bros and Rudd im Jahr 1933 folgendes zu Protokoll gab: «Ein befreundeter Arzt, der es in einem extremen Krankheitsfall mit Entrüstung abgelehnt hatte, diesen Wein probehalber anzuwenden, gab, nachdem er zu dem Schluß gelangt war, daß sein Patient verstorben sei, etwas davon in den Mund dieses Mannes. Mein Freund berichtete mir später, die Wirkung sei wie ein elektrischer Schlag gewesen – der alte Herr lebt heute noch, und man kann mir glauben, daß dies kein Märchen ist.»

klebriger Süße und überwältigender Geschmackskonzentration bleiben – dickflüssig wie Sirup und keineswegs klar und durchsichtig. Dieser Sirup ist eher als Zutat für Mischungen zu gebrauchen denn als Getränk. Durch seine Seltenheit und seine ungeheure Süße wurde er jedoch zu einem legendären Luxus. Die Großen dieser Welt glaubten gern, schwindende Kräfte jeglicher Art könnten durch dieses Elixier wiederbelebt werden. Es gibt zahllose Fabeln von entkräfteten Fürstlichkeiten und ungeheuer greisen Kirchenmännern, die aus ihren Betten beziehungsweise in dieselben sprangen – nachdem nur ein Tropfen dieses Safts über ihre Lippen gekommen war. Mancher Achtzigjährige soll auf diese Weise zum Stammvater großer Familien geworden sein.

Ich bin überzeugt, daß die Kaufleute, um diese klebrige Flüssigkeit ein wenig zu strecken, gelegentlich Branntwein beimischten. Dadurch wurde nicht nur auch die geringste Neigung zum Gären in der Essenz unterbunden, es gab wohl auch den Patienten (Trinker dürfte kaum das rechte Wort sein) um so eher das Gefühl der Stärkung. Ich muß freilich hinzufügen, daß sowohl die Offiziellen als auch die Experten dies stets weit von sich gewiesen haben, doch der Kellermeister der Staatskellerei in Sátoraljaúhely, dem Hauptquartier des heutigen Tokajers, fand daran nichts Überraschendes.

DER ÜBRIGE TOKAJER, DAS HEISST DER, DER ALS WEIN UND NICHT ALS ELIXIER FÜR KAISER UND FÜRSTEN GEHANDELT WURDE, war eine in Ungarn als «Aszú» und in Österreich als «Ausbruch» bezeichnete Auslese. Dieser Wein entstand, nachdem erst einmal die Essenz aus den geschrumpften Trauben abgetropft war, durch Übergießen der «Aszú-Masse» mit dem Most aus reifen Trauben, worauf beide gemeinsam gestampft wurden. Ein nochmaliges Stampfen derselben, wiederum mit dem Most normal gereifter Trauben übergossenen Masse ergab die zweite Qualität, den Maslas. Zwischen diesen beiden Qualitäten stand ein nicht ganz klar definierter Wein namens Forditas. Bei dem als Imperial bezeichneten Tokajer, der am kaiserlichen Hof in Wien zu Gott weiß welchen Speisen) serviert wurde, handelte es sich um Aszú mit einem Anteil Essenz.

Heute gelten für die Zusammensetzung der Weine exakte Formeln. Das Maß hierfür besteht in einer festgelegten Anzahl von Puttonyos (Bütten) des reinen Aszú-Mosts, die dann mit «normalem» Most aufgefüllt werden, bis ein Faß ganz voll ist. Das Maximum ist «sechs-büttiger» Tokajer: intensiv süßer Wein, fast unbegrenzt haltbar. Sehr kleine Mengen der einstigen Imperial-Art werden noch heute als «Aszú Essenczia» angeboten.

In besonders günstigen Jahren sind alle spätgelesenen Aszú-Trauben von der Edelfäule befallen. Durch ihre Lage über den beiden zusammenströmenden Flüssen Bodrog und Theiß sind die Weinberge den Herbstnebeln besonders stark ausgesetzt, wie ja die Garonne und der Ciron in Sauternes und Barsac ebenfalls ihre feuchtigkeitsgeschwängerte Luft mit derselben Wirkung in die Weinberge entsenden. Ist dagegen ein Herbst trocken und sonnig, also nebelfrei, dann fällt das Lesegut eher rosiniert als edelfaul aus; es gibt dann nicht so viel Essenczia und einen nicht ganz so üppigen Aszú.

IM 18. JAHRHUNDERT BEFAND SICH DAS ZENTRUM DES TOKAJER-KENNERTUMS IN WARSCHAU. Das berühmte Handelshaus Fukier unterhielt dort einen Keller mit – wie es heißt – allen Jahrgängen seit 1606. Die Flaschen standen darin aufrecht, und ihre Korken wurden alle sechs Jahre erneuert. Nach dem Tokajer herrschte stets rege Nachfrage. Auch als die Habsburger dekretierten, daß mit jedem Faß edlen Ungarweins, das ins Ausland ging, auch ein Faß des einfacheren österreichischen Weins mit exportiert werden mußte.

Das alles aber sind Nebensächlichkeiten; die eigentliche Bedeutung des Tokajers in der Geschichte des Weins ist einfach und klar. Es konnte jederzeit eine neue und bessere Art Wein entstehen, wenn die natürlichen Voraussetzungen gegeben waren – und mit hochfürstlichem Wohlwollen zusammentrafen.

KAPITEL 24

Das kurzlebige Wunder vom Kap

GROOT CONSTANTIA

Im Jahr 1816 veröffentlichte André Jullien, ein offenbar universell gebildeter Franzose, ein Werk von atemberaubender Breite und Kühnheit, das alles, was bis dahin an Versuchen zur Katalogisierung der Weine der Welt je unternommen worden war, weit hinter sich ließ. Er nannte es «Topographie des Tous les Vignobles Connus» – eine Topographie (eine exaktere Übersetzung wäre «geographische Lage») aller damals bekannten Weinbaugebiete. Er hätte seinem Titel ohne weiteres auch noch «und unbekannten» anfügen können: Bei seinen Forschungen entdeckte er entlegene Nischen des Weinbaus in Gegenden Asiens, Afrikas, Amerikas und Osteuropas, auf Ozeaninseln oder an Pässen im Hindukusch, wo niemand etwas dergleichen erwartet hätte. Er machte Aufzeichnungen über den Boden, die Traubensorten, die Produktionsmengen, oft auch die Preise und trieb selbst über die obskursten Weinberge wenigstens ein bißchen Information auf. Der so freundlich klingende Name Gracieuse weckt wahrhaftig Neugier. Jullien erläutert, daß es sich dabei um eine Insel der Azorengruppe handelt, wo ein so geringwertiger Wein wächst, daß er zum größten Teil destilliert wird.

Eine der bemerkenswertesten Unternehmungen Julliens ist dabei der höchst gewagte Versuch, alle Weine der Welt in fünf Qualitätsklassen einzuteilen. Sicherlich hatte er kaum mit größerem Disput darüber zu rechnen, ob nun der Kosakenwein von Jekaterinoslaw oder die Erzeugung des Generals Bekeloff in der Gegend von Astrachan in die vierte oder die fünfte Klasse gehörte. Und viel verwegener war es auch nicht, zu behaupten, daß der Wein von Constantia am Kap der Guten Hoffnung «zu den feinsten Süßweinen der Welt, unmittelbar nach dem Tokajer stehend» zählte. Er befand sich damit in Übereinstimmung mit der allgemeinen Ansicht seiner Zeit, die sich in den in Europa für den Constantia bezahlten erschreckend hohen Preisen ausdrückte.

Interessant ist dabei, daß sowohl der Constantia als auch der Tokajer so ziemlich um dieselbe Zeit zu hohem Ansehen gelangten, daß also der erste als groß anerkannte Wein der Neuen Welt ein Produkt jener Ära war, der wir den schäumenden Champagner, den Bordeaux Premier Cru, den Tokajer und die ersten Anfänge des Portweins verdanken. Vielleicht fielen auch die ersten tastenden Versuche mit dem Constantia in das 17. Jahrhundert. Besonders denkwürdig aber ist der Constantia als Beweis, daß selbst in einer unzivilisierten und rückständigen Umgebung mit unendlicher Sorgfalt Exzellentes hervorgebracht werden kann – allerdings auch dafür, daß es mit der Qualität ein Ende hat, sobald die Sorgfalt aufgegeben wird.

DIE PORTUGIESISCHEN SEEFAHRER, DIE DAS KAP DER GUTEN HOFFNUNG ENTDECKTEN, fanden in diesem leeren, nur spärlich mit Wilden bevölkerten Land nichts, was sie interessierte. Sie suchten Städte mit großem Reichtum an Gewürzen und segelten deshalb weiter nach Indien. Dasselbe gilt auch für die ersten holländischen Seefahrer, die nur ihre Wasserfässer am Fresh River in der Tafelbay füllten, große Bündel wilden Sauerampfer zur Vorbeugung gegen Skorbut pflückten und wieder in Richtung Indien in See stachen.

Erst als ihr Handelshafen Batavia auf Java soweit war, daß sich regelmäßig Fahrten dorthin lohnten, wurde eine Niederlassung am Kap zum logischen, ja besonders vielversprechenden Stützpunkt. 1652 richtete Johan van Riebeeck für die niederländische Ostindische Kompanie die erste permanente Verproviantierungsstation – ein Fort und eine Farm – ein. Er schrieb an die 17 Direktoren und erbat sich Weinstecklinge, die er 1654 auch erhielt. Die Kompanie hatte sie eigens vom Rhein kommen und in kleine Päckchen aus feuchtem Segeltuch einnähen lassen; wahrscheinlich war das Segeltuch allzu feucht, denn leider schlugen die Stecklinge Wurzeln.

Die Sendung des nächsten Jahres, zusammengestellt aus deutschen, französischen, spanischen und böhmischen Reben, hatte mehr Glück. Der erste Weinjahrgang, der am Kap gekeltert wurde, war der 1659er: 15 Liter von französischen Muscadel-Trauben. Der «Spanisch Hanepoot» war noch nicht reif. Hanepoot, manchmal auch Hanepop, ist ein kapholländischer Name (dessen ursprüngliche Bedeutung vielleicht besser unerörtert bleibt) für Alexandria-Muskateller, die älteste aller Muskateller-Trauben, die, aus dem östlichen Mittelmeer stammend, die Haupttraube für Malaga war und auch auf den Kanarischen Inseln angebaut wurde. Die Kanarischen Inseln waren möglicherweise Zwischenaufenthalt für manche Rebsorten, die schließlich ihren Weg nach Südafrika und später auch nach Australien fanden.

Die Entwicklung des Weinbaus gehörte aber nicht zu den Plänen der Kompanie für ihre Besitzung am Kap. Reis als Nahrung für Sklaven war weit wichtiger. Die Kompanie wurde damals als «eine höchst gewinnbringende Mischung aus schamloser Piraterie und kommerzialisiertem Protestantismus» bezeichnet. Sie erlaubte lediglich einigen wenigen ausgewählten und – wie man annehmen darf – nüchternen ehemaligen Bediensteten, sich als freie Bürger niederzulassen, auf eigene Rechnung Farmen zu betreiben und dort auch Wein zu erzeugen und zu verkaufen. Alle, die sonst noch vom Weinbau Gewinn zu ziehen trachteten, mußten ihre Erzeugnisse bis nach Batavia senden. Allmählich aber sahen die holländischen «Faktoren» in Indien ein, daß sie auf trinkbaren Wein am meisten hoffen durften, wenn sie den Weinbau am Kap förderten, und sie sorgten dafür, daß ein Kellermeister aus dem Elsaß sowie eine Kelter und ein Küfer auf die Kompaniefarm Rustenburg kamen. 25 Jahre, nachdem sich van Riebeeck dort niedergelassen hatte, gab es am Kap erst 189 europäische Siedler (davon 117 Kinder) sowie 191 Sklaven.

DER MANN, DER WOHLSTAND UND ZIVILISIERTES LEBEN (ZUMINDEST FÜR SICH SELBST) an das Kap brachte, hieß Simon van der Stel und kam 1679 als neuer Kommandant für die Kompanie dorthin. Er war auf einem Schiff der Ostindischen Kompanie im Indischen Ozean geboren und mußte als Kind zusehen, wie sein Vater auf Ceylon ermordet wurde und seine Mutter (angeblich ein Halbblut) in Batavia starb. Schließlich kehrte er nach Amsterdam zurück, trat in die Armee ein, kämpfte gegen die Engländer und die Franzosen und wurde in der Ostindischen Kompanie ein geschätzter Offizier und mit 40 Jahren Kommandant am Kap. Unter seinen Leuten befand sich ein französischer Winzer. In einem lieblichen Tal einige Meilen landeinwärts gründete van der Stel die neue Siedlung Stellenbosch und brachte es 1685 dahin, daß ihm (entgegen der Satzung und Gewohnheit der Kompanie) ein Gut hinter dem Tafelberg geschenkt wurde, das genauso groß war wie damals Amsterdam und etwa 15mal größer, als eine Landzuweisung üblicherweise ausfiel. Er nannte es Constantia, vielleicht nach einem Schiff der Kompanie oder vielleicht nach einer Tugend, die er schätzte. Die Legende, er habe es nach seiner Frau benannt, ist falsch: Sie hieß Johanna, blieb in Amsterdam zurück und sah weder ihren Gatten noch ihre Kinder je wieder.

Van der Stel baute Constantia außerordentlich rasch zu einem fast fürstlichen Gut aus. Er pflanzte Alleen mit europäischen Eichen, die den zerstörerischen Südostwinden

Am Kap der Guten Hoffnung ist das Klima für feinen Wein sehr günstig, doch erst Gouverneur Simon van der Stel gründete das «Premier Cru» der neuen Kolonialwelt.

Trotz bieten sollten und durch schimmernde Haine einheimischer Silberbäume zu einem großzügigen Gutshaus führten. In seinen extravaganten Gärten zog er Obstbäume aller Art. Die größte Sorgfalt verwendete er indessen auf seine Weinberge. Die erste Beurteilung seines Weins kam 1692 aus Batavia: «Der Wein von Constantia ist von viel höherer Qualität als jeder bisher hierher gesandte, doch ist er offenbar nur in kleinen Mengen erhältlich.» Im Jahr 1705 (als der Fürst Rákóczi seinen Tokajer an Ludwig XIV. sandte) konnte F. Valentijn in seiner «Beschreibung des Kaps der Guten Hoffnung» berichten: «Der liebliche rote Constantia-Wein braucht weder in der Stärke noch im Charme hinter dem besten persischen Wein oder italienischen Lachryma Christi zurückzustehen, und ferner hat dieses Gut auch einen außergewöhnlich guten, ja den besten Steenwyn und Krystalwyn, so göttlich und bezaubernd im Geschmack, daß nur die feinste Zunge ihn vom besten Tosca unterscheiden könnte ...»

Der Vergleich mit persischem Wein ist hochinteressant. In anderen Berichten heißt es nämlich, daß persische Reben an das Kap gebracht wurden. Könnten sie aus Shiraz gekommen sein? Die Steen-Traube ist der Chenin Blanc aus dem Loiretal, heute die beliebteste Rebsorte am Kap, was aber Krystalwyn gewesen sein mag, läßt sich nur vermuten ... und ebenso die Identität des «besten Tosca».

Es gibt genug Hinweise auf den Constantia jener frühen Zeit, die erkennen lassen, welcher Perfektionismus auf seine Bereitung verwendet wurde. Im Jahr 1710 schrieb ein Besucher: «Ich sah das Kelterhaus mit allen Fässern ... ihr Holz wie alles andere Gerät ist weiß und sauber gescheuert.» Van der Stel baute viele Rebsorten, manchmal unter verwirrenden Namen, an. «Fransdruif» hieß beispielsweise die Sherry-Traube Palomino (heute «White French»), «Wyndruif» der Sémillon (heute «Green Grape»), und niemand weiß zu sagen, was der «Pontac» war – man kann sich lediglich vorstellen, daß er aus Bordeaux stammte. Anscheinend wurde auch Steen angebaut. Doch den Ruhm des Constantia begründeten Muskateller-Trauben.

Die Genealogie der Muskatellerfamilie ist alles andere als einfach. Van der Stels «Spanisch Hanepoot» war der weiße Alexandria-Muskateller, sein Frontignac der Muscat à Petits Grains – der feinste, zumindest in der Farbe aber auch unterschiedlichste weiße bis warmbraune Muskateller. Da er sowohl weiße als auch rote Muskatellerweine anbot, verwendete er wahrscheinlich außerdem das einzig wirklich dunkle Mitglied des Clans, den Muskat Hamburg, vielleicht nur der Farbe wegen, denn er ist als Weintraube minderwertig, als Tafeltraube aber köstlich. Möglicherweise mischte er auch in die rote Constantia-Version eine andere, nicht zur Muskatellerfamilie gehörende dunkle Traubensorte. Der weiße Constantia war zwar auch sehr gut, wirklich berühmt aber wurde der nicht ganz so stark aromatische, doch wundervoll runde und harmonische rote Constantia. Im Alter soll er eine tiefe Topas-Farbe gehabt haben, was darauf hindeutet, daß er wohl auch in der Jugend nie sehr dunkelrot war.

DAS WAR DIE ERSTE KURZE BLÜTE DES CONSTANTIA. 1691 wurde van der Stel Gouverneur und setzte sich 1699 zur Ruhe. Sein, wie es scheint, verhaßter Sohn Willem Adriaan erbte den Posten, wurde aber in Ungnade nach Holland zurückberufen. Als Simon 1712 starb, wurde sein kleines Reich in drei Teile geteilt. Zwei davon besaßen Weinberge: Groot und Klein Constantia. Letzteres übernahm unter seinem neuen Herrn, Johannes Colijn, die Aufgabe, den außerordentlichen Wein vom Kap weiter zu produzieren.

Colijn war offensichtlich ein guter Geschäftsmann. Er verkaufte der Kompanie seinen Wein regelmäßig, damit er sicher sein konnte, daß er auf dem holländischen Markt bekannt werden würde. Für den Rotwein verlangte er doppelt soviel wie für den weißen, und anscheinend streckte er seine Vorräte durch Weinkäufe bei seinen Nachbarn. 1733 kam auch Groot Constantia wieder auf den Markt, und es gelang Colijn, die beiden Besitzungen wieder zu vereinigen. Als er 1743 starb, gab es Komplikationen in den Besitzverhältnissen, doch galten die beiden Constantias weiter als ein einziges Weingut, und daran änderte sich zu Lebzeiten seiner Witwe nichts, obschon die Reputation etwas blasser wurde.

Reisende haben uns bis ins Detail genaue Auskünfte über die Weinbereitung um 1740 überliefert, und daraus geht hervor, daß die holländische Technik des Schwefelns angewendet wurde, aber freilich mit größter Sorgfalt. Damit verhinderte man, daß der Wein trocken ausgären konnte. Nach beendeter Gärung wurde der Wein so oft wie nötig vorsichtig abgestochen. Ein deutscher Besucher beschrieb, wie damals festgestellt wurde, ob die Gärung beendet war: «Man horchte am Spundloch auf den Moment, da der Wein kein Geräusch mehr machte, denn solange er nicht ganz ruhig ist, gibt es im Faß eine Irritation, als seien Krebse darin.»

Zwei berühmte schwedische Botaniker brachten ihre Ansichten zu Papier: Sparrman im Jahr 1772 und Thunberg auf dem Weg nach Japan im darauffolgenden Jahr. Sparrman war überzeugt, daß die Qualität des Constantia ganz allein eine Frage des Bodens «bestimmter Weinberge» sei (eine überaus französische Betrachtungsweise), während Thunberg meinte, daß die Lage und nicht der Boden alles ausmache und daß es andere, ebensogute Lagen (und Weine) gebe.

Wirklich entscheidend aber war freilich weder der eine noch die andere, sondern der Mann, der alles in der Hand hatte. Das erwies sich um 1770, als Groot Constantia in

---

Wenn noch ein Beweis nötig sein sollte, wie ernst der Constantia in Europa – auch in Frankreich – genommen wurde, dann findet er sich in der berühmten «Description générale et particulière du duché de Bourgogne»:

«Die Pflanzen der gefeierten Rebe vom Kap sind in Beaune und Umgebung gesetzt worden. Seltsam ist, daß diese Pflanze nur am Kap Erfolg hatte, überall sonst aber ist sie degeneriert. Der Dauphin und der Prince de Conti fragten bei M. Brunet in Paris an, wieso der Wein der von seiner Firma beschafften Pflanzen soviel schlechter sei als der von Beaune. Er antwortete, man sei leider außerstande gewesen, den Boden und den Sonnenschein mit den Pflanzen mitzuliefern.»

Das eindrückliche Kellereigebäude des Groot-Constantia-Weinguts ist ein Musterbeispiel für den kühlen, weißgestrichenen kapholländischen Stil.

Sein Giebel wurde 1790 mit einem bacchischen Relief geschmückt, das ganz gut aus Bordeaux stammen könnte.

sehr heruntergekommenem Zustand an den reichen Landbesitzer Hendrik Cloete aus Stellenbosch verkauft wurde, der «etwa einhundert Sklaven besaß und über allen Komfort verfügte, den das Land zu bieten hatte». Cloete pflanzte die Weinberge neu an und baute 1790 die Kellerei, die das schönste Beispiel der kapholländischen Architektur jener Zeit darstellt. Die Farmer am Kap hatten einen behaglichen Baustil von größtem Charme entwickelt, für den ein Giebel in einer Längswand des Gebäudes über der Tür charakteristisch war. Der Zweck dieses Giebels bestand darin, die Tür bei einem Brand gegen herabfallendes brennendes Dachstroh zu schützen, das mit langen hakenbewehrten Stangen heruntergezogen wurde, der Ausgang aber mußte freigehalten werden. Auf Groot Constantia wurde dieser nüchterne Giebel zum Rahmen für ein Meisterwerk bacchischer Barockskulptur. Es stellt Ganymed, den Mundschenk Jupiters dar, der auf einem Adler reitet und von klassischen Bacchantinnen umgeben ist, die vor einem Hintergrund aus ovalen Fässern und Draperien tanzen – alles im blendenden Weiß eines kapholländischen Farmhauses.

Hendrik Cloete stellte in seiner Sucht nach Perfektion seine 100 Sklaven in den Weinbergen auf, wo sie jedes Insekt, das sich auf seinen Trauben niederzulassen wagte, sofort verscheuchen mußten. Sein Wein war anerkannt hervorragend, doch sein Geschäftssinn leider weniger. 1793 beging er den fatalen Fehler, mit der Kompanie einen Vertrag zu schließen, worin er sich verpflichtete, jährlich 60 Fässer seines besten Weins zu einem festen Preis zu liefern – ohne Rücksicht auf eine mögliche Inflation. Den Wirbelsturm, zu dem er damit den Wind gesät hatte, erntete er nicht mehr selber. Vielmehr mußte sein Sohn Hendrik, der 1794 die Leitung übernahm, sich mit dem Problem herumschlagen – das durch ein zweites, noch bedrohlicheres weiter kompliziert wurde: die Invasion der Briten.

1795 LANDETEN DIE BRITEN AM KAP und hatten in der Schlacht von Muizenberg, fast in Sichtweite von Constantia, die kleine holländische Streitmacht rasch überwältigt. Hendrik Cloete befehligte die Bürgerkavallerie von Stellenbosch; zu Kämpfen kam es aber so gut wie nicht.

Unter der britischen Herrschaft erfuhr das friedliche bäuerliche Leben der Siedler am Kap kaum eine Störung; mit einer neuen Bürokratie mußte man sich eben herumschlagen – und mit einem stark anschwellenden Strom von Touristen. Die gelangweilten Töne der britischen Oberklasse klingen in Memoiren deutlich vernehmbar durch. Robert Percival war, wie ich fürchte, ein typisches Beispiel: Er gab sich nicht einmal die Mühe, den Namen Hendrik Cloetes in Erfahrung zu bringen: «Die Farm, die diesen Wein mit seinem vollen Geschmack hervorbringt, gehört einem Holländer, Mynheer Pluter, und ist schon lange in seiner Familie...» Es überrascht nicht sehr, daß Percival den «Mynheer Pluter» nicht in bester Laune antraf. Er und seine Freunde gaben einfach den Sklaven auf dem Gut Constantia ein gutes Trinkgeld und bekamen daraufhin alles gezeigt – auch eine Weinprobe wurde ihnen geboten.

Wenigstens den Wein wußte Percival zu schätzen: «Sein exquisiter Geschmack ist hauptsächlich der großen Sorgfalt zuzuschreiben, die der Heranzüchtung, Behandlung und Pflege der Weinstöcke gewidmet wird ... und es wird nicht zugelassen, daß Blätter, Stiele und unreife Frucht in der Kelter mit eingemischt werden, wie es bei den anderen holländischen Farmern geschieht.» «Ein paar Glas», so fügte er hinzu, «sind durchaus gerade soviel, wie man auf einmal davon trinken möchte.»

Der britische Besitzanspruch am Kap wurde 1814 bestätigt. Offenbar war bis dahin noch niemand auf den Gedanken gekommen, daß diese Neuerwerbung die Lösung eines Problems bieten könnte, das mit dem Verlust von Bordeaux 350 Jahre zuvor begonnen hatte, nämlich eine Weinquelle ganz in britische Hand zu bekommen. Nelson hatte darauf hingewiesen, daß das Kap eine bedeutende Proviantstation war. Er nannte es eine «immense Taverne».

Anfänglich waren die Briten nur an dem berühmten Constantia interessiert. Den Einwohnern war zunächst versprochen worden: Freiheit von «den Monopolen und Unterdrückungen, welche bisher von der Ostindischen Kompanie ausgeübt wurden ... jedermann kann kaufen von wem und verkaufen an wen er will.» Dann aber entdeckte der britische Kommandant, Sir Henry Craig, zu seiner größten Freude den Vertrag, den

---

LADY ANNES BESUCH

Einen bei weitem sensibleren Bericht über Constantia gibt Lady Anne Barnard, die Gattin des Sekretärs beim Gouverneur: «Mynheer Cloete führte uns in die Kelterhalle, wo wir alle zuerst einmal die Nase rümpften bei dem Gedanken, wir sollten Wein trinken, der von drei Paar schwarzen Füßen aus den Trauben ausgepreßt worden war; doch die Gewißheit, daß die Gärung jedes Schmutzteilchen heraustreiben würde, machte diesen Einwand für mich gegenstandslos. Was mir am meisten auffiel, waren die schönen, ständig wechselnden und immer graziösen antiken Formen der drei bronzefarbenen halbnackten Gestalten, die dort auf der Kelter tanzten und dabei mit ihren Füßen den vollkommensten Takt zum Klang eines anderen Instruments trommelten. Von diesen Keltern gab es vier Stück, jede mit drei Sklaven. In die erste wurden die Trauben in großer Menge geschüttet, und die Sklaven tanzten sanft auf ihnen, wobei der Wein aus einem Loch am Boden des Bottichs rein und klar ausfloß – dies geschah zu getragener Musik. Ein rascherer und kräftigerer Takt setzte ein, als dann erneut auf denselben Trauben getanzt wurde. Als dritter Vorgang geschah schließlich das Passieren des Marks und der Schalen durch ein Sieb, wobei der gehaltvollste Wein der drei Pressungen entstand; doch wurden die verschiedenen Sorten am Ende von Mynheer Cloete zusammengemischt, der uns sagte, es sei bei seinen Vorfahren üblich gewesen, sie getrennt zu halten und zu unterschiedlichen Preisen zu verkaufen. Doch der Wein werde durch Mischen verbessert.»

Cloetes Vater mit der Kompanie geschlossen hatte, und prompt vergaß er alle feinen Bedenken gegen etwaige Unterdrückung. Ohne Rücksicht auf Cloetes Proteste veranlaßte er den neuen Gouverneur, Lord Macartney, den unglücklichen Vertrag buchstabengenau auszulegen, wodurch jedes Jahr eine hinlängliche Anzahl Fässer des zu einem Spottpreis gekauften Weins anfiel, so daß den britischen Beamten am Kap ein hübscher Nebenverdienst sicher war, auf den sie nicht das allergeringste Recht hatten, während der größere Teil «zur Verfügung Seiner Majestät» nach England ging.

Unter derart unmöglichen Umständen ist es Cloete hoch anzurechnen, daß er, obwohl ein großer Teil seiner Produktion praktisch konfisziert wurde, den Qualitätsstandard noch so lange aufrechterhielt. Inzwischen war der Constantia wahrhaft weltberühmt. Napoleon in seinem Exil auf St. Helena hatte bekanntlich seine Freude daran. Und auch König Louis-Philippe in Frankreich schloß sich der Schar der Constantia-Liebhaber an. Aber die britische Regierung hungerte nicht nur die Gans aus, die solche goldenen Eier legte, sondern entzog dem Gut auch die Arbeitskräfte, die diesen Luxuswein erst möglich machten. 1799 schrieb Macartneys Sekretär Barrow Memoranden über den Austausch von Wein gegen Sklaven mit Amerika, «ein Handel, der eine sehr erhebliche Steigerung zu versprechen scheint». 35 Jahre später wurde in allen britischen Dominions die Sklavenhaltung untersagt, und die Royal Navy blockierte Häfen, von denen aus Sklavenhandel betrieben wurde. «Zu den schrecklichen Reaktionen, die der Sklavenhandel hervorbringt», so schrieb ein Hauptmann, gehöre «die Zersetzung der Moral und die Verrohung des Gemüts». Der allgemeine Standard des Weinbaus am Kap war damals beklagenswert – Constantia mochte die Ausnahme sein.

Ein übereilter Schritt der britischen Regierung machte alles noch schlimmer. Plötzlich darauf aufmerksam geworden, daß eine britische Besitzung billigen Wein liefern konnte, senkte sie den Einfuhrzoll für ihn auf ein Drittel dessen, was für portugiesischen Wein galt. Indem sie dadurch praktisch einen offenen Markt für minderwertigste Produkte schuf, unterband sie alle Versuche in Südafrika, auf der Reputation des Constantia aufzubauen, der unter dem unbeugsamen Cloete als einziger seinen Qualitätsstand hielt, solange es nur ging. Nachdem sie dergestalt die Erzeugung billiger Weine gefördert hatten, überlegten die Briten es sich schließlich anders und hoben 1841 die Zolltarife an, so daß die Billigweine aus Südafrika in England nicht mehr zu konkurrieren imstande waren.

Das Ende der Geschichte von Constantia war traurig aber unvermeidlich. 1859 trat der für die Rebe todbringende Mehltaupilz am Kap auf. 1861 beseitigte England die Zollschranken für französischen Wein. Und 1866 schlug die Reblaus zu.

Heute ist der Constantia praktisch ebenso ausgestorben wie der Falerner. Groot Constantia steht unter Denkmalschutz; seine Weinberge gehören einem Staatsweingut, dessen Weine, obschon gut im modernen Stil, keinen Anspruch darauf erheben, dem berühmten Dessertwein des 18. Jahrhunderts ähnlich zu sein. Wie war der aber eigentlich? Im Jahr 1970 hatte ich den Vorzug, ein Glas des Jahrgangs 1830 aus dem Keller des Londoner Verlegers George Rainbird probieren zu dürfen. Der Wein befand sich in einer mit Wachs über dem Korken versiegelten englischen Pint-Flasche aus jener Zeit. Er war in schönster Verfassung: außerordentlich mild, hell bernsteinfarben, mit balsamischem Duft; darin vermeinte ich eine Spur Orange vorzufinden. Er war noch immer süß, vollmundig, außerordentlich harmonisch; in seinem Geschmack schien sich ein Anflug von Zitrusfrüchten mit einer rauchigen Fülle zu verbinden. Der einzige ihm ähnliche Wein, den ich je gekostet habe, stammte vom Gut Molino del Rey des Herzogs von Wellington; es war ein Malaga aus ungefähr derselben Zeit, der ebenfalls das rauchige, an Orangen erinnernde Aroma und die milde Fülle aufwies. Keiner von beiden hatte auch nur eine Spur jenes unverkennbaren Muskatellergeschmacks – was aber nicht bedeutet, daß sie den auch früher nicht gehabt hätten.

KAPITEL 25

Madeiras masochistischer Wein

DIE INSEL DER UNSTERBLICHEN

Große Weine verdanken ihr Dasein ihren Märkten – dieses Axiom gilt in allen Stadien der Geschichte. Natürlich können sie ohne gute Trauben und ein erträgliches Klima gar nicht erst ins Dasein gelangen; noch weniger aber ohne Investitionen und fleißige Arbeit. Nur ein einziger Wein verdankt seinen Platz in der Geschichte der Brutalität, mit der er behandelt wurde. Dieser Masochist ist der Madeira. Wäre er in seiner schönen Inselheimat geblieben, oder hätte er lediglich die paar hundert Meilen bis Europa hinter sich gebracht, wären seine einmaligen Qualitäten nie zum Vorschein gekommen. Doch sein Geschick war es, die Tropen zu erleiden unter Bedingungen, die alle anderen Weine zunichte machten. Der Madeira wurde zu dem, was er ist (oder vielmehr lange war), zum langlebigsten, pikantesten und üppigsten, aber auch kräftigsten und kräftigendsten aller Weine, weil sein Markt jenseits der Ozeane, ja sogar jenseits des Äquators lag – und er auf wunderbare Weise die Konstitution besaß, lebendig dorthin zu gelangen.

Madeira ist die größte Insel einer Gruppe, die 400 Meilen vor der marokkanischen Küste im Atlantik liegt. Es sind dies die nächstgelegenen Inseln des atlantischen Archipels, der den Alten undeutlich als die Insel der Seligen vorschwebte und vielleicht der Sage von Atlantis zugrunde liegt. Wer weiß, wieviele Seeleute einst wie Odysseus zwischen den Säulen des Herkules, das heißt durch die Straße von Gibraltar, hinausfuhren, um «hinter das Abendland zu segeln», und dann nie zurückkehrten.

Die Kanarischen Inseln waren die ersten, die im 14. Jahrhundert wiederentdeckt wurden, wahrscheinlich durch Entdeckerfahrten der wißbegierigen Genueser, die entlang der Küste Afrikas nach Süden segelten. Niemand scheint jedoch von einer Fahrt nach Westen geradewegs hinaus in den Atlantik je zurückgekehrt zu sein, bis um 1345 eine Kogge aus Bristol von ihrem Kurs zum Mittelmeer abgetrieben wurde und nach 13 Tagen Sturm an einer unbekannten Insel landete. Es ist eine hochdramatische Geschichte. Die Kogge gehörte einem Kaufmann und Abenteurer aus Bristol namens Robert à Machin, der die Tochter eines hochgestellten Adeligen entführt hatte. Beide starben auf der Insel und wurden am Strand begraben, dort wo heute ein Dorf steht, dessen Name eine portugiesische Version des seinigen ist, Machico.

Als die Mannschaft dann wieder nach Osten segelte, wurde die Kogge «La Welyfare» von maurischen Piraten gekapert und nach Tanger gebracht. Dort erzählten die Seeleute einem ebenfalls in Gefangenschaft geratenen spanischen Lotsen, Juan de Morales aus Sevilla, die Geschichte. Morales wurde durch ein Lösegeld befreit, auf der Heimfahrt aber erneut gefangen, diesmal durch den portugiesischen Kapitän Juan Gonçalves, genannt Zarco der Einäugige. Zarco gehörte zu den Schiffskapitänen, die Prinz

Heinrich der Seefahrer herangebildet hatte – sie waren die Geißel der Mauren (man nannte sie auch «verhinderte Kreuzfahrer»).

Zwei Jahre danach, 1418, wurde Zarco gemeinsam mit dem Genueser Seelotsen Perestrello auf der Fahrt nach Westafrika durch einen Sturm von seinem Kurs abgetrieben und landete auf einer Insel, die – wie sie vermuteten – die von Machin entdeckte war. Von dort aus sahen sie am südwestlichen Horizont eine Wolke aufsteigen wie «Dünste aus dem Schlund der Hölle». Der erfahrene Genueser erkannte, daß es sich um eine größere Insel handeln mußte, und blieb mit seinem Schiff da, während Zarco nach Portugal zurücksegelte und Prinz Heinrich Bericht erstattete. Der Prinz gab ihm Leute und Vorräte mit. Im Juli 1420 landeten sie auf einer Insel voll herrlicher Berge, der Perestrello den italienischen Namen «Lolegname» – Insel der Wälder – gab, während die Portugiesen sie kurzweg «Madeira» – Holz – nannten.

ALS DIE GENUESER UND SPANIER DIE KANARISCHEN INSELN ENTDECKTEN, mußten sie diese erst erobern, bevor sie sie kolonisieren konnten. Die Ureinwohner dort lebten zwar noch in der Steinzeit, leisteten aber erbitterten Widerstand, der erst gegen Ende des 15. Jahrhunderts endgültig gebrochen werden konnte. Madeira dagegen war unbewohnt. Von der Küste bis hinauf zu den 1800 m hohen Berggipfeln war es mit dichtem Wald bedeckt. Unter der über ihm hängenden Wolke hatte es ein Klima, das sich von dem der nur 400 Meilen entfernten Saharaküste ganz und gar unterschied – fast immer gleichmäßig warm, jedoch nie ohne Regenfeuchtigkeit und daher überaus wachstumsfördernd.

Prinz Heinrich übergab Zarco das Kommando über die Insel und ordnete an, sie mit Zuckerrohr und mit Reben aus Kreta zu kolonisieren. Man durfte damit rechnen, daß es

Das vor der nordafrikanischen Atlantikküste aus dem Meer aufragende Madeira besitzt Seeklippen, die zu den höchsten der Welt gehören. Als die Insel entdeckt wurde, war sie unbewohnt und von einem enormen Urwald bedeckt. Die Portugiesen verwandelten sie rasch in das größte Zuckerrohranbaugebiet der damaligen Welt. Der Weinbau wurde erst später zum wichtigsten Exportgut Madeiras, als Brasilien aus seinen von Sklaven bearbeiteten Plantagen billigeren Rohrzucker lieferte.

keine andere Nutzungsart gab, die so hohe Erträge abwerfen würde wie die Luxusprodukte des östlichen Mittelmeers, das damals mehr und mehr unter türkische Herrschaft geriet. Um das Land zu roden, legten die Siedler Waldbrände, die der Überlieferung nach sieben Jahre lang brannten und den üppigen Urwald verwüsteten, jedoch eine die Fruchtbarkeit des Bodens noch steigernde Ascheschicht zurückließen. Zuckerrohr war hier der große Erfolg. Früher waren Sizilien, das östliche Mittelmeer, Nordafrika, ein wenig aber auch Andalusien und die Algarve die Zuckerquellen für Europa gewesen, doch ein Luxusgut war Zucker überall geblieben. Auf Madeira gedieh er so gut, daß zwischen 1470 und 1500 sein Preis in Europa um die Hälfte fiel. Zu Beginn des 16. Jahrhunderts war Madeira der größte Zuckerproduzent der Welt. Auch ist schon 1456 urkundlich ebenfalls belegt, daß Madeirawein nach England importiert wurde.

UM DIESELBE ZEIT KOLONISIERTE PORTUGAL, WENNGLEICH NICHT MIT EBENSOVIEL ERFOLG, AUCH DIE AZOREN weit draußen im Atlantik, auf gleicher Höhe mit Lissabon, sowie die Kapverdischen Inseln südlich der Kanaren, auf der Höhe von Senegal, und schließlich noch Westindien jenseits des Atlantiks. Die Azoren erwiesen sich als am wenigsten rentabel: Man konnte dort Wein anbauen, und Getreide gedieh gut, aber infolge der vorherrschenden Windrichtung waren die Inseln nur schwer zu erreichen, und dort selbst ist bekanntlich ein Zentrum häufigen hohen Luftdrucks, und das bedeutet, daß es überhaupt keinen Wind gab. Die Kapverdischen Inseln waren zu heiß und zu trocken für den Weinbau, eigneten sich aber gut für Baumwolle.

Von allen Atlantikinseln lieferten die Kanaren als erste einen Wein, der sich einen Markt und einen guten Namen eroberte. «Canary Sack», von den Spaniern nach dem Muster von Sherry und Malaga bereitet, hatte sich in England schon um die Mitte des 16. Jahrhunderts durchgesetzt. Shakespeare widmete dem Canary eine lebendige Beschreibung: «Ein herrlicher, durchdringender Wein; und er erfüllt das Blut mit Wohlgeruch, eh' man noch sagen kann: Was ist das?» Er scheint allgemein süßer gewesen zu sein als der Sherry, eher dem Malaga ähnlich. Meist wurde er von der Malvasia-Traube bereitet, nur der Vidonia von Teneriffa war ein relativ trockener, säurereicher Wein, der sich lange hielt – Vidonia ist ein anderer Name für die Verdelho-Traube von Madeira. Der «Canary» blieb im nördlichen Europa im ganzen 17. und bis ins 18. Jahrhundert hinein beliebt; in England erreichte er um 1660 seinen Höhepunkt. James Howell, der in einem seiner «Familiar Letters» über alle Getränke, die er je selbst probiert oder von denen er gehört hatte, plaudert, hielt große Stücke auf ihn. Die kanarischen Weine, schrieb er, «gelten als die gehaltvollsten, festesten, körperreichsten und haltbarsten». «Von französischen Weinen», so fügte er hinzu, «heißt es, sie beizten das Fleisch im Magen nur ein, doch dieser Wein verdaut es.» Wenn es stimmt, was Howell sagt, dann war der Canary um 1630 mehr in Mode als Sherry oder Malaga, die «wohlgemischt in den meisten Tavernen öfter für Canary passieren als der Canary selbst». Schließlich aber hatte er doch nicht dieselbe Qualität und Haltbarkeit wie der Madeira.

IHREN AUFSTIEG ZUM WELTRUHM VERDANKTE DIE INSEL MADEIRA zum Teil Boden und Klima, besonders aber ihrer Lage an den atlantischen Schiffahrtswegen. Auf mehrfache Weise war es der amerikanische Kontinent, der Madeiras Geschicke formte. Zunächst erbrachten die Zuckerplantagen in Brasilien besseren (und infolge der Sklavenarbeit billigeren) Zucker. Um 1570 fand man deshalb auf der Insel, daß der Weinbau rentabler sein müsse. Doch der Stil des Weins von Madeira – selbst von besten Malvasia-Trauben – war leicht und säuerlich. Falstaff spülte nur die kalten Kapaunschenkel mit ihm hinunter, eine Ode auf ihn dichtete er nicht.

Hinzu kam dann die Entstehung von großen Pflanzungen, die von den Briten in Nordamerika und auf den Westindischen Inseln angelegt wurden. In Virginia begann

dies 1607, in der Massachusetts Bay 1629, in Maryland 1632. Die Leeward Islands und Barbados wurden 1630 britisch. Oliver Cromwell nahm 1655 den Spaniern Jamaica weg; South-Carolina wurde 1663 besiedelt. Als die Regierungszeit Karls II. begann, gab es eine starke Nachfrage nach Wein entlang der nordamerikanischen Küste und südwärts bis zu den Westindischen Inseln. König Karl bestätigte Cromwells Navigation Ordinance, die dazu bestimmt war, das Monopol für den Warentransport von Europa nach den Kolonien allein englischen Schiffen vorzubehalten. Schiffe nach den Kolonien mußten deshalb zuerst alles, was sie brauchten, in England an Bord nehmen.

Eine Ausnahme machte Karl jedoch: Madeira. Manche sagen, aus Respekt vor seiner portugiesischen Gemahlin; andere meinen, weil Madeira mehr zu Afrika als zu Europa gehört. Ein Versehen war es jedenfalls kaum. Fast jedes westwärts nach Amerika segelnde Schiff machte auf Madeira Zwischenstation, und wenn es nur war, um die Wasserfässer zu füllen. Es lag an den Winden. Die Hauptwindrichtung macht die Überfahrt nach Westen im Nordatlantik zur Tortur. Der natürliche Seeweg verläuft südwärts entlang der portugiesischen Küste, bis man etwa am 30. Breitengrad zwischen Madeira und den Kanarischen Inseln auf den Nordostpassat stößt. Nun gelangt man direkt mit Westkurs zu den Bermudas oder nach Charleston und Savannah; an der nordamerikanischen Küste aber herrschen südliche Winde vor, so daß die Fahrt zu den nördlicheren Häfen eine einfache Sache ist. Deshalb legten so gut wie alle nach Westen segelnden Schiffe, ob britische oder amerikanische, im offenen Hafen an der Reede von Funchal, der Hauptstadt von Madeira, an und nahmen Wein für die Überfahrt an Bord.

Ein früher Zeuge war Christopher Jefferson im Jahr 1676, dessen Schiff unterwegs nach St. Kitts auf den Windward Islands von einem türkischen Freibeuter zur Reede von Funchal gejagt wurde und dabei fast zu Schaden kam. Der durchnäßte Jefferson wurde durch die «stärkenden und antirheumatischen Kräfte alten Madeiras» wiederbelebt (es überrascht nur, daß der Wein, den er bekam, alt war), und bei seiner Ankunft auf den Westindischen Inseln entdeckte er, daß «in diesen Breiten nichts besser ist als Madeira-Weine. Sie werden so allgemein und reichlich getrunken, da sie das einzige starke Getränk darstellen, das hier heimisch ist, außer Brandy und Rum, die aber zu scharf sind.» Damit legte der junge Jefferson den Finger genau auf den besonderen Vorzug des Madeiras in einem heißen Klima: Er bleibt nicht nur in guter Verfassung, sondern behält auch eine vitale Frische, eine feine Säure, die ihn zu einem erfrischenden Getränk macht, wo «Brandy und Rum zu scharf sind». Um jene Zeit war der Madeira zumeist noch ein gewöhnlicher Alltagswein, der im September gekeltert, im Dezember oder Januar abgestochen und dann so schnell wie möglich hinausgesandt wurde, so daß er im Lauf eines Jahres verbraucht werden konnte.

DIE VORAUSSETZUNGEN BEIM VERSAND WAREN ÄUSSERST PRIMITIV. Molen oder Kais gab es nicht, und so wurden die Fässer einfach ins Wasser gerollt und von Schwimmern zu den Schiffen hinausgestoßen, die außerhalb der Brandung ankerten. Dennoch verzeichnete im Dezember 1697 William Bolton, ein englischer Kaufmann in Funchal, daß innerhalb von 17 Tagen 11 Schiffe Wein geladen hatten, davon zehn britische Schiffe, die nach den amerikanischen Kolonien segelten. Allein acht von ihnen (drei nach Jamaica, zwei nach Boston und je eines nach Barbados, Antigua und Nevis) hatten 695 *pipes* mit insgesamt 100 000 Gallonen Wein aufgenommen.

Unterschieden wurde zwischen den einfachen Trinkweinen und Malmsey, der nur in den besten Lagen angebaut wurde und auf den etwa 4 % der Gesamtproduktion entfielen. Die Malmsey-Traube war eine Klasse für sich und erbrachte liebliche Weine. Bei den trockenen Weinen erwies sich der Sercial als der beste. Die Legende behauptete – zu Unrecht – er sei in Wahrheit der Riesling. André Jullien gründete einen Vergleich zwischen Sercial und Rheinwein darauf, daß sie die beiden langlebigsten Weißweine der Welt seien. Zwischen der besten süßen und der besten trockenen Sorte lag die Bual- oder Bagoual-Traube mit lieblichen, vollmundigen und die Verdelho-Traube (alias Vidonia) mit lieblichen und milden Weinen. Sehr guten Wein erbrachten auch Muscat und eine Traube namens Terrantez (sie ist heute sehr selten). Der einfache Wein der Tinta-Traube war äußerst herb und wurde als Arznei zur Behandlung der Ruhr empfohlen – wodurch ihm in den Tropen stets ein guter Markt sicher war.

Die Kaufleute von Funchal begannen zunächst den Malmsey auf der Insel zu lagern und reifen zu lassen, um ihn zu viel höheren Preisen verkaufen zu können. Kühle Keller hatten sie nicht, deshalb ließen sie die Fässer einfach im Freien liegen oder verstauten sie unter den Dächern ihrer Lagerschuppen, wo die Weine zwar oxydierten (man sagt auch «maderisierten») und braun wurden – ihrem Geschmack aber taten die hohen Temperaturen nur gut.

Wenn die Fässer an ihrem Bestimmungsort eintrafen, wurden sie meist in große gläserne Korbflaschen umgefüllt, und nun lagerte der Wein in der Sommerhitze ohne jeden Schutz gegen den Zutritt von Luft. Die Parallele zum Falerner ist auffällig; Plinius – so möchte man meinen – würde nur die Achseln zucken und sagen: «Nun freilich.»

AUF MADEIRA BESTAND IM 17. JAHRHUNDERT CHRONISCHE LEBENSMITTELKNAPPHEIT, vor allem nach 1640, als Portugal wieder einmal mit Spanien im Krieg lag (und deshalb von der Kornkammer der Kanarischen Inseln abgeschnitten war). Auf den Azoren gab es genug Korn, doch die Regierung in Lissabon leitete alles ihren letzten Kreuzfahrern, ihrer Garnison in Marokko, zu und überließ es Madeira, für sich selbst zu sorgen – und das tat es denn auch, indem es ausländische Schiffe, die dort anlegten, um Wein zu holen, erst einmal auf einen Abstecher nach den Azoren schickte (woher sie allerdings oft mit leeren Händen zurückkehrten). Sobald daher die nordamerikanischen Kolonien Korn übrig hatten, begrüßte Madeira die Entstehung eines für beide ersprießlichen gegenseitigen Handelsverkehrs. Insbesondere aus Neu-England kamen Korn und Mais. «Dagegen hatte Madeira wenig zu bieten außer Wein, Wein und nochmals Wein» – aber der, so wird berichtet, «milderte die Starrheit» des Puritanertums und machte die Einwohner der Hafenstädte in Neu-England durchaus humaner.

Das alte England blieb inzwischen trotz der geschworenen Bruderschaft mit Portugal dem Canary noch lange treu. Was schließlich in London das Interesse am Madeira weckte, war die Nachricht, wie gut er in Amerika geworden war. Der große Botaniker Sir Joseph Banks, der mit Captain Cook auf der «Endeavour» nach Australien segelte, gab 1768 eine bildhafte, wenngleich nicht unbedingt schmeichelhafte Schilderung von Madeira: «Wenn man sich ihr von der See her nähert, hat die Insel ein schönes Erscheinungsbild, denn die Hänge der Berge sind mit Weinstöcken bedeckt, so hoch das Auge hinaufreicht. Dies macht einen gleichmäßigen Eindruck von reichem Laub, obwohl um diese Zeit nur die Weinstöcke noch grün, Gras und Kräuter aber völlig verbrannt sind, außer an den Rinnen, durch die die Reben bewässert werden, sowie im Schatten der Weinstöcke selbst. Die Leute hier scheinen im allgemeinen so träge und ungebildet, wie ich es noch nie gesehen habe. Alle Werkzeuge, selbst jene, mit denen ihr Wein, der einzige echte Gegenstand des Handels auf der Insel, bereitet wird, sind überaus einfach und ohne Verbesserungen. Beim Weinmachen werden die Trauben in einen viereckigen hölzernen Behälter gefüllt... in welchen die Knechte steigen (nachdem sie ihre Strümpfe und Jacken ausgezogen haben) und mit den Füßen und Ellenbogen soviel Saft auspressen, wie sie können; die Stiele usw. werden sodann zusammengefaßt, mit einem Seil umwunden und unter einen viereckigen Holzblock gebracht, der mit einem Hebel niedergepreßt wird, an dessen anderem Ende ein Stein befestigt ist, welcher durch eine Spindel nach Belieben hochgeschraubt werden kann. Mit diesen Mitteln, und nur mit diesen, keltern sie ihren Wein, und damit kelterte wahrscheinlich auch Noah den seinigen, als er nach der Vernichtung der Menschheit und ihrer Künste seinen ersten Weinberg angepflanzt hatte, obschon es nicht unmöglich ist, daß er bessere Mittel benutzt haben mag, sofern er sich noch an die Methoden erinnerte, die er vor der Sintflut gesehen hatte.»

Cook kaufte auf der Insel für die 94 Besatzungsmitglieder und Forschungsreisenden der «Endeavour» 3000 Gallonen Wein. Diesem Wein wurde Brandy zugesetzt, um ihn für die Reise, die zweieinhalb Jahre dauerte, zu konservieren.

UNGEFÄHR UM DIESE ZEIT BEGINNEN die Geschäftsbücher der immer mehr in englischem Besitz befindlichen Handelshäuser auf Madeira, einen weiteren ausgezeichneten Markt für ihren Wein zu verzeichnen: die neuen britischen Besitzungen in Indien. (Auch die indischen *feitorias* Portugals hatten seit ihrer Gründung im 15. Jahrhundert sicherlich ständige Lieferungen abgenommen.) Die Insel lag für einen Ostindienfahrer ebenso am Weg wie für ein Schiff, das nach Amerika segelte. Am Anfang des 19. Jahrhunderts überquerte die Hälfte der Insellieferungen den Äquator, umrundete das Kap, überquerte den Äquator ein zweites Mal und kam dann in Ostindien als ein ebenso erfrischendes Getränk an wie auf den Westindischen Inseln. Die Bücher von Cossart, Gordon and Co., einer der ältesten Handelsfirmen auf Madeira, weisen genau aus, welcher Wein in welcher der vielen britischen Regimentsmessen in den Bastionen Mirat, Bangalore, Sikandarabad, Rawalpindi und Lakhnau anlangte.

JUNGER MADEIRAWEIN IST, BEVOR SEIN ABENTEUERLICHER WERDEGANG BEGINNT, überraschend leicht und nichtssagend, allerdings von deutlicher Säure. Für lange Seereisen wurden diese Weine damals zweifellos mit Branntwein gespritet; «zwei Eimer voll Brandy pro Pipe» hört sich ganz ähnlich an wie die Praxis bei Portwein um die Mitte des 18. Jahrhunderts. Die Dessertweinsorten von Malmsey-, Bual- und manchmal Verdelho-Trauben wurden oft auch mit *vinho de surdo,* einem Gemisch aus unvergorenem Most und Brandy, gesüßt. Die zusätzliche Alkoholstärke verbesserte noch die sowieso schon kaum glaubliche Stabilität, und durch die zusätzliche Süße schmeckten sie am Ende der Reise auf einer luftigen Veranda besonders üppig.

Wenn eine Reise über den Atlantik (oder den Äquator) gut für den Wein war, dann – so wurde argumentiert – mußten zwei Reisen um so besser sein. Das erwies sich wahrhaftig als richtig. In der zweiten Hälfte des 18. Jahrhunderts trafen Bestellungen aus London ein, in denen verlangt wurde, die Fässer sollten auf Schiffe verladen werden, die nach West(oder gar Ost-)indien fuhren, und zwar sollten sie als Ballast dorthin mitgenommen und dann nach Europa zurückgebracht werden.

Es wurden nun Fässer von besonderer Größe und Stärke gebaut, die im Kielraum eines Ostindienfahrers verstaut werden konnten, dessen Reise von Funchal nach Bombay und wieder zurück nach London mindestens ein halbes Jahr dauerte. Wieso dieser Wein, der in ständiger unruhiger Bewegung und brütender Hitze lag, die Fässer oft in fauligem Brackwasser untergetaucht, nicht völlig ungenießbar wurde, bleibt ein Rätsel. Doch ganz im Gegenteil entfaltete er Milde und Geschmackstiefe, verlor aber nie jene pikante Lebendigkeit, die seinen Liebhabern oft das Gefühl einer etwas exzentrischen, aber doch vielgeliebten Vertrautheit vermittelte.

Noch exzentrischer allerdings hört sich eine andere Alterungsmethode an, von der Jullien berichtet, nämlich in Flaschen, die sechs Monate lang in einer Grube mit Pferdemist vergraben wurden. Welche Qualitäten dabei in den Wein gelangen sollten, ist allerdings schwer vorstellbar. Bei jedem anderen Verfasser hätte man den Verdacht, einem Scherz aufzusitzen.

JAHRGANGS-MADEIRA

Man kann recht kategorisch urteilen über die erstaunliche Qualität von Madeiras mit einem Alter von 150 und mehr Jahren, denn solche Weine gibt es noch in den Kellern einiger Sammler. 1988 wurde bei einem Dinner in Savannah (Georgia) – dort gibt es einen Madeira-Club – eine Flasche 1838er Malmsey geöffnet, und ihre Qualität übertraf eine Folge von fünf anderen ausgezeichneten Jahrgängen, von denen der jüngste 80 Jahre alt war. Das war ein erneuter Beweis dafür, daß die Konstitution dieses Weins mit keinem anderen vergleichbar ist.

Jahrgangs-Madeira wurde wie Jahrgangs-Port nur in ganz besonderen Jahren bereitet, wenn die Qualität des Weins weit überdurchschnittlich war. Alle übrigen wurden und werden noch heute in einem Verfahren, das dem spanischen Solera-System ähnelt, verarbeitet, wenn sie überhaupt vor dem Verlassen der Insel einer Alterung unterzogen wurden. Traditionell boten die Handelshäuser Madeiras ihren Wein nur unter dem eigenen und dem Namen der Rebsorte an: Das war hinlänglicher Ausweis für Qualität und Stil. Gelegentlich wurde auch der Name einer der bestgelegenen Ortschaften auf der Insel mit angegeben (z. B. Campanario, Câmara de Lobos – beide auf der geschützten Südseite).

Die Weinberge Madeiras erlitten gegen Ende des 19. Jahrhunderts Schicksalsschläge, die dem Handel mit hochwertigen und Jahrgangsweinen beinahe ein Ende bereiteten. Knappheit führte zu hohen Preisen und einem Verfall der Nachfrage; anschließend kam die Prohibition in den Vereinigten Staaten – ein erneuter Schlag für die Insel. In unserem Jahrhundert konzentrieren die Handelshäuser ihre Aufmerksamkeit auf Skandinavien, wenn es um feine Weine geht, und auf Frankreich für einfache Kochweine von minder guten, nach dem Reblausbefall eingeführten Traubensorten. Unbegreiflicherweise haben die Briten den Madeira vor lauter Port und Sherry ganz vergessen. Vielen ist es neu, daß Jahrgänge wie 1920, 1934 und 1954 noch immer (wenn auch in sehr kleinen Mengen) zu kaufen sind.

Savannah in Georgia war berühmt für sein altes Madeira-Erbe. Im Hause Owens-Thomas gibt es noch einen Keller voll Wein aus dem 19. Jh.; handgeschriebene Etiketten geben Auskunft über jedes einzelne Stück. Die Flaschen wurden aufrecht stehend gelagert – dem Wein schadete das offenbar nicht.

NIRGENDWO WURDEN DIE EIGENTÜMLICHKEITEN DES MADEIRA MIT SOVIEL LIEBEVOLLER AUFMERKSAMKEIT STUDIERT wie an der Ostküste Nordamerikas. Savannah in Georgia, das zufällig auf demselben Breitengrad liegt wie Funchal, war in der ersten Hälfte des 19. Jahrhunderts berühmt für seine Madeira-Keller und insbesondere für die Weine eines Kaufmanns namens William Neyle Habersham. In seinem Haus in der hübschen Hafenstadt gab es über dem Ballsaal ein Solarium, das nur durch sein Ankleidezimmer zugänglich war. Dort lagerte und mischte er offenbar die Weine, die er dann zu Fabelpreisen verkaufte. Eine von Habershams Spezialitäten war Rainwater, eine helle Verdelho-Mischung, deren Name zu vielen, manchmal allzusehr auf der Hand liegenden Legenden angeregt hat. Ob nun wegen der Anziehungskraft des Namens oder wegen einer ganz besonderen Milde des Geschmacks, Rainwater wurde jedenfalls in Amerika zum festen Favoriten.

Als ersten Namen erhielt ein Madeira, wenn er in einem Keller in Savannah nach dem Eintreffen in große Korbflaschen umgefüllt worden war, meist den des Schiffs, das ihn gebracht hatte. Das berühmteste davon war kein Handelsschiff sondern die Fregatte «Constitution», ein Kriegsschiff der US-Marine, das speziell als Geleitschutz für amerikanische Schiffe in Gewässern mit algerischen Piraten gebaut worden war. Der Wein, den die Fregatte 1802 mit heimbrachte, galt als besonderer Schatz. So etwas wie eine Ehe zwischen einem Wein und einem Schiff erregte natürlich höchstes romantisches Gefallen. Liebevoll mit der Hand geschriebene Etiketten verzeichnen Schiffsnamen wie Juno, Comet, Hurricane, Catherine Banks, Southern Cross, aber auch den berühmten Clipper Red Jacket und das Schiff, mit dem unter Commodore Perry im Jahr 1852 Madeirawein nach Japan und wieder zurück transportiert wurde, die Susquehanna.

Oft stand hinter dem Namen des Schiffs der des Käufers, dann folgten spätere Generationen, die im Lauf der Zeit in den Besitz der Erbstücke kamen, so daß manches Etikett aussah wie das Vorsatzblatt einer Familienbibel. Manchmal war die Art des Weins – «Malmsey», «Rainwater» – vermerkt, manchmal nicht.

DIE MIT DEM TRANSPORTIEREN DER FÄSSER HIN UND HER ÜBER DIE OZEANE VERBUNDENEN UNANNEHMLICHKEITEN UND KOSTEN führten schließlich zu einem abgekürzten Verfahren. Wenn es nur darum ging, über längere Zeit hohe Temperaturen einwirken zu lassen, dann konnte man das bequemer haben als mit Reisen um die halbe Welt. 1794 entstand in Funchal die erste *estufa,* das war ein Lagerschuppen mit einem mächtigen Heizofen, der heißes Wasser in Zirkulation hielt und so für tropische Hitze sorgte. Hochaufgestapelt lagern die Fässer mit Wein monatelang in dieser stickig heißen Atmosphäre. Freilich gibt es hier kein Meeresschaukeln, kein übelriechendes Brackwasser.

Anfänglich dachte man, *estufa*-Weine wären nicht so gut wie solche, die zur See gefahren waren. 1832 schrieb Jullien, daß «in einem Ofen gealterte Weine niemals zu solchen Höhen gelangen wie ein *vinho da roda.*» Doch sind in den letzten beiden Jahrhunderten nach der *estufa*-Methode derart gloriose Madeiraweine entstanden, daß selbst Nostalgiker nichts daran zu bemängeln finden. Ein über 100 Jahre alter Estufa-Malmsey ist so voller Kraft und opulentem Geschmack, wie man es sich nur wünschen kann, und wird immer noch besser, solange man ihn auch aufbewahrt. Kein Getränk, kein Nahrungsmittel – ja man möchte fast sagen: nichts Lebendiges – kann es mit der anscheinenden Unsterblichkeit eines alten Vintage Madeira aufnehmen.

Die Praxis des *vinho da roda* starb bis zum 1. Weltkrieg nicht aus. Doch lange vorher schon hatte die Insel unter den Weinkrankheiten zu leiden, die im 19. Jahrhundert alle Weinbaugebiete der Welt bedrohten, und von denen sie sich bis heute noch nicht ganz wieder erholt haben.

EINE MADEIRA-PARTY

Nirgendwo wird die Atmosphäre, in der im Amerika des frühen 19. Jahrhunderts der Madeira zu seiner großen Blüte gelangte, lebendiger beschworen als in einem kleinen Buch von Silas Weir Mitchell, einem berühmten Arzt in Philadelphia, dessen Titel einfach «Eine Madeira-Party» lautet:

Mitchell verlegt die Szene an den «Anfang des zweiten Viertels des Jahrhunderts» in Philadelphia und beschreibt das Speisezimmer: «Silberne Kerzenleuchter erhellten einen für vier Personen gedeckten Tisch, und ihr Licht fiel auf bräunlichgoldenes Porzellan, auf Glas und glitzerndes Besteck. Ein betagter schwarzer Diener, dunkel wie das Mahagoni, das er zu polieren liebte, im Kontrast dazu das schlohweiße Haar, betrachtete einen Augenblick lang die Tafel und die Gedecke. Mit einem zufriedenen Lächeln wandte er sich dann ab und schaute prüfend auf die Reihe von Dekantern auf dem Kaminsims...»

Die vier dinieren, Schildkrötensuppe und Kanevas-Ente, und beginnen schließlich ein Gespräch über vier ehrwürdige Weine. Aus ihrer Unterhaltung erfahren wir viele Geschichten über den Madeira. «Die englischen Offiziere fanden während des französischen Kriegs (in Amerika) unseren Madeira so gut, daß sie den Geschmack daran mit heim nach England nahmen.»

«Und dennoch», sagt Chestnut, «ist der Madeira in England niemals gut. Liegt es am Klima oder daran, daß sie es nicht verstehen, ihn richtig aufzubewahren?»

«Beides, beides», erwidert darauf Wilmington, «sie füllen alle Weine in Flaschen, und das ist einfach fatal. Der Madeira ist für den Kleinhandel nicht prädestiniert. Seine Qualitäten wachsen nur in Gesellschaft mit seinesgleichen, wie es eben bei wahrer Größe immer der Fall ist.»

KAPITEL 26

Bordeaux baut auf Selbstvertrauen
LE GRAND THÉÂTRE

In das 18. Jahrhundert trat Bordeaux als eine noch immer von mittelalterlichen Mauern umgürtete Stadt ein, doch schon zur Zeit der großen Revolution im Jahr 1789 war es bereits zur ansehnlichsten modernen Stadt Frankreichs und zum größten Hafen des Landes geworden. Den alten Weinhandel hatte es in der Quantität stark ausgeweitet und in der Qualität revolutioniert. Noch wesentlicher war vielleicht, daß es auch zum bedeutendsten Bindeglied zwischen Frankreich und seinen Kolonien geworden war: Die Hälfte des gesamten Kolonialhandels, insbesondere mit den Westindischen Inseln, spielte sich über den berühmten halbmondförmigen Hafen von Bordeaux ab. Um den weltlichen Erfolg ihrer Stadt zu feiern, bauten die Bürger in den 1780er Jahren das Grand Théâtre, mit dem sie die gotische Kathedrale, das Herzstück der alten Stadt, symbolisch durch etwas Zeitgemäßeres überhöhten: durch das herrlichste Theater, das in Europa seit den Zeiten der Römer entstand.

DIESES THEATER, DAS DEN VOM HAFEN AUFSTEIGENDEN HÜGEL KRÖNT, bildete mit seinem Vorbau mit korinthischen Säulen und seinen Arkaden den Gipfelpunkt eines halben Jahrhunderts fortwährender Bautätigkeit, die die ganze Stadt in eine große Baustelle verwandelt hatte. Als der königliche Architekt Jacques Gabriel im Jahr 1729 auf einen Ruf des Intendanten – des Königs Statthalter in der Provinz – in Bordeaux eintraf, schrieb er: «Ich will schwören, Monseigneur, daß ich noch nie eine so schöne Ansicht und ein solch großartiges Spektakel wie diesen Hafen gesehen habe; alles verlangt nach einem großen Werk, welches der Nachwelt lobenswert erscheinen wird. Ich werde hierbleiben, solange es nötig ist, um die Pläne zu entwerfen.»

Nicht viele Uferpromenaden der Welt können den Vergleich mit der würdig-vornehmen Place Royal aufnehmen, die um 1740 als das Proszenium von Bordeaux angelegt wurde. 50 Jahre lang wurden die reichen Handelsgewinne in den Umbau der mittelalterlichen Stadt zum vollkommensten modernen Gemeinwesen Frankreichs gesteckt. Hinter den klassizistischen Fassaden am Quai des Chartrons (rechts) verbarg sich eine der wichtigsten Quellen dieses Reichtums: die langgestreckten Lagerhäuser, die *chais*, die den Wein der Umgebung beherbergten.

LE GRAND THÉÂTRE

Es dauerte länger, als er je gedacht hätte. Er fand die Bürger äußerst unwillig, sich ihrer Mauern zu begeben, die ihnen Identität und Privilegien bedeuteten (und an deren Toren sie durch Zölle nutzbringende Einkünfte gewannen). Sein erstes großes Projekt bestand darin, die Stadt zum Fluß hin durch einen herrlichen, dreiseitig abgeschlossenen Platz zu öffnen: die Place Royale – reicher als die Place Vendôme in Paris – die Gebäude ringsum geschmückt mit Skulpturen der großen Bildhauer von Versailles, Verbeckt und Van der Woort. Als er 12 Jahre später starb und sein Sohn die Leitung übernahm, war dieses Projekt noch nicht einmal in Angriff genommen.

Der nachfolgende Intendant, Louis-Urban Aubert, Marquis de Tourny, der 1743 nach Bordeaux kam, war bestürzt, die Stadt noch immer als «ein Gewirre von häßlichen Häusern ohne Symmetrie oder Bequemlichkeit vorzufinden, zwischen denen sich enge Gassen ohne einen einzigen rechten Winkel winden». Er erließ unverzüglich ein allgemeines Bauverbot, bis er persönlich alle Pläne gebilligt hätte.

Unter Tourny ging es nun rascher voran. Die Stadt wurde, gelinde gesagt, ernstlich beeinträchtigt durch die massive Festung Château Trompette, die von Karl VII. im 15. Jahrhundert vor der Nordmauer erbaut worden war, um nach dem Sieg über die Engländer der Loyalität der Stadt gegenüber Frankreich nachzuhelfen. Ludwig XIV. hatte diesen mächtigen Auswuchs noch erweitert und modernisiert (sein Umfang läßt sich heute an der weiten Leere der an seiner Stelle angelegten Place des Quinconces ermessen). Alle Kaufleute, die keine Bürger von Bordeaux waren, also fast die gesamte, stetig wachsende Klasse der Weinhändler aus Holland, England, Deutschland, Irland und Skandinavien, mußten sich jenseits der Festung, flußabwärts von Bordeaux und völlig von der Stadt abgetrennt, niederlassen, so daß dort auf teilweise mit Wein bepflanztem *palus*-Land fast eine Stadt für sich entstand, die nach einem alten Kartäuserkloster den Namen Chartrons erhielt.

Tourny beauftragte den jüngeren Gabriel, die beiden Teile der Stadt durch um das Château herum geführte Boulevards miteinander zu verbinden, und er hatte die wundervoll traumhafte Idee, daß ein öffentlicher Garten von außerordentlicher Eleganz einen Treffpunkt zwischen ihnen bilden sollte, «wo die Kaufleute, da sie oft Gelegenheit hätten, dort zusammenzukommen, manchen Handel abschließen würden; es ist eine Art zweite Börse, eine abendliche.» Die Eingänge sollten bewacht werden, damit sich das *petit peuple* nicht hineintraute. Es befanden sich nur zweitrangige Weinberge an der Stelle, als Gabriel 1746 dort mit Ideen zu spielen begann, die er später für die Place de la Concorde in Paris und das Petit Trianon in Versailles voll nutzte.

LE GRAND THÉÂTRE

BIS 1780 ENTSTAND SODANN EINE HÄUSERZEILE NACH DER ANDEREN IN CREMEFARBENEM STEIN, auf einer Strecke von zwei Meilen entlang den schlammigen Ufern der Garonne, über den dichtgedrängten Schiffen mit ihrem Wald aus Masten und Tauwerk und den von Ochsen gezogenen Transportkufen, die unter dem Gewicht großer Fässer ächzend zum Gestade rumpelten. Die Straßen und Plätze erstreckten sich eine halbe Meile weit vom Fluß landeinwärts in so vollkommener Einheitlichkeit, als verdankten sie ihr Entstehen einer einzigen Hand. Vielleicht keine andere Stadt der Welt hat den Geist der eigenen Blüte so vollständig in ihrer Architektur eingefangen, so daß selbst die immer weiter an den Rand gedrängten Behausungen des *petit peuple* – aus demselben Stein erbaut und dasselbe Gefühl für Proportionen teilend – zwar nicht durch äußeren Schmuck, so doch durch die Harmonie ihres Erscheinungsbilds bezaubern.

Was hatte diese Blüte hervorgebracht? Bürgerstolz, Fleiß und ein kräftiger Hang zum Gold. Das *Parlament,* dessen Präsident einst de Pontac gewesen war, brachte unentwegt eine Klasse von Rechtsgelehrten hervor, die *noblesse de robe,* die mit Geist und Ehrgeiz kurzen Prozeß mit der einstigen *noblesse d'épée* – der Degen-Aristokratie – machte. Deren Erbe ging zurück auf uralte ritterliche Privilegien, doch hatte sie auf ihrem Land lieber der Jagd als dem Ackerbau gefrönt; ihre Besitztümer waren durch feudale Gewohnheiten längst zersplittert. Zum Teil wurden sie nach den unterschiedlichsten *métayage*- oder *bourdieux*-Systemen, die sich aus dem mittelalterlichen *complant* entwickelt hatten, in Pacht kultiviert; nur wenig wurde rationell bewirtschaftet. Neben den *parlementaires* und teils mit ihnen vermischt stand die Klasse der Kaufleute, der *négociants,* die ihre Schiffe nach den in raschem Aufschwung befindlichen Westindischen Inseln entsandten, was mit einigem Glück eine noch wesentlich profitablere Tätigkeit war, als nur auf die Holländer zu warten und mit ihnen um den Wein des letzten Jahrgangs zu feilschen.

NACH DEM ERSTEN JAHRZEHNT DES 18. JAHRHUNDERTS und der Niederlage im spanischen Erbfolgekrieg hatten die Franzosen wahrhaft mehr Veranlassung, in die Zukunft zu schauen als rückwärts auf die verblassende Glorie des Sonnenkönigs. In ganz Frankreich waren die Weinberge durch einen harten Winter, in dem das Thermometer in Marseilles auf $-17{,}5\,°$C fiel, verheert worden. Es war höchste Zeit für einen Neubeginn auf dem Acker ebenso wie auf dem Ozean, den die Franzosen in so unnachahmlicher Weise *le grand large* nennen. Im 17. Jahrhundert war Amerika für Frankreich gleichbedeutend mit Neufundland und gewinnbringender Kabeljaufischerei. Doch schon während des Krieges war der frische, würzige Wind neuer Anregung aus den jungen französischen Kolonien auf den Antillen hereingeweht. Während des Kriegs trafen monatlich zwei Schiffe mit Zucker und Gewürzen ein. Bordeaux fand es gedeihlich, diese Waren auf holländischen Schiffen, die sich das Recht erworben hatten, in der Stadt Wein einzukaufen, nach Häfen im Norden wieder auszuführen.

Vor dem Krieg war es der Hafen von Nantes gewesen, der den Handel mit den Zuckerplantagen auf den Windward Islands beherrscht hatte; die Haupthandelsartikel waren Rohrzucker und die für seinen Anbau benötigten Sklaven gewesen. Inzwischen verfügte Bordeaux über eine Zuckerraffinerie und lief Nantes im Handel mit der reichsten und am schnellsten wachsenden Kolonie, Santo Domingo (oder Haiti), den Rang ab. 1714 trafen 7000 Tonnen Zucker aus Haiti im Hafen ein; 1742, in dem Jahr, als die Stadtmauer fiel und für die Place Royale Raum schaffte, waren es schon über 40 000 Tonnen. Tatsächlich waren die Pflanzungen aber zu stark gewachsen: In den 1730er Jahren gab es eine Zuckerschwemme, und der Preis fiel so sehr, daß Zucker vom Luxusgut zu einem für jedermann erschwinglichen Lebensmittel wurde. Um die Mitte des Jahrhunderts machte dann ein noch profitableres Produkt Haiti zur Goldmine: Kaffee. Um 1770 importierten die Zucker- und Kaffeepflanzer von Haiti zusammen die schwindelerregende Zahl von 36 000 Sklaven jährlich, so daß ihre Gesamtzahl bis zum Ausbruch der Französischen Revolution auf eine halbe Million anwuchs. Kein Wunder, daß Haiti zwei Jahre später seine eigene Revolution erlebte.

In den 1770er Jahren nahm der Kolonialhandel in Bordeaux seinen stärksten Aufschwung. Wöchentlich trafen fünf Schiffe aus Ostindien und von den Westindischen Inseln ein und fuhren, wie ein Beobachter es ausdrückte, «ohne Inspektion und Generalreinigung» gleich wieder zurück. Bordeaux war unter allen Häfen in der einmaligen Lage, von diesem Schiffsverkehr doppelt zu profitieren, denn auch das eigene Produkt war überall begehrt. Wein war der Hauptexportartikel, aber auch das Hinterland (das

---

LES CHARTRONS

Ausländische Kaufleute in Bordeaux mußten sich außerhalb der Stadt niederlassen. So entwickelte sich eine eigene Vorstadt im Norden, unmittelbar stromabwärts der gewaltig dräuenden Festung Château Trompette. Der Quai des Chartrons erhielt seinen Namen von einem dort gelegenen Kartäuserkloster; die hier ansässigen, als Chartronnais bezeichneten Kaufleute wurden rasch zu einer eigenständigen und einflußreichen Klasse.

Die Bürgerschaft von Bordeaux betrachtete sie mit gemischten Gefühlen. Die Weingüter, die gewohnheitsmäßig über Makler an herumreisende Kaufleute verkauften, waren mißtrauisch gegenüber der neuen Klasse großer Handelshäuser, die vor ihrer Tür große Lager errichteten.

Die Ausländer arbeiteten als Makler und Händler zugleich: Als Makler reisten sie von einem Gut zum anderen, als Händler pendelten sie zwischen Bordeaux und ihren jeweiligen Heimathäfen. Die meisten begannen als Kaufleute allgemein. Das älteste Haus ist die Firma Beyerman, die 1620 von Rotterdam aus gegründet wurde. Einige der berühmtesten Firmen stammen aus Irland, unter anderem der hochangesehene Makler Abraham Lawton aus Cork, der in den 1740er Jahren 2500 Konten führte, sowie der überaus erfolgreiche Tom Barton, dessen Familie noch heute, nach 300 Jahren, in Bordeaux franko-irische Traditionen pflegt. Barton, den seine Nachfahren noch immer den «French Tom» nennen, richtete sich 1715 in Bordeaux ein, also zum allergünstigsten Zeitpunkt, als die Premiers Crus in England und Irland in Mode kamen und endlich der Friede ausgebrochen war. So wurde er zum bei weitem größten Käufer von Premiers Crus. Er erwarb ein großes Gut in Tipperary und verheiratete seine Töchter mit englischen Edelleuten. 1821 kauften seine Nachkommen das herrliche Château Langoa, wo die Familie heute noch ihren Sitz hat.

Eine Aufzählung der berühmten Namen unter den Chartronnais gibt Aufschluß über ihre Herkunft. Nathaniel Johnston kam aus Ulster; auch Lynch war ein höchst erfolgreicher Ire. Die Namen Sandilands, Jernon, Knox und Cope, Power, Chalmers, Fennwick, Bonfield, Sullivan, Ferguson, Horish, Bethmann, Schroder & Schÿler, MacCarthy, Halford, Sichel, Thomson, O'Brien, Coppinger und Kressman umfassen das ganze nördliche Europa, wobei der Schwerpunkt auf England und Irland liegt. Die deutsche Familie Cruse wurde zum Inbegriff dessen, was man unter Chartronnais verstand. Doch selbst das französische Element, das durch die Namen de Luze, Dolor, Eschenauer (aus dem Elsaß), Calvet (von der Rhône) vertreten wird, nahm ein fast angelsächsisches Air an. Durch Heirat untereinander bildeten diese Familien bis in die 1970er Jahre hinein eine geschlossene Gesellschaft.

«French Tom» Barton aus Irland wurde zum bedeutendsten Käufer von Bordeaux Premier Cru.

die Bürgerschaft von Bordeaux der französischen Regierung gegenüber mit Rücksicht auf die eigenen Steuern stets als *maigre et infertil* – karg und unfruchtbar – darzustellen liebte) lieferte reichlich Getreide, *eaux-de-vie,* die seit langem beliebten Pflaumen von Agen, Hanf für Seile, Segeltuch (ebenfalls eine Spezialität von Agen) sowie andere für die Kolonien notwendige Dinge wie Öfen, Mühlen und Destillen. Alle Gegenden Frankreichs drängten sich im März zur großen Messe in Bordeaux, um Exporteure für ihre Erzeugnisse zu finden: Leinen aus der Bretagne, Baumwolltuch aus der Normandie und Seide aus Lyon. Auch hatte Bordeaux von seinen holländischen Freunden einiges über das Wiederexportieren gelernt. Irland war ein ausgezeichneter Absatzmarkt für Wein: Es lieferte dafür erstklassiges gesalzenes Rindfleisch, das auf den Westindischen Inseln sehr gefragt war.

DAS FRANZÖSISCHE KAUFMANNSTUM ERHIELT VON LUDWIG XIV. EINEN VORTEIL EIGENER ART BESCHERT, als dieser 1685 die begabtesten und produktivsten Protestanten Frankreichs aus dem Land trieb, indem er das Edikt von Nantes widerrief, durch das der weise Heinrich IV. seinem Volk Religionsfreiheit gewährt hatte. Bordeaux hatte nur davon zu gewinnen, als seine Hugenotten fliehen mußten, die meisten nach Holland, viele aber auch nach Hamburg, wo sie sich als Kaufleute niederließen. Schon zu Anfang des Jahrhunderts überflügelte Hamburg Amsterdam als größter Abnehmer von Bordeaux im nördlichen Europa (wobei jedoch die Holländer weiterhin die meisten Frachtschiffe stellten).

Bordeaux nahm mehr und mehr mit Deutschland und darüber hinaus mit der Ostsee einen für beide Seiten immer einträglicheren und bedeutsameren Handelsverkehr auf. Die Schiffe, die von Bordeaux aus mit Wein beladen hinausfuhren, kehrten zurück mit Faßdauben aus baltischer Eiche, dem besten Holz der Welt für die Fässer, die für hochwertigen Wein benötigt wurden. Die Eichenwälder in Polen, Pommern und Ostpreußen liefern ein feingemasertes Holz, das an den Wein ein nicht so aufdringliches Aroma wie französische Eiche, aber doch genügend Tannin abgibt. Die höchst anspruchsvollen Engländer, die jeden Preis bezahlten, um ihre Premiers Crus Latour, Lafite, Margaux oder Haut-Brion zu bekommen, verlangten Stettiner Eiche als das Beste, was es gab. Die Hamburger Kaufleute lieferten Holz aller Qualitäten (viel auch für Parkettböden oder Wandtäfelungen für die neuen Gutshäuser von Bordeaux) und nahmen auf der Rückfahrt in verdankenswerter Weise große Mengen Kaffee sowie Bordeaux-Wein mit.

BORDEAUX WURDE VON DER BERÜHMTEN «PFLANZWUT» BEFALLEN, noch bevor es vom «Kolonialfieber» geschüttelt wurde. Die Premiers Crus hatten am Ende des 17. Jahrhunderts so wagnisbereit und erfolgreich die Führung übernommen, daß ihr Vorsprung nicht mehr einzuholen war. Sie hatten sich ganz einfach die besten Lagen im Médoc gesichert, indem sie die drei Stellen, an denen der Kiesboden am grobkörnigsten, durchlässigsten und wärmsten ist, aufkauften und bepflanzten, und nun beeilten sich die Parlementaires, ihrem Beispiel im Médoc nachzueifern. Einer der ersten war ein ehrgeiziger Kaufmann namens Pierre de Rauzan, der von 1679 bis 1693 das Gut Latour verwaltete und von dessen Beispiel und der eigenen Stellung profitierte, indem er soviel Land in der Umgebung aufkaufte, wie er nur bekommen konnte. Um 1690 hatte er 20 Hektar gutes (noch nicht voll bestocktes) Weinbergland beisammen, das durch die Heirat seiner Tochter Thérèse an Jacques François de Pichon, Seigneur de Longueville, überging und zur Grundlage des großartigen Guts Pichon-Longueville wurde. Professor Pijassou von der Universität Bordeaux weist in seinem großen Werk über das Médoc darauf hin, daß «die Weinberge von Pichon etwas weniger gut gelegen sind als die des Premier Cru (Latour); der Kies ist dort etwas kleinkörniger, der Anteil an Sand im Boden ist höher, der Hangverlauf etwas flacher; schließlich war auch die Rebfläche etwas kleiner.» Diese

Faktoren bedeuten in der festgefügten Meinung aller Bordeaux-Experten von damals bis heute, daß der Wein nie ganz so gut ausfallen konnte. De Rauzan betätigte sich dann noch in einem anderen Teil des Médoc, der als besonders hervorragend galt, nämlich möglichst nahe beim Château Margaux. Er brachte es fertig, seinen drei Söhnen rund 24 Hektar Rebland «um das Haus Gassies herum» zu hinterlassen. Damit legte dieser Mann allein die Grundlagen für vier heutige «Deuxièmes Crus»: die Château Pichon-Longueville, Pichon-Lalande, Rauzan-Gassies und Rausan-Ségla.

EBENFALLS SEHR FRÜH, NÄMLICH SCHON 1638, BEGANN DER KAUFMANN MONSIEUR MOYTIÉ in ähnlicher Weise, kleine Parzellen Land auf einem flachen Hügel südlich von Latour, jenseits des Bachs, der die Gemarkungen St-Julien und Pauillac voneinander trennt, zusammenzukaufen. Diese Kiesdüne nannte er «Mont-Moytié». Ein Jahrhundert später erwarb ein neuer Président du Parlement diesen Besitz: Monsieur Léoville. Damals war es wahrscheinlich das größte Weingut im Médoc; heute ist es in drei Deuxièmes Crus unterteilt, die nach den Namen späterer Besitzer unterschieden werden: die Châteaux Léoville-Las-Cases, Léoville-Barton und Léoville-Poyferré.

Unter den weiteren Gütern, deren Besitzverhältnisse und Umfang seit der ersten Hälfte des 18. Jahrhunderts belegt sind, gehört auch der Besitz des Parlementaire Marquis de Brazier, dem die mittelalterliche Burg Lamarque gehörte und der 1757 das Château Beychevelle, wohl das monumentalste und architektonisch interessanteste aller Weingüter im Médoc, am Fluß bei St-Julien erbaute. Zu seinem Besitz gehörte auch das Gut «Poujaux» (heute: Poujeaux) mit 60 ha Rebland.

LE PRINCE DES VIGNES

Ohnegleichen unter den Granden des Parlement von Bordeaux war der Präsident Nicolas-

Alexandre, Marquis de Ségur (1697–1755), der in der ersten Hälfte des 18. Jahrhunderts Besitzer der beiden Premiers Crus Lafite und Latour sowie von Mouton (inzwischen auch ein Premier Cru), des großen Guts Calon-Ségur in St-Estèphe sowie anderer Güter im Médoc und in Graves war. Ludwig XV. taufte ihn «le Prince des Vignes» (Fürst der Reben), als er erfuhr, daß die (scheinbar diamantenen) Knöpfe an seinem Rock in Wahrheit Edelsteine aus seinen eigenen Weinbergen waren, die er hatte schleifen und polieren lassen. Ségurs Einkünfte aus Lafite und Latour allein wurden auf jährlich 100 000 Livres geschätzt, davon waren 60 % Reingewinn. Dem Intendanten de Tourny gegenüber klagte er, 1744 sei ein schlechter Jahrgang gewesen, so daß seine Steuerschuld herabgesetzt werden müßte. Die offizielle Rechnung nannte Einkünfte in Höhe von 272 000 Livres, bei Ausgaben von 34 000.

Zwar handeln die meisten Geschichten um diesen fabelhaft reichen Mann von seinen Einkünften, es ist jedoch auch daran zu erinnern, daß er es war, der die endgültige Grenze zwischen dem Grund und Boden von Lafite und dem benachbarten Mouton zog und damit zwei zutiefst unterschiedliche Weinstile schuf. Er leitete seine Güter zweifellos mit größtem Eifer und gab ihrem Ruf jene soliden Fundamente, die niemals ins Wanken gerieten. Latour gehörte seinen Nachkommen bis 1963, und seine Familie hat noch immer ihre Vertreter unter den Direktoren der Société Civile de Château Latour.

Der Name des Avocat de Gorsse lebt in verschiedenen Schreibweisen in kleineren Besitzungen nördlich von Margaux fort; sein ursprüngliches Château de Gorce ist heute das Deuxième Cru Brane-Cantenac. Ebenfalls Advokaten waren Malescot mit 24 ha in Margaux und de Castelnau, dem das schöne mittelalterliche, von einem Burggraben umgebene Château d'Issan mit 8 ha Weinbergen gehörte. 1723 war der Wein von Château d'Issan außer den Premiers Crus der erste, der in London unter dem eigenen Namen auf den Markt kam.

DIESE RELATIV KLEINEN FLÄCHEN MACHEN NUN FÜR SICH ALLEIN nicht gerade den Eindruck einer «Pflanzwut», doch man muß bedenken, daß sich dies in der ganzen, vorher nie dem Weinbau gewidmeten Gegend wiederholte. Ähnliche Dinge geschahen auch in allen anderen Distrikten um Bordeaux. 1744 schätzte der stellvertretende Intendant, daß die «Hälfte des seiner Zuständigkeit unterstehenden Bereichs» mit Weinbergen besetzt sei, von denen neun Zehntel dem wohlhabenden Bürgertum und dem Adel von Bordeaux gehörten. Um diese Zeit bestanden schon seit 50 Jahren (seit etwa 1690) bei den Behörden Bedenken, daß mehr Wein weniger Korn bedeuten müsse. Das Wort von der *fureur de planter* (Pflanzwut) wurde von Intendant Boucher schon 1724 geprägt. «Auf zehn Meilen um Bordeaux sieht man nichts als Weinstöcke», sagte er. «Dieselbe Manie hat auch die übrige Provinz erfaßt.» Seine Erklärung hierzu zeigt freilich, daß ein großer Teil der Anpflanzungen auf Sumpfland und ehemaligen Kornanbauflächen stattfand und daß er sich über den Wert der neuen Güter auf den Kiesböden durchaus im klaren war. «Alle seit 1709 (dem Jahr des großen Frosts) gepflanzten Reben müssen im ganzen Oberland und im Distrikt Bordeaux gerodet werden, außer in den Kiesböden des Médoc, den Graves de Bordeaux» (dem heutigen Graves) «und in den Côtes» – mit anderen Worten: Das traditionelle Weinbauland und die besten Lagen des Médoc wurden ausgenommen.

AUCH AUS ANDEREN BELEGEN WIRD KLAR, DASS PARIS ÜBERMÄSSIGE WEINANPFLANZUNGEN als ein nationales Problem ansah. In den 1720er Jahren schien Frankreich dem Wein ganz und gar zu verfallen; die Preise sanken, und das gemeine Volk verbrachte seine

---

ERBANLAGE ODER UMWELTEINFLUSS?

Der Philosoph und Ökonom Adam Smith fragte auch nach den Gründen, weshalb ein bestimmter Weinberg besser und wertvoller sein soll als andere, und kam zu einem interessanten Schluß:

«Der Weinstock unterliegt den Einflüssen unterschiedlicher Böden mehr als jedes andere Obstgehölz. Aus manchen zieht er einen Geschmack, wie ihn vermutlich keine Kultur oder Pflege auf einem anderen in gleicher Weise erreichen kann. Dieser Geschmack, ob echt oder imaginär, ist manchmal den Erzeugnissen einiger weniger Weinberge, manchmal dem Großteil eines kleineren Distrikts und manchmal einem bedeutenden Teil einer großen Provinz eigen.» (Die Côte d'Or wäre ein Beispiel für den ersten Fall, Bordeaux entspräche eher dem letzteren.)

Bei solchen Weinen, fährt er fort, ist die Nachfrage stets höher als das Angebot: Deshalb erzielen sie einen hohen Preis. Anderseits aber kostet es nicht ebensoviel mehr, sie zu kultivieren, sie werfen also einen höheren Gewinn ab. «Obwohl nun solche Weinberge im allgemeinen besser kultiviert werden als die meisten anderen», schließt er, «ist doch der hohe Preis nicht so sehr die Wirkung, sondern vielmehr die Ursache dieser sorgfältigen Kultivierung. Bei einem derart wertvollen Erzeugnis ist ein Verlust, der durch Nachlässigkeit entsteht, so groß, daß er selbst den Unsorgfältigsten zur Aufmerksamkeit veranlaßt.»

In welchem Maß ein Premier Cru von seiner Lage und in welchem Maß von seiner Kultivierung abhängt, ist fast dieselbe Frage wie die nach Erbanlage oder Umwelteinfluß.

Zeit in den Schenken (*cabarets*) und trank dort humpenweise Wein. 1725 erhielt Bouchers Gebot in Bordeaux Gesetzeskraft. 1731 erging ein königliches Dekret, daß in Frankreich keine Reben mehr ohne ausdrückliche Erlaubnis des Königs gepflanzt werden dürften. Will man eine objektive Meinung zu diesem Verbot fassen, dann ist die Lektüre von Adam Smith, dem schottischen Philosophen und Wirtschaftsgelehrten, von Interesse. Er schrieb in «Der Wohlstand der Nationen»: «Der Vorwand zu diesem Befehl war die Knappheit von Korn und Weideland und die Überfülle an Wein», während die wahre Ursache in «dem Interesse der Besitzer alter Weinberge, die Anlage neuer Weinberge zu verhindern», lag.

Die Gegner des Verbots zumindest in Bordeaux hatten einen beredten Fürsprecher. Charles de Secondat, Baron de Montesquieu, der Erbe des herrlichen Wasserschlosses La Brède südlich von Bordeaux, hatte gerade sein erstes Buch verfaßt, worin er seine liberalen politischen Gedanken in der Form von Briefen eines imaginären persischen Besuchers von Frankreich zum Ausdruck brachte. Der Name Montesquieu war im ganzen Land bekannt. Er forderte Boucher in einem unumwundenen Manifest für die Kräfte des Markts und des freien Handels heraus. Er könne, so sagte er, 10 Hektar Brachland (zugegebenermaßen in der Nähe von Haut-Brion) für 60 Livres kaufen, Weinberge darauf anlegen und diese sodann für 400 000 Livres wieder verkaufen. (Er besaß bereits 1400 Hektar). Weshalb die neuen Anpflanzungen unterbrechen, die soviele gute Geschäfte aus dem Ausland hereinbringen? Weshalb diese Geschäfte zum Nutzen der Portugiesen von sich weisen?

Es scheint, daß Boucher in dieser Sache nicht einmal die Unterstützung seiner unmittelbaren Untergebenen genoß, zum Beispiel von Pontet, der das schöne Château in St-Julien baute, das heute Langoa heißt. Korrupte Beamte kauften Anpflanzungsgenehmigungen. Das Dekret wurde mehrere Male erneuert, doch als de Tourny von Boucher das Amt des Intendanten übernahm, traf er auf dieselbe Entschlossenheit zu weiteren Anpflanzungen, auch wenn es Strafe kostete. Um 1760 gab die Regierung dann nach.

DIE WEINBEREITUNG HATTE UM DIESE ZEIT MINDESTENS IN DEN NEUEN GÜTERN FESTE KONTUR ANGENOMMEN. Endlich wurde klar erkennbar, wie der Wein entstand, und nicht nur, wie er ge- und verkauft wurde. Die schottische Familie Johnston hatte sich 1734 in Bordeaux niedergelassen und als Handelshaus großen Wohlstand erworben (später kam zum Négociant-Status auch Weingutsbesitz; heute gedeiht das Haus weiter als Weinmaklerfirma). In einem Notizbuch aus dem Jahr 1765 ist die Johnston-Technik der Beurteilung von Jahrgängen und Weinlagen sowie für den Kauf und Versand zum günstigsten Zeitpunkt verzeichnet. Interessant ist, daß Mr. Johnston nichts gegen den Wein der Bauern einzuwenden hatte, wenn er ihn aus deren Kellern bekommen konnte, ehe ihm durch mangelhafte Pflege Schaden geschehen war. Damit erklärte Johnston auch die lautstarken Einwände der Großgrundbesitzer gegen den Bau einer Straße von Bordeaux in das Médoc; der Streit um sie tobte von 1730 bis 1750. Die Herren wollten offenbar nicht, daß die Négociants den Wein der kleinen Winzer selbst entdeckten, weil sie ihn höchstwahrscheinlich billig aufkauften, um die eigenen Fässer gut gefüllt zu halten. Die Bourgeois hatten Zugang zu den *gabares*, den Flußschiffen, die den Wein an ihren Molen abholten und zu den Kaufleuten am Quai des Chartrons brachten. Der Besuch eines Maklers oder Kaufmanns zu Pferd war ihnen willkommen, aber sie hatten etwas dagegen, daß Frachtwagen von *chai* zu *chai* fuhren.

Johnstons Notizen über Weinproben lassen erkennen, worauf er achtete: Körper, volles Aroma, gute Farbe, sauberen Geschmack, keine Anzeichen von Fäule oder Unreife. Strengste Anweisungen gab er zur Geruchsprüfung auf Fäulnis am Spundloch; aber auch für den Gebrauch des Schwefelspans zum Desinfizieren der Fässer – er beschrieb dies als erster – sowie über die Verhinderung von Luftzutritt beim Abstich. Auch beschrieb er, was man damals als *travail à l'anglaise* bezeichnete: das Mischen reiner, heller Weine mit dunkleren, körperreicheren oder herberen, um den Geschmackswünschen der Kunden entgegenzukommen.

Hier besteht ein seltsamer Widerspruch, der niemals aufgeklärt worden ist. Einerseits haben wir alle Anzeichen, daß die Besitzer der Premiers Crus und ihre Nacheiferer alles taten, um bestmögliche Weine zu erzielen, wobei sie ihre Techniken in fortwährendem Lernprozeß verbesserten und viel Geld in das Land steckten. Ihr Kenntnisstand (oder der ihrer Verwalter) wuchs stetig. Am Ende des Jahrhunderts waren die Verwalter von Lafite, Latour und Margaux hochangesehene Persönlichkeiten. Sie wußten genau Bescheid über gute und nicht ganz so gute Lagen, über die Problematik der Drainage – selbst steinige Hänge brauchten solch zusätzliche künstliche Entwässerung – und sie waren überzeugt, daß die Kraft des Bodens erneuert werden mußte. Sie ließen weite Strecken einfachen Landes aufgraben, um frischen Mutterboden auf ihre Weinberge zu fahren, worüber die Anwohner in tiefste Besorgnis gerieten.

Auf der anderen Seite gab es die Händler, die Wein kauften und wieder verkauften und ein starkes Gebräu daraus machten, wobei sie die Eigenart ganz verändert haben müssen. Johnstons Rezept enthielt schweren spanischen Rotwein, Alicante oder Benicarlo, manchmal Rivesaltes aus dem Midi, oft dunklen Palus-Wein von jenseits der Gironde und gelegentlich auch Cahors oder Hermitage, und zwar nicht nur mit Lafite und Latour vermischt, sondern tatsächlich auch gemeinsam nochmals vergoren, was durch einen Eimer voll Traubensaft eingeleitet wurde, dessen Gärung durch eine kräftige Dosis Schwefel oder Branntwein unterbunden worden war. Der Wein, der also um die Mitte des 18. Jahrhunderts zu sehr hohen Preisen als Bordeaux Premier Cru verkauft wurde, war oft ein Gebräu, das zu einem Drittel gar nicht aus der Region, ja nicht einmal aus Frankreich stammte.

ALS BEWEIS DAFÜR, DASS DIE WEINERZEUGER IHR BESTES TATEN, sei angeführt, daß sie regelmäßig einiges von den zu erwartenden Einkünften opferten, indem sie große Teile des Ertrags abwertend zum «Zweitwein» erklärten. Heute herrscht allgemein die Überzeugung, der Begriff des *grand vin* als Spitzenauslese eines Weinguts, neben dem ein Zweitwein zu höchstens dem halben Preis steht, sei eine Erfindung unserer Tage – sie ist lediglich in den letzten 20 Jahren wieder in Mode gekommen. Tatsächlich war dies aber

---

BERLON VON MARGAUX

In den ersten Jahren des 18. Jahrhunderts gab es einen berühmten *régisseur* namens Berlon – er war Verwalter von Château Margaux. Seine Gestalt bleibt zwar weitgehend im Dunkel, doch gilt er als der Dom Pérignon des Médoc. Allen Anzeichen nach war er offenbar ein großer Perfektionist.

Wie Dom Pérignon zeichnete er selbst seine Methoden nicht auf, sie wurden aber anscheinend nach seinem Tod niedergeschrieben. Am meisten überrascht, daß er im Château Margaux Weißwein («vorwiegend von Sauvignon») getrennt vom Rotwein und erst nach diesem bereitete und beide im Verhältnis von drei Barriques Weißwein auf ein großes Faß (entsprechend etwa 28 Barriques) Rotwein mischte. Die weißen Trauben ließ Berlon taufrisch am Morgen lesen, während er bei den roten abwartete, bis sie von der Sonne getrocknet waren.

In jedem Faß wurde zunächst ein *pied de cuve* von sehr reifen Trauben angesetzt, um die Gärung in Gang zu bringen. Es wurden vier Sorten Wein bereitet: Grand Vin, Second Vin, Arbeiterwein und Vin de Provision für den Eigenverbrauch des Besitzers, der am liebsten einen Wein zwischen Rot und Rosé aus den besten Lagen des Besitztums trank.

Berlon wußte ganz genau, welche Lagen am besten waren, und ging bei allen Arbeiten offenbar mit höchster Sorgfalt vor.

bei den Premiers Crus von Anfang an normale Praxis, und das aus gutem Grund: Die Jahrgänge waren in Qualität und Quantität äußerst unterschiedlich; es gab damals keine andere Möglichkeit, gegen Fäulnis vorzugehen, als die betroffenen Trauben auszusondern. Vielleicht am meisten aber war daran das Durcheinander von Rebsorten schuld, darunter auch viele weiße. Auch der «neue französische Claret» war – obzwar stark verbessert – deshalb eben doch Claret im alten Sinn des Wortes, weil er Weißweintrauben enthielt und nach früher Lese (fast immer im September) nur eine kurze Gärzeit durchmachte – höchstens eine Woche –, die ihm kaum tiefe Farbe oder vollen Körper verleihen konnte. Der Château Lafite hatte damals meist 9 bis 10 % Alkohol anstatt 12 %, wie es heute als selbstverständlich gilt. Hier liegt auch der Grund dafür, weshalb die Kaufleute am Quai des Chartrons intervenierten, um ihren Kunden, vor allem den Engländern, etwas Vollblütigeres zu bieten: etwas, das dem inzwischen beliebten portugiesischen Wein näher kam und doch den Geschmack von Bordeaux hatte.

Erst um die Zeit der Revolution und der napoleonischen Kriege errangen die gefeierten *régisseurs* oder Verwalter wie Domenger (der Lafite und Latour über die Revolution half) und seine Nachfolger auf Lafite (Goudal) und Latour (Poitevin und Lamothe) völlige Meisterschaft über ihre Weinberge und Reben. Lamothe war Schiffskapitän gewesen und hatte alle Ozeane gesehen, bevor er sich im Alter von 53 Jahren in Bordeaux niederließ und sich mit aller Energie auf die Leitung von Latour warf. Seine Vorgänger hatten die Weißweinreben allmählich zurückgedrängt. Lamothe aber ging viel weiter. Er entdeckte, daß man die Weißweinreben einfach abschneiden und rote darauf pfropfen konnte, und er war auch der erste im Médoc, von dem belegt ist, daß er den Cabernet als die beste Sorte erkannte und verbreitet anpflanzte. «Aller Cabernet», schrieb er an seinen Herrn, «der ja die beste Sorte ist, wurde für den Grand Vin verwendet.» Er beobachtete auch (obgleich wahrscheinlich nicht als erster), daß ältere Weinstöcke besseren Wein erbrachten.

ES MAG NUN SCHON ETWAS SPÄT FÜR DIE ERSTE ERWÄHNUNG VON REBSORTEN IN BORDEAUX SCHEINEN. Doch war ihnen auch bisher nur wenig Aufmerksamkeit geschenkt worden. Die älteren Weinbaugegenden der Region verfügten über ein Gemisch aus Dutzenden von Sorten. In Cadillac am Oberlauf der Garonne hatte 1796 ein methodischer Priester, der Abbé Bellet, eine Liste von 18 dunklen und 20 hellen Traubensorten aufgestellt. Die Holländer hatten sich höchst wählerisch gezeigt und für ihre Anpflanzungen im *palus* nur Verdot genommen. Weil das Médoc als Weinbaugebiet erst spät entstand, war auch das Repertoire dort recht beschränkt: vier dunkle und vier helle Sorten. Es waren dies Grand und Petit Vidure, alias Carmenet oder Cabernet (Vidure bedeutet *vigne dure:* der Cabernet hat sehr hartes Holz). Lafite war weitgehend mit Malbec (alias Noir de Pressac) und Verdot bepflanzt, wies aber auch eine kleine Anzahl Weinstöcke von Hermitage an der Rhône auf, vermutlich Petite Sirah. Latour hatte vor allem Bestände an Malbec und Cabernet. Der Merlot wird unter keinem erkennbaren Namen im Médoc erwähnt und Cabernet Franc (Bouchet) nur sehr wenig.

In Frankreich wurde der erste ernsthafte Versuch, sich durch das große Chaos der Rebsorten hindurchzuschlagen, erst in den 1780er Jahren unternommen. Olivier de Serres hatte sich 1600 in seinem als maßgeblich geltenden «Théâtre d'Agriculture» damit begnügt zu sagen, daß der Muskateller «allen Nationen» bekannt war und die 1000 übrigen Sorten (oder wieviele es auch sein mochten) «ein Buch mit sieben Siegeln» darstellten. Der Abbé Rozier, Autor des «Dictionnaire Universelle d'Agriculture», begann schließlich bei Béziers im Languedoc mit Vergleichspflanzungen. Das Geld ging ihm aus, doch der neue Intendant von Bordeaux, Dupré de St-Maur, nahm den Gedanken auf und versuchte, über die Intendanten anderer Provinzen Frankreichs Musterexemplare zu sammeln. Damit war nun wenigstens der Anfang gemacht.

Der Wein von Pomerol begann im 18. Jahrhundert einen guten Ruf zu gewinnen. Damals war die landwirtschaftliche Nutzung in der Region noch gemischt und keine strikte Monokultur von Reben, wie sie heute das Plateau bedeckt. Château Rouget ist eines der wenigen stattlichen Häuser aus dem 18. Jahrhundert. Als es erbaut wurde, war Pomerol ebensosehr für weißen wie für roten Wein bekannt.

ES IST NUN AUCH AN DER ZEIT, DASS WIR DEN FLUSS ÜBERSCHREITEN. Kaum vorstellbar ist, daß bis zu dieser Zeit, ja sogar bis ins 19. Jahrhundert hinein, die Fühlungnahme zwischen Bordeaux und dem größeren Teil seines Umlands jenseits der Garonne nur per Schiff möglich war. So stand nach dem Theater als nächstes Projekt eine Brücke an. Die Pläne wurden schon 1782 von Dupré de St-Maur erstellt; dann kam die Revolution dazwischen; Napoleon ordnete den Bau 1810 an, weil er eine bedeutende Abkürzung für den Marsch seiner Truppen nach Spanien bedeutete. Schließlich wurde die Brücke zwischen 1815 und 1822 mit Geldern gebaut, die der Reeder und Millionär Stuttenberg und der Weinhändler Guestier aufbrachten.

Die Stadt Libourne östlich von Bordeaux, jenseits der beiden Flüsse Garonne und Dordogne – und zwischen ihnen 20 Meilen des Gebiets Entre-Deux-Mers –, war im 17. Jahrhundert ein wichtiges Ziel der holländischen Handelsinvasion gewesen. In Libourne selbst wuchsen *palus*-Weine, die von den Holländern aufgekauft wurden. Vor allem aber kauften sie weiter oben an der Dordogne in Bergerac riesige Mengen Weißwein, und transportierten sie über den Hafen von Libourne weiter. Dagegen hatten sie so gut wie keine Kenntnis von den drei Regionen um die Stadt, die ein großes Qualitätspotential darstellten: St-Emilion, Pomerol und Fronsac.

Es gab mehrere Gründe dafür, daß hier bis in die Mitte des 18. Jahrhunderts nicht viel geschah. Einer war der, daß die Kirche und andere religiöse Organisationen hier (anders als im Médoc) großen Grundbesitz hatten. Das Domkapitel von Bordeaux war in St-Emilion stark vertreten, und ein großer Teil von Pomerol gehörte den aus Kreuzfahrerzeiten bekannten Johannitern. Das Land war also nicht in zahllose feudale Kleinbesitztümer aufgesplittert, sondern bestand aus großen, für die Betreiber durchaus rentablen Pachtgütern. In Fronsac, das zum großen Teil den Ducs de Richelieu gehörte, wurden die Pächter nicht sehr angehalten, Weinbau zu treiben.

Für den Schiffsversand hatte Libourne einen großen Nachteil: Bis 1728 gab es dort keinen Hafenregistrator mit der Befugnis, Exportlieferungen abzufertigen, deshalb mußten alle Schiffsladungen von dort aus zur Abfertigung den großen Umweg die Garonne aufwärts bis nach Bordeaux machen. Der spanische Erbfolgekrieg schaffte hier Abhilfe. Die Marineoffiziere, die Proviant für die Flotte zu beschaffen hatten, ignorierten die Vorschriften ganz einfach und beauftragten die Kaufleute von Libourne, bei denen sie Salz einkauften, auch mit der Lieferung von Wein. Ab 1730 trafen dann aus Amsterdam und Rotterdam Frachtschiffe von 100 Tonnen und mehr ein. Der Winter 1740 war so kalt, daß viele Weinstöcke erfroren. Wie 1709 im Médoc wurden dadurch Neuanpflanzungen veranlaßt, und das bedeutete zumeist bessere Pflanzen, ja sogar eine gewisse Sortenauswahl. Die Region um Libourne scheint überdies in der Konzentration auf die besten Rebsorten damals ihrer Zeit voraus gewesen zu sein. In den 1740er Jahren ergriffen dann die Kaufleute von Libourne die Initiative und sahen sich nach Absatzmärkten um, und zwar nicht so sehr in Holland als vielmehr in der Bretagne, entlang der Nordküste Frankreichs und in Flandern. Die ganz auf das Médoc fixierte englische Aristokratie lag außer ihrer Reichweite. Bis heute hat sich in außerordentlich hohem Maß das Bild des Handels, wie es sich damals in den ersten Jahren formte, erhalten. Die Weine von St-Emilion und Pomerol sind in Nordfrankreich und Belgien bekannter und beliebter als in England.

DIE ENTFERNUNG ZWISCHEN LIBOURNE UND BORDEAUX schrumpfte ein wenig, als der Intendant de Tourny eine Straße durch Entre-Deux-Mers baute. Etwa seit 1760 verfügen wir über ausführliche Unterlagen über alles, was in der Region vor sich ging. Es steht fest, daß die Kuppen der Côtes de St-Emilion, der Hügelkette um die alte Stadt, bereits die eigentümliche Form annahm, die wir heute sehen, weil tiefe Steinbrüche dicht unter der Oberfläche in die Hänge getrieben wurden und nur Pfeiler und Kalkgestein stehenblieben. Diese trugen nun Weinberge, die gewissermaßen über ihnen in der Luft hingen. Die großenteils ummauerten Weinberge der Château Belair, Canon, Berliquet, Clos Fourtet, Magdelaine und Ausone entstanden ungefähr zu jener Zeit.

PROFESSOR ENJALBERT AUS BORDEAUX HAT TIEF IN MEMOIREN, Amtsakten und Notariatsunterlagen geschürft und einige erstaunlich detaillierte Informationen zutage gefördert. 1750 fiel das heutige Château Tropchaud (damals Trochau) in Pomerol in sehr heruntergekommenem Zustand durch Erbschaft an den höchst beachtenswerten Monsieur Fontémoing. Er schrieb, daß er vorhabe, Entwässerungsgräben zu ziehen, die alten Weinstöcke zu roden und «Bouchet, Noir de Pressac» (Cabernet Franc und Malbec) «und Cabernet» zu pflanzen. Auch schaffte er die weißen Rebsorten ab, obwohl doch zumindest die Lehmböden in Pomerol eine gute Reputation für Weißwein hatten. (Auch in Burgund wird ja dort, wo der Boden vorwiegend aus Lehm besteht, Chardonnay angebaut.)

An anderen Stellen in Pomerol traten in den nächsten beiden Jahrzehnten die kleineren Châteaux Trotanoy, La Conseillante (so nannte die glänzende Madame Conseillan ihren Besitz), Nenin, Gazin, Beauregard, Vieux Château Certan und Château Pétrus (Eigentum der Familie Arnaud) als Güter in Privathand und nicht mehr als Pachtländereien in Erscheinung – die Pläne zur Bepflanzung sahen vermutlich ähnlich aus wie auf Trochau.

Zwischen Pomerol und St-Emilion befand sich auf dem Plateau das einzige größere Gut der Gegend, Figeac, dessen Geschichte auf die alten Römer zurückgeht und damals dem unternehmungsfreudigen Vital de Carle gehörte. In der Zeit zwischen 1730 und dem Ende des Jahrhunderts nahm zunächst Vital und dann sein Sohn Elie das Gut in die Hand, rodete Wälder und pflanzte mindestens 30 Hektar Weinberge an. Das imposante Château wurde von Elies Neffen Jacques wieder aufgebaut, der als Soldat die Garnisonen Dünkirchen und Boulogne befehligte – wo sich ganz zufällig der Mittelpunkt des Absatzmarktes für St-Emilion-Weine befand.

DIE WEINE AUS FRONSAC WAREN EBENSO HOCHGESCHÄTZT WIE DIE BESTEN AUS ST-EMILION. Tatsächlich wurde die gesamte Ernte von 1783 aus dem Château Canon in St-Michel de

Fronsac, im Besitz von Monsieur Boyer, für den Hof des Dauphin in Versailles reserviert. Es gibt eine reichlich konfuse Geschichte um den Namen Canon (konfus deshalb, weil es in Fronsac zwei Güter dieses Namens sowie ein weiteres hochangesehenes in St-Emilion gibt). Fronsac liegt etwas stromabwärts von Libourne an der Dordogne, wo das Nordufer einen für den Weinbau geradezu idealen Steilabbruch bildet. Es wurde nun erzählt, daß die im Fluß vor Anker liegenden Kriegsschiffe gelegentlich ihre Artillerie an diesem herrlichen Übungsgelände erprobten – und daher der Name «Canon». Canon in St-Emilion allerdings hieß St-Martin, bis es 1670 durch Kauf in den Besitz eines wohlhabenden Freibeuters namens Jacques Kanon aus (es ist nicht schwer zu erraten) Dünkirchen gelangte. Kanon baute sich den Herrensitz, der heute noch dort steht, pflanzte den Weinberg neu an, baute ein Kelterhaus und *chais,* ließ seinen Negersklaven frei und ging zehn Jahre darauf wieder in die weite Welt hinaus, diesmal nach Haiti. Seinen Besitz verkaufte er an den bedeutendsten Kaufmann in Libourne, Raymond Fontémoing. Man ist versucht, eine Parallele zu ziehen zwischen Fontémoing, dem damals gefeiertsten Bürger seiner Stadt, und dem heute Größten unter den Négociants in der Region, Jean-Pierre Moueix, der Libourne wieder zum Leben erweckt hat.

Es gibt eine Gegend in der Region Bordeaux, deren Geschichte im 18. Jahrhundert noch sehr wenig erforscht ist, und das ist Sauternes mit seinen Nachbargemeinden in dem sanften grüngelben Hügelland, das sich hinter dem Westufer der Garonne etwa 40 km oberhalb des Schiffsgetümmels und Lärms der großen Stadt hinzieht. Sauternes ist ein relativ moderner Ausdruck für diese Gegend, die früher unter den Namen verschiedener Schwerpunkte bekannt war: Langon, Barsac, Sauternes, Preignac, Bommes ... Daß dort im 17. Jahrhundert ziemlich viel mehr oder weniger süßer Wein an die Holländer verkauft wurde, steht außer Zweifel. Es bestand aber bisher stets allgemeine Übereinstimmung in der Ansicht, daß die große Besonderheit des Sauternes, daß er nämlich am besten ist, wenn er aus edelfaulen Trauben gewonnen wurde, erst eine Entwicklung um die Mitte des 19. Jahrhunderts darstelle. Es ist schwierig, dies zu verstehen angesichts der Berühmtheit des edelfaulen Tokajers schon seit Ende des 17. Jahrhunderts.

Es wird stets ausdrücklich darauf verwiesen, daß in den 1830er Jahren der Besitzer eines Weinguts namens Château La Tour Blanche, in der Nähe des berühmten Château d'Yquem, ein gewisser Herr Focke vom Rhein war. Er soll die Technik eingeführt haben, mit der Lese zu warten, bis die Trauben von *Botrytis cinerea* befallen wurden, einschrumpften und dadurch sozusagen eine Bordeaux-Auslese gewinnen ließen. Es gibt aber reichlich Beweise dafür, daß schon ein Jahrhundert vor Herrn Fockes Zeit die weißen Trauben der Region (in der auch rote wuchsen) manchmal erst im November gelesen wurden. Der Abbé Bellet, den wir schon von seiner Aufstellung über die Rebsorten in Cadillac – jenseits der Garonne gegenüber Sauternes – kennen, führte genau Buch über alle Weinernten in Cadillac zwischen 1717 und 1736. Er bestätigt, daß der Sémillon damals in den Weinbergen stark vertreten war. Im Oktober aber wird der Sémillon unter den im Garonne-Tal (und ganz besonders in Sauternes) herrschenden Verhältnissen nahezu immer mehr oder weniger stark von Botrytis befallen. Schwer feststellbar ist, zumindest aus den Aufzeichnungen des Abbés über die Weinernten, ob nun die so entstandene Fäule als edel angesehen wurde oder nicht. Er erwähnt auch, daß in «Italien und in der Provence» Trauben für süßen Wein zur Überreife gebracht wurden, indem man ihre Stiele verdrehte und sie so am Weinstock hängen ließ, woraus sich schließen läßt, daß sonnengetrocknete, rosinierte Trauben am höchsten geschätzt waren.

Ohne Frage war Süße das angestrebte Ziel. Sie konnte zum Teil durch den holländischen Trick, nämlich unvergorenen Most und Branntwein beizumengen, erreicht werden.

Nicolas Bidet bestätigt in seinem «Traité sur la... Culture de la Vigne» von 1759, daß die Weine von «Barsac, Preignac und Langon» nicht nur süß waren, sondern wenn sie spät gelesen wurden, fand sich ihre Süße «verbunden mit Stärke und Lebendigkeit», und sie reiften über viele Jahre hinweg zu immer größerer Vollkommenheit. Bidet bestätigt ferner (mit Bezug auf Entre-Deux-Mers), daß wiederholt in Intervallen gelesen wurde, wobei man «nur Trauben abschneidet, die sehr reif sind».

Eine Theorie mit einer gewissen Anhängerschaft besagt, man – möglicherweise die Geistlichkeit – habe einfach nicht zugeben wollen, daß man Wein aus verfaulten Trauben machte; süßer Wein war ja auch der heilige Wein des Sakraments.

DAS ANERKANNTE PREMIER CRU DER GEGEND UM SAUTERNES IST CHATEAU D'YQUEM. Es steht als Festung schon seit dem 12. Jahrhundert auf dem höchsten Punkt der Gemarkung. Im 16. Jahrhundert kam das Château in den Besitz der Familie Sauvage d'Yquem, deren letzte Erbin, Françoise-Josephine, 1785 den jungen Comte Louis-Amédée de Lur Saluces heiratete. Der arme Louis-Amédée, ein Reiteroberst, stürzte drei Jahre später bei einem Manöver vom Pferd und kam zu Tode, die Familie Lur-Saluces aber sitzt heute noch auf Yquem.

Alexandre, der heutige Comte de Lur-Saluces, hat darauf hingewiesen, daß im 18. Jahrhundert und davor alle Weißweine so süß bereitet wurden, wie es die Natur zuließ. Ein moderner frischer trockener Wein wäre damals als ein sehr dünnes Getränk angesehen worden. Dasselbe galt auch in Graves (wo weitgehend weiße Rebsorten angebaut wurden), in Entre-Deux-Mers, in Cadillac sowie in Sauternes und Umgebung. Alle ernteten die Trauben so spät und reif wie nur irgend möglich. Der Unterschied lag in den natürlichen Voraussetzungen. Wo es viel Herbstnebel gab, trat regelmäßig Botrytis auf. Es kann also keinen Zweifel an der Süße der faulen Trauben

Allein unter den Premiers Crus zeigt Château d'Yquem schon nach außen deutlich die einstige Macht; vom höchsten Punkt in Sauternes aus beherrscht es das Tal der Garonne. Sein Wein kam jedoch erst im 18. Jh. zu einiger Bedeutung, und Weltruhm erlangte er erst in der Mitte des 19. Jh.

gegeben haben. In Sauternes folgt mehr als irgendwo sonst auf einen goldenen Herbsttag dichter Nebel aus dem Fluß. Der Wein war dort immer süßer als in Graves.

Die eigentliche Frage lautet nun, wann der Markt die Bereitung eines Weins nach Tokajer Art, also nur aus den edelfaulen Trauben, lohnend machte. Wenn in wiederholten Durchgängen geerntet und dabei ausgelesen, abgewartet und wiederum ausgelesen werden muß, dann ist dies ein sehr langwieriges und kostspieliges Unterfangen. Der Tokajer hatte sich unter des Fürsten Schutz und Schirmherrschaft entwickelt und an kaiserlichen Höfen einen Markt gefunden. Für einen so exotischen und teuren Wein fand sich aber Kundschaft in Bordeaux (und offenbar auch in Paris) erst in den letzten Jahren vor der Revolution.

DER BERÜHMTESTE KUNDE WAR THOMAS JEFFERSON. 1784 wurde er im Alter von 41 Jahren von der neuen Regierung der Vereinigten Staaten zunächst als Geschäftsträger und dann als Gesandter nach Frankreich entsandt, und zwar zu seinem beträchtlichen Mißfallen. Er war ein lakonischer, präziser Berichterstatter. In seinen tagtäglichen Aufzeichnungen lernt man so gut wie niemanden kennen, man findet auch keine Sehenswürdigkeiten; hier gibt es nur Statistiken, Details über das Land und seine Erzeugnisse, das Bild einer ausgehungerten Landbevölkerung sowie verdammende Betrachtungen über das vor seinem Untergang stehende Regime.

Zu den wenigen Momenten einer mäßigen Begeisterung zählen auch die, in denen er auf zwei Exkursionen durch Frankreich und Italien 1787 und 1788 eine Weinbauregion besuchte. Jefferson war sehr begierig, alles über den Weinbau zu lernen – zunächst um ihn in Amerika einzuführen, aber auch um sich selbst mit den besten Weinen zu versorgen, die er bekommen konnte.

In Bordeaux informierte er sich rasch über die roten Premiers Crus und führte auch ein Dutzend Gewächse der zweiten und dritten Rangstufe auf. «Von den Weißweinen», schrieb er, «sind die im Kanton Grave bereiteten in Bordeaux am meisten geschätzt.» Als am besten verzeichnete er Pontac (ein früheres De-Pontac-Gut), St-Brise (damals ein De-Pontac-Gut) und die Benediktinerabtei «De Carbonius» (heute Château Carbonnieux).

«Die in den oberhalb Grave zunächst gelegenen 3 Gemarkungen bereiteten Weine, die in Paris am höchsten geschätzt werden», schrieb er weiter, «sind 1. Sauterne. Der beste Ertrag gehört M. Diquem in Bordeaux oder M. de Salus, seinem Schwiegersohn.» Anschließend führte er «2. Prignac und 3. Barsac» auf. «Sauterne ist am gefälligsten ... und alle sind stärker als Grave» – hätte er die Weine probiert, dann hätte er gewiß das Wort «süßer» gewählt. Als er dann den Yquem, den er gekauft hatte, in Paris und später in Amerika kostete, sah er sich veranlaßt, folgendes niederzuschreiben: «Dieser (Yquem) erweist sich als der exzellenteste Wein und scheint dem Gaumen der Amerikaner besser zu behagen als irgendein anderer Wein, den ich je in Frankreich gesehen habe.» An Louis-Amédée (Jefferson wußte nichts von dessen Tod) schrieb er von Philadelphia aus: «Der Weißwein von Sauterne aus Ihrem Wachstum wurde von den Amerikanern, die ihn kosteten sehr gut aufgenommen. Unser Präsident, General Washington bestellt dreißig Dutzend (Flaschen), Sir ...»

ALS JEFFERSON BORDEAUX BESUCHTE, BEFAND ES SICH AUF DEM HÖHEPUNKT SEINER EXPANSION IM 18. JAHRHUNDERT – und am Vorabend der Revolution. Hier war alles Geschäftigkeit. Es gab hier keine hungernden Bauern und auch nicht die Spannungen des Klassenkonflikts, der in den Straßen von Paris so deutlich zutage trat. Beim Anblick der dichtbelebten Kais hätte niemand geglaubt, daß die Stunde der Guillotine so nahe bevorstand. Das Grand Théâtre war fertig – das Spiel aber war schon aus.

KAPITEL 27

Burgund hält fest an bewährter Vielfalt

DIE CÔTE D'OR FORMIERT SICH

Was jemand aus unserer Zeit, dem der Anblick der Rebenhänge der Côte d'Or vertraut ist, an einem Frühlingstag vor 250 Jahren mit dem Heißluftballon auf dem Cortonberg oder in den Weinbergen von Volnay oder Chambertin landen könnte, der würde sich nicht verirren. Freilich würde er sich die Augen reiben angesichts des seltsamen dichten Rebengewirrs ohne Drähte, aus dem überall grüne Triebe hervorschießen. (Die Dorfbewohner würden sich natürlich auch die Augen reiben, denn die Brüder Montgolfier hatten ihr Luftfahrzeug noch gar nicht gebaut.) Überrascht wäre man überdies, das Rebenpanorama durch so viele Hecken und Mauern unterbrochen zu sehen. Grundsätzlich aber würde man vom Kirchturm im Einschnitt zwischen den Hügeln bei Volnay bis zum Barett aus Wald auf dem Scheitel des Cortonbergs dieselben Weinberge erblicken wie heute. Und wenn man sich zu einem Weinkeller durchschlagen könnte, dann bekäme man dort im silbernen «Tastevin» einen durchaus nicht ungewohnten Wein kredenzt. An dem minzefrisch aufsteigenden Duft des Pinot Noir würde man erkennen, daß hier die Côte d'Or ist. Gerade der Duft ist der Schlüssel. Mit den Worten des Geistlichen Claude Arnoux, der 1728 «La Situation de la Bourgogne» verfaßte, haben die Burgunder Weine «süße Dünste». Man trinkt sie «auf zwei Arten, durch die Nase und durch den Mund, entweder gleichzeitig oder getrennt».

BURGUND ERLEBTE KEINEN DERARTIGEN AUFSCHWUNG WIE BORDEAUX IM 18. JAHRHUNDERT. Es wurden keine neuen Weine geschaffen, keine neuen Gegenden mit Wein bepflanzt. Das Bild von Bordeaux ist durch Expansion und Kreation gekennzeichnet; das von Burgund durch langsam sich entwickelnde Geschmacksvarianten und Techniken, neue Marktkräfte und insgesamt durch eine langsam fortschreitende Definition: ein immer klarerer Begriff von Charakter, Stil und Wert des Weins aus allen Teilen der Côte.

Freilich besteht Burgund nicht nur aus der Côte d'Or. Eine Ballonfahrt über die nördlichen und südlichen Bereiche der Region wäre weit weniger vertraut. Im Norden – in Niederburgund, wo heute um Chablis das einzige größere Weinbaugebiet besteht, wäre das Auge damals meilenweit über hügeliges Wein- und Obstbauland mit dazwischengestreuten Wäldern geschweift: rund 40 000 Hektar Rebfläche um Auxerre und Tonnerre (einschließlich Chablis), deren Ertrag an Rot- und Weißwein als Alltagsgetränk für Paris bestimmt war.

Südwärts, etwa entlang der heutigen Autoroute du Soleil, dehnte sich der Weinbau in ebenso dichtem Bestand mit kleinen Unterbrechungen bis hin nach Dijon. Châtillon-sur-Seine und Pouilly-en-Auxois waren Weinzentren; in Avallon stand auf dem Marktplatz ständig eine Weinkelter für die kleinen Winzer bereit, die zu keiner anderen

Zugang hatten. Bei Dijon, wo die einzigartige Hügelkette der Côte d'Or beginnt, drängten sich die Weinberge um die Stadt und folgten dann den Hängen südwärts, dehnten sich bei Gevrey eine Meile weit in die Ebene aus, reichten knapp hinauf zu den behaglich hingebreiteten Abteien Cîteaux und Mézières, schmiegten sich um die Hügel von Beaune herum, zogen sich bei Auxey in der Nähe von Meursault in die kleinen Täler hinter der Hügelkette hinein und verliefen durch die natürliche Bresche bei Chagny in eine gemischt genutzte Landschaft über Mercurey, Rully und viele Orte bis nach Chalon-sur-Saône.

Auf unserer Frühlingsreise sehen wir die Saône mit hochgeschwollenen Fluten als zwei Meilen breiten Strom, ein quer durch die Ebene gespanntes silbernes Band. Im Hintergrund zeigen sich die fernen Berge des Jura, ebenfalls noch zu Burgund gehörig, zwischen Wäldern und Weiden um Arbois, Château-Chalon und Poligny, mit dem Gelbgrün jungen Weinlaubs betupft.

Noch weiter südlich schaut man auf die grauen Dächer der gewaltigen Abtei Cluny herab. Die Hügel östlich von Mâcon – eigenartige Rampen, die allmählich ansteigen und urplötzlich wieder abstürzen wie erstarrte Brecher aus einem längst verebbten Sturm – sind intensiv mit unterschiedlichen Nutzpflanzungen kultiviert. Thomas Jefferson sagte, als er hier hindurchritt: «Dies ist das reichste Land, das ich je mit Augen schaute... Sie haben eine Art, den Anbau der Rebe mit Bäumen und Korn schön zu mischen.» Andere verglichen das Mâconnais mit der Provence, ja gar mit der Toskana und ihrer *cultiva promiscua*.

Schließlich, bevor wir Burgund verlassen und über die graugoldene Stadt Lyon gleiten, die sich um den Zusammenfluß von Saône und Rhône ausbreitet, kommen wir vorüber an den Bergen des Beaujolais mit ihren sanften Konturen. Die Hänge sind hier dichter mit Reben besetzt: An ihrem Fuß sind die Dörfer von den hohen Pflanzen des Gamay umgeben, die sich sodann fleckenweise bis oben in die Kastanienwälder hineinziehen. Hier und in den Hügeln von Mâcon befinden sich die neuesten Teile des Weinbaugebiets Burgund; sie entstanden weitgehend im 17. Jahrhundert. Von einem Ende Burgunds bis zum anderen, von der Grenze zur Champagne bis vor die Tore Lyons, verliert man die Reben jedenfalls kaum aus dem Blick.

LIEST MAN IN SCHRIFTEN AUS DER ZEIT UNSERER IMAGINÄREN BALLONREISE, dann hat man wiederum das Gefühl auffälliger Vertrautheit. Das Vokabular ist anders, einfacher, weniger bildhaft als heute. Dadurch treten aber die unveränderten Grundlagen nur um so klarer hervor. Die Kommentatoren aus dem 18. Jahrhundert (die meisten sind Geistliche – allen, die am fortdauernden Einfluß der Kirche auf den Weinbau zweifeln möchten, untergraben diese weinbaukundigen Äbte glatt die Argumente) waren die ersten, die für die feinen Unterschiede im Stil der Weine aus jeder einzelnen Gemarkung und für die am höchsten angesehenen Einzellagen Worte fanden. Bei der Lektüre hat man jedoch stark das Gefühl, daß sie nur einfach niederschrieben, was seit langem bekannt und durch die Tradition weitergegeben worden war. Der Unterschied zwischen Volnay und Pommard oder Chambertin und Nuits wurde nicht erst im 18. Jahrhundert entdeckt; seine Kenntnis geht schon zurück auf die Valois-Herzöge im 15. Jahrhundert und noch weiter auf die wegbereitenden Klöster und Kirchen. So wird langsam eine uralte Praxis in all ihrer Erfahrungstiefe und in aller Vielfalt lokaler Gebräuche geoffenbart, die in über 500 Jahren immer gleicher Tätigkeit an immer den gleichen Orten weiterentwickelt wurden. *Terroir* ist in Burgund das fast mystische Wort für die unveränderliche Einheit aus Boden, Lage und allen Facetten der Umwelt, in der ein Weinstock steht. Das *terroir* bringt den Pinot Noir zum Ausdruck und der Pinot Noir das *terroir;* auf beiderlei Art bilden beide – eng miteinander verbunden – den Schlüssel zur Vielfalt der Côte d'Or.

DIE CÔTE D'OR FORMIERT SICH

Aus der Ballonfahrerperspektive wird deutlich, wie schmal das Band der Weinberge an der Côte d'Or eigentlich ist.
Die erste Karte *(unten)* dieser Gegend von Claude Arnoux stammt aus dem Jahr 1728. Die Flüsse spielen in seiner Darstellung eine unverhältnismäßige Rolle, und die sanften Hügel erscheinen eher als eine Bergkette, doch die Weinzentren sind eindeutig gekennzeichnet, wobei man nur in der Schreibweise einiges weglassen oder hinzufügen muß.

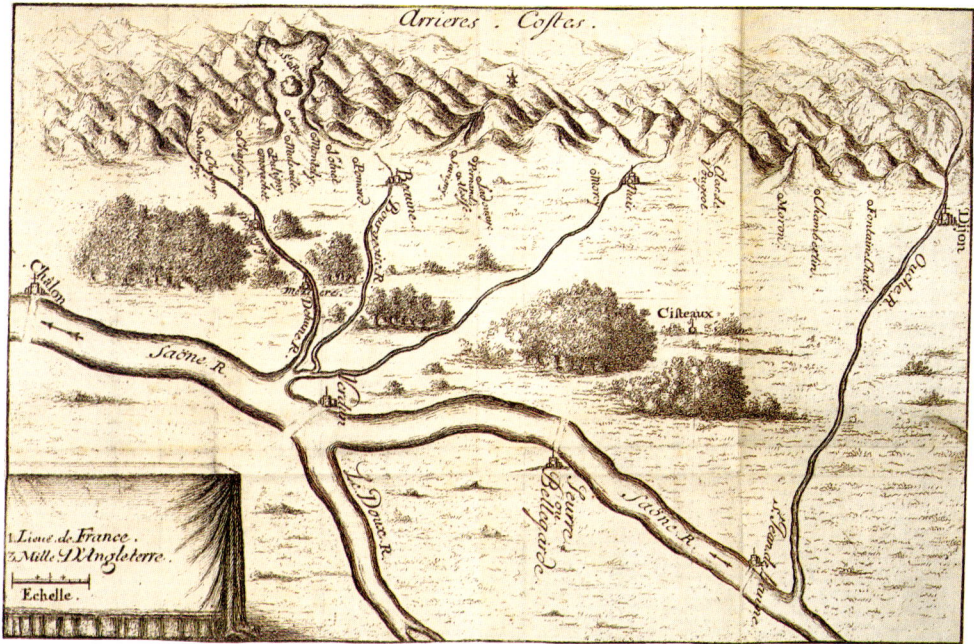

NUN WAREN IM 16. UND 17. JAHRHUNDERT DIE VERÄNDERUNGEN NICHT AUSGEBLIEBEN: Gute Weißweine wurden eingeführt und die Nachfrage nach einfachen Weinen erhöht, was bedeutete, daß die Gamay-Rebe über Herzog Philipps Leiche in die Côte d'Or eingedrungen war und die Weinberge sich von den Hängen herab in die Ebene vorgeschoben hatten. Die einstige Domäne der Herzöge selbst hatte ihren Niedergang erlebt, im 17. Jahrhundert begann die Kirche, Land an die Bürgerschaft von Dijon zu verkaufen.

Dijon hatte wie Bordeaux ein eigenes *Parlement,* und um etwa dieselbe Zeit wie dort, also etwa um 1600, begann es auch hier die Ratsherren nach den prestigeträchtigen Weinbergen vor ihrer Tür zu gelüsten. Anders als die Parlementaires von Bordeaux konnten sie aber den Anfang nicht mit dem Aufkauf kargen Pachtlands auf ungenutztem Grund und Boden machen. Statt dessen boten sie den Äbten und Kapiteln scheinbar großzügige Bedingungen für ihre Weinberge an: zuerst bares Geld und dann einen Anteil am Weinertrag bis zum Jüngsten Tag. So verkaufte die Abtei St-Vivant 1631 Romanée in Vosne, die Kathedrale in Langres gab 1651 den Clos de Bèze ab, und die

Zisterzienser in Cîteaux trennten sich 1660 von ihrem Besitz in Corton und 1662 vom Clos de la Perrière in Fixin bei Dijon. 1660 veräußerte das Kapitel Saulieu das ihm von Kaiser Karl dem Großen anvertraute Vermächtnis, den berühmten Corton-Charlemagne.

Vielleicht zum Teil infolge von Investitionen aus Dijon standen fast das ganze 17. Jahrhundert hindurch die *vins de Dijon,* das heißt also die Weine vom nördlichen Ende der Côte de Nuits, am höchsten im Kurs. Chambertin und der Clos de Bèze, etwa eine Stunde zu Pferd von der Stadt entfernt nebeneinander gelegen, galten als die allerbesten. Die Weine dieser Lagen waren ausnahmslos rot. Später im Jahrhundert kam Volnay an der Côte de Beaune in Mode, jedoch durch einen ganz andersartigen Wein: Er war sehr hell, fast wie der *œil de perdrix* aus der Champagne, bekannt unter dem Namen «vin paillé» (*paille* heißt Stroh), weil die Trauben zwischen Lagen aus Stroh gepreßt wurden, damit ihr Saft möglichst schnell abfloß. Es waren *vins non-cuvés*; offenbar wurden sie ohne vorheriges Stampfen unmittelbar in die Kelter gegeben und nicht im geringsten im Bottich mit den Schalen zusammen vergoren. «Die Trauben von diesem *terroir* läßt man nur kurze Zeit in der *cuve,* man kann sie dort nur kurz belassen», sagte Arnoux. «Läßt man sie nur einen Augenblick länger als nötig darin, verliert der Wein seine Delikatesse und riecht nach den Rappen oder Stielen, an denen die Beeren angewachsen sind.» Der Volnay wurde damals mit einem hohen Anteil an Fromenteau (Pinot Gris) bereitet, einer Traube also, die nur sehr wenig roten Farbstoff in der Schale hat.

Während zu jener Zeit die Reputation der Champagne dadurch wuchs, daß man dort den Burgunder mit möglichst roten Weinen nachzuahmen begann, revanchierte sich Burgund (oder zumindest Volnay), indem es einen Wein hervorbrachte, der dem «Vin Gris» von der Montagne de Reims nicht unähnlich war. Der Volnay war ein Primeur-Wein: *premier potable* – als erster nach der Lese trinkreif. «Dieser Hang bringt den feinsten, lebendigsten, delikatesten Wein in Burgund hervor... Der allerbeste kommt aus einem Teil des Weinbergs, der den Namen Champan trägt», lautet eine Notiz von Arnoux aus dem Jahr 1728; der Volnay hatte sich also seither im Stil nicht verändert, und noch 1775 wurde er als «der feinste, der leichteste, der zuerst trinkreife» bezeichnet.

ES IST VIEL ÜBER DIE RIVALITÄT ZWISCHEN BURGUND UND DER CHAMPAGNE GESCHRIEBEN WORDEN. Als Ludwig XIV. von seinem Leibarzt Fagon den Rat bekam, er solle reifen «Nuys» (Nuits St-Georges) trinken, wurde dies als ein großer Reklame-Coup für Burgund empfunden. Daß aber Wein als Arznei empfohlen wird, steht in vollster Übereinstimmung mit Überzeugungen, die bis ins Mittelalter zurückreichen, als der Savigny aus einem Nachbarort von Beaune als *nourrissant, théologique, morbifuge* – nahrhaft, theologisch und Krankheiten vertreibend (eine wenigstens zum Teil recht dunkle Aussage) – bezeichnet wurde. Erasmus machte dem Wein von Beaune das Kompliment, er sei «gut verdaulich». Wieviel Wert aber sollen wir der Tatsache zumessen, daß Fagon nicht etwa die leichten «Primeur»-Weine aus Volnay oder von der Côte de Beaune vorschrieb, die ja in der Art dem Champagner am nächsten kamen, sondern vielmehr den Nuits, der anscheinend schon immer als *vin de garde* – ein Wein zum Aufbewahren (wenn auch damals nur für drei bis vier Jahre statt bloß einem) – angesehen wurde und noch heute wird?

Burgund scheint sich im 18. Jahrhundert in mehreren verschiedenen Übergangsstadien befunden zu haben. Die beiden Teile der Côte d'Or – die Côte de Nuits von Dijon bis Nuits-St-Georges sowie die Côte de Beaune von Corton südwärts bis Santenay – hatten unterschiedliche Traditionen. Die Côte de Beaune war in mehrfacher Hinsicht im Rückstand. Sie verfügte über weniger spezifische «Crus», größere Lagen in einer Hand. Die Bezeichnung «Clos» kommt hier viel seltener vor als an der Côte de Nuits.

Die Weinberge der Côte de Beaune waren noch immer unsäglich überfüllt mit einem Gewirr von Pflanzen, das sich ganz nach Zufall und Belieben durch *provignage,* also Absenker, weitervermehrte. Wenn sich die Rebentriebe am Boden lagern, schlagen sie immer wieder neue Wurzeln, flach unter der Erdoberfläche bleibende Wurzeln. Ihr Wein hat deshalb zumeist eher die Qualität eines solchen von jungen Reben als von alten: Er ist leichter und es fehlt ihm an Tiefe und Kraft im Geschmack. Da dieser Wein traditionsgemäß dazu bestimmt war, früh getrunken zu werden, gab man sich auch keine große Mühe, die besten Trauben auszulesen oder das Erntegut der besten Lagen getrennt zu halten. Claude Arnoux macht dies eindeutig klar: «Diejenigen, welche exzellente Weine bereiten wollen, bringen nur die Trauben aus einem einzigen Weinberg zusammen in ein Faß; da aber fast alle Privatbesitzer (an der Côte de Beaune) Rebengrundstücke in verschiedenen Lagen haben, mischen sie die Trauben miteinander, damit das Kräftigste das Schwächliche unterstützt, das Gute das weniger Gute korrigiert, mit einem Wort um möglichst viele und große Fässer vollzubekommen.»

Ausnahmen hiervon bildeten die Weinberge in Meursault und Puligny (sowie einige in Volnay und Chassagne), wo man sich auf Weißweine zu spezialisieren begonnen hatte. Dies war eine der hauptsächlichen Veränderungen im 17. Jahrhundert gewesen. Der Montrachet, der berühmteste Weinberg für weißen Burgunder, wird etwa um 1600 erstmals namentlich erwähnt. Am Anfang des 18. Jahrhunderts war der Montrachet und in etwas geringerem Maß auch der Meursault als Weißwein, zumindest auf gleicher Stufe mit dem schon länger etablierten Chablis aus Niederburgund, anerkannt: Der «Mulsault» war «so fein und klar wie Quellwasser», aber der «Morachet», der noble Besitz der Familie Clermont-Montoison, «hat eine Ader im Boden, die sein Terroir einzigartig macht. Er bringt den eigenständigsten und köstlichsten Weißwein Frankreichs hervor.» Arnoux meint, kein Côte-Rôtie und kein Muscat de Frontignan kämen ihm gleich. Montrachet mußte ein Jahr im voraus bestellt werden, weil er so gefragt war und es so wenig davon gab. «Dieser Wein hat Qualitäten, deren Süße weder die lateinische noch die französische Sprache ausdrücken kann. Ich habe ihn getrunken, als er sechs und sieben Jahre alt war; mir fehlen die Worte, um seine Delikatesse und Vorzüglichkeit zu beschreiben.» Er wurde zum großen Teil von Chardonnay-Trauben gewonnen, die in Chablis seit langem «Beaunois» genannt wurden. Im Jahr 1511 hatte sich die Abtei St-Germain-des-Prés bei Paris Stecklinge von Chardonnay erbeten. Wahrscheinlich standen aber auch Fromenteau, Pinot Blanc und vielleicht Aligoté in den Weinbergen.

ARTHUR YOUNG

Der englische Schriftsteller und Landwirtschaftsreformer Arthur Young bereiste Frankreich um dieselbe Zeit wie Thomas Jefferson und setzte seine ausführlichen Studien dieses Landes auch noch unter Gefahren der Revolution fort, obwohl es inzwischen ungewiß war, wer von Ort zu Ort die Herrschaft hatte. Hier besucht er die Côte d'Or: «2. August... nach Beaune; rechterhand eine Hügelkette mit Reben besetzt und linkerhand eine flache Ebene, ganz offen und zu nackt. In der unbedeutenden Stadt Nuys (Nuits-St-Georges) beziehen täglich vierzig Mann Wache und in Beaune ein großes Corps. Ich bin mit einem Passierschein des Bürgermeisters von Dijon und mit einer flammenden Kokarde des Dritten Stands versehen und hoffe daher, Schwierigkeiten zu entgehen; allerdings sind die Berichte über die Unruhen unter den Bauern so schrecklich, daß es unmöglich scheint, in Sicherheit reisen zu können. Halt in Nuits zwecks Erkundigungen über die in Frankreich, ja in ganz Europa so berühmten Weinberge dieser Gegend; den Clos de Vougeot, 100 Journaux groß, ummauert und im Besitz eines Bernhardinerklosters, besichtigt. Wann würde man je finden, daß diese Mönche eine schlechte Wahl getroffen hätten? Die Stellen, die sie sich aneignen, lassen erkennen, welch rechtschaffene Aufmerksamkeit sie geistigen Dingen schenken.»

Eine Kuriosität der Weingeschichte ist, daß Montrachet und Meursault sowie Puligny und ein Teil von Chassagne nebenan zu ihrer Spezialität durch die Kombination von hartem Kalkstein und schwerem Lehm im Boden entgegen ihrer Neigung gezwungen worden sind. So gut ihre Weißweine nun auch waren, sie brauchten doch lange, bis sie im Preis die Rotweine der Nachbargemeinden einholten, und deshalb lebten die Einwohner der Weißweinorte im 18. Jahrhundert in relativer Armut. Jeffersons Notiz lautet: «In Pommard und Voulenay sah ich sie gutes Weißbrot essen, in Meursault aber Schwarzbrot. Ich fragte nach dem Grund dieses Unterschieds. Man sagte mir, daß der Weißwein in der Qualität öfter mißrät als der rote, so daß man darauf sitzenbleibt. Der Bauer kann es sich deshalb nicht leisten, seine Arbeiter so gut zu ernähren. In Meursault wird nur Weißwein angebaut, weil es für Roten zu steinig ist. Auf so geringfügigen Umständen beruhen die Lebensbedingungen der Menschen!»

AN DER CÔTE DE NUITS WAR DER BEGRIFF DES «CRU» SCHON WEITERENTWICKELT. Die dortigen Rotweine waren und sind heute noch allgemein körperreicher und nicht so angenehm *en primeur* zu trinken. Wieviel davon den Mönchen, Bischöfen und Adeligen zu

---

EIN SPRACHFÜHRER

Claude Arnoux (1695–1770) war ein Geistlicher aus Beaune, der nach London zog und dort Latein und Französisch lehrte, nebenbei aber auch die Weine seiner Heimat Burgund verkaufte. Sein Buch «La Situation de la Bourgogne» aus dem Jahr 1728 ist nicht nur eine klare und knappe Übersicht über die Weine der damaligen Zeit und ihre Bereitung, es muß zugleich auch ein erster Versuch der Werbung für direkten Vertrieb gewesen sein, denn es stellte die Verbindung zwischen englischen Kunden und *commissionnaires* aus Beaune her.

Arnoux veröffentlichte 1761 auch einen englisch-französischen Sprachführer, der – wie er schrieb – geistvoller und aktueller sein sollte als alle anderen seiner Art. Manche Kapitel, etwa das über den vornehmen Herrn, der sich von seinem Kammerdiener ankleiden läßt, oder das über den Umgang mit einem Perückenmacher, sind recht lustig. Eine Auswahl aus dem Kapitel «Über den Einkauf von alkoholischen Getränken» wirft interessante Schlaglichter auf das sich allmählich entwickelnde Vokabular der Weinkoster zu einer Zeit, als sich die Weinkennerschaft von einem kleinen aristokratischen Kreis auf die bürgerliche Welt als mögliche Kundschaft solcher Sprachführer auszubreiten begann. Zufällig erschien in demselben Jahr in London auch das erste Kellerbuch.

A – Habt Ihr guten Wein in Eurem Keller?

B – Es gibt, glaub' ich, in London nicht besseren. Wollt Ihr Euch bemühen herabzusteigen?

A – Gern. Laßt uns einiges von Eurem besten Port, Burgunder und Champagner kosten.

B – Möchtet Ihr auch Weißwein? Hellroten Wein zwischen weiß und rot oder nelkenfarbenen (*du vin paillet, du vin gris, du vin couleur œil de perdrix*)? Claret, Rotwein (*du vin clairet, du vin rouge*)... das ist exzellenter, exquisiter Wein. Wein mit Körper (*qui a du corps*). Spritziger Wein (*qui a du montant*). Geschmeidiger, süffiger Wein (*du vin coulant et aisé à boire*). Üppiger Wein (*qui a de la liqueur*). Wein der ersten und zweiten Pressung (*du vin de la première et de la seconde cuvée*). Wein, der Wasser verträgt.

A – Habt Ihr nicht auch groben, kleinen und schwachen, unreifen Wein (*N'avez-vous point aussi de gros vin, de petit vin, de vin foible, verd*)? Rauhen, harten, schweren Wein, der zu Kopf steigt (*de vin dur, fumeux et violent, de vrai casse tête*)? Wein mit einem Stich, faden oder schalen Wein (*de vin gâté, de vin éventé ou sent l'évent*)? Gepanschten Wein (*frélaté*)?

B – Mein Herr, wisset, daß ich nichts von solchem Zeug verkaufe.

A – Merkt Ihr nicht, daß ich zu scherzen beliebe? Kommt, laßt mich Eure Weine kosten... Dies ist das Faß, auf das meine Wahl fällt; laßt es mich markieren, und dieses... Füllt sie hier auf vor meinen Augen und laßt es mich über den Spund markieren, auf daß niemand sich daran zu schaffen mache.

B – Mißtraut Ihr mir, mein Herr? Dennoch, Ihr sollt Euren Willen haben.

A – Vergebt mir. Ihr Weinhändler seid gute, ehrliche Leute, aber Eurem Gesinde kann man nicht trauen.

verdanken ist, die ihre Bemühungen auf dieses Gebiet konzentriert hatten, ist schwer zu beurteilen; es scheint aber, daß hier die Selektivität mehr zur Tradition gehörte als an der Côte de Beaune. Die Weinberge waren durchweg nicht so überfüllt und wurden längst durch Stecklinge bepflanzt, die ein tiefer reichendes Wurzelwerk entwickeln als Absenker. Im 18. Jahrhundert wählten die Besitzer der besseren Crus die besten Trauben aus und bereiteten davon getrennte *cuvées*; das Faß mit dem besten Wein wurde «Tête de cuvée» genannt. Alle Bestrebungen waren darauf gerichtet, den eigenständigen Charakter möglichst gut zur Geltung zu bringen, was man durch sorgfältigeres Stampfen und längere Gärung zusammen mit den Schalen vor dem Abpressen zu erreichen suchte. Dadurch aber wurde der Wein dunkler und gerbstoffreicher und mußte entsprechend länger reifen.

Um 1780 befürwortete der einflußreichste Autor einschlägiger Lehrbücher, der Abbé Rozier, erforderlichenfalls die Beimengung von Honig und Most, um dessen Zuckergehalt und dementsprechend die mögliche Alkoholstärke zu erhöhen. 1763 sagte der Abbé Teinturier (zu deutsch «Färber»; sein Name bezeichnet zufällig auch Trauben mit roter Schale und rotem Fruchtfleisch) den «Ausländern» – Flamen, Deutschen und Nordfranzosen – nach, sie wünschten den Burgunder so dunkel und schwer wie nur möglich, und dies sei verdammenswürdig. Als Napoleons Innenminister Chaptal empfahl, Zucker beizumischen, um dem Wein höheren Alkoholgehalt zu verleihen, wurde der Grund zu der noch heute bestehenden falschen Vorstellung vom Burgunder als einem alkoholstarken, schweren und dunklen Wein gelegt – sie trat bald hervor und stellte den Charakter und den Ruf der Region auf den Kopf.

Inzwischen hatte sich die eigenartige Situation ergeben, daß an der Côte de Nuits ein gewisser Anteil Weißweintrauben in den Weinbergen angebaut wurde, um die Neigung des dortigen Weins zu tiefer Farbe und anfänglicher Härte des Geschmacks zu mildern, während an der Côte de Beaune genau das Gegenteil geschah. Im Lauf des 18. Jahrhunderts wurden dort die Bestände an hellen Trauben vermindert, damit der Rotwein ein ausgeprägteres Rot erhielt – nur Volnay scheint eine Ausnahme gemacht zu haben. Bis zur Mitte des 19. Jahrhunderts wurden an der Côte de Nuits noch Weißweine produziert, und zwar aus Weinbergen, die in die Bestände an Rotweintrauben eingestreut waren. Beispielsweise gab es einen weißen Chambertin. Keine Gemarkung und kein Cru befaßte sich jedoch eingehend mit Weißwein, weil dazu keine Notwendigkeit bestand, und schließlich war praktisch alles Land vom Pinot Noir erobert.

Nach und nach verlieh die an der Côte de Nuits geübte Praxis, von den besten Weinen aus ihren Clos jeweils die *tête de cuvée* zu bilden, ihren Erzeugnissen sowohl in der Individualität als auch in der Ausbaufähigkeit über lange Zeiträume einen entscheidenden Vorsprung. Beim langjährigen Reifen stellten sich dann neue Qualitäten heraus: Das liebliche, jedoch relativ einfache, frische und ausgeprägte Aroma des Pinot Noir verwandelte sich im reifen Wein in ein Bukett von ungeahnter Subtilität und Tiefe.

Natürlich ist hier die Rede von den Crus mit den höchsten Ambitionen, meist solche mit adeligen oder geistlichen Eigentümern, immer mehr aber auch die Besitzungen der Ratsherren und Kaufleute aus Dijon, die keine Mühe scheuen. Die berühmteste aller Lagen war der Clos Romanée des Fürsten Conti. Jeder Winzer mußte die Krume seines Weinbergs erneuern, wenn ein Wolkenbruch sie ins Tal gespült hatte, oder wenn sie ihre Fruchtbarkeit eingebüßt hatte. Mit Dünger wurde schon immer vorsichtig umgegangen, damit nicht der Geschmack durch ihn beeinträchtigt wurde. Besser war es, neuen Mutterboden aufzuschütten. La Romanée-Conti aber wurde 1749 mit Hunderten von Wagenladungen frischen Bodens aus den Arrières-Côtes, den Hügeln hinter der Côte d'Or, erneuert.

Als die Kirche sah, wie sehr manche Weinberge, die sie ein Jahrhundert zuvor verkauft hatte, inzwischen im Wert gestiegen waren, unternahm sie vergebliche Versuche, das Land zurückzukaufen. Der neue Besitzer des Clos de Bèze, Monsieur Jobart, wurde sogar beschuldigt, der Wein, den er dem Kapitel in Langres liefere, sei nicht gut genug. Aller Wahrscheinlichkeit nach war dieser Wein sehr viel besser als ein Jahrhundert zuvor; was die Kirche in Wirklichkeit schmerzte, war der Wertzuwachs des Lands, das sie verkauft hatte.

DIE ERSTE OFFIZIELLE KLASSIFIZIERUNG DER CÔTE D'OR wurde erst 1861 von Dr. Jules Lavalle für das Comité d'Agriculture de Beaune zur Pariser Weltausstellung im darauffolgenden Jahr unternommen – zweifellos angeregt durch den Erfolg der Klassifizierung von Bordeaux aus ähnlichem Anlaß im Jahr 1855. Es stellte sich nun heraus, wie groß der Vorsprung war, den die Côte de Nuits ihren Ambitionen verdankte. Es gab dort weit mehr *têtes de cuvée* als an der Côte de Beaune – trotzdem meinten die Weingutsbesitzer von der Côte de Nuits, sie seien nicht recht gewürdigt worden. Schließlich wurden die *têtes de cuvée* durch das neue Gesetz der Appellation d'Origine Contrôlée in den 1930er Jahren zum «Grand Cru»-Status aufgewertet. Damit war der Vervollkommnungsprozeß bei der Weinbereitung Bestandteil der Geographie geworden. Unter den Rotweinen der Côte de Nuits gab es nun rund 20 Grands Crus, an der Côte de Beaune aber nur eines: Corton. Dagegen gibt es ausschließlich an der Côte de Beaune Grand-Cru-Weißweine.

Nie wird der Streit darüber verstummen, ob der Boden der Côte de Nuits (in all seiner Unterschiedlichkeit) an sich besser für Pinot Noir ist oder ob die Côte de Beaune bei gleichartigen Traditionen und Motivationen ebenfalls *têtes de cuvée* hätte heranbilden können, die den Grands Crus gleichgekommen wären. Es werden keine größeren Parzellen Weinberge mehr erworben und zu Experimenten genutzt. Die verschiedenen Crus von Burgund existieren seit dem Ende des 18. Jahrhunderts nicht nur als physische Fakten (die jetzt durch Gesetz geheiligt sind), sondern auch als metaphysische im Verständnis der *clientèle*. Entsprächen sie nicht der Wirklichkeit und den an sie gestellten Erwartungen, würden sie zerfallen. Den Beweis für diese Behauptung findet man im Clos de Vougeot, dem ersten, größten und berühmtesten aller Crus.

Seine Schöpfer, die Zisterzienser, brachten ihren großen Clos nach und nach zusammen und bewirtschafteten ihn schließlich als eine Einheit – alle 48 Hektar gemeinsam. Ihre *tête de cuvée*-Auslesen trafen sie je nach Jahrgang. Im allgemeinen war der Wein aus dem oberen Teil des Hangs am besten; in bestimmten Jahren zeigte der Wein von der Mitte des Hangs bessere oder ergänzende Eigenschaften, und manchmal erhob sich der Wein von ganz unten an der Straße über das Mittelmaß; dann wurde befunden, er habe der Cuvée etwas zu bieten. Der berühmte Abbé Teinturier faßte den Leitgedanken so: «Wir brauchen gekochte, gedörrte und grüne Trauben; auch die letzteren sind notwendig; in der *cuve* gewinnen sie durch Vergären mit den anderen; sie bringen dem Wein Lebendigkeit.» Selbst Arnoux, der das Mischen aller Sorten zur Erzielung größtmöglicher Mengen so sehr verdammte, sagt: «Die *mère goutte* (der Saft, der vor dem Pressen abläuft) ist am leichtesten, am delikatesten und am hellsten; der Saft aus der ersten Pressung ist gehaltvoller; und der aus der zweiten und dritten Pressung härter, röter und schärfer, so daß die drei Arten zusammengenommen erst einen besseren, haltbareren und dunkleren Wein ergeben.»

Alle Möglichkeiten des kreativen Selektierens standen dem Besitzer einer größeren Lage offen. Dafür war der Clos de Vougeot das beste Beispiel. Seit 1889 aber ist er in so viele kleine Parzellen aufgeteilt und verkauft worden, daß sich heute 80 Erzeuger rühmen können, einen Anteil am Clos de Vougeot zu besitzen. Ein Grand Cru ist er nur noch dem Namen nach, das Echte, Homogene ist verlorengegangen. Gute Erzeuger machen dort zwar immer noch wunderbare Weine, doch die Lage allein bedeutet nicht viel.

DIE CÔTE D'OR FORMIERT SICH

Dieses «getreue Abbild der Stadt Beaune» zeigt sie 1575 noch immer von ihrem Graben und ihren mittelalterlichen Mauern umgeben. Inzwischen ist der Burggraben trockengelegt und das Château in der Mitte zum großen Teil abgerissen, die Stadt selbst sieht aber heute kaum verändert aus.

WENN VON DER ZERSPLITTERUNG DIE REDE IST, DIE JA BIS HEUTE GRÖSSTE TRAGWEITE HAT, muß man den Blick weit über das 18. Jahrhundert hinaus richten. Eingeleitet wurde sie durch die Französische Revolution, als die Ländereien der Kirche und der Adeligen konfisziert und als «Biens Nationaux» versteigert wurden. Unter den Offizieren, die das Kloster Cîteaux einschließlich Vougeot enteigneten, war Napoleon Bonaparte.

Das Schicksal des Clos de Vougeot ist typisch für das Chaos in jener Zeit und für die Big-Business-Atmosphäre, die nun bald Platz griff. 1791 wurde er als nationales Eigentum versteigert, doch der Höchstbietende zahlte dann nicht. Es blieb keine andere Wahl, als den letzten Kellermeister der Abtei, einen populären Mönch namens Dom Lambert Goblet, zu bitten, seine gute Arbeit im Namen des Volkes weiterzuführen. Im Namen der Egalité kauften dann zwei Pariser Bankiers den Clos jeweils zur Hälfte. 1818 wurde der Clos de Vougeot nominell in der Hand eines anderen Bankiers, Victor Ouvrard, wiedervereinigt. Dieser schenkte ihn seinem 19jährigen Cousin Julien-Jules. In Wahrheit stammte das Geld für den Kauf von dessen Vater Gabriel-Julien Ouvrard – er war einer der großen Waffenhändler der napoleonischen Kriege und Bonapartes persönlicher Bankier. Anscheinend war er pikiert darüber, daß ein anderer seiner Kunden Château Lafite gekauft hatte.

Der junge Ouvrard war ein würdiger Besitzer. Nicht nur zog er in die Nähe und nicht nur wurde er Bürgermeister, sondern er leitete auch mehrere andere Crus, unter anderem das von La Romanée-Conti, deren Weine unter ihm im Clos de Vougeot gekeltert wurden. Als er 1861 starb, wurde der Clos de Vougeot unter die vier Kinder seiner Schwester Betsy aufgeteilt. Diese boten ihn in mehreren Teilen zum Verkauf an. Baron Thénard rettet den Clos vor den Engländern und verkaufte ihn wieder den Nachkom-

DIE CÔTE D'OR FORMIERT SICH

men Ouvrards. 1887 brachten sie den Clos wiederum auf den Markt. Wiederum mißlang der Verkauf: Ein Käufer namens de Vilaine war zu sehr mit Jagen beschäftigt und erschien erst gar nicht. 1889 endlich (als die Reblaus dem Weinbau ernstlich Schaden zu tun begann) wurde der Clos de Vougeot an 15 *négociants* aus Beaune, Dijon und Nuits verkauft, und nun setzte die weitere Zersplitterung ein. Die jahrhundertelangen Anstrengungen, die Bildung zusammenhängender Crus aus den gehäuften Terroirs an der Côte, wurden Stück für Stück zunichte gemacht. Kaum ein Weinberg gehört heute einem einzigen Besitzer, die meisten sind mehrfach aufgeteilt – um so geringer die Chance einer vollendeten *tête de cuvée*.

WER TRANK NUN IM 18. JAHRHUNDERT BURGUNDER, wie gelangte er zu seiner Kundschaft? Um die Mitte des Jahrhunderts gab es in diesem Punkt zwar nicht gerade eine Revolution, wohl aber eine beträchtliche Erweiterung der *clientèle*. Wie wir schon gehört haben, hatte Beaune schon seit der Römerzeit mit Transportproblemen zu kämpfen. Es ist ja das einzige große Weinzentrum ohne Fluß. Seine Weine mußten also besonders wertvoll sein, damit sich die hohen Kosten (und Risiken) eines wochenlangen Transports mit Ochsenkarren auf miserablen Straßen und Wegen lohnten. Um 1700 bestand daher die *clientèle* aus dem seit langem bewährten Kreis: Dijon, die Gegend an der Saône von Chalon bis Lyon und zur Rhone, im Norden Flandern, das auf dem mühseligen Landweg beliefert wurde, und schließlich in geringerem Umfang auch Paris, das durch Straßentransport bis Auxerre und von dort aus weiter mit dem Lastkahn auf der Yonne und der Seine zu erreichen war.

In den 90er Jahren des 17. Jahrhunderts und im Jahr 1709 litt die Côte d'Or durch strenge Winter schweren Schaden, während die Rhone und die neuen Weinberge im Beaujolais weitgehend verschont blieben. Plötzlich sah sich Beaune von einer Konkurrenz bedrängt, von der sie vorher nichts gespürt hatte: Wein von der Rhone strömte in großen Mengen nach Paris (aber auch nach Beaune, wo man in seiner Stärke gute Möglichkeiten zum Mischen mit anderen Weinen erkannte).

Es gibt eine Legende, in der sich die Bemühungen jener Zeit spiegeln. Pierre Brosse aus Charnay, ein Winzer von enormer Körpergröße, beschloß, für seinen Mâcon-Wein Absatz in Paris zu suchen. Mit seinem mit Fässern hochbeladenen Ochsenkarren

---

WEINGELEHRTE

Seit dem 15. Jahrhundert nahm Beaune die Wahrung seines guten Rufs sehr ernst. Das Amt des *courtier-gourmet* wurde 1607 nach strengsten Maßstäben neu geordnet. Der Eintritt in die Zunft geschah über eine Prüfung, fast wie sie heute ein Master of Wine ablegen muß. 1615 gab es in Beaune sechs *courtier-gourmets*. Bei der Prüfung ihres Geschmackssinns wurde ihnen oft derselbe Wein in verschiedenen Bechern gereicht – ein Trick, der heute noch üblich ist. Ein Courtier mußte seinen Wohnsitz innerhalb der Stadtmauern nehmen und durfte ohne besondere Genehmigung keinen Wein auf eigene Rechnung oder für einen abwesenden Kaufmann erwerben. Er mußte aus jedem Faß selbst probieren, bevor er einen Wein zur Kennzeichnung mit Datum und *marque*, dem amtlichen Zeichen der Stadt, präsentieren durfte. Auch mußte er der Obrigkeit zweimal monatlich ausführlich Rechenschaft über seine Tätigkeit geben.

Gegen Ende des 17. Jahrhunderts wurden die *courtiers* allmählich von den *commissionnaires* verdrängt, denen Befugnis erteilt war, die Käufer zu vertreten. Claude Arnoux beschreibt sie als «Kenner, die seit uralter Zeit vom Vater auf den Sohn überkommene persönliche Erfahrung mit allen Cuvées besitzen und die Weinberge, die Clos und alle guten Keller kennen». Sie führten so etwas wie Laboranalysen durch, indem sie Wein durch Papier filterten und die Trübstoffe begutachteten. Verlangte ein Commissionnaire mehr als die amtlich festgesetzte Provision, dann drohte ihm der Galgen.

machte er sich auf den Weg nach Versailles. Er ging in der Schloßkapelle zur Messe, wo der König diesen Riesen bemerkte. Er ließ ihn nach dem Gottesdienst zu sich rufen. Brosse gab dem König Kostproben. Nun gingen rasch Bestellungen ein ...

UM DIE MITTE DES JAHRHUNDERTS GAB ES MEHRERE ENTWICKLUNGEN, DIE EINEN BETRÄCHTLICHEN WANDEL SCHUFEN. Die erste war eine längst überfällige Maßnahme zur Verbesserung der Straßen unter Führung des reformfreudigen Ministers Turgot, die für einen viel rascher zu bewältigenden Weg nach Auxerre sorgte und die Reise nach Flandern auf zwei Wochen verkürzte. Die Frachtkosten fielen von etwa dem Zweifachen des Weinpreises auf ein Fünftel (bei besserem Wein). 1776 schaffte Turgot viele der Vorschriften ab, die der Bewegungsfreiheit des Weins in Frankreich hinderlich gewesen waren.

Ein anderer Trend stand hiermit in Verbindung. Es war dies die Verflechtung des in Ostfrankreich schon lange etablierten Tuchhandels mit Flandern. Unter den ersten, die dann diesen mit dem Handel mit Burgunder Wein verbanden, befand sich Michel Bouchard, ein Kaufmann aus der Dauphiné in Südostfrankreich. Er kam regelmäßig durch Beaune, wenn er Textilien in Lüttich, Antwerpen oder Brügge kaufen wollte. In den 1730er Jahren nahm er von Beaune aus Wein mit nach Norden und machte guten Gewinn. Dasselbe gelang ihm auf dem Rückweg in Beaune mit Textilien. Das Handelshaus Bouchard Père et Fils, das er damals gründete, besitzt noch ein Beweisstück aus jener Zeit: ein Pergamentbuch, von vorn her durchgeblättert voller Stoffmuster, von hinten her eine Weinpreisliste. Drei weitere Handelshäuser, die es heute noch in Beaune gibt, Champy, Poulet und Chanson, wurden damals gegründet.

Die alte Art des Weinkaufs und -verkaufs durch den *courtier-gourmet* war stets von der Stadtobrigkeit strengstens kontrolliert worden. Es war ihm nur erlaubt, die Qualität eines jeden Fasses zu prüfen und dem Weinbesitzer einen Kaufinteressenten zuzuführen. Der *courtier-gourmet* arbeitete für den Verkäufer, durfte aber weder Käufer werben noch selbst Wein kaufen. Im 17. Jahrhundert gewann der *commissionnaire* – ein Makler, der den Käufer vertrat – an Bedeutung. Im 18. Jahrhundert wurde der *commissionnaire* schließlich zum Kaufmann und legte sogar Vorräte an. Die Existenz von Kaufleuten, die ein Lager unterhielten, war für Erzeuger und Käufer mit großem Nutzen (und freilich auch Risiko) verbunden. Ein solcher Kaufmann konnte nun junge Weine ankaufen und ihnen Pflege angedeihen lassen (neue Fässer, Abstich, Aufbewahrung bis zur Trinkreife). Für die Winzer bestand zunehmend Anreiz, sich größere Mühe zu machen und Weine für längere Lagerung zu bereiten, 1780 gab es reifen Burgunder in Flaschen.

Dieses Musterbuch eines reisenden Tuchhändlers wurde um 1730 als Weinpreisliste für Burgunder mitbenutzt. Michel Bouchard war einer der ersten, die sich als Weinhändler in Beaune niederließen und damit die traditionellen Funktionen der *courtiers* und *commissionnaires* weiterentwickelten. Die Einrichtung von Lagerkellern, in denen Wein aufbewahrt und gemischt wurde, bedeutete zwar eine völlige Abkehr von der Tradition, brachte jedoch für Winzer und Kunden mehr Sicherheit und förderte dadurch die Entstehung besserer und haltbarerer Weine.

KAPITEL 28

Steuerlast und ungleiche Marktchancen

CABARET DE PARIS

Der Sturm auf die Bastille – Festung und Kerker im Herzen von Paris – am 14. Juli 1789 ist als das Signal für den Beginn der Französischen Revolution in die Geschichte eingegangen, doch könnte ein viel weniger spektakulärer, vielleicht sogar moralisch nicht ganz einwandfreier Vorfall, der sich drei Nächte vorher abspielte, Anspruch darauf erheben, als der erste Schuß der großen Schlacht gelten zu dürfen.

Am späten Abend des 11. Juli führten zwei nicht unvermögende Taugenichtse namens Monnier und Darbon eine Schar an, die eine Zollschranke quer über die Chaussée d'Antin, die Barrière Blanche kurz vor der Ecke der Rue St-Lazare, in Brand steckte. Solche Schranken waren strategische Punkte einer Zollmauer um ganz Paris herum. So besteuerte die Stadt den Verbrauch an eingeführten Gütern, insbesondere Wein. Eine *droit d'entrée* genannte, 400 Jahre alte Abgabe ließ den einfachsten Wein in Paris dreimal soviel kosten wie vor den Mauern der Stadt – allerdings nur für den kleinen Mann, denn der Adel und das Bürgertum genossen das Privileg, so viel hereinbringen zu dürfen, wie sie wollten. Die Folge war, daß sich um die Stadt herum unmittelbar außerhalb der Zollschranken Gartenlokale *(guinguettes)* etablierten. In der Rue St-Lazare gab es mindestens zwei: «La Belle Chopine» und «La Grande Pinte». Fast alle Vororte lebten hauptsächlich davon, daß das Volk von Paris Tag für Tag seinen Ausflug dorthin machte und sich mit billigem Wein seinen abendlichen Rausch holte. Ein weiteres einträgliches Gewerbe war der Schmuggel. Das Dorf Passy lebte damals von Dingen, die von der Hand in den Mund gingen, scherzte man. Monnier, Held der Barrière Blanche, war ein Schmuggler. Eigentlich ist es verwunderlich, daß er die Zerstörung des Zollpostens anführte, dem er indirekt sein Einkommen verdankte. Es scheint, daß es ihm in Wahrheit nur auf ein rasches einmaliges krummes Geschäft ankam. Anscheinend war er schon vor der Zerstörung der Zollschranke mit dem nächstbesten Weinkaufmann handelseinig geworden.

Vor diesen Tagen hatte Monnier sich seinen Unterhalt durch einfallsreiche Schmuggeleien verdient. In der Rue de la Pépinière, die an der Stadtgrenze entlang verlief, hatte er eine «Maschine» installiert, mit der er volle Weinschläuche über die Mauer beförderte. Den Wein verkaufte er in der Stadt zu vergleichsweise günstigen Preisen in seinen zwei Schenken *(cabarets)*. Es ist nicht bekannt, ob er auch an der erstaunlichen unterirdischen Leitung aus *taffeta gommé* – einem wasserdicht gemachten Gewebe – beteiligt war, die bei Monceaux begann und über eine Länge von «mehr als 400 Klafter» (rund 750 m) in die Stadt führte. Gelegentlich wurde auch ein Heißluftballon, eine «Montgolfière», als Transportmittel benutzt.

Monnier und seinesgleichen brachten sicherlich ihr Schäfchen ins trockene, aber über ihre Verdienste als Revolutionäre waren die Meinungen geteilt. Nach dem Fall der Bastille wurde ihre *brigandage* als «ein Schandfleck für die Revolution» verurteilt. Das Niederreißen der Zollschranken war übrigens ein leerer Triumph, der für die Stadt eine Krise zur Folge hatte: Der größte Teil der Einkünfte stammte nämlich aus den *droits d'entrée.* Ohne sie war kein Geld mehr da, um die Hospitäler und sonstigen Sozialeinrichtungen zu unterhalten (aber auch um die vielen Beamten zu bezahlen). Der König (der noch immer – wenn auch nicht mehr sehr sicher – an der Macht war) stellte 600 neue Zolleinnehmer ein. Die Schmuggler bewarben sich als erste um diese Posten. 1791 wurden die *droits* abgeschafft, Paris ging bankrott. 1798 führte man ein ähnliches System ein. «Der Sturz jener Schranken und der Bastille sind zwei Fakten, die in den Annalen der Revolution unauflöslich miteinander verknüpft sind», behauptete 1795 ein amtliches Memorandum.

WAS PARIS TRANK, WAR NATÜRLICH NICHT NUR FÜR DIE PARISER SELBST VON INTERESSE, sondern auch für die nach Absatzmärkten Ausschau haltenden Weinbaugebiete überall in Frankreich. Seit dem Mittelalter wurde zwischen der «Bourgeoisie» und dem gemeinen Volk unterschieden. Hier herrschte jener Gegensatz, den Goethe mit der Bemerkung, die Reichen wollten guten, die Armen aber viel Wein, treffend charakterisierte.

Als die Städte noch klein waren, hatten die Bürger eigene Weinberge in der unmittelbaren Umgebung als sichere Quelle und auch als Statussymbol. Eine eigene «Closerie» und einen eigenen Winzer zu deren Betreuung zu haben, galt damals als sehr fein. Zugleich war es eine einträgliche Sache: Ein Bürger durfte nämlich in seinem Stadthaus den Wein, den er nicht selbst verbrauchte, verkaufen, ohne dafür Steuern zahlen zu müssen. Deshalb zog er sogar im Garten an Spalieren noch Wein; dieser meist saure *jus de la treille* war für das Gesinde bestimmt. Als die Städte dann wuchsen, stieg die Nachfrage nach einfachem Wein. In größeren Städten war Wasser untrinkbar. Den Bürgern waren über den Handel oft bessere Weine aus entfernteren Gegenden zugänglich. Auch die Gemeinden wollten Wein haben. Die Folge war ein ständiges Wachstum des Weinbaus möglichst nahe bei der Stadt, betrieben durch das einfache Volk für das einfache Volk. Den Bürgern gefiel das nicht: Rauhe Weine solcher Art verdarben den guten Ruf der Gegend. Doch der Prozeß war nicht mehr aufzuhalten. Die Regierungszeit Heinrichs IV. brachte ihn vielmehr noch in Schwung; der König förderte das Wachstum der Städte (insbesondere das von Paris, das er allerdings 1594 zunächst belagerte; einmal verkündete er einen Waffenstillstand, damit die Einwohner herauskommen und ihre Weinlese halten konnten).

Zur Zeit der Revolution befand sich dort, wo heute der Arc de Triomphe steht, die Stadtgrenze. Hier mußten auch auf Wein hohe Abgaben an einer Zollschranke entrichtet werden. Ihre Zerstörung gleich zu Anfang der Revolution löste einen Freudentaumel aus, der auf diesem zeitgenössischen Stich wiedergegeben ist.

Da erscheint es als ein außergewöhnlicher Widerspruch, daß um die gleiche Zeit Gesetze erlassen wurden, die es untersagten, Wein aus einem Umkreis von rund 90 km um die Stadt zwecks Verkauf in Tavernen oder *cabarets* in diese einzuführen – selbstverständlich mit Ausnahme des von der Bürgerschaft gezogenen Weins. Zwei Entwicklungen hieraus waren einerseits der Ring von *guinguettes* um die Stadt, wohin das Volk strömte, um zu trinken, anderseits ein 20 Meilen breiter Gürtel, in dem es keinen kommerziellen Anreiz gab, guten Wein zu erzeugen. Dieser Gürtel erstreckte sich beispielsweise die Marne aufwärts bis zur Champagne. Das Marnetal bietet ein gutes Beispiel dafür, wie sehr die Versuchung, mit Massenwein ein rasches gutes Geschäft zu machen, den Stolz der Gegend auf ihr Erzeugnis zunichte machen kann. In Château Thierry, unmittelbar außerhalb der weinlosen Zone, wurde billiger Wein für die *cabarets* in Paris hervorgebracht. Dagegen entstanden nur ein paar Meilen weiter in Epernay, Aÿ und Hautvillers Weine, die zu den feinsten in Frankreich zählten.

LANGFRISTIG FÜHRTE DIESE BIZARRE STEUERPOLITIK zum Verfall von drei großen Weinbaugebieten, deren Weine einst von guten Traubensorten und mit Sorgfalt erzeugt wurden. Orléans zerbrach als erstes – allerdings mit einiger Nachhilfe. Im 16. Jahrhundert stand der Wein aus Orléans am Königshof hoch in Gunst; er galt tatsächlich als dem Beaune ebenbürtig und kam über Paris in den Genuß eines großen Markts im Norden – bis nach England. Die Landstraße nach Paris war eine der besten in Frankreich, seit 1577 auf ihrer ganzen Länge gepflastert. Heinrich IV. jedoch, der gesagt haben soll, daß Paris eine Messe wert sei, und deshalb katholisch wurde, um die Hauptstadt zu gewinnen, zögerte dann auch nicht, sich auf Pariser Weine umzustellen (sie wurden noch immer *vins de France* genannt). Diese seine Kehrtwendung, die dem Neid zwischen Paris und den von der Natur mehr begünstigten Weinbergen entlang der Loire von Orléans bis Blois neue Nahrung gab, war reiner Zynismus. Er gestattete es seinen Leibärzten, öffentlich zu verlautbaren, daß die Weine von Paris gesund seien und nicht «den Kopf mit säuerlichen Dünsten füllten» wie der Wein von Orléans. Sicherlich kamen schon wegen der 20-Meilen-Regelung aus Orléans auch manche minderwertigen Weine, aber auch edle Gewächse von höchster Reputation.

1606 verbannte der Leibarzt Du Chesne den Orléans-Wein ganz und gar von der königlichen Tafel. Das war so gut, als ob heute das Gesundheitsministerium den Wein von – sagen wir – Calais (ich will ja keine wirkliche Weingegend auch nur versehentlich in Mißkredit bringen) für krebserregend erklären würde. Orléans als Qualitätsweinbaugebiet, was es vorher sicherlich gewesen war, hatte damit ausgespielt. Als 40 Jahre danach der Canal de Briare – eine der großen Verbesserungsleistungen des hugenottischen Ingenieurs und Ministers Sully – als Verbindung zwischen der Loire und der Seine eröffnet wurde, gab er einen nur noch bequemeren Weg für billigen Massenwein aus Orléans für die *cabarets* in Paris ab. Bis auf den heutigen Tag verbindet sich der Namen Orléans nicht mit seinem Wein, auf den es früher mit Recht stolz sein konnte, sondern bezeichnet die Hauptstadt des französischen Essigs.

Auxerre und das riesige Weinbaugebiet in Niederburgund waren als nächste dazu verurteilt, ihren guten Ruf zu verlieren und im Wert abzusinken, weil sie ein fatales Privileg genossen: Die Tatsache, daß sie als nächstgelegene Quelle billigen Weins für die Hauptstadt in Frage kamen, ruinierte ihren guten Namen. Infolge der 20-Meilen-Regelung kamen die Großhändler und Tavernenbesitzer hierher, denen es um nichts weiter ging als um den Preis. Im 17. Jahrhundert vermehrten sich die Wirtshäuser in vielen Orten, wo sie früher nur für die Reisenden dagewesen waren. Ortsansässigen Bürgern hatte es nicht angestanden, dort zu trinken; sie hatten zu arbeiten. Gewiß hielten in Auxerre einige aristokratische und geistliche Gewächse noch eine Weile den Kopf über Wasser; als Kuriosität ist zu vermerken, daß die bekannteste Lage hier La Migraine hieß. Auch Chablis hielt sich tapfer – vielleicht weil es weit über 20 Meilen von Paris entfernt lag. Im 18. Jahrhundert aber eroberte eine Traube namens Gouais, die nur Saft und keinen Geschmack zu bieten hatte, ganz Niederburgund und drang auch in die Weinberge von Paris ein.

Die Gegend von Paris kam zuletzt an die Reihe. Dem harten Winter von 1709 wird die Schuld daran gegeben, daß hier und anderswo die Qualität stark zurückging. Die

TIEF IM SÜDEN

Die älteste und inzwischen bei weitem größte Weinbauregion Frankreichs hat anscheinend mit diesem traurigen Kapitel der französischen Geschichte nur wenig zu tun gehabt. Im Gegenteil erweiterte das Languedoc seine Rebfläche stetig, seit in der Regierungszeit Ludwigs XIV. der weitblickende Colbert den 1670 eröffneten Hafen Sète und ein Dutzend Jahre später den Canal des Deux Mers baute, der Sète mit Toulouse und Bordeaux verband. Wie wir schon gesehen haben, erleichterten die Bürger von Bordeaux selbst Weinen aus ihrem eigenen Hinterland nicht gerade den Weg durch ihren wohlbehüteten Hafen nach draußen, und den Weinen aus dem fernen Midi schon gar nicht. Sète fand aber andere Vertriebskanäle: das Rhonetal aufwärts nach Lyon und der Schweiz, außerdem über den vor allem von den Engländern frequentierten Markt in Livorno in der Toskana, über Genua ins Piemont und schließlich nach Deutschland und Rußland.

An Qualitätsprodukten hatte das Languedoc allerdings nur wenig anzubieten. Am bekanntesten waren die süßen Muskateller von Frontignan, Mireval und Lunel; nur Montpellier, die alte Stadt der Kultur und der Wissenschaften, durfte stolz sein auf den Rotwein aus einem in den Bergen im Norden gelegenen Dorf, St-Georges-d'Orques, und der schäumende Blanquette de Limoux aus den Bergen im Westen bei Carcassonne machte sich schon früh einen Namen, der selbst in Paris einen guten Klang hatte. Doch auch hier griff nach dem Winter von 1709 die Pflanzwut um sich. Alle Bauern machten sich daran, ihr Weinberggelände zu vergrößern, indem sie steiniges und brachliegendes Terrain von minderem Wert bepflanzten. Anstatt wie es in den 1730er Jahren in Bordeaux und im größten Teil Frankreichs überhaupt gehandhabt wurde, neue Anpflanzungen zu untersagen, behaupteten die Intendanten, dies sei die einzige Art, wie die Einwohner ihre Steuern zahlen könnten. Anscheinend wurde ein beträchtlicher Teil der öffentlichen Einkünfte für den Straßenbau verwendet, denn der englische Reisende Arthur Young stellte erstaunt fest, England könne von solchen Landstraßen, auf denen sogar kleine Unebenheiten planiert würden, nur träumen.

Im Languedoc war der Branntwein das große Geschäft. (Übrigens war es wahrscheinlich Arnaldus da Villanova in Montpellier gewesen, der das Destillieren in Frankreich eingeführt hatte.) Branntwein hatte den Vorzug, auf dem Transport nur wenig Raum einzunehmen und in den Quartiermeistern aller Heere und Flotten bereitwillige Abnehmer zu finden. Kaufleute im nördlichen Europa nutzten ihn fleißig, um die Fehler von minderwertigem und alkoholschwachem Wein zu kaschieren und diesen aufzupäppeln. Man merkte bald, daß eine zweite Destillierung einen besseren Geschmack bei höherem Alkoholgehalt und kleinerem Volumen ergab; man nannte diese Art *trois-six*.

Im Languedoc wuchsen für Brennzwecke gut geeignete neutrale Weißweintrauben wie Clairette und Picpoul. Doch ihr Erfolg bewirkte, daß sie langsam, aber sicher dem Getreide die Anbauflächen wegnahmen. «Reben gedeihen hier ausgezeichnet», berichtete der Intendant im Jahr 1776. «Sie erbringen ungeheure Ernten; doch man merkt sogleich, daß ihr Wein rauh, minderwertig und raschem Verderb ausgesetzt ist.» Im damaligen Stadium befand sich der Weinbau noch in Mischkultur mit Obst, Gemüse und Getreide. Schließlich aber wurde durch den ungeheuren Bedarf an Spirituosen für die Feldzüge Napoleons die Bourgeoisie dazu veranlaßt, sich der Sache zu bemächtigen und die Produktion zu industrialisieren. Zwischen 1791 und 1808 wurde eine neue Rebfläche von 26 000 ha angepflanzt. Nach den Kriegen stieg dann wieder der Bedarf der französischen Städte an billigem Wein – 1821 wurden aber noch immer zwei Drittel der Weinproduktion des Languedoc destilliert. Mit derart minderwertigen Produkten trieb dieses immer weiter um sich greifende Weinbaugebiet unaufhaltsam der Katastrophe entgegen.

notwendige völlige Neuanpflanzung geschah hier nicht mit hochwertigen Rebsorten, von denen wenigstens einige in den Weinbergen der Vorstädte standen (unter anderm Chardonnay, Pinot Noir und Fromentcau). Die Winzer nutzten die Chance zur Anpflanzung des «ungetreuen» Massenträgers Gamay. In der unmittelbaren Umgebung von Paris gab es mehrere bedeutende Weinorte – alle im Westen entlang den Windungen der Seine vom Bois de Boulogne bis zum königlichen Schloß von St-Germain-en-Laye. Die Rebfläche dort betrug insgesamt 24 000 Hektar. Argenteuil, der größte dieser Orte, lieferte 1788 über 5000 Faß Wein in die Hauptstadt. Wie dieser Wein geschmeckt haben mag, wollen wir lieber dahingestellt sein lassen.

PARIS WUCHS IM 18. JAHRHUNDERT MÄCHTIG. Seine Bevölkerungszahl erhöhte sich zwischen 1720 und 1789 um fast ein Viertel, und entsprechend stieg der Weinbedarf. Die Hauptstadt war stets ein Magnet für alle inländischen Weinbaugebiete, die über einen praktikablen Zugangsweg dorthin verfügten – selbst für so ferne Gegenden wie das Beaujolais, das gerade in dieser Zeit einen großen Aufschwung nahm. Den ernstlichen Anfang machte der Anbau von Gamay im 17. Jahrhundert in der Nähe der zweitgrößten Stadt Frankreichs, Lyon. Das dieser Stadt nächstgelegene untere Beaujolais war ein bäuerliches Land, wo auf kleinen Besitzungen ein relativ gutes Leben möglich war. Das obere Beaujolais dagegen blickte mit größeren Ambitionen nordwärts in Richtung Paris. Der Wein, der dort wuchs, entsprach der guten Mittelqualität, wie das Bürgertum sie schätzte. Und zum Glück erreichte man nach nur rund 50 Kilometer Fahrt auf guten steinigen Straßen den kleinen Hafen Pouilly-sous-Charlieu an der Loire, die von dort aus einen Wasserweg nordwärts zum neuen Canal de Briare bot. Dadurch lag das Beaujolais nur eine zwei- bis dreitägige Fahrt mit dem Wagen von einer Wasserstraße entfernt, die bis nach Paris führte. Das war, obwohl in Kilometern gemessen länger, dennoch eine billigere und bequemere Strecke, als sie dem Mâconnais oder der Côte d'Or für den Weintransport zur Verfügung stand. Die Entwicklung der Crus im oberen Beaujolais wurde nun geschäftsmäßig mit Finanzierung aus Lyon vorangetrieben. Es erwies sich als kräftiger Anreiz, daß die 20-Meilen-Sperrzone hier weit überschritten war, so daß sich Qualität lohnte.

GRENZLAND

Das Elsaß wurde im Dreißigjährigen Krieg während der ersten Hälfte des 17. Jahrhunderts schrecklich verwüstet – 1650 war es ein nahezu leeres Land, das für die Wiederbesiedlung von den Alpen her, aus Lothringen und dem Norden offenstand. Da es sich inzwischen in französischer Hand befand, war den Elsässer Weinen der traditionelle Absatzweg rheinabwärts durch Deutschland abgeschnitten. Ein Jahrhundert lang bildeten die Schweiz sowie die Elsässer Städte Straßburg und Colmar die wichtigsten Märkte. Die Weinberge im Klosterbesitz blieben jedoch erhalten, und es ist erstaunlich, wie viele von den noch heute existierenden Familienfirmen im schlimmen 17. Jahrhundert gegründet worden sind: Hugel, Humbrecht, Kuehn, Dopff, Trimbach.

Das Land war durch die Religion und die fortwährenden Spannungen zwischen Frankreich und Deutschland gespalten. So war beispielsweise Ribeauvillé katholisch, während die Nachbarstadt Riquewihr, die in das Herrschaftsgebiet des Herzogs von Württemberg fiel, protestantisch war. (1752 lieh Voltaire, damals weilte er beim König von Preußen, dem verschwenderischen Herzog so viel Geld, daß ihm Riquewihr als Hypothek verpfändet wurde; er zog nach dem nahegelegenen Colmar in der Absicht, ein Château zu bauen. Doch er bekam sein Geld nicht zurück, und das Château blieb ungebaut.) Als sich im 18. Jahrhundert etwas ruhigere Verhältnisse eingestellt hatten, kam die Riesling-Traube – möglicherweise aus dem Rheingau – ins Land. Das Elsaß begann sich zu erholen; während der napoleonischen Kriege war es dann zum ersten Mal seit 200 Jahren wieder der Schauplatz großer Geschäftigkeit, aber auch großen Wohlstands.

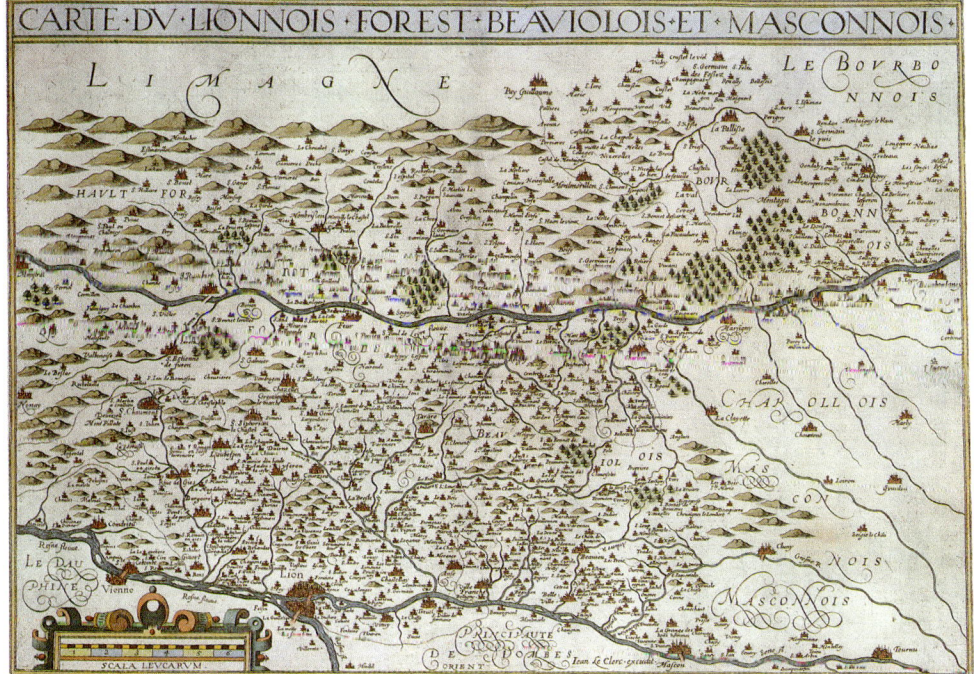

Wenn man eine Landkarte seitwärts dreht, kann die Geographie in ganz neuem Licht erscheinen. Das Beaujolais und das Mâconnais liegen zwischen der Saône *(unten)* und der Loire *(Mitte)*. Der Weg zur Loire und weiter durch Kanäle zum großen Absatzmarkt Paris ist nicht weit.

Dieselben Voraussetzungen belebten auch sehr die Weine aus den alten Anbaugebieten an der nördlichen Rhone: Die Côte-Rôtie und Condrieu an steilen Felsenklippen bei Vienne mit ihren feinen Weinen. Der Weg zur Loire ist von hier aus wohl etwas länger. Diese Weine aber waren hochwertig, für aristokratische Tafeln bestimmt oder für *coupage*, das Verschneiden mit anderen, einfacheren Weinen zur Erzielung ungewöhnlich schmackhafter Mischungen. Der Hermitage mußte sogar noch weiter reisen, doch die Kaufleute bezahlten den Preis für so kraft- und charaktervolle südliche Weine. Im Repertoire von Paris waren im 18. Jahrhundert Hermitage, Côte-Rôtie, Beaune und Champagner die besten Weine. Die Seine herauf kam wenig. Nur Eingeweihte kannten daher den auserlesenen Geschmack des Bordeaux.

REQUIEM

In seinem letzten Brief, den er in der Nacht schrieb, bevor er zur Guillotine ging, verglich sich König Ludwig XVI. mit einem Weinstock (und vermerkte, daß der Revolutionär Robespierre Wasser trank).

«In Versailles lebte ich in schändlichem Luxus. Heute jedoch preise ich Dich, o Herr, daß ich meine Herrschaft enden darf wie die weisen Könige der Antike, vor einem einfachen Glas Wein in meinem bescheidenen Gemach im Turm des Temple ... Bei mir ist der Priester, der in diesem Augenblick Wein und Wasser mischt, um jene Vereinigung Gottes mit der Frucht des Weinstocks, bei welcher der Wein Gott und Gott Wein wird, vorzubereiten; dies ganz im Gegensatz zu meinen Feinden, von denen die ärgsten Wasser trinken ... Ich bin kein König mehr, sondern nur ein armer Mensch, abgeschnitten von den Meinen, von meinen Kindern, wie ein Weinstock ohne seine Sprossen.»

KAPITEL 29

Deutschland entdeckt den Riesling

KABINETT-WEIN

Die vielleicht älteste Flasche Wein, die je (mit Genuß) getrunken wurde – sie war 421 Jahre alt – wurde 1961 in London entkorkt. Es war ein Steinwein, also ein Wein aus der steilen Lage Stein oberhalb von Würzburg, der schönen Barockstadt am Main. Dieser Wein stammte aus einem wahrhaft legendären Jahrgang: 1540 war ein so heißer Sommer, daß der Rhein austrocknete und man sein Bett zu Fuß durchqueren konnte; Wein war billiger als Wasser. Nach etwas unklaren Berichten zu schließen, gab es nicht nur eine, sondern zwei Traubenernten. Fest steht, daß außergewöhnlich süßer Wein von überreifen Trauben gekeltert werden konnten.

Damals war es in Deutschland der Brauch, für besondere Jahrgänge eigene große Fässer zu stiften. Das Faß, in dem dieser 1540er nachweislich lange ruhte, ist nicht besonders groß – vielleicht ersetzte es auch das ursprünglich größere Faß, als dessen Inhalt nach einiger Zeit abgenommen hatte. Es war aber üblich, als Andenken ein Faß voll aufzubewahren, das immer wieder mit Wein vergleichbarer Qualität aufgefüllt wurde; daß dieses Faß so klein war, mochte wohl bedeuten, daß würdige Weine zum Nachfüllen – oder auch würdige Gelegenheiten, diesen besonderen Tropfen zu trinken – selten waren. Es liegt heute noch in den Kellern der fürstbischöflichen Residenz in Würzburg, die in ihrer Stattlichkeit dem prachtvollen Schloßbau darüber ein einmaliges Fundament abgeben. Es wird vermutet, daß der Inhalt dieses Fasses im späten 17. Jahrhundert auf Flaschen gezogen wurde, anders gesagt, sobald es diese und die dazugehörigen Korken gab. Die letzten noch übriggebliebenen Flaschen lagen im 19. Jahrhundert in den Kellern des Königs Ludwig von Bayern. Schließlich ersteigerte der Londoner Weinhändler Ehrmann sie auf einer Auktion.

Wie war er nun, dieser über 400jährige Wein? Wir, eine kleine Gruppe von Weinkostern – als Engländer fühlten wir bei dem Gedanken, daß dieser Wein noch aus der Zeit vor Shakespeare stammte, Schauer der Ehrfurcht –, hegten freilich keine großen Erwartungen. Vor ihm wurden zwei viel jüngere Weine aus demselben Keller entkorkt: ein 1857er Rüdesheimer und ein 1820er Schloß Johannisberger. Beide waren völlig tot und verdorben; sie rochen sogar nach Zersetzung. Aber der 1540er Würzburger Stein war noch lebendig. Nichts hatte mir bis dahin so klar vor Augen geführt, daß Wein wahrhaftig ein lebendiger Organismus ist, denn diese braune madeiraähnliche Flüssigkeit vor mir hielt noch immer die aktiven Lebenselemente in sich fest, die sie von der Sonne jenes längst vergangenen Sommers in sich aufgenommen hatte. Auf nur schwer faßbare Weise ließ dieser Wein sogar seinen deutschen Ursprung ahnen. Etwa zwei Schluck konnten wir von der jahrhundertealten Substanz nehmen, ehe sie durch die Berührung mit der Luft verging, ihren Geist aufgab und in unseren Gläsern zu Essig wurde.

Auf jeden Fall aber war es bewegend, auf diese Weise wenigstens ein paar Schlückchen Geschichte in sich aufnehmen zu dürfen. Noch bewegender war der Gedanke, hier eine physische Verbindung mit dem goldenen Zeitalter des deutschen Weins eingegangen zu sein. Um den Anfang des 16. Jahrhunderts liegt der Höhepunkt des deutschen

Der Rheingau ist das Herz des Weinbaus am Rhein. Er erstreckt sich, wie auf dieser Karte aus dem 18. Jh. zu erkennen ist, von der Mündung des Mains nach Westen.

Schloß Johannisberg thront auf einer Anhöhe über dem Rhein. Etwas weiter zurück, schon in den waldbedeckten Taunusbergen, liegt das Kloster Eberbach.

Weinbaus als Erzeuger des meisten und besten Weins im nördlichen Europa. In England war der «Rhenish» (so nannte man damals nicht nur den Wein vom Rhein, sondern überhaupt alle deutschen Weine) ein beinahe ebenso großer Luxus wie Malmsey, während Claret als Alltagsgetränk galt. Damals war der Rhein Europas größte Weinstraße. Er bildete das Rückgrat eines mit Zollstationen gespickten, weitverzweigten Netzes von Flüssen. Ungeheure Mengen Wein wurden auf fässerbeladenen Lastkähnen vom Elsaß rheinaufwärts und rheinabwärts, von Franken her den Main abwärts zum Rhein, aber auch die Mosel, die Nahe und den Neckar abwärts zum Rhein sowie vom Neckar nach Ulm und die Donau abwärts befördert.

Es gibt Anzeichen dafür, daß um das Ende des 15. und den Anfang des 16. Jahrhunderts eine Periode außergewöhnlich warmer Witterung herrschte, die in manchen Gegenden Deutschlands gewinnbringenden Weinbau ermöglichte, wo er inzwischen wieder unmöglich oder unrentabel geworden ist. Alle Berichte aus jener Zeit erzählen von gewaltigen Ernten, die offenbar mit unwahrscheinlicher Hingabe vertilgt wurden. Im 15. Jahrhundert betrug der Weinverbrauch in Deutschland pro Kopf 120 Liter im Jahr. Die Tagesration für einen Patienten im Hospital (aber auch für den Arzt) belief sich auf sieben Liter. Es heißt, ein Abstinenzler habe damals keine Aussicht auf höheren Rang in der Geistlichkeit gehabt. Johann von Manersheid, in den 1590er Jahren Bischof von Straßburg, gründete für geistliche Herren von Adel einen Trinkclub «Vom Horn». Das Horn, das die Mitglieder mit einem Zug leeren können mußten, faßte vier Liter. Da ist es wohl kaum verwunderlich, daß der Bischof sich schon im Alter von 33 Jahren in die himmlischen Heerscharen einreihte. Es wurde aber nicht nur die Menge zum Götzen erhoben; in diese Zeit fallen auch die ersten eindeutigen Hinweise auf den Riesling – die Traube, die dem deutschen Wein Adel verliehen hat.

1577 heißt es in der ersten deutschen Ausgabe einer lateinischen Abhandlung von Hieronymus Bock, der Riesling wachse an Mosel, Rhein und bei Worms.

DAS EIFRIGE WEINVERTILGEN nahm seit Mitte des 16. Jahrhunderts deutlich ab. Der Weinhandel habe die Sache übertrieben, sagt man, guten Wein zu teuer gemacht, schlechten «aufputscht». Auch dehnten die zahllosen Städte an den Flüssen ihre Rechte aus und erhöhten die Zölle auf dem Schiffsverkehr, wodurch mancher Wein den Transport nicht mehr lohnte. Auf jeden Fall aber wuchs die Konkurrenz an der Rheinmündung, wo die Exporte in Richtung England abgingen, sowie in den norddeutschen Städten. Flandern war als Teil des Herzogtums Burgund deutschen Weinen nicht freundlich gesinnt, und der zunehmende Handel der Hansestädte mit Frankreich und dem Mittelmeer brachte dem Rheinwein Rivalen ins eigene Land. Außerdem wurde der Weinbau von kälterer Witterung hart getroffen.

Beginnend im zweiten Viertel des 17. Jahrhunderts bis etwa 1715, durchlief die Sonne eine Zeit minimaler Sonnenfleckentätigkeit, die zu Änderungen in der Erdatmosphäre führte und die kälteste in den letzten 1000 Jahren beobachtete Witterung mit sich brachte. Die überaus schlechten Ernten nach 1690 in Frankreich und der berühmte Frost von 1709 sind in diesem Zusammenhang zu sehen.

SO HART ALLE DIESE DINGE ZUSAMMENGENOMMEN SICH SCHON AUSWIRKTEN, DER DREISSIGJÄHRIGE KRIEG stellte sie allesamt in den Schatten. Deutschland wurde von 1618 bis 1648 in einen Strudel erbarmungsloser Schlachten gerissen, der auch die Nachbarn in sich hineinzog: Spanier, Schweden, Polen, Franzosen, Dänen, Schweizer, Österreicher, Böhmen, Bayern, Ungarn, Holländer, Russen. 1648 waren viele deutsche Städte und fast alles Gut verwüstet oder doch schwer beschädigt. Weinberge, Kelterhäuser, Keller und Schiffe waren dahin und viele Menschen.

Das Land war nun aufgesplittert in eine Vielzahl mehr oder weniger despotisch regierter Fürstentümer und verarmter Städte, die alle versuchten, Einkünfte aus dem Weinhandel zu ziehen, der doch außer bei den Holländern und Franzosen kaum noch existierte. Das Elsaß, die Region mit der bei weitem größten Weinproduktion, war von den Schweden besetzt und in Schutt und Asche gelegt worden. Es befand sich nun in französischem Besitz und hatte seinen deutschen Markt eingebüßt, aber die Franzosen wollten von der Konkurrenz durch den Elsässer Wein nichts wissen, und deshalb blieb als einziges Absatzgebiet die Schweiz.

AUS DIESER KATASTROPHALEN LAGE HERAUS BEGANN DIE KIRCHE, unterstützt vom Adel, mit einem Eifer, der an das 13. Jahrhundert gemahnt, den Weinbau im zerrissenen Deutschland wiederaufzubauen.

Wenn eine massive Wiederanpflanzung eines Weinbaugebiets nötig wird, dann werden zunächst einmal besonders einfache und reichtragende Rebsorten bevorzugt, auch wenn ihre Frucht noch so minderwertig ist. Finanzielle Reserven für den unvermeidlicherweise langsamen Aufbau hoher Qualität sind sowieso nicht vorhanden. Für den kleinen Mann bestand ein weiterer Hinderungsgrund, soweit es die Anpflanzung besserer Sorten anlangte, die ja kleinere Erträge bringen als die gröberen: Steuern bestanden als Kirchenzehnten wie als Pacht für den Grundherrn im Anteil am Ernteertrag.

Vor einem solchen Hintergrund begannen die Klöster, für den Riesling eine Lanze zu brechen. Sein genauer Ursprung ist unbekannt, seine frühe Geschichte liegt im dunkeln. An der Qualität dieser Traubensorte aber gab es nie einen Zweifel. Sie ist widerstandsfähig gegen jede Witterung; sie reift spät (sehr spät sogar für die in einem so weit nördlich gelegenen Land notwendigerweise frühe Lese). Doch bei der Reife vollzieht sich in ihr etwas, was keine andere Rebsorte zuwege bringt: Sie erreicht außergewöhnliche Süße und behält doch zugleich ein hohes Maß an (überaus wohlschmeckender) Säure. Sowohl die Süße als auch die Säure tragen zur Haltbarkeit bei. Hohe Konzentration bei kleinem Ertrag sichert dem Wein bestes Gleichgewicht an intensiven und doch transparenten Geschmacksnuancen unglaublich lange. Als Thomas Jefferson im «Großen Roten Haus» in Frankfurt abstieg, reichte die Weinkarte von 1783 zurück bis 1726.

Gewiß wollte niemand ernstlich behaupten, diese Jahrgänge hätten ungemischt in den Fässern gelegen. Es war ja eindeutig Brauch, die Fässer immer wieder aufzufüllen, also eine Art «Solera»-System zu betreiben. Es kann aber wohl kaum reine Willkür gewesen sein, daß für den ältesten Wein der dreieinhalbfache Preis gefordert wurde wie für den jüngsten. Die Weinkarte im Großen Roten Haus enthielt Weine aus fünf Gegenden: vier aus dem Rheingau (Hochheim, Rüdesheim, Johannisberg und Marcobrunn – letzteres ist eigentlich ein berühmter Weinberg in Erbach und keine Gegend) und schließlich noch eine Mischung aus den Weinbergen am Rheinufer bei Nierstein, Laubenheim und Bodenheim in Rheinhessen südlich von Mainz. In jenen Tagen hätte sich wohl kaum jemand die verblüffenden Feinheiten einer deutschen Weinkarte des 20. Jahrhunderts auch nur im Traum einfallen lassen.

ALS DIE QUALITÄTEN DES RIESLINGS ERST EINMAL ERKANNT WAREN, konnte niemand, der sich der Sache mit Hingabe verschrieb, noch mit Alternativen spielen. 1672 befahl der Abt von St. Clara in Mainz, der über Weinberge im Rheingau gebot, daß der damalige Bestand (vornehmlich Rotweinreben) durch «Rissling-Holz» zu ersetzen sei. In demselben Jahr schrieb auch der Bischof von Speyer für seine Weinberge in Deidesheim in der Pfalz Riesling-Reben vor. Das große Benediktinerkloster St. Maximin in Trier, das im Mittelalter über Weinbergbesitz an 74 Stellen entlang der Mosel und ihren Nebenflüssen Saar und Ruwer verfügt hatte, begann in der Umgebung von Trier Wald zu roden, um Ersatz für entlegenere Weinberge zu schaffen, die ihm verlorengegangen waren. 1695 ließ sein Abt Wittman über 100 000 junge Reben pflanzen – bestimmt vorwiegend Riesling. Die herrlichen Weinberge von Maximin Grünhaus an der Ruwer, die heute zur Spitzenklasse Deutschlands zählen, legen noch immer Zeugnis für die überaus hohen Qualitätsmaßstäbe des inzwischen untergegangenen Klosters ab.

1716 kaufte Fürstabt Constantin von Fulda die Überreste des im Dreißigjährigen Krieg zerstörten alten Benediktinerklosters Johannisberg im Rheingau (einst von Karl

Das große Faß von Königstein in der Sächsischen Schweiz wurde 1725 gebaut und trug auf der Oberseite einen Tanzboden. Es faßte noch etwas mehr als sein berühmtes Gegenstück im Heidelberger Schloß.

dem Großen als Reichskloster gegründet) und baute an seiner Stelle das Schloß, das mehr oder weniger unverändert heute noch dort steht. Den großartigen, zum Rhein hin abfallenden Südhang des Johannisbergs ließ er mit Riesling bepflanzen – pro Jahr mehr als 200 000 Stück über fünf Jahre hinweg. Interessant ist, daß die meisten Jungpflanzen aus Flörsheim kamen, das am Main gegenüber Rüsselsheim liegt, wo die Grafen von Katzenelenbogen ihren Sitz hatten. In deren Archiv befinden sich Schriftstücke aus dem 15. Jahrhundert mit der ersten Erwähnung des Rieslings in der Literatur.

IM KLOSTER EBERBACH RESIDIERTE IM DREISSIGJÄHRIGEN KRIEG drei Jahre lang der Kanzler des Königs Gustav Adolf von Schweden, Axel Oxenstierna. Die Klosterkeller wurden von schwedischen und hessischen Truppen leergetrunken, doch die Gebäude überstanden den Krieg – und zum Glück auch die berühmte Lage Steinberg. Die Zisterzienser pflanzten wie die Benediktiner nun Riesling und bauten um 1760 die hohe schützende Mauer, die dem Steinberg auf den ersten Blick eine gewisse Ähnlichkeit mit seinem burgundischen Gegenstück, dem Clos de Vougeot, verleiht.

Von allen großen geistlichen Herren bauten nur die Fürstbischöfe von Würzburg, unterstützt vom fränkischen Adel ihres Herrschaftsbereichs, nicht vermehrt Riesling an. Der Riesling ist nicht die richtige Traube für Franken. Der schwere, oft kalkreiche Boden und das extremere Klima so weit östlich eignen sich besser für den früher reifenden Silvaner, der ursprünglich aus Österreich kam und am Main Wein von einer Fülle und Kraft lieferte, die zur barocken Würde dieser Umgebung paßte.

Gegen Ende des 18. Jahrhunderts sprach der Kurfürst und Erzbischof Clemens Wenzeslaus von Trier ein Machtwort. Sieben Jahre, so erklärte er seinen Schäfchen, wolle er ihnen noch geben, um ihre Reben durch Riesling zu ersetzen. Es war auch höchste Zeit, denn viel länger als sieben Jahre dauerten die alten Herrschaftsverhältnisse in Deutschland nicht mehr.

AUS URKUNDEN DES 18. JAHRHUNDERTS GEHT NICHT NUR HERVOR, wie sehr in Deutschland erkannt wurde, daß der Riesling auf guten Weinbergböden nicht seinesgleichen hat. Seine besten Eigenschaften wurden allmählich entdeckt und mit subtilen Techniken sie zur Geltung gebracht. Die Wirtschaft erholte sich, ebenso die Bevölkerung. Nun wurde einerseits der Bedarf an Nahrungsmitteln grösser, der fruchtbarere Boden wurde wieder mit Korn bestellt und die Rebe dorthin verdrängt, wo sie hingehört: auf die steilen und steinigen Berghänge. Anderseits wuchs das Vermögen der Abnehmer, gute Qualität auch gut zu bezahlen, was zusammen mit einem zunehmenden Gefühl der Sicherheit dazu beitrug, daß die kühlen und feuchten Keller Deutschlands sich wieder mit Wein füllten.

ALTER GOLDBRAUNER RHEINWEIN

Nirgendwo auf der Welt wurde schon seit eh und je soviel Wert auf das Alter des Weins gelegt wie in Deutschland. Zu Beginn des 16. Jahrhunderts belehrte Olivier de Serres sein französisches Publikum, es sei im Rheinland Brauch, daß der Bräutigam der Braut Wein aus ihrem Geburtsjahr schenke – das war für französische Maßstäbe gewiß alt. Aus den Rechnungsbüchern der Frau Rat Goethe geht hervor, daß sie 1794 fünf «Stück» (also Fässer) mit altem Wein im Keller hatte: zwei von 1706, eines von 1719 und zwei von 1726, wobei sie den ältesten Wein mit zu den besten zählte. Sicherlich waren diese Weine im Lauf der Zeit «aufgefrischt» worden, aber ihr Vermögen, die Zeit nicht nur zu überdauern, sondern sich dabei auch weiter zu entfalten, ist in unseren heutigen Tagen schon seit längerem in Vergessenheit geraten. Das 20. Jahrhundert versteift sich darauf, daß deutsche Weine ihre Qualitäten schon in der Jugend deutlich beweisen müßten. Nein! Sie brauchen dazu ebenso lange wie Bordeaux-Wein – und Dekantieren schadet auch bei deutschen Weinen nichts.

Bescheidenheit war nicht die starke Seite des Fürstbischofs von Würzburg, Carl Philipp von Greiffenclau, der Giovanni Battista Tiepolo aus Venedig den Auftrag erteilte, das herrliche, von Balthasar Neumann erbaute Treppenhaus in der Residenz auszumalen. Die Treppe führt hinunter bis in die Keller, die in ihrer Art ebenso imposant sind wie das große Barockschloß selbst. Während das Schloß aber heute ein Museum ist, liegt der Keller noch immer randvoll mit den großen Frankenweinen des Bayerischen Staatsweinguts.

Es braucht kaum betont zu werden, daß das gesuchteste Merkmal im deutschen Wein Süße war – oder, wenn sie sich nicht entwickelte, doch wenigstens Stärke. In einem guten Jahrgang kam dies von Natur aus zustande. Wenn die Trauben aber nicht voll ausreiften, half man sich mit Kunstgriffen, die sich seit den Zeiten der Römer kaum verändert hatten. Einer bestand im Eindicken des Mosts, so daß er an Volumen verlor und relativ an Süße gewann; ein anderer war das Antrocknen der Trauben an der Sonne. Der Schwefelspan war zu jener Zeit schon ein routinemäßiges Hilfsmittel, um den Most am vollen Ausgären zu hindern. Hieraus erklärt sich zum Teil auch, warum der Wein so lange im Faß ruhen mußte – bis nämlich der auffällige Schwefelgeruch und -geschmack verklungen war. Auch nicht zu unterschätzen ist in diesem Zusammenhang die Wirkung der Kühle in deutschen Kellern, denn sie verhinderte, daß die natürliche Süße des Weins durch die Gärung ganz aufgebraucht wurde.

Ein weiteres, jedoch tragisches Vermächtnis des alten Roms war die Technik, den Wein, insbesondere unreife, saure Jahrgänge, mit Blei zu süßen. Erst 1696 entdeckte ein methodisch denkender Arzt mit scharfer Beobachtungsgabe, Eberhard Gockel in Ulm, daß Blei ein tödliches Gift und für zahllose Opfer und unendliche Schmerzen verantwortlich war, und dies, seit sein Gebrauch von Plinius und dessen Zeitgenossen empfohlen worden war.

DIE BESSERE WITTERUNG IM 18. JAHRHUNDERT fiel zusammen mit einer weiteren Ausbreitung des Rieslings. Die Traube bewies ihre Qualitäten Jahr für Jahr, indem sie unter der Oktobersonne heranreifte und schmackhafte, liebliche Weine erbrachte. Vor diesem Hintergrund wurde der Begriff des «Cabinet»-Kellers geboren: einerseits ein Kabinett als Aufbewahrungsort für kostbare Dinge, andererseits ein Keller, der den Würdenträgern, die ein Kabinett im politischen Sinn bilden, zur Verfügung steht. Um Ursprung und Bedeutung des Begriffs wird seit langem zwischen den Anhängern dieser beiden Standpunkte (Parteigängern von Schloß Johannisberg einerseits und Kloster Eberbach andererseits – im Grunde also Benediktinern und Zisterziensern) hin und her disputiert.

Wesentlich ist für uns dagegen, daß die Kellermeister beider Seiten bei der Ernte sehr viel genauere Auslese zu treffen begannen. Die besten Trauben setzten sie für den

BLEIHALTIG

Chronische Bleivergiftung ist schon oft als eine der Ursachen für den Niedergang des alten Rom genannt worden. Meist wird die Schuld den Zisternen und Wasserleitungen aus Blei zugeschoben. Kaum anerkannt ist dagegen bisher der Einfluß eines in Rom vielgeübten Brauchs, Traubensaft durch Kochen auf kleinem Feuer zu einem *sapa* oder *defrutum* genannten Sirup einzudicken. Nach den Worten des Plinius sollten dafür «bleierne, nicht bronzene Gefäße» benutzt werden. Auch Columella rät das.

Während die Griechen ihren Wein mit Harz konservierten, bemerkten die Römer, daß Blei ihm süßen Geschmack und eine saftige Beschaffenheit verlieh. Eine konservierende Wirkung war ebenfalls gegeben, weil Blei-Ionen eine stark hemmende Wirkung auf das Enzymwachstum und damit auf alle lebenden Organismen haben. So wurde vor der Entdeckung der Antibiotika verbreitet und oft sogar mit Erfolg für die Behandlung von Wunden Bleisalbe verwendet; gegen diese hatten Bakterien keine Chance. (Manchmal ist äußerliche Anwendung ja auch günstig: Der Gebrauch von Bleiweiß als Kosmetikum erfüllte im 18. Jahrhundert auch einen desinfisizierenden Zweck.)

Am Anfang des 17. Jahrhunderts beschrieb ein französischer Arzt sehr genau die akuten Symptome der Bleivergiftung unter dem Namen *colica Pictonum* – der Kolik von Poitou, wo sie gehäuft auftrat; alle Weintrinker litten daran, weil alle Poitou-Weine mit sogenannter *litharge* (Bleimonoxyd) behandelt wurden, um sie zu süßen oder vielmehr ihre Säure zu kaschieren als wären sie teure Loire-Weine.

Die Beschreibung dieser Symptome ist erschütternd: unerträgliche Leibschmerzen, Fieber, völlige Verstopfung, Gelbsucht, Verlust der Herrschaft über die Gliedmaßen, Verlust der Sprache, Erblindung, Wahnsinn, Lähmung – und schließlich Erlösung durch den Tod. Es wurde beobachtet, daß diese Erscheinungen nach kalten Jahren und schlechten Weinernten epidemisch auftraten (weil dann am meisten Blei zum Süßen gebraucht wurde); doch niemand entdeckte die Verbindung zwischen den beiden. Gegen Ende des 18. Jahrhunderts empfahl ein englisches Kochbuch, Townsend's «The Universal Cook», im Standardrezept für die Weinbereitung: «ein Pfund geschmolzenes Blei in sauberem Wasser». Im Westen Englands, wo die Bauern Bleigewichte in die Fässer mit Apfelwein hängten, um diesen zu süßen, war die Krankheit so verbreitet, daß sie unter dem Namen «Devonshire Cholic» bekannt war. Die Vermutung liegt nahe, daß die Gicht, die so viele Porttrinker im 18. Jahrhundert plagte, wenigstens zum Teil eigentlich eine milde Bleivergiftung war, und mit Sicherheit sind heutzutage Leute, die mit Hilfe von Autokühlern als Kondensor hergestellten schwarzgebrannten Schnaps trinken, bleivergiftet.

Dr. Gockel machte seine Entdeckung in Ulm, einer der größten Weinhandelsstädte Deutschlands, als in Europa ein schlechtes Weinjahr auf das andere gefolgt war. Die Weine vom Neckar, die den Hauptanteil des Umschlags in Ulm bildeten, waren ohne die Beigabe von Bleiasche ungenießbar sauer. Gockel bezog sich auf Samuel Stockhausen, der 1656 seine Befunde aus der Untersuchung über die hohe Sterblichkeit von Arbeitern in Bleiminen veröffentlichte und ganz ähnliche Symptome beschrieb. Er bewies seine Theorie durch Eigenversuche, indem er den Wein probierte, der seine Patienten vergiftet hatte. Trotz seiner Arbeiten und deren Anerkennung durch den Herzog von Württemberg, der daraufhin ein Edikt erließ, worin die Verwendung von Blei in Wein unter harte Strafe gestellt wurde, gelang es den Kaufleuten, die unangenehme Wahrheit noch jahrelang zu vertuschen. Erst um die Mitte des 18. Jahrhunderts erließen die meisten Staaten Gesetze mit entsprechenden Verboten. Es heißt, daß in Frankreich noch 1884 bleierne Musketenkugeln zum Süßen des Weins verwendet worden sein sollen. Noch in den 80er Jahren unseres Jahrhunderts kam etwas Harmloseres in dieser Richtung vor, als einige österreichische Weinerzeuger, die Süße ihres Weins durch Beimengen von (allerdings wesentlich ungefährlicherem) Glycol anheben wollten.

Cabinet-Wein beiseite. Dabei kann ihnen die Edelfäule, die ja aufgetreten sein muß, nicht entgangen sein. Im tiefgelegenen Burgenland in Österreich wurde ein berühmter Jahrgang von faulen Trauben schon 1526 geerntet. Der Tokajer verdankte seine Berühmtheit ganz ausschließlich der späten Ernte von faulen Trauben. Auch im Rheingau ist die Edelfäule nachweislich aufgetreten: 1687 präparierte der holländische Wissenschaftler van Leeuwenhoek, einer der Erfinder des Mikroskops, den Fungus *Botrytis cinerea*, den er auf Rheingauer Trauben gefunden hatte, und er erklärte dazu, er habe ihn in anderen Weinbaugegenden nicht angetroffen.

Es gibt hin und wieder aus dem 18. Jahrhundert Berichte über das eine oder andere Faß Wein von ganz besonders hervorragender Qualität. 1753 wurde im Steinberg ein Faß nur von faulen Trauben bereitet; 1760 wurden 15 Fässer von faulen und sehr reifen Trauben gewonnen und als «delikat» befunden. Es erhebt sich für den Rheingau dieselbe Frage wie für Sauternes: Übte man bei süßen Weinen wirklich Zurückhaltung in der Verwendung fauler Trauben, oder war das nur eine Sache, über die niemand gern redete?

IN DEUTSCHLAND HERRSCHT SELBST IN DER GESCHICHTE ORDNUNG, deshalb weiß man, daß 1775 die erste offizielle Spätlese stattfand. Der Ort war Schloß Johannisberg. Der 47jährige Verwalter J. M. Engert stammte aus Dittingheim an der Tauber. Dennoch hört sich der Bericht über diese berühmte Weinlese an wie ein wundersames Versehen.

Die Erlaubnis zur Lese wurde stets vom Besitzer erteilt, und das war in diesem Fall der Abt von Fulda. Die Anweisungen wurden durch einen Kurier übermittelt. Zur rechten Zeit (bis Fulda war es ein siebentägiger Ritt) sandte der Verwalter Engert Botschaft an den Abt, die Trauben seien bald reif, und in Anbetracht des Wetters bestünde Fäul-

Die legendäre erste Spätlese am Rhein 1775 auf Schloß Johannisberg kam in die Fässer dieses Klosterkellers der damaligen Benediktinerabtei. In einem benach- barten Keller hat später die Familie Metternich ein Museum mit Flaschen Schloß Johannisberger Weins bis zum Jahr 1748 zurück eingerichtet.

nisgefahr. Aus unerfindlichen Gründen brauchte der Kurier aber so lange, daß bis zu der Zeit, als er mit dem Befehl zur Lese zurückkam, alle Nachbargüter die Ernte schon beendet hatten und die Weinberge des Johannisbergs voll fauler Trauben hingen.

Die nächste Szene spielt im Keller im darauffolgenden Februar. Johann Engert kostet den neuen Wein und ist verblüfft, denn der ist zwar noch trüb, hat aber zu gären aufgehört und zeigt eine würzige Süße. «Wir hoffen auf etwas Außergewöhnliches!»

Die dritte Szene, am gleichen Ort, 10. April: Der 1775er ist so außerordentlich, daß von den acht Degustatoren, die ihn gemeinsam prüfen, nur zu hören ist, sie hätten «einen solchen Wein noch nicht auf der Zunge gehabt!»

DRAMATURGIE BEISEITE, AUF JEDEN FALL WAR DIE SPÄTLESE GEBOREN. Nicht der Weintyp im modernen Sinn, der aus normalreifen Trauben mit hohem natürlichem Zuckergehalt gewonnen wird, sondern die Spätlese als Konzeption: Das Hinauszögern der Lese solange, bis mit oder ohne Edelfäule ein natursüßer Wein erwartet werden durfte. Die erzbischöfliche Regierung in Mainz nahm diese Konzeption mit bemerkenswerter Bereitwilligkeit auf. 1788 erteilte sie den einzelnen Gemeinden die Erlaubnis, den Lesezeitpunkt selbst zu bestimmen, dabei aber zu bedenken, daß nur vollreife und edelfaule Trauben feinste Weine erbrächten.

So gab die Geistlichkeit am Rhein gewissermaßen in der letzten Minute ihrer Herrschaft das Geheimnis ihrer Kabinette preis und bereiteten der großen Blüte des Rheinweins im 19. Jahrhundert, als Auslesen und Beerenauslesen, Trockenbeeren- und Edelbeerenauslesen in Fülle gediehen, den Weg. In den 90er Jahren des 18. Jahrhunderts kamen die französischen Revolutionstruppen an den Rhein, und wie Cîteaux und Cluny wurden nun auch die Klöster Eberbach und Fulda endgültig säkularisiert.

VOLLRADS

Zwar zeigte durch die Jahrhunderte deutscher Weinbaugeschichte die Kirche das schärfste Profil, aber auch eine Reihe adeliger Familien kann auf eine fast ebensolange Tradition zurückblicken. Das gilt in erster Linie für die Familie Greiffenclau, die heute von einem Mann vertreten wird, der als 29. den erstmals im Jahr 1100 erwähnten Titel trägt.

Die Greiffenclaus verfügten über Besitzungen an mehreren Stellen im Rheinland, residierten aber hauptsächlich in Franken, bis sie im 17. Jahrhundert das aus dem 14. Jahrhundert stammende Schloß Vollrads bei Winkel im Rheingau, 1½ km vom Rhein entfernt, umbauten. Ihr vorheriger Wohnsitz in Winkel, das Graue Haus, heute ein Restaurant, ist vermutlich das älteste noch bewohnte Haus in Deutschland.

Noch im 17. Jahrhundert wurde Schloß Vollrads als wehrhafte Burg gebaut: ein großer, von einem Wassergraben umschlossener Turm. Für Georg Philipp von Greiffenclau, der 1680 Raum für seine 26 Kinder brauchte, war er allerdings zu eng, und so baute er das Schloß auf den heutigen Stand aus.

Einer seiner Nachfahren, Carl Philipp, wurde Fürstbischof in Würzburg und schmückte seine kolossale Residenz mit einem der außergewöhnlichsten Kunstwerke des Barock – dem Deckengemälde im Treppenhaus, in dem Tiepolo die vier Kontinente (und seine hohen Gönner) verherrlichte.

Die Fruchtbarkeit Georg Philipps hatte sich nicht vererbt, so daß 1847 die männliche Linie ausstarb; doch die letzte Tochter des Hauses heiratete den schlesischen Grafen Matuschka. Die Familie Matuschka-Greiffenclau betätigte sich nun im Rheingauer Weinbau mehr als ihre Vorfahren. Richard, der Vater des heutigen Grafen, war in seiner Generation der Doyen des deutschen Weinbaus und einer der Architekten des deutschen Wirtschaftswunders nach dem 2. Weltkrieg. Erwein, der 29. Graf, hat in den 80er Jahren unseres Jahrhunderts die Rolle des prominentesten Botschafters des deutschen Weinbaus übernommen.

KAPITEL 30

Große Weinkenner und -liebhaber in England

DREI FLASCHEN PRO MANN

Die besondere Glorie des Weins, jenes Wesentliche, das ihn von allen anderen Getränken und Genußmitteln unterscheidet, ist der ungeheure Abwechslungsreichtum in Beschaffenheit und Geschmack, eine Vielfalt, die zuerst von einer kleinen Schicht reicher und vornehmer Engländer in der Zeit König Georgs I. geschätzt und gewürdigt wurde. Was sich damals in den Landhäusern der Großen, eingebettet in ihre Wildparks, abspielte, mag für die breitere Bevölkerung nicht übermäßig relevant erscheinen. Sicherlich aber hat es in allen Weinbaugebieten der Welt, die um die Gönnerschaft dieser anspruchsvollen, unvoreingenommenen und unendlich reichen Kenner wetteiferten, tiefe Wirkungen hinterlassen.

«Drinks» waren bereits für die Väter und Großväter der ersten georgianischen Generation ein Gesprächsthema gewesen. Sie hatten die Anfänge von Schokolade und Kaffee erlebt, sie hatten den Tee in Mode kommen, Gin, Rum und Cognac immer genießbarer werden sehen und sich von Monsieur de Pontac den neuen französischen Claret servieren lassen.

England war aus dem spanischen Erbfolgekrieg als der mächtigste Staat Europas, mit militärischer Überlegenheit zu Land und zu Wasser, hungrig auf ein eigenes Empire und begierig auf Kultur hervorgegangen. Während im 17. Jahrhundert die Kunst und die Architektur Englands manchmal naiv und vital zugleich war, begaben sich die Edelleute des 18. Jahrhunderts in die Welt hinaus, um sich zu bilden; sie reisten, sammelten und folgten den schönsten klassischen Vorbildern. Junge Männer wurden mit ihren Tutoren auf Weltreise gesandt und verbrachten Monate, ja Jahre in tiefer Betrachtung (nicht selten auch in höchster Zerstreuung) in Rom, Athen, Florenz, Neapel... überall dort, wo die Antike dem Zeitgeist entgegenkam.

In ihrer Heimat entwickelten sie im 18. Jahrhundert eine Ästhetik von so geschmeidiger Eleganz mit soviel Understatement, Harmonie und Schliff, daß sie bis auf den heutigen Tag die am meisten bewunderte Leistung englischen Geschmacks bildet. Ein «englischer Garten» ist auch heute noch immer einer, der sich, wenn auch noch so ungelenk, nach den um 1750 gestalteten Prinzipien von «Capability» Brown richtet. Die rauhen Kanten jener Gesellschaft liegen nur allzu offen auf der Hand, doch es geht ein Glanz aus von ihrer Wendigkeit, Vitalität und Unternehmungslust, die zur industriellen Revolution führten und dauerhafte Maßstäbe mit Weltgeltung für einen verfeinerten Reichtum aufstellten.

EIN VORURTEILSLOSER GESCHMACK AM WEIN WAR EINES DER KENNZEICHEN dieser neuen englischen Bildung. Er war stets ein Privileg der Reichen (dafür sorgte schon die Regierung durch hohe Steuern), drang aber bis zu einem gewissen Grad auch in den niederen

«Three-bottle men» hießen die Anfänger bei Treffen der «Brilliants», einem Club im Covent Garden, dessen einzige Regeln sich auf die Mindestzahl der Flaschen bezogen, die von den Mitgliedern auszutrinken waren. In Rowlandsons Stich von 1798 wird gerade eine Schüssel Punsch als Erfrischung aufgetragen.

Adel und in die bürgerlichen Stände ein. Selbst auf sehr bodenständigem Niveau hielten englische Schenken noch den Anschein aufrecht, daß sie eine Auswahl an portugiesischen, spanischen, italienischen und französischen Weinen anzubieten hätten, auch wenn diese, wie der französische Reisende Monsieur Grosley 1765 berichtete, in Wahrheit oft hausgemacht waren. Der Rotwein in einem Wirtshaus war nichts als Aloe und Brombeeren mit Rübensaft; «Port» bestand aus Rübensaft, der mit «Bier aus wilden Früchten» und mit einer (hoffentlich) geringfügigen Beimischung von Bleioxyd versehen war. Vom Weißwein behauptet er (wobei er gewiß übertrieb), daß er zumeist in England selbst von Enthusiasten wie Mr. Hamilton aus Cobham, der tatsächlich Trauben zog, hergestellt worden sei. Vielleicht waren aber sechs Wochen in England denn doch nicht genug für Monsieur Grosley, sich einen umfassenden Überblick zu verschaffen. Die beste Flasche, die ihm begegnete, sei ein Mâcon gewesen, den ein Chirurg aus Frankreich mitgebracht hatte und in der Kutsche von Dover her gemeinsam mit ihm leerte. Aus Gründen der Unparteilichkeit fügte er noch hinzu, in Frankreich wäre es ihm wohl außerhalb der Weingegenden nicht besser ergangen. Die französischen Verbrauchssteuern waren so hoch, daß echte Weine gemeinhin mit dem billigsten Zeug gepanscht wurden.

Andere Leute waren liebenswürdiger im Hinblick auf englische Eigenbauweine. Der schwedische Botaniker Kalm (der Zierstrauch Kalmia – Lorbeerrose – ist nach ihm benannt) berichtete, daß seine Zimmerwirtin in Gravesend im Jahr 1748 Smyrna-Rosinen mit solchem Geschick zu Wein verarbeitete, daß dieser oft für feinen Madeira gehalten wurde. A. D. Francis, der Historiker des englischen Weinhandels, erzählt, Lord Palmerstons Großvater, Lord Pembroke, habe seinen Gästen stets gesagt: «Für meinen Champagner und Claret kann ich nicht einstehen, denn ich habe lediglich das Wort meines Weinhändlers dafür, daß er gut ist; für meinen Portwein aber stehe ich ein, denn ich habe ihn selbst gemacht.»

IN DER COMMONWEALTH-ZEIT – MITTE DES 17. JAHRHUNDERTS – gingen britische Royalisten in großer Zahl außer Landes. Bei der Restauration durch Karl II. kehrten sie zurück und brachten den Geschmack an Getränken aller Art mit. England war keine Weinbaunation, aber eine Handelsnation ist es in hohem Maße immer gewesen.

Um der neuen Nachfrage nachzukommen, entstand eine ganz neue Schicht von Weinhändlern, viele davon Hugenotten, die entweder von den Spaniern aus Flandern oder von Ludwig XIV. aus Frankreich vertrieben worden waren. Familien wie die Houblons (*houblon* ist das französische Wort für Hopfen) prägten nicht nur dem Weinhandel ihren Stempel auf (James Houblon belieferte neben vielen anderen Edelleuten auch den Herzog von Bedford), sondern dem gesamten Geschäftsleben Europas. James Houblons Bruder, Sir John, wurde Lord Mayor von London und 1694 auch erster Gouverneur der neugegründeten Bank von England.

Von den Literaten, die Weinländer bereisten, wird vielleicht Thomas Jefferson am meisten zitiert; aber er war keineswegs etwa der erste gewesen. Der Reiseschriftsteller John Evelyn, ein Freund Karls II., stampfte sogar in Padua in Italien seine eigenen Trauben und gewann daraus, wie er mit Genugtuung berichtete, «ein unvergleichliches Getränk». Joseph Addison, einer der ersten großen Zeitschriftenjournalisten Englands, machte in seinen «Bemerkungen über mehrere Gegenden Italiens» die vernünftigsten Beobachtungen über den Wert guter, kühler Naturkeller. Der schottische Romanschriftsteller und Journalist Tobias Smollett (seine Kritiker nannten ihn «Pilzschnüffler») zeigte sich von der Gärung so fasziniert wie John Locke bei seiner Reise nach Haut-Brion. Ein weiterer Schotte, der Dichter James Thomson, der von der italienischen Landschaft ein umfassenderes Bild gewann, bemerkte (was leider nur allzu wahr war), daß «der Zustand des italienischen Weinbaus die Korruption und die Unterdrückungspolitik in diesem Land widerspiegelt». Henry Fielding, der Autor von «Tom Jones», gab, als er zu einem Aufenthalt nach Lissabon reiste, seinen Kommentar über den portugiesischen Wein dadurch ab, daß er Claret mitnahm. Um nun sowohl dem Portwein als auch Henry Fielding gerecht zu werden, sei gesagt, daß er sicher nicht so ganz wohlauf war. Er starb in Lissabon 1754, ein Jahr vor dem großen Erdbeben.

WAS DIE MEISTEN DIESER SCHRIFTSTELLER (abgesehen von Fielding) offenbar faszinierte, war die Chance, Getränke zu kosten, die es daheim, wo mindestens bis zum 17. Jahrhundert die Weinauswahl recht beschränkt war, nicht gab. Die französischen Weine

---

WEIN IN DEN HIGHLANDS

Die Liebe und Lust am Wein, vor allem am Claret, war nicht auf Edinburgh oder die schottischen Lowlands beschränkt. Zu Beginn des 17. Jahrhunderts setzte der König (Jakob VI. von Schottland und I. von England) eine Kommission zur «Zivilisierung und Entwicklung» der abgelegenen Inseln im Westen ein. Ein wesentlicher Teil ihrer Arbeit bezog sich auf die Verringerung des Weinverbrauchs. In dem Standardwerk über den Weinverbrauch in Schottland, das den bezeichnenden Titel «Knietief im Claret» trägt, erfahren wir, was geschah:

«1616 wurde gesetzlich festgelegt, wieviel Wein im Haushalt der Herren auf den verschiedenen Inseln verbraucht werden durfte. Kleinere Herren wie MacKinnons auf Skye, Maclean auf Coll und Maclaine auf Lochbuie in Mull erhielten eine Tun, d. h. vier Oxhoft, solche mit höherem Rang wie der Ranald Clan drei Tuns bzw. 12 Oxhoft und schließlich die Herren von noch größerer Bedeutung – Macleod auf Dunvegan, Maclean auf Duart, Donald Gorm auf Sleat – je vier Tuns jährlich für ihren Haushalt zugestanden. Man kann nur raten, wie die ‹normale› Ration in diesen Haushalten ausgesehen haben mag, wenn vier Tuns im Jahr ein beschränkter Vorrat war. Über das Jahr gleichmäßig verteilt, ergibt das immerhin 10 Liter pro Tag.»

waren aus politischen Gründen meist nicht zu haben oder doch sehr teuer. Nach Claret bestand ein großes Verlangen (außer in Schottland, wo man fast in ihm baden konnte, so reichlich gönnten die Schotten ihn sich). Allerdings konnte man es bis in den Süden Englands, bis Yorkshire etwa, arrangieren, Lieferungen über den Hafen von Edinburgh, Leith am Firth of Forth, zu bekommen.

Der andere Favorit Englands, der «Rhenish», war zu jener Zeit in Schwierigkeiten. Zwar trocknete der Importstrom nie ganz aus, doch war der Wein teuer und wahrscheinlich nicht besonders gut. Auch als Deutsche auf den englischen Königsthron kamen, wurde deutscher Wein, «Hock» und «Moselle» (der Name «Rhenish» war inzwischen veraltet), lediglich bei Hof ein Muß, nicht aber in den Schenken oder in den Kellern der vornehmen Herren. Italienische Weine, sofern sie nicht jemand privat unter Beobachtung größter Sorgfalt mitbrachte, hatten den Ruf, daß sie in schlechtem Zustand eintrafen oder sich nicht lange hielten. So kamen die regelmäßigen Weinlieferungen nach England in großer Überzahl aus Spanien und Portugal – und wie die Reisenden feststellten, waren sie auch für diesen bestimmten Zweck zurechtgemacht: Es waren nicht dieselben Weine, wie die Einheimischen sie tranken.

Nur schwerlich könnte man davon Abstand nehmen, den redseligen Reverend James Howell zu zitieren, obwohl seine «Familiar Letters» über alles Trinkbare schon 1634 erschienen waren: «Heute kann man weder in Spanien noch in allen anderen Weinländern», so schreibt er, «eine Tagesreise machen, ohne auf eine andere Rasse Wein zu stoßen. Jene Arten, die unsere Kaufleute herüberbringen, sind nur die, welche an der Meeresküste wachsen wie Malaga, Sheries, Tents und Aliganto: Von diesem letzteren kommt nur weniges richtig herüber, daher nehmen die Weinhändler den Tent (was ein Name für alle Weine in Spanien, mit Ausnahme von Weißwein, ist), um ihn zu ersetzen.» Als den besten Wein Spaniens nennt Howell St-Martin, «welches nahe beim Hof ist» (das heißt in der Nähe von Madrid). «Es wächst eine zarte Art von Weißwein in den Bergen von Galicien, doch hat er nicht genug Körper, um eine Seereise ertragen zu können; er heißt Ribadavia.» Portugal wies Howell von sich: «Es hat keinen Wein zu bieten, der den Transport lohnt.»

CANARY

In der Reihenfolge nach Preis und Qualität stand zur Zeit von Samuel Pepys und noch weitere vier Jahrzehnte lang der Canary vor dem Malaga und dieser wieder vor dem Sherry Sack. Da die Kanarischen Inseln das wärmste Klima hatten, war ihr Wein von Natur aus am vollsten und stärksten. Ganz Südspanien versuchte ihn im Export zu kopieren; Malaga, mit Traditionen nicht so kleinlich wie Jerez und Sanlucar, schaffte das am besten.

Die beliebte andalusische Traube, Pedro Ximénez, liefert nicht nur den starken braunen Malaga, den starken, aber helleren Montilla und Lucena weiter im Inland bei Córdoba, sondern auch Sherry im Sack-Stil (d. h. schwer und braun, aber nicht duftig und fein).

Die Andalusier tranken keinen Sherry Sack, ihnen war heller, junger Wein ähnlich dem heutigen Fino lieber. Sie tranken ihn mit Wasser oder Eis.

Der Canary verlor seine Vormachtstellung nicht nur, weil er mit Erfolg imitiert wurde, sondern weil die dünnbesiedelten Kanarischen Inseln keinen aufnahmefähigen Exportmarkt darstellten: Die Leute dort brauchten kein Tuch, ihnen mußte also Zahlung in bar geleistet werden. Das spanische Festland dagegen konnte Handelsgüter sogar mit ungemünztem Silber bezahlen. Als der Canary sich in Europa vom Malaga verdrängt sah, versuchte er sein Glück auf dem amerikanischen Markt. Dort aber wirkte sich die Vorzugsbehandlung von Madeira durch die britische Regierung aus. Um 1720 war der Zoll in Boston meist bereit, «Lieferungen von 50 bis 60 Faß Canary durchzulassen, sofern dieser als Madeira deklariert war». Dennoch gaben die Kanarischen Inseln nicht auf und erlebten während der napoleonischen Kriege wenigstens eine kurze Wiederbelebung ihres Weinhandels.

Bis in die zweite Hälfte des 17. Jh. besaß Venedig praktisch das Monopol für die Herstellung feiner Trinkgläser. Was an solchen Dingen anderswo (meist von Venezianern) gemacht wurde, nannte sich *façon de Venise* – nach venezianischer Art. Um 1670 experimentierte der Engländer George Ravenscroft mit einer Beimischung von Bleioxyd (derselben Bleiasche, mit der auch Wein gesüßt und vergiftet wurde) zur Glasschmelze und erfand ein schwereres, festeres und schöner schimmerndes Glas. Englisches Bleikristall konnte zwar nicht zu so feinen und komplizierten Details geblasen oder verarbeitet werden wie venezianisches Glas, es eignete sich aber vollkommen für die schwungvollen Formen des englischen Barock und erklang mit einmalig schönem Glockenton.

Andere waren da nicht seiner Meinung, insbesondere was den Lissaboner anging, und wir brauchen uns nur den Keller von Samuel Pepys, etwa 30 Jahre später, anzusehen, um sofort festzustellen, daß sich inzwischen nicht viel geändert hatte. «Ich habe zwei Tierce (1 Tierce = $^1/_3$ Pipe) mit Claret, zwei Viertelstück Canary und ein kleineres Faß mit Sack; ein Fäßchen Tent, eines mit Malaga und noch eines mit Weißwein in meinem Keller.» Es war in der Tat ein reichlich gefüllter Keller (wofür er Gott dankte) – insbesondere für einen Mann, der dem Wein feierlich abgeschworen hatte. Läßt man aber den Claret beiseite (England und Frankreich hatten nicht oft Frieden miteinander), dann waren alle anderen Weine, mit Ausnahme des Weißweins vielleicht, spanisch. Man kann sich kaum weniger Abwechslung vorstellen als zwischen Canary, Sack, Tent und Malaga. Pepys selbst muß das empfunden haben, denn er versuchte es mit Mischen, doch auch dabei kam nichts heraus.

AUCH AUF DEM HOCHHERRSCHAFTLICHEN NIVEAU war es um 1660 kaum aufregender. In dem aus der Zeit Jakobs I. stammenden roten Ziegelpalast der Familie Cecil, Earls (jetzt Marquesses) of Salisbury, eine kurze Strecke nördlich von London, liegen in den Archiven die Weinrechnungen aus allen Zeitaltern seit Königin Elisabeth I. Diejenigen um 1660 sind erstaunlich einfach. Lord Salisbury und seine Gäste (unter ihnen der König) tranken offenbar Canary oder Weißwein, teils aus Langon (bei Sauternes), teils von «my lord Bristol», eingetragen als «Paries wine» – aller Wahrscheinlichkeit nach ein Wein, den John Hervey, der erste Earl of Bristol, in Paris gekostet und für gut befunden hatte, aber nicht unbedingt einer aus der unmittelbaren Umgebung der Stadt. Könnte es vielleicht Chablis gewesen sein? Der Herzog von Bedford verzeichnete 1661 den Kauf von «Shably» – die erste namentliche Erwähnung dieses ältesten aller weißen Burgunder in England.

Wein aus dem «High Countrie», dem Oberland von Bordeaux, erscheint in einer früheren Aufstellung. 1670 kaufte Lord Salisbury ein Oxhoft Burgunder zu 17 Pfund (der weiße Langon hatte ihn 6 Pfund gekostet). Auch «Renish, Muscadine und Sack» werden erwähnt; 1677 erscheinen «6 Gallonen Haut-Brion-Wein» und ein sehr teures Oxhoft «Tournane alias Hermitage» zu 20 Pfund. Tournon ist der Ort an der Rhone, wo der Hermitage angebaut wird; ob dieser Wein weiß oder rot war, ist nicht erwähnt, doch der weiße Burgunder hatte lange Zeit die Reputation, zu den allergrößten französischen Weißweinen zu zählen und längere Haltbarkeit zu besitzen als alle anderen. Der Zoll auf französische Weine (auch auf die besten) belief sich gewöhnlich auf das Doppelte des Werts, den der Wein selbst hatte. Als der Herzog von Bedford 1671 Haut-Brion kaufte, kosteten ihn zwei Oxhoft in Bordeaux 4 Pfund; nach Entrichtung des Zolls und anderer Gebühren betrug der Gesamtpreis über 15 Pfund.

Blättert man die alten Rechnungen durch, dann erkennt man, wie sehr die aristokratischen Zungen in den letzten Jahren des 17. Jahrhunderts geschnalzt haben müssen. Der gelinde gesagt politisch naive 4. Earl of Salisbury verbrachte einige Jahre im Londoner Tower; seine Weinrechnungen weisen extra Kosten für die Lieferung in seine Zelle aus. Der 5. Earl ließ enorme Beträge bei seinem Weinhändler Thwaites auflaufen. Im wesentlichen geht aus seinen Rechnungen hervor, daß es die Mode um die Wende zum 18. Jahrhundert erforderte (oder doch wenigstens angezeigt erscheinen ließ), eine größere Auswahl an Weinen vorweisen zu können.

Ein kurzer Auszug aus Salisbury-Rechnungsbüchern zeigt auch die Preisrelationen zwischen den um 1690 beliebten Weinen. Alle Preise sind in Shilling (s) und Pence (d) pro Gallone angegeben und lassen sich zumindest dazu gebrauchen, eine Reihenfolge nach dem Prestige der Weine aufzustellen.

WEINBAU IN ENGLAND

Hatfield House hatte, und das war ungewöhnlich für die großen Häuser im 17. Jahrhundert, einen eigenen Weingarten; es waren etwa 1,5 ha ummauertes, zum Fluß Lee hin abfallendes Land, das von dem berühmten Gärtner der Salisburys, John Tradescant, im Jahr 1610 angepflanzt wurde. Er war nach Flandern gereist, um dort Reben einzukaufen, und weitere 30 000 sandte der französische Botschafter. Ein Teil wurde an Wandspalieren gezogen und erbrachte Desserttrauben, andere wurden «weinbergmäßig» gesetzt und dienten der Weingewinnung. 50 Jahre später schrieb Pepys über einen Besuch des Weinbergs, berichtete aber nicht, ob die Weinstöcke noch vorhanden waren. William Hughes, der Verfasser des «Compleat Vineyard» von 1670 (ein außerordentlich praktisches Handbuch) erwähnt ihn nicht. «Es gibt nun in Kent und an anderen Stellen unseres Landes», so schreibt er, «Weingärten und Spalierreben, welche große Mengen an ausgezeichnet gutem Wein hervorbringen.» Da um diese Zeit die Einfuhrzölle in bisher nie gekannte Höhe kletterten, bestand größter Anreiz, selbst Wein anzubauen. Hughes war Optimist, aber das Klima war schlecht und wurde immer schlimmer. Erst im zweiten Viertel des 18. Jahrhunderts besserte es sich wieder.

Zwei englische Weingärten waren um die Mitte des 18. Jahrhunderts berühmt. Beide lagen in Surrey, südlich von London: Westbrook, angelegt etwa 1730 von James Oglethorp, und Painshill, der berühmteste von allen und der ganze Stolz des Hon. Charles Hamilton in Cobham bei Guildford. Oglethorp war ein großer Träumer und Gründer der amerikanischen Pflanzung Georgia. In Savannah steht noch heute seine kriegerische Statue. Seine Überlegungen zu dieser Kolonie besagten zum Teil, daß sie (wie später die Kap-Kolonie) England im Hinblick auf den Wein vom europäischen Kontinent unabhängig machen sollte. Surrey hatte da eine praktikablere Chance: Der Wein, den er dort hervorbrachte, soll wie «Rhenish» gewesen sein.

Auf Painshill legte Hamilton einen malerischen Garten um einen künstlichen See herum an, der von kleinen Lustbauten umgeben war und eine spektakuläre, von Feldspat nur so glitzernde Inselgrotte aufwies. Der Weingarten lag auf einem Hang am Nordufer des Sees und dürfte etwa 2 ha groß gewesen sein. Der Bestand umfaßte Pinot-Meunier- und «Auvernat»-Reben. Der erste Versuch wurde mit Rotwein gemacht und mißlang völlig. Der große Erfolg kam dann mit Schaumwein, der zu Hamiltons Überraschung «ein feineres Aroma hatte, als ich es je geschmeckt habe». Ein französischer Besucher (Monsieur Grosley) sah die Sache anders an: Er sei dunkelgrau gewesen und habe nach Essig und grünem Most sowie sehr stark nach dem Boden geschmeckt.

Canary und Palme	8s 0d pro Gallone
Sherry	6s 8d
Junger Hock	6s 8d
Florence	6s 0d
Calcavella	6s 0d
Port	4s 8d
Pontack	4s 8d
Weißwein	4s 0d

1692 kaufte der Earl erstmals eine größere Menge Champagner – allerdings nicht unter diesem Namen. Alle Weinrechnungen jener Zeit zeigen, daß es in adeligen Häusern üblich war (wenn man direkt im Ausland und nicht über einen englischen Händler kaufte), mit Freunden gemeinsam zu bestellen: In diesem Fall kaufte er die Hälfte einer Sendung von sechs Faß Wein unter dem Namen der jeweiligen «Fluß»- bzw. «Berg»-Lagen: Hautvillers, «Cellary» (Sillery) und «Espernay». Der Wein wurde von der Champagne aus nach Norden über Brüssel (wo Zoll gezahlt werden mußte) und weiter bis Holland transportiert (das Schiff ging in Den Haag ab). Mit den Fässern zusammen kaufte der Earl 150 neue Flaschen (zu 1 Pfund pro 50 Stück) sowie ausreichend Korken; also ließ er offensichtlich einen Teil des Weins nach dem Eintreffen im Keller in Hatfield auf Flaschen ziehen.

JOHN HERVEY, DER SPÄTERE ERSTE EARL OF BRISTOL, warf seine Netze weiter aus als Lord Salisbury. Die Rechnungsbücher seines Kellers in Ickworth Lodge, seinem Sitz in Suffolk von 1690 bis 1740, beginnen mit dem üblichen Nachdruck auf Spanien. Er liebte den Lucena – heute Montilla – und den Galicia. Trotz James Howells Ansicht, der Ribadavia aus Galicien sei zu «zart für eine Seereise», erschien dieser doch unter vielen Namensvarianten (Robdavie, Rubbadavie) um 1700 in vielen Kellern. Außerdem gab es während der Kriege mit Frankreich auffällig viele Käufe von «Navarre». (Navarra ist die spanische Provinz, die der französischen Grenze und daher Bordeaux am nächsten liegt.)

Wie in Vorahnung des Kriegs, der 1703 ausbrach, legte Hervey im Jahr davor nicht weniger als vier Oxhoft mit Haut-Brion in den Keller. (Als er mitten im Krieg einen Margaux kaufte, mußte er das Doppelte dafür bezahlen.) Er ließ sich Wein in Flaschen, die in Kisten verpackt waren, von Florenz schicken (das war die Standard-Versandart für toskanischen Wein) und ungewöhnlicherweise auch aus Avignon; dabei handelt es sich um eine sehr frühe Châteauneuf-du-Pape-Abfüllung.

Erst 1710, sieben Jahre nach dem Methuen-Vertrag, verzeichnete er den ersten Ankauf von «Portugal-Wein». 1714 nannte er diesen «roten Port» und 1716 «Portwein» – aber noch 1730 findet sich im Rechnungsbuch die Eintragung: «Methuen-Wein»: Der Vertrag muß also noch einen festen Platz im Gedächtnis der Menschen gehabt haben.

Als mit Frankreich Frieden geschlossen wurde, kaufte Lord Bristol «Burgunder für meine teure Gattin», und er experimentierte mit weißem Condrieu von der Rhône. 1719 kaufte er erstmals Meursault («Muljo», wie er schrieb) sowie «La Tour Claret, La Fitte Claret» und mehrmals «Côte Rôty». Der Rhône-Wein kam immer mehr in Mode, obwohl es so schwierig war, ihn mitten aus Frankreich herzutransportieren. Wir wissen nicht, ob der Versandweg rhôneabwärts und über das Mittelmeer oder die Loire abwärts (oder womöglich über Paris und Rouen) verlief. Bedeutsam ist, daß diese Weine gut und abwechslungsreich waren; man scheute keine Mühe, sie zu bekommen.

DER GRANDIOSESTE ALLER GRANDEN UND HÖCHST ANSPRUCHSVOLL IN SEINEM WEINGESCHMACK war James Brydges, der den überaus lukrativen Posten des Generalzahlmei-

Silberne Dekanter-Anhänger oder «Bottle Tickets» gehörten um 1730 in England zum unabdingbaren Drum und Dran des Weingenießens. Etwa um 1800 erreichten sie ihren kunsthandwerklichen Höhepunkt. Unter dem Namen «Mountain» wurde Malaga verstanden, und «Calcavela» war der üppige Carcavelos aus Lissabon.

sters für die Streitkräfte des Herzogs von Marlborough innehatte. Ein paar Prozent vom Sold eines jeden Soldaten und von der mageren Heuer eines jeden Matrosen blieben an den Fingern des Zahlmeisters kleben und wanderten in die Verschönerung des «prächtigsten Hauses in England», wie Defoes Beschreibung von Canons, dem inzwischen längst abgerissenen Palast in Edgware nördlich von London lautete. Wenn das Andenken an Brydges heute noch wach ist, dann nur, weil er Georg Friedrich Händel als Kapellmeister für seinen Privatchor anstellte. Händel schrieb seine «Chandos-Hymnen», als sein Brotherr 1719 zum Herzog von Chandos ernannt wurde.

Während des Kriegs mit Frankreich, den seine militärischen Vorgesetzten mit ungeheurem Eifer betrieben, nutzte Brydges die von den Holländern erhandelten Passierscheine nach Frankreich und kaufte seinen gesamten Wein in Rotterdam und Den Haag. Dabei ging es um alle in diesem Kapitel bereits erwähnten Weine und um noch einige interessante und manche rätselhafte mehr. Auch haben wir den Vorteil, die von Brydges abgegebenen höchst bildhaften Beurteilungen einiger seiner Weine zu besitzen.

Wie Lord Bristol war er ein begeisterter Anhänger von Hermitage, und 1711 kaufte er weißen sowie erstmals roten. Ein in Canons oft getrunkener, aber offensichtlich seltener Wein hieß «Capbreton». Es war dies ein claretähnlicher Wein aus sandigen Küstenweinbergen in den Landes in Südwestfrankreich unmittelbar nördlich vom Hafen Bayonne, über den sich viel holländischer Handel mit Armagnac abwickelte. Hier war auch ein großer Umschlagplatz zu der Zeit, als französischer Wein unter dem Deckmantel spanischer Herkunft nach England ging. Brydges hielt große Stücke auf seinen Rancio aus Navarra, der ebenfalls über Bayonne ausgeführt wurde – aus völlig unerfindlichen Gründen zusammen mit einer gewissen Menge «Rhenish». (*Rancio* ist ein in Spanien und den angrenzenden französischen Pyrenäenprovinzen hochgeschätzter Nußgeschmack, der durch jahrelange Oxidation entsteht.) 1736 sprach Brydges von ihm als einem «edlen Wein mit starkem Körper. Ich habe ihn rund 20 Jahre lang hier (in Canons) im Keller liegen gehabt, und aus ihm ist ein starker, rassiger Wein geworden, der alle Süße verloren hat.» Tokajer erhielt er über Holland aus Breslau. Für wertvolle Weine hatte er eine geniale Verpackungsart erdacht, um Diebstählen unterwegs vorzubeugen: Er ließ ihn in Holland auf Flaschen ziehen, dann die Flaschen wieder in ein Oxhoft-Faß packen und für die Reise mit Segeltuch überspannen.

Nach dem Krieg läßt die Zahl der Fässer mit französischem Wein, die in Canons eintrafen, auf unaufhörliche Gastereien in verschwenderischstem Maßstab schließen. 1716 kaufte Brydges nicht weniger als 50 Oxhoft Hermitage zu je 60 Pfund – eine erstaunliche Menge Spitzenwein für einen Keller allein. Doch gleichzeitig entwickelte Brydges einen immer anspruchsvolleren und universelleren Geschmack. Sein Canary mußte der feinste «Palme» aus Teneriffa, ein hellgelber Wein mit Ananasduft, sein; seine französische Palette umfaßte Montrachet, Pommard, «Bone» und Nuits sowie die feinsten Clarets, die besten Rhône-Weine und sogar einen sogenannten «Priester-Tod» aus der Dauphiné – «zwar leicht auf der Zunge, aber doch der stärkste französische Wein, den ich je gekostet habe».

Ungewöhnlicher war schon, dass Brydges auch italienische Weine kannte und schätzte; er kaufte sie hauptsächlich über den britischen Konsul in Livorno. Aus der Toskana bezog er roten Montepulciano und weißen Verdea und immer wieder Kisten mit «Florence», aber vor allem auch die Moscadello- oder Muscatine-Spezialitäten von Montalcino, Montefiasconi bei Rom, Kalabrien und Sizilien. Ferner kaufte er in Sizilien «trockenen roten Syracus mit starkem Körper und feinem Aroma, nicht süß oder üppig, aber sehr gehaltvoll ... er ist nicht so vollmundig wie Monte Pulciano und hat mehr Körper und Geschmack als der Syracus Serragosa». Was er mit «Serragosa» meinte, ist schwer festzustellen – Saragossa liegt jedenfalls in Spanien.

Wie die Kaufleute im alten Pompeji handelten auch seine Freunde in Livorno mit griechischem Wein. Namen mit antikem Klang wie Zante und Kephallenia, ganz zu schweigen von Chios (einst auch «Chaos» genannt), gesellten sich zu den modischeren Weinen in den Kellern von Canons. Erst 1722 kaufte der Herzog auch Port und Madeira. Champagner (sowohl «grünen» als auch roten) hielt er für «eine kitzlige Investition». Andererseits zahlte er 1736 viel Geld für roten Constantia vom Kap der Guten Hoffnung und ließ seinen Weinhändler in Southampton nach Madeira Ausschau halten, der zu den Westindischen Inseln und wieder zurück gereist war. Auch den «Rhenish» sah er nicht über die Schulter an, sondern kaufte um 1730 alte Jahrgänge wie 1666er, 1684er und 1696er.

Nun war der Keller von Canons zwar ein Wunder seiner Zeit – das Hobby eines Multimillionärs und der beste Beweis dafür, welche Unsummen zu Anfang des 18. Jahrhunderts einzelnen zur Verfügung standen – doch der berühmteste Keller Englands zu jener Zeit war sehr viel konventionellerer Art. Sir Robert Walpole, der Sohn eines Landedelmanns aus Norfolk, wurde durch Skrupellosigkeit und Charme zum mächtig-

Sir Robert Walpoles Speisesaal in Houghton Hall in Norfolk läßt in allen Details der Ausschmückung die Freude seines Besitzers am Wein erkennen. Kaufte Walpole feinen Claret, dann gleich vier Faß auf einmal.

sten Mann seiner Zeit, ja eigentlich zum ersten Premierminister Englands, obwohl er diesen Titel nicht trug.

King's Lynn, der Hafen von Norfolk, stand als Weinumschlagplatz um 1700 nur hinter London zurück. In seinem Hinterland lag die politische Machtbasis Englands: die reichen Agrarländereien von East Anglia und der East Midlands, die Gegenden um Norfolk und Northampton, wo es mehr Landschlösser gibt als Châteaux an der Loire – ein Land, wo die Jagd, schnelles Reiten und reichliches Trinken zur allgemeinen Lebensart gehörten. In Lynn gab es einen eigenen, deutlich erkennbaren Portweinstil, leichter als die «Londoner Mischung». Reisende waren sich darüber einig, daß man in einer Schenke in Leicester, Grantham oder Biggleswade besseren Port bekam als irgendwo sonst im Land.

Auf dem Grund und Boden seiner Ahnen in Houghton südlich von Lynn baute sich Walpole einen palladianischen Palast, so großartig wie kein zweiter in England. Ab 1731 war er der Schauplatz seiner «Norfolk Congresses», zu denen er seine Nachbarn und politischen Kollegen einlud. Der Earl of Bristol (fast ein Nachbar) berichtete dem Prince of Wales, daß «die Gesellschaft bis zum Kinn in Rindfleisch, Wildbret, Gänsen, Truthähnen usw. und meist bis übers Kinn in Claret, Starkbier oder Punsch steckte».

Walpoles Lieblingswein war Claret – es waren sicherlich englische Herren seiner Art, auf die es die französischen Premier-Cru-Besitzer abgesehen hatten. Walpole kaufte Wein von Château Margaux, jeweils vier Oxhoft auf einmal, dazu regelmäßig alle drei Monate ein Oxhoft Lafite, und in seinem Keller fehlte es nie an Pontac – aber lange hielt er sich dort nicht; Walpole trank den Claret offenbar frisch und jung, anders als «alten Burgunder», den er kistenweise in Flaschen zu beträchtlich höherem Preis kaufte.

Im Keller von Houghton lag natürlich auch Portwein, doch spielte er neben dem Claret ausgesprochen die zweite Rolle. Anscheinend bevorzugte Sir Robert den teureren weißen Lissaboner, den er in großen Mengen kaufte. Mit «Sack» oder Sherry gab er sich nicht ab, und der Canary kam gerade aus der Mode. Dagegen kaufte er Champagner und «Rhenish» (6 Dutzend «Hoghmer aus dem Jahr 1706», das sind höchst präzise Angaben über Jahrgang und Herkunft: «Hoghmer» ist Norfolks Schreibweise für Hochheimer). Keineswegs zu vergessen aber ist auch das Starkbier von Houghton Hall, das in Rohren vom Keller heraufgeleitet wurde; an den marmornen Anrichten befanden sich die Zapfhähne.

Walpoles Einstellung zu den Landesgesetzen war durchaus typisch für seine Zeit – erschreckend trotzdem, daß sie auch unter den höchsten Staatsdienern herrschte. Während des spanischen Erbfolgekriegs schmiedete er zusammen mit seinem Freund Josiah Burchett, damals Sekretär der Admiralität (Walpole selbst saß im Rat der Admiralität), ein Komplott zum Einschmuggeln großer Mengen von Claret, Burgunder und Champagner aus Holland – wozu denn auch gewissermaßen unter den Augen der Zollbehörden eine Barkasse der Admiralität benutzt wurde. In Lynn hatte er mit dem Schmuggeln weniger Glück, dort wurde ihm eine Sendung abgefangen. Bei einer anderen Gelegenheit versicherte sich ein Bediensteter aller Zollbeamten «mit Hilfe von Brandy», während die Fässer auf Wagen verladen und nach Houghton abgeschickt wurden. Kavaliersdelikte der Art, daß man französischen Wein als portugiesischen deklarierte, um weniger Zoll zahlen zu müssen, waren an der Tagesordnung.

IM GANZEN 18. JAHRHUNDERT war für den größten Teil der Bevölkerung Wein gleichbedeutend mit Portwein. Portugiesische Weine machten rund zwei Drittel aller Einfuhren nach England aus. Einerseits beschwerte sich das Volk darüber, doch andererseits verlangte es mehr davon. Auf jeden Fall darf man die Verbrauchsmengen an einem Wein, der oft als «feurig», «dicker Sirup», als «das Blut in Wallung bringend» beschrieben wurde, durchaus heroisch nennen. Als «Saufathleten» bezeichnete einmal ein Histori-

Im 18. Jh. entwickelte sich die Weinflasche aus ihrer ursprünglichen Rolle als Dekanter heraus zu einem Vorratsbehälter, der liegend aufbewahrt werden konnte, so daß der Korken feucht blieb, während der Wein allmählich heranreifte.

1708   **1739**   **1753**   **1793**

ker alle die Junker, Pfarrer, Offiziere und Studiosi, die sich Abend für Abend gegenseitig unter den Tisch tranken. Als «three-bottle man» bezeichnete man einen, der bei einer Sitzung (eher vielleicht im Lauf eines Tages) regelmäßig drei Flaschen Portwein hinunterschüttete, so daß man sich noch mehr anstrengen mußte, wollte man auffallen.

Dufferin, Blayney und Panmure hießen drei Edelleute, die als «Six-bottle men» gefeiert wurden – obwohl, wie ich meine, wahrscheinlich nicht sehr oft. Als er gefragt wurde, ob er an einem Abend ohne Hilfe drei Flaschen ausgetrunken hätte, soll ein Edelmann einmal dieses Ansinnen voller Entrüstung von sich gewiesen haben: «Aber nein, mir hat eine Flasche Madeira dabei geholfen!»

Zum Teil liegt des Rätsels Lösung in der Größe der Flaschen. Wein wurde damals normalerweise in *pints* oder *quarts* abgefüllt. Eine Pinte (etwa ein halber Liter, also zwei

ENGLISCHER SCHNAPS

Das Getränk der Armen in England war Schnaps, in der Hauptsache Gin. Um 1720 war Korn in Hülle und Fülle vorhanden, und die Regierung, stets auf das Wohl der Bauern bedacht, gab das Brennrecht frei – die Folgen sind in Hogarths erschütternden Kupferstichen nur allzu deutlich zu sehen. Die Stadtbevölkerung war zahlreicher als je zuvor, und alle trugen ihre kärglichen Löhne geradewegs in die Ginhäuser. Gin blieb die Geißel der Armen, bis eine gnädige Vorsehung im Jahr 1759 eine Getreidemißernte bescherte, worauf die Regierung ihre Politik änderte.

Wenn die Begüterten Spirituosen tranken, dann meist in der Form von Punsch oder Toddy: heißgemacht und mit Wasser, Fruchtsaft, oft auch Tee verdünnt. Dazu nahm man gewöhnlich Rum oder den Türkenschnaps Arrak. Es war ein geselliger Brauch, daß die dampfende Schüssel mit Punsch den Mittelpunkt einer Party bildete.

Es ist schon viel darüber hin- und hergedacht worden, weshalb England keinen Nationalschnaps hat wie Irland und Schottland ihren Whisky haben. Der Usquebaugh, wie der Whisky ursprünglich hieß, tauchte ebenfalls im 18. Jahrhundert in den eleganten Kreisen auf – und war keineswegs billig.

England verfügte tatsächlich über so etwas wie die Anfänge einer landeseigenen Spirituose, bis mit Wilhelm III. ein Holländer den englischen Thron bestieg. Aus dem im West Country verbreiteten Apfelwein hätte ein englisches Nationalgetränk, das Gegenstück zum Calvados der Normandie, gebrannt werden können. König Wilhelm aber legte ihm Hindernisse in den Weg, damit die Holländer für ihre Erfindung – den Gin – einen Markt hatten.

Drittel einer modernen Flasche) war vermutlich das Standardmaß, so daß ein «three-bottle man» wohl lediglich zwei Flaschen der heutigen Größe bewältigte. Es dürfte auch immer ein beträchtlicher Bodensatz in der Flasche zurückgeblieben sein. Was die Alkoholstärke des Weins anbelangt, so lag sie zu Beginn des 18. Jahrhunderts in der Größenordnung eines starken Tafelweins. Dann aber wurde im Lauf der Zeit eine immer größere Dosis Brandy zugesetzt. Diese zunehmende Stärke schreckte aber offenbar die Trinker nicht ab, denn mit ihr ging ein wachsender Konsum einher.

DER REIFEZUSTAND DES WEINS HATTE HIER WAHRSCHEINLICH GROSSEN EINFLUSS. Im dritten Viertel des 18. Jahrhunderts veränderte sich die Form der Flaschen so, daß diese in einem Regal horizontal liegen konnten. Diese Form hatte sich im Lauf eines Jahrhunderts von einer Zwiebel zu einem Schlegel gewandelt, und nun wurde sie plötzlich zur Walze mit relativ kurzem Hals; das war schon fast die ideale Form zum Aufstapeln.

Vor dem 18. Jahrhundert hatte der Keller eines Hauses, wenn es überhaupt einen besaß, dieselbe Funktion wie der Keller eines Gasthauses. Fässer (in England meist mit Apfelwein oder Bier) blieben im Keller liegen, bis sie durch tagtägliches Zapfen geleert waren. In Schlössern, dann aber auch zunehmend in Stadt-, Land- und Bauernhäusern wurden die Keller bald zur Aufnahme der neuartigen Flaschen eingerichtet. Üblich waren offene Gestelle aus Ziegel- und Bruchsteinen oder Schiefer, oft durch Gewölbe in *bins* unterteilt, in denen 25 Dutzend Flaschen untergebracht werden konnten; das entsprach dem Inhalt eines Oxhoft. Bei Landedelleuten, die genügend Platz in ihren Kellern hatten, wurde es zur Gewohnheit, jeweils ein *pipe* Portwein zu kaufen (das gab soviel Flaschen, daß zwei *bins* damit gefüllt wurden).

Selbst ein «three-bottle man» hatte damit genug Vorrat für etwa ein, zwei Jahre, und er konnte dann feststellen, daß sich in der Flasche eine «Kruste» absetzte und die Farbe des Weins sich von Schwarz zu einem funkelnden Rubinrot wandelte, wobei aus dem Feuer eine sanfte Glut wurde.

DIE DEMOKRATISIERUNG DES WEINKELLERS IN ENGLAND – das heißt die Ausweitung von der Aristokratie auf den Mittelstand – kann auf die Zeit um 1760 datiert werden, als es nämlich ein Londoner Buchhändler für lohnend ansah, ein Kellerbuch herauszugeben. (Es erlebte mindestens drei Auflagen.) Dieser Buchhändler war Robert Dodsley auf der Pall Mall, der auch Samuel Johnsons großes Dictionary herausgegeben hatte. «Das Kellerbuch oder der Helfer des Butlers beim Führen einer regelmäßigen Rechnung über die Getränke» wird eingeleitet durch Anmerkungen über seine «Nützlichkeit für jeden Hausherrn, der in seinem Keller einen Vorrat an Getränken hält und über dessen Ge- und Verbrauch auf dem laufenden bleiben möchte ... und die vorgeschlagene Methode ist so einfach, daß jeder gewöhnliche Bedienstete damit Rechnung führen kann».

Der aufschlußreichste und sicherste Beleg, den wir uns darüber vorstellen können, welche Weine mit größter Wahrscheinlichkeit im Keller eines Hausherrn ein Jahrhundert nach Samuel Pepys zu finden sein mochten, ist die gedruckte Musterseite dieses Kellerbuchs, die ja den vermutlichen Inhalt des Kellers widerspiegeln sollte. Hier die darin als Beispiel genannte jeweilige Zahl von Flaschen: Ale 235; Apfelwein 60, Port 400, Claret 48, Weißwein 85, Sack 4, Madeira 29, Champagner 19, Burgunder 48, Brandy 4, Rum 18 und Arrak (zur Punschbereitung) 34. Das bedeutet also, daß ein typischer Keller fast doppelt soviel Portwein als alle anderen Weinsorten zusammen enthielt.

TEIL IV

Technik in viktorianischer Zeit: Weinbereitung im Médoc um 1860.

KAPITEL 31

Napoleons Kriege leiten eine neue Zeit ein

DIE REVOLUTION UND WAS DANACH KAM

Der schimmernde Todesstahl der Guillotine ist mit seinem sausenden Fall ein derart übergewaltiges Symbol für das Ende des Ancien régime, nicht nur in Frankreich, sondern auf dem gesamten europäischen Kontinent, daß man unwillkürlich mit der Jahrhundertwende eine neue Welt in neuen Händen zu sehen vermeint.

Die nun folgenden Kriege, in deren Verlauf Napoleon um ein Haar Europa zu einem französischen Imperium und das Mittelmeer zu einem französischen Binnensee gemacht hätte, vernebeln alle kleineren Geschehnisse der nächsten 20 Jahre im Kanonenqualm. Nachdem sich der Pulverdampf verzogen hat, erkennt man mit Verblüffung, daß so viel von früher Vertrautes noch am alten Ort steht; man kann es fast nicht glauben, daß, obwohl inzwischen eineinhalb Millionen Franzosen in einen mehr oder weniger ruhmvollen Tod geführt wurden, Frankreich dennoch weiter seinen Gang ging. Sein Wein wurde Jahr für Jahr gelesen, gekeltert und getrunken.

Im Château Lafite liegen die Flaschen noch immer in den Regalen: Zwar fehlt der schicksalsschwere Jahrgang 1793, als der Gutsherr, Président Pichard, zur Guillotine geschleppt wurde, doch manche Flasche trägt das Datum 1797 – damals verjagte Napoleon die Österreicher aus Italien – oder 1799, als er – nachdem er gesagt hatte: «Dieses kleine Europa ist zu eng für mich» – schließlich doch den Versuch aufgab, auch das Osmanische Reich zu schlucken, seine Armee in Ägypten verließ und nach Frankreich zurückhastete. Eine Flasche von 1803 mahnt an das Wiederaufflammen des Kriegs nach 30 Monaten unruhigen Friedens; das Jahr 1811 brachte einen berühmten Weinjahrgang, aber auch den Rückzug des Marschalls Masséna, «l'enfant chéri de la Victoire» aus Portugal.

Auf der Iberischen Halbinsel tobte der Krieg um die beiden großen Weinexportzentren Oporto und Jerez, in kleinerem Umfang auch um Málaga. Oporto und Cádiz wurden belagert, doch ihr Handelsverkehr ging weiter, die Weinberge blieben verschont. Der Krieg in Portugal, in den der größte Teil des englischen Heers unter dem Herzog von Wellington drei Jahre lang verwickelt war, ließ eine ganze Generation englischer Offiziere mit dem Wein des Landes in allen Nuancen vertraut werden – auch mit dem Portwein, den sie doch schon so gut kannten. Allein durch ihren Aufenthalt in Oporto verfielen sie ihm fürs ganze Leben.

IN KRIEGSZEITEN ENTWICKELN SICH BIZARRE UND INTRIGANTE WEGE des Handels zwischen Partnern, die doch aufeinander angewiesen sind – ganz gleich, wie die Politik der

DIE REVOLUTION UND WAS DANACH KAM

Regierungen aussehen mag. Bonaparte versuchte, mit der Kontinentalsperre den Handel zwischen England und den europäischen Häfen zu blockieren. Das mißlang, weil dieser Handel für die Franzosen selbst ebenso wichtig war wie für ihre frisch unterworfenen Vasallen. Bestimmten Kaufleuten mußten Ausnahmegenehmigungen erteilt werden, die dann mißbraucht oder doch weidlich ausgenutzt wurden. Es ist behauptet worden, das Uniformtuch für die französischen Armeen habe aus Yorkshire gestammt. Der Kaiser versuchte, den Kauf von Fertigerzeugnissen beim Gegner zu vermeiden, war andererseits aber froh über den Absatzmarkt dort für seinen französischen Wein. Er achtete lediglich darauf, daß möglichst viel davon am englischen Zoll vorbeigeschmuggelt wurde, um seinen Feinden keine nützlichen Einkünfte zuzuschanzen.

Die englische Regierung ihrerseits war froh um französischen Branntwein, weil dadurch die Kornvorräte für Brot genutzt werden konnten und nicht für Gin verbraucht wurden. Auch gab es einen blühenden Zweig des Exporthandels zu berücksichtigen: Von den knapp 5000 Faß Branntwein, der im Jahr 1808 von Frankreich nach England gelangte, wurde über die Hälfte wieder nach Schweden und in andere Ostseeländer ausgeführt, die von den Franzosen blockiert wurden. Auch in späteren Jahren sollen die englischen Häfen mit Tausenden von Fässern mit französischem und spanischem Wein auf dem Weg nach Drittländern verstopft gewesen sein. Selbst auf der Höhe der Feindseligkeiten bestand eine Art stillschweigendes Einverständnis, daß sich Frankreich um den internen Handel Europas kümmerte, während die Engländer die Rolle der «Fuhrleute zur See» übernahmen.

KRIEGE HELFEN ABER AUCH PERSÖNLICHE BINDUNGEN SCHMIEDEN ODER STÄRKEN. Ausländische Kaufleute, die sich aus einer Stadt zurückziehen mußten, hatten keine andere Wahl, als einem ortsansässigen Konkurrenten ihre Geschäfte anzuvertrauen. So legte

Die Offiziersmessen der britischen Krone erdröhnten ständig von Trinksprüchen, wobei gewaltige Mengen an Portwein vertilgt wurden – oder was es gerade sonst zu trinken gab. In dieser Messe in St. James's waren am Ende des 18. Jh. Port und Champagner klar die Favoriten.

Mr. Barton in Bordeaux seine Firma in die Hände von Monsieur Guestier (und dasselbe geschah 150 Jahre später im Zweiten Weltkrieg erneut). Solches Vertrauen wurde selten enttäuscht.

In Spanien ansässige Briten übten geschickt die Kunst, ihre Staatsangehörigkeit zu wechseln, und wurden je nach dem Kriegsglück und der Entschlossenheit des spanischen Widerstands gegen Frankreich im Handumdrehen Iren und gute Katholiken.

MARSALA

Als sich der Pulverdampf der napoleonischen Schlachten verzogen hatte, bereicherte ein neuer Name die Weinkarte Europas: Marsala aus Sizilien. Die Idee zur Herstellung dieses Weins stammte noch aus der Zeit vor den Kriegen und war das Verdienst eines Engländers aus Liverpool namens John Woodhouse. Ihm war schon um 1770 aufgefallen, daß das verarmte und vom neapolitanischen Zweig der Bourbonen übel regierte Sizilien noch bis in die Tage des Herzogs von Chandos die Quelle berühmter Griechenweine gewesen war und ebendies doch auch wieder werden könnte. Woodhouse reiste nach Málaga, um dort zu lernen, wie der «Mountain» bereitet wurde, und baute dann auf den so erworbenen Kenntnissen in den Weinbergen Westsiziliens seine eigene Version auf. Marsala diente ihm als Hauptquartier.

Liverpool nahm seine Erfindung begierig auf. Doch größerer Ruhm kam erst durch Kontakte mit Nelsons Mittelmeerflotte. Vor seinem Sieg in der Schlacht am Nil 1798 hatte Nelson den starken braunen Woodhouse-Wein anstelle von Rum als Proviant. Danach verhalf er unrühmlicherweise dem König von Neapel zur Flucht vor den Franzosen nach Palermo. Der König belohnte ihn dafür mit dem Titel Herzog von Bronte (einem Dorf am Ätna). Auch Emma Hamilton, die Gemahlin des britischen Botschafters in Neapel, belohnte ihn reich.

Während sie in Palermo ein trauliches Leben zu dritt führten, wurde Sizilien praktisch eine britische Kolonie – einmal wollte Königin Karoline, als sie in Geldnöten war, die ganze Insel gar für 6 Millionen Pfund an die Briten verkaufen. Die Präsenz von 17 000 englischen Soldaten sowie Investitionen aus London brachten großen Wohlstand. 1812 führten 30 britische Konsuln und Vizekonsuln die Aufsicht über diese Investitionen. In den modischen Salons von Palermo galt es unter den Snobs als chic, sizilianisch mit englischem Akzent zu sprechen.

Die Marsala-Händler standen bei diesem Aufschwung in vorderster Linie. Nelson gab Auftrag, 500 *pipes* bzw. 50 000 Gallonen Woodhouse-Marsala «an unsere Schiffe auf Malta» zu liefern. Auf diesen Fundamenten baute eines der großen Weinimperien des 19. Jahrhunderts auf, denn die miteinander verwandten Familien Ingham und Whitaker als die Herren dieser kuriosen englischen Kolonie in der Heimat der Mafia überflügelten John Woodhouse. Das Geheimnis des späteren Millionenvermögens von Ingham lag allerdings auf dem amerikanischen Markt: Die dort erzielten Gewinne steckte das Haus nämlich in die damals aufkommenden neumodischen Eisenbahnen. 1860 gehörten Ingham 40 % der New-York-Central-Railroad-Aktien sowie riesige Grundstücke in New York City.

Diese prächtige «Kippflasche», in die aus einem offenen Faß zwei Liter Marsala gezapft wurden, ist mit dem Porträt von Lord Nelson und einer Szene aus der Seeschlacht von Trafalgar geschmückt.

Madeira, aber auch die Kanarischen Inseln und die Kapkolonie profitierten davon, daß die Royal Navy nach der Schlacht von Trafalgar 1805 die unbestrittene Herrschaft über die Meere innehatte und den sicheren Zugang zu diesen Weltgegenden garantieren konnte. Auf Madeira wurde eine englische Garnison errichtet, was natürlich zur Beliebtheit des Inselweins in England beitrug. Dagegen tat der Ausbruch des Gelbfiebers in Cádiz dem Handel mit spanischem Wein nicht gut.

Die britische Seeherrschaft lockerte auch die Bande zwischen Spanien und seinen überseeischen Kolonien. Anstatt über Mittelsmänner in Cádiz mit Südamerika Handel zu treiben, fuhren die englischen Kaufleute direkt dorthin und knüpften Verbindungen an, die zur Entwöhnung dieser unterdrückten Kolonien vom Mutterland führten

DIE GRÖSSTE VERÄNDERUNG, DIE IN FRANKREICH DURCH DIE REVOLUTION und andernorts durch Napoleon im Ancien régime des Weins bewirkt wurde, war die Enteignung der enormen Kloster- und Kirchenbesitzungen. Eine neue Aristokratie (oder doch zumindest ein neuer Geldadel) trat bald in die Fußstapfen jener Unglücklichen, die den Kopf verloren hatten; doch die Trennung der Kirche von ihrem Landbesitz blieb eine radikale und unumkehrbare Veränderung. Wie sie sich in Burgund auswirkte, haben wir bereits

KORSIKA

Korsika, die Heimat Napoleons, kann auf eine lange und honorige Weinbaugeschichte, mehr in italienischer als französischer Tradition, zurückblicken. Im frühen Mittelalter war die Insel der Stadt Pisa untertan. 1284 unterlag Pisa den Genuesern, deren eigenes Hinterland durch die Seealpen begrenzt war, und nun stand Korsika fast 500 Jahre lang unter der Herrschaft Genuas. Besonders geschätzt waren die Weine «nach griechischer Art», die am Kalksteinvorgebirge von Cap Corse wuchsen – starke süße und trockene Malvasier von zum Teil sehr hoher Qualität. James Boswell, der die Insel während ihrer kurzen Unabhängigkeit im 18. Jahrhundert – zwischen dem Ende der genuesischen und dem Beginn der französischen Herrschaft – besuchte, verglich diese Weine mit Malaga oder Frontignan. Heute noch entstehen in dieser Gegend aus der Malvoisie- und der Vermentino-Traube eigenständige trockene Weißweine, allerdings nur in sehr geringfügigen Mengen.

Zwischen 1755 und 1795 kämpfte Korsika unter Pascal Paoli um seine Unabhängigkeit und zog sich damit die Bewunderung und das Wohlwollen liberaler Geister wie Rousseau und Boswell zu. Als «Général de la Nation» schuf Paoli den ersten vom Volk regierten Staat mit einer Verfassung. Es mutet wie Ironie an, daß Paoli sich gegen Napoleon, den größten Nationalheros und Sohn einer korsischen Weinbauernfamilie, stellte und 1794 im Bündnis mit England ein anglo-korsisches Königreich bildete, um Korsika von Frankreich zu befreien. Am Ende jedoch mußte er nach London ins Exil gehen.

Napoleon tat wenig für seine Heimat, deren Weinbau schließlich in einer Flut billigeren Weins aus Frankreich unterging. Im 19. Jahrhundert wurden Bemühungen unternommen, die Traditionen und den Wohlstand Korsikas neu zu beleben. Bei Vizzavona, am höchsten Punkt der Eisenbahnlinie, die Ajaccio mit Bastia auf der anderen Seite der Insel verbindet, wurden Pflanzungen der exzellenten einheimischen Sciacarello-Traube angelegt und Kellereien ausgebaut. Im kühlen Bergklima sollen damals Weine von hoher Qualität entstanden sein. (Übrigens stellte sich am Bahnhof in Vizzavona der berühmteste aller korsischen Banditen, Antonio Bella Coscia, im Alter von 75 Jahren den Behörden und verlebte anschließend weitere 20 Jahre in friedlichem Ruhestand.)

Die Reblaus und der Bevölkerungsrückgang machten für ein Jahrhundert alle Hoffnung auf einen großen korsischen Wein zunichte, und fast wäre Korsika auch danach nochmals im *vin ordinaire* untergegangen, als in den 1950er und 60er Jahren geflohene algerische Siedler – *pieds noirs* – die Ebenen im Osten der Insel bepflanzten. Endlich in den 70er Jahren begann der Wiederaufstieg, und inzwischen entstehen am Cap Corse, bei Patrimonio und um die Hauptstadt Ajaccio sehr gute Weine.

Chaptals «Traité sur la vigne» war ein Vorläufer der modernen Weinbaulehrbücher. Das Werk enthält Abbildungen von Trauben – hier die damals im Midi für süße Weine verwendete Sorte Corinthe Blanc – sowie (*auf der Seite gegenüber*) Zeichnungen einer «Hochleistungskelter», die, wie Chaptal begeistert berichtet, von nur zwei Mann anstelle von den sonst üblichen zehn bedient werden konnte: Einer drehte die Kurbel, der zweite schaufelte die Trester weg.

gesehen. Bordeaux dagegen war nie ein Land der Kleriker gewesen. In Deutschland aber betraf sie die berühmtesten Güter am unmittelbarsten.

Die Mosel fiel den Franzosen zuerst in die Hand – ihrem Revolutionsheer, das den Trierern ebenso wild und ungebärdig vorgekommen sein muß wie 1400 Jahre früher die Franken. Ab 1795 standen die Mosel, das Elsaß, die Pfalz und das gesamte Westufer des Rheins 18 Jahre lang unter französischer Herrschaft. Anders als ihre fränkischen Vorläufer brachten die Revolutionäre jedoch eine Rechtsordnung, einen Verwaltungsapparat und eine vom alten feudalen Abgabensystem ganz verschiedene Methode der Besteuerung mit. Geistliche und weltliche Fürsten, die Herren zahlloser deutscher Kleinstaaten, wurden entmachtet und enteignet, als Napoleon 1803 den Reichstag in Regensburg einberief und den versammelten Kirchenfürsten den Abschied gab. An der Mosel, einer der am meisten von der Kirche beherrschten Gegenden Deutschlands, beschlagnahmten die Franzosen einen Viertel aller Weinberge. Sie wurden zu «Volkseigentum» erklärt und an Leute, die es sich leisten konnten, verkauft oder verpachtet. Es war auch, wie manche behaupten, höchste Zeit, daß geschäftliche Erwägungen an die Stelle der einstigen Privilegien traten. War aber auch die Enteignung der Zisterzienser im Kloster Eberbach zugunsten des Herzogs von Nassau eindeutig von Vorteil? Unter dem Aspekt der Praxis nicht. Ganz im Gegenteil war es der Gipfel der Dummheit, eine solche Elite an Fachleuten und Kennern einfach zu entlassen. Unter einem philosophischen Aspekt jedoch war diese Lösung schon seit einem Jahrhundert überfällig.

Napoleon war gewissermaßen lediglich der Vollstrecker der Ideen von Männern aus dem Zeitalter der Aufklärung, die inzwischen längst in ihren Gräbern lagen. Montesquieu hätte zustimmend genickt, Rousseau die Achseln gezuckt und Voltaire sein wohlwollendes und vielsagendes Lächeln aufgesetzt.

AUF DEM GEBIET DER ANGEWANDTEN WISSENSCHAFT IM UNTERSCHIED ZUR PHILOSOPHIE beherrscht eine Gestalt die von Napoleon neu geformte Welt: sein Innenminister Jean-

Antoine Chaptal. Einer der größten Naturwissenschaftler Frankreichs, Lavoisier, war der Guillotine zum Opfer gefallen. Chaptal war Chemiker wie jener, aber zehn Jahre jünger – ein Mann mit überaus praktischem Geist (und hoher patriotischer Gesinnung). Der Welt des Weins von heute ist er nur noch aus einem einzigen Grund bekannt: das Beimischen von Zucker zum Most zwecks Erzielung eines höheren Alkoholgehalts im Wein wird nach ihm Chaptalisieren genannt. Dabei verdient Chaptal einen Platz unter den unsterblichen Namen in der langen Geschichte des Weins noch aus einem anderen Grund: Sein «Traité sur la vigne» (das 2. Buch hat er selbst geschrieben, alles übrige wurde unter seiner Leitung zusammengestellt) ging weit über das Werk früherer Verfasser hinaus. Es ist die erste allgemeine Abhandlung, die mit Recht modern genannt werden darf – in dem Sinn nämlich, daß sie nicht ihre Begründungen durch Bezugnahme auf die Klassiker gibt, sondern von den neuesten Erkenntnissen der Wissenschaft (auf dem Stand des 18. Jahrhunderts) ausgeht.

Er hatte eine akute Krise in Frankreichs größtem Wirtschaftszweig zu bewältigen – verursacht durch Überproduktion, sinkende Qualität, Panscherei und schlichte Unfähigkeit. «Wie kommt es denn», so schrieb er, «daß eine Anzahl früher berühmter französischer Weine in Mißkredit geraten sind? Warum ist ihre Qualität so mäßig, während Weine aus anderen Gegenden sich einen guten und wohlverdienten Ruf erwerben oder bewahren? Man braucht nur ein wenig nachzudenken, um zu erkennen, daß nicht die Lage, das Klima oder der Boden daran schuld ist; der Fehler liegt in unsorgfältiger Kultivierung, in der Weiterführung gedankenloser Gewohnheiten, in Unwissenheit oder Vergeßlichkeit. Vor allem aber auch in der Bevorzugung von Trauben, die ein Höchstmaß an gewöhnlichem Saft abgeben, gegenüber solchen, die beste Qualität hervorbringen.»

Chaptal erkannte nicht etwa als erster diese Probleme. Einerseits gab es da noch archaische Vorschriften wie das 20-Meilen-Gesetz und Besteuerungssysteme, die nur dem schlechten Wein förderlich waren. Andererseits hatte das Bevölkerungswachstum außer in den kommerziell hochprivilegierten Gegenden die Gamay-Mentalität überall um sich greifen lassen. Am schlimmsten aber wirkte sich – wenn es auch so kurz nach der Revolution nicht offen zugegeben wurde – die völlige Zügellosigkeit in der Anpflanzung neuer Weinberge auf jedem beliebigen Ackerland überall in Frankreich aus. Sie war nämlich das, was die meisten Bauern unter dem großen Begriff Liberté verstanden.

Eine von Balzacs Gestalten gibt nur eine Generation nach Chaptal den Standpunkt des Zynikers völlig ungeschminkt wieder: «Die Bürger – das heißt Monsieur le Marquis, Monsieur le Comte, Monsieur dieser oder jener – behaupten, ich mache schlechtes Zeug anstatt Wein. Was soll mir Bildung, kann ich nur fragen? Hören Sie also: Diese Herren ernten sieben, manchmal acht Faß pro Morgen Land und verkaufen sie zu 60 Francs das Stück, was höchstens 480 Francs pro Morgen in einem guten Jahr bedeutet. Ich ernte 20 Faß und verkaufe sie zu 30 Francs, und das gibt zusammen 600 Francs. Wer also ist der Dumme? Qualität, Qualität! Was soll mir Qualität? Sie können ihre Qualität behalten, die Herren Marquis und die anderen. Bares Geld ist für mich Qualität.»

IN DEN VORAUFGEGANGENEN 50 JAHREN war in etwa 30 Büchern Material zusammengetragen worden. Bei den meisten handelte es sich um wohlgemeinte Ratschläge weinkundiger Geistlicher, zwar voller Einzelbeobachtungen, aber durchaus nicht umfassend und maßgeblich nur in lokaler Sachkenntnis. Dies war an sich eines der Probleme:

À LA MODE

Chaptal förderte auch die Rehabilitierung von Olivier de Serres, des philosophischen Landwirts, dessen «Théâtre d'agriculture» von 1600,

das einzige klassische französische Werk zu diesem Thema, lange Zeit in Vergessenheit geraten war, ja unterdrückt worden war. De Serres, ein Protestant, hatte die Religionskriege durchlebt und sein Buch dem reformfreudigen Heinrich IV. gewidmet, der ihn aufforderte, die Seidenindustrie in Frankreich heimisch zu machen.

Bis 1675 erlebte das «Théâtre» 20 Auflagen. Unter Ludwig XIV. war es dann aber gefährlich, Protestant zu sein – und schlimmer noch: Etwas mit Landwirtschaft zu tun zu haben war völlig aus der Mode. Die Einstellung jenes Zeitalters wird eher durch Le Nôtre repräsentiert, der die Traumlandschaft von Versailles schuf. Schon der Gedanke an einen Weinstock, eine Kuh oder ein Kornfeld – an irgendetwas Nützliches oder Produktives –, das sich in die schöne Aussicht hätte drängen können, erfüllte ihn mit Schaudern. Die Jagd, nicht die Landwirtschaft, war der Zeitvertreib eines Edelmanns. Das königliche Auge durfte nur auf Wäldern ruhen – diese freilich von ungeheuer langen Alleen durchzogen und mit marmornen Nymphen und Springbrunnen von ostentativer Nutzlosigkeit geziert. Auch im 18. Jahrhundert wußte Frankreich Olivier de Serres nicht zu schätzen, obschon ein Engländer wie Arthur Young zu seinem Gut in der Provence pilgerte. Es mußte erst das revolutionäre Zeitalter anbrechen, bis der Wert seines protestantischen Pragmatismus wiedererkannt und er sogar mit Vergil verglichen und mit dem Geist Roms zur Zeit des Kaisers Augustus assoziiert wurde.

Jeder, der etwas schrieb, meinte, seine persönliche Erfahrung sei auf den Weinbau allgemein anzuwenden.

Eine beachtliche Ausnahme hiervon machte nur der Abbé Rozier. Ihm, dem Autor des «Dictionnaire d'agriculture», widmete Chaptal darum auch sein Werk. Im Languedoc, wo der Abbé lebte, wurde er seiner Experimente wegen weithin belächelt: Etwas zu tun, was nicht dem örtlichen Brauch entsprach, war fast so gut, wie mit okkulten Dingen zu spielen. Arthur Young kam 1787 nach Béziers und wollte den exzentrischen Priester besuchen, erfuhr aber nur, daß er zwei Jahre vorher weggezogen war. «Zu meinem Bedauern», schrieb Young, «hörte ich an der *table d'hôte* viel Spott über die Landwirtschaft des Abbé Rozier, daß sie zwar *beaucoup de phantaisie*, aber *rien de solide* habe ... Es verträgt sich nicht mit der Natur der Landleute, daß es unter ihnen jemanden geben soll, der ungestraft glauben darf, er könne für sie denken.»

Zwei Jahre später traf Young den Abbé Rozier dann doch noch in Lyon. Aber da blieben selbst ihm einige Zweifel. «Ich machte ein, zwei Versuche in Richtung eines praktischen Gesprächs, er aber floh aus dem jeweiligen Zentrum in solch exzentrische wissenschaftliche Radii, daß die Vergeblichkeit des Versuchs sogleich offenbar wurde ... Monsieur l'Abbé Rozier ist zwar ein Mann mit beträchtlichen Kenntnissen, jedoch kein Bauer.»

AUCH CHAPTAL WAR KEIN BAUER, SONDERN EIN WISSENSCHAFTLER mit überaus praktischer Vernunft. Eine neue Entdeckung war für ihn nur etwas wert, wenn sie unmittelbar mit Nutzen angewandt werden konnte. Auf mehreren Gebieten der Industrie befreite er Frankreich aus der Abhängigkeit von Nachbarländern, und er organisierte die Massenproduktion von Schießpulver. Sein Name steht auf immer im engsten Zusammenhang mit Zucker, dessen Gewinnung aus der Zuckerrübe er entwickelte.

Von der Universität Montpellier nach Paris berufen, verfolgte er bald eine Industrialisierungspolitik. Frankreich, so sagte er, habe die Wirtschaft immer nur als eine zu melkende Steuerkuh angesehen, wo sie doch in Wahrheit die eigentliche Grundlage des Wohlstands für das ganze Volk sei. In der Breite der Vision und im Blick fürs Detail hatte er seit Colbert, dem großen Minister Ludwigs XIV., nicht seinesgleichen. In Paris baute er die Flügel der Tuilerien und die Kais an der Seine. Wo immer er zusammen mit Napoleon hinkam, schleppte er den Kaiser in die Fabriken, damit er sehen sollte, woher der Reichtum Frankreichs stammte.

WENN HEUTE SEIN «TRAITÉ SUR LA VIGNE», oft verschlissen und in abgeblaßtem Ledereinband, in der Bibliothek eines jeden Château und in jedem traditionsgemäß mit Weinbau befaßten Haus zu finden ist, dann deshalb, weil er als Chemiker die damals bekannten Grundlagen legte, ohne dabei die Praxis aus dem Auge zu verlieren.

«Der Chemie obliegt es», so sagt er im Vorwort, «Klarheit in die Gesetze der Gärung zu bringen; die verschiedenen Wirkungen von Boden, Klima, Lage und Kultivierung zu entwirren; die Gründe für Veränderungen in den Weinen aufzudecken; mit einem Wort, alle Tätigkeiten der Önologie zu meistern und zu lenken und auf die feststehenden und allgemeinen Prinzipien zurückzuführen.» Es ist vor allem seine Erörterung der in jedem Weinbaugebiet anders gearteten natürlichen Gegebenheiten sowie der Art und Weise, wie sie sich unmerklich und doch unverkennbar in jedem einzelnen Wein ausdrücken, die den Kern der französischen «Weintheologie» insgesamt bildet.

NACH DEM WISSENSCHAFTLER KAM DER ENZYKLOPÄDIST: Es ist André Jullien, den wir schon aus dem Kapitel über den Constantia kennen und der so reiches statistisches Material über alle Weinbaugegenden unter der Sonne sammelte. Hier scheint ein Quantensprung vorzuliegen: von der tastenden Untersuchung, der Demut des Wissenschaftlers, hin zu selbstsicheren Aussagen, die eher den Journalisten verraten – mindestens aber den tief mit dem Weingewerbe befaßten Professionellen. Dazwischen liegen nur 15 Jahre: Chaptals «Traité» erschien 1801, Julliens «Topographie» 1816 – im Vergleich jedoch nimmt sich Chaptal aus wie die Summa summarum des 18. Jahrhunderts, Jullien dagegen des 19. Jahrhunderts in seiner unbekümmerten Selbstsicherheit.

Die «Topographie de tous les vignobles connus» bildet den Grundstein aller modernen Schriften über den Wein. «Wir besitzen mehrere gute Bücher über die Kultur der Weinrebe und über die besten bei der Weinbereitung zu beachtenden Verfahrensweisen; keines aber behandelt meines Wissens die Merkmale, die in Weinen aus verschiedenen Weinbaugegenden die Unterschiede ausmachen, und noch weniger jene Nuancen in der Qualität, welche oft in den Erzeugnissen benachbarter Crus – die doch wegen ihrer Nähe einander exakt ähneln müßten – zu beobachten sind. Ich habe versucht, diese Lücke auszufüllen und alle Details zusammenzutragen, welche Besitzer von Weinbergen ebenso interessiert wie alle, die einen guten Keller führen möchten.»

Das methodische Verfahren des Autors, die Definition seiner Begriffe, die durchdachte Kategorisierung aller Weine im Verhältnis zu ihren Nachbarn – alles das klingt vertraut, so oft wurde es inzwischen nachgeahmt. Jullien war Weingroßhändler in Paris. Er wurde 1766 geboren und reiste regelmäßig durch die Weinbauregionen Frankreichs, in die Weinbaugebiete Europas, ja bis nach Asien. «Seine ‹Topographie›», sagt Simon, «ist so hochinteressant, weil die Informationen, original sind» – und er einen geübten Gaumen und analytische Fähigkeiten besaß.

Innerhalb von 50 Jahren gab es fünf Auflagen der «Topographie», die beiden letzten «korrigiert und erweitert von C. E. Jullien», vermutlich dem Sohn des fleißigen Weinkaufmanns. Ein so ehrgeiziges und einmaliges Unternehmen hatte es auf diesem Gebiet noch nie gegeben. Der Umfang wuchs von Auflage zu Auflage; alle Details, Preise, Mengenangaben, ja sogar Zolltarife in Einfuhrländern wurden laufend auf den letzten Stand gebracht – was einen regen Schriftverkehr nach allen Teilen der Welt bedeutete.

Vor allem hierin liegt die Originalität und der andauernde Einfluß von Julliens Werk – und das vielleicht außerhalb Frankreichs noch mehr als dort selbst. Verständlicherweise stellt er Frankreich immer voran, doch anders als viele spätere französische Autoren bezieht er die ganze Welt mit ein. «Was die Weine Frankreichs von allen anderen unterscheidet, ist ihre erstaunliche Vielfalt», schreibt er einmal. Niemand könnte leugnen, daß dieser Satz heute noch stimmt. Darüber hinaus aber und bei aller liebevollen Sorgfalt, mit der er die französischen Weine verzeichnet, stellt er weltweit ohne Chauvinismus Vergleiche an, wie es nur wenige Franzosen je vermocht haben.

Über Wein vom Standpunkt des Verbrauchers aus zu schreiben war in der Vergangenheit fast ein Zweig der Medizin gewesen; manchmal wurde es mit viel Geist und Kenntnisreichtum gehandhabt (wie etwa von Andrew Boorde), obwohl es an exakten Informationen fehlte. Auch der Zeitgenosse Boordes, der italienische Arzt Andrea Bacci, wurde auf eher poetische Weise viel zitiert. Literatur solcher Art wurde nun zur Spezialität der Engländer, und zwar aus dem einfachen Grund, weil der in den obersten gesellschaftlichen Rängen vorhandene Reichtum dazu geführt hatte, daß in England die abwechslungsreichsten Kellerbestände zusammengekommen waren. Obwohl portugiesischer und spanischer Wein in den Schenken so sehr überwog, waren die Engländer trotzdem offen und unvoreingenommen, was – wie selbst Jullien eingestand – bei den Franzosen nie der Fall war.

«Im Bordelais», schreibt er in seinem anderen Buch ‹Le manuel du sommelier›, «behaupten die Leute, die Burgunderweine seien zu schwer ... und in Burgund heißt es, der Bordeaux-Wein sei hart und kalt; beide verwerfen den Rheinwein als zu sauer, und die Weine aus Spanien und anderen südlichen Ländern lehnen sie als zu süß ab.»

DER ERSTE ENGLÄNDER, DER EINEN ETWAS AUSFÜHRLICHEREN ÜBERBLICK HERSTELLTE, war denn auch tatsächlich ein Arzt: Sir Edward Barry, der 1775 seine «Historischen, kritischen und medizinischen Beobachtungen über die Weine der Alten und die Analogie zwischen diesen und modernen Weinen» veröffentlichte. Das Buch ist ein hervorragendes Werk, haftet aber noch fest an alten Mustern klassischer Bildung, die in Ehrfurcht daran festhielt, daß der antike Wein wie die antike Baukunst von so himmelhoher Qualität sei, daß sie nur in Demut nachgeahmt werden könne. Den «modernen» Weinen ist nur ein kleiner Anhang an die Beschreibung der antiken gewidmet. Aber noch befremdlicher ist, daß Sir Edward auch ein langwieriges Loblied auf die heilenden Kräfte der Mineralquellen von Bath einflicht, an denen er gewiß von Berufs wegen Interesse hatte.

Einen schwachen Versuch realistischer Behandlung unternahm 1805 der Londoner Weinhändler Robert Shannon. Doch beide Autoren lebten offenbar noch in einer Zeit, in der Anführungszeichen noch nicht Mode waren. So glauben wir, was wir da lesen, sei Shannons eigene poetische Würdigung, beispielsweise des Burgunders, während es in Wahrheit Wort für Wort von Claude Arnoux abgeschrieben ist.

Die vorgeformte Schale des Althergebrachten hat sich noch stets als nur sehr schwer aufzubrechen erwiesen. Noch 50 Jahre nach Barrys Buch gedachte ein schottischer Arzt, eine Geschichte des antiken und modernen Weins auf Barrys Werk zu gründen – wobei er allerdings feststellte, daß dieses voller Absurditäten steckte; so mußte er nochmals von vorn anfangen. Alexander Henderson war als Autor von originalerem Format und scheint zudem über mehr Erfahrung aus erster Hand sowohl über die Weinbaulandschaften als auch im Probieren von Weinen verfügt zu haben. Höchst geschickt geht er mit dem ewigen Problem aller Weinschriftsteller um, nämlich Worte zur Beschreibung von Geschmacksbeschaffenheiten finden zu müssen. «Wenn man uns erzählt, er sei penetrant, flüchtig, unbeständig und so fort, dann ist dies durchaus nicht zweckdienlich; die einzige zufriedenstellende und begreifliche Art, eine Beschreibung zu geben,

In Cyrus Reddings Buch erinnert ein Kapitel «über die Panscherei und Verfälschung des Weins» in sarkastischer Weise an einen Streich, der einmal König Georg IV. gespielt wurde. Seine Gefährten hatten insgeheim vom besten Wein im königlichen Keller getrunken und mußten, als der König verlangte, gerade dieser Wein solle am nächsten Tag serviert werden, eiligst Ersatz dafür herbeischaffen. Nach einer übriggebliebenen Flasche als Muster brachte es ein «Weinbrauer» fertig, ein Substitut zusammenzumixen. «Des Allerhöchsten Heiterkeit wurde durch keinerlei unerfreuliche Entdeckung dieses künstlich bereiteten Tranks getrübt, und der Verfertiger galt unter seinen Freunden als ein ganz gerissener Bursche.»

besteht im Vergleich mit einem anderen Geschmack, über den sich die Menschheit insgesamt einig ist.» Aber auch er widmet noch im 24. Jahr des 19. Jahrhunderts fast ebensoviele Seiten den längst ausgestorbenen Weinen Griechenlands und Roms wie den Erzeugnissen seiner eigenen Zeit.

SEHR VIEL EXAKTER WAR DA DAS ENGLISCHE GEGENSTÜCK zu Jullien, die «Geschichte und Beschreibung moderner Weine» von Cyrus Redding. Er, ein aus Cornwall gebürtiger Journalist, hatte mehrere Jahre in Paris gelebt und darf tatsächlich als der erste von mehreren Hunderten gelten, die in englischer Sprache die Weine der modernen Welt katalogisiert und miteinander verglichen haben. Sein Buch erschien 1833. Mit André Simons Worten hat es «kein zweites englisches Buch zum Thema Wein gegeben, das populärer gewesen wäre und aus dem fleißiger abgeschrieben worden ist». Dieses Werk stilistisch mit Julliens Buch vergleichen zu wollen, wäre kaum gerecht. Der Franzose war ein Weinhändler mit einem genialen Talent zur Analyse, Einordnung und Beurteilung und arbeitete nach einer festen Formel, während Redding ein Schriftsteller war, dessen Wißbegier und Enthusiasmus ihn auf dem Umweg über die Anekdote zu Gipfeln spekulativer Betrachtung, auf die ausgetretenen Pfade lokaler Praktiken und die breiten Straßen der Statistik führten.

Als echter Journalist äußerte er sich über Mißbräuche und Panschereien sehr verärgert und deutlich: «Die vor einem Jahrhundert vorgekommenen ungeschickten Versuche mit dem Weinbrauen», sagt er, «würden von einem modernen Adepten mit zorniger Verachtung gestraft». Doch es sei, wie er weiter beobachtet, die eigene Schuld der Engländer, wenn sie betrogen würden, denn sie tränken Port und andere feurige Weine, die leicht zu imitieren sind – und da sie diese bereits mit einer solchen Dosis von Branntwein versetzt importierten, würden sie ein echtes Beispiel, wenn sie ihm begegneten, nicht einmal erkennen. Redding beklagt, daß selbst «die köstlichen Sherries aus Spanien» für den britischen Markt erst mit zusätzlicher Stärke versehen werden müßten. «Für England ist kein Wein gut genug ohne Branntwein. Ein Versuch, Romanée-Conti zu fälschen, würde nie gelingen, denn die Feinheit, die Delikatesse und der Duft dieses Weins lassen sich nicht kopieren.»

Vor allem ist Redding ein aufrichtiger Weggefährte, dessen ehrliche Meinungen und Sympathien aus seinem ganzen Buch hervorleuchten. In der Einleitung erinnert er an den katastrophalen, kalten und regnerischen Herbst 1816 (in demselben Jahr erschien Julliens Buch zum ersten Mal). Redding – ein reisender Engländer von echtem Schrot und Korn – «jagte in den Weinbergen, wo selbst im November die Frucht noch vernachlässigt am Stock hing ... Ich sah mit eigenen Augen die Enttäuschung des arbeitsamen Weinbauern ... Die Weinlese ist seit undenklichen Zeiten ein uraltes Jubelfest, bei dem, wenn fröhliches Feiern desselben nicht angeht – wie es manchmal vorkommt –, die Mühsal dem Arbeitenden doppelt beschwerlich fällt, der sonst so freudig bewegte Busen fühlt sich bedrückt, und der Würgegriff der Armut packt seine geplagten Opfer mit doppelter Gewalt.» Obwohl inzwischen über 150 Jahre vergangen sind, ist «Der moderne Wein» ein Buch geblieben, das man im Weinberg mit sich führen sollte.

DOCH SCHON BEVOR REDDINGS WERK ERSCHIEN, WAR EIN NEUER TYP DES WEINLITERATEN aufgetreten: der Forscher aus der Neuen Welt. Was Thomas Jefferson noch im fast dilettantisch zu nennenden Geist des 18. Jahrhunderts angestrebt hatte, das unternahm nun James Busby, der 1825 von Australien nach Europa kam, im praktischen und pragmatischen Geist des Kolonisten: nämlich sein noch völlig unverbildetes junges Land mit Entschiedenheit in die rechte Würdigung der großen Gabe der Natur einzuweihen.

KAPITEL 32

Sherry und Port im Wettstreit

BODEGAS UND LODGES

Nach dem Rückzug der Armeen Napoleons aus Spanien stand ein Weinhändler ruiniert da. Auch Juan Carlos Haurie, der führende Sherryhändler jener Tage, steckte in tiefsten Schwierigkeiten. Er selbst war in Andalusien geboren, seine Familie aber stammte aus Frankreich; er hatte die französische Invasion Spaniens unterstützt und mit der Besatzungsmacht unter Marschall Soult in Jerez kollaboriert. Es war ihm eine Ehre gewesen, die Truppen zu verproviantieren, und er hatte dazu die Lebensmittel und Weinvorräte seiner Nachbarn in Anspruch genommen und sogar in Jerez Kontributionen eingetrieben, um den Unterhalt der feindlichen Soldaten zu sichern.

Die Besetzung von Jerez dauerte von 1810 bis 1812, während ganz in der Nähe die Briten den Spaniern bei der Verteidigung von Cádiz halfen. Dort ging es den Menschen gut, aber in Jerez herrschten Hunger und Mangel. Unter dem Druck Wellingtons in Spanien und überfordert durch den Rußland-Feldzug mußten die Franzosen 1812 schließlich abziehen und ließen den armen Haurie zurück, ohne ihn zu bezahlen – er war ruiniert, Entschädigungszahlungen verschlangen sein ganzes Vermögen.

Damit ist die kaum begonnene Geschichte Hauries allerdings noch nicht am Ende. Die Firma, die ihm durch Erbe zugefallen war, darf wahrscheinlich als die erste angesehen werden, die vom Anbau über die Bereitung, die Alterung und den Versand von Sherry alles umfaßte, was im modernen Sinn zu diesem Geschäft gehört. Nach dem Ruin erstand sie unter neuem Namen wieder und wurde schließlich eines der größten Unternehmen in der Welt des Weins.

NACH SEINEM MIT GROSSER PUBLIZITÄT UMGEBENEN START IN ENGLAND ZUR ZEIT DER TUDORS war Sherry im Norden Europas zum Standardwein geworden. Das ganze 17. Jahrhundert hindurch strömte er reichlich dorthin. Obwohl er vielleicht nicht das hohe Lob verdiente, mit dem Falstaff ihn überhäufte, durfte er doch in keinem Keller fehlen. Als bedeutendste Konkurrenz trat ihm nur der Canary Sack entgegen, der allgemein als süßer und besser galt. Aber auf den Kanarischen Inseln waren nicht so lukrative Geschäfte zu machen wie auf dem spanischen Festland. Kam ein «Lumpenhändler» (damals wurden Tuchkaufleute gern mit diesem respektlosen Spottnamen belegt) nach Spanien, dann hatte er die Wahl, ob er Wein oder Silberbarren (oder gar edle Pferde) für seine Ware eintauschen wollte. Sanlúcar, Cádiz und das in raschem Aufschwung begriffene Puerto de Santa Maria bei Jerez waren vielbesuchte Häfen – vor allem die Holländer, die ja nirgends fehlen durften, frequentierten sie.

Dann kam zu Beginn des 18. Jahrhunderts der spanische Erbfolgekrieg. Der Methuen-Vertrag lenkte den Strom englischer Kaufleute nach Portugal und Madeira ab, und der Handel mit Holland ging allmählich zurück. Im Sherryland waren nur noch wenig Geschäfte zu machen. Orangenbäumchen für die im nördlichen Europa in Mode gekommenen Orangerien waren ein lohnenderes Objekt als Wein, dessen Absatz in Jerez wie auf den Kanarischen Inseln zurückging – nur der südamerikanische Markt blieb aufnahmefähig. Inzwischen aber erhielt Portugal aus Brasilien reichlich ungemünztes Gold, und daraus ergab sich ein weiterer Handelsvorteil gegenüber Spanien.

Nur eine einzige spanische Stadt wehrte sich tatkräftig gegen diese Entwicklung: Málaga baute seinen Hafen aus, senkte die Abgaben weit unter den für Sherry aus Sevilla üblichen Betrag und brachte es fertig, den süßen «Mountain»-Wein, der in den Bergen hinter Málaga wuchs, in den Jahren um die Mitte des 18. Jahrhunderts zur großen Mode zu machen.

IN JEREZ WURDE DIE APATHIE durch protektionistische Maßnahmen noch verstärkt. Ein Faktor, der nicht außer acht gelassen werden kann, war die Kirche. Die Kartäuser und Dominikaner hielten als einzige in Jerez große Vorräte an Weinen, bestimmt waren sehr alte und exzellente darunter. Aber auch als Verbraucher junger Weine war die Kirche sicherlich der größte Abnehmer. In Sevilla gab es in der Kathedrale 24 Altäre. Für täglich 400 Messen belief sich der Bedarf auf 2500 Faß Wein im Jahr.

Die Kirche war auch im «Gremio», der Winzerzunft, die den Handel, die Preise und die Genehmigungen für die Lagerhaltung kontrollierte, stark vertreten. Die Winzer durften ihren Wein lagern, doch den Kaufleuten waren strenge Beschränkungen dahingehend auferlegt, wieviel Wein sie kaufen und auf Lager nehmen durften. Diese Regelung bildete das genaue Gegenteil zu der Art und Weise, wie der Portweinhandel organisiert war, bei dem die Winzer fernab und weit oben am unwegsamen Douro saßen und die Lagerhaltung den Kaufleuten in Oporto oblag. In Jerez befanden sich die Winzer unmittelbar am Ort und hatten ebensogut Zugang zum Markt wie die Kaufleute. Die Politik des Gremio war darauf gerichtet, die Kaufleute auf ihren Platz zu verweisen.

NUR EINIGE KAUFLEUTE AUS DEM AUSLAND, die sich entweder vom schleppenden Gang der Geschäfte nicht abschrecken ließen oder ihn gar als Chance auffaßten (vielleicht aber auch nur das Klima Andalusiens schätzten), richteten sich neben den wenigen spanischen Handelsfirmen ein (J. M. Rivero, gegründet 1650, ist die älteste Firma, ihre Marke C. Z. vielleicht das älteste Markenzeichen für Wein überhaupt). Wie um dieselbe Zeit in Bordeaux, waren auch hier die Iren besonders aktiv – manche waren Katholiken, die vor der Verfolgung durch die Briten im 17. Jahrhundert geflohen waren, andere hatte wohl eher das Wetter aus Irland vertrieben. Timothy O'Neale gehörte zur ersteren Gattung. In Jerez heiratete er in eine dort ansässige Familie ein und begann 1724 als Händler. Patrick Murphy kam wahrscheinlich aus dem zweiten Grund etwa um dieselbe Zeit an. Als Bauer wurde er zum Winzer, doch war er durch Krankheit behindert. Murphy führte seinen aus Frankreich stammenden Nachbarn, Jean Haurie, in das Sherrygeschäft ein – und Haurie seinerseits stritt mit dem Gremio um das Recht, Wein anbauen, bis zur Reife ausbauen und dann auch selbst an seine Kunden ausliefern zu dürfen.

1772 gewann er einen entscheidenden Prozeß: Die Bodega Haurie (Murphy war inzwischen gestorben und hatte ihm das Geschäft vererbt) erlangte als erste volle Kontrolle über ihren Wein in allen Phasen der Produktion. Vermutlich war dies der Anfang jener Entwicklung, die dem Sherry allmählich einen – wie man heute sagen würde – Marktanteil verschaffte. In den Jahren bis zu Napoleons Invasion entstanden nun trotz eines weiteren Kriegs mit England noch mehr Bodegas, meist Gründungen von Schotten, Engländern oder Iren. Sir James Duff, ein Schotte, kaufte seinen ersten Wein bei Haurie und war während des Kriegs auf der Iberischen Halbinsel britischer Konsul in Cádiz. Auch James Gordon war Schotte. William Garvey dagegen kam aus Waterford in

In diesem Raum nahm Tio Pepe seinen Anfang. Um 1830 gründete Don Manuel Maria Gonzales die Firma Gonzales Byass. Als er im Jahr 1887 starb, wurde sein Probierraum so belassen, wie er ihn damals verließ. Seine Probenflaschen sind im Staub und unter den Spinnweben eines Jahrhunderts eingetrocknet.

Irland und Thomas Osborne von Devonshire. Um dieselbe Zeit wurden in Bristol die Firmen Averys und Harveys gegründet. Sie sind die berühmtesten noch übriggebliebenen Namen in einer damals schon alten Tradition, nämlich die vom Gremio abgelehnten Lagerbestände auf der Verbraucherseite aufzunehmen und das notwendige Verschneiden durchzuführen. Inzwischen starb Jean Haurie, und seine fünf Neffen erbten das Geschäft, das größte in Jerez. Einer von ihnen war der glücklose Don Juan Carlos, ein anderer Don Pedro Domecq.

Das Sherrygewerbe hatte jetzt seine Struktur gefunden. Wie aber unterschied sich sein Wein nun vom ehemaligen Sack?

ZUNÄCHST LAG ES WAHRSCHEINLICH EINFACH AM ALTER. Nach einem halben Jahrhundert mit schleppendem Absatz mußten alle Weine, die von ihrer Qualität und Struktur her eine lange Aufbewahrung vertrugen (es waren die von den *albarizas,* den Kreideböden im Norden und Westen von Jerez und in Richtung nach Sanlúcar), hohe Konzentration und feinen Nußgeschmack erlangt haben. Sie konnten auch jungen Weinen, wenn sie mit ihnen gemischt wurden, einen Hauch reifer Qualität vermitteln. Es ist die Eigenart des Sherrys, daß er im Oxydieren einen anmutigen Charakter gewinnt (und das geht in friedlicher Stille vor sich, ohne das hektische Hin und Her und die höllische Hitze, wie der Madeira es verlangt). Mit der Zeit aber entwickelt er durch allmähliche Verdunstung eine madeiraähnliche Kraft sowohl im Alkoholgehalt als auch im Geschmack.

DAS CHARAKTERISTISCHE SYSTEM FÜR DAS ALTERN VON SHERRY, heute als «Solera» bezeichnet, entstand ursprünglich offenbar als Folge eines schleppenden Absatzverlaufs. Man spricht heute auch von «Teilverschnitt». Jede aus einem Faß abgezapfte Menge wird durch einen ähnlichen, aber jüngeren Wein ersetzt. Das war keine eigene

Erfindung von Jerez, sondern lediglich eine Weiterentwicklung des Auffüllens der Fässer, das wir auch vom Rhein her kennen und das sich in jedem für die Aufbewahrung von Wein gut geeigneten Keller von selbst ergibt, wenn die Abnehmer einen in der Art immer gleichen Wein ohne große Unterschiede von einem Jahrgang zu anderen wünschen.

Beim regelmäßigen Betrieb ihrer Solera aber bemerkten die Winzer von Jerez schließlich an ihrem Wein Qualitäten, von denen sie vorher kaum etwas geahnt hatten. Vom einfachen Charakter eines «Sack» war er weit entfernt, vielmehr entwickelte er sich im Alter in ganz unterschiedlichen Richtungen. Der Geruch, so stellte es sich bald heraus, war das entscheidende Merkmal. Auf manchen jungen Weinen der besseren, nicht zu alkoholstarken Art entwickelte sich im Faß ein weißer Schaum auf der Oberfläche, der ihnen einen besonderen Duft verlieh. Es handelte sich um einen Hefepilz (was man damals nicht wußte), der als *flor,* Blume, bezeichnet wurde.

Auf dem Exportmarkt war die starke, süße Art am beliebtesten, die sich mit Leichtigkeit dadurch erzielen ließ, daß man einfachen Wein, mit einer großzügigen Dosis Branntwein versehen, nicht allzulange in den großen, länglichen «Fässern» beließ. Flor bildete sich darauf nicht – der Alkoholgehalt war zu hoch. Hierbei wurde das Solera-System nur zur Erzielung eines gleichmäßigen Geschmacks benutzt. Der für die besten Sherries dieser Art geprägte Name lautete *oloroso,* der Starkduftende. Doch waren 90 % davon zweitklassige Weine namens *raya* – die Jerez-Version dessen, was als *travail à l'anglaise* bezeichnet wurde.

Ein englischer Arzt namens Thudichum reiste 1871 nach Jerez, um dort an der Quelle die Art und Weise, in der das Lieblingsgetränk der Engländer bereitet wurde, gründlich zu studieren. 1873 hielt er dann darüber eine Reihe von Vorträgen vor der Royal Society of Arts. In der Einleitung zu seinem zweiten Vortrag nahm er kein Blatt vor den Mund: «Mancher Sherrytrinker hat schon die vielberichtete Mär gehört, im Süden seien die Trauben so süß, daß der von ihnen bereitete Most immer noch süß sei, wenn durch Gärung die gewünschte Alkoholstärke schon erreicht ist. Dieses wird oft erzählt, um den süßen Geschmack des Sherrys und die beträchtliche Menge destillierten Alkohols, die ihm beigemischt wird, zu rechtfertigen und zu begründen, denn – so sagen diejenigen, die diese Mär verbreiten – wenn diesem süßen, dicken Wein keine Spirituosen beigemischt würden, dann könnte er den Transport nicht überstehen, und unter den mangelhaften Bedingungen, unter denen er in privaten Kellern aufbewahrt wird, würde er erneut gären und verderben.»

Nach Messungen des Mostgewichts und der natürlichen Alkoholstärke zahlloser Sherries bemerkte er, daß «die so oft zur Verhehlung der wahren Art dieser gezuckerten und mit Branntwein verstärkten Sherries erhobenen Behauptungen falsch sind. Sherrywein ist niemals süß, außer wenn er von den Herstellern und Exporteuren mit voller Absicht gesüßt wird. Auf diese Weise gesüßt, gefärbt und mit Branntwein gemischt wird Sherry nur, um die natürlichen Mängel seines Geschmacks zu überdecken; und kein Sherry, der nur einigen Anspruch auf Qualität erheben darf, wird je gefärbt oder gezuckert, weil der Hersteller sehr wohl weiß, daß heller, trockener Wein mit der geringstmöglichen Alkoholstärke weit wertvoller ist als jenes aufgekochte und aufgeputschte, gefärbte, süße und feurige Gebräu.»

Die Einheimischen wußten freilich, was am besten war. Dem andalusischen Geschmack entsprach gerade das Gegenteil: heller, junger Wein mit lebendiger Frische, am liebsten von kurz vor der Reife gelesenen Listan- oder Palomino-Trauben. Im Jungzustand war das der Landwein dieser Gegend, «von Menschen aller Schichten allen anderen Weinen vorgezogen». Um dieses rassige Getränk in stets gleichmäßiger Art hervorzubringen, mußten die Soleras viel häufiger mit neuem Wein aufgefrischt werden, wobei – wie man feststellte – die duftfördernde Florschicht zu viel üppigerem Wachstum angeregt wurde. Füllte man die Fässer nur etwa zu sieben Achteln, so daß noch ein beträchtlicher leerer Raum verblieb, dann erreichte diese Florschicht auf den besten Weinen sogar eine Dicke von etlichen Zentimetern – sie schützte den Wein ebensogut gegen Oxydation wie der Korken in der Flasche. Durch die häufige Auffrischung wurden lediglich die Nährstoffe, vor allem Proteine, die zum Gedeihen der Florschicht nötig sind, immer neu zugeführt. Diese delikate Art von Sherry erhielt den Namen «Fino». In seiner leichtesten und extremsten Form wurde er von Trauben gewonnen, die im Schatten, also nicht in der vollen Sonne, gewachsen waren, und diese Art hielt den Vergleich mit der Frische eines Apfels *(manzana)* aus. Der «Manzanilla» (Äpfelchenwein) – es gibt viele Theorien darüber, wie dieser Name entstand – ist eine Spezialität von Sanlúcar und von Bodegas, in denen die frische Brise vom Meer her für Kühlung sorgte. Fino war immer trocken (während Exportwein immer mit eingedicktem Most gesüßt wurde), und er lag stets ganz nahe bei seiner natürlichen Alkoholstärke von 15 %.

Es gab aber noch mehr Möglichkeiten. In der guten alten Zeit (so muß sie manchen vorgekommen sein), bevor das Gremio zum Schutz der Winzer von Jerez gegründet worden war, kam viel Wein aus den weiter landeinwärts gelegenen Gegenden Montilla und Lucena nach Jerez, wo man ihn entweder mit Sherry verschnitt oder einfach als solchen ausgab. (Das wurde erst weit im 20. Jahrhundert endgültig unterbunden.)

Die Art dieses Weins war weich und nußartig im Geschmack. Dafür war die im heißesten Weinbauklima Spaniens gereifte Pedro-Ximenez-Traube verantwortlich. Im Alter erlangt dieser Wein durch Oxydation ganz eigene Duft- und Geschmacksnoten und gewinnt merklich an Alkoholstärke. Bald beobachtete man, daß derselbe Effekt erzielt werden konnte, wenn man Weine mit Fino-Charakteristik verwendete, die Solera aber nicht so häufig auffrischte, so daß das Wachstum der Florschicht nicht so üppig ausfiel. Im Lauf der Jahre fand nun eine allmähliche Oxydation und Konzentration statt, wobei etwas herauskam, was zwischen Fino und Oloroso lag. Hierfür wurde der Name «Amontillado» geprägt: Sherry im Stil eines reifen alten Montilla. Besonders gute Weine dieser Art schmeckten oft sublim. Amontillado für den Export hingegen war meist ein Verschnitt von billigen, mit Branntwein und Zucker betäubten *rayas*.

So sahen die Entwicklungen oder doch wenigstens einige von ihnen aus, die sich daraus ergaben, daß den Händlern Freiheit gewährt wurde, soviel Vorräte auf solange Zeit zu halten, wie sie wollten – ob es nun von eigenem oder zugekauftem Wein war. Ihrer Kunst oblag es sodann, diese Weine so zu gestalten, wie es ihre Abnehmer in verschiedenen Ländern wünschten. (Bis dahin hatte jede derartige Ausgestaltung in den Kellern der Kunden im Ausland geschehen müssen.) Bristol Milk war dafür das erste berühmte Beispiel: ein gesüßter Oloroso, der in den kühlen Kellern in Bristol zu einmaliger Milde heranreifte. Sein Name leitet sich vielleicht von der dortigen Gepflogenheit ab, Wein mit Milch zu schönen. Nach den Napoleonischen Kriegen verstanden sich sowohl die spanischen als auch insbesondere die britischen Händler in Jerez auf den Geschmack des jeweiligen ausländischen Markts. Sie bauten nun riesige Lagerhäuser, in denen ihre immer vielfältigeren Vorräte ruhten und durch ausgeklügelte Behandlung und zunehmendes Alter immer besser wurden. Kein Gebäude, das je für die Unterbringung von Wein errichtet worden ist, läßt sich mit den großen, kirchenähnlichen Hallen vergleichen, die überall in Jerez entstanden: Reihe um Reihe von hochgewölbten, weißgetünchten Bögen über der strengen Geometrie zahlloser grauer Eichenfässer. Um das Ende des Jahrhunderts gab es nahezu tausend solcher Bodegas im Distrikt. Als nachdrücklich darauf hingewiesen wurde, daß der Bau tiefer Keller für den Wein günstig sei, zuckte man in Jerez nur die Achseln. Der Sherry ist ja zu dem geworden, was er heute ist, weil er heiße Tage und kalte Nächte zu spüren bekommt.

Die Familie Domecq blickt selbstbewußt aus diesem Gemälde eines einheimischen Künstlers. Ihr um einen Innenhof gruppierter Palast ist ein typisches Beispiel für den kühlen, maurisch inspirierten Baustil von Jerez. Die großen Lagerhallen der Soleras *(ganz rechts)* stammen aus einer späteren Blüte derselben architektonischen Ideen.

DER UNGLÜCKSELIGE HAURIE HATTE AUF DAS FALSCHE PFERD GESETZT. Das Beste, worauf ein spanischer Wein in Frankreich je hoffen durfte, war, mit französischem Wein verschnitten zu werden (selbst Sherry wurde manchmal für *travail à l'anglaise* benutzt). Noch jetzt, 200 Jahre später, nehmen die Franzosen keine Kenntnis von einem der großartigsten Aperitifs dieser Welt, sondern bevorzugen ausgerechnet süßen Port vor dem Essen. Nach den Kriegen Napoleons waren nun alle Hindernisse für den Handel mit England entfallen, und Hauries Cousin Pedro war in England zur Schule gegangen. Mußte eigentlich erst ein Spanier französischer Abstammung kommen und das Rennen machen, wo es so viele britische Händler in Jerez gab? Es war wohl ein Mann vonnöten, der sich in den richtigen Kreisen zu bewegen wußte – diese Beschreibung paßte auf Don Pedro Domecq Lembeye.

Der Australier James Busby besuchte Don Pedro im Jahr 1831. Er traf ihn auf dem besten der alten Haurie-Güter bei Macharnudo an, einem blendend weißen Kreidehügel sechs Kilometer nördlich von Jerez. «Herr Dumeque ist französischer Abstammung und spricht fließend Englisch», schrieb Busby. «Wir fanden ihn unter der Veranda seiner Weinkellerei, und als wir den Zweck unseres Besuchs genannt hatten, übernahm er es mit größter Bereitwilligkeit, uns alle Auskünfte zu geben, die wir verlangten. Er erläuterte seine Verfahrensweise in der Art eines Mannes, der mit dem Gegenstand gründlich vertraut und nicht gewöhnt war, blindlings den vorgefundenen Praktiken zu folgen. Beim Eintritt in den Weinberg erkannten wir sofort, daß die Reben mit größerer Sorgfalt gepflegt waren, als wir es bisher gesehen hatten. Die Haupttriebe waren ausgewogener und standen kräftiger auf dem Boden, auch waren sie regelmäßig geschnitten, und zwischen ihnen war kein Unkraut und kein Grashalm zu sehen.»

Makellos waren auch Domecqs Partner, Mr. Ruskin und Mr. Telford, die für einen schnellen und dramatischen Anstieg des Firmenumsatzes in England sorgten. Mr. Ruskin bestätigte James Busbys Beobachtungen: Obwohl Don Pedro «meist in Paris lebte und sein spanisches Gut nur selten besuchte», besaß er «vollkommenste Kenntnis des

richtigen Verfahrens für dessen Kultivierung und genoß bei seinen Arbeitern ebensoviel Autorität wie ein schottischer Lord bei seinem Clan».

IN DER GESCHICHTE VON JEREZ IM 19. JAHRHUNDERT spielen denn auch Clans eine beträchtliche Rolle. Diejenigen, die eine Produktion in sehr großem Rahmen planen und in die Tat umsetzen konnten, gediehen prächtig, verheirateten ihre Kinder mit denen ihrer Geschäftspartner oder Rivalen und gediehen noch prächtiger weiter. Der Name Gonzales (neben Domecq der größte) erschien in den Annalen von Jerez erstmals 1795, als ein flottes junges Mitglied der königlichen Leibwache (das sich, wie Gerüchte besagten, ein wenig zu eifrig um das Wohl eines Mitglieds der zu bewachenden königlichen Familie bemüht hatte) zum Verwalter des profitablen königlichen Salzmonopols in Sanlúcar gemacht wurde – so profitabel war dieses Monopol, daß ihm Banditen regelmäßig Besuche abstatteten. Dieser Soldat und Höfling in einer Person war Don José Antonio Gonzales y Rodriguez. Nicht lange, so heiratete er eine der gerade heiratsfähigen Schönheiten aus der Umgebung, eine Doña Angel. Mit ihr hatte er fünf Söhne, doch

---

ZUFALL

Zwei Große der englischen Literatur, zwischen denen ganze fünf Jahrhunderte liegen, stammten beide von Männern ab, die ihren Lebensunterhalt mit dem Verkauf andalusischer Weine verdienten.

Geoffrey Chaucer, der erste große englische Dichter, starb im Jahr 1400. Sein Vater war der Weinhändler John Chaucer, der in Southampton Wein aus Lepe, westlich der Sherryregion, importierte.

500 Jahre später, nämlich im Jahr 1900, starb John Ruskin, ein Kunstkritiker, Essayist und Philanthrop der viktorianischen Epoche. Er war der Sohn von John James Ruskin, dem Londoner Partner der Firma Ruskin, Domecq and Telford.

er starb jung. Sein jüngster Sohn, Manuel Maria, gründete 1835 die Firma, die heute Gonzales Byass heißt.

UM 1830 WAR JEREZ IN VOLLEM AUFSCHWUNG, nach manchen Berichten die reichste Stadt Spaniens mit vornehmen, palastartigen Häusern um Innenhöfe im maurischen Stil und mit kathedralenähnlichen Bodegas, viele von ihnen erbaut von südamerikanischen Vermögen. 1816 war Argentinien dem Beispiel der Vereinigten Staaten gefolgt und hatte seine Unabhängigkeit erklärt; 1818 geschah dasselbe in Chile und 1821 in Mexiko. «Viele Vornehme mit ansehnlichen Vermögen», schrieb Manuel Gonzales Gordon, «kehrten aus Südamerika wegen der dortigen Revolutionen zurück.» Sie hätten zu jener Zeit nicht glücklicher investieren können als in dieser abgelegenen, äußerlich noch rückständigen Provinzstadt – die Weinberge in Sichtweite der Mauern, die Weinvorräte für Auge und Nase unverkennbar ringsumher aufgestapelt und zudem mit direkter Verbindung zum reichsten Weinimportland der Welt. 1827 wurde die Exportstrecke beinahe auch die erste Eisenbahnstrecke Spaniens: George Stephenson, der Eisenbahnpionier, folgte einer Einladung dorthin, um eine Schienenverbindung zwischen Jerez und Puerto de Santa Maria zu planen. Gebaut wurde sie allerdings erst 1854 als dritte Eisenbahnstrecke Spaniens.

Die Exportziffern sprechen für sich selbst. 1810 waren es 10 000 Faß, 1840 mehr als doppelt soviel, 1860 wiederum doppelt soviel und schließlich im Rekordjahr 1873 über 68 000 Faß, die aus Jerez in die Welt hinausgingen. Mehr als 90 % aller Sherryexporte waren für England bestimmt (ein Teil davon wurde freilich von den Kellereien in Bristol weiterexportiert). 1864, auf dem Höhepunkt der Beliebtheit des Sherry in England, entfielen auf ihn allein 43 % des gesamten Weinimports. Von jener Zeit an ermöglichte es dann, wie wir noch sehen werden, die Freihandelsbewegung dem französischen Wein, wieder Terrain gutzumachen.

Wir dürfen allerdings nicht annehmen, daß sich das Sherrytrinken damals auch auf die heute üblichen gemütlichen paar Gläschen vor dem Essen und nachher vielleicht noch eins, zwei einer süßeren Sorte beschränkte. Der Aperitif war noch nicht erfunden, wie Byron mit seiner bitteren Beschwerde über die «schwarze halbe Stunde vor dem Dinner» erkennen läßt. Der englische Romancier Thomas Love Peacock, der in liebevollem Detail die Tischgespräche von Edelleuten, Neureichen, Geistlichen und Exzentrikern seiner Zeit wiedergab, bewirtete diese Herren 1843 (in Headlong Hall) mit «kaltem Hammelrücken und einer Flasche Sherry». Und – was immer es auch beweisen mag – noch 1915 konnte der Dichter Rupert Brooke schreiben:

> Mit Sherry und Schinken zum Essen und Trinken
> aufs Wohl der herrlichsten Maid.

WAS WAR INZWISCHEN MIT DEM PORTWEIN GESCHEHEN? Tranken die Briten nun einfach diese Flut von Sherry noch zusätzlich zu ihrem bereits erklecklichen Konsum an starkem Wein aus Portugal? Am Ende der Napoleonischen Kriege kamen mit der Rückkehr der siegreichen Helden aus Portugal auch Portwein und alle portugiesischen Weine wieder ganz groß in Mode. Das Verhältnis der Einfuhr von portugiesischem Wein gegenüber spanischem betrug 3:1 (sogar gegenüber dem Kapwein stand es für kurze Zeit auf 2:1). Da sich nun aber im 19. Jahrhundert nach und nach weniger robuste Manieren durchsetzten, als sie im 18. geherrscht hatten, fiel der Weinverbrauch im Verhältnis zur steigenden Bevölkerungszahl rasch zurück.

1790 tranken die Briten (laut Cyrus Redding) pro Kopf und Jahr eine Gallone Wein (zumeist starken). 1840 wurde nur noch die Hälfte davon konsumiert. Diese Erscheinung läßt sich auf mehrere Arten erklären. Inzwischen waren Spirituosen, Bier, Tee und Kaffee ziemlich populär. Vielleicht ebenso von Bedeutung war der allgemein gestiegene

Lebensstandard, der auch der Mittelklasse breiter gefächerte Genüsse gestattete, als sich lediglich ein Glas feurigen Wein zu genehmigen.

Außerdem war das Zeitalter des Kirchenbauens angebrochen – eine neue puritanische Frömmigkeit, die erstmals den Mäßigkeitsvereinen Auftrieb gab. Insbesondere der Portwein war mit Erinnerungen an die *«three-bottle men»* belastet, mit denen der Sherry nichts zu tun hatte. So gab es um 1820 eine höchst bedeutsame Veränderung, als die Pagen im königlichen Haushalt, denen bis dahin täglich eine Flasche Portwein zugeteilt worden war, statt dessen eine Flasche Sherry erhielten. 1837 begann das viktorianische Zeitalter. Um 1840 zog der Sherry mit dem Portwein gleich, und 1859 hatte er ihn überholt.

AM ANFANG DES JAHRHUNDERTS HIELT DER PORTWEIN NOCH ALLE TRÜMPFE IN DER HAND. Einer der Gründe dafür, daß es dem Sherry so leichtfiel, ihn aus dem Feld zu schlagen, mag darin gelegen haben, daß der Portwein ein Jahrhundert, nachdem Pombal versucht hatte, ihn zu definieren, noch immer in einer permanenten Identitätskrise steckte. Noch 1877 klagte der englische Journalist Henry Vizetelly bei einem Besuch im Portweinland: «Es gibt so viele Sorten Portwein wie Bänder in einem Kurzwarenladen.»

Vor dem Krieg auf der Iberischen Halbinsel konnte das vielleicht noch mit den schlechten Nachrichtenverbindungen zwischen den Händlern und den weit von ihnen entfernten Erzeugern begründet werden oder auch damit, daß die Douro Wine Company bei jedem Geschäft als ungebetener Vermittler auftrat. Im 19. Jahrhundert aber kauften die Händler eigene *quintas* (Weingüter) oben am Douro und wurden so selbst zu Erzeugern. Grundsätzlich lagen die Schwierigkeiten darin, daß das Klima am oberen Douro fast ebenso unberechenbar ist wie etwa in Bordeaux. Anders als an der andalusi-

Nach der Schlacht von Oporto im Jahre 1809 blieb die Stadt in der Hand der Briten. Als die Truppen Wellingtons den Franzosen das Factory House entrissen hatten, fand dort manches festliche Dinner statt, ehe sie 1812 im Laufe des Kriegsgeschehens nach Spanien zogen.

schen Küste, wo die Weine Jahr für Jahr ähnlich ausfallen, entstehen in verschiedenen Tälern, an Douro und Corgo, in verschiedenen Jahren Weine zwischen maulbeerfarbenen Schwergewichten und blassen, ausdruckslosen Flüssigkeiten.

Setzte man der ersteren Art Branntwein zu, dann wurde sie zu dem, was man heute einen Jahrgangsport nennt – ein Wein von gewaltigem, aber rauhem Charakter, der viele Jahre Flaschenreife braucht. Schüttete man aber dieselbe Menge Branntwein in die zweite Art, dann erhielt man nichts weiter als jene entzündliche Mischung, die James Boswell so bitter verurteilte: nur Feuer ohne Geschmack.

Das Solerasystem hatte Jerez fast nebenbei mehrere, jedoch gleichmäßige Weinpersönlichkeiten beschert. Der Kunde konnte aus einer ganzen Reihe bekannter Typen auswählen und seine eigene Mischung zusammenschneiden, was denn auch immer mehr geschah. Das Portweingewerbe hatte sich gerade erst dazu durchgerungen, seine Erzeugnisse stärker im Faß auszubauen, ehe sie zum Verkauf gelangten, als ein einziger, besonders hervorragender Jahrgang die Entscheidung herbeiführte. Es war 1820: Ein prachtvoller Sommer brachte Portweine von solcher natürlichen Fülle, so gehaltvoll, süß und fruchtig, daß es daran nichts mehr zu verbessern gab. Unglücklicherweise entstand dadurch eine so große Nachfrage, daß sie nicht befriedigt werden konnte. Die einzige Möglichkeit, in den nachfolgenden Jahren dem 1820er nahezukommen, bestand darin, die umstrittene Branntweindosis noch zu vergrößern.

Inzwischen wurde Portugal von mehreren Revolutionen und Bürgerkriegen geschüttelt. Die ersten Unruhen gab es 1820: Eine nationalistische Bewegung zielte

---

DAS FACTORY HOUSE

Als dauerndes Symbol der historischen britischen Präsenz in Oporto steht dort das 1790 erbaute stattliche Gebäude, das offiziell als British Association, populär aber allgemein als Factory House bezeichnet wird. Es ist ein Meisterstück englischen Understatements im Baustil des 18. Jahrhunderts, fast ein palladianisches englisches Landhaus, nur daß es auf einer siebenjochigen rustikaverzierten Arkade steht – mitten im belebtesten Teil von Oporto.

Im Inneren zeigen die mit Pfeilern versehene Eingangshalle, das monumentale Treppenhaus, der Ballsaal, der Salon, die Bibliothek und der Kartensaal dieselbe gedämpfte Opulenz und scheinen überhaupt mehr für den privaten Gebrauch als für die kommerzielle Repräsentation geschaffen zu sein. Man hat das Gefühl, daß hier nie wichtigere und dringendere Geschäfte getätigt wurden als die regelmäßig abgehaltenen Luncheons und Dinners. Dabei gab es etwas Einmaliges: Der Salon und das angrenzende Dessertzimmer waren so eingerichtet, daß die Gäste sich an einen ganz gleichen Tisch im anderen Raum begeben und dort ihren Portwein unbelästigt vom Geruch der Speisen genießen konnten. Aus demselben Grund befindet sich die noch tadellos erhaltene ursprüngliche Küche im obersten Geschoß des Gebäudes.

Die eigentliche Funktion als «Faktorei» oder *feitoria* für ausländische Kaufleute wurde schon aufgegeben, kurz nachdem das Gebäude fertiggestellt war. 1814 wurde es zu einem privaten Club nach dem Vorbild ähnlicher Einrichtungen in London, der jedoch von den etablierten Portweinhändlern eifersüchtig gegen fremde Eindringlinge wie Fischhändler und sonstige Parvenüs gehütet wurde. Auf den im 19. Jahrhundert häufig veranstalteten festlichen Bällen galt, daß «kein portugiesischer Offizier unter Majorsrang eingeladen werden darf».

Heute kommen die Mitglieder – immer noch ausschließlich Portweinhändler, die meisten britischer Nationalität – wöchentlich am Mittwoch zum Lunch zusammen, außer in der Weinlesezeit. An dem durch langen Gebrauch geheiligten Ritual, den Dekanter nach links weiterzugeben, wird unverrückbar festgehalten. Einem Glas Tawny-Port folgt ein Jahrgangsport, dessen Identität nur der Chairman kennt – und es wird eine mäßig hohe Wette (der älteste aller englischen Bräuche) darauf abgeschlossen, um welchen Jahrgang aus welcher Firma es sich dabei handelt.

BODEGAS UND LODGES

erneut darauf ab, den britischen Einfluß zu schwächen. Der Kommandeur der portugiesischen Armee war noch immer General Lord Charles Beresford, der sie gegen die Franzosen geführt hatte. Die Engländer hatten sich sogar in der portugiesischen Politik eingenistet. Was an Umsturzversuchen folgte, waren, wie Rose Macaulay sich ausdrückte, in vielen Fällen nur «Proklamationen nobler und törichter Verfassungen» – nichtsdestoweniger waren sie fatal für alle, die ihnen im Weg standen. Hierin lag ein weiterer Unterschied zwischen Jerez und Oporto. In Jerez war die Integration der ehemaligen Ausländer in die einheimische Gemeinschaft vollkommen; in Oporto dagegen lebten die Engländer in einer Enklave im Schatten des Factory House und bewahrten «ihren steifen britischen Gleichmut» auch bei inneren Unruhen und Aufständen. Nur wenige von ihnen sprachen Portugiesisch; fast alle spielten Kricket.

1852 ABER KAM ES DENN DOCH DAZU, DASS SELBST DIE GRÖSSTEN PHLEGMATIKER EINMAL DIE AUGENBRAUEN HOCHZOGEN: Der obere Douro fiel tatsächlich in die Hände der «Migueliten», den Anhängern von Dom Miguel, der sich gern zum Diktator aufgeschwungen hätte. Oporto dagegen wurde von seinem Bruder und Rivalen, Dom Pedro, dem ehemaligen Kaiser von Brasilien, gehalten. Schließlich belagerte Dom Miguel die Stadt und besetzte die «Logdes», die Weinlagerhäuser, auf der anderen Seite des Flusses. Es folgten 18 äußerst unbehagliche Monate, in denen ein bunt zusammengewürfeltes Söldnerheer, meist Schotten aus Glasgow, Taten vollbrachte, die ihm im Gedächtnis des Volkes hohen Ruhm eintrugen. Es war mehr als nur ein Schrecken, als die Migueliten die Lagerhäuser der Douro Wine Company mit dem großen Branntweindepot in die Luft sprengten: Schließlich bedrohten die Flammen den Portwein für alle. Zum Glück setzte ein britisches Kriegsschiff, das im Fluß stationiert war, um nach den Worten des britischen Premierministers Palmerston «darauf zu schauen, daß Fairplay herrschte», eine Feuerwehreinheit an Land, die eine größere Feuersbrunst verhindern konnte, trotzdem aber zusehen mußte, wie «27 000 Pipes kochenden Portweins» – ungefähr ein Jahresexport nach England! – sich in schlammigem Strom zum Douro hinabwälzten.

Baron Forrester warf der Douro Wine Company unter anderem vor, daß deren Koster den Wein nicht nach seinem Duft, sondern allein nach der vorgefaßten Meinung beurteilten, er sei je dunkler, desto besser.

DOCH DIE NACHWEHEN IM KAMPF DES PORTWEINS UM SEINE IDENTITÄT kamen erst noch. Beschleunigt wurden sie durch Joseph James Forrester von der Firma Offley Forrester & Co. Er war Kartograph. Eine seiner Karten erfaßt den Flußlauf des Douro von der spanischen Grenze bis zum Meer, eine andere zeigt das Weinland. Als um 1850 der tödliche Mehltau wie in fast ganz Europa auch die Weinreben am Douro befiel, war Forresters Studie über die Natur dieser Pilzkrankheit und die möglichen Gegenmittel seiner Zeit weit voraus. Der portugiesische Baronstitel war nur eine der vielen Ehrungen der Regierungen von ganz Europa.

Seine über zehnjährigen Beobachtungen in Anbau, Verarbeitung und Versandvorbereitung überzeugten Forrester, daß die damals üblichen Methoden das Potential des Portweins zunichte machten. Mehr als irgend jemand sonst dürfte er gewußt haben, wovon er sprach. Ihm gehörte die Quinta Boa Vista hoch oben am Fluß, und er firmierte als «Douro-Winzer und britischer Kaufmann». 1844 verfaßte er ein Pamphlet mit dem Titel «Ein paar Worte über Portwein». In diesem Meisterwerk des Understatement wiederholte er im wesentlichen die Vorwürfe, die schon ein Jahrhundert zuvor hin und her erhoben worden waren, daß nämlich Branntwein und Holunderbeeren den Portwein zugrunde richteten, der doch eigentlich ein «natürlicher», ungespriteter Wein sein sollte und auch stets gewesen sei (was allerdings nicht stimmt).

Wenn kein Branntwein beigemischt worden wäre, wozu war dann die Douro Wine Company da? Das Branntweinmonopol stellte ihre Trumpfkarte dar, und das war wohl auch der eigentliche Grund, weshalb die Migueliten ihr die Lager in die Luft sprengten. Eine ganz andere Frage war die nach der Qualität des Branntweins. Redding nannte ihn vor der Zeit Forresters «gräßlich... destilliert von Feigen und Rosinen, die zu sonst nichts nütze sind, ja sogar von Johannisbrotfrüchten...»

Mit der Ansicht, am Douro könne guter natürlicher Wein entstehen, hatte Forrester recht; da gibt es keinen Zweifel mehr. Daß wieder allgemein Holunderbeeren verwendet wurden (vielleicht nicht mehr in so großem Ausmaß), stimmte ebenfalls.

Bezüglich des englischen Geschmacks aber, was als guter Portwein galt und was nicht, irrte sich Forrester gewaltig. Voreingenommen glaubte er, daß «meine Landsleute keinen Wein voller Branntwein wünschen; sie bevorzugen einen möglichst reinen, möglichst wenig berauschenden Wein». Ich wollte, es wäre so. Es ist ja nicht unmöglich, daß der Geschmack sich wandelt, daß eines Tages die «leichten» Weine vom Douro den Dessertwein aus der öffentlichen Gunst verdrängen. Doch zu Forresters Lebzeiten geschah das nicht; ich fürchte, auch ich werde es nicht erleben.

DAS GEHEIMNIS DER PORTWEINHÄNDLER

Was für ein feiner Wein ein ungespriteter Port (oder der Tafelwein vom oberen Douro) tatsächlich sein kann, ist den Portweinhändlern durchaus bekannt, wurde aber bis noch vor kurzem so gut wie geheimgehalten.

Der englische Journalist Henry Vizetelly bekam 1877 einen solchen Wein in der berühmten Quinta do Noval zu probieren, und er schmeckte ihm wahrhaftig sehr gut: «... indem er eine gewisse Rundheit mit einer gedämpften Herbheit verband, hatte er sowohl etwas vom Charakter des Burgunders als auch von dem des Bordeaux. Er hatte jedoch ganz gewiß keines der Merkmale des Portweins.»

Die hochangesehene portugiesische Firma Ferreira bereitet schon seit langem in kleinen Mengen einen Wein von ganz hervorragender Qualität unter dem Namen Barca Velha, oder auch familiär mit dem Diminutiv «Ferreirinha» bezeichnet. Der Wein hat jedoch nichts an sich, was solche Verniedlichung rechtfertigt.

Neuerdings bringt die Quinta do Cotto exzellenten dunklen Tafelwein hervor, der sich durch bemerkenswerte Geschmeidigkeit auszeichnet, und auch Noval gehört zu den Quintas, die mit einem Wein experimentieren, den man der Gerechtigkeit halber einfach «Forrester» nennen sollte.

Forrester kämpfte einen leidenschaftlichen Kampf und verlor ihn mit Anstand. Die Art des Portweins änderte er nicht, wahrscheinlich aber milderte er die Verfälschung. Er lebte in der großen Zeit dieses Gewerbezweigs, als es nicht allzu schwierig war, eine Niederlage zu verwinden: Die Nachfrage war beständig, und eine Reihe ausgezeichneter Jahrgänge, die in der Flasche zu immer schönerer Duftigkeit heranreiften, bewies, daß nicht nur Sirup zustande kam, wenn dem Wein Brandy zugesetzt wurde.

Um 1840 entwickelte sich etwas, das dem heutigen Portwein in der Art verwandt war. Der erste Hinweis auf den «Tawny» findet sich in der Literatur 1844 bei Charles Dickens: ein leichterer, hellerer Portwein, dessen fruchtiger Geschmack durch mindestens zehn Jahre Reifezeit im Faß verwandelt war.

Die Namen der Händlerfirmen sind uns zumeist heute noch geläufig; die Quintas, die sie immer weiter den Douro aufwärts bauten, gaben den Rahmen für ein Leben ab, das einem Teepflanzer jener Zeit durchaus vertraut gewesen wäre.

In dieser Gegend fand Forrester ein Ende, wie es ihm angemessen war. Berühmt und geachtet, in der Blüte seiner Jahre, machte er sich eines Tages mit zwei Damen, Besitzerinnen vieler Güter und Weinbergterrassen am oberen Douro, in einem Boot auf den Weg von der Quinta de Vargellas der Familie Fladgate flußabwärts nach Pinhao. Auf seiner berühmten Karte hatte er die Schönheiten des Flußtals besonders hervorgehoben. Zu ihnen gehörte auch der Cachão de Valeira, eine tiefe Schlucht, die bis zum 18. Jahrhundert der Schiffahrt ein unüberwindliches Hindernis entgegengesetzt hatte. Noch heute ist sie, obwohl der Douro durch Staudämme gezähmt ist, eine unheimliche Stelle zwischen schroff aus dem Wasser aufragenden glatten Granitwänden. Damals im Mai 1862 führte der Fluß gerade Hochwasser; das Boot lief auf ein Felsenriff. Donna Antonia Ferreira und die Baronesse Fladgate trieben auf ihren Krinolinen sicher an Land, doch Forresters Leichnam wurde nie gefunden.

SCHWERARBEIT

Die Beschreibung der Szene im *lagar* der Quinta do Seixo beim Stampfen des Jahrgangs 1877 hört sich an, als handle es sich um ein Gemälde von Goya: «... Die Stampfer, die weißen Hosenbeine hoch aufgekrempelt, bilden drei Reihen zu je zehn Mann, legen einander die Arme um die Schultern und beginnen ihre Arbeit, indem sie die Füße heben und senken. Dies wird nach einiger Zeit variiert, mit Gesang und Geschrei, um die Schwächeren und Fauleren bei dieser Arbeit anzufeuern, die durchaus so mühselig und monoton ist wie die Tretmühle in den Strafgefängnissen, die bei weichherzigen Philantropen soviel Abscheu erregt... Es ist auch eine kleine Musikkapelle mit Trommel, Pfeife, Fiedel und Gitarre dabei, die ein lebhaftes Stück spielt. Ab und zu wird auch ein Schluck Branntwein spendiert, und die Aufseher teilen Zigaretten aus, worauf die Stampfer aus ihren monotonen Bewegungen wieder in eine raschere Gangart verfallen.»

Das erste Stampfen dauert 18 Stunden; nach einer Pause beginnt das zweite. «Inzwischen sind die Trauben schon recht stark zerquetscht, und das Treten auf die am Boden des Lagars klebenden Kerne und Stiele erinnert nun an Pilgerfahrten von einst, als die Frommen ächzend auf harten Erbsen in ihren Schuhen einherzogen. Die *lagareiros* bewegen sich nur noch langsam und lustlos in ihrem malvenfarbenen, glitschigen Bad... Die Fiedel klingt wieder auf, die Trommel dröhnt, und die Aufseher schimpfen schläfrig vor sich hin. Doch alles das nützt nichts. Die Musik hat ihre inspirierende Wirkung eingebüßt, und die zu Tode erschöpften Männer treten müde von einem purpurn gefärbten Bein aufs andere.»

Nur noch ganz wenige (aber allerfeinste) Portweine werden heute noch gestampft. Dabei wirken ganze Familien mit, und die Szene erinnert mehr an eine Volkstanzvorführung als an eine Tretmühle.

KAPITEL 33

Der Champagnerboom im 19. Jahrhundert

MÉTHODE CHAMPENOISE

Als die Sonne am 10. September 1815 über der Champagne aufging, fand sie aufregendere Dinge zu bescheinen als nur die gewohnten friedlichen, frischbetauten Reben, deren Laub sich um diese Zeit gelb zu färben begann, während die Trauben in Tag für Tag kräftigerem Gold der Lese entgegenreiften.

In der Ebene südlich von Epernay, wo die ersten Morgenstrahlen die Kuppe des niedrigen Mont Aimé in der Nähe von Vertus beleuchteten, quoll eine fast unüberschaubare Armee aus ihren Quartieren und Biwaks in den umliegenden Dörfern hervor. Das Morgenrot schimmerte sanft auf den Litzen und Tressen der Husarenuniformen und glühte auf den Bärenfellmützen der Grenadiere. Es überglänzte die Flanken der Kosakenpferde und vergoldete die blanken Läufe von Musketen und Kanonen. In langer Reihe einhermarschierende Infanteriekolonnen teilten sich und machten Platz für Kavallerieschwadronen, die im leichten Trab den Kreidestaub aufwirbelten, während das Zaumzeug der Pferde knarrte und klirrte. Die Offiziere reckten sich in den Steigbügeln hoch, um den ihnen angewiesenen Platz in der – wie es schien – gewaltigsten Schlachtaufstellung, die Europa je gesehen hatte, zu finden.

Um sieben Uhr stand der gigantische Aufmarsch in fester Ordnung. Sieben russische Armeekorps – fast 300 000 Mann – reihten sich Phalanx um Phalanx aneinander, soweit das Auge reichte. Um acht Uhr kam eine Schar Reiter den Mont Aimé hinauf, der eigens für diesen Tag oben abgeräumt und planiert worden war: Alexander I., der Zar von Rußland, neben ihm der österreichische Kaiser und der König von Preußen, der Kronprinz von Bayern, der Fürst Wrede und der Herzog von Wellington.

Der Zar hob die Hand. Die sieben Armeekorps setzten sich erneut in Bewegung und nahmen schließlich in einem kolossalen Viereck Aufstellung. Nachdenklich ritten die Monarchen und Generäle mit ihren Stäben den Hügel hinab und an den endlosen Reihen bärtiger russischer Krieger entlang. Es war dies – mitten im Herzen Frankreichs – eine allerhöchste Inspektion und würde heutzutage der Inspektion strategischer Raketenbewaffnung der Sowjetunion entsprechen.

DAS VERDIENST BEI DIESER AUSSERGEWÖHNLICHEN MILITÄRISCHEN KRAFTDEMONSTRATION gebührte im wesentlichen dem Vertreter Frankreichs auf dem Wiener Kongreß, der seit Napoleons Abdankung im Jahr zuvor ständig tagte, um über die Zukunft Frankreichs und der von ihm eroberten Territorien Beschluß zu fassen. Dieser Vertreter Frankreichs hieß Charles Maurice de Talleyrand-Périgord, Fürst von Benevent, weithin nur unter dem Namen Talleyrand bekannt und geachtet. Vor der Französischen Revolution war er Bischof von Autun gewesen. Durch keine Wendung in der oft so lebensgefährlich komplizierten revolutionären Politik war er ins Straucheln geraten, und nun bildete der

Sechzigjährige – «zynisch und genußsüchtig» – die Verköperung der französischen Diplomatie. Anstelle einer Streitmacht hatte er Antoine Carême, den größten Küchenchef Frankreichs, nach Wien mitgebracht, und als Artillerie ließ er Champagner auffahren.

Die politische Bedeutung dieser militärischen Schaustellung von niegesehener Größe stammte aus dem unbehaglichen Gefühl, das Zar Alexander beschlich (Talleyrand und Carême halfen ihm, klare Gedanken darüber zu fassen), als er bemerkte, wie seine beiden großen Nachbarmächte, Preußen und Österreich, sich daranmachten, das besiegte Frankreich zu zerstückeln. Drei Monate nach der Schlacht von Waterloo war es ihre Absicht, Frankreich zu einer Macht minderen Ranges zu machen. Dann bliebe nur Rußland als stärkerer Rivale für die Preußen und Österreicher (und freilich diese wiederum gegeneinander). Es lag in Rußlands Interesse, Frankreich am anderen Ende Europas als eine Macht zu erhalten, mit der es zu rechnen galt, damit Österreich und Preußen stets eine zweite Front im Auge zu behalten hatten. Deshalb hatten der Zar und der neu eingesetzte König von Frankreich, Ludwig XVIII. (Ludwig XVII. verscholl in der Revolutionszeit und kam nie wieder zum Vorschein), eine gemeinsame Sache zu vertreten. Die Machtentfaltung auf den Feldern der Champagne fand mit französischer Zustimmung statt – ein eigentümliches Resultat der Invasion Napoleons in Rußland drei Jahre zuvor. Abgesehen von allen politischen Intrigen stellte sie zugleich die größte Werbeveranstaltung dar, die sich ein Weinbaugebiet überhaupt nur wünschen kann.

DOCH ES IST DIES EINE WEIT KOMPLEXERE GESCHICHTE, DEREN ANFANG irgendwann im 18. Jahrhundert gesucht werden muß, als die Pioniere Moët, Ruinart, Roederer und Heidsieck nach dem brillanten Debüt des Champagners an den Höfen in Paris und London die gekrönten Häupter in aller Welt umwarben.

Zum Sagenschatz dieses Industriezweigs, der die Werbung zur Kunstform erhoben hat, gehört, wie ein Monarch nach dem anderen im 18. Jahrhundert dem Champagner seine Gunst zuwandte: Wie Friedrich Wilhelm von Preußen die Akademie in Berlin beauftragte herauszufinden, warum der Wein schäumte, es aber empört ablehnte, auch

Bei seinem letzten Besuch in Epernay heftete der geschlagene Napoleon das eigene Kreuz der Ehrenlegion an die Brust von Jean-Rémy Moët. Ein paar Tage später zogen die Russen ein, und Napoleon befand sich auf Elba. Die hohe kaiserliche Gunst stand dem weiteren gesellschaftlichen Aufstieg Moëts nicht im Weg: 1815 bewirtete er alle alliierten Fürsten und Generäle, von Zar Alexander bis Blücher, und im nachfolgenden Frieden war er Hoflieferant aller europäischen Fürstlichkeiten.

Napoleon kam so häufig nach Epernay, daß Jean-Rémy Moët zwei Gästehäuser für ihn und sein Gefolge baute.

Die von dem Miniaturisten Jean-Baptiste Isabey entworfenen Gärten mit Orangerie sind noch vorhanden.

nur eine einzige Flasche für Experimente herzugeben – wie Katharina die Große in Rußland ihre jungen Freunde aus dem Offizierskorps damit stärkte – wie Ludwig XVI. sich mit ihm tröstete, bevor er auf die Guillotine stieg – und wie Napoleon eine enge Bekanntschaft mit dem Bürgermeister von Reims, Jean-Rémy Moët, pflegte, der für den Kaiser und seine Familie eine Art privates Hotel als Aufenthalt bei deren häufigen Besuchen in Epernay baute (für sie bildete es eine nicht zu umgehende Etappe auf dem Weg von Paris nach Preußen oder Österreich).

SEIT ER 100 JAHRE ZUVOR ERSTES AUFSEHEN ERREGT HATTE, war der Champagner auf wenigstens drei Wegen zu einer Karriere gekommen: als einer von Frankreichs am meisten gefeierten stillen Weißweinen (vorwiegend als Sillery) für die konservativen Genießer, als eine anständige rote Alternative zu leichteren Burgundern und in der schäumenden Form als Wein der sündhaft Reichen und der reichen Sünder. Doch ihr Brot und die Butter darauf (freilich nicht sehr viel Butter) verdiente sich die Region mit Ozeanen von

---

SILLERY

Der Wein vom Gut der Pionierfamilie Brulart in Verzenay sowie aus anderen Orten bei Reims wurde stets Sillery genannt. Dieser Name war in der zweiten Hälfte des 18. Jahrhunderts gleichbedeutend mit allerfeinstem nichtschäumendem Champagner.

Die letzte Brulart der direkten Linie war die Maréchale d'Estrées, eine herrische, höchst willensstarke Dame, die göttlichen Wein hervorzubringen verstand und mit ihren Bauern wie mit Sträflingen umsprang. Ihre brillante Mischung von Pinot Noir und Fromentau (Pinot Gris) war der Lieblingswein des Königs und wurde unter dem Namen Vin de la Maréchale weithin bekannt. Nach ihrem von kaum jemandem beweinten Tod fielen ihr Gut und ihr fabelhafter Weinvorrat durch Erbschaft an einen entfernten Cousin, den Comte de Genlis, der den Titel Marquis de Sillery annahm. Seine Gemahlin, Madame de Genlis, war der bekannteste Blaustrumpf jener Zeit und tat sich durch Bildungsreformen hervor. Leider jedoch mußte der neue Marquis für die Sünden der alten Maréchale unter der Guillotine büßen, und Sillery wurde geplündert.

Madame de Genlis brachte es beinahe zur Privatlehrerin bei Napoleon. Der alte Weinbergsbesitz der Brularts wurde an die Herren Moët und Ruinart verkauft – der Name Sillery aber blieb das ganze 19. Jahrhundert hindurch in Gebrauch, obwohl dieser große Wein im Jahr 1814 zum letzten Mal produziert wurde.

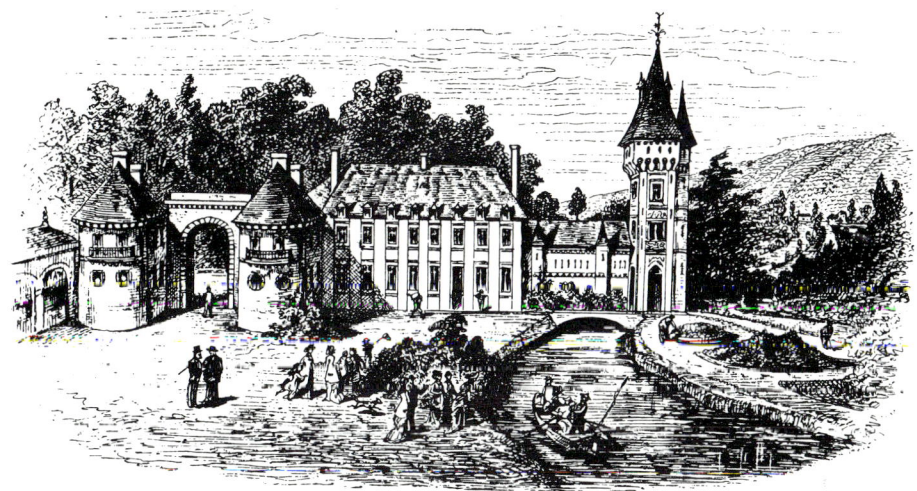

Das Château de Sillery, Residenz der Familie Brulart und der berüchtigten Maréchale d'Estrées, überlebte das Wüten des Mobs in der Revolution, jedoch nicht die Granaten des Ersten Weltkriegs.

billigem Rotwein, auf den zu Beginn des 19. Jahrhunderts 90 % ihrer Produktion entfielen; um 1850 war der Anteil erst auf zwei Drittel zurückgegangen.

Während nun die Reputation des Champagners gewachsen war und die Nachfrage einige hunderttausend Flaschen im Jahr erreicht hatte, lag es mit der Technik noch im argen. Der Hauptspaß bei der Sache (so empfand es jene frivole Zeit) war doch das Durchschneiden der Kordel, die den Korken hielt, so daß der teure Schaum die holde Weiblichkeit besprühte. Vor allem alternde Casanovas sahen unwiderstehliche Symbolik im hervorsprudelnden Schaum. Doch wurden sie oft enttäuscht durch Flaschen mit wenig Explosivkraft oder mit nur ein paar großen Luftblasen, die den scheußlichen Namen *yeux de crapauds* – Krötenaugen – führten. In manchen Flaschen mit unstabilem Wein glaubte man gar einen schleimigen Wurm zu entdecken, oder es kam nur eine dicke, trübe Flüssigkeit zum Vorschein. Obendrein platzte nach wie vor noch immer ein nicht unbedeutender Teil der Champagnerflaschen schon im Keller.

An Kundennachfrage fehlte es dennoch nicht, denn – so fanden Monsieur Moët und seine Kollegen – wer einmal eine gute Flasche getrunken hatte, der war auf Lebenszeit gefangen. Allerdings mußte man damals als Kunde schon sehr reich sein: Die mühsame und ungewisse Herstellung war kostspielig. Bis der Champagner als universeller Wein getrost eingepackt und in lohnenden Mengen in die weite Welt geschickt werden konnte, galt es noch viele technische Probleme zu lösen.

IN DER GESAMTEN GESCHICHTE GIBT ES NUR EINE EINZIGE FRAU, DIE GANZ ALLEIN ALS «DIE WITWE» – ohne jede nähere Kennzeichnung – bekannt geworden ist. Wenn man sagen kann, daß der Perfektionismus des Dom Pérignon dem Champagner einen einmaligen Platz als Wein der Fürsten und der Paläste überall in Europa erobert hat, so darf man ebenfalls mit Recht behaupten, daß Nicole-Barbe Clicquot-Ponsardin, 1805 mit 27 Jahren verwitwet und mit einer kleinen Tochter alleinstehend, den Weg gefunden hat, auf dem der Champagner zum Festwein der ganzen Welt wurde.

Die Russen mit ihrem unbeirrbaren Sinn für höchst effektvolle Alkoholika wurden für sie unerwartete Verbündete bei diesem Unternehmen – nicht ihre Landsleute (unter denen sie viele Rivalen hatte), auch nicht die Engländer, gegen deren eigensinnige Vorliebe für mit Brandy verstärkten Wein der Champagner erst später im 19. Jahrhundert aufkam. In Rußland konnte sie sich einen breiteren Markt für ihren Schaumwein

Eine alte Fotografie zeigt die Veuve Clicquot in noch relativ jungen Jahren. Sie war seit ihrem 27. Lebensjahr Witwe und führte ihre Firma, bis sie mit 89 Jahren starb.

erobern, als ihn der Champagner je zuvor gehabt hatte. Um der Nachfrage gerecht werden zu können, mußte sie die Herstellung industrialisieren. Die von ihrem Mann gegründete Firma war nur ein kleiner ländlicher Betrieb; als Witwe verwandelte sie das gelbe Etikett des Hauses in das bekannteste und anerkannteste Markenzeichen der Welt.

DIE REVOLUTION BILDETE EIN HÖCHST BETRÜBLICHES ZWISCHENSPIEL für ein Gewerbe, das seine *clientèle* ausgerechnet bei den illustren Häuptern gesucht hatte, die nun unter der Guillotine fielen. Ein Champagnerhändler soll mehrere Köpfe, darunter auch den eigenen, gerettet haben, indem er die Titel seiner Kunden in seinen Büchern löschte und «Bürger» an ihre Stelle schrieb. Napoleons Kriege sorgten dann dafür, daß alles bare Geld aus Frankreich verschwand, damit es nicht dem kaiserlichen Fiskus anheimfiel. Der Ausweg lag im Export, doch der Handel in Europa war durch Blockaden und Gegenblockaden zumindest ungewiß geworden. Vertreter der Champagnerhäuser folgten den Armeen wie die Aasgeier, um den Durst der Sieger zu löschen, während noch die Opfer gezählt wurden. Doch die Expansion, die auf den Feiern anläßlich der kaiserlichen Siege beruhte, hatte ihre Grenzen, und nach 1811 begann ihre Zahl obendrein rasch abzunehmen.

Die Witwe Clicquot hatte Glück, denn sie besaß einen genialen Verkaufsrepräsentanten, einen Monsieur Bohne, den ihr Mann in Basel kennengelernt hatte. Er versuchte sich zuerst in England, jedoch ohne großen Erfolg, brachte aber dann seine Ware nach Rußland, Preußen und Österreich. Aus einem seiner Briefe, den er 1806 aus St. Petersburg schrieb, geht hervor, welche Rivalitäten dabei im Spiel waren: «Die Zarin ist guter Hoffnung. Wird es ein Prinz, dann wird in diesem weiten Land gallonenweise Champagner getrunken werden. Lassen Sie davon nichts verlauten, sonst ist sofort die ganze Konkurrenz zur Stelle.»

Henry Vizetelly tat einmal eine säuerliche Äußerung über die Bekehrung der Russen zum Champagner: «Aus diesem Strom von schäumendem Wein in das steifgefrorene Reich des Zaren, so darf man sagen, stammt wohl die dort reichlich oberflächliche Einbürgerung der Zivilisation. Hätte nur Peter der Große dem Champagner den Vorzug vor Kornschnaps gegeben, dann wäre das Land schon viel früher europäisiert worden.»

Napoleons Einfall in Rußland 1812 wurde zum Wendepunkt. Viele äußerten Mißbilligung ob der großen Entfernung und der Schwierigkeit dieser ehrgeizigen Unternehmung des Kaisers. Nicht alle: Charles-Henri Heidsieck soll einige Wochen vor der Grande Armée zu Pferd, das Auftragsbuch gezückt, in Moskau eingetroffen sein.

1812 behielten dann die Pessimisten recht. Die Russen und ihr erbarmungsloser Alliierter, der Winter, wendeten das scheinbar unentrinnbare Geschick. Der Rückzug aus Rußland in eisiger Kälte war mehr als eine Katastrophe, der Kaiser hatte keine andere Wahl, als sich schleunigst nach Hause zu begeben und zur Verteidigung Frankreichs frische Kräfte zusammenzutrommeln.

DIE LETZTEN VERTEIDIGUNGSSCHLACHTEN NAPOLEONS VOR SEINER ABDANKUNG brachten russische und preußische Armeen in großer Zahl in die Champagne. Die Region hatte schon in vielen Kriegen als Auf- und Durchmarschgebiet gelitten, doch im Vorfrühling 1814 war sie drei Wochen lang die Höhle des Löwen, wo der wütend sich wehrende Kaiser mit gewohntem Feldherrngenius ein Gefecht um das andere führte und gewann. Wie Victor Hugo es ausdrückte, «schrieb er mit den Ortsnamen der Champagne die letzten Seiten seines gewaltigen Epos: Arcis-sur-Aube, Châlons, Reims, Champaubert, Sézanne, Vertus, Méry, La Fère, Montmirail. So viele Kämpfe, so viele Siege.»

Doch es blieben ihm nicht mehr genug Kräfte, um sie den unerbittlich westwärts vordringenden Alliierten entgegenzuwerfen. Reims und Epernay gerieten in die Hand der Russen und Preußen. Am Tag, bevor Epernay fiel, nahm Napoleon Abschied von seinem treuen Freund Jean-Rémy Moët, heftete ihm das eigene Kreuz der Ehrenlegion an die Brust, fuhr nach Paris und dankte ab.

ZWEIFELLOS ZOGEN DIE RUSSEN DEN GRÖSSTEN VORTEIL AUS DER BESETZUNG des Landes. Die Franzosen fürchteten sich zwar vor den Kosaken und Kalmücken, fanden aber, die Plünderungen hätten schlimmer ausfallen können. Zufällig wurde Fürst Sergei Alexandrowitsch Wolkonski, einer der gebildetsten Offiziere aus St. Petersburg, Kommandant von Reims. Die Preußen, gewiß neidisch auf das gute Quartier der Russen, wollten auch nach Reims hinein und dort Tribut und Proviant requirieren. «Ich habe Befehl vom Zaren erhalten», antwortete Wolkonski, «daß in dieser Stadt keine Requisitionen stattfinden dürfen. Was Ihre unverschämte Drohung anlangt, Truppen nach Reims zu entsenden, so habe ich Kosaken genug hier, um sie entsprechend zu empfangen.»

Wenn wahr ist, was erzählt wird, brauchten auch keine Requisitionen zu erfolgen. Sie wurden vielmehr, unter anderem aus den Kellern der weitblickenden Veuve Clicquot, bereitwilligst herbeigetragen. «Heute trinken sie», meinte sie kurz und bündig, «morgen werden sie bezahlen.»

Auch zögerte sie keinen Augenblick, dieser Prophezeiung tatkräftig nachzuhelfen. Es störte sie nicht, daß die Grenzen Rußlands offiziell für französische Produkte noch immer gesperrt waren. Die Besatzungsstreitkräfte zogen im Mai 1814 wieder ab. Die Veuve Clicquot ließ ihnen kaum Zeit, ihre Heimat zu erreichen; schon Mitte Juni charterte sie ein 75 Tonnen großes holländisches Schiff, die «Sweers Gebroeders». An Bord gingen Monsieur Bohne und soviel Champagner, wie nur darin unterzubringen war (und den die Russen auszutrinken vergessen hatten), und auf ging es in die Ostsee. 1811, das Jahr des Halleyschen Kometen, war ein herrliches Weinjahr gewesen, und von ihm schickte sie alles mit, was sie noch hatte. Als das Schiff am 3. Juli in Königsberg (heute Kaliningrad) ankam, waren französische Güter schon nicht mehr ausgesperrt. Bohne hatte das Feld für sich allein, weit und breit war kein anderer Voyageur aus der Champagne zu erblicken.

«Mit unendlicher Zufriedenheit», schrieb Monsieur Bohne, «habe ich die Proben geprüft. Quellwasser ist bei weitem nicht so klar, wie diese es sind. Alle sind überaus gespannt darauf, sie zu kosten.» Als der Zar selbst in Königsberg eingetroffen war, stand auch seine Tür für Monsieur Bohne offen. «Sehen Sie», schrieb er ein andermal an seine Chefin in Reims, «welche Autorität man besitzt, wenn man gute Ware zu bieten hat. Ich brauchte nur die Nummer meines Hotelzimmers verlauten zu lassen, schon bildete sich eine Schlange vor meiner Tür.»

EIN GRUND DAFÜR, WESHALB DIE RUSSEN den «Klikofskoje» so sehr mochten, war, daß die Witwe ihn außerordentlich süß bereiten ließ. Vor dem Versand wurde der Bodensatz aus den Flaschen entfernt – ein wichtiger Arbeitsgang – und die dabei entstehende Fehlmenge (das war oft ein Drittel des Flascheninhalts) durch ein sirupähnliches Gemisch aus Wein, Zucker und Branntwein ersetzt. Der heutige Asti Spumante kommt, obwohl er alkoholschwächer ist und ein charakteristisches Muskateller-Aroma hat, vielleicht dem Geschmack, den die Russen damals liebten, näher als irgendein anderer moderner Schaumwein.

Was die Klarheit anbetrifft, die Monsieur Bohne mit solcher Zufriedenheit erfüllte, darf kaum bezweifelt werden, daß die Kunst, den Wein zu klären, als der große Beitrag der Witwe Clicquot zur Technik der Champagnerherstellung angesehen werden darf. Die Legende behauptet, sie selbst habe nachts mit der Laterne in der Hand darüber gewacht – eine wahre Florence Nightingale im Champagnerkeller.

IN DEN ERSTEN JAHREN DES 19. JAHRHUNDERTS BILDETE DER BODENSATZ ein immer ärgerlicheres Problem. Je stärker der Wein schäumen sollte, desto mehr Zucker wurde ihm zugegeben, um eine kräftigere Gärung in der Flasche hervorzurufen. Allerdings entstanden dabei – vorausgesetzt, daß die Flasche den Druck aushielt – um so mehr tote Hefezellen. Daß es sich um solche handelte, war nicht einmal bekannt; man nannte den trüben Bodensatz *marc*, weil man glaubte, auf irgendeine mysteriöse Weise hätten Reste

So beschrieb Vizetelly den Herstellungsvorgang des Champagners: degorgieren, auffüllen, verkorken, Drahtkorb befestigen. Trotz der Hilfe von Maschinen ist die Champagnerherstellung nach wie vor arbeitsintensiv.

der Traubenschalen das Keltern, die erste Faßgärung, den Abstich und das Abfüllen in Flaschen überstanden und kämen nun in der Flasche wieder zum Vorschein.

Um diesen *marc* zu entfernen, mußte er zunächst an einer Stelle gesammelt werden. Das geschah üblicherweise, indem man die Flasche aufnahm, ihr entweder einen kurzen Schlag versetzte oder sie kräftig schüttelte und dann wieder in den Stapel zurücklegte. Damit sollte der Bodensatz in möglichst kompakter Weise an der unteren Seite der Flasche zu liegen kommen, damit man beim nächsten Arbeitsgang, *dépotage* genannt, möglichst viel klaren Wein in eine andere Flasche umfüllen konnte, ehe der Bodensatz in Bewegung geriet und eine Trübung verursachte. Anders gesagt mußte jede einzelne Flasche so vorsichtig dekantiert werden wie ein alter Burgunder. Es versteht sich, daß bei diesem Vorgang mindestens die Hälfte des Kohlensäuredrucks verlorenging.

Es war ein Angestellter der Veuve Clicquot, Antoine de Muller, der eine bessere Methode erfand. Wenn man nämlich die Flasche kopfüber aufstellte, dann sammelte sich der Bodensatz nicht an der Seitenwand, sondern im Hals hinter dem Korken. Entfernte man diesen, dann kam der trübe Satz zuerst heraus, und nun brauchte man den Rest des Weins nicht umzugießen, so daß nicht so viel von dem kostbaren Geist verlorenging. Jetzt mußte nur mit *liqueur* aufgefüllt und ein neuer Korken eingesetzt werden.

Wie er zu dieser Idee gekommen war, weiß man nicht. De Muller trat bei der Veuve Clicquot 1810 ein. In einem Brief vom Januar 1816 schreibt er aus Avize über Flaschen «auf dem Tisch» und von seiner Beobachtung, daß sich der *marc* kompakter ansammelt, wenn die Flasche nicht allzuviel bewegt wird. An dieser Stelle setzt die Legende ein und behauptet, der Clicquotsche Küchentisch sei in den Keller geschleppt und mit Löchern versehen worden, in die die Flaschenhälse zunächst senkrecht und später dann, nach der Verfeinerung des Verfahrens, schräg nach unten eingesteckt wurden.

Sicherlich war es ein solcher Tisch, an dem das «Rütteln» nach moderner Art erstmals stattfand. Bei dieser neuen, *remuage* genannten Technik wartete man zunächst ab, bis sich der *marc* an einer Seitenwand der Flasche gesammelt hatte, dann wurde diese kopfüber in ein Loch im Tisch gesteckt, in Abständen halbwegs daraus hervorgezogen und mit einem kurzen Ruck wieder hineingesetzt. Dabei rutschte das Sediment jedesmal ein wenig näher zum Korken. Bis 1821 war Clicquot die einzige Firma, die diese Methode praktizierte und sogar mit Erfolg geheimhielt. Im Jahr 1821 trat der spätere Teilhaber Edouard Werlé (aus Hattersheim am Main) in die Firma ein und übernahm nach und nach die Leitung der Geschäfte. Es ist also durchaus denkbar, daß die Champagner aus dem Kometenjahrgang 1811, über deren Klarheit der gute Monsieur Bohne im Jahr 1814 so sehr erfreut war, die ersten Früchte der neuen De-Muller-Technik und damit die ersten wahrhaft «modernen» Champagner waren.

DAS FUNDAMENT FÜR DIE CHAMPAGNERINDUSTRIE WAR GELEGT, ALS DAS GEHEIMNIS DER REMUAGE Gemeingut wurde. Die neue Technik ließ sich in einer Fließbandproduktion ausführen, wie sie bei dem vorherigen Depotage-Verfahren nicht möglich gewesen war.

Als die der Champagnertechnik endlich gemeistert wurde, faßte sie auch in Burgund und in Deutschland schnell Fuß. 1830 wurde nach diesem Verfahren viel weißer Burgunder, insbesondere aus Buxy bei Mercurey, verarbeitet, der einen hohen Druck entwickelte und viele Flaschen zum Platzen brachte, seine Mousse aber nicht wie der Champagner über viele Jahre hinweg behielt. Schaumwein von roten Trauben bewährte sich besser, und so wurde auch viel roter Burgunder nach der «méthode champenoise» verarbeitet. Das Zentrum der Industrie entstand in Nuits-St-Georges. In Paris war roter Burgundersekt groß en vogue. Einmal wurde sogar ein schäumender Romanée-Conti hergestellt, allerdings soll er durch Verschneiden mit einem gewissen Anteil Chablis verdorben worden sein.

In den 1820er Jahren begannen allein vier berühmte Häuser mit einem umfangreicheren Handel: Irroy, Joseph Perrier, Mumm und Bollinger. 1826 brachte ein Angestellter der Firma Clicquot die Technik nach Heilbronn am Neckar. In demselben Jahr wurde auch das erste Schaumweinhaus im Burgund eröffnet – es stellte ausgerechnet roten Nuits-St-Georges-Sekt her. Bis zur Jahrhundertmitte waren dann die Firmen Pommery & Greno, Deutz & Geldermann, Krug und Pol Roger in Reims und Epernay gegründet. Fünf dieser zehn vertrauten Namen aus dem Champagnergewerbe lassen erkennen, daß ihre Träger – wie Edouard Werlé – damals aus Deutschland kamen.

Während der Gesamtabsatz an schäumendem Champagner um das Ende des 18. Jahrhunderts noch bei 300 000 Flaschen gelegen hatte, erreichte er 1853 die imposante Zahl von 20 Millionen. Wie im Sherrygeschäft, das um dieselbe Zeit ebenso ungeheuerlich wuchs (übrigens wurden ganz zufällig Reims und Jerez gleichzeitig, nämlich im Jahr 1854, an die Eisenbahn angeschlossen), schien es auch beim Champagner keine Grenzen für die Verdienstmöglichkeiten zu geben. Sherry und Champagner stellten eine neue Konzeption im Weingewerbe dar: die Herstellung von Wein nach einem industriellen Verfahren, das die langfristige Anlage von Kapital für Vorratsbestände erforderte, wie fast kein bäuerlicher Betrieb sie sich je leisten konnte. Vor allem in der Champagne fiel es den Industriellen auch leicht, ihre Zulieferer zu beherrschen; sie konnten den Ankauf von Trauben so lange hinauszögern, bis die Ernte schließlich Gefahr lief zu verderben und der Winzer unter schweren Druck geriet. Es fehlte an wirksamen Vorschriften, die den Ankauf von Trauben außerhalb der Region, die ja damals zudem noch nicht gesetzlich definiert war, verhinderten. Es gab viele schwarze Schafe in der Branche, und manches gräßliche Gebräu wurde einem gutgläubigen neureichen Publikum als Champagner angedreht. Mängel ließen sich ja hinter einer kräftigen Dosis von süßem Likör gut verbergen; das Konzept des trockenen Champagners harrte noch der Erfindung.

Inzwischen blieb aber, vom Standpunkt des Herstellers aus gesehen, das bei weitem schlimmste Problem jenes gefürchtete Krachen und Knallen im Keller, wenn der unberechenbare Innendruck die wenig verläßlichen Flaschen zum Platzen brachte. 1828 war ein besonders katastrophales Jahr: 80 % aller Flaschen gingen zu Bruch. Es war noch keine Antwort auf die Frage gefunden, wie – außer durch Verkosten – die Zuckermenge zu schätzen sei, die für die Entstehung des richtigen Kohlensäuredrucks bei der zweiten Gärung nötig war. Von einer weiteren Unbekannten ahnte man noch nicht einmal etwas: wieviel Hefe nämlich der Wein enthielt. In einem Jahr, in dem es besonders viel Bruch gab, waren vermutlich die Hefen aktiver als sonst – niemand aber wußte damals überhaupt, daß Hefe bei der Gärung eine Rolle spielt.

1836 kam eine mindestens teilweise Lösung des ersten Problems zustande. Der Chemiker François aus Châlons-sur-Marne erfand das *sucre-œnomètre* – ein Instrument zum Messen des Zuckergehalts. Mit seiner Hilfe konnte der Flaschenbruch allmählich reduziert werden, bis 1866 André Jullien melden konnte, daß er im Durchschnitt nur noch 15 bis 20 % betrug. Immer noch aber war es, wenigstens im Frühjahr, nicht ratsam, den Keller ohne Drahtmaske als Gesichtsschutz zu betreten.

Alle Flaschen, die aus den Glasfabriken eintrafen, wurden mißtrauisch geprüft. Cyrus Redding zufolge, der um 1830 alle Details getreulich aufzeichnete, war es damals üblich, neue Flaschen paarweise gegeneinander zu stoßen. Alles, was beim ersten Anstoß zerbrach, mußte der Glasmacher ersetzen; Flaschen von unregelmäßiger Form oder mit sichtbaren Mängeln wurden aussortiert und zum Abfüllen von Rotwein verwendet.

Fünfzig Jahre danach hatte der gewissenhafteste und unterhaltsamste englische Champagnerchronist, Henry Vizetelly, noch immer dasselbe zu berichten, wobei er in

Die riesigen *crayères*, römische Kalksteinbrüche unter der Stadt Reims, wurden im 19. Jh. zunehmend für die Lagerung und den Ausbau von Champagner genutzt. Später dienten die Höhlen während der 1000tägigen Beschießung von Reims von 1914 bis 1918 als Schutzräume.

einer Fußnote den mysteriösen Umstand erwähnte, daß der allgemeine Glaube herrsche, Champagnerflaschen könnten nicht ein zweites Mal verwendet werden, weil der Kohlensäuredruck das Glas schwäche. Von 3000 Flaschen, die versuchshalber ein zweites Mal verwendet wurden, hätten «nur 15 oder 16 den Druck ausgehalten». Was er über neuen Wein in alten Flaschen zu schreiben weiß, läßt es jedoch geraten erscheinen, diese Angabe mit Vorsicht zu genießen.

Vizetellys Buch, «Eine Geschichte des Champagners», erschien 1882 in London und New York mit 350 Stichen, von wahren Kunstwerken über technische Zeichnungen bis zu Karikaturen. Es markiert einen Neubeginn unter den Weinpublikationen: das populäre illustrierte Weinbuch – dabei aber mit nicht weniger Kenntnisreichtum als seine Vorgänger.

«Guter Champagner fällt nicht vom Himmel», schrieb Vizetelly, «und springt auch nicht aus Felsen, er ist vielmehr das Ergebnis unermüdlicher Arbeit, umsichtiger Sachkenntnis, genauester Pflege und sorgfältigster Beobachtung... Das Besondere am Champagner ist, daß seine Herstellung erst beginnt, wo die Bereitung anderer Weine gewöhnlich endet.»

Seine Beschreibung der Champagnerherstellung macht deutlich, daß es sich um ein Produkt der industriellen Revolution handelte: «Mit dem unaufhörlichen Stampfen der Korkmaschinen, dem ununterbrochenen Rollen von Karren mit Eisenrädern auf dem Betonboden, dem Rasseln und Kreischen der Hebemaschinen, dem gelegentlichen scharfen Knall einer platzenden Flasche und den lautstark geschrieenen Befehlen der Vorarbeiter, die den dieser Nation eigenen Hang, Geräusch bis zur Perfektion zu produzieren, deutlich widerspiegeln, wird das Getöse zuweilen fast unerträglich. Die Zahl der Flaschen, die an einem Tag gefüllt werden, ist natürlich verschieden, doch rechnet die

Firma Moët & Chandon, daß im Juni täglich im Durchschnitt 100 000 Flaschen morgens aus den Stapeln in der *salle de rinçage* entnommen, gespült, getrocknet, gefüllt, verkorkt, mit Drahtkörben versehen, in die Keller gebracht und vorsichtig in symmetrischer Ordnung eingelagert werden. Dies entspricht allein in jenem Monat insgesamt zweieinhalb Millionen Flaschen.»

DER WOHLSTAND DURCH DIE INDUSTRIELLE REVOLUTION erlaubte es einer nie zuvor dagewesenen begüterten Mittelschicht, am einst exklusiven Luxus der Aristokratie nun überall in der Welt auf Gesellschaften, Bällen und Landpartien teilzuhaben. Schon 1828 hatten die Engländer sich des Champagners als eines besonderen Drinks auf dem Rennplatz – bei den ersten Champagnerrennen – bemächtigt.

Einige Jahre später wurde Champagner für den Versand nach Rußland in Körben zu je 60 Flaschen verpackt, nach China aber in Körben zu je 120 Flaschen.

DIE LETZTE ENTWICKLUNG, DERER ES NOCH BEDURFTE, UM DEN HISTORISCHEN CHAMPAGNER IN SEINE MODERNE FORM ZU BRINGEN, war die Austrocknung seiner sauternesähnlichen Süße, die ihn – mindestens zur Zeit der Veuve Clicquot – zum Dessertwein stempelte. Erst dann konnte er zu allen Speisen passen oder gar die neumodische Rolle eines Aperitifs (der Begriff tauchte erstmals 1894 auf) erfüllen.

Um die Mitte des Jahrhunderts war die Menge an sirupsüßem *liqueur*, die dem Champagner beigegeben wurde, je nach dem Bestimmungsland verschieden, doch alle Champagner waren sehr süß. In Gramm Zucker pro Liter ausgedrückt, wurden für Frankreich etwa 165, für Deutschland etwas mehr, für Skandinavien bis zu 200 und für Rußland von 250 bis 330 zugesetzt – da muß der Schuh einer Schönen doch ziemlich klebrig geworden sein. In den USA war der Geschmack erheblich trockener als in Frankreich (von 110–165 g), und die exzentrischen Engländer verlangten nur 22–66 g, also 2–6 % *liqueur d'expédition*. Vergleichsweise werden heute süßem Champagner höchstens 50 g, einem «Dry» bis zu 35, einem «Brut» bis zu 15 g und einem «Ultra Brut» überhaupt kein *liqueur* zugegeben.

Die überwältigende Süße des Champagners in den 40er und 50er Jahren des letzten Jahrhunderts erklärt sich zum Teil aus der damals üblichen Art, ihn zu trinken. Etwa 1840 wurde die *coupe*, die flache, weite Champagnerschale, erfunden (obwohl der Reklamerummel ihre Form mit dem Busen von Marie-Antoinette, also schon früher als 1840, in Verbindung bringt). Der darin servierte Champagner war *frappé* – also eisgekühlt – und deshalb fast ein Sorbet. Auch wurde er oft mit einer Substanz gefärbt, die den euphemistischen Namen «Vin de Fismes» führte, aber nichts weiter war als der uns sattsam bekannte Holundersaft.

DAS GRÖSSTE VERDIENST UM DEN TROCKENEN CHAMPAGNER FIEL DEM LONDONER WEINHÄNDLER BURNES zu, der im Jahr 1848 den herrlichen Jahrgang 1846 von Perrier-Jouët in ungesüßtem Zustand kostete. Er stellte nun die Überlegung an, daß es in England schon

---

Die Legende, die Champagner-*coupe*, eine flache Schale mit Stiel, sei dem Busen von Marie-Antoinette nachgebildet worden, ist nicht ganz ohne Grundlage. Tatsächlich nahm die Porzellanmanufaktur Sèvres einmal von jenem erhabenen Vorbild ein Modell und verfertigte danach vier getrennte weiße Schalen, die auf vier Ziegenköpfen ruhten und die Milchstube im verspielten Bauernhof der Königin im Château de Rambouillet bei Versailles zierte. Diese und auch eine der Schalen gibt es heute noch.

Die weite, flache Schale war jedoch nie für Champagner gedacht und eignet sich im Gegensatz zu der hohen, schmalen *flûte* nicht dazu, die Qualitäten eines guten Champagners zur Geltung zu bringen.

genügend klebrig-süße Drinks für das Dessert gab und daß der Champagner den Portwein nie verdrängen würde. Andererseits aber würde er (abgesehen vom Preis) ein wunderbares Getränk zu Speisen abgeben, wenn er weinig und nicht zuckerig schmecke. Er war ja auch Jullien zufolge eher «susceptible d'être bu à haute dose sans incommoder», das heißt ohne böse Folgen auch in größeren Mengen zu genießen. Ganz ohne zusätzliche Süße löste er freilich eher einen Schock aus als Vergnügen, dennoch lieferte ab etwa 1850 ein Champagnerhaus nach dem anderen trockenere Versionen nach England. 1865 war ein hervorragender Jahrgang; Ayala und Bollinger kamen beim Prince of Wales mit ganz oder doch fast ungesüßtem Champagner großartig an. Selbst das Haus Clicquot verkaufte einen 1857er «Dry», wartete dann aber doch respektvoll bis 1869 – drei Jahre nach dem Tod der Witwe –, ehe es einen «völlig trockenen Wein» oder «Brut» herausbrachte. Mit dem ganz außergewöhnlich feinen Jahrgang 1874 wurde diese Praxis dann allgemein eingeführt – mindestens für den englischen Markt, denn bis heute bevorzugen die Franzosen die halbtrockene Ausführung.

Der Zwang, ungesüßten Wein zu produzieren, tat der Champagnerindustrie nur gut. Mit Süße lassen sich viele Mängel kaschieren; trockener Wein dagegen bildet für die Erzeuger den Prüfstein. Damals schon verfügten nur wenige über einen nennenswerten Weinbergbesitz im Verhältnis zu ihrem enormen Bedarf an Trauben; sie waren gezwungen, einen großen Teil des Rohmaterials in den Dörfern am Fluß, auf der Montagne und an der Côte des Blancs, woher die besten Qualitäten kamen, einzukaufen. Es darf also behauptet werden, daß trockener Champagner den Ansporn zur angemessenen Entlohnung derjenigen Winzer bildete, die die besten Trauben lieferten. In den berühmten Orten Aÿ, Hautvillers, Verzenay, Bouzy, Avize und Vertus war schon immer ein relativ gutes Auskommen möglich gewesen; nun aber führte die Konkurrenz unter den Erzeugern zu einer konsequenten Qualitätseinstufung aller Weinbauorte der Region.

HIER MÜSSEN WIR DIE CHAMPAGNE ERNEUT DEM MARSCHTRITT KRIEGERISCHER KOLONNEN ÜBERLASSEN. 1866 starb die Veuve Clicquot im Alter von 89 Jahren. Ihre letzten Jahre hatte sie in ungeheurem Pomp auf Château de Boursault über dem Marnetal verlebt, in dem sich die Selbstzufriedenheit der Region ausdrückte. 1870 zogen die Preußen wieder ein, die Champagne war erneut ein Schlachtfeld.

KAPITEL 34

Australien – Entdeckung und Erschließung

JOHN BULLS WEINGARTEN

Captain Arthur Phillip von der Royal Navy, der erste Gouverneur der neuen Sträflingskolonie an der Ostküste Australiens, schrieb am 28. September 1788: «In einem so günstigen Klima kann der Anbau der Weinrebe bis zu jedem gewünschten Grad der Perfektion getrieben werden, und falls kein anderer Erwerbsgegenstand die Siedler von diesem Punkt ablenkt, dann werden die Weine aus Neusüdwales bald mit großer Begier gesucht und ein unverzichtbarer Bestandteil europäischer Tafelgenüsse sein.»

Captain Phillip schrieb dies neun Monate nach der Landung seiner kleinen Streitmacht und der von ihr bewachten 700 Sträflinge im Hafen von Sydney. Seinen Worten ließ er Taten folgen und pflanzte die mitgebrachten Rebenstecklinge am Ufer, dort wo jetzt Farm Cove liegt.

Leider wurden die Siedler durch viele andere Erwerbsgegenstände abgelenkt. Sie erwarben sich große Vermögen mit Schafen und ruinierten sich mit Rum; und so vergin-

---

DER ERSTE TOAST

Captain Cook hatte die Expedition an die falsche Adresse geschickt, vielleicht weil ihn seinerzeit der Enthusiasmus seiner Passagiere, der Wissenschaftler Sir Joseph Banks und Carl Solander, für das Botanisieren irritierte. Deshalb lief die First Fleet einen Ort an, dem man den Namen Botany Bay gegeben hatte – ein weiter, offener Strand, schutzlos und ohne Ankergrund für die Schiffe und ohne Frischwasser, doch muß er herrlich geeignet zum Ausbreiten der von Banks gesammelten botanischen Proben gewesen sein. Das Gros der First Fleet blieb eine Woche in der Botany Bay, während Captain Phillip und seine Crew nordwärts an der Küste entlangfuhren, um eine Bucht zu inspizieren, der Cook den Namen Port Jackson gegeben, aber keine nähere Aufmerksamkeit geschenkt hatte. Zu ihrer großen Freude entdeckten sie, daß Port Jackson soviele Vorzüge zu bieten hatte wie die Botany Bay Nachteile. Sie wollten gerade wieder Segel setzen, um ihre Flotte zu diesem Ankergrund zu führen, als sie zu ihrem Schrecken zwei französische Kriegsschiffe auf sich zukommen sahen. In aller Eile stellten sie einen Fahnenmast auf, hißten den Union Jack, erhoben Anspruch auf das Land für König George III. und brachten einen Toast darauf aus. Das mag der erste Toast auf australischem Grund und Boden gewesen sein, der erste Wein, der dort getrunken wurde, war es aber nicht. Lieutenant Gidley King hatte zwei Ureinwohnern, die sie bei der Ankunft begrüßt hatten, schon welchen angeboten. Die spien ihn zwar gleich wieder aus, doch ist deshalb nicht anzunehmen, daß der Lieutenant den Rest in der Flasche umkommen ließ.

Port Jackson erwies sich als der «schönste Hafen der Welt» – dem nichts fehlte als ein Opernhaus. So dicht drängte sich die Vegetation an die kristallklaren Wasser seiner vielen Arme heran, daß «alle Mann vom Schiff buchstäblich in den Wald traten». Phillip taufte die von ihm gewählte Siedlung nach dem Minister, der die Flotte ausgesandt hatte, Sydney Cove.

gen 20 Jahre in einem manchmal grausam disziplinierten, öfter aber chaotischen und fast ständig betrunkenen Zustand, ehe sich in der Kolonie etwas anbahnte, was einer Zivilisation ähnlich sah. Als diese sich endlich einstellte, war sie doch nichts weiter als eine traurige Karikatur des Mutterlands, das seine unglücklichen Söhne hierher abgeschoben hatte. Die Privilegien des New South Wales Corps, der militärischen Bewacher der hier angesiedelten Sträflinge, wurden in so schamloser Weise ausgenützt, daß die Truppe bald nur noch das Rum Corps hieß. Indem ihre Mitglieder sich das Monopol über das einzige hier verfügbare alkoholische Getränk, Rum aus Bengalen, sicherten, drängten sie die eigentliche Währung ins Abseits und konnten bald Sträflinge als Sklaven auf dem ihnen zugeteilten Land arbeiten lassen.

Gouverneur Phillip hatte recht, soweit es das Potential des australischen Weins anging – mit seinen Zeitvorstellungen jedoch traf er um runde 200 Jahre daneben. Die Chronik dieser zwei Jahrhunderte mit all den Gründen, weshalb der australische Wein für seine Entwicklung so lange brauchte, ist die Geschichte des Weins in Australien.

Niemand wird sich darüber wundern, dass es der Zahlmeister des Rum Corps war, der sich zuallererst ein komfortables und immens profitables Auskommen besorgte. John Macarthur, der Sohn einer Korsettmacherin in Plymouth, wird von Robert Hughes, dem großen Historiker der Sträflingsjahre, beschrieben als «ein Choleriker mit starkem Hang zu förmlicher Vornehmheit, der überall Komplotte und Kränkungen witterte und so empfindlich war wie ein Sizilianer». Dieser Mann war gewissermaßen eine tragikomische Ausgabe des Herzogs von Chandos: einer, der in den Reichtümern schwelgte, die ihm seine Skrupellosigkeit verschaffte – und unter denen der Wein nicht die geringste Rolle spielte.

Macarthur (und seine Frau, die bei alledem recht kräftig mitwirkte) leistete als wichtigsten Beitrag zur Entwicklung von Neusüdwales eine Zucht der meisten und besten Schafe im Land. Sein unverschämtes Glück wollte es, daß er nach England geschickt wurde, um sich dort vor einem Kriegsgericht zu verantworten, weil er bei einem Duell einen Offizier verwundet hatte – er kam gerade in dem Augenblick an, als Napoleons «Kontinentalsperre» zwei kurze Jahre lang eine Mangellage herbeiführte. Sie beraubte die aufblühende englische Textilindustrie, die den ersten großen Erfolg der industriellen Revolution darstellte, ihrer Rohstoffquellen in Spanien und von den großen Weideflächen Ostdeutschlands. Macarthur, der australische Wollmuster in der

John Macarthurs Nachkommen leben noch heute in Camden Park, dem imposanten weißen Landhaus, das er landeinwärts von Sydney erbaute und in dessen Kellern noch immer Wein aus seiner Zeit liegt.

Tasche hatte, erreichte beim Kriegsgericht seinen Freispruch und kehrte 1805 nach Neusüdwales zurück. Er brachte mehrere der kostbaren Merinoschafe aus den Stallungen des Königs als Geschenk mit und dazu eine besondere Schenkung von 800 ha besten Weidelandes in der Kolonie, wo diese Schafe gedeihen sollten. Dieses Land nannte er Camden Park nach dem Schatzminister, dem er es verdankte; es liegt 40 Meilen südlich von Sydney am Nepean River. Sein früherer Name Cowpastures soll in den ersten Jahren der Kolonie dadurch entstanden sein, daß deren Viehherde entlaufen war, was zu sehr viel Aufregung und Buschklopfen Anlaß gab. Als sie schließlich wiederentdeckt wurde, weidete sie friedlich in einem Paradies mit langem, saftigem Gras unter tausendjährigen Gummibäumen an einem lieblichen Fluß.

Hier also ließ Macarthur sich nieder, züchtete Schafe und, was für unsere Geschichte bedeutsamer ist, pflanzte einen Weinberg. Schließlich stand sein Landhaus, das sich in Sussex oder Hampshire nicht schlecht ausnehmen würde, inmitten von 24 000 ha Macarthur-Land, wozu auch genügend Weinberge gehörten, so daß sie eine eigene (inzwischen verfallene) Weinkellerei mit einem halben Dutzend umfangreicher Fässer tragen konnten. 1815 nahm er zwei seiner Söhne mit nach Frankreich, wo sie sich in den Weinbergen umsahen und Stecklinge schnitten. Er selbst tat auf dem Heimweg dasselbe auf Madeira und am Kap. Berichte über seine Weinproduktion gibt es nur wenige (man weiß aber, daß er eine Rebschule besaß und Jungpflanzen verkaufte), dagegen sind die damit gewonnenen Medaillen durchaus zahlreich, was man zu meiner Überraschung auch von den noch ungeöffneten Flaschen aus seiner Zeit im Keller seines fast unverändert gebliebenen Hauses behaupten darf, wo ich 1988 seinen Nachfahren besuchte. Die undatierte Flasche, die wir probierten (es konnte sich um jeden beliebigen Jahrgang zwischen 1825 und 1870 handeln), war üppig: tief ölig granatrot, von enormer Geschmacksfülle mit jener eigentümlichen Orangennote, die ich auch einmal in einem Constantia von annähernd gleichem Alter entdeckt hatte. Man darf annehmen, daß diese Flasche das Werk von Macarthurs Sohn Sir William – einer angesehenen Autorität in der Rebenzucht und Weinbereitung – war. Er schrieb unter dem Pseudonym Maro in Fachzeitschriften und lieferte aus seiner Rebschule Jungpflanzen an neue Unternehmen in allen Gegenden Australiens.

DIE ERSTE IN AUSTRALIEN JE ERSCHIENENE ZEITUNG war die Sydney Gazette vom 5. März 1803. Daß es ein Publikum gab, das sich auch noch für andere Dinge als nur für Bengali-Rum interessierte, beweist ein Artikel auf der Rückseite, der erste einer ganzen Reihe über die Anlage eines Weinbergs und die Bereitung von Wein. Es mag sehr wohl sein, daß es der Beweggrund des Redakteurs war, seine Leser vom Monopol des Rum Corps zu befreien, indem er ihnen den Weg zu einem anderen Getränk als jener tödlichen Spirituose wies. Obgleich nun manche Leser zweifellos eine Zeitlang Wein dieser oder jener Art herstellten, waren doch alle Träume, die sie von Sydney als einem zweiten Bordeaux (oder Douro) gehegt haben mochten, nur kurzlebig. Sie wußten nicht, woran ihre Reben krankten: Es war das feuchte, subtropische Klima. Auch gab es wahrscheinlich keinen unter ihnen, der hätte sagen können, was für einen Wein es eigentlich herzustellen galt. England stand, als sie es verließen, unter der Vorherrschaft des Portweins; der Gedanke an leichten Wein konnte keinem von ihnen kommen, als sie in Australien an die Sache herangingen. Darüber hinaus brachte das Klima, wenn es überhaupt einen Weinbau erlaubte, notwendigerweise ungeheuer süße, daher potentiell alkoholstarke Frucht hervor; also war es naheliegend, dem Wein eine Dosis Brandy zu verpassen, damit er sich hielt und portweinähnlich wurde.

ES MUSS ÜBERAUS VERWIRREND GEWESEN SEIN, IN EIN LAND ZU KOMMEN, WO EINEM NICHT eine einzige Kreatur oder Pflanze vertraut war. Für die britischen Siedler, die ja über

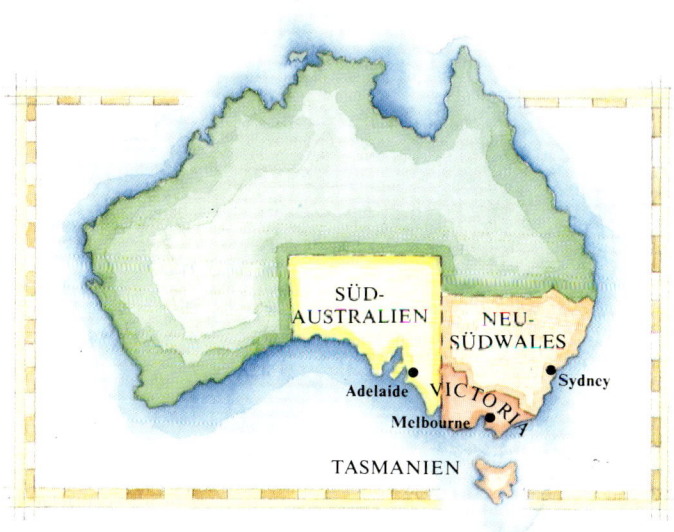

keine Weinbautradition verfügten, konnte es als Vorbild nur den Gärtner geben. Deshalb ist es um so bemerkenswerter, daß der Entdecker Gregory Blaxland, der sich am Parramatta River 12 Meilen landeinwärts von Sydney eine Farm in den Busch gehauen hatte, schon kurz nach 1820 soweit war, daß er Proben seines Weins nach England schicken und damit eine silberne (1822) und eine goldene (1828) Medaille der Royal Society of Art gewann. Noch erstaunlicher ist, daß Bartholomew Broughton, einer der ersten Siedler auf Tasmanien – einer Insel vor der Küste, die damals noch Van Diemen's Land hieß –, 1823 einen Weinjahrgang hervorbrachte, der nach Meinung eines Kosters, der ihn mit dem Wein von Blaxland verglich, «soviel besser als dieser war, wie wenn man feinen Port mit Sirup vergleicht».

Das 500 Meilen weiter südlich gelegene Tasmanien hat ein kühleres Klima als Neusüdwales. Es war dies das erste Aufklingen eines Themas, das sich von Anfang an bis heute durch die Geschichte des australischen Weinbaus zieht: daß nämlich der Wein um so feiner ausfällt, je kühler das Klima ist. Ganz deutlich trat es erstmals in einem kleinen Buch «Über die Weine der Kolonie» in Erscheinung, das 1867 von dem direkten australischen Nachfolger der so lange in Europa tonangebenden weinliebenden Geistlichkeit verfaßt wurde. Es war der Reverend John Bleasdale, ein in Lissabon ausgebildeter Jesuit, der sich in Melbourne niedergelassen hatte. «Wie immer der Wein ist, süß oder trocken, eines ist gewiß», so schrieb er, «daß man nämlich in heißem Klima keinen Wein mit dem Duft hervorbringen kann, wie er den Weinen kälterer Gegenden eigen ist ... Will man die duftigen Weine Frankreichs erzielen – Sauternes oder feinen Chablis beispielsweise –, dann muß man auch jene anderen Bedingungen dafür haben, insbesondere langsame, langanhaltende Gärung bei einer niederen Temperatur.» Einer Frage allerdings ging Bleasdale aus dem Weg: ob nämlich die Australier überhaupt feinen Wein wollten oder lieber nur starken. Man kann feststellen, daß sie von Anfang an beide Arten mehr oder weniger zufällig hervorbrachten, doch der vorherrschende Geschmack gab starken und süßen Weinen den Vorzug vor besonders feinen – und genau so stand es auch um den populären Geschmack in ihrem wichtigsten Exportmarkt England. Diese Sachlage hemmte den Fortschritt des Weinbaus über 150 Jahre lang.

VON FUNDAMENTALER BEDEUTUNG WAR AUCH, SELBST WENN DIE DAMALIGEN FARMER NICHTS ODER NUR UNKLARES DARÜBER WUSSTEN, welche Rebsorte am besten anzupflanzen wäre. Viele der zuerst erprobten Sorten kamen aus dem nördlichen Europa und waren schon deshalb im Klima von Neusüdwales von vornherein zum Mißerfolg verurteilt, ob bereits als Reben oder erst später als Wein. Vermutlich kamen die ersten Erfolge mit Sorten von Madeira oder vom Kap (von wo beispielsweise die Macarthurs die Sorte «Black Constantia» mitgebracht hatten), vielleicht aber auch mit Reben aus Rio de Janeiro, wo die First Fleet Station gemacht hatte, um Proviant aufzunehmen.

Der Mann, der sich mit diesem Problem eingehend befaßte und sich damit den Titel «Vater des australischen Weins» sicherte, war ein junger schottischer Einwanderer, James Busby aus Edinburgh. Er begab sich mit beachtlicher vorausschauender Umsicht auf eine Reise durch Frankreich, um dort alles über Reben und Wein zu lernen, was er in Erfahrung bringen konnte, ehe er im Alter von 23 Jahren mit seinen Eltern nach Australien aufbrach. Auf der monatelangen Reise nach Australien vertrieb er sich dann die Zeit, indem er eine Abhandlung «über den Anbau der Rebe und die Kunst der Weinbereitung» verfaßte, die sich weitgehend auf Chaptal stützte und auch ein wenig Arthur Young enthielt, darüber hinaus jedoch voll von treffenden eigenen Bemerkungen war wie: «Constantia hat eher Geschmack als Aroma»; «Das Aroma des Madeira ist nichts weiter als das, was wir von Bittermandeln kennen»; «Die minderwertigen Lissaboner Weine beziehen den wenigen Geschmack, den sie haben, von Eichenspänen» und (mit Bezug auf die Beimischung von Brandy) «Portwein, dessen Hauptfehler darin besteht, daß er sowieso schon zu stark ist», und das hat zur Folge, daß er «nur noch als Schweinefutter taugt».

Busbys Abhandlung wandte sich an die «höheren Klassen» in Neusüdwales, die seiner Meinung nach am Weinbau interessiert waren. Fünf Jahre später, nachdem er in Australien Erfahrungen mit der Realität gesammelt, ein Waisenhaus in Gestalt einer Farm geleitet und den Lehren von Blaxland und Macarthur gelauscht hatte, verfaßte er ein schmaleres und außerordentlich praktisches «Handbuch mit einfachen Anleitungen» für die «Klasse der kleineren Siedler», das weitreichenden populären Einfluß gewann und manchem ins Wanken geratenen Winzer wieder auf die Füße geholfen haben dürfte. (Sein Vater hatte inzwischen die erste reguläre Wasserversorgung für Sidney geschaffen.)

Zur gleichen Zeit begab er sich mit geradezu außergewöhnlicher Voraussicht 100 Meilen nordwärts von Sydney in das Hunter River Valley, legte dort eine Farm an und nannte sie Kirkton nach seinem Geburtsort bei Edinburgh. Er überließ die Leitung seinem Schwager und begab sich 1830 wieder auf die Reise nach Europa, um dort seine Kenntnisse in der Weinbereitung zu vertiefen, vor allem aber auch, um geeignete und richtig bezeichnete Reben zusammenzutragen.

Sein nach der Rückkehr 1833 veröffentlichtes «Journal einer Tour durch einige Weinbaugebiete Frankreichs und Spaniens» gehört in die gleiche Epoche wie Cyrus Reddings große «Geschichte». Auf literarische Schnörkel und Verzierungen verzichtet es, ohne viel zu verlieren. Die darin enthaltenen Beobachtungen könnten markanter und treffender nicht sein. Als er beispielsweise einige Soldaten aus Algerien kennenlernte, befragte er diese über den Weinbau in ihrem Land, das seiner Auffassung nach Neusüdwales ziemlich ähnlich war. Seiner Aufmerksamkeit scheint wenig entgangen zu sein – von Preisen bis zu Tischmanieren. («Feiner Wein» wurde, wie er bemerkte, in Frankreich aus einem Weinglas getrunken, «Wein» aus Bechern mit Wasser.)

Für die Reben, die er in Montpellier und Paris, Málaga und Jerez gesammelt und exakt bezeichnet hatte, erreichte er kostenlosen Transport auf dem Sträflingsschiff Camden, das gerade zum Auslaufen bereitlag, als er in London eintraf. Nicht weniger als 570 Edelreiser kamen in gutem Zustand in Sydney an. Ein Exemplar jeder Sorte gab Busby an die Botanischen Gärten in Sydney Harbour weiter, die übrigen pflanzte er in Kirkton.

Im Alter von 35 Jahren hatte der vielgereiste Schotte den Australiern nun die Weinbereitung beigebracht, die Pflanzen geliefert und gewissermaßen ganz nebenbei durch Zufall die erste (und noch immer eine der besten) Weinbauregionen Australiens entdeckt und begründet. Seine Motive bestanden aus einer klarsichtigen Mischung aus Geschäftssinn und Philantropie. Er glaubte fest, daß reichliches Vorhandensein guten Weins der von Spirituosen hervorgerufenen Trunksucht ein Ende setzen würde. Außerdem betrachtete er Wein als eine ideale Fracht für die Rückreise der Sträflingsschiffe. John Bull hatte mit dem ersten Versuch, einen eigenen Weingarten in Südafrika einzurichten (Oglethorps wahnwitzigen Plan in Georgia mit gerechnet, sogar dem zweiten), eine Enttäuschung erlebt – hauptsächlich, meinte Busby, infolge der Trägheit und schlechten Wirtschaft der Buren. In Australien gab es keinen Grund für einen Mißerfolg – und neben England selbst stand das ganze Kaiserreich Indien als Markt offen.

ES ZEIGTE SICH, DASS DAS HUNTER VALLEY EIN EIGENTÜMLICHES MIKROKLIMA BESASS, in dem die Sonnenhitze von Neusüdwales regelmäßig durch einen nachmittags aufziehenden Dunst gemildert wurde; oft spannten auch vom Ozean her aufsteigende Wolken einen schattenspendenden Schirm über den durchwärmten Weinstöcken auf. Ob sie nun eigentlich Portwein wollten oder nicht, die ersten Siedler wie George Wyndham und Adam Roth erzielten unwillkürlich Weine, die Burgundern nahestanden. Ein Winzer jener Zeit, James King, zeigte auf der Pariser Weltausstellung von 1855 (derselben, auf der auch die berühmte Klassifizierung von Bordeaux bekanntgegeben wurde) unter anderem Schaumweine, von denen einer – sicher zu seinem eigenen Erstaunen – zusammen mit einem anderen von Camden Park dazu ausersehen wurde, auf dem großen Abschlußbankett dem Kaiser Napoleon III. serviert zu werden. Schon 25 Jahre nach Busbys erster Unternehmung im Hunter Valley hatte der Wein aus Neusüdwales Eingang in die große Gesellschaft Europas gefunden. Es ist kein Wunder, daß nun das Tal von einem Rebenpflanzrausch ergriffen wurde. In den 60er und 70er Jahren des vorigen Jahrhunderts vervielfachte sich die Anbaufläche. Dies hatte aber keinen Bestand (gegen Ende des Jahrhunderts wurde es hier sehr still), und zwar weil alle großen Weinfirmen Australiens, auch diejenigen, die wie Lindemans und MacWilliams selbst im Hunter Valley Weinbau getrieben hatten, feststellen mußten, daß nur eine Minderheit Tafelwein schätzte. Geld verdiente man nur mit Portwein, Sherry und Muskateller aus anderen, heißeren Gegenden.

DER OFFIZIELLE ZUSAMMENSCHLUSS DER AUSTRALISCHEN BUNDESSTAATEN erfolgte erst 1901. Bis dahin wurden die verschiedenen Regionen des Kontinents getrennt erforscht und erschlossen. «Südaustralien» wurde 1836 als unabhängige Kolonie gegründet; Victoria nahm 1837 als Teil von Neusüdwales seinen Anfang (1851 wurde es ein eigener Staat). Beide Regionen trieben von Anfang an Weinbau und bezogen seltsamerweise die ersten Weinstöcke von der unbedeutenden Insel Tasmanien vor der Südküste.

Adelaide wie auch Melbourne erwiesen sich als ausgezeichnete Weinbauregionen. Hier war es kühler und trockener als in Sydney, so gab es von Anfang an gute Weine.

Den vielleicht aussichtsreichsten Start hatte 1838 John Reynell, der Sohn eines Bauern aus Devonshire, in den «Southern Vales» südlich von Adelaide. Er brachte Stecklinge vom Kap mit und wurde von Sir William Macarthur gefördert. Als er dann ein Dutzend Jahre später einen anderen Einwanderer aus Devonshire namens Tom Hardy als Arbeiter einstellte, hatte er bereits die einzigartige Kellerei gebaut, die noch heute als halbunterirdische Scheune wie ein enormes grasbewachsenes Hünengrab neben seinem verandageschmückten Wohnhaus steht. Es ist geradezu bezeichnend für die Geschichte Australiens, daß Reynella, die am besten erhaltene Kellerei aus der

Anfangszeit, heute das Hauptquartier der Firma Thomas Hardy and Sons, der Nachfahren des muskelstarken Tom Hardy von damals, ist.

Um 1840 begannen rings um Adelaide die «Wine Farms» (das armselige Wort «Winery» war noch nicht erfunden) nur so aus dem Boden zu schießen. In den Hügeln von Magill, östlich oberhalb von Adelaide, eröffnete der junge Dr. Christopher Penfold aus Sussex sowohl eine Arztpraxis als auch einen der in Australien am berühmtesten gewordenen Weingärten, von dem aus man einen Blick über den fernen Saint Vincent Gulf hat. Die Praxis kam zuerst; Weinbau war seine Feierabendbeschäftigung mit besonderem Sinn, da er bemerkte, wieviel munterer seine Patienten gleich wurden, wenn er ihnen ein Glas voll verordnete.

DIE BERÜHMTE AUSNAHME VON DER ANGELSÄCHSISCHEN VORHERRSCHAFT über den Weinbau im Süden Australiens ist das Barossatal, 50 km nordöstlich von Adelaide, das 1841 von George Angas, einem philantropischen Schotten, als ein gewinnversprechendes Mittel zur Befreiung protestantischer Dissidenten von religiöser Verfolgung kolonisiert wurde. Angas war der Leiter der zur Förderung der Auswanderung in die neue Kolonie gebildeten South Australian Company. Er hörte, daß in Schlesien, an der Grenze zwischen Preußen und Polen, Lutheraner verfolgt wurden, charterte drei Schiffe und bot auswanderungsbereiten Bauern freie Überfahrt und Land an. Zum Teil nahmen auch andere Familien wie die Smiths in Yalumba (Samuel Smith war ein englischer Brauer; seine Nachfahren leben heute noch in Yalumba) das Barossatal sowie die Berge und Täler ringsumher in Besitz, doch der kulturelle Gesamtaufbau der Region wurde durch den Zustrom von Lutheranern bestimmt. Es kamen auch andere, wohlhabendere Deutsche: vor allem die Gramps und die Seppelts, die sich zu wichtigen Kräften in der Wirtschaft der Kolonie aufschwangen. Um 1900 war Seppeltsfield mit seinen meilenlangen Palmenalleen der größte und spektakulärste Weinbaubetrieb in Südaustralien. Die meisten Schlesier wurden Weinbauern und breiteten ihre schmucken kleinen Kirchen und Weinberge über das ganze Tal aus. Ihre Dissidentenart gaben sie nicht etwa gleichzeitig mit ihrer Heimat Schlesien auf, ganz im Gegenteil machte im Zweiten Weltkrieg ihre hartnäckige Haltung ein Internierungslager im Barossatal nötig. Vielleicht ist eine unmittelbare Verbindung zwischen der deutschen Besiedlung des Barossatals und dessen Affinität zum «Rhine Riesling» reine Phantasterei. Zwar besteht der bei weitem größte Teil der Produktion aus gespritetem Wein und Brandy, dennoch ist Riesling schon seit langem eine Besonderheit dieser Gegend, mag er frü-

Dr. Christopher Penfold war der erste in einer langen Reihe von australischen Ärzten, die sich dem Weinbau widmeten. Penfolds Name lebt heute noch weiter: Seine 1844 gegründete Firma befand sich bis 1962 im Besitz der Familie; ihr Grange Hermitage ist als das Premier Cru Australiens anerkannt.

her auch weich, stark und bräunlich ausgefallen sein. Die Talsohle ist allerdings entschieden zu heiß für diese Rebe des Nordens, doch die kühleren Berghänge um das Tal bringen heute mit den besten Rhine Riesling in Australien hervor.

Eine viel spätere Entwicklung im Weinbau von Südaustralien, die ihm die Vorteile eines kühleren Klimas und eines ganz besonderen Bodens verschaffte, war 1890 die Gründung der «Penola Fruit Colony» im Süden zwischen Coonawarra und Mount Gambier, nicht weit vom Meer. Sie war ein Spekulationsunternehmen eines Schotten namens John Riddoch, der über 40 000 ha freies Land aufgekauft und dazu etliche Quadratmeilen Weideland gepachtet hatte, auf dem er unzählige Schafe hielt. Ein anderer Schotte, ein Gärtner aus Fife mit Namen Wilson, der seinen «grünen Daumen» im Rebenanbau erprobt hatte, machte ihn darauf aufmerksam, daß der rote Boden eines kleinen Teils seiner Besitzungen von unschätzbarem Wert war. Riddoch bot dieses Land in Blocks zu je 4 ha zum Verkauf an und baute eine wundervolle Weinkellerei (heute auf dem Etikett von Wynn's). Er kaufte alle hier gezogenen Trauben auf. Allerdings starb seine herrliche Unternehmung und der Begriff «Coonawarra-Wein» mit ihm und erstand erst nach 1950 wieder neu.

Der spätere Staat Victoria wurde damals gleichzeitig von zwei Seiten her besiedelt: vom Meer bei Melbourne an der Port Phillip Bay und über Land von Neusüdwales aus. Hier brachte William Ryrie 1837 seine Schafe sowie (Macarthur-)Rebenstecklinge mit. So wurden das Schaf und die Rebe gewissermaßen die Wappenfiguren des jungen Staats. Ryrie ließ sich im schönen Yarratal nördlich von Melbourne nieder, und dort, aber auch in Melbourne selbst sowie in Geelong an der Bay, ergaben sich nach 1840 die ersten Erfolge für den Wein aus Victoria.

Von den drei ersten bevölkerten Zentren Australiens erfüllt das südliche Victoria jene kühlen Bedingungen, die John Bleasdale empfohlen hatte, am ehesten. Es hatte noch dazu den schicksalhaften Vorzug, über einen führenden Bürger – ab 1851 der erste Gouverneur – zu verfügen, der aus einer europäischen Weinbauregion stammte:

Charles La Trobe stammte aus Neuchâtel in der Schweiz, wo er eine Frau mit offenbar großem Bekanntenkreis heiratete. Er war von Melbourne und seiner Umge-

---

NAMENSVERWIRRUNG

In Australien hat sich die große Konfusion darüber, welche Rebsorte nun eigentlich welche ist, bis in unsere Zeit hingezogen – wenn auch nicht unter Fachleuten, so doch im Verständnis und auf den Etiketten einfacherer Weinerzeuger. Der berühmteste Fall ist der des «Hunter Riesling», hinter dem sich eigentlich der Sémillon verbirgt. Diese Traube eignete sich von Anfang an bestens für Neusüdwales und war dort lange die meistangebaute weiße Qualitätsrebsorte. (Heute wird ihr der Chardonnay gefährlich.) Was im Clare Valley in Südaustralien als «Clare Riesling» wuchs, wurde bis vor kurzem für dieselbe Sorte gehalten. Inzwischen hat man sie als eine sehr viel einfachere Traube namens Crouchen identifiziert, die aus Frankreich stammen soll. Der Wein, den sie im Clare Valley erbringt, braucht sich der Verwechslung mit Riesling nicht zu schämen. Aber im Barossatal endlich treffen wir auf den echten Riesling. Zwei weiße Rebsorten aus warmem Klima, die sich in Australien besonders bewähren, sind der Verdelho aus Madeira und die Marsanne aus dem Rhônetal – ganz abgesehen natürlich vom Muskateller.

Die bei weitem bedeutendste Rotweintraube Australiens war von Anfang an die Syrah (von der Rhône) unter ihrem australischen Pseudonym Shiraz oder Hermitage. Sie eignet sich ideal für heiße, trockene Lagen und erbringt passable Weine, ganz gleich ob als trockener Rosé oder als «Port». Im Barossatal bringt sie den größten Wein Australiens hervor, den «Grange Hermitage», wird jedoch allgemein von dem neuerdings in Mode gekommenen Cabernet Sauvignon zurückgedrängt.

bung so angetan, daß er und die Familie seiner Frau zwei weitere Schweizer Familien, die de Castellas und die de Purys, sowie zwei Winzer namens Deschamps bewogen, mit ihnen gemeinsam auszuwandern und im Yarra Valley zu siedeln.

Paul de Castella aus Gruyère (was auch nicht gerade mitten im Weinbauland liegt) kaufte den Ryrie-Besitz Yering und wurde bald vom Weinfieber angesteckt. Mit Camden-Stecklingen begnügte er sich nicht, vielmehr besorgte er sich 20 000 Jungpflanzen von Château Lafite. Er hatte ein paar Jahre Vorsprung vor seinem jüngeren Bruder Hubert, der seinen Weingarten bescheiden St. Hubert's nannte: 1875 umfaßte er 80 ha. Baron de Purys Besitz (wo seine Nachfahren heute noch leben) hieß Yeringberg. Zusammen mit dem berühmteren Chateau Tahbilk am Goulburn River im Herzen Victorias ist Yeringberg ein unschätzbares, fast unverändertes Relikt aus den großen Tagen Victorias vor einem Jahrhundert.

Die Atmosphäre des Yarratals ist ganz anders als im Hunter oder Barossa Valley. Sie alle sind schön in ihrer unaufdringlichen, weichkonturierten australischen Art, vor allem Lilydale und Coldstream, die Orte im Yarratal. Hier ist nie ein Wein mit genügendem Verkaufserfolg gewachsen, der in Australien eine große Kellerei trägt; es ist zu kühl, dennoch war und ist es die unverrückbare Absicht der Siedler, feinste Tafelweine hervorzubringen. Diese schickten sie auf Weinprämiierungen nach Europa, wo sie vorbehaltlos aufgenommen wurden. Medaillen aus Wien 1873, Brüssel 1876 und Bordeaux 1882 bezeugen es in Gold, Silber und Bronze.

DAS GESICHT VICTORIAS WANDELTE SICH FAST ÜBER NACHT durch den Goldrausch von 1851, der aus einem eigenartigen Zufall heraus nur drei Jahre nach dem Goldfieber in Kalifornien begann. Durch ihn kamen die nötigen Arbeitskräfte und das erforderliche Geld ins Land, so daß sich der Weinbau von den kleinen Buchten bei Port Phillip Bay

Château Tahbilk zur Lesezeit um 1880. Das Gut entstand 1860 und steht, bis heute nur wenig verändert, unter alten Bäumen in der lieblichen Landschaft am Goulburn River.

Die heutige Palette der Tahbilk-Weine – weißer Marsanne, Riesling sowie roter Cabernet und Shiraz – ist ein Spiegelbild der Weine, durch die Victoria vor einem Jahrhundert berühmt wurde. Die Reblaus, die etwa um dieselbe Zeit hier einfiel, macht heute noch in Château Tahbilk Schwierigkeiten.

aus über den ganzen Staat ausbreiten konnte. Die Einwanderer, die in den 50er Jahren herbeiströmten, suchten überall nach Gold. Wenn sie keines oder keines mehr fanden, bauten sie einfach Wein an. Victorias Weinlandschaft ist eine zufällige Ansammlung von Weinbergen dort, wo Gold gefunden wurde, und dazu noch ein paar dort, wo keines zu finden war. In den 70er und 80er Jahren wandten sich dann die Goldgräber von Ballarat, Bendigo, Great Western und oben am Murray River im Nordosten bei Rutherglen dem Weinbau zu – und das mit beträchtlichem Erfolg, wenn auch mehr Glück als Verstand bei der Sache gewesen sein mag.

Ungeschult, aber auch ungehemmt, entdeckten sie ganz von allein, welche Rebsorten Boden und Klima forderten – aber auch, was der Markt ihnen abnahm. Es stellten sich große Originale heraus: Kein Dessert-Muskateller hat seit dem Constantia eine so

---

Das starke Wachstum des Weinbaus in Victoria hätte wahrscheinlich diesen Staat zum Schwerpunkt der Weinwirtschaft in Australien gemacht, hätte sich nicht mit einer Lieferung junger Reben nach Geelong an der Port Phillip Bay im Jahr 1877 die Reblaus eingeschlichen. Langsam und unerbittlich fand sie, unterstützt durch den vorherrschenden Südwestwind, ihren Weg in fast alle die zerstreuten Weingärten Victorias und zerstörte sie. Einige wenige, zum Beispiel Chateau Tahbilk, waren zum Teil durch sandigen Boden geschützt; andere, zum Beispiel Great Western, lagen weit genug von allen anderen entfernt (und auch etwas gegen den Wind). Es dauerte fast 20 Jahre, bis der Schädling nach Rutherglen im Nordosten des Staats vorgedrungen war – dort aber machte er halt: Im südlichen Teil des angrenzenden Neusüdwales erstreckte sich über Hunderte von Meilen rebenloses Grasland.

Nun war es schon bekannt, daß man die Reblaus durch Veredeln auf reblausfeste Wurzelstöcke bekämpfen kann. Leider aber hatten die Australier bereits ihren Mangel an Begeisterung für die zarten Tafelweine aus den am schlimmsten befallenen Gegenden im Süden des Landes deutlich zu erkennen gegeben. Es hatte ja keinen Sinn, neue Reben zu pflanzen, wenn die Kolonie «Südaustralien» ohne weiteres allen Wein liefern konnte, für den es eine Nachfrage gab.

Zum Glück kam der Rebenschädling niemals direkt in Adelaide an Land, und der Wind bläst auch nie aus Victoria dorthin. Die Kolonie «Südaustralien» blieb deshalb reblausfrei, und der Markt in Victoria lag vor der Tür.

erstaunliche honigsamtige Art aufzuweisen gehabt wie manche Weine aus Nordost-Victoria. Alles in allem gingen aber die billigen süßen und starken Weine am besten – und auch die schäumenden. Das Innere Victorias war wärmer und wachstumsförderner als das Yarra Valley, und so wurde dieses bald überholt. So fein auch die Weine aus dem kühlen Klima sein mochten, die Zeit war für sie noch nicht reif, und so verwandelten sich die Weingärten nach und nach wieder in Weideland.

DIE ÄLTESTE WEINFARM, DIE HEUTE NOCH IN AUSTRALIEN IN BETRIEB IST, liegt auf dem Weg der Siedlerschiffe nach Hause, am Swan River in Westaustralien. Dort faßte die Rebe 1829 Fuß, also mehrere Jahre, bevor sie nach Südaustralien und Victoria gelangte. Das Klima ist noch heißer als im Barossatal, und deshalb wächst hier ein von Natur aus sehr starker Wein. Es ist typisch für die Gabe der Australier, das Beste aus den jeweiligen Gegebenheiten zu machen, daß in einer solchen Gegend eines der klassischen Originale des Landes entstand. Der von Houghton's (gegründet 1840 und noch in den Vororten von Perth gelegen) seit etwa 1920 erzeugte «White Burgundy» bringt das Kunststück fertig, zugleich weich und intensiv, voll Geschmacksreichtum und doch erfrischend zu sein.

Die unerfreuliche Seite der Geschichte war hier wie in allen anderen Teilen Australiens, daß, seit der Weinbau bestand, nur Nachfrage nach starken Weinen, süß oder trocken, herrschte. Coonawarra bot in Südaustralien schon ab 1890 alle Vorzüge eines kühleren Klimas. Dasselbe geschah um dieselbe Zeit in Westaustralien. 200 Meilen südlich von Perth wurde der Margaret River als ausgezeichnete Quelle guter Tafelweine entdeckt; die Trauben kamen dort in den Genuß einer kühlen Brise vom Indischen Ozean her. Überall aber war es das gleiche Lied: kein Bedarf.

Australien ist das Frankreich der südlichen Hemisphäre: Es scheint dort keine Grenzen zu geben für das (durch die moderne Technik enorm vergrößerte) Potential zur Produktion ideal ausgewogener, delikater Weine nach französischem Vorbild (und mit dennoch eigenständigem Profil). Doch Potential allein genügt nicht. Feiner Wein ist in der Geschichte nur dann entstanden, wenn der Markt danach verlangte.

Viele sind geneigt zu glauben, daß alle australischen Weine des alten Stils, das heißt vor der Einführung moderner Techniken, grob und dick gewesen seien. Das ist eine betrübliche Fehleinschätzung. Selbst in manchen sehr heißen Gegenden, unter primitiven Voraussetzungen für die Weinbereitung und ohne jede Schulung außer der eigenen Erfahrung, haben begabte Weinerzeuger, ihren eigenen Neigungen folgend, mit großem Selbstbewußtsein und außerordentlicher Tüchtigkeit ihre Arbeit getan. Bei meinem ersten Besuch in Australien im Jahr 1966 nahmen mich tiefer, erdiger, trockener roter Hermitage und weicher, goldener «Hock» ganz gefangen, die beide eine ausgeprägte Antithese zur modernen Geschmacksrichtung bildeten. Sie waren ohne kühltechnische Hilfsmittel entstanden, hatten erstaunlich lange in alten Eichenfässern gelegen und das in Kellern, die man keineswegs kühl nennen kann; doch die Kellermeister kannten ihr «Material» und machten zum Teil ganz auffallend gute Dinge daraus – um so betrüblicher ist es also, daß ihre Bemühungen außer bei ihren dankbaren Nachbarn und einer kleinen Schar von Enthusiasten, die jede Abfüllung mit Spannung verfolgten, völlig unbeachtet blieben. Tatsächlich ist die Weingeschichte Australiens wohl ausführlicher aufgezeichnet und studiert worden als die irgendeines anderen Landes. Durch ihre schiere Originalität ist sie ein höchst lohnender Gegenstand, und die wenigen noch vorhandenen historischen Flaschen sind Relikte von unschätzbarem Wert.

KAPITEL 35

Spanische und angelsächsische Traditionen verschmelzen
in Amerika

OSTKÜSTE, WESTKÜSTE

Nordamerika trat in unserer Weingeschichte zum ersten Mal in Erscheinung, als Leif Eriksson sich beim Anblick der großen Reben, die in den Wäldern wuchsen und in Kaskaden von den Bäumen hingen, dazu veranlaßt sah, es «Vinland» zu nennen. Auch den Seeleuten im 16. Jahrhundert muß vieles an der neuartigen Welt, die sie entdeckten, einen ähnlichen Eindruck gemacht haben, als sie viel weiter im Süden an Land gingen. Die Hugenotten, die vor den Religionskriegen in Frankreich geflohen waren und ihre Zelte in Florida ungefähr dort, wo heute Jacksonville steht, aufschlugen, waren sicher verblüfft über die eigentlichen Reben, die in den Wäldern wucherten und deren riesige Früchte nicht in dichten Trauben, sondern voneinander getrennt in lockeren Dolden wuchsen und, wenn man die harte Schale abzog, das Fruchtfleisch wie eine glitschige Murmel präsentierten. Da sie nichts anderes hatten, versuchten sie, von diesen Trauben Wein zu bereiten, so gut es gehen mochte. Sie fanden ihn stark, sehr trocken oder herb, aber immer noch besser als gar keinen Wein. Dieses Spiel wiederholte sich fast überall, wo Siedler an der Ostküste landeten: Es gab Trauben die Menge, keine davon war bekannt, und ihr Wein schmeckte niemandem besonders.

Als sie sich in den wunderbaren Wäldern dieser Wildnis umschauten, die an vielen Stellen bis an die Küste heranreichten, stellten die Gärtner und die Leute vom Land unter den neuen Siedlern, aus welcher Gegend Europas sie auch kommen mochten, fest, daß ihnen manche Pflanzen halbwegs bekannt waren. Anstatt einer Sorte Eichen gab es ein Dutzend mehr oder weniger eichenähnliche Bäume – keiner davon war die bekannte *Quercus robur,* aus der ihre Schiffe gebaut waren. Dasselbe galt auch für die Reben: Die Unterschiede im Laub waren vielleicht nicht größer als zwischen zwei Sorten von *Vitis vinifera.* Nicht überall war die Frucht so bizarr wie bei der Scuppernong in Florida. Ihr Wein aber war schwer hinzunehmen. Warum es also überhaupt erst mit ihr versuchen? Warum nicht Stecklinge herüberbringen und diesen fruchtbaren, jungfräulichen Boden mit den edlen Reben aus Bordeaux, dem Burgund und vom Rhein bepflanzen?

Das 17. und das 18. Jahrhundert durchzieht eine endlose Kette vergeblicher Bemühungen, etwas zustande zu bringen, was doch so einfach schien. Weizen, Bohnen, Äpfel – so gut wie alles, was aus Europa herüberkam, wuchs und gedieh. Wenn es Mißerfolge gab, dann war der Grund dafür meist ohne weiteres erkennbar, entweder als eine Raupe oder als ein Hurrikan, als dörrende Hitze oder klirrender Frost. Nachdem Lord Delaware, Gouverneur Winthrop, Lord Baltimore, William Penn (um nur vier von Hunderten zu nennen, die viel Geld, Zeit und Arbeit investierten) schließlich ihre importierten Reben mit größter Liebe gepflegt hatten – Penn pflanzte 80 ha an – und sie schließlich doch eingegangen waren, da stand die übereinstimmende Ansicht – zu Recht – fest, daß die extremen Klimaverhältnisse an der Ostküste der europäischen Rebe ungünstig seien und daß die verschiedensten Schadinsekten nur allzu gern bereit waren, den kümmernden Pflanzen den Garaus zu machen.

So standen die Dinge um 1770, als der berühmteste und entschlossenste aller amerikanischen Amateurwissenschaftler, -gärtner und -naturforscher sich an die Sache heranmachte: Thomas Jefferson hatte nicht nur Freude am Wein, den er – wie wir gesehen haben – in Frankreich kultivierte; er war auch überzeugt, daß der Mangel an Wein die Amerikaner zum Genuß starker Alkoholika trieb. Er begrüßte das Gesetz, mit dem 1791 alkoholische Getränke mit einer Verbrauchssteuer belegt, in Amerika hergestellter Wein aber davon ausgenommen wurde. «Als Moralist freue ich mich», so schrieb er, «über die Aussicht auf eine Senkung der Abgaben auf Wein durch unseren Gesetzgeber. Es ist ein Irrtum, eine Steuer auf alkoholische Getränke lediglich als eine Steuer für die Reichen anzusehen... Keine Nation ist trunksüchtig, wo der Wein billig ist; und keine ist nüchtern, wo hohe Kosten für Wein statt dessen Spirituosen zum allgemeinen Getränk werden lassen. Er ist in Wahrheit das einzige Gegenmittel gegen das tödliche Gift Whiskey.»

Die Frage der Moral überwog bei seinen Überlegungen erheblich gewisse Vorbehalte, die er in Frankreich gegen den Weinbau als Form der landwirtschaftlichen Nutzung gefaßt hatte. «Der Anbau der Weinrebe», schrieb er damals, «ist nicht wünschens-

PHILIP MAZZEI

Obwohl er im Weinbau versagte, ist Mazzei doch eine hochinteressante Nebenfigur unserer Geschichte. Geboren wurde er 1730 als Kind einer toskanischen Familie von Kaufleuten und Branntweinbrennern. Schon in früher Jugend ließ er erkennen, daß er ein Freidenker war. Für Medizin interessierte er sich sehr, und obwohl er keine reguläre Schulung besaß, praktizierte er doch in Smyrna in der Türkei. Später betätigte er sich in London als Importeur und Händler von Delikatessen aus dem Mittelmeerraum. In London lernte er Benjamin Franklin und Thomas Adams kennen, die offenbar von den Ideen dieses ungewöhnlichen Kaufmanns sehr angetan waren; gemeinsam entwarfen sie ein Projekt für eine 1600 ha große Pflanzung mit Weinreben, Oliven-, Obst- und Maulbeerbäumen in Virginia. Allerdings waren Londoner Geldgeber hierfür nicht zu gewinnen, und so stach Mazzei denn schließlich 1773 von Livorno aus mit zehn Weinbauern und dem Segen des Großherzogs der Toskana in See.

Bei der Ankunft in Virginia übernahm Thomas Jefferson mehr oder weniger die gesamte Expedition und siedelte sie auf dem seinem Gut Monticello benachbarten Hügel an, wo Mazzei ein Haus baute, das er Colle nannte. Jefferson und Mazzei wurden gute Freunde, und der Florentiner fand Eingang in die höchsten gesellschaftlichen Kreise. An George Washington schrieb er: «Dieses Land ist besser als jedes andere, das ich kenne, für die Erzeugung von Wein berechnet, doch kann ich mit Bezug auf Öl und Zitronen nicht dasselbe sagen» – letzteres unter dem Eindruck eines scharfen Frosts, der eindeutig klarstellte, daß Virginia nicht die Toskana war. Wie viele andere war auch Mazzei überwältigt von der Größe und Vielfalt der einheimischen Reben. Er behauptete, seine Toskaner hätten «zweihundert Varietäten wilder Reben» identifiziert. Ihr Wein war, «als ich drei Monate später den Korken zog, wie der Schaumwein aus der Champagne» (vermutlich war er noch im Gären begriffen). Allerdings war Mazzei kein Landwirt und fand wie alle in Virginia um jene Zeit mehr Gefallen an der Politik als am Ackerbau. Im Unabhängigkeitskrieg verflüchtigte sich sein Interesse an Colle, und seine Winzer zerstreuten sich in alle Winde. 1779 verpachtete er seinen Besitz an den Baron von Riedesel, einen hessischen Offizier, der in britischen Diensten gestanden hatte und bei Saratoga in Gefangenschaft geraten war. Den Schluß dieser Geschichte erzählt Thomas Jefferson: «Riedesels Pferde vernichteten in einer einzigen Woche die Mühe und Arbeit von drei bis vier Jahren; damit endete ein Experiment, das in nochmals ein bis zwei Jahren die praktische Durchführbarkeit dieser Anbauformen in Amerika bewiesen hätte.»

Das Speisezimmer in Jeffersons Monticello. Ein Speiseaufzug neben dem Kamin führt an der Küche vorbei direkt in den Keller. Offenbar waren die Prioritäten klar.

wert auf Ländereien, auf denen etwas anderes angebaut werden kann ... Er ist eine Rohstoffquelle für ein Land, dessen guter Boden ganz und gar anderweitig genutzt ist und wo es doch noch einige ungenutzte Stellen gibt und eine genügende Bevölkerung vorhanden ist, die sich damit beschäftigen läßt. Dort ist die Weinrebe gut, weil sie nichts anderes verdrängt.»

Schon lange bevor er nach Frankreich ging, experimentierte Jefferson auf seinem Gut in Virginia und ermunterte seine Freunde und Nachbarn dazu, es ihm gleichzutun. Das ehrgeizigste seiner Projekte war die ursprünglich von Thomas Adams ausgegangene Einladung an den Florentiner Philip Mazzei, toskanische Weinbauern und Reben aus den besten europäischen Gebieten ins Land zu bringen, um dem Weinbau Virginias den bestmöglichen Start zu sichern.

Mazzeis Experimente wurden vom Geschehen des Unabhängigkeitskriegs zunichte gemacht, und er zog weiter nach Polen und zu neuen Abenteuern. Dagegen blieb ein Toskaner, Anthony Giannini, in Monticello und wurde Jeffersons Gutsverwalter. Er führte die Experimente mit Reben während der dreijährigen Abwesenheit seines Herrn weiter. Der Weinberg von Monticello wurde kürzlich rekonstruiert, er war auf einem steilen Hang unterhalb der Gartenmauer angelegt. Wie hartnäckig diese Versuche verfolgt wurden, läßt sich daran ermessen, daß Jefferson 1802, also 30 Jahre nach seinen ersten Experimenten mit europäischen Reben, noch immer Stecklinge importierte – und keine Pflanze blieb lange am Leben.

Schließlich änderte sich seine Einstellung, und er ergab sich in den Gedanken, daß Amerika das Beste aus den eigenen Reben machen müsse. Das war dem Einfluß von John Adlum, eines Landvermessers in Georgetown, der es im Krieg zum Major gebracht hatte, zu verdanken. Im Oktober 1809 schrieb Jefferson an Adlum: «Ich denke, es wäre gut, die Kultur dieser (einheimischen Fox-)Traube voranzutreiben, ohne Zeit und Mühe auf die Suche nach ausländischen Reben zu verschwenden, die dann Jahrhunderte brauchen, um sich an unseren Boden und unser Klima zu gewöhnen ...» Er erbat sich dann Stecklinge der Alexander-Rebe, eines Sämlings (möglicherweise einer Zufallshybride zwischen der amerikanischen *Vitis labrusca* und einer Art von *Vitis vinifera*), die von dem gleichnamigen Gärtner des Gouverneurs John Penn (Sohn von William Penn) in Philadelphia entdeckt worden war. «Ich habe von dem Wein getrunken», schrieb Jefferson, «er ähnelt dem Comartin-Burgunder.» Ob er wohl Chambertin meinte?

Von nun an gewöhnte sich Jefferson mehr und mehr an den eigenartigen, als «fuchsig» bezeichneten Geschmack und Geruch der Weine von amerikanischen Reben, vor allem der widerstandsfähigen und fruchtbaren *Vitis labrusca,* von dem Jancis Robinson sagt (und wer möchte ihr widersprechen?), er sei «wie künstlicher Erdbeersaft». 1817 zeigte er sich sogar überzeugt, daß aus der Scuppernong-Traube feiner Wein gekeltert werden könnte, wobei er sich freilich nicht so genau Rechenschaft ablegte, wie «fein». North Carolinas «Scuppernong-Wein würde sich auf den besten Tafeln Europas durch sein feines Aroma (an anderer Stelle schreibt er ‹ähnlich wie Frontiniac›) und seine kristallene Klarheit auszeichnen. Unglücklicherweise ist dieses Aroma in den meisten Proben, die ich zu sehen bekommen habe, ganz unter Brandy verschüttet. Diese rohe Geschmacklosigkeit und Unart ist eine Eigentümlichkeit der Engländer und der sie nachäffenden Amerikaner. Ich hoffe, es wird einmal aufhören damit...» Jefferson, bereits über 70 Jahre alt, wurde wohl allmählich etwas unliebenswürdig, und anscheinend hatte er obendrein vergessen, wie französischer Wein schmeckte.

Doch wie es scheint, kann Scuppernong-Wein nicht ohne Brandy gemacht werden. In einem Bericht der North Carolina Agricultural Experimental Station von 1909 ist das Verfahren beschrieben. Die Trauben werden «in einer Apfelweinkelter gepreßt, sobald sie gelesen sind, und in ein sauberes Faß geleitet. Auf jeweils drei Quarts Traubensaft wird ein Quart Brandy zugemischt... Manche haben es mit Gärung versucht, doch diese kam nicht zustande.» Es handelt sich also eigentlich um unvergorenen, mit Branntwein angereicherten Most.

ADLUM HATTE INZWISCHEN SELBST EINEN GLÜCKLICHEN FUND GEMACHT, einen Weinstock, der neben einem Gasthaus in Maryland wuchs, wohin er 1802 aus North Carolina verpflanzt worden war. Er vermehrte ihn durch Stecklinge, war von dem schließlich gewonnenen Wein hoch erfreut und nannte die Rebe Tokay. 1823 schickte er eine Flasche an den achtzigjährigen Jefferson, der ihm sodann schrieb: «Wahrhaftig ein feiner Wein mit kräftigem Aroma, und da Sie mir versichern, daß kein Tropfen Brandy oder einer anderen Spirituose darin ist, darf ich sagen, es ist ein Wein mit einem guten, eigenen Körper.» So durfte Jefferson drei Jahre vor seinem Tod noch den ersten rein amerikanischen Wein kosten, der die Erfüllung seiner Träume darstellte. Bald danach benannte Adlum die Tokayrebe nach einem Fluß in North Carolina um in «Catawba».

Die Catawba wurde kein Lückenbüßer, sondern ein Riesenerfolg, und zwar unter den Händen von Nicholas Longworth aus New Jersey, des ersten (trotz seiner knapp 1,55 m) ganz großen kommerziellen Weinerzeugers in Amerika.

DIE GESCHICHTE VON LONGWORTH BEGANN DAMIT, daß er 1803 in Cincinnati im gerade neugeborenen Staat Ohio eine Rechtsanwaltspraxis eröffnete. Er wurde reich und kaufte Land. Wie Jefferson glaubte auch er daran, die Übel des Whiskeys könnten mit

---

VIRGINIA DARE

Amerikas erfolgreichster Weinerzeuger in den Jahren vor der Prohibition (und unmittelbar nach deren Wiederaufhebung) gibt lebendiges Zeugnis davon, wie sehr Jefferson recht hatte – bis zu einem gewissen Punkt. Es war Paul Garrett aus North Carolina, und sein Wein hieß Virginia Dare – nach dem ersten im 17. Jahrhundert in Amerika geborenen Kind englischer Eltern (ein Name wie aus einem Comic). Virginia Dare war eine Mischung von Scuppernong-Saft mit seinem seltsamen Duft nach Pflaumen und Moschus und typisch fuchsigen, nach Erdbeeren schmeckenden Weinen aus dem Osten sowie einem ordentlichen Schuß kalifornischem Wein für Stärke und Körper.

Die Temperenzler-Bewegung vertrieb Garrett 1913 aus dem Süden, und daher richtete er Virginia-Dare-Kellereien im Staat New York sowie in Cucamonga südlich von Los Angeles ein. Als die Prohibition wieder aufgehoben wurde, war Virginia Dare als erster Wein wieder überall zu haben.

Wein bekämpft werden, und so begann er 1823, am Ufer des Ohio Reben zu pflanzen. Anfangs hatte er den bereits sattsam bekannten Mißerfolg – er mußte zusehen, wie Tausende von europäischen Reben eingingen. Dann aber kam ihm 1825 Major Adlum zu Hilfe und sandte ihm Catawba-Stecklinge. 1842 besaß Longworth bereits 480 ha dieser Rebsorte und stellte den ersten amerikanischen Schaumwein her.

Es scheint, daß diese eigenartige «Erdbeerlimonade» nicht nur Amerika, sondern auch Europa eroberte. Leon Adams zitiert aus «The Illustrated London News» von 1858, worin der stille Catawba-Wein als «ein feinerer Wein nach Art der Rheinweine mit besserem Aroma, als selbst diese es haben» bezeichnet wird und wo man behauptet, der schäumende Catawba übertreffe den französischen Champagner.

Henry Longfellow, zu jener Zeit Englischprofessor an der Harvard-Universität, verlieh dem Catawba-Wein literarische Unsterblichkeit in seiner Ode von 1854 – damals übte er sich für «Hiawatha» (1858):

> Großes Renommee
> Hat der Verzenay
> Auch der Sillery als zartes Gebilde.
> Doch der Catawba-Wein
> Ist nochmal so fein,
> So lieblich, so köstlich, so milde.

1859 STAND AM OHIO, DEM «RHEIN AMERIKAS», EIN DRITTEL ALLER REBEN in den Vereinigten Staaten, und es wurde dort doppelt soviel Wein gekeltert wie in Kalifornien. Doch

Die ländliche Idylle der Weinberge am Ohio steht im Kontrast zu den qualmenden Raddampfern, die flußabwärts nach Westen stampfen. Die Illustration von etwa 1860 stammt aus einem Werbeprospekt der Ohio Wine Company von Longworth, die damals Schaumwein in großen Mengen produzierte.

die Geschichte Cincinnatis als Weinhauptstadt Amerikas endete noch plötzlicher, als sie begonnen hatte: Pilzkrankheiten befielen die Weinberge und verwüsteten sie. Longworth starb. Der Bürgerkrieg brach aus. Als er vorüber war, hatte auch die Idee vom Ohio als dem Rhein Amerikas ihr Ende gefunden – nicht aber der Weinbau am Ohio. Die Anbauer zogen nach Norden und ließen sich am Eriesee und auf seinen Inseln nieder, wo eine kühlere Brise wehte und Fäulnis und Mehltau keine Schwierigkeiten machten. Um 1870 stand Amerikas größte Weinkellerei ausgerechnet auf Middle Bass Island bei Sandusky, wo es ebenfalls riesige Weingärten gab. Unmittelbar nach dem Bürgerkrieg löste Missouri eine Zeitlang Ohio als rebenreichster Staat ab. Am Eriesee gedieh die Catawba-Rebe weiter, bis die Temperenzler-Bewegung auch hier dem Weinbau vorübergehend Einhalt gebot.

Noch größer und dauerhafter als der Erfolg der Catawba war die Karriere eines einheimischen *Vitis-labrusca*-Sämlings, den ein gewisser Ephraim Wales Bull in Concord bei Boston in Massachusetts im Jahr 1849 durch Zuchtwahl fand. Die Concord, wie er seine Traube nannte, hat für die Weinbereitung alle Mängel und Fehler der *Vitis labrusca* im höchsten Grad; der von ihr gekelterte Wein ist, wenn er nicht mit dem mildernden Saft einer weniger scharf riechenden Frucht gemischt wird, fast ungenießbar. Doch leider ist sie eine ungeheuer leicht zu kultivierende Traube. Als Grundlage der Herstellung von Traubenkonfitüre in Amerika war sie aber für die Weinkellereien im Nordosten stets nur allzu reichlich zu haben und hat deren Wein und den Ruf des ganzen Gewerbes bis in die moderne Zeit hinein verdorben.

DASS BISHER VON KALIFORNIEN NOCH NICHT DIE REDE WAR, IST DURCHAUS KEIN VERSEHEN, sondern soll nur die so ganz andersartigen Ursprünge und Entwicklungen des Weinbaus an der Westküste ins rechte Licht rücken. So seltsam es auch anmuten mag, wir können dort die Uhr in demselben Jahr in Gang setzen, in dem Thomas Jefferson in seiner eleganten und komfortablen Pflanzung in Virginia die ersten Reben erhielt und pflanzte. In jenem Jahr 1769 setzte der Franziskanerpater Junipero Serra bei San Diego, Kalifornien, erstmals den Fuß auf das heutige Gebiet der Vereinigten Staaten, und zwar im Rahmen einer teilweise missionarischen teilweise militärischen Besetzung der Westküste.

ÜBERSCHÄUMENDES NEW YORK

Im Staat New York gibt es in der Chautauqua-Region bei Buffalo schon seit 1818 und weiter östlich im Finger Lakes Distrikt seit dem Bürgerkrieg Rebenanbau. Der größte Teil der Trauben von Chautauqua stammt von der Concord und wird als Tafeltrauben und für die Saft- und Konfitürenherstellung häufiger verwendet als für die Weinerzeugung. Um 1860 begann die Pleasant Valley Wine Company bei Hammondsport, dem Zentrum des Bereichs Finger Lakes, mit dem Anbau der besseren, von den einheimischen Reben abgeleiteten Sorten. Sie führte die Arbeit von Nicholas Longworth weiter und spezialisierte sich ebenfalls auf Schaumwein, den sie Sparkling Catawba nannte, bis 1870 ein Preisrichter den Namen Great Western kreierte, als er ausrief: «Das wird der große Champagner für den Westen!»

Um ihre Herleitung von der Champagne zu legitimieren, nannte die Firma sogar ihre eigene Poststation «Rheims».

1865 stieß zur Pleasant Valley Company in Hammondsport die Urbana Wine Company, die für ihre Produkte den Namen Gold Seal prägte und sich daranmachte, den Standard der Weine von den Finger Lakes auf internationales Niveau zu heben. In ihrer Leitung waren auch Kellermeister von Louis Roederer, Moët & Chandon und Veuve Clicquot tätig.

Die dritte, später größte der Weinfirmen in Hammondsport wurde 1880 von Walter Taylor gegründet. Die drei Firmen vertraten die Idee des rein amerikanischen Geschmacks (gemildert mit Most aus Kalifornien), bis nach der Prohibition eine neue Rasse widerstandsfähiger Hybridreben interessante Möglichkeiten bot.

Warum hatten die Spanier, die inzwischen seit 250 Jahren in Mexiko saßen, so lange gebraucht, bis sie dem oberen Kalifornien ihre Aufmerksamkeit zuwandten? Sicherlich muß der Anblick der Küste doch nach Norden gelockt haben. Es gibt gute Häfen an ihr (wenn auch nicht viele), auch Wälder und Weideland, so schön wie in Texas oder Neu-Mexiko. Die Antwort lautet vermutlich ganz einfach, daß die Spanier im Süden, wo ihnen die Indianer Gold- und Silberschätze gezeigt hatten, vollauf beschäftigt waren. Soviel man wußte, waren weiter im Norden keine Schätze zu finden, deshalb ging dort auch niemand hin, bis sich in der zweiten Hälfte des 18. Jahrhunderts die unausweichliche Frage erhob, wer dieses Land schließlich an sich bringen würde. Mit den ihr Weltreich bauenden Briten mußte gerechnet werden; die Siedler in den Vereinigten Staaten drangen immer weiter nach Westen vor, und selbst die Russen bauten, von Norden kommend, ihre Hütten an der Küste – es waren Pelztierjäger aus Alaska, die von dem wildreichen Land angezogen wurden.

DIE SPANISCHE POLITIK WAR IN DIESER HINSICHT KLAR: DAS WESTLICHE AMERIKA GEHÖRTE SPANIEN, also mußte es besetzt werden, wenn auch nur symbolisch und halbherzig. So entstand die Kette von Missionsstationen, die sich ziemlich rasch von San Diego aus an der Küste nach Norden spannte: insgesamt 21, die nördlichste davon in Sonoma, etwa auf der Höhe der San Francisco Bay. Für diese Missionen war der Weinbau eine wichtige, leicht auszuführende Nebentätigkeit. An der Westküste gibt es zwei dort heimische Reben, die zwar einen ungenießbaren Wein liefern, dafür aber so gut wie keine Krankheiten oder Schädlinge haben. Im trockenen Klima Kaliforniens gedeihen keine Pilze.

Ihnen selbst genügte eine einzige Traubensorte, die vermutlich schon vor Jahrhunderten von Spanien herübergekommen war. Ihr Name, Mission, gibt wenig Aufschluß. In Südamerika heißt sie dagegen Criolla, was bedeutet, «aus Europa in die Kolonien gekommen». Sie ist gewiß eine Varietät von *Vitis vinifera*, allerdings von sehr bescheidener Qualität: eine früh reifende, dunkelhäutige Beere voll süßem Saft, weiter nichts.

Auch teilten die Franziskaner nicht das technische Perfektionsstreben der Zisterzienser. Das einzige Lehrbuch, das sie unseres Wissens besaßen, war eine 1513 in Spanien erschienene allgemeine Abhandlung über die Landwirtschaft. Einen ungefähren Bericht über ihre Weinbereitungsmethoden gab 1859 Charles Krug mit seinen Erlebnissen bei der Erforschung des Napatals. Ihm war «in einem Blechbecher ein eleganter Rotwein dargeboten worden, der in Kuhhäuten, die mit Lassos zwischen Bäumen aufgehängt und von Indianern mit gestampften Trauben gefüllt worden waren, seine Gärung durchgemacht hatte. Ganz unten an der Kuhhaut war ein Stopfen, und wenn man den herauszog, konnte man den Becher mit dem gloriosen Getränk füllen.»

Es überrascht nicht, daß der Mission-Wein zum großen Teil zu einer Spirituose destilliert wurde, die sich dann wenigstens hielt und wahrscheinlich dazu benutzt wurde, den Rest des Weins zu spriten und haltbar zu machen (allerdings nicht den Meßwein, weil der theoretisch «rein» sein mußte).

Zwischen den Missionen gab es Unterschiede im Umfang und im Erfolg des Weinbaus, den sie trieben. San Gabriel in Los Angeles war bei weitem die größte Station (als sie nach 1830 säkularisiert wurde, besaß sie über 160 000 Reben und produzierte jährlich 35 000 Gallonen; damit war sie die erste größere Weinkellerei in Kalifornien). Pater Narciso Duran zufolge, der in Santa Barbara und San José mit der Weinbereitung betraut war, erzeugte San Gabriel auch den besten Mission-Wein. Nur zwei der 21 Missionsstationen bauten keinen eigenen Wein: Santa Cruz und Dolores, denn dort war das Klima zu kalt und neblig.

1833 SÄKULARISIERTE DIE MEXIKANISCHE REGIERUNG DIE MISSIONEN. In den 50 Jahren ihres Bestehens hatten sie den Weinbau zwar ohne große Raffinesse, aber als Faktum in

Kalifornien eingeführt. Als sie ihre Arbeit beenden mußten, ja schon früher, standen andere bereit und bauten weiter – vor allem um San Gabriel, den Kern des Erfolgs. In Los Angeles nahm die säkulare Weinwirtschaft Kaliforniens ihren Anfang, genaugenommen dort, wo jetzt die Union Station steht. Die stärkste Triebkraft war ein Einwanderer aus Cadillac bei Bordeaux, wo der Abbé Bellet seine genauen Aufzeichnungen über faule und nicht faule Trauben geführt hatte. Die offenbare Vorbestimmung durch seinen Namen hatte Jean-Louis Vignes durchaus nicht daran gehindert, sich zunächst in Honolulu und auf den Sandwich Inseln in der Rumherstellung zu versuchen, ehe er, gerade als Mexikos neuerrungene Unabhängigkeit Kreise der Unsicherheit entlang der Küste Kaliforniens zog, nach Monterey kam.

Schon nach kurzem Aufenthalt in Monterey und San Diego hatte Vignes 40 ha am Fluß bei dem «Pueblo» Los Angeles zusammengekauft. Er nannte seinen Besitz Rancho El Aliso und machte sich sofort daran, Reben zu pflanzen. Wie es scheint, war er der erste Kalifornier, der über die Mission-Traube hinausblickte: Er bestellte über Boston und Kap Horn Pflanzen aus Frankreich (vermutlich aus Bordeaux). Seine Familie kam ihm nach (da sie Gascognisch sprachen, konnten sie sich auf spanisch gut verständigen). Um 1851 besaß Vignes (außer den ersten Orangenpflanzungen Kaliforniens) 40 000 Weinstöcke, die 1000 Faß Wein im Jahr produzierten. Er soll auch nach dem Vorbild von Madeira etliche Fässer mit Wein zur Alterung nach Boston und wieder zurück versandt haben.

Sein Freund William Heath Davis, der ihm beim Weinverkauf half, hat uns das Bild eines erfüllten Mannes übermittelt: «Don Luis (so wurde er genannt) war wahrhaftig einer der aufgeklärtesten Pioniere an der Küste; er wußte vieles über die Geschichte des Weinbaus und strömte über von brillanten Ausblicken in die Zukunft. Seinen auserlesenen Wein konnte man unbedenklich trinken. Er war großzügig gegen die Armen und half ihnen in der Not mit Brot, Geld und Wein. Es ist zu hoffen, daß die Historiker seinem Charakter, seinen Bemühungen und seinem Weitblick gerecht werden.»

Ein ganz anderes Urteil über den kalifornischen Wein – zugegebenermaßen war es keiner von Vignes – äußerte ein englischer Besucher, Sir George Simpson, von der Hudson Bay Company: «Mit Ausnahme dessen, was wir in der Mission Santa Barbara erhielten, war der einheimische Wein, den wir kosteten, so schlechtes Zeug, daß nur die Höflichkeit uns dazu veranlassen konnte, ihn hinunterzuschlucken.»

HIER IST NUN EIN DIREKTER VERGLEICH ZWISCHEN KALIFORNIEN UND AUSTRALIEN angebracht. Australiens erste Weinbauregionen (Hunter Valley, Süd-Victoria, der Bereich um Adelaide und jener am Swan River) nahmen alle ihren Anfang in dem Jahrzehnt ab 1830, in dessen Verlauf die Missionsstationen in Kalifornien aufgelöst wurden. Wenn nun Australien einen schnelleren Start hatte und unterschiedlichere Reben in einem lernbegierigeren Geist pflanzte, so waren hingegen zwei Dinge an der schleppenden Entwicklung in Kalifornien schuld: die dortige Allgegenwart der Mission-Traube als Dämpfer für jede Experimentierlust und das Fehlen jeglicher organisierender Autorität, wie England sie für seine Kolonien darstellte. Die englische Mutterglucke, obwohl weit entfernt, scheuchte ihre Küken ständig herum, bevormundete und versorgte sie. Kalifornien dagegen mußte erst die spanischen Anfänge überwinden, ehe ein echter Fortschritt eintreten konnte. Die Siedler waren über den ganzen Staat verstreut wie Vogelschrot, und es sollte noch lange dauern, bis die Kalifornier ihr großes, leeres Land richtig verstehen lernten – vor allem sein Klima, das vom kalten Pazifik vor der Küste beherrscht wird.

In Australien gilt (wenn alles andere gleich ist): je weiter im Norden, desto heißer, und je weiter im Süden, desto kühler. In großen Teilen Kaliforniens aber kann man fast sagen, daß Ost und West die Stelle von Nord und Süd einnehmen: Je weiter man sich vom Ozean entfernt, desto heißer wird das Klima. Vor allem aber ist es der Markt, der heranwachsende Unternehmungen am stärksten beeinflußt, und auch hierin gab es einen großen Unterschied zwischen den beiden Weinländern. In Australien beschleunigte der Goldrausch eine schon in Gang befindliche Entwicklung; in Kalifornien wurden bei gleicher Gelegenheit die Karten ganz neu gemischt.

DON LUIS SETZTE SICH 1855 ZUR RUHE UND VERKAUFTE EL ALISO AN SEINEN NEFFEN Jean-Louis Sansevain. Dieser hatte die höchst vernünftige Idee, daß die Geschehnisse im Norden nach Champagner verlangten. 1848 war nämlich bei Sutter's Mill Gold gefunden worden. Und plötzlich war in San Francisco, Sacramento und im Goldgräberland ein Markt da. Aus unerfindlichen Gründen war Sansevains «Champagner» nicht der größte Erfolg beschieden, und die Schwierigkeiten blieben nicht aus. Dagegen richteten zwei gewitzte deutsche Musiker, Kohler und Frohling (einer spielte Flöte, der andere Geige), gemeinsam ein effizientes Geschäft ein: Frohling erzeugte in Los Angeles Wein, und Kohler verkaufte ihn in San Francisco. Offensichtlich hatten die beiden das richtige Rezept. Um die Mitte der 50er Jahre brauchten sie dringend Trauben. Nun legten sie am Santa Ana River im Orange County südlich von Los Angeles eine Kolonie an und offerierten ihren Landsleuten Grundstücke zu je 8 ha, die schon eingezäunt und bewässert waren (denn ohne Bewässerung wächst in Los Angeles nichts). Um das Heimatgefühl zu heben, nannten sie das Ganze Anaheim. Als Frohling 1862 starb, hatte die Firma bereits einen Agenten in New York und verkaufte Anaheim-Wein in den meisten größeren Städten der USA.

Dieser Erfolg lockte Investoren von nah und fern an. In den 70er Jahren des 19. Jahrhunderts erreichte der Weinbau in Kalifornien seinen Höhepunkt: Die größte Weinkellerei der Welt wurde in San Gabriel geplant. Wie wenig sich Kalifornien doch ändert! Gebaut wurde sie nicht; inzwischen hatte der Norden Kaliforniens Tritt gefaßt. Das Klima von Los Angeles begrenzt die dortigen Möglichkeiten auf starke oder süße Weine; dem Norden dagegen schienen alle Chancen gegeben. Besonders ungünstig gesinnt war das Geschick den Winzern von Anaheim. 1885 befiel ihre Reben eine Krankheit wie eine der sieben Plagen Ägyptens. Heute wissen wir, daß die «Anaheim-Krankheit» eine bakterielle Infektion ist. In den mittleren und späten 80er Jahren blieb nur eines übrig, nämlich sich nach Norden aufzumachen.

DIE WINZIGE MISSIONSSTATION SONOMA, DIE NÖRDLICHSTE DER KETTE, bestand erst seit neun Jahren, als 1833 der Befehl aus Mexiko eintraf, sie wieder aufzulösen (wie Napoleon knapp eine Generation zuvor die Mönche aus Kloster Eberbach und Cîteaux weggeschickt hatte). Von Mexiko wurde ein Leutnant namens Mariano Vallejo entsandt, um dies zu beaufsichtigen und an der Stelle der Mission eine Kaserne zu errichten sowie eine Stadt zu planen. Diese Befehle waren ungewöhnlich dringend: Die mexikanische Regierung war sehr beunruhigt darüber, was die Russen nur wenige Meilen weiter nordwärts bei Fort Ross taten. (Die Geschichte verzeichnet nicht, welche Rebsorten dort an diesem feuchtkalten Stück der Küste angepflanzt wurden.)

Vallejo war ein erst 26jähriger Leutnant, doch hatte er in Kalifornien keinen Vorgesetzten. Er war de facto Oberbefehlshaber der Armee Mexikos in Kalifornien und verfügte über absolute Macht. Im Lauf der nächsten 30 Jahre sollte er sich den Belangen Kaliforniens widmen und das Land sicher in die Hände der Amerikaner legen – alles von Sonoma aus, dem Winkel des Paradieses, in dem er sich eingenistet hatte.

WEIN HATTE FÜR VALLEJO NICHT DIE ERSTE PRIORITÄT. Er besaß inzwischen bereits rund 18 000 ha potentielles Weideland nördlich von Sonoma. Seine Soldaten und seine Viehzucht hielten ihn in Trab. Es dauerte einige Jahre, bis er den verwilderten Weinberg der

General Mariano Vallejo, der letzte spanische Gouverneur Kaliforniens und der erste Weinbauer großen Stils in Sonoma.

Agoston Haraszthy hinterließ Kalifornien als Vermächtnis zahllose Rebsorten, darunter vielleicht auch den mysteriösen Zinfandel.

Mission wieder instand setzte. Er gab sich damit zufrieden, daß Indianer nach Missionsart die Trauben in einer Kuhhaut stampften. Eine subtile Verfeinerung war jedoch schon eingetreten: Der erste ablaufende Saft wurde als «Weißwein» getrennt gehalten, während das spätere Produkt der stampfenden Indianerfüße «Rotwein» ergab.

Sonoma ist mit vielen Quellen gesegnet; Lachryma Montis («Bergträne») nannte Vallejo eine, die nicht nur das Pueblo mit Wasser versorgte, sondern auch den Weinberg. Da im Süden Kaliforniens die Reben bewässert werden mußten, wurden sie auch hier bewässert, ob es nötig war oder nicht.

Am meisten dürfte Vallejo die Politik beschäftigt haben. Wie es sich zeigte, waren es nicht die Russen, die kamen, sondern die «Yanquis». Zwei seiner Schwestern heirateten Amerikaner; von Osten her kam ein steter Strom von Siedlern voller Energie und Ideen – von Mexiko kam nichts. Es schien zunehmend lächerlich, daß die Amerikaner mexikanische Staatsbürger werden (und sich obendrein noch taufen lassen mußten), wenn sie Land zugeteilt erhalten wollten. 1846 fiel schließlich eine Schar Unzufriedener in Sonoma ein, setzte Vallejo als den Gouverneur Mexikos gefangen und hißte die Bärenflagge der kurzlebigen Republik Kalifornien; Sonoma wurde zur Hauptstadt erklärt. Bei Vallejo rannten sie jedoch nur offene Türen ein: Er war bereits mehr Kalifornier als sie alle und führte die Entwicklung des neugeborenen Staats weiter. Doch die Lebensumstände veränderten sich nach 1848 radikal. Vallejo bekam, als er an John Sutter die Anfrage richtete, ob dieser einen Destillierapparat zu verkaufen habe, eine unerwartete Antwort: Einen solchen Apparat habe er nicht, aber er habe eine Goldmine entdeckt, «welche, soweit wir sie bisher erforscht haben, außerordentlich reich ist».

NICHT NUR DIE PREISE FÜR TRAUBEN STIEGEN NUN. Die Weinbauern machten sich auf Goldsuche, und der Durst der Goldsucher wurde teuer. Vallejo meinte nun, es sei an der Zeit, aus den Kasernen aus- und in eine kommodere Residenz einzuziehen und den Weinbau im Ernst zu betreiben. Er baute sich eine schmucke neue Villa mit Veranda in «Zimmermannsgotik» neben Lachryma Montis, der Quelle von Sonoma. Hier begrüßte er in den 50er Jahren den Mann, der Kaliforniens Weinbau revolutionieren sollte, den Ungarn Agoston Haraszthy.

ES GIBT VIELE PARALLELEN ZWISCHEN HARASZTHY UND JAMES BUSBY. Beide sind in ihrer jeweiligen Wahlheimat, der eine in Kalifornien, der andere in Australien, zum «Vater des Weinbaus» geworden. Beide brachten viele der Rebsorten, die für die jeweiligen Geschmacksrichtungen bestimmend wurden, selbst ins Land. Beide reisten nach Europa, um zu forschen und in höchst lesenswerten Tagebüchern über die Gegenden zu berichten, denen alle Weinerzeuger nacheiferten. Beide waren sprunghaft und ließen manche Pläne halb vollendet, weil irgend etwas anderes ihnen in die Augen stach. Der Hauptunterschied zwischen ihnen war, daß der junge Schotte Busby von Anfang an sein Herz an den Weinbau hängte, während Haraszthy – ein Edelmann (wie er selbst sagte) aus einer Gegend Ungarns, die heute in Jugoslawien liegt – eigentlich ein Abenteurer war, der den Weinbau als eine Aufgabe für die besten Jahre seines Lebens wählte.

Haraszthy erscheint auf der Szene (und verabschiedet sich auch wieder von ihr) in einer Aureole von Legenden. Es heißt, er habe die Rechte studiert, sei mit 18 Jahren in Wien in die Kaiserliche Garde eingetreten und habe es zum Oberst gebracht, dann sei er Privatsekretär bei Erzherzog Joseph, dem Statthalter von Ungarn, gewesen, habe sich auf seinem Landgut dem Weinbau und der Seidenraupenzucht gewidmet, eine polnische Gräfin, die schöne Eleanora de Dedinski, geheiratet und an der Magyarischen Unabhängigkeitsbewegung teilgenommen. Im Alter von 28 Jahren fuhr er 1840 ziemlich plötzlich per Schiff von Hamburg aus nach New York, angeblich ins politische Exil, doch ein junger Cousin, der mit ihm reiste, meinte, es sei reine Wanderlust gewesen.

Der Graf – oder Oberst, er führte beide Titel – zog geradewegs nach Wisconsin und ging dort eine Partnerschaft mit einem Engländer namens Bryant ein. Gemeinsam gründeten sie eine Stadt, das heutige Sauk City – er nannte es «Town Haraszthy». Damals wimmelte es in Amerika von unternehmungslustigen Leuten dieser Art; sie besaßen Dampfschiffe und Kaufläden, Farmen und Bauunternehmen. Haraszthy nützte seine Zeit, um im Land umherzureisen und ein Buch zu schreiben, worin er seine ungarischen Landsleute ermunterte, in diese schöne neue Welt auszuwandern. Ja er fuhr sogar nach Hause und holte seine Eltern und seine Familie selbst ab.

DIE NACHRICHT VON DEN GOLDFUNDEN IN KALIFORNIEN LOCKTE HARASZTHY NATÜRLICH AN. Es war eine herbe Enttäuschung für ihn gewesen, daß im eisigen Wisconsin kein Weinbau möglich war. Die ganze Familie und noch einige Freunde schlossen sich einem Goldsucherzug an, der sich per Ochsenkarren auf dem Santa Fe Trail dahinquälte, unterwegs aber nur einen einzigen Mann verlor; es war der 15jährige Sohn Haraszthys, Geza, der in Neu-Mexiko freiwillig in die Kavallerie eingetreten war, um sich mit den Indianern herumzuschlagen.

Das Ziel des Trecks war die neue Stadt San Diego, die sich gerade aus der kleinen Missionsstation entwickelte und 650 Einwohner zählte. Bald stürzte sich Haraszthy in Grundstücksspekulationen, betrieb einen Mietpferdestall und eine Metzgerei und kandidierte bei Wahlen. 1850 wurde er der erste Sheriff der Stadt. Das Gefängnis, das er baute, stürzte ein, aber der Galgen funktionierte. 1854 hatte er San Diego satt und ging als Abgeordneter in das Staatsparlament in Sacramento, der neuen Hauptstadt Kaliforniens; dort unterstützte er Bestrebungen zur Teilung des Landes. Um die gleiche Zeit kaufte er Land zwischen San Francisco und dem Ozean, rund 80 ha in der Nähe der alten Mission Dolores. Wollte er etwa seßhaft werden? Hätte er sich über die alte Missionsstation erkundigt, dann hätte er erfahren, daß sie mit Weinbau kein Glück hatte.

Haraszthy besaß jedoch ein Bündel Stecklinge, die er gerade aus Ungarn bekommen hatte, und die pflanzte er. Wie sein Sohn Arpad später schrieb, befanden sich darunter auch jene Reben, die seither untrennbar mit dem Namen Haraszthy verbunden sind: Zinfandel, aber auch Alexandria-Muskateller.

In San Francisco herrschte, wie Haraszthy feststellte, eine lebhafte Nachfrage nach Tafeltrauben. Was er vom eigenen Besitz nicht liefern konnte, kaufte er in Los Angeles – die Mission-Traube war angenehm zu essen. Als er dann vielleicht verschiedene Sorten von «Don Luis» in Los Angeles bezog, erkannte er die Möglichkeiten (und auch den Bedarf) an größerer Sortenauswahl im Norden Kaliforniens. Jedenfalls gab er sein nebliges Gut rasch wieder auf und zog etwa 40 km auf der Halbinsel San Francisco südwärts nach Crystal Springs, wo er um 1856 rund 400 ha Land zusammengekauft hatte. Dort befaßte er sich mit Viehzucht sowie mit Obst-, Trauben- und Getreideanbau. Er betätigte sich auch als Goldprüfer – eine durch den reichlichen Strom von Gold aus den Minen überbeanspruchter Geschäftszweig – und wurde schon nach kurzer Zeit zum amtlichen Goldschmelzer, also zum Leiter der Münzanstalt in San Francisco, ernannt.

Kein Romanschreiber hätte Haraszthy interessanter erfinden können. An jeder Ecke seines Lebens wartete eine Überraschung – und wer sonst hatte schon ein Leben mit so vielen Ecken? Nachdem er zwei Jahre lang die Schmelzöfen der Münze beaufsichtigt hatte, die Tag und Nacht in Betrieb waren, wurde er angeklagt, er habe Gold im Wert von 151 000 Dollar unterschlagen. Bei der Gerichtsverhandlung stellte es sich dann heraus, daß die Dächer von San Francisco reichlich vergoldet waren von den Goldflittern, die aus dem überhitzten Kamin geblasen wurden.

Während ihm die Münze zu heiß wurde, fand Haraszthy Crystal Springs zu kalt. Noch so weit im Süden machte ihm der Nebel zu schaffen: Seine Trauben wollten nicht reifen. Vor seinem inneren Auge stand ein irdisches Paradies nördlich der San Francisco

ZINFANDEL

Arpad Haraszthy behauptete, sein Vater habe als erster die Zinfandel-Rebe nach Kalifornien gebracht. Das wird von vielen bezweifelt, denn schon 1830 bot die berühmteste Rebschule an der Ostküste, Prince's auf Long Island (New York), eine Sorte namens «Black Zinfandel aus Ungarn» an (verschiedene Schreibweisen waren durchaus üblich), und viele Kalifornier bezogen ja von der Ostküste Reben zu Versuchszwecken.

Wer immer ihn nun als erster ins Land brachte, der Zinfandel ist jedenfalls eine hervorragende Rotweintraube für Kalifornien und hat hier fast dieselbe Bedeutung wie der Shiraz in Australien. Verarbeitet wird er auf unterschiedlichsten Wein, zu «Portwein» ebenso wie zu Weißwein, doch die Qualität eines Spitzenshiraz erreicht er nirgends. Gegen Ende der 1960er Jahre wurde der Zinfandel von Dr. Austin Goheen von der Universität von Kalifornien als dieselbe Rebsorte wie der in Apulien in Süditalien angebaute Primitivo di Gioia identifiziert.

Sofort erhebt sich die Frage, wie diese Rebe dann aus Ungarn, wo sie nicht angebaut wird, an die Rebschule Prince's oder an Haraszthy gelangt sein soll. Der amerikanische Gelehrte Miles Lambert-Gócs argumentiert, daß im 19. Jahrhundert eine ungarische Rebschule diese Sorte, die ja auch nicht ursprünglich aus Apulien stammt, durchaus in ihren Beständen gehabt haben könne. Damals gehörte zum Kaiserreich Österreich-Ungarn auch Dalmatien an der Ostküste der Adria, von wo es nur rund 150 km bis Apulien sind. Nimmt man an, daß der unbekannte Ursprung dieser Sorte im östlichen Mittelmeer zu suchen ist (wo die meisten guten Sorten herstammen), dann ist es durchaus nicht unwahrscheinlich, daß sie auch an mehreren Stellen an den alten venezianischen Handelswegen, etwa bei den Hafenstädten Ragusa und Otranto, gepflanzt wurde.

Den Namen erklärt Lambert-Gócs als eine auf Mißverständnis oder Verdrehung zurückzuführende Variante der Bezeichnung Zierfandler. Zwar ist der Zierfandler eine weiße Traube, doch ist «Blauer Zierfandler» ein Synonym für Kékfrankos (alias Blaufränkisch, Nagyburgundi und Limberger), der auch bei Sopron in Westungarn angebaut wurde. Angenommen, Haraszthy erhielt seine Reben aus Ungarn (was durchaus möglich ist) – ob als erster oder nicht, ist weniger bedeutend –, dann bleibt noch immer die Frage, warum er den Namen nicht richtig erkannte. Hierzu wird eine doppelte Erklärung vorgeschlagen: Sein eigenes Landgut in Ungarn lag weit von Sopron entfernt in einer Gegend, wo der Name Blauer Zierfandler nicht bekannt war, und das Etikett an dem mit Moos umwickelten Bündel Stecklinge war fast unleserlich geworden, deshalb mag er fälschlich «Zinfandel» entziffert haben. Sicherlich werden noch andere Deutungen auftauchen, denn die Gelehrten lassen die Sache nicht ruhen.

Haraszthys Buena Vista bildet das großartige Pendant zur Villa Lachryma Montis seines Nachbarn Vallejo. Hier legte Haraszthy einen Weinberg mit 300 000 Reben an, bevor er Kalifornien verließ. Das Weingut wurde 1943 wieder in Betrieb genommen, die alten Gebäude aber sind nur noch Touristenattraktion.

Bay, wo er den General Vallejo besucht hatte. Die Fabel erzählt, er habe auf der Veranda von Lachryma Montis gesessen, den Wein seines Gastgebers geschlürft und die unsterblichen Worte gesprochen: «Herr General, dieses Zeug ist nicht schlecht!» Im Januar 1857 kaufte er 225 ha Land fast unmittelbar neben Vallejos Gut und stellte seinen Sohn Attila an, Rebenstecklinge aus Crystal Springs zu pflanzen, während er selbst eine Art pompejanische Villa entwarf, die den Namen Buena Vista bekommen sollte.

Hier begann sein eigentlicher Beitrag zum Weinbau in Kalifornien. Im Gegensatz zu Vallejo und allen anderen bepflanzte er nämlich trockene Hänge, die nicht bewässert werden konnten. Die meisten seiner Reben waren noch von der guten alten Sorte Mission, und doch war der Qualitätsunterschied, der sich durch die Trockenpflanzung ergab, nicht zu leugnen. Außerdem überredete er ein Dutzend Prominente aus San Francisco, mit ihm gemeinsam in dieses Experiment zu investieren. Unter ihnen befand sich auch Charles Krug, der kurz darauf den Weinbau im Napatal und damit den schärfsten Rivalen von Sonoma begründete.

Inzwischen schrieb Haraszthy im Auftrag der Californian State Agricultural Society einen Bericht über «Trauben und Weine in Kalifornien», ein Handbuch über die Anpflanzung und Bereitung von Wein, worin Experimente aller Art, insbesondere mit verschiedenen Rebsorten auf verschiedenen Böden, angeregt werden, aber auch die Regierung aufgefordert wird, in Europa über den Konsulatsdienst Stecklinge anzukaufen und sie in Kalifornien zu verteilen. In Buena Vista vermehrte er Reben zu Hunderttausenden, und er grub tiefe Stollen als Lagerkeller in den Berg.

IMMER NOCH GÖNNTE SICH HARASZTHY KEINE ATEMPAUSE. Er bestand darauf, daß weiteres Forschen nötig sei, und 1861 gab ihm der Gouverneur den Auftrag, nach Europa zu fahren und in den besten Weinbaugegenden alles zu lernen, was er nur könne, sowie Reben von dort mitzubringen. Die Reise von San Francisco über New York nach Southampton dauerte sechs Wochen. Von Ende Juli bis Oktober stürmte er nun durch ganz Europa, von Paris an den Rhein, in die Schweiz, ins Piemont und nach Genua, in das Languedoc und in das Bordelais, durch ganz Spanien, nach Montpellier und Burgund und schließlich zurück nach Liverpool. Nach knapp sechs Monaten war er wieder in Sonoma, schrieb sein Buch über diese Reise zu Ende und wartete auf die Ankunft von 300 verschiedenen Sorten Reben, insgesamt 100 000 Stück, die dann im Januar von der Wells Fargo Company auch gebracht wurden.

Die meisten Autoren sind sich einig darüber, daß diese Rebenkollektion den wichtigsten Beitrag Haraszthys zum Weinbau Kaliforniens darstellte. Sie ermöglichte (theoretisch) alle jene Experimente, die so nötig waren, um die richtigen Reben für die verschiedenen Böden und Klimata herauszufinden. Daß diese Versuche von der Verwaltung, die es ablehnte, die Stecklinge zu verteilen oder sie ihm zu bezahlen, stark behindert wurden, war teilweise vielleicht auf den Bürgerkrieg im Osten zurückzuführen (erwartungsgemäß trat Haraszthy für die rebellischen Südstaaten ein), jedoch auch in hohem Maß auf die Kleinlichkeit und Interesselosigkeit der Behörden. Haraszthy ließ sich dadurch nicht (oder nicht sehr) entmutigen und verteilte die Reben selbst, so gut er es vermochte.

Welche Bedeutung alledem zukam, zeigte sich an den Beständen, über die er und Vallejo im damals in Kalifornien weitaus führenden Distrikt Sonoma nach zwei Jahren verfügten. Beide hatten noch große Mengen an Mission-Reben. Haraszthy besaß 120 000 Mission, dazu 140 000 neugepflanzte gegenüber 6000 «ausländischen» Reben aus altem Bestand und 40 000 neugepflanzten. Vallejo hatte 40 000 alte Mission und 15 000 neue, dazu 3000 ausländische Reben aus altem Bestand und 12 000 neue.

Erst ab der Mitte der 60er Jahre waren bessere Reben in großer Stückzahl in Kalifornien vorhanden, wobei Sonoma weit an der Spitze lag. In den nächsten Jahren vollzog sich dann die Apotheose von Buena Vista und schließlich der Sturz. Der Schlußakt des Lebensdramas Haraszthys soll hier noch schnell erzählt werden, bevor wir uns weiter in dem erwachenden Staat umsehen. 1868 beschloß er, von Kalifornien enttäuscht, daß die Zukunft in Nicaragua, Rum und Sägemühlen liege. Dort stürzte er 1869 in einen Fluß voller Alligatoren...

VIELLEICHT ÜBERSTEIGERT DIE PUBLIZITÄT, DIE STETS UM HARASZTHY HERRSCHTE, seine wahre Bedeutung; vor allem wird seine Einmaligkeit allzu sehr hervorgehoben. Denn er war nicht der einzige, der Reben einführte. Versuche fanden beispielsweise auch im Santa Clara County statt, das südlich der San Francisco Bay hinter einer Gebirgskette liegt und fast das Spiegelbild von Sonoma ist. Damals war Haraszthy noch Sheriff in San Diego. Santa Clara hatte direkte Verbindung mit Frankreich. 1849 siedelte hier Antoine Delmas, ein französischer Baumschulgärtner. Er war begeistert von den Wachstumsbedingungen. Ihm folgten bald Landsleute: Prévost, Bontemps, Pellier arbeiteten als Pioniere im kleinen Maßstab, aber mit vielen Rebsorten, von denen sie hauptsächlich Tafeltrauben gewannen.

Auch der Mann, der den Ruhm des Weins dieser Region begründete, war Franzose: Charles Lefranc. 1857 gründete er das überaus erfolgreiche Weingut Almadén, pflanzte Cabernet, Pinot Noir, Malbec, Sémillon und bereits viele Rebsorten, die Haraszthy erst später mitbrachte und verteilte. Der Unterschied bestand lediglich darin, daß Haraszthy im Scheinwerferlicht der Publizität stand, Lefranc dagegen machte einfach nur guten Wein, und nach ihm tat das dann sein Schwiegersohn aus Beaune, Paul Masson.

DA IN SONOMA SOVIEL WIRBEL UND AUFREGUNG HERRSCHTEN, ist es nicht weiter verwunderlich, daß das Napa Valley hinter der nächsten Gebirgskette, doch ebenfalls von San Francisco aus mit dem Dampfschiff über die Bay ohne weiteres erreichbar, um ein gutes Stück zurücklag.

George Yount kam als erster hierher. Er war mit seinem Freund William Wolfskill nach Kalifornien gekommen, um Robben zu fangen. Wolfskill wandte sich nach Los Angeles und wurde dort Weinbauer, fast in derselben Größenordnung wie «Don Luis». Yount dagegen verschlug es auf der Suche nach Arbeit nordwärts zu General Vallejo. 1838 ritt er über die wilden Mayacamas Mountains, um sich das Tal dahinter anzusehen, und fand dort, wie die Fabel erzählt, ein Meer von goldgelbem kalifornischem Mohn. Vallejo hatte nichts dagegen, daß der junge Mann im Indianerland leben wollte, wenn er alle Formalitäten erledigte und, auf den Namen Jorge de Concepción Yount getauft, ein ordentlicher Mexikaner wurde. Daraufhin erhielt er 480 ha Land, auf dem er pflicht-

Ein Blick über das Napatal auf die Inglenook Winery am Fuß der bewaldeten Berge und die charakteristischen Wolken darüber. Inglenook wurde 1881 gegründet, überstand die Prohibitionszeit und wurde in der Mitte unseres Jahrhunderts unter John Daniel durch klassische Cabernets bekannt.

gemäß einige Mission-Reben pflanzte – doch ohne Hilfe konnte er gerade seine Viehzucht bewältigen. In demselben Jahr rafften die Pocken fast alle Napa-Indianer hin.

DAS NAPA VALLEY BLIEB, SOWEIT ES ÜBERHAUPT BESIEDELT WURDE, fast eine Generation nach Younts Ankunft reines Viehzüchterland. Eine von Titus Fey Cronise schon 1868 verfaßte Beschreibung vermittelt einen Eindruck von der Schönheit dieser Landschaft, die heute noch dem Besucher den Atem verschlägt. Er zeichnete das Bild höchster ländlicher Idylle: von makellosen Farmen, luftigen Häusern, sauberen und geraden Zäunen in einem majestätischen natürlichen Rahmen von verschiedenartigsten Bäumen, Büschen und Blumen – und unter jedem Busch eine Wachtel für die Bratpfanne.

1868 gab es 29 größere Farmer im Tal, die auch Reben anbauten, an ihrer Spitze der reiche Mormone Sam Brannen aus San Francisco, dem der größte Teil des nördlichen Talendes sowie die heißen Quellen von Calistoga gehörten. Der zweitgrößte Weinerzeuger war Dr. Crane, der die ersten Tanks aus Mammutbaumholz gebaut haben soll und die erste Weinpresse im Tal besaß. Der dritte war Charles Krug, der später eine Chronik der Anfangsjahre schrieb.

In den 60er Jahren wurde im Napatal vorwiegend die Mission-Traube angebaut; nur manche unternehmungslustige Gemüter wie Dr. Crane in St. Helena und der Farmer Osborne von der Oak Knoll Farm (er hatte aus einer Rebschule im Osten deren Standardkollektion an Tafeltrauben gekauft) kultivierten auch aus dem Ausland importierte Rebsorten. Der wagemutigste Anbauer war Hamilton Crabb aus Ohio, der 1865 eintraf und schon 1880 rund 400 verschiedene Rebsorten kultivierte. Doch exotische Trauben anzubauen, war die eine Sache, guten Wein davon zu gewinnen, eine andere.

«In den folgenden 30 Jahren», erzählte ein später berühmter Kellermeister, John Daniel von Inglenook, «war Charles Krug die überragende Gestalt im Napaweinbau, nicht nur durch seine eigenen Betriebe, sondern auch, weil er die lenkende Hand war, ebenso durch die Schulung, die er so maßgeblichen Leuten wie Karl Wente, dem Gründer von Wente Bros., Charles Wetmore, dem Gründer von Cresta Blanca, und Jacob Beringer angedeihen ließ, als sie für ihn arbeiteten.» Er war ein sehr wortgewandter und überzeugungskräftiger Mann und, wenn es nötig war, ein wirkungsvoller Sprecher für die gesamte kalifornische Weinwirtschaft.

ES WAREN IN GROSSEM UMFANG DEUTSCHE, DIE DAS NAPA VALLEY AUF DIE FÜSSE STELLTEN. Seit 1850 kamen sie in hellen Scharen ins Land; viele waren Winzer vom Rhein, die von Deutschland enttäuscht waren, weil es sich immer mehr dem Bier zuneigte, und vor allem, weil es immer mehr unter preußische Vorherrschaft geriet.

Viele hatten große Hoffnungen auf die liberale Revolution im Jahr 1848 gesetzt – das war das Jahr, als auch Frankreich, Italien, Österreich und Ungarn auf die Barrikaden gingen. Doch das einzige, was in Deutschland dabei herauskam, war ein noch engerer Würgegriff Preußens. Daß zufällig in demselben Jahr in Kalifornien Goldvorkommen gefunden wurde, muß damals vielen Auswanderern geholfen haben, ihren Entschluß zu fassen.

Das Kaliber dieser Menschen erweist sich am besten an der Art, wie sie das, was sie vom Weinbau wußten, an diese völlig fremde Welt anpaßten. Sie suchten geduldig nach Wegen, um das, was sie kannten, mit dem zu vereinbaren, was sie vorfanden. Jahrelang wurden im Napatal alle Geschäfte in Deutsch geführt, zum Teil auch in Sonoma, wo unter anderem die Familie Gundlach auf demselben Berghang, wo Lachryma Montis lag, sehr wohlhabend geworden war. Einige, wenn auch nicht so viele frühe Siedler in den Counties an der Nordküste waren Italiener. Die Gebrüder Simi aus dem Piemont waren 1876 ihrer Zeit weit voraus, als sie im Russian River Valley nördlich von Sonoma ihre wahrhaft stattliche steinerne Kellerei bauten. Von den Weinbauern der Anfangszeit könnte man sagen, daß die Deutschen den Verstand und die Italiener die Muskelkraft mitbrachten – in vielen Fällen verdrängten sie die Chinesen als Handwerker, Maurer und Landarbeiter.

Drunten in Santa Clara bot man sich die Tageszeit auf französisch. Weiter drüben im Osten der Bay, im Livermore Valley (1840 nach dem Engländer Livermore benannt), das sich mit seinem besonderen Kiesboden als hervorragend für Tafelweine geeignet erwies, hatte man die Wahl zwischen Französisch, Deutsch, Englisch oder Italienisch.

KULIKRÄFTE

Ein empfindlicher Mangel an Arbeitskräften war das Hauptproblem für alle, die sich in Kalifornien ein großes Projekt vornehmen wollten. Haraszthy löste es in einem Gespräch mit Ho Po, einem Arbeitskräftevermittler in San Francisco, dessen Geschäft es war, geschulte Arbeiter aus Guangdong herüberzuschaffen. Ho Po verlangte 30 statt 8 Dollar, zuzüglich Unterkunft und Verpflegung, für einen bereitwilligen, unermüdlichen Arbeiter. Die großen Projekte, die in Sonoma und Napa nun anstanden, wurden hauptsächlich mit Ho Pos Kulis bemannt. In den 1880er Jahren stellten sie über 80 % der Arbeitskräfte im Weinbau Kaliforniens, nach 1890 jedoch trieben radikale Vorurteile sie aus dem Land. Ihren Platz nahmen vor allem Italiener ein.

DREI DINGE SIND MASSGEBLICH DAFÜR, WELCHE RICHTUNG EINE NEUE WEINBAUINDUSTRIE NIMMT: die natürlichen Voraussetzungen; die von ihren Pionieren eingebrachten Techniken, Traditionen und Kenntnisse; doch mehr noch als diese ist es vor allem der Markt, der den Weg weist.

Bis in die 70er Jahre des 19. Jahrhunderts gab es in Kalifornien keine Massennachfrage nach Wein. Europa und die Ostküste der USA waren effektiv gleich weit entfernt, und beide verfügten über eigene Weinquellen.

Nach der Eröffnung der Eisenbahnverbindungen zwischen der Ost- und Westküste im Jahr 1869 änderte sich alles. Die Bedingungen, die sich dem Weinbau im Osten erschwerend entgegenstellten, gab es im Westen nicht. Die Kalifornier taten sich viel darauf zugute, daß ihren Weinen nie Zucker beigemischt werden mußte. Es kam zu bitteren Fehden, weil Ost und West sich gegenseitig üble Praktiken vorwarfen: Die Kalifornier wurden beschuldigt, sie klebten europäische Etiketten auf ihre eigenen schlechten Weine, und umgekehrt hieß es, im Osten würden kalifornische Etiketten auf schlechten Wein aus Europa geklebt. 1872 schrieb Arpad Haraszthy: «Die Reputation des kalifornischen Weins erlebt in den Staaten des Ostens eine der schwersten Prüfungen, nämlich es werden einem vertrauensseligen Publikum niederträchtige, minderwertige Imitationen desselben untergeschoben, die weder je den Boden unseres Landes gesehen haben noch in irgendeinem Punkt Ähnlichkeit mit Wein haben. Dieser skrupellose Handel geht in den Oststaaten offen vor sich...» Verschlimmert wurde die Lage noch durch eine kurzen, aber schmerzlichen Konjunktureinbruch, der die Nation schwer traf. Der Kongreß versuchte, sowohl den Osten als auch den Westen durch Schutzzölle gegen europäische Einfuhren abzuschirmen, was nur zu Vergeltungsmaßnahmen führte.

Hätten die Weinerzeuger damals gewußt, wieviel schlimmer ihre Probleme noch werden sollten, sie hätten unverzüglich eine gemeinsame Abwehrfront gebildet. Der Terror der Temperenzler brach über sie herein; Kansas wurde 1880 der erste «trockene» Bundesstaat. Außerdem tauchte die Reblaus auf; 1873 hatte sie bereits Sonoma erreicht und sich an ihr langsames, aber tödliches Werk gemacht.

FÜR DEN AUGENBLICK WAR DIE ENERGIE DER WEINERZEUGER IN NORDKALIFORNIEN durch das Studium und die Pflege ihrer kostbaren Reben gefesselt. Um 1880 wurden nach Krugs Worten im Napa Valley «die Neupflanzungen nicht mehr mit Mission, Zinfandel und Malvoisie für Rotwein und mit Riesling, Chasselas, Burger und Muscatelles für Weißwein bestockt. In den letzten Jahren pflanzten oder pfropften ehrgeizige Weinbauern Cabernet, Petit Sirah, Miller Burgundy, Crabb Burgundy, Malbec, Mondeuse – alles elegante Sorten, die den Charakter unserer Rotweine wundervoll verbessern werden... und neben dem Riesling z. B. der Sémillon etc.... und um Weißweine im Sauternes-Charakter hervorzubringen, solche Sorten wie Sauvignon Blanc...» Hatte der Einfluß Haraszthys etwa so lange gebraucht, um über das Gebirge herüberzukommen? Es war wohl vielmehr so, daß viele gleichzeitig an denselben Dingen arbeiteten.

Schon bemerkenswerter ist allerdings die kenntnisreiche Aufzählung der Rebsorten, wenn man bedenkt, daß die erste methodische Untersuchung in Montpellier oder Bordeaux erst ein Jahrhundert vorher unternommen worden war. Zwischen der Anerkennung des Cabernet als der besten Traube für Bordeaux und der nämlichen Anerkennung im Napatal lagen nur 100 Jahre.

Wie immer war es der Erfahrungsaustausch, der den Fortschritt brachte: Bereits 1854 hatten die Farmer im Napatal eine landwirtschaftliche Gesellschaft gegründet, in der sie ihre Arbeit besprachen. Weitere Hilfe kam aus akademischen Quellen. 1868 wurde in Berkeley die University of California gegründet, die auch einen Lehrstuhl für Landwirtschaft umfaßte. 1874 trat der Glücksfall ein, daß ihn ein aus Deutschland gebürtiger genialer Bodenspezialist namens Eugen Waldemar Hilgard bekleidete. Er hatte sich, so möchte man sagen, das Habit Haraszthys – oder doch eines seiner vielen – angelegt und sagte den Weinanbauern, die ihren Wein unter ausländischen Etiketten verkauften, «nachdem sie zweimal über den Atlantik oder vielleicht auch nur einmal über die Bay gefahren sind», kräftig die Meinung. «Die Winzer müssen wissen, und zwar rasch, welche von den 2500 Rebsorten sie wählen sollen.» Seine Gedankengänge mündeten schließlich in eine gründliche Analyse ganz Kaliforniens und die Einteilung in vage, unsichere Klimazonen. Ferner gab er Empfehlungen, welche Rebsorten sich für sie jeweils eignen. 1878 begrüßte Hilgard bei sich den Reverend John Bleasdale, der aus Melbourne gekommen war, um bei einer Wein- und Brandy-Prämierung in San Francisco als Preisrichter zu fungieren. In Australien hatte Bleasdale schon seit 10 Jahren die Vorzüge des kühlen Klimas gepredigt.

NEBEL IST IN KALIFORNIEN EIN LEBENSUMSTAND. Je näher dem Ozean, um so größer die Chance, daß eine turmhohe weiße Nebelbank die Sonne verschlang. Auf die landeinwärts gelegenen Täler erstreckt sich dieser Einfluß sehr viel schwächer, doch die Traubenanbauer bekamen ihn dennoch zu spüren. Ein Richter namens Stanley, der bei Napa City Land besaß, fand sich 1889 bereit, dem «San Francisco Chronicle» folgendes zu erzählen: «Ich nehme an, daß das untere Ende des Napatals die geeignetste Stelle ist für Trauben, die einen trockenen Rotwein erbringen. Der Distrikt liegt innerhalb des Bereichs, in dem die Meeresluft die Atmosphäre schwängert. Aus dieser Meeresluft ziehen die Reben besondere Eigenschaften, die den Tanningehalt ihrer Frucht steigern.» Mit einem Wort, er verglich den Distrikt Carneros mit dem Médoc.

Es war also an der Zeit, Vergleiche mit Frankreich anzustellen und zu sehen, wie Kalifornien dabei abschnitt. Im Jahr 1889 geschah dies denn auch auf der Weltausstellung in Paris, und man brauchte sich der Ergebnisse nicht zu schämen. Von 34 Medaillen oder Preisen, die für Weine verschiedener Art nach Kalifornien fielen, errang das Napatal allein 20. Man kann sagen, daß es von jener Zeit an zu Recht oder Unrecht die Führungsstellung im Prestige übernommen und dann in allen nachfolgenden schweren Zeiten nicht mehr wieder abgegeben hat.

Es GIBT ZEITEN UND ORTE IN DER GESCHICHTE, wo ich gern dabeigewesen wäre. Hoch oben auf meiner Wunschliste steht Kalifornien im 19. Jahrhundert, bevor die Golden Gate Bridge die kalte Rinne überspannte, die in die tiefe, verzweigte Bay führt; als Schoner und Dampfer vor der Market Street lagen und Villen sich drängten auf dem Nob Hill über der Stadt, in der sich unten der Wilde Westen und das Ritz nebeneinander wohl fühlten.

Robert Louis Stevensons romantisches Herz wurde allein schon vom Namen des Silverado Trail gerührt, der sich am sonnenverbrannten Hang des Napatals bis hinauf zu den Silbergruben am Mount St. Helena schlängelt. Ich bekenne, auch mein Herz wird gerührt, und wenn ich im Schatten der Mammutbäume den Berg hinansteige zu dem weißen Haus mit dem tiefen Vorbau, wo Stevenson Jacob Schram, den zum Weinbau umgeschwenkten einstigen Barbier, aufsuchte. Dann höre ich Geisterstimmen rings um mich her: Schrams gutturale Ausrufe im Wechselspiel mit dem weichen Edinburgher Stimmklang des Dichters, wenn das Rasseln des letzten Wagens verklungen ist ...

«Eine Ecke des Landes nach der anderen wird mit einer Traubensorte nach der anderen erprobt», schrieb der Autor der «Schatzinsel» in seinem einzigen Versuch in der Weinpublizistik. «So tasten sie Stück für Stück umher nach ihrem Clos Vougeot oder Lafite.» Was er da beschreibt, ist womöglich heute noch aktueller als damals. Wie schmeckten wohl Schrams «Schramsberg Champagnes»? Wie gut waren sie, diese stolzen Medaillengewinner, die alle verschwunden sind? Für Stevenson waren sie «in Flaschen gefüllte Poesie» – demnach hat sich nichts wirklich geändert.

KAPITEL 36

Bordeaux und Burgund auf dem Gipfel des Ruhms

DAS GOLDENE ZEITALTER

Das Goldene Zeitalter des Weinbaus in Bordeaux und Burgund im 19. Jahrhundert ist keine Mär. Es stimmt, daß um die Mitte des Jahrhunderts Weinbergbesitz, insbesondere in Bordeaux, eine Zeitlang bei Städtern *dernier cri* war, daß Bankiers bereit waren, für berühmte Güter jeden beliebigen Preis zu bezahlen, daß die Lesezeit im Médoc gewissermaßen die Champs Elysées des Vergnügens und des Flirts bildete.

Das Image dieser Ära ist durch die nachfolgenden schweren Zeiten hindurch sorgsam gepflegt worden. Es ist vor allem in Bordeaux deshalb erhalten geblieben, weil es in prunkvoller Architektur greifbar Gestalt angenommen hat – und in erster Linie, weil es zu etwas Anlaß gegeben hat, was man den Mythos des Château nennen könnte. Doch ist dies nur ein Viertel der Geschichte jenes Jahrhunderts, die schließlich die Weingüter und die Weine in ihrer heutigen Form geprägt hat. Es gab viel zu lernen, viel Feinabstimmung mußte geschehen, und mehrere schwere Krisen mußten überstanden werden, bis die Belle Epoque das Jahrhundert zum Abschluß brachte.

AM ENDE DES 18. JAHRHUNDERTS HATTEN DIE FÜHRENDEN WEINGÜTER in Bordeaux und Burgund einen ziemlich hohen, in vielen Lektionen über Jahrhunderte hinweg gründlich erarbeiteten Stand technischer Kompetenz erreicht. Sie hatten nahezu die Entwicklung des Weinstils vollendet, der für sie stets kennzeichnend bleiben sollte. Das gilt insbesondere für die Rotweine aus dem Médoc und von der Côte de Nuits.

Bordeaux mußte nur noch in der Zusammensetzung der Traubensorten einiges bereinigen. Cabernet Sauvignon, Cabernet Franc und Merlot hatten sich durchgesetzt, waren aber durchaus noch nicht universell. Noch immer spielten Petit Verdot und Malbec eine Rolle, daneben aber auch noch viele weniger bekannte Sorten, die inzwischen so gut wie verschwunden sind.

Ebenso mußten auch in der Technik der Weinbereitung noch viele Feinheiten und Neuerungen herausgearbeitet werden. Das Hauptinteresse galt in jener Zeit jedoch dem Marketing. Die Rollen der Erzeuger und der Händler mußten aufeinander eingespielt, die Definitionen der Güter und ihrer Weine klargestellt und das Hauptthema – eine für Handel und Verbraucher hilfreiche Qualitätsklassifizierung – abgehandelt werden: Alles in allem galt es, die Räder des gesamten Getriebes zu ölen.

IN BORDEAUX BRACHTE DAS ENDE DER NAPOLEONISCHEN KRIEGE keine unmittelbare Linderung – nur blieb die Kundschaft wenigstens nicht aus. Jahrhundertelange Gewohnheiten ließen sich nicht einmal durch 20 Jahre Krieg ganz abbrechen. England hatte nach wie vor nur an den allerbesten Weinen Interesse; Holland zeigte sich ebenfalls weiter interessiert, jedoch vor allem an billigen Weißweinen und *Palus*-Rotweinen (sogenannten «Cargo»-Weinen), und die Nachfrage aus Deutschland stieg stetig, bis schließlich dorthin ein Drittel des gesamten Bordeaux-Exports ging. Ein schwerer Schlag war der Verlust eines großen Teils des französischen Kolonialmarkts, der im 18. Jahrhundert eine Hauptstütze des Absatzes gebildet hatte. Statt dessen aber stellte sich ein zwar noch kleines, aber wachsendes Interesse in Nord- und Südamerika ein.

Der Markt war gedrückt. Das ist darin zu sehen, daß die 1825 neu eröffnete Bank von Bordeaux 1830 beinahe in Konkurs ging und Weinbestände als Sicherheit für Kredite kategorisch ablehnte. Die Knappheit an Finanzmitteln ließ die Kaufleute am Quai des Chartrons – Nathaniel Johnston, Barton, Guestier (er hieß damals bei den Produzenten «Pierre der Grausame») und andere, die sich zwischen 1820 und 1830 im Médoc prachtvolle Châteaux kauften – erst recht die Bedingungen der Kredite für Weinerzeuger diktieren.

Johnston warf den Premiers Crus (insbesondere Margaux und Haut-Brion) vor, sie ließen sich für den 1834er, der «nicht besser als ein 3e oder 4e Cru» gewesen sei, den Namen bezahlen. Bei den Erzeugern war das Kapital so knapp, daß sowohl Château Margaux als auch Latour im Jahr 1844 Zehnjahresverträge abschlossen, denen zufolge sie ihren Gesamtertrag zum Festpreis von 2100 und 1750 Francs pro Tonneau im voraus verkauften. Das schien vernünftig, bis das standfest unabhängig gebliebene Château Lafite unter seinem hochberühmten und begabten *régisseur* Joseph Goudal den Ertrag des Jahres 1844 zu 4500 Francs absetzte – also für mehr als das Doppelte.

EIN KONTRAKT MIT EINEM NÉGOCIANT WAR ABER MEHR ALS NUR EINE EINFACHE VERKAUFSVEREINBARUNG. Da nun die Händler zum ersten Mal die Weinerzeuger finanzierten,

Die höchst sehenswerte klassizistische Fassade von Château Margaux stammt aus dem Jahr 1811. Damals war die heute noch gültige, im Jahr 1855 formell festgestellte Hierarchie der Châteaux schon etabliert. Margaux, Lafite, Latour und Haut-Brion hatten eindeutig die Führungsstellung sowohl im Preis als auch im Status inne. Daran hat sich nur wenig geändert.

machten sie ihnen auch genaue Vorschriften darüber, wie sie ihr Weingut zu führen hatten, bis hin zum Hacken der Weinberge, zum Zeitpunkt der Düngung (bei Premiers Crus alle 19 Jahre), zum Ersatz alter Weinstöcke durch neue und daß die Fässer aus baltischer Eiche bestehen und sechs Reifen haben mußten.

Goudal wollte mit alledem nichts zu tun haben. Zum Glück – wie sich auf lange Sicht zeigte, für alle Weingüter – hatte er die Unterstützung enorm reicher Eigentümer, der Familie Vanlerberghe (sie soll im Krieg über den Londoner Bankier Sir Samuel Scott Waffenschmuggel betrieben haben). So konnte Goudal dem Quai des Chartrons offen den Krieg erklären. Seinen ausgezeichneten Jahrgang 1841 verkaufte er über den Kopf der Händler hinweg zu einem kolossalen Preis – und konnte die Bedingung daran knüpfen, daß jeder Kunde auch etwas von dem mäßigen Jahrgang 1842 mit abnehmen mußte. Johnston war empört und tat sich unter seinen englischen Kunden um, wobei er fast von ihnen verlangte, sie sollten Château Lafite boykottieren. Er stellte sich einen geordneten Markt vor – auf dem die Chartronnais den Ton angaben. Johnston wollte sogar so weit gehen, daß er nur Bestellungen annahm, die entweder auf ein 1er, 2e, 3e oder 4e Cru lauteten, wobei es die Käufer seinem Ermessen überlassen sollten, aus welchem Château der Wein kam. Das hätte bedeutet, daß die Chartronnais das gesamte System kontrollierten und der sorgfältig gepflegte Begriff des individuellen Erzeugers abgeschafft und durch eine allgemeine Klassifizierung ersetzt worden wäre. (Weiß der Himmel, sagten die Erzeuger, was die Händler in ihren Kellereien daraus gemacht hätten.)

Daß damals schon eine Klassifizierung etabliert war, steht außer Zweifel. Amtlich wurde sie zwar erst 1855 und erfaßte nur das Médoc (und Sauternes), doch bis dahin bestand sie bereits in Gestalt einer übereinstimmenden, wenn auch nicht listenmäßig

---

BARON PHILIPPE

Die Klassifizierung von 1855 gilt heute offiziell noch genau so, wie sie zuerst veröffentlicht wurde, mit einer einzigen berühmt gewordenen Ausnahme: 1973 wurde Mouton-Rothschild von der ersten Stelle unter den 2èmes Crus in den Rang eines Premier Cru befördert. Diese Änderung war das Werk von Baron Philippe de Rothschild, dem größten Förderer des Médoc im allgemeinen und seiner eigenen Weingüter im besonderen.

Mouton wurde im 18. Jahrhundert vom Baron de Brane gegründet, der das Gut von den Ségur erwarb (vorher war es Teil von Lafite gewesen). Wie die Ségur damals wußten, an welcher Stelle die Grenzlinie zwischen den beiden Parzellen, die so verschiedenen Charakter haben, gezogen werden mußte, bleibt eines der großen Rätsel des Médoc. Das Gut hieß nun Brane-Mouton und war anerkanntermaßen ein Premier Cru, wobei ihm noch dazu die Ehre gebührte, zu den Pionieren des Cabernet Sauvignon im Médoc zu gehören. 1830 wurde es an einen M. Thuret verkauft, der sich offenbar mit der Wirtschaftsführung keinen Ruhm erwarb. Er verkaufte das Gut 1853 mit Verlust, als der Mehltau das Médoc plagte, an den Baron Nathaniel Rothschild vom englischen Zweig der Familie. Bei der Festlegung der Klassifizierung von 1855 war der Status des Guts im Lauf der voraufgegangenen Generation nicht so hoch gewesen, daß es Anspruch darauf gehabt hätte, unter die Premiers Crus eingereiht zu werden.

Als Baron Philippe 1922 Mouton erbte, ging er daran, diesen Schaden wiedergutzumachen. Dazu brauchte er 51 Jahre sorgfältiger Arbeit am Wein und unablässiger Propaganda. Die Qualität seines Weins stand nie in Frage, aber Bordeaux fürchtete die unabsehbaren Folgen einer auch nur kleinen Änderung der ehernen Gesetze von 1855. Es bestand ja auch offene Rivalität zwischen den Rothschilds auf Mouton und ihren Verwandten, die 15 Jahre später im Jahr 1868 Lafite gekauft hatten (und zwar viel teurer). Mouton hatte kein eigenes Wohnhaus, bis Baron James um 1870 ein bescheidenes Wochenenddomizil darauf errichtete und es Petit Mouton nannte. Das schöne heutige Château, ein umgebautes Bauernhaus, ist das Werk des 1988 verstorbenen Baron Philippe und seiner amerikanischen Gattin Pauline.

fixierten Wertung innerhalb des Handels. Schon seit dem Anfang des 18. Jahrhunderts hatten die Makler die Verfassung der Weingüter beobachtet – und sie hatte sich als bemerkenswert beständig erwiesen. Die Premiers Crus waren nicht nur zeitlich die ersten gewesen; sie blieben es im großen und ganzen auch Jahr für Jahr in der Qualität. Und die Preisunterschiede waren enorm. Im 18. Jahrhundert erzielte ein 1er Cru den doppelten Preis eines 2e Cru, den dreifachen eines 3e Cru und den vierfachen eines 4e Cru. Selbst wenn man zugibt, daß Millionäre nicht auf ihrem Geld sitzen, ist diese langfristige Beständigkeit doch eindrucksvoll: Eine solche über Generationen hinweg gültig gebliebene Wertung kann kaum allein auf Spiegelfechterei gegründet sein.

DIE ÖFFENTLICHKEIT ERFUHR ERSTMALS durch Julliens «Topographie» von einer Klassifizierung. Er war allerdings ein so leidenschaftlicher Klassifizierer, daß wahrscheinlich niemand die spezielle Bedeutung der für Bordeaux angegebenen Rangfolge groß zur Kenntnis nahm. In seiner ersten Auflage (1816) war sie zudem sehr einfach und offenbar dem Makler Lawton abgeschaut, der seinerseits Thomas Jefferson über die Spitzenweine informiert hatte. Jullien unterschied zwischen den «hohen» und «niederen» Médocs und gab die nachmals geradezu konventionell gewordenen Charakterisierungen der vier Premiers Crus ab (einschließlich Haut-Brion). Seine Beschreibungen klingen heute noch bemerkenswert aktuell. Sodann verzeichnete er sieben 2e Crus (Rauzan und Gorce in Margaux; Léoville und Larose in St-Julien, le Clos de Brane-Mouton und Pichon-Longueville in Pauillac sowie Calon in St-Estèphe). Hiernach beschränkte er sich darauf, die Namen der Gemeinden in der Reihenfolge ihrer Qualität mit Hinweisen auf den Charakter ihrer Weine aufzuführen. Zur Qualität der Spitzen-Médocs im allgemeinen äußerte er sich jedoch sehr ausführlich und lyrisch: Ihr Aroma erinnerte ihn an den Duft von feinstem Siegellack, «ihr Bukett an Veilchen und Himbeeren».

Auf Jullien (aus Paris) folgte schon 1824 ein deutscher Bordeaux-Händler namens Wilhelm Franck. Er trieb die Sache wesentlich weiter, indem er insgesamt 408 Weingüter in 41 Gemeinden des Médoc namentlich nannte und sie in vier Klassen, Gewächse oder Crus einteilte. Nach den vier Ersten verzeichnete er lediglich vier Zweite, dann acht Dritte und schließlich 18 Vierte.

Ihm folgte dann bereits 1828 ein Makler namens Paguierre, dessen Buch zugleich in Französisch und Englisch erschien. Paguierres Klassifizierung entspricht der von Franck fast haargenau. Besonderes Interesse gebührt seinem Buch eigentlich wegen der Empfehlungen, die er den Weinerzeugern für die Bereitung von Weinen für die verschiedenen ausländischen Märkte gibt. Sein Rezept für die Rotweinbereitung ist außergewöhnlich. Er schlägt vor, die besten und reifsten Trauben in einem «Mutterfaß» *(mère-cuve)* einen Monat lang in *trois-six* (doppelt gebranntem Branntwein) einzumaischen, während das übrige Lesegut gestampft und in üblicher Weise vergoren wird. Der Inhalt der *mère-cuve* wird dann nach Beendigung der Gärung (in der Praxis dürfte beim Einlegen in Branntwein überhaupt keine Gärung stattfinden) in kleiner Dosis dem regulären Wein beigemischt. Offenbar ging es dabei um zusätzliche Stärke und tiefere Farbe, doch wurde es auf eine höchst eigentümliche Art angepackt.

Paguierres Erfahrung mit der ausländischen Kundschaft veranlaßt ihn zu erklären, daß die Holländer naturreinen Wein wünschen, damit sie daheim auf ihre eigene Art damit umspringen können; die Russen oder Preußen wollen zwei- oder dreijährigen, klar vom Trub abgezogenen Wein, während die unbelehrbaren Briten, die noch immer am Nervenkitzel des Portweins oder der schweren spanischen Weine hängen, nur mit dem traditionellen *travail* – der Beimischung von Hermitage, Midi oder noch Schlimmerem (Brandy erwähnt er nicht) – zufriedenzustellen sind, wodurch der Rotwein trocken und im Alter braun wird. Pulverisierte Iriswurzeln helfen dem Bukett nach, fügt er hinzu, ebenso zwei Finger Himbeergeist auf jedes Faß.

ÜBERRASCHENDER ALS DIE GERADEZU SELBSTVERSTÄNDLICHE ERWÄHNUNG DER SPITZEN-CRUS sind Hinweise, die schon um 1820 auf eine viel tiefergreifende Hierarchie deuten, die zwar nicht genau ausgeführt wird, sich aber von den *crus classés* bis zu *vins bourgeois supérieurs, bons vins bourgeois, petits vins bourgeois* und sogar *petits vins de Médoc paysans* erstreckt.

Also hatten die Makler bereits ihre Untersuchungen und Einteilungen auf diejenigen Güter ausgedehnt, die man heute gewöhnlich «Petits Châteaux» nennt. In der vierten Auflage (1848) ließ sich dann Jullien dazu herbei, seinen vielzitierten Satz zu prägen: «Diese Weine (die Crus Bourgeois) erlangen oft in der Reife einen Grad der Qualität, der sie nur noch schwer von den 5èmes Crus unterscheiden läßt.»

OBWOHL DIE GESCHÄFTE IN BORDEAUX SCHLEPPEND GINGEN, spürte man doch, da eine Liste die andere jagte, ein steigendes Interesse an dieser so eigenartig aufgebauten Rangordnung. Es kam allmählich eine übereinstimmende Wertung zustande, die in der Welt einmalig war, gewissermaßen eine ständige Auktion, bei der die Weingüter ihre jeweilige Rangstellung fanden. Der Gedanke, die Qualität von Grund und Boden als Gradmesser zu benutzen, ist durchaus logisch, doch in Bordeaux geschah etwas anderes. Hier wurde der Besitz klassifiziert – und dazu gehörte unausweichlich das menschliche Element.

Das Buch, das schließlich das Interesse auf den Höhepunkt führte, wird heute ehrfurchtsvoll nur noch die «Bordeaux-Bibel» genannt. Es war eine Gemeinschaftsarbeit des englischen Professors (und Freimaurers) Charles Cocks und des Buchhändlers Michel Féret aus Bordeaux. 1846 veröffentlichte Cocks allein «Bordeaux, Its Wines and the Claret Country» in englischer Sprache. Es enthielt die bis dahin umfassendste Klassifizierung, die nach Angaben des Verfassers auf der neuesten Ausgabe der Franckschen Liste beruhte, jedoch aufgrund eigener Untersuchungen erweitert war, «wobei mir der Preis der beste Prüfstein der in jedem Wein vermuteten Qualitäten zu sein schien».

Es wäre sicher interessant, mehr über diesen Freimaurer zu erfahren, unter dessen Übersetzungsarbeiten sich ein Buch mit dem Titel «Priester, Frauen und die Familie» befand. Über den Wein wußte er jedenfalls Bescheid. Seine Bemerkung, daß «eine beträchtliche Zeit vergehen muß, bevor ein Jahrgang endgültig beurteilt werden kann», ist eine goldene Weisheitsregel, die bis auf den heutigen Tag noch viel zu oft ignoriert wird. Féret stürzte sich offenbar auf dieses autoritative Werk und seinen Verfasser, prüfte die Liste nach, änderte sie ein wenig und brachte 1850 die erste französische Ausgabe von «Bordeaux et ses vins, classés par ordre de mérite» heraus. Seither sind 14 Neuauflagen des «Cocks und Féret» erschienen, eine dicker als die andere; heute enthält das Buch inzwischen 7000 Weingüter.

Cocks muß den Maklern ziemlich nahegekommen sein. Hätte er noch ein Jahr länger gelebt, dann hätte er 1855 ein als offiziell geltendes *classement* des Syndicat des Courtiers de Commerce erscheinen sehen, das im Auftrag der Handelskammer Bordeaux für Napoleon III. als Beitrag zur Pariser Weltausstellung in jenem Jahr ausgearbeitet wurde und seiner Liste sehr ähnlich war.

Das Dokument, ein vergilbendes Pergament in Kursivschrift, liegt heute noch im Büro des Präsidenten der Handelskammer im Palais de la Bourse, dem ersten großartigen Beitrag des Intendanten de Tourny zur Verherrlichung von Bordeaux. Kein anderes Papier hat je so viel Reklame für ein Produkt gemacht und dafür gesorgt, daß es über 130 Jahre lang als ein immer wieder diskutiertes Thema weithin die Aufmerksamkeit des Publikums in Anspruch nahm.

DAS SCHLÜSSELWORT «CHÂTEAU» FEHLT ÜBRIGENS IM CLASSEMENT VON 1855 weitgehend; es erscheint in der Tat nur fünfmal. 74 der insgesamt 79 verzeichneten Weingüter (58

Rotwein- und 21 Weißweinerzeuger) treten unter einem einfachen Namen (Mouton beispielsweise oder Langoa) auf, gefolgt vom Namen der Gemeinde und des Eigentümers. Als Bezeichnung für das Anwesen wurden gelegentlich die Worte «Cru» oder «Clos» gebraucht; «Château» hieß es offenbar nur, wenn ein diesen Begriff rechtfertigendes größeres Gebäude vorhanden war (z. B. in Beychevelle) oder früher einmal existiert hatte (z. B. Latour). Erst die Großmannssucht der Weingutsbesitzer, die im vollen Schwung des heraufdämmernden goldenen Zeitalters imposante Bauten für sich selbst errichteten, brachte den Ausdruck Château allgemein in Gebrauch.

AB ETWA 1850 BEGANN DAS MÉDOC, SEIN VERTRAUTES AUSSEHEN ANZUNEHMEN – ganze Scharen großer, in unbestimmter Weise historisch wirkender Landhäuser, eingestreut in eine sanft hügelige Parklandschaft, in der sich statt Eichenhainen und zahmen Hirschen Weinstöcke, Weinstöcke und nochmals Weinstöcke dem Auge präsentieren.

Die Stimmung jener Epoche kristallisiert sich am besten in Landschlössern wie Pichon-Lalande, Pichon-Longueville und Palmer. Pichon-Lalande wurde 1851 von dem beliebten Architekten Burguet in Bordeaux im Auftrag des kinderlosen letzten Barons Pichon namens Albert gebaut. Er war bereits 60, ein resignierter alter Legitimist, der von den revolutionären Ereignissen, die 1848 Europa erschütterten, arg mitgenommen war. «In Hoffnung auf bessere Zeiten» lautet die wehmütige Inschrift über der Tür. Glücklicherweise lebte er bis 1864 und sah die besseren Zeiten heraufdämmern. Sein «Louis-XIII»-Château war so ein Erfolg, daß es Burguet Bauaufträge für Pichon-Longueville auf der anderen Straßenseite, das Weingut von Alberts Neffen, und für Palmer in Margaux eintrug. Das erstere entwarf er als geradezu disneyhafte Imitation eines Château mit hohen, spitzen Zuckerhüten als Ausrufezeichen. Das zweite, für den Pariser Bankier Isaac Pereire gebaute, ist eines der charmantesten Häuser im Médoc. Im Grunde ist es ein bürgerlicher Bau, jedoch durch seine hübschen Neorenaissance-Türmchen und das steile, messerscharfe, schimmernde Dach mit starken Anklängen an Loireschlösser – vielleicht Azay le Rideau. Pereire investierte damals auch in dem neuen Badeort Arcachon an der Küste. Und so trifft man den heiteren Historismus und die glückliche Stilharmonie von Château Palmer auch dort an.

Der Stil Burguets und seiner Nachfolger läßt unwillkürlich an Männer des Handels und der Wirtschaft denken, die stolz darauf sind, Grundbesitzer geworden zu sein, und nun ein würdiges Symbol ihrer neuen Identität errichten wollen. Zum Glück hatten manche einen guten Sinn für Proportionen (ja für Humor), der sie leitete, anderen war das nicht beschieden. Doch jeder auch noch so kleine Grundeigentümer gab sein Bestes,

---

Château Palmer ist ein 3e Cru in Margaux, das heute beständig Besseres leistet als manches 2e Cru und gelegentlich sogar die Premiers Crus herausfordert. Sein auffallend englischer Name erinnert an Generalmajor Charles Palmer aus Bath, der im Jahr vor Waterloo drei Tage lang in einer Kutsche zusammen mit einer schönen jungen Witwe von Lyon nach Paris reiste. Sein Soldatenherz wurde von ihrer Geschichte gerührt: Sie mußte in Paris das Gut ihres verstorbenen Mannes im Médoc verkaufen. Palmer erwarb es, taufte es, das zuvor de Gasq hieß, auf den eigenen Namen und war nun mehr durch Glück als Verstand zum Herrn eines der besten Weingüter im Médoc, unmittelbar neben Château Margaux, geworden.

Captain Gronow berichtete weiter, Palmer habe einen Mr. Gray, «einen Mann mit gewinnenden Manieren, ansonsten aber ein ebensogroßer Taugenichts wie er selber», als Agenten engagiert. Nun wurden dem Prinzregenten Proben angeboten. Der verglich den reinen Palmer mit dem gespriteten Rotwein, den ihm sein Weinhändler Carbonell lieferte, und riet Palmer, er solle es mit anderen Reben versuchen und mehr Mumm hineinbringen. Palmer, töricht, hörte auf ihn, ruinierte damit sein Weingut und ging bankrott.

DAS GOLDENE ZEITALTER

Die *chais* von Cos d'Estournel (ein Wohnhaus gibt es hier nicht) kamen zu ihrem orientalischen Gepräge, wie erzählt wird, durch das Bemühen, auf dem reichen Markt in Britisch-Indien Fuß zu fassen. Ein gutes Beispiel für die Ausnutzung des Château-Konzepts als Werbemedium.

um mitzuhalten. Die goldenen 60er und 70er Jahre füllten ihnen die Taschen, und es war schon ein sehr armer Weinbauer, wer sich nicht wenigstens ein Türmchen auf sein Bauernhaus setzen konnte, um dem Titel «Château» Glaubwürdigkeit zu verleihen.

NACHDEM NUN DIE TÜRMCHEN VORHANDEN WAREN, wie sollte da die Definition des Begriffs «Château» lauten? Die Antwort ist eigentümlich unfranzösisch. Für eine Nation, die stolz darauf ist, in klaren Kategorien zu denken, ist das eher eine typisch britische Grille. Das Château ist ungefähr vergleichbar mit der englischen «Constitution»; sein Wesen besteht in der eigenen Wirkung.

Joseph Goudal, der Verwalter von Lafite, war verständig genug, seine Arbeitgeber darauf hinzuweisen, daß alles Land, das sie ihren in Schwierigkeit geratenen Nachbarn abkauften, sofort um ein Mehrfaches im Wert steigen müßte – weil es ein Teil von Lafite wurde. Deren Eigentümer ließen töricht einige gute Gelegenheiten ungenutzt, bis sie dann schließlich um 1840 das Nachbargrundstück Les Carruades für eine beträchtliche Summe erwarben. Aber das Prinzip stimmt, und es verleiht dem Begriff des «Cru Classé» einen fast mystischen Anschein: Er kann sich auf einen geschlossenen Weinbergblock, auf mehrere Blocks oder gar auf völlig vereinzelte, über die ganze Gemarkung verstreute Rebzeilen beziehen. Solange alles in seiner eigenen Tradition steht, kann der gesamte darauf gewachsene Wein unter dem Namen des Cru Classé firmieren.

Es gibt ein Dokument, das auf den Versuch hinweist, endgültig festzulegen, was ein Château ist – dies jedoch erst 1942 und übrigens ohne Erfolg: Der Begriff Château (auf einem Weinetikett) müße «an die Existenz eines bestimmten ‹Cru›, eines festgelegten, seit langem unter der in Frage stehenden Bezeichnung bekannten Weinbergs gebunden sein, wobei diese seiner Bedeutung und den beständigen, stets beobachteten örtlichen Gepflogenheiten entsprechen muß». Nur wenig hiervon, wenn überhaupt etwas, hat Bezug auf die praktischen Verhältnisse. Eine Weinlage kann ohne weiteres gegen eine andere ausgetauscht werden (solange diese andere ebenfalls klassifiziert ist – in manchen Fällen offensichtlich sogar unabhängig davon, ob sie klassifiziert ist oder nicht).

Auf dem Grund und Boden braucht überhaupt kein Gebäude zu stehen. Das einzige Wort, das hier wahr klingt, ist «Gepflogenheiten»: Das Wesen des Château ist seine Wirkung. Es gibt ein anderes Wort, das hierauf recht genau paßt: eine Marke. Zwar ist die Zahl der Crus Classés im Médoc und in Sauternes seit 1855 unverändert geblieben, doch die Zahl der Châteaux ist von ein oder zwei Dutzend in ganz Bordeaux sprunghaft auf 700 im Jahr 1874 und 1300 im Jahr 1893 angestiegen; heute steht sie auf über 4000.

ECHTER MEHLTAU

«Rebenkrankheit» nannte man in Bordeaux anfänglich ein mysteriöses Leiden, das dort 1851 erstmals auftrat. Bald wurde es als eine Form des Echten Mehltaus, *oidium Tuckeri*, identifiziert, der von England aus nach Belgien und Frankreich gelangt war. Die Pilzsporen verbreiteten sich, unterstützt von kühlem, feuchtem Sommerwetter, mit erschreckender Schnelligkeit, so daß in zwei Jahren die gesamte Region in Panik geriet. Eine schwere Krankheit der Reben war hier noch nie vorgekommen. Beschreibungen, Erläuterungen und Heilungsvorschläge kamen zu Tausenden in Umlauf. Die Krankheit befiel verschiedene Rebsorten auf unterschiedlichen Böden in verschiedenem Maß, ließ die jungen Triebe der Reben absterben und halbierte den Ertrag. Es wurde ein hoher Preis für ein wirksames Gegenmittel ausgesetzt, und wie üblich lautete einer der ersten Vorschläge: Elektrizität.

Das tatsächlich wirksame Heilmittel wurde erstmals 1852 genannt, stieß aber weithin auf Unglauben. Es bestand darin, die Reben mit fein pulverisiertem Schwefel zu bestäuben. Die Erfindung wird dem Comte de la Vegne zugeschrieben, dessen *Palus*-Weingärten im südlichen Médoc schwer geschädigt waren. Er führte Experimente durch, wie alle Blätter am besten mit dem Schwefelstaub zu erreichen wären, und wurde dabei vom Finanzminister Louis-Philippes, dem Comte Duchatel, der in Lagrange den größten Weinbergbesitz im Médoc hatte, und von dem Eigentümer von Château Giscours in Margaux unterstützt. Die meisten Weinbergbesitzer befürchteten zunächst, ihre Weine würden einen Beigeschmack nach Schwefel bekommen, doch die Wirksamkeit des Mittels (und der Fehlschlag aller Alternativen) belehrte sie bald eines Besseren. Schon 1857 wurde es in Bordeaux allgemein angewendet, 1861 war die Gesundheit der Reben wieder hergestellt – allerdings mußte das Bestäuben mit Schwefel regelmäßig wiederholt werden.

Wenn auch die Krise nur kurzlebig war (übrigens erreichte sie im Jahr der Klassifizierung ihren Höhepunkt), kann man das von einigen ihrer Nebenwirkungen nicht behaupten. Sie brachte verbreitet Neuanpflanzungen mit sich, wobei Cabernet und Malbec auf Kosten des Merlot bevorzugt wurden und der Sémillon die Muscadelle zurückdrängte. Sie gab auch den Anstoß zu großen Rebenanpflanzungen in der neuen französischen Kolonie Algerien – was in der Zukunft bedeutende Folgen hatte.

DAS GOLDENE ZEITALTER SETZTE MIT DER KLASSIFIZIERUNG EIN. Oberflächlich betrachtet, waren die Aussichten durchaus nicht rosig. Der Echte Mehltau, eine schwere, neue Pilzkrankheit, war drei Jahre zuvor in Bordeaux aufgetreten (nachdem er andere Weinbaugegenden in Frankreich bereits stark dezimiert hatte) und ließ die Weinstöcke zu Tausenden kümmern oder absterben. Andererseits stiegen die Preise trotz schlechter Jahre, weil Wein knapp war. Um dieselbe Zeit floß wegen des Goldrauschs in Kalifornien und Australien viel Geld in die Weltwirtschaft. 1853 wurde die Eisenbahnverbindung zwischen Bordeaux und Paris fertiggestellt.

Da Bordeaux Seehafen war, bedeutete die Eisenbahn hier keine ganz so revolutionäre Befreiung von alten Zwängen wie in dem Binnenland Burgund – doch das Dampfschiff war schließlich auch eine Revolution. Am günstigsten wirkte sich die Bahnverbindung dadurch aus, daß sie die Reise nach Paris und in die Märkte im Norden, z. B. nach Belgien und Deutschland, verkürzte. Die Eisenbahn brachte aber auch Besucher aus Paris in die berühmte Weinregion, und nachdem sie diese gesehen hatten, wollten sie ein Stück davon besitzen.

Ein Bericht über die Weinlese in Beychevelle, dem Weingut des großen Bankiers Fould, beleuchtet die Szene. Fould hatte die Tochter eines Baumwollmillionärs aus New Orleans geheiratet, und dieser hatte das Barockschloß von Pierre (dem Grausamen) Guestier gekauft. Nach einem ausgiebigen Lunch und einer guten Zigarre auf der Terrasse schlenderte die Gesellschaft zu den Nebengebäuden und schaute den Weinlesern bei ihrer Kohlsuppe zu (sie war gut, bemerkt der Verfasser, und voller Fleischstückchen). Und dann reiten oder fahren alle an den Reihen der Weinstöcke auf und ab – «neben uns die Kalesche der höchst anmutigen Baronne Gustave de Rothschild und ihres Gemahls, die liebenswürdige Familie von Monsieur Johnston ... Duchatel ... Comte d'Aguado ... Fürst und Fürstin Murat ... die Ségurs ... die d'Erlangers ... man ist im Faubourg St-Honoré, auf den verlängerten Champs Elysées, man ist in Paris.»

Wohin ging nun der Wein aus diesem gesellschaftlich und wirtschaftlich revolutionierten Bordeaux? Ziemlich viel davon (wenn auch nicht die besten Qualitäten) wurde über den Atlantik verschifft. Argentinien, das Land des Rindfleischs und Weizens, wurde von 1860 bis 1890 der größte Abnehmer von Bordeaux, und auch in den Vereinigten Staaten kam man um 1840 auf den Geschmack am Claret (nicht aber an diesem englischen Namen dafür). Der Höhepunkt lag in den zehn Jahren nach 1850, als die Ameri-

---

Nach dem denkwürdigen Gladstone-Erlaß von 1860 schrieb in England ein Arzt und Weinliebhaber namens Robert Druitt einen Bestseller mit dem Titel «Bericht über die billigen Weine aus Frankreich, Italien, Österreich, Griechenland und Ungarn».

«Ich habe nicht als Gaumenvergnügen, sondern zu rein beruflichen Studienzwecken Proben der meisten Weinsorten gekauft und getrunken, die heute angeboten werden» – d. h. erstmals für ein breiteres Publikum.

Druitt empfahl Bordeaux und Burgunder als Alternativen zu spanischen und portugiesischen Weinen; «Claret insbesondere für Kinder, literarisch Tätige und für alle, deren Tätigkeit sich vorwiegend im Haus vollzieht und mehr das Hirn anstrengt als die Muskeln» – auch für «Frauen im Kindbett».

Allerdings war die Poesie des Weins dem Doktor ebenfalls nicht fremd: «Wir bewundern wohl die Rosenknospe und das Schneeglöckchen, doch hat unsere Zuneigung auch Platz für etwas Volleres, Wärmeres, Runderes und Üppigeres. Wie Aphrodite, verglichen mit einer Waldnymphe, so sind deine Weine, o Burgund, im Vergleich zu denen deiner Schwester Bordeaux!»

Über seine Herren Kollegen, die Portwein empfahlen, meinte er, sie hätten ja keine Ahnung, «wie schlecht schlechter Portwein sein kann ... Die einzige Frage, die man sich stellen muß, ist nicht nach der chemischen Zusammensetzung des Weins, sondern ob er einem schmeckt und bekommt. Der Magen ist das wahre Reagenzglas für Wein; wenn er sich mit ihm streitet, bedarf es keiner Analyse mehr.»

kaner die allerbesten Kunden von Bordeaux waren. Der Bürgerkrieg machte mit dieser (inzwischen längst vergessenen) Ära der amerikanischen Vorliebe ein Ende, gemeinsam mit einer zunehmenden Propaganda der Mäßigkeitsvereine und protektionistischen Tendenzen in der amerikanischen Handelspolitik. Später im Jahrhundert füllte dann die wachsende Produktion Kaliforniens die dadurch entstandene Lücke.

Um 1860 geschah dagegen in Europa genau das Gegenteil. Eine ganze Reihe gegenseitiger Verträge, durch die zwischen den Nationen die Zollschranken niedergelegt wurden, nahm um 1830 mit dem von Preußen inspirierten Deutschen Zollverein ihren Anfang. Für Bordeaux am bedeutendsten war der englisch-französische Handelsvertrag von 1860. Er führte unmittelbar zur Beendigung der fast zweihundertjährigen Diskriminierung des französischen Weins, die einst in England die Hinwendung zum Portwein gebracht hatte. Plötzlich fielen die Abgaben auf französischen Tafelwein bei der Einfuhr nach Großbritannien auf ein Zwanzigstel des Betrags von 1815.

Das Verdienst daran schreiben die Briten ganz und gar dem Schatzkanzler William Gladstone zu. «Gladstone Claret» hieß der Bordeaux-Wein, den man sich jetzt so wundersam leisten konnte. Von 1860 bis 1873 verachtfachten die Briten ihren Verbrauch an französischem Wein (obwohl sie dabei den Sherry und andere trinkbare Dinge durchaus nicht vernachlässigten).

Einige wenige statistische Zahlen belegen die Vorgänge im Goldenen Zeitalter ausreichend. In Bordeaux wurden 1858 (während der Genesung vom Mehltau) 1,9 Millionen Hektoliter Wein erzeugt, 1862 waren es 3,2 Millionen, 1869 schon 4,5 Millionen und 1874 und 1875 über 5 Millionen.

WIE IMMER STAND DAS MÉDOC BEI ALLEDEM IM VORDERGRUND. Die Geschichte von St-Emilion und seinen Nachbargebieten verlief im 19. Jahrhundert ungefähr parallel, obschon der Beginn auf einem bescheideneren Niveau stattfand und alles weniger stürmisch und mit weniger Einflußnahme von außen verlief. «Geruhsam» ist das Wort, das sich einem aufdrängt. Wer im Libournais etwas auf sich hielt, arbeitete still vor sich hin und sorgte dafür, daß sein Wein immer besser und besser wurde, wenn neue Ideen ins Land zogen. Die Bretagne und Nordostfrankreich, Belgien und Holland blieben auch weiterhin die besten Kunden. Wenn es so etwas wie eine Klassifizierung gab, dann nur als Privatangelegenheit zwischen Maklern und Händlern; es fiel ihnen nicht ein, daß damit eventuell Werbung zu machen wäre – und Journalisten hielten sich wohl auch nicht sehr lange in Libourne auf.

Die Schwierigkeiten mit dem Verschiffen von Waren während der Napoleonischen Kriege hatten sowohl den Kaufleuten als auch den Winzern im Libournais eine wertvolle Erfahrung eingetragen, daß ihre Weine nämlich mit der Zeit viel mehr an Qualität gewannen, als sie je gedacht hatten. Es lohnte sich, wie in Bordeaux Lagervorräte zum Ausbauen anzulegen. Die Weine von St-Emilion, so stellte man fest, hielten sich 20 Jahre lang. «Die Pomerols», schrieb der *négociant* Beylot 1829, «halten sich nicht so lange, sind aber früher abfüllreif und haben zum Teil mehr Bukett als die St-Emilions.» Er erwähnte allerdings nicht, daß St-Emilions häufig als Ersatz für Hermitage benutzt wurden, um unterentwickelten Médocs mehr Kraft zu verleihen.

WÄHREND IM 18. JAHRHUNDERT DIE WEINE VON DEN CÔTES DE FRONSAC höhergeschätzt worden waren als die Pomerols, kehrten sich im 19. Jahrhundert die Verhältnisse um. Fronsac hatte indirekt unter der Revolution zu leiden. Die Familie Richelieu hatte es nie zulassen wollen, daß ihr Weideland in Fronsac mit Reben bepflanzt wurde. Als ihre Güter dann als «Biens Nationaux» verkauft wurden, schnappten die Bürger von Libourne sie als jungfräuliches *Palus*-Land und steckten viel Geld hinein, um es in Weinberge umzuwandeln. Die Hänge von Canon auf dem gegenüberliegenden Ufer verloren im Größenvergleich mit diesen ertragreichen Feldern an Bedeutung – insbesondere da in den 30er und 40er Jahren alle Weinpreise auf einem niedrigen Niveau lagen. Der Name Fronsac stand mehr für gewöhnlichen Massenwein als für feine Produkte.

Pomerol dagegen gewann durch eine Änderung in den Bebauungspraktiken. Einer der frühesten Exponenten dieser Neuerung war der Herausgeber einer einflußreichen, aber kurzlebigen (1838–1841) Monatsschrift für den Weinbau mit dem Titel «Le Producteur». Wie er berichtete, war es seit undenklichen Zeiten auf dem Plateau der Brauch – nur einige ehrgeizige Gutsbesitzer am Rand handhabten es anders –, zwischen den Rebzeilen immer wieder streifenweise Ackerland einzuschieben, auf dem Getreide angebaut wurde. Diese sogenannten *joualles* wurden natürlich gedüngt, wobei nicht zu vermeiden war, daß auch die Reben einen Teil davon abbekamen. «Es muß zugegeben werden», schrieb «Le Producteur», «daß die Weine dadurch an Qualität verlieren, was sie an Quantität gewinnen.»

Nun war es eigenartigerweise gerade die Geißel des Mehltaus, die mit diesen *joualles* aufräumte – und auch mit dem einst bewunderten Weißwein von Pomerol ein Ende machte. Da überall in Frankreich die Reben abstarben, stieg der Preis für Rotwein so hoch, daß selbst Pomerol das Althergebrachte aufgab. So kam es, daß hier gerade rechtzeitig ein besserer Wein entstand, der nun Anteil am Goldenen Zeitalter von Bordeaux nehmen konnte. Bis um 1850 hatte Pomerol nur ein einziges Château vorzuweisen: das alte Gut Certan der Familie de May. 1858 wurde es von dem Pariser Bankier Charles de Bousquet als erstes Gut in Pomerol auf «Médoc-Standard» gebracht. Er baute den unvermeidlichen schiefergedeckten Turm an und bekräftigte das ehrwürdige Alter durch die Namenserweiterung Vieux Château Certan. Sein Wein galt als der feinste im Distrikt.

Pétrus, damals im Besitz der Familie Arnaud, wurde unter den guten, nicht aber herausragenden kleinen Weingütern geführt. In alten «Cocks und Féret»-Ausgaben zeigt ein Stich das Haus mit einem Torturm, der an ein altes Landhaus, vielleicht sogar ein Schloß denken läßt. An dem heutigen bescheidenen Haus ist nichts von solchen Dingen zu entdecken. Vielleicht war der Torturm eine Art Luftschloß. Pétrus blieb bis 1929 im Besitz der Familie Arnaud; damals hatte die Stunde seiner Entdeckung noch nicht geschlagen. Dennoch ist auch sein Name ein Beispiel für die damaligen Vorgänge in Pomerol und St-Emilion: Die Weingutsbesitzer suchten nach etwas Eingängigerem, Werbekräftigerem, als es ihre alten, rustikalen Namen waren. Der Hof der Familie Giraud führte den kaum repräsentierenden Namen Trop-Ennuie, was man mit «zuviel Ärger» übersetzen könnte. Die neue Version Trotanoy hörte sich schon viel besser an. Die damalige Zeit ist schuld an viel noch heute bestehender Konfusion, weil sich die

Das bescheidene Haus von Château Pétrus hat heutzutage keinen Turm, aber selbst in der gegenwärtigen Ausgabe von «Cocks und Féret» findet sich noch diese Abbildung aus dem 19. Jh.

Besitzerfamilien um die besten alten Namen rissen, oft den eigenen daranhängten und sich manchmal sogar gegenseitig Betrug vorwarfen, indem sie ein betontes «Vrai» (echt) vor den Namen setzten.

Die meisten dieser Streitigkeiten waren Stürme im Wasserglas. Nur ein Fall bedeutete erheblich mehr: das Auseinanderbrechen des einzigen größeren Guts in St-Emilion aus dem 18. Jahrhundert – Figeac. Sein Besitzer, André de Carle-Trajet – er hatte das große Weingut von Vital de Carle geerbt –, war einer von den wenigen Verzagten, die während der Napoleonischen Kriege und der Blockaden den Weinbau aufgaben. Andere verfrachteten ihren Wein auf dem schwierigen und kostspieligen Straßentransportweg nach Norden. Er aber – vielleicht im Gedanken an Armeen in rotröckigen Uniformen – rodete die Hälfte seiner Weinstöcke und pflanzte dafür die Färberröte an (sie war als Ersatz für den durch die Blockade ausgesperrten mexikanischen Koschenille-Kaktus gedacht). 1823 war er ruiniert und starb; seine Witwe mußte das Gut teilen. Figeac gibt es heute noch als eines der größten und gewiß besten Weingüter in St-Emilion. Aus einem Teil seines besten Lands jedoch machte die Familie Ducasse an der Grenze zu Pomerol ein neues Gut auf und gab ihm den einprägsamen Namen Cheval Blanc. Kann man sich ein typischeres Markenzeichen denken als das «Weiße Roß»? Ab etwa 1850 war Cheval Blanc dazu ausersehen, eines der wahren Premiers Crus von St-Emilion zu werden; es teilt sich in die Vorzüge des Kiesplateaus oberhalb der Stadt mit Figeac, liegt aber mit der milden Fülle seines Weins näher beim Pomerol. Ausone, Bel-Air, Canon und ihre Nachbarn beherrschen inzwischen weiterhin die Kalksteinhänge um die Stadt.

Auf der Weltausstellung 1855, die den großen Triumph für das Médoc brachte, verpaßte St-Emilion den Anschluß. Bei der Pariser Weltausstellung 1867 dagegen beging es diesen Fehler nicht noch einmal. 37 Weingüter gewannen gemeinsam eine Goldmedaille. Die Ausbreitung des Renommees über den bisherigen Markt hinaus und seine Anerkennung als chic genug für Paris erlebte sein Wein aber erst auf der Ausstellung 1889, als 60 Weingüter gemeinsam den Grand Prix errangen.

IN BURGUND GESCHAH NICHTS SO DRAMATISCHES, wie es die Apotheose von Bordeaux im 19. Jahrhundert war. Freilich könnte man ohne weiteres sagen: Es war auch nicht anders zu erwarten. Große Gestalten sind in der langsam sich entwickelnden Geschichte von Burgund selten, und seit nun die Kirche ihre Rolle ausgespielt hatte, traf das noch mehr zu. In Kapitel 27 haben wir gesehen, wie das Kriegsgewinnlervermögen eines Bankiers den Clos de Vougeot noch eine Weile zusammenhielt, doch die weitaus stärkste Tendenz im Weinbau Burgunds lief auf die Teilung und immer neue Teilung der sowieso schon kleinen Güter hinaus – ein Vorgang, bei dem das französische Erbrecht eine große Rolle spielte (und noch immer spielt).

Beim Tod der Eltern sind alle Kinder gleichberechtigte Erben. Die meisten Weingüter haben sich deshalb heute in Geschäftsunternehmen umgewandelt, um die sonst unvermeidliche Zersplitterung zu verhindern, die sich daraus ergeben müßte. Das erste Beispiel hierfür war die von den Nachkommen von Alexandre de Ségur gebildete Société Civile de Château Latour. Als im 19. Jahrhundert ein Teil des besten Lands in Burgund den Besitzer wechselte, wurde diese Zersplitterung durch das Erbrecht noch beschleunigt. Nur sehr wenige der mit unsäglicher Mühe zusammengebrachten alten Clos überstanden diese Zeit intakt, obwohl hierin wie in so vielen Dingen die Entwicklung an der Côte de Nuits und der Côte de Beaune unterschiedlich verlief. Wo es mehr *têtes de cuvée* gab, war auch mehr Geld im Spiel, und deshalb konnten sich weniger Leute daran beteiligen.

Die meisten Grands Crus an der Côte de Nuits bestehen heute aus größeren Teilbesitzungen, keines von ihnen aber ist ein *monopole*, d. h. in einer einzigen Hand. An der

Die Technik hält Einzug im Beaujolais – und dröhnt den Arbeitern im Weinberg in den Ohren: hier in Gestalt einer Hagelabwehrkanone, wie sie im 19. Jh. viel benutzt wurde. Heute noch werden gelegentlich Raketen in drohende Gewitterwolken abgefeuert in der Hoffnung, daß dadurch jemand anders den Hagel abbekommt.

Côte de Beaune hat dagegen die Zersplitterung der wenigen Grands Crus einen solchen Grad erreicht, daß beispielsweise an der 12 ha großen Lage Batard-Montrachet kein Winzer einen größeren Anteil als einen halben Hektar hat.

Gab es denn hier keine Gelegenheit für neues Kapital, einen Prozeß in Gang zu setzen, in dessen Verlauf aus dem aufgesplitterten Mosaik wieder neue Clos hätten entstehen können? Gewiß haben die großen Handelshäuser in Beaune und Nuits-St-Georges alles versucht, um größere Besitzungen für sich zusammenzubringen. Aber die Chance, reinen Tisch zu machen, war schon vorüber. Das Beste, was noch geschehen konnte, war, die Stückchen des Mosaiks zu sammeln, wenn sie auf den Markt kamen. Heute ist das größte Weingut dort etwa mit einem größeren Château im Médoc vergleichbar – doch der Besitz ist in kleinen Parzellen über die ganze Côte d'Or verteilt; und die Durchschnittsgröße aller Weingüter, der kleinen und großen zusammengenommen, beträgt knapp 4 ha – ebenfalls weit verstreut.

DURCH DIE VERÖFFENTLICHUNG VON CHAPTALS WERK war ein Standard geschaffen, an den sich jedermann halten konnte, einschließlich neuer oder wiederbelebter Ideen wie z. B. der Trockenzuckerung und des Abdeckens der Gärfässer. Bald folgten viele ausführlichere Schriften, die sich mit lokalen Verhältnissen befaßten, aber außer empirischen Ratschlägen und Stärkung des Selbstvertrauens nicht viel zu bieten hatten. Besonders Burgund zeigte jene Beharrlichkeit gegenüber Veränderungen, wie man sie von alten Einrichtungen erwartet. Der berühmte Dr. Guyot, dessen weinbaukundlicher Rat um die Mitte des Jahrhunderts in ganz Frankreich gesucht war, beklagte den *immobi-*

Das Goldene Zeitalter war für die kleinen Bauern Frankreichs wie für die Großgrundbesitzer und Kaufleute eine Ära des Überflusses. Diese Szene aus der Weinlese veranschaulicht den Geist jener Zeit.

lisme der Burgunder. Sie seien reaktionär und geheimnistuerisch und interessierten sich nicht im geringsten dafür, was im Nachbardorf geschehe – seien aber sehr darauf bedacht, daß das Nachbardorf seine Nase nicht in ihre Angelegenheiten stecke.

ALS DER GRAF HARASZTHY AUF DER SUCHE NACH IDEEN FÜR KALIFORNIEN EILIG DURCH BURGUND REISTE, kam ihm das Land wahrhaft primitiv vor: «Dann ziehen sich je nach der Größe des Behälters vier bis zehn Mann alle Kleider aus, springen in den Bottich und beginnen die schwimmende Masse niederzustampfen, wobei sie mit den Händen nachhelfen. Diese Arbeit wird, wenn der Wein nicht rasch genug gärt, mehrmals wiederholt. Der Grund für diese in meinen Augen ziemlich schmutzige Arbeit ist der, daß die Körperwärme der Männer den Wein bei der Gärung unterstützt.» Man kann sicherlich Verständnis dafür aufbringen, wenn bei einfachen Gemütern die Vorstellung, Neuerung sei Sakrileg, stark verbreitet war. In einem paßte Burgund sich an, wenn auch nicht immer auf glückliche Weise – nämlich nur allzu sehr an den Geschmack der *clientèle* – und damit tat es genau das, was Bordeaux ein Jahrhundert lang getan hatte. Der Chambertin war Napoleons Lieblingswein gewesen; nach Waterloo entstand eine Nachfrage nach Chambertin, wie es sie noch nie gegeben hatte – vor allem aus England. Der englische Geschmack verlangte bekanntlich nach starken, dunklen, schweren Weinen; 1822 war *coupage* – Verschneiden ist noch ein milder Ausdruck – schon zum System geworden. Möglicherweise ging es ja nicht überall so zu wie beim Chambertin, doch auch andere fühlten sich dadurch ermutigt, ihre Weine länger im Gärfaß zu lassen, damit sie mehr Wucht und Farbe bekamen. Wenn sie, wie es Chaptal vorgeschlagen hatte, dann dem Most noch Zucker beifügten, dann taten sie dem Pinot Noir nur Gewalt an, die ihn seiner natürlichen Delikatesse und Feinheit beraubte. Obendrein wurde er dadurch nur viel leichter imitierbar. Mit den Trauben von Bordeaux – die ja von vornherein eine Mischung, einen Verschnitt darstellen – kann man ein gewisses Maß an «Anpassung» vornehmen. Der Burgunder dagegen ist entweder rein, oder er taugt nichts.

Bis zur Mitte des 19. Jahrhunderts waren die berühmten Hänge der Côte d'Or fast ganz mit einer Monokultur von Pinot Noir bedeckt, höchstens daß noch einige seiner nahen Verwandten wie der Pinot Meunier sowie etwas Fromenteau und Chardonnay neben ihm da waren. Veränderungen gab es in der Anbaufläche des Gamay – deutliches Anzeichen für den Bedarf an billigem Wein in Reichweite des Anbaugebiets Burgund.

Das Goldene Zeitalter war in Burgund vor allem die Ära des kleinen Mannes. Heraufzudämmern begann es mit der Eröffnung des Canal de Bourgogne ab 1832, doch noch immer war Paris von Beaune aus nicht so bequem zu erreichen wie schon seit einem Jahrhundert aus dem Beaujolais. Der eigentliche Anbruch der goldenen Zeit kam erst, als die Eisenbahn 1851 von Paris bis Dijon fuhr. Ein hektisches Jahrzehnt lang wurde Burgund zum Weinberg der Hauptstadt – und die Gamaypflanzungen dehnten sich weit in die fruchtbare Ebene an der Saône und bis hinaus in die mit Dickicht bewachsenen Arrières-Côtes hinter den «Goldenen Hängen» aus. Endlich einmal hatte

DAS GOLDENE ZEITALTER

Nach der Lese kommt die Weinbereitung – alle haben vollauf mit ihr zu tun. Die Eisenbahnen hatten neue Märkte erschlossen, die Städte wuchsen und mit ihnen ihr Durst. An den Optimismus dieser Zeit erinnerte man sich in den katastrophalen Jahrzehnten danach mit Wehmut.

man als *vigneron* in Burgund ganz Frankreich – ja, ganz Europa – direkt vor der Tür. Die Freihandelsabkommen des Zweiten Kaiserreichs erschlossen den deutschen, den belgischen, den holländischen Markt – und auch England kam in Reichweite. Daß damals in Burgund *vin ordinaire* produziert wurde, störte niemanden; ein paar Jahre lang gab es keine Konkurrenz.

Aber auch die feinen Weine der Côte d'Or gerieten bei aller Hektik nicht etwa in Vergessenheit. 1859 führten die Hospices de Beaune die öffentliche Versteigerung ihrer Weine ein: ein überaus wirkungsvoller Propagandacoup. 1861 kam Dr. Lavalles Klassifizierung der Têtes de Cuvée gerade im rechten Augenblick zur Pariser Weltausstellung für den deutschen Zollverein und für das britische Weltreich.

Doch der Eisenbahnbau machte in Dijon nicht halt. Als die Schienen schließlich bis in das Midi verlegt waren, wurden Burgund und ganz Frankreich mit billigeren (manchmal auch reiferen) Weinen von der unteren Rhone und aus dem Languedoc überschwemmt. Und inzwischen hüpfte, kroch, flatterte die Reblaus von ihrem ersten Landungspunkt im Süden aus ohne Eisenbahnfahrkarte unaufhaltsam nach Norden.

ORTE UND LAGEN

Es ist leicht zu erkennen, welche Orte an der Côte d'Or daran gewöhnt waren, ihre Weine unter dem eigenen Namen mit Erfolg zu vertreiben, und welche darauf angewiesen waren, gewissermaßen unter einem Gattungsnamen, z. B. «Beaune», auf den Markt zu gehen. Wird der Ortsname allein gebraucht, z. B. Volnay und Pommard, dann hat schon seit eh und je ein besonderes Interesse am Wein dieser Orte bestanden. Dagegen fragte niemand nach einem Aloxe oder Morey; aller Ruhm dieser Orte konzentrierte sich auf ihre großen Lagen, die *têtes de cuvées* oder Grands Crus.

Es war also nur logisch, wenn im Goldenen Zeitalter Burgunds der Wunsch entstand, auch den Wein aus anderen Lagen dieser Orte marktgängiger zu machen. Schließlich konnte nicht alles in Burgund unter den allgemeinen Bezeichnungen «Beaune» oder «Chambertin» laufen. Nach 1860 wurde es deshalb allen den Orten, die für sich allein nicht so bekannt waren, gestattet, den Namen ihrer berühmtesten Lage an den eigenen anzuführen. So wurde Gevrey zu Gevrey-Chambertin, Morey zu Morey-St-Denis nach dem Clos St-Denis, Chambolle zu Chambolle-Musigny, Vosne zu Vosne-Romanée, Nuits zu Nuits-St-Georges, Aloxe zu Aloxe-Corton, Pernand zu Pernand-Vergelesses und Auxey zu Auxey-Duresses. Chassagne und Puligny durften beide Montrachet an ihre Namen anfügen, weil diese nicht einmal große Lage sich nach beiden Seiten über die Gemarkungsgrenze erstreckt. Dagegen hatten Santenay, Meursault, Volnay und Pommard genug Selbstbewußtsein und brauchten keine Marktunterstützung. Savigny genoß den Vorzug, «lès-Beaune» (bei Beaune) im Namen zu tragen, während Monthélie und Blagny oberhalb von Meursault über keine berühmten Lagen verfügten, um sich an sie zu hängen (vermutlich wurden sowieso Weine dieser Gemeinden unter dem Namen der bekannteren Nachbarorte verkauft). Die einzige Gegend, die sich diesen Praktiken nicht anschloß, war die Côte Dijonnaise, wo Brochon, Fixin, Marsannay und Chenôve als Hausweine von Dijon weithin bekannt waren.

KAPITEL 37

Deutschlands Einheit erweitert den Horizont

ZOLLVEREIN

Nachdem nun in unserer Geschichte schon so viele uns vertraute Dinge an ihrem richtigen Platz sind – das Médoc ist klassifiziert, der Champagner schäumt, und Burgund ist ordentlich parzelliert und in die Hände vieler Familien gegeben, die es heute noch halten –, müssen zwei Nationen erst noch geschaffen werden, um die Landkarte und die Weinkarte des modernen Europa endgültig zusammenzusetzen. Napoleons Abenteuer hatten die Saat zwar schon in den Boden gesenkt. Dennoch existierten Deutschland und Italien zu Beginn des 19. Jahrhunderts nur im geographischen Sinn, und selbst dies noch nicht in klarer Definition. Als Nationen waren beide Länder noch nicht einmal eindeutig im ganzen faßbare Konzeptionen.

Auf den italienischen Wein traf dies ebenfalls zu – nicht aber auf den deutschen. Wenn es in der Welt eine Gegend gibt, deren Wein sich in den fast 2000 Jahren, seit ihre Weinberge angelegt wurden, nicht grundsätzlich gewandelt haben konnte, dann war es das Land am Rhein und insbesondere an der Mosel, wo schon am längsten Weinbau getrieben wird. Hier kann einfach nichts anderes wachsen als leichter Weißwein, von dünn und säuerlich bis reif und saftig. Wenn nun aber auch der deutsche Weinstil somit längst festgelegt war, haben sich doch die Technik, die Terminologie und selbst die regionalen Unterschiede, die heute derart zementiert und im Kerker eines unverrückbaren Gesetzestexts unter Verschluß gehalten erscheinen, erst in den letzten 200 Jahren entwickelt – beginnend mit der legendären Spätlese in Schloß Johannisberg.

Auf dem Wiener Kongreß wurde der Schauplatz vorbereitet. Was Talleyrand für Frankreich bedeutete, war der geniale Diplomat Klemens von Metternich für Österreich. Er stammte aus Koblenz, am Zusammenfluß von Rhein und Mosel, und führte nun Regie bei der Überleitung der zahllosen deutschen Kleinstaaten in den ihrer alten feudalen Ordnung Rechnung tragenden deutschen Bund, jedoch im Rahmen neuer Einflußsphären. Österreich war nach wie vor der Oberherr. Doch die preußischen Truppen, mit denen sich der Fürst Wolkonski in Reims herumärgerte und die den Herzog von Wellington aus seiner Bedrängnis bei Waterloo gerettet hatten, zogen nicht etwa still heim nach Berlin. Preußen erhielt entlang der französischen Grenze eine Pufferzone, in die auch die Mosel einbezogen wurde.

In der Vergangenheit war Preußen stets nach Osten gewandt gewesen; es hatte Chancen wie Bedrohungen bei seinen Nachbarn Polen, Böhmen, Österreich und Rußland gesehen. Napoleon hatte Preußens Aufmerksamkeit nach Westen gelenkt; und nun plötzlich erstreckte sich sein Gebiet quer durch Deutschland, von der Mosel bis hin zur Memel an der Grenze Polens. Damit war Preußens Geschick unausweichlich mit dem ganz Deutschlands verknüpft. Auf der neuen alten Landkarte blieb das Elsaß französisch. Es war weitgehend den Briten zu verdanken, daß die alte Monarchie Frankreichs nicht durch Napoleons Schuld Gebietsverluste erlitt. Der Rheingau und Rheinhessen kamen zum Großherzogtum Hessen, während Franken und die Pfalz mit ihrem Kernstück des Weinbaus, dem alten Bistum Speyer, beim Königreich Bayern verblieben.

ZOLLVEREIN

Metternich tat, was er konnte, um das Ancien régime wiederaufzurichten. Er sorgte sogar dafür, daß die Kirche einen Teil ihres Landbesitzes zurückerhielt: das Trierer Domkapitel und das Bischöfliche Priesterseminar. In mancher Hinsicht aber war es nicht mehr möglich, die Uhr zurückzustellen. Die Feudalherrschaft war gebrochen. Die kleinen Winzer hatten den Schein vom Licht der Freiheit gesehen wie seit dem Mittelalter nicht mehr. In den deutschen Weinorten entstand ein gewaltiger Aufschwung des Interesses an besserem Wein. Nur das Elsaß verfiel in Verbitterung: Seine Produkte waren nur Objekte des Feilschens zwischen Frankreich und Deutschland und durch Tarifschranken selbst von seinem besten alten Markt, der Schweiz, ausgesperrt.

An der Mosel begann eine Zeit unerhörten Wohlstands. Die Natur schenkte ihr in den 10 Jahren nach 1819 sechs ausgezeichnete Weinjahrgänge, und Preußen spann «seine» Weinbauregionen ein in ein komfortables Netz von Schutzzöllen, das ihr bevorzugten Zugang zum Rheinland, zu Norddeutschland und zum eigentlichen Preußen, aber auch zu den Niederlanden und Großbritannien sicherte. Zwischen 1817 und 1840 nahm an der Mosel die Zahl der im Weinbau Tätigen um 38 % zu. Alle Steilhänge vom Flußufer bis zur Höhe waren in noch nie gesehener Fülle mit Reben bedeckt.

In den nächsten zehn Jahren tauchten nun auch hier und da die bislang in dieser Gegend noch kaum gesehenen reisenden Engländer auf, die von dem delikaten Moselwein begeistert waren und dessen malerische Heimat mit eigenen Augen sehen wollten. Die Namen Byron und Beethoven, Goethe und Walter Scott gaben ihnen im Verein mit der Schönheit und Poesie dieser Landschaft genug Anregung zu romantischer Schwärmerei. Einen ernüchternden Unterton bringt in diese Hochstimmung lediglich der Gedanke, daß 1818 in Trier Karl Marx in eine Welt voll bourgeoisem Gefühlsüberschwang und Bienenfleiß geboren wurde. Es war ja wie anderswo auch die Bürgerschaft – die mit ihren Ersparnissen das beste Weinbergland kaufte, sobald sie sich von den Fesseln der Feudalherrschaft befreit fühlte.

Die Freude währte nicht lange. Nur selten ist die Witterung an der Mosel so gnädig gesinnt, wie sie es in den 1820er Jahren war. In den beiden nächsten Jahrzehnten folgte eine Reihe miserabler Jahrgänge. Preußen begann um diese Zeit, ernstlich sein unverhohlenes Streben nach Vorherrschaft in Deutschland ins Werk zu setzen, und es

Die Lage Doctor, ein steiler, mit Riesling besetzter Schieferhang, erhebt sich über Bernkastel an der Mosel. Ihr Renommee befand sich im Jahr 1900, als das berühmte Handelshaus Deinhard einen Teil davon für 100 Goldmark pro Quadratmeter erwarb, auf dem Höhepunkt.

erreichte dieses Ziel schließlich auch durch wirtschaftliche Mittel. Es hatte ja wahrhaftig wenig Sinn, ständig Zoll – der alte Fluch des Weinhandels am Rhein – zahlen zu müssen, nur weil Waren aus einem in einen anderen Teil Preußens durch einen dritten deutschen Staat befördert werden mußten. 1834 senkte Preußen seine Zolltarife im Rahmen eines Abkommens mit Bayern und Württemberg und dann 1835 mit Baden und Hessen. 1838 war fast ganz Deutschland im Zollverein zusammengeschlossen, während Österreich auffällig abseits blieb. Deutschland war auf dem Weg, unter preußischer Führung ein einziges Land zu werden.

Welche Auswirkungen hatte der Zollverein nun auf den Weinbau? Die Mosel sah sich nicht als einziges Weinbaugebiet plötzlich nach allen Seiten offen. Die Herstellung einer wirtschaftlichen Einheit – auch durch die kurz danach gebauten Eisenbahnen – verhalf den einen zu Gewinn, den anderen zu Verlusten. Vielen Orten, wo bislang magere Weine für den billigen Konsum im eigenen Heimatbereich wuchsen (auf Preußens eigene Weinberge um Berlin und Dresden traf das zu), brachte der Zollverein bessere und billigere Weine vom Rhein. Wie es der französische Historiker Gaston Roupnel einmal ausgedrückt hatte, wurde «früher dort Wein gebaut, wo es anging, nun konnte er angebaut werden, wo es am besten ging».

HIER WOLLEN WIR WIEDER EINMAL CYRUS REDDING ZU WORT KOMMEN LASSEN, der allerdings offensichtlich mehr von der deutschen Trinkfestigkeit als von der Qualität der deutschen Weine beeindruckt war. «Sie haben», so schrieb er, «mit ihren Weinkrügen das Geheimnis des Perpetuum mobile herausgefunden.» Von der Mosel erwähnt er kaum etwas, vielleicht war er gar nicht dort. Der Brauneberger, der erste damals individuell bekannte Moselwein, war der einzige, den er einer Wertung würdigte; ansonsten sprach er nur von dem alten Kartäuserweinberg Grünhaus. Was ihm ebenso wie Jullien bei seinen Studien auffiel, war die ungeheure Haltbarkeit deutscher Weine. Redding nannte sie «gehaltvoll, trocken, von feinem Aroma und beispiellos langlebig. Da sie voll durchgegoren sind, ist ihre innere Festigkeit nur schwer zu stören.» Sie wurden nicht sauer und oxydierten auch nur ganz langsam über viele Jahre hinweg.

1830 bekam man in Hochheim als feine alte Jahrgänge den 1775er, 1766er und 1748er «gemeinhin angeboten». Diese Weine schienen, wie Redding bemerkt, «mit unerschöpflicher Vitalität begabt». Des Rätsels Lösung lag teilweise im immerwährenden Auffüllen der Fässer nach Art der Solera. «Besser du vergißt den Begrüßungskuß für deine Frau», lautete damals ein Spruch, «als daß du vergißt, dein Faß bis zum Spundloch vollzuhalten.»

Folgt man André Jullien um 1840 auf seinen Reisen, dann bemerkt man, daß er seine Ansicht über den deutschen Wein gegenüber früher geändert hatte: «Ich hatte nicht recht, als ich in den ersten beiden Auflagen dieses Buches angab, daß deutsche Weine alle eine Säure enthalten, die dem daran nicht Gewöhnten unangenehm erscheint.» Er gibt zu, daß dies nur für schlechte Jahrgänge zutraf. Nirgendwo aber erwähnt er die inzwischen immer verbreitetere Gepflogenheit der Spätlese, die mit dem Rieslinganbau Hand in Hand ging. Um die Mitte des Jahrhunderts war der Riesling in den besten Lagen an Rhein und Mosel vorherrschend oder gar ganz allein; die Lektion von Schloß Johannisberg wurde nach und nach Allgemeingut.

Für Jullien ist zwar «der trockene und scharfe *(piquant)* Geschmack den Franzosen im allgemeinen unerfreulich, wenn sie ihm zum ersten Mal begegnen», doch ist es «bei weitem keine rohe und ätzende Säure, sondern fein und delikat». Ferner «greift er die Nerven nicht an und trübt nicht den Verstand, wenn man zuviel davon trinkt». Es nimmt immer wieder für Jullien ein, daß er seine Studien stets sehr gründlich betrieb. Das Bukett fand er «sehr aromatisch, sehr ausgeprägt und sehr eingängig ... es kommt unseren besten (französischen) Weinen gleich oder übertrifft sie sogar».

Auch erwähnt er nirgendwo süße Weine außer in Franken – und diese wurden auch nicht durch späte Lese, sondern als *vins de paille* aus vorgetrockneten Trauben gewonnen. Der starke Steinwein aus Würzburg, so warnt er, verursache bei allzu freizügigem Gebrauch heftige Kopfschmerzen.

FÜR SEINE GUTEN DIENSTE ERHIELT DER FÜRST METTERNICH SCHLOSS JOHANNISBERG als persönliche Belohnung vom Kaiser in Wien. Der neue Schloßherr warf seinem Nachbarn, dem Herzog von Nassau, dem nunmehrigen Herrn des Klosters Eberbach und des Steinbergs, den Fehdehandschuh hin, wie es eine Generation zuvor die Benediktiner gegenüber den Zisterziensern getan hatten. Metternich sicherte sich Kontinuität in der Weinbereitung dadurch, daß er den früheren Kellermeister des Klosters Fulda, Pater Arndt, in seine Dienste nahm. Im Marketing jedoch tat er den geschicktesten Schachzug. Er verband sich vertraglich mit dem neuen Frankfurter Bankhaus Meyer Rothschild und seinen Zweigen in aller Welt. Seit Nathan Rothschild in London mit seiner Spekulation auf den Ausgang der Schlacht von Waterloo ein enormes Vermögen gemacht hatte, waren die Rothschilds als eine unvergleichliche Direktverbindung zu allen Hofkanzleien Europas bekannt.

Es besteht eine frappante Ähnlichkeit zwischen der von Metternich gewählten Verkaufsstrategie und der im Médoc verbreiteten Idee, daß ein Spitzengut mehrere voneinander verschiedene Weinqualitäten anbieten solle. Ein Spitzengut war Schloß Johannisberg unbestreitbar. In Bordeaux hätte es einen Grand Vin und einen Zweitwein angeboten. Nach der Einführung der Spätlese standen im deutschen Weinkeller jedoch komplexere Alternativen zur Verfügung: früher oder später gelesene Weine mit mehr oder weniger kräftigem Aroma, Gehalt und Süßegrad.

Für einen Diplomaten des Ancien régime legte Metternich ein beträchtliches Maß an Geschäftssinn an den Tag. Er bezeichnete die verschiedenen Qualitäten seines Weins durch zwei verschiedene Etiketten und mehrere verschiedene Siegelfarben. Diese «Château»-Etiketten waren ebenso revolutionär wie das System der Qualitätsstufen. Es machte die Praxis des Verkostens und Auswählens zwischen den einzelnen Fässern im Keller sowie die Festlegung eines Preisgefüges zur Regel. 1830 bewies Metternich seine moderne Einstellung, indem er anordnete, kein Flaschenwein vom Johannisberg dürfe ohne die Unterschrift des Kellermeisters auf dem Etikett verkauft werden. Diese Konzeptionen der Qualitätseinstufung und der Echtheitsgarantie waren ihrer Zeit weit voraus; auf ihnen wurde ein ganz Deutschland erfassendes Gesetzessystem aufgebaut.

UM DEN BEGINN DES 19. JAHRHUNDERTS WURDE SOWOHL AUF SCHLOSS JOHANNISBERG als auch auf dem Steinberg die Weinlese so spät gehalten, wie es die Jahreszeit nur irgend zuließ. Gewöhnliche Weinbauern mußten noch immer ernten, wann es ihnen befohlen wurde. Es war ein schweres Vergehen, wenn man in einem Weinberg außerhalb der durch Glockenläuten angezeigten Stunden auch nur angetroffen wurde – Trauben sind gar leicht zu stehlen. Doch die außerordentliche Witterung des Kometenjahrs 1811 vermittelte selbst dem bescheidensten Winzer einen Eindruck vom himmlischen Nektar. Auch 1822 begannen die Trauben bereits an den Weinstöcken zu faulen und einzuschrumpfen, während die Sonne es immer noch gut meinte. Die Bürger brachten es nicht über sich, am befohlenen Datum mit der Lese zu beginnen. Deshalb trug der Bürgermeister von Eltville der herzoglichen Behörde von Nassau ihren Fall vor; es wurde Erlaubnis erteilt, mit dem allgemeinen Lesebeginn zu warten, bis die Edelfäule sich entwickelte – und zum ersten Mal bekam der größte Teil eines Jahrgangs die luxuriösen Qualitäten einer Spätlese mit.

Vor allem der Riesling zeigte seine Überlegenheit über den früher reifenden Sylvaner, weil seine Weine, wenn sie auch noch so süß waren, doch ihre pikante Art und die

Oestrich-Winkel im Rheingau. Im Hintergrund erkennt man über dem sanft ansteigenden Hang Schloß Johannisberg. Dort – und bald in der ganzen Gegend – galt: späte Lese bei sorgfältiger Auswahl der besten Trauben.

lebendige Kraft fruchtiger Säure behielten. Bei normaler Lese gab der Sylvaner als ein schlichter Wein ein angenehmes Getränk in großer Menge ab; sobald aber die Spätlese allgemein verbreitet war, fiel er fast soweit zurück wie Gamay gegenüber Pinot Noir.

Gewiß wurde zu Metternichs Zeit, wahrscheinlich sogar noch früher, der nächste logische Schritt getan. Wenn schon eine Spätlese allgemein kraftvolleren Wein ergab, dann mußte ein Wein, der ausschließlich aus edelfaulen Trauben gekeltert wurde, noch kräftiger ausfallen. Hierfür wurde der Begriff «Auslese» geprägt, analog zu dem in Tokaj und Österreich gängigen Wort «Ausbruch». In manchen Teilen Deutschlands trat auch seit dem 19. Jahrhundert das Wort «ausgelesen» in Erscheinung. Im Lauf des Jahrhunderts wurde immer mehr Riesling angepflanzt und immer mehr Sorgfalt auf wiederholte Auslese verwendet, und schließlich sonderte man nicht nur die von Edelfäule befallenen Trauben von den übrigen ab, sondern pflückte auch edelfaule Beeren aus den Trauben. Um dieselbe Zeit scheinen auch die Châteaux in Sauternes die gleiche Technik zur Vollkommenheit entwickelt zu haben. Während «Auslese» die Auswahl der Trauben bezeichnete, wurde um die Mitte des Jahrhunderts der Begriff «Beerenauslese» eingeführt, um die nächste Qualitätsstufe hervorzuheben. Wer diesen Ausdruck prägte und wann er erstmals angewandt wurde, scheint nicht belegt zu sein. Beispielsweise könnte man den Château d'Yquem eine Beerenauslese nennen.

BIS NOCH VOR KURZEM HERRSCHTE WAHRHAFTIG WENIG EINHEITLICHKEIT in der Art und Weise, wie die Winzer (schon innerhalb ein und derselben Gegend, geschweige denn demselben Land) ihre immer sorgfältiger ausgelesenen Weine bezeichneten. Während Schloß Johannisberg und einige andere große Weingüter die Unterscheidung zwischen «gut», «besser» und «am besten» (mit den eventuell nötigen Zwischenstufen) einführten, gerieten viele Winzer über ihre einzelnen kleinen Fässer mit ausgelesenen und beerenausgelesenen Raritäten so sehr in Begeisterung, daß sie sie hätschelten wie ihre Kinder. Es ist keine Übertreibung, sondern wahrhaftig vorgekommen, daß ein Winzer sein sorgsam zusammengebrachtes Fäßchen Beerenauslese mit in die Schlafkammer, ja ins Bett nahm, weil im kühlen Keller die Gärung steckenbleiben und dann vielleicht nicht wieder in Gang kommen konnte.

Da mochte das Wort «Auslese» nun nicht mehr ausreichen, um die wunderbare Delikatesse dieses oder jenes Fäßchens zu beschreiben, also wurde es eine «feine Auslese» genannt. Und wenn das dann nicht mehr fein genug war für einen Wein mit extra feiner Honigsüße, dann nannte man diesen eben eine «feinste Auslese». Und war das für einen ganz außergewöhnlichen Wein mit Pfirsichnote auch nicht mehr gut genug, so wurde er zur «hochfeinsten Auslese». War nun der Keller durchprobiert, fehlten die Worte für das letzte Fäßchen mit dem unbeschreiblich guten Wein, und da mußte schließlich die «allerfeinste Auslese» herhalten. Das war kein Verkaufstrick, sondern reiner Vaterstolz! Wenn es nun darum ging, ein unübertreffliches Faß von einem ebensolchen anderen zu unterscheiden, blieb nichts mehr übrig, als zu numerieren. Mit der Fuder- oder Stücknummer hielt der Käufer fest, welcher Wein ihm am meisten zusagte.

ES BESTEHT KEIN ZWEIFEL, DASS DIE SPITZENGÜTER IM RHEINGAU bis um die Mitte des Jahrhunderts die Bereitung superlativischer süßer Weine völlig meisterten. Wir haben dafür das Wort des Grafen Haraszthy – obwohl ihm (beinahe) die Worte fehlten. Er begab sich nach dem Kloster Eberbach, um dort den Steinberger des Herzogs von Nassau zu probieren: «Die Weine zu beschreiben wäre ein Werk, das eines Byron, Shakespeare oder Schiller würdig wäre, und selbst diese Genies könnten ihnen erst nach ein paar Gläsern voll gerecht werden. Nimmt man einen Mundvoll und läßt ihn Tropfen für Tropfen durch die Kehle rinnen, dann hinterläßt er im Mund ein Aroma, wie es ein Bukett erlesenster Blumen dem Geruchssinn darbietet... Ein junger Wein von drei oder vier Jahren hat dieses Bukett in sehr hohem Maße; wenn er aber älter wird, dann verliert es sich; doch dafür entfaltet sich ein durchdringender, delikater Geschmack. Er teilt nun dem Gaumen langsam, aber sicher sein Parfüm mit.»

Auf Schloß Johannisberg «muß man die Weine gekostet haben, wenn man ihre Herrlichkeit erkennen will, denn sie geht über alles hinaus, was Worte beschreiben können. Diese Weine werden wie die des Herzogs von Nassau gelegentlich öffentlich versteigert, jedoch zu derart exorbitanten Preisen, daß es uns arme Republikaner gerade so schaudern würde, ein solch kostbares Naß zu trinken, als wäre es flüssiges Gold.»

FÜR DIE WINZER, DIE NICHT IM UNMITTELBAREN UMKREIS DES RHEINGAUS LEBTEN, bedeutete die Politik Preußens fast dasselbe wie das Wetter. In der Pfalz begann die Morgendämmerung nationaler und internationaler Anerkennung. Schon im Mittelalter hatten Reisende freundliche Worte für die Weine von Bacharach am Mittelrhein gefunden (der Ortsname wurde unterschiedlich geschrieben, z. B. Bachrag, und eine Verbindung mit Bacchus wurde stets vermutet). Meist hieß es, die Stadt sei das Herz eines blühenden Weinbaugebiets. In Wirklichkeit gibt es dort nur wenige Weinberge, vielmehr war Bacharach der bedeutendste Binnenhafen am ganzen Westufer des Rheins im Besitz der

---

TROCKENBEERENAUSLESE

Süße Weine können entstehen, wenn der Zukkergehalt der Trauben entweder durch die Wirkung der Edelfäule oder durch «Rosinierung» in einem heißen Herbst hohe Werte erreicht. Ein Unterschied zwischen diesen Ursachen wurde früher nicht gemacht, und die Terminologie war eher phantasievoll als exakt. Wenn der Begriff «Beerenauslese» nicht mehr ausreichte, um die Fülle ganz besonders auserlesener Weine ausdrucksvoll genug zu kennzeichnen, dann standen als Superlative noch Goldbeerenauslese und Edelbeerenauslese zur Verfügung. Heute ist vom Gesetz nur noch die Bezeichnung «Trockenbeerenauslese» zugelassen («trocken» bedeutet in diesem Zusammenhang, daß die Trauben, aus denen der Wein gekeltert wurde, durch Edelfäule oder Hitze fast zu Rosinen geschrumpft sind). Noch im Weingesetz von 1930 war dieser Begriff nicht amtlich definiert.

Wittelsbacher, zunächst als Pfalzgrafen und ab 1806 als Könige von Bayern. Zum Wittelsbacher Territorium gehörte ein großer Teil des heutigen Rheinhessen, die Naheregion und das seit 1838 als Rheinpfalz bezeichnete Gebiet. Selbst die Rheingauer Weine wurden sicherheitshalber von Bacharach aus verschifft – der Hafen liegt flußabwärts der gefährlichen Stromschnellen im Binger Loch, wo sich der Rhein beim Rüdesheimer Berg nordwärts wendet.

Anders als die meisten Fürsten sonst schenkten die Pfalzgrafen dem Weinbau wenig Aufmerksamkeit, und auch die Kirche war nicht sehr aktiv. Die Region war beherrscht von einem stolzen, aber zerstreuten, meist einzelgängerischen Landadel, der nicht über die Mittel verfügte, seiner Stimme Gehör zu verschaffen oder seine Weine in weitem Umkreis bekannt zu machen. Der Dreissigjährige Krieg hatte schwere Verwüstungen hinterlassen, und Ludwig XIV. tat es ihm gleich.

Das Heidelberger Schloß, einst Sitz der kurpfälzischen Linie, liegt seither zum Gedenken eines französischen Besuchs im 17. Jahrhundert in Trümmern. Doch im 19. Jahrhundert machten die Franzosen vieles wieder gut. Wie der große deutsche Weinhistoriker, Dr. Bassermann-Jordan, der selbst aus der Pfalz stammte, es ausdrückt, wurden die Winzer seiner Heimat «durch die Französische Revolution befreit und erweckt». Für kurze Zeit war die Region übrigens ein französisches *département* und trug den Namen Mont-Tonnerre. Zwar fand feiner Wein keinen lokalen Markt vor, doch der Zollverein eröffnete ihm Chancen, und die bayerische Gebietsreform von 1828 verlieh ihm Identität. Ab 1830 fanden viele Orte an der Mittelhaardt, wo seit den Zeiten der Römer Wein gebaut worden war, z. B. Deidesheim, Forst, Ruppertsberg und Wachenheim, denen aber die gebührende Anerkennung lange versagt blieb, Aufnahme in den Ruhmeshallen des Weins. 1841 erschien die erste Deidesheimer Auslese, und nun wurde es deutlich, daß Klima und Boden dieser Gegend, die geographisch eine Nordverlängerung des Elsaß bildet, in Deutschland für die Entstehung von Spät- und Auslesen günstigste Voraussetzungen bot.

DAS ELSASS STECKTE INZWISCHEN IN DER ZOLLFALLE; vom deutschen Markt war es ausgeschlossen, denn es gehörte ja zu Frankreich, das aber den Elsässer Wein auch nicht wollte. Das war eine schlimme Lage für ein Land, das «exportieren mußte, um nicht im eigenen Wein zu ersaufen» – und noch schlimmer wurde sie dadurch, weil wider alle Vernunft die ertragstarke minderwertige Knipperlé-Rebe am verbreitetsten war. Um dieselbe Zeit entwickelte sich Straßburg zu einer der großen Brauereistädte Europas, was die Gefahr des «Ersaufens» verdoppelte.

Früher hatte das Elsaß die Schwarzwaldgegenden Badens auf der anderen Rheinseite (neben entfernteren Märkten rheinauf- und -abwärts) mit Wein versorgt, nun aber erweiterte Baden den eigenen Weinbau. Ab 1850 schloß auch die Schweiz ihre Grenzen gegenüber dem Elsässer Wein, der jahrhundertelang dort Alltagsgetränk gewesen war. In der Schweiz begann nun eine Flut kreativer Experimente, insbesondere in der ältesten, wärmsten und fruchtbarsten Gegend, dem Wallis, das eine Zeitlang unter dem Namen Simplon ein französisches *département* gewesen war, sich 1815 aber wieder an die anderen Kantone anschloß. Die alten alpinen Rebsorten Arvine, Amigne und Humagne wurden nun von Gamay, Pinot Noir und Riesling verdrängt, vor allem aber vom Chasselas – dem Fendant –, der irgendwie in dieser Region eine eigene Persönlichkeit angenommen hat und einen einzigartig süffigen, verführerischen Wein erbringt.

Die anderen großen Weinbaugebiete der Schweiz am Genfer und Neuenburger See waren damals schon weitgehend bepflanzt. Haraszthy, der überall hingekommen sein muß, berichtet: «Wir trafen in Genf ein (von Neuenburg kommend), nachdem wir acht Stunden lang ununterbrochen durch Weinberge gefahren waren... Kein Fleck, auch nur so groß wie eine gewöhnliche Ziegelei, war unkultiviert geblieben, mit Ausnahme

Noch heute stehen Reben an den Südhängen über dem Genfersee bei Lausanne. Der Weinbau in der Schweiz erreichte 1884 mit 34 000 ha (heutiger Umfang: ein Drittel davon) seine größte Ausdehnung.

solcher Stellen, wo die alten Reben gerodet worden waren, um dem Boden die nötige dreijährige Ruhe zu gönnen.»

Als 1870/71 Frankreich sich schmachvoll von den preußischen Truppen geschlagen geben mußte, schien für das Elsaß eine Zeit der Erholung anzubrechen. Die hin und her gerissene Region wurde bis 1918 wieder deutsch. Doch Deutschland sah den Weinbau in den Vogesen so an wie Frankreich den im Midi: Es wurde von ihm nie etwas anderes verlangt als ein billiger Preis. 1871 belief sich die elsässische Anbaufläche auf ein Viertel der gesamten Rebfläche Deutschlands, doch sie produzierte (und darin lag das Problem) 39 % des deutschen Weins – und leider gehörte wenig davon zu der haltbaren Art. Außerdem, so beschrieb es der Elsässer Joseph Dreyer, war die Kluft zwischen der Elsässer und der deutschen Eigenart unüberbrückbar. Jeder fand den Wein des anderen minderwertig und sagte es auch frei heraus – nur mit dem Unterschied, daß die Deutschen die Kunden waren, die Elsässer aber verkaufen wollten.

Es blieb alles eine traurige Geschichte, denn nur ganz wenige merkten, welches Potential für wundervollen Wein im Elsaß steckte. Am Ende des Jahrhunderts herrschte am Markt eine rege Nachfrage, denn Wein war knapp – doch gewissenlose Händler mißbrauchten diese Situation mit Verfälschung und Panscherei. Viele Winzer, die sich lange redlich geplagt hatten, resignierten und gaben auf. Bei wachsendem Bedarf schrumpfte die Anbaufläche.

ALS NAPOLEON SEINEN EINZUG HIELT, WAR FRANKEN noch eines der größten Weinbaugebiete Deutschlands. Mehr als anderswo herrschte hier aber die Kirche, und deshalb wirkte sich die Säkularisation stärker aus. Im Barock stand Würzburg auf der Höhe seines Glanzes. Der «schwere Kranz von Reben» aus dem Mittelalter lag noch immer um die Stadt, und die großartige Residenz der Fürstbischöfe beherrschte ihr Bild. Die Weinberge stellten die Grundlage für zwei karitative Hospitäler dar (eines kirchlich und eines laizistisch), die jedes für sich fast so groß waren wie die Hospices de Beaune. Deutschlands größte Dichter, Goethe und Schiller, wußten die Qualitäten der berühmten Würzburger Lagen Stein und Leisten zu schätzen (Goethe bevorzugte den Steinwein).

Meist wird die Säkularisation als die Hauptursache des Niedergangs genannt, nur im Rheingau wirkte sie sich nicht so aus. In Würzburg übernahm der bayerische Staat die Domäne der Fürstbischöfe; die Güter des Juliusspitals (der kirchlichen Stiftung) bestehen heute noch ebenso wie die des Bürgerspitals. Allgemein ging der Weinbau in Franken (wie in anderen östlichen Gebieten Deutschlands, wo es früher zwar kleinere, aber doch blühende Weinberge gab) deshalb zurück, weil andere Berufszweige – anders gesagt, die industrielle Revolution – und eine Flutwelle bayerischen Biers ihm Konkurrenz machten. Auch die ungünstige Witterung zu Beginn des 19. Jahrhunderts und die neue Mode des Teetrinkens waren wohl mit schuld. Noch stärker wirkte sich wahrscheinlich aus, daß Franken über keinen etablierten Exportweinhandel, ja überhaupt nicht einmal über einen Weinhandel verfügte. Im 18. Jahrhundert war jeder Weinverkauf sogar gegen die Polizeivorschriften. Als Grund dafür wurde genannt, es sei eine Knappheit zu befürchten. Politische Rückschläge bleiben selten allein, meist schließen sich solche in der Natur daran an. Was immer zusammengekommen sein mag, um die Moral und die Verdienstmöglichkeiten der fränkischen Winzer zu schwächen, jedenfalls brachten diese nicht die Kraft auf, sich gegen die Plage der Pilzkrankheiten des Echten und später des Falschen Mehltaus zur Wehr zu setzen. Heute ist Frankenwein relativ teuer, doch die Bewohner des Landes halten ihm weiter die Treue.

DIE MOSEL HABEN WIR IN DEN 1840ER JAHREN VERLASSEN, als sie im Kampf mit schlechter Witterung und dem seinem Ende nahen preußischen Zollschutz lag. Karl Marx hatte inzwischen die Schule, das Friedrich-Wilhelm-Gymnasium in Trier, hinter sich gebracht und schrieb im Alter von 24 Jahren bewegende Artikel in der Rheinischen Zeitung. Die Preußen, so meinte er, hätten wohl erkannt, daß ihr Protektorat ein wenig Disziplinierung brauche, nachdem es 16 Jahre lang «in unvergleichlichem Luxus» gelebt habe. Vielleicht stimmte es ja, daß das ungewohnt viele Geld die einfachen Winzer dazu verführt hatte, es zu vergeuden, so daß sie in Schwierigkeiten gerieten. Es gab Konkurse die Menge, und viele Menschen wanderten nach Amerika aus. Preußen kümmerte sich um nichts, nicht einmal als, wie Marx schrieb, ein Faß mit 150 l Wein nur noch soviel wert war wie zwei Laib Brot, zwei Pfund Butter und ein halbes Pfund Zwiebeln. Er forderte Gegenmaßnahmen, Organisation, Diversifizierung, Industrie – vergeblich.

Gerettet wurde die Mosel schließlich nicht von Preußen, sondern von der Qualität ihres eigenen Weins: Bei einigermaßen anständigem Wetter erbrachten die ausgedehnten Rieslingbestände einzigartig feinen Wein. In schlechten Jahren dagegen war Mosel-Riesling ein ausgezeichneter Grundstoff für die sich rasch entwickelnde, dem Muster der Champagne nachgebildete Sektindustrie. Schon um 1840 hatte das Dampfschiff die Reise von Trier nach Koblenz von zwei Tagen auf zehn Stunden verkürzt. Der «Eisenbahn-Effekt» stellte sich auf diesem Weg schon früh ein. In den 1850er Jahren gab es drei gute Jahrgänge nacheinander, und hieran schloß sich in glücklicher Folge in England die Reform von Gladstone an, die für leichte Weine eine Zollsenkung brachte.

Am bedeutendsten aber war für ganz Deutschland, vor allem aber für die Mosel, die Einführung von Chaptals Ideen über die Zuckerung, angeregt durch den Chemiker Ludwig Gall. Es ist sowieso erstaunlich, daß in dieser kühlsten aller Weinbauregionen, wo unreife, schwache Weine regelmäßig ein Problem bildeten, dieser Gedanke nicht schon längst aufgegriffen worden war. Die Erklärung dürfte darin liegen, daß die Menschen an den dünnen Wein gewöhnt waren, der ja kalt oder heiß und gesüßt, je nach Jahreszeit, als Allzweckgetränk dienen konnte. Die Chaptalisierung – hier nannte man sie «Verbesserung» – eröffnete die Möglichkeit, jedes Jahr einen Wein zu erzielen, der sich verkaufen ließ. Es ist den Deutschen hoch anzurechnen, daß sie, anders als die Franzosen, ihrem Wein weiterhin im natürlichen Zustand treu blieben, auch wenn er dann manchmal etwas sauer war. Als schließlich 1892 ein Weingesetz herauskam, machte es zur Auflage, klar anzugeben, ob ein Wein naturrein war (d. h. keinen Zucker zugesetzt erhalten hatte). Das ist heute noch die Grundlage des deutschen Weingesetzes – während die Franzosen schon seit langem die systematische Beimischung von Zucker zwecks Anhebung des Alkoholgehalts im Wein nicht deklarieren.

Zunächst freilich veranlaßte diese neue Möglichkeit, nicht nur gut verkäuflichen, sondern sogar exportfähigen Wein herzustellen, die Händler an der Mosel zu übermäßiger Förderung des Zuckerns. Gute Winzer widerstanden. An der Saar gaben sie sogar erst um 1920 nach. Die Politik nahm um 1870 übrigens wieder eine Wendung zugunsten der Mosel, weil Preußen durch den Krieg mit Frankreich an die strategische Bedeutung seiner Grenzregion erinnert wurde. Allgemeiner Wohlstand in Deutschland erforderte nunmehr einen nationalen Markt. Die Weinhändler fanden heraus, daß stärkehaltiger Zucker ihren Weinen eine ähnlich füllige Konsistenz verlieh, wie eine Auslese sie hatte. Allerdings erstickten sie damit die delikate Transparenz des Aromas, die jeden guten Mosel zu einem Individuum macht. Dieser Zwiespalt zwischen einem billig herzustellenden und bequem verkäuflichen mittelmäßigen und einem – wie ich ihn nennen möchte – intellektuellen Wein mit spezifischem ästhetischem Anspruch in vielfältiger Ausprägung beschäftigt seither die Gemüter der Winzer, Händler und Gesetzgeber.

Unter den Verhältnissen am Ende des 19. Jahrhunderts konnte die Versuchung, Menge auf Kosten der Qualität zu produzieren, größer gar nicht sein. Im Lauf der voraufgegangenen 50 Jahre war die Rebfläche im Land um die Hälfte geschrumpft, während die Kaufkraft der Bevölkerung, insbesondere im industriellen Norden, enorm gestiegen war. Zum ersten Mal überstieg der deutsche Weinimport den -export.

Es ist wohl unwahrscheinlich, dass die Worte der Rheinischen Zeitung damals bis nach Berlin durchdrangen. Dennoch reagierte Preußen fast so, als ob Karl Marx die Lieblingslektüre des Kaisers gewesen wäre. Zwar nicht so sehr durch Gegenmaßnahmen oder Diversifizierung, sondern vielmehr durch Bildung, Gesetzgebung und Vorbild zeigte Preußen eine bewundernswerte Konsequenz in der Verfolgung des Gedankens, daß Qualität für die Geschicke Deutschlands bestimmend sei. Ohne freilich präzise klarzumachen, was unter reinem Wein zu verstehen sei, erklärte es sich zu seinen Gunsten, erlaubte dann aber in einem zweiten Gesetz die Zuckerung, stempelte allerdings jede Art von «Verfälschung» zum kriminellen Vergehen.

Der wirksamste Schachzug der Behörden bestand vielleicht in der Gründung einer staatlichen Weinbauschule im Jahr 1872 in Geisenheim im Rheingau – heute noch eine der berühmtesten der Welt – und anschließend von Musterweingütern bei Trier und an der Nahe. Die Idee eines mustergültigen Weins aus einem mustergültigen Keller ist vollkommen charakteristisch für preußisches Denken. Uns ermöglicht das heute, die Frage zu stellen: Was war der ideale deutsche Wein um 1900?

MÜLLER-THURGAU

Die erfolgreichste Züchtung aus Geisenheim ist leider nicht gerade ein Grund für besonderen Stolz. 1882 gelang es dort einem Züchter namens Dr. Müller aus dem Thurgau in der Schweiz, durch Kreuzung zwischen Riesling und Sylvaner eine Rebsorte hervorzubringen, die von keinem der beiden die guten Seiten mitbekommen hat und deshalb bis weit ins 20. Jahrhundert hinein mit Nichtachtung gestraft wurde. Dann aber verdrängte sie in einem Weinberg nach dem anderen den Riesling von seinem angestammten Platz. Ihre großen Vorteile sind frühe Reife und reicher Ertrag bei kräftigem Aroma. Inzwischen hat sie den Höhepunkt ihrer wenig begrüßenswerten Beliebtheit überschritten, doch noch immer ist sie die in Deutschland meistangebaute Rebe und trägt maßgeblich zur Flut von Liebfraumilch bei.

Es war ein Riesling und – außer wenn es sich um eine Spätlese handelte – sicherlich vollkommen trocken. Damals hatte man nicht den Ehrgeiz, einen fruchtig-frischen Wein zu erzielen, wie er heute in Mode ist; auch hatte man nicht die Mittel zum Abstimmen des Süßegrads, wie sie das 20. Jahrhundert kennt. Kräftige natürliche Säure und ein starkes Aroma (als Ergebnis von Erträgen, die nur ein Bruchteil dessen waren, was heutzutage ein Weinstock hergibt) milderten sich durch langes Lagern in alten Eichenfässern, die ihm auch schönste Stabilität verliehen. Ein solcher Wein würde uns heute als ausgeprägt, herb und nachhaltig erscheinen – als ein unbeugsamer Aristokrat, bis ihn hohes Alter milder stimmte. Wie bei einem feinen Pinot Noir von der Côte d'Or mußte der Boden, auf dem er gewachsen war, den Geschmack bestimmen und die Ankänge an Äpfel, Pfirsiche, Schiefer, Rauch oder Stahl variieren.

Eine Spätlese dagegen behielt wohl einige natürliche Süße, eine Auslese sogar ziemlich viel. Die auf den Trauben lebenden Hefen konnten die Gärung kaum bis zu Ende treiben, also wurde der Wein mit einer Dosis Schwefel stabilisiert und im übrigen in Ruhe gelassen, bis die Zeit ihre Wirkung tat. Nach mehreren Jahren im Faß war dann der Schwefelgeruch verschwunden, und der Wein völlig stabil. Seine Süße war zwar nicht frisch und fruchtig, doch tief und überaus befriedigend. Durch seinen ausgeprägten Charakter – «intellektuell» ist wiederum das Wort, das sich aufdrängt – war dieser Wein eindeutig etwas für Kenner.

EIN VERGLEICH ZWISCHEN PREUSSEN UND ÖSTERREICH zeigt wohl am besten, welchen Weg Deutschland im 19. Jahrhundert eingeschlagen und welchen Fortschritt es auf ihm gemacht hatte. Das österreichisch-ungarische Kaiserreich umfaßte alle Weinbaugebiete in Ungarn, östlich der Adria und in Tirol. Die Gesamtrebfläche im Kaiserreich war mehr als halb so groß wie die Frankreichs, zweimal so groß wie die in Italien und dreimal so groß wie die Spaniens. Dennoch war das einzige echte Spitzengewächs der Tokajer – überhaupt kamen sämtliche besseren Weine der Donaumonarchie aus Ungarn.

Schloß Grafenegg bei Krems, der Sitz der österreichischen Metternichs, und Mittelpunkt der «Metternich-Allianz», einer Vereinigung herrschaftlicher Weingüter zur Förderung österreichischer Qualitätsweine.

Im 19. Jahrhundert mußte ein Weinleser in Deutschland offensichtlich kräftig und obendrein gelenkig sein, um sein Tagewerk vollbringen zu können. Das Pferd schaut ihm in Gemütsruhe bei seiner turnerischen Leistung zu.

Der liberale – meist heißt es aufgeklärte – Kaiser Joseph II. erließ 1784 das allereinfachste Weingesetz: Jeder Winzer durfte nur seinen eigenen Wein verkaufen. So wurden die Buschen- und Heurigenschenken Wiens, die Winzerkeller und -gärten zu Treffpunkten einer teils gemütlichen, teils tumultuarischen Geselligkeit, die sich in ungebrochener Fröhlichkeit bis heute erhalten hat.

Auf der Wiener Weltausstellung 1873 konnten angeblich erstmals alle Weine der Welt an einem Ort beurteilt werden. Österreich trug nicht viele Preise davon. «Die Weine Österreichs», schrieb Vizetelly, offizieller englischer Preisrichter, «sind so verschiedenartig. Im Süden (er spricht von Dalmatien) sind sie so dick und körperreich, daß sie, zu gleichen Teilen mit Wasser gemischt, Farbe und Spirituosität wie gewöhnliche Bordeauxweine besitzen..., in weniger begünstigten Gegenden dünn und sauer. Viele (wahrscheinlich die ungarischen) haben den üppigen Charakter des Constantia und die Muskatellerart des Frontignan und Lunel.»

MAGYARORSZÁG

In der zweiten Hälfte des 19. Jahrhunderts war der ungarische Weinbau umfangreicher als der von Italien oder Spanien. Das kleine Land nutzte sein für die Rebe einmalig günstiges Klima nach besten Kräften. Abgesehen vom Tokajer waren jedoch Weinbereitung und Lagerungstechniken noch mittelalterlich. Am besten war es, wenn ein polnischer Kaufmann mit guter Erfahrung in der Kellerarbeit den Wein möglichst früh kaufte.

Bis 1848, als die Ungarn gegen die österreichische Herrschaft rebellierten, ging es nur langsam voran. Die Österreicher wurden dieser Revolte mit der Hilfe der Russen zwar Herr, doch die Leibeigenschaft wurde abgeschafft, und damit bekam Ungarn den nötigen Anstoß. Für den ungarischen Wein begann und endete das Goldene Zeitalter jeweils etwas später als in Bordeaux.

In den 1880er Jahren kam die Reblaus nach Tokaj, doch wurde rasch eine Pfropfaktion durchgeführt, und zwar mit vollem Erfolg. Darüber hinaus besaß Ungarn die einzige wirksame Waffe gegen die weitere Ausbreitung der Reblaus: den Sandboden des Großen Tieflandes, des Alföld. Die Ungarn hatten schon einmal, nach dem Rückzug der Türken, ihre kleine Sahara kolonisiert, und nun entdeckten sie deren Potential für den Weinbau ohne Umveredeln.

Um den Plattensee und auf den großen Esterhazy-Gütern bei Mór wurde der Sandboden zur Einführung neuer Rebsorten genutzt, und der ungarische Wein gewann sein altes Renommee mit neuer Kraft zurück.

Der heutige Stand des ungarischen Weinbaus, bestimmt durch langjährige Randlage im Ostblock, steht zur großen Vergangenheit und zum Potential in keinem Verhältnis.

KAPITEL 38

Mehltau und Reblaus verheeren Europa

SORGENSCHWERE ZEITEN

Im März 1862 berief Kaiser Napoleon III. den größten Wissenschaftler Frankreichs, Louis Pasteur, zu sich in den Tuilerien-Palast, um mit ihm über ein äußerst ernstes Problem zu beraten. Es geschahen schlimme Dinge mit dem französischen Wein, und das in einer Zeit nie dagewesener Exporterfolge als Ergebnis der neuen Freihandelspolitik. Eine peinlich große Zahl von Flaschen, die über renommierte Handelshäuser an bedeutende Kunden im Ausland geliefert worden waren, erwies sich als ungenießbar. Der gute Name Frankreichs und seines berühmtesten Wirtschaftszweigs standen auf dem Spiel. Im Namen der Nation bat der Kaiser den großen Gelehrten, die Sache zu untersuchen und Bericht darüber zu erstatten.

Pasteurs Ruhm beruhte zu dieser Zeit darauf, daß er dem Geheimnis der Gärung auf die Spur gekommen war. Lavoisier hatte den Vorgang schon genau beschrieben (er hatte das arabische Wort Alkohol für die dabei entstehende Substanz eingeführt), niemand aber hatte bisher die Ursache herausgefunden. Gärung, so wußte man jetzt, beruhte auf der Wirkung von Hefen bei ihrer Vermehrung. Pasteur erkannte, daß Mikroorganismen in bislang ungeahnter Weise an den Vorgängen in der Schöpfung beteiligt waren.

Im Jahr 1862, als der Handelsverkehr bereits einen Umfang erreichte, wie die Welt ihn noch nie gesehen hatte, veranstaltete er in Paris eine Ausstellung «über die Rolle des unendlich Kleinen in der Natur». Nichts hätte prophetischer sein können.

In dem Schreiben, das er zweieinhalb Jahre später, als er zu einem Aufenthalt im Schloß von Compiègne eingeladen wurde, dem Kaiser überreichte, leitete er das Thema wie folgt ein: «... dank der täglich zahlreicher werdenden Handelsabkommen zwischen Frankreich und allen zivilisierten Nationen gelangen die Weine Frankreichs auf alle wichtigen Märkte der Welt... Wein kann für unser Land ein so bedeutender Gegenstand des Handels werden, daß es heute noch schwer ist, seinen Wert auch nur zu ahnen. Unglücklicherweise sind französische Weine auf langem Transport Risiken ausgesetzt. Sie unterliegen zahlreichen Krankheiten; sie können sauer, kahmig oder bitter werden... Im Bestimmungsland angekommen, werden die Risiken schlimmer, und zwar um so mehr, wenn die Weine in weniger geschulte Hände, in ungeeignete Keller geraten ohne die tausend Pflegemaßnahmen, durch welche die richtige Behandlung des Weins auch in Frankreich zur seltenen Fertigkeit wird.»

Wenn es auch überrascht, dies zu lesen, wo Frankreich doch ohne solche Schwierigkeiten (wenigstens in so akuter Form) schon seit Jahrhunderten Wein exportierte, dann muß man bedenken, daß die Weine, um die es hier geht, zumeist aus den Jahren nach 1850 stammten, also aus der Zeit der Mehltaukrise. Es ist zu vermuten (obwohl Pasteur davon nichts erwähnt), daß die krankheitsgeschwächten Reben nun auch krankheitsanfälligen Wein hervorbrachten.

Die Leistungen Louis Pasteurs in der Linderung vieler Schwierigkeiten in Frankreich, beispielsweise die Abwendung einer drohenden Katastrophe in der Seidenindustrie, wurden gekrönt durch die Entdeckung des Verfahrens, das heute noch als Pasteurisierung bekannt und in Gebrauch ist. Es ermöglichte unter anderem, viel Wein vor dem Verderb zu bewahren. Dieses Porträt veranschaulicht, welche Verehrung Pasteur entgegengebracht wurde.

Um zu erforschen, weshalb Wein sauer wird, einen «Essigstich» bekommt, hatte er sich, wie er dem Kaiser auseinandersetzte, in eine Gegend Frankreichs begeben, wo dieses Problem verbreitet auftrat: an seinen eigenen Geburtsort im Jura, nahe der Schweiz. Die Szene, die er nun beschreibt, liest sich wie eine ländliche Komödie: Ein berühmter Gelehrter kehrt in geheimer Mission zurück in sein Vaterhaus auf dem Land; die kleine Stadt Arbois ist in Aufregung; der große Mann jagt von einem Keller zum anderen und sammelt Proben; das provisorische Laboratorium über dem Tuchmacherladen ist angefüllt mit Apparaten, die der Schreiner, der Eisenwarenhändler, der Schmied liefern. Es gab viel Spötteleien auf der Straße, doch das Drama, das Pasteur durch sein Mikroskop beobachtete, war ernste Realität. Er untersuchte gesunden Wein und Weine, die durch «Umschlagen» sauer oder zähflüssig, in jedem Fall aber ungenießbar geworden waren. Jedes Präparat war wie ein Käfig in einem Zoo, angefüllt mit deutlich erkennbar unterschiedlichen mikroskopisch kleinen Lebewesen. Es bedurfte nur noch eines Schritts, um herauszufinden, welches von ihnen für welche Krankheit des Weins verantwortlich war. Nach einer Weile, sagte Pasteur, konnte er schon nach dem Anblick des Mikroskoppräparats vorhersagen, wie der betreffende Wein schmeckte. Den Durchbruch hatte er geschafft, als er erkannte, daß diese Bakterien wie alle Geschöpfe Sauerstoff brauchen, um zu leben und sich zu vermehren. In einem Reagenzglas von der Luft abgeschlossener Wein veränderte sich nicht; kam Luft hinzu, dann begannen die in ihm lebenden Bakterien ihre Wirksamkeit zu entfalten. Die verbreitetste, tatsächlich in allen Weinen vorhandene Mikrobe aber ist die Essigbakterie. Bleibt Wein offen an der Luft stehen, dann wird er früher oder später zu Essig.

Die praktikable Gegenmaßnahme trägt Pasteurs Namen: Es ist die Pasteurisierung. Sie besteht einfach darin, daß man den Wein in der Flasche lange genug in einem Wasserbad erhitzt, so daß alle Bakterien abgetötet werden. Er wies nach, daß dies geschehen konnte, ohne daß der Wein «gekocht» schmeckte oder seine Fähigkeit zu normalem Reifen einbüßte. Die Vorteile der Pasteurisierung in der Anwendung auf andere Substanzen – zum Beispiel Milch – lagen auf der Hand. Diese Entdeckung, der von ihm gefundene Impfstoff gegen Tollwut, die von ihm eingeführte Asepsis in der Chirurgie und das von ihm entdeckte Gegenmittel gegen einen Schädling, der die französische Seidenindustrie bedrohte, machten Pasteur wegen seines Beitrags zur allgemeinen Gesundheit und zum Wohlstand in Frankreich zum Nationalhelden, der in aller Welt höchste Achtung genoß.

EIN UNGLÜCK KOMMT SELTEN ALLEIN. Kaum ein Jahr war vergangen, seit der Wissenschaftler mit seinem Mikroskop Frankreichs Wein vor dem Verderb gerettet hatte, da erschien ein Widersacher, der eine viel drastischere Bedrohung darstellte. Er ging nämlich dem Wein buchstäblich an die Wurzel. Innerhalb eines Vierteljahrhunderts stand der Weinbau in Frankreich, darüber hinaus bald in ganz Europa und schließlich in vier Fünfteln der Welt da wie Pharao, als er sich mit Moses und dessen Gott überworfen hatte – denn wenn Sieben eine biblische Zahl ist, dann Drei nicht minder. Der Echte Mehltau war die erste Plage. Es dauerte nur ein Jahrzehnt, bis seine Heilung (oder wenigstens Beherrschung) möglich war. Nach ihm kam die Reblaus und nach dieser der Falsche Mehltau. Gemeinsam verwüsteten sie nicht nur fast den ganzen Weinbau bis auf eine kleine privilegierte Minderheit; sie veränderten auch grundsätzlich und auf Dauer die Art und Weise, wie die Weinrebe angebaut wird. Man könnte sagen, daß der Wein unter der Wirkung gehäufter Katastrophen, die seinem Goldenen Zeitalter unmittelbar folgten, aus dem Stand der Unschuld hinaustreten mußte. Für viele Weinbaugegenden am Rand bedeutete dies das Ende. Gleichzeitig aber erhielten die Starken eine stärkere Stellung als je zuvor. Nichts blieb sich gleich nach dem langen Kampf um Rettung und Wiederaufbau des Weinbaus in Europa – ein Prozeß, der in manchen Fällen ein Dreivierteljahrhundert dauerte.

PASTEUR BRAUCHTE EIN MIKROSKOP, UM DIE MIKROORGANISMEN ZU ERKENNEN, über die er schließlich siegte. Wenn man so scharfe Augen hat, daß man einen Nadelstich erkennt, dann kann man die Reblaus ohne Lupe sehen. Es war seine Kleinheit, die dieses gefräßige Insekt lange vor der Entdeckung bewahrte. Dabei hatte es schon seit Jahrhunderten die Hoffnungen manch eines Winzers zunichte gemacht. Die Reblaus war schuld am Absterben der Reben, die Jefferson und viele andere in den Osten Amerikas importierten. Freilich führten sie es auf das Klima, den Boden oder deutlicher sichtbare Insekten zurück, doch nur weil sie den wirklich Schuldigen nie sahen – oder weil es ihnen nie einfiel, daß es einen fast unsichtbaren Schädling überhaupt geben könne, gegen den die einheimischen Reben durch lange Gewöhnung immun geworden waren.

Die Schnelligkeit der Dampfschiffe brachte schließlich die Reblaus lebendig nach Europa. Sie muß ja auf vielen Segelschiffen, eingepackt in sorgfältig umwickelte Bündel amerikanischer Rebenstecklinge oder an den Wurzeln von als Schmuck oder zu Experimenten hinübergesandten Topfpflanzen, schon oftmals die Reise angetreten haben. Doch sie überlebte die vielen Wochen auf See nicht. Um 1850 hatten die qualmenden Dampfschiffe die Überfahrt auf 9 bis 10 Tage verkürzt, und in Europa wartete im Hafen schon ein Eisenbahnzug. Plötzlich fand sich die winzige Laus wie die berühmte Made in einer Speckseite von unübersehbaren Ausmaßen, denn sie war gerade dort gelandet, wo die Reben am fettesten waren: an der Mündung der Rhône.

Bordeaux, Burgund, die Champagne und die anderen Weinbaugebiete mit altem Ruf und neuem Geld hatten ja nicht als einzige ein Goldenes Zeitalter erlebt. Rein nach der Größe fiel ihre Expansion im Vergleich mit der des französischen Südens und insbesondere im Languedoc geradezu ärmlich aus. Das Midi verlor durch die Revolutionsjahre wenig, gewann dagegen für seinen Wein und Brandy einen breiteren Markt in den Ländern, die Napoleon eroberte (und in den Armeen, die ihm dazu dienten). Die Industrialisierung der Weinwirtschaft entwickelte sich hier frühzeitig. Beim Friedensschluß 1815 waren die Bürger im Languedoc wohlhabend, doch es fehlte ihnen an Kohle und Rohstoffen für den Aufbau anderer Industrien; daher investierten sie in Landkäufe, pflanzten noch mehr Reben und stellten ihr Gewerbe auf maschinellen Betrieb um, wo immer es ging. Ihr Wohlstand wuchs, obwohl sie die Qualität über der Quantität vernachlässigten und ertragreichen Rebsorten wie dem Carignan und dem charakterlosen Aramon, die ungeheure Mengen an Most lieferten, den Vorzug gaben.

Zwischen 1825 und 1850 verdoppelte sich die Rebfläche im Hérault, dem mittleren Departement im Languedoc. Das war die Reaktion auf eine verbreitete Nachfrage nach Rotwein, bei dem der Pro-Kopf-Verbrauch von 1848 bis in die 1870er Jahre hinein in jedem Jahrzehnt um knapp 10 Liter anstieg. Sehr vorteilhaft schlug auch die Tatsache aus, daß viele bisherige Weingüter weiter im Norden auf Getreide und Zuckerrüben umstellten, um dem Bedarf der ständig wachsenden Stadtbevölkerung gerecht zu werden. Als in den 1850er Jahren die Eisenbahnstrecke Paris–Lyon–Marseille fertiggestellt wurde und das Languedoc mit dem industrialisierten Norden verband, hatte sich die erste Mehltaukrise bereits in einer Wolke von Schwefel verflüchtigt. Es lag eine Stimmung wie Goldrausch in der Luft. Von Sète aus schafften Dampfschiffe Zehntausende von Fässern hinaus in alle Welt, bis nach Rußland und Amerika, vor allem aber auch zu den durstigen Kolonisten in Frankreichs Neuerwerbung Algerien.

Unaufhaltsam krochen die Weinfelder von den Bergen herab in die weite, fruchtbare Küstenebene. Zwischen 1850 und 1875 dehnte sich der Weinbau in Frankreich um 200 000 ha aus, davon 130 000 allein im Languedoc. Getreide, Oliven, Gemüse – alles wurde zur Seite gedrängt. Der Handel war frei, das Geld saß locker – und Nemesis stand schon in den Kulissen.

MIT DEN EIGENARTIGEN VERMEHRUNGSGEWOHNHEITEN DER REBLAUS brauchen wir uns hier nicht zu beschäftigen. Sie sind kompliziert, aber höchst wirkungsvoll. Aus einer kleinen eingewanderten Kolonie entstand rasch eine beträchtliche Bevölkerungsdichte. Ihre Auswirkungen auf die Weinrebe wurden zuerst 1863 bei Arles in der Provence bemerkt. Ganze Felder von Reben begannen, ausgehend von der Rhônemündung nach Osten und nach Westen, plötzlich «Verbrauchserscheinungen» zu zeigen. Sie verhielten sich ähnlich wie Tuberkulosekranke. Das Laub verkümmerte und fiel ab, die neuen Triebe hatten keine Kraft, die Frucht blieb unreif. Drei Jahre nach dem Auftauchen der Symptome starb die Rebe dann meist ab, denn so lange dauerte der Verlauf dieser Erscheinung, die zunächst für eine örtliche, wenn auch durchaus besorgniserregende Krankheit gehalten wurde.

Es ist immer das gleiche: Als die tödliche Ulmenkrankheit um 1960 nach Europa kam, gab es keine amtlichen Berichte oder Untersuchungen, bis die eigentliche Ursache

---

Als schließlich erkannt worden war, daß eine winzige Kreatur, in Myriaden auftretend, gesunde Reben zu Hunderttausenden zum Absterben bringen konnte, blieb es noch immer rätselhaft, wie das geschah. Die Reblaus bringt den Weinstock dazu, seine eigenen Wurzeln abzustoßen und dadurch gewissermaßen Selbstmord zu begehen. Sie ernährt sich, indem sie ihren Stechrüssel in die zarte Rebenwurzel senkt und spritzt dabei eine Substanz ein, die zur Entwicklung von Knoten, den sogenannten Wurzelgallen, führt. Die Pflanze sieht diese offenbar als Fremdorgane an. Der Saftstrom durch die infizierten Wurzeln bricht ab, und schließlich steht die Rebe buchstäblich ohne Wurzeln da. In manchen Fällen läßt sie sich einfach aus dem Boden ziehen.

Oberirdisch ist Reblausbefall leicht an dichtgedrängten roten Gallen am Weinblatt erkennbar. Schlägt aus einem amerikanischen Wurzelstock eine veredelte Rebe wieder aus, dann wird ihr Laub befallen.

Die Winzigkeit und der komplizierte Lebenslauf der Reblaus stellten die Wissenschaft lange vor unlösbare Rätsel. Schließlich erkannte Jules-Emile Planchon, daß sie die Wurzeln der europäischen Weinrebe mit tödlicher Wirkung angreift, weil sich an den befallenen Stellen Wurzelgallen bilden, die von der Pflanze abgestoßen werden, so daß diese ihr Wurzelwerk verliert.

(in diesem Fall der Überträger einer Pilzkrankheit und nicht diese selbst) außer Kontrolle geraten war und für die Ulmen keine Rettungsmöglichkeit mehr bestand. Die Reblaus war wegen ihrer Winzigkeit und ihrem Verhalten überaus schwer aufzuspüren, denn wenn die Leiche, das heißt die tote Rebe, zur Autopsie ausgegraben wurde, dann hatten sich die Übeltäter schon längst davongemacht und ihr schlimmes Werk an einer anderen Rebe fortgesetzt.

Am auffallendsten war an einer abgestorbenen Rebe, wenn man sie ausgrub, daß ihr Wurzelwerk ohne ersichtlichen Grund praktisch verschwunden war. 1866 äußerten einige Weingutsbesitzer in den befallenen Gegenden (die Vermehrung der Reblaus begann gerade, größere Ausmaße anzunehmen) ihre Besorgnis und fanden in der landwirtschaftlichen Fachpresse ein Echo. Am aktivsten zeigte sich ein Börsenmakler aus Montpellier, Gaston Bazille (der Vater des impressionistischen Malers Jean-Frédéric Bazille), der große Weinberge besaß. Bazille lernte an der Universität Montpellier den Pharmazieprofessor Jules-Emile Planchon, einen vielseitig begabten Mann, kennen. (In Montpellier gab es die älteste und damals berühmteste Schule der Pharmazie in Europa, die auf die Tage von Arnaldus da Vilanova zurückging und über Kenntnisse verfügte, die von der maurischen Universität Córdoba überkommen waren.) Zu den vielen Interessen Planchons gehörte auch die Entomologie (Insektenforschung).

Im Juli 1868 kamen Bazille, Planchon und seine wissenschaftlichen Assistenten auf dem Weingut Château de Lagoy bei St-Rémy, 20 km von Arles, zusammen, um dem Rätsel «an die Wurzel» zu gehen. Ein zeitgenössischer Druck zeigt sie, wie sie unter der gleißenden Sommersonne durch die Reben ausschwärmen, die Lupe in der Hand und den Zylinderhut auf dem Kopf. Im Weinberg standen kraftstrotzende Reben neben kranken und abgestorbenen. Zum ersten Mal wurden nicht nur eindeutig befallene, sondern auch gesunde Reben ausgegraben. «Von diesem Augenblick an», schrieb Planchon in seinen Aufzeichnungen, «stand eine Tatsache von kapitaler Bedeutung fest: Ein kaum sichtbares Insekt, das sich unterirdisch in Myriaden von Einzelexemplaren entwickelt, konnte die Vernichtung selbst der lebenskräftigsten Weinstöcke herbeiführen. Aber was war das für ein Insekt? Woher kam es? War es schon beschrieben?»

Was die Forscher vorfanden, als sie eine befallene Rebe ausgruben, war ein dicker Pelz von winzigen Läusen, jede einzelne nur so groß wie ein Nadelstich, aber in solchen Massen, daß «die Wurzeln wie mit einem gelben Lack überzogen schienen». Planchon erkannte auch das geflügelte Lebensstadium des Insekts. Als Entomologe bemerkte er die Ähnlichkeit mit einem anderen Insekt, das Gallen an Eichenblättern hervorruft, *Phylloxera quercus*. Und als er dann an den toten Reben sah, daß deren Wurzeln von dem gefräßigen Schädling vollkommen zerstört waren, nannte er ihn *Phylloxera vastarix* – die verwüstende Laus. Die Herkunft des Insekts war damals völlig unbekannt; Amerika stand nicht einmal unter Verdacht. Auch glaubten die meisten immer noch, daß ein so winziges Lebewesen nicht die Ursache für das massenweise Absterben kraftstrotzender Pflanzen sein könnte. Man nahm vielmehr an, daß irgend etwas anderes nicht stimme, eine Degeneration die Pflanze schwäche, so daß sie nur deshalb schließlich diesem ansonsten unbedeutenden kleinen Tierchen zum Opfer falle.

Doch es gab wahrhaftig Grund zur Sorge. 1867 tauchten nämlich die unverwechselbaren Symptome Hunderte von Kilometern weit entfernt im *palus* bei Bordeaux auf. Aber niemand in Frankreich, der nicht persönlich betroffen war, mochte sich für ein paar absterbende Weinstöcke interessieren, während die ganze Nation einem neuen Höhepunkt ihrer Glorie zustrebte. Das freihandelnde, liberal gesinnte «Empire» Napoleons III. vereinte in sich Glanz und Elend, Chic und Korruption. Auf einer neuen Weltausstellung in Paris im Jahr 1868 sollte der Triumph des Handels gefeiert werden. 1869 wurde der nach französischen Plänen erbaute Suez-Kanal eröffnet, und 1870 beschloß Napoleon III., erfüllt von *folie de grandeur,* sich auf eine Kraftprobe mit Bismarcks Preußen einzulassen. Kaum waren die Preußen abgezogen, schüttelte die zweimonatige Revolution der Kommune die Hauptstadt. Wie glücklich waren da doch die Winzer im Süden, dachte man, deren schlimmste Sorge in ein paar sterbenden Reben bestand.

BEI SOLCH ALLGEMEINEM DESINTERESSE STELLTE SICH DER VERWÜSTENDEN LAUS nichts ernsthaft entgegen. Planchon arbeitete mit einer wachsenden Zahl von Helfern seit 1869 als offizielle Kommission, und 1872 setzte die Société d'Agriculture im Departement Gironde eine Belohnung von gerade 20 000 Francs für Gegenmittel aus. Fruchtlose Ideen strömten herein, vom Vergraben einer Kröte unter jedem Weinstock (das war von Plinius entlehnt) über das Austreiben von Dämonen bis zum Abklopfen des Bodens, um den Schädling ins Meer (oder über die Grenze) zu treiben.

1872 erhöhte die Regierung den Einsatz schließlich auf 300 000 Francs. Niemand erhielt jedoch je diese Belohnung. Die Tausende von Personen, die am Wettbewerb teilnahmen, ermöglichten es der Regierung, sich ihrer Verpflichtung zu entziehen.

Inzwischen wurden ernsthafte Forschungen auf zwei Wegen betrieben: Einer betraf die Ausrottung des Schädlings, der andere bestand darin, eine Rebe zu finden, die immun gegen den Befall war. Es wurde festgestellt, daß das Insekt unter bestimmten Umständen mit Erfolg bekämpft werden konnte. Wenn eine Rebenpflanzung eine Zeitlang völlig überflutet werden konnte, dann wurde die Laus ersäuft. Unglücklicherweise waren die wenigen Weingärten, wo so etwas überhaupt praktisch durchführbar war, von der Qualität ihres Weins her am wenigsten wertvoll. Ferner war ein Weinberg mit mehr oder weniger reinem Sandboden offenbar ebenfalls immun: Durch die in steter Bewegung befindlichen Sandkörner kam die Laus nicht voran. (Ihre Fortbewegung in steinigem oder lehmigem Boden bleibt auch ein Rätsel.) Beide Lösungen – Überflutung und Sandboden – bedeuteten eine Aufforderung, die flachen Küstenstriche des Languedoc zu bepflanzen. Die reiche Meersalzgewinnungsfirma Salins du Midi an der Küste bei Aigues-Mortes in der Camargue sah sich vor einem hübschen Nebenverdienst, als sich die Krise verschärfte und immer mehr Weinberge starben. Sie bepflanzte die enormen, bislang unnützen Sandstrände mit Carignan und Aramon. Betrachtet man dort die heute mit Grenache, Cabernet und anderen würdigen Rebsorten besetzten Weinfelder, umgeben von Frischwasserdeichen, damit kein Meerwasser in die Pflanzungen eindringen kann, erinnert es einen ans Wunder von Kana.

In den meisten Weinbergen bestand die einzige Hoffnung in der Bekämpfung auf chemischem Weg, durch Ausräuchern des Bodens. Der Chemiker Baron Paul Thénard entdeckte, daß eine Substanz namens Kohlenstoffdisulfid (Schwefelkohlenstoff), die gewonnen wurde, indem man Schwefeldämpfe über glühende Holzkohle leitete, außerordentlich giftig für die Reblaus – aber auch für so ziemlich alle übrigen Lebewesen – war. Wurde sie um die Weinstöcke herum in den Boden injiziert, blieb nichts am Leben. Bei den ersten Versuchen ging er allzu großzügig mit dem Gift um, so daß die Reben mit vernichtet wurden. Die Dämpfe verursachten bei den Arbeitern Übelkeit, und wer in der Windrichtung stand, war gefährdet. Außerdem war die Substanz so leicht entzündlich, daß Explosionen hochwahrscheinlich waren.

DIESES AUSRÄUCHERN blieb ab den 1870er Jahren bis weit ins 20. Jahrhundert hinein in der einen oder anderen Form verbreitet; in Frankreich gab es sogar bis 1940 Weinberge, in denen die Reblaus durch Bodeninjektionen in Schach gehalten wurde. Das dafür benutzte Standardgerät hieß Pal und war einer großen Injektionsspritze nicht unähnlich. Sie wurde mit einem Fußhebel in den Boden getrieben, und ein Kolben diente zum Einspritzen der Lösung – eine unaussprechlich mühsame und schrecklich teure Operation. In Weingärten, in denen man mit einem Pferdegespann zwischen den Rebzeilen hindurchfahren konnte, ging das etwas leichter, als später eine fahrbare, einem Pflug ähnliche Version aufkam. Die Pflugschar schlug gelegentlich an einem Stein Funken und setzte die Apparatur in Brand. Eine kleine Prozession, bestehend aus einem Pferd, einem eigenartigen Pflug, einem Pflüger und einem Mann mit einem Feuerlöscher war lange Jahre hindurch in manchen Gegenden Frankreichs ein vertrauter Anblick.

Eine wirksamere Alternative war das Wässern des Weinbergs mit Kaliumthiocarbonat (oder Natriumsulfocarbonat), doch das dafür notwendige Gerät, Pumpen, Rohrleitungen, Düsen und vor allem Wasser in gewaltigen Mengen, standen entweder nicht zur Verfügung oder war so ungeheuer kostspielig, daß nur Premier-Cru-Weingüter es sich leisten konnten. Manche taten es dennoch. Bis zum Ersten Weltkrieg hatten einige große Weingüter im Médoc Unternehmer unter Vertrag, die jährlich den Boden entseuchten und auch das Schwefelstäuben gegen den Echten Mehltau und um 1880 die ebenso mühselige Behandlung gegen eine zweite Form des Mehltaus besorgten.

DIE ROUTINEARBEITEN DES WEINBAUS HATTEN SICH BIS ZUR UNKENNTLICHKEIT VERÄNDERT: Zu dem einfachen, wenn auch arbeitsaufwendigen Rebenschneiden, Hacken, Unkrautjäten, zu gelegentlichem Neupflanzen und schließlich der Lese im Herbst war eine scheinbar endlose Reihe von Spritzungen mit übelriechenden Substanzen hinzugekommen, damit die Reben nicht von Insekten und Pilzen aufgefressen wurden. Als Alternative konnte hier nur eine Rebe helfen, die gegen diese Übel unempfindlich war.

Dieser Gedanke war erstmals in der Mehltaukrise aufgekommen: Vielleicht waren die amerikanischen Reben resistent. Es mag eine Ironie der Geschichte gewesen sein, daß möglicherweise gerade mit den für Versuche gegen den Echten Mehltau importierten Reben die Reblaus eingeschleppt wurde. Überhaupt kam, als sich die botanischen Gärten allenthalben begierig mit exotischen Pflanzen füllten, niemand je auf den Einfall, daß jede dieser Pflanzen auch Feinde besaß und daß manche von ihnen in eine neue Umwelt katastrophale Folgen mitbringen könnten.

Amerikanische Reben waren in Frankreich schon in den Tagen der Segelschiffe erprobt worden. Der fuchsige Geschmack ihres Weins hatte sie disqualifiziert. Im Jahr 1869 schließlich begann es aus mehreren Blickwinkeln gleichzeitig danach auszusehen, als ob bei ihnen eine Lösung zu finden wäre. Das Verdienst an der Idee oder an der Ausführung einem einzelnen zuschreiben zu wollen, ist unmöglich; insgesamt waren unzählige Wissenschaftler daran beteiligt. Im erwähnten Jahr aber bemerkte M. Laliman aus

Bordeaux, daß einige importierte Reben reblausfest zu sein schienen. Auf einem Kongreß in Beaune schlug Gaston Bazille Veredelung vor: Vielleicht würde ein französischer Pfropfreis auf einem amerikanischen Wurzelstock «angehen» – er wußte damals noch nicht, ob amerikanische Wurzelstöcke gegen den Schädling resistent waren oder nicht. Der Gedanke, daß dies so sein müsse, kam von einem anderen Wissenschaftler aus Montpellier, Gaston Fouex, der ein überzeugter Anhänger des (in Frankreich) noch nicht salonfähigen Darwinismus war. Er argumentierte, daß die Reblaus, wenn sie in Europa heimisch gewesen wäre, den europäischen Weinbau schon längst ausgelöscht hätte; sie mußte also aus einem Land gekommen sein, wo sie als Parasit leben konnte, ohne die Pflanze zu zerstören, von der sie lebte.

Planchon entdeckte schließlich, daß die Reblaus in Amerika heimisch war. 1869 und 1873 besuchten er und Charles Riley, der damals bereits durch seine Arbeiten über den Kartoffelkäfer berühmt geworden war, einander gegenseitig. Riley bestätigte, was Planchon vermutete. Auf einer Tour durch die östlichen amerikanischen Weinbaugebiete von North Carolina bis Ohio wurde Planchon sich über den wirklichen Geschmack des amerikanischen Weins nicht recht schlüssig. Er besuchte die Kellerei von Mr. Werk aus dem Elsaß auf Middle Bass Island im Eriesee. Dessen Sparkling Catawba, so stellte er fest, war *très agréable*, sein Delaware Blanc leicht und delikat duftig, «zum Sauternes hinneigend». Was den roten Ives Seedling anlangte, zeigte er sich schon reservierter. «Recht körperreich» war das Beste, was er ihm bescheinigte. «Die amerikanischen Weine», schrieb er zusammenfassend, «abgesehen von den schlecht bereiteten, oder von denen mit allzu aufdringlichem Erdbeeraroma, oder von denen, die dem anglo-amerikanischen Geschmack entsprechend zuviel Weingeist beigemischt erhalten haben, verdienen den schlechten Ruf nicht, der ihnen aus altem Vorurteil von Europa gegeben wurde und aus Unkenntnis erhalten blieb.»

Was die Reblaus anlangte, entdeckte er, daß sie die amerikanischen Reben wohl auch angriff, jedoch mehr durch Bildung von Blattgallen als durch Wurzelfraß, daß einige Arten völlig resistent waren, andere nur teilweise und wieder andere, so die Catawba, überhaupt nicht.

Es waren noch viele Fragen zu beantworten, ehe feste Schlußfolgerungen gezogen werden konnten. Angenommen, Veredeln war möglich und die französischen Pfropfreiser würden auf amerikanischen Unterlagen anwachsen, würde dann der Geschmack des Weins beeinträchtigt? Welche amerikanischen Arten würden die ganz andersartigen Böden Europas vertragen? Im Osten Amerikas ist der Boden meist sauer; in den besten Weinbaugebieten Europas dagegen stark kalkhaltig. Und welche Reben würden sich im erforderlichen industriellen Maßstab vermehren lassen?

Die französischen Winzer in den bereits befallenen Gebieten klammerten sich damals an jeden Strohhalm; jede beliebige amerikanische Unterlage war einen Versuch wert. Andere Winzer in Gegenden, wo die Reblaus noch nicht angekommen war, standen solchen Ideen skeptisch gegenüber. Chemische Bekämpfungsmethoden wurden von Winzern, die es sich leisten konnten, weitaus bevorzugt. Schließlich hatten sie den Vorteil, aus den Fehlern der anderen lernen zu können, denn außerhalb der bereits verheerten Gebiete im Süden Frankreichs spielte sich das Reblausdrama in Zeitlupe ab. Zehn Jahre vergingen zwischen dem ersten Auftauchen in Bordeaux und dem Befall der besten Teile des Médoc. In Burgund wurde der erste Befall in Meursault erst 1878 gemeldet. Es war unvermeidlich, daß eine Kluft entstand zwischen den Erzeugern feiner Weine, die Einbußen in der Reinheit des Geschmacks befürchteten und sich die teure Bodenentseuchung leisten konnten, und den Gamay-Anbauern, die eine schnellstmögliche Pfropfaktion befürworteten. Unter dem Druck der Wohlhabenden brauchten die Behörden neun Jahre, bis sie die amerikanischen Veredelungsunterlagen endlich zuließen. Das führte dazu, daß viele Amerikaner Reben eingeschmuggelt wurden, und zwar

SORGENSCHWERE ZEITEN

An amerikanischen Reben befällt die Reblaus zwar das Laubwerk und verursacht Gallenbildung, die Pflanze aber wird dadurch nicht ernstlich geschädigt.

Diese allegorische Darstellung, wie das altersschwache Europa vom lebenskräftigen jungen Amerika gestützt wird, erscheint uns heute höchstens amüsant, doch in der Zeit der Verheerung durch die Reblaus – Höhepunkt waren die 80er Jahre des 19. Jahrhunderts – kam die Hilfe der Neuen Welt gerade noch im rechten Augenblick.

nicht nur für Veredelungszwecke, sondern auch als *producteurs directs,* sogenannte Direktträger. Heute noch findet man in vielen Teilen Frankreichs Winzer, die irgendwo ein kleines Faß Wein mit Erdbeeraroma liegen haben und verschämt gestehen, daß er ihnen schmeckt.

Die Champagne wurde als letzte Region von der Reblaus befallen; an der Marne trat sie erst 1901 in Erscheinung. Dort aber spielten sich die Dinge anders herum ab. Die Reichen hatten inzwischen von den anderen gelernt, daß es am besten war, massiv zu veredeln. Dagegen sahen die kleinen Winzer, die das Rückgrat der Champagne bilden, darin nur ein Komplott, die Herrschaft über ihre Weinberge zu gewinnen.

Wenn man bei dieser Krise, die sich 40 Jahre hinschleppte, überhaupt von einem Höhepunkt sprechen kann, dann trat er in den 1880er Jahren ein. Die Wissenschaftler standen sich in getrennten Lagern gegenüber: Chemiker gegen Veredler. Auf dem internationalen Reblauskongreß in Bordeaux im Jahr 1881 prallten die Gegensätze zwischen

ÜBERLEBENDE DER PLAGE

Hier und da sind in den Regionen, deren Bestände von der Reblaus vernichtet wurden, kleine Stellen übriggeblieben, die aus unerfindlichen Gründen überlebten, so beispielsweise einige Rebzeilen im Portweinland bei der Quinta do Noval und zwei kleine Parzellen mit Pinot Noir bei Aÿ in der Champagne, die dem Haus Bollinger gehören. Die Reben in der Champagne werden noch durch *provignage,* also Absenker, weitervermehrt, obwohl diese Technik sonst veraltet ist, weil alle Reben veredelt werden. Sowohl die «Naçional»-Weine von Noval als auch der Champagner «Vieilles Vignes Françaises» von Bollinger, die beide ausschließlich von den alten, der Reblaus entgangenen Weinstöcken bereitet werden, haben eine bestimmte besondere Qualität und Geschmackstiefe. Beim Portwein ist das hocherwünscht, doch nach Ansicht des Generaldirektors von Bollinger ist der Champagner von den unveredelten Weinstöcken (die in kleinen Mengen einen hochkonzentrierten Most hervorbringen) für den modernen Geschmack zu «fett». Wenn man hieraus auf das Ganze schließen darf, dann hat das Veredeln nicht nur teilweise Ertragssteigerungen gebracht, sondern auch dem europäischen Wein zu einer leichteren, eleganteren Note verholfen.

In dieser französischen Rebschule wurden Edelreben auf amerikanische Unterlagen gepfropft, um für die verheerten Weinberge neue Pflanzen heranzuziehen. Allerdings stellte es sich heraus, daß diese zwar nun reblausfest, dafür aber gegen die beiden anderen Plagen, den Echten und den Falschen Mehltau, anfälliger waren.

«Sulphuristen» und «Amerikanisten» in hitzigen Debatten aufeinander. Welche Seite dabei auch gewinnen mochte (am Ende war es keine von beiden), es waren enorme physische Schwierigkeiten zu überwinden.

Der Reblaushistoriker George Ordish hat berechnet, daß es in Frankreich rund 11 Billionen Reben gab. Amerikanische Wurzelstöcke für alle diese Reben erforderten Unterlagen in einer Gesamtlänge von 3 Millionen km, auf die insgesamt 230 000 t französische Edelreiser gepfropft werden mußten. Bei diesen Zahlen wurde jedoch vorausgesetzt, daß alle Veredelungen «angingen» und alle Unterlagen geeignet waren. In der Praxis aber vertrugen viele der anfänglich gelieferten amerikanischen Reben den Boden ganz und gar nicht: Erst nach jahrelangen Zuchtversuchen gelang es, wirklich geeignete Unterlagen für verschiedene Bodenarten, vor allem für die kalkhaltigen, heranzuziehen. Daß diese speziell gezüchteten Veredelungsunterlagen auf lange Sicht deutliche Vorteile haben würden, war in jenen dunklen Tagen ein viel zu hoffnungsfroher Gedanke, als daß man es gewagt hätte, daran zu glauben. Denn 1878 brach die dritte der pharaonischen Plagen mit einer solchen Plötzlichkeit und Wucht über Frankreich herein, daß sie selbst die Reblaus in den Schatten stellte.

Mit den enormen Importen an amerikanischen Unterlagenhölzern war eine neue und besonders stark um sich greifende Form des Mehltaus eingeschleppt worden: Im Unterschied zu der schon bekannten Form wurde er «Falscher Mehltau» genannt. Wie sein «echter» Verwandter führte er zu drastischen Ertragsminderungen und schwächte den wenigen noch entstehenden Wein. Die naturwissenschaftliche Fakultät der Universität Bordeaux brauchte nur vier Jahre, um ein Gegenmittel zu entwickeln: die berühmte «Bordeaux-Brühe», ein Gemisch aus Kupfersulfat und Kalk, das alles, womit es in Berührung kommt, leuchtend blau färbt. Dennoch litten die 80er Jahre stark unter ruinierten Ernten, die Bauern mußten hilflos zusehen und sich bemühen, die Dinge zu verstehen, zu bewältigen und neue Gegenmaßnahmen und Arbeitsmethoden zu erlernen; aber auch eine Flut von gefälschtem und gepanschtem Wein machte sich breit.

Für die Skrupellosen gab es wahrhaft eine reiche Ernte. Chronische Knappheit (die französische Weinerzeugung fiel in den 1880er Jahren um die Hälfte) ließ die Preise für echten Wein unaufhaltsam steigen. Weine, die bislang nur für die Verarbeitung zu Essig oder zum Destillieren geeignet schienen, fanden reißenden Absatz, konnten aber das Defizit nicht einmal ausgleichen. Neben dem Verdünnen mit Wasser, das ja in den Schenken schon immer üblich gewesen war, gab es noch die Möglichkeit, Wein aus Rosinen herzustellen, die vor allem aus Griechenland und der Türkei importiert wurden. Vor der Krise hatten die Rosineneinfuhren nur ein paar tausend Tonnen im Jahr betragen (die Abnehmer waren meist Konditoreien). In den 80er Jahren schnellte die

Sète stieg durch den Weinhandel zum zweitgrößten Mittelmeerhafen Frankreichs auf. Allerdings wurde sein Name zum Begriff für Panscherei und Betrug, denn die dortigen «Weinhändler» importieren Rosinen aus Griechenland und hatten dann auf mysteriöse Weise die berühmtesten Weine, vom Chambertin bis zum Spitzen-Bordeaux, anzubieten.

Ziffer auf eine Million hinauf – die Einfuhren gingen vorwiegend über die Häfen Marseille und Sète. 1880 erschien in Marseille ein Buch mit dem Titel «Weinherstellung aus Rosinen». Es erlebte 12 Auflagen in halb soviel Jahren.

Und so wurde es gemacht: Man nehme 100 kg gut zermahlene Rosinen, füge 300 l auf 30 °C erwärmtes Wasser hinzu und lasse das Ganze 12 Tage lang gären. Preßt man die Masse dann ab, erhält man 300 l «Wein» mit 10–11 % Alkoholgehalt, der nach dem Schönen und Schwefeln ohne weitere Behandlung bzw. halb und halb mit billigstem Languedoc-Rotwein gemischt auf den Markt gebracht werden kann. Ab 1881 wurden mindestens 2 Millionen hl Rosinenwein im Jahr verkauft; das war $1/15$ des gesamten französischen Weinverbrauchs. 1890 wurden allerdings 4,3 Millionen Liter erreicht, und das war schon $1/9$ des inzwischen gestiegenen Verbrauchs.

EINE ANDERE EINFACHE MÖGLICHKEIT ZUR HERSTELLUNG GEFÄLSCHTEN WEINS bestand mit Rübenzucker. Die massive Anpflanzung von Zuckerrüben im Norden Frankreichs hatte Zucker billig gemacht. Chaptal hätte sich im Grab umgedreht, hätte er die Parodie seines Ratschlags in Form eines «Haustrunks» gesehen, der durch das Übergießen von Trestern mit heißem Wasser und Beimischen von soviel Rübenzucker, wie nach dem Vergären Alkohol im Wein sein sollte, fabriziert wurde. Auf diese Weise konnte aus der vorhandenen Menge an Trauben die doppelte Menge Wein gewonnen werden. Für Spanien, Portugal, Italien, für alle Konkurrenten Frankreichs bedeutete das Auftauchen der Reblaus zugleich eine Bedrohung und eine Chance. Auf lange Sicht bestand der große Gewinn für sie in der Ermutigung, den französischen Wein mit eigenen Qualitätsprodukten in die Schranken zu fordern. Doch Frankreich war mit solchem Abstand das größte Weinerzeuger- und Verbraucherland, daß alles, was mit seiner Wirtschaft geschah, Auswirkungen auf alle anderen haben mußte. Bis 1870 hatte es achtmal mehr exportiert als importiert, um 1880 schon überstiegen die Importe den Export im Verhältnis von 3:1, und 1887 – auf der Höhe der Krise – standen 12 Millionen hl Import nur 2 Millionen hl Export gegenüber.

Die unmittelbaren Gewinner aus dieser Umkehrung der Rolle Frankreichs waren die Massenweinlieferanten in Spanien und Italien. Obwohl sich auch dort die Reblaus einstellte (in Italien nach und nach seit Anfang der 1870er Jahre, in Spanien zunehmend ab 1878), wurden doch eifrig Reben gepflanzt, um dunkle Verschnittweine zu erzeugen, mit denen den schwächlichen französischen Produkten auf die Beine geholfen werden konnte. In Frankreich, wo der Angriff zuerst erfolgt war, hatte man inzwischen Gegenmittel, wenn auch kostspielige, gefunden. Die Nachbarn und Rivalen hatten den Vorteil, daß sie vorgewarnt waren. Sie konnten mit dem Veredeln ihrer Reben beginnen, sobald es der Produktionsrückgang erforderte. Die italienische Regierung verzögerte sogar die Gegenmaßnahme, um auf diese Weise den Überschuß zu verringern, der aus den neuangepflanzten Bereichen im Süden hereinströmte. In Deutschland waren 1900 erst 1,5 % der Reben von der Reblaus befallen.

Doch nun trat Algerien auf den Plan. Zunächst hatte Frankreich seine neue Kolonie als einen Markt für Wein und nicht als Lieferquelle betrachtet. In den 1880er Jahren kehrten sich die Verhältnisse in dramatischer Weise um.

Anstatt seinen Bedarf aus Italien und Spanien zu importieren, wollte Frankreich in Nordafrika eigenen Wein bauen. Es gab ruinierte Winzer zu Tausenden, die nur zu gern zur Auswanderung bereit waren. Die algerische Rebfläche (schon vor den Tagen der Franzosen hatten die Algerier für Wein etwas übrig) verzehnfachte sich in den letzten 20 Jahren des 19. Jahrhunderts trotz der Reblaus, die 1885 den Weg nach drüben fand.

Es ist oft (und zu jener Zeit sehr laut) gesagt worden, daß selbst Weinen aus besten Lagen nach der Reblaus etwas fehlte, was ihnen vorher eigen gewesen war. Es wäre ja auch erstaunlich, wenn sich nichts geändert hätte. Einen einzelnen Aspekt hierfür verantwortlich machen zu wollen, insbesondere das Veredeln auf amerikanische Unterlagen, hieße aber doch, die von einem tödlichen Schädling und zwei aufeinanderfolgenden – in manchen Gegenden sogar nahezu gleichzeitigen – Krankheiten innerhalb von knapp 30 Jahren verursachte gewaltige Umwälzung grob zu vereinfachen. Auch waren das nicht die einzigen Probleme; zu ihnen gesellten sich zwei weitere Parasiten, Heuwurm und Sauerwurm, und machten den Winzern das Leben noch schwerer.

Eine natürliche Reaktion war großzügigere Düngung. Selbst in den streng kontrollierten Weinbergen der Spitzengüter im Médoc stiegen die Ernteerträge in den 80er Jahren erstaunlich, obwohl die Reben doch unter dem Befall der Reblaus und des Falschen Mehltaus gleichzeitig litten. Das Entseuchungsmittel Schwefelkarbonat war sowieso auch ein Düngemittel, doch darüber hinaus experimentierten die Verwalter in dem Bemühen um höhere Erträge und kräftigere Pflanzen mehr denn je mit organischen und mineralischen Düngern. In Château Latour wurden Versuche mit gemahlenem, angekohltem Leder gemacht, um den Pflanzen Kraft zu verleihen.

Die Erzeuger von Spitzenweinen waren bestrebt, um das Leben jedes einzelnen Weinstocks zu kämpfen und nur die abgestorbenen durch neue zu ersetzen, denn den Kern der Konzeption vom Grand Vin bildet ein hoher Anteil an möglichst alten Reben. War ein Weinstock abgestorben, dann ließ er sich mit einem Flaschenzug ohne weiteres aus dem Boden ziehen; es waren ja keine Wurzeln mehr da, die ihn hielten. Die kleineren Weingutsbesitzer holten tief Luft und brachten die Sache hinter sich; sie rissen alle Weinstöcke heraus und pflanzten gepfropfte Reben, so schnell sie konnten. Es läßt sich dagegen kaum schildern, wie zäh die Besitzer der großen Châteaux ihren verlorenen Posten verteidigten. Wiederum, wie schon einmal in den Jahren nach 1840, waren sie gezwungen, mit den Chartronnais Kontrakte auf die Zukunft zu schließen, und die Handelshäuser machten zur Bedingung, daß nicht auf amerikanische Unterlagen veredelt wurde. Das zog sich bis in die Jahre vor dem Ersten Weltkrieg hin. Im Burgund wurden sogar erst 1945 die alten ungepfropften Reben von Romanée-Conti gerodet.

OH, PASTEUR, HÄTTEST DU IN DIESEN STUNDEN NOCH GELEBT! Der große Mann starb 1895. Seine Schüler, die Mikrobiologen, brüteten über den neuen Problemen, die eines nach dem anderen auftauchten. Ulysse Gayon, der Gründer und Direktor des ersten wissenschaftlichen Instituts für das Studium der Reben und des Weins in Bordeaux, war vielleicht der größte von ihnen. Doch trotz ihrer Hilfe erwiesen sich die zwei ersten Jahrzehnte des 20. Jahrhunderts als die schlimmste Zeit. Die erst vor kurzem gepflanzten veredelten Reben wurden bei feuchtem Wetter vermehrt vom Falschen Mehltau angegriffen und mußten mit hohen Kosten regelmäßig gespritzt werden. Und auch der Echte

Mehltau kehrte wieder und plagte die jungen Pflanzen. Gleichzeitig wurde durch die Auswirkungen der Überdüngung die Quantität der Erträge aufgebläht und die Qualität verwässert. Die Preise fielen – selbst Premiers Crus erlitten starke Einbußen.

Als ob das alles nicht schon genug gewesen wäre, kannte nun auch die Unverschämtheit der Betrüger keine Grenzen mehr. Wenn schon nachgeahmten Burgunder und Bordeaux in die Welt setzen, warum dann nicht gerade ein Premier-Cru-Etikett daraufkleben? Die Reaktion des Publikums war nur zu natürlich. Große Weine fanden ihre *clientèle* noch immer im wesentlichen in Großbritannien. Fast exakt ab dem Augenblick, als der französische Wein nach der Zollsenkung wieder frei auf den englischen Markt strömen konnte, geriet ein Weinproblem nach dem anderen in die Schlagzeilen. Würde die Behandlung mit Kupfer und Schwefel dem Verbraucher nicht schaden? Diese Überlegung klingt vertraut, und damals gab sie der Whisky-Industrie ihre große Chance. Ursprünglich wurde Whisky mit Soda zum modischen Drink. Es dauerte über 50 Jahre, bis sich das Prestige und die Rentabilität des Weinbaus wieder erholten.

Das Fazit des halben Jahrhunderts, das dem Goldenen Zeitalter des Weins in Frankreich folgte, ist nicht leicht zu ziehen. Die dramatischste Auswirkung war, daß die französische Rebfläche um ein Drittel schrumpfte; 30 % dessen, was damals zunichte wurde, ist nie wieder erstanden. Ganze Regionen, beispielsweise die Meurthe in Nordostfrankreich, wo der Weinbau mehr als Nebenerwerb betrieben wurde, gaben völlig auf.

Zum Ausgleich dafür wuchs die Rebfläche im Languedoc übermäßig; 1875 betrug sie 17 % der Gesamtrebfläche Frankreichs, heute sind es 27 %, das meiste davon auf fruchtbarem Ackerland, das in der bildhaften dortigen Ausdrucksweise *fait pisser la vigne* oder – anders gesagt – Riesenerträge aus dem Weinstock treibt. Die Qualitätsabnahme von den Bergen herab in die Ebene steht im umgekehrten Verhältnis zur Produktivität. Von jedem Hektar Rebland wurde um 1900 dreimal soviel Ertrag geerntet wie um 1800 und heute wiederum dreimal soviel wie um 1900.

Die Jahre der Krise brachten jedoch auch etwas Positives, nämlich das Eindringen der Wissenschaft in ein Feld, das sich ihr zuvor in traditionsverhafteter Ignoranz verschloß, sowie die Einschaltung der Behörden in Angelegenheiten, von denen sie früher lieber die Finger gelassen hatten.

DIE PLAGE GEHT WEITER

Die Reblaus ist weit davon entfernt, sich ein für allemal geschlagen zu geben; vielmehr feiert sie heute in vielen Teilen der Welt ein Comeback, insbesondere in Kalifornien, Australien und Neuseeland. Die Hauptursache dafür ist Leichtfertigkeit. Es sind verbreitet Anpflanzungen ungepfropfter europäischer Reben in Gegenden vorgenommen worden, wo die Reblaus seit Jahren nicht aufgetreten war, aber auch in Gebieten, wo noch nie Weinreben gewachsen waren. Das Monterey County in Kalifornien ist ein Beispiel hierfür: 12 000 ha ungepfropfte Reben wurden dort weit entfernt von jeder älteren Anbaufläche gepflanzt. Dennoch, die Reblaus hat sie gefunden und ihr Zerstörungswerk begonnen. «Das Insekt», sagt William Wildman von der Universität Kalifornien, «hat eine heimtückische Art aufzutauchen, wann und wo man es am wenigsten erwartet.»

Heute kann das Vordringen der Reblaus durch Infrarot-Luftaufnahmen beobachtet werden. Wenn aber ein Befall deutlich sichtbar wird, sind die Tage des betreffenden Weinbergs schon gezählt; wie lange er noch lebt, hängt weitgehend vom Boden ab. Im Napatal bringt er vielleicht noch ein Dutzend Jahre Erträge, in Monterey nur acht Jahre.

Erschreckender noch ist, daß in letzter Zeit eine neue Reblausrasse auftritt, die Wurzelstöcke vernichten kann, die gegen die alte Art immun sind. Ob diese Reblaus vom Typ «B» imstande sein wird, größere Verwüstungen anzurichten, ist völlig unbekannt. Es gibt noch kein praktisch und ökologisch akzeptables Insektizid zur Bekämpfung dieser neuen Plage, doch einem künftigen Planchon steht als Hilfsmittel für seine Arbeit nun doch wenigstens eine Kamera zur Verfügung.

KAPITEL 39

Italiens Wein und Politik im 19. Jahrhundert

RISORGIMENTO

Der Wein hat für die Identität Italiens noch zentrale Bedeutung als für die Frankreichs. Weinland (Oinotria) war der Name, den die Griechen der Halbinsel gaben, und es gibt auf ihr keine Provinz, wo die Rebe nicht heimisch wäre. Als im 19. Jahrhundert der Augenblick kam, der Italien wenigstens die nationale Einheit brachte, waren es reformfreudige Grundherren – Männer, deren Gedanken mit der Landwirtschaft ihrer jeweiligen Provinz beschäftigt waren –, die wie die weisen Senatoren von einst das Risorgimento ihrer Heimat bewirkten.

Für die Schöpfer des modernen Italien waren der Mehltau und die Österreicher die schlimmsten Feinde. Der Rebell Garibaldi überzeugte die Bauern, daß sie ihre Reben mit Schwefel retten könnten. Die geschichtlichen Veränderungen im Weinbau und in der Politik verknüpfen sich eng im Gewebe jener Zeit.

ALS HÖCHST UNPARTEIISCHER BEOBACHTER SCHRIEB ANDRÉ JULLIEN zu Beginn des 19. Jahrhunderts über den italienischen Wein eher in Ausdrücken der Enttäuschung als der Verdammung: «Der Boden Italiens ist berühmt für seine Fruchtbarkeit. Sein Klima und die lange Kette von Gebirgen, die sich von den Alpen bis zum Fuß Kalabriens zieht und über ihre Länge jede erdenkliche dem Weinbau günstige Art von Lage und Boden bietet, scheinen den Namen Oinotria zu rechtfertigen, den die Alten ihm gaben. Man könnte glauben, daß dieses Land die besten Weine Europas hervorbringt; doch während die Menschen in weniger begünstigten Ländern sich befleißigen, die besten Reben für ihre unvorteilhafte Witterung zu suchen, unternehmen die Italiener, die ja daran gewöhnt sind, die Rebe fast von selbst wachsen und jederzeit reife Frucht bringen zu sehen, erst gar nicht den Versuch, ihre Vorteile aufs beste zu nützen. Weil sie einer ausreichenden Ernte sicher sein dürfen, vernachlässigen sie die Pflege ihrer Pflanzen selbst in Gegenden, wo die Qualität ihres Produkts Aufmerksamkeit erheischt ... Man kann Dessertweine von außerordentlich guter Qualität finden, doch die für den täglichen Verbrauch bestimmten Weine, die man ‹reif› nennen könnte, lassen sich mit ihren Gegenstücken in Frankreich nicht vergleichen. Die meisten sind zugleich süß und scharf, oft rauh, und selbst wenn sie reichlich Körper und Stärke zu haben scheinen, reisen sie ungern und lassen rasch nach, auch ohne gereist zu sein. Ihre mindere Qualität kommt nicht nur von der Vernachlässigung bei der Kultivierung, sondern noch mehr von einfach schlechter Weinbereitung.»

Fast überall in Italien, so fährt Jullien fort, werden die Reben auf Bäumen gezogen, wo sie hohe Laubvorhänge bilden, unter denen der Bauer sein Getreide und seine Bohnen pflanzt – mit den Worten von Jules Guyot, dem französischen Weinphilosophen und -wissenschaftler, «eine Freiheit, Gleichheit und vegetabile Brüderlichkeit, die ihnen drei Viertel ihrer Kraft und Fruchtbarkeit nahm». Noch immer – zur Zeit der Napoleonischen Kriege – werden dieselben Methoden getreulich befolgt, die schon Plinius beschrieben hatte.

«Welchen Sinn hätte es für einen Italiener, sich zu mühen, um etwas zu verbessern, dessen Verbesserung ihm nicht den geringsten Gewinn brächte? Niedergetrampelt vom österreichischen Militär oder unter den Füßen heimischer Tyrannen, ohne angemessenes Kapital und gebeugt von einer leidigen Abgabenlast, was hat er da zu hoffen...?» So schrieb Cyrus Redding in tiefstem Mitleid und in Verzweiflung über jenes Italien, in dem sich patriotische Carbonari-Banden in Freiheitsbestrebungen zu erheben begannen.

DASS DAS LAND IN VIELE KLEINE TEILE AUFGESPLITTERT WAR, bildete in sich selbst nicht das Problem; wann wäre es das seit dem Fall Roms nicht gewesen? Zum Teil war wohl die Leichtigkeit, mit der dem alten Land der Reben sein Lebensunterhalt zuwuchs, daran schuld, daß es von der Zeit vergessen schien. Gewiß spielten grausame Unterdrückung und Ausbeutung eine Rolle, doch auch die Geographie muß berücksichtigt werden: Italien ist umgeben von Ländern, die ebenfalls Weinbau treiben. Wo sonst als in den eigenen Städten konnte der Winzer also seinen Markt finden? Neapel und Rom waren die einzigen größeren Städte, doch in beiden fehlte es an der Voraussetzung für einen gesunden Weinhandel: einem kaufkräftigen, zahlreichen Mittelstand.

Portugal und Spanien hatten sich für die Belieferung des nördlichen Europa deshalb so gut etablieren können, weil sie einen brauchbaren Markt für gewerbliche Erzeugnisse darstellten, nicht aber, weil sie besondere Talente auf dem Gebiet der Weinbereitung besaßen. Unter diesem Gesichtspunkt lag Italien in zu weiter Ferne. Seine natürlichen Handelsbeziehungen verbanden es mit Frankreich und Österreich, doch beide verfügten aus eigener Kraft über größere Weinvorräte als Italien.

«Im Schatten des eigenen Weinstocks zu sitzen, Frau und Kinder um ihn her und die reifen Trauben zum Pflücken nahe», das war James Busbys Vorstellung vom Glück. Warum sollte man den italienischen *contadino*, den Landmann, bedauern, dessen fruchtbares Land ganz Europa mit romantischen Bildern der Schönheit versorgte? Goethe nannte auf seiner italienischen Reise 40 Jahre zuvor einen guten Grund: «... sie sind in den Händen der städtischen Handelsleute, die ihnen bei schlechten Jahren den Lebensunterhalt vorschießen und bei guten den Wein um ein Geringes an sich nehmen. Doch das», so fügt der Dichter philosophisch hinzu, «ist überall dasselbe.»

Früher einmal verfügte Italien über einen Exporthandel. Im 14. Jahrhundert war Venedig eines der Zentren des Weltweinhandels gewesen und hatte selbst in den Hügeln um Verona Wein nach griechischer Art gebaut. Die Renaissance in Florenz hatte ein lebhaftes, wenn auch nicht gerade überschwengliches Interesse für Florentiner Wein in strohumflochtenen Flaschen geweckt. Und im 18. Jahrhundert durchstreifte wohl nicht nur ein einziger englischer Genießer die ganze Halbinsel auf der durchaus nicht erfolglosen Suche nach süßen, duftenden Weinen. Wenn Italien in den Augen der internationalen Kennerschaft so etwas wie einen Fünf-Sterne-Wein besaß, dann war es der Lachryma Christi von den Hängen des Vesuvs.

Italien und die Außenwelt waren sich darin einig, daß der Wein des Landes in zwei Kategorien fiel: Wein von den auf Bäumen wachsenden Reben – er machte die große Mehrheit aus – sowie Wein von den an Pfählen gezogenen Reben, die wie vor 2000 Jahren Gebiete unter griechischem Einfluß bezeichneten. Letzterer war der Wein, den die Welt allenfalls in Italien suchte: starker und süßer, vor allem aber eben süßer Wein nach griechischer Tradition. Ausnahmen von dieser Regel waren selten. Florenz trank in der Renaissance zweifellos guten Wein, mehr oder weniger nach Art des Chianti – und doch war es berühmter für starken Vernaccia und süßen Aleatico sowie Vinsanto. Schwerlich kann man sich die Medici oder Borgia vorstellen, wie sie juwelenbesetzte Kelche – vergiftet oder nicht – an die Lippen heben, um daraus einen dünnen, essigsauren Trank zu schlürfen, nur weil ihre großen Landgüter nichts Besseres hergegeben haben sollten. Die Familie Antinori ist stolz darauf, daß sie schon seit dem 14. Jahrhundert Wein verkauft; ebenso die Familie Frescobaldi, die wir schon als mittelalterliche Bankiers in ganz Europa kennengelernt haben und die doch ganz selbstverständlich auch mit Wein und Tuch handelte.

Dennoch wiederholt sich in allen Berichten aus dem 18. Jahrhundert mit deprimierender Gleichförmigkeit, was auch Sir Edward Barry schreibt: «Chianti war früher sehr geschätzt hier in England, doch er hat seinen Charakter ganz verloren. Große Mengen des roten Florence werden noch immer in Korbflaschen importiert, doch ihrer unange-

Diese Szenen vom italienischen Weinbau stammen aus den 1950er Jahren, könnten aber zu jeder beliebigen Zeit seit der Erfindung der Fotografie – ja sogar in den zwei zurückliegenden Jahrtausenden – aufgenommen worden sein: Reben auf Bäumen, um kostbare Ackerfläche zu sparen für den gleichzeitigen Anbau anderer Feldfrüchte. Doch leider läßt die Qualität solcher Trauben zu wünschen übrig.

nehmen Rauhheit und anderer Eigenschaften wegen selten getrunken. Sie besitzen Frische und eine schöne tiefe Farbe und werden wahrscheinlich in der Hauptsache dazu benutzt, künstlichen Claret oder Burgunder herzustellen oder schwerem, fadem Portwein mehr Leichtigkeit und Geist zu verleihen.»

An der Schwelle zur Unabhängigkeit verfügte Italien nur für seine süßen Weine über einen Exportmarkt. Abwechslungsreichtum gab es freilich auch, allein schon durch die Hunderte, ja Tausende von Rebsorten und ihre unterschiedliche traditionelle Nutzung.

GOVERNO

Was dem bäuerlichen Wein in Italien in den meisten Fällen fehlte, war vollständige Ausgärung. Vielleicht besaßen die natürlichen Hefen nicht genügend Kraft, um allen im Most vorhandenen Zucker ausgären zu lassen. Wahrscheinlicher aber brachten unsaubere Fässer und schlampige Praktiken eine Bevölkerung von Mikroorganismen in den Wein, so daß er von Grund auf unstabil war: zwar süß und süffig, solange der Zucker noch da war, doch gleichzeitig schon auf dem Weg zum Essig. Noch heute besteht in Italien eine Vorliebe für Rotwein von beträchtlicher Süße und unberechenbarer Spritzigkeit.

Etwa im 14. Jahrhundert wurde in der Toskana (vielleicht auch anderswo) das «Governo»-System eingeführt, vermutlich um den Wein zu stabilisieren – allerdings gehen darüber die Meinungen heute auseinander. Wenn die Gärung offensichtlich zu Ende war, wurde eine Portion halbgetrocknete Trauben zugegeben, um die Hefen aufzufrischen und das Vergären des restlichen Zuckers zu veranlassen. Gelang das, entstand ein völlig trockener, stabiler Wein, manchmal aber führte es lediglich zu einem zweiten Stadium unvollständiger Gärung, der Wein war nicht haltbar, doch jugendlich lebendig.

Nur selten aber wurde, selbst in den Villen und Schlössern der Aristokratie (einschließlich der hohen kirchlichen Würdenträger), Wein mit Sorgfalt und Kenntnisreichtum bereitet, und zu jener Zeit war es bei den Adeligen auch durchaus nicht Mode, Wein an den Schloßtoren feilzuhalten.

ZWEI SOUVERÄNE STAATEN BILDETEN DIE HOFFNUNG ITALIENS, die Toskana und das Königreich Sardinien – ein irreführender Name, denn seine Hauptstadt und das Zentrum seines kulturellen Lebens lag im Piemont: Es war Turin.

Die ersten tastenden Reformversuche wurden in der Toskana unter dem Großherzog Peter Leopold aus dem Geschlecht der Habsburger unternommen, der de facto ein Vasall Österreichs, aber dennoch ein würdiger Nachfolger der langen Medici-Herrschaft war. Seine 25jährige Regierungszeit, die von den französischen Revolutionstruppen beendet wurde, zeichnete sich durch liberale Politik – zumindest gegenüber dem Handel und den Grundbesitzern – aus. Um die Zeit, als Arthur Young die Landwirtschaft Frankreichs unter die Lupe nahm, studierten die adeligen Großgrundbesitzer der Toskana die Produkte ihres Bodens, unter anderem auch die Zusammensetzung des Weins. Familien wie die Capponi, Ridolfi und Firidolfi-Ricasoli bildeten mindestens theoretisch das Gegenstück zu den Townsends und Cokes in England, die damals ihre Güter in Norfolk modernisierten, nur mit dem entscheidenden Unterschied, daß in Italien noch das feudale Konzept bestand, das den Bauern an sein Stück Land fesselte. Wäre der Grundbesitz in der Toskana reformfähig gewesen, dann hätte es vielleicht Fortschritte gegeben. Doch die zutiefst konservativen Bauern waren an die *mezzadria*, das System der Ertragsteilung, das ihnen niemals einen größeren Anteil an ihrem Land gewährte, so sehr gewöhnt, daß sie – selbst wenn ihre ebenso konservativen Grundherren daran etwas hätten ändern wollen – darin nur ein Komplott gegen ihre alten Rechte am Boden vermutet hätten.

Napoleons Kriege waren überstanden, Metternich hatte Europa aufgeräumt, und die Toskana war wieder in österreichischer Hand, als Baron Bettino Ricasoli auf dem schwer verschuldeten Gut seiner alten Familie das Erbe antrat. Für die Ricasoli waren die Medici nichts als Parvenüs; den eigentlichen Adel des Landes repräsentierten sie selbst, denn ihre Abstammung ging auf lombardische Barone im 11. Jahrhundert zurück. Als nun Bettino Ricasoli von Florenz auf das vernachlässigte Familiengut Brolio umzog (es wurde behauptet, um seine schöne junge Frau von den Verführungen des Gesellschaftslebens fernzuhalten), wurde die Reform seines Besitzes und des Weins, der darauf wuchs, zu seiner großen Leidenschaft.

Brolio ist das Herz des Chianti-Classico-Gebiets – das ist ein Land sanfter Hügel mit Eichenwäldern, Olivenhainen und Weingärten, wo Florenz und Siena vier Jahrhunderte zuvor um die Vorherrschaft gekämpft hatten. Die großartige Klarheit des Stils von Schloß Brolio spiegelte den Charakter dieses Mannes wider. Porträts des hageren, kurzsichtigen Aristokraten geben weiteren Aufschluß. Im Giebelgeschoß des gewaltigen gotischen Baus, den er nach dem Muster der Piazza del Campo in Siena in rotem Backstein wieder aufbaute, blieben sein Arbeitszimmer und sein Schlafraum unverändert: der Fußboden nackt, die Einrichtung sparsam, mehr eine Klause als die Wohnung eines Edelmanns. Dieser erhabene Asket widmete sich nun gemeinsam mit seiner Frau der Erziehung seiner Kinder und seiner Bauern sowie der Reform des Weinbaus in seiner Region.

Er bereiste Frankreich und Deutschland und studierte den Weinbau in allen Varianten. In fast haraszthyscher Manier, alles zu erproben, importierte er zahllose Rebsorten. Aus seinen Experimenten schälte sich schließlich der Chianti Classico als das italienische Gegenstück zu de Pontacs «neuem französischem Claret» heraus – allerdings nicht durch die Wahl neuer Rebsorten, sondern durch besser durchdachte Verwendung der alten. Sein Rezept beschränkte sich nämlich am Ende auf die drei toskanischen Trauben, die seiner Ansicht nach am besten miteinander harmonierten und – wie Pepys es genannt hätte – einen ganz eigenen Geschmack ergaben. Ricasoli schrieb über seine Feststellungen, daß «der Chianti-Wein den größten Teil seines Buketts (worauf ich besonderen Wert lege) vom Sangioveto bezieht; vom Canaiolo erhält er eine Süße, welche die Herbheit des ersteren mildert, ohne das Bukett zu beeinträchtigen, während die Malvasia (die sich weniger für Weine eignet, die für ein längeres Leben gedacht sind) dem Geschmack einen Akzent verleiht und ihn zugleich frischer und leichter, daher für den täglichen Tafelgenuß geeigneter macht.» Im Vergleich mit Bordeaux könnte man sagen, daß der Canaiolo für den Sangioveto dasselbe bedeutet wie der Merlot für den Cabernet – und daß die weiße Malvasia hinzugefügt wird, um das Ganze runder und angenehmer zu machen. Ricasoli nahm den Trebbiano, eine etwas säuerliche, sonst aber neutrale und nur allzu ertragreiche Traube, die von den Weinbauern wegen ihres bequemen Anbaus gern mitverwendet wird (nach den modernen Vorschriften ist das gestattet), nicht in sein Rezept auf.

Leider blieb es Ricasoli versagt, sein Rezept für einen feinen Wein in aller Welt anerkannt zu sehen. 1848 (auch in Italien ein Revolutionsjahr) starb seine Frau, und in seinem Kummer verlor er alle Freude an seinem Gut und an dessen Reformierung – vielleicht sogar an seiner neuen Berufung als Politiker. In den 1850er Jahren kam der Echte Mehltau. Die *mezzadri* – die abgabenpflichtigen Bauern – verließen das Land und drängten zuhauf in die Städte oder nach Amerika. Das Gut Brolio wuchs um 300 kleine Bauerngüter, deren Reben und Hütten von den Bauern dem Verfall überlassen worden waren.

DAS PIEMONT WAR DAS ZWEITE LAND IN ITALIEN, wo die Grundbesitzer traditionell, wenn auch nicht immer gleichmäßig, den Weinbau mit Ernst betrieben hatten. Im Mittelalter hatte die Nähe Genuas große Wirkungen. Wie Venedig verfügte auch Genua über nur wenig Land, sondern lebte vom Meer und für dieses. Sein Hinterland – zugegebenermaßen nur mit Mühe über die ligurischen Alpen entlang der Küste zu erklettern, bildet das den Alpen vorgelagerte, geschützte und fruchtbare Becken des Piemonts. Der Ausdruck «Becken» ist nur relativ zu verstehen, denn die Monferrato-Berge um Alba und Asti sind steiler und höher als die Hügel der Toskana.

Das aus Backstein gebaute *castello* Brolio der Familie Ricasoli in den Hügeln der Toskana ist der Geburtsort des Chianti. Hier verfeinerte der Schloßherr um 1850 das Rezept dieses Weins. Offiziell entstand der Name Chianti im Jahr 1716, als der Großherzog der Toskana «an gewohnten und ungewohnten Stellen» ein Edikt anschlagen ließ, worin die Grenzen des Chianti festgelegt und strenge Strafen für seine Verfälschung angedroht wurden. Das Schloß und die dazugehörigen Weinberge befinden sich seit 1141 im Besitz der Familie Ricasoli.

Petrus de Crescentiis, der Verfasser des «Liber ruralium commodorum», hat im 14. Jahrhundert als Richter in Asti gelebt, zu einer Zeit, als «griechischer» Wein beliebt und gefragt war. Die Trauben, schreibt er, wurden hier mit halbverdrehten Stielen an den Weinstöcken hängengelassen, bis sie überreif waren. Weil dies an Reben, die in hochgezogenen Girlanden zwischen den Bäumen hingen *(altinis)*, unpraktisch war, wurden die zur Erzeugung von «griechischem» Wein neu importierten Moscato- und Malvasia-Reben kurzgeschnitten und an Pfählen gezogen *(spanis)*. Jahrhundertelang gab es beide Weinbergarten nebeneinander. Dies beweist, daß die Gewinnung starker und aromatischer Weine einen speziellen und profitableren Zweig des Weinbaus darstellte, der von Grundherren betrieben wurde, die nicht ihren Lebensunterhalt aus dem beziehen mußten, was sie anbauten. Man ist deshalb auch versucht, die lokale Bezeichnung für einen Weinpfahl, nämlich *spanna*, mit dem in Novara für die beste Rebsorte, den Nebbiolo, gebräuchlichen Namen «Spanna» in Verbindung zu bringen.

Die Monferrato-Berge bedeuteten für Turin dasselbe wie die Toskana für Florenz und Siena: eine ländliche Umgebung mit viel Wild und Wein und mit großen Gütern in den Händen abgabenpflichtiger Bauern, die das Land nutzen und pflegen. Nicht daß der Hof gegen ein wenig *villegiatura* (Aufenthalt auf dem Land) oder gelegentliches Experimentieren mit neuen Weinsorten gewesen wäre. Im 17. Jahrhundert brachte Giovan Battista Croce, der Hofjuwelier des Königs Karl Emanuel, einen neuartigen Chiaretto in Mode, einen hellen Rotwein von Nebbiolo-Trauben, die offensichtlich mit so großer Sorgfalt verarbeitet wurden wie Dom Pérignons Pinot Noir.

Hinweise auf den Nebbiolo als die erlesene Traube des Piemont finden sich schon im 13. Jahrhundert. Viele andere kamen hinzu: im 16. Jahrhundert der rote Dolcetto, im 17. der weiße Cortese und die rote Barbera, doch werden sie bis in das 19. Jahrhundert nur im Zusammenhang mit süßem Wein lobend erwähnt. Jullien nimmt von den trockenen Rotweinen der Region nicht einmal Notiz. Der König von Sardinien und sein Hof importierten ihren Tafelwein aus Frankreich – dafür löschten die groben Erzeugnisse der auf Bäumen wachsenden Reben zum großen Teil den Durst von Mailand, der unter österreichischer Herrschaft stehenden Hauptstadt der Lombardei.

Wie oft hat doch der Zollbeamte den Herold für eine bedeutende neue Wendung in unserer Geschichte des Weins abgegeben! Der Methuen-Vertrag, der Zollverein, die Reform Gladstones sind nur drei Beispiele dafür. Auch für das Risorgimento wurde das Abfahrtssignal von der Zollstation aus gegeben. 1833 hatte die österreichische Regierung den Zoll für den Import von Piemonteser Wein in die zum Kaiserreich gehörenden norditalienischen Provinzen Lombardei, Veneto und Emilia gesenkt. Unter dem Druck der eigenen Weinbauern, vor allem der Ungarn, verdoppelte Österreich dann 1846 den Zolltarif wieder und schnitt damit das Piemont von seinem einzigen Exportmarkt ab. Im darauffolgenden Jahr gründete der Graf Camillo Cavour, ein Grundbesitzer nach Art der Ricasoli in den Monferrato-Bergen, der in England moderne Landwirtschaft studiert hatte, die Zeitung «Risorgimento». In demselben Jahr hielt König Karl Albert auf dem Landwirtschaftskongreß in Casale Monferrato eine Rede, in der er die Österreicher mit Worten anprangerte, die sehr nach Krieg rochen.

Das Piemont ging 1848 allein in diesen Krieg, kämpfte in zwei Schlachten bei Custoza und Novara in der Lombardei gegen den altgedienten General Radetzky und wurde geschlagen. Karl Albert dankte zugunsten seines Sohnes Viktor Emanuel II. ab. Garibaldi gelang es inzwischen, für kurze Zeit eine römische Republik zu errichten, und er wurde damit zum Nationalhelden. Cavour, um jene Zeit Premierminister in Turin, sah sich gezwungen, Frankreich um Hilfe bei den Schwierigkeiten anzugehen, die nun hereinbrachen. Napoleon III. sollte sein Alliierter gegen Österreich werden, die französische Weinwissenschaft sein Nothelfer im Kampf gegen den Mehltau, der den Piemonteser Weinbau dezimierte.

RISORGIMENTO

In Bordeaux war ja schon herausgefunden worden, daß der Echte Mehltau mit Schwefel bekämpft werden konnte; wer aber sollte die Piemonteser Bauern dazu bringen, sich die Mühe zu machen und ihre in Baumkronen wuchernden Reben zu besprühen? Der Mann fand sich in Gestalt von Giuseppe Garibaldi, einem Sohn der Stadt Nizza (die damals zum Königreich Sardinien gehörte); schon deshalb war er nicht nur National-, sondern vor allem auch ein Lokalheld. Als 1856 nur noch diejenigen Winzer, die mit Schwefel gesprüht hatten, auch Trauben ernten konnten, gelangte Garibaldis Ruf als Wundertäter auf den Höhepunkt.

KAUM IRGENDWO SONST IN ITALIEN wird «Tradition» so großgeschrieben oder so oft als Grund für dieses oder jenes Verfahren vorgeschoben wie im Piemont. Doch kaum irgendwo sonst ist unter Tradition eine so kurze Zeitspanne zu verstehen. Die Piemonteser Weine wurden im Risorgimento neu erfunden, nicht aber durch Modernisierung eines alten Rezepts, sondern infolge professioneller Beratung aus Frankreich. Der Marchese Falletti aus Barolo machte den Anfang, indem er den Weinbauwissenschaftler Louis Oudart berief, den auch Cavour für sein eigenes Weingut in Grinzano im Barolo zu Rate zog. Der Franzose fand die Nebbiolo-Traube superb und konnte gar nicht verstehen, warum diese nicht zu einem trockenen Rotwein verarbeitet wurde. Wohl wegen der schlechten Weinbereitungstechnik: Die Gärung erstarb vorzeitig, der Wein blieb ziemlich süß und unstabil. Dabei wurde nichts weiter gebraucht als reife Trauben und saubere Keller. In den 1850er Jahren nahm der Wein, den wir heute als Barolo kennen, Gestalt an: dunkel, gehaltvoll, trocken, stabil, mit fast unbegrenzter Langlebigkeit.

So etwas hatte es im Piemont noch nicht gegeben, bis Falletti und Cavour diese Entwicklung in Auftrag gaben. Wenn dies mit Nebbiolo zu machen ging, dann mußte es für

Garibaldi hatte aufgeklärte Ideen, das gilt sowohl in der Politik als auch in der Landwirtschaft. Sein Ansehen als Nationalheld wurde durch die vernünftigen Ratschläge, die er den Winzern gab, sehr gefestigt. Fontanafredda *(links)* im Herzen des Barolo-Landes bei Serralunga wurde in den Jahren nach 1870 von einem königlichen Landsitz in eine Weinbauversuchsstation umgewandelt. Der Sohn des Königs, Conte Emanuele Guerrieri, war die treibende Kraft. Heutzutage befindet sich das Gut im Besitz einer Bank.

andere Trauben ebenfalls neue Möglichkeiten geben. Oudart richtete in Neive im Barbaresco ein eignes Gut ein, und der neue König, ein eifriger Befürworter von Cavours Reformen, widmete sein eigenes romantisches Jagd- und Lustschloß Fontanafredda in den Bergen von Serralunga d'Alba im Herzen des Barololands der Bereitung dieses revolutionär neuen Weins.

Als nächstes standen auf der kurios verflochtenen Tagesordnung politische Fragen. Cavours Reformen erstreckten sich auch auf Straßen und Eisenbahnen (was der Verbreitung des Weins sehr zugute kam), auf die Armee, die Industrie und das Finanzsystem. In Turin legte er die Fundamente zu einem funktionsfähigen italienischen Staat. 1858 war er soweit, daß er sich mit Napoleon III. zu einem erneuten Feldzug gegen die Österreicher verbünden konnte. Nach zwei großen Siegen, bei Marengo und Solferino, schien Italien sicher – viel zu sicher für den Geschmack Napoleons III. Er ließ seinen Verbündeten im kritischen Augenblick im Stich, nahm dem Königreich Sardinien Nizza und Savoyen als Lohn für seinen Beistand ab und lieh dem reaktionären Papst Pius IX. eine französische Garnison für Rom. Es lag nicht in seinem Interesse, daß Italien sich zu leicht vereinigte. Im Gegenteil verfolgte er Pläne, in denen die Toskana als ein separater mittelitalienischer Staat vorgesehen war.

Der Höhepunkt des Risorgimento trat 1860 ein. Ricasoli, der weinbauende Edelmann, war inzwischen praktisch zum Diktator der Toskana geworden – und er hatte sich die Vereinigung mit Cavour in den Kopf gesetzt. Im Mai segelte Garibaldi mit seinen tausend Rothemden von Genua nach Sizilien und landete dort gewissermaßen auf britischem Gebiet bei Marsala, um dem verachteten Bourbonenregime in Neapel – dem Königreich beider Sizilien, das Nelson einst vor den Franzosen gerettet hatte – den Todesstoß zu versetzen. Diesmal stand die britische Marine auf der anderen Seite. Bereits im Juni befand sich Sizilien und im September Neapel in der Hand Garibaldis. Nun wurde die Südhälfte Italiens mit dem Königreich Sardinien vereinigt; die Toskana hatte sich nach dem Willen Ricasolis für die Einheit entschieden. Nun aber starb Cavour, und Ricasoli wurde Premierminister des neuen Italien.

Jetzt brauchten nur noch Venedig und der Vatikanstaat dem Risorgimento anheimzufallen, dann war das große Ziel erreicht. Es war schließlich Preußen, das durch seine Siege über Österreich im Jahr 1866 und Frankreich im Krieg 1870/71 die letzten Steine für das Mosaik beisteuerte – außer Südtirol, das erst nach dem Ersten Weltkrieg mit gemischten Gefühlen von Österreich an Italien abgetreten werden mußte.

Einige Jahre lang hätte der Chianti Gelegenheit gehabt, die Stunde seiner höchsten Glorie zu erleben; vor dem Fall Roms war in den 1860er Jahren Florenz die Hauptstadt Italiens. Der Schöpfer des Chianti war Premierminister. Hoheiten und Botschaftsange-

Weinlauben in Südtirol, das als Alto Adige die jüngste Region Italiens bildet. Hier treffen und vereinigen sich Weinbautraditionen von nördlich und südlich der Alpen.

hörige aus allen Ländern der Erde drängten sich in den Cafés und in der Umgebung. Doch leider scheint es, daß sie vom Wein des Landes kaum Notiz nahmen – es war nun einmal das Goldene Zeitalter des Burgunders und Bordeaux.

DASS ES NUNMEHR EIN GEEINTES ITALIEN GAB, bedeutete natürlich nicht, daß jetzt oder irgendwann einmal in der Zukunft auch über den italienischen Wein Einigkeit bestehen würde. Doch die Regierung – unter dem Druck von Mehltau und Reblaus und im Gedanken an die neuen Möglichkeiten der Önologie – zögerte nicht lange, sondern gründete Institute, die das Evangelium nach Pasteur und Planchon verkünden sollten. Zwei wurden im Piemont 1872 gegründet, beide unter der Leitung von Dr. Cerletti. Auch war das Piemont die erste Provinz, die aus der neuen Weinwissenschaft schöpferischen Nutzen für die eigenen Trauben zog.

Die Distrikte Barbaresco und Gattinara traten in die Fußstapfen von Barolo und erzeugten von der Nebbiolo-Traube ähnlich dunkle, schwere, gerbstoffreiche und gehaltvolle Weine. Die nicht ganz so edlen Traubensorten Barbera, Dolcetto und Grignolino lieferten eigenständige, wenn auch nicht so vornehme, trockene Rotweine. Mit Freisa und Brachetto wurde der alten Vorstellung von süßen, spritzigen, auf dem Tischtuch Flecken hinterlassenden Rotweinen Rechnung getragen, während Carlo Gancia bei Canelli für den Moscato eine neue Rolle erfand: nicht für «Griechenwein», sondern für die leichteste und süßeste Schaumweinversion, die man sich vorstellen kann.

Trotz des genialen Chaos, das hier wie in anderen Teilen Italiens in den Weinbergen herrschte, entwickelte sich im Piemont für jede der unzähligen Rebsorten eine eigene Art von Wein. Es scheint jedoch keine auf die Erzielung eines Gegenstücks zum Bordeaux oder Chianti berechnete Verschnittechnik gegeben zu haben, wie man es bei der Nähe Turins mit seiner Wermutindustrie durchaus hätte erwarten können. Pionierleistungen vollbrachte das Piemont dagegen in der Namengebung für seine Weine einfach nach der Traubensorte – oder vielleicht war es auch ein Rückgriff auf das Mittelalter, als Malvasier eben Malvasier war, ganz gleich, woher er kam.

DR. CERLETTI HAT FREUNDLICHERWEISE EINE ÜBERSICHT (in französischer Sprache) über den Stand des italienischen Weinbaus im Jahr 1889 hinterlassen. Es war dies eine Zeit allseits gespannter Beziehungen. Frankreichs ungeheurer Appetit auf Wein hatte zu großen Anpflanzungen in Gegenden geführt, wo nie zuvor Wein angebaut worden war, aber auch zur Herstellung gefälschter Weine in Italien und Spanien ebenso wie in Frankreich selbst. Genua war das Hauptzentrum dieses Gewerbes.

Selbst wenn man sein verständliches Bemühen abrechnet, Italien in günstigem Licht erscheinen zu lassen, legt Cerletti doch reichliches Zeugnis für den Fortschritt ab, der in der Generation seit dem Risorgimento gemacht wurde. Die Reblaus erreichte in der bei weitem nicht durch Monokultur geprägten Landschaft Italiens nie epidemische Größenordnungen. Ihre Bedeutung in den Regionen, die sie befiel, wird leicht übertrieben, da ja die Gegenmaßnahme des Veredelns längst bekannt und erprobt war. Alles in allem mag sie sich sogar als wohltätig erwiesen haben, weil die Winzer durch sie veranlaßt wurden, ein genaueres Auge auf ihre Reben zu haben und für eventuelle Neuanpflanzungen bessere, gesündere Rebsorten zu wählen.

Der schlimmste Schaden, den die Reblaus Italien zufügte, ergab sich, bevor sie noch wirklich Fuß gefaßt hatte, indirekt in den 1880er Jahren dadurch, daß sie die Vorstellung ermutigte, jeder Wein sei gut zu verkaufen. Damals war die Zeit eigentlich reif für technischen Fortschritt und für die Selektion der besten Sorten. In den meisten Fällen wurde die Gelegenheit vertan.

Cerletti beschreibt ein Italien, das endlich lernt, seine Reben aus den Baumkronen herunterzuholen und dessen Rebfläche fast überall wächst. Eine Ausnahme hiervon bildete Oberitalien, wo nur das auf Modernisierung erpichte Piemont seine Rebfläche ausdehnte. In Ligurien, der Lombardei und vor allem im Veneto, das seinen Markt in Österreich eingebüßt hatte, wurde dagegen weniger Wein erzeugt. Der bei weitem größte Anstieg vollzog sich in Sizilien und im Süden, wo ganze Täler, in denen vorher nie Reben angebaut worden waren, mit ausländischem Kapital aus Frankreich und Österreich neu bepflanzt wurden. 1870 bis 1890 verdoppelte sich die Produktion Italiens – der größte Teil dieses Zuwachses kam aus dem Piemont und dem Süden.

Vom Piemont berichtet Cerletti, daß der Weinanbau in den letzten 30 Jahren seit dem Risorgimento in feuchten Tälern (wo er am meisten unter dem Mehltau zu leiden hatte) aufgegeben worden ist und dafür auf die frisch gerodeten Bergkuppen konzentriert wurde. Der Schwerpunkt liegt unverändert auf Rotwein, und in der nördlichen Provinz Novara in den Ausläufern der Alpen gedeihen die Nebbiolo-Weine Gattinara und Ghemme sowie der Lessona, einer der delikateren Verschnittweine Piemonts. Der süße Moscato Spumante hat eine ganze Industrie zum Entstehen gebracht, und der auf 1835 zurückgehende Wermut wird in alle Welt exportiert. Einer der großen Vorteile des Piemont ist, wie er meint, das reichliche Vorhandensein guter, kühler Keller, wo der Wein unter stabilen Verhältnissen reifen kann, bis er abfüllfertig ist – oft nach 10 bis 15 Jahren im Faß. In der Zusammensetzung dieser relativ teuren Tropfen spielten damals starke Weine aus dem Süden eine zunehmende Rolle, wie ja auch der Burgunder und der Bordeaux zusätzliche Kraft von der Rhone borgten.

In der Lombardei brauchen nur zwei Gegenden ernsthaft in Betracht gezogen zu werden: Das Oltrepò Pavese bei Pavia, eine Quelle von Massenwein für die Händler und die Restaurants in Mailand sowie das abgelegene individuelle Valtellina, buchstäblich die Südwand der Alpen. Es war die nördlichste Nische für Wein nach griechischer Art – die aus getrockneten Trauben gewonnene Spezialität Sforzato oder Sfursat, die meist den sehr kurzen Weg in die Schweiz machte.

Im Veneto gedieh der Wein nur in der Gegend um Verona. Im feuchten Klima nördlich von Venedig waren der Echte und der Falsche Mehltau allzu verbreitet, doch Valpolicella und die Nachbargebiete Valpantena und Soave fanden guten Absatz. Die schwersten Weine des Veneto wurden jedoch nach griechischer Art aus halbgetrockneten Trauben gewonnen: stark und süß als Recioto oder voll durchgegoren als Amarone, bei dem sich eine charakteristisch bittere Note zum kraftvollen Alkoholgehalt gesellt. Sicherlich war das die Art Wein, der die Alten Wasser beimischten – die venezianische Version dessen, was vor der Ankunft der Türken galeerenweise aus Chios herangeschafft wurde.

Bei Vicenza erinnert der Name Torcolato an die zwecks Konzentration der Süße verdrehten Traubenstiele. In allen Provinzen gab es ähnliches. In Treviso nördlich von Venedig war es der Picolit; anderswo liefen diese althergebrachten, konzentrierten und

---

WERMUT

Turin als eine alte Hauptstadt ist schon seit langem Nutznießer eines etablierten Wirtschaftslebens und eines bedeutenden Mittelstands, der Cafés und Restaurants besucht. Im 18. Jahrhundert wurde die alte Alchimie des Süßens und Verschneidens mit Kräutern und Spirituosen eine gewinnbringende Tätigkeit. Signor Carpano machte ein Vermögen damit (sein Rezept trug den Namen «Punt e Mes» – anderthalb Punkte – ein Ausdruck von der Mailänder Börse). Andere folgten, unter ihnen die Herren Martini und Rossi, die zusammen mit einem dritten Partner, Signor Sola, 1864 eine bereits etablierte Firma kauften. Der Gattungsname des Getränks stammt von der Heilpflanze *Artemisia absinthium,* die ihm den bitteren Geschmack verleiht. Ein Teil des früheren Königreichs Sardinien, das heute in Frankreich liegende Savoyen, hat Anteil an der Turiner Tradition, doch wird dort der Wermut (z. B. unter seiner berühmtesten Marke Noilly Prat) trockener und kräuterherber bereitet.

raren Weine unter dem Sammelbegriff Vinsanto. Oft wurden sie – und werden sie heute noch – in der schon von Plinius empfohlenen Art an Stellen gelagert, wo extreme Lufttemperaturen die Oxydation beschleunigen, zum Beispiel unter den Dachziegeln.

Urplötzlich sehen wir uns nicht mehr einem historischen Bericht gegenüber, sondern der Schilderung eines zeitlosen Italien. Zwar ist Cerletti für uns ein Führer in die Zeit vor hundert Jahren, doch vieles von dem, was er sagt, braucht kaum verändert zu werden. Wenn wir mit ihm die Poebene durchqueren und in die Emilia gelangen, sehen wir von den Bäumen die Rebengirlanden hängen, die heute Italiens meistexportierten Wein, den Lambrusco, produzieren. Wer lacht da zuletzt? Ist das der Geist des Plinius, den wir durch die riesigen Hallen des Riunite-Abfüllwerks schweben sehen?

Jenseits der Apenninen in der Toskana berichtet unser Gewährsmann von vor hundert Jahren über große Fortschritte: die Beimengung von 10–15 % Cabernet oder Malbec zu Chianti-Weinen, die für längere Alterung bestimmt sind. «Dergestalt behandelte Weine», schreibt er, «sind in Geschmack und Bukett einem Bordeaux ähnlich.» Wann mag wohl der Cabernet in die Toskana gelangt sein? André Jullien hatte schon ein halbes Jahrhundert vorher den Carmignano und Artimino, in die beide «traditionell» ein gewisser Anteil Cabernet gehört, als mit die besten Weine hervorgehoben.

CERLETTI VERFASSTE SEINEN BERICHT ETWAS ZU FRÜH, als daß er von den Unternehmungen des jungen Ferruccio Biondi-Santi, eines ehemaligen Mitstreiters von Garibaldi, gehört haben konnte; der war in Montalcino, im warmen Süden der Toskana, dabei, seine von der Reblaus befallenen Weinberge zu sanieren. Der dort althergebrachte Moscadello hatte unter dem Echten und dem Falschen Mehltau stark gelitten. In Montalcino (wie in Montepulciano, ein Stück weiter die Straße abwärts) gab es eine Lokalform des Sangioveto, der nach seiner Farbe Brunello oder nach den etwas größeren Beeren Sangioveto Grosso genannt wurde. Ferruccio pflanzte nur noch Brunello (freilich in der traditionellen Toskanamischung mit anderen Feldfrüchten). Nach dem Vorbild von Barolo suchte er für seinen Wein Stabilität in 10 Jahren Faßreife. So entstand mit dem 1888er der erste Jahrgang des dann bald gefragtesten italienischen Weins.

Nach wie vor waren die Römer die durstigsten Bürger Italiens. Um sie ausreichend beliefern zu können, gaben die Castelli Romani in den Albaner Bergen zum Teil ihre in den Bäumen kletternden Reben zugunsten besserer Kulturformen auf. Frascati und viele Orte in seiner Umgebung ließen tiefe Keller für ihren stets fragilen Wein graben. Schon die Reise nach Rom genügte meist, um ihn braun werden zu lassen. Man trank ihn besser frisch in den Bergen als nach dem Transportgerüttel an einem heißen Tag.

Vor allem wurde, wie Cerletti berichtet, jedoch der Mezzogiorno revolutioniert. Sein für Frankreich bestimmtes Buch erwähnt freilich nicht, daß die schleunigen Anpflanzungen im Süden Italiens vor allem deshalb geschahen, um das durch Rebenkrankheiten beim französischen Wein entstandene Defizit auszugleichen. Französisches, deutsches, österreichisches und schweizerisches Kapital hatte die Olivenhaine Apuliens und die Kornfelder Siziliens in eine Monokultur von Reben verwandelt.

Als Rohmaterial für Verschnitte waren diese Weine so dunkel und stark, daß die Kellermeister im Norden, ob in Frankreich oder in Italien selbst, nur selten der Versuchung widerstanden, einen Schuß dieses gehaltvollen Safts in andere Weine zu mischen. Sobald dann Frankreich wieder genug eigenen (oder algerischen) Wein für Verschnittzwecke hatte, ergab sich für Italien ein unvorhergesehenes Resultat des Risorgimento, das für die Qualität seiner nördlicheren Weinberge einen ungeheuren Rückschlag bedeuten konnte. Es war weder im Sinn Ricasolis noch Cavours, daß die alten Weinbaugebiete einer gewaltigen Flut von zollfreiem, unglaublich billigem und starkem Verschnittwein aus dem Süden ausgesetzt werden sollten.

KAPITEL 40

Spanien und Südamerika im 19. Jahrhundert

IBERISCHER WIEDERAUFSTIEG

Wer im vorigen Jahrhundert durch Spanien reiste, bekam von der Weinbaukunst der Spanier einen ganz anderen Eindruck als jene, die spanischen Wein daheim tranken. Nirgendwo, nicht einmal in Italien, wurde der Unterschied zwischen Wein für den Export und Wein für den täglichen Verbrauch so unmißverständlich klar. Hier die gemessenen Worte Alexander Hendersons zum Wein, den die Spanier tranken:

«Im größten Teil Spaniens lagern die Landleute ihren Wein in Tierbälgen, die mit Pech verschmiert sind und von denen der Wein zumeist einen unangenehmen Geschmack, den sogenannten *olor de bota,* erhält und zudem trübe und übelriechend wird. Flaschen und Fässer trifft man selten an, und außer in den Klöstern und den großen Handelsstädten sind unterirdische Keller fast unbekannt. Unter solchen Verhältnissen braucht man sich nicht zu wundern, daß die gewöhnlichen spanischen Weine so weit von jener Vorzüglichkeit entfernt sind, die man von ihnen erwarten möchte ... oder daß der Reisende inmitten der üppigsten Weinberge deren Produkt oft als völlig ungenießbar befinden muß.»

Zur Verteidigung der *bota* oder Lederflasche muß gesagt werden, daß eine gut genutzte und sorgfältig gepflegte, die nie ganz oder halb trocken geworden ist (denn sie lebt und stirbt mit Wein), ein freundliches und funktionsgerechtes Behältnis ist. Ihr Zweck ist nicht derselbe wie der eines kristallenen Pokals, doch verleiht sie dem Platz, den der Wein im spanischen Leben einnimmt, vortrefflich Ausdruck und ist deshalb auch nicht ausgestorben, als Glasflaschen aufkamen. Der eigentliche Tadel gilt nicht der *bota* sondern der *borracha,* dem Tierbalg, wie Richard Ford es (siehe nebenstehende Seite) ausführlich erläutert.

Dennoch blieb der Unterschied zwischen Weinen, die für den Export bestimmt waren, und solchen für den lokalen Gebrauch. Mir ist ein Erlebnis in Erinnerung geblieben, das für das Ansehen des letzteren symptomatisch ist. Die Haushälterin stellt, wenn sie in Alicante den Tisch abräumt, den Wasserkrug stets in den Kühlschrank, während sie den übriggebliebenen Rotwein in den Ausguß schüttet.

DER BERÜHMTESTE UNTER DEN EXPORTWEINEN WAR VOR EINEM JAHRHUNDERT DER SHERRY. In 50 Jahren war um ihn eine Industrie entstanden, die dem Portwein den Rang abgelaufen hatte. In den Augen vieler Kenner (vor allem, wenn auch nicht allein in England) war er der feinste Weißwein der Welt oder konnte es doch wenigstens sein. Über einen Rotwein, der den Vergleich mit ihm ausgehalten hätte, verfügte Spanien nicht. Tatsächlich exportierte es nur Rotwein von jener tintenschwarzen Art, die für Verschnittzwecke diente; eine Ausnahme gab es jedoch: Gerade um diese Zeit etablierte sich der von Bordeaux direkt inspirierte Rioja als der Luxustafelwein Spaniens.

Was aber war aus den vielgerühmten Weinen der großen Zeit Spaniens als Weltreich geworden? Die ausgeklügelten Ordenanzas des 16. Jahrhunderts waren nicht für «trüben und übelriechenden» Wein erlassen worden. Im 18. Jahrhundert jedoch war Spanien stark im Niedergang begriffen. Die berühmten Weinberge am Duero, aus denen einst die Hauptstadt Valladolid beliefert wurde, waren in Vergessenheit geraten. In Madrid trank man den Wein von La Mancha ohne großen Genuß, aber – wie es scheint – auch ohne hohen Anspruch.

Es war wie immer der Markt, der die Maßstäbe setzte. Als Valladolid noch die Hauptstadt und Altkastilien das Herz Spaniens war, wurden die Weine vom Duero, von Medina del Campo und Rueda, voll Stolz gekeltert und mit ebensolchem Stolz getrunken. Als der Hof nach Madrid zog, wurde die große Ebene von La Mancha im Süden Hoflieferant. Die alten Weinberge von Valladolid lagen in der Luftlinie zwar näher, doch bildete die Sierra de Guadarrama für den Transport eine unüberwindliche Gebirgssperre. In La Mancha erwarben sich die Städte Valdepeñas und Manzanares durch gute Qualität einen hohen Ruf. Die stattlichen Keller des Herzogs von San Carlos

---

WEINSCHLÄUCHE

«Ein Wort zur *bota*, die dem Reiter so notwendig ist wie ein Sattel zu seinem Pferd. Dieses so asiatische und spanische Utensil ist zugleich das Glas und die Flasche der Leute dieser Halbinsel, wenn sie unterwegs sind. Eher würde es einer spanischen Frau einfallen, ohne ihren Fächer in die Kirche, oder einem spanischen Mann, ohne sein Messer auf einen Jahrmarkt zu gehen, als daß einer ohne seine *bota* auf Reisen ginge. Die unsrige – die treuliche, vielfach bewährte Gefährtin auf mancher trockenen Straße und jetzt verehrt wie eine Reliquie – hängt nun da als Votivtafel für den iberischen Bacchus. Ihr Leder, jetzt von Alter und von fruchtlosem Verlangen nach Wein gefurcht, duftet noch immer nach dem rubinroten Inhalt – ob dem verschwenderischen Valdepeñas oder dem fülligen Vino de Toro –, und erfrischend für unseren Geruchssinn ist schon ein gelegentliches Riechen an ihrer rotfleckigen Öffnung. Dort schwebt noch der rassige Weinduft und treibt uns das Wasser in den Mund oder gar ins Auge. Welcher Traum von spanischen Gerüchen, gute, schlechte und gleichgültige, geht doch aus von dieser vertrauten Art von *borracha* . . .!

Dabei darf die *bota* jedoch nicht mit *borracha* oder *cuero*, dem Weinschlauch Spaniens, verwechselt werden; das ist nämlich der ganze Balg und dient dem Zweck, den anderswo ein Faß erfüllt. Die *bota* ist der Behälter für den Kleinverkauf, der *cuero* für den Großhandel. Er ist ein Schweinsbalg, dessen Anbetung auf der Halbinsel mit der Zigarre, dem Dollar und der Heiligen Jungfrau im Wettstreit steht. Die Werkstätten seiner Hersteller sind in den meisten spanischen Städten zu sehen. In ihnen sind die ausgeputzten Häute des unreinen Tiers in langen Reihen aufgehängt wie die Schafbälge in unseren Fleischhauereien. Gegerbt und fertig behandelt, behält der Gegenstand doch die Form des Schweins mit Füßen und allem; nur eines ausgenommen: Die Innenseite der Haut ist nämlich nach außen gekehrt, so daß sie, die borstige, sich innen befindet und obendrein noch sorgfältig ausgepicht ist wie ein Schiffsrumpf, damit der Schlauch nicht leckt; daher auch das eigenartige Aroma, an welchem Haut und Harz beteiligt sind, und das man *borracha* nennt. Dieses Aroma ist den meisten spanischen Weinen eigen, ausgenommen dem Sherry, der ja von Ausländern gemacht und in ausländischen Fässern aufbewahrt wird.» (Richard Ford im 19. Jahrhundert)

in Manzanares brachten – wie es hieß – «volle und rassige» Weine hervor, und die besten Valdepeñas-Rotweine wurden, erstaunlicherweise von Franzosen, oft mit Burgundern verglichen. Weißer Valdepeñas wurde dagegen nicht so freundlich kommentiert, sondern höchstens mit zweitklassigem Sherry gleichgesetzt.

Die Unannehmlichkeit war wie so oft in Spanien, daß man eine lange Reise über die sonnendurchglühte Ebene von La Mancha machen mußte, um solchen Nektar genießen zu können. Was die Tavernen in Madrid zu bieten hatten, gab keine Grundlage für ein Urteil ab. «Alle diese Weine werden zumeist auf dem Rücken von Maultieren in Schläuchen befördert, die einen üblen Geschmack abgeben. Ausnehmend reiche Bürger bestellen sie in kleinen Fässern...»

Es war dieser vermutlich in allen Teilen Spaniens wiederkehrende Unterschied, daß der Geruch und Geschmack von Fässern eindeutig mit der Schwelgerei der Reichen in Verbindung gebracht wurde. Ausländische Händler benutzten Fässer für ihren Sherry und Malaga und in Valencia selbst für den dicken schwarzen Benicarlo, der als Verschnittwein nach Bordeaux ging – am Quai des Chartrons hätten Weinschläuche denn doch wohl unliebsames Aufsehen erregt. Die Aristokraten hatten Fässer für ihre Privatvorräte. Was immer der spanische Wein an Potential zu bieten haben mochte, konnte nur in der Nähe der Küsten erforscht werden, in den Exportgegenden, von denen es hauptsächlich zwei gab: Andalusien und das östlich daran angrenzende Valencia sowie der Nordwesten von Galicien bis zur Küste der Biskaya.

Wie kam es, daß Katalonien, das ein so vollkommenes Klima für den Weinbau und mit Barcelona einen idealen Hafen hat, im Weinexport bis in die neuere Zeit eine so geringe Rolle spielte? Antwort gibt z. T. seine seine oft tragische Geschichte: Es war eingekeilt zwischen Spanien und Frankreich, vielleicht aber noch mehr in dem Landnutzungssystem mit dem ominösen Namen «Rabassa morta», einer Form des Zehnten, die sehr zum Vorteil des Grundbesitzers ausschlug und seit dem Mittelalter bis weit in das 19. Jahrhundert starr erhalten blieb. Wohl erschien Katalonien in der Statistik, jedoch nur als Lieferquelle für Spirituosen mit einer kleinen Fußnote für den süßen, starken Malvasia von Sitges bei Barcelona und (bis die Klöster säkularisiert wurden) für den berühmten schwarzen Priorato der Kartause von Scala Dei, der mehr als eine Arznei denn als Getränk galt. Der Umschwung in Kataloniens Reputation für große Qualität kam durch den Genius der Familie Raventos, die um 1870 die Entdeckung machte, daß die heimische Parellada-Traube die ideale Grundlage für Schaumwein darstellte.

Rioja, das obere Ebrotal zwischen Logroño und Miranda de Ebro, war schon seit der Römerzeit immer wieder einmal von Enthusiasten genannt worden. Doch leider hatten hier die Legionen nicht wie an anderen Orten als Vermächtnis ein Straßennetz hinterlassen. Nur ein paar Tropfen Rioja gelangten in die Außenwelt – obwohl die Pilgerstraßen nach Santiago de Compostela mitten hindurch verliefen. Im 17. und 18. Jahrhundert wuchsen Handel und Bevölkerung der baskischen Provinzen, und das verlockte die Riojanos dazu, mehr Wein anzubauen. Was immer mit Ochsenkarren und in *borrachas* abtransportiert werden konnte, wurde sicherlich weggeschafft. Miranda de Ebro, der Küste am nächsten gelegen, kam dabei relativ gut weg, doch Logroño hatte stets mehr Wein, als es verkaufen konnte. Man kann sich vorstellen, wie die Weinschläuche immer mehr zum Himmel stanken, bis endlich alles, was nicht ausgetrunken werden konnte, fortgeschüttet wurde.

Die Geschichte, wie Rioja erstmals eine Modernisierung versuchte und damit scheiterte, ist in ihrer Traurigkeit typisch für Spanien im 17. und 18. Jahrhundert. Es wurden endlich Pläne gemacht, um die dringend nötige Straße am Ebro entlang nach Logroño zu bauen. Um 1780 reiste der aus Rioja gebürtige Dekan von Burgos, Don Manuel Quintano, nach Bordeaux, um dort zu lernen, wie man Wein haltbar machen konnte.

IBERISCHER WIEDERAUFSTIEG

Das weite obere Ebrotal in Nordspanien liegt an der Scheidelinie zwischen atlantischem und mediterranem Klima und bietet ideale Voraussetzungen für feinen Wein. Der Rio Oja ist ein Nebenflüßchen des Ebro.

Als Don Manuel die Methoden von Bordeaux, vor allem aber Fässer, in Rioja einführte, stellte sich der Erfolg sofort ein – nur den anderen Weinerzeugern gefiel das nicht. Die kellergereiften Weine wurden im Triumph nach Kuba und Mexiko transportiert und überstanden den Transport. Doch anstatt die Idee begeistert aufzunehmen, reagierten die Behörden mit kleinlichem Neid und erklärten, aller Rioja müsse zum gleichen Preis verkauft werden. Die Kosten für Fässer und drei Jahre Reifezeit blieben unberücksichtigt – auch nach einer Berufung beim Großen Rat Kastiliens. Quintano mag nur sarkastisch gelächelt haben, als einige Jahre später Napoleons Armeen durch die Region strömten und die Bordeaux-Methode und die neue Straße in Vergessenheit gerieten: die Straße nur auf 20 Jahre, die Fässer auf ein halbes Jahrhundert.

DER ECHTE MEHLTAU WECKTE SCHLIESSLICH NORDSPANIEN AUS SEINEM DÄMMERSCHLAF. Galicien an der Nordwestecke verfügte zwar noch über einen bescheidenen Überseehandel mit seinem Ribadavia-Wein, aber die Weine von León, vom Duero und aus Rioja kamen selten über die Städte an der Nordküste hinaus. Ab 1850 verwüstete der mit amerikanischen Reben von Portugal her eingeschleppte Echte Mehltau die regenreicheren Gegenden. Auch Rioja wurde befallen, Galicien mit seinem grau verhangenen Himmel aber völlig verheert. Viele Winzer waren schon ausgewandert. In dieser Region, wo den ganzen Sommer über immer wieder Regen fällt, war auch Schwefel nichts weiter als ein teures Linderungsmittel, echte Heilung aber brachte er nicht.

Was Galicien durch den Mehltau verlor, war für Rioja Gewinn. Schon war es die einzige Weinquelle für den blühenden Hafen Bilbao. Es hatte den Wein zu bieten, den Frankreich so verzweifelt suchte. Obwohl es in den Mehltaujahren noch keine Eisenbahnlinie gab, klopften die Franzosen doch an die Tür. Kaum war 1864 die Eisenbahn gebaut, die Bilbao und Logroño mit Madrid und der Grenzstadt Irún verband, da kam die Nachricht, daß die Reblaus in Frankreich ihr Zerstörungswerk begonnen hatte. Nun konnte Rioja soviel Wein, wie nur wachsen wollte, nach Frankreich verkaufen, und eine Pflanzwut ergriff das Tal.

Die Winzer bemerkten, daß die kräftige Garnacha-Traube, in Frankreich heißt sie Grenache, nicht so stark gegen Mehltau gespritzt werden mußte wie der zarte einheimi-

IBERISCHER WIEDERAUFSTIEG

Der Begründer von Rioja als einer Region feinen Weins war (der spätere Marqués) Luciano de Murrieta. Der gebürtige Peruaner lebte lange im Exil in London und war von Bordeaux inspiriert.

sche Tempranillo (zu deutsch «der Frühe»), der den Duft und die Lebendigkeit des Rioja ausmacht. Bei Massenwein war das unwichtig, denn in den großen neuen Lagerhäusern in Bilbao wurde der Rioja sowieso mit Duero- und La-Mancha-Wein verschnitten, bevor er die Flut der nach Frankreich strömenden Exporte anschwellen ließ. Es gab aber auch Gutsbesitzer, die weiter blickten und über den plötzlichen Boom auf dem offenen französischen Markt hinausdachten. Rioja würde so nur zur Konkubine Frankreichs und rasch vergessen, sobald dort die eigenen Weinberge wieder trugen, wenn es seinen ungewohnt reichen Verdienst nicht dazu verwendete, seine Eigenständigkeit gegenüber Frankreich aufzubauen.

Diesen Gedanken hatten offenbar einige Spanier aber auch schon vor der Mehltaukrise gehabt; in Rioja war er in militärisch-patriotischen Kreisen geboren worden. Sein Förderer war der Herzog von la Victoria, der frühere General Espartero, kurzzeitig auch Premierminister von Spanien, der in seiner Heimatstadt Logroño eine eigene Bodega besaß. Um 1840 war dessen Adjutant ein junger Oberst namens Luciano de Murrieta y Garcia-Lemoine, ein gebürtiger Peruaner, der aus einer Silbergrubenbesitzerfamilie stammte. Der General und sein Adjutant mußten eine Zeitlang in London im Exil leben. Sie waren Konservative und Carlisten und hatten in dem Erbfolgebürgerkrieg, der in Spanien bis in die 1870er Jahre hinein immer wieder aufflammte, auf der Verliererseite gekämpft.

Offenbar erwachte das Interesse von Luciano de Murrieta für den Wein im fünfjährigen Londoner Exil. Vielleicht kam ihm und dem Herzog beim Dinner die Idee, Rioja zu modernisieren. Auf dem Rückweg nach Spanien nahm er in Bordeaux Aufenthalt und studierte dort. 1850 begann er in Logroño in den herzoglichen Weinbergen und Bodegas mit Versuchen in der Art von Bordeaux. Die traditionelle Methode von Rioja wurde abgeschafft – sie bestand in Stampfen und Vergären in flachen *lagos,* ähnlich den *lagars* am Douro. Dabei blieben viele Trauben unzerstampft und kamen nach und nach voll zum Gären durch einen Prozess, den man heutzutage Kohlensäuremaischung *(macération carbonique)* nennt. Dieses Verfahren war langwierig, schwer zu beherrschen und überaus unhygienisch. Murrietas neue Methode bestand darin, die Trauben rasch zu zermahlen und in tiefe Gärbottiche zu füllen wie in der klassischen *cuverie* der Château in Bordeaux.

Wie Quintano verfolgte auch Murrieta den Gedanken, den Wein nach dem Vorbild von Bordeaux nicht nur im Faß zu versenden, sondern ihn vorher auch altern zu lassen. Doch in Rioja gab es keine Fässer. Auch Bilbao konnte ihm nur kleine Fässer liefern, viel kleinere als die Vorbilder aus Bordeaux. Zunächst begnügte sich Murrieta versuchsweise mit diesen. Schon nach einem Jahr hatte sich der junge, harte Wein gemildert und neue, vielversprechende Geschmacksnoten angenommen. Der Rioja der Zukunft verdankte seinen charakteristischen Geschmack nicht mehr allein der duftigen Tempranillo-Traube, sondern einem immer länger werdenden Reifeprozeß im Eichenfaß. Eichenholz und nicht die Trauben wurden zum typischen, sofort erkennbaren Aroma von Rioja.

Anders ausgedrückt war der neue Rioja Inbegriff dessen, wie nach der Auffassung des wohlhabenden Spaniers ein guter Wein, ob rot oder weiß, schmecken sollte, nämlich möglichst weit vom *borracha*-Geschmack entfernt: transparent und lebendig, sauber, leicht und klar.

Würde dieser Wein eine lange Reise vertragen? Es kam wohl auf das Schiff an. Vom ersten Jahrgang, den Murrieta hervorbrachte, dem 1850er, wurde nach nur zweijähriger Reifezeit die Hälfte nach Kuba gesandt und dort begeistert aufgenommen; die andere Hälfte war für Mexiko bestimmt, doch sie ging in einem Schiffbruch unter.

MURRIETA WAR NICHT DER ERSTE, DER SOLCHE NEUERUNGEN BETRIEB; schon vor ihm war ein Mann von größerer Finanzkraft, jedoch mit ganz anderen Ambitionen ans Werk gegangen. Don Camilo Hurtado de Amezaga, Marqués de Riscal, war begeisterter Bordeauxliebhaber. 1850 begann er, in der Provinz Alava bei Logroño ein veritables Château oder doch wenigstens die Betriebsgebäude eines solchen zu bauen. Don Camilo muß um dieselbe Zeit wie Don Luciano in Bordeaux gewesen sein, doch ihre Ideen gingen weit auseinander. Während der eine den Rioja vervollkommnen wollte, war der andere darauf aus, dem Bordeaux nachzueifern.

1850, als Murrieta noch im herzoglichen Weinberg und Keller Wein bereitete, warb Riscal in Galicien Steinbrucharbeiter an, um, wie Henderson erzählte, «unterirdische Keller» ausheben zu lassen. Das war zwar anders als im Médoc, wo der Wein oberirdisch lagert, Riscal aber hatte wohl Bedenken wegen der Sommerhitze in Spanien. Der Bau und die Anpflanzung dauerten volle 10 Jahre, bis er schließlich zufrieden war. Man sieht ihn geradezu vor sich, wie er, den Zylinder auf dem Kopf, in Bordeaux dem Zug entsteigt, um sich dort Material zu besorgen und den neuesten Jahrgang zu kosten. Der Mehltau war besiegt, das Goldene Zeitalter begann. Sein ganzes Bestreben war darauf gerichtet, Bordeaux einen Wein zu präsentieren, den es vom eigenen nicht unterscheiden konnte.

Von seinen 200 ha (kein Château in Bordeaux besaß auch nur halb soviel) bepflanzte er drei Viertel mit den Rioja-Trauben und ein Viertel mit Bordeaux-Trauben, selbst ein wenig Pinot Noir war dabei. Dann stellte er einen Verwalter aus Bordeaux ein, einen Mann namens Jean Pineau, der von der Provinzregierung berufen worden war, um andere Weinbauern zu ermutigen, womit er jedoch wenig greifbaren Erfolg hatte. Noch ehe sein erster Wein bereitet, zu seiner Zufriedenheit gereift und auf den Markt gebracht war, erweiterte Riscal bereits die großen Steingebäude seiner Anlage – und gründete in Madrid die Zeitung «El Dia».

1862 endlich war sein Wein soweit. Der neuesten Mode in Bordeaux entsprechend lehnte er es ab, seinen Grand Vin (der spanische Ausdruck dafür ist «Reserva») im Faß zu verkaufen, sondern ließ ihn in Bordeaux-Flaschen füllen, mit einem Drahtgeflecht umhüllen und versiegeln; das war ein Reklametrick, dessen sich das Médoc nicht hätte zu schämen brauchen. Der Augenblick der Wahrheit kam 1865, als Riscal seinen Wein zum offenen Wettbewerb in Bordeaux selbst präsentierte. Dieser für die entscheidende Probe gedachte Wein war reiner Tempranillo; in seinen Augen wäre ein Cabernet nicht recht fair gewesen. Er trug ihm den ersten Preis ein und dazu völligen Unglauben, daß ein solcher Wein aus Spanien kommen könne.

Um fast dieselbe Zeit – man kann kaum sagen, wer wirklich der erste war – entstand auch das dritte der ursprünglichen Premiers Crus Spaniens, allerdings nicht in Rioja, sondern in der einst berühmten Duero-Gegend. Die Idee, es dem Bordeaux gleichzutun, lag offensichtlich bei den Aristokraten jener Zeit in der Luft. Doch nur ein willensstarker Grundherr hatte tatsächlich soviel Selbstvertrauen, daß er die Bordeaux-Trauben in einer Höhenlage von über 600 m in einem Land pflanzte, wo es ganz anders als im Médoc heiß und kalt wird.

Das große Gut Vega Sicilia gehörte Don Eloy Lecanda y Chaves, der nach Bordeaux pilgerte und dort Reben und Fässer einkaufte, ohne daß ihn einer seiner weinbauenden Nachbarn im geringsten ermutigt oder auch nur Interesse gezeigt hätte. Er war und blieb für lange Zeit der einzige. Wenn dem Vega Sicilia etwas Mystisches anhaftet, das sonst kein anderer spanischer Wein hat, dann kommt das zum Teil von der exzentrischen geographischen Lage (bis noch vor kurzem fand sich im Umkreis von 150 km keine vergleichbare Bodega), ebenso aber auch von seiner unvorstellbaren Wucht. In Analogie zu Bordeaux und seinen Premiers Crus müßte man den Riscal den spanischen Lafite nennen – so sehr kann er ganz Duft und Seide sein. Dagegen wäre der Murrieta eher der Mouton: voll, nachhaltig und tief. Der Vega Sicilia schließlich wäre Latour, jedoch ein Latour aus einem Jahrgang, der hitzegedörrte Trauben hervorgebracht hat – und sonnenverbrannte Leser.

EINES HABEN DIESE DREI ORIGINALE GEMEINSAM – abgesehen von Ambition und Erfolg –, daß sie nämlich geplant und in die Tat umgesetzt wurden, lange bevor die Reblaus nach Frankreich kam, und ein Jahrzehnt, ehe sie in Bordeaux eine Krise auslöste. Der Aufstieg des Rioja zum Ruhm wird oft dargestellt als eine Folge eines Exodus verzweifelter Winzer über die Pyrenäen. Das aber fand erst in einer späteren Entwicklungsphase statt, und da war schon der Nachweis geführt, daß Spanien tatsächlich imstande war, Wein hervorzubringen, der es mit dem Besten, was Frankreich anzubieten hatte, aufnehmen konnte.

Nach England gelangte die Nachricht 1873 durch den eifrigen Dr. Thudichum. Nachdem er rundweg «fast alle» Weine von Katalonien, Aragón und Valencia als verfälscht und gepanscht beurteilt hatte, fuhr er fort: «Im Ebrotal wird jedoch viel Wein auf die reinste Art bereitet, die man sich vorstellen kann, und es ist nicht unwahrscheinlich, daß wir mit der Zeit exquisiten Wein zu mäßigen Preisen aus der Rioja genannten Gegend erhalten werden.»

Die beiden Premiers Crus Riojas blieben nicht lange allein. In den 1860er Jahren wechselte Murrieta von der herzoglichen Bodega über zu seiner eigenen. Das exakte Datum ist seltsamerweise nicht verzeichnet, doch kaufte er etwa 10 Jahre später, 1872, das 240 ha große Gut Ygay bei Logroño, wo heute der Sitz der Firma ist. Um jene Zeit waren alle Weinbauern in ganz Spanien in heller Aufregung. Die Reblaus war über das Midi hergefallen, und die Franzosen lagen auf den Knien und flehten um Wein. Freilich lieferte auch Rioja einen beträchtlichen Teil jener dunklen, anonymen Weinflut, wie die Mehrzahl der französischen Händler sie haben wollte. Das meiste davon kam aus den wärmeren Gegenden der Region, weiter im Osten, im unteren Ebrotal an der Grenze zu Navarra, aus Rioja Baja, wo die Garnacha bald zur Haupttraube wurde.

Die Schaumweine Kataloniens – damals nannten sie sich schamloserweise «Champagner» – spielten bei der lärmenden Fröhlichkeit der «tollen neunziger Jahre» eine große Rolle. Heute noch beziehen die Cava-Firmen (Cava ist der neue Gattungsname für die durch Flaschengärung hergestellten spanischen Schaumweine) wie Codorniu ihre Reklameideen aus dieser bunten Tradition.

Haro ist zwar kleiner als die nahegelegene Stadt Logroño, bildet aber trotzdem das Herz des Weinbaus in Rioja. Die aufwendige Architektur der türmchengeschmückten Bodega López de Heredia spiegelt die selbstbewußte Expansion der Zeit vor einem Jahrhundert, als Rioja dank industrieller Methoden und neuer Märkte einen Boom erlebte.

Doch die Bodegaerbauer dieser euphorischen Zeit nahmen sich ein Beispiel an Riscal und Murrieta und strebten nach eichenfaßgereiftem Wein, um sich mit der dadurch klar unter Beweis gestellten Qualität der Region einen eigenen Markt zu erobern. Die beste weiße Traube, die Viura, erwies sich als ebenso geeignet für einen langjährigen Ausbau zu schöner Eigenständigkeit wie die roten Trauben. Auch verfügte sie als Grundlage für guten Schaumwein über die nötige Frische. Spanien hatte alle Voraussetzungen für einen eigenen Bordeaux, Burgunder oder Champagner.

Am Ende der 1880er Jahre vertraten sechs große Bodegas die neuen Ideen; die meisten von ihnen waren mit französischem Rat, manche auch mit französischen Partnern gebaut worden. Doch anders als Riscal imitierten sie nichts, was eigentlich französisch war, noch zielten sie um 1890 auf den französischen Markt ab. Spanien war sich selbst Markt genug. Madrid, Bilbao und jenseits des Meers Kuba und Mexiko waren aufnahmebereit für alles, was diese Bodegas liefern konnten. Rioja hatte zu einem eigenen Rezept gefunden, bei dem das Reifen im Eichenfaß eine zunehmend wichtige Rolle spielte. Vielleicht kam die Idee ja aus Jerez. Aber zweifellos ging sie weit über das hinaus, was in Bordeaux je praktiziert worden war. So war es nichts Außergewöhnliches, wenn ein Wein, sogar ein Weißwein, 20 bis 25 Jahre im Faß blieb – und nicht etwa, weil er sich nicht verkauft hätte. Vielmehr war ein großer Jahrgang einer, der eine solche Behandlung vertrug und dennoch die Süße seiner Frucht bewahrte. Diese Weine waren (anders als der Jahrgangs-Port) statt durch schweren Körperbau durch außergewöhnliche Ausdauer und Lebenskraft für derart lange Haltbarkeit prädestiniert.

Man ist versucht, zwei weitere Unternehmen aus den 1870er Jahren zumindest als Deuxièmes Crus einzustufen, die das Gesicht Riojas veränderten, indem sie seinen Schwerpunkt westwärts in das höhergelegene und feuchtere Rioja Alta verschoben. Ab damals war der kleine Ort Haro die Weinhauptstadt der Region. An den Bahngleisen drängten sich die Bodegas mit jener gewissen Eleganz, die das 19. Jahrhundert selbst in die Fabrikarchitektur zu legen verstand. Es ist kaum zu glauben, aber eine davon wurde von einem gerade 20jährigen gebürtigen Chilenen, Rafael López de Heredia, gegründet, die andere, Compania Vinicola do Norte de España, von Partnern aus Bilbao und der Champagne.

EIN JAHRHUNDERT DANACH ERLEBTE RIOJA EINE WEITERE TECHNISCHE REVOLUTION, als eine neue Generation von Bodegas mit zeitgemäßen Ideen den Markt für Rioja auf die ganze Welt ausdehnten. Das Wundersame daran ist, daß die alte Garde, ein knappes halbes Dutzend Bodegas der ersten Generation, ein lebendiges Museum der Weintechnologie in viktorianischer Zeit mit dem besonderen Riojaaroma geblieben sind. Das Vermächtnis des jungen Chilenen ist vielleicht unter allen den verschiedenartigen Heiligtümern des Dionysos in ganz Europa das operettenhafteste, exzentrischste. Tief unter der allem Anschein nach aus einem vornehmen Strandbadeort entsprungenen Fassade an einem Bahngleis führen in Stein gehauene Stufen in eine völlig zeitlose Welt. Hier liegen Weine jahrzehntelang in Fässern, generationenlang in Flaschen. Eine Quelle verbreitet Kühle in Kellern, in denen stapelweise Flaschen alter Weißweine in blaßgelbem Schimmer aufleuchten, wenn man an ihnen vorübergeht.

López de Heredia verstand etwas von theatralischer Schau. Sein Probierraum ist ein so hohes Gewölbe, daß man über sich nur die jahrhundertealten Spinnweben in schweren Girlanden über einen Tisch herabhängen sieht, der fast den ganzen Raum ausfüllt. An den Wänden ringsum stehen Regale, gefüllt mit Flaschen, die auf Don Rafaels Zeit zurückgehen. Ein halbes Jahrhundert mehr oder weniger scheint unter diesen roten und weißen Weinen, die in funkelnd klarem Gleichgewicht die Quintessenz von Rioja darstellen, nicht viel zu bedeuten.

Im Castillo Ygay, der Bodega des Begründers des modernen Rioja, ersetzten im Verkauf als «Reserva» erst kürzlich beim Rotwein der Jahrgang 1942 den 1934er bzw. beim Weißwein der 1970er den 1963er. Nichts ist unpraktischer und noch dazu unmoderner, als Tafelwein für künftige Generationen herzustellen. Wer dies tun kann, fühlt sich (wie auch Bordeaux weidlich demonstriert) dazu getrieben, das erstaunliche Potential des jeweiligen Weins so weit auszureizen, wie es die Natur nur erlaubt.

ABGESEHEN VON DEM FERNEN UND FAST UNERREICHBAREN VEGA SICILIA blieb Rioja fast ein Jahrhundert die einzige Lieferquelle Spaniens für Qualitätstafelwein. Lange nachdem die vordergründigen französischen Interessen an reichlicher Belieferung weggefallen waren, bauten französische Handelshäuser und Weinerzeuger, sich nun der Eigenschaften des Rioja bewußt, weiter für ihn Märkte in Spanien und Lateinamerika.

Etwa 1890 kam die Reblaus nach Rioja, was manchem wie eine Art Vergeltung vorgekommen sein mag, weil skrupellose Händler den guten Namen der Region mißbraucht hatten, indem sie Wein verkauften, der mit billigstem Industriealkohol aus Deutschland aufgeputscht worden war. Doch Geldgeber aus dem Baskenland (vor allem die Bürger von Bilbao sahen Rioja als ihr Weinland an) und die unbeirrt bleibenden Franzosen bildeten eine sichere Basis. Die Stabilität von Rioja ergab sich teilweise aus dem geringen Export – 80 % seines Markts lagen in Spanien – und zum Teil aus seiner zutiefst bürgerlichen Struktur. Schon seit dem Anfang hatten die kleinen Weinbauern das System des Faßausbaus als zu teuer empfunden, und so beschränkten sie sich darauf, lediglich die Trauben für die großen Bodegas anzubauen. Das heute gültige Gesetz bestätigt nur noch, was schon lange gängige Praxis war: Nur Bodegas mit einer Lagerkapazität von 750 000 l und einem Bestand von mindestens 500 *bordelesas* – so nennt man in Rioja die gewinnbringend von Bordeaux entlehnten Fässer – dürfen ihren Wein mit dem Siegel des Consejo Regulador, der zuständigen Überwachungsbehörde, exportieren.

Das französische Interesse erlosch auch nicht, als sich die Weinberge in Frankreich erholten und Reblaus und Mehltau nach Spanien vordrangen. Zwei Firmen, die Bodegas Franco-Españolas und Bodegas Riojanas, arbeiteten beide bis in die Zeit des Spanischen Bürgerkriegs mit französischem Personal.

DEN LETZTEN BLICK AUF DEN WEIN LATEINAMERIKAS warfen wir dreihundert Jahre vor dem Aufschwung Riojas, als der Pirat Drake eine Galeone abfing, auf der Weinschläuche aus der neuen Kolonie Chile nach der nur unwesentlich älteren Kolonie Peru befördert wurden. Spanien konnte nie wirklich verhindern, daß die Kolonien sich gegenseitig

In farbenfroher, doch wohlgeordneter Prozession vollzieht sich im modernen Chile die Weinlese. Die Ernte am frühen Morgen, wenn die Trauben noch kühl sind, die Verwendung flacher Wannen, um das Zerquetschen der Trauben zu verhindern, sowie die rasche Einlieferung in die Kellerei tragen dazu bei, die superbe Qualität der Frucht zu bewahren.

mit Wein versorgten. Doch noch während der Napoleonischen Kriege schickte es Befehle, die Reben zu roden und mehr Wein aus Andalusien zu beziehen.

Andererseits gab es, solange Südamerika im harten spanischen Würgegriff blieb, keine Aussicht auf mehr als nur äußerst bescheidene Verbesserungen. Als in der ersten Hälfte des 19. Jahrhunderts eine Kolonie nach der anderen ihre Unabhängigkeit erklärte, brachten die Hochtäler an der Küste Perus den angesehensten Wein in größten Mengen hervor.

In Peru und in Chile war die Haupttraube die Pais oder Criolla, dieselbe brave Pflanze wie die Mission der Franziskaner in Kalifornien. Ihr weit vorgezogen sowohl für den süßen Wein als auch für den Pisco, den einheimischen Branntwein, wurde der Muskateller. Der Großvater des Dichters Byron, ein Admiral, der unter dem Namen «Foulweather Jack» bekannt geworden war, überlebte einen Schiffbruch am Kap Horn und schlug sich durch halb Chile bis Santiago durch, wonach er eine glühende Schilderung des chilenischen Muskatellers abgab, den er «vollauf so gut wie Madeira» fand. Es ist für André Jullien eigentlich uncharakteristisch, daß seine Ansicht über den chilenischen Wein, gelinde gesagt, voller Vorurteil ausfiel. «Ihre Farbe ist wie ein Sud von Rhabarber und Sennesblättern, und ihr Geschmack kommt unter dem Einfluß der geteerten Ziegenbälge, in denen sie befördert werden, diesen löblichen Arzneipflanzen ebenfalls sehr nahe.»

Man könnte einwenden, ein Schiffbruch beeinträchtige die kritischen Fähigkeiten in puncto Wein. Andererseits war Chile mit seinen traditionellen Weinen über 30 Jahre nach der Unabhängigkeitserklärung durchaus zufrieden. Erst als begüterte Chilenen schließlich Europa besuchten, schienen die eigenen Weine ihnen unzulänglich.

Die Reblaus hat ihren Weg in die meisten Weinbaugebiete der Welt gefunden. Chile jedoch ist bisher verschont geblieben. Als Grund wird meist die abgeschiedene Lage genannt: Die fernab zwischen den Kordilleren oder Anden und dem Pazifischen Ozean eingeklemmten Weinberge, in deren Norden sich große Wüsten erstrecken, sind so offenbar geschützt.

Andererseits ist Neuseeland ebenso fernab gelegen und wurde doch von der Reblaus befallen. Vielleicht wurde in Chile wie in Südaustralien nur durch glücklichen Zufall das Insekt bisher nicht eingeschleppt. Es ist aber auch möglich, daß die Methode der regelmäßigen Bewässerung durch Überfluten der Weinberge eine drohende Epidemie verhütet hat.

Der Pionier im Import neuer und besserer Rebsorten, Don Silvestre Ochagavia Errazuriz, entstammte einer baskischen Familie. Es ist reiner Zufall, aber dennoch bemerkenswert, daß Chiles Weinbau im modernen Sinn exakt gleichzeitig mit einer anderen unter baskischem Einfluß entstandenen Weinbautradition, nämlich Rioja, Gestalt annahm. Im Jahr 1851, als der junge Oberst Murrieta seine ersten Weine produzierte, stellte Ochagavia auf seinem Gut südlich von Santiago einen französischen Önologen ein, der dort die Bordeaux-Reben heimisch machen sollte. Cabernet, Merlot, Malbec, Sauvignon Blanc und Sémillon waren die ersten. Als er sah, welche idealen Voraussetzungen hier herrschten, versuchte er es zum Glück auch mit dem Riesling, der seine Anpassungsfähigkeit hier so gut unter Beweis stellte wie um dieselbe Zeit in Südaustralien.

Fruchtbarer Boden, reichlicher Sonnenschein, geringe Luftfeuchtigkeit und aus der Schneeschmelze der Anden ein unbegrenzter Vorrat an Wasser vereinten sich mit krankheitsfreiem Wachstum und von Anfang an günstigem Gärungsverlauf, so daß kraftvolle, fruchtige, gesunde, stabile und transportfähige Weine entstanden.

Vor einem Jahrhundert war die herrschende Elite Chiles weitgehend baskischer Abstammung, vermischt mit einem ordentlichen Schuß britischen und irischen Bluts der Veteranen aus den Napoleonischen Kriegen, die nach Amerika gegangen waren, um zu sehen, was der geheimnisvolle Kontinent zu bieten hatte. Die meisten großen Bodegas in Chile wurden in den Flußtälern um Santiago in der Generation nach Ochagavia errichtet. Es waren beträchtliche Investitionen in Land und Ausrüstungen, einschließlich importierter Eiche für Fässer und Bottiche (in Chile wächst kein geeignetes Holz für diesen Zweck), oft erbaut mit Geld aus den Silberminen im Norden. Die bäuerlichen Winzer pflanzten auf ihren wenigen Hektar Boden weiterhin die Pais-Rebe. Feinen Wein erzeugten wie in Rioja relativ wenige große Bodegas.

Während man Ochagavia in der Geschichte Chiles die Rolle eines nicht gar so hektischen Haraszthy zusprechen kann, war sein Gegenstück jenseits der Anden in Argentinien an Energie und Vielseitigkeit schon eher ein haraszthyscher Charakter. Als junger Mann zeichnete sich Don Tiburcio Benegas in einer Notsituation dadurch aus, daß er einen kühlen Kopf bewahrte. Im Jahr 1861 wurde die alte Kolonialstadt Mendoza in den Ausläufern der Anden durch ein Erdbeben zerstört, und ihr kommerzielles und finanzielles System brach zusammen. Benegas, damals 25 Jahre alt, wurde der Bankier der Stadt und ordnete ihre zerrütteten Finanzen. Sein Interesse am Wein begann, als er 1870 die Tochter eines fortschrittlichen Grundbesitzers in der abgelegenen Provinz heiratete.

Auf der argentinischen Seite sind die Voraussetzungen für den Weinbau vielleicht um einiges weniger günstig als in den Tälern Zentralchiles – es fehlt der Einfluß des Ozeans, der die Temperaturextreme mildert. Bewässerung ist in beiden Gegenden notwendig. Zur Zeit von Benegas fehlte aber noch etwas Wichtigeres: ein Markt. Schließlich brachte er es um 1880 fertig, daß die Eisenbahn nach Mendoza kam und er Gouverneur der Provinz wurde. Auf seinem Gut El Trapiche in der Nachbarprovinz Godoy Cruz (heute San Vicente) experimentierte er mit europäischen Reben, teils aus Chile, teils aus Europa eingeführten. Bei guter Verbindung nach Buenos Aires war hier eine der Quellen der Welt für Qualitätswein denkbar.

Der Markt bestimmt den Stil. In Chile entwickelte sich eine Ausdrucksform, die auf den Vorstellungen Nordspaniens beruhte und von Frankreich stark beeinflußt war. Da es an einem größeren Inlandmarkt für Qualitätswein fehlte, wurde es zum bedeutendsten Exportland Südamerikas. In Argentinien dagegen bestimmte der Zustrom italienischer Einwanderer Anfang des 20. Jahrhunderts die Richtung: Wein mußte robust, süffig, süß, angenehm bitter, reichlich und billig sein.

TEIL V

Abstraktion in Edelstahl: eine australische Weinkellerei in den 1980er Jahren.

KAPITEL 41

Krieg, Depression, Wetter und Prohibition

FÜNFZIG JAHRE KRISE

Die Jahrgänge 1899 und 1900 bildeten in Bordeaux eines jener berühmten Paare, die – wie 1982 und 1983 – jeder für sich ausgezeichnet und mit eigenem Stil und Charakter den Weinliebhaber (ganz zu schweigen von den Erzeugern) mit dem Glanz schönster Zufriedenheit einlullen. Die Natur gab sich großmütig, so daß selbst diejenigen Winzer, die noch gegen die Auswirkungen des Mehltaus und der Reblaus zu kämpfen hatten, das Zutrauen faßten, daß das Schlimmste nun vorüber sei. Ein halbes Jahrhundert Kampf gegen Schädlinge und Krankheiten war dennoch gelegentlich auch durch gute Jahrgänge unterbrochen worden. Die überschäumende Lebensfreude der Belle Epoque hatte eine große Nachfrage nach Wein mit sich gebracht – soviel sogar, daß die Betrügerei in großem Maßstab gedieh und sich schließlich zum nationalen Skandal auswuchs.

Nur ein neuer Jeremia hätte am Beginn des 20. Jahrhunderts zu prophezeien gewagt, daß der Weinbau am Rand der schwersten und anhaltendsten Depression in seiner modernen Geschichte stand. Blauer Himmel zeigte sich ihm in den ersten 50 Jahren des Jahrhunderts nur selten und flüchtig. Schlechtes Wetter, Krieg, Wirtschaftskrise und maßloser Fanatismus brachten Dionysos in höchste Not. Es waren dies die Geburtswehen des modernen Weins. Unsere heutigen Maßstäbe in der Weinbereitung und Echtheit, ja sogar unsere Genuß- und Beurteilungsgewohnheiten sind das Ergebnis dieser langanhaltenden Mühsal.

ES IST NICHT ERSTAUNLICH, DASS – MINDESTENS IN FRANKREICH – die Weinerzeuger zunächst nicht begreifen konnten, daß ihre Hauptplage der Überschuß an Wein war. Zu frisch im Gedächtnis haftete noch die Gefahr, ja oft die Realität, daß ganze Weinberge plötzlich ausgelöscht wurden. Noch konnte man die miserablen Erzeugnisse schmekken, die häufig selbst unter geachteten Namen als Wein ausgegeben wurden, während echter Wein knapp war. Der Gedanke an Knappheit hatte sich zu tief eingeprägt, als daß er plötzlich der Erkenntnis Platz machen konnte, daß nun deutlicher Überschuß herrsche. Für den einfachen Franzosen war allein schon die Tatsache, daß Frankreich Unmengen an Wein importieren mußte, Grund genug zu glauben, alles sei gut, wenn sich das geändert hätte.

Alle übrigen Regionen und Nationen hatten instinktiv ähnlich reagiert. Algerien, einst ein großer Markt für französischen Wein, besaß eine riesige Rebfläche, die nur den Zweck hatte, das frühere Lieferland zu beliefern. Sizilien und Süditalien hatten ihre Getreidefelder und Olivenhaine in Weinberge verwandelt. Spanien hatte seine Rebfläche überall vergrößert, Ungarn seine große, sandige Tiefebene mit Reben besiedelt. Vor allem war das Languedoc als Reaktion auf die Reblaus zur Weinbaumonokultur auf niedrigstem Niveau geworden. Und dann brachen die Preise zusammen. In den 1880er

Jahren hatte ein Hektoliter Wein im Languedoc seinem Erzeuger 30 Francs eingebracht, um 1900 war der Preis auf 10 Francs gefallen, wobei die Herstellkosten 15 Francs betrugen.

Das Languedoc, das als erstes unter dem Befall zu leiden hatte, aber auch als erstes durch Umpfropfen Abhilfe schaffte und neu anpflanzen konnte, hatte sich damit in die Rolle der Weinquelle begeben, aus der ganz Frankreich schöpfen konnte. In Gegenden, wo nur wenig Wein gewachsen war, um Paris etwa oder bei Auxerre und in Lothringen, zeigte schon eine einfache Rechnung, daß sich Neuanpflanzen nicht lohnen würde – dort war es mit dem Weinbau vorbei.

Für den Süden bedeutete es schon einen größeren Schock, daß niemand mehr seinen Wein wollte. Als 1907 der Preis nicht einmal mehr die Hälfte der Produktionskosten deckte, sahen sich die Winzer nach einem Retter um, der sie – wie sie glaubten – aus dem Elend herausführen konnte.

DIESER FÜHRER FAND SICH NICHT ETWA IN EINEM SCHWÜLSTIGEN DEMAGOGEN, sondern in einem nicht mehr ganz jungen Bauern namens Albert Marcellin aus Narbonne. In seinen Aufrufen machte er ein allzu offen auf der Hand liegendes Übel zur Hauptursache der allgemeinen Unzufriedenheit, doch zeigte er damit zugleich, wie wenig er und seine Anhänger die wirkliche Sachlage begriffen. Sie gaben die Schuld den Herstellern gefälschter Weine, deren Geschäft in Wirklichkeit aber viel schneller zusammengebrochen war als das der Winzer.

Realistischer war da schon ihr Protest gegen das Chaptalisieren, das es den Winzern im Norden ermöglichte, ihnen Konkurrenz zu machen. Im Norden Frankreichs war die Reblaus noch weithin aktiv: Die Winzer brauchten jedoch unbedingt etwas, was sie verkaufen konnten. Den Wein mit Zucker und Wasser zu verbessern, hatte der große Chaptal immerhin erlaubt... Nun führte das Abgeordnetenhaus in Paris eine Debatte darüber, ob Zucker mit 15 Francs pro 100 kg besteuert werden sollte, wie es die Abgeordneten aus dem Norden verlangten (in deren Wahlkreisen die Zuckerrübe wuchs), oder mit 60 Francs, wie der Süden es wollte.

«Vive le vin naturel» oder «Nieder mit den Giftmischern» schrie die Menge, die sich in erschreckend großer Zahl bei den regelmäßigen Sonntagsdemonstrationen im Früh-

---

GUTE UND SCHLECHTE JAHRE

Geradezu als ein Spiegelbild der Turbulenzen jener Zeit sorgte das Wetter in den Jahren bis zum Zweiten Weltkrieg für eine ganze Reihe von schlechten Jahrgängen, als wollte es damit die Schwierigkeiten der Winzer noch vermehren.

Natürlich gab es von Region zu Region große Unterschiede, doch nehmen wir Bordeaux und insbesondere das Médoc zum Maßstab, dann findet man in den ersten 40 Jahren des 20. Jahrhunderts lediglich 11 Jahrgänge, die als durchweg gut bezeichnet werden dürfen. Nur zwei von ihnen waren jedoch wirklich großartig ohne Einschränkung.

In den ersten 19 Jahren gab es zwei außerordentlich feine Jahrgänge: 1900 und 1906. 1920 und 1929 waren dann die großen Jahrgänge, deren Weine den Gipfel der Vollkommenheit erreichten. Im Vergleich damit fielen die Jahre zwischen 1940 und 1980 mindestens doppelt so oft allgemein zufriedenstellend aus.

Man darf behaupten, daß in 23 Jahren in großer Mehrzahl gute bis sehr gute Weine entstanden, obwohl auch in dieser Zeit nur zwei Jahrgänge (1945 und 1961) mit voller Überzeugung höchstes Lob verdienten. Der Jahrgang 1982, der sich mit der Zeit vielleicht als der beste des Jahrhunderts herausstellen wird, fällt gerade nicht mehr in diesen Zeitraum von 40 Jahren.

Der Rekord der 80er Jahre mit mindestens sieben guten bis sehr guten Jahrgängen unterstreicht nur, wie wenig Glück unsere unmittelbaren Vorfahren eigentlich hatten.

jahr 1907 um Marcellin scharte – Anfang Mai waren es in Narbonne 80 000, Anfang Juni in Montpellier über eine halbe Million. Was sie nicht zur Kenntnis nehmen wollten (oder auch nicht verstanden), war, daß sie selbst das Problem verschlimmerten, indem sie starken algerischen Wein importierten und mit den dünnen Erzeugnissen ihrer auf übermäßig hohen Ertrag getrimmten Reben verschnitten. Während der Zeit der Demonstrationen trat über die Hälfte der Gemeinderäte zum Zeichen der Unterstützung geschlossen zurück – und dem konnte die Regierung in Paris nicht ruhig zusehen.

Der Premierminister Clemenceau wurde nicht umsonst «le Tigre» genannt. Er schickte Truppen nach Narbonne und ließ die Rädelsführer verhaften. Bei den Unruhen, die es nun gab, kamen fünf Demonstranten um. Marcellin, der immer für Gewaltlosigkeit eingetreten war, fuhr nach Paris, um mit Clemenceau zu sprechen. Dort marschierte er unangemeldet – wie erzählt wurde – in das Amtszimmer des großen Mannes. Man verlachte ihn deshalb – aber es wirkte. Schon Ende Juni brachte die Regierung eine Gesetzesvorlage ein, in der erstmals eine Erhebung darüber vorgesehen war, wieviel Wein jedes Jahr erzeugt wurde und wieviel auf Vorrat lag. Jeder Winzer im Land mußte eine Erklärung über seine Erntemengen abgeben. Das Gesetz sah zwar keine Kontrolle der Produktionsmenge vor, doch es gab der Regierung wenigstens ein Lot in die Hand für den großen Sumpf, in dem soviel potentielle Unruhe schlummerte. Weitere im September eingebrachte Maßnahmen schrieben eine Buchführung über den zum Chaptalisieren verwendeten Zucker vor und brachten zum ersten Mal eine gesetzliche Definition des Weins: Er war «ausschließlich durch alkoholische Gärung frischer Trauben bzw. frischen Traubenmosts» herzustellen.

FÜR DEN AUGENBLICK WAREN DIE WINZER IM SÜDEN ZUFRIEDEN. Die Regierung hatte auf sie gehört und gehandelt – obwohl sie nichts unternommen hatte, um die Überproduktion einzudämmen, die ja die Wurzel allen Übels war. Durch Zufall stiegen wegen schlechter Ernten (1910 und 1915 gab es schwere Mehltaurückfälle) in den Jahren vor dem Ersten Weltkrieg die Preise, und im Krieg selbst nahm der Markt ebenfalls einen Aufschwung. Im Herbst 1914 tat sich das Languedoc durch eine geschickte Verbindung von Patriotismus und Reklame hervor, indem es aus der reichlich ausgefallenen Ernte 20 Millionen Liter Wein der Armee schenkte. Napoleons Krieger hatten Weinrationen als Verpflegung bekommen; jetzt konnte das Kriegsministerium den Soldaten nicht gut den Wein verweigern. Den ganzen Krieg hindurch und noch in den 20er Jahren stieg der Weinverbrauch in Frankreich. 1900 lag er bei 100 l pro Kopf; 1926 waren es 135 l. Natürlich nutzten die Winzer die günstige Gelegenheit und pflanzten noch mehr Reben.

Und wieder einmal folgte der Euphorie ein tiefer Sturz. Diesmal aber packte die Regierung das Übel an der Wurzel. Algerien hatte inzwischen seine Produktion mehr als verdoppelt; das Languedoc war von Wein überschwemmt. Noch mehr Besorgnis aber erregte die Nachkriegskrise, durch die Frankreichs prestigeträchtigen Exportweinbaugebieten die Kunden verlorengingen. Nicht eine der Nationen, die vor dem Krieg mit soviel Begeisterung Bordeaux, Burgunder und Champagner gekauft hatten, hatte noch Geld für unnötigen Luxus übrig. Die Russische Revolution hatte Frankreich – wie es schien, für alle Zeiten – um einen seiner gewinnbringendsten Märkte gebracht. Deutschland, Österreich und Ungarn waren durch den Krieg ruiniert. Belgien brauchte noch Jahre, um sich zu erholen. England, das soviel es nur konnte von den reifen Champagnerjahrgängen abnahm, die den Krieg überlebt hatten, machte schließlich aus der Not eine Tugend, indem es die viel billigeren Cocktails für besonders chic erklärte. Nur Amerika hatte Geld – doch die Amerikaner hatten mit dem 18. Amendment, das 1919 die Prohibition einführte, sich selbst einen Tort angetan.

Für ein paar Glückliche gab es, wie wir noch sehen werden, einen Ausweg aus der Absatzkrise für feinen Wein. Das unmittelbare Problem jedoch bestand darin, der Flut des unerwünschten *vin ordinaire* zu wehren und das große Erbe der Regionen zu schützen, die sich ihren Lebensunterhalt durch Qualität verdienten.

ERSTERES GESCHAH WENIGSTENS TEILWEISE zwischen 1931 und 1936 durch Verordnungen, die Neuanpflanzungen untersagten, die Destillierung großer Weinmengen verfügten und alle Departemente, in denen erst kürzlich Neuanpflanzungen vorgenommen worden waren, dazu verpflichteten, einen Teil der Reben zu roden. Hierdurch wurde nicht nur Frankreichs Rebfläche um 10 % verkleinert, sondern es wurden auch die nach dem Reblausbefall gepflanzten populärsten (weil ertragreichsten) französisch-amerikanischen Hybridreben Jacquez, Noah und Clinton – alles Namen, die man in feineren Kreisen nicht aussprach – aus der *Déclaration de Récolte* gestrichen. Das bedeutete, daß die Winzer wohl davon Wein bereiten und ihn auch trinken durften, doch vom Verkauf war solcher Wein ausgeschlossen. Alles in allem waren diese Maßnahmen ein Erfolg. Sicherlich verordnete die Regierung damit in einer Weise, die Montesquieu bestimmt nicht gefallen hätte, wer wo Weinbau treiben durfte.

Doch die Zeit war reif dafür, denn zugleich mit der schwierigen politischen Aufgabe, Angebot und Nachfrage aufeinander abzustimmen, hatte sich seit dem Anfang des Jahrhunderts eine spezifischere Bewegung zum Aufbau starker Positionen ergeben. Sie betraf das Recht auf Benutzung der weltberühmten Namen – eine Angelegenheit, deren Regelung früher ganz den lokalen Behörden überlassen worden war.

Die Reblaus und die auf sie folgende Welle des Etikettenschwindels hatte die Sache auf die Spitze getrieben. Die Weinerzeuger erklärten, nicht ein einziger Tropfen Wein, der durch Händlerhände gegangen sei, könne noch verläßlich als echt bezeichnet werden. Die Händler dagegen betonten, auch die Weinerzeuger selbst seien keine Unschuldsengel. Unter solchen Umständen scheint es schon bemerkenswert, daß viele Weine der großen (und auch mancher kleinerer) Châteaux aus jener Ära sich auf die Dauer als außerordentlich fein erwiesen haben.

Die erste Region, die sich zur Wehr setzte, war logischerweise Chablis, das seine Echtheit am dringendsten verteidigen mußte. 1900 bildeten 79 Chablis-Erzeuger einen Zusammenschluß, der garantieren sollte, daß von allen den Millionen Flaschen, auf deren Etiketten der Name des bekanntesten aller trockenen französischen Weißweine (oder vielmehr aller Weißweine überhaupt) erschiene, nur die von seinen Mitgliedern gelieferten den echten Chablis enthielten. Diese Erklärung machte natürlich nicht den geringsten Eindruck auf die vielen kalifornischen, australischen, spanischen oder sonstigen Weinproduzenten mit ihrem «Chablis». Aber es war doch einmal Stellung bezogen worden, die besagte, daß die kleine Schar von Weinfreunden, die Wert darauf legte zu wissen, ob ihr Wein echt sei oder nicht, nunmehr einen Anhaltspunkt bekam.

Ein Jahr später folgte das Médoc mit der Union Syndicale de Propriétaires des Crus Classés du Médoc. Dieses über beträchtlich größeren Einfluß verfügende Gremium ermutigte weitere Regionen zum Nachziehen. Der Trend war so eindeutig, daß die Regierung ihn durch gesetzgeberische Maßnahmen unterstützen konnte. 1905 wurde ein Gesetz erlassen, das 30 Jahre später schließlich zum System der Appellations Contrôlées führte. Zur damaligen Zeit wurden jedoch keinerlei Definitionen unternommen. Man gab sich mit einer grundsätzlichen Stellungnahme gegen den betrügerischen oder auf Täuschung abgestellten Gebrauch von Namen und Beziehungen zufrieden. Diese Grundeinstellung von damals gilt heute noch. Allen jenen, die «andere über Natur, substantielle Qualität, Zusammensetzung und Gehalt an wesentlichen Substanzen in allen Waren hinsichtlich deren Art oder Ursprung täuschen oder zu täuschen versuchen...», wurden Geld- und Gefängnisstrafen angedroht.

Nun blieb eine Frage zu beantworten (oder vielmehr erst einmal zu stellen): Wo war die Grenzlinie um einen Namen herum zu ziehen? Es wurde den örtlichen Verwaltungen überlassen festzulegen, was beispielsweise in die Grenzen von Chablis oder dann der Champagne fiel und was nicht. 1908 bestimmte ein neues Gesetz in ausdrücklicherer Form, daß Abgrenzungen durch Verordnung unter Berücksichtigung «lokaler Gepflogenheiten» vorgenommen würden. Im Lauf der folgenden Jahre entspann sich eine heftige Diskussion. In Bordeaux kam dadurch die alte Frage der Weine aus dem Oberland wieder auf. Oft genug waren sie in der Vergangenheit unter dem Namen Bordeaux verkauft worden, wenn Not am Mann war. Doch wie eh und je war auch jetzt der Einfluß von Bordeaux stärker als der seines Umlands. 1911 wurde der Status endgültig festgelegt. Die Bezeichnung «Bordeaux» galt allein für das Departement Gironde. Das Oberland, darunter auch Bergerac, blieb davon ausgeschlossen.

Die Champagne gab schließlich den klassischen Streitfall in diesem administrativen Dilemma ab. Es ging um mehr als nur um Abgrenzung. Es stellte sich eine ungute Situation ein, ähnlich wie 1907 im Languedoc: Not und Armut durch Preisverfall und miserable Lebensbedingungen. 1908 kam die Verordnung heraus, mit der die Grenze für die Champagne gezogen wurde. Sie umschloß die meisten Gemeinden im Departement Marne, einige im benachbarten Aisne (dessen Weine die Winzer an der Marne als «Bohnensuppe» bezeichneten) – keine aber aus dem südlichen Teil der Provinz, dem Departement Aube bei Troyes, wo einst im Mittelalter die Messen stattgefunden hatten. Das rief die «Aubois» sofort auf den Plan. Waren denn nicht sie die wahren «Champenois»? – Nur im historischen Sinn, kam die Antwort von der Marne. Der Wein, der den Namen der Champagne trägt, sei im Marnetal geboren; der Wein von der Aube könne den großen, von Dom Pérignon unsterblich gemachten Gewächsen nicht das Wasser reichen. Die Regierung war unschlüssig, schien aber die Argumente der Aubois zu unterstützen.

HINZU KAM, DASS 1910 DAS VIERTE SCHLECHTE JAHR IN FOLGE WAR, das die Winzer in der Champagne erlitten. Zum Kampf gegen die Reblaus, der damals dort seinen Höhepunkt erreichte (allein in diesem Jahr wurden 6000 ha Rebfläche vernichtet), gesellten sich noch katastrophale Regenfälle und Mehltau, so daß viele Winzer überhaupt keinen Wein ernteten. 1911 gingen die Winzer an der Marne – ob privilegiert oder nicht – auf die Straße gegen die Weinhändler, die, wie sie glaubten, nicht nur bei den Behörden die Fäden in der Hand hatten, sondern auch die Winzer betrogen, indem sie billigen Massenwein außerhalb der Region einkauften. Große Champagnerhäuser, so hieß es, hätten Wein von Anjou und der Touraine, aus dem Midi, ja sogar aus Deutschland und Spanien bezogen. Die Preise seien so schlecht, weil sowohl die Winzer als auch die Kunden betrogen würden.

Die Heftigkeit des Unmuts ging weit über das hinaus, was man vier Jahre zuvor im Languedoc erlebt hatte. Aÿ war das Zentrum des Sturms. Hier wurde nicht mehr nur demonstriert, hier wurden alte Rechnungen beglichen. Einige tausend Winzer fielen über die Handelshäuser in der kleinen Stadt her, brachen die Türen ein, zerschlugen Flaschen und Fässer und ließen den Wein auf die Straßen strömen. Auch die Wohnhäuser einiger Händler wurden demoliert (aber alle waren sich einig, daß das Haus Bollinger mitten in der Stadt unangetastet bleiben müsse). Schließlich wurden Häuser und sogar Weinberge (die mit Stroh als Frostschutz vollgepackt waren) in Brand gesteckt. Die Brandstiftung in den Weinbergen war unbegreiflich und legte den Gedanken nahe, daß Anarchisten von außerhalb der Region beteiligt waren.

Wie wir schon wissen, war die Champagne an den Anblick militärischer Aufmärsche längst gewöhnt. Diesmal waren es 40 000 Mann Militärpolizei, die sich hier einstellten und in allen Dörfern Posten bezogen. Es wurde ein vorläufiger Kompromiß erzielt, durch den die Aube den Titel «Champagne – zweite Zone» erhielt. Ehe aber die Regierung noch Zeit fand, einen endgültigen Entschluß zu fassen, marschierten schon wieder Truppen durch Reims und Epernay, diesmal waren es die Deutschen.

Bei den Unruhen von 1911 in der Champagne plünderten wütende Winzer die Keller der Handelshäuser, die von ihnen beschuldigt wurden, Wein von außerhalb der Region importiert und als «Champagner» ausgegeben zu haben.

Truppen stellten die Ordnung wieder her – nachdem es zu heftigen Zusammenstößen zwischen Dragonern und flaschenwerfenden Winzern gekommen war.

DIE MARNE WAR DER SCHAUPLATZ ZWEIER ENTSCHEIDUNGSSCHLACHTEN des Ersten Weltkriegs: im September 1914, als der deutsche Vormarsch in 10tägigen Kämpfen zwischen den schwer mit Trauben beladenen Reben zum Stillstand gebracht wurde, und im September 1918, als die Alliierten schließlich die Deutschen aus ihren Stellungen verdrängten und den endgültigen Sieg erfochten. In den vier Jahren dazwischen lag Reims ständig in der Frontlinie und mußte über 1000 Tage deutschen Artilleriebeschuß über sich ergehen lassen, beginnend mit der systematischen Bombardierung und Zerstörung der Kathedrale, in der die Könige von Frankreich gekrönt worden waren.

Dieser Krieg hätte das Ende von Reims bedeutet, wären nicht seine Champagnerkeller gewesen, jene durch Tunnel miteinander verbundenen tiefen Kalksteinschächte unter der Stadt, die zur unterirdischen Festung wurden. In ihnen lagen bis zu 50 000 Soldaten. Erstaunlicherweise arbeiteten die Champagnerhäuser selbst in dieser belagerten Garnison weiter. Und – noch erstaunlicher – die Winzer pflegten ihre Reben sogar zwischen den Schützengräben weiter, die sich kreuz und quer über den Nordhang der Montagne oberhalb der Stadt hinzogen. Wie Infanteristen krochen sie im Winter durch den weißen Kreideschlamm, um ihre Reben zu schneiden, und in den goldenen Oktobertagen liefen sie mit den gewohnten Liedern hinaus zur Lese. Die Jahrgänge 1914, 1915 und 1917 fielen außergewöhnlich gut aus. Der 1914er war einer der großartigsten und langlebigsten Champagner des Jahrhunderts – angeblich weil ein Teil der Trauben unreif, also mit hohem Säuregehalt, und der Rest überreif, also mit ungewöhnlicher Süße, gelesen wurde.

Kaum war im November 1918 der Waffenstillstand unterzeichnet, da wendete sich die Regierung in Paris wieder der Frage der «Appellations» zu, und zwar so rasch, daß das Konzept der «Appellations Contrôlées» fertig formuliert vorlag, schon bevor der Vertrag von Versailles, der den Ersten Weltkrieg formell beendete, unterschriftsreif war, und daß dieses Konzept als von den Deutschen zu akzeptierende Klausel mit aufgenommen werden konnte.

Wenigstens war eine Lehre aus den Problemen vor dem Krieg gezogen worden: Die Appellations waren eine zu delikate Angelegenheit, als daß man sie durch behördliche Verordnung regeln konnte. 1919 legte die Regierung die Sache in die Hand der Gerichte, die ein sensitiveres Instrument darstellten – allerdings weiterhin nur mit der Maßgabe, daß allseits akzeptierte Grenzen gezogen werden sollten. Wie wenig diese aber für sich allein bedeuten, wurde nicht von einer Weinbauregion, sondern durch etwas anderes vor Augen geführt, das die Gefühle der Franzosen noch viel mehr in Wallung zu bringen imstande ist: durch Käse.

Der Skandal platzte 1925. Dem Roquefort, jenem pikantesten und cremigsten aller Käse, war in den Bergen von Aveyron im südlichen Zentralmassiv ein genau umgrenztes Produktionsgebiet zuerkannt worden. Das Gericht hatte jedoch über sein wichtigstes Merkmal, daß er nämlich aus Schafmilch und nicht aus Kuhmilch gewonnen werden sollte, nichts festgelegt. Damit war das Problem genau umrissen, und deshalb nahm sich Joseph Capus, Professor für Landwirtschaft in Cadillac und Abgeordneter der Gironde, entsprechend seiner an. Capus erkannte, wie skrupellose (oder einfach nur gedankenlose) Erzeuger die Appellationen des großen Weinbaugebiets Bordeaux für Weine in Anspruch nahmen, die nach beliebiger Methode aus beliebigen Trauben gewonnen wurden. Es ging hier allerdings nicht um Schafmilch oder Kuhmilch, sondern um Cabernet oder Noah. Unter Capus' Einfluß wurde 1927 das Gesetzbuch um ein Gesetz reicher, das nun die Elemente einführte, die schon vier Jahrhunderte zuvor die Herzöge von Burgund als fundamental erkannt hatten. Die Formulierung in diesem Gesetz hätte fast von Philipp dem Kühnen stammen können: «... unter Verwendung von Rebsorten, die durch loyalen, alteingeführten, örtlichen Brauch geheiligt sind.»

Capus wies den richtigen Weg und fand schließlich Anerkennung als Pate des Appellationsgesetzes – «la loi Capus» wird es heute noch gelegentlich genannt. Andere jedoch trieben das Studium ihrer Heimatregion noch weiter – am weitesten der Besitzer von Château Fortia, eines der größten Weingüter von Châteauneuf-du-Pape, der Baron Le Roy de Boiseaumarié. Der Begriff *terroir,* der heute so gern gebraucht wird, um das exakte Ökosystem eines jeden Weinbergs zu charakterisieren, darf in seinen Ursprüngen den Vorschlägen dieses klarsichtigen Weingutsbesitzers zugeschrieben werden. Er war es, der 1923 den Boden, der sich am besten für die 13 Rebsorten von Châteauneuf eignet, anhand seiner natürlichen Flora – Lavendel und Thymian – beschrieb. Genauso wichtig wie das *terroir* aber waren die Kultivierungsverhältnisse, der Rebschnitt, der für einen guten Wein maßgebliche Höchstertrag, der Reifegrad der Trauben und die Behandlung im Keller. Alles das waren fehlende Glieder in der vorausgegangenen Gesetzgebungskette gewesen. Nahm das Appellationsgesetz nicht alle diese verschiedenen Elemente der Qualität jedes für sich allein ernst, dann verfehlte es seinen Zweck.

LES TROIS GLORIEUSES

In den 30er Jahren befand sich Burgund in einem üblen Zustand. Der Absatz verlief so schleppend, daß viele landfremde Grundbesitzer ihre Weinberganteile, sogar in manchen Grand-Cru-Lagen, als unrentabel verkauften. Das war eine Chance, wie die Vignerons sie kaum noch einmal zu erleben hoffen durften, und daher verwendeten sie die Ersparnisse ihres ganzen Lebens so günstig wie möglich auf den Ankauf kleiner Parzellen, die sie bisher für andere bearbeitet hatten.

Im Bemühen, den Absatz zu fördern und das Interesse der Öffentlichkeit zu wecken, hatten zwei führende Bürger von Nuits-St-Georges, Georges Faiveley und Camille Rodier, den Einfall, die Confrérie des Chevaliers du Tastevin zu gründen, was mit einem Bankett im November 1934 im Château de Clos de Vougeot geschah; es war am Vorabend der Weinauktion in den Hospices de Beaune. Inzwischen veranstaltete Meursault schon seit 1925 die «Paulée», ein öffentliches Mittagessen zur Feier der Beendigung der Weinlese. Diese drei Ereignisse – das Bankett der Confrérie, die Auktion in Beaune und die Paulée in Meursault – finden jedes Jahr am dritten Wochenende im November statt und tragen gemeinsam den Titel «Les Trois Glorieuses» (die drei glorreichen Tage). Sie bilden eine große Werbeveranstaltung, die seither Burgund sehr zugute gekommen ist.

Das Gesetz, das schließlich alle diese Elemente zusammenfaßte, war weitgehend Joseph Capus' Werk. 1935 wurde das Comité National des Appellations d'Origine als ständiges Expertengremium für die Prüfung aller Aspekte eines jeden Anspruchs einer Region auf eine Appellation Contrôlée eingerichtet. In 30 Jahren hatte Frankreich den Schritt von einem unklar definierten Dekret gegen Etikettenschwindel zu einem System getan, das die Identität eines jeden Weins klar umreißt. Das Werk war noch nicht vollständig, doch 1935 bildete den Anfangspunkt. Die Grundlagen waren festgeschrieben, und nun konnte die Bearbeitung vieler hundert Appellationen beginnen. Nach dem Zweiten Weltkrieg wurde das Comité in ein Institut National des Appellations d'Origine (INAO) umgewandelt. Es stellt die regulierende Behörde des französischen Weinbaus und das Musterbeispiel dar, auf das die ganze Welt schaut, wenn sie sich mit der jeweils eigenen Version jenes vertrackten Problems herumschlägt, wie man etwas so Vielfaltiges wie den Wein im Rahmen eines Gesetzes fassen kann.

WIE MAN SIEHT, SCHUFEN WIDRIGE UMSTÄNDE EINEN FORTSCHRITT, um den andernfalls vielleicht heute noch heftig diskutiert würde. Doch Widrigkeiten gab es auch anderwärts. Als der große Krieg zu Ende war und die Aussicht auf Normalität die Gemüter überall belebte, leistete sich Amerika den schlechten Scherz der Prohibition. Niemand – auch nicht die Amerikaner – kann behaupten, daß nicht genug davor gewarnt worden wäre. Aber die Temperenzlerbewegung hatte trotz ihrer komplizierten inneren Machtkämpfe immer mehr an Gewicht gewonnen. Amerika selbst war noch im Wachsen und lernte gerade erst, seine Kraft zu gebrauchen, da entwickelte sich dieses Krebsgeschwür im Leib der auf Freiheit gebauten Nation. Es war eine Koalition völlig gegensätzlicher Interessen zwischen aufrichtigen Reformern und sich vordrängenden Machtgierigen, die sich miteinander verbündeten, um das auszubeuten, was sie als eine Schwäche anzusehen beliebten: das freie Recht des Menschen, sich zu erquicken und zu stärken, wie es die Ahnen seit Anbeginn der Geschichte getan hatten.

Es ist hier nicht der rechte Ort, um auch nur die Machenschaften neu aufzuzählen oder die unausbleiblichen Folgen der Katastrophe zu beklagen. Man kann sich nur schwer vorstellen, daß ein größerer Anreiz zum Gesetzesbruch selbst von Kräften erdacht werden könnte, die darauf aus sind, eine Nation auszuhöhlen. Die moralischen Rückwirkungen waren erschreckend. In das öffentliche Leben wurde eine systematische Heuchelei eingeschleust, die mindestens genauso schlimm war wie die unumwundene Verdammung einzelner, die in den Strudel des Schwarzmarkts gerieten. Die einzige Entschuldigung für die Befürworter der Prohibition lautet, daß sie die Folgen nicht ahnten. Das trifft vor allem beim Wein zu. Was bei alledem herauskam, war nur eine Vergrößerung des amerikanischen Weinkonsums um gut die Hälfte. Die Produktion erreichte in den 13 Prohibitionsjahren über 76 Millionen Gallonen jährlich gegenüber 50 Millionen Gallonen im Rekordjahr vor der Prohibition. Niemand kann genau sagen, wieviel Wein außerdem noch eingeschmuggelt wurde (die Champagner-Industrie spricht von über 70 Millionen Kisten in den in Frage kommenden Jahren).

Der Weinbau brauchte nicht einmal in den Untergrund zu gehen. Er wurde zwar streng überwacht (mindestens 1000 Kontrollbeamte wurden wegen Erpressung, Konspiration, Meineid und anderer Vergehen verurteilt), doch war es erlaubt, Wein für medizinische und kirchliche Zwecke herzustellen. Nun konnte sich allerdings jeder zum Rabbi ernennen oder eine Kirche gründen. In jedem Drugstore gab es medizinischen Wein zu kaufen, und jeder Doktor war bereit, jedem Patienten, der an auf sonstige Weise unstillbarem Durst litt, Paul Massons ausgezeichneten «medizinischen Champagner» zu verschreiben.

Diese legitimen Ausnahmen machten allerdings nur etwa 5 % der Weinmenge aus, die in Amerika während der Prohibition konsumiert wurde. Der bei weitem größte Teil entstand ebenfalls mehr oder weniger legal durch ein gähnendes Schlupfloch im sogenannten Volstead Act, Gesetzestext zum 18. Amendement.

Dieses Schlupfloch bestand in einem Satz unter Paragraph 29, der auszugsweise wie folgt lautete: «Die im vorliegenden Gesetz für die unerlaubte Herstellung alkoholischer Getränke angedrohten Strafen gelten nicht für Personen, welche ausschließlich zum eigenen Gebrauch nichtberauschende Obstweine und Fruchtsäfte herstellen...» – und zwar bis zu einer Menge von 200 Gallonen im Jahr. Das Wort «nichtberauschend» war offenbar zu lang, als daß die Millionen Amerikaner, die nun plötzlich Hobbykellermeister wurden, es hätten herausbuchstabieren können. Fast über Nacht entstand eine Nachfrage nach Trauben in Massen, wie sie bisher noch nie transportiert worden waren. Für Kellereien war die Zeit nicht gut, aber für Traubenanbauer und Eisenbahngesellschaften. Innert zweier Jahre stiegen die Preise für Trauben in Kalifornien auf über das Dreifache des Durchschnitts vor der Prohibition, weil findige Händler jeden Eisenbahnwaggon mit Trauben füllten und in die Städte im Osten verfrachteten. Zwischen Weintrauben, Tafeltrauben und Rosinentrauben machten sie freilich keinen Unterschied – als Faustregel galt: je dicker die Schale und je dunkler der Saft, desto besser.

Diesem Ideal kam die Alicante-Bouschet-Traube am nächsten, und sie wurde denn auch auf Kosten besserer Sorten am meisten angepflanzt. Es war dies eine rotfleischige *teinturier,* die von M. Bouschet eigens zu dem Zweck gezüchtet worden war, den blassen Weinen des Languedoc Farbe zu verleihen. Sie war so dunkel in Fleisch und Schalen, daß nach dem Auspressen noch eine zweite und dritte Garnitur «Wein» gemacht werden konnte, indem man die Trester mit Zucker und Wasser gären ließ. Außerdem überstand sie ihrer dicken Schale wegen den Eisenbahntransport am besten. Der New Yorker Güterbahnhof der Pennsylvania Railroad wurde zur Auktionshalle für die Trauben-

So sah ein spanischer Künstler die Aufhebung der Prohibition. Was hier gefeiert wird, war nur der wieder einfacher gewordene Alkoholgenuß, nicht das Trinken selbst. Wer Geld hatte – und oft auch, wer keines hatte – konnte das Verbot leicht genug umgehen. Einige moderne Getränkefirmen verdanken ihre Anfänge den Verdiensten, die sie sich damals um den nicht so ganz legalen amerikanischen Durst erworben haben.

lieferungen. «Was Wall Street für Geldgeschäfte bedeutet, ist der Penn Yard für das Traubengeschäft», schrieb Business Week über diesen Güterbahnhof. 1928 ersteigerte einmal ein einziger Käufer 225 Wagenladungen Alicante Bouschet in einem Auktionsposten: Das reichte für über 2 Millionen Gallonen «Wein». Hierin spiegelt sich allerdings nur das En-gros-Geschäft – der Schwarzmarkt, der vor allem Restaurants und «Flüsterkneipen» versorgte. Auf der Kleinverbraucherseite begaben sich zwar ebenfalls viele mit Schubkarren und Kinderwagen in den Güterbahnhof, wer aber einmal mit einer ganzen Badewanne voll klebrigem Traubensaft Bekanntschaft gemacht hatte, war zumeist bereit, etwas mehr zu bezahlen, um sich solcherlei zu ersparen.

Die sogenannten «Grape Bricks» aus konzentriertem Traubensaft boten hier einen Ausweg. Auf jedem stand der warnende Hinweis «Keine Hefe beifügen, da der Inhalt sonst gärt». Ein noch phantasievolleres Verfahren dachte sich Paul Garrett, der Erfinder von Virginia Dare, aus: Er strich Staatszuschüsse für Herstellung und Vertrieb von Traubensaftkonzentrat zur «Rettung des notleidenden Traubenanbauergewerbes» ein. Welcher Gewerbezweig hatte wohl auch die Mittel aus Präsident Hoovers landwirtschaftlichem Hilfsprogramm dringender gebraucht! In seiner Fruit Industrie, Inc. schloß Garrett seine Beteiligungen in Kalifornien und am Traubenanbau in New York zusammen.

Ab 1930 wurde ein Produkt namens «Vine-glo» mit Werbesprüchen angeboten, die gelinde gesagt ein gewisses Maß an Übermut verrieten, und zwar in acht Sorten: Port, Muscatel, Tokay, Sauterne, Virginia Dare, Riesling, Claret und Burgundy. Wenn das Konzentrat ins Haus geliefert wurde, kam ein Kundendienstmann mit, der die Gärung in Gang setzte. 60 Tage danach kam er wieder, füllte den (gewiß «nichtberauschenden») Wein in Flaschen ab, klebte Etiketten darauf, und brachte ein neues Fäßchen mit.

Ein so gewagter Trick fand bei den Mächtigen jener Zeit natürlich das gebührende Interesse: Al Capone soll «Vine-glo» unter Androhung der Todesstrafe aus Chicago verbannt haben. Ein Gericht in Kansas City durchschaute das ganze Spiel, aber da war das Ende der Prohibition schon in Sicht. Als im Jahr darauf Roosevelt zum Präsidenten gewählt wurde, widerrief Kalifornien als erster Bundesstaat die Prohibitionsgesetze, und ab Dezember 1933 gab das «noble Experiment» mitten in der Weltwirtschaftskrise unrühmlich den Geist auf.

WENN NUN EIN FREUDIGES JAUCHZEN IN DEN WEINBERGEN AUFKLANG, DANN HIELT ES NICHT LANGE AN. Zur Lesezeit stand die Aufhebung der Prohibition so nahe bevor, daß die Weinkellereien (von denen die meisten schon seit Jahren keinen Wein mehr produziert hatten) sich auf das Geschäft stürzen konnten. Sie mußten jedoch feststellen, daß die Realitäten des Neubeginns weniger Verlockendes an sich hatten als die Idee selbst. Die meisten Weinberge waren mit «versandfesten» Trauben neu bepflanzt worden. Die Kellerausrüstungen und Fässer waren zum großen Teil unbrauchbar geworden. Viele Kellermeister waren unerfahren oder hatten die Grundlagen ihres Metiers verlernt.

Hastig bereitete, manchmal noch in der Gärung begriffene Weine wurden zu Weihnachten auf den Markt geworfen. Viele Flaschen platzten in den Schaufenstern, wenn ihr Inhalt nicht schon Essig war. Kein Wunder also, daß sich das Publikum zumeist mit dem gewohnten, obendrein steuerfreien Eigengebräu besser bedient fühlte.

Amerika hatte nicht nur seinen Weinbau eingebüßt, sondern auch seinen Geschmack für den althergebrachten Wein. Trockener Wein erfordert gute Trauben und angemessenes Können bei der Bereitung. Der durch jahrelange Gewöhnung an ein selbstgemachtes Gebräu verdorbene Geschmack verlangte nach etwas Süßem und Starkem – das war der Weg, den der Weinbau einschlagen mußte. «Die meisten Leute im Geschäft sahen den Wein als ein billiges Getränk für die Kneipen an», erinnert sich der Historiker und Journalist Leon Adams. «Die Banken betrachteten den Wein als ein Nebenprodukt des Traubenanbaus... Manche Anbauer, zum Beispiel John Daniel von

Inglenook, versuchten höhere Kredite für bessere Rebsorten zu bekommen – doch für die Banken waren Trauben nichts weiter als Trauben.»

1934, in der hochgemuten Zeit nach der Prohibition, besaßen 800 Weinkellereien in Kalifornien eine Lizenz – drei Viertel davon waren neu. Ein paar Jahre später befanden sich noch knapp 200 in Betrieb. Ungeheuer langsam war der Wiederaufstieg unter der Führung einer Handvoll Männer mit unerschütterlichem Glauben an ihre Sache, die übriggebliebenen Großen: Krug, Inglenook, Beaulieu und Wente, Martini und Paul Masson. In der Geschäftspolitik am aktivsten waren die Zwillingsbrüder Edmund und Robert Rossi, die mit ihren Tipo-Weinen aus der Italian Swiss Colony Winery in Sonoma zwar nie Anspruch auf Größe erhoben, aber die Sache des Weins gegen harte Alkoholika leidenschaftlich vertraten und die Fundamente für das Wine Institute of California legten. In aller Stille betrieben inzwischen im Central Valley drei italienische Firmen, die künftigen Giganten im Weinbau – Franzia, Louis Petri und die Gebrüder Gallo –, ihr Geschäft: Herstellung preisgünstiger Weine in immer größeren Mengen.

INZWISCHEN HATTE EIN VISIONÄRER JOURNALIST IM OSTEN die Idee geboren, die eine Revolution in der Art und Weise bringen sollte, wie Kalifornien (und weitere Weltgegenden) vom Wein, den Trauben, von denen er stammte, und den Maßstäben, nach denen er verglichen und beurteilt werden konnte, dachte und sprach. Frank Schoonmaker stellte seinen Lieferanten in Frankreich die grundlegendsten Fragen, als er kurz nach der Aufhebung der Prohibition einen Weinimporthandel eröffnete. Damals waren sich noch wenige Franzosen über die große Bedeutung der Traubensorten im klaren. Das Gesetz, mit dem Rebsorten und Appellationsweine miteinander in Verbindung gebracht wurden, war ja gerade erst sechs Jahre alt. Schoonmaker übertrug Capus' Gedanken auf seine eigene Auswahl an kalifornischen Weinen und ließ damit die bisherige Gepflogenheit, europäische Namen für die verschiedenen Weinarten zu entlehnen, fallen. Was bedeutete auch in Kalifornien schon der Unterschied zwischen «Burgundy» und «Claret» oder «Chablis» und «Rhine»? Was der eine «Rhine» nannte, hieß bei einem anderen «Sauterne». Statt dessen gab Schoonmaker auf seiner bei Almaden bereiteten «Selections»-Reihe die Traubensorten an, aus der ein Wein (ganz oder vorwiegend) bestand. Seine Rückseitenetiketten gaben Auskunft über den Wein und bereiteten der Einführung der Sortennamen für die meisten Qualitätsweine den Weg.

Die Plagen der ersten Jahrzehnte des 20. Jahrhunderts hatten ein von niemand vorhergesehenes Ergebnis, das doch manches Gute bewirkte: Der Preis der feinsten Weine fiel so weit, daß diese auch einem viel breiteren und wißbegierigeren Liebhaberkreis zugänglich wurden und nicht nur wenigen Reichen. Das Gespräch über Wein nahm nun, da mehr Zungen Übung mit Weinen besonderer Qualität aus verschiedenen Ländern und Regionen bekamen, eine neue Dimension an. Bemerkenswert, daß das 19. Jahrhundert bei aller Extravaganz seiner Menüs praktisch keine Schriften zum Thema Wein und Essen hervorbrachte. Aus den Speisekarten der damaligen großen Bankette geht hervor, daß der Abstimmung des jeweils servierten Weins auf den Geschmack des Gerichts, das er begleitete, wenig Aufmerksamkeit geschenkt wurde. Auch dem Wein selbst wurde nicht viel kritische Würdigung zuteil.

An den großartigsten Tafeln servierte man Weine verschiedenster Art gleichzeitig. Im bürgerlichen England trank man beim Dinner meist erst Sherry oder Madeira, dann Mosel oder Rheinwein, weißen Burgunder oder Hermitage, anschließend (immer mitten in der Mahlzeit) Champagner, dann Bordeaux oder Burgunder oder beides, und zum Schluß Port oder nochmals Bordeaux. In Frankreich wurde süßer Champagner zu Süßspeisen serviert (und trockenen Champagner bekam man sowieso nicht).

Weinbücher gab es natürlich, sowohl geschäftsmäßige als auch poetische. Woran es fehlte, das war eine zugleich persönliche und kritische Stimme, Memoiren über selbst verkostete gute und schlechte Weine, eingebettet in einen Zusammenhang mit dem Leben des Verfassers (und des Lesers). Colette schrieb manchmal mit magischer Kraft in dieser Art. Das Verdienst, dieses neue Genre auf den Weg gebracht zu haben, gebührt jedoch einem Engländer: George Saintsbury, Literaturprofessor und Journalist, dessen bescheidene Anmerkungen in «Notizen zu einem Kellerbuch» 1920 die neue kritisch-persönliche Schule eröffnete. Diese Notizen sind charmant, aber doch allzu obenhin. Ihr Eindruck jedoch (nicht zuletzt auf die Verleger, denn das Buch erlebte mehrere Auflagen) veranlaßte eine Reihe von gründlicher durchdachten Werken dieser Art, die selbst 70 Jahre danach noch keine Ermüdungserscheinungen zeigt.

Der produktivste und einflußreichste aller Weinschriftsteller von damals bis heute war André Louis Simon, ein gebürtiger Franzose, der von 1902 (im Alter von 25 Jahren) bis 1932 Agent für Pommery-Champagner in England war. Er liebte die Druckerschwärze fast so sehr wie guten Wein. 1906 bis 1909 veröffentlichte er in ausgezeichnetem Englisch und auf eigene Kosten die ersten drei Bände seiner «Geschichte des Weinhandels in England» – die Frucht von Studien, für die mancher Historiker die halbe Zeit seines Lebens gebraucht hätte. Ab den 20er Jahren sandte er eine endlose Flut von Büchern und Schriften aus, alle inhaltsreich, originell und praktisch und zugleich mit dem unwiderstehlichen Charme französischer Beredsamkeit.

Um André Simon sammelte sich ein Freundeskreis von Weinhändlern und Literaten, die 1931 zu Ehren von George Saintsbury einen Diners' Club gründeten, der noch immer zweimal jährlich zusammenkommt. Zwei Jahre später, also noch während der Depression, hoben einige von Simons Freunden die Wine and Food Society aus der Taufe, um Jünger der «Kunst des Lebensgenusses» heranzuziehen. Es ging ihnen nie um ausschweifende Extravaganz oder raffinierte Speisen, sondern stets um das, was Simon «anständige Weine und bekömmliche Kost» nannte. Die vierteljährlich erscheinende Zeitschrift der Society half sein Evangelium verbreiten. Heute zählen 150 Zweige der International Wine and Food Society mehrere tausend Mitglieder in aller Welt.

Die Bücher der Freunde Simons haben etwas von der englischen Clubmentalität an sich, die nur selten über die sogenannten «klassischen» Weine hinausblickt. H. Warner Allen, Charles Walter Berry, Ian Campbell und Maurice Healy geben den Ton an. Manchmal fühlt man sich geradezu an Silas Weir Mitchells «Old Madeira Party» oder auch an jene denkwürdigen Tischgespräche von Oliver Wendell Holmes erinnert.

Simon selbst dagegen kannte sehr wohl das schlummernde Potential der Weine aus der Neuen Welt. Er reiste mehrmals nach Amerika (zuerst 1907 als Champagner-Vertreter nach Chile; der Reichtum der dortigen Salpetergewinnung hatte zum höchsten Pro-Kopf-Verbrauch an Champagner in der Welt geführt). 1934 gründete er als «Europas größter Genießer» (so die Schlagzeile einer Zeitung) in New York neue Ableger der Wine and Food Society. Die erste Zweiggesellschaft entstand 1935 in New Orleans. Noch im Alter von 87 Jahren erforschte André Simon Neuland. 1964 besuchte er Australien und Neuseeland und war vom australischen Wein so beeindruckt, daß er als zweitletztes seiner über 100 Bücher «Die Weine, Weinberge und Winzer Australiens» schrieb. Seine bescheidene Definition des Begriffs Kenner zeigt Simons ausgesprochene Schlichtheit: «Jemand, der guten Wein von schlechtem unterscheiden kann und imstande ist, die unterschiedlichen Vorzüge verschiedenartiger Weine zu würdigen.»

André Simon (1877–1970) war der Prophet der modernen Kunst des Lebensgenusses.

KAPITEL 42

Dramatische Renaissance in Kalifornien und Australien

DIE NEUE WELT IM AUFBRUCH

Wenn uns heute die Weinbaugebiete der Neuen Welt in Australien, Kalifornien und Neuseeland, ja sogar Südafrika Weine liefern, die es mit allen, außer vielleicht den allerfeinsten aus Frankreich, aufnehmen können, dann scheint es, als ob auf ihr Potential nie der geringste Zweifel gefallen wäre. Das ist aber weit von dem Eindruck entfernt, den André Tchelistcheff, ein russischer Auswanderer, hatte, als er 1937 über Frankreich ins Napatal kam. Er war in Burgund von Georges de Latour, Besitzer des Beaulieu-Weinguts, angeworben worden und sollte die Weine der kleinen Privatfirma bereiten, die sich mit einer Lizenz für Meßwein durch die Prohibition geschlagen hatte.

Tchelistcheff hatte in der dunkelsten Zeit der 30er Jahre in Frankreich gearbeitet, dennoch fiel ihm in Kalifornien zunächst einmal auf, wie erstaunlich grob die Methoden dort waren. Auf die frisch gelesenen Trauben wurde eimerweise Schwefel geschüttet, bis sie schließlich ganz ausgebleicht waren; ein Laboratorium war kaum in Ansätzen vorhanden. Wurde ein Gärfaß gefährlich heiß (gefährlich für den Wein), dann gab es zum Abkühlen nur die Möglichkeit, große Eisblöcke hineinzutauchen – allerdings war diese Methode auch in Bordeaux nicht völlig unbekannt. Fremder und gewiß unerfreu-

DER ERSTE «GRANGE»

Auch Australien hatte seinen Tchelistcheff: ein einmaliges Genie, das genau um dieselbe Zeit mit ganz ähnlichen Ideen ans Werk ging, um einen neuen Maßstab für das ganze Land zu setzen und das Vorurteil umzustoßen, Frankreich verfüge über das Monopol für großen Rotwein.

Der australische Pionier war Max Schubert, Kellermeister bei Penfold's in Magill bei Adelaide. 1950 besuchte Schubert zum ersten Mal Frankreich und wurde in Bordeaux von Christian Cruse, einem Mitglied der Patrizierfamilie vom Quai des Chartrons, eingeführt. Als er nach Hause zurückkehrte, experimentierte er mit den besten Trauben, die er fand: Shiraz von Dr. Penfolds altem Gut Grange Cottage sowie aus dem Morphett Vale weiter im Süden (dazu manchmal ein wenig Cabernet zum Würzen).

Wie Tchelistcheff ließ er seinen Wein in neuen kleinen Fässern aus amerikanischem Eichenholz reifen. Da er wußte, wie revolutionär sein Wein war, fruchtiger und zudem wuchtiger gebaut als alles, was es in Australien sonst gab, überredete er die Firma Penfold's, diesen Wein erst herauszugeben, wenn er vier Jahre in der Flasche gelegen hatte. Selbst dann noch war Schubert seiner Zeit so weit voraus, daß die Kritiker den neuen Wein verwarfen. Deshalb wurden ab 1957 drei Jahre lang keine neuen Fässer mehr verwendet. Der Grange Hermitage, wie der Wein hieß, brauchte einfach noch längere Flaschenreife. Erst 1960 dämmerte es den Australiern, daß Schubert den ersten großen australischen Rotwein hervorgebracht hatte.

licher erschien ihm dagegen die Geheimniskrämerei, die alles umgab. Es war undenkbar, daß man den Nachbarn Einblick in die eigenen Produktionsmethoden gewährte.

Noch 30 Jahre zuvor waren im Napa Valley Weine entstanden, die in Europa regelmäßig preisgekrönt wurden. Die alten Cabernet-Weinberge, die der hastigen Umstellung auf rauhere Sorten entgangen waren (rund 80 ha waren noch übrig), trugen wundervolle Frucht. Inzwischen aber gab es praktisch keinen Markt mehr für guten kalifornischen Wein und außerdem kaum Ausrüstungen, um ihn zu produzieren. Mit ganz wenigen Ausnahmen (v. a. in San Francisco und Umgebung) verachteten die Amerikaner die auf eigenem Boden gewachsenen Weine. In New York, wo die Mode gemacht wurde, wäre es zumindest als exzentrisch empfunden worden, «einheimischen» Wein zu servieren. Es bedurfte enormer Willenskraft und langjähriger Entwicklungsarbeit, bis die Weine Kaliforniens (dasselbe gilt für Australien) wieder anerkannte und gleichwertige Konkurrenten für die Spitzenweine der Welt werden sollten.

DER SCHLÜSSEL LAG IN DER TEMPERATUR. Es waren noch unendlich viele Entdeckungen und Verbesserungen nötig, doch vor allem anderen liegt der Unterschied zwischen Frankreich und den Weinbaugebieten der Neuen Welt, die ihm nacheiferten, im Klima. Bleasdale in Australien und Hilgard in Kalifornien hatten das schon vor vielen Jahren erkannt. Bis zur Berechnung aller Zusammenhänge war es jedoch noch ein weiter Weg.

Für den Traubenanbauer bedeutet ein mediterranes Klima das Rezept für ein leichtes Leben, der Kellermeister muß die Dinge anders betrachten. Die Überlegenheit der französischen und deutschen Weine gegenüber allen anderen beruht auf der Akklimatisierung der Rebsorten an eine relativ kühle Wachstumsperiode, unterstützt (und das ist gleichermaßen wichtig) von der natürlichen Klimatisierung durch das Wetter im Herbst mit seinen kühlen Nächten und die anschließende Winterkälte. Diese Zusammenhänge wurden bereits von Leuten wie dem Richter Stanley, der die Seeluft in den Weinbergen von Carneros nahe der San Francisco Bay gepriesen hatte, halbwegs erkannt, aber auch von all den Kellermeistern, die Kulis anheuerten, um Stollen in die Berghänge treiben zu lassen, damit der Wein in der Kühle reifen konnte. Es war eindeutig, daß unter kühleren Bedingungen besserer Wein entstand. Die volle Bedeutung dieser Überlegungen wurde jedoch erst verstanden, als die University of California das komplizierte Klima des Landes eingehender untersuchte und praktikable Methoden zur Temperaturregelung ohne Zuhilfenahme von Eisblöcken entwickelte.

Die Anpassung der Rebsorten an das Klima bildete die erste größere Unternehmung der Fakultät für Reben und Weinbau der Universität, die in den 30er Jahren von Berkeley nach Davis bei Sacramento verlegt worden war. Schon in den 1880er Jahren hatte Professor Hilgard den freilich auf der Hand liegenden Unterschied zwischen den Küstengebirgen, wo der Ozean einen meßbaren Einfluß ausübt, und dem Central Valley, wo davon wenig oder nichts zu spüren ist, herausgestellt. Nach der Aufhebung der Prohibition entwickelte Dr. Albert Winkler 1936 die Prinzipien der «Wärmesummierung», ermittelt durch Addieren der Durchschnittstemperaturen aller Tage in der Wachstumsperiode, an denen das Thermometer über 50 °F (10 °C) klettert. Dieses verblüffend einfache Maß scheint brauchbar zu sein. Bei 10 °C beginnt die Rebe ihre Wachstumstätigkeit. Bei der «Wärmesummierung» werden also die Temperaturen während der Wachstumszeit addiert. Dadurch ergibt sich eine direkte Vergleichsmöglichkeit zwischen den Weinbaugebieten auf der ganzen Welt. Im Médoc beispielsweise errechnet sich so ein Wärmefaktor von 2500, entsprechend der Summe aller Wärmegrade über 50 °F (10 °C) während der Wachstumsperiode. Im Napatal liegt der Wärmefaktor zwischen 2340 und 2610. Demnach mußte der Cabernet im Napatal prächtig gedeihen – und das hat sich als richtig erwiesen. Bis 1944 hatten Winkler und sein Kollege Maynard Amerine zahllose Thermometerwerte an allen Stellen gesammelt, wo Reben angebaut wurden oder werden konnten. Diese Meßdaten wurden rasch zur Bibel der Traubenanbauer – nicht zuletzt, weil darin so viele Überraschungen steckten.

In den zerklüfteten Küstengebirgen ist – wenn überhaupt – nur sehr wenig berechenbar. Alles hängt hier von der Kaltluft ab, die von der heißen Aufwindströmung im Central Valley durch Schluchten und über Pässe landeinwärts gesaugt wird. Manchmal erwies sich ein vielversprechendes Tal mit einem Wärmefaktor wie Pauillac oder Beaune an Sommernachmittagen als ein Trichter, durch den scharfe Windböen heulten. Doch Winklers und Amerincs Arbeiten sind nun schon seit über 40 Jahren – das entspricht einigen Jahrhunderten Entwicklung in Europa – fester Lehrbuchstoff.

Als Tchelistcheff nach Kalifornien kam, rührte ihn fast der Donner, als er sah, daß die Weingüter Trauben aller Art auf einem und demselben Weinberg anbauten. Beaulicu hatte 28 verschiedene Weine im Programm. Der junge Russe hatte in Frankreich die Lehren Capus' in sich aufgenommen – dabei ging es stets um die Reinheit der Appellations. Da schien es ihm fast eine Sünde und Schande, Riesling unmittelbar neben Portweintrauben zu pflanzen. Und welch hoffnungsloser Optimismus zu glauben, daß beide wirklich gute Ergebnisse bringen könnten! Nach und nach änderte sich das, weil die Weinerzeuger auf die Universität in Davis (und auf Tchelistcheff) hörten, und als ihnen die Vorzüge der Spezialisierung klar wurden. Doch das Vertriebssystem verlangte immer noch, daß eine Marke über ein vollständiges Weinprogramm verfügte.

IM RÜCKBLICK ERSCHEINT ES EIGENARTIG, DASS DER ZWEITE ENTSCHEIDENDE ASPEKT der Temperatur im Gärtank nicht schon früher genauer unter die Lupe genommen worden ist. Der Zweck des eimerweise über die Trauben geleerten Schwefels war ja lediglich, ein vorzeitiges Gären zu verhindern, wodurch der Wein allen Duft und Geschmack der Frucht verloren und sich auf schnellstem Weg in Essig verwandelt hätte. Es war ja längst bekannt: kühle Temperaturen erfüllten denselben Zweck viel effektiver.

Die Schwierigkeit bestand jedoch darin, wie das Gärfaß in der Praxis gekühlt werden konnte. In Algerien hatte in den 1880er Jahren ein Mann namens Brame in höchster Verzweiflung das Kühlsystem einer Brauerei gekauft, als ihm einmal die Gärfässer so heiß geworden waren, daß die Gärung steckenblieb und er nur eine flüchtige Substanz übrigbehielt, die weder Most noch Wein war. Damit war er wohl der erste, der die Gärung methodisch kühlte – einfach nur, um sie zu Ende zu bringen.

Von Nordafrika aus fand die Idee ihren Weg nach Australien – anscheinend durch einen in Tunis aufgewachsenen Engländer namens Arthur Perkins, der in Montpellier studierte und von Gaston Fouex, der am Sieg über die Reblaus teilhatte, als Lehrer für das landwirtschaftliche College in Roseworthy, Südaustralien, empfohlen wurde. Der erste Weinjahrgang, den Perkins in Australien erlebte, war der 1898er. Er hatte ein Gärfaß mit einer Kupferrohrschlange versehen, die im gärenden Most steckte und durch die kaltes Wasser geleitet wurde.

Später konstruierte er ein noch wirkungsvolleres System, bei dem der Most durch die in Wasser getauchte Kupferrohrschlange gepumpt wurde. Wenn der Wein die Kühlschlange passiert hatte, war er um 3 °C abgekühlt. Das war nicht nur zum Kühlen des Mosts von Vorteil, auch die Kellertemperatur fiel beträchtlich.» Soweit die Theorie. Damals aber gab es nur sehr wenige Weinkellereien, die sich die notwendigen Ausgaben leisten konnten oder auch über genügend Wasser verfügten.

André Tchelistcheff verfaßte viele kalifornische Hausregeln. Seine Ratschläge sind heute noch richtungweisend.

In Kalifornien bestand indessen wenigstens in den Küstentälern und gewiß in aus Stein erbauten Kellereigebäuden die Hoffnung, daß die Atmosphäre kühl genug blieb, um Katastrophen zu verhindern – und solange die Gärfässer nicht zu groß wurden, war dem vermutlich auch so. Der Ratschlag im Lehrbuch lautete eindeutig auf einen kühlen Raum oder eine Kühlschlange – oder beides zugleich. Dennoch half sich André Tchelistcheff 1938 noch immer mit Eisblöcken. Als er eine Kühlanlage einführte, war das streng geheim. Jahre danach berichtete er in einem Interview: «Kühlung mit einer Schlange im Gärtank war größtes Geheimnis, und die Kühltanks mit dem Kühlkompressor – damals ganz modern – wurden oben hingestellt, wo keiner sie sah.» Die allgemeine Verbreitung der temperatur- und druckgeregelten Gärung ließ noch einmal 20 Jahre auf sich warten, bis Edelstahl und Elektrizität in genügenden Mengen verfügbar wurden. Noch in den 50er Jahren war das für die meisten nichts als ein futuristischer Traum.

ENDE DER 40ER UND ANFANG DER 50ER JAHRE TASTETEN SICH EINIGE WEINERZEUGER IN KALIFORNIEN langsam an höhere Qualitäten heran. Es hatte ein paar hoffnungsvolle kleine Anfänge gegeben: Mayacamas in den Bergen zwischen Napa und Sonoma, Buena Vista (1943 in Haraszthys alten Kellern neugegründet), Martin Ray in der Nähe von Paul Masson im Santa Clara County südlich der Bay und ein weiteres Weingut, das mit der Zeit zu einem kleinen Juwel, einer Art Geheimtip für erstklassige Weißweine wurde: Stony Hill in St. Helena im Napa Valley. Drei oder vier alteingesessene Napa-Weinbaubetriebe wußten schon genau, was zu tun war. Aus jener Zeit sind einige Cabernet-Sauvignon-Weine von Beaulieu, Inglenook, Krug und Martini bis heute sehr schön herangereift. Doch (und dieses «doch» ist keinesfalls kritisch gemeint) waren es Weine im echt einheimischen Stil, kaum mit französischen zu verwechseln.

Bei den Weißweinen lieferte in den Jahren nach der Prohibition und vor der Renaissance der Riesling die besten Ergebnisse. Auch wenn er ohne kühle Gärung stark und trocken ausfiel, bildete er wie in Australien eine Klasse für sich. Wurde er zur rechten Zeit gelesen, dann behielt er seine harmonische Säure und entfaltete sich mit der Zeit wunderbar. Doch auch ihn hätte niemand mit einem deutschen Wein verwechselt.

Der Italiener Louis Martini setzte mit vollem Recht größtes Vertrauen in die Art und Weise, wie er mit riesigen Mammutbaumtanks und großen, alten, ovalen Fässern arbeitete. Bei Inglenook war der deutsche Kellermeister mit den vom schwedischen Firmengründer angeschafften Fässern nach deutscher Bauart aus lang abgelagerter baltischer Eiche hochzufrieden. Selbst André Tchelistcheff, der für den einzigen französischen Weingutsbesitzer arbeitete und als erster Cabernet in kleinen Eichenfässern ausbaute, schmeichelte sich nicht etwa, er produziere einen Wein wie Bordeaux (schon weil er amerikanische Eiche bevorzugte). Alle strebten auf ihre eigene Art unwiderstehlichen Wein von Trauben aus dem Napa Valley an – mit mehr oder weniger Gerbstoff, jung trinkreif oder auch streng und erst nach 10 Jahren Flaschenlagerung zu genießen, keiner aber in irgendeiner Weise auf geborgte Feinheit abgestimmt oder nach dem Vorbild von Château Lafite oder Latour.

GANZ ANDERS STAND ES UM DIE HANZELL WINERY. Ihr Gründer war der ehemalige US-Botschafter in Italien, James D. Zellerbach, der sich 1948 mit seiner Frau Hannah und seinem Vermögen in ein entlegenes Hochtal nördlich der Stadt Sonoma zurückzog. Während seiner Amtszeit in Europa hatte er eine große Zuneigung zum Burgunder gefaßt. Seine Ruhestandspläne standen seither fest: Er wollte in Kalifornien Wein produzieren, der dem Burgunder möglichst nahekam, indem er Schritt für Schritt genau so vorging, wie es in Burgund gemacht wurde.

Er pflanzte 7 ha Pinot Noir und Chardonnay (damals in Kalifornien noch eine seltene Rebsorte) an einem bis auf die Bodenbeschaffenheit der Côte d'Or nicht unähnlichen Hang und baute einen *cuvier* mit Keller, der eine gewisse Verwandtschaft mit dem Château de Clos de Vougeot nicht verleugnen kann. Der junge Kellermeister Bradford Webb, den er einstellte, war ebenso wie er selbst ganz auf Burgund eingeschworen und stellte sich ein Laboratorium mit einer kostspieligen Einrichtung zusammen. Es wurden Temperatur- und Luftfeuchtigkeitsregelanlagen eingebaut, um die Verhältnisse in burgundischen Kellern möglichst exakt nachzuahmen, und es wurden neue Fässer von einem *tonnelier* in Nuits-St-Georges bezogen, wie es die als Vorbild dienenden Weingutsbesitzer in Burgund jedes Jahr taten.

James D. Zellerbach war kein Happy-End vorbestimmt. Seine Frau teilte trotz ihrer 50 %igen Beteiligung am Namen des Weinguts nicht die Passion ihres Mannes für Perfektion. Kein einziger Jahrgang, den er in den 50er Jahren hervorbrachte, kam wirklich dem Ideal eines großen Burgunders, wie es ihm vorschwebte, gleich, und so starb er, ohne zu wissen, daß er sich bereits einen Platz in der Geschichte erobert hatte. Hannah Zellerbach verkaufte die letzten Fässer seines Weins auf einer Auktion – zum Glück an einen der weitestblickenden und ambitioniertesten Männer im Napatal: Joseph Heitz. 1960 stellte es sich dann heraus, daß die Hanzell-Weine, vor allem der Hanzell-Chardonnay, tatsächlich das Butterige, leicht Rauchige in Aroma und Geschmack hatten, das bisher nur für Meursault, Montrachet und Corton-Charlemagne typisch war.

Nichts hätte die Hoffnungen Kaliforniens mehr stärken können als diese unerwartete Entdeckung. Zwar konnten die Erzeuger dort stolz sein auf ihre ausgewogenen Weine, doch die Erkenntnis, daß französische Geschmacksnuancen wahrhaftig in Reichweite lagen, veränderte den Geist des Weinbaus fast über Nacht. Im Chardonnay ist das Aroma der französischen Eiche etwas Greifbares, leicht zu Erkennendes und zu Verstehendes. Wenn man diesen Geschmack einmal zu reproduzieren verstand, dann gab er, wie es schien, jedem Wein einen Hauch besonderer Qualität. Heitz wurde zum Apostel der französischen Eiche, bei seinem berühmten Martha's Vineyard Cabernet ebensosehr wie bei den Chardonnays und Pinot Noirs, die er von Hannah Zellerbach gekauft hatte. Er besaß auch genug Unverfrorenheit, 6 Dollar für eine Flasche zu verlangen, als das allgemeine Preisniveau noch bei 2,5 bis 3 Dollar lag. 1961 eröffnete er seinen eigenen Weinbaubetrieb neben den knapp zwei Dutzend, die es im Napa Valley damals gerade noch gab. Es war der Tiefpunkt des Weinbaus in dem schönen Tal; die Rebfläche und die Zahl der Weingüter hatte den niedrigsten Stand seit der Prohibition erreicht. Von nun an aber entwickelte sich Weinbau zu einem echten Wirtschaftszweig.

DER ANFANG DER 60ER JAHRE WURDE ÜBERHAUPT ZUM WENDEPUNKT DER MODERNEN WEINGESCHICHTE. An vielen Stellen zugleich kam eine radikale neue Auffassung ans Licht: daß nämlich der Wein nicht nur ein esoterisches Relikt aus alten Zeiten war.

1962 gründeten Liebhaber an der Universität in Seattle, Washington, die Associated Vintners und damit den Weinbau im Nordwesten, 1963 beschloß der Arzt Max Lake aus Sydney, große Cabernet-Weine ausgerechnet im Hunter Valley zu produzieren, wo diese Idee derart ausgefallen erscheinen mußte, daß er seinem kleinen Gut den Namen Lake's Folly gab. Um diese Zeit entstand der Ausdruck «Boutique Winery», als zunächst Dutzende, später Hunderte von Begeisterten kleine Weinbaubetriebe eröffneten. 1970 gab es in Kalifornien 220 «Wineries», 1980 waren es über 500. Und in Australien entwickelten sich die Ziffern nicht viel anders. Viele dieser Betriebe waren nur Eintagsfliegen; andere dagegen haben sich zu Wahrzeichen entwickelt, neue Ideen erforscht und eigenständige Beiträge mit liebevoll bereiteten Weinen geleistet, wie sie von den Finanzmanagern größerer Firmen von vornherein abgelehnt worden wären.

EIN ECHTER, GREIFBARER UND SPEKTAKULÄRER BEWEIS FÜR DIE WIEDERGEBURT DES NAPATALS stellte sich 1966 ein, und zwar mit der Gründung des Betriebs, der sich für ein Vierteljahrhundert als Flaggschiff an die Spitze setzte: Es war die Robert Mondavi Winery. Mondavi griff symbolisch zurück auf den Geist der einstigen Missionen, der in der gewaltigen Rundbogenfassade Ausdruck erhält. Andererseits aber erstrahlte der Betrieb im vollen Glanz modernster Technik. Die Temperatur in den im Freien sich auftürmenden großen Edelstahltanks wurde bis auf ein Grad genau überwacht und durch Kühlflüssigkeit in den doppelten Außenwänden reguliert. Hier war unter erkennbar hohem Investitionsaufwand mit auf dem neuesten Stand befindlichen technischen Mitteln und den aus Frankreich überkommenen Lehren der Vergangenheit den bisherigen Spitzenkönnern ein Konkurrent entstanden. Mondavi kaufte nicht nur Hunderte von Fässern in Frankreich, sondern erprobte auch die verschiedensten Eichenholzarten und Faßhersteller in allen erdenklichen Kombinationen. Seine Philosophie war ein bis aufs äußerste getriebener Empirismus. «Man kann alles lernen», war sein Motto.

Die Zahlen für die Rebfläche sagen alles. 1965 gab es in ganz Kalifornien 44 000 ha Weintrauben (ohne Tafel- und Rosinentrauben), die meisten jedoch von minderwertigen Rebsorten und nur wenige in den besten kühlen Lagen. Zehn Jahre danach hatte die Anbaufläche sich verdreifacht, zum großen Teil an den richtigen Stellen, zum Teil aber auch nicht. 10 000 ha entfielen auf Cabernet Sauvignon, jedoch erst 4000 auf Chardonnay. Noch einmal 10 Jahre danach hatte sich die Fläche kaum noch vergrößert, aber es war eine beträchtliche Verschiebung zu den Küstenbereichen hin eingetreten. Die Cabernet-Anbaufläche war ungefähr gleich geblieben, doch der Chardonnay verfügte jetzt über 12 000 ha. Chardonnay aus kühlem Klima, gewürzt mit französischer Eiche, war zum beliebtesten Wein Amerikas geworden. Noch bedeutungsvoller aber ist, daß im Jahr 1980 zum ersten Mal in Amerikas Geschichte mehr Wein als andere alkoholische Getränke konsumiert wurde.

Wo immer sich eine Revolution im Geschmack abspielte, war es der Markt, der den Weg wies. Insbesondere gab der sehnlichst erwartete Aufschwung in Bordeaux in den 50er Jahren das Startsignal – für Europa und für die Neue Welt. In den 40er Jahren hatte es vier gute, wenn auch kleine Jahrgänge gegeben: den 43er, den berühmten 45er, den 47er und den 49er. Der 1950er war ein sehr reichlicher Jahrgang und selbst nach damaligen Begriffen überaus preiswert. Der 1953er Bordeaux zeigte sich von Anfang an verführerisch. 1955 gestaltete sich das Preisgefüge fester als seit langem. Dann kam der verheerende Frost von 1956, es folgten drei schlimme Jahre, dann der glutheiße Sommer von 1959, sein Wein war in krasser Zeitungssprache der «Jahrhundertwein».

Der deutlichste Hinweis für jeden, der die Zeichen der Zeit zu lesen verstand, war jedoch die Tatsache, daß das neue Gefühl in Amerika aufgenommen und weitergeführt wurde. Die Qualität eines Weinjahrgangs war auf einmal eine Schlagzeile wert, was 40 Jahre lang undenkbar gewesen wäre. Es gab viele offenkundige Gründe dafür, weshalb die Amerikaner, darunter viele Veteranen des Kriegs in Europa, nun bereit waren, dem

In der selbstbewußten Robert Mondavi Winery von 1966 spiegeln sich Reminiszenzen an die mexikanischen Missionsstationen zugleich mit einer Verheißung ganz neuer Entwicklungen in der Welt des kalifornischen Weins.

Wein ihr Interesse zuzuwenden. Die Nation richtete ihren Blick mehr nach draußen; wenn hier nur allzu lange eine gewisse Zaghaftigkeit herrschte, dann war daran der absurde Eindruck schuld, den die Verfasser versnobter Artikel über Etikette verbreitet hatten, es gebe nur einen einzigen «richtigen» Wein, ein richtiges Glas, eine richtige Serviertemperatur und nur eine Art, mit dem Kellner zu sprechen.

In Kalifornien kam der Durchbruch durch die Verbraucher in San Francisco zustande. Leon Adams behauptet, daß selbst in den Prohibitionsjahren die Nordkalifornier imstande gewesen seien, ein besseres Badewannengebräu zuwege zu bringen, weil sie echte Weintrauben, Cabernet und Zinfandel, direkt aus guten Weinbergen und ohne langen Bahntransport bekommen konnten. Als die alten Napa Wineries wiedererstanden waren, machten sie, so eingerostet sie auch sein mochten, aus einem Rinnsal an gutem Wein allmählich einen bescheidenen Strom, an dem sich ein kleines, aber begeistertes Publikum aus begüterten jungen Geschäftsleuten in San Francisco und seiner Umgebung versammelte, um sich zu laben. Manche von ihnen taten wie einst die Ratsherren von Bordeaux mehr als nur das: Sie kauften Land und pflanzten Reben.

IN AUSTRALIEN ZEIGTE SICH DAS NEUE INTERESSE AM RASCHEREN TEMPO auf Ausstellungen und Prämierungen, auf denen sich der australische Weinbau seit den landwirtschaftlichen Veranstaltungen der viktorianischen Zeit selbst den Puls fühlt. Auch hier beschränkte sich der Enthusiasmus zunächst auf eine kleine Gruppe, die es fertigbrachte, sich die endlosen «Gebindenummern» zu merken, unter denen die besseren Weine der alteingesessenen Firmen meist bekannt waren – ähnlich den Faßnummern, die einst für deutsche Weinkenner fast so etwas wie eine Geheimsprache gewesen waren.

Sowohl in Kalifornien als auch in Australien ist jedoch der Massenmarkt ausschlaggebend für die Entwicklungen geworden, durch die in den 60er Jahren die wirtschaftliche und gastronomische Wende eintrat. 1964 führte die Gallo Winery in Modesto im Central Valley – damals fast schon der größte Weinbaubetrieb Amerikas – auf der Grundlage von gesüßten und gewürzten «Popweinen» wie Thunderbird zwei richtungweisende naturreine Weine ein, wobei vorausgesetzt wurde, daß eine genügende Anzahl Amerikaner diesen Geschmack begrüßen würde. Der Chablis Blanc und der Hearty Burgundy stützten sich zwar noch auf geborgte französische Namen, bewiesen aber

DIE NEUE WELT IM AUFBRUCH

Die neue Weinbautechnik kommt ohne Châteaux und ohne Weinleser aus. Die Hauptwaffe des Weinproduzenten ist der auf die richtige Temperatur gekühlte Edelstahltank, bei dem die Gärung perfekt unter Kontrolle gehalten werden kann. Eine Traubenerntemaschine arbeitet schnell und kann auch die Nacht hindurch stets bei günstigsten Temperaturen und Reifegraden frische Frucht einbringen.

schon mehr als alles andere, daß Amerika für sauberen, fruchtigen, nicht ganz trockenen Wein als normales Getränk zu den Mahlzeiten aufnahmebereit war.

Die großen Firmen Australiens schlugen einen etwas anderen Weg ein. Um die Mitte der 60er Jahre waren sie technisch (mit Drucktanks und Kühleinrichtungen) so weit ausgestattet, daß der australische Weißwein ganz und gar neu erfunden werden konnte. Anstelle der alten ausgekochten trockenen Rotweine, die neben Port und Sherry (und natürlich Bier) die australischen Hauptgetränke ausmachten, boten sie nun plötzlich «Moselle» an, einen ausgesprochen lieblichen Weißwein mit Riesling- oder Traminer-Geschmack. Neueste deutsche Technik in der Gestalt superfeiner Filter machte es möglich. Früher war es zu riskant gewesen, unvergorenen Zucker beim Abfüllen im Wein zu belassen. Seitz-Filter aber entfernten jede Spur von Hefe, die etwa Ärger bereiten konnte. Jetzt brauchte Australien nur noch den Plastikbeutel im Karton mit eingeschweißtem Zapfhahn einzuführen, und alle Gedanken an so altmodische Utensilien wie Flaschen und Korkenzieher konnten über Bord geworfen werden. Um die Mitte der 70er Jahre bezeichnete das Wort Wein für die meisten Australier ein weißes, fruchtsaftiges Getränk, das als Alternative zum Bier den Durst löschte.

Eines aber hatte sich unabhängig von Land, Kultur oder Breitengrad ein für allemal geändert: Die fundamentalen Lektionen des Weinbaus, daß man nämlich die Rebsorten entsprechend dem Klima wählen, die Gärtemperatur regulieren und – wenn man einen

Wer einen Überblick über den Gallo-Komplex in Modesto, die bei weitem größte Weinkellerei nicht nur in Kalifornien, sondern in der ganzen Welt, gewinnen will, der braucht schon ein Flugzeug. Im Lauf von 50 Jahren bauten sich die Gebrüder Gallo ein Imperium und führten nach und nach, behutsam, aber unbeirrt, den Geschmack des Massenmarkts von «Pop»- und Konsumwein zu sortenreinen Weinen und eichenfaßgereiften Chardonnays.

Hauch von Luxus im Wein wollte – diesen in französischen Eichenfässern reifen lassen mußte, wurden endlich überall verstanden. Manches hiervon wußte man theoretisch schon 1940; 1975 aber war es allen klar.

Was nun für altes Weinland galt, mußte für jungfräuliches Gebiet doch wohl ebenso richtig sein. Nachdem die Grundregeln endlich bekannt waren, konnten hoffnungsfrohe Winzer endlich den Erdball nach wissenschaftlichen Gesichtspunkten betrachten und ihre Chancen berechnen. Allerdings blieb ein wichtiges Element noch immer ein Rätsel, nämlich das, was nach französischer Überzeugung schließlich hinter den letzten Feinheiten der Qualität des dortigen Weins steckt: der Einfluß des Bodens. Noch 1980 war in der ganz dem Weinbau und der Önologie gewidmeten Jubiläumsausgabe zum 100jährigen Bestehen von «California Agriculture» nicht im geringsten die Rede von dem Land selbst, von dem Boden, in dem die Reben ihre Wurzeln haben.

KALIFORNIEN WURDE BIS IN DEN LETZTEN WINKEL AUF KÜHLE TÄLER DURCHFORSCHT, WO nicht nur die zu Favoriten avancierten Sorten Cabernet und Chardonnay, sondern auch der viel anspruchsvollere Pinot Noir gedeihen konnten. Einem scharfblickenden Auge fiel auf, daß das Willamette Valley in Oregon mit seinem Klima viel näher an die Verhältnisse in Beaune herankommt als irgendein Ort in Kalifornien. 1965 begann David Lett, sein Weingut Eyrie Vineyard anzulegen, und führte Oregon 1970 mit seinem ersten Jahrgang bereits in den Kreis der Qualitätsweinbauregionen ein. Washington war nur um Haaresbreite weiter voran. Die Amateure von der Universität, die sich Associated Vintners nannten, begaben sich 1967 auf den kommerziellen Markt, ermutigt durch André Tchelistcheff, der sich aus Beaulieu zurückgezogen hatte und für zahllose hoffnungsvolle Anfängerbetriebe den Mentor spielte. In demselben Jahr entstand auch der erste Weinjahrgang von Chateau Ste. Michelle, das inzwischen zum größten Weinbaubetrieb des Nordwestens herangewachsen ist.

Das gleiche Prinzip veranlaßte auch die Winzer Australiens nicht nur zur Überprüfung der Gegenden, wo sie ihre Trauben zogen, sondern auch zu der Erkenntnis, daß ihr traditionell schmales Repertoire an Rebsorten durchaus nicht das Optimale darstellte. Wenn auch Max Lake theoretisch allen Regeln Hohn sprach (freilich mit bemerkenswertem Erfolg), indem er Cabernet in einer so warmen Region wie dem Hunter Valley anbaute, waren da doch noch die alten Weinberge im Yarra Valley und von Geelong im südlichen Victoria wiederzubeleben, jungfräuliches Land im Süden von Südaustralien zu bepflanzen und eine ganze Region südlich von Perth mit einem vom Meer gekühlten Klima für den Wein neu zu erschließen. Aber nicht nur nach Süden konnte man gehen, sondern auch bergauf. Im Pewsey Vale, hoch über dem Barossatal, fand der Riesling perfekte kühle Reifebedingungen, selbst im warmen nördlichen Victoria entdeckten die Weinbauern die nötige nächtliche Kühle in Höhen über 750 m. Am kühlsten und für Riesling, Chardonnay und Pinot Noir am aussichtsreichsten war Tasmanien. Doch noch 1958 war es sehr kühn, in Hobart als Weinbaugebiet Pionierdienste zu leisten.

NICHTS HÄTTE DAS JAHRTAUSEND BESSER VERANSCHAULICHEN KÖNNEN als eine von dem englischen Weinhändler Steven Spurrier 1976 in Paris veranstaltete Weinprobe. Es war eine Neuauflage des Wettstreits der Weine von vor 700 Jahren, jedoch mit Franzosen als Preisrichtern und einem Engländer als Schiedsrichter.

Er versammelte eine Gesellschaft, bestehend aus den angesehensten Weinerzeugern von Bordeaux und Burgund, Restaurantbesitzern aus Paris und sogar dem Chefinspektor des Institut National des Appellations d'Origine (INAO) und gab ihnen eine Reihe französischer und kalifornischer Weine in nicht gekennzeichneten Flaschen zu begutachten. Cabernets aus Kalifornien waren neben Crus Classés aus dem Médoc und kalifornische Chardonnays neben weißen Grands und Premiers Crus aus Burgund gestellt.

In beiden Gruppen, bei Rot- wie Weißweinen, wurde jeweils ein kalifornischer Wein als bester ermittelt: bei den Cabernets ein 1973er Stag's Leap aus dem Napa Valley, gefolgt von einem 1970er Château Mouton-Rothschild, und bei den Chardonnays ein 1973er Chateau Montelena, ebenfalls aus dem Napa Valley, mit einem Meursault Charmes an zweiter Stelle. Die übrigen Weine folgten so dichtauf, daß man sagen darf, daß ihre Qualitäten in den Augen französischer Experten ungefähr gleich erschienen.

Das Ergebnis wurde vielfach bestritten (wenn auch nicht von den Preisrichtern), wobei es hieß, daß die besten Bordeaux- und Burgunderweine bis zur vollen Reife länger brauchen (was auch stimmt) und daß – was für die Preisrichter damals wichtiger war – der schiere Reifegrad kalifornischer Trauben einem an französischen Weinen geübten Gaumen einen außergewöhnlichen Jahrgang signalisiert. Doch alles das trifft nicht den fundamentalen Punkt. Ob nämlich die Qualität und der Wert der Weine letztendlich dem entsprachen, was an jenem Tag befunden wurde, das Prinzip war jedenfalls nachgewiesen: Nach wenig mehr als einem Jahrzehnt Erfahrung mit französischen Techniken waren die Kalifornier imstande, mit den so bewunderten Vorbildern gleichzuziehen.

WEINE AUS ZWEITER HAND

Allen, die nach einem Omen für die Zukunft feiner Weine Ausschau hielten, erschien 1966 in London ein kleines, aber deutliches Signal. Das berühmte Kunstauktionshaus Christie's erwarb die kleine spezialisierte Weinauktionsfirma W&T Restell, die in der Londoner City monatlich Versteigerungen von Weinen aller Art veranstaltete, wobei vorwiegend der Weinhandel als Käufer und Verkäufer auftrat.

Auch bei Christie's waren früher, schon seit der Gründung der Firma in den 1760er Jahren, gelegentlich Weine versteigert worden. Beendet wurde diese Praxis erst im Zweiten Weltkrieg. Ihre Wiederbelebung im Jahr 1966 sollte das Interesse am besonderen Wert feinen Weins bekunden und zugleich fördern. Die Ernsthaftigkeit dieser Absicht wurde deutlich, als das Haus einen der begabtesten englischen Weinsachverständigen und -verkoster, Michael Broadbent von Harvey's in Bristol, zum Leiter dieser Unternehmung berief. Er vereinte Kenntnisreichtum und Urteilskraft in Angelegenheiten des Weins mit der wissenschaftlichen Gründlichkeit und dem Flair eines Kunsthändlers. Diese Kombination erwies sich als durchschlagskräftig.

Michael Broadbent war bei weitem nicht nur Auktionator, sondern begab sich auf die Suche nach den feinsten alten Weinen, die sich in den Kellern großer Häuser auf den Britischen Inseln – wie sonst nirgendwo – buchstäblich über die Jahrhunderte angesammelt hatten.

Bald wurde klar, wie reichhaltig die Auswahl war, die die Briten bei ihren Weinkäufen getroffen hatten, und wieviele Besitzer schöner Weinkeller bei ihrem Tod ihre feinsten Flaschen ungeöffnet hinterließen. Die Keller schottischer Schlösser oder englischer Landhäuser waren häufig zu Museen bester Weine aus der Zeit eines ganzen Jahrhunderts geworden. Den derzeitigen Eigentümern widerstrebte es oft, diese Reichtümer anzutasten, weil sie ihnen gewissermaßen als Bestandteil eines alten Familienerbes erschienen – aber oft genug auch, weil es ihnen an kenntnisreichen Freunden fehlte, mit denen sie diese Erbstücke teilen und besprechen konnten. Eine Doppelmagnumflasche Bordeauxwein aus der Zeit vor der Reblaus kann für einen älteren Junggesellen allein schon ein schwer zu bewältigendes Problem darstellen.

Indem Christie's die jeweils eigene Geschichte eines Kellers wie einer Flasche, oft auch des Besitzers, zum Gegenstand präziser Forschung und wohldurchdachter Präsentation machte, betonte das Haus in hervorragender Weise, daß der Wein – wie sonst kaum etwas auf der Welt – wahrhaft lebendige Geschichte sein kann. Die Auswirkungen auf den Preis feiner alter Weine waren vorhersehbar; sie wurden zu Sammelobjekten – und das wiederum hat Auswirkungen auf den Preis junger Spitzenweine, weil diese dadurch den Wert guter Kapitalanlagen erhielten.

KAPITEL 43

Tradition, Technik und das Streben nach Marktidentität

DIE ALTE WELT HOLT NEUEN SCHWUNG

Das technisch fortschrittlichste Weingut der Welt befindet sich heute in der Toskana, dem Land, wo schon die Konzeption eines Weinbergs im Kontrast steht mit einem freundlichen Durcheinander von Reben, Pappeln, Oliven und Bohnen.

Den höchsten Hügel des Guts krönt eine uralte lombardische Burg, erbaut auf Fundamenten aus etruskischen Steinen. Auf der Talsohle liegen halb unterirdisch zwei Hektar Zukunft: eine Edelstahlwelt mit surrenden Pumpen und blinkenden Steuerpulten, wo der Wein unter der Kontrolle von Computern entsteht, wo selbst die langen Reihen makelloser Fässer und Bottiche ein Leben in klimatisierter Umgebung führen.

Castello Banfi ist amerikanischer Besitz und amerikanisch inspiriert, in allem anderen aber italienisch. Es ist das logische Ergebnis der neuesten Art, die uralte Welt des Weins zu betrachten und die Technik als den Weg zurück zur Tradition aufzufassen.

Denn wenn die Neue Welt mit Erfolg die Kronjuwelen der Alten Welt, die klassischen Weine Frankreichs, reproduzieren kann, stehen Italien und Spanien und die übrigen alten Weinländer vor einer heiklen Frage: Sollen sie ihr eigenes Geschick verfolgen, jene Traditionen, an die sie selbst nur halb glauben (oder die sie nur halb verstehen), oder gleichen Schritt aufnehmen mit Ländern, denen keine Tradition hinderlich im Weg steht? Sollen sie hinter den Amerikanern und Australiern in globalem Wettrennen um die Nachahmung immer derselben Vorbilder herjagen? Stolz und Patriotismus drängen in die eine Richtung, die Forderungen des Markts in die andere. In den 1980er Jahren hat sich das Puzzle entwickelt, aber auch der Ansatz zu möglichen Lösungen.

Das Nachahmen oder gar Imitieren der besten Vorbilder ist in keiner Weise neu oder gar bedenklich. Die alten Griechen bereiteten ihren Byblos möglichst genau nach dem Muster des besten Kanaaniter Weins. Jahrhundertelang brachte die gesamte mediterrane Welt Wein hervor, den sie «griechisch» zu nennen liebte, um darzutun, daß er stark und süß sei. Als die Pioniere in Neusüdwales oder Santa Clara Wein pflanzten, kam es ihnen nicht in den Sinn, von ihren trockenen Weißweinen oder fruchtigen Rotweinen anders zu sprechen als von Chablis oder Burgunder. Die Welt war groß und die Gefahr einer Identitätsverwechslung schien gering (obschon die Möglichkeit wünschenswert gewesen wäre). Wie sonst als Sherry sollten die Südafrikaner ihre Soleraweine auch nennen – oder warum sollte man einen schäumenden Wein anders nennen als Champagner? Schwerwiegender waren damals Fälschungen direkt vor der eigenen Tür.

Es war immer in der Geschichte des Weins kennzeichnend für einen Schritt vorwärts in der Qualität, wenn eine neue Identität zutage trat. Haut-Brion gab zu erkennen, daß

Das Antlitz der Zukunft in der High-Tech-Weinherstellung. In der Kellerei von Banfi bei Montalcino in der Toskana ist von der Traubenmühle bis zur Abfüllung alles computergesteuert.

Bordeaux neue Ambitionen hegte, und die sorgfältige Auslese der Têtes de Cuvée bedeutete, daß die Côte d'Or das Visier hob. Daher hat sich auch jede spezifischere Aussage über einen Wein stets als potentielle Wertsteigerung für ihn ausgewirkt. Das gilt auf allen Ebenen: Ein Jahrgangs-Champagner oder -Port ist wertvoller als ein jahrgangsloser Verschnitt; ein deutscher Wein aus einer Einzellage ist mehr wert als der aus einem Anbaugebiet oder einem Bereich, und eine Spätlese steht höher im Kurs als ein einfacher Durchschnittswein. Jedes Land, ja jede Gegend legt den Nachdruck auf jenen bestimmten Aspekt des Weins – Boden, Rebsorten, Reifegrad, Jahrgang –, der seinen Wert nach dem eigenen Empfinden am meisten erhöht.

Amerika hatte das Glück, auf die Traubensorte als Unterscheidungsmerkmal zu verfallen – zunächst, weil es nichts Spezifischeres zu sagen gab. Jahrhundertelang wurde der besondere Stil bestimmter Weine einfach durch den Namen der Traube eindeutig charakterisiert. Malvasier und Muskateller sind Rebsorten, doch sind sie auch altehrwürdige Weinkategorien, ganz gleich, wo sie herkommen. In Amerika geht diese Inspiration mindestens auf den «Sparkling Catawba» zurück. Vor der Prohibition bedienten sich manche Winzer solcher Bezeichnungen wie «feinster alter Cabernet Claret».

Von den 1950er Jahren an stand dann das Schema fest: Ein hochwertiger Wein war stets ein Sortenwein, Cabernet «die wichtigste Rotweintraube des Weinbaugebiets Bordeaux» und Chardonnay «die einzige Grundlage der großen weißen Burgunder aus Frankreich». Als in den 70er Jahren die Weindegustation eine Zeitlang zum Volkssport Amerikas zu werden drohte, waren solche Schlagworte in aller Munde. Cabernet und Chardonnay waren praktisch in jeder Weinkellerei bereitet worden, waren ebenfalls zu Weinkategorien geworden, und genauso erging es, wenn auch für ein etwas kleineres Publikum, dem Sauvignon Blanc, dem Riesling, dem Gewürztraminer und dem Pinot Noir.

Für Europa hatte sich das Blatt gewendet. Bordeaux, wo man sich bis dahin über die Traubensorten nur unbestimmt geäußert hatte, wurde für die Amerikaner plötzlich

Bestandteil der internationalen Weinkategorie «Cabernet»; es wurde sogar mit einigem Mißtrauen nach dem Anteil anderer Traubensorten in den Weinbergen gefragt – es war ja schließlich keine Bagatelle, wenn die Reinheit des Cabernet in seiner ureigensten Heimat etwa nicht gewahrt wurde.

Für die Franzosen bedeutete alles das Gewinn – obwohl es damals mancher nicht bemerkte. Die führenden Köpfe des französischen Weinbaus verfielen durchaus nicht in Besorgnis darüber, daß sie nicht mehr die einzigen waren, die der Welt den feinsten Luxusgeschmack zu bieten hatten. Im Nacheifern steckte ja das höchste Kompliment. Darüber hinaus war niemand imstande, aus alledem besseren Nutzen zu ziehen, als sie selbst. Geschichte, Echtheit, Seltenheit und Besitz des «Originals» und eigenständige innere Qualität waren alle auf ihrer Seite und würden stets genügen, um mindestens dem Preis ihrer Premiers Crus einen Vorsprung vor anderen zu verschaffen. Ebenso wichtig war, daß ihre Reputation von vornherein alles begünstigen mußte, was sie in die Hand nahmen. Das Haus Moët & Chandon bewies das mühelos, als es 1973 im Napa Valley Schaumwein zu produzieren begann. Ohne Identität von Boden und Klima läßt sich kein Original je ganz kopieren. Doch Weinerzeuger befriedigt es auch, eigenes Können und Wissen an andersartige natürliche Voraussetzungen und ein andersartiges *terroir* anzupassen. Die Zusammenarbeit und der freie Austausch von Professoren und Studenten zwischen den Universitäten und von Mitarbeitern zwischen den Weinbaubetrieben haben den Gesamtschatz an Wissen und Verstehen zu aller Nutzen erweitert. Außerdem wurde sichergestellt, daß Frankreich auf keinem Gebiet der Forschung in Rückstand geriet.

DIE STELLUNG DER MEDITERRANEN WELT SAH GANZ ANDERS AUS. Die italienischen Weinbauern hatten bei der Auswanderung nur lokale Traditionen hinter sich gelassen; eine Exportgeschichte, die ihnen Namen als internationale Schlüsselbegriffe für Luxus eingetragen hätte, war ihnen nicht beschieden gewesen. Anstatt nun aber die besten Sangiovese-Reben mitzunehmen und von ihnen in Kalifornien großartigen Chianti zu produzieren, vergeudeten sie diesen guten Namen auf beliebigen billigen, meist süßlichen und oft perlenden Rotwein. Fast ausnahmslos waren die produktivsten Hersteller von Weinen für den Massenmarkt Italiener. Die Brüder Ernest und Julio Gallo bauten im Lauf von über 50 Jahren die dem Volumen nach größte Weinfirma der Welt, die jede vierte Flasche kalifornischen Wein herstellt. Zwar stehen die Namen Martini und Mondavi

Robert Mondavi *(links)* **und der inzwischen verstorbene Baron Phillipe de Rothschild schufen gemeinsam Opus One, einen vom Médoc inspirierten Wein aus dem Napa Valley, und machten damit ein für allemal jedem Disput über den Statusunterschied zwischen Spitzenweinen aus der Alten und der Neuen Welt ein Ende.**

DIE ALTE WELT HOLT NEUEN SCHWUNG

Der *chai* – das Kellereigebäude eines Weinguts in Bordeaux – ist im Médoc traditionsgemäß ein rechteckiger, halb im Boden versenkter Bau. Eine radikale Abkehr von diesem Muster bedeutete es, als Château Lafite 1988 einen neuen, kreisrunden *chai* tief unter den Weinbergen eröffnete.

auf so hoher Stufe wie nur wenige andere, aber für Weine im französischen Stil. Doch wo findet man in Kalifornien einen Barolo, einen Barbaresco oder einen Brunello? Das leitet über zur Frage, wo denn die Tempranillos und Parelladas geblieben sind, die doch den logischen Beitrag Spaniens hätten bilden müssen. Ihnen allen fehlte das Gütesiegel des internationalen Erfolgs, deshalb ließen die Weinerzeuger sie außer acht.

Die lange anhaltende Werbekraft eines guten Namens zieht sich ja wie ein roter Faden durch dieses Buch. Noch wichtiger aber ist die Forderung nach einer Identität, die vom Markt verstanden wird. Es waren wahrhaft unerschrockene Männer, die als erste die Idee einer nationalen Gesetzgebung für etwas so Variables und schwer Faßbares wie den Wein konzipierten. Bis zum 20. Jahrhundert machte noch jede Region für

BORDEAUX: UND ES BEWEGT SICH DOCH

Selbst am scheinbar ewig unwandelbaren Firmament von Bordeaux hat sich seit den 50er Jahren eine neue Konstellation ergeben: Sie stellt sich dar in dem Imperium (man kann es nicht anders nennen) von Jean-Pierre Moueix, einem Kaufmann in Libourne, der mit großem Elan den Status von St-Emilion und Pomerol (wo er an Château Pétrus beteiligt ist) erstmals in der Geschichte auf die Stufe gehoben hat, auf der das Médoc steht.

In den 30er Jahren erkannte Moueix insbesondere das Potential des Pomerol. Als vorteilhaft für diesen Wein nennt er realistisch seine frühe Trinkreife bei verführerischer Fülle und die leichtere Faßbarkeit der Herkunft im Vergleich mit dem Gewirr von Gemeindenamen und Klassifikationen, die im Médoc jeden Neuling vor die größten Rätsel stellen. Er und seine Söhne begannen in den Jahren der Weltwirtschaftskrise, mit einem Koffer voller Proben den traditionellen begrenzten Markt in Nordfrankreich und Belgien zu bereisen, und eroberten sich dann nach und nach die wichtigsten Märkte der Welt. Für ein Dutzend Weingüter in den beiden Regionen ist das Haus Moueix als Besitzer, Teilhaber oder Verwalter verantwortlich und hat den Vertrieb für viele andere inne.

sich selbst die Gesetze. Nun war es eine Sache, im nationalen Rahmen mit allgemein gefaßten Bestimmungen zugunsten der Reinheit und gegen die Verfälschung zu wirken, wie es in Deutschland 1901 und in Frankreich 1905 geschah, doch etwas ganz anderes, die örtlichen Traditionen in den Rahmen eines Gesetzes pressen zu wollen.

In Frankreich entwickelten sich die Appellations im Lauf von 30 Jahren zu einem klar detaillierten System. Deutschland war in der Zeit um einiges voraus, doch gingen hier die Ambitionen nicht so weit. Das Weingesetz von 1930 bedurfte deshalb ständiger Klärung und Überarbeitung. Sonst wurde nur in Portugal in den 30er Jahren einigen historischen Weinbaugebieten ein «selo de origen» erteilt. In Italien und Spanien geschah weiter nichts, nur die Erzeuger der bekanntesten Weine schlossen sich zu Verbänden zusammen, um ihren guten Namen zu verteidigen und zu fördern, in Spanien vor allem in Rioja (1926) und in Jerez (1933); in Italien war natürlich Chianti der Testfall.

Die Regierung in Rom ließ sich nicht dazu herbei, exakte Grenzen festzulegen, sondern war lediglich bereit, die «besonderen und dauerhaften Charakteristiken», die dem Chianti eigen sein müssen, gesetzlich zu verankern. Die Erzeuger in der Kernzone zwischen Florenz und Siena nahmen die Sache schließlich in die eigene Hand und gründeten 1924 das Consorzio del Vino Chianti Classico mit einem schwarzen Hahn als Wappentier. Drei Jahre später folgten die Nachbarn im Norden mit einem ähnlichen Consorzio, das einen Putto als Kennzeichen führt.

Im übrigen Italien herrschte bis 1963 völlige Anarchie. Dann erst machte sich die Regierung an die herkulische Arbeit, zunächst einmal die Namen – ganz zu schweigen von den Statuten – für das Labyrinth von «traditionellen» Weinen zu vereinbaren. 25 Jahre danach war diese Aufgabe noch nicht zu Ende gebracht und wird es wahrscheinlich auch nie werden. Es mag hier und dort noch zehn Jahre dauern, bis nur eine Einigung zwischen Nachbarn erreicht ist; der Kampf mit der Bürokratie nimmt nochmals fünf Jahre in Anspruch – und inzwischen geht die Entwicklung weiter. Italien weist heute über 220 Bereiche mit einer Denominazione di Origine Controllata (D.O.C.) auf, in denen vorgeschrieben ist, wieviel Wein mit welchem Alkoholgehalt aus welchen Quantitäten an welchen Rebsorten innerhalb welcher Grenzen entstehen darf, damit er den jeweilgen geschützten Namen führen kann. Die Vorschriften beinhalten aber auch etwas, was in den französischen Appellations Contrôlées nie versucht worden ist, nämlich eine exakte Beschreibung dessen, was der Käufer in jedem einzelnen Fall erwarten darf, nämlich eben die «besonderen und dauerhaften Charakteristiken» eines Weins in Farbe, Geruch und Geschmack.

Es war Italiens Missgeschick, dass es diese Arbeit entweder zu spät oder aber zu früh in Angriff genommen hat, auf jeden Fall aber in einem Augenblick, als «Tradition» in einer sich rasch wandelnden Welt bei weitem nicht hoch im Kurs stand. Die Konzeption der D.O.C. setzt als gegeben voraus, daß die in einer bestimmten Gegend in der jüngeren Vergangenheit produzierten Weine das Beste darstellen, was dort entstehen kann. Dadurch wird lediglich der Status quo eingefroren. Die Spitzenerzeuger Italiens legen zwar Lippenbekenntnisse für das Gesetz ab, doch ihre besten Weine gestalten sie außerhalb seiner Bestimmungen. Warum, so argumentieren sie, soll man sich an das Kleingedruckte halten, nur um sich für die Bezeichnung eines traditionellen Weins zu qualifizieren, wenn die Tradition doch sowieso wenig gefragt oder geachtet ist? Mindestens die Hälfte der besten Weine Italiens werden heute von ihren eigenen Erzeugern bewußt in die bescheidenste Klasse «Vino da tavola» – eingereiht.

Es war (und ist) das Dilemma Italiens, Spaniens und Portugals, daß sie, wenn sie ihren eigenen Traditionen folgen, ihre eigenen Gesetze beachten und den großen Appetit der Welt auf Traubensorten mit bekannten Namen ignorieren, das Risiko eingehen,

DIE ALTE WELT HOLT NEUEN SCHWUNG

als Erzeuger regionaler Spezialitäten abqualifiziert zu werden. Ebensogroß aber ist das Risiko, daß sie ihre historische Identität verlieren, wenn sie sich an die Neue Welt mit immer weiteren Versionen von Weinen anhängen, die im Ursprung französisch sind.

In Italien und Spanien entstehen Chardonnays und Cabernets, die es mit den besten dieser Art aus Kalifornien aufnehmen können. Angelo Gajas Chardonnays aus dem Piemont und der brillante Sassicaia von der Küste der Toskana lassen daran keinen Zweifel. Dasselbe gilt für die Weine von Torres, die in Katalonien eine Revolution gebracht haben. Welche Tragödie aber wäre es, wenn nichts mehr weiter geschähe und alle die alten Alternativen, die auf die Kolonisatoren aus Griechenland oder Phönikien zurückgehenden Rebsorten einfach wegfallen würden! Auf lange Sicht aber wäre das Ziel, die *crème de la crème* der einheimischen Rebsorten aufzuspüren, heranzuzüchten und zu vervollkommen. So schuf im vergangenen Jahrhundert Murrieta den einzigartigen Rioja-Stil und Biondi-Santi den Brunello di Montalcino. Zweck und Aufgabe von Castello Banfi ist es heute, den noch immer raren Brunello in ausreichender Menge zu erzeugen.

Jede geschichtliche Entwicklung hat ihre eigenen großen Gestalten. Miguel Torres, Vater und Sohn, haben seit den 40er Jahren einen revolutionären Wandel im Wein Kataloniens bewirkt.

EIN KLARES ERSCHEINUNGSBILD IST DAS GEHEIMNIS DES ERFOLGS. Die Zukunft gehört Weinen mit unverwechselbarem, einprägsamem Aroma. Der deutsche Wein begann in den 70er Jahren beim Publikum ernstlich an Ansehen einzubüßen, als sein klar definierter Charakter sich verwischte.

Durch das radikale neue Weingesetz von 1971 geriet die Qualitätskontrolle in die Untiefen des politischen Buhlens um die Wählergunst: Die Mindestanforderungen an den Reifegrad wurden gesenkt, um es den Winzern bequemer zu machen. Wo Spät- und Auslesen einst einen risikobehafteten Anreiz für Ausdauer und Wagemut bildeten, wurde ihr Kurswert herabgesetzt, um sie für jedermann zugänglich zu machen. Unglücklicherweise mußte nun der Riesling dem Müller-Thurgau weichen, weil die Winzer nach leichter zu kultivierenden Reben Ausschau hielten. Zwar errang sich

---

NEUE «TRADITIONEN»

Auf der Suche nach Weinen, die allgemeine Popularität erlangen sollten, zeigten Portugal und Italien, was durch unkonventionelle Auslegung alter Traditionen erreicht werden kann. Der Mateus Rosé der 50er Jahre war dem portugiesischen *Vinho verde* frei nachempfunden. Ihn einen Ribadavia unserer Zeit nennen zu wollen, wäre übertrieben, doch die Idee eines leichten, spritzigen Weins (allerdings nicht mit solcher Süße) hat echte ethnische Wurzeln. Der in Amerika so beliebte Lambrusco stellt – außer in Zuverlässigkeit und Qualitätskontrolle – nur eine geringe Abwandlung der Traditionen in der Poebene dar. Die Konzeption des fröhlich perlenden, lieblichen Rotweins ist jedoch voll und ganz italienisch.

Deutschland, indem es das hohe Niveau aufgab, einen neuen Exportmarkt, jedoch nur für lieblichen, dünnen Wein zu billigem Preis.

Zum Glück haben die deutschen Weinfreunde keinen Appetit auf Zuckerwasser und verlangen Wein, der so ausgeprägt und trocken ist wie einst. Um den alten vollmundigen Geschmack und die große Haltbarkeit wiederzufinden, die dem Rheinwein die Bewunderung unserer Vorfahren eintrug, muß sich der Winzer freilich mit einem sehr viel kleineren Ertrag zufriedengeben, doch zum Ausgleich kann er einen weit höheren Preis dafür verlangen. Wo die nationalen Weingesetze versagt haben, kehren örtliche Zusammenschlüsse zum alten Selbsthilfemodell zurück. Im Rheingau beispielsweise verhilft ein Verband namens Charta wieder der alten Wahrheit zum Durchbruch, daß sich Qualität nicht verordnen läßt – jeder muß sie von sich selbst verlangen.

Am Ende entscheidet wiederum der Markt, und die Botschaft, die von ihm heute ausgeht, ist unmißverständlich: Die Tage der Anonymen sind gezählt. Am deutlichsten tritt dies in solchen Ländern zutage, die – mit Italien und Frankreich an der Spitze – von jeher an den Wein als Alltagsgetränk gewöhnt sind. Dort weicht Quantität rasch der Qualität. Der Durchschnittsfranzose gibt heute doppelt soviel wie vor 20 Jahren für die halbe Quantität an Wein aus. (Er ist freilich auch Autofahrer.) Da heute der Wein besser bereitet und im Geschmack kräftiger ist, hat man an kleinerer Menge ebensoviel Genuß wie früher. Die wachsenden Ambitionen im Languedoc und die zunehmend besseren Produkte aus den dortigen Bergen, aus denen der Wein vor noch nicht allzulanger Zeit verschwunden war, bilden die eindeutigsten Signale für die Veränderung. In den Supermärkten wird der anonyme *vin ordinaire* immer mehr vom *vin de pays* verdrängt, der echten Lokalcharakter aus bestimmten, wenn auch weniger bekannten Traubensorten und Regionen repräsentiert – manchem steht vielleicht eine Zukunft als Appellation Contrôlée bevor.

Dieselbe Botschaft signalisieren aber auch solche Länder, in denen der Weinverbrauch noch relativ gering ist, sich etwa in den letzten zehn Jahren jedoch verdoppelt hat. Dort gewöhnte man sich an den Wein zunächst seit den 50er Jahren mit milden, einheitlichen Verschnitten: Mateus und Lancers, jugoslawischem Riesling oder Liebfraumilch. Heute gelten diese als Einstieg für Neulinge, die sich bald besseren (weil individuelleren) Weinen zuwenden werden.

Wer heute zum Essen ausgeht, verlangt eine unendlich reichere Auswahl als je zuvor – sogar in Japan, dem jüngsten Neuzugang in der Weinwirtschaft. In den 80er Jahren lernten die Japaner neutrale Verschnittweine kennen, die im Tank importiert und mit dem Aufdruck «made in Japan» versehen wurden. Schaut man zu, wie die Ansprüche des japanischen Weintrinkers wachsen, dann meint man, einen Film im Zeitraffertempo zu sehen. Heute gehören den Japanern Châteaux in Bordeaux und Weinbaubetriebe in Kalifornien, morgen wird echter japanischer Chardonnay den internationalen Wettbewerb bereichern.

DIE UNGEBROCHENE LEBENSKRAFT DER WELT DES WEINS ist es, was als Botschaft am Ende dieses Buches steht. Wein ist Gegenstand weltweiten Interesses, scharfen Wettbewerbs und Vergleichs geworden – ein Wirtschaftszweig, der in mancher Hinsicht der Mode ähnelt, allerdings mit dem Unterschied, daß bei allem Glanz und Flitter seines Marktprestiges seine Wurzeln tief in der Erde stecken.

Man darf nie vergessen, daß Wein ein Wunder der Natur ist und daß er in seiner 10 000jährigen Partnerschaft mit dem Menschen jenes Element des Mysteriums, jene selbständige Lebendigkeit nicht eingebüßt hat, um derentwillen der Mensch ihn allein unter allen seinen Nahrungsmitteln als göttlich empfindet.

Bauer und Künstler, Arbeitstier und Phantast, Hedonist und Masochist, Alchimist und Buchhalter – alles das ist der Winzer schon seit der Sintflut.

BIBLIOGRAPHIE

KAPITEL 1
(ALLGEMEINES)
AMERINE, M. A. UND SINGLETON, V. L. Wine (1976, Davis)
BARRACLOUGH, G. (Hrsg.) The Times Atlas of World History (1978, London)
CARTER, E. H. UND MEARS, R. A. F The History of Britain (1948, Oxford); Concise Dictionary of National Biography Vol. I bis 1900 (1903, Oxford)
JOHNSON, H. Der kleine Johnson für Weinkenner (jährlich aktualisiert, Bern)
JOHNSON, H. Der große Johnson (3. Aufl. 1989, Bern)
JOHNSON, H. Der große Weinatlas (21. Aufl. 1989, Bern)
NOUVEAU PETIT LAROUSSE ILLUSTRE 16. Aufl. (1953, Paris)
PALMER, A. Penguin Dictionary of Modern History 1789–1945 (1981, London)
PEYNAUD, E. Le goût du vin (1983, Paris)
ROBINSON, J. Reben, Trauben, Weine (1987, Bern)
SCHOONMAKER, F. Das Wein-Lexikon (1978, Frankfurt a. M.)
SCHUSTER, M. Der Weinkenner. Eine praktische Wein- und Degustationskunde (1990, Bern)
WAGNER, P. Grapes into Wine (1974, New York)
WILLIAMS, E. N. The Penguin Dictionary of English and European History 1485–1789 (1980, London)

KAPITEL 2
CHARDIN, SIR J. Travels into Persia and the East Indies through the Black Sea and the Country of Colchis (1686, London)
CHARPENTIER, L. Le mystère du vin (1981, Paris)
DRAGADZE, T. Banqueting in Soviet Georgia, Dissertation, St. Anthony's College, Oxford
THE NEW ENCYCLOPAEDIA BRITANNICA 15. Aufl. (1983, Chicago)
ENCYCLOPAEDIA JUDAICA (1972, Jerusalem)
HYAMS, E. Dionysus: A Social History of the Wine Vine (1965, London)
LANG, D. M. Armenia: Cradle of Civilization (1970, London); The Georgians (1966, London)
LAUFER, B. Chinese Contributions to the History of Civilization in Ancient Iran: the Grape-Vine, in *Sino-Iranica* (1919, Chicago)
LEONARD, W. E. Gilgamesh: Epic of Old Babylonia (1934, New York)
MACLEAN, F. To Caucasus (1976, London)
MELLAART, J. The Neolithic of the Near East (1975, London)
RAMISHVILI, R. New Archaeological Evidence on the History of Viniculture in Georgia, in *Matsne* No. 2 (1983, Tbilisi)
VIN ET CIVILISATIONS Centre international de liaison des organismes de propagande en faveur des produits de la vigne (1983, Paris, Turin)

KAPITEL 3
BASS, G. F. Oldest Known Shipwreck Reveals Splendours of the Bronze Age, in *National Geographic* (Dez. 1987)
DARBY, W. J. Food: the Gift of Osiris (1977, London)
FINET, A. L'Euphrate, route commerciale de la Mésopotamic, in *Annales archéologiques arabes syriennes (1969)*
HERODOT The Histories of Herodotus of Halicarnassus, übersetzt von Harry Carter (1962, London)
LESKO, L. H. King Tut's Wine Cellar (1977, Berkeley)
LUTZ, H. F. Viticulture and Brewing in the Ancient Orient (1922, Leipzig)
MACQUEEN, J. G. The Hittites and their Contemporaries in Asia Minor (1986, London)
MONTET, P. Les scènes de la vie privée dans les tombeaux égyptiens de l'Ancien Empire (1925, Strasbourg)
POLANYI, K. (Hrsg.) Trade and Market in the Early Empires (1963, Glencoe)
SMITH, J. M. P. The Origin and History of Hebrew Law (1931, Chicago)
YOUNGER Gods, Men and Wine (1966, London)

KAPITEL 4
BOARDMAN, J. The Greeks Overseas (1980, London)
BILLIARD, R. La vigne dans l'antiquité (1913, Lyon)
FRASER, P. Ptolemaic Alexandria (1972, Oxford)
HAMMOND, N. G. L. UND SCULLARD, H. H. (Hrsg.) The Oxford Classical Dictionary (1979, Oxford)
JOFFROY, R. La tombe princière de Vix (1983, Châtillon sur Seine)
LUCIA, S. P. A History of Wine as Therapy (1963, New York)
RENFREW, C. The Emergence of Civilisation (1972, London)
SPARKES, B. A. Kottabos, in *Archaeology* (1960)
STANISLAWSKI, D. Dark Age Contributions to the Mediterranean Way of Life, in *Annals of the Association of American Geographers* (1973)
VICKERS, M. Greek Symposia (1978, London)
WARNER ALLEN, H. A History of Wine (1961, London)

KAPITEL 5
DODDS, E. R. The Greeks and the Irrational (1951, Berkeley)
EVANS, A. The God of Ecstasy: Sex Roles and the Madness of Dionysus (1988, New York)
FARNELL, L. R. Cults of the Greek States (1896–1909, Oxford)
GRAVES, R. Greek Myths (1958, London)
HAGENOW, G. Aus dem Weingarten der Antike (1982, Mainz)
HAMDORF, F. W. Dionysos Bacchus (1986, München)
JOHNS, C. Sex or Symbol: Erotic Images of Greece and Rome (1982, London)
KERENYI, C. The Gods of the Greeks (1958, London); Dionysus (1977, London)
LEVI, P. A History of Greek Literature (1985, London)
MCDONALD, A. H. Rome and the Italian Federation 200-186 BC, in *Journal of Roman Studies* (1944)
NILSSON, M. P. The Dionysiac Mysteries of the Hellenistic and Roman Age (1957, Lund)
PARKE, H. W. Festivals of the Athenians (1977, London)
RUCK, C. A. P. The Wild an the Cultivated: Wine in Euripides' Bacchae, in *Journal of Ethno-Pharmacology* (1985)
STANISLAWSKI, D. Dionysus Westward: Early Religion and the Economic Geography of Wine, in *The Geographical Review* (Okt. 1975)

KAPITEL 6
ANDRE, J. L'alimentation et la cuisine à Rome (1981, Paris)
BOULOUMIE, B. Le vin étrusque et la première hellénisation du midi de la Gaule, in *Revue archéologique de l'est et du centre-est* (1981)
CHASTAGNOL, A. A Wine Scandal During the Late Empire, in *Annales ESC* (1970)
CHILVER Cisalpine Gaul (1944, Oxford)
DEISS, J. Herculaneum (1968, London)
DUNCAN JONES, R. The Economy of the Roman Empire (1982, Cambridge)
ETIENNE, R. La vie quotidienne à Pompeii (1966, Paris)
GALEN De antidotis
LEVICK B. Domitian and the Provinces, in *Latomus* (1982)
PEYRE, C. La Gaule cisalpine du IIIe au Ier siècle avant J-C (1979, Paris)
PLINIUS Naturalis historia, Buch XIV, übersetzt von H. Rackham (1938, London)
PURCELL, N. Wine and Wealth in Ancient Italy, in Journal of Roman Studies (1986)
SCARBOROUGH, J. Galen and the Gladiators, in *Episteme* (Jan.–März 1971)
TCHERNIA, A. Le vin de l'Italie romaine. Essai d'histoire économique d'après les amphores (1986, Rom)
WHITE, K. D. Roman Farming (1970, London)

KAPITEL 7
CORBLET, J. Histoire du sacrament de l'eucharistie (1885, Paris)
DROWER, E. S. Water into Wine (1956, London)
ENCYCLOPAEDIA JUDAICA (1972, Jerusalem)
JOHNSON, P. A History of Christianity (1976, London)
THOMAS VON AQUIN Summa theologica, 3, Treatise on the Sacraments, Vol. 18/19 (1928/1932, London)

BIBLIOGRAFIE

WILKEN, R. The Christians as the Romans Saw Them (1984, New Haven)
YERKES, R. K. Sacrifice in Greek and Roman Religions and Early Judaism (1953, London)

KAPITEL 8
BARTY-KING, H. Tradition of English Wine (1977, Oxford)
DION, R. Histoire de la vigne et du vin en France (1959, Paris)
ETIENNE, R. Bordeaux antique (1962, Bordeaux). Note à propos du vignoble hispano-romain de Bétique, in *Geographie historique des vignobles* (ed A. Huetz de Lemps) (1978, Paris)
FORGEOT, P. Origines du vignoble bourguignon (1972, Paris)
GALTIER, G. La création du vignoble languedocien, in *Cahiers ligures de préhistoire et d'archéologie* (1959)
GADILLE, R. Le vignoble de la côte bourguignonne (1967, Paris)
HUETZ DE LEMPS, A. Vignobles et vins du nord-ouest de l'Espagne (1967, Bordeaux)
HUTCHINSON, V. J. Bacchus in Roman Britain (1986, Oxford)
ISNARD, H. La vigne en Algérie (1955, Gap)
DE KERDELAND, J. Histoire des vins de France (1964, Paris)
PEACOCK, D. P. S. The Rhine and the Problem of Gaulish Wine in Roman Britain, in *Roman Shipping and Trade* (Hrsg.: H. Cleere) (1978, London)
PIGGOTT, S. (Hrsg.) France Before the Romans (1974, London)
READ, J. Wines of the Rioja (1984, London)
ROUPNEL, G. Histoire de la campagne française (1932, Paris)
SEALEY, P. UND DAVIES, G. M. Falernum in Colchester, in *Britannia* (1984)
STANISLAWSKI, D. Landscapes of Bacchus (1970, Austin, Texas)
TCHERNIA, A. Italian Wine in Gaul at the End of the Republic, in *Trade in the Ancient Economy* (Hrsg.: P. Garnsey, C. R. Whittaker und K. Hopkins) (1983, London)
TERNES, C. M. La vie quotidienne en Rhénanie à l'époque romaine, 1er-4e siècle (1972, Paris)
THEVENOT, C. Histoire de la Bourgogne ancienne (1981, Dijon)
TORRES, M. The Distinctive Wines of Catalonia (1986, Barcelona)
WILLIAMS, D. A Consideration of the Sub-Fossil Remains of Vitis-vinifera, as Evidence for Viticulture in Roman Britain, in *Britannia* (1977)

KAPITEL 9
BOWEN, J. C. E. Poems from the Persian (1948, Essex)
CHARDIN, SIR J. Travels into Persia and the East Indies through the Black Sea and the Country of Colchis (1686, London)
HAMIDULLAH, M. Introduction to Islam (1980, Luton)
HEINE, P. Weinstudien: Untersuchung zu Anbau, Produktion und Konsum des Weins im arabisch-islamischen Mittelalter (1982, Wiesbaden)
KHAYYAM, O. Rubaiyat, übersetzt von E. Fitzgerald (1868, London)
THE KORAN übersetzt von N. J. Dawood (1974, London)
LUCIA, S. P. A History of Wine as Therapy (1963, New York)
NESTOR THE ANNALIST The Russian Primary Chronicle Laurentian Text übersetzt von S. H. Cross und O. P. Sherbowitz-Wetzor (1953, Cambridge, Mass)
PLANHOL, X. Une rencontre de l'Europe et de l'Iran. Le vin de Shiraz, in *Iran* (ed D. Boidanovic et J. L. Bacque-Grammont) (1972, Paris); Le vin de l'Afghanistan et de l'Himalaya occidental, in *Revue géographique de l'est* (1977); Le monde islamique (1957, Paris); Notes sur la géographie des spiritueux dans l'islam, in *Eaux-de-Vie et spiritueux* (ed A. Huetz de Lemps et P. Roudie) (1985, Paris)
RICE, D. S. Deacon or Drink? Some Paintings from Samarra Re-Examined, in *Arabica* (1958)
VOLKOFF, V. Vladimir the Russian Viking (1984, London)
WILLIAMS, J. A. Themes of Islamic Civilisation (1971, Berkeley)

KAPITEL 10
AMBROSI, H. UND BECKER, H. Der deutsche Wein (1978, München)
ARNZT, H. Aus der Geschichte des deutschen Weinhandels (1964, Wiesbaden)
BASSERMANN-JORDAN, F. Geschichte des Weinbaus unter besonderer Berücksichtigung der bayerischen Rheinpfalz (1907, Frankfurt)
BONAL, F. Le livre d'or du champagne (1984, Lausanne)
DION, R. Histoire de la vigne et du vin en France (1959, Paris)
DUBY, G. L'économie rurale et la vie des campagnes dans l'occident médiéval (1962, Paris)

FREEDEN, M. H. Festung Marienberg (1982, Würzburg)
HALKIN, J. Etude historique sur la culture de la vigne en Belgique (1895, Liège)
HIMLY, F. L'exportation du vin alsacien en Europe au moyen-âge, in *Revue d'Alsace* (1949)
LACHIVER, M. Vins, vignes et vignerons (1988, Paris)
LANGENBACH, A. German Wines and Vines (1962, London)
RICHE, P. La vie quotidienne dans l'empire carolingien (1973, Paris)
SCHAEFER, A. Die alte Rheingauer Freiheit (1973, Wiesbaden)
SCHREIBER, G. Deutsche Weingeschichte (1980, Bonn)
SIMON, A. L. The History of the Wine Trade in England (1906-9, London)
VANDYKE PRICE, P. Alsace Wines (1984, London)
WADDELL, H. Medieval Latin Lyrics (1929, London)
WARNER ALLEN, H. A History of Wine (1961, London)
WEINHOLD, R. Vivat Bacchus (1978, Watford)
WOLFF, C. Riquewihr – son vignoble et ses vins à travers les âges (1967, Ingersheim)

KAPITEL 11
DE CRESCENTIIS, P. Liber ruralium commodorum (1471-85)
DION, R. Histoire de la vigne et du vin en France (1959, Paris)
GRACIA, J. J. E. Rules and Regulations for Drinking Wine in Frances Eiximenis' *Terc del Crestis* (1384), in *Traditio* (1976)
HERON, A. Œuvres de Henri d'Andeli (1881, Rouen)
LACHIVER, M. Vins, vignes et vignerons (1988, Paris)
LUCIA, S. P. A History of Wine as Therapy (1963, New York)
RENOUARD, Y. Le vin vieux au moyen-âge, in *Annales du midi* (1964)
DE SERRES, O. Le théâtre d'agriculture et le mesnage des champs (1804, Paris)
SIGERIST, H. E. The Earliest Printed Book on Wine (1943) The History of Wine: Sulphorous Acid – used in wineries for 500 years, in *German Wine Review* No. 2 (1986, Neustadt an der Weinstraße)

KAPITEL 12
AMBROSI, H. Das Weinkloster Eberbach im Rheingau (1988, Eltville)
BAZIN, J.-F. Le Clos de Vougeot (1987, Paris)
BERLOW, R. K. The Disloyal Grape: the Agrarian Crisis of Late 14th-Century Burgundy, in *Agricultural History* (1982)
BOURASSIN, E. Les ducs de Bourgogne (1985, Paris)
DION, R. Histoire de la vigne et du vin en France (1959, Paris)
DUMAY, R. (ed) Le vin de Bourgogne (1976, Paris)
GADILLE, R. Le vignoble de la côte bourguignonne (1967, Paris)
LACHIVER, M. Vin, vignes et vignerons (1988, Paris)
LANDRIEU-LUSIGNY, M.-H. Les lieux-dits dans le vignoble bourguignon (1983, Marseille)
LEBEAU, M. Abrégé chronologique de l'histoire de Cîteaux (1980, Nuits-Saint-Georges); Essai sur les vignes de Cîteaux des origines à 1789 (1986, Dijon)
PRO RIESLING: Verein zur Förderung der Rieslingkultur *Der Riesling und seine Weine* (1986, Trier)
RENOUARD, Y. La consommation des grands vins du Bourbonnais et de Bourgogne à la cour pontificale d'Avignon, in *Annales de Bourgogne* (1982)
SCHREIBER, G. Deutsche Weingeschichte (1980, Bonn)
SEWARD, D. Monks and Wine (1979, London)

KAPITEL 13
BARTY-KING, H. Tradition of English Wine (1977, London)
CRAWFORD, A. A History of the Vintners' Company (1977, London)
DION, R. La création du vignoble bordelais (1952, Anger)
ENJALBERT, H. Great Bordeaux Wines: St-Emilion, Pomerol and Fronsac (1985, Paris)
HARDING, V. The Port of London in the 14th Century: its Topography, Administration and Trade (1983, St. Andrews)
HIGOUNET, C. Cologne et Bordeaux – marchés du vin au moyen-âge, in *Revue historique de Bordeaux* (1968)
JAMES, M. K. Studies in the Medieval Wine Trade (1971, Oxford)
MARQUETTE, J. B. La vinification dans les domaines de l'archevêché de Bordeaux à la fin du moyen-âge, in *Géographie historique des vignobles* (ed A. Huetz de Lemps) (1978)
PENNING-ROWSELL, E. The Wines of Bordeaux (1969, London)
PIJASSOU, R. Un grand vignoble de qualité: le Médoc (1980, Paris)
PLATT, C. Medieval Southampton (1973, London)
RENOUARD, Y. Les conséquences de la conquête de la Guienne par le roi de France pour le commerce des vins de Gascogne, in *Etudes d'histoire médiévale* (1968)
SIMON, A. L. The History of the Wine Trade in England (1906-9, London)

BIBLIOGRAFIE

KAPITEL 14
BAYNES, N. H. UND MOSS, H. Byzantium (1948, Oxford)
BRAUDEL, F. The Mediterranean and the Mediterranean World in the Age of Philip II (1972, London); Civilisation and Capitalism, Vol. III, *Perspective of the World* (1984, London)
DION, R. Histoire de la vigne et du vin en France (1959, Paris)
FRANCIS, A. D. The Wine Trade (1972, London)
HARDING, V. The Port of London in the 14th Century: its Topography, Administration and Trade (1983, St. Andrews)
NEWETT, M. M. Canon Pietro Casola's Pilgrimage to Jerusalem in the Year 1494 (1907, Manchester)
PRAWER, J. Colonisation Activities in the Latin Kingdom of Jerusalem, in *Revue belge de philologie et d'histoire* (1951)
RICHARD, J. Croisés, missionnaires et voyageurs (1983, London)
SIMON, A. L. The History of the Wine Trade in England (1906-9, London)

KAPITEL 15
ADAMS, L. D. The Wines of America (1985, New York)
BENNASSAR, B. Valladolid au siècle d'or (1967, Paris)
BETHELL, L. Cambridge History of Latin America, Vol. I (1984, Cambridge)
BRAUDEL, F. The Mediterranean and the Mediterranean World in the Age of Philip II (1972, London)
CHILDS, W. Anglo-Castilian Trade in the Later Middle Ages (1978, Manchester)
CUSHNER, N. P. Lords of the Land (1980, Albany NY)
FRANCIS, A. D. The Wine Trade (1972, London)
GUERRERO, R. Notes sur un vignoble vieux de quatre siècles: le Chili méditerranéen, in *Géographie historique des vignobles* (ed A. Huetz de Lemps)
HUETZ DE LEMPS, A. Vignobles et vins du nord-ouest de l'Espagne (1967, Bordeaux)
LIVERMORE, H. V. A New History of Portugal (1976, Cambridge)
LYNCH, J. Spain Under the Habsburgs, Vol. II, *Spain and America 1598 1700* (1981, Oxford)
MACKAY, A. Spain in the Middle Ages (1977, London)
O'CALLAGHAN A History of Medieval Spain (1975, Ithaca)
READ, J. Wines of Spain (1982, London); Wines of Portugal (1982, London)
SIMON, A. L. The History of the Wine Trade in England (1906-9, London)
STANISLAWSKI, D. Tabla de las Ordenanzas Nuevas Hechas por Valladolid Contenidas en Este Volumen (ins Engl. übersetzt von Maite Manjon)
TORRES, M. The Distinctive Wine of Catalonia (1986, Barcelona)
VASSBERG, D. Land and Society in Golden Age Castile (1984, Cambridge)

KAPITEL 16
CONNELL SMITH, G. Forerunners of Drake (1954, London)
GONZALEZ-GORDON, M. M. Sherry, the Noble Wine (1972, London)
JEFFS, J. Sherry (1982, London)
SIMON, A. L. The History of the Wine Trade in England (1906-9, London)
UDEN, G. Drake at Cadiz (1969, London)

KAPITEL 17
BRAUDEL, F. The Structures of Everyday Life (1981, London)
BRINDLEY, J. H. The History and Commerce of Coffee (1926, London)
DARBY, W. J. Wine and Medical Wisdom Through the Ages, in *Wine, Health and Society* (1982, San Francisco)
ELLIS, A. The Penny Universities (1956, London)
HARRISON, W. Description of England (1586)
MONTAIGNE, The Complete Works of Montaigne, Essays, Travel Journals, Letters (übersetzt von D. M. Frame) (1965, London)
REDI, F. Bacco in Toscana (übersetzt von Leigh Hunt) (1825, London)
WILBRAHAM, A. The Englishman's Food (1957, London)

KAPITEL 18
CRAWFORD, D. Journals of Sir John Lauder, Lord Fountainhall (1900, Edingburgh)
DELAMAIN, R. Histoire du cognac (1935, Paris)
DION, R. Histoire de la vigne et du vin en France (1959, Paris)
ENJALBERT, H. Aux origines du cognac, in *Eaux-de-vie et spiritueux* (ed A. Huetz de Lemps et P. Roudie) (1985, Paris)
FAITH, N. Cognac und Weinbrand (1988, Bern)
LACHIVER, M. Vins, vignes et vignerons (1988, Paris)
MCNULTY, R. H. Common Beverage Bottles, Their Production, Use and Forms in Seventeenth and Eighteenth Century Netherlands, in *Journal of Glass Studies*, XIII (1971)
PIJASSOU, R. Un grand vignoble de qualité: le Médoc (1980, Paris)

SCHAMA, S. The Embarrassment of Riches (1987, London)
ZUMTHOR, P. Daily Life in Rembrandt's Holland (1962, London)

KAPITEL 19
BARRELET, J. La verrerie en France de l'Epoque galloromaine à nos-jours (1954, Paris)
CHARLESTON, R. J. English Glass and the Glass Used in England circa 400-1940 (1984, London)
DUMBRELL, R. Understanding Antique Wine Bottles (1983, Woodbridge, Suffolk)
GODFREY, E. S. The Development of English Glassmaking 1560-1640 (1975, Oxford)
HARRISON, W. Description of England (1586)
KLEIN, D. UND LLOYD, W. The History of Glass (1984, London)
MCKEARIN, H. Notes on Stopping, Bottling and Binning, in *Journal of Glass Studies* (1971)
MCNULTY, R. H. Common Beverage Bottles, Their Production, Use and Forms in Seventeenth and Eighteenth Century Netherlands, in *Journal of Glass Studies*, XIII (1971)
MARIACHER Italian Blown Glass from Ancient Rome to Venice (1961, London)
PETERSSON, R. T. Sir Kenelm Digby: The Ornament of England (1956, London)
RUGGLES-BRISE, S. M. E. Sealed Bottles (1949, London)

KAPITEL 20
DION, R. Histoire de la vigne et du vin en France (1959, Paris)
ENJALBERT, H. Comment naissent les grands crus: bordeaux, porto, cognac, in *Annales E. S. C.* (1953)
FRANCIS, A. D. The Wine Trade (1972, London)
GINESTET, B. Margaux (1984, Paris)
HIGOUNET, C. La seigneurie et le vignoble de château Latour (1974, Bordeaux); Histoire de Bordeaux (1980, Toulouse)
HUETZ DE LEMPS, A. Géographie du commerce de Bordeaux à la fin du règne de Louis XIV (1975, Paris); Le commerce maritime des vins d'Aquitaine de 1698 à 1716, in *Revue historique de Bordeaux* (1965)
LOUGH, J. (Hrsg.) Locke's Travels in France 1675-9 (1953, Cambridge)
MASSE, P. Le dessèchement des marais du Bas-Médoc, in *Revue historique de Bordeaux* (1957)
PIJASSOU, R. Un grand vignoble de qualité: le Médoc (1980, Paris)
ROBERTS, L. The Mechants' Mappe of Commerce (1638, Amsterdam)

KAPITEL 21
BONAL, F. Le livre d'or de champagne (1984, Lausanne)
DION, R. Histoire de la vigne et du vin en France (1959, Paris)
DUMAY, R. La mort du vin (1976, Paris); (Hrsg.) Le vin de Champagne (1977, Paris)
FAITH, N. The Story of Champagne (1988, Paris)
FORBES, P. Champagne (1967, London)
GANDILHON, R. Naissance du champagne (1968, Paris)
LACHIVER, M. Vins, vignes et vignerons (1988, Paris)
NOLLEVALLE, J. Aÿ en Champagne: un bourg viticole à la fin de l'Ancien Régime (1984, Aÿ)
RHODES, A. Princes of the Grape (1975, London)
SIMON, A. The History of Champagne (1962, London)
SPALATIN, K. Saint-Evremond (1934, Zagreb)
STEVENSON, T. Champagne (1986, London)

KAPITEL 22
AMES, R. The Search After Claret (1691, London)
BRADFORD, S. The Story of Port, the Englishman's Wine (1983, London)
ENJALBERT, H. Comment naissent les grand crus: bordeaux, porto, cognac, in *Annales E. S. C.* (1953)
FISHER, H. E. S. The Portugal Trade 1770-1770 (1971, London)
GUICHARD, F. UND ROUDIE, P. Vins, vignerons et coopérateurs (1985, Paris)
MACAULAY, R. They Came to Portugal (1946, London)
SIMON, A. Port (1934, London)
SMITH, J. A. Memoirs of the Marquis of Pombal (1843, London)

KAPITEL 23
GUNYON, R. E. H. The Wines of Central and South-Eastern Europe (1971, London)
HALASZ, Z. The Book of Hungarian Wines (1981, Budapest)
HENDERSON, A. The History of Ancient and Modern Wines (1824, London)
KOMOROCZY, G. Borkivitelünk Eszak Fele (1944, Kassa/Kosice)

SZABO, J. UND TÖRÖK, S. Album of the Tokay-Hegyalja (1867, Tokaj)
WELLMANN, I. Communautés de viticulteurs dans la Hongrie des XVIIe au XVIIIe siècles, in *La pensée* (1974)

KAPITEL 24

BURMAN, J. Wine of Constantia (1979, Cape Town)
DE JONGH, F. Encyclopaedia of South African Wine (1981, Durban)
JULLIEN, A. Topographie de tous les vignobles connus (1816, Paris)
KENCH, J., HANDS, P. UND HUGHES, D. The Complete Book of South African Wine (1983, Cape Town)
LEIPOLDT, C. L. Three Hundred Years of Cape Wine (1946, Cape Town)
SIMON, A. L. Bottlescrew Days (1926, London)

KAPITEL 25

COSSART, N. Madeira (1984, London)
DUNCAN, T. B. Atlantic Islands, Madeira, the Azores and the Cape Verdes in 17th-Century Commerce and Navigation (1972, Chicago)
FRANCIS, A. D. The Wine Trade (1972, London)
VIZETELLY, H. Facts About Port and Madeira (1880, London)
WEIR MITCHELL, S. A Madeira Party (1975, Sacramento)

KAPITEL 26

BUTEL, P. UND POUSSOU, J. P. La vie quotidienne à Bordeaux au XVIII siècle (1980, Paris)
DETHIER, J. (Hrsg.) Châteaux Bordeaux – Baukunst und Weinbau (1989, Bern)
ENJALBERT, H. Great Bordeaux Wines: St-Emilion, Pomerol and Fronsac (1985, Paris)
FAITH, N. The Winemasters (1978, London)
FORSTER, R. The Noble Wine Producers of the Bordelais in the Eighteenth Century, in *Economic History Review* (1961)
HIGOUNET, C. Histoire de Bordeaux (1980, Toulouse)
LACHIVER, M. Vins, vignes et vignerons (1988, Paris)
OLNEY, R. Yquem (1985, Paris)
PEPPERCORN, D. Frankreichs Weine – Bordeaux (1986, Bern)
PIJASSOU, R. Un grand vignoble de qualite: le Médoc (1980, Paris); Les grand régisseurs et la naissance des vins fins de Bordeaux, in *Etudes géographiques offerts à Louis Papy* (1978, Bordeaux)
REDEUILH Notes sur l'ancienneté de la méthode des vendanges tardives et des tries' en Sauternais, in *Vins et vignobles d'Aquitaine; Actes 20e Congres Fédération historique de sud-ouest* (1970, Bordeaux)
TREVILLE LAWRENCE, R. (Hrsg.) Jefferson and Wine (1989, Virginia)
YOUNG, A. Travels During the Years 1787, 1788 and 1789 (1792, Bury St. Edmunds)

KAPITEL 27

ARNOUX, C. Dissertation sur la situation de la Bourgogne (1728, London); New and Familiar Phrases and Dialogues in French and English (1761, London)
BAZIN, J.-F. Le Clos de Vougeot (1987, Paris)
COURTEPEE, C. UND BEGUILLET Description générale et particulière du duché de Bourgogne (1775–88, Dijon)
DÉLISSEY, J. UND PERRIAUX, L. Les courtiers-gourmets de la ville de Beaune (XVIe–XVIIIe siècle), in *Annales de Bourgogne* (1962)
DION, R. Histoire de la vigne et du vin en France (1959, Paris)
GADILLE, R. Le vignoble de la côte bourguignonne (1967, Paris)
LACHIVER, M. Vins, vignes et vignerons (1988, Paris)
RICHARD, J. Histoire de la Bourgogne (1978, Toulouse)

KAPITEL 28

BERGER, A. UND MAUREL, F. La viticulture et l'économie du Languedoc du XVIIe siècle à nos jours (1980, Montpellier)
CHARPENTIER, L. Le mystère du vin (1981, Paris)
DION, J. Histoire de la vigne et du vin en France (1959, Paris)
GALTIER, G. Le vignoble du Languedoc méditerranéen et du Roussilon (1960, Montpellier)
LACHIVER, M. Vins, vignes et vignerons (1988, Paris)
WOLFF, C. Riquewihr – son vignoble et ses vins à travers les âges (1976, Ingersheim)
YOUNG, A. Travels during the Years 1787, 1788 and 1789 (1792, Bury St. Edmunds)

KAPITEL 29

ARNZT, H. Aus der Geschichte des deutschen Weinhandels (1964, Wiesbaden)
BUSCH, J. Der Eberbacher Cabinetkeller 1730–1803 (1981, Wiesbaden)

CHRISTOFFEL, K. Durch die Zeiten strömt der Wein (1957, Hamburg)
TREVILLE LAWRENCE, R. (Hrsg.) Jefferson and Wine (1989, Virginia)
EISINGER, J. Lead and Wine: Eberhard Gockel and the Colica Pictonum, in *Medical History* (1982)
KALINKE, K. Der Rheingau, Weinkulturzentrum gestern, heute und morgen (1969, Wiesbaden)
PRO RIESLING: Verein zur Förderung der Rieslingkultur, *Der Riesling und seine Weine* (1986, Trier)
SCHREIBER, G. Deutsche Weingeschichte (1980, Bonn)
STAAB, J. Beiträge zur Geschichte des Rheingauer Weinbaus (1970, Wiesbaden)

KAPITEL 30

BAKER, C. H. C. The Life and Circumstances of James Brydges, First Duke of Chandos (1949, Oxford)
BARTY-KING, H. Tradition of English Wine (1977, Oxford)
BUTLER, R. UND WALKING, G. The Book of Wine Antiques (1986, Woodbridge, Suffolk)
CARTER, E. H. UND MEARS, R. A. F. The History of England (1948, Oxford)
HENDERSON, A. The History of Ancient and Modern Wines (1824, London)
HERVEY S. H. A. The Diary of John Hervey, First Earl of Bristol (1894)
HUGHES, W. The Compleat Vineyard (1670, London)
FRANCIS, A. D. The Wine Trade (1972, London)
KAY, B. UND MACLEAN, C. Knee Deep in Claret (1983, Edinburgh)
MENDELSOHN, O. Drinking with Pepys (1963, London)
MURDOCH, T. (Hrsg.) The Quiet Conquest (1985, London)
PLUMB, J. H. Sir Robert Walpole (1956, London); Men and Places (1963, London)
SALISBURY ARCHIVES Courtesy of the Marquess of Salisbury
SCOTT THOMPSON, G. Life in a Noble Household (1937, London)
SIMON, A. L. Bottlescrew Days (1926, London)
WEINREB, B. UND HIBBERT, C. The London Encyclopaedia (1983, London)
WILBRAHAM, A. The Englishman's Food (1957, London)

KAPITEL 31

BARRY, SIR E. Observations Historical, Critical and Medical on the Wines of the Ancients (1775, London)
CHAPTAL, J. A. Traité théorique et pratique sur la culture de la vigne (1801, Mailand)
FLOURENS, M. Eloge historique de Jean-Antoine Chaptal (1835, Paris)
FRANCIS, A. D. The Wine Trade (1972, London)
GABLER, J. Wine into Words (1985, Baltimore)
HENDERSON, A. The History of Ancient and Modern Wines (1824, London)
JULLIEN, A. Topographie de tous les vignobles connus (1816, Paris); Manuel du sommelier (1822, Paris)
LACHIVER, M. Vins, vignes et vignerons (1988, Paris)
LOEB, O. W. UND PRITTIE, T. Moselle (1972, London)
MACK, SMITH D. A History of Sicily: Modern Sicily After 1713 (1968, London)
REDDING, C. A History and Description of Modern Wines (1833, London)
RHODES, A. Princes of the Grape (1975, London)
DE SERRES, O. Le théâtre d'agriculture et le mesnage des champs (1804)
WYNNE-THOMAS R. J. L. Relics of the Marsala Wine Trade, in The Connoisseur (1975)
YOUNG, A. Travels During the Years 1787, 1788 and 1789 (1792, Bury St. Edmunds)

KAPITEL 32

BRADFORD, S. The Story of Port, the Englishman's Wine (1983, London)
BUSBY, J. Journal of a Tour Through Some of the Vineyards of Spain and France (1833, Sydney)
CRAWFORD, A. Bristol and the Wine Trade (1984, Bristol)
DELAFORCE, J. The Factory House at Oporto (1983, London)
FORRESTER, J. Proceedings at the Meeting Held at Pezoda-Regoa, 8th October 1844 (1844); Observations on the Attempts to Reform the Abuses Practised in Portugal in the Making and Treating of Port Wine (1845, Edinburgh)
FRANCIS, A. D. The Wine Trade (1972, London)
GONZALEZ BYASS & CO. LTD. Old Sherry (1935, London)
GONZALEZ-GORDON, M. M. Sherry, the Noble Wine (1972, London)
JEFFS, J. Sherry (1982, London)
JULLIEN, A. Topographie de tous les vignobles connus (1816, Paris)

BIBLIOGRAFIE

MACAULAY, R. They Came to Portugal (1946, London)
VOSS, R. Aperitif- und Dessertweine (1989, Bern)

KAPITEL 33
BONAL, F. Le livre d'or du champagne (1984, Lausanne)
DE CHIMAY, J. The Life and Times of Madame Veuve Clicquot Ponsardin (1961, Reims)
FORBES, P. Champagne (1967, London)
HENDERSON, A. The History of Ancient and Modern Wines (1824, London)
JULLIEN, A. Topographie de tous les vignobles connus (1816, Paris)
MACQUITTY, J. Champagner, Sekte, Schaumweine (1987, Bern)
REDDING, C. A History and Description of Modern Wines (1833, London)
SUTCLIFFE, S. Große Champagner (1989, Bern)
VIZETELLY, H. A History of Champagne (1882, London)

KAPITEL 34
BENWELL, W. S. Journey to Wine in Victoria (1960, Carlton)
BISHOP, G. C. Australian Wine-Making, the Roseworthy Influence (1988, Adelaide)
BUSBY, J. Journal of a Tour etc; Treatise on the Culture of the Vine (1825, Sydney); Manual for Vineyards and Making Wine (1830, Sydney)
HALLIDAY, J. The Australian Wine Companion (1985, Sydney)
HUGHES, R. The Fatal Shore (1987, London)
HYAMS, E. Dionysus: A Social History of the Wine Vine (1965, London)
LAKE, M. Classic Wines of Australia (1967, Melbourne)

KAPITEL 35
ADAMS, L. D. The Wines of America (1985, New York)
CAROSSO, V. The California Wine Industry 1830-1895 (1951, Berkeley)
DE TREVILLE LAWRENCE, R. (Hrsg.) Jefferson and Wine (1989, Virginia)
FEY CRONISE, T. The Natural Wealth of California (1868)
FREDERICKSEN, P. The Authentic Haraszthy Story, in Wines and Vines (1947)
HARASZTHY, A. Grape Culture, Wines and Winemaking (1862, New York)
JORE, L. Le bordelais Jean-Louis Vignes: pionnier de la viticulture en Californie, in Revue historique de Bordeaux (1959)
LAMBERT-GOCS, M. On the Trail of the Zinfandel, in Journal of Gastronomy (1986)
McKEE, I. Early California Wine Growers, in California, Magazine of the Pacific (1947); Early California Wine Commerce, in Wine Review (1947); The Beginnings of California Winegrowing, in Quarterly Historical Society of S. California (1947); Jean-Louis Vignes, California's Pioneer Winegrower, in Wine Review (1948); Vallejo, Pioneer Sonoma Wine Grower, in California, Magazine of the Pacific (1948); Early California Wine Dealers, in Wines and Vines (1950)
MUSCATINE, D., THOMPSON, B. UND AMERINE, M. A. (Hrsg.) Book of California Wine (1984, Berkeley und London)
SCHOENMAN, T. (Hrsg.) Father of California Wine: Agoston Haraszthy (1979, Santa Barbara)
TEISER, R. UND HARROUN, C. Wine-Making in California (1983, New York)
THOMPSON, B. UND JOHNSON, H. The California Wine Book (1976, New York)

KAPITEL 36
DETHIER, J. (Hrsg.) Châteaux Bordeaux – Baukunst und Weinbau (1989, Bern)
COCKS, C. Bordeaux – its Wines and the Claret Country (1846, London)
ENJALBERT, H. Great Bordeaux Wines: St-Emilion, Pomerol and Fronsac (1985, Paris)
GADILLE, R. Le vignoble de la côte bourguignonne (1967, Paris)
GINESTET, B. Margaux (1984, Paris); Pomerol (1984, Paris)
HARASZTHY A. Grape Culture, Wines and Winemaking (1862, New York)
HIGOUNET, C. Histoire de Bordeaux (1980, Toulouse)
JOHNSON, H. UND DUIJKER, H. Atlas der französischen Weine (1988, Bern)
JULLIEN, A. Topographie de tous les vignobles connus (1816, Paris)
LACHIVER, M. Vins, vignes et vignerons (1988, Paris)
LAURENT, R. Les vignerons de la Côte-d'Or (1975, Dijon)
LOUBERE, L. The Red and the White (1978, New York)
PAGUIERRE, M. Classification et description des vins de Bordeaux (1829, Edinburgh)
PENNING-ROWSELL, E. The Wines of Bordeaux (1969, London)
PEPPERCORN, D. Frankreichs Weine – Bordeaux (1988, Bern)
PIJASSOU, R. Un grand vignoble de qualité: le Médoc (1980, Paris)
ROUDIE, P. Vignobles et vignerons du Bordelais 1850-1980 (1988 Paris)
SUTCLIFFE, S. Frankreichs Weine – Burgund (1988, Bern)
YOXALL, H. W. The Wines of Burgundy (1968, London)

KAPITEL 37
AMBROSI, H. UND BECKER, H. Der deutsche Wein (1978, München)
ARNZT, H. Aus der Geschichte des deutschen Weinhandels (1964, Wiesbaden)
BASSERMANN-JORDAN, F. Geschichte des Weinbaus unter besonderer Berücksichtigung der bayerischen Rheinpfalz (1907, Frankfurt)
COUTAZ, G. Les 450 vendanges des vignobles de la ville de Lausanne (1987, Lausanne)
GUNYON, R. E. H. The Wines of Central and South-Eastern Europe (1971, London)
HALASZ, Z. The Book of Hungarian Wines (1981, Budapest)
HALLGARTEN, S. F. UND HALLGARTEN, F. L. Wines and Wine Gardens of Austria (1979, London)
HARASZTHY, A. Grape Culture, Wines and Winemaking (1862, New York)
JOHNSON, H. Atlas der deutschen Weine (1990, Bern)
JULLIEN, A. Topographie de tous les vignobles connus (1816, Paris)
LANGENBACH, A. German Wines and Vines (1962, London)
LOEB, O. W. UND PRITTIE, T. Moselle (1972, London)
PIGOTT, S. Life Beyond Liebfraumilch (1988, London)
PRO RIESLING: Verein zur Förderung der Rieslingkultur, Der Riesling und seine Weine (1986, Trier)
REDDING, C. A History and Description of Modern Wines (1833, London)
RHODES, A. Princes of the Grape (1975, London)
SCHARFENBERG, H. Deutschlands Weine (inkl. DDR) (1990 Bern)
SICHEL, P. M. F. The Wines of Germany (1980, New York)
STAAB, J. Beiträge zur Geschichte des Rheingauer Weinbaus (1970, Wiesbaden)

KAPITEL 38
BERGER, A. UND MAUREL, F. La viticulture et l'économic du Languedoc du XVIIe siècle à nos jours (1980, Montpellier)
BONAL, F. Le livre d'or du champagne (1984, Lausanne)
CUNY, H. Louis Pasteur (1965, London)
GALTIER, G. Le vignoble du Languedoc méditerranéen et du Roussillon (1960, Montpellier)
GRANETT, J., GOHEEN, A. C. UND LIDER, L. A. Phylloxera in California, in California Agriculture (1987)
ISNARD, H. La vigne en Algérie (1955, Gap)
LACHIVER, M. Vins, vignes et vignerons (1988, Paris)
LAURENT, R. Les vignerons de la Côte-d'Or (1975, Dijon)
LOUBERE, L. The Red and the White (1978, New York)
ORDISH, G. The Great Wine Blight (1972, London)
PASTEUR, L. Etude sur le vin (1866, Paris)
PIJASSOU, R. Un grand vignoble de qualite: le Médoc (1980, Paris)
PLANCHON, J. E. Les vignes americaines (1875, Paris)

KAPITEL 39
ANDERSON, B. Vino: the Wines and Wine-Makers of Italy (1980, Boston); Biondi Santi (1988, Florenz)
BELFRAGE, N. Life Beyond Lambrusco (1987, London)
CERLETTI, C. B. Notes sur l'industrie et le commerce du vin en Italie (1889)
FLOWER, R. Chianti (1978 London)
JULLIEN, A. Topographie de tous les vignobles connus (1816, Paris)
LOUBERE, L. The Red and the White (1978, New York)
PELLUCCI, E. Il Brunello di Montalcino (1979, Fiesole)
RATTI, R. Guida ai vini del Piemonte (1977, Turin)

KAPITEL 40
DUIJKER, H. The Wines of Rioja (1988, London)
FORD, R. A Handbook for Travellers in Spain (1847, London)
HENDERSON, A. The History of Ancient and Modern Wines (1824, London)
HUETZ DE LEMPS, A. Vignobles et vins du nord-ouest de l'Espagne (1967, Bordeaux)
JULLIEN, A. Topographie de tous les vignobles connus (1816, Paris)
LLANO GOROSTIZA, M. Los vinos de Rioja (1974, Bilbao)
LORD, T. The New Wines of Spain (1988, London)
READ, J. Wines of the Rioja (1984, London); Wines of Spain (1982, London); Chilean Wines (1988, London)

BIBLIOGRAFIE

TORRES, M. The Distinctive Wine of Catalonia (1986, Barcelona)

KAPITEL 41
ADAMS, L. D. The Wines of America (1985, New York)
ADAMS, L. D. Revitalizing the California Wine Industry (Ein Interview, geführt von Ruth Teiser) (1974, Berkeley)
BONAL, F. Le livre d'or de champagne (1984, Lausanne)
FORBES, P. Champagne (1967, London)
INSTITUT NATIONAL D'APPELLATION D'ORIGINE Une réussite française: l'appellation d'origine contrôlée (1985, Paris)
LACHIVER, M. Vins, vignes et vignerons (1988, Paris)
MUSCATINE, D., THOMPSON, B. UND AMERINE, M. A. Book of California Wine (1984, Berkeley und London)
PIJASSOU, R. Un grand vignoble de qualité: le Médoc (1980, Paris)
ROUDIE, P. Vignobles et vignerons du Bordelais 1850-1980 (1988, Paris)
SAINTSBURY, G. Notes on a Cellar Book (1920, London)
SIMON, A. L. By Request (1957, London)

KAPITEL 42
ADAMS, L. D. The Wines of America (1985, New York)
AMERINE, M. A. u. a. Technology of Winemaking (1980, Westport)
ANDERSON, B. Atlas der italienischen Weine (1990, Bern); Italiens Weine (1990, Bern)
BISHOP, G. C. Australian Wine-Making, the Roseworthy Influence (1988, Adelaide)
COOPER, M. The Wines and Vineyards of New Zealand (1985, Auckland)
EVANS, L. u. a. Complete Book of Australian Wine (1978, Sydney)
GAMBERO ROSSO – Vini d'italia. Deutsche Ausgabe (1989, Bern)
HALLIDAY, J. The Australian Wine Companion (1985, Sydney)
MEREDITH, E. J. The Wines and Wineries of America's Northwest (1986, Kirkland)
MUSCATINE u. a. Book of California Wine (1984, Berkeley und London)
SCHUBERT, M. u. a. The Rewards of Patience (1980, Adelaide)
TCHELISTCHEFF, A. Grapes, Wine and Ecology – Ein Interview zwischen ihm und Ruth Teiser und Catherine Harroun (1983, Berkeley)
THOMPSON, B. Notes on a California Cellar Book (1988, New York)
THOMPSON, B. UND JOHNSON, H. The California Wine Book (1976, New York)

Bildquellen: 2: Scala; 9: Scala; 13: Cantine G. Lungarotti/Weinmuseum Torgiano; 16: Hugh Johnson; 19 l: Wines from Spain; 19 r: Hugh Johnson; 21: British Library; 26–7: British Museum; 29: Schimmel Collection, NY/Werner Forman Archive; 30: Louvre/Réunion des Musées Nationaux; 30–1: British Museum; 33: British Museum; 38: Photo K. Gehrlein, Martin-von-Waner-Museum, Universität Würzburg; 40: Hugh Johnson; 42: Adam Woolfitt/Susan Griggs Agency; 44: British Museum; 48: Staatliche Antikensammlungen und Glyptothek, München; 49: Paolo Folchitto/Capitolinisches Museum, Rom; 54: Charles Friend/Susan Griggs Agency; 58: Polnische Archäologische Mission/Paphos-Museum; 60: Scala; 65: Gerry Clyde/Michael Holford; 66: Scala; 69: Scala; 70: Gerry Clyde/Michael Holford; 77: John Rylands Library, University Library of Manchester; 78: Golan Heights Winery; 80: mit freundlicher Genehmigung der Baronesse Philippine de Rothschild, Château Mouton-Rothschild, Museum of Wine in Art/HJ; 81: Bayerisches Nationalmuseum, München; 87: Christian Petron/Planet Earth Pictures; 90: Musée Calvet, Avignon; 93: Verkehrsamt Trier; 95: Roman Research Trust; 101 l: Bettmann Newsphotos; 101 r: British Museum; 104: Kunsthalle Mannheim; 105: Arthur M. Sackler Museum, Harvard University; 107: Chester Beattie Library, Dublin; 109: Scala; 111: British Library; 112: Ann Münchow; 115: Bayerische Staatsbibliothek, München; 118: Jon Wyand; 120: Giraudon; 124: British Library; 124–5/125: British Library; 128: Scala; 131 l: Hugh Johnson; 131 r: C.R.D.P. DIJON «Enluminures des Manuscrits de Cîteaux» Photo H. Guénégo; 134: Lauros-Giraudon; 136: Hugh Johnson; 141: British Library; 144: Patrick Eagar; 149: British Library; 152: Museo Correr, Venedig/ET Archive; 155: Benaki-Museum, Athen; 156: Keo Ltd.; 159: Scala; 163 o: Sherry Institute of Spain; 163 u: Wines from Spain; 164: Hugh Johnson; 169: Aldus Archive; 171: British Library; 174: Mike Caldwell/National Trust Photographic Library; 176: Garrick Club/ET Archive; 179: National Portrait Gallery, London; 182: Michael Holford; 185: Rijkmuseum, Amsterdam; 187: Archives Municipales de Bordeaux; 190: mit freundl. Genehmigung des Museum of Fine Arts, Boston – Vermächtnis von Mrs. Edward Wheelwright; 193 l: Hugh Johnson; 193 r: Museum of London; 196: Hugh Johnson; 197 l: Hugh Johnson; 197 r: MAS; 199: Scala; 202: Collection Particulière Cliché Musée d'Aquitaine, Bordeaux, France – tous droits réservés; 203: Adam Woolfitt/Susan Griggs Agency; 206: Hugh Johnson; 209: Yale Centre for British Art; 211 l: Sonia Halliday; 211 r: Moët & Chandon; 215: Parterre; 219: Musée Condé, Chantilly/Bridgeman Art Library; 222: John Heseltine; 225: Harvey Wine Museum, Bristol; 227: Mary Evans Picture Library; 228: Mansell Collection; 231: Heeresgeschichtliches Museum, Wien; 234 l: Robert O'Dea; 234 r: John Lipitch Associates; 238: Buitenverwachting Trust; 240: Groot Constantia Estate; 244: Hugh Johnson; 250: Hugh Johnson; 252–3: Jean Luc Barde/Scope; 253: Michel Guillard/Scope; 255: Anthony Barton/Château Langoa-Barton; 257: Hugh Johnson; 262: Hugh Johnson; 265: Michael Busselle; 269 o: Hugh Johnson; 269 u: British Library; 275: Hugh Johnson; 277: Bouchard Père & Fils; 279: Bibliothèque Nationale, Paris; 283: Hugh Johnson; 285: Mitchell Beazley; 287: Staatliche Kunstsammlungen, Dresden; 289: Kunstverlag EDM Von König GMBH & CO KG; 291: Fürst von Metternich-Winneburg'sche Domaine; 294: British Museum; 297: City of Bristol Museum and Art Gallery; 300: Harvey Wine Museum, Bristol; 301: Houghton Hall, Norfolk/Angelo Hornak; 305: Hugh Johnson; 307: Michael Druitt; 308: Harvey Wine Museum, Bristol; 310: The Institute of Masters of Wine Library/Guildhall Library; 311: The Institute of Masters of Wine Library/Guldhall Library; 312: The Institute of Masters of Wine Library/Guildhall Library; 315: Aus *A History and Description of Modern Wines* von Cyrus Redding, 1833; 319: Gonzales Byass S.A.; 322 l: Bodegas Pedro Domecq; 322 r: Bodegas Pedro Domecq; 325: National Army Museum, London; 327: Christie's; 331: Moët & Chandon; 332: Michael Busselle; 333: Aus *A History of Champagne* von Henry Vizetelly; 334: Veuve Clicquot Ponsardin; 336: Aus *A History of Champagne* von Henry Vizetelly; 339: Aus *A History of Champagne* von Henry Vizetelly; 341: Aus *A History of Champagne* von Henry Vizetelly; 343: Quentin Stanham; 348: Penfolds Wine PTY Ltd.; 350: Chateau Tahbilk; 351: David B. Simmonds/Chateau Tahbilk; 355: J T Katch/Thomas Jefferson Memorial Foundation, Monticello; 357: Cincinnati Historical Society; 362 l: Wine Institute, San Francisco; 362 r: Wine Institute, San Francisco; 365: California State Archives, Sacramento; 367: Harolyn Thompson; 368: Mitchell Beazley; 372: Michael Busselle; 377: Michel Guillard/Scope; 378: André Hampartzoumian; 381: Mitchell Beazley; 383: Jean-Loup Charmet; 384–5: Jean-Loup Charmet; 388: Jon Wyand; 391: Garry Grosvenor; 394: Pierre Sauter/Musée Historique de Lausanne; 397: Erste Österreichische Weingüter-Kooperation; 398: Aus *Weinbau anno dazumal* von Dr. Theo Becker; 400: Mary Evans Picture Library; 403: Martina Becker; 407 l: Ministry of Agriculture, Fisheries and Food; 407 r: Hugh Johnson; 408: André Hampartzoumian; 409: André Hampartzoumian; 415: Cantine G. Lungarotti/Weinmuseum Torgiano; 417: Hugh Johnson; 419 l: Tenimenti di Barolo E. Fontanafredda; 419 r: Mansell Collection; 420: Patrick Eagar; 425: Hugh Johnson; 427: Jed Kiernan/Landscape Only; 428: Bodegas Marqués de Murrieta, SA; 430: Wines from Spain; 431: Wines from Spain; 433: Jon Wyand; 435: Patrick Eagar; 441 l: ET Archive; 441 r: Mitchell Beazley; 444: ET Archive; 447: Hugh Johnson; 450: Harolyn Thompson; 453: Robert Mondavi Winery; 454: Patrick Eagar; 455 o: Patrick Eagar; 455 u: Ted Streshinsky; 459: Hugh Johnson; 460: Robert Mondavi Winery; 461: Château Lafite-Rothschild; 463: Miguel Torres SA.

REGISTER

Seitenzahlen in *Kursiv* verweisen auf Abbildungen.

Aachen 110, 111
Abfüllung durch Händler 195
Abhandlung über den Apfelwein (Worlidge) 195–196
Abu Nuwas 102, 106
Adams, Leon 357, 445, 454
Adams, Thomas 355
Addison, Joseph 208, 295 s. a. *Bemerkungen ...*
Adelaide 347, 348, 448
Adlum, John 355, 356, 357
Aeduer 87, 91
Afghanistan 107
Ägäische Inseln 35, 36, 41–43
Ägypten 27, 55, 98
  Glasherstellung 85, *30*
  Herkunft der Reben 19
  Weinbaugebiete 34, 106
  Weinbereitungstechnik 24, 29–33, *31*
  Weinetikettierung 32–34
  Weinimport 26, 41
  Weinlagerung 43
Aglianico 73
De agricultura s. *De ...*
Agrippa 87
Alba-Weine (Albanum) 62, 73, *63*
Ale 180 s. a. Bier
Alentejo 166
Alexander der Große 29, 56
Alexander (Rebe) 355
Algerien 106, 378, 402, 410, 436, 437
Alicante 155, 190
Alicante (Grenache) 155
Alicante Bouschet 444, 445
Aliénor s. Eleonore
Aligante 296
Aligoté 271
Alkuin 112
Allobrogica 90, 93
Almadén Vineyards 366, 446
Alterungsfähigkeit, Mangel an 33, 125, 127, 144, 156, 164–165, 191, 215, 228
altinis 418 s. a. *spanis*
Alto Adige (Südtirol) 420, *420*
Alvarinho 221
Amalfi 152
Amerine, Maynard 449–450
Ames, Richard 204, 225
Amigne 393
Aminea gemina 62, 63, 69, 73
Amineum 74
Amontillado 321
Amphore 40, 41, 42, 43, 60, 65, 70, 83, 95, 96, *38, 87* s. a. Fässer, Weingefäße
Ampuis 90
Anaheim 361
Anatolien 18, 26, 28, 56
Andalusien 160, 165, 171, 426
  s. a. Baetica
d'Andeli, Henry 122 s. a. *La Bataille ...* und Weingeschmack (Wettstreit)
Angas, George 348
Angers 189
Anjou-Weine 125, 144, 188
Antigone (Sophokles) 49
Antinori 159, 414
Antwerpen 114, 184, *115*
Aostatal (Val d'Aosta) *128*
Aperitif 324, 340
Apfelwein 303, 304
Aqua vitae s. Spirituosen
Aquileia (Julisch-Venetien und Friaul) 64, 74
Aquitanien 143
Araber in Spanien 160–163
Arabien
  Dichter 101–102, *104*
  Wein als Arznei 103
  Weingenuß 100–101, 103–104
  Weinverbot 98–101
Aramon 402, 404
Arbusta 69, s. Rebenanbau auf Bäumen
Arcelaca (Rebe) 70
Archestratus 42
Argentinien 434
Argitis 70
Aristophanes 45

Arles 94
Armagnac 188
Armenien 15, 22, 25–26, 81, 98
Arnaldus de Villanova 126–127, 179, 281, 403
Arnaud, Familie 263, 381
Arnoux, Claude 267, 270, 271, 272, 274, 276, 315, 269 s. a. *La Situation ...*
Arrak (Raki) 105, 303
Artimino 423
Arvine 393
Associated Vintners 452, 456
Assyrien 19, 28, 56
Aszú 235
Athen 38, 39, 47, 55, 56, 82, *54*
Athenaios 33, 46
Athenobarbus s. Domitius
Aube 440
Augustodunum s. Autun
Augustus 87, 88
Auslese 292, 391, 397, 463
Ausone, Château 263, 382
Ausonius 93, 94–95
Australien:
  Anfänge des Weinbaus 344–345, 347–348, 349–350, 351–352
  Bedarf an Süßwein 344, 345, 347, 352
  Goldrausch, Wirkung des 350–351
  Import von Stecklingen 237, 344, 346, 347, 349, 350
  Rebsorten 348, 349
  Vergleich mit Kalifornien 360
  Weinbau seit 1950
    Experimente mit Rebsorten 455–456
    temperaturgeregelte Gärung 450, 455
    Verwendung amerikanischer Eichenfässer 448
Autun (Augustodunum) 91, 92
Auvernat (Rebe) 298
Auxerre 92, 114, 267, 280, 437
Avenay 212
Averys 319
Avicenna 103
Avize 217, 341
Awaren, Wein der 230
Aÿ 135, 211, 212, 341, 407, 440
Ayala 341
Azoia 167 s. a. Osoye

Babylon 22, 24–25, 27, 28, 55, 58
Bacchanalien 56, 57, 75
Bacchus 53, 56–58, 75, 79, 92, 96, *66, 95* s. a. Dionysos
Bacharach 392–393
Baden 389
Bagdad 98, 103, 106, 108, 153
Bagoual (Bual) 247
Die Bakchen (Euripides) 51–53, 55, 58
Balaton s. Plattensee
Balisca (Cocolubis) 89, *70*
Ballarat 351
Baltikum 88, 91, 231, 256, 307
Banfi, Castello 458, 463, *459*
Banks, Sir Joseph 248, 342
Barbaresco 420, 421
Barbera 418, 421
Barca Velha 328
barcos rabelos 224, 225, *225*
Bardolino 158
Barnard, Lady Anne 241
Barolo 419, 421
Barossa Valley 348–349
Barry, Sir Edward 315, 414 s. a. *Historische ...*
Barsac 143, 264, 265, 266
Barton, Familie 372
Barton, Tom 254, 307, *255*
Bas-Médoc 207
Bassermann-Jordan, Dr. F. 393
Bastard/Bastardo (Wein) 167, 172
Bastardo (Traube) 167
La Bataille des Vins (d'Andeli) 122, 156, *123*
Baetica 85
  Wein 85, 96
Bayern 110, 389, 394
Bazille, Gaston 403, 406
Bearsley, Peter 224
Beaujolais 268, 276, 282, *383*

Beaulieu, Weingut 446, 448, 450, 451
Beaune 91–92, 130, 276, 384, 385, *275*
  s. a. *courtier-gourmets* und Händler 276, 277
  Wein 122, 132–134, 211, 270, 283, 300, 385 s. a. Hospices de Beaune
Beaunois (Chardonnay) 130, 271
Beauregard, Château 263
Bedford, Herzog von 216, 295, 297
Beerenauslese 292, 391
Bela IV., König 231, 232
Belair, Château 263, 382
Belgien 114–115
Bellarmin 192, 193, *193*
Bellet, Abbé 261, 264
Bemerkungen über mehrere Gegenden Italiens (Addison) 295
Bendigo 351
Benediktiner 111, 129, 132, *111, 164*
  in Chablis 114
  in der Champagne 135, 210–215
  am Rhein 116–117
  St-Maximin 287
  Schloss Johannisberg 288
Benegas, Don Tiburcio 434
Bergerac 186
  Wein 143, 145, 188
Bericht über die billigen Weine aus Frankreich, Italien, Österreich, Griechenland und Ungarn (Druitt) 379
Beringer, Jacob 368
Berliquet, Château 263
Berlon 260
Bernkastel 118–119
Bertrand de Goth (Papst Klemens V.) 146
Beschreibung Englands (Harrison) 177
Beschreibung des Kaps der Guten Hoffnung (Valentijn) 238
Beurot (Pinot Gris) 133
Beychevelle, Château 257
Beyerman 255
Bidet, Nicolas 265 s. a. *Traité ...*
Bier
  in Deutschland 94, 186, 395
  in England 128, 180, 183, 302
  in Holland 180, *185*
Bilbao 427
Biondi-Santi, Ferruccio 423, 463
Bischöfliches Priesterseminar 387
Bischofsberg s. Schloss Johannisberg
Biturica 70, 89, 93, 138
Black Constantia 346
Blanquefort 206
Blanquette de Limoux 281
Blauer Zierfandler (Kékfrankos) 364
Blaxland, Gregory 345
Blaye 143
Bleasdale, Rev. John 345, 349, 370, 449
  s. a. *Über die Weine ...*
Blei zum Süßen von Wein 289
Bleioxyd 294 s. a. *litharge*
Bleivergiftung 289, 290
Bock, Hieronymus 285
Bodegas Franco-Españolas 432
Bodegas Riojanas 432
Bodenheim 287
Bohne 334, 335–336
Boiseaumarié, Baron Le Roy de 442
Bollinger 338, 341, 407, 440
Bolton, William 267
Bommes 209, 264
Boorde, Andrew 178, 180, 314
Böotien s. Theben
Bordeaux et ses Vins, Classés par Ordre de Mérite (Cocks & Féret) 375, 381
Bordeaux, its Wines and the Claret Country (Cocks) 375
Bordeaux
  römische Zeit (Burdigala)
    Anfänge des Weinbaus 88–90
    Fässer 96
    Weinhandel 65, 66, 88, 90
    Invasoren 113, 138–139
  englische Herrschaft
    Privilegien 142, 143
    Rebfläche 145, 146
    Rivalität mit La Rochelle 139, 140–142
    Weinbestellungen, königliche 142, 145

471

REGISTER

Weinzeuger 143–144
Weinerzeugung 147
Weinexport nach England 143–146, 148–149
Weinqualität 146–147
Bordeaux (Stadt) 139, 140–141, 144, 147–149, 252–254, *252*
Bordeaux (Weinbau)
  Besitzkonsolidierung 206, 256–257
  Château (Definition) 375–376, 377–378
  Deuxièmes Crus, Einführung der 257
  Fronsac, Erschließung von 263–264, 380–381
  Graves, Erschließung von 201–204
  Gutsweinkonzept 201–202, 207
  Holländer
    als Wasserbauer 186, 205, 207
    als Weinbauern 207
  Kiesböden 202, 204, 206, 258
  Krankheiten und Schädlinge 378–379, 404, 405–406, 410–411
  Médoc, Erschließung des 205–207, 209
  Pomerol, Erschließung von 263, 380–381
  Premiers Crus, Einführung der 206–207
  Produktion 380
  Rebsorten 261, 371
  Sauternes, Erschließung von 264
  St-Emilion, Erschließung von 263, 380–382
  Veredeln 261, 410
  Weinberganpflanzung und Anpflanzungsverbot 209, 256, 257–259, 263
  Weinerzeugung 202, 259–261, 265, 371
  Zweitweine 260
Bordeaux (Weinhandel)
  Eisenbahn und Hafen, Bedeutung von 252, 254–255, 379
  Handel mit
    Deutschland und dem Baltikum 205, 256, 372, 379
    England 201, 202–205, 209, 256, 371, 379–380
    Holland 186–187, 202, 205, 209, 371, 380, *206*
    Nordfrankreich und Flandern 263, 380
    USA und Argentinien 379–380
  Kriegseinflüsse 200, 204–205, 207–209, 254
  Kundengeschmack 261, 374
  Médoc, Klassifizierung von 1855 373–375
  Preise 202, 203–204, 207
  Sauternes, Klassifizierung von 1855 373
  Weingüter, Beziehung zu -n 259–260, 372, 410
borracha s. Weinschläuche
Boswell, James 229, 309, 325
bota s. Flaschen, Leder
Botrytis cinerea s. Edelfäule
Bouchard, Michel 277, *277*
Boucher, Intendant Claude 258
Bouchet (Cabernet Franc) 261, 263
Bousquet, Charles de 381
Bouzy 341
Brachetto 421
Bradley, Humphrey 205
Brame 450
brandewijn s. Brandy
Brandy (Branntwein) 180, 186, 188, 189, *209*, 281, 307
  im Madeira 248
  im Port 225, 227–228, 316, 326
  im Sherry 316, 320
  im Tokajer 235
  s. a. Spirituosen
Brane, Baron de 373
Brane-Cantenac, Château 258
Brane-Mouton 373, 374
Brannen, Sam 367
Branntwein s. Brandy
Braudel, Fernand 180
Brauneberg 389
Brazier, Marquis de 257
Bristol, John Harvey Earl of 297, 299, 302
Bristol Milk 176, 321
Britannien s. England
British Association (Oporto) s. Factory House
Broadbent, Michael 457
Brolio 416, *417*
Broughton, Bartholomew 345
Brulart, Familie 211–212, 332

Brunello di Montalcino 423, 463
  s. a. Sangioveto
Brydges, James (Herzog von Chandos) 299–301, 308
Bual 247, 249
Buena Vista 365, 366, 451, *365*
Bull, Ephraim Wales 358
Burdigala s. Bordeaux
Burgenland 291
Burger (Rebe) 369
Burguet 376
Burgund
  etruskische Verbindungen 40, 59
  Händler und Kunden 276–277, 384–385, *277*
  Land 267–268
  Rebenkrankheiten und -schädlinge 405–406, 410–411
  Rebsorten 384
  Steuern, schädliche 280–281
  Verkehrswege
    Mangel an 91, 114, 276
    Verbesserungen von -n 277, 282, 384, 385
    Wandel, Widerstand gegen 383–384
  Weinerzeugung 384
  s. a. Beaujolais, Beaune, Chablis, Côte-d'Or, Mâcon, Les Trois Glorieuses
Burnes 340
Busby, James 316, 322, 346, 362–363, 414 s. a. *Über den Anbau ..., Journal ...* und *Handbuch ...*
Butler, Samuel 216 s. a. *Hudibras*
Buxy 337
Buzbağ 26
Byblos 17, 26, 34, 43–44, 458

Cabernet (Carmenet, Grand Vidure, Petit Vidure) 93, 261, 263
  Vorfahren des – 89, 147
Cabernet Franc 89, 261, 263, 371
Cabernet Sauvignon 89, 349, 366, 369, 371, 373, 378, 451, 453, *351*
  s. a. Vidure
«Cabinet»-Weine s. Kabinettwein
Cadillac 261
Cádiz 28, 85, 162, 174, 306, 309, 317
  Wein 165, 171
Caecuber (Wein) 62, *63*
Cahors 143–144, 186
Calcavella (Carcavelos) 300
Calon, Château 374
Calon-Ségur 257
Camden Park 344, 347, 350
Canaiolo 417
Canal des Deux Mers 189–190, 204, 281
Canary sack s. Sack
Candia s. Kreta
Canon, Château (St-Emilion) 263, 382
Canon, Château (St-Michel de Fronsac) 263–264
«Capreton» 300
Capus, Joseph 442, 443, 446
Cara – Smokviča (Hvar) 158
Carbonnieux, Château 266
Carignan 402, 404
Carl Philipp von Greiffenclau, Fürstbischof von Würzburg 292, *289*
Carle, Vital, Elie und Jacques de 263, 382
Carle-Trajet, André de 382
Carmenet (Grand und Petit Vidure) 261
  s. a. Cabernet
Carmignano 423
Les Carruades 377
Carthage s. Karthago
Casola, Pietro 156
Castella, Hubert und Paul de 350
Castelnau, Marquis de 258
Çatal Hüyük 17, 53, 57
Catawba 356–357, 406
  Sparkling Catawba 357, 358, 406, 459
Cato (d. Ältere) 59, 61, 89, 116
  s. a. *De agricultura*
Cauliner (Wein) 63, *63*
Cavour, Camillo 418, 419–420, 423
Ceretanum 86 s. a. Sherry
Cerletti, Dr. C. B. 421–423
Chablis (Region) 114, 130, 267, 281
Chablis (Wein) 114, 128, 271, 297
  Winzerverband 439
Chambertin 270, 273, 384
Chambolle 130
Champagne
  Anfänge des Weinbaus 135–136, 335–338
  Beziehungen zwischen Winzern und Herstellern 212, 338, 341, 440
  Dom Pérignon 212–216, 218

Kellertechnik s. Weinerzeugung
Qualitätseinstufung der Orte 341
Rebschädlinge 407–408, 440
Veuve Clicquot 333, 335–338
  s. a. Clicquot-Ponsardin
Weinerzeugung, Kellertechnik 217–219, 441, *339*
  Kellerarbeit 214–216, 218
  Probleme mit Flaschen, Korken, Sediment 218, 332–333, 336–337, *338*
  Schaumweintechnik 336–337, 338–339
  Verschneiden der Trauben 214
  verwendete Traubensorten 215, 217
Weinstile
  perlend und schäumend 217, 218–219, 332–333, 337
  Stillwein 216, 217, 218, 219, 332
  süß 335–336, 340
  trocken 340–341
  s. a. Sillery
Champagne (Messen) 116, 136, 157, 210
Champagne (Region) 92–93, 97, 115–116, 210–211, 330–331, 335, 341, 440–441
Champagne (Rotwein) 91, 212, 219, 333
Champy 277
Chanson 277
Chaptal, Jean-Antoine 273, 310–314, 346, 383, 384, 395, 409, *310*
  s. a. *Traité ...*
Chaptalisieren 273, 384, 395, 437, 438
Chardin, Sir John 15, 104
Chardonnay 130, 213, 271, 282, 349, 384, 451, 452, 453, 456
Charente 139, 188
Chartrons s. Quai des Chartrons
Chassagne 271
Chasselas 213, 369, 393 s. a. Gutedel (Fendant)
Château Musar 27
Châteauneuf-du-Pape 132, 299, 442
Château Ste-Michelle 456
Chateau Tahbilk 350, 351, *350, 351*
Chaucer, Geoffrey 165–166, 323
Chautauqua (Region) 358
Chenin Blanc 189, 238 s. a. Steen
Cheval-Blanc, Château 382
Chianti 414, 420
Chianti Classico 416, *417*
Chiaretto 418
Chile 169, 432–434
China 20, 179
Chios 41, 301
Chlodwig, König der Franken 97, 110, 135
Christen
  bacchischer Einfluß 57
  koptische 107
  römische Haltung gegenüber – 75
  Sakrament, Entwicklung des –s 79–81, *80*
  Wein, Bedeutung des -s in der Liturgie 81, *81*
  Weinerzeuger und -verkäufer im Islam 103, 106–107, 153
Christie's Weinauktionen 457
Cincinatti 356, 358
Citeaux 129, 130, 132, 275, *131*
Claesz, Pieter *190*
Clairet 123, 147 s. a. Claret
Clairette 281
Clairvaux 129, 130
Clare Riesling (Crouchen) 349
Claret 138, 145, 146–147, 149, 156, 186, 202, 204, 205, 207, 209, 261, 285, 293, 295, 297, 302 s. a. Bordeaux
Clemenceau, Georges 438
Clemens, Wenzeslaus, Kurfürst und Erzbischof 288
Clermont-Montoison, Familie 271
climat 131–132
Clinton (Hybridrebe) 439
Clicquot-Ponsardin, Nicole-Barbe 333–337, 340, *334*
Cloete junior, Hendrik 241–242
Cloete senior, Hendrik 240
Clos de Bèze 132, 269, 270, 273
Clos de la Pierre 270
Clos de Tart 132
Clos de Vougeot 130, 271, 274–276
Clos du Chapître 132
Clos Fourtet 263
Clos Prieur 132
Clos St-Denis 132
Clos St-Jean 132
The Closet Opened (Digby) 195
Clubs s. Londoner Clubs
Cluny 129, 292
Cocks, Charles 375

472

REGISTER

Seitenzahlen in *Kursiv* verweisen auf Abbildungen.

Aachen 110, 111
Abfüllung durch Händler 195
Abhandlung über den Apfelwein (Worlidge) 195–196
Abu Nuwas 102, 106
Adams, Leon 357, 445, 454
Adams, Thomas 355
Addison, Joseph 208, 295 s. a. *Bemerkungen*...
Adelaide 347, 348, 448
Adlum, John 355, 356, 357
Aeduer 87, 91
Afghanistan 107
Ägäische Inseln 35, 36, 41–43
Ägypten 27, 55, 98
   Glasherstellung 85, *30*
   Herkunft der Reben 19
   Weinbaugebiete 34, 106
   Weinbereitungstechnik 24, 29–33, *31*
   Weinetikettierung 32–34
   Weinimport 26, 41
   Weinlagerung 43
Aglianico 73
De agricultura s. De...
Agrippa 87
Alba-Weine (Albanum) 62, 73, *63*
Ale 180 s. a. Bier
Alentejo 166
Alexander der Große 29, 56
Alexander (Rebe) 355
Algerien 160, 378, 402, 410, 436, 437
Alicante 155, 190
Alicante (Grenache) 155
Alicante Bouschet 444, 445
Aliénor s. Eleonore
Aligante 296
Aligoté 271
Alkuin 112
Allobrogica 90, 93
Almadén Vineyards 366, 446
Alterungsfähigkeit, Mangel an 33, 125, 127, 144, 156, 164–165, 191, 215, 228
altinis 418 s. a. *spanis*
Alto Adige (Südtirol) 420, *420*
Alvarinho 221
Amalfi 152
Amerine, Maynard 449–450
Ames, Richard 204, 225
Amigne 393
Aminea gemina 62, 63, 69, 73
Amineum 74
Amontillado 321
Amphore 40, 41, 42, 43, 60, 65, 70, 83, 95, 96, *38*, *87* s. a. Fässer, Weingefäße
Ampuis 90
Anaheim 361
Anatolien 18, 26, 28, 56
Andalusien 160, 161, 165, 171, 426
   s. a. Baetica
d'Andeli, Henry 122 s. a. *La Bataille*... und Weingeschmack (Wettstreit)
Angas, George 348
Angers 189
Anjou-Weine 125, 144, 188
Antigone (Sophokles) 49
Antinori 159, 414
Antwerpen 114, 184, *115*
Aostatal (Val d'Aosta) *128*
Aperitif 324, 340
Apfelwein 303, *304*
Aqua vitae s. Spirituosen
Aquileia (Julisch-Venetien und Friaul) 64, 74
Aquitanien 143
Araber in Spanien 160–163
Arabien
   Dichter 101–102, *104*
   Wein als Arznei 103
   Weingenuß 100–101, 103–104
   Weinverbot 98–101
Aramon 402, 404
Arbusta 69, s. Rebenanbau auf Bäumen
Arcelaca (Rebe) 70
Archestratus 42
Argentinien 434
Argitis 70
Aristophanes 45

Arles 94
Armagnac 188
Armenien 15, 22, 25–26, 81, 98
Arnaldus de Villanova 126–127, 179, 281, 403
Arnaud, Familie 263, 381
Arnoux, Claude 267, 270, 271, 272, 274, 276, 315, 269 s. a. *La Situation*
Arrak (Raki) 105, 303
Artimino 423
Arvine 393
Associated Vintners 452, 456
Assyrien 19, 28, 56
Aszú 235
Athen 38, 39, 47, 55, 56, 82, *54*
Athenaios 33, 46
Athenobarbus s. Domitius
Aube 440
Auslese 292, 391, 397, 463
Ausone, Château 263, 382
Ausonius 93, 94–95
Australien:
   Anfänge des Weinbaus 344–345, 347–348, 349–350, 351–352
   Bedarf an Süßwein 344, 345, 347, 352
   Goldrausch, Wirkung des 350–351
   Import von Stecklingen 237, 344, 346, 347, 349, 350
   Rebsorten 348, 349
   Vergleich mit Kalifornien 360
   Weinbau seit 1950
      Experimente mit Rebsorten 455–456
      temperaturgeregelte Gärung 450, 455
      Verwendung amerikanischer Eichenfässer 448
Autun (Augustodunum) 91, 92
Auvernat (Rebe) 298
Auxerre 92, 114, 267, 280, 437
Avenay 212
Averys 319
Avicenna 103
Avize 217, 341
Awaren, Wein der 230
Aÿ 135, 211, 212, 341, 407, 440
Ayala 341
Azoia 167 s. a. Osoye

Babylon 22, 24–25, 27, 28, 55, 56, 58
Bacchanalien 56, 57, 75
Bacchus 53, 56–58, 75, 79, 92, 96, *66*, *95*
   s. a. Dionysos
Bacharach 392–393
Baden 389
Bagdad 98, 103, 106, 108, 153
Bagoual (Bual) 247
Die Bakchen (Euripides) 51–53, 55, 58
Balaton s. Plattensee
Balisca (Cocolubis) 89, *70*
Ballarat 351
Baltikum 88, 91, 231, 256, 307
Banfi, Castello 458, 463, *459*
Banks, Sir Joseph 248, 342
Barbaresco 420, 421
Barbera 418, 421
Barca Velha 328
Bardolino 158
Barnard, Lady Anne 241
Barolo 419, 421
Barossa Valley 348–349
Barry, Sir Edward 315, 414 s. a. *Historische*...
Barsac 143, 264, 265, 266
Barton, Familie 372
Barton, Tom 254, 307, *255*
Bas-Médoc 207
Bassermann-Jordan, Dr. F. 393
Bastard/Bastardo (Wein) 167, 172
Bastardo (Traube) 167
La Bataille des Vins (d'Andeli) 122, 156, *123*
Baetica 85
   Wein 85, 96
Bayern 110, 389, 394
Bazille, Gaston 403, 406
Bearsley, Peter 224
Beaujolais 268, 276, 282, *383*

Beaulieu, Weingut 446, 448, 450, 451
Beaune 91–92, 130, 276, 384, 385, *275*
   s. a. *courtier-gourmets* und Händler 276, 277
   Wein 122, 132–134, 211, 270, 283, 300, 385 s. a. Hospices de Beaune
Beaunois (Chardonnay) 130, 271
Beauregard, Château 263
Bedford, Herzog von 216, 295, 297
Beerenauslese 292, 391
Béla IV., König 231, 232
Belair, Château 263, 382
Belgien 114–115
Bellarmin 192, 193, *193*
Bellet, Abbé 261, 264
Bemerkungen über mehrere Gegenden Italiens (Addison) 295
Bendigo 351
Benediktiner 118, 129, 132, *111*, *164*
   in Chablis 114
   in der Champagne 135, 210–215
   am Rhein 116–117
   St-Maximin 287
   Schloss Johannisberg 288
Benegas, Don Tiburcio 434
Bergerac 186
   Wein 143, 145, 188
Bericht über die billigen Weine aus Frankreich, Italien, Österreich, Griechenland und Ungarn (Druitt) 379
Beringer, Jacob 368
Berliquet, Château 263
Berlon 260
Bernkastel 118–119
Bertrand de Goth (Papst Klemens V.) 146
Beschreibung Englands (Harrison) 177
Beschreibung des Kaps der Guten Hoffnung (Valentijn) 238
Beurot (Pinot Gris) 133
Beychevelle, Château 257
Beyerman 255
Bidet, Nicolas 265 s. a. *Traité*...
Bier
   in Deutschland 94, 186, 395
   in England 180, 183, 302
   in Holland 180, *185*
Bilbao 427
Biondi-Santi, Ferruccio 423, 463
Bischöfliches Priesterseminar 387
Bischofsberg s. Schloss Johannisberg
Biturica 70, 89, 93, 138
Black Constantia 346
Blanquefort 206
Blanquette de Limoux 281
Blauer Zierfandler (Kékfrankos) 364
Blaxland, Gregory 345
Blaye 143
Bleasdale, Rev. John 345, 349, 370, 449 s. a. *Über die Weine*...
Blei zum Süßen von Wein 289
Bleioxyd 294 s. a. *litharge*
Bleivergiftung 289, 290
Bock, Hieronymus 285
Bodegas Franco-Españolas 432
Bodegas Riojanas 432
Bodenheim 287
Bohne 334, 335–336
Boiseaumarié, Baron Le Roy de 442
Bollinger 338, 341, 407, 440
Bolton, William 247
Bommes 209, 264
Boorde, Andrew 178, 180, 314
Böotien s. Theben
Bordeaux et ses Vins, Classés par Ordre de Mérite (Cocks & Féret) 375, 381
Bordeaux, its Wines and the Claret Country (Cocks) 375
Bordeaux
   römische Zeit (Burdigala)
      Anfänge des Weinbaus 88–90
      Fässer 96
      Weinhandel 65, 66, 88, 90
      Invasoren 138–139
   englische Herrschaft
      Privilegien 142, 143
      Rebfläche 145, 146
      Rivalität mit La Rochelle 139, 140–142
      Weinbestellungen, königliche 142, 145

REGISTER

Weinerzeuger 143, 144
Weinerzeugung 147
Weinexport nach England 143–146, 148–149
Weinqualität 146–147
Bordeaux (Stadt) 139, 140–141, 144, 147–149, 252–254, *252*
Bordeaux (Weinbau)
  Besitzkonsolidierung 206, 256–257
  Château (Definition) 375–376, 377–378
  Deuxièmes Crus, Einführung der 257
  Fronsac, Erschließung von 263–264, 380–381
  Graves, Erschließung von 201–204
  Gutsweinkonzept 201–202, 207
  Holländer
    als Wasserbauer 186, 205, 207
    als Weinbauern 207
  Kiesböden 202, 204, 206, 258
  Krankheiten und Schädlinge 378–379, 404, 405–406, 410–411
  Médoc, Erschließung des 205–207, 209
  Pomerol, Erschließung von 263, 380–381
  Premiers Crus, Einführung der 206–207
  Produktion 380
  Rebsorten 261, 371
  Sauternes, Erschließung von 264
  St-Emilion, Erschließung von 263, 380–382
  Veredeln 261, 410
  Weinberganpflanzung und Anpflanzungsverbot 209, 256, 257–259, 263
  Weinerzeugung 202, 259–261, 265, 371
  Zweitweine 260
Bordeaux (Weinhandel)
  Eisenbahn und Hafen, Bedeutung von 252, 254–255, 379
  Handel mit
    Deutschland und dem Baltikum 205, 256, 372, 379
    England 201, 202–205, 209, 256, 371, 379–380
    Holland 186–187, 202, 205, 209, 371, 380, *206*
    Nordfrankreich und Flandern 263, 380
    USA und Argentinien 379–380
  Kriegseinflüsse 200, 204–205, 207–209, 254
  Kundengeschmack 261, 374
  Médoc, Klassifizierung von 1855 373–375
  Preise 202, 203–204, 207
  Sauternes, Klassifizierung von 1855 373
  Weingüter, Beziehung zu –n 259–260, 372, 410
borracha s. Weinschläuche
Boswell, James 229, 309, 325
bota s. Flaschen, Leder
Botrytis cinerea s. Edelfäule
Bouchard, Michel 277, *277*
Boucher, Intendant Claude 258
Bouchet (Cabernet Franc) 261, 263
Bousquet, Charles de 381
Bouzy 341
Brachetto 421
Bradley, Humphrey 205
Brame 450
brandewijn s. Brandy
Brandy (Branntwein) 180, 186, 188, 189, *209*, 281, 307
  im Madeira 248
  im Port 225, 227–228, 316, 326
  im Sherry 316, 320
  im Tokajer 235
  s. a. Spirituosen
Brane, Baron de 373
Brane-Cantenac, Château 258
Brane-Mouton 373, 374
Brannen, Sam 367
Branntwein s. Brandy
Braudel, Fernand 180
Brauneberg 389
Brazier, Marquis de 257
Bristol, John Harvey Earl of 297, 299, 302
Bristol Milk 176, 321
Britannien s. England
British Association (Oporto) s. Factory House
Broadbent, Michael 457
Brolio 416, *417*
Broughton, Bartholomew 345
Brulart, Familie 211–212, 332

Brunello di Montalcino 423, 463
  s. a. Sangioveto
Brydges, James (Herzog von Chandos) 299–301, 308
Bual 247, 249
Buena Vista 365, 366, 451, *365*
Bull, Ephraim Wales 358
Burdigala s. Bordeaux
Burgenland 291
Burger (Rebe) 369
Burguet 376
Burgund
  etruskische Verbindungen 40, 59
  Händler und Kunden 276–277, 384–385, *277*
  Land 267–268
  Rebenkrankheiten und -schädlinge 405–406, 410–411
  Rebsorten 384
  Steuern, schädliche 280–281
  Verkehrswege
    Mangel an –n 91, 114, 276
    Verbesserungen von –n 277, 282, 384, 385
    Wandel, Widerstand gegen 383–384
  Weinerzeugung 384
  s. a. Beaujolais, Beaune, Chablis, Côte-d'Or, Mâcon, Les Trois Glorieuses
Burnes 340
Busby, James 316, 322, 346, 362–363, 414 s. a. *Über den Anbau..., Journal... und Handbuch...*
Butler, Samuel 216 s. a. *Hudibras*
Buxy 337
Buzbağ 26
Byblos 17, 26, 34, 43–44, 458

Cabernet (Carmenet, Grand Vidure, Petit Vidure) 93, 261, 263
  Vorfahren des – 89, 147
Cabernet Franc 89, 261, 263, 371
Cabernet Sauvignon 89, 349, 366, 369, 371, 373, 378, 451, 453, *351*
  s. a. Vidure
«Cabinet»-Weine s. Kabinettwein
Cadillac 261
Cádiz 28, 85, 162, 174, 306, 309, 317
  Wein 165, 171
Caecuber (Wein) 62, *63*
Cahors 143–144, 186
Calcavella (Carcavelos) 300
Calon, Château 374
Calon-Ségur 257
Camden Park 344, 347, 350
Canaiolo 417
Canal des Deux Mers 189–190, 204, 281
Canary sack s. Sack
Candia s. Kreta
Canon, Château (St-Emilion) 263, 382
Canon, Château (St-Michel de Fronsac) 263–264
«Capreton» 300
Capus, Joseph 442, 443, 446
Cara – Smokviča (Hvar) 158
Carbonnieux, Château 266
Carignan 402, 404
Carl Philipp von Greiffenclau, Fürstbischof von Würzburg 292, *289*
Carle, Vital, Elie und Jacques de 263, 382
Carle-Trajet, André de 382
Carmenet (Grand und Petit Vidure) 261
  s. a. Cabernet
Carmignano 423
Les Carruades 377
Carthage s. Karthago
Casola, Pietro 156
Castella, Hubert und Paul de 350
Castelnau, Marquis de 258
Çatal Hüyük 17, 53, 57
Catawba 356–357, 406
  Sparkling Catawba 357, 358, 406, 459
Cato (d. Ältere) 59, 61, 89, 116
  s. a. *De agricultura*
Cauliner (Wein) 63, *63*
Cavour, Camillo 418, 419–420, 423
Ceretanum 86 s. a. Sherry
Cerletti, Dr. C. B. 421–423
Chablis (Region) 114, 130, 267, 281
Chablis (Wein) 114, 128, 271, 297
  Winzerverband 439
Chamberlin 270, 273, 384
Chambolle 130
Champagne
  Anfänge des Weinbaus 135–136, 335–338
  Beziehungen zwischen Winzern und Herstellern 212, 338, 341, 440
  Dom Pérignon 212–216, 218

Kellertechnik s. Weinerzeugung
Qualitätseinstufung der Orte 341
Rebschädlinge 407–408, 440
Veuve Clicquot 333, 335–338
  s. a. Clicquot-Ponsardin
Weinerzeugung, Kellertechnik 217–219, 441, *339*
  Kellerarbeit 214–216, 218
  Probleme mit Flaschen, Korken, Sediment 218, 332–333, 336–337, *338*
  Schaumweintechnik 336–337, 338–339
  Verschneiden der Trauben 214
  verwendete Traubensorten 215, 217
Weinstile
  perlend und schäumend 217, 218–219, 332–333, 337
  Stillwein 216, 217, 218, 219, 332
  süß 335–336, 340
  trocken 340–341
  s. a. Sillery
Champagne (Messen) 116, 136, 157, 210
Champagne (Region) 92–93, 97, 115–116, 210–211, 330–331, 335, 341, 440–441
Champagne (Rotwein) 91, 212, 219, 333
Champy 277
Chanson 277
Chaptal, Jean-Antoine 273, 310–314, 346, 383, 384, 395, 409, *310*
  s. a. *Traité...*
Chaptalisieren 273, 384, 395, 437, 438
Chardin, Sir John 15, 104
Chardonnay 130, 213, 271, 282, 349, 384, 451, 452, 453, 456
Charente 139, 188
Chartrons s. Quai des Chartrons
Chassagne 271
Chasselas 213, 369, 393 s. a. Gutedel (Fendant)
Château Musar 27
Châteauneuf-du-Pape 132, 299, 442
Château Ste-Michelle 456
Chateau Tahbilk 350, 351, *350, 351*
Chaucer, Geoffrey 165–166, 323
Chautauqua (Region) 358
Chenin Blanc 189, 238 s. a. Steen
Cheval-Blanc, Château 382
Chianti 414, 420
Chianti Classico 416, *417*
Chiaretto 418
Chile 169, 432–434
China 20, 179
Chios 41, 301
Chlodwig, König der Franken 97, 110, 135
Christen
  bacchischer Einfluß 57
  koptische 107
  römische Haltung gegenüber – 75
  Sakrament, Entwicklung des –s 79–81, *80*
  Wein, Bedeutung des –s in der Liturgie 81, *81*
  Weinerzeuger und -verkäufer im Islam 103, 106–107, 153
Christie's Weinauktionen 457
Cincinatti 356, 358
Cîteaux 129, 130, 132, 275, *131*
Claesz, Pieter *190*
Clairet 123, 147 s. a. Claret
Clairette 281
Clairvaux 129, 130
Clare Riesling (Crouchen) 349
Claret 138, 145, 146–147, 149, 156, 186, 202, 204, 205, 207, 209, 261, 285, 293, 295, 297, 302 s. a. Bordeaux
Clemenceau, Georges 438
Clemens, Wenzeslaus, Kurfürst und Erzbischof 288
Clermont-Montoison, Familie 271
climat 131–132
Clinton (Hybridrebe) 439
Clicquot-Ponsardin, Nicole-Barbe 333–337, 340, *334*
Cloete junior, Hendrik 241–242
Cloete senior, Hendrik 240
Clos de Bèze 132, 269, 270, 273
Clos de la Pierre 270
Clos de Tart 132
Clos de Vougeot 130, 271, 274–276
Clos du Chapître 132
Clos Fourtet 263
Clos Prieur 132
Clos St-Denis 132
Clos St-Jean 132
The Closet Opened (Digby) 195
Clubs s. Londoner Clubs
Cluny 129, 292
Cocks, Charles 375

REGISTER

Cocolubis (Balisca) 89
Coda di Volpe 73
Cognac 188, 189 s. a. Brandy, Spirituosen
Coler, Hieronymus *171*
Colijn, Johannes 239
Colli Albani 62
Columella, Lucius 59, 68–70, 72, 85, 89, 116, 290 s. a. *De re rustica*
Combe aux Moines 132
Comité d'Agriculture de Beaune 274
Comité National des Appellations d'Origine 443
Commandaria 41, 157, *156*
commissionnaire 276, 277, s. a. *courtier-commissionnaire*
Compania Vinicola do Norte de España 431
The Complete Vineyard (Hughes) 298
Concord 358
Condrieu 90, 283, 299
Confrérie des Chevaliers du Tastevin 442
La Conseillante, Château 263
Constantia (Gut) 237–242, *240*
 s. a. Groot Constantia und Klein Constantia
Constantia (Wein)
 Geschmack 238, 241, 242, 346
 Rebenkrankheiten 242
 Reputation 236, 238, 239, 242
 Standard 241–242
 Trauben 237, 238–239
 Weinerzeugung 238–240, 241
Cook, Captain James 248, 342
Coonawarra 349, 352
Corbières 85
Córdoba 160, 161, 162, 176
Corinthe Blanc *310*
Cortese 418
Corton 112, 130, 132, 270
Corton-Charlemagne 112, 270
Corvinus s. Matthias
Cos d'Estournel, Château *377*
Cossart, Gordon & Co 248
Côte-d'Or
 Anfänge 91–92, 112, 121
 Crus
  Konzept der 131, 273
  Säkularisation und Zersplitterung der 274–276, 309–310, 382–383
  Rebsorten 133–134, 384
  Terroir, Begriff des 131, 268
  Zisterzienser, Rolle der – in der Entwicklung 130–136
 nach 1600
  Grand-Cru-Status s. Klassifizierung
  Kirchenland, Verkauf von 269–270
  Klassifizierung von 1861, Grand-Cru-Status 274, 385
  Rivalität mit der Champagne 270–271
  Spezialisierung auf feinen Weißwein 269, 271–272
  tête de cuvée s. Weinerzeugung
  Unterschiede zwischen Nord und Süd 270–274, 382
  Weinerzeugung und *tête de cuvée* 271, 272–274, *384, 385*
Côte-de-Beaune 270–273, 274 s. a. Côte-d'Or
Côte-de-Nuits 270, 272–274, 371
 s. a. Côte-d'Or
Côte Rôtie 88, 89, 283, 299
Coteaux-du-Languedoc 85
courtier-commissionnaire 216, 218
 s. a. *commissionnaire*
courtier-gourmet 276, 277
Crabb Burgundy 369
Crabb, Hamilton 367
Cramant 218
crémant 217
Crane, Dr. 367
de Crescentiis, Petrus 127, 418, *124, 125*
 s. a. *Liber* . . .
Criolla (País) 359, 433
Croce, Giovan Battista 418
Cronise, Titus Fey 367
Crouchen 349 s. a. Clare Riesling
Cruse, Christian 448

Damaskus 17, 98
Daniel, John 367, 445–446, *367*
Daulède, Marquis 204
Daulède de Lestonnac 207, 208
Davis, William Heath 360
De agricultura (Cato) 61
De antidotis (Galen) 732

De re rustica
 Columella Lucius 68
 Mago 61, 68
Debrö 231
Deidesheim 287
Deinhard *388*
Dekanter-Schilder *300*
Delmas, Antoine 366
Delos 43, *42*
Delphi 49, 55,
Deschamps, Familie 350
La Desputaison du Vin et de l'Iaue 122
Description générale et particulière du duché de Bourgogne 239
Destillate s. Spirituosen
Deutschland
 Anfänge des Weinbaus 94–95
 Weinstraßen für römische Garnisonen 87–88, 90–91, 94–96
 750 bis 1450
  Erschließung des Rheingaus durch Zisterzienser 135–137
  Expansion des Weinbaus am Rhein durch die Kirche 116–119
  Karl der Große 110–113, 117
  Rebsorten 137
  Schwefeln des Weins 126
  Weinhandel 119–120
  Weinregionen 112
  Zisterzienser 135–137
 nach 1500
  Altern des Weins 288
  Auffüllen der Fässer 191, 284, 287, 288, 320, 389
  méthode champenoise 337–338, 395
  Neuanlage von Weinbergen 286–288
  Qualitätsstufen 390
  Riesling, Bedeutung des -s 285, 286–288, 289–292, 389, 390–391
  Spätlese 291–292, 389–391, 393
   Definitionen 292, 391–392
   erste belegte - 291–292, *291*
  Säkularisation 309–310, 395, 396–397
  Verkehrsverbesserungen, Wirkungen von 389, 395
  Weinbauschule 396
  Weinbereitungsmethoden 289–291, 390, 396–397
  Weingesetzgebung 396
  Weinstil 386
   Stabilität 386
   Ideal (1900) 396–397
  Zerstörungen durch Wetter und Krieg 285–286
  Zollverein, Wirkungen des -s 388–389
  Zuckerung 395–396
  s. a. Franken, Mosel, Rhein, Rheingau, Rheinpfalz
Deutz & Geldermann 338
Dickens, Charles 329
Dictionnaire Universelle d'Agriculture (Rozier) 261, 313
Digby, Sir Kenelm 194, 195, 216
 s. a. *The Closet* . . .
Dijon 91, 267, 269–270, 273, 276, 384
 Weine 385
Dingač 158
Diodorus Siculus 83
Dion, Roger 88, 89
Dionysos
 Feste und Riten 47–52
 als Kind 53, 57, *58*
 Legenden 22, 23, 54, 53, 55, *48*
 Theater 51, 55, *49, 54*
 als Weingott 45, 47, 52, 54–55, *58*
 s. a. Bacchus und Orpheus
Doctor (Lage, Bernkastel) *388*
Dodsley, Robert 304 s. a. *Das Kellerbuch* . . .
Dolcetto 418, 421
dolia 70, 163, s. a. Weingefäße, Krüge
Domecq, Don Pedro 319, 322, 323, *322*
Domenger 261
Domitian, Kaiser 67–68, 74, 93
Domitius Ahenobarbus 84, 86
Dom Pérignon s. Pérignon
Dom Ruinart s. Ruinart
Donautal 230
Dopff 282
Douro 221–222, 224
 Wein 224–227, 328
 s. a. Port
Douro Wine Company 229, 325, 327, 328
Drake, Sir Francis 169, 173, 174, 175
Dreyer, Joseph 394
Druitt, Dr. Robert 379 s. a. *Bericht* . . .
Dschemschid 23
Dubrovnik (Ragusa) 152

Ducasse, Familie 382
Duchatel, Comte 378
Duero 163–164, 425, 427, *427*
 s. a. Douro
Duff, Sir James 318
Duracina 88
Duras 88

Ebro (Iberus) 86
Edelfäule *(Botrytis cinerea)* 188, 233, 235, 264, 265–266, 291–292
Eger (Erlau) 231, 232
Ehrmann 284
Eiximenis, Francesc 128 s. a. *Lo Crestia*
El Aliso 360
Eleonore von Aquitanien (Aliénor, Eleanor) 139–142, 153
Ellenico (Aglianico) 73
Elsaß 282, 286, 309, 386, 388
 Wein 119, 122, 180, 232, 282, 285, 393–394
 Weinberge 117, *118*
England
 Eigenbauwein 293–294
 Export
  Wolle 112, 118, 136, 152
  Zinn 40, 88
 Kenner 293
 Privatkeller 201, 297–302, 303–304
 Tavernen 294
 Wein
  im 16. Jh. 177
  im 17. Jh. 195–198
  im 18. Jh. 299–304
 Weinbau
  zur Römerzeit 96
  im Mittelalter 140
  im 17. und 18. Jh. 298–299
 Weinhändler
  in Bordeaux 253, 254–255 s. a. *Vintners Company*
  in England 209, 216, 295–296
  in Madeira 248
  in Portugal 223–224
  Sherryhandel 318–319
 Weinverbrauch 302–304, 324–325
Enjalbert, Professor Henri 263
Entre-Deux-Mers 143, 262, 263, 265
Epernay 92, 330, 440
 Wein 122, 135, 211, 299
Erasmus 178, 270 s. a. *Gesundheitsregeln*
Erbach 287
Erlau s. Eger
Erlauer Stierblut 232
Der erste Salut (Tuchman) 187
Eriksson, Leif 114, 353
d'Estrées, Maréchale 332
Esterhazy 398
estufa-Weine 251
Etrusker 39, 40, 56, 59, 60, 82, *60*
Euböa 36, 39
Eubulos 46
Euripides 51–53, 58
Evelyn, John 295
Eyrie Vineyard 456

Factory House (Oporto) 326, *325*
Faiveley, Georges 442
Falerner (Wein) 62, *63*
 Konsul Opimius 61
 römische Spitzenweine 62, 73
 Weinexport nach Britannien 93
Falerno (rot) 62
Falletti, Marchese 419
Falstaff 175–176, *176*
Familiar Letters (Howell) 245, 296
Farquhar, Georges 217 s. a. *Liebe* . . .
Fässer 25–26, 70, 74, 83, 92, 95, 249, 256, 425, 426, 428, 431, 448, 451, 452, 453, *90*
 für berühmte Jahrgänge 284, *287*
 s. a. Weinschläuche
Fayall 207
Fendant (Chasselas) 19, 393
Fer-Servadou 89
Féret, Michel 375
Ferreira 328
Fiano (Latino) *73*
Fielding, Henry 295
Figeac, Château 263, 382
Finger Lakes 358
Fino 191, 321
Firdausi 102
Fixin 130
Fladgate 329
Flandern 118, 276, 277, *115*
Flaschen
 Glas-
  frühe 20, 85, 106
  für Champagner 217, 218–219, 298
  für Wein 191–195, 302–304, *193, 303*
 Leder- 424, 425

473

Flor 42, 176, 233, 320
Florence (Wein) 207, 301, 414
Florenz 152, 159, 420, *159*
Flörsheim 288
Fontanafredda 420, *419*
Fontémoing, M. 263
Fontémoing, Raymond 264
Ford, Richard 424, 425
Forrester, Joseph James 328–329, *327*
Fortia, Château 442
Fouex, Gaston 406, 450
Fountainhall, Lord 187
François 338
Francis, A. D. 294
Franck, Wilhelm 374
Franken 117, 120, 284, 288, 292, 386, 390, 394–395, *289*
fränkischer Wein (feiner Wein) 122
Franklin, Benjamin 354
Frankreich
  Anfänge des Weinbaus 84–85, 88–93
  Franken in Nordfrankreich 97
  Complant-System 116
  Handelswege, Zerstörung von -n 113, 114
  Weinrivalität im 13. Jahrhundert 122, 123
  nach 1850:
  AC-System s. Weingesetzgebung
  Mehltau, Echter und Falscher 401, 402, 405, 408
  Pasteurisierung s. Weinkrankheiten
  Rebfläche, Rückgang der 411
  Reblaus 401–408
  Schädlinge (außer Reblaus) 410
  Rebfläche, Rückgang der 411
    Weinimporte als Konsequenz 409–410, 421, 427–428, 430, 436
    Veredeln 406–408
      Überproduktion als Folge 436
    Weingesetzgebung und AC-System 438–443
    Weinkrankheiten und Pasteurisierung 399–401
  Wetter 437
  Weinproduktion, Rückgang der 409
  s. a. Bordeaux, Burgund, Champagne, Elsaß, Gallien (keltisches; römisches), Lyon, Marseille, Paris, *vins de France*
Franzia 446
Franziskaner 358–359
Freisa 421
Frescobaldi 145, 152, 159, 414
Friesen 111–112, 113
Frohling & Kohler 360–361
Froissart, Jean 166
Froment (Pinot Gris) 232
Fromenteau (Pinot Gris) 133, 137, 213, 232, 270, 271, 282, 332, 384
Fronsac 145, 262
  Wein 263
Frontignac (Muscat à Petits Grains) 238
Fukier 235
Fulda, Kloster 117, 119, 287, 291–292
Funchal 246, 251
Furmint 232

Gades s. Cádiz
Gaillac 88, 89, 90, 143
Gaja, Angelo 463
Galeeren *151*
  Genueser 157
  venezianische 151, 157
Galen 46, 59, 72–74 s. a. *De antidotis*
Galicien 22, 163
  Wein 163–164, 166, 299, 426, 427
Gall, Ludwig 395
Gallien s. Keltisches Gallien, römisches Gallien, Weinbau und Weinbereitung
Gallo, Gebrüder 446, 454, 461
Gamay 93, 133–134, 268–269, 282, 384, 393
Gancia, Carlo 421
Garibaldi, Giuseppe 412, 419, 420, *419*
Garnacha/Garnacha (Grenache) 154–155, 174, 427, 430
Garonne (Weinbau) 143, 262
Garrett, Paul 356, 445
Garvey, William 318
Gascogne 138–149
Gattinara 421, 422
Gauraner (Wein) 74, *63*
Gayon, Ulysse 410
Gazin, Château 263
Geelong 349
Geisenheim, Staatliche Weinbauschule 396
General Company of Agriculture of the Wines of the Upper Douro 229
  s. a. Douro Wine Company

Genfersee 393
Genua 150, 154, 281, 417, 420
  Wein 63
Geoffrey von Waterford 127, 156 s. a. *Secretum ...*
Georgien 14–15, 17–18, 40, *16, 19*
Eine Geschichte des Champagners (Vizetelly) 339, *336*
Geschichte des Weinhandels in England (Simon) 447
Geschichte und Beschreibung moderner Weine (Redding) 316, *315*
Gesundheitsregeln (Erasmus) 178
Getränke außer Wein 178–183
Gevrey-Chambertin 132
Ghemme 422
Gibbon, Edward 75
Gilgamesch 22–23
Gin 183, 303
Giraud, Familie 381
Giscours, Château 378
Gladstone, William 379, 380
Gladstone claret 380
Glas
  Trinkgläser *297*
  Champagnergläser 340
  Glasmacherkunst 85, 158, 192–194, 217, *193, 295* s. a. Flaschen
  Glasstopfen, geschliffene 195
Goblet, Dom Lambert 275
Gockel, Eberhard 289, 290
Godinot, Canon 212, 217
Goheen, Dr. Austin 364
Gold Seal (Urbana Wine Company) 358
Gonzales Byass 323
Gorce, Château 374
Gordon, Manuel Gonzales 323–324
de Gorsse, Avocat 258
Gouais 281
Goudal, Joseph 261, 372–373, 377
Governo-System 415
Graecinus 59
Gramp, Familie 348
Grand Vidure 261
Grange Hermitage 349, 448, *348*
Grauburgunder 133 s. a. Pinot Gris
Great Western (Victoria) 351
Great Western (Pleasant Valley Wine Company, New York) 358
Greco 73
Greco di Tufo 73
Green Grape (Sémillon) 238
Greiffenclau, Familie 119, 292
Grenache 155, 404 s. a. Garnacha
Grew, N. 197
Griechenland, Altes 35–41, 55–56
  Handel 35–36, 40, 41, *42*
  Mythen 45–46
  Homer als Quelle 36–37
  Sorten und Qualität 41–43
  Trinkgefäße 35
  Verbreitung des Rebenanbaus 35, 36, 38–40, 41, 59
  Würzen des Weins 45, 50
  s. a. Amphore, Dionysos
Griechischer Wein (nach 1400) 157–158, 186, 190
Grignolino 421
Grk (Wein) 158
Gronow, Kapitän 376
Groot Constantia 239–240 s. a. Constantia
Gros Plant 139, 189
Großes Rotes Haus (Frankfurt), Weinkarte 287
Grosley 294, 298
Grossard, Dom 210
Grosse Syrah (Mondeuse) 91
Grünhaus 389
Grünhaus, Maximin 287
Guestier, Familie 308
Guestier, Pierre 372, 379
Gundlach, Familie 368
Gutedel (Fendant) 19 s. a. Chasselas
Guyenne 139, 261
Guyot, Dr. Jules 383–384, 412

Habersham, William Neyle 250
Habsburger-Reich 233, 235
Hadrianer (Wein) 63, 74, *63*
Hafis 102, *104*
Hamburg 205, 256
Hamilton, Charles 294, 298
Hamilton Gawen *209*
Hammurabi 27, 28
Handbuch mit einfachen Anleitungen (Busby) 346
Hanepoot (Alexandria-Muskateller) 237
Hanzell Winery 451–452
Haraszthy, Agoston 362–366, 368, 369, 383, 392, 393, *362* s. a. *Trauben ...*
Haraszthy, Arpad 363, 364, 369

Hardy & Sons, Thomas 347
Harington, Sir John 177–178
Harrison, William 177, 192
  s. a. *Beschreibung ...*
Hárslevelü 232
Harveys 319 s. a. Bristol Milk
Haurie, Jean 318–319
Haurie, Juan Carlos 317, 319, 322
Haut-Brion, Château 201–204, 207, 208, 209, 297, 299, 372, *202*
Hautvillers 135, 210–211, 299, 341
Heidsieck 331
Heidsieck, Charles-Henri 334
Heiliges Römisches Reich 111–113
Heinrich IV. von Frankreich 279–280
Heitz, Joseph 452
Henderson, Dr. Alexander 315, 424, 429
Hennessy, Richard 189
Hérault 402
Hermitage 88, 90
  Wein 283, 297, 299, 300
Hermitage (Syrah) 349
  Wein 352
Herodot 24, 43
Hessen 386, 389
Hethiter 26, 27, 28, 53
Heuwurm 410
Hilgard, Eugene Waldemar 369–370, 449
Hindius, Jocondos *206*
Hine 189
Hippokrates 46
Historische, kritische und medizinische Beobachtungen ... (Barry) 315
Ho Bryan s. Haut-Brion
Hochheim 287
Hock 296, 352
Holland
  Handel mit
    Cognac 188, 189
    Destillierweinen 180, 186, 188
    Gin 183, 303
    Tee 183
  Handelsflotte 184, 187, 190, 256
  Handelsmacht 184–185
  Trinksitten 185, *185*
  Weingeschmack 186, 188–189, 190
  Weinhandel, Rolle im 111, 185–189, 190, 201, 202, 205, 209, 221–222, 256, 262, 264, *187, 206*
  Holländer als Wasserbauer 186, 205, 207
    s. a. Palus
  Holländische Ostindische Kompanie 237
Holundersaft
  in Champagner 340
  in Port 227, 328
Homer 36–37, 40
Honig 71, 104–105, 173, 273
Horaz 59, 72
Hospices de Beaune 135
  Weinauktion 385, 442
Hôtel-Dieu (Beaune) 117
Houblon, Familie 295
Houghton (Westaustralien) 352
Houghton Hall (Norfolk) 301–302, *301*
Howell, James 180, 245, 296, 299
  s. a. *Familiar Letters*
Hudibras (Butler) 216
Hugel 282
Hugenotten 256, 296
Hughes, William 298 s. a. *The Complete Vineyard*
Humagne 393
Humbrecht 282
Hunnischer Wein (Massenwein) 122
Hunt, Roope 221
Hunter Riesling (Sémillon) 349
Hunter Valley 346, 347, 452
Hunza-Tal 107–108
Hybridreben s. Clinton, Jacquez, Noah

Iberus (Ebro) 86
Ilias 36–37
INAO (Institut National des Appellations d'Origine) 443
Indien 106, *107*
Indus 107
Ingham, Familie 308
Inglenook Winery 367, 445–446, 451, *367*
Institut National des Appellations d'Origine s. INAO
International Wine and Food Society 447
Irak 98 s. a. Mesopotamien
Iren
  Händler in
    Bordeaux 253, 255
    Cognac 189
    Sherryhandel 318–319
  Kunden 87, 113, 139, 188, 189

474

REGISTER

Irroy 338
Islam 98–108
    Steuern auf Weinhandel 103, 105
    Weinbau 106–108
    Weingenuß 100–101, 103–104, 106, 107–108
    Weinpoesie 101–102, *104*
    Weinverbot 98, 99–100, 101–102, *101*
    Auswirkung auf die Medizin 103
    s. a. Shiraz, türkisch-osmanisches Reich
Ismaeli-Sekte (Hunza-Tal) 107
Issan, Château d' 258
Italien
    vor der Römerzeit 39–40, 45, 59, 61
    s. a. Dionysos, Etrusker, Römerreich
    Moderne
        Einigung, nationale 418–421
        Investitionen, ausländische - im Süden 422, 423
        Märkte
            fehlende 414, 415
            Weinknappheit in Frankreich 421
        Rebenanbau 412–415, *415*
        Weine und Weinerzeugung 296, 301, 412, 414–415, 421–423
        s. a. Piemont, Römerreich, Toskana, Weinbau (Anfänge)

Jacquez (Hybridrebe) 439
Jefferson, Christopher 246–247
Jefferson, Thomas 266, 268, 271, 272, 286–287, 295, 354–355, 356, *355*
Jerez de la Frontera 86, 162, 171, 173–174, 176, 190, 221, 306, 317, 318, 322–324, *163*
Johann, König von England 142
Johannes-Evangelium 79
Johannisberg, Kloster 287–288
    s. a. Schloß Johannisberg
Johannisberg 112, 287
Johanniter 157
Johnston, Familie 259
Johnston, Nathaniel 372–373
Jordan 19
Journal einer Tour durch einige Weinbaugebiete Frankreichs und Spaniens (Busby) 346
Juden
    Interesse am Wein 76–77
    Regeln für die Weinbereitung 78–79, *78*
    Wein und Ritus 77–78, *77*
    Weinerzeuger und -verkäufer im islamischen Reich 103, 105, 106, 153
    Weinhändler im Mitteleuropa 120, 232
Julius Caesar 87
Jullien, André 236, 247, 249, 251, 313–314, 338, 341, 374–375, 389, 412, 418, 423, 433 s. a. *Manuel*... und *Topographie*...
Jullien, C. E. 314
Justinius 40

Kabinettkeller («Cabinet»-Keller) 289
Kabinettwein 284–292
Kaffee 106, 181–183, 230
Kaffeehäuser
    Konstantinopel 106
    London 181–183
    Oxford 181
    Paris 183
Kalabrien 64, 301
Kafiristan 107
Kalifornien
    bewässerungsloser Anbau 365
    chinesische Arbeiter 368
    Eisenbahn, Markterschließung durch die 369
    Goldfunde, Wirkungen der 361, 362, 363, 368
    Klimazonen, Analyse der 370, 449–450
    Prohibition
        langsame Erholung nach der 446, 448–449
        Wirkung auf Traubenproduktion 444–445
        Wirkung auf Weinverbrauch 443
    Rebenimporte 360, 363, 365, 366
    Rebsorten 359, 363, 364, 369
    Vergleich mit Australien 360
    Weinerzeugung
        vor der Prohibition 359, 360, 361, 365, 369, 370
        nach der Prohibition
            Eichenholzfässer, Verwendung von -n 451, 452, 453

neue Technik 450–451, 452–453
Rebsortenwahl 451–452
Sortenweine 446, 459
Weinmarkt Wachstum des -s 452–453, 454
Weinqualität, Anerkennung der 456–457
Kalm 294
Kampanien (Weine) 62–63, 66, 69, 72, 73, 74
Kanaan 19, 28, 43, 61
    Kanaaniter Krug s. Amphore
    Wein 26, 34, 458
Kanarische Inseln 190, 243, 244, 296, 309
Kanon, Jacques 264
Kap der Guten Hoffnung 236–237, 241–242, 309 s. a. Constantia
Karl der Große 110–113, 139, 320, *112*
Karl Martell 110, 160
Karl Philipp von Greiffenclau, Fürstbischof von Würzburg s. Carl Philipp
Karthago (Carthage) 28, 61, 84, 85
Kastilischer Wein 128
Katalanischer Wein 128
Katalonien 426, 463
Katzenelnbogen, Grafen 137, 288
Kellerbuch 272
Das Kellerbuch oder der Helfer des Butlers (Dodsley) 304
Keltisches Gallien 40, 59, 82–83, 86–87
    s. a. Weinbereitung
Kephallenia 154, 300
Knietief im Claret 295
Kirche
    Bischöfe in Weinlegenden 97
    Expansion des Weinanbaus 117–119
    Rehabilitation 286, 287–288
    Säkularisation 309–310
    Pflege der Landwirtschaft 97
    Zehnter in Trauben oder Wein 117, 212
    fahrende Scholaren 117
    s. a. Benediktiner, Zisterzienser, Klöster
Klein Constantia 239
Kleinasien 35, 36, 41, 45, 82
Klemens V., Papst s. Bertrand
Klöster 97, 110, 113
    Säkularisation 309–310
    Weinbau 116–117, 153, 286, 287–288
    s. a. Benediktiner, Zisterzienser
    Koggen 142, 150, 158, *141*, *151*
    s. a. Wein (Frachtschiffe)
Köln 94, 119, 136
Konstantin, Kaiser 76, 91, 94, 114
Konstantin, Fürstabt von Fulda 287–288
Koptische Christen s. Christen
Korfu 39, 154
Korken 195–197, *197*
    für Champagnerflaschen 216, 218, 299
Korkenzieher 197, 198
Korn, vergorenes 180, 303
Korsika 40, 98, 309
Köstlichkeiten für Damen (Plat) 195
Kottabos 44
Kreta (Candia) 28, 36, 54, 98, 108, 156–157
    Wein 70, 106, 128, 153–154, 156, 158, 159
Kreuzzüge
    Wein unterwegs 152–157
Krug (Champagne) 338
Krug, Charles (Kalifornien) 359, 365, 367
    Winery 446, 451
Krystalwyn 238
Kuehn 282
kwevri 14, 15, 18, 32, 70, 108 s. a. Weingefäße

Lachryma Montis 362, 363
Lacrima Christi 73, 414
Lafite, Château 195, 206, 209, 257, 260, 261, 299, 302, 306, 350, 372–373, 377, 461
Lagrange, Château 378
Lake, Max 452, 456
Laliman, M. 405–406
La Mancha s. Mancha
Lambert-Göcs, Miles 364
Lambrusco 261
Lamego 221–222
Lamothe 261
Lamothe-Margaux 207
Langoa, Château 255
Langon 143, 265, 297
Languedoc 189–190, 204, 281, 401–402, 404, 411, 436–437, 464

La Rochelle s. Rochelle
Larose, Château 374
La Seca s. Seca
Latino (Fiano) 73
Latour de St-Mambert 207
Latour, Château 204, 207, 209, 256, 257, 260, 261, 299, 372
Latour, Georges de 448
La Trobe, Charles 349–350
Laubenheim 287
Lavalle, Dr. Jules 274, 385
Lawton, Abraham 374
Layon 189
Le Mesnil 218
Le Taillan 203, 206, 207
Lecanda y Chávez, Don Eloy 429
Lee, John 224
Lefranc, Charles 366
Legenden
    Bischöfe und Wein 97
    Sintflut 20, 23
    s. a. Dionysos
Len de l'Elh 89
León 164, 427
Léoville, Château 374
Léoville, M. 257
Léoville-Barton, Château 257
Léoville-Las-Cases, Château 257
Léoville-Poyferré, Château 257
Lepe 165, 172, 323
Lesbos 41
Lessona 422
de Lestonnac, Pierre 207
Lett, David 456
Libanon 19, 26, 27, 106, 153
Liber de vinis (Villanova) 126
Liber ruralium commodorum (de Crescentiis) 127, *124*, *125*
Libourne 145, 147, 148, 262, 380
Liebe und eine Flasche (Farquhar) 217
Liebfrau(en)milch 119, 396
Lindemans 347
Lissabon 190, 221, 222, 228
    Wein 302, 346
Listan (Palomino) 176, 320
litharge (Bleioxyd) 290, *297*
Livius 56, 57
Locke, John 203–204
Logroño 426, 427, 428, 429
Loire-Tal 92, 189
Lombardei 39, 82, 110, 422
The London Spy (Ward) 198
Londoner Clubs 183
Longwerth, Nicholas 357, 358, *357*
Longfellow, Henry 357 s. a. *Ode*...
López de Heredia, Rafael 431
lorca 71
Lorsch, Kloster 117, 119
Los Angeles 359–361
Louis XIV 135, 216, 230, 270, *215*
Louis XVI 283
Löwen 114–115
Lucena 296, 299, 321
Luna (Wein) 63
Lunenser (Wein) *63*
Lur Saluces, Familie 265
Lusignan, Estienne de 155
Lusitania s. Portugal
Lyon 87, 91, 92, 276, 281

Macarthur, John 343–344, 346, *343*
Macarthur, Sir William 344, 347
Macau 206
Maclean 295 s. a. *Knietief*...
Mâcon 268, 276
MacWilliams 347
Madeira
    Insel 243–246, 309
    Rainwater 250
    Wein
        Handel
            vor 1900
                mit England 173, 248
                mit Indien 248
                mit Nordamerika 246–247, 248, 250
            heute
                mit Frankreich und Skandinavien 249
        Jahrgangsweine 249
        Rebfläche
            Anfänge 173, 244–245
            Verwüstung durch Krankheiten 249, 251
        Weinerzeugung 248–249
            Alterung
                durch *estufa* 251
                durch Seereise 247, 249
        Weinstile 173, 245, 247, 249
Eine Madeira-Party (Mitchell) 251
Magdelaine, Château 263

475

Magellan, Ferdinand 170
Magnesia 43
Mago 61, 68 s. a. *De re rustica*
Mago s. *De agricultura*
Magyaren 230–231
Mähren 230
Maimonides 103
Makedonien 56, 82
Málaga 155, 174, 190, 306, 308, 318
Malaga (Wein) 155, 174, 237, 296
Malbec 261, 263, 366, 369, 371, 378
  s. a. Noir de Pressac
Malescot, Simon 258
Mallorca 128
Malmsey (Wein) 153, 156
  Handel zur Kriegszeit 158
  in Kreta 154, 156–157, 186
  in Madeira 173, 245, 247, 249
Malvasia (Traube) 154, 158, 174, 176, 245, 247, 249, 417
Malvasia (Wein) s. Malmsey
Malvoisie (Malvasia) 154, 309, 369
Mamertiner (Wein) 63
La Mancha 425, 428
Mansell, Sir Robert 193
Manuel du Sommelier (Jullien) 314
Manzanares 425
Manzanilla 171, 321
Marastina 158
Marcellin, Albert 437–438
Marco Polo 20
Marcobrunn 287
marcottage 121
Marcus Porcius 65, 86
Margaret River 352
Margaux 206
Margaux, Château 207, 209, 260, 299, 302, 372, *372*
Marne 93, 135, 211, 441
Marsala 308
Marsanne 349, *351*
Marseille (Massalia) 39–40, 41, 82–83
Martell, Jean 189
Martha's Vineyard 452
Martial 71, 86
Martini & Rossi 422
Martini, Louis 446, 451, 460
Marx, Karl 388, 395, 396
Massalia s. Marseille
Massicer 62, *63*
Masson, Paul 366, 446
Mastroberardino, Antonio 73
Mateus 464
  Mateus Rosé 463
Matthias Corvinus, König 231
Matuschka-Greiffenclau, Familie 292
Mauren
  in Spanien 160–163, 168
  Weinbereitung 163, *163*
Mavron 157, *156*
Maximin Grünhaus 287
de May, Familie 381
Mayacamas 451
Mazedonien s. Makedonien
Mazzei, Philip 354–355
Medina del Campo 164–165, 425
Medina-Sidonia, Herzöge von 170, 171–172, 173
Médoc 143, 203, 204, 205–207, 209, 256–257, 258, 261, 371, 374, 380, 382
Médoc, Union Syndicale de Propriétaires des Crus Classés 439
Mehltau, Echter 242, 328, 373, 378–379, 380, 395, 399, 401, 402, 405, 410–411, 412, 417, 418–419, 421, 422, 427, 429
Mehltau, Falscher 395, 401, 405, 408, 410, 422
Mekka 98, 99, 100
Melbourne 347, 349
Merchant Wine Tonners of Gascoyne s. Vintners' Company und Mystery of the Vintners
Merlot 89, 261, 371, 378
  Vorfahren des - 147
Le Mesnil s. Le
Mesopotamien 18, 22, 24–26, 27, 28, 98
méthode champenoise 337
Metternich, Familie *291*
Metternich, Klemens von 386, 387, 390–391
Meursault 130, 271, 272, 299, 385
  s. a. Paulée de Meursault
Mexiko 169
Middle Bass Island 358; *406*
Midi (Süden Frankreichs) 122, 281, 437
La Migraine 280–281
Miller Burgundy 369
Minervois 85
Minho (Wein) 221
Minoer 28, 54
Mission (Criolla) 359, 360, 363, 365, 366, 367, 369, 433

Missouri 357
Mitchell, Silas Weir 251 s. a. *Eine Madeira-Party*
Mittelhaardt, Weinorte 393
Moët, Claude 218
Moët, Jean-Rémy 331, 332, 335, *331, 332*
Moët & Chandon 358, 460
Mogul 107, *107*
Mohammed 98–101
Moissac 143
Moldau 232
Monção-Weine 221
Mondavi, Robert 453, 460–461, *460*
Mondeuse (Grosse Syrah) 91, 369
Monemvasia 153–154
Montalcino 301, 423
Montefiasconi 301
Montepulciano 301, 423
Montesquieu, Charles de Secondat Baron de 259
Monticello 354, 355, *355*
Montilla 176, 296, 321
Montpellier 179, 281, 346, 369, 403, 438, 450
Montrachet 271, 300
Morillon (Pinot Blanc) 213
Moscadello 154, 301
Moscato 418, 421
Moscato Spumante 422
Mosel
  Weinbau und Wein 94–95, 113, 115, 118, 122, 285, 287, 296, 386, 388, 395
  Weinstraße 88, 91, 95, 285
Moueix, Jean-Pierre 264
Mountain (Malaga) s. Sack
Mouton, Château 257
Mouton-Rothschild, Château 373
Moytié, M. 257
Muhammed, Sultan *105*
Muller, Antoine de 337
Müller-Thurgau 122, 396
Mullet, Arnaud de 207
Mullet, Denis de 207
Mumm 338
Murano 158
Murphy, Patrick 318
Murrieta y Garcia-Lemoine, Luciano 428, 430, 463
Muscadel
  Traube 237
  Wein 154
Muscadelle 378
Muscadet 189
Muscadine 297
Muscat s. Muskateller
Muskateller (Muscat) 154, 176, 232, 247, 261, 349, 369, 432
  Alexandria-Muskateller 237, 238, 363
  Muscat à Petits Grains 238 s. a. Muscat de Frontignan und Frontignac
  Muscat de Frontignan 281
  Muscat de Lunel 281
  Muscat de Mireval 281
  Muskat Hamburg 239
Muscatelles 369
Muscatine 301
Muskateller 154, 232, 247, 261, 349, 351
Myddelton, Hugh 178
Mykene 28, 36–37, 39, 53
Die Mysterien des Weingewerbes 215
The Mystery of Vintners s. The Merchant Wine Tonners of Gascoyne und The Vintners' Company

Nahe 393, 396
Napatal (Napa Valley) 359, 365, 366–368, 369, 370, 449, 451, 452–453, *367*
Napoleon Bonaparte 275, 306, 309–310, 331–332, 335, *331, 332*
Napoleon III 399, 404, 418, 420
Narbo s. Narbonne
Narbonne 65, 84, 85, 88, 438
Nasi, Joseph 108
Nassau, Herzog von 310, 390, 392
Naukratis 41, 46
Nava del Rey 165
Navarra 164
Neapel 39, 420
Nebbiolo 418, 419, 421, 422 s. a. Spanna
Neive 420
Nenin, Château 263
Nestor, König 36
Neuenburgersee 393
Neufundland 221
Neuseeland 411
Neusüdwales 342, 346, 347, 349
New York, Staat 358
Niederlande s. Holland
Nierstein, 287
Noah 20–22, *21*

Noah (Hybridrebe) 439
Noilly Prat 422
Noir de Pressac (Malbec) 261, 263
Noirien 133, 137
Nomentana 69
Notizen zu einem Kellerbuch (Saintsbury) 447
Novara 418, 422
Nuits s. Nuits-St-Georges
Nuits-St-Georges 130, 271
  Wein 270, 300
Nuwas s. Abu Nuwas

Ochagavia Errazuriz, Don Silvestre 433–434
Ode an den Catawba-Wein (Longfellow) 357
Odyssee 36, 39
œil de perdrix (Champagne) 212, 270
Oestrich-Winkel 291
Österreich 117, 120, 182, 230, 288, 397–398, 412, 416, 420, *397*
Offa, König von Mercia 112
Offley Forrester & Co 328
Oglethorpe, James 298, 347
Ohio 356–357, *357*
Oinotria 39, 412 s. a. Rebenanbau am Pfahl
Olivenanbau 35, 38
Oloroso 176
Oltrepò Pavese 422
Omar Khayyam 23, 102
Ondenc 89
O'Neale, Thimothy 318
Oporto 190, 221, 223, 229, 306, 326–327, *228, 325* s. a. Port
Opus One *460*
Ordish, George 408
Oregon 456
Orléans 114, 280–281
Orpheus 53
  orphische Riten 56, 79, 80
Osborne (Napa) 367
Osborne, Thomas 317
Osiris 34, 53
Osmanische Türken s. Türkisch-osmanisches Reich
Osoye (Azoia) 166–167
Oudart, Dom 214
Oudart, Gabriel-Julien 275
Oudart, Louis 419
Ouvrard, Julien-Jules 275
Ouvrard, Victor 275
Ovid 41, 59

Padua 158
Paguierre, M. 374
Painshill 298
Pais (Criolla) 432 s. a. Mission
Palästina 98, 153
Palmer, Generalmajor Charles 376
Palmer, Château 376
Palomino 176, 238, 320 s. a. Listan und White French
Palus (Sumpf) 186, 207, 258, 261, 404
Palus-Weine 186, 202, 209, 260, 261, 371–372
Paoli, Pascal 309
Pape-Clément, Château 146
Parellada 426
Paris
  Beeinträchtigung des Weinbaus
    in Auxerre und Niederburgund 281
    in Orléans 281
    um Paris 281–282
  Paris und Umgebung 110, 114, 115–116
  Wein im 18. Jahrhundert 276, 278–283, *283*
  Weinbau bei Paris 92, 279–280, 281, 437
  Weinsteuer 278–280, *279*
  Einschränkungen für Schenken 280
Passito (Passum, vorgetrocknet) 71, 158, 264, 390, 418, 422–423
Pasteur, Louis 399–401, *400*
Pasteurisierung 400–401
Patrimonio 309
Pauillac 206
Paulée de Meursault 442
Paulus, Brief an die Korinther 79
Peacock, Thomas Love 324
Pécs 230
Pedro Ximénes 176, 296
Pembroke, Lord 294
Penfold, Dr. Christopher 348, *348*
Penfold's 448
Penola Fruit Colony 349
Pepys, Samuel 165, 183, 201, 296–297, 298
Percival, Robert 241
Pereire, Isaac 376

REGISTER

Pérignon, Dom Pierre 210, 212–217, 333, *211*
Perkins, Arthur 450
Perrier, Joseph 338
Perrier-Jouët 340
Persien 15, 18, 20, 23, 24, 56, 94, 102, 106, 107, 179, *101*
Peru 167
Pesquera 165
Pessac 146
Peter Leopold, Großherzog 416
Petit Verdot 89, 202, 371
Petit Vidure 261
Petite Sirah 90, 261, 369
Petri, Louis 446
Pétrus, Château 263, 381, *381*
Pewsey Vale 456
de Pez (Weingut) 203
Pfalz 310, 386, 392–393
Philip, Captain Arthur 342–343
Philipp der Gute 134–135, 147, 269, *134*
Philipp der Kühne 133–134
Philippe d'Orléans 219
Phokäer 39, 40, 43, 82
Phönizier 18, 28, 39, 43, 44, 61, 85, 86, 106
Phrygien 36, 38, 154
Pichon, Albert Baron 376
Pichon-Lalande, Château 256, 376
Pichon-Longueville, Château 256, 374, 376
Picolit 422
Piedirosso 73
Piemont
  Rebsorten 418, 421
  Weinbau 417–418, 421
  Weine und Weinbereitung 419, 422–423, 463
  Weininstitute 421
Pijassou, Professor 256
Pilger ins Heilige Land 154 s. a. Kreuzzüge
Pineau 133–134
Pineau de la Loire 189
Pinot 92
  mögliche Vorfahren 91
Pinot Blanc (Morillon) 213, 271
Pinot Gris (Beurot Froment, Fromenteau, Szürkebarát, Tokay d'Alsace, Grauburgunder, Ruländer) 133, 213, 232, 270
Pinot Meunier 212–213, 298, 384
Pinot Noir 212, 267, 268, 273, 274, 282, 332, 366, 384, 392, 407, 429, 452, 456
Pippin der Kurze 110, 139
piquette 71, 125, 147, 409
Pisa 152, 159
Pisco 433
pithoi 36, 70 s. a. Weingefäße, irdene
Planchon, Jules-Emile 403, 404, 406
Plat, Sir Hugh 195 s. a. Köstlichkeiten...
Plato 45
Plattensee (Balaton) 230, 398
Plinius der Ältere 59, 61, 63, 64–65, 67, 69, 71–72, 73, 89, 289, 290, 412, 423, *69*
Plinius der Jüngere 67, 75
Pluche, Abbé 215
Poitevin 261
Poitiers 110, 160
Poitou (Wein) 290
Pol Roger 338
Polen 112, 231, 232
police des vins 143, 144, 148, 186, 189, 204
Pombal, Sebastião de Carvalho Marqués de 227, 228–229, 325, *227*
Pomerol 262, 263, 380–382, *262*
Pommard 130, 272, 300, 385
Pommery & Greno 338
Pompeji
  Amphoren 64, 65
  Schenken 64, *65*
  Weinhandel 65–66, 86, *87*
  Zerstörung 67
Pontac 238
Pontac (Wein) 202–203, 207, 266, 302
Pontac, Arnaud de (der Jüngere) 201–205, 293, *202*
Pontac, Familie 201, 204, 206, 208
Pontac, François-Auguste de 203
Pontack's Head 203
Port
  Anfänge des Handels 190, 221–222
  Britischer Händlerverband 227
  begrenzte Tätigkeit 229
  Erwerb von Douro-Gütern 325
  Charakter, Gewinn an 326, 328–329
  Kontrolle durch die portugiesische Regierung 228–229

Streit um Qualität 227–228
Terrassierung am oberen Douro 226, 222
Transport 224, 225, *225*
Verbrauch im Vergleich mit Sherry 324, *307*
Weinqualität
  Beimischung von
    Brandy 225, 227–228, 326, 346
    Holundersaft 228, 328
  Faßalterung 326
  Forresters Kampagne 328
  Weinstile 326, 328–329
  s. a. Douro Wine Company
Portoport 223, 224
Portugal (Lusitania)
  Anfänge des Weinbaus 106
  Auslandkontakte, erste 86, 98
  Engländer, Beziehungen zu -n 167, 220, 222, 226, 229, 306, 326–327
  Entdeckungen der Portugiesen 167, 220
  Faktoreien, Organisation der Weinlieferungen durch ausländische 223–224
  Korkeichenwälder 166, 195, 196
  Methuen-Vertrag 223, 226
  Weinbau und Landwirtschaft 166, 221
  Weine 328
  Weinhandel
    mit England 166–167, 207, 221–222, 296–297
    mit Holland 186, 221–222
  s. a. Port
posca 71
Postup 158
Poujaux/Poujeaux (Weingut im Moulis) 257
Poulet 277
Praetutiner (Wein) 63, *63*
Pramnier (Wein) 41
Preignac 209, 264, 265, 266
Premières-Côtes-de-Bordeaux 143
Preußen 386, 388–389, 395, 396–397
Priesterseminar, Bischöfliches
  s. Bischöfliches
Priest-Port 224
Primitivo di Gioia 364
Prince's, Long Island, New York 364
Priorato 128, 426
Probus, Kaiser 68, 74, 93, 94, 230
Prokop 183
Prošek 158
Prosecco 158
Protos 166
provignage 92, 121, 271, 407
Pubs (Public houses) 183
Puerto de Santa Maria 317, 324
Puligny 271
Punch/Toddy 303
Punt e Mes 422
Pury, Baron de 350

Quai des Chartrons 253, 255, 372–373, 410
Quatzrin Winery 78, *78*
Queen-Mary-Psalter *125*
Quinsac 146
Quinta Boa Vista 328
Quinta do Cotto 328
Quinta do Noval 328, 407
Quinta do Seixo 329
Quinta de Vargellas 329
Quintano, Don Manuel 426–427

Ragusa s. Dubrovnik
Rainbird, George 242
Rainwater s. Madeira
Rákóczi, Ferenc 230, 233
Raleigh, Sir Walter 175
rancio 165
  Navarra 300
Rankin & Sons William 196
Ranson und Delamain 189
Rätischer Wein 63, 64, 74, 91
Rausan-Ségla, Château 256
Rauzan, Pierre de 257
Rauzan, Château 374
Rauzan-Gassies, Château *257*
Ravenscroft, George *297*
Raventos, Familie 426
Ray, Martin 451
Rebenanbau
  auf Bäumen 39, 69, 221, 412, 414, 418, 415 s. a. *altinis*
  am Pfahl 39, 68, 414, 418, s. a. Columella und *spanis*
Rebenkrankheiten und -schädlinge
  s. Mehltau, Reblaus

Reblaus
  in Deutschland 410
  in Frankreich
    Auftreten in der Provence 401, 402
    Ausbreitung nordwärts 404, 406, 437, 439
    Erkennung und Bestimmung 402–404, 405–406
  in Italien 409, 421
  in Neuseeland, Australien, Kalifornien 351, 411, 433
  in Spanien 409, 432
  in anderen Weinbaugebieten 242, 309, 398
  überlebende Reben aus der Zeit vor der Reblauszeit in Europa 407
  Veredelung und ihre Probleme 351, 405–408
  Versuche mit chemischer Bekämpfung 404–405
Reciato Amarone 158, 422
Redding, Cyrus 316, *315*
  s. a. *Geschichte*...
Refosco 91 s. a. Mondeuse
Regimen Sanitatis Salernitatum 178
Reichartshausen 137
Reims 92–93, 97, 135, 211, 212, 440–441
Rethemo s. Rethimnon
Rethimnon (Rethemo) 157
Retsina 44 s. a. Wein, geharzter
Reynell, John 347
Reynella 347
Rhein
  unter französischer Herrschaft 310
  im Heiligen Römischen Reich 110–112
  Weinbau und Wein 115, 116–117, 118, 285, 287, 292, 386, 389
  Weinlieferungen
    nach England 144, 156, 285–286
    nach Holland 185–186
  Weintransportwege 88, 95, 285
  s. a. Mosel
Rheingau 112, 119, 137, 233, 282, 287, 288, 291, 386, 390–392, 393, 464, *285*
Rheingau, Staatsweingut 136–137
Rheinhessen 287, 386, 392
Rheinpfalz s. Pfalz
Rheinwein (Rhenish) 285, 296, 297, 301, 302, 464
Rhenish s. Rheinwein
Rhine Riesling 348–349
Rhônetal 86, 87, 88, 90, 92–93, *90*
Ribadavia 166, 299, 427
Ribera del Duero 165
Ribeauvillé 282
Ricasoli, Baron Bettino 416–417, 420, 423, *417*
Richard Löwenherz 142
Richelieu, Ducs de 262, 380
Riddoch, John 349
Riesling 70, 122, 237, 282, 285, 287–288, 289, 349, 369, 389, 390–391, 395, 396–397, 451, 455, 456, *351* s. a. Hunter Riesling
La Rochelle 139–143
Rohrzucker 157, 173, 174, 216, 245, 273, *244*
Romania s. Rumney
Römerreich (Italien)
  Domitians Edikt 67–68, 74, 93
  Lehrbücher, landwirtschaftliche 61
  Rebsorten 69–70, s. a. Mastroberardino
  Spitzenweine 61–63, *63*
  Alterungsreife 72
  Weinbau 59–61
  Aufstieg 62–64
  Niedergang 74
  Weinbereitungstechniken 70–72
  Weinberge, noch existierende 106
  Weinbergspraxis 68–69 s. a. Oinotria
  Weißweine, Vorherrschaft der 62, 74
  Würzen des Weins 71
  s. a. Bacchus, Cato, Columella, Galen, Plinius, Pompeji
Römisches Gallien
  Anfänge des Weinbaus 84–85
  Kolonien, erste 83–84
  Trauben 89, 90–91, 93
  Weinbau
    Côte-d'Or 92
    Gaillac/Bordeaux 88–89
    Rhônetal 90–91
    sonstige Gegenden 93
  Weinexport nach Rom 72, 74
  Weinimport 87–88, 90, *87, 90*
  Kunden 88
  s. a. Marseille, Lyon
Rosinenwein s. Wein aus Rosinen
Rozier, Abbé 261, 273, 313 s. a. *Dictionnaire*...

REGISTER

Rübenzucker 313, 409, 437
Ruinart, Dom 218
Ruinart, Nicholas 218
Ruländer 133 s. a. Pinot Gris
Rumney (Romania) 154, 171
Rußland 41, 100, 108, 112, 231,
   233–234, 281, *234*
   Markt für Schaumwein 333–334,
     335–336

Saar 396
Sabiner (Wein) 74, *63*
Sack 172, 175, 297, *176*
   Cádiz Sack 175
   Canary Sack 174, 176, 245, 248, 296,
     297, 299, 300, 317
   Madeira Sack 173
   Mountain Sack 174, 318, *300*
   Sherry Sack (Shakespeares «Sekt»)
     174, 175, 296, 317, *176*
Sa'di 102
Saintsbury, George 477 s. a. *Notizen* . . .
Salerno, Medizinschule von 178, 179
Salins du Midi 404
Salisbury, Earls of 297, 298–299
Salvianus 96 s. a. *Von der Weltregie-
rung* . . .
San Gabriel 359, 361
Sancerre 92
Sangiovese s. Sangioveto
Sangioveto 417, 423
   Sangioveto Grosso (Brunello) 423
Sanlúcar 170, 171, 173, 176, 317, 321,
   171
Sansevain, Jean-Louis 361
Santa Clara County 366, 368
Santenay 385
Santiago de Compostela 161, 166, 426
Santorin 108, 154, *155*
Sardinien, Königreich 416, 419
Sassicaia 463
Sauerwurm 410
Saulieu, Abtei 112, 270
Sauternes 186, 188, 202, 209, 264–266,
   391
Sauvage d'Yquem, Familie 265, 266
Sauvignon Blanc 93, 369
Savannah (Georgia, USA) 250, *250*
   Madeira-Club 249
Savigny 270
Savoyen 422
Schloß Grafenegg *397*
Schloß Johannisberg 119, 291–292, 389,
   390–392, *285, 391*
Schloß Vollrads 119, 292
Schokolade 180–181
Schoonmaker, Frank 446
Schottland
   Claret, Treue zum 149, 256
   Faktoreien in Portugal 223
   Händler
     im Bordelais 259
     von Sherry 318
   Weinagenten, reisende 232
   Weinverbrauch 295
Schubert, Max 448
Schweden 231, 307
Schwefeln des Weins 126, 166, 187, 191,
   289, 397
Schweiz
   Markt für Wein 117, 119, 281, 286,
     388
   Weinerzeugung 393, *394*
Sciacarello 309
Scuppernong 353, 356
La Seca 165
Secretum Secretorum (Geoffrey von Wa-
terford) 127
Seereisen für starke Weine
   Madeira 248–251
   bei Plinius 72
   portugiesische Praxis 186
Ségur, Nicolas-Alexandre Marquis de
   257
Seine 114
«Sekt» (Shakespeare) s. Sack
Sémillon 238, 264, 349, 366, 369, 378
   s. a. Hunter Riesling
Seppelt, Familie 348
Seppeltsfield 348
Sercial 247
de Serres, Olivier 122, 124, 261, 288, 312
   s. a. *Théâtre* . . .
Setiner (Wein) 74, *63*
Setúbal 167
Sevilla 161, 162, 171
Sforzato/Sfursat 422
Shannon, Robert 315
Sherry 319–321, *322*
   Anfänge 86, 165–166
     Rebsorten 176
     Sack 171–172, 173, 174, 175–176

   nach 1600
     Alterung s. Solera
     Brandy- und Zuckerbeimischung
       320–321
     Erzeuger-Privilegien (Gremio) 318
     Gremio s. Erzeuger-Privilegien
     Händler, wachsende Bedeutung der
       318–319, 321
     Investitionen 324
     Kirche als Kunde und Erzeuger 318
     Solera-System und Alterung
       319–320 s. a. Flor, Fino
     Stile 165, 320–321
     Trauben 320
     Verbrauch im Vergleich mit Port
       324–325
     Weinexport 324, 424
Shiraz (Syrah, Traube) 106, 349, 364,
   448, *351*
Shiraz 105, 106, *104*
Sidon 27, 28, 44 s. a. Libanon
Signiner (Wein) 74, *63*
Sillery 211–212, 216, 218, 299, 332
Silvaner (Sylvaner) 119, 288, 390–391
Simi, Gebrüder 368
Simon, André Louis 314, 316, 447
   s. a. *Geschichte* . . .
Simpson, Sir George 360
Sintflut s. Legenden
Sitges (Malvasia) 426
La Situation de la Bourgogne (Arnoux)
   267, 272
Sizilien 36, 39, 55, 59, 98, 308, 420, 436
Skandinavien 249, 253
Skythen 41
Smith (Yalumba) 348
Smith, Adam 258, 259 s. a. *Der Wohl-
stand der Nationen*
Smollett, Tobias 295
Soave 158, 422
Sokrates 46
Solera-System
   Auffüllen von Fässern (Deutschland)
     191, 284, 287, 288, 320–321, 389
   Madeira 249
   Sherry 319–321, *322*
Somló 231
Sonoma 361–362, 365, 366, 368, 451
Sophokles 49
Sopron 231, 364
Southern Vales 347
Spanien
   Anfänge
     Kontakte mit Phönikern 86
     römische Provinzen 85–86
     Weinhandel mit
       Britannien 96
       Rom 74, 86
   nach 600
     islamische Invasion 98
     Mauren in Spanien 160–163, 168
     Weinarten 164–165
     Weinbau, überlebender 106
     Neuanpflanzungen 154,
       163–164
     Weinexport nach England
       165–166
   nach 1500
     England
       Beziehungen zu 172–174,
         317–319
       Weinexport nach 171–172,
         173, 296
     Lateinamerika 167–168
     Weinbau, eigener 169
     Weinbau in Lateinamerika
       unter spanischer Herrschaft
       s. a. Argentinien, Chile, Peru
     Wein- und Ölexporte 168–169
     s. a. Sack, Sherry
   nach 1800
     Fässer vs. Weinschläuche
       424–427
     Rioja, Stabilität des Weinbaus
       von 432
     Schaumweinherstellung
       in Katalonien 426
       in Rioja 431
     Weinalterung in Faß und Flasche
       431
     Weinbau, Niedergang des -s
       424–425
       Einführung von Bordeaux-
         Methoden
         in Rioja 432
         am Duero 429
     Weinexport nach Frankreich
       427–428, 430
spanis 418 s. a. *altinis, Römerreich*
   (Weinbergpraxis) und Spanna
Spanna (Nebbiolo) 418
Sparnacus s. Epernay
Sparrman 239

Spätlese 390–391, 397, 463
   Anfänge 291–292, *291*
Speyer, Bistum 287
Spirituosen (Destillate) 105–106,
   179–180, 183
   in England 303
   in der Medizin 179–180
   s. a. Brandy und Cognac
Spurrier, Steven 456–457
St. Benedict 111
St. Bernard 129–130, 153
St. Bonifatius 117
St. Clara (Mainz), Abt von 287
St. Columbanus 111, 130, 210
St. Hubert's 350
St. Justinus 80
St. Maximin, Abtei (Trier) 287–288
St-Rémi 93
St-Brise 266
St-Emilion 122, 143, 145, 262, 263, 380,
   381–382
St-Estèphe 203, 206, 207
St-Evremond, Marquis de 216
St-Georges-d'Orgues 281
St-Julien 206
St-Macaire 143
St-Maur, Dupré de 261
St-Pierre-aux-Monts (Pierry) 214
St-Pourçain (Wein) 122
St-Pourçain-sur-Sioule 92
St-Vivant, Abtei 269
Stanislawski, Dan 55
Stanley, Richter 370, 499
Steen (Chenin Blanc) 328
Steen, Jan *185*
Steenwyn 238
Steinberg 137, 288, 291, 390, 392
Steinwein 284, 390
Stevenson, Robert Louis 370
Stony Hill 451
Strabo 88, 89
Südafrika 236–237, 241–242, 309
   s. a. Kap der Guten Hoffnung
Südaustralien 437, 349, 351, 456
Südtirol (Alto Adige) 420, *420*
Sultan Muhammed *105*
Surrentiner (Wein) 63, 74, *63*
Süßwein
   Bevorzugung 36, 41–42, 62, 71, 104,
     128, 186, 202, 245, 264–265, 289,
     296
   Handel 152–159, 171–172, 173–174,
     186–189, 235, 248, 285
Swan River 352
Sydney Gazette, Anleitung für Weinbau
   344
Sylvaner s. Silvaner
Syrah 349 s. a. Shiraz
Syrah, Grosse s. Mondeuse
Syrakus 59, 301
Syrien, 26, 34, 85, 98, 153, 158
Szekszárd 230
Szürkebarát (Pinot Gris) 232

Tabak 180
Tacitus 94
Taillevent 127
Talleyrand-Périgord, Charles Maurice
   de 330–331
Tarraconensis (Tarragona) 85
Tarragona s. Tarraconensis
Tasmanien 335, 347, 456
Taurasi 73
Taylor, Fladgate und Yeatman 224
Taylor, John 180
Taylor, Walter 358
Tchelistcheff, André 448, 450, 451, 456
Tee 183
teinturier 165, 273
Teinturier, Abbé 273, 274
Telford 322, 323
Temple, Sir William 185
Tempranillo 428, 429
Tent 165, 296
Teran 158
Terrantez 247
Thasos 43
Théâtre d'Agriculture (de Serres) 122,
   125, 261, 312
Theben (Luxor) 29, *31, 33*
Theben (Böotien) 49, 51
Thénard, Baron Paul 405
Thénard, Baron 275
Thessalien 43
Thomas von Aquin 81
Thomson, James 295
Thrakien 43
Thudichum, Dr. 320, 430
Thukidides 35, 38
Thunberg 239
Thwaites 298
Tiburtiner (Wein) 74, *63*
Tiepolo, Giovanni Battista *289*
Tinta 247

REGISTER

Toddy s. Punsch/Toddy
Tokaj 133
   Hintergrund 230–231
   Nachfrage 231, 232, 233, 300
   Qualitäten 234–235
   Rebsorten 232
   Stärkungsmittel 235
   Tokajer Berge (Tokaji-Hegyalja) 232, 233
   Tokay Essenczia 41, 234
   Tokay d'Alsace (Pinot Gris) 132, 232
   Weinbereitung 233–235, 291, *234*
   Weinberge 231, 233
   s. a. Ungarn
Tokay s. Tokaj
Tonnerre 267
Topographie de Tous les Vignobles Connus (Jullien) 236, 314, 374
Torcolato 422
Toro 164
Torres 463, *463*
Torrontes 176
Toskana
   Anfänge 41, 59, 154
   Chianti s. Ricasoli
   Governo System 415
   Ricasoli und Chianti Classico 416–417
   Trauben 416–417
   Weine und Weinerzeugung 423, 463
   neue Technik 458
La Tour-Blanche, Château 264
Tournane (Hermitage) 297
Tourny, Louis-Urban Aubert Marquis de 253, 257, 263
Tours 189
Townsend 290 s. a. *The Universal Cook*
Tradescant, John 298
Traité sur la Vigne (Chaptal) 311, 313, *310*
Traité sur la . . . Culture de la Vigne (Bidet) 264
Transkaukasien 15
Trauben und ihre Weine in Kalifornien (Agoston Haraszthy) 365
Trebbiano 128, 417
Trebellicaner (Wein) 63, *63*
Treviso 422
Tribià 128
Trier 94, 96–97, 287, 310, 387, 396, *93*
Trimbach 282
Trobe s. La Trobe
Trockenbeerenauslese 292, 392
Les Trois Glorieuses 442
Tropchaud, Château 263
Trotanoy, Château 263, 381
de Troy, Jean François *219*
Tuchman, Barbara 187
   s. a. *Der erste Salut*
Turin 416, 418, 420, 422
Türkei 22, 26, 28, 153 s. a. Türkisch-osmanisches Reich
Türkisch-osmanisches Reich
   Lieferung griechischen Weins an Holland 186
   Spirituosen, Erlaubnis für 105–106
   Ungarn, Besetzung von 232
   Wien, Belagerung von 182, 230
   Zerstörung von Weinbergen 108
   s. a. Kaffee
Tutenchamun 32
Tyros 27, 28, 44, 153 s. a. Libanon
Tyrus s. Tyros

Über den Anbau der Rebe und die Kunst der Weinbereitung (Busby) 346
Über die Weine der Kolonie (Bleasdale) 345
Ungarn 230–234, 397, 398
Urbana Wine Company s. a. Gold Seal
The Univeral Cook (Townsend) 290
University of California, Fakultät für Reben und Weinbau 449
Unton, Sir Henry *179*
Ur 24
   Standarte von – 24, *26*
USA
   Ostküste 353
   Prohibition, Wirkung der – auf Trauben- und Weinproduktion 443–446
   s. a. Kalifornien, Oregon, US-Ostküste, Washington
Utnapischtim 22

Val d'Aosta s. Aostatal
Valais s. Wallis
Valdepeñas 425, 426
Valdespinos 162
Valencia 426
Valentijn, F. 238 s. a. *Beschreibung . . .*
Valladolid 425

Vallejo, General Mariano 361–362, 365, 366, *362*
Valois, Adrien 89
Valpantena 422
Valpolicella 158, 422
Valtellina 422
van der Steel, Simon 239, *238*
van Leeuwenhoek 291
van Riebeeck, Johan 237
Varro 59
Vega Sicilia 165, 429–430, 432
Vegne, Comte de la 378
Venedig
   England, Handelskrieg mit 158–159
   Galeeren, Bedeutung der 150–151, 157, *152*
   Herrschaft über Handelswege 157–158
   Heiliges Land, Position auf dem Weg ins 151–152
   Mittelmeer-Inseln, Besetzung von 157
   Weinarten und -geschmack 152–157
   Weinemporium am Mittelmeer 153, 158, 414
   s. a. Glasmacherkunst, Veneto
Veneto 422
Verdea 301
Verdelho (Vidonia) 245, 247, 249, 439
Verdot 261
Vergil 59, 71, 90
Vermentino 309
Vernaccia (Vernage) 127, 154–155, 159, 414
Vernache s. Vernaccia
Vernage s. Vernaccia
Verona 158, 422
Vertus 341
Verzenay 332, 341
Veuve Clicquot 333–337, 340, *334*
   s. a. Clicquot-Ponsardin
Viana 221
Vicenza 422
Victoria 347, 349–352, 456
la Victoria Herzog von 428
Vidonia 245 s. a. Verdelho
Vidure (Cabernet Sauvignon) 89
   Grand und Petit Vidure 261
   s. a. Cabernet, Carmenet
Vienne 88, 90, 91
Vieux Château Certan 263, 381
Vignes, Jean-Louis 360
Villanova s. Arnaldus de Villanova und *Liber . . .*
Villány 230
vin d'une nuit 147
vin de Dijon 270
vins de France 117, 122, 139, 144, 211, 280
vin de garde 270
vin de goutte 125, 214
vins liquoreux 188
vin de la rivière 135, 211
vin de la montagne 135, 211, 218
vin de paille 289, 390
vin de pressoir 214
vin de presse 125
vin gris (Champagne) 212, 218, 270
vin paillé 270
vinho verde 221
Vinsanto 414, 422, *155*
The Vintners Company *143* s. a. The Merchants . . . und The Mystery . . .
Vintners' Company 143
Virginia 355
Virginia Dare 356
Vis s. Vugava
vitis aestivalis 17
vitis labrusca 355, 358
vitis riparia 17
vitis rupestris 17
vitis vinifera 17
   vitis vinifera var. sativa 18
   vitis vinifera pontica 18
   vitis vinifera occidentalis 19
   vitis vinifera orientalis 19
Vittorio-Emanuele II, König 418
Viura 431
Vix, Krater von 40, 82
Vizetelly, Henry 325, 328, 338–339, 398, *336* s. a. *Geschichte . . .*
Volnay 130, 270, 271, 272, 385
Von der Weltregierung Gottes (Salvianus) 96
Vosne 130
Vougeot 130
Vugava (Vis) 158

Wallis (Valais) 393
Walpole, Sir Robert 301–302
Ward, Ned 198 s. a. *The London Spy*

Warschau 232, 234, 235
Washington 452, 456
Wasser 178–179
Webb, Bradford 452
Wein
   Ansprache 268, 272
   Aufbereitung 167, 215–216, 226–227, 260, 316, 328
   Farbe 36–37, 62, 73, 104, 123
   Flaschen
      Form 304, *303*
      Größe 303–304
   Frachtschiffe 142, 146, 150–151, 158, *141, 151*
   geharzter 44–45, 90, 156
   Geselligkeit
      Ägypten 32, *33*
      Bagdad 103–104
      Etrusker *60*
      Griechenland 45, 46
      Madeira s. Philadelphia
      Mogul *107*
      Persien *105*
      Philadelphia (Madeira) 251
      Pompeji *70*
   Identität
      aufgrund spezifischer Aspekte 459–460
      Gesetzgebung für Definition und Schutz 442–443, 462
      Marktakzeptanz, Bedeutung für 461–462
   in der Medizin 11, 46, 55, 72–73, 103, 126–127, 270, 280
   Menge, bekömmliche
      Eubulus 46
      Karl der Große 113
   Rebsorten, Bedeutung der 459–460
   aus Rosinen, 408–409
   Süßen 71, 104, 187, 273, 289, 290
   Symbol, politisches 255–256
   Traditionen, Bedeutung nationaler 463
   Verdünnung
      mit Meerwasser 45, 62, 71
      mit Wasser 36, 45, 50, 62, 81, 104, 128
   Verfälschung 208, 294, 408–409, 410–411, 421, 458, *315*
   Verkosten s. Weingeschmack
   Würdigung 310–316, 447
   Würzen 48, 50, 71, 104, 127
   s. a. Süßen
Weinbau
   Anfänge
      Ägäis 35, 36–37, 39
      Ägypten 30, 34, *31*
      Deutschland 94–95
      Gallien, römisches, 84–85, 88–89, 91, 92–93 s. a. Weinbau
      Römerreich 60–61, 62–65, 68–70 s. a. Cato, Columella, Mago, Plinius der Ältere
   Spuren, früheste 17–18
   Mittelalter 116–117, 121–124, *124, 125* s. a. Zisterzienser
   spätere Zeit s. Bordeaux, Burgund, Côte-d'Or, Italien, Mosel, Port, Rhein
   s. a. Rebenanbau und Weinreben, kultivierte, wilde
Weinbereitung
   Anfänge 16–17
      Ägypten 24, 29–33, *31*
      China 20
      Gallien, keltisches 82–83
      Georgien 14–15, 17–18, *19*
      Griechenland 36–37, 41–45, *38*
      Israel 76–77
      Massalia (Marseille) 40, 82–83
      Mittelmeer, östliches 24–28
      Römerreich 70–71
      Spanien 85–86
      s. a. Legenden
   Mittelalter 112, 121, 124–126, *124, 125*
   spätere Zeit s. Bordeaux, Champagne, Constantia, Côte-d'Or, Italien, Madeira, Mosel, Port, Rhein, Sherry, Wein
Weingefäße
   Dekanter 85, *30*
   Dekanteranhänger *300*
   Krater 40, 45, *40*
   Krüge, irdene 14, 18, 32, 36, 70, *31, 33, 163* s. a. Amphore, *dolium, pithoi, kwevri*
   Trinkgefäße 26, 35, 36, *29, 101, 193*
   s. a. Bellarmin, Flaschen, Glas, Weinschläuche

Weingeschmack
  Arnoux 271
  Boswell 229
  Brydges 299–301
  Busby 346
  Casola 156–157
  Crescentiis, Petrus de 127
  Eiximenis 128
  Falstaff 175–176, *176*
  Galen 73
  Geoffrey von Waterford 127, 156
  Haraszthy 392
  Howell 245, 296
  Jefferson 266
  Johnson 242, 284
  Johnston 259–260
  Jullien 389–390
  Knight 107–108
  Pepys 201
  Percival 241
  Plinius 72
  Shakespeare 245 s. a. Falstaff
  Valentijn 238
  Villanova, Arnaldus de 126–127
  Wettstreit der Weine 122, 156, 456, *123* s. a. Spurrier
Weinkeltern 70, 125, 146, 202, 214, 230
Weinkrüge s. Weingefäße
Weinreben 17–20
  in Amerika 114
  kultivierte (Altertum) 17–19, *16*
  wilde 17–18, 59–60, 82, 191
Weinschläuche 36, 48, 70, 424, 425, 426
  Verbot von -n 112
Wente, Karl 368
  Weinbaubetrieb 446
Werk 406

Werlé, Edouard 338
Wermut 422
Westaustralien 352, 456
Westbrook Vineyard 298
Wetmore, Charles 368
Whisky 303, 411
Whitaker, Familie 308
White French (Palomino) 238
Wien 182, 230, 233, *231*
Wildman, William 411
Wills, Dr. C. J. 106
Wine and Food Society 447
Wine Institute of California 446
Winkel (Rheingau) 119
Winkler, Dr. Albert 449–450
Winzerdorf 118–119
Wittman, Abt 227
Der Wohlstand der Nationen (Adam Smith) 259
Wolfskill, William 366
Wolkonski, Fürst Sergej Alexandrowitsch 335, 386
Woodhouse, John 308
Woodmass, Thomas 224
Worlidge 195–196, s. a. *Abhandlung...*
Worms 119, 136
Württemberg 389
Württemberg, Herzog von 290
Würzburg 119–120, 284, 288, 390, 394–395, *289*
Wyndham, George 347
Wyndruif (Sémillon, Green Grape) 238

Xynisteri 157

Yarra Valley 349, 350, 352, 456
Yering 350

Yeringberg 350
Ygay, Castillo 430, 432
Yount, George 366
Young, Arthur 271, 281, 312, 346, 416
Yquem, Château d' 264, 265–266, 391, *265*
Yquem, Familie Sauvage d' 265, 266

Zamora 164
Zante 154, 301
Zellerbach, James D. 451–452
Zinfandel 363, 364, 369, 454
Zisterzienser 129–130, 162
  landwirtschaftliche Tätigkeit 135–136
  Côte-d'Or, Weinbau an der Abgrenzung 131–132
  Corton, Verkauf von 270
  Erwerb und Wiederanpflanzung 130–131
  Fixin, Verkauf von 270
  Klosterland, Beschlagnahme von 275
  Rebsorten 133–134
  Weinerzeugung, Meisterschaft in der 271
  Kloster Eberbach
    Gründung 136, *136*
    Säkularisation 292, 310
    Steinberg, Neubestockung 288
    Trauben 137
  in Portugal 166–167
  in Spanien 163–164
Zollverein s. Deutschland
Zypern 39, 157, *58*
  Wein 42, 106, 122, 128, 153, 155, 156, 157, 158, *156*

Vielen schulde ich großen **Dank** für ihre Hilfe und die Unterstützung dieses Werks. Insbesondere erwähnen möchte ich: Leon Adams, Dr. Hans Ambrosi, Prof. Maynard A. Amerine, Burton Anderson, Marchese Piero Antinori, Prof. Dr. Helmut Arnzt, Nan Ashcroft, David Balls, Paul Bartlett, Anthony Barton, Ghislaine Bavoillot, Dr. Helmut Becker, Alexis Bespaloff, Madame Lalou Bize-Leroy, Christian Bizot, Trudy Bolter, Claude Bouchard, Jean-Michel Boursiquot, Bernhard Breuer, Michael Broadbent, Brian Buckingham, Tucker Catlin, Louis-Marc Chevignard; Sybil, Lady Cholmondeley; Darrell Corti, Frère Jean de la Croix, Brian Croser, Elizabeth David, Jack und Jamie Davies, Georgina Denison, Don José-Ignacio Domecq, Robert Drouhin, Michael Druitt, Hubrecht Duijker, Terry Dunleavy, João Enriques, Len Evans, Charles Eve, Dereck Foster, Marchesi Leonardo de' Frescobaldi, John Gano, Michael Gill, Don Mauricio Gonzales Gordon Diaz, Garry und Marlies Grosvenor, James Halliday, Comte Louis d'Harcourt, Sir James Hardy, Hon. Alan Hare, Heino Heine, Russel Hone, Ian Jamieson, Alois Lageder, Max Lake, Miles Lambert-Góes, Michel Laroche, Robert Lautel, Daniel Lawton, Prof. Noël Leneuf, (†) Alexis Lichine, John Lipitch, Signora Lungarotti, Comte Alexandre de Lur Saluces, Catherine Manac'h, Antonio Mastroberardino, John Mariani, Graf Erwein Matuschka-Greiffenclau, Yvette Maurin, Dr. Franz Werner Michel, Robert Mondavi, Dr. Leonardo Montemiglio, William J. Morris III., Duc und Duchesse de Mouchy, Christian Moueix, Jean-Pierre Moueix, Prof. Kirby Moulton, Dr. Robert Parsons, Pierre Poupon, Eric Purbrick, Alain Querre, Christopher Ralling, Don Manuel Raventos, Jan und Maite Read, Baron Bettino Ricasoli, Riccardo Riccardi, Ezio Rivella, Jancis Robinson, Prof. Philippe Roudié, Baron Eric de Rothschild, Baronesse Philippine de Rothschild, The Marquess of Salisbury, Prinz Michael zu Salm, Wolfgang Schleicher, (†) Frank Schoonmaker, Peter A. Sichel, Peter M. F. Sichel, (†) André L. Simon, Ghislaine Simon, Prof. Vernon Singleton, Dr. Walter Somerville, Quentin Stanham, Shizuo Suzuki, James Symington, Michael Symington, Paul Symington, Pierre Tari, André Tchelistcheff, Bob und Harolyn Thompson, John und Janet Trefethen, Shizuo Tsuji, Peter und Sue Vinding-Diers, Comte Alain de Vogüé, Shimshon Welner, Nina Wemyss, William Wildman, Hiruki Yamagata.